DIREITO BANCÁRIO

ANTÓNIO MENEZES CORDEIRO
CATEDRÁTICO DA FACULDADE DE DIREITO DE LISBOA

DIREITO BANCÁRIO

6.ª edição
(revista e atualizada)

com a colaboração de

A. BARRETO MENEZES CORDEIRO, LLM
Doutor em Direito
Professor auxiliar convidado da FDL

Reimpressão

ALMEDINA
2018

DIREITO BANCÁRIO

AUTOR
ANTÓNIO MENEZES CORDEIRO
EDITOR
EDIÇÕES ALMEDINA, SA
Rua Fernandes Tomás n.os 76-80
3000-167 Coimbra
Tel.: 239 851 904
Fax: 239 851 901
www.almedina.net
editora@almedina.net
PRÉ-IMPRESSÃO
EDIÇÕES ALMEDINA, SA
IMPRESSÃO E ACABAMENTO
PAPELMUNDE

Novembro, 2018
DEPÓSITO LEGAL
416833/16

ALMEDINA | GRUPOALMEDINA

BIBLIOTECA NACIONAL DE PORTUGAL – CATALOGAÇÃO NA PUBLICAÇÃO
DIREITO BANCÁRIO
6.ª ed., rev. e atualizada
CORDEIRO, António Menezes, 1953-
ISBN 978-972-40-6793-3
CDU 347

Outras obras do Autor no domínio do Direito comercial e do Direito bancário

Cláusulas contratuais gerais/Anotação ao Decreto-Lei n.º 446/85, de 25 de Outubro, Coimbra, 1986, col. Professor Doutor Mário Júlio de Almeida Costa, com diversas reimpressões;

Direito da economia, Lisboa, 1986, policopiado;

Expurgação da hipoteca/Parecer, col. Professor Doutor José de Oliveira Ascensão, CJ XI (1986) 5, 35-47;

Concessão de crédito e responsabilidade bancária, BMJ 357 (1986), 5-66;

Obrigações em moeda estrangeira e taxas de juros, O Direito 106-119 (1974/87), 119-145;

A responsabilidade fiscal subsidiária: a imputação aos gestores dos débitos à previdência, col. Professor Doutor Ruy de Albuquerque, CTF 1987, 147-190;

Cessão de exploração de estabelecimento comercial, arrendamento e nulidade formal//Parecer, col. Professor Doutor José de Oliveira Ascensão, ROA 1987, 845-927;

Products Liability/An International Manual of Practice/Portugal, col. Professor Doutor Martim de Albuquerque, Londres, 1988;

Saneamento financeiro: os deveres de viabilização das empresas e a autonomia privada, em *Novas perspectivas do Direito Comercial* (1988), 57-100;

Das publicações obrigatórias nos boletins das cotações das bolsas de valores, O Direito 120 (1988), 341-370;

Do contrato de franquia (franchising)/Autonomia privada versus tipicidade negocial, ROA 1988, 63-84;

Cessão de exploração de um navio/Parecer, CJ XIII (1988) 3, 33-47;

Compra e venda internacional, inflação e moeda estrangeira/Anotação a RLx 7-Mai.-1987, RDES XXX (1988), 69-93;

Da responsabilidade dos administradores das sociedades comerciais, em *Estruturas jurídicas da empresa*, Lisboa, 1989, 83-105;

Do reporte: subsídios para o regime jurídico do mercado de capitais e da concessão do crédito, O Direito 121 (1989), 443-459;

Da transmissão em bolsa de acções depositadas, O Direito 121 (1989), 75-90;

Estudos de Direito Comercial, vol. I – *Das falências* (org.), com prefácio do Professor Doutor José Dias Marques, Coimbra, 1989;

Da preferência dos accionistas na subscrição de novas acções; exclusão e violação, ROA 50 (1990), 345-362;

Insolvência: da resolução do aval em benefício da massa; o interesse em agir/Anotação a RPt 9-Jan.-1990, ROA 50 (1990), 159-180;

Declaração de insolvência; fiança e aval; actos resolúveis em benefício da massa; interesse em agir/Anotação a STJ 7-Nov.-1990, ROA 50 (1990), 713;

Banca, bolsa e crédito/Estudos de Direito Comercial e de Direito da Economia, 1.º volume, Coimbra, 1991;

Impugnação pauliana de actos anteriores ao crédito – Nulidade da fiança por débitos futuros indetermináveis – Efeitos da impugnação/Anotação a STJ 19-Fev.-1991, ROA 51 (1991), 525-572;

As privatizações e o Direito privado: alguns aspectos com referência ao sector bancário, Direito e Justiça V (1991), 71-89;

Da importação e exportação de capitais: a autorização prévia do Banco de Portugal e o registo de hipotecas e mútuos celebrados no estrangeiro, O Direito 123 (1991), 7-19;

Hipotecas a favor de bancos prediais/Parecer, CJ XVI (1991) 3, 55-69;

Impugnação pauliana e fiança de conteúdo indeterminável, CJ XVII (1992) 3, 55-64;

La bonne foi dans l'exécution du contrat/Rapport portugais, em *Travaux de l'Association Henri Capitant*, tomo XLIII (1992), 337-350;

Contratacion laboral: libertad de empresa y accion administrativa. La experiencia portuguesa, em *La reforma del mercado de trabajo*, dir. Borrajo Dacruz, Madrid, 1993, 275-284;

Das cartas de conforto no Direito bancário, Lisboa, 1993;

Da cessão financeira (factoring), Lisboa, 1994;

Da transmissão e difusão de sinais televisivos/Parecer, ROA 54 (1994), 439-472;

Da tomada de sociedades (takeover): efectivação, valoração e técnicas de defesa, ROA 54 (1994), 761-777;

Vícios ocultos nos bens privatizados: subsídios para a análise da privatização da Sociedade Financeira Portuguesa – Banco de Investimento, SA e suas consequências/Parecer, em *A privatização da Sociedade Financeira Portuguesa*, Lisboa, 1995, 79-143;

Empréstimos "cristal": natureza e regime/Parecer, O Direito 127 (1995), 463-509;

Aquisição de empresas/Anotação ao acórdão do Tribunal Arbitral 31-Mar.-1993, ROA 55 (1995), 37-104;

Da perda de metade do capital social das sociedades comerciais, ROA 56 (1996), 157-177;

Ofertas públicas de aquisição, ROA 56 (1996), 499-533;

Da responsabilidade civil dos administradores das sociedades comerciais, Lisboa, 1996;

Direito bancário/Relatório, Coimbra, 1996;

Leis da banca anotadas, 1.ª ed., Coimbra, 1997;

Les garanties de financement/Portugal, em *Travaux de l'Association Henri Capitant*, tomo XLVII, 1997, 493-502;

A OPA estatutária como defesa contra tomadas hostis, ROA 58 (1998), 133-145;

Manual de Direito bancário, 1.ª ed., Coimbra, 1998.

O contrato bancário geral, Estudos de Direito Bancário, Coimbra, 1999, 11-19;

Da constitucionalidade das aquisições tendentes ao domínio total (artigo 490.º, n.º 3, do Código das Sociedades Comerciais), BMJ 480 (1999), 5-30;

Leis da banca anotadas, 2.ª ed., Coimbra, 2000;

Do contrato de concessão comercial, ROA, 2000, 597-613;

Das acções preferenciais sem voto, ROA 60 (2000), 1001-1056;

Direito dos seguros: perspectivas de reforma, em *I Congresso Nacional de Direito dos Seguros*, org. António Moreira e Costa Martins, 2000, 19-29;

Manual de Direito comercial, I volume, Coimbra, 2001;

Manual de Direito bancário, 2.ª ed., Coimbra, 2001;

Acordos parassociais, ROA 61 (2001), 529-542;

Livrança em branco/pacto de preenchimento/Anotação a STJ 3-Mai.-2001, ROA 61 (2001), 1039-1052;

Manual de Direito comercial, II volume – *Sociedades comerciais*, pré-edição, Coimbra, 2001;

Anteprojecto do Regime Geral dos Seguros, na RFDUL, 2001;

O regime jurídico do euro, RFDUL, 2001;

Leis dos seguros anotadas, com a colaboração da Dr.ª Carla Teixeira Morgado, Coimbra, 2002;

Depósito bancário e compensação, em CJ/Supremo X (2002) 1, 5-10 e nos *Estudos em homenagem ao Prof. Doutor Inocêncio Galvão Telles, Direito bancário*, vol. II, Almedina, Lisboa, 2002, 89-102;

Estabelecimento comercial e arrendamento, nos *Estudos em homenagem ao Prof. Doutor Inocêncio Galvão Telles, Direito do arrendamento urbano,* vol. III, Almedina, Lisboa, 2002, 407-428;

Da reforma do direito dos seguros, separata das memórias do *III Congresso Nacional de Direito dos Seguros*, Lisboa, 2002;

Da compensação no Direito civil e no Direito bancário, Coimbra, 2003;

A evolução do direito das sociedades comerciais em Portugal, em *O Direito contemporâneo em Portugal e no Brasil*, coord. Ives Gandra da Silva Martins/Diogo Leite de Campos, Coimbra, 2003, 401-422;

Escrituração comercial, prestação de contas e disponibilidade do ágio nas sociedades anónimas, nos *Estudos em homenagem ao Prof. Doutor Inocêncio Galvão Telles*, vol. IV, Almedina, Lisboa, 2003, 573-588;

Convenções colectivas de trabalho e direito transitório: com exemplo no regime da reforma no sector bancário, ROA 63 (2003), 63-93;

Manual de Direito das sociedades, I - *Das sociedades em geral*, Coimbra, 2004;

A 13.ª Directriz do Direito das sociedades (ofertas públicas de aquisição), ROA 64 (2004), I/II, 97-111;

Vernáculo jurídico: directrizes ou directivas?, ROA 64 (2004), I/II, 609-614;

Direito europeu das sociedades, Coimbra, 2005;

Concorrência e direitos e liberdades fundamentais na União Europeia, em *Regulação e concorrência*, coordenação dos Profs. Doutores Ruy de Albuquerque e António Menezes Cordeiro, Coimbra, 2005, 9-28;

Defesa da concorrência e direitos fundamentais das empresas: da responsabilização da Autoridade da Concorrência por danos ocasionados em actuações de inspecção, em

Regulação e concorrência, coordenação dos Profs. Doutores Ruy de Albuquerque e António Menezes Cordeiro, Coimbra, 2005, 121-157;

Da prescrição de créditos das entidades prestadoras de serviços públicos essenciais, em *Regulação e concorrência*, coordenação dos Profs. Doutores Ruy de Albuquerque e António Menezes Cordeiro, Coimbra, 2005, 287-332;

Leis da banca anotadas, em colaboração com a Dra. Carla Teixeira Morgado, 3.ª ed., Coimbra, 2005;

A perda de metade do capital social e a reforma de 2005: um repto ao legislador, ROA 65 (2005), I, 45-87;

Aquisições tendentes ao domínio total: constitucionalidade e efectivação da consignação em depósito (artigo 490.º/3 e 4 do Código das Sociedades Comerciais), O Direito 137.º (2005), III, 449-463;

Introdução ao Direito da insolvência, O Direito 137.º (2005), III, 465-506;

Manual de Direito bancário, 3.ª ed., Coimbra, 2006;

Manual do Direito das Sociedades, II – Das Sociedades em Especial, 1.ª ed., Coimbra, 2006;

Regulação económica e supervisão bancária, O Direito, Ano 138.º (2006), II, 245-276;

A grande reforma das sociedades comerciais, O Direito, Ano 138.º (2006), III, 445-453;

O anteprojecto de Código do Consumidor, O Direito 138.º (2006), IV, 685-715;

Evolução do Direito europeu das sociedades, ROA 66 (2006), I, 87-118;

Os deveres fundamentais dos administradores das sociedades (artigo 64.º/1 do CSC), ROA 66 (2006), II, 443-488;

A lealdade no Direito das sociedades, ROA 66 (2006), II, 1033-1065;

SA: assembleia geral e deliberações sociais, Coimbra, 2007.

Manual de Direito comercial, 2.ª ed., Coimbra 2007;

Do contrato de mediação, O Direito 139.º (2007), III, 517-554;

O presidente da mesa da assembleia geral e as grandes assembleias mediáticas de 2007 (PT e BCP), *O Direito* 139 (2007), IV, 697-735;

Créditos documentários, ROA 67 (2007), I, 81-102;

Introdução do Direito da prestação de contas, Coimbra, 2008;

Uma nova reforma do Código das Sociedades Comerciais, RDS 2009, 11-55;

A Directriz 2007/36, de 11 de Julho (accionistas de sociedades cotadas): comentários à proposta de transposição, ROA 68, II/III (2008), 503-554;

Das prestações complementares da segurança social convencionadas antes do Decreto-Lei n.º 887/76, de 29 de Dezembro, O Direito 140 (2008), V, 999-1051;

A crise planetária de 2007/2010 e o governo das sociedades, RDS 2009, 263-286;

As aplicações financeiras como base contributiva, perante o Código dos Regimes Contributivos do Sistema Previdencial de Segurança Social, RDS 2009, 845-863;

A nacionalização do BPN, RDS 2009, 57-91;

Accionistas: concessão de crédito e igual tratamento, nos Estudos em homenagem ao Prof. Doutor Martim de Albuquerque, I vol., 131-163, Coimbra, 2010;

Do registo de quotas: as reformas de 2006, de 2007 e de 2008, RDS 2009, 293-326 e na obra em homenagem ao Prof. Doutor Carlos Ferreira de Almeida, Faculdade de Direito da Universidade Nova de Lisboa, 2010, 15-50;

A tutela do consumidor de produtos financeiros e a crise mundial de 2007/2010, em Homenagem ao Prof. Doutor José Manuel Sérvulo Correia, III vol., FDL, 2010, 683-706;

Das acções próprias: dogmática básica e perspectivas de reforma – I, RDS 2009, 637-646;

A Directriz 2007/36, de 11 de Julho (Accionistas de sociedades cotadas): Comentário à Proposta de Transposição, Estudos em Honra do Prof. Doutor Paulo de Pitta e Cunha,

Novas regras sobre assembleias gerais: a reforma de 2010, RDS 2010, 11-33;

Ações sem valor nominal, RDS 2011, 473-508;

O CSC e a reforma de 2010: gralhas, lapsos, erros e retificações, RDS 2010, 509-528;

Manual de Direito bancário, 4.ª ed., Coimbra, 2010;

Direito das sociedades, 1, 3.ª ed., Coimbra, 2011;

A responsabilidade da sociedade com domínio total (501.º/1 do CSC) e o seu âmbito, RDS III (2011), 1, 83-115;

Consequências da crise económica no interior – A crise económica e os seus reflexos nas regiões interiores, em memória do Dr. António Francisco de Menezes Cordeiro, Câmara Municipal de Bragança, 2011;

OPAs obrigatórias: pressupostos e consequências da sua não-realização, RDS III (2011), 4, 927-984;

Direito Comercial, 3.ª ed., Coimbra, 2012;

Da natureza jurídica do navio, Jornadas de Lisboa de Direito Marítimo, Centro de Direito marítimo e dos transportes, FDL;

Perspectivas evolutivas do Direito da insolvência, RDS IV (2012), 3, 551-591 e Revista Themis, Universidade Nova de Lisboa, Ano XII, n.ºs 22/23 (2012), 7-50;

As sociedades anónimas de seguros, RDS IV (2012), 4, 829-869;

As empresas petrolíferas em Angola, em *Direito dos Petróleos, Uma Perspectiva Lusófona*, Instituto da Cooperação Jurídica, FDL, 2013, 9-42;

Repurchase Agreement (promessa de recompra): conceito e sistematização dogmática, c/ A. Barreto Menezes Cordeiro, RDS V (2013), 1 e 2, 39-58.

Da responsabilidade bancária perante as leis de Macau, em *Formação Jurídica e Judiciária – Colectânea*, Tomo IX, Centro de Formação Jurídica e Judiciária de Macau, 2013, 377-390;

O princípio da boa-fé e o dever de renegociação em contextos de "situação económica difícil", RDS V (2013), 3, 487-535.

Sigilo bancário: fica a saudade?, Cadernos O Direito, n.º 8, Temas de Direito bancário I, Coimbra, 2013, 11-57;

Direito bancário, 5.ª ed., Coimbra, 2014;

O transporte multimodal, compilação das conferências das III Jornadas de Direito Marítimo e dos Transportes, Centro de Direito Marítimo e dos Transportes, Das regras de Haia às regras de Roterdão, FDL, maio de 2013, Coimbra, 2014, 53-64;

Direito bancário e alteração das circunstâncias, RDS VI (2014), 343-390;

Direito dos Seguros, 2.ª ed., Coimbra, 2016.

ADVERTÊNCIAS

As citações seguem a técnica habitual. Todavia, os nossos *Direito das obrigações* (1988, reimp.), *Direito bancário/Relatório* (1996), *Tratado de Direito civil* (dez volumes publicados), *Manual de Direito do trabalho* (1991), *Direito bancário*, 1.ª (1998), 2.ª (2001), 3.ª (2006), 4.ª (2011) e 5.ª (2014) edições, *Direito comercial*, 4.ª edição (2016), *Direito das sociedades*, 3.ª edição, dois volumes (2011 e 2007), *Direito europeu das sociedades* (2005), *Leis da banca anotadas*, 3.ª edição (2005) e *Direito dos seguros*, 2.ª ed. (2016) serão citados, apenas, pelos títulos respetivos.

Na parte institucional, o presente escrito aproveita a colaboração valiosa do Mestre Francisco Mendes Correia, dada à 4.ª edição. No capítulo sobre derivados, assinalamos a coautoria de António Barreto Menezes Cordeiro, que deu, ainda, tal como na 5.ª ed., mas agora reforçadamente, apoio geral à obra ora publicada.

A presente edição está atualizada, nalguns casos, com referências a obras publicadas até agosto de 2016. Apesar do cuidado posto na sua revisão, os Autores não se responsabilizam pelas indicações legislativas: os práticos são convidados a confrontar, com cuidado, as precisas leis em vigor.

Lisboa, setembro de 2016.

ÍNDICE GERAL

I
PRELIMINARES

§ 1.º Introdução

§ 2.º Conteúdo, método e programa

§ 3.º Bibliografia

II
DOGMÁTICA BANCÁRIA GERAL

CAPÍTULO I
A ORGANIZAÇÃO DA MOEDA

§ 4.º **Sistemas financeiros**

§ 5.º **O sistema financeiro português**

§ 6.º **Elementos europeus**

§ 7.º **Excurso: a "Bundesbank"**

CAPÍTULO II
A CRISE DE 2007/2014

§ 8.º **Origem e desenvolvimento**

§ 9.º **Causas e explicações**

§ 10.º **O Direito da crise pré-Troika**

§ 11.º **O Direito pós-Troika**

CAPÍTULO III
A CIÊNCIA JURÍDICO-BANCÁRIA

§ 12.º **Características do Direito bancário**

§ 13.º **Delimitação de outras disciplinas**

§ 14.º **Interpretação e aplicação do Direito bancário**

CAPÍTULO IV
AS FONTES DO DIREITO BANCÁRIO

§ 15.º **Fontes internas**

§ 16.º **Fontes europeias**

CAPÍTULO V
OS PRINCÍPIOS BANCÁRIOS GERAIS

§ 17.º **Generalidades; a diferenciação conceitual**

§ 18.º **O princípio da simplicidade**

§ 19.º **O princípio da rapidez**

§ 20.º **O princípio da ponderação bancária**

CAPÍTULO VI
A RELAÇÃO BANCÁRIA GERAL

§ 21.º **As teorias clássicas**

§ 22.º **Deveres bancários mitigados**

§ 23.º **A relação bancária duradoura**

§ 24.º **O Direito português: abertura de conta**

CAPÍTULO VII
TÓPICOS EVOLUTIVOS DA BANCA

§ 25.º **Diversificação e aprofundamento da atividade bancária**

§ 26.º **Reorganização da banca: fusões e *outsourcing***

§ 27.º **A tutela do consumidor de produtos financeiros**

§ 28.º **O progresso tecnológico**

III
DIREITO BANCÁRIO MATERIAL

CAPÍTULO I
A SITUAÇÃO JURÍDICA BANCÁRIA

SECÇÃO I
DETERMINAÇÃO E CONTEÚDO GERAL

§ 29.º **Noção, modalidades e factos**

§ 30.º Os sujeitos e o objeto

§ 31.º O conteúdo geral

SECÇÃO II
SEGREDO BANCÁRIO

§ 32.º O segredo bancário e a sua justificação

§ 33.º Limitações ao sigilo bancário: branqueamento e fiscalidade

§ 34.º As reformas de 2010-2012: o cenário orwelliano

SECÇÃO III
A INFORMAÇÃO BANCÁRIA

§ 35.º A informação ao cliente

§ 36.º As informações do cliente e ao mercado

SECÇÃO IV
RESPONSABILIDADE BANCÁRIA

§ 37.º A responsabilidade do banqueiro

§ 38.º Concretização da responsabilidade bancária

CAPÍTULO II
DOS ATOS BANCÁRIOS EM GERAL

SECÇÃO I
PRINCÍPIOS GERAIS

§ 39.º **A autonomia privada**

§ 40.º **Os princípios comerciais**

§ 41.º **Os princípios bancários**

SECÇÃO II
A CELEBRAÇÃO

§ 42.º **A *culpa in contrahendo* em geral**

§ 43.º **A *culpa in contrahendo* no sector bancário**

SECÇÃO III
A ADESÃO A CLÁUSULAS CONTRATUAIS GERAIS

§ 44.º Cláusulas contratuais gerais

§ 45.º A lei portuguesa das cláusulas contratuais

§ 46.º A contratação por adesão a cláusulas contratuais gerais

§ 47.º Cláusulas contratuais gerais proibidas

§ 48.º Cláusulas contratuais gerais bancárias

SECÇÃO IV
O ATO NUCLEAR: A ABERTURA DE CONTA

§ 49.º Abertura de conta: elementos e natureza

§ 50.º **Celebração da abertura de conta e modalidades**

§ 51.º **Regime da abertura de conta**

SECÇÃO V
ELEMENTOS NECESSÁRIOS DA ABERTURA DE CONTA

§ 52.º **A conta-corrente bancária**

§ 53.º **O giro bancário**

§ 54.º **Os serviços de pagamento**

SECÇÃO V
A COMPENSAÇÃO NO DIREITO BANCÁRIO

§ 55.º A compensação bancária em geral

§ 56.º A compensação nos diversos tipos de contas bancárias

CAPÍTULO III
DOS ATOS BANCÁRIOS EM ESPECIAL

SECÇÃO I
ATOS BANCÁRIOS SIMPLES

§ 57.º O depósito bancário

§ 58.º A convenção de cheque

§ 55.º Moeda estrangeira e câmbios

§ 60.º Emissão de cartão bancário

SECÇÃO II
CRÉDITO BANCÁRIO

§ 61.º Crédito e mútuo bancários

§ 62.º Contratos especiais de crédito

§ 63.º O crédito ao consumo

§ 64.º **Créditos documentários**

§ 65.º **Locação financeira**

§ 66.º **Cessão financeira**

§ 67.º **Outros contratos financeiros**

CAPÍTULO IV
DAS GARANTIAS NO DIREITO BANCÁRIO

SECÇÃO I
DAS GARANTIAS EM GERAL

§ 68.º **Garantias: evolução e relevo**

§ 69.º **Mapa das garantias e banca**

SECÇÃO II
PENHORES BANCÁRIOS

§ 70.º **O penhor bancário comum**

§ 71.º **Penhores bancários especiais**

SECÇÃO III
ACORDOS DE GARANTIA FINANCEIRA

§ 72.º **Os acordos de garantia financeira**

§ 73.º **Aspetos gerais e modalidades de garantias financeiras**

§ 74.º O penhor financeiro

§ 75.º A fidúcia financeira

§ 76.º Aspetos complementares das garantias financeiras

SECÇÃO IV
GARANTIAS BANCÁRIAS E CARTAS DE CONFORTO

§ 77.º Garantias bancárias

§ 78.º Cartas de conforto

CAPÍTULO V
DOS DERIVADOS

SECÇÃO I
ASPETOS GERAIS

§ 79.º **Derivados: noção básica e evolução**

§ 80.º **Modalidades e funções**

SECÇÃO II
DOS *SWAPS* (PERMUTAS FINANCEIRAS)

§ 81.º **Origem e modalidades de *swaps***

§ 82.º **Características**

§ 83.º **Figuras afins**

SECÇÃO III
OS *SWAPS* NAS LEIS PORTUGUESAS

§ 84.º Os *swaps* nas leis sobre o Estado e Direito europeu

§ 85.º As leis tributárias

§ 86.º Bancos, seguros e valores mobiliários

SECÇÃO IV
A ESTRUTURA DO CONTRATO DE *SWAP*

§ 87.º A composição geral e a ISDA e demais elementos

SECÇÃO V
OS *SWAPS* E A CRISE

§ 88.º Os reflexos da crise de 2009-2014 nos *swaps*

§ 89.º **A experiência alemã**

§ 90.º **A experiência italiana**

§ 91.º **A jurisprudência portuguesa**

§ 92.º **Ponderação bancária**

IV

DIREITO BANCÁRIO INSTITUCIONAL

CAPÍTULO I

O SISTEMA FINANCEIRO EUROPEU

SECÇÃO I

A MOEDA ÚNICA

§ 93.º **O euro**

SECÇÃO II
O SERVIÇO EUROPEU DE BANCOS CENTRAIS E O BANCO CENTRAL EUROPEU

§ 94.º **O Serviço Europeu de Bancos Centrais**

§ 95.º **O Banco Central Europeu**

SECÇÃO III
O BANCO DE PORTUGAL

§ 96.º **A evolução do Banco de Portugal até 1990**

§ 97.º **A reforma de 1998**

§ 98.º **As reformas de 2001, 2004, 2007, 2012, 2013 e 2015**

CAPÍTULO II
ORGANIZAÇÃO E SUPERVISÃO BANCÁRIAS

SECÇÃO I
A ORGANIZAÇÃO BANCÁRIA

§ 99.º O Regime Geral das Instituições de Crédito

SECÇÃO II
A SUPERVISÃO BANCÁRIA

§ 100.º Da regulação em geral

§ 101.º A supervisão em geral; elementos europeus

§ 102.º A supervisão portuguesa

§ 103.º **Excurso: participações qualificadas**

CAPÍTULO III
DAS INSTITUIÇÕES DE CRÉDITO EM GERAL

§ 104.º **Aspetos básicos**

§ 105.º **Vicissitudes**

§ 106.º **Instituições portuguesas no estrangeiro**

§ 107.º **Instituições estrangeiras em Portugal**

§ 108.º **Intervenção corretiva, administração provisória e resolução**

§ 109.º **A liquidação**

§ 110.º **Garantia de depósitos**

§ 111.º **Ilícitos penais e de mera ordenação social**

§ 112.º **O pessoal bancário**

CAPÍTULO IV
DAS INSTITUIÇÕES DE CRÉDITO EM ESPECIAL

§ 113.º **Os bancos**

§ 114.º **A Caixa Geral de Depósitos**

§ 115.º **Caixas económicas**

§ 116.º **Caixas de crédito agrícola mútuo**

§ 117.º **As instituições financeiras de crédito**

CAPÍTULO V
DAS SOCIEDADES FINANCEIRAS EM ESPECIAL

§ 118.º **Aspetos gerais**

§ 119.º **Sociedades de investimento**

§ 120.º **Sociedades de locação financeira**

§ 121.º **Sociedades de cessão financeira**

§ 122.º **As sociedades financeiras para aquisições a crédito**

§ 123.º **As sociedades de garantia mútua**

§ 124.º **As instituições de moeda eletrónica**

CAPÍTULO VI
EMPRESAS DE INVESTIMENTO E OUTRAS ENTIDADES

§ 125.º **Noção e regime**

§ 126.º **Das empresas de investimento e de outras entidades em especial**

ABREVIATURAS

AbürgR – Archiv für bürgerliches Recht
ACC – Actas da Câmara Corporativa
Acc. STJ – Accórdãos do Supremo Tribunal de Justiça
AcD – Acórdãos doutrinais do Supremo Tribunal Administrativo
AcP – Archiv für die civilistische Praxis
ADC – Annales de Droit Commercial
AG – Die Aktiengesellschaft/Zeitschrift für das gesamte Aktienwesen, für deutsches, europäisches und internationales Unternehmens- und Kapitalmarktrecht
AGBG – Gesetz zur Regelung des Rechts der Allgemeinen Geschaftsbedingungen
AJS – American Journal of Sociology
APD – Archives de Philosophie du Droit
AR – Assembleia da República
ARS – Arbeitsrecht Sammlung
ArbuR – Arbeit und Recht

BAGE – Entscheidungen des Bundesarbeitsgerichts
Bank – Die Bank/Zeitschrift für Bankpolitik und Bankpraxis
Bank-Archiv – Bank-Archiv/Zeitschrift für Bank- und Börsenwesen
Banque – Revue Banque
BB – Der Betriebsberater
BBankG – Gesetz über die Deutsche Bundesbank
BBTC – Banca, borsa e titoli di credito
BCC – Bulletin des Arrêts de la Cour de Cassation
BCE – Banco Central Europeu ou Boletim de Ciências Económicas
BDR – Bundesrepublik Deutschland
BEI – Banco Europeu de Investimentos
Beil. – Beilage
BERD – Banco Europeu para a Reconstrução e o Desenvolvimento

BFD – Boletim da Faculdade de Direito da Universidade de Coimbra
BFHE – Sammlung der Entscheidungen und Gutachten des Bundesfinanzhofs
BGE – Entscheidungen des Schweizerischen Bundesgerichts
BGH – Bundesgerichtshof
BGHZ – Entscheidungen des Bundesgerichtshofes in Zivilsachen
BIRD – Banco Internacional para a Reconstrução e o Desenvolvimento (Banco Mundial)
BKR – Zeitschrift für Bank- und Kapitalmarktrecht
BMJ – Boletim do Ministério da Justiça
BOHGE – Entscheidungen des Bundes-Oberhandelsgerichts
BOMJ – Boletim Oficial do Ministério da Justiça
BP – Banco de Portugal
Bull/CssFr – Bulletin des Arrêts de la Cour de Cassation
BVerfGE – Entscheidungen des Bundesverfassungsgerichts

CA – Court of Appeal
CadMVM – Cadernos do Mercado de Valores Mobiliários
CAp – Cour d'Appel
Cardozo J Int'l & Comp L – Cardozo Journal of International and Comparative Law
CC – Câmara Corporativa
CC/Pareceres – Câmara Corporativa/Pareceres
CCAM – Caixa de Crédito Agrícola Mútuo
CCom – Código Comercial
CCust – Código das Custas
CE – Comunidade Europeia
CDE – Cahiers de Droit Européen
CDP – Cadernos de Direito Privado
CEE – Comunidade Económica Europeia
CGD – Caixa Geral de Depósitos
CIRE – Código da Insolvência e da Recuperação de Empresas
CIVA – Código do Imposto sobre o Valor Acrescentado
CJ – Colectânea de Jurisprudência
CJ/Supremo – Colectânea de Jurisprudência/Acórdãos do Supremo Tribunal de Justiça
CLE – Commercial Laws of Europe
CLJ – Cambridge Law Journal
CLP – Collecção de Legislação Portugueza
CMLR – Common Market Law Review
COF – vide CollOffSTJ

CollOffSTJ – Collecção Official dos Acórdãos do Supremo Tribunal de Justiça
Col. L. Rev. – Columbia Law Review
Comm. Int. – Commercio Internazionale
CMVM – Comissão do Mercado de Valores Mobiliários
CódMVM – Código do Mercado de Valores Mobiliários
COLP – Collecção Official de Legislação Portuguesa
CPEF – Código dos Processos Especiais de Recuperação da Empresa e de Falência
CR – Computer und Recht ou Constituição da República, conforme o contexto
CS – Código de Seabra
CSC – Código das Sociedades Comerciais
CssFr – Cour de Cassation
CssIt – Corte di Cassazione
CTF – Ciência e Técnica Fiscal
CVM – Código dos Valores Mobiliários

D – Dalloz
DB – Der Betrieb
DCDep – Diário da Câmara dos Senhores Deputados
DDC – Documentação e Direito Comparado
DDP/SCiv – Digesto delle discipline privatistiche/Sezione civile
DDP/SComm – Digesto delle discipline privatistiche/Sezione commerciale
DePaul Bus Comm LJ – DePaul Business & Commercial Law Journal
DG – Diário do Governo
DGCI – Direção-Geral das Contribuições e Impostos
DHP – Dicionário da História de Portugal
Dir – O Direito
DirComm – Il diritto commerciale
DirFall – Il diritto fallimentare e delle società commerciali
DJ – Direito e Justiça
DJT – Deutscher Juristentag
DJZ – Deutscher Juristen-Zeitung
DLx – Diario de Lisboa/Folha official do Governo Portuguez
D.P. – Dalloz Periodique
DR – Deutsches Recht ou Diário da República, conforme o contexto
DS – Dalloz/Sirey
DSE – Direitos de saque especiais
DSess – Diário das Sessões

DStR – Deutsches Steuerrecht
DtZ – Deutsch-Deutsche Rechts-Zeitschrift
Duke LJ – Duke Law Journal
DZWir – Deutsche Zeitschrift für Wirtschaftsrecht

ECU – Unidade de conta europeia
ED – Enciclopedia del diritto
EF/Anais – Anais do Instituto Superior de Ciências Económicas e Financeiras
EP – Polis/Enciclopédia Verbo da Sociedade e do Estado
E.R.P.L. – European Review of Private Law
ESC – Estudos Sociais e Corporativos
EuDP – Europa e diritto privato
EuGHE – Sammlung der Rechtsprechung des Gerichtshofes der Europäischen Gemeinschaft
EuGRZ – Europäische Grundrechte-Zeitschrift
Eu.L.R. – European Law Review
EuR – Europarecht
EuZW – Europäische Zeitschrift für Wirtschaftsrecht
EWS – Europäisches Wirtschafts- & Steuerrecht

FI – Il Foro Italiano
Financ Anal J – Financial Analysts Journal
FI(R) – Il Foro Italiano (Repertorio generale)
FII – Fundo de Investimento Imobiliário
FIM – Fundo de Investimento Mobiliário
FLF – Finanzierung Leasing Factoring
FMI – Fundo Monetário Internacional
FP – Il Foro Padano

GATS – General Agreement on Trade in Services
GATT – General Agreement on Tariffs and Trade
GI – Giurisprudenza italiana
GiurCom – Giurisprudenza commerciale
GmbHR – GmbH-Rundschau
GP – Gazette du Palais
GRLx – Gazeta da Relação de Lisboa
Gruchot – Beiträge zur Erläuterung des Deutschen Rechts, fundado por Gruchot
GrünhutsZ – Zeitschrift für das Privat- und öffentliche Recht der Gegenwart, fundado por Grünhut

GRUR – Gewerblicher Rechtsschutz und Urheberrecht
GwG – Geldwäschegesetz
GWR – Gesellschafts- und Wirtschaftsrecht

Harv Negot L Rev – Harvard Negotiation Law Review

IC – Ius Commune
IFADAP – Instituto de Apoio ao Desenvolvimento da Agricultura e Pescas
IGCS – Inspeção-Geral de Crédito e Seguros
IME – Instituto Monetário Europeu
Int'l Fin L Rev – International Financial Law Review
IPRax – Praxis des Internationalen Privat- und Verfahrensrechts
IRC – Imposto sobre o rendimento das pessoas coletivas
IRS – Imposto sobre o rendimento das pessoas singulares

JA – Juristische Arbeitsblätter
JB – Recueil Annuel de Jurisprudence Belge
JBL – Journal of Business Law
JConst – Jurisprudência Constitucional
J Corp L – Journal of Corporation Law
JCP – Juris Classeur Périodique
JhJb – Jherings Jahrbücher für die Dogmatik des bürgerlichen Rechts, antigos Jahrbücher für die Dogmatik des heutigen römischen und deutschen Privatrechts
JIBFL – Butterworths Journal of International Banking and Financial Law
JIBLR – Journal of International Banking Law and Regulation
JNot – Journal des Notaires et des Avocats et Journal du Notariat
JOCE – Jornal Oficial das Comunidades Europeias
JR – Juristische Rundschau
JT – Journal des Tribunaux/Hebdomadaire Judiciaire
JTComm – Journal des Tribunaux de Commerce
Jura – Jura/Juristische Ausbildung
JurJb – Juristen-Jahrbuch
JuS – Juristische Schulung
JW – Juristen Wochenschrift
JZ – Juristenzeitung

KJ – Kritische Justiz
Konzern – Der Konzern/Zeitschrift für Gesellschaftsrecht, Steuerrecht, Bilanzrecht und Rechnungslegung der verbundenen Unternehmen

KWG – Gesetz über das Kreditwesen

LCCG – Lei sobre Cláusulas Contratuais Gerais
LDC – Lei de Defesa do Consumidor
LG – Landgericht
LLR – Lloyd's Law Reports
LM – Das Nachschlagewerk des Bundesgerichthofs in Zivilsachen, fundado por Lindenmaier e Möhring
LO – Lei Orgânica do Banco de Portugal
Loy U Chi LJ – Loyola University of Chicago Law Journal
LPTA – Lei de Processo dos Tribunais Administrativos
LZ – Leipziger Zeitschrift für Deutsches Recht

MDR – Monatschrift für Deutsches Recht
MF – Ministro das Finanças
MFA – Movimento das Forças Armadas
Md L Rev – Maryland Law Review
Mich L Rev – Michigan Law Review
MP – Ministério Público

NCJ Int'l & Comp Reg – North Carolina Journal of International Law and Commercial Regulation
NJW – Neue Juristische Wochenschrift
NJW-RR – Neue Juristische Wochenschrift/Rechtsprechung
NssDI – Novissimo Digesto Italiano
NYU J L & Bus – New York University Journal of Law & Business
NZA – Neue Zeitschrift für Arbeits- und Sozialrecht
NZG – Neue Zeitschrift für Gesellschaftsrecht

ÖBA – Bank-Archiv/Zeitschrift für das gesamte Bank- und Börsenwesen (Austríaco)
OLG – Oberlandesgericht

PGR – Procuradoria-Geral da República
PWRE – Paulys Realentzyklopädie der klassischen Altertumswissenschaft, continuada por G. Wissova

QB – Queen's Bench Division
QF – Quaderni Fiorentini

RabelsZ – Zeitschrift für ausländisches und internationales Privatrecht, fundado por E. Rabel
RB – Revista da Banca
RBMF – Rivista della banca e del mercato finanziario
RBr – Revista Bancária
RBP – Relatório do Conselho de Administração do Banco de Portugal
RCb – Tribunal da Relação de Coimbra
RCE – Regime Jurídico das Caixas Económicas
RCLJ – Revue Critique de Législation et de Jurisprudence
RdA – Recht der Arbeit
RDCiv – Rivista di diritto civile
RDBB – Revue de Droit Bancaire et de la Bourse
RDComm – Rivista di diritto commerciale e del diritto generale delle obbligazione
RDE – Revista de Direito e de Economia
RDES – Revista de Direito e de Estudos Sociais
RDottComm – Rivista dei dottori commercialisti
Recht – Das Recht
REv – Tribunal da Relação de Évora
RFDUL – Revista da Faculdade de Direito da Universidade de Lisboa
RFDUSP – Revista da Faculdade de Direito da Universidade do Estado de São Paulo
RG – Reichsgericht
RGDComm – Revue Générale de Droit Commercial
RGES – Regime Geral das Empresas Seguradoras
RGIC – Regime Geral das Instituições de Crédito e das Sociedades Financeiras
RGm – Tribunal da Relação de Guimarães
RGOIC – Regime Geral dos Organismos de Investimento Coletivo
RGZ – Entscheidungen des Reichsgerichts in Zivilsachen
RhZ – Rheinische Zeitung für Zivil- und Prozessrecht des In- und Auslandes
RIDA – Revue Internationale des Droits de l'Antiquité
RISG – Rivista Italiana per le Scienze Giuridiche
RivS – Rivista delle società
RIW/AWD – Recht der Internationalen Wirtschaft
RLJ – Revista de Legislação e de Jurisprudência
RLx – Tribunal da Relação de Lisboa
RMCUE – Revue du Marché Commun et de l'Union Européenne

ROA – Revista da Ordem dos Advogados
ROHGE – Entscheidungen des Reichs-Oberhandelsgerichts
RPt – Tribunal da Relação do Porto
RS – Revue des Sociétés
RT – Revista dos Tribunais
RTDC – Revue Trimestrielle de Droit Civil
RTDComm – Revue Trimestrielle de Droit Commercial
RTDEu – Revue Trimestrielle de Droit Européen
RTDPC – Rivista trimestrale di diritto e procedure civile
RTh – Rechtstheorie/Zeitschrift für Logik, Methodenlehre, Zibernetik und Soziologie des Rechts

S – Recueil Sirey
SACEG – Sociedade administradora de compras em grupo
SAG – Schweizerische Aktiengesellschaft
SchwAG – Schweizerische Aktiengeselschaft
SchwJZ – Schweizerische Juristenzeitung
SDR – Sociedade de desenvolvimento regional
SEBC – Sistema Europeu de Bancos Centrais
SeuffA – Seufferts Archiv für Entscheidungen der obersten Gerichte in den deutschen Staaten
SFAC – Sociedade financeira para aquisições a crédito
SGP – Sociedade gestora de patrimónios
SGPS – Sociedade gestora de participações sociais
SI – Sociedade de investimento ou Scientia Iuridica, conforme o contexto
SJZ – Süddeutsche Juristenzeitung
Slg – Sammlung der Rechtsprechung des Gerichtshofes und des Gerichts erster Instanz
SMU L Rev – SMU Law Review
Sparkasse – Sparkasse
STA – Supremo Tribunal Administrativo
Stan J L Bus Fin – Stanford Journal of Law, Business & Finance
STJ – Supremo Tribunal de Justiça
SZRom – Zeitschrift der Savigny-Stiftung für Rechtsgeschichte/Romanistische Abteilung
SZW – Schweizerische Zeitschrift für Wirtschaftsrecht/Revue suisse de droit des affaires

TCAN – Tribunal Central Administrativo Norte
TCAS – Tribunal Central Administrativo do Sul
ThLL – Thesaurus Linguae Latinae
TJ – Tribuna da Justiça
TLx – Tratado de Lisboa
Tul L Rev – Tulane Law Review
TS – Tijdschrift voor Rechtsgeschiedenis/Revue d'Histoire du Droit

UE – União Europeia
U Miami L Rev – University of Miami Law Review
U Pa J Bus L – University of Pensylvania Journal of Business Law
UWG – Gesetz gegen den unlauteren Wettbewerb

VersR – Versicherungsrecht. Juristische Rundschau für die Individualversicherung

WarnR – Warneyer/Die Rechtsprechung des Reichsgerichts
WM – Zeitschrift für Wirtschaft und Bankrecht, Wertpapiermitteilungen
Wpg – Die Wirtschaftsprüfung
WuW – Wirtschaft und Wettbewerb

ZAkDR – Zeitschrift der Akademie für Deutsches Recht
ZBB – Zeitschrift für Bankrecht und Bankwirtschaft
ZBIHR – Zentralblatt für Handelsrecht (em regra, cita-se atualizadamente, como ZHR)
ZdR – Zeitschrift für deutsches Recht
ZeuP – Zeitschrift für Europäisches Privatrecht
ZfA – Zeitschrift für Arbeitsrecht und Sozialrecht
ZGR – Zeitschrift für Unternehmens- und Gesellschaftsrecht
ZHR – Zeitschrift für das gesamte Handels- und Wirtschaftsrecht
ZIP – Zeitschrift für Wirtschaftsrecht
ZKG – Zahlungtskontengesetz
ZRP – Zeitschrift für Rechtspolitik
ZStW – Zeitschrift für die gesamte Strafwissenschaft

I

PRELIMINARES

§ 1.º INTRODUÇÃO

1. O Direito da banca e do dinheiro

I. O Direito bancário abrange normas e princípios jurídicos conexionados com a banca. E em paralelo, a expressão designa ainda a correspondente disciplina teórica e prática.

Por seu turno, "banca", "bancos" ou "banqueiros" têm um alcance envolvente: abarcam o universo relativo aos bancos, às instituições de crédito, às sociedades financeiras e, em geral, à atividade desenvolvida por essas entidades, entre si e com os seus clientes.

A noção perde clareza quando se atente na matéria em jogo. Deparamos com um conglomerado de regras organizatórias e de regulação, infletidas por exigências europeias e de institutos privados tradicionais, postos ao serviço da realidade financeira[1]. Como apresentar o fator que, a esse conjunto heterogéneo, dá coesão e sentido?

Vamos antecipar. Em termos formais, o Direito bancário ocupa-se da organização financeira, das instituições de crédito e sociedades financeiras e da atividade desenvolvida por essas entidades[2]. Em termos funcionais, o Direito bancário é o Direito do dinheiro[3].

[1] Herbert Schimansky/Hermann-Josef Bunte/Hans-Jürgen Lwowski, *Bankrechts-Handbuch* 1, 4.ª ed. (2011), XCIV + 2928 pp., VIII.

[2] Carsten Peter Claussen, *Bank- und Börsenrecht/Für Studium und Praxis*, 4.ª ed. (2008), 1; Arne Wittig, em Siegfried Kümpel/Arne Wittig, *Bank- und Kapitalmarktrecht*, 4.ª ed. (2011), Nr. 1.1 (2).

[3] Hans-Peter Schwintowski/Frank A. Schäfer, *Bankrecht/Commercial Banking – Investment Banking*, 2.ª ed. (2004), 4; Hans-Peter Schwintowski, *Bankrecht*, 4.ª ed. (2014),

II. Principiemos pelas entidades envolvidas na ideia de banca. O Direito positivo português dá algumas noções precisas. Vale o Regime Geral das Instituições de Crédito e Sociedades Financeiras, aprovado pelo Decreto-Lei n.º 298/92, de 31 de dezembro e designado pela sigla RGIC[4]. Pois bem; segundo o artigo 2.º-A do do RGIC[5], relativo a definições, é:

> *w*) "Instituição de crédito", a empresa cuja atividade consiste em receber do público depósitos ou outros fundos reembolsáveis e em conceder crédito por conta própria;

As instituições de crédito comportam diversas espécies: desde os bancos às entidades enumeradas no artigo 3.º do RGIC. Os bancos efetuam a generalidade das operações reservadas às instituições de crédito, como se infere do artigo 4.º. Às restantes instituições de crédito só cabe realizar as operações permitidas pelas normas legais ou regulamentares que se lhes apliquem – *idem*, n.º 2. As sociedades financeiras podem, também, realizar apenas operações que lhes sejam especialmente facultadas e não são instituições de crédito – artigo 7.º do RGIC. Compreende-se, à partida, o melindre da sua distinção perante as instituições de crédito que não sejam bancos; o legislador acabou por superar o problema, através de uma enumeração de sociedades financeiras – artigo 6.º/1 e 2, do RGIC. Cabe, ainda, lidar com as empresas de investimento, elencadas no artigo 4.º-A[6]. À luz destas considerações, fica claro que uma noção – ou uma delimitação – mais precisa de Direito bancário deva ser levada a cabo em cada ordem jurídica concretamente ponderada[7]: apenas a esse nível poderemos determinar se estamos em face de uma instituição de crédito ou uma sociedade financeira. O Direito bancário atinge, neste campo, um plano elevado de formalização.

§ 1, Nr. 7 (3), insistindo na primazia de uma noção funcional, por oposição às de Kümpel, de Schönle e de Wittig, que considera institucionais.

[4] O RGIC foi alterado por diversos diplomas; neste momento, por último, pelo Decreto-Lei n.º 20/2016, de 20 de abril.

[5] Na redação dada pelo Decreto-Lei n.º 157/2014, de 24 de outubro e reordenada pelo Decreto-Lei n.º 23.º-A/2015, de 26 de março.

[6] Introduzida pelo Decreto-Lei n.º 157/2014, de 24 de outubro.

[7] *Vide* Augusto de Athayde/Augusto Albuquerque de Athayde/Duarte de Athayde, *Curso de Direito bancário*, 1 (1999), 33 ss. (36).

III. As instituições de crédito e as sociedades financeiras submetem-se a regras de densidade crescente. Fala-se, a tal propósito, em sistema financeiro. O Direito bancário regula e estuda duas grandes áreas[8]:

– a da organização do sistema financeiro;
– a da atividade das instituições de crédito e sociedades financeiras.

A primeira área debruça-se sobre os bancos e demais instituições, as condições de acesso à sua atividade, a regulação ou supervisão, a fiscalização e as diversas regras conexas. A segunda área prende-se às relações interbancárias e às relações que se estabeleçam entre a banca e os particulares.

Ao Direito da organização do sistema financeiro chamaremos Direito bancário institucional. Paralelamente, o Direito bancário material será o Direito da atividade das instituições de crédito e sociedades financeiras ou, se se quiser, o Direito da atividade bancária, latamente entendida.

IV. Ainda a nível de noção preliminar, parece claro que a apresentação acima realizada é, como se disse, puramente formal: quiçá tautológica. O legislador pode, por razões de oportunidade momentânea, incluir ou retirar entidades do universo "banca" sem, por isso, modificar a realidade material em jogo. Consideramos este fenómeno como habitual e útil, ainda que pouco assumido pela doutrina: a precisão conceptual implica a formalização das noções.

[8] O modo por que os Autores articulam ambas as áreas é muito variável; a sua presença é, contudo, uma constante; *vide* como exemplos contemporâneos da 1.ª ed. desta obra, Jean-Louis Rives-Lange/Monique Contamine-Raynaud, *Droit bancaire*, 6.ª ed. (1995), 26 ss. e 94 ss. e Françoise Dekeuwer-Défossez, *Droit bancaire*, 5.ª ed. (1995), 5 ss. e 14 ss., quanto à França, Giacomo Molle/Luigi Desiderio, *Manuale di diritto bancario e dell' intermediazione finanziaria*, 5.ª ed. (1997), 15 ss., 67 ss. e 123 ss., quanto a Itália e Carsten Peter Claussen/Roland Erne, *Bank- und Börsenrecht*, 2.ª ed. (2000), 18 ss. e 61 ss. e Reinfrid Fischer/Thomas Klanten, *Bankrecht*, 3.ª ed. (2000), 1 ss. e 113 ss., quanto à Alemanha. Entre nós, é possível apontar Augusto de Athayde/Luís Branco, *Direito bancário*, 1 (1989), 4-5, que definem o Direito bancário como o conjunto de normas que têm por objeto específico a organização e o funcionamento das instituições financeiras e Fernando Conceição Nunes, *Direito bancário*, 1 (1990), 21-22, que se fixa na ideia de um conjunto estruturado de normas especificamente aplicáveis às instituições que constituem o regime financeiro e à atividade por elas desenvolvida. *Vide*, ainda, João Calvão da Silva, *Direito bancário/Relatório* (2001).

Procurando materializar a disciplina, adiantámos já que o Direito bancário é o Direito especializado no tratamento do dinheiro ou, mais detidamente: da criação e da destruição do dinheiro, da sua circulação, da sua preservação e dos estabelecimentos que dele se ocupam[9].

Qualquer sociedade humana, dotada de separação de funções, postula pessoas e instituições vocacionadas para atuar no domínio da moeda ou, mais latamente, do dinheiro. Este, por seu turno, requer regras próprias. Numa abordagem substancial, o Direito bancário é o Direito do dinheiro, seja das instituições vocacionadas para lidar com ele – Direito bancário institucional – seja das operações a ele relativas – Direito bancário material.

Sob este pano de fundo, o manuseio dogmático do Direito bancário exige, muitas vezes, o recurso a ângulos formais. Os valores e os interesses subjacentes postulam, porém, sempre a ideia de dinheiro.

2. **Sistema de exposição**

I. O Direito bancário, sedimentado nas duas áreas – a institucional e a material – é, hoje, um dado adquirido. A sua apresentação impõe, no entanto, algumas reflexões.

Quando se considera uma qualquer disciplina jurídica e, para mais, com pretensões de autonomia, tem-se em vista não um somatório de normas ou de princípios mas, antes, um sistema. Sistema ocorre, aqui, na acepção kantiana, divulgada por Canaris[10], como conjunto de proposições ordenadas em função de pontos de vista unitários. Aplicado ao Direito, o sistema ganha um sentido figurativo e valorativo próprio, de tal modo que arrasta, para a sua órbita, fatores que, à partida, não lhe diriam respeito. Assim, perante um sistema – ou subsistema – jurídico, poder-lhe-ão ser reconduzidos fatores em função de algum dos seguintes cinco fenómenos:

– absorção estrutural;
– absorção teleológica;

[9] Palavras de Schwintowski/Schäfer, *Bankrecht/Commercial Banking – Investment Banking* cit., 2.ª ed., 4 (Nr. 2), na sua abordagem pioneira e fundamental. A mesma ideia é prosseguida por diversos autores da atualidade, ainda que sob expressões menos claras; assim, Francesco Giorgianni/Carlo-Maria Tardivo, *Manuale di diritto bancario*, 3.ª ed. (2012), XXVII + 708 pp., 4 ss..

[10] Claus-Wilhelm Canaris, *Pensamento sistemático e conceito de sistema na Ciência do Direito*, trad. port. de nossa autoria, publ. Fundação Calouste Gulbenkian (1989), 9 ss..

– absorção institucional;
– absorção linguística;
– absorção histórico-cultural.

II. Na *absorção estrutural*, o fenómeno considerado é arrastado para o sistema, por implicar situações jurídicas estruturalmente semelhantes às, nele, dominantes; é o caso clássico da responsabilidade civil, inserida no Direito das obrigações por se concretizar através de vínculos obrigacionais: os deveres de indemnizar. Em rigor, a responsabilidade civil deveria respeitar à parte geral, já que acompanha todas as áreas jurídicas.

Na *absorção teleológica*, o sistema acolhe elementos à partida a ele alheios, mas que se mostram ao serviço de fatores nele inseridos; tal a situação do penhor e da hipoteca, levados para o Direito das obrigações, por garantirem créditos quando, dogmaticamente, são direitos reais.

Na *absorção institucional*, o sistema atrai elementos relacionados com institutos que lhe caibam. Assim, as obrigações de vizinhança, de estrutura obrigacional e não necessariamente ao serviço da propriedade[11], vêm a cair em Direitos Reais[12].

Na *absorção linguística*, assiste-se a uma atração, pelo sistema, de dados que apresentem similitudes vocabulares com elementos nele incluídos. Por exemplo, a boa-fé subjetiva tende a ser examinada, em Direito das obrigações, apenas por osmose com a boa-fé objetiva. Qualquer dos outros critérios levá-la-ia para Direitos Reais.

Na *absorção histórico-cultural* – porventura a mais relevante no Direito privado – o sistema inclui elementos por razões acidentais, acolhidas na tradição jurídica. Assim: a locação surge em Direito das obrigações por, no Direito romano, dar azo à *actio locati* e à *actio conducti*: ambas *in personam*. Logicamente, estando em causa o aproveitamento de coisas corpóreas, ela deveria caber aos Direitos Reais.

III. Os fenómenos de absorção acima apontados atuam num fundo de materialidade próprio dos sistemas continentais, de base codificada. Em princípio, a matéria ordena-se em sistema por via da sua realidade dogmática. Há uma coerência de valores, de regime e de soluções que dão

[11] Podem corresponder, por exemplo, a concretizações dos direitos de personalidade.

[12] Usamos Direitos Reais com maiúsculas para exprimir o Direito das coisas ou Direito objetivo relativo às coisas corpóreas; direitos reais com minúsculas equivale aos direitos subjetivos dotados de natureza real.

corpo às disciplinas. Esta realidade substancial vem, depois – isto é, num momento logicamente subsequente de análise racional – a ser recortada pelos aludidos fenómenos de absorção.

Tais fenómenos, mesmo quando acidentais, nunca são inóquos. O sistema tem um papel funcional e interfere diretamente nas normas, nas construções e nas soluções: qualquer realidade nele inserida vem, depois, apresentar um regime diverso, próprio do sistema (ou subsistema) em jogo. Na definição do âmbito de uma disciplina, para além dos pontos de vista materiais que tenham sido eleitos para a sua substancialidade sistemática, há, pois, que contar com os fenómenos de absorção, acima descritos. Temos ainda de lidar com a bilateralidade de tais fenómenos. Isto é: eles tanto jogam a favor de determinado sistema, arrastando, para a sua órbita, elementos exteriores, como contra ele: conduzindo, para outras áreas, elementos que, à partida, lhe deveriam competir. Os fenómenos de absorção podem, assim, ter eficácias positivas ou negativas, conforme incluam, ou excluam, elementos sistemáticos.

V. Regressando, com estes elementos, ao Direito bancário, poderemos considerar possível – pelo menos teoricamente – a confeção de um sistema de normas e de princípios ordenados em função da realidade financeira e isso de acordo com dois eixos fundamentais:

– o da organização financeira, traduzindo um Direito institucional da banca, em sentido amplo;
– o das relações da banca com os particulares.

Ambos os sectores exerceriam, depois, um papel centrípeto, em função de tensões estruturais, teleológicas, institucionais, linguísticas e histórico-culturais, sobre os tecidos jurídicos circundantes.

3. A Ciência jurídico-bancária

I. Na autonomização do Direito bancário, o papel da Ciência jurídica é determinante. Falta, neste domínio, seja uma tradição consagrada, seja uma unidade de fontes que nos permitam acolher um Direito bancário pré-dado. Os estudiosos do sector, através da construção, aproximando fontes, problemas e soluções e ordenando-os em função de critérios razoáveis e unitários, irão levando a cabo um sistema jurídico-bancário.

Até onde vai a autonomia da Ciência do Direito, nessa sua atividade ordenadora e qual o destino das áreas de sobreposição, isto é, de áreas que sejam, em simultâneo referidas por diversas disciplinas?

II. Uma posição de certo modo tradicional e, à partida, mais convincente, apelava, neste domínio, para a própria materialidade das normas em jogo[13]. A regra a incluir no Direito bancário teria de conter uma solução específica, substancialmente bancária. Assim, a liberdade contratual não pertenceria ao Direito bancário, por ser uma regra geral; já a norma que permite às sociedades de *factoring* a celebração dos contratos de cessão financeira, teria natureza bancária.

O pensamento sistemático e o relevo substantivo do sistema obrigam a repensar essa solução.

A inclusão, num sistema, de um princípio ou de uma norma não é inocente. Consumada a adesão, a proposição ganha uma valoração específica: estabelece conexões novas com elementos que a rodeiem, faculta a definição de saídas especiais e excecionais, descobre repetições e contradições e permite novas e – como apetência tendencial – melhores soluções. Assim, o dizer-se que, no Direito das obrigações, rege o princípio da autonomia privada, não equivale à asserção de que os bancos disfrutam dessa autonomia. As implicações são diferentes, tais como diversas são as múltiplas delimitações que, depois, serão traçadas.

A própria definição de regimes especiais e excecionais implica a inclusão, no sistema considerado e, pelo menos, como proposição referenciadora e ordenadora, da norma ou do princípio desviados ou excecionados.

III. A Ciência jurídica fica com uma grande autonomia. Hipoteticamente, ela poderia multiplicar os sistemas – portanto: as disciplinas autónomas – utilizando, para tanto, normas e princípios pertencentes a outras disciplinas. Porém, a verdadeira autonomia pressuporá, sempre, uma diferenciação de soluções. Estas advirão do sistema; contudo, o sistema só promoverá a novidade se, ele próprio, contiver (algumas) normas e princípios diferenciados. De resto, será essa a especificidade que facultará a adoção de, pelo menos, alguns pontos de vista ordenadores próprios.

[13] Adotada, por exemplo, por Conceição Nunes, *Direito bancário*, I – *Introdução e sistema financeiro* (1994), 24-25.

Assim e sem, com isso, pretender instilar simetrias irreais, podemos considerar que, numa disciplina jurídica cuja autonomização esteja em curso, haverá que apontar:

– normas e princípios específicos, próprios dessa disciplina, que traduzam soluções jurídicas diferenciadas, especialmente aderentes aos problemas particulares que justificam o novo sector normativo em causa;
– normas e princípios de ordem mais vasta, à partida indiferenciados, mas cuja inclusão no sistema seja conveniente para ordenar ou para dar sentido a outras proposições ou, simplesmente, cujo concurso seja necessário para, em conjunto com regras específicas, proporcionar soluções diferenciadas.

IV. As tais normas e princípios de ordem mais geral, que se vejam arrastados para um sistema parcelar, dão azo a áreas de sobreposição, isto é: áreas que pertencem, em simultâneo, a duas ou mais disciplinas. Por exemplo: a matéria relativa aos contratos bancários obedece a regras propriamente bancárias e a regras gerais de Direito das obrigações. Destas últimas, algumas terão, forçosamente, que enformar o sistema "Direito bancário", até por razões de inteligibilidade. Não há, nisso, qualquer obstáculo: na formação de um contrato bancário, repetir-se-ão, por hipótese, as regras gerais da formação dos negócios, chamando a atenção para as especificidades existentes ou – sendo esse o caso! – para a total falta de particularidades: qualquer das duas hipóteses é fundamental, para o conhecimento do sistema.

Uma vez construído, o sistema ganha peso próprio, como foi dito: ele tende a excluir quanto não reconheça. Quando, no Direito bancário, tomado já como disciplina autónoma, não se diga, com maior ou menor desenvolvimento, que vigora o princípio da autonomia privada, este tenderá a ser ignorado. O peso da regulação ou da supervisão levará a melhor.

4. **Núcleo central e halos culturais**

I. O pensamento sistemático deixa incólume – e, mesmo, reforçada – a necessidade de localizar, numa disciplina jurídica candidata à autonomia, um núcleo de proposições ou saídas autónomas. Para manter a autonomia das áreas suscetíveis de sobreposição com as de outras matérias, poderemos falar em *núcleo duro* ou *núcleo central da disciplina*.

Teríamos, então, um sistema – ou subsistema – caracterizado por um núcleo, explicitamente especial ou, mesmo, excecional e que constituiria a caracterização básica da disciplina a autonomizar, rodeado por um halo de regras comuns, centripetadas em função de fatores figurativos, pragmáticos ou regulativos.

A prática jurídica não permite, contudo, detetar disciplinas de conceção tão racional e linear.

II. Se ponderarmos sectores cuja autonomia esteja hoje conquistada, como o Direito comercial ou o Direito do trabalho, verificaremos que não há, neles, um núcleo duro mas, antes, vários pólos problemáticos relevantes. O Direito comercial vai abranger matérias como a do regime dos comerciantes, a dos atos comerciais, a dos estabelecimentos, a das sociedades comerciais, a da concorrência, a dos títulos de crédito e a do comércio marítimo[14]. Por seu turno, o Direito do trabalho ocupa-se das relações coletivas, das condições de trabalho, do contrato individual de trabalho e dos acidentes de trabalho[15]. Em ambos os casos temos vários núcleos ou pólos, todos com os seus temas circundantes e com áreas de sobreposição, intra e extradisciplinares.

Nalguns casos, a aproximação entre os diversos pólos parece, ainda, impor-se, em termos racionais. Assim, os vários núcleos laborais têm a ver com o trabalho subordinado. Noutros casos, a aproximação é mais discutível: o Direito comercial tem disciplinas remotamente relacionáveis: sociedades e títulos de crédito, por exemplo. Elas tendem, de resto e cada vez mais, a apresentar-se como ramos jurídicos autónomos.

III. A heterogeneidade denotada tem a ver com a essência cultural do jurídico. Criação humana, de base histórica, o Direito sofre uma complexidade causal que confere uma dimensão existencial aos seus fenómenos. Há dados jurídicos – e dos mais relevantes – que nos chegam prontos, por via histórico-cultural, sem que o intérprete mais possa fazer do que atribuir-lhes um lugar no sistema. Na apontada complexidade surgem-nos situações históricas impressivas – p. ex., uma Revolução Francesa que proscreva os ónus reais –, e exemplos marcantes de outras ordens jurídicas – p. ex., a criação alemã, em 1892, das sociedades por quotas – ou, até,

[14] *Direito comercial*, 4.ª ed., 150 ss..

[15] *Manual de Direito do trabalho*, 21-22.

meros acidentes universitários – p. ex., o ensino de Guilherme Moreira que arrastou o Direito privado português para a órbita germânica.

Temos, assim, disciplinas jurídicas que se impõem, apesar de apresentarem uma manifesta falta de coerência interna – p. ex., o Direito comercial – enquanto outras, aparentemente mais consistentes, nunca lograram uma verdadeira afirmação – p. ex., o Direito das empresas.

IV. A ponderação cultural das disciplinas coloca um particular desafio, à sua autonomia. Para que uma disciplina se possa afirmar como tal, é necessário que ela obtenha acolhimento, por parte dos operadores jurídicos e dos estudiosos. Ela terá de apresentar quadros de comunicação que sejam compartilhados. Não basta a presença de soluções particulares: a disciplina põe-se a nível de sistema e não de solução.

O facto de uma disciplina desfrutar de autonomia universitária é decisivo, por todas as razões: desde o aprofundamento dos temas, à formação dos quadros mentais dos jovens juristas. O nível de especialização que ela faculta também releva. Mas há outros.

V. O domínio do cultural, também neste ponto, não deve soçobrar num fatalismo que libere, das suas funções, a Ciência do Direito. Embora dado pela cultura e pela História, o Direito tem exigências de racionalidade e de equilíbrio que exigem uma ponderação cuidada das soluções e das regras. Assim, sobre a base existencial irá, depois, incidir a ponderação criativa dos juristas, fruto de novas sínteses e de uma melhorada cultura. Estes, mesmo imperativamente, reconhecem, pelos frutos e pela função, qualquer nova disciplina jurídica.

5. O Direito bancário material

I. A profunda razão de ser do Direito bancário reside na especialidade do dinheiro[16]. Após uma evolução histórica abaixo referida[17], o dinheiro

[16] Trata-se da asserção, aparentemente simples, que se deve a Schwintowski citado *supra*, nota 3 (a 1.ª ed. é de 1997) e que tem sido retomada; *vide* a 1.ª ed. deste *Manual* (1998), 15, bem como Peter Bülow, em Peter Derleder/Kai-Oliver Knops/Heinz Georg Bamberger, *Handbuch zum deutschen und europäischen Bankrecht*, 2.ª ed. (2009), Nr. 7 (6-7).

[17] *Infra* 85 ss..

firmou-se, nas sociedades humanas, como bitola geral do valor das coisas e como meio universal de troca. Para tanto, foram necessárias normas jurídicas: hoje, encontramos nas leis o que seja dinheiro, qual a sua origem, qual o seu valor e qual o seu regime.

O dinheiro está na base de diversos atos e contratos relativos ao seu manuseio: principal ou instrumental. Muitas vezes, tais atos implicam a intervenção de entidades especializadas, que agrupamos sob a designação tradicional "banca". Por isso, tais atos e contratos são, correntemente, considerados como o produto da atividade das instituições de crédito e sociedades financeiras, no seu relacionamento com os particulares, quando atuem no seu papel de intermediação[18].

II. Quer pela lógica, quer pela substância, o Direito bancário material precede o institucional. A banca existe porque a Humanidade inventou o dinheiro como elemento central das sociedades com diferenciação de funções. Mas a partir de um certo grau de desenvolvimento, o dinheiro exige instituições especializadas. Não o inverso. Hoje, tal como opera, o dinheiro requer uma intervenção quase permanente da banca[19], podendo falar-se em intermediação financeira[20]. Assim se entende que o Direito bancário material acabe por dar corpo a situações que, em regra, têm um banqueiro num dos seus pólos ou que, pelo menos, só podem considerar-se completas com a intervenção da banca.

III. Com esta dupla especificidade objetiva (o dinheiro) e subjetiva (a banca), o Direito bancário material é, à partida, um Direito contratual. Ele reporta-se a determinados contratos comerciais – ditos bancários – submetendo-se ao Direito das obrigações, com as particularidades ditadas pela sua natureza comercial e com as especificidades propriamente bancárias, que se manifestem.

Preferimos esta terminologia a uma outra, mais radicalmente autonomista e que fala em operações bancárias. Como veremos, o estudo do Direito bancário material tem tudo a ganhar com a sua inclusão no grande Continente do Direito privado. Isolar noções e cortar pontes – como já sucedeu, historicamente, com o Direito comercial – acaba por traduzir-se

[18] Paula Ponces Camanho, *Do contrato de depósito bancário*, 2.ª ed. (2005), 51 e *passim*.

[19] Em especial: José Simões Patrício, *Direito bancário privado* (2004), 62-63.

[20] Simões Patrício, *Direito bancário privado* cit., 9 ss..

em arcaismos e duplicações: o sector cisionista não acompanha o progresso da Ciência do Direito e acaba por se esgotar em temas ultrapassados ou em construções inadequadas. Um ato bancário é, antes de mais, um negócio contratual, com tudo o que isso implica, em termos dogmáticos e culturais.

IV. Os contratos bancários estão sujeitos à liberdade negocial. A normalização e as exigências de rapidez dão um grande relevo às cláusulas contratuais gerais. Estas acabaram por absorver, no essencial, os usos da banca, vindo a exprimir uma tipificação social de atos bancários.

As cláusulas contratuais gerais têm um papel fundamental no Direito bancário material[21]. Elas colmatam, em pontos importantes, a ausência de regras legais, permitindo preencher a disciplina bancária, no plano das fontes.

V. Os atos bancários não esgotam o universo do Direito bancário material. Ele abrange, ainda:

- as vinculações extranegociais[22]: deveres de informação e de lealdade assentes na lei ou no princípio geral da confiança, pré-negociais, pós-eficazes ou, simplesmente: integrantes de uma relação obrigacional sem dever de prestar principal;
- a responsabilidade bancária[23]: o instituto geral de responsabilidade civil, quando aplicado à situação profissional do banqueiro, assume uma feição especial;
- os deveres legais e as situações jurídicas absolutas que devam ser particularmente aplicáveis nas situações bancárias: pense-se no dever de sigilo e no respeito pela intimidade privada.

[21] Siegfried Kümpel, *Bank- und Kapitalmarktrecht*, 3.ª ed. (2004), 18 ss.. Mais desenvolvidamente, Frank Peterek, em Siegfried Kümpel/Arne Wittig, *Bank- und Kapitalmarktrecht*, 4.ª ed. (2011), 567 ss.. Trata-se de um aspeto apontado há muito nas diversas doutrinas; p. ex., Giuseppe B. Portale, *Le operazioni bancarie* 1 (1978), 87 ss. e Reinfrid Fischer/Thomas Klanten, *Bankrecht*, 3.ª ed. (2000), 113 ss..

[22] Claus-Wilhelm Canaris, *Bankvertragsrecht*, 1, 3.ª ed. (1988), 8 ss..

[23] Menezes Cordeiro, *Concessão de crédito e responsabilidade bancária*, BMJ 357 (1986), 5-66. Além da literatura referida neste escrito, cumpre citar: Curt Bley, *Tatsachen über Kredit und Kreditmissbrauch* (1954), Salvatore Maccarone/Alessandro Nigro, *Funzione bancaria, rischio e responsabilità della banca* (1981), Giovanni Corno (apres.), *Operazioni bancarie e responsabilità del banquiere* (1987) e Pedro Fuzeta da Ponte, *Da problemática da responsabilidade civil dos bancos decorrente do pagamento de cheques com assinaturas falsificadas*, RB 31 (1994), 65-81.

6. O Direito bancário institucional

I. O Direito bancário institucional corresponde, como foi dito, à disciplina jurídica do sistema financeiro ou, substancialmente: das instituições especializadas no tratamento do dinheiro[24]. No presente momento e em Portugal, podemos reportar o Direito bancário institucional ao regime do Banco de Portugal e ao das instituições de crédito e das sociedades financeiras, tal como resulta do RGIC. Fica envolvido esse diploma – de resto extenso e complexo – e, ainda, toda a legislação complementar, anterior (que se mantenha em vigor) e posterior.

Podemos igualmente alargar o Direito bancário institucional a certas áreas circundantes, bem como incluir, nele, algumas regras de produção internacional.

Assim explicitado, o Direito bancário institucional dispõe de uma forte delimitação: a que lhe é dada pelo seu objeto e pela especificidade das suas fontes.

A análise dos diplomas relativos ao sistema financeiro – e, *maxime*, o próprio RGIC – mostra uma sobreposição de regras. Em moldes necessariamente sintéticos, vamos sumariá-las em quatro massas ou camadas:

– Direito público, tendencialmente administrativo;
– Direito das sociedades comerciais;
– Direito privado;
– Direitos instrumentais e acessórios.

Vamos ver cada uma delas.

II. O Direito público[25], no domínio bancário institucional, tem a ver com a função e a atuação financeira do Estado. Entre nós – ao contrário do que sucede noutros países – esse papel é, de modo alargado, assegurado pelo Banco Central – o Banco de Portugal ou BP. O BP tem atribuições e competências latas, concedidas por lei e que abaixo serão referenciadas. Como banco central, cabem-lhe – como se infere do artigo 12.º da sua Lei

[24] Será um Direito bancário em sentido institucional-pessoal: Peter Bülow, em Peter Derleder/Kai-Oliver Knops/Heinz Georg Bamberger, *Handbuch zum deutschen und europäischen Bankrecht* cit., 2.ª ed., 5.

[25] De momento, bastar-nos-emos com o conceito apriorístico de Direito público, compartilhado por todos os juristas; adiante faremos algumas precisões, neste domínio.

Orgânica ou LO[26] e sem prejuízo da sua participação no Sistema Europeu de Bancos Centrais ou SEBC:

– gerir as disponibilidades externas do País;
– agir como intermediário nas relações monetárias internacionais do Estado;
– velar pela estabilidade do sistema financeiro nacional, assegurando, com essa finalidade, designadamente a função de refinanciador de última instância;
– aconselhar o Governo nos domínios económico e financeiro.

Além disso, o BP é um banco emissor, emitindo moeda – artigo 6.º da LO, com referência ao artigo 106.º do Tratado que Institui a Comunidade Europeia[27], pelo Tratado de Lisboa[28] acolhido no artigo 128.º do Tratado sobre o Funcionamento da União Europeia[29].

Finalmente, o BP é a autoridade supervisora[30] do sistema financeiro – artigo 17.º da LO. Cabe-lhe autorizar a constituição de instituições de crédito – artigo 16.º/1, – e proceder à sua supervisão – artigo 93.º/1, ambos do RGIC – entre outros aspetos. Detém, mesmo, nesse domínio, um autêntico

[26] Aprovada pela Lei n.º 5/98, de 31 de janeiro, com as alterações introduzidas pelos Decretos-Leis n.º 118/2001, de 17 de abril, n.º 50/2004, de 10 de março, n.º 39/2007, de 20 de fevereiro, n.º 31-A/2012, de 10 de fevereiro e n.º 142/2013, de 18 de outubro, pela Lei n.º 23-A/2015, de 26 de março e pela Lei n.º 39/2015, de 25 de maio.

[27] Bernhard Kempen, em Rudolf Streinz, *EUV/EGU/Vertrag über die Europäische Union und Vertrag zur Gründung der Europäischen Gemeinschaft* (2003), Art. 106.º (1316 ss.).

[28] DR I Série, n.º 96, de 19-mai.-2008, 2703-2811. O Tratado de Lisboa foi assinado em Lisboa a 13-dez.-2007, aprovado pela RAR n.º 19/2008, de 23 de abril e ratificado pelo Decreto do Presidente da República n.º 31/2008, de 19 de maio; deveria ter entrado em vigor no dia 1-jan.-2008, de 19 de maio, se todos os Estados o tivessem ratificado nessa data; dada a sua rejeição, num referendo irlandês, ele entraria em vigor no primeiro dia do mês seguinte ao do depósito do instrumento de ratificação do último Estado que procedesse a essa formalidade (6.º/1 do TLx). O novo referendo irlandês, ocorrido em outubro de 2009 foi favorável. Seguiu-se a ratificação pela Chéquia, em novembro desse ano. O Tratado de Lisboa entrou em vigor no dia 1 de dezembro de 2009. *Vide* Andreas Haratsch/Christian Koenig/Matthias Pechstein, *Europarecht*, 9.ª ed. (2016), 764 pp., Nr. 34 ss. (14 ss.) e Matthias Herdegen, *Europarecht*, 17.ª ed. (2015), 532 pp., Nr. 26 ss. (59 ss.).

[29] Bernhard Kempen, em Rudolf Streinz, *EUV/EGU/Vertrag über die Europäische Union und Vertrag über die Arbeitsweise der Europäischen Union*, 2.ª ed. (2012), Art. 128.º (1549 ss.).

[30] Esta a designação tradicional; atualmente usa-se, também, "autoridade reguladora".

poder normativo, através da publicação de avisos – artigo 99.º do RGIC – fonte de verdadeiras normas jurídicas.

Todas estas regras, às quais poderíamos acrescentar o próprio poder de superintendência do Governo, através do Ministro das Finanças ou MF – artigo 91.º/1, do RGIC –, regulam uma função do Estado[31], a exercer, nos termos da lei, pelas entidades competentes. No seu exercício, manifestam-se claros poderes de autoridade.

III. O Direito das sociedades comerciais rege as instituições de crédito e as sociedades financeiras; pode mesmo ser chamado a regular o próprio BP – artigo 64.º da LO[32]. As normas comerciais, assim competentes para intervir, sofrem diversos influxos e adaptações. Não perdem, contudo, a sua natureza privada.

IV. A nível institucional, o Direito bancário comporta importantes áreas de Direito privado. Nesse sentido, cumpre referir o Título VI do RGIC, atinente a regras de conduta, onde surgem importantes deveres – artigos 73.º e seguintes: competência técnica, relações com os clientes, dever de informação e critério de diligência e, depois, as áreas básicas do segredo profissional – artigos 78.º e seguintes – dos conflitos de interesses – artigos 85.º e seguintes – e de defesa da concorrência e publicidade – artigos 87.º e 88.º, respetivamente, todos do RGIC. Também nestes domínios surgem ocorrências estruturalmente públicas; não obstante, elas traduzem, no essencial, relações igualitárias, fonte de direitos para as pessoas. O artigo 77.º-B do RGIC prevê códigos de conduta, a elaborar pelo BP e por outras entidades. Podem, por esta via, surgir novas regras, de tipo privado.

V. Finalmente, há que lidar, sempre num plano institucional, com Direitos instrumentais e acessórios. Temos, como exemplo, regras de registo – artigos 65.º e seguintes – e regras contraordenacionais – artigos 201.º e seguintes, todos do RGIC. Em cada caso, será necessário verificar os corpos jurídicos aptos para intervir.

[31] Hoje transferida, em parte, para a União Europeia, designadamente para o Banco Central Europeu ou BCE.

[32] Na redação introduzida pelo artigo 1.º do Decreto-Lei n.º 118/2001, de 17 de abril, que veio corrigir uma incongruente referência a uma "aplicação subsidiária", constante da versão anterior desse preceito.

7. **Papel e importância**

I. O Direito bancário legitima e regula o sistema financeiro e as suas relações com os particulares. Subjacente tem, sempre, a ideia omnipresente do dinheiro e do seu tratamento: o dinheiro que, quer se queira, quer não, domina ou condiciona todas as atuações humanas, isoladamente, em grupos ou em grandes coletividades[33]. Tanto basta para lhe definir um papel claro no ordenamento e para, sem mais considerações, se lhe poder avaliar a importância.

Porém, é possível ir mais longe.

II. A crescente especialização das sociedades técnicas pós-industriais tem vindo a concentrar, na banca, tudo quanto respeite a pagamentos e a crédito. Nenhuma operação de relevo dispensa um banqueiro e as próprias operações correntes para isso tendem. Essa base, já de si considerável, vem sofrendo um alargamento contínuo: os bancos tornam-se centros de conglomerados que disponibilizam, aos seus clientes, serviços cada vez mais extensos[34]. Além da generalidade dos produtos financeiros, os bancos dispensam consultadoria e, com a intervenção de entidades por eles dominadas, proporcionam: seguros, assistência em viagem, na saúde e em negócios e o acesso a bens e serviços de toda a natureza.

Analiticamente, podemos apontar, segundo Calvão da Silva[35]:

[33] Demos a palavra ao nosso Camilo, em páginas que terão, hoje, um peso reforçado:

> O DINHEIRO, amigos! Eu nunca me cansarei de vos lembrar esta palavra, tres syllabas distintas que fazem o único deus verdadeiro d'este paganismo ignominioso em que medram os vicios da sociedade.
>
> Tres syllabas! trindade veneranda que representa o mytho de todas as religiões, em cada uma das quaes o profundissimo Dupuis achou uma trindade, e não descobriu esta, que eu tenho a honra de evangelisar-vos.

in Camillo Castello Branco, *A filha do arcediago*, 7.ª ed. conforme com a 3.ª, ultima revista pelo auctor, Parceria Antonio Maria Pereira (1926), 103-104; recomenda-se a leitura completa do entre parênteses de Camilo de que, apenas, damos o extrato mais breve.

[34] Arne Wittig, em Siegfried Kümpel/Arne Wittig, *Bank- und Kapitalmarktrecht*, 4.ª ed. (2011), Nr. 1-6 (4) e João Calvão da Silva, *Banca, Bolsa e Seguros/Direito Europeu e Português*, tomo I – *Parte Geral*, 3.ª ed. (2012), 21 ss..

[35] João Calvão da Silva, *Direito bancário/Relatório* cit., 14-19.

a) A expansão da banca no mercado dos valores mobiliários, com uma multiplicação de intermediários financeiros;
b) A expansão da banca no mercado dos seguros, dando azo à *bancassurance*: a maioria dos seguros é, hoje, colocada através da banca;
c) A expansão das empresas de seguros no campo financeiro e dos investidores institucionais (*assurbanque* e *assurfinance*).

Tudo isto tem consequências no domínio das exigências de supervisão[36].

No limite, podemos considerar que o universo bancário é um modo de concretização e de condução de qualquer atividade patrimonial[37].

III. Desenham-se vantagens e desvantagens. A popularização da riqueza, com o acesso generalizado a todo o tipo de produtos, depende do dinamismo bancário e do abaixamento dos custos facultados pela atuação dos banqueiros. Os riscos para os consumidores e as quebras na liberdade e no sigilo constituem o reverso. O próprio Estado pretende apropriar-se do enorme potencial fiscalizador propiciado pela banca para, com comodidade, prosseguir fins de polícia ou meramente fiscais. O fantasma do grande irmão toma consistência.

O Direito e a sua Ciência têm, aqui, um campo inesgotável de análise e de aperfeiçoamento. Podemos arriscar: há dois séculos, os liberais tiveram de encarar o problema do controlo do Estado, pelo Direito; hoje, os pós-liberais enfrentam as questões do controlo do Estado e do controlo da finança e do dinheiro. A esta luz, o Direito bancário deve ser substancializado por uma Ética bancária[38], expressão última da primazia dos valores humanos no próprio âmbito do dinheiro. Veremos, à frente, os meios dogmáticos de concretização de tais valores.

IV. O Direito bancário não se limita a resolver os seus próprios problemas. Ele faculta o aperfeiçoamento de quadros e de soluções que constituem, depois, património da Ciência do Direito, no seu todo. Pro-

[36] *Idem*, 20 ss..

[37] Augusto de Athayde, *Curso de Direito bancário* cit., 1, 26 ss., com indicações, fala, a tal propósito, num fenómeno de "bancarização" que seria expressão da "globalização" da economia.

[38] *Vide* o importante desenvolvimento de Augusto de Athayde, *Curso de Direito bancário* cit., 1, 67 ss..

gressos obtidos no Direito bancário podem, com vantagem, ser usados noutras áreas normativas. Sirvam de exemplo os avanços conseguidos no tocante ao sigilo bancário, que podem beneficiar a construção de outros sigilos profissionais ou os alcançados no manuseio das garantias, úteis para toda a correspondente área de Direito das obrigações. A própria dogmática das cláusulas contratuais gerais, hoje pertença nuclear do Direito civil, viu o seu início no domínio dos negócios bancários. Instrumentos novos, como o da relação bancária global, são, com vantagem, usados noutras áreas.

O reconhecimento do Direito bancário, como disciplina plena, traduz um enriquecimento para toda a Ciência jurídica.

§ 2.º CONTEÚDO, MÉTODO E PROGRAMA

8. Conteúdo

I. O Direito bancário reparte-se por duas áreas distintas, como vimos: o Direito institucional e o Direito material. Donde a primeira questão: por qual começar[39]? Ambas as soluções são possíveis. Na presente edição, iremos dar a primazia ao Direito bancário material[40]. Todavia, haverá o cuidado de fazer anteceder ambas as áreas por uma parte dogmática geral: aí serão adiantadas as rubricas que, embora mais vincadamente institucionais, irão relevar para a própria exposição material. Esta opção apoia-se em cinco razões que, por terem níveis dogmáticos de peso, passamos a anunciar:

- o Direito bancário é predominantemente privado; faz sentido estudar, primeiro, a sua estruturação material, que dá o cunho ao conjunto;
- o Direito bancário, densamente regulado, ameaça perder as referências básicas da igualdade e da liberdade: a precedência do Direito material contribui para avivar valores humanistas básicos;

[39] Quanto às soluções (divergentes) que têm sido adotadas nas diversas doutrinas, *vide Direito bancário/Relatório*, 187 ss..

[40] Nas 1.ª e 2.ª edições deste *Manual*, seguimos a ordenação inversa. Também Calvão da Silva, após uma Parte I dedicada ao mundo da finança e ao Direito bancário num contexto global e uma Parte II sobre Direito comum – Tratado CE, insere, na Parte III, primeiro, o Direito institucional e, depois, o material: *Direito bancário* cit., 171 ss. e 331 ss., respetivamente.

– as áreas institucionais são instáveis e operam com conceitos alheios; cabe ao Direito bancário material disponibilizar os seus próprios conceitos, em vez de tudo abandonar ao Direito comercial ou ao Direito administrativo;
– no presente momento histórico, há que defender a autonomia e a especificidade do Direito português; esta necessidade elementar é válida para todo o ordenamento: mas surge especialmente premente nas linhas mais expostas à influência estrangeira, com relevo, justamente, para o Direito bancário; tal finalidade é melhor prosseguida antepondo o Direito material;
– a experiência pedagógica dos últimos anos, no domínio do Direito bancário, revela uma aprendizagem mais fácil e mais motivada principiando, precisamente, pelo Direito material.

II. O Direito bancário tem fontes diversificadas. No plano institucional – embora não exclusivamente – preponderam fontes comunitárias. Estas visam diretamente a banca, nalguns casos; noutros, fazem-no de modo indireto: pense-se nas diretrizes relativas às sociedades comerciais, importantes, também, para as instituições de crédito.

A presente exposição é-o de Direito positivo português. O Direito europeu será considerado quando relevante. Há, todavia, um *minimum* que não poderá deixar de ser tido em conta, por razões de intelegibilidade do conjunto.

III. O Direito bancário tem fronteiras indefinidas com outras disciplinas. Apresenta, igualmente, áreas de sobreposição[41]. Seremos pragmáticos: um estudo integral do Direito bancário levar-nos-ia a considerar a generalidade das disciplinas comerciais, em sentido amplo e, ainda, vastas zonas do Direito público e do Direito penal. Tendo em conta a realidade da produção doutrinária nacional, procuraremos ater a sequência às matérias mais diretamente bancárias.

9. **Método**

I. O estudo do Direito bancário não é um improviso. Subjacente, deve haver uma coerência metodológica, que facilite a pesquisa, o discurso e a

[41] *Vide Direito bancário/Relatório*, 189 ss..

sua apreensão. No essencial, consideramos presentes os tópicos metodológicos próprios do Direito civil e do Direito comercial[42]. Vamos ver as inflexões que a natureza bancária da disciplina determina.

II. O estudo do Direito implica, hoje, o acesso a uma grande quantidade de informação. Não há lugar para exposições não apoiadas em elementos atualizados e que pretendam suprir tal falha com opções doutrinárias vincadas ou com isoterismos de linguagem. Domina, pois, o encargo de acompanhar a produção doutrinária, a evolução legislativa (incluindo a europeia) e as decisões dos tribunais.

A informação bancária deve ser tratada em termos dogmáticos. Neste ponto, será dada natural atenção às exigências específicas do mundo da banca. Mas no geral, os parâmetros jurídico-científicos são de elaboração privada. Acantonar a dogmática ao Direito bancário traduzia um grave empobrecimento da disciplina. O estudioso da matéria deverá estar em condições de, permanentemente, tratar, na sua área de interesses, as novidades que a Ciência do Direito vem originando.

Temas como a responsabilidade bancária, os deveres de informação, as cláusulas contratuais gerais ou as relações de enquadramento conhecem importantes desenvolvimentos no Direito civil. A reforma do BGB alemão, de 2001/2002, com a codificação de matérias como a *culpa in contrahendo*, a violação positiva do contrato, a alteração das circunstâncias e a tutela do consumidor, tem um relevo bancário direto. De resto, essa reforma mais não fez do que oficializar, em lei, a afetiva situação doutrinária.

Pois bem: não seria realista progredir no Direito bancário sem ter em conta esta evolução geral e os avanços que, subsequentemente, a doutrina vem alcançando, nos diversos e referidos temas.

III. O estudo do Direito bancário é, no fundamental, um exercício de Direito português. O Direito português tem uma identidade especial, que o diferencia, muito claramente, dos restantes Direitos do Sul. Assim:

- mantém uma cepa tradicional, que remonta às Ordenações, aos Códigos Comerciais do século XIX, ao Código de Seabra (1867) e ao Código Vaz Serra (1966);

[42] *Tratado de Direito civil* I, 4.ª ed. (2012), 133 ss. e 433 ss., *Direito comercial*, 4.ª ed. (2016), 191 ss. e *Direito das sociedades* 1, 3.ª ed. (2011), 260 ss..

– afirma-se como Direito aberto a experiências europeias, com relevo, após o início do século XX, para a doutrina alemã;
– representa, em muitas das suas soluções, uma síntese entre os elementos nacionais e as melhores experiências oferecidas pelo Direito comparado.

Analisar o Direito português – ao contrário do que sucederá, por exemplo, com os Direitos francês ou alemão – implica sempre um acompanhamento comparatístico. Só assim poderemos conhecer a origem de muitos dos institutos e ponderar as suas linhas de evolução.

IV. O papel da doutrina estrangeira, embora instrumental, torna-se muito importante. E nessa doutrina, importa salientar a alemã. Por várias razões:

– é, a larga distância, a mais produtiva da Europa continental, no campo bancário: pelo número e qualidade dos seus manuais, das suas monografias, das suas revistas especializadas e das decisões dos seus tribunais;
– surge, sempre com um grande avanço, como a dogmaticamente mais desenvolvida, no campo bancário como no jurídico, em geral;
– influencia, em profundidade, todo o Direito bancário europeu: basta ver que o Sistema Europeu de Bancos Centrais, com o Banco Central Europeu no topo, reproduz a antiga organização bancária alemã, dirigida pela *Bundesbank*; além disso, as diretrizes bancárias – como as comerciais – são, todas, de clara inspiração alemã;
– corresponde ao espírito do Direito privado português, desde a grande transposição operada por Guilherme Moreira, nos inícios do século XX, rematada pelo Código Civil de Vaz Serra (1966);
– permite diferenciar, com vantagens, o Direito português dos restantes Direitos do Sul, com relevo para o espanhol, o italiano e o francês;
– é inóquo, no tocante aos riscos de pôr em crise a autonomia jurídico-científica nacional: ao contrário do que poderia suceder se se recorresse, de modo privilegiado, a Direitos de países do Sul, o apoio na doutrina alemã é sempre distante e não conformador; os elementos germânicos – de resto próximos do Direito romano – são adotados apenas na sua vertente científica, sem qualquer interferência dos seus longínquos autores na nossa vivência; a barreira linguística tem a maior eficácia.

Este quadro não deve esquecer as realidades nacionais. Muitas soluções alemães são inaproveitáveis. Cada instituto é um caso, a estudar com humildade académica. Quando se utilizem elementos estrangeiros há, sempre, que os passar pelo crivo do Direito comparado.

10. **Programa**

I. As linhas anteriores explicam o programa. Teremos:

– dogmática bancária geral;
– Direito bancário material;
– Direito bancário institucional.

Na dogmática bancária geral, vamos construir a doutrina de todo o Direito bancário. Além das noções básicas, haverá que analisar os princípios bancários gerais, as fontes, os sistemas financeiros, a relação bancária geral e as atuais encruzilhadas evolutivas da realidade dos nossos dias.

II. O Direito bancário material levar-nos-á a considerar:

– a situação jurídica bancária;
– as responsabilidades bancárias;
– os atos bancários em geral;
– os atos bancários em especial.

III. O Direito bancário institucional irá abranger:

– o sistema financeiro português;
– as instituições de crédito em geral;
– as instituições de crédito em especial;
– as sociedades financeiras;
– as empresas de investimento.

§ 3.º BIBLIOGRAFIA

11. Doutrina portuguesa

I. *Bibliografia anterior a 1974*

João Pinto da Costa Leite (Lumbrales) – *Organização bancária portuguesa*, Coimbra, 1926, 278 pp.;

José Gabriel Pinto Coelho – *Operações de banco*, Coimbra, 1949-1950, 240 pp.;

A. Ramos Pereira – *O sistema de crédito e a estrutura bancária em Portugal*, 2 volumes, Lisboa, 1969, 394 pp..

II. *Bibliografia posterior a 1974 e anterior a 2000*

Alberto Luís – *Direito bancário/Temas críticos e legislação conexa*, Coimbra, 1985, 427 pp.;

Augusto de Athayde/Luís Branco – *Direito bancário*, vol. I, Lisboa, 1990;

José Simões Patrício – *Direito do crédito/Introdução*, Lisboa, 1994, 92 pp.;

Fernando Conceição Nunes – *Direito bancário*, volume I – *Introdução e sistema financeiro*, Lisboa, 1994, 379 pp.;

António Menezes Cordeiro – *Direito bancário/Relatório*, Coimbra, 1996, 245 pp.;

Vasco Soares da Veiga – *Direito bancário*, Coimbra, 1996, 638 pp.;

José Maria Pires – *Direito bancário*, 1.º volume – *O sistema bancário português*, Lisboa, 1994, 2.º volume – *As operações bancárias*, Lisboa, 1995 e 3.º volume – *Colectânea de legislação bancária anotada*, Lisboa, 1997;

António Menezes Cordeiro – *Manual de Direito bancário*, 1.ª ed., Coimbra, 1998, 683 pp.;

Armindo Saraiva Matias – *Direito bancário*, Coimbra, 1998, 138 pp.;

Augusto de Athayde/Augusto Albuquerque de Athayde/Duarte de Athayde – *Curso de Direito bancário*, I, Coimbra, 1999, 605 pp..

III. *Bibliografia posterior a 2000*

João Calvão da Silva – *Direito bancário/Relatório*, Coimbra, 2001;
José Simões Patrício – *Direito bancário privado*, Lisboa, 2004;
Carlos Costa Pina – *Instituições e mercados financeiros*, Coimbra, 2004, 631 pp.;
Abílio Neto, *Operações bancárias. Legislação – doutrina – jurisprudência*, Lisboa, 2008, 787 pp.;
Almeno de Sá, *Direito bancário*, Coimbra, 2008, 221 pp.;
Augusto de Athayde/Augusto Albuquerque de Athayde/Duarte de Athayde – *Curso de Direito Bancário*, I, 2.ª ed., Coimbra, 2009, 493 pp.;
Jorge Alves Morais e outros, *Manual de contratos de Direito bancário e financeiro/Regime legal, minutas, fiscalidade, jurisprudência*, Lisboa, 2008, 510 pp.;
António Menezes Cordeiro – *Manual de Direito bancário*, 2.ª ed., Coimbra, 2001, 757 pp., 3.ª ed., Coimbra, 2008[43], 1050 pp., 4.ª ed., Coimbra, 2010, 1186 pp. e 5.ª ed., Coimbra, 2014, 1390 pp.;
João Calvão da Silva – *Banca, Bolsa e Seguros/Direito Europeu e Português*, tomo I – *Parte Geral*, 2.ª ed., Coimbra, 2007, 3.ª ed., Coimbra, 2012, 407 pp. e 4.ª ed., Coimbra, 2013, 436 pp..
Paulo Câmara/Manuel Magalhães (coord.), *O novo Direito bancário*, Coimbra, 2012, 600 pp.;
Januário da Costa Gomes, *Contratos comerciais*, Coimbra, 2012.

12. **Doutrina estrangeira[44] e europeia**

I. *Bibliografia alemã*

Christian Huber (org.), *Bankrecht/Bankensystem, Bankenaufsicht; Recht der Bankgeschäfte/Ein Handbuch für die Praxis*, Baden-Baden, 2001, 608 pp.;
Carsten Peter Claussen (org.) – *Bank- und Börsenrecht/Für Studium und Praxis*, 4.ª ed., München, 2007;

[43] A 3.ª ed. deste *Manual* foi totalmente revista, em relação à 2.ª; esta, devidamente datada, tem o sentido de uma obra autónoma.

[44] Perante a sua vastidão, optamos por referir apenas algumas obras alemãs, francesas, anglo-americanas e italianas, publicadas mais recentemente.

Hans-Peter Schwintowski – *Bankrecht/Commercial Banking – Investment Banking*, 3.ª ed., Köln/Berlin/Bonn/München, 2010, 755 pp.;

Reinfrid Fischer/Thomas Klanten – *Bankrecht/Grundlagen der Rechtspraxis*, 4.ª ed., Köln, 2010, 1223 pp.;

Siegfried Kümpel/Arne Wittig – *Bank- und Kapitalmarktrecht*, 4.ª ed., Köln, 2010[45], 2518 pp.;

Herbert Schimansky/Hermann-Josef Bunte/Hans-Jürgen Lwowski (org.), *Bankrechts-Handbuch*, 1, 4.ª ed. (2011), Munique, XCIV + 2929 pp., 2, 4.ª ed. (2011), Munique, XCIV + 2916 pp.[46];

Dorothe Einsele, *Bank- und Kapitalmarktrecht*, 3.ª ed., Tübingen, 2014, XXXI + 629 pp.;

Dirk Auerbach, *Banken- und Wertpapieraufsicht*, Munique, 2015, XLV + 364 pp.;

Paul H. Assies e outros, *Handbuch des Fachanwalts / Bank- und Kapitalmarktrecht*, 4.ª ed., Colónia, 2015, XLIV + 1817 pp.;

Claus-Wilhelm Canaris/Mathias Habersack/Carsten Schäfer, *Bankvertragsrecht* 1, Berlim e Boston, 2016, XXXIV + 381 pp.;

Katja Langenbucher/Dirk H. Bliesener/Gerald Spindler, *Bankrechts-Kommentar*, 2.ª ed., Munique, 2016, LII + 2632 pp.;

Martin Tonner/Thomas Krüger, *Bankrecht*, 2.ª ed., Baden-Baden, 2016, 391 pp..

II. *Bibliografia francesa*

Alain Couret e outros, *Droit financier*, 2.ª ed., Paris, 2010, 1307 pp.;

Françoise Dekeuwer-Défossez – *Droit bancaire*, 10.ª ed., Paris, 2010, 200 pp.;

Jean Devèze/Alain Couret/Gérard Hirigoyen, *Lamy – Droit du financement*, Paris, 2010, 2371 pp.;

Thierry Bonneau/France Drummond, *Droit des marchés financiers*, 3.ª ed., Paris, 2010, 1216 pp.;

Stéphanie Piedelièvre/Emannuel Putmann, *Droit bancaire*, Paris, 2011, 816 pp.;

Richard Routier, *Obligations et responsabilités du banquier*, 3.ª ed., Paris, 2011-2012, 1254 pp.;

[45] *Vide* rec. de Rudolf Lemke, NJW 2004, 2722, à 3.ª ed., de 2004.

[46] Com mais de 6.000 páginas maciças, de meia centena de autores, esta obra é, no presente momento, a mais completa exposição de Direito bancário, no Continente. Quanto à 1.ª ed., que embora em três volumes "apenas" tinha mais de 4.000 páginas, de 35 autores, *vide* a rec. de Ingo Koller, NJW 2002, 350-351.

Christian Gavalda/Jean Stoufflet, *Droit bancaire*, 9.ª ed., Paris, 2015, XII + 772 pp.;
Hervé Causse, *Droit bancaire et financier*, Paris, 2015, 873 pp.;
Philippe Neau-Leduc, *Droit bancaire*, 5.ª ed., Paris, 2015, 328 pp.;
Thierry Bonneau, *Droit bancaire*, 11.ª ed., Paris, 2015, 810 pp..

III. *Bibliografia inglesa e norte-americana*

Eduard L. Symons/James J. White – *Banking Law*, St. Paul, 1991;
Charles M. Tatelbaum/John K. Pearson – *Manual of Credit and Commercial Laws*, 91.ª ed., Columbia (Maryland), 1999, 1264 pp.;
Joanna Benjamin – *Financial Law*, Oxford, 2008, 710 pp.;
Richard Scott Carnell/Jonathan R. Macey/Geoffrey P. Miller – *The Law of Banking and Financial Institutions*, 4.ª ed., Austin, Boston, Chicago, 2008, 796 pp.;
William A. Lovett – *Banking and Financial Institutions*, 7.ª ed., St. Paul, 2009, 511 pp.;
E. P. Ellinger/Eva Lomnicka – *Modern Banking Law*, 5.ª ed., London, 2010, 1056 pp.;
William Blair/Felicity Maher (consult.) – Butherworths, *Banking Law Handbook*, 8.ª ed., Londres, 2010;
Michael P. Malloy – *Banking and Financial Services Law/Cases, Materials, and Problems*, 3.ª ed., Durban, 2013;
Mark Hapgood – *Paget's Law of Banking*, 14.ª ed., London/Edinburgh, 2014, 973 pp.;
Ross Cranston – *Principles of Banking Law*, 3.ª ed., Oxford, 2014, 520 pp..

IV. *Bibliografia italiana*

Umberto Morera/Antonio Nuzzo – *La nuova disciplina dell'impresa bancaria*, 3 volumes, Milano, 1996;
Annamaria Ambrosio e outros – *I contratti bancari*, Milano, 1999;
Enrico Gianfelici – *Il Codice della banca*, 3.ª ed., Milano, 1999, 1059 pp.;
Raffaele Teti/Pierpaolo Marano – *I contratti bancari*, Milano, 1999;
Corrado Sforza Fogliani/Adolfo Tencati – *Il codice di diritto bancario/Legislazione, relazioni ministeriali, prassi e giurisprudenza*, 3.ª ed., Piacenza, 2002;
Giacomo Molle/Luigi Desiderio – *Manuale di diritto bancario e dell'intermediazione finanziaria*, 7.ª ed., Milano, 2005, 585 pp.;
Francesco Giorgiani/Carlo-Maria Tardivo – *Manuale di diritto bancario*, 3.ª ed., Milano, 2012, XXVII + 716 pp.;

Paolo Ferro-Luzzi – *Lezioni di diritto bancario*, 1, 3.ª ed., Torino, 2012, 299 pp. e 2, 2.ª ed., Torino, 2010, 264 pp.;
Renzo Costi – *L'ordinamento bancario*, 5.ª ed., Bologna, 2012, 914 pp.;
Francesco Capriglione (org.), *Manuale di diritto bancario e finanziario*, Milão, 2015, XXVII + 793 pp.;
Compendio di diritto bancario, 14.ª ed., Nápoles, 2016, 352 pp.;
Concetta Brescia Morra, *Il diritto delle banche*, 2.ª ed., Bolonha, 2016, 320 pp..

V. *Bibliografia brasileira*

Eduardo Salomão Neto, *Direito bancário*, 2.ª ed., São Paulo, 2014, XV + 816 pp.;
Nelson Abrão, *Direito bancário*, 16.ª ed., São Paulo, 2015, 614 pp..

VI. *Bibliografia moçambicana*

Abdul Carimo Mahomed Issá e outros – *Temas de Direito bancário*, Maputo, 1999;
José Ibraimo Abudo – *Do contrato de depósito bancário*, Coimbra, 2004.

VI. *Bibliografia comunitária e internacional*

O Direito comunitário tem um papel crescente, designadamente nos domínios institucionais. Podemos ainda somar-lhe o Direito internacional bancário.

As diversas obras de Direito bancário atualizadas contêm rubricas dedicadas a temas comunitários e internacionais. De todo o modo, como obras gerais de referência facilmente acessível, cumpre citar:

Jean Dermine (ed.) – *European Banking in the 1990s*, 2.ª ed., Oxford, 1993;
Blanche Sousi-Roubi – *Droit bancaire européen*, Paris, 1995;
Guido Alpa/Francesco Capriglione – *Diritto bancario comunitario*, Torino, 2002;
Anton K. Schnyder – *Europäisches Banken- und Versicherungsrecht*, Heidelberg, 2005, 230 pp.;
Andrew McKnight – *The Law of International Finance*, Oxford, 2008, 1248 pp.;
Jean-Pierre Mattout – *Droit bancaire international*, 4.ª ed., Paris, 2009, 527 pp.;

Peter Derleder/Kai-Oliver Knops/Heinz Georg Bamberger – *Handbuch zum deutschen und europäischen Bankrecht*, 2.ª ed., Berlin e outras, 2009, XXIX + 2886 pp.;
Michael P. Malloy, *International Banking: Cases, Materials, and Problems*, 3.ª ed., Carolina Academia Press, 2013, 613 pp.;
Mathias Haentjens/Pierre de Gioia-Carabellese, *European Banking and Financial Law*, Londres e Nova Iorque, 2015, XI + 258 pp.;
Luis M. Hinojosa-Martínez/José María Beneyto (ed.), *European Banking Union/The New Regime*, Alphen an den Rijn, 2015, XXVIII + 255 pp.;
Giuseppe Boccuzzi, *The European Banking Union/Supervision and Resolution*, Basingstoke, 2016, XVI + 219 pp..

VII. *Bibliografia islâmica*

Gabriella Gimigliano/Gennaro Rotondo (org.), *La banca islâmica e la disciplina bancaria europea*, Milão, 2006, 243 pp.;
Ismail Karadöl – *Islamic Banking/Alternatives Bankensystem*, Norderstedt, 2009, 96 pp.;
Daniel Ecke – *Islamic Banking/Grundlagen und Potenzial in Deutschland*, Hamburg, 2012, 112 pp..

13. **Fontes, periódicos e *internet***

I. *Recolhas de fontes*

O Direito bancário está disperso, na generalidade dos países, em múltiplas fontes. O seu conhecimento torna, pois, indispensável a utilização de coletâneas de legislação bancária, com uma atenção particular à sua atualização. Assim, cabe indicar:

a) Portuguesas:

José Maria Pires – *Direito bancário*, 3.º volume, *Colectânea de Legislação Bancária Anotada*, Lisboa, 1997;
António Menezes Cordeiro/Carla Morgado – *Leis da Banca Anotadas*, 3.ª ed., Coimbra, 2005.

b) Estrangeiras:

Il codice di diritto bancario, 3.ª ed., 2002, org. por Corrado Sforza Fogliani/Adolfo Tencati, contendo leis e regulamentos bancários e, quanto ao Direito material, o Código Civil; por exemplo *Codice Civile,* org. Aurora Migliorini, Milano, 2005.

Code monétaire et financier, org. Didier Martin, Paris, 2013, 2530 pp.;

Code monétaire et financier commenté, org. Michel Storck e outros, 5.ª ed., Paris, 2015, LXIV + 3556 pp.;

Bankrecht, 43.ª ed., München, 2016, XI + 1627 pp.; contém, devidamente sistematizadas e apresentadas, as leis bancárias alemãs;

c) Comunitárias:

– em língua portuguesa, os textos comunitários bancários, incluindo os das Diretrizes, constam da recolha citada de Menezes Cordeiro/ Carla Morgado, *Leis da Banca Anotadas*; as Diretrizes bancárias têm ainda, sido publicadas na secção de documentação da *Revista da Banca*;

– em língua estrangeira, os textos das Diretrizes bancárias podem ser confrontados na *Internet* em *«hyperlink "http://www. europa.eu.int/ eur-lex"»*; esclareça-se que a consulta do texto das Diretrizes europeias em língua estrangeira é útil, para fins interpretativos; por vezes é mesmo necessária, dado o português deplorável em que surge a versão vernácula do *Jornal Oficial*.

II. *Periódicos*

O Direito bancário está representado praticamente em todas as revistas jurídicas ativas nos domínios comercial e europeu. Além disso, ele anima publicações que, mais diretamente, o têm em conta. No espaço português, deve ser feita uma referência muito particular à Associação Portuguesa de Bancos, a quem se deve a *Revista da Banca*, de nível excelente. No estrangeiro, a liderança é assegurada, a larguíssima distância, pelas publicações alemãs, cujas riqueza e variedade dispensam glosas. Assim:

a) Portugueses:

Revista Bancária (RBr): publicação trimestral do antigo Grémio Nacional dos Bancos e Casas Bancárias, tendo saído de 1965 até finais de 1974;

Revista da Banca (RB): publicação trimestral da Associação Portuguesa de Bancos, sai desde 1987.

Relatório do Conselho de Administração do Banco de Portugal (RBP): publicação anual do Banco de Portugal, essencial para o acompanhamento da evolução da economia portuguesa, com largas referências à evolução bancária, nos seus diversos planos.

b) Estrangeiros[47]:

Banca, Borsa e Titoli di Credito (BBTC), italiana;
Bank-Archiv/Zeitschrift für das gesamte Bank- und Börsenwesen (ÖBA), austríaca;
Die Bank/Zeitschrift für Bank- und Börsenwesen (Bank), alemã;
Finanzierung Leasing Factoring (FLF), alemã;
Revue Banque (Banque), francesa;
Revue de Droit Bancaire et de la Bourse (RDBB), francesa;
Rivista della banca e del mercato finanziario (RBMF), italiana;
Wertpapier-Mitteilung (WM), alemã;
Zeitschrift für Bankrecht und Bankwirtschaft (ZBB), alemã;
Zeitschrift für Bank- und Kapitalmarktrecht (BKR), alemã.

III. *Bases de dados e Internet*

O estudioso do Direito bancário, tal como o comercialista em geral, enfrenta, como primeira dificuldade, a multiplicação das fontes e dos elementos necessários para o seu desempenho. Tem, assim, a maior utilidade aceder a bases de dados, fechadas ou disponíveis através da *Internet*.

As grandes publicações tendem a estar disponíveis *on line* ou em *CDRom*. Tal o caso do *Diário da República*, através da Imprensa Nacional-Casa da Moeda ou dos títulos mais significativos, como a NJW, a AG ou a GmbH-R. Como base de dados com vertentes legislativa e jurisprudencial, avulta a LEGIX, da Priberam, de que foi responsável o Dr. Ernesto de Oliveira, a cuja memória prestamos homenagem.

Multiplicam-se, na *Internet*, os sítios com informação jurídica útil[48]. Apenas como exemplos nacionais e de âmbito genérico:

– *Faculdade de Direito de Lisboa*: *www.fd.ul.pt*[49];
– *Faculdade de Direito de Coimbra*: *woc.uc.pt/fduc*[50];

[47] Indicações mais completas podem ser retiradas das abreviaturas das revistas, *supra*, 39 ss.. As grandes revistas jurídicas, com relevo para BB, DB, JZ, NJW, ZGR, ZHR e ZIP, contêm infindável material com relevo bancário.

[48] Detlef Kröger/Ralf Clasen/Dirk Wallbrecht, *Internet für Juristen* (1996). Contra o que por vezes se pensa, a *Internet* não veio provocar, só por si, particulares mutações na Ciência do Direito; *vide* Thomas Hoeren, *Internet und Recht – Neue Paradigmen des Informationsrechts*, NJW 1998, 2849-2861. Ela veio, sim, acelerar o acesso à cultura e a velocidade de trabalho; cf. Thomas Hoeren, *Internet und Jurisprudenz/zwei Welten begegnen sich*, NJW 2000, 188-190.

[49] Sendo de reter a biblioteca: *www.biblioteca.fd.ul.pt*.

[50] Sendo de reter a biblioteca – pesquisa no catálogo.

– *Ministério da Justiça*: *www.mj.gov.pt*[51];
– *Tribunal Constitucional*: *www.tribunalconstitucional.pt*;
– *Supremo Tribunal de Justiça*: *www.cidadevirtual.pt/stj/*;
– *Procuradoria-Geral da República*: *www.pgr.pt/*;
– *Ordem dos Advogados*: *www.oa.pt*;

A legislação nacional é acessível através de *www.incm.pt*[52], podendo chegar-se à comunitária através *de europa.eu.int/eur-lex*.

Estão disponíveis, na *Internet*, as decisões de vários tribunais, com relevo para o *Bundesgerichtshof*, bem como as leis de diversos países, mais recentes. São de fácil acesso múltiplas revistas jurídicas e bibliografias variadas, com relevo para obras anglo-saxónicas. Torna-se possível, por esta via, aceder rapidamente a material que, ainda há poucos anos, exigia prolongadas deslocações.

Como sítios vocacionados para questões bancárias, além dos diversos bancos centrais abaixo referidos, passamos a indicar:

– *Banco de Portugal*: *www.bportugal.pt*;
– *Banco Central Europeu*: *www.ecb.int/*;
– *Banco Mundial*: *www.fao.org/*;
– *Banco Europeu de Investimentos*: *www.eib.org/*;
– *Banco Europeu de Reconstrução e de Desenvolvimento*: *www.ebrd.com*.

A *Internet* abre grandes perspetivas à divulgação e à investigação jurídicas: ela deverá promover a elevação da cultura e não o seu abaixamento. Quando se recorra à *Internet*, haverá que dizê-lo, identificando o sítio ou, suficientemente, a via de busca. A ética universitária veda a referência a obras meramente listadas como tendo sido efetivamente consultadas.

[51] Através de *www.dgsi.pt* há acesso aos pareceres da PGR, aos acórdãos do TC, do STJ, do STA, das Relações e dos Tribunais Centrais Administrativos.

[52] A consulta é gratuita no tocante à legislação publicada no DR, I série, desde 1910; teclar DRE.

II

DOGMÁTICA BANCÁRIA GERAL

CAPÍTULO I

A ORGANIZAÇÃO DA MOEDA

§ 4.º SISTEMAS FINANCEIROS

14. A moeda

I. A moeda é, à partida, um bem divisível a que determinada sociedade atribua a qualidade de instrumento geral de troca, isto é: de bem que possa ser trocado por quaisquer outros e de bem pelo qual quaisquer outros possam ser permutados.

Reconstruções históricas de tipo racional descrevem-nos sociedades primitivas nas quais cada unidade humana seria autossuficiente: não haveria, aí, nenhumas trocas[53]. Uma diferenciação subsequente levou a que certos agregados detivessem excedentes, em falta noutros grupos os quais, por seu turno, teriam disponibilidades em bens diversos: recorria-se, então, à troca direta. O esquema das trocas generalizou-se. Mas sempre com um problema estrutural, em agravamento contínuo à medida que se diversificavam as aptidões e as necessidades humanas: só por casualidade um grupo – ou, mais tarde, uma pessoa – deteria precisamente o tipo de mercadoria pretendido por parceiros que, por seu turno, possuíssem os bens procurados pelo primeiro, de modo a concretizar a troca. Além disso, um esquema de troca direta, designadamente perante bens perecíveis, não permitia grandes dilações temporais: há muitas mercadorias que não podem ser entesouradas, facultando eventuais necessidades futuras de aquisição.

[53] Quanto à História do dinheiro e da banca, com ricas indicações, Glyn Davies, *A History of Money/From Ancient Time to the Present Day* (1994, reimp. 1995) e Schwintowski/Schäfer, *Bankrecht*, 1.ª ed. (1997), § 2 (70 ss.); na 2.ª ed., estes Autores limitam-se a remeter para a 1.ª (4, nota 3); as referências que figuram no texto não são rigorosamente históricas; traduzem, apenas, a evolução racional da matéria.

A solução estará, precisamente, no apuramento de uma mercadoria que todos estejam permanentemente dispostos a aceitar, em troca de quaisquer produtos que queiram alienar. Tal mercadoria teria, para cumprir a sua função, de ser divisível, de ser manuseável, de ser não-perecível e de representar, por si, um valor estabilizado. A moeda, que apresentou as mais diversas formas, nas sociedades primitivas, veio, assim, a aproximar-se rapidamente dos metais preciosos.

II. De instrumento geral de troca, a moeda passou, automaticamente, a representar a bitola de valor dos bens[54]. Bem se compreende: estando permanentemente disponível para trocas, ela tinha, implícito, o poder de determinar, perante cada bem, o *quantum* necessário para a operação. Mais um passo e a moeda assume outra função de relevo: permite diferir o pagamento dos bens, uma vez que fixa, com precisão, o seu valor e é suscetível de entesouramento[55].

No início, pelo menos em reconstituição racional, a moeda era uma mercadoria intrinsecamente útil que, pela sua geral aceitabilidade, podia desempenhar a dupla função básica de meio geral de troca e de bitola do valor. Razões de ordem prática levaram a substituí-la por mercadorias valiosas, não já pela sua utilidade própria, mas pela sua raridade e pelas representações humanas a elas ligadas: tais o ouro e a prata.

A organização humana, cada vez mais complexa, apercebeu-se, contudo, de que não era necessário, na concretização das trocas, a efetiva circulação material dos metais, amoedados ou não. Bastaria que a moeda estivesse depositada em local de confiança geral e que o depositário entregasse ao seu dono um documento representativo da mesma, que habilitasse o seu portador, em qualquer altura, a proceder ao seu levantamento. Então a moeda cumpriria a sua função de troca através da mera circulação de títu-

[54] Quanto à moeda, Larry Alen, *Encyclopedia of Money* (1999), 328 pp., Peter Schaal, *Geldtheorie und Geldpolitik*, 4.ª ed. (1999), 362 pp., Rudolf Peto, *Geldtheorie und Geldpolitik*, 2.ª ed. (2002), Manfred Borchert, *Geld und Kredit/Einführung in die Geldtheorie und Geldpolitik*, 8.ª ed. (2003), 362 pp., Gaetano Stammati, *Moneta*, ED XXVI (1976), 746-778 e Karl Larenz, *Lehrbuch des Schuldrechts*, I – *Allgemeiner Teil*, 14.ª ed. (1987), 162 ss.. Para um tratamento mais aprofundado, temos os clássicos: Benjamin M. Friedman/ Frank H. Hahn, *Handbook of Monetary Economics* I (1990) e II (1990), num total superior a 2000 pp. e Peter Newman/Murray Milgate/John Eatwell, *The New Palgrave Dictionary of Money and Finance*, 3 volumes (1992), num total superior a 2500 pp..

[55] Em especial, com indicações, Fernando Araújo, *Introdução à economia*, 3.ª ed. (2005), 824.

los representativos. A história prosseguiu: os operadores apuram, por experiência, que o depositário de confiança só por exceção é instado a trocar os títulos representativos por verdadeira moeda metálica. Ele pode, assim, emitir mais títulos do que moeda depositada, títulos esses que irão circular, para todos os efeitos, como se de moeda se tratasse. A moeda é fiduciária[56].

III. A evolução da moeda vem a ser infletida pelo aparecimento de instâncias autónomas de organização social e, no limite, do Direito. Desde o início, que o puro empirismo, na escolha da moeda material e na determinação da sua quantidade, em cada operação, suscitava dificuldades e tinha limites. Na presença de uma autoridade social, nada mais fácil e útil de fixar a moeda material e proceder à sua marcação prévia, em termos de valor. O passo subsequente é o aparecimento de moeda específica, atestada pelo Estado: surgem as moedas metálicas propriamente ditas, nas quais era exarada a marca do Estado e o valor: o valor facial. À medida que se acentue a autoridade estadual, surge a possibilidade de manusear o valor facial, designadamente aumentando-o, perante o valor real da espécie metálica amoedada. Esta desvaloriza, enquanto o Estado fatura a diferença. Com limites: a moeda artificialmente valorizada perde o seu valor de troca; ou os preços sobem, ou ela tende a ser substituída por espécies mais consistentes. No limite, ela tende a ser recusada pelos operadores sociais, que podem regressar às trocas diretas. A imposição da circulação monetária torna-se, depois, um jogo da autoridade.

IV. O Estado e o Direito, que já desempenhavam um papel nas fases da moeda metálica, verão o seu papel crescer na presença da moeda fiduciária. Desde logo porque ela assenta no depósito da moeda metálica e na emissão dos títulos representativos: trata-se de evidentes fenómenos jurídicos. Depois, porque todo o sistema fiduciário repousa no direito do depositante ou do titular dos títulos de depósito de exigir, ao depositário, a sua concretização em moeda sonante.

A possibilidade de fazer circular títulos representativos numa quantidade superior à da moeda efetivamente em depósito tem limites. Pode, designadamente, suceder que, em momentos de crise, múltiplos portadores exijam, em simultâneo, a conversão dos seus títulos. O depositário – o banqueiro! – não poderá, então, fazer face a todos os pagamentos, entrando em falência. Os títulos em circulação perdem o seu valor, seguindo-se a ruína

[56] A evolução pode ser conferida em Fernando Araújo, *Introdução à economia* cit., 3.ª ed., 825.

dos seus portadores. Trata-se de um cenário descrito em termos teóricos, mas que permite explicar a inconvertibilidade dos títulos: prevenindo a catástrofe, o Estado dispensa o depositário do dever de trocar os títulos por metal sonante. Estes circulam por si, assentes na autoridade do Estado e das suas normas: é o papel-moeda. A partir daqui, a determinação do seu valor é feita pelo Estado, de acordo com os delicados equilíbrios que nos explica a Ciência Económica. O caminho normal desemboca no monopólio estadual da emissão de papel-moeda.

V. A evolução criativa de moeda não se quedou, contudo, pelo papel-moeda. Desde o momento em que haja banqueiros – portanto: pessoas habilitadas a receber depósitos, emitindo títulos representativos ou aceitando, do depositário, ordens de pagamento, depois apresentadas pelo próprio ou por terceiros –, que se desenhou a hipótese de proceder às operações de troca através da simples inscrição, em registo, dos titulares de moeda. O banqueiro que receba um depósito pode emprestar o correspondente dinheiro a um terceiro. Isso não o obriga a entregar materialmente o dinheiro: bastar-lhe-á inscrever o seu devedor como credor da inerente importância. Este pode emitir ordens de pagamento sobre o seu crédito, que irão circular e, porventura, ser levadas, em conta, ao ativo de outro interveniente. Por seu turno, o banqueiro não fica limitado a emprestar, apenas, o valor correspondente aos depósitos que detenha: pode emprestar mais: muito mais, mesmo, uma vez que não tem de entregar dinheiro. Em suma: é criada moeda bancária, através deste específico mecanismo conhecido como "multiplicador de crédito". Esta decorre, não de qualquer metal amoedado nem de títulos, fiduciários ou papel-moeda, mas do simples jogo financeiro da inscrição de ativos e dos pagamentos em contas. Assenta, contudo, também na confiança.

A moeda bancária é moeda, ainda que desmaterializada. A sua multiplicação gera aumentos gerais na procura, com a subsequente subida de preços e desvalorização da moeda. O Estado e o Direito são chamados, duplamente, a intervir: seja para assegurar o funcionamento do sistema, garantindo a sua seriedade e prevenindo abusos, seja para controlar a multiplicação, por via bancária, da moeda em circulação.

15. **O sistema financeiro**

I. A evolução da moeda permite chamar a atenção para o aparecimento, desde o início mas em desenvolvimento crescente, de instâncias especializadas na guarda, na circulação e na emissão de moeda. Tais instâncias vão, depois, realizando com ela diversas operações. Elas articulam-se entre si, seja em relacionamentos jurídicos estáveis, seja em contactos ocasionais, ditados pelo funcionamento do mercado. As instâncias da moeda são públicas ou privadas, podendo ainda coexistir umas e outras. As hierarquizações são possíveis, designadamente pela intervenção do Estado. E tudo isto, enquanto realidade sócio-humana, vai ser assegurado e legitimado pelo Direito.

Chegamos à ideia de sistema financeiro: é o conjunto ordenado das entidades especializadas no tratamento do dinheiro. Emblematicamente, o tratamento do dinheiro, no sentido mais amplo, é feito pelo banqueiro. O sistema financeiro será, assim, o conjunto ordenado dos bancos ou entidades similares e das instâncias que, sobre eles, exerçam um controlo[57].

II. A noção de sistema financeiro, acima avançada, é material. Como bem se compreende, o Estado intervém largamente para regular o sistema financeiro, dando azo a um corpo de normas: o Direito bancário institucional. Fazendo-o, o mesmo Estado delimita o âmbito de aplicação das próprias normas, isto é: define, para efeitos jurídicos, o que entende por sistema financeiro. Temos, por essa via, o sistema financeiro formal, isto é, o conjunto ordenado das entidades que o Estado entende incluir nessa noção.

Os dois sistemas tendem a coincidir: de outro modo, o Estado iria abdicar de regular entidades que, substancialmente, se ocupam do dinheiro – hipótese de um sistema formal mais restrito do que o material – ou iria tratar como financeiras entidades estranhas ao fenómeno subjacente, confundindo o mercado e prejudicando os operadores. Haverá, porém, sempre disfunções.

Esclarecemos, por fim, que, hoje em dia, fala-se em "sistema financeiro" e não em sistema bancário para abranger, ao lado dos bancos propriamente ditos, outras instituições de crédito e, ainda, as sociedades financeiras. Todas elas podem, no entanto, ser reconduzidas a uma noção ampla de "banco" ou de "banqueiro".

[57] *Vide* Carlos Costa Pina, *Instituições e mercados financeiros* (2004), 19 ss..

16. **Alguns sistemas nacionais**

I. Sempre em termos explicativos, podemos considerar que um sistema financeiro ganha dimensão jurídico-científica desde o momento em que concite um corpo de regras que lhe sejam dirigidas. Trata-se de uma ocorrência relativamente recente. Na verdade, tais regras pressupõem um mínimo de liberalização económica. Antes dela, qualquer iniciativa careceria de uma específica aprovação que lhe definiria as fronteiras e o regime, sem que, de uma disciplina jurídica, se pudesse falar. Em suma: o problema dos sistemas bancários – ou, mais latamente, sistemas financeiros – põe-se, como tal, a partir do século XIX.

A atividade bancária, no período liberal e nas evoluções subsequentes, veio a concitar uma regulamentação crescente. Fruto de medidas díspares tomadas pelos Estados para enfrentar as crises económicas e financeiras[58], essa regulamentação tinha um teor disperso. Compreende-se, pois, que nos diversos países da atualidade, seja possível encontrar modelos variados de organização bancária[59].

II. Nos Estados Unidos[60], verificou-se uma separação inicial entre os bancos vocacionados para as relações com os particulares (*Commercial Banks*) e os bancos de negócios (*Merchant Banks*)[61]. As operações mais

[58] Manfred Hein, *Markwirtschaftliche Bankensysteme ausserhalb der BDR*, no Obst/Hintner, *Geld- Bank- und Börsenwesen/Ein Handbuch*, 39.ª ed. (1993), 287 ss. (289). Desta obra, está disponível a 40.ª ed. (2000), em 1723 pp., publicada por Jürgen von Hagen/Johann Heinrich von Stein.

Apesar de desatualizado, é útil a consulta do escrito *Elementos para o estudo dos sistemas bancários*, RBr 37/38 (1974), 5-37.

[59] Uma excelente análise sobre os diversos sistemas financeiros da União Europeia pode ser confrontada em Augusto de Athayde, *Curso de Direito bancário* cit., 1, 112 ss.. Importantes elementos evolutivos podem ainda ser consultados em Norbert Olszak, *Histoire des banques centrales* (1998), 44 ss., constando uma panorâmica completa de Dietmar Klein, *Die Bankensysteme der EU-Länder*, 3.ª ed. (1998).

[60] Quanto à História da banca nos Estados Unidos, com textos da época: Michael P. Malloy, *Banking and Financial Services Law/Cases, Materials, and Problems* (2005), 5 ss..

[61] Michael Steiner, *Entwicklungslinien des US-Bankensystems und der Gramm Leach Bliley Act*, Bank 2003, 8-13 (8).

diferenciadas, como a cessão financeira (*factoring*), cabiam a instituições especializadas[62].

As grandes dimensões do território e a expansão rápida para o interior, até atingir a costa do Pacífico, ultrapassou em muito as capacidades de acompanhamento do tecido bancário. Esse fenómeno, ligado ao espírito empreendedor dos colonos e dos seus descendentes e às boas oportunidades de negócio levou, desde cedo, a um crescimento apoiado do mercado de capitais: o portador de uma ideia produtiva, em vez de apelar ao crédito bancário, para a concretizar, remetia-se, diretamente, ao apoio do grande público. Assim se radicou uma cultura de popularização nas iniciativas económicas que, ainda hoje, exprime a força do mercado de capitais norte-americano, quando comparado com o europeu.

A escassez inicial de bancos explicará, porventura, outros fenómenos como a relativa fraqueza dos descontos bancários e o papel importante da cessão financeira[63].

Mais tarde, ainda que no plano dos factos, começou a instalar-se uma certa tendência para a banca universal[64]. A crise de 1929 e a subsequente depressão atingiram, em força, o sector bancário: cerca de 40% dos bancos abriram falência, com graves danos para a população. Nesse ambiente surgiu o *Glass Steagall Act*, *National Bank Act* ou, simplesmente, *Banking Act*, de 1933, que veio, designadamente, reduzir a capacidade dos bancos no campo dos títulos[65].

O *Banking Act*, de 1933, foi completado pelo *Bank Holding Company Act*, de 1956[66]: um diploma que restringe a participação da banca nos domínios da indústria e do comércio. Devemos ainda sublinhar que, até aos anos oitenta do século XX, se verificava, nos Estados Unidos, uma

[62] Stefan Walter, *Die Deregulierung der U.S.-Amerikanischen Geschäftsbanken* (1991), 5 ss. e, com indicações, Manfred Hein, *Markwirtschaftliche Bankensysteme* cit., 292 ss.. Quanto à História da banca norte-americana, Alfred M. Pollard e outros, *Banking Law in the United States* (1988), 8 ss., Ingo Schulz-Hennig, *Bank Holding Companies im Wirtschaftsrecht der USA/Eine rechtliche und faktische Analyse* (1980), 35 ss., William A. Lovett, *Banking and Financial Institutions* (1988), 33 ss. e Richard Scott Carnell/Jonathan R. Marcey/Geoffrey P. Miller, *The Law of Banking and Financial Institutions*, 4.ª ed. (2008), 2 ss..

[63] *Infra*, 728 ss..

[64] Schulz-Hennig, *Bank Holding Companies* cit., 45 ss..

[65] Steiner, *Entwicklungslinien des US-Bankensystems* cit., 8.

[66] Sobre estes instrumentos, *vide* Pollard, *Banking Law* cit., 26 ss..

separação clara entre a banca e os seguros. A prática, através de diversos expedientes (*side routes*) levaria a uma expansão da área bancária, interligando-se, no final do século, com as seguradoras. A integração foi permitida pelo *Gramm Leach Bliley Act*, sob uma *Financial Holding Company* (FHC)[67]. Perfila-se a banca universal, ainda que sem as fusões registadas na Europa. Toda esta matéria, mau grado a bandeira liberal, é muito regulada, nos Estados Unidos: o mercado é-o enquanto for defendido pelo Direito.

Os bancos estão sujeitos à autorização do serviço federal de superintendência. Aquando da constituição, podem escolher submeter-se à concessão do Estado (*state banks*) ou à federal (*national banks*). Temos, pois, um sistema dual. Há numerosos bancos, uma vez que certos Estados proíbem filiais[68].

Na cúpula, encontra-se o *Federal Reserve System*, assente em 12 Bancos Federais de Reserva, cujos participantes são bancos comerciais. Cada um deles é dirigido por um conselho de 9 membros: 6 escolhidos pelos bancos e 3 designados pelo *Board of Governors of the Federal Reserve System*[69]. Este, por fim, é composto por 7 membros designados, por 14 anos, pelo Presidente da União: a sua independência fica, assim, assegurada[70].

A supervisão estende-se às operações de constituição, de fusão e de aquisição de ações: todas carecem de autorização[71]. O ponto quente das reformas teve a ver com a limitação dos riscos e a segurança dos bancos[72]. A regulamentação dos bancos, tradicionalmente estrita desde 1933, tem sido atenuada, procedendo-se ao que se poderá chamar um enquadramento, a nível prudencial[73].

[67] Steiner, *Entwicklungslinien des US-Bankensystems* cit., 10; quanto ao texto: «*hyperlink "http://www.senate.gov/-banking/conf/index.htm"* ».

[68] Também estas restrições têm vindo a ser transcendidas; *vide* Thomas J. Link, *Interstate Banking/Die Behandlung der geographischen Expansion von Geschäftsbanken im US-amerikanischen Recht* (1990).

[69] Michael P. Malloy, *Banking and Financial Services Law* cit., 46-47.

[70] Pollard, *Banking Law* cit., 43 ss. (50).

[71] Lovett, *Banking and Financial Institutions* cit., 40 ss. e Pollard, *Banking Law* cit., 155 ss..

[72] Theodor Baums, *Reform des amerikanischen Bankrechts*, ZBB 1991, 73-82 (76 e 82).

[73] Stefan Walter, *Die Deregulierung der U.S.-Amerikanischen Geschäftsbanken* cit., 97 ss. e, com textos, Michael P. Malloy, *Banking and Financial Services Law* cit., 60 ss..

A evolução desreguladora, subsequente a 1980 foi sacudida por crises sucessivas e, segundo parece, interrompida pela crise planetária de 2007/2010. Adiante veremos, em rubrica autónoma, o sentido das medidas então tomadas[74].

III. No Japão, também se verificou uma repartição do trabalho entre os diversos bancos[75]. Houve, mercê do funcionamento da lógica do mercado, uma forte concentração das instituições, a qual acabaria por dar azo a poucas entidades, mas de acentuada dimensão.

A superintendência dos bancos comerciais compete ao Ministério das Finanças e não ao banco central[76].

IV. A Grã-Bretanha constitui um exemplo paradigmático de repartição de funções bancárias ditada não pela lei, mas pela História[77]. De todo o modo e acompanhando a evolução denotada nos diversos espaços jurídico-económicos, também aí se verifica, a partir da década de 70, uma tendência para a banca universal[78].

O sistema bancário britânico abrange vários tipos de instituições[79]. Entre os mais importantes, temos: os *clearers*, correspondentes aos bancos universais[80], as *building societies* ou bancos prediais e os *merchant banks* ou bancos comerciais de investimento, especialmente vocacionados para o comércio internacional e os investimentos mobiliários.

A superintendência dos bancos compete ao banco central – *Bank of England* – orientado pelo Governador, pelo Vice-Governador e por 16

[74] Carnell/Marcey/Miller, *The Law of Banking* cit., 4.ª ed., 24 ss..

[75] Quanto à experiência japonesa, Hein, *Markwirtschaftliche Bankensysteme* cit., 297 ss. e Oda Hiroshi/R. Geoffrey Grice, *Japanese Banking, Securities and Anti-Monopoly Law*, 1988.

[76] Quanto ao Banco Central do Japão: *www.boj.or.jp/en/*.

[77] Olszak, *Histoire des banques centrales* cit., 50 ss..

[78] Quanto à experiência da Grã-Bretanha, *idem*, Hein, ob. cit., 30 e ss.. *Vide*, ainda, G. A. Penn/A. M. Shea/A. Arora, *The Law Relating to Domestic Banking/Banking Law*, vol. I (1987), 3 ss. e E. P. Ellinger/Eva Lomnicka, *Modern Banking Law*, 2.ª ed. (1994), 3 ss..

[79] Thorsten Schlueter, *Grossbritanien/Nordirland*, em Derleder/Knops/Bamberger, *Handbuch* cit., 2.ª ed., 2441 ss..

[80] Onde se incluem os "quatro grandes": Barklays Bank, Lloyds TSB Bank, HSBC Bank e The Royal Bank of Scotland Group.

administradores. Ela era exercida sem lei expressa e pautava-se por bitolas muito liberais. Estas vieram a ser apertadas, à medida das crises, sendo, em 1979, formalizada legislação sobre o tema. Rege, hoje, o *Banking Act* de 1987, já alterado por influxo comunitário[81]. A autorização prévia para o comércio bancário continua a ser requerida[82].

Os escândalos financeiros provocados pelas quebras do BCCI (*Bank of Credit and Commercial International*, envolvido em lavagem de dinheiro) e do *Barings*, que perdeu fortunas jogando nos mercados asiáticos, levaram, nos anos 90 do século XX, a um reforço da supervisão. O *Bank of England Act*, de 1998, veio estabelecer a plena autonomia do banco central, sendo oficializada a *Financial Services Authority* (FSA), como entidade supervisora. A partir de 1-dez.-2001, a FSA surge como a única autoridade supervisora[83]: abarca a banca, os seguros e o mercado mobiliário.

V. Em França, a separação inicial, patente nos bancos, dizia respeito ao facto de eles negociarem no segmento do curto prazo ou no do longo prazo. A universalização deu-se a partir de meados da década de 60[84] do século XX, vindo a ser consagrada, de modo mais cabal, pela Lei Bancária de 24 de janeiro de 1984[85].

A superintendência dos bancos compete à *Banque de France*, organizada por uma lei de Germinal do ano XI[86]. A *Banque de France* manteve-se com uma estrutura privada, vindo a ser nacionalizada, em 1945[87]. Seguiram-se diversas reformas. O essencial do Direito bancário francês consta do *Code monétaire et financier*, facultado pela Lei n.º 99-1071,

[81] Hapgood, *Paget's Law of Banking*, 10.ª ed. (1989), 3 ss..

[82] Para outros elementos: *www.bankofengland.co.uk/*.

[83] Com elementos, Schlueter, *Grossbritanien* cit., 1689 ss..

[84] Quanto à experiência francesa, Hein, *Markwirtschaftliche Bankensysteme* cit., 305 ss.. Cf., também, A. Boccon-Gibod, *Banque de France*, no *Enzyklopädisches Lexikon für den Geld- Bank- und Börsenwesen*, 3.ª ed. (1967), vol. I, 171-176 e, para uma exposição mais cabal, Jean-Louis Rives-Lange/Monique Contamine-Raynaud, *Droit bancaire*, 6.ª ed. (1995), 11 ss..

[85] Sobre este importante diploma: Michel Vasseur, *Droit et économie bancaires/ Institutions bancaires*, Fasc. A, 4.ª ed. (1985), 33 ss. (42) e Jean-Pierre Deschanel, *Droit bancaire/L' institution bancaire* (1995), 23 ss..

[86] Olszak, *Histoire des banques centrales* cit., 52.

[87] Textos e elementos quanto ao Banco de França podem ser confrontados em *www. banque-france.fr/*.

de 16 de dezembro de 1999 e que veio compilar a legislação existente. A supervisão é assegurada pela *Commission bancaire*, presidida pelo governador do Banco de França (Art. L. 613-3 do Cod. Mon.), com poderes alargados. Uma Ordenance n.º 2010-76, de 21 de janeiro de 2010, completada pelo Decreto n.º 2010-217 regulou a fusão entre a Comissão Bancária e a Comissão do Controlo dos Seguros, dando lugar à Autoridade de Controlo Prudencial (ACP). Esta Autoridade foi reformulada pela Lei 2013-672, de 26 de julho, passando a denominar-se Autoridade de Controlo Prudencial e de Resolução (ACPR). A evolução francesa tem sido apontada pelas leis europeias[88].

VI. Também em Itália se verificou uma especialização inicial de bancos, depois superada. Deve frisar-se, nesse país, a presença marcante do Estado, no sector financeiro[89].

A *Banca d'Italia* recebeu, ao longo da sua evolução, competência no tocante à superintendência do sistema bancário[90]. Resta acrescentar que a matéria bancária institucional foi codificada pelo decreto legislativo n.º 385, de 1 de setembro de 1993: o Texto Único ou Nova Lei Bancária. Em seu torno têm vindo a multiplicar-se as intervenções doutrinárias[91]. A matéria conhece alterações recentes por influência comunitária[92].

[88] Christian Gavalda/Jean Stoufflet, *Droit bancaire*, 9.ª ed. (2015), 113 ss. e Hervé Causse, *Droit bancaire et financier* (2015), 233 ss.. Tem ainda interesse o desenvolvimento sintético de Jochen Baurreis/Sybille Neumann, *Frankreich*, em Derleder/Knops/ /Bamberger, *Handbuch* cit., 1675 ss., bem como a análise de Karl-Heinz Goedeckemeyer, *Französische Großbanken: Hort der Stabilität*, Bank 2015, 2, 8-11.

[89] Quanto à experiência italiana, Hein, *Markwirtschaftliche Bankensysteme* cit., 308 ss.. *Vide*, ainda, Giuseppe Ferri, *Banca d'Italia*, ED V (1959), 5-7, Giuseppe di Nardi, *Banca d'Italia*, NssDI/Appendice I (1980), 691-696 e Pietro de Vecchis, *Banca d'Italia*, no *Digesto delle Discipline Pubblicistiche*, II (1987), 151-167.

[90] *Vide*, com mais elementos, *www.bancaditalia.it/*.

[91] Como exemplos: Marino Perassi, *Le autorità ed i poteri di vigilanza nel testo unico*, BBTC 48 (1995) 1, 660-684, Sandro Amorosino (org.), *Le banche/Regole e mercato dopo il testo unico delle legge creditizie* (1995), Giocchino la Rocca, *Impresa e società nel gruppo bancario* (1995) e Paolo Ferro-Luzzi/Giovanni Castaldi, *La nuova legge bancaria*, em três monumentais volumes, num total superior a 2300 pp. (1996). De referir, ainda, Umberto Morera/Antonio Nuzzo, *La nuova disciplina dell'impresa bancaria*, três volumes (1996).

[92] Sobre a evolução legislativa italiana: Paolo Ferro-Luzzi, *Lezioni di diritto bancario* 1 (2005), 72 ss.; Giacomo Molle/Luigi Desiderio, *Manuale di diritto bancario e dell'intermediazione finanziaria*, 7.ª ed. (2005), 17 ss.; Francesco Giorgianni/Carlo-Maria

VII. A concluir: uma referência breve às experiências austríaca e suíça. Em ambos os sistemas, os bancos tenderam, inicialmente, para a universalidade: podiam praticar as diversas operações bancárias admitidas[93]. Na Suíça, a superintendência cabe a uma comissão[94]; na Áustria, ela é levada a cabo pelo Ministro das Finanças[95]. Elementos sobre outros sistemas financeiros podem ser rapidamente localizados através da *Internet*[96].

17. **Organização internacional**

I. O Direito bancário é, essencialmente, assunto interno de cada País soberano. Não obstante, há diversas regras que se ocupam das relações financeiras internacionais, isto é, plurilocalizadas. Além disso, as normas da União Europeia ditam necessidades de adaptação dos diversos ordenamentos, que a compõem.

Na origem da cooperação entre os sistemas financeiros, a nível privado, encontramos o Acordo Geral sobre Comércio e Tarifas Aduaneiras, conhecido pela sigla anglo-saxónica G.A.T.T.[97]. Inicialmente restrito aos

Tardivo, *Manuale di diritto bancário*, 3.ª ed. (2012), 69 ss.; Renzo Costi, *L'ordinamento bancario*, 5.ª ed. (2012), 23 ss.; *Compendio di diritto bancario*, 14.ª ed. (2016), 101 ss.. No grande *Handbuch* cit., 2.ª ed., de Derleder/Knops/Bamberger, *vide* Luca di Nella, *Italien*, 2523 ss., com indicações.

[93] Quanto às experiências suíça e austríaca, Manfred Hein, *Markwirtschaftliche Bankensysteme* cit., 312 ss. e 316 ss., respetivamente. Especificamente quanto à Suíça, Peter Nobel, *Praxis zum öffentlichen und privaten Bankenrecht der Schweiz* (1979); quanto à Áustria: Peter Bydlinsky, *Österreich*, em Derleder/Knops/Bamberger, *Handbuch* cit., 1811 ss..

[94] *Vide www.snb.ch/d/*.

[95] *Vide www.oenb.at/*.

[96] Assim e como exemplos, temos: Banco Nacional de Angola: *www. ebonet.net. bna/bna*; Reserve Bank of Australia: *www.rba.gov.au/*; Banco Central da Áustria: *www. oenb.ta/*; Banco Central da Bélgica: *www.ubb.be/sg*; Banco Central do Brasil: *www.bcb. gov.br/*; Banco Central do Canadá: *www.bank-banque-canada.ca/*; Banco Central da China: *www.bank-of-china.com*; Banco Central da Espanha: *www.bde.es*; Banco Central da Finlândia: *www.bof.fi/*; Banco Central da Holanda: *www.dnb.nl/*; Banco Central da Irlanda: *www.centralbank.ie/*; Banco Central do Luxemburgo: *www.bcl.lu*; Banco Central de Moçambique: *www.bancomoc.mj/*; Banco Central da Rússia: *www.cbr.ru/eng/*; Banco Central da Suécia: *www. riksbank.se/*; Reserve Bank of South Africa: *www.resbank.co.za*.

[97] *General Agreement on Tariffs and Trade*; trata-se de um acordo concluído em Genebra, em 1947, com vista à cooperação internacional em matéria de comércio.

domínios industriais e comerciais, o G.A.T.T.[98], na sequência das prolongadas negociações de Punta del Este, veio alargar-se aos serviços. Surgiu, assim, o G.A.T.S. ou Acordo Geral sobre o Comércio dos Serviços[99], particularmente pretendido pela União Europeia, e do qual se espera uma liberalização benéfica dos serviços financeiros.

II. Os preceitos do G.A.T.S., relativos aos serviços financeiros, constam, fundamentalmente, de um acordo-quadro e de vários complementos[100]. O acordo-quadro compreende a cláusula da nação mais favorecida, a obrigação de transparência e as disposições relativas ao acesso ao mercado e ao tratamento nacional. Segue-se um protocolo sobre acordos financeiros mais estreitos, o anexo I relativo a serviços financeiros, o anexo II, do mesmo tipo, mas referente a reservas dos Estados, quanto ao acordo-quadro, ainda que temporárias e a decisão relativa a serviços financeiros, também com certas facilidades.

III. A nível público, cumpre recordar a Conferência de Bretton Woods, em 1944, levada a cabo por 44 nações aliadas e que criou o Fundo Monetário Internacional e o Banco Internacional de Reconstrução e Desenvolvimento[101]. O Fundo Monetário Internacional é uma agência das Nações Unidas com incumbências indicadas no artigo 1.º do respetivo acordo[102]: a) Promover uma cooperação monetária internacional; b) Facilitar a expansão equilibrada do comércio internacional; c) Defender a estabilidade cambial; d) Promover um sistema multilateral de pagamentos e eliminar res-

[98] Sobre a evolução: Eduardo Paz Ferreira, *Valores e interesses/Desenvolvimento económico e política comunitária de cooperação* (2004), 307 ss..

[99] *General Agreement on Trade in Services*, concluído em 15-dez.-1993, na sequência do *Uruguay Round*. *Vide* Peter D. Sutherland, *Os serviços financeiros e o sistema multilateral: realização e potencialidades*, RB 32 (1994), 23-30.

[100] A matéria pode ser confrontada em Blanche Sousi-Roubi, *Droit bancaire européen* (1995), 12 ss.. Entre nós, Luís Máximo dos Santos/Luís Morais/Fernando Pereira Ricardo, *Relações económicas internacionais/Textos* (1997), 279 ss. (599 ss.).

[101] Paz Ferreira, *Valores e interesses* cit., 275 ss.. Para maiores desenvolvimentos: Norman K. Humphreys, *Historical Dictionary of the International Monetary Fund*, 2.ª ed. (1999), 330 pp. e Hervé Causse, *Droit bancaire et financier* cit., 174 ss..

[102] *Vide* o *Acordo relativo ao Fundo Monetário Internacional*, publ. pelo Banco de Portugal, 1979. A indicação que, de seguida, figura no texto é muito sintética. Elementos mais completos podem ser confrontados em *www.imf.org*.

trições cambiais; e) Disponibilizar, aos aderentes, os recursos do Fundo; f) Corrigir o desequilíbrio das balanças de pagamentos dos associados.

O FMI tem cumprido a sua tarefa, no tocante à cooperação internacional e à correção de desequilíbrios. No entanto, o seu papel mais direto na defesa da estabilidade cambial e na eliminação das restrições perdeu-se com o termo da convertibilidade do dólar, nos princípios da década de setenta. O testemunho tem sido assegurado pelos grandes centros financeiros mundiais – Londres, Nova Iorque e Tóquio[103] – no que se poderá chamar uma privatização de certas funções do Fundo.

Portugal aderiu ao FMI através do Decreto-Lei n.º 43 341, de 22 de novembro de 1960. Este diploma cometeu ao BP assegurar as relações com o FMI. A quota de Portugal era, então, de 60 milhões de dólares, depois contabilizados como direitos de saque especiais[104]. Essa quota passaria para 75, 117 e 172 milhões – em 1965, 1971 e 1978, respetivamente[105] – subindo para 258 milhões, através do Decreto-Lei n.º 36/81, de 7 de março. Nos termos regulamentares, parte da importância paga ao FMI em moeda nacional[106] seria substituída por uma promissória, pagável à vista e ao par, de valor – em escudos – fixado pelo Decreto-Lei n.º 308/81, de 14 de novembro, e sucessivamente retocado pelos Decretos-Leis n.º 478/82, de 23 de dezembro e n.º 132/84, de 30 de abril. O Decreto-Lei n.º 134/84, de 2 de maio, autorizou o aumento da quota de Portugal para 376,6 milhões de DSE, enquanto os valores das promissórias a favor do FMI eram fixados pelos Decretos-Leis n.º 277/84, de 10 de agosto, n.º 352-H/85, de 27 de agosto, n.º 137/87, de 19 de março e n.º 344/87, de 29 de outubro.

O Decreto-Lei n.º 245/89, de 5 de agosto, veio redefinir o papel do BP no FMI; designadamente, o nosso Banco Central recebeu o conjunto das posições patrimoniais emergentes para o Estado Português, do FMI. Segundo o artigo 2.º/3 deste diploma, caberia ao MF dar o seu consentimento a qualquer alteração do quantitativo da quota portuguesa no FMI.

[103] William Peter Cooke, *Centros financeiros internacionais/As autoridades perante a desregulamentação e a supervisão*, RB 4 (1987), 27-48.

[104] Paulo de Pitta e Cunha, *Os direitos de saque especiais – Nova forma de liquidez internacional*, RBr 10 (1967), 24-52.

[105] Decretos-Leis n.º 46 471, de 7 de agosto de 1965, n.º 148/71, de 21 de abril e n.º 118-A/78, de 31 de maio.

[106] Da quota portuguesa, 25% seria paga em ouro, moeda estrangeira e DSE e 75%, em escudos; destes, parte poderia ser substituído por promissórias pagáveis à vista.

E de facto, essa quota seria aumentada, pela Portaria n.º 76/91, de 29 de janeiro, para 557,6 milhões de DSE[107].

IV. O Banco Internacional de Reconstrução e Desenvolvimento (BIRD) ou Banco Mundial foi criado, em conjunto com o FMI, em Bretton Woods, 1944. Trata-se de uma instituição vocacionada para promover o desenvolvimento dos países mais necessitados. Portugal tornou-se membro através do Decreto-Lei n.º 43 337, de 21 de novembro de 1960, tendo o Decreto-Lei n.º 43 341, de 22 de novembro de 1960, autorizado uma quota de 80 milhões de dólares. Essa quota foi aumentada, sucessivamente, para 132,4 milhões de dólares, importância que o Decreto-Lei n.º 247/82, de 24 de junho, subiria para 281,3 milhões, o Decreto-Lei n.º 428/86, de 29 de dezembro, para 306,4 milhões e o Decreto-Lei n.º 131/89, de 18 de abril, para 546 milhões.

O próprio Governo foi, diversas vezes, autorizado pela AR a contrair empréstimos junto do BIRD[108].

Os estatutos do BIRD foram emendados e novamente publicados, com aprovação pela Resolução n.º 4/89, de 2 de novembro de 1988[109].

V. Não pertence a esta rubrica a matéria relativa ao Banco Central Europeu e ao Serviço Europeu dos Bancos Centrais. A organização europeia será abaixo considerada, em sede própria[110].

[107] As Terceira e Quarta Emendas ao Acordo Relativo ao FMI foram aprovadas pelas Resoluções da Assembleia da República n.º 15/91, de 26 de junho e n.º 8/99, de 24 de fevereiro, sendo ratificadas, respetivamente, pelos Decretos n.º 29/91, de 26 de junho e n.º 66/99, de 24 de fevereiro.

[108] Assim: Lei n.º 27/84, de 13 de agosto: 84,7 milhões de dólares para a indústria têxtil, a agricultura e a formação profissional; Lei n.º 23/85, de 7 de agosto: 66 milhões para o complexo de Sines.

[109] Publicado no DR I Série, n.º 46, de 24-fev.-1989, 784-810. A emenda foi ratificada pelo Decreto do Presidente da República n.º 19/89, de 25 de março.

[110] *Infra*, § 6.º.

§ 5.º O SISTEMA FINANCEIRO PORTUGUÊS

18. Das origens ao Banco de Portugal (1846)

I. Em Portugal, o surgimento de bancos, no sentido atual do termo, data do século XIX. Há, contudo, experiências anteriores, que cumpre referir[111].

Na Idade Média, particularmente no século XIV, os cambistas já operavam. Faziam-no, porém, de forma circunstancial, nalgumas feiras. Os juros estavam proibidos pela lei canónica, em termos que passariam, depois, à própria lei civil. O esquema podia, na prática, ser contornado por várias vias. Muito significativa, pela sua adaptação às condições então reinantes, era a figura do censo consignativo, traduzida pela cedência de capital a troco de uma renda, garantida pela propriedade sobre um imóvel[112]. Havia, porém, esquemas mais diretos, como os empréstimos sobre hipotecas e os empréstimos aos Reis[113].

Deve ainda sublinhar-se que, desde o século XIV, assistiu-se a um certo desenvolvimento dos seguros marítimos: uma modalidade significativa de operações financeiras[114].

[111] Em especial, João Pinto da Costa Leite (Lumbrales), *Organização bancária portuguesa* (1927), 20 ss. e A. Ramos Pereira, *O sistema de crédito e a estrutura bancária em Portugal*, 1 (1969), 18 ss..

[112] Com diversas indicações, vide Mário Júlio de Almeida Costa, *Raízes do censo consignativo/Para a história do crédito medieval português* (1961), 10 ss..

[113] Iria Gonçalves, *Pedidos e empréstimos públicos em Portugal na Idade Média*, sep. CTF (1964); esta obra chama a atenção para o facto de tais pedidos e empréstimos terem surgido após D. Afonso III, atingindo o máximo sob os reinados de D. João I e de D. Afonso V; da mesma Autora, *vide Empréstimo concedido a D. Afonso V nos anos de 1475 a 1476 pelo almocharifado de Évora*, sep. CTF (1964).

[114] *Direito dos seguros* 2.ª ed. (2016), 77 ss..

II. Os Descobrimentos provocaram um afluxo de capitais ao País, bem como a prática de certos atos bancários. As letras de câmbio eram usadas para financiar navios, havendo agentes de diversos bancos europeus[115]. Não obstante o impulso dos Descobrimentos, não é possível falar no aparecimento de verdadeiros bancos, medievais ou, mesmo, modernos. O desenvolvimento jurídico do País, pelo menos tal como é revelado pelas escassas investigações existentes, não acompanhou a expansão ultramarina[116]. O protagonismo da Coroa levou a práticas casuísticas, em detrimento de regras gerais, base de qualquer desenvolvimento normativo. Além disso e no tocante à moeda, estabeleceu-se, a partir da 2.ª Dinastia, a prática da quebra, como forma de financiamento do Estado[117], dobrada pela proibição de compra e venda de peças de ouro, nacionais e estrangeiras[118]. Tudo isso inviabilizou a banca e o seu Direito.

III. A Restauração e o esforço de guerra subsequente motivaram alguma agitação pró-bancária. O irlandês David Preston propôs, a D. João IV, a formação de um banco; apesar de aceite, em 1653, a proposta não teve seguimento. Em 1688 surgiu, em Portugal, a moeda de papel, com curso forçado; nem por isso, contudo, se documentam institutos emissores, com regras financeiras. A situação não se alterou com o afluxo de metais preciosos provenientes da América, no século XVIII: eles foram, na época, diretamente drenados para o estrangeiro[119]. Nos finais desse século, assistiu-se a uma crise financeira marcada pela multiplicação dos emprés-

[115] Ramos Pereira, *O sistema de crédito* cit., 1, 20.

[116] Em geral, Menezes Cordeiro, *Da responsabilidade civil dos administradores das sociedades comerciais* (1997), 188.

[117] Visou-se, na origem, o financiamento das Guerras da Independência, nos finais do século XIV.

[118] Tais operações ficaram reservadas à própria Coroa, em regime de monopólio.

[119] O fenómeno conhecido como "Revolução Industrial" depende de uma multiplicidade de fatores entre os quais: capitais disponíveis, concorrência, cultura virada para o progresso, mão-de-obra, transportes, expansão ultramarina com mercados assegurados, medidas governamentais adequadas e uma banca disponível e operacional. Apenas um extraordinário conjunto de circunstâncias permitiu a sua ocorrência na Inglaterra do século XVIII; recorde-se que a máquina a vapor era, há muito, conhecida noutros locais – p. ex., em França – onde, no entanto, não conduziu à profunda mutação da industrialização, por falta dos outros fatores. Em Portugal, por maioria de razão, estavam longe de se reunir as condições para um protagonismo na industrialização; entre os elementos em falta contava-se, precisamente, a banca. Sobre estes temas, *vide*, em especial, Jorge Borges de Macedo, *Problemas de história da indústria portuguesa no Século XVIII*, 2.ª ed. (1982),

timos públicos e pela emissão de "apólices pequenas", em sua representação[120]. Em alvará de 13 de março de 1797 previa-se, enquanto não se estabelecesse um banco público ou caixa de desconto, a instituição de uma "Administração", depois denominada "Junta de Administração das Rendas aplicadas aos Juros do Empréstimo feito ao Real Erário", na origem da Junta do Crédito Público. As apólices foram-se desvalorizando, apesar de medidas legislativas tendentes a reforçar a sua circulação, pelo valor nominal.

IV. As invasões francesas, a grave crise económico-financeira provocada pelas Guerras Peninsulares e o advento de novas ideias constituiriam, finalmente, na primeira metade do século XIX, o ensejo para o aparecimento da banca. Uma Carta de Lei de 31 de dezembro de 1821 visava[121]:

> *(...) huma corporação, denominada **Banco de Lisboa**, de Empréstimo, Deposito e Desconto, que desterrando a usura e promovendo o commodo das Transacções entre os particulares, seja ao mesmo tempo applicavel à amortização do Papel Moeda.*

E de facto, o artigo 1.º dessa Carta de Lei dispunha:

> *Erigir-se-ha na Cidade de Lisboa huma Corporação, denominada **Banco de Lisboa**, que existirá por espaço de vinte anos, debaixo da immediata protecção das Cortes.*

O novo Banco, além de assoberbado com a situação anterior, teve, ainda, de auxiliar o Estado em permanentes desequilíbrios das contas públicas.

169 ss. e *passim* e *A situação económica no tempo de Pombal/Alguns aspectos*, 2.ª ed. (1985).

[120] Tais apólices, tendo curso forçado, eram verdadeiro papel-moeda; o texto correspondente do alvará de 13 de julho de 1797 pode ser confrontado em Ramos Pereira, *O sistema de crédito* cit., 23. *Vide*, em especial, Joaquim António Meira do Carmo, *Dívida pública portuguesa/Apólices pequenas/papel moeda* (1947), 5 ss..

[121] Também em Ramos Pereira, *O sistema de crédito* cit., 1, 24. Quanto à origem do Banco de Lisboa, *vide* Luciano Cordeiro, *A questão do privilégio do Banco de Portugal* (1873), 42 ss., Henrique Matheus dos Santos, *O Banco emissor e suas relações com o Estado e com a Economia Nacional* (1900), 5 ss. e Anselmo de Andrade, *Portugal Económico/Theorias e Factos*, tomo I (1918), 283 ss..

V. Apesar de medidas em contrário, designadamente as tomadas por Silva Carvalho, em 1834[122], tendentes a restabelecer a primazia da moeda metálica e que, nessa linha, admitiam mesmo a circulação provisória de soberanos ingleses e de pesos espanhóis e mexicanos, manteve-se, e em crescimento, a circulação de notas emitidas pelo Banco de Lisboa. O monopólio da emissão a favor deste banco cessou, em 13 de agosto de 1835, data da criação, por decreto, do Banco Comercial do Porto, autorizado a emitir notas.

Um diploma de 31 de dezembro de 1841 criou a Companhia de Crédito Nacional, depois transformada, por um Decreto de 25 de setembro de 1844, na Companhia Confiança Nacional, aprovando os seus estatutos[123]. Tratava-se de uma sociedade com largo objeto social, podendo efetuar negócios variados e, igualmente, operações financeiras. Ela recebeu ainda, em 1845, a incumbência de fundar caixas económicas. A situação da Companhia Confiança Nacional, mercê do contínuo desvio dos seus fundos para o Estado, deteriorou-se rapidamente, vindo a ser-lhe concedida uma moratória, às suas promissórias, em 1846. O Banco de Lisboa beneficiou, também nesse ano, da suspensão do pagamento das suas notas[124].

VI. Como saída para mais esta crise operou-se, mediante fusão do Banco de Lisboa e da Companhia Confiança Nacional, por Decreto de 19 de novembro de 1846, a criação do Banco de Portugal[125]. Cumpre reter os artigos 9.º e 10.º deste diploma:

[122] Aquando da feitura da Lei de 23 de julho de 1834, Silva Carvalho, a propósito do papel moeda, considerou-o "... operação financeira uma das mais absurdas e como ato do Governo, uma espoliação da propriedade, para não lhe chamar um roubo nacional"; *vide* Meira do Carmo, *Dívida pública portuguesa* cit., 48.

[123] Luciano Cordeiro, *A questão do privilégio do Banco de Portugal* cit., 62 ss..

[124] Um quadro com os montantes anuais dos empréstimos feitos pelo Banco de Lisboa e pela Companhia Confiança Nacional ao Governo pode ser confrontado em Luciano Cordeiro, *A questão do privilégio do Banco de Portugal* cit., 66.

[125] A fusão foi promovida pela ideia política de salvar os portadores de promissórias emitidas pela Companhia, tendo sido criticada; *vide* Costa Leite (Lumbrales), *Organização Bancária Portuguesa* cit., 59. *Vide* Alberto Luís, *O banco central* em *Direito bancário* (1985), 5-20 (6 ss.), bem como, entre os clássicos, Henrique Matheus dos Santos, *O Banco emissor* cit., 13 ss..

Art. 9.º Desde a publicação do presente Decreto o ativo e o passivo da Companhia Confiança Nacional se considerarão reunidos ao ativo e passivo do Banco de Lisboa, que tomará o nome de Banco de Portugal.

Art. 10.º Até ao fim do ano de 1876 o Banco de Portugal terá o privilégio exclusivo de emittir, no Continente do Reino, Notas ou Obrigações pagáveis à vista ao portador; e a nenhumas outras Corporações ou pessoas será permittida esta emissão.

Os estatutos do BP foram confirmados pela Carta de Lei de 26 de dezembro de 1846. O BP recebeu o privilégio exclusivo de emissão de notas ou obrigações no Continente, salva a emissão já permitida ao Banco Comercial do Porto. A remição das notas do Banco de Lisboa foi prosseguindo, com lentidão. Embora prejudicada pela contínua concessão de créditos ao Estado, a criação do BP assinala uma nova fase na evolução do sistema financeiro nacional.

19. Do surgimento da banca moderna ao Estado Novo

I. O aparecimento da banca, como categoria geral, data da segunda metade do século XIX. A Lei de 22 de junho de 1866 regulava a constituição de instituições bancárias, dispondo a Lei de 22 de junho, do ano seguinte, sobre os termos nos quais as casas de misericórdia, hospitais, irmandades e companhias a poderiam levar a cabo e quais os atos ao seu alcance.

II. Aproveitando uma Lei de 16 de abril de 1850, na qual se pôs termo ao monopólio de emissão de notas no Continente, detido pelo Banco de Portugal desde 1846, reduzindo-o ao distrito de Lisboa, proliferaram os bancos[126]: Banco Mercantil Portuense (1856), Banco União (1861), Banco Aliança (1863), Banco do Minho (1864), Banco Comercial (1873) e Banco de Guimarães (1873). De 5 bancos, em 1858, chegou-se a

[126] Segundo o artigo 50.º da referida Lei de 1850, a constituição dos bancos era livre; não poderiam, todavia, funcionar sem prévia confirmação do poder legislativo.

51, em 1875[127]. A crise económica abalou o sistema, em 1876[128]; não foi, porém, suficiente para obrigar a uma revisão de fundo: a solidez do BP permitiu a manutenção do esquema existente. Apenas em 1887, mediante novo contrato celebrado com o BP, o Estado conferiu a este poderes que o elevavam a banco central, ainda que só muito mais tarde este termo fizesse a sua aparição: exclusivo da emissão de notas, poder de fixar a taxa de juro reguladora das operações das outras instituições e banqueiro do Estado, designadamente.

III. Em 1891 estalou uma crise monetária e económica bem mais complexa. As medidas então tomadas envolveram, mediante compensação através da concessão de créditos, a supressão do direito de emitir notas, aos bancos que o haviam conservado, tendo o BP, por contrato de 2 de dezembro de 1891, visto reforçada a sua função de banco central: banco emissor, "... como prestamista de última instância do sistema de crédito e regulador dos mercados monetário e cambial"[129].

IV. O Decreto de 12 de julho de 1894, do Governo de Hintze Ribeiro, estabeleceu o primeiro quadro normativo geral da atividade bancária, em Portugal.

Na síntese de Ramos Pereira, nos finais do século XIX, a estrutura bancária portuguesa tinha as seguintes grandes linhas[130]:

- o Banco de Portugal;
- a Caixa Geral de Depósitos, fundada em 10 de abril de 1876, como instituto de crédito público;
- múltiplos bancos comerciais e casas bancárias, com diversas instituições de crédito mais ou menos especializadas;
- diversas caixas económicas.

[127] A emissão de notas, quer pelo BP, quer pelos restantes bancos era reduzida: o abalo causado pelas antigas emissões do Banco de Lisboa demolira a confiança do público nas notas.

[128] Como escrito da época, cabe citar Luciano Cordeiro, *A crise e os bancos* (1877), focando, por exemplo – III ss. – a "febre bancaria". Do mesmo ano e do mesmo Autor, *vide Os bancos e os seus directores*, de sentido moralizador.

[129] Quanto à função do "banco emissor", na linguagem da época: Thomaz Cabreira, *O problema bancário portuguez* (1915), 59 ss..

[130] Ramos Pereira, *O sistema de crédito* cit., 1, 37. Quanto ao Decreto de 12 de julho de 1894: COLP 1894 (1895), 593-597, sendo de salientar o seu interessante preâmbulo.

As regras materialmente bancárias eram, porém, pouco vincadas: o aparecimento das instituições antecedeu, aqui, com alguma frequência, o das suas regras. Toda a panorâmica bancária nacional, no século XIX, viveu dominada pelo problema do défice do Estado, permanente, desde 1860 a 1910[131].

V. Com a República, foram publicados diplomas relevantes, de certo conteúdo social. O Decreto com força de lei de 1 de março de 1911 organizou o crédito agrícola, fixando as regras das caixas de crédito agrícola mútuo. A reforma de 22 de maio de 1911 remodelou o sistema financeiro e instituiu o escudo-ouro como unidade monetária. A I Guerra Mundial provocou múltiplas perturbações; elas serão referidas a propósito do Banco de Portugal[132].

A organização bancária foi reorganizada pelo Decreto n.º 10:634, de 20 de março de 1925[133], que não chegou a ser regulamentado. Seguiu-se-lhe a Lei n.º 1:894, de 11 de abril de 1935[134], que logo no seu artigo 1.º, reservava as funções de crédito, no continente e nas ilhas, para:

1.º O Estado e os seus institutos de crédito;
2.º Os bancos emissores;
3.º A Companhia Geral de Crédito Predial Português;
4.º As instituições comuns de crédito.

Estas últimas, por seu turno, agrupavam – artigo 2.º:

1.º Os estabelecimentos bancários autorizados;
2.º As caixas económicas;
3.º As cooperativas de crédito.

Eram, depois, inseridas diversas normas, destinadas a assegurar a solidez do sistema. De novo não foi adotada a regulamentação subsequente.

[131] Thomaz Cabreira, *O problema financeiro e a sua solução* (1912), 29 ss..

[132] *Infra*, 974 ss. Quanto ao Decreto de 22 de maio de 1911: COLP 1911 (1912), 929-932.

[133] Sobre este diploma, Raúl Humberto de Lima Simões, *Crédito bancário* (1930), 53 ss..

[134] *DG*, I Série, n.º 83, de 11-abr.-1935, 488-490.

20. **Das reformas de Oliveira Salazar a 1974**

I. Chegamos, assim, ao Decreto-Lei n.º 41.403, de 27 de novembro de 1957[135]. A aprovação deste diploma foi precedida pela publicação da competente proposta do Governo[136], que obteve um circunstanciado parecer da Câmara Corporativa[137].

O quadro geral, fixado pelo novo diploma, começava por reservar, para o Estado e para as instituições de crédito, o exercício das funções de crédito e demais atos inerentes à atividade bancária – artigos 1.º e 2.º[138]. Eram consideradas instituições de crédito – artigo 3.º:

a) *Os institutos de crédito do Estado* – essencialmente, a Caixa Geral de Depósitos;
b) *Os bancos emissores* – o Banco de Portugal e os bancos ultramarinos, existentes na altura;
c) *Os bancos comerciais*;
d) *Os estabelecimentos especiais de crédito*, que abrangiam – artigo 3.º, § 2.º – os bancos de investimento, as caixas económicas, as cooperativas de crédito e a Companhia Geral de Crédito Predial Português.

O artigo 5.º permitia o exercício de funções de crédito a pessoas, singulares ou coletivas, não compreendidas na enumeração do artigo 3.º; trata-se da figura que veio a ser formalizada pelo Decreto-Lei n.º 42.641, de 12 de novembro de 1959.

II. As potencialidades – aliás modestas – abertas pelo Decreto-Lei n.º 41.403 só lentamente foram aproveitadas. Apenas a 13 de novembro de 1958, o Decreto-Lei n.º 41.957 instituiu o primeiro banco de investimento. O Decreto-Lei n.º 49.273, de 27 de setembro de 1969, criou a Sociedade Financeira Portuguesa, de difícil enquadramento.

[135] *DG*, I Série, n.º 269, de 27-nov.-1957, 1235-1240.

[136] Trata-se do projeto de proposta de lei n.º 525, ACC n.º 120, de 27-mai.-1957; o projeto vem antecedido por um relatório esclarecedor.

[137] Parecer n.º 56/VI, ACC n.º 127, de 26-set.-1957; todos estes elementos podem ser confrontados em António Pires Machado, *Sistema bancário/Notas aos Decretos-Leis n.ºs 41.403, 42.611 e 46.492* (1965); esta obra constitui como que uma 2.ª ed. do livro *Sistema de crédito e estrutura bancária, I – Notas ao Decreto-Lei n.º 41 403* (1958).

[138] Quanto ao cenário do Decreto-Lei n.º 41.403, já com diversos elementos de atualização: Simões Patrício, *Curso de Direito Económico* cit., 806 e Augusto de Athayde/ /Luís Branco, *Direito Bancário* cit., 1, 20 ss..

O estabelecimento de novos bancos, dependente de autorização, era dificultada. Os existentes só com lentidão iam ampliando o naipe de serviços oferecidos ao público.

21. A nacionalização da banca

I. O marco subsequente, na evolução do sistema financeiro nacional, foi constituído pela nacionalização da banca comercial portuguesa, ocorrida na Revolução de 1974-1975[139]. Com efeito, o Decreto-Lei n.º 132-A/75, de 14 de março, do Conselho da Revolução, nacionalizou os bancos comerciais. Como instituições privadas, para além dos bancos estrangeiros, apenas deixou subsistir as caixas económicas e as caixas de crédito agrícola mútuo, numa postura sedimentada pelo Decreto-Lei n.º 729-A/75, de 22 de dezembro, que regulando a banca nacionalizada, veio definir, em globo, as instituições de crédito atingidas como "... pessoas coletivas de direito público, dotadas de autonomia administrativa e financeira, com a natureza de empresas públicas" – artigo 2.º.

Para além desta afirmação de princípio, pouco significativa, uma vez que, nas relações exteriores, os bancos nacionalizados agiam em termos de Direito privado, o Decreto-Lei n.º 729-F/75, de 22 de dezembro, limitava-se, na prática, a consagrar a orgânica dos bancos nacionalizados: conselho de gestão e comissão de fiscalização – artigo 7.º. Um troço do seu preâmbulo permite apreender as preocupações formais e substanciais do legislador:

> A instabilidade que tem caracterizado a vida política do País constituirá suficiente explicação para o facto de as previstas medidas legislativas não terem sido, ainda, objeto de publicação, mas compreender-se-á o desejo e a preocupação do Governo de, o mais depressa possível, dar completa execução ao texto que constitui um dos mais firmes passos no processo de transição para o socialismo.
>
> Dado o carácter urgente deste diploma, os esquemas agora adotados deverão sofrer adequada reformulação logo que, a nível geral, se defina o quadro institucional em que deverá moldar-se a intervenção dos trabalhadores no domínio da gestão e orientação global da economia. Só assim se

[139] Portugal é, assim, o único País ocidental onde foi tomada tal medida; as nacionalizações francesas de 1981 e 1982 ficaram aquém; *vide* Alberto Luís, *Aspectos da administração da banca pública*, em *Direito bancário* (1985), 21-64 (21).

evitará a constituição de uma superestrutura social dependente do Estado, portadora das já conhecidas tendências para a burocratização com prejuízo da participação efetiva e concreta que aos trabalhadores em geral deve caber em sistema de transição para o socialismo.

O Decreto-Lei n.º 729-F/75, de 22 de dezembro, que apesar do seu sentido provisório se manteve longamente em vigor, foi diversas vezes alterado, designadamente pelos Decretos-Leis n.º 513/77, de 14 de dezembro, n.º 51/79, de 22 de março e n.º 176/79, de 7 de junho.

II. O esquema coletivista resultante da Revolução foi reforçado pela Lei n.º 46/77, de 8 de julho, a qual *veda a empresas privadas e outras entidades da mesma natureza a atividade económica em determinados sectores*. Este diploma apenas permitia a atividade privada de caixas económicas, de caixas de crédito agrícola, de sociedades de desenvolvimento regional e das instituições parabancárias, "... designadamente sociedades de investimento" – artigo 3.º/2. Previa-se – n.º 4 – uma regulamentação deste sector, que só muito lentamente viria a surgir.

A nível mais estritamente bancário, cabe referir a publicação do Decreto-Lei n.º 455/79, de 30 de dezembro, que aprovou o Plano de Contas para o Sistema Bancário. O Estado recebia os lucros da banca, como decorre de toda a situação, então vivida.

22. **Da reprivatização à reforma de Cavaco Silva/Braga de Macedo**

I. A socialização portuguesa de 1974/75 ocorreu com décadas de atraso: correspondeu a uma moda que grassara, em certos países, após 1945. Processou-se em franco contraciclo, quer sócio-económico, quer geo-estratégico. Restabelecida, com a Constituição de 1976, a democracia formal, bastaria aguardar o funcionamento das normas e a tradicional permeabilidade do País – que conta muitos milhões de concidadãos no estrangeiro – às ideias europeias, para inverter as opções. Isso sucedeu e bem mais depressa do que seria expectável, na época.

II. Efetivamente, a restritiva Lei n.º 46/77 foi alterada pelo Decreto-Lei n.º 406/83, de 19 de novembro, de modo a reabrir, à iniciativa privada, a atividade bancária. O Decreto-Lei n.º 51/84, de 11 de fevereiro, permitiu a constituição de bancos comerciais e de investimento privados.

Seguir-se-iam novas regulamentações e, por fim, após a Revisão Constitucional de 1989, a reprivatização dos bancos nacionalizados[140].

Toda esta evolução foi marcada, de certo modo, pela suspeita oficial em relação à iniciativa privada, no domínio do sector financeiro – suspeita essa que, curiosamente, lavrou antes e depois de 1974, ainda que por razões distintas. E assim, as diversas instituições foram-se desenvolvendo em termos fragmentários e pouco racionais.

III. Tentando um quadro sintético do cenário existente, nos finais dos anos 80, ainda sob a vigência do Decreto-Lei n.º 41:403, de 27 de novembro de 1957, temos[141]:

- o Banco Central;
- as instituições de crédito:
  - institutos de crédito do Estado (a Caixa Geral de Depósitos);
  - bancos comerciais;
- instituições especiais de crédito:
  - bancos de investimento;
  - caixas económicas;
  - caixas de crédito agrícola mútuo;
  - sociedades de desenvolvimento regional;
  - Crédito Predial Português;
  - Sociedade Financeira Portuguesa;
- as instituições parabancárias:
  - sociedades de investimento;
  - sociedades de locação financeira;
  - fundos de investimento mobiliários e imobiliários;
  - sociedades de *factoring*;
  - sociedades mediadoras de empréstimos hipotecários;
  - sociedades administradoras de compras em grupo;
  - sociedades gestoras de patrimónios;
  - sociedades financeiras para aquisição a crédito;
  - outras.

[140] Quanto à evolução da Constituição de 1976, Sousa Franco/Oliveira Martins, *A constituição económica portuguesa/Ensaio interpretativo* (1993), 132 ss..

[141] Augusto de Athayde/Luís Branco, *Direito bancário* cit., 1, 22-23. Ainda sobre o tema, Luís Nandim de Carvalho, *As instituições de crédito do sector público em Portugal*, RBr 22 (1970), 49-94.

IV. A matéria seria objeto de sucessivos arranjos, já sob a influência da integração europeia[142]. Finalmente, ocorreu a reforma de 1992 (Cavaco Silva/Braga de Macedo), que aprovou o RGIC, em cujo domínio nos movemos. Trata-se de Direito vigente, abaixo estudado, na parte institucional[143].

[142] *Infra*, 1054 ss..
[143] *Infra*, 1023 ss..

§ 6.º ELEMENTOS EUROPEUS

23. Tratado da União Europeia

I. A construção europeia tem um pilar importante na livre circulação de capitais: artigos 56.º a 60.º do Tratado da União[144], hoje 63.º a 66.º do TFUE[145].

No que toca ao Direito bancário, teve porém a maior importância a prática do direito de estabelecimento, regulado nos artigos 43.º e seguintes do Tratado[146], na numeração atual.

II. O direito de estabelecimento pressupõe a supressão gradual das restrições à liberdade de estabelecimento dos nacionais de um Estado membro, no território de outro Estado membro. Muito particularmente, o Tratado visa facilitar o acesso às atividades não assalariadas e ao seu exercício – 47.º/1 – prevendo-se, para isso, que o Conselho, sob proposta

[144] Com indicações: Michael Sedlaczek, em Rudolf Streinz, *EUV/EGV* (2003), Art. 56 EVG ss. (747 ss.). Quanto à evolução do Direito institucional europeu: Andreas Haratsch/Christian Koenig/Matthias Pechstein, *Europarecht* cit., 9.ª ed., 3 ss. e Matthias Herdegen, *Europarecht* cit., 17.ª ed., 47 ss..

[145] Michael Sedlaczek/Mário Züger, em Rudolf Streinz, *EUV/AEUV* cit., 2.ª ed., Art. 63 AEUV ss. (835 ss.).

[146] Christian Tietje, *Niederlassungsfreiheit*, em Dirk Ehlers, *Europäische Grundrechte und Grundfreiheiten* (2003), 240-267; anteriormente, Peter Behrens, *Niederlassungsfreiheit und Internationales Gesellschaftsrecht*, RabelsZ 52 (1988), 498-525 (508 ss.); em língua francesa: Christian Gavalda/Gilbert Parleani, *Droit des affaires de l'Union européenne* (2002), 135 ss.; em português: Alexandre Mota Pinto/Manuel Lopes Porto/ /Gonçalo Anastácio, *Tratado de Lisboa anotado e comentado* (2012), 316 ss.; Peter-Christian Müller-Graf, em Streinz, *EUV/EGV* cit., Art. 43 EVG ss. (635 ss.) e, agora, em Streinz, *EUV/AEUV* cit., 2.ª ed., Art. 49 AEUV (699 ss.), ambos com indicações, bem como o nosso *Direito europeu das sociedades* (2005), 52 ss.. Para indicações anteriores, *vide* José Maria de Albuquerque Calheiros, *O sector bancário e a CEE* (1993), 33 ss. e Augusto de Athayde, *Curso de Direito bancário* cit., 1, 86.

da Comissão e após consulta do Parlamento adote "... diretivas que visem coordenar as disposições legislativas regulamentares e administrativas dos Estados membros, respeitantes ao acesso às atividades não assalariadas e ao seu exercício" – *idem*, n.º 2. Após a revisão de Maastricht, as Diretrizes, nos termos complexos do artigo 189.º-B, passaram a ser, em simultâneo, imputáveis ao Parlamento Europeu.

III. É precisamente ao abrigo do direito de estabelecimento e visando coordenar as diversas legislações, que têm sido dimanadas as Diretrizes comunitárias com relevância bancária, cujo elenco abaixo será referenciado. Estas, se bem atentarmos na evolução do recente Direito bancário português, podem considerar-se como o mais potente fator de evolução legislativa e de dinamização doutrinária[147]. De resto, um fenómeno paralelo ocorre nos restantes países da União[148].

[147] Em geral, cumpre referir Paulo de Pitta e Cunha, *Reflexões sobre a União Europeia*, RB 21 (1992), 111-124, bem como António M. Borges, *Problemas e perspectivas da banca portuguesa*, RB 7 (1988), 67-84. *Vide* George Zavvos, *A estratégia da CEE para o sector bancário*, RB 3 (1987), 103-119, Walter Marques, *Modernização financeira em Portugal*, RB 6 (1988), 5-16, João Costa Pinto, *O processo de integração do espaço financeiro europeu e a evolução do sistema financeiro português*, RB 6 (1988), 27-46, Sir Leon Brittan, *Rumo ao mercado interno de serviços financeiros: a abordagem da Comissão da CEE*, RB 11 (1989), 105-117, Umberto Burani, *Rumo à realização do Mercado Financeiro Europeu: liberalização e transformação*, RB 10 (1989), 115-125, Carlos S. Costa, *As implicações da criação de um espaço financeiro europeu*, RB 13 (1990), 91-115, Miguel Cadilhe, *Luzes e sombras da União Europeia e Monetária*, RB 16 (1990), 199-214, Sir Jeremy Morse, *Consequências da liberalização dos movimentos de capitais na Comunidade Europeia para os bancos e as seguradoras. Levará esta liberalização a um mercado livre de prestação de serviços financeiros?*, RB 16 (1990), 215-219 e Pedro Ferreira Malaquias, *A livre prestação de serviços no domínio da actividade bancária*, RB 18 (1991), 151-166.

Como obra geral, embora já desatualizada, cumpre citar Michel Vasseur, *Droit bancaire français et marché commun* (1981), especialmente 83 ss.. Uma visão de conjunto, sobre a evolução do pensamento comunitário, consta de Paulo de Pitta e Cunha, *Integração Europeia/Estudos de Economia, Política e Direito Comunitários* (1993). *Vide*, ainda, os elementos citados no nosso *Direito Bancário/Relatório* cit., 26, nota 42.

[148] *Vide* o nosso *Direito Bancário/Relatório* cit., 25, nota 41, com elementos. Além deles, referimos: Norbert Horn, *Bankrecht auf dem Weg nach Europa*, ZBB 1989, 107-121 (110 ss., quanto à 2.ª Diretriz), Winfried Brechmann, *Die richtlinienkonforme Auslegung* (1994), Peter M. Wiesner, *Stand des Europäischen Unternehmensrechts*, EuZW 1995, 821-834, com os diversos instrumentos e Georg Baur, *Das neue Wertpapierhandelsrecht*, Die Bank 1997, 346-348, referindo as Diretrizes bancárias mais recentes.

Temos ainda presente que o Direito europeu é – ou é ainda – um sistema em permanente evolução, provocando novos equilíbrios e soluções[149].

IV. O projeto de Tratado que estabelecia uma Constituição para a Europa prevê, em substituição das diretrizes, as leis-quadro europeias – artigo I-33.º/1. O artigo III-141.º/1 retoma o papel da "lei-quadro" (a diretriz) de facilitar "... o acesso às atividades não assalariadas e ao seu exercício". O Direito bancário europeu manteria, assim, a mesma base jurídica.

A chamada Constituição Europeia acabaria por ser rejeitada por referendos, em França e na Holanda. A matéria foi "emendada" com recurso ao Tratado de Lisboa (2007), primeiro rejeitado por um referendo na Irlanda mas, depois, aprovado por novo referendo, nesse mesmo País. O Tratado de Lisboa conservou a nomenclatura anterior.

24. **União Monetária**

I. O artigo 104.º do Tratado de Roma, versão inicial, previa que cada Estado membro pusesse "... em prática a política económica indispensável para garantir o equilíbrio da sua balança global de pagamentos e para manter a confiança na sua moeda, cuidando ao mesmo tempo de assegurar um elevado grau de emprego e a estabilidade do nível de preços". De modo a prosseguir esses objetivos, ficou assente a necessidade de garantir "... a convergência das políticas económicas e monetárias ...", tendo em conta a experiência do Sistema Monetário Europeu (SME) e a evolução do ECU – artigo 102.º-A, do mesmo Tratado, aditado pelo Ato Único Europeu, de 1986.

II. Foi, porém, o Tratado de Maastricht que representou o passo decisivo no domínio da união monetária[150], depois sedimentada pelo Tratado de Amesterdão. O artigo 3.º-A do Tratado de Roma, que instituiu a CEE,

[149] Wernhard Möschel, *Systemwechsel im Europäischen Wettbewerbsrecht?*, JZ 2000, 61-67; Stefan Sauer/Frank Wittermann, em Paul H. Assies e outros, *Bank und Kapitalmarktrecht*, 3.ª ed. (2012), 1, Nr. 89 ss. (28 ss.).

[150] *Vide*: Maria Amélia Sineiro de Andrade, *O Sistema Europeu de Bancos Centrais (SEBC) – Algumas considerações*, BCE XXXIX (1996), 210-294, A. Mendonça Pinto, *União monetária europeia/Portugal e o Euro*, 1997 e Carlos Costa Pina, *Instituições e mercados financeiros* cit., 71 ss.. Com múltiplos elementos: Dietrich Schefold, *Die Europäischen Verordnungen über die Einführung des Euro*, WM 1996, Beil. 4, 1-20.

aditado em Maastricht, vem prever, no seu n.º 2 "... a fixação irrevogável das taxas de câmbio conducente à criação de uma moeda única, o ecu, e a definição e condução de uma política monetária e de uma política cambial únicas, cujo objetivo primordial é a manutenção da estabilidade dos preços e, sem prejuízo desse objetivo, o apoio às políticas económicas gerais na Comunidade, de acordo com o princípio de uma economia de mercado aberto e de livre concorrência".

O Tratado de Maastricht fixou três fases de estabelecimento da união monetária, agora corporizada na moeda única[151]. Uma 1.ª fase, até 31 de dezembro de 1993, de preparação, marcada pela liberdade de pagamento na moeda de residência do credor e pela liberalização – *vide* artigo 73.º-H. Previam-se, ainda, medidas de adaptação, genericamente referidas no artigo 109.º-E/2. Após 1 de janeiro de 1994, são proibidas as restrições de movimentos de capitais – artigo 73.º-B. Os Estados devem pôr cobro a défices orçamentais excessivos e tomar medidas legislativas internas para assegurar a independência do seu banco central – artigo 116.º/4 e 5[152]. A terceira fase teve início em 1 de janeiro de 1999: implicou a entrada em funcionamento do Banco Central Europeu e a introdução da moeda única: o ECU, hoje euro.

III. A União Monetária Europeia postula instituições próprias, que passamos a referenciar. Logo no início da segunda fase, foi instituído e entrou em funções o Instituto Monetário Europeu – IME –, com personalidade jurídica, dirigido e gerido por um presidente e pelos governadores dos bancos centrais nacionais, um dos quais vice-presidente – artigo 117.º do Tratado de Roma, introduzido pelo Tratado de Maastricht e revisto pelo de Amesterdão. O IME dispõe de estatutos aprovados por Protocolo anexo a este último Tratado e tem atribuições e competência ainda relativamente modestas. Ele deve reforçar a cooperação entre os bancos centrais e preparar a terceira fase, lançando as bases do futuro Banco Central Europeu. O IME formulava pareceres e recomendações, por maioria qualificada, só os podendo, contudo, tornar públicos por unanimidade – artigo 117.º/5: tinha, como se vê, uma posição promissora, mas muito cautelosa.

[151] Quanto aos textos e à sua interpretação, Abel Laureano, *Regime jurídico fundamental da União Europeia Anotado* (1997), 325 ss..

[152] Segundo a numeração resultante do Tratado de Amesterdão; a numeração anterior pode ser confrontada na 1.ª edição deste *Manual*.

IV. As alterações de Maastricht previam, como foi dito, um Sistema Europeu de Bancos Centrais (SEBC) e um Banco Central Europeu (BCE), dotados de Estatutos aprovados por Protocolo anexo[153].

O SEBC é constituído pelo BCE e pelos bancos centrais nacionais – artigo 1.º dos Estatutos[154]. Os seus objetivos primordiais são a manutenção da estabilidade dos preços e o apoio às políticas económicas gerais da Comunidade, tendo em vista a realização dos objetivos, devendo atuar de acordo com o princípio de uma economia de mercado aberto e de livre concorrência – artigo 2.º. As suas atribuições básicas são – artigo 3.º:

– a definição e a execução da política monetária da Comunidade;
– a realização de operações cambiais oficiais;
– a detenção e gestão das reservas cambiais oficiais dos Estados membros;
– a promoção do bom funcionamento dos sistemas de pagamentos.

O BCE, os bancos centrais nacionais e qualquer membro dos respetivos órgãos não podem solicitar ou receber instruções das instituições comunitárias, dos governos dos Estados membros ou de quaisquer outras entidades: a sua independência está formalmente garantida – artigo 7.º[155].

V. O SEBC é dirigido pelo BCE – artigo 8.º – com sede em Frankfurt. Dispõe de um Conselho, no qual têm assento os governadores dos bancos centrais nacionais e os membros da comissão executiva: artigo 10.º. O Conselho do BCE toma deliberações por maioria simples, em princípio; cada membro tem um voto, embora para determinadas decisões, designadamente as que envolvam o capital social, a repartição desse capital, a transferência de ativos para reserva, a distribuição dos proveitos monetários dos bancos centrais nacionais, a distribuição dos lucros e perdas líquidas e a redução dos proveitos, se proceda à ponderação dos votos dos membros do

[153] *Leis da Banca Anotadas*, 3.ª ed., 1028 ss.; *vide*, quanto ao BCE, *www.ecb.int/*.

[154] Sobre a matéria e com indicações, Klaus Löber, em Siegfried Kümpel/Arne Wittig, *Bank- und Kapitalmarktrecht*, 4.ª ed. (2011), 5.26 ss. (436 ss.) e Chryssa Papathanassiou, em Schimansky/Bunte/Lwowski, *Bankrechts-Handbuch*, 2, 4.ª ed. (2011), § 134 (2593 ss.).

[155] *Vide* António Moura Portugal, *Independência e controlo do Banco Central Europeu/Contributo para a correcta definição dos poderes normativos*, BMJ 479 (1998), 5-63 e Helge Sodan, *Die funktionelle Unhabhängigkeit der Zentralbanken*, NJW 1999, 1521-1524.

Conselho em função do capital subscrito pelos respetivos bancos centrais, e sendo, então, a ponderação do voto dos membros da Comissão Executiva igual a zero – artigo 10.º/3. Esse mesmo preceito determina que uma decisão para a qual se requeira maioria qualificada considera-se tomada se os votos a favor representarem pelo menos dois terços do capital subscrito do BCE e provierem de metade dos acionistas.

O capital do BCE, fixado inicialmente em 5.000 milhões de ECUS, é subscrito pelos bancos centrais – artigo 29.º/1, sempre dos Estatutos do BCE – na base de uma ponderação equivalente à soma de:

- 50% da parcela do respetivo Estado-Membro na população da Comunidade;
- 50% da parcela do respetivo Estado-Membro no produto interno bruto comunitário.

A Comissão Executiva é composta pelo presidente, pelo vice-presidente e por quatro vogais, nomeados por oito anos, para mandatos não renováveis, por acordo entre os Estados membros a nível de Chefes de Estado ou de Governo, sob recomendação do Conselho e após este ter consultado o Parlamento Europeu e o conselho do BCE.

Prevê-se, ainda, um Conselho Geral do BCE, composto pelo presidente, pelo vice-presidente, pelos governadores dos bancos centrais nacionais; os vogais da comissão executiva podem participar, sem direito de voto – artigo 45.º/1. O Conselho Geral tem funções consultivas e, ainda, as funções do IME, as quais, em virtude de, porventura, nem todos os Estados integrarem de imediato a terceira fase, se devam, ainda, manter.

VI. O Conselho do BCE é o órgão de decisão do Banco, cabendo-lhe adotar as orientações e tomar as decisões necessárias ao desempenho das atribuições cometidas ao SEBC – artigo 12.º/1: ele define a política monetária da Comunidade, incluindo, quando for caso disso, as decisões respeitantes a objetivos monetários intermédios, taxas de juro básicas e aprovisionamento de reservas do SEBC, estabelecendo as orientações necessárias à sua execução.

A Comissão Executiva aplica a política monetária de acordo com as indicações do Conselho dando, para tal, as instruções necessárias aos bancos centrais nacionais; pode, ainda, receber competência delegada – 12.º/1. Ela é responsável pela gestão corrente – 11.º/6 – e prepara as reuniões do Conselho do BCE.

O Presidente preside ao Conselho e à Comissão Executiva, assegurando a representação externa do BCE – 13.º.

VII. Os bancos centrais nacionais, segundo o artigo 14.º, são parte integrante do SEBC devendo atuar em conformidade com as instruções do BCE – n.º 3. Eles devem alterar os seus estatutos de modo a assegurar a sua independência; o mandato do governador de um banco não pode ser inferior a 5 anos e "... só pode ser demitido das suas funções se deixar de preencher os requisitos necessários para o exercício das mesmas ou se tiver cometido falta grave", com recurso para o próprio Tribunal de Justiça – n.º 2.

VIII. O BCE tem competência de princípio para "... exercer funções específicas no que diz respeito às políticas relativas à supervisão prudencial das instituições de crédito e à estabilidade do sistema financeiro", mas mediante decisão do Conselho da Comunidade, a tomar nos termos do artigo 105.º/6 do Tratado da União. Ele adota regulamentos e toma decisões, uns e outras obrigatórios em todos os Estados, podendo aplicar multas pelo incumprimento; formula, ainda, recomendações e pareceres – 34.º.

O BCE seria dotado, pelos bancos centrais, de ativos de reserva, até 50.000 milhões de ecus, na proporção da participação no capital social – 30.º. Tais reservas são geridas pelo BCE.

A fiscalização jurisdicional é assegurada pelo Tribunal de Justiça – 35.º/1.

IX. O Tratado de Roma, logo no início, previa, no seu artigo 129.º, a instituição do Banco Europeu de Investimento (BEI). Hoje valem os artigos 308.º e 309.º do TFUE[156]. O BEI tinha como objetivo "... contribuir, recorrendo ao mercado de capitais e utilizando os seus próprios recursos, para o desenvolvimento equilibrado e harmonioso do mercado comum ..." – artigo 130.º. E prossegue: "Para esse efeito, o Banco facilitará, mediante a concessão de empréstimos e de garantias, sem prosseguir qualquer fim lucrativo, o financiamento dos seguintes projetos, em todos os valores da economia: ...".

O BEI é administrado e gerido por um Conselho de Governadores, um Conselho de Administração e um Comité Executivo – artigo 8.º dos Estatutos. O Conselho dos Governadores é composto pelos ministros

[156] Hervé Causse, *Droit bancaire et financier* cit., 177 ss.; Christoph Ohler, em Rudolf Streinz, *EUV/AEUV* cit., 2.ª ed., 2538-2550.

designados pelos Estados membros; cabe-lhe adotar as diretrizes gerais relativas à política de crédito do Banco; ele delibera por maioria, desde que represente 45% do capital do Banco. O Conselho de Administração, bastante alargado e com administradores, em número variável, designados por todos os Estados, tem competência exclusiva para decidir da concessão de créditos e garantias e de contratação de empréstimos – 11.º. O Comité Executivo é composto por um presidente e seis vice-presidentes, nomeados por um período de seis anos pelo Conselho de Governadores, sob proposta do Conselho de Administração – 13.º/1; cabe-lhe a gestão corrente e a preparação das decisões do Conselho de Administração – 13.º/3[157].

De âmbito mais amplo, cumpre referir o Banco Europeu de Reconstrução e Desenvolvimento, instituído em 1991, e cujo objeto consiste em "... contribuir para o progresso e a reconstrução económica dos países da Europa Central e Oriental que se comprometam a respeitar e aplicar os princípios de democracia multipartidária, do pluralismo e da economia de mercado." – artigo 1.º dos Estatutos do BERD. Podem ser membros do BERD os países europeus, os países não europeus membros do FMI, a CEE e o BEI – 3.º. A estrutura orgânica do BERD consta de um conselho de governadores, um conselho de administração, um presidente e um ou mais vice-presidentes[158].

O BERD foi dotado de recursos financeiros muito elevados, tendo prestado um relevante contributo para o progresso da Europa de Leste, após a queda do Muro de Berlim e dos regimes que ele protegia.

O BEI e o BERD, embora não tendo diretamente a ver com a União Monetária Europeia, desempenham um papel na formação do Direito bancário europeu.

[157] Quanto à participação inicial de Portugal no BEI, *vide* o Decreto-Lei n.º 45/86, de 10 de março. A evolução do capital do BEI pode ser seguida através da Resolução da Assembleia da República n.º 14/93, de 22 de maio, ratificada pelo Decreto do Presidente da República n.º 17/93, de 31 de maio. A Resolução, da mesma Assembleia, n.º 40/93, de 28 de dezembro, aprovou, para ratificação, o ato que altera o Protocolo relativo aos Estatutos do BEI, de modo a autorizar o Conselho dos Governadores a instituir um Fundo Europeu de Investimento. A ratificação ocorreu por Decreto do Presidente da República n.º 63/93, de 28 de dezembro.

[158] O acordo constitutivo do BERD foi aprovado pela Resolução da Assembleia n.º 9-A/91, de 20 de março, podendo, em anexo, confrontar-se os seus Estatutos; a ratificação sobreveio por Decreto do Presidente da República n.º 13/91, de 20 de março.

X. As perspetivas da União Monetária Europeia foram, oficialmente, otimistas[159]. Em termos políticos, parece desejável, em nome do futuro do Planeta e do bem estar e segurança das populações, que ela se concretize, de modo irreversível: a defesa da individualidade das Nações terá de se fazer noutros palcos, com relevo para o da língua e o do Direito privado. No campo económico imediato, os especialistas parecem divididos, alinhando-se diversos argumentos em sentido contrário, numa situação aproveitada por nacionalismos de inspiração aparentemente oposta.

A moeda única iria, na prática, depender da rapidez que se imprimisse ao processo e da capacidade de liderança dos dirigentes dos Estados europeus: qualquer demora seria de recuperação problemática[160]. A crise dos preços do petróleo, subitamente ocorrida no ano 2000, veio colocar a União Monetária perante a primeira crise. Aparentemente, ela parecia em condições de superá-la. Isso não sucedeu. Em 2005, mantinha-se, na Europa, um grave problema de estagnação económica, ao contrário do que sucedia nos Estados Unidos ou no Extremo-Oriente. Começava a surgir a pergunta: a rigidez das leis europeias – incluindo as sociais e as monetárias – não estaria a comprometer o futuro? A sobreveniência da crise de 2007-2010, que teve, na Europa, graves consequências, adiou a resposta à questão. A crise das dívidas soberanas, que atingiu o Sul da Europa a partir de 2010-2011 e que prossegue sem fim à vista parece pôr em causa o próprio euro. Cada vez mais os especialistas entendem que o estabelecimento do euro, sem uma efetiva política europeia, nos planos fiscal e orçamental e sem uma autoridade europeia legítima, com poderes para transferir liquidez das zonas ricas para as pobres (como sucede, sem sobressalto, dentro de qualquer Estado) foi prematuro. A saída do euro coloca, todavia, ques-

[159] *Vide* a Resolução da Assembleia da República n.º 9/97, de 1 de março, que reafirmou "... o profundo empenhamento e determinação na participação de Portugal, desde 1 de janeiro de 1999, na 3.ª fase da união económica e monetária" – n.º 1.

[160] Como textos de reflexão sobre a união monetária, citamos: Paulo de Pitta e Cunha, *A União Económica e Monetária e o objectivo da moeda única*, RB 38 (1996), 75-87, Gerd Morgenthaler, *Der Euro – zwischen Integrationsdynamik und Geldwertstabilität*, JuS 1997, 673-681, Nikolaus K. A. Läufer, *Europäische Währungsunion – Pro und Contra*, Bank 1997, 404-408, concluindo (pelo prisma alemão), que, tudo visto, os ganhos são superiores às perdas, Claude J. Berr, *Réflexions prudentes sur certains aspects juridiques de la disparition annoncée du franc*, DS 1997, 301-304, de feição mais estritamente jurídica e que apela a um estudo atento de diversos problemas, Bernard Courbis/Blanche Sousi, *L'euro, réalité monétaire dès 1999*, DS 1997, 309-311 e Aníbal Cavaco Silva, *Portugal e a moeda única* (1997).

tões técnicas (ainda) sem solução. Até lá, o problema vai-se resolvendo através de regressões sócio-económicas. Estas vão minando a confiança do eleitorado nos partidos europeistas. Os oportunismos tem vida fácil: basta serem eurocéticos. A vitória da saída da União, votada em referendo, no Reino Unido, em 23-jun-2016, documenta as soluções erráticas que tudo isso propicia[161].

25. **Direito europeu e Direitos nacionais**

I. Perante o incremento do Direito europeu coroado, para mais, pela União Monetária e pelo Euro, pergunta-se o que irá restar dos Direitos bancários nacionais. Assistir-se-á, num curto período histórico, à substituição dos diversos Direitos por um Direito supranacional? Até que ponto fará ainda sentido investigar e ensinar o Direito bancário português?

II. Não têm faltado orientações pessimistas quanto à manutenção dos Direitos nacionais, mormente nas áreas mais sensíveis e internacionalizadas do Direito comercial e do Direito bancário. Pensamos que sem razão.

O Direito privado diversificado não é obstáculo à integração política, económica e social. A existência de Estados plurilegislativos, contendo, nas suas fronteiras, Direitos privados de filiação, por vezes, bem diferente – por exemplo, os Estados Unidos, com a manutenção, na Luisiana, de um Direito de tipo francês e o Canadá, com a experiência segura do Quebeque – mostram-no[162]. Os inconvenientes práticos de, num mesmo espaço económico, poderem vigorar regras diferentes, em função de critérios geográficos são, seguramente, inferiores aos da diversidade linguística.

III. Além de a variedade jurídica, por si, não impedir qualquer unificação, outro fator depõe na defesa dos Direitos nacionais: eles não têm alternativa[163]. O Direito bancário – mormente o Direito bancário material – é uma emanação do Direito privado que o suporte. O Direito privado

[161] Peter Cullen, *Brexit – ein Projekt der Unvernunft*, EuZW 2016, 401-402.

[162] *Tratado* I, 4.ª ed., 364 ss.. *Vide* A. Barreto Menezes Cordeiro, *Sistema jurídico da Luisiana: desenvolvimentos históricos e bases dogmáticas*, O Direito 145.º (2013), IV, 847-871.

[163] Sobre o tema, Menezes Cordeiro, *A boa fé nos finais do século XX*, ROA, 1996, 887-912 (910 ss.).

– um Direito privado – surge sempre como o produto de uma evolução secular, dando corpo a uma Ciência com largas dimensões culturais. Não é pensável "substituir Direitos": haveria que, durante gerações, formar juristas à luz de uma Ciência diversa. Isso não é possível, nem desejável nem, finalmente, desejado.

Com efeito, os Direitos nacionais europeus distribuem-se, pelo menos, por dois sistemas muito diversos: o do *common law* e o continental. Dentro deste, temos ainda de lidar com dois estilos contrapostos: o napoleónico e o alemão. A substituição, nos países de origem, dos sistemas nacionais por quaisquer outros – pense-se na Inglaterra, na França ou na Alemanha, adotando, em globo, o sistema de um seu vizinho! – seria uma impossibilidade cartesiana: impõe-se como evidência! Por maioria de razão, não é pensável erigir um novo Direito: não há Ciência unitária que o suporte e não seria imaginável impô-la, em detrimento de elementos nacionais profundos.

IV. A técnica seguida pelas diretrizes bancárias – como, adiante, melhor será verificado – confirma a consciência de quanto acima afirmámos. O grande objetivo prosseguido não é – não poderia ser – o da substituição dos Direitos nacionais por quaisquer outros: trata-se, antes, de estabelecer um quadro de reconhecimento mútuo das instituições nacionais. Fixam-se critérios mínimos e repartem-se competências, de modo a assegurar uma atuação, no espaço comunitário, das diversas instituições. A essa luz, os Direitos privados nacionais são, mesmo, incentivados: os seus cultores tomam consciência deles, enquanto os operadores estrangeiros aprendem a lidar com eles.

V. Os Direitos bancários nacionais estão garantidos, perante a integração europeia. Podemos ir mais longe: o fenómeno da integração obriga mesmo a estudá-los e a expô-los, com maior profundidade. É curioso notar, entre nós, que o estudo sistemático do Direito bancário português veio a operar precisamente nas vésperas da União Monetária. Não será casualidade.

§ 7.º EXCURSO: A "BUNDESBANK"

26. Generalidades; nota histórica

I. As organizações bancárias variam em função da universalidade das instituições ou da sua especialização. A consideração das diversas experiências parece apontar uma tendência clara para a universalização. Por seu turno, a pressão comunitária provoca um certo nivelamento institucional.

Uma clivagem importante tem a ver com o papel dos bancos centrais, na supervisão dos bancos: nuns casos, essa função assiste-lhes; noutros, ela compete diretamente ao Estado, através dos Ministérios das Finanças respetivos.

Muitas vezes, a opção por um ou outro modelo operou ao sabor de contingências históricas. Em princípio, procura-se um equilíbrio entre a ligação ao Estado – de cuja legitimidade decorrerá, afinal, a do Banco Central – e uma independência em relação ao Governo[164].

No desenvolvimento da autonomia do Banco Central, em relação ao Estado, tem interesse considerar a experiência alemã, traduzida no exemplo da *Bundesbank*[165]. Trata-se de uma ilustração comparatística significativa, pela influência que exerceu no pensamento financeiro europeu. A *Bundesbank* é, de resto, apresentada como o modelo tido em vista, pelo legislador comunitário, quando firmou o BCE.

II. Na História recente da banca alemã, sobressai a data de 1848, quando o *A. Schaaffhausen'scher Bankeverein*, de Colónia, passa a sociedade anónima, com o direito de emitir moeda[166]. Em 1765, Frederico, o

[164] A esse propósito, intervindo no Conselho de Estado, em março de 1806, Napoleão teria dito: *Je veux que la banque soit assez dans la main du gouvernement et n'y soit pas trop*.

[165] *Vide www.bundesbank.de/*.

[166] Manfred Pohl, *Entstehung und Entwicklung des Universalbanksystems seit der Mitte des 19. Jahrhunderts*, no Obst/Hintner, *Handbuch*, 39.ª ed. (1993), 187 ss., bem como Joachim Spindler/Willy Becker/Ernst Starke, *Die Deutsche Bundesbank*, 4.ª ed. (1973), 5 ss. e Schwintowski/Schäfer, *Bankrecht*, 1.ª ed. cit., 125 ss..

Grande, fundara, em Berlim, a *Königlische Giro- und Lehnbank zu Berlin*, mais tarde *Königlische Bank* e, em 1874, *Preussische Bank*[167].

Com a fundação do moderno Estado unitário, surgiu a necessidade de criar um verdadeiro banco central. Este, na base de estruturas preexistentes, com relevo para a *Preussische Bank*, foi estabelecido pelo *Reichsbankgesetz* de 14-mar.-1875. Dispunha o § 12 dessa lei:

> Sob o nome de *Reichsbank* e sob a superintendência e direção do *Reich* é constituído um banco, dotado de personalidade jurídica e que tem por objetivo regular a circulação do dinheiro no território do *Reich*, facilitando os pagamentos e cuidando das necessárias disponibilidades de capital.

A *Reichsbank* era dirigida pelo *Bank-Kuratorium*, composto por um presidente e quatro membros; o presidente era nomeado pelo Chanceler do *Reich*; um dos vogais pelo *Kaiser* e os outros três pelo *Bundesrat*. Não se tratava de um banco independente, embora fosse patente o cuidado posto na dignificação da sua direção. Discutia-se então, na doutrina, sobre a sua natureza pública ou privada[168].

III. A situação veio a modificar-se, no rescaldo de *Versailles*. O *Gesetz über die Autonomie der Reichsbank*, de 26-mai-1922, instilado pelos aliados vencedores, com o fito de limitar o Estado alemão, estabeleceu a autonomia do Banco Central, numa situação rematada pelo *Reichsbankgesetz*, de 30-ago.-1924[169].

[167] Dirk Uhlenbruck, *Die verfassungsmässig Unabhängigkeit der Deutschen Bundesbank und ihre Grenzen* (1968), 10.

[168] O essencial do sistema bancário alemão data dessa época: o estabelecimento dos bancos hipotecários, o predomínio das *Sparkassen* e, até, o surgimento dos quatro grandes bancos alemães, reconstituídos após 1957: a *Bayerische Vereinsbank* (Munique, 1869), a *Commerzbank* (Hamburgo, 1870), a *Deutsche Bank* (Berlim, 1870) e a *Dresdner Bank* (Dresden, 1870). Cf. Pohl, *Entstehung* cit., 189; quanto à viragem para o marco, processada a partir da década de setenta do séc. XIX, Bernd Sprenger, *120 Jahre deutsche Mark*, Bank 1992, 178-181 (178 ss.). *Vide*, ainda, Volkhard Szagunn/Karl Wohlschiess, *Bankensystem*, no Obst/Hintner, *Handbuch*, 39.ª ed. (1993), 194 ss..

[169] Joh. Notzke, *Das Bankgesetz von 1924* (1925) e Karl Friedrich, *Vom alten zum neuen Bankgesetz*, no Bank-Archiv, XXIII (1923/24), 341-344 e XXIV (1924), 17-22 e 67-69. Quanto a textos, R. Koch/Hjalmar Schacht, *Die Reichgesetzgebung über Münz- und Notenbankwesen* (1926). Com interesse, na literatura jurídico-bancária dessa época, foram ainda confrontados Wolfgang Hoffmann, *Die öffentlichen Gelder im Deutschen Reich/ /Entstehung, Verwaltung und Bedeutung für Staat und Wirtschaft* (1929), especialmente 78 ss. e Arthur Nussbaum, *Das Bankguthaben* (1931).

Este diploma firmava, logo no § 1.º, a independência da *Reichsbank,* em relação ao Governo. Datam, pois, do primeiro pós-guerra, as tradições de autonomia do banco central alemão.

27. A situação atual

I. No período do nacional-socialismo, a independência da *Reichsbank* seria sentida como uma anomalia.

Assim, ela foi ultrapassada pela Lei de 27-out.-1933, que, no entanto, manteve a nomeação da direção pelo Presidente da República; a Lei de 10-fev.-1937 veio, contudo, vincar a sua subordinação ao *Führer*[170].

II. Depois da 2.ª Guerra Mundial, as potências vencedoras atomizaram a banca alemã[171], assistindo-se, na Zona Soviética, à desapropriação dos bancos[172].

Na parte Ocidental, a organização da moeda foi lançada num sistema em dois graus: na base, bancos estaduais (*Landeszentralbanken*), coroados pelo Banco Central[173]. É o figurino de Maastricht, com o Sistema Europeu de Bancos Centrais e o Banco Central Europeu.

[170] *Die Bank wird verweltet durch das Reichsbankdirektorium, das dem Führer und Reichskanzler unmittelbar untersteht* (...); cf. Uhlenbruck, *Die verfassungsmässige Unabhängigkeit der Deutschen Bundesbank* cit., 13-14. Quanto a outra legislação bancária da época nacional-socialista: Friedrich Müller, *Das Reichsgesetz über das Kreditwesen/Vom 5. Dezember 1934/Textausgabe mit Erläuterungen und Sachregister* (1935), L. Quassowski//Schröder, *Bankdepotgesetz/Gesetz über die Verwahrung und Anschaffung von Wertpapier vom 4. Fev. 1937* (1937), Rudolf Schraut, *Das Recht des Kreditgewerbes* (1938) e Hans Pröhl, *Reichgesetz über das Kreditwesen*, 2.ª ed. (1939). Quanto aos tipos de bancos, à *Reichsbank* e à organização interna dos bancos, Wilhelm Kalveram, *Bankbetriebslehre* (1939), 13 ss., 56 ss. e 106 ss..

[171] Walter Hoffmann (publ.), *Handbuch des gesamten Kreditwesens*, 4.ª ed. (1949), 25 ss. e Herbert Wolf, *Vor 40 Jahren Grossbanken – Neuordnung*, Bank 1992, 549-553.

[172] Rolf Ulrich, *Die Bankenenteignung in der Sowjetischen Besatzungszone 1945 bis 1949*, Die Bank 1993, 46-52.

[173] Szagunn/Wohlschiess, *Bankensystem* cit., 200. Cf. Otto Veit, *Geldreform und Geldverfassung* (1948) e, como obra representativa da literatura jurídico-bancária do imediato segundo pós-guerra, Adolf Weber, *Geld, Banken, Börsen* (1947).

Em meados da década de 50, preparou-se uma nova lei para a *Bundesbank*[174]. A Lei foi publicada em 26-jul.-1957[175], mantendo-se em vigor, apesar de diversas alterações[176], designadamente as motivadas pela reunificação alemã[177], pela integração europeia[178] e pela crise de 2007/2010[179] Finalmente, a Lei de 23-mar.-2002[180], correspondendo à realidade do SEBC, veio centralizar a orgânica da *Bundesbank*, em termos abaixo referidos[181].

III. As relações entre a *Bundesbank* e o Governo Federal alemão resultam do § 12 do *BBankG*, assim concebido, na redação seguinte:

> *§ 12. Relação do Banco com o Governo Federal*
>
> (1) O Banco Federal Alemão, no exercício dos poderes que esta lei lhe confere, ele é independente de instruções do Governo Federal.

De resto, a *Bundesbank* é expressamente proclamada como uma pessoa coletiva de Direito público – § 2.º *BBankG* – tendo as funções típicas de um Banco Central – § 3.º – com cobertura constitucional[182] e enquanto parte integrante do SEBC.

[174] Quanto ao projeto, *vide* Henckel, *Der Entwurf eines Gesetzes über die Deutsche Bundesbank*, WM, Sonderbelage 7/1956, 3-11, com a fundamentação, 26-41.

[175] *Vide* o texto, p. ex., em Spindler/Becker/Starke, *Die Deutsche Bundesbank* cit., 4.ª ed., 129 ss.. *Vide*, ainda, Heinz Beck, *Gesetz über die Deutsche Bundesbank* (1957), 87 ss. e Ulrich Haug, em Herbert Schimansky e outros, *Bankrechts- Handbuch*, 2, 4.ª ed. (2011), § 123 (2319 ss.).

[176] Foram usadas as versões incluídas na recolha *Bankrecht* da Beck, 25.ª ed. (1997), 1 ss., 29.ª ed. (2001), 37 ss., 33.ª ed. (2005), 47 ss., 36.ª ed. (2009), 46 ss., 40.ª ed. (2012), 45 ss. e 43.ª ed. (2016), 45 ss. e 62 ss.. A lei é conhecida pela sigla *BBankG*.

[177] Mathias Berger/Karl Peter Repplinger, *Neuordnung der Bundesbankorganisation*, Die Bank 1992, 632-638, onde – 633 – podem ser vistas as principais alterações então introduzidas. Quanto a certos problemas monetários, postos pela reunificação, Hans Paul Bisani, *Meldungen ostdeutscher Kreditinstitute im Zahlungs und Kapitalverkehr mit dem Ausland*, Sparkasse 1993, 422-423.

[178] Lei de 5-out.-1994 e Lei de 16-dez.-1999; *vide Bankrecht* cit., 29.ª ed., 37 ss..

[179] Lei de 21-dez.-2007 (*vide Bankrecht*, 43.ª ed., 46 ss.) e, subsequentemente, Lei de 5-fev.-2009 (*Dienstrechtsneuordnungsgesetz* ou DNeuG).

[180] *Bankrecht* cit., 43.ª ed., 48 ss..

[181] Klaus Löber, em Siegfried Kümpel/Arne Wittig, *Bank- und Kapitalmarktrecht* cit., 4.ª ed., 5.416 (540 ss.).

[182] Klaus Löber, em Siegfried Kümpel/Arne Wittig, *Bank- und Kapitalmarktrecht* cit., 4.ª ed., 5.420 (541), Gerd Sandkühler, *Bankrecht*, 2.ª ed. (1993), 2 ss. e Johann Wilhelm Gaddum, *Die Geldverfassung in der Bundesrepublik Deutschland*, WM 1986, 336-340, em

IV. A *Bundesbank*, na sua versão clássica que influenciou o SEBC, era dirigida por um Conselho Central, composto pelo presidente do Banco e pelos presidentes dos bancos estaduais. Na cúpula, surge um *Direktorium*, constituído pelo presidente, pelo vice-presidente e por até 6 outros membros. Todos eram nomeados por oito anos pelo Presidente da República Federal, sob proposta do Governo e ouvido o Conselho Central – § 7.º (3) do *BBankG*[183]. *A independência da Bundesbank*, em relação ao Governo, é um dado adquirido, contribuindo, grandemente, para o seu prestígio e para a estabilidade das instituições financeiras[184].

Este esquema prefigurou a orgânica do Banco Central Europeu[185].

Hoje, após a Lei de 23-mar.-2002, toda essa orgânica está simplificada. Foram suprimidos o Conselho Central, o Diretório e as direções dos bancos estaduais: tudo centralizado numa Direção. Facilitou-se, assim, a integração da *Bundesbank* no SEBC[186].

28. A supervisão

I. A superintendência da banca comercial alemã não compete, à partida, à *Bundesbank*. Tal função cabe a um organismo administrativo dotado de autonomia: o *Bundesaufsichtsamt*, substituído, em 2002, pelo *Bundesanstalt für Finanzdienstleistungsaufsicht*, como adiante melhor será verificado.

No tempo da *Reichsbank*, a superintendência cabia ao Banco Central[187]. Foi, pois, a preocupação de descentralizar, no segundo pós-guerra, que levou a esta repartição de funções.

II. A necessidade da supervisão no funcionamento dos bancos tem raízes antigas. No século XVI, em 1524, já se havia determinado, em Veneza, que cada banco tivesse um revisor[188].

geral. Aquando da preparação do *BBankG*, refira-se Hermann Höpker-Aschoff, *Grundgesetz und Notenbank*, WM, Sonderbelage 7 (1956), 12-17.

[183] Hugo J. Hahn, *Währungsrecht* (1990), 238 ss..

[184] Houve, todavia, alguns problemas, motivados pela demissão do presidente do Banco, em 16-abr.-2004: Ulrich Häde, *Bundesbank und Bundesregierung/ein schwieriges Verhältnis*, NJW 2004, 1641-1642.

[185] Schwintowski/Schäfer, *Bankrecht* cit., 1.ª ed., 129.

[186] Siegfried Kümpel, *Bank- und Kapitalmarktrecht*, 3.ª ed. (2004), 2613.

[187] Hans Pröhl, *Reichsgesetz über das Kreditwesen/Kommentar*, 2.ª ed. (1939), § 30 (626 ss.). O texto desta lei pode ser confrontado na ob. cit., 17 ss..

[188] Carl Zimmerer/Herbert Schönke, *Kreditwesengesetz/Systematische Einführung und Kommentar* (1962), 15. Em Schwintowski/Schäfer, *Bankrecht* cit., 1.ª ed., 133 ss.,

No entanto, no século XIX, à medida que se sucederam as crises, a supervisão pública sobre os bancos veio-se a acentuar. Este ponto suscita, hoje em dia e nas economias de mercado, delicados equilíbrios. De todo o modo, a fiscalização estadual específica, sobre os bancos, é necessária: os bancos detêm o património da população; eles funcionam na medida em que as pessoas tenham confiança no sistema; eles possibilitam os investimentos e, daí, todo o desenvolvimento económico-social. O Estado, como expressão da comunidade organizada, tem, pois, um papel a desempenhar[189].

A própria autonomia dos bancos centrais está, porém, aqui em jogo: quando lhes assista um papel administrativo de fiscalização, a sua dependência do Governo, enquanto órgão supremo da Administração Pública, tenderá a acentuar-se. Todas estas variáveis são ponderadas na experiência alemã, aqui tomada como exemplar.

III. A matéria da supervisão está hoje regulada no *Kreditwesengesetz*, conhecido pela sigla *KWG*, diversas vezes alterado, a última das quais em 30-jun.-2016[190-191].

Em abstrato, jogam-se, na supervisão, as seguintes medidas[192]:

– a autorização de empresas bancárias ou similares;
– a exigência de requisitos mínimos para o seu funcionamento;
– determinações sobre as garantias dos depósitos;
– fiscalização corrente das instituições de crédito e seus agrupamentos.

podem ser confrontadas referências ainda anteriores, bem como uma evolução circunstanciada, no espaço alemão.

[189] Volkhard Szagunn/Karl Wohlschiess, *Die Bankenaufsicht*, em Obst/Hintner, *Handbuch*, 39.ª ed. (1993), 259 ss. (259); Reinfrid Fischer, em Herbert Schimansky, *Bankrechts- Handbuch*, 2, 4.ª ed. (2011), § 125 (2413 ss.), com indicações.

[190] Em 1992, foram aprovadas alterações destinadas a harmonizar o seu texto com as sequelas da reunificação e com exigências comunitárias; *vide* Karl-Heinz Boos/ /Hermann Schulte-Mattler, *Neuregelungen des Eigenkapitalgrundsatzes*, Bank 1993, 358. A reforma entrou em vigor em 1-jan.-1993. Quanto às alterações ulteriores, Constantin Alsheimer, *Die Entwicklung des Kreditwesengesetzes*, Bank 1997, 27-31, *Bankrecht*, 33.ª ed. cit., 107 ss. e *Bankrecht* cit., 36.ª ed., 119 ss. e *Bankrecht* cit., 80 ss..

[191] O KWG tem dado azo a comentários maciços, com relevo para Karl-Heinz Boos/ /Reinfrid Fischer/Hermann Schulte-Mattler, *Kreditwesengesetz/Kommentar zu KWG und Ausführungsvorschriften* (2000), com mais de 1600 pp. e citado BGS-KWG.

[192] Szagunn/Karl Wohlschiess, *Die Bankenaufsicht* cit., 259; note-se que o tema do comércio mobiliário fica à margem desta problemática; cf. Wolfgang Arnold, *Harmonisierung des Bankaufsichtsrechts: Entwicklungsstand und Perspektiven*, Bank 1990, 668-672 (672) e Reinfrid Fischer/Thomas Klanten, *Bankrecht*, 2.ª ed. (1996), 31 ss..

IV. Órgão-chave da supervisão era o *Bundesaufsichtsamt für das Kreditwesen* – ou BAK –, com sede em Berlim e inserido nos serviços do Ministério das Finanças, embora com autonomia.

A sua regulação básica constava dos §§ 5 a 7, do *KWG*[193], na versão anterior a 2002:

- o § 5 fixa a organização do BAK; o seu presidente é nomeado pelo Presidente da República, sob proposta do Governo, depois de ouvir a *Bundesbank*;
- o § 6 reporta-se às suas atribuições: fundamentalmente a supervisão das instituições de crédito, de acordo com o interesse público;
- o § 7, por fim, prescreve um dever de colaboração com a *Bundesbank*.

A matéria foi alterada pela Lei de 22-abr.-2002[194]. No essencial, esse diploma veio unificar os organismos de supervisão da banca (BAK), dos seguros (BAV) e dos valores mobiliários (BAW) numa só entidade: o *Bundesanstalt für Finanzdienstleistungsaufsicht* ou BaFin[195]. Seguiu-se o esquema da *Financial Service Authority* (FSA) britânica, procurando corresponder à crescente integração entre as três realidades subjacentes[196].

V. É justamente do § 7 *KWG* que se retira o papel da *Bundesbank*, no domínio da superintendência[197]. Ela surge pelo prisma da colaboração com o BAK[198] – hoje BaFin –, analisando-se, sobretudo, na troca de informações entre as duas instituições.

A superintendência manifesta-se nos aspetos acima indicados, sendo exercida pelo BAK[199], hoje BaFin; a *Bundesbank* colabora, sendo certo que

[193] Foram especialmente confrontados os seguintes comentários: Zimmerer/ /Schönke, *KWG* cit., 132 ss., Ludwig Schorik, *Gesetz über das Kreditwesen/Kommentar*, 2.ª ed. (1983), em folhas destacáveis não numeradas, Manfred Schneider, *KWG – Kommentar* (fund. por Consbruch/Müller), 3.ª ed. (1986), 110 ss. e Volkhard Szagunn/Karl Wohlschiess, *Gesetz über das Kreditwesen*, 5.ª ed. (1990), 122 ss..

[194] Conhecida como FinDAG (*Gesetz über die Bundesanstalt für Finanzdienstleistungsaufsicht*); *Bankrecht*, 33.ª ed. cit., 67 ss.. O KWG foi, por último, alterado pela Lei de 30-jun.-2016.

[195] Elementos: «*hyperlink "http://www.bafin.de"*». *Vide* Martin Weber, *Die Entwicklung des Kapitalmarktrechts 2001/2002*, NJW 2003, 18-26 (23).

[196] Kümpel, *Bank- und Kapitalmarktrecht* cit., 3.ª ed., 2543 ss..

[197] Hugo Hahn, *Währungsrecht* cit., 249 e Andreas Fülbier, no BFS-KWG (2000), 252 ss..

[198] Hermann Fögen, *Geld- und Währungsrecht* (1969), 65 ss. (72).

[199] Herbert Schönke, *Bank- und Börsenrecht/Ein Studienbuch*, 2.ª ed. (1976), 429 ss. e 435 ss., quanto ao conteúdo da supervisão.

pode ser responsabilizada pela falta de cuidado, no seu exercício[200]. Este tipo de articulação, embora pouco explícito, funcionou bem, contribuindo para o prestígio e a independência do Banco Central. Veremos como opera a supervisão integrada banca/seguros/mercado mobiliário, montada após 2002.

Toda esta matéria tem vindo, ainda, a sofrer um crescente influxo de Direito comunitário[201]. Nunca estaria em causa, contudo, a sobrevivência do Direito bancário alemão.

[200] Georg Standberger, *Die Sorgfaltspflichten der Bundesbank beim Abrechnungsverkehr*, BB 1976, 487-492. *Vide* LG Frankfurt 11-set.-1975, WM 1975, 1118-1123.

[201] *EG – Vorhaben zum Bankaufsichtsrecht*, Die Bank 1993, 250-251 e Wolfgang Arnold, *Harmonisierung des Bankaufsichtsrechts* cit., 671 ss..

CAPÍTULO II

A CRISE DE 2007/2014

§ 8.º ORIGEM E DESENVOLVIMENTO

29. Generalidades e relevo

I. Uma exposição atual sobre a organização de moeda não pode deixar em branco a crise de 2007/2014. Com essa designação, pretendemos abarcar a crise mundial de 2007/2010 e, subsequentemente, a crise dos países do Sul da Europa, de 2009/2014. Esta última data, que temos vindo a reportar em diversos escritos, traduz uma expectativa otimista, ainda não confirmada pelos indicadores. A crise de 2007/2014:

- realçou as fraquezas do atual sistema financeiro;
- permitiu conhecer melhor os circuitos globalizados dos nossos dias;
- levou à promulgação, nos diversos países, de legislação bancária de emergência;
- conduziu, no espaço português, a múltiplas alterações, no domínio jurídico-bancário;
- faculta uma imagem de crises sucessivas, até que se logre montar um organismo de supervisão planetária, dotado de eficácia.

II. Algumas exposições de Direito bancário incluem rubricas sobre a crise[202]. Entre nós, cumpre assinalar diversas publicações sobre os seus

[202] Carnell/Macey/Miller, *The Law of Banking and Financial Institutions* cit., 4.ª ed., 31-32 e 370 ss.; Jörn Winterfeld, em Herbert Schimansky e outros, *Bankrechts-Handbuch*, 2, 4.ª ed. (2011), § 124a (2382 ss.), com indicações.

aspetos sectoriais[203]. Com a reserva de ainda haver muitos elementos por esclarecer, incluindo o do efetivo termo da crise, vamos passar a uma breve análise do sucedido e das suas consequências.

III. A crise mundial de 2007/2010 deu azo a muita literatura[204], tudo podendo ser questionado[205]: ela irá fazer correr rios de tinta, nos próximos anos. Diga-se, aliás, que a data de 2010, prevista, inicialmente, em 2007[206] e tomada, primeiro, com pessimismo foi, depois, apontada como otimista, sendo previstos cenários mais longos[207]. O anúncio, em setembro de 2009,

[203] *Vide* os nossos *A crise planetária de 2007/2010 e o governo das sociedades*, RDS 2009, 263-286 e *A tutela do consumidor de produtos financeiros e a crise mundial de 2007/2010*, ROA 2009, 603-632; outra bibliografia será abaixo indicada.

[204] Mark Zandi, *Financial Shock: a 360.º Look at the Suprime Mortgage Implosion, and How to Avoid the Next Financial Crisis* (2008); Dale C. Maley; *What Lessons Can We Learn from the Crash of 2008?* (2008); George Soros, *The New Paradigm for Finantial Markets/The Credit Crisis of 2008 and What it Means* (2008); Paul Kaugman, *The Return of Depression and the Crisis of 2008* (2008); Philippe Waechter/Martial You, *Subprimes, la faillite mondiale?* (2008); Olivier Pastré/Jean-Marc Sylvestre, *Le roman vrai de la crise financière* (2008); Paul Jorion, *La crise/Des subprimes au séisme financier planétaire* (2008) e *L'implosion/La finance contre l'economie/ce que révèle et annonce la "crise des subprimes"* (2008); Patrick Artus/Marie-Paule Virard, *Globalisation/Le pire est à venir* (2008). Já deste ano, temos Matthieu Pigasse/Gilles Finchelstein, *Le monde d'après/Une crise sans précédent* (2009); John Bellamy Foster/Fred Magdoff, *The Great Financial Crisis: Causes and Consequences* (2009); Colin Read, *Global Financial Meltdown: How We Can Avoid The Next Economic Crisis* (2009); Franklin Allen/Douglas Gale, *Understanding Financial Crisis* (2009), com referência a 2007; Richard A. Posner, *A Failue of Capitalism: the crisis of 08 and the descent into depression* (2009); Dimitris N. Chorafas, *Financial boom and gloom: the credit and banking crisis of 2007-2009 and beyond* (2009). Entre nós, Eduardo Paz Ferreira, *O inverno do nosso descontentamento*, RFPDF 2008, 4, 69-79, Luís Máximo dos Santos, *Que crise é esta?*, RFPDF 2008, 4, 51-68 e a recolha maciça: Eduardo Paz Ferreira, *A austeridade cura? A austeridade mata?* (2013), 1482 pp., com 82 intervenções.

[205] Temos, ainda, outra literatura, conexa e de relevo; assim: Bruner F. Robert/Sean D. Carr, *Sturm an der Börse/Die Panik von 1907* (2009), Paul J. J. Welfens, *Transatlantische Bankenkrise* (2009) e Helmut Kaiser/Matthias Pannhorst, *Zur aktuellen Lage der Weltwirtschaft: kehren die 30 er Jahre zurück?*, Die Bank 6.2009, 8-15.

[206] Assim e como exemplos: Fred Harrison, *Boom Rust: House Prices, Banking and the Depression of 2010* (2007), havendo ed. alemã sob o título *Wirtschaft Krise 2010: Wie die Immobilienblase die Wirtschaft in die Krise stürzt* (2008) e Loïc Abadie, *La crise financière en 2008-2010: mode d'emploi pour la décrypter et l'expliciter* (2008).

[207] Recordamos Wilfried Kölz, *Die Weltwirtschaftkrise 2010-2014: Börsenzyklen verraten die Zukunft* (2007).

do "princípio do fim da crise", concretizou-se nalguns países europeus, designadamente na Alemanha. Mas não no Sul, onde a crise espoletou problemas estruturais sem saídas à vista.

30. **Antecedentes**

I. A génese da crise é antiga. Os analistas fixam-na na crise mobiliária de 1987 e no modo por que Alan Greenspan, então presidente da Reserva Federal Norte-Americana, decidiu ultrapassá-la: através de injeções maciças de liquidez, de modo a prevenir o erro inverso praticado em 1929. Essa política foi acentuada nos 20 anos seguintes, sendo hoje apontada como um facto originador de bolhas especulativas.

A liquidez disponível, já de si muito elevada, foi exponencialmente aumentada pelos bancos, através de diversas técnicas que abaixo referiremos. Sucederam-se as crises sectoriais: asiática, de 1997 (Coreia, Indonésia e Tailândia), russa, de 1998 e brasileira, de 1999. Depois, tivemos a crise tecnológica de 2000[208], com episódios impensáveis: a *e-Bay* chegou a valer 8.600 vezes os seus resultados anuais, quando as boas regras mandam que uma unidade produtiva valha de 5 a 20 vezes o seu produto anual, conforme os sectores. O *crash* de 2001/2002, ultrapassado, de novo, com injeções de liquidez da FED, terá sido mais um aviso.

Dois elementos exógenos terão "mascarado" a realidade em marcha: os ataques terroristas de 11 de setembro de 2001 e os escândalos das contas da Enron, em 2001 e da Worldcom, em 2002. Pensou-se que o *crash* desse ano (8.500 biliões de dólares, de perdas em bolsa, só nos Estados Unidos, com uma supressão de 2.000.000 de postos de emprego) teria a ver com isso.

II. As crises premonitórias foram curtas, enfrentadas com o sacrifício das empresas mais expostas e, como sempre, com injeções maciças de liquidez, particularmente da FED. Cada crise era seguida de um novo período de expansão, em ciclos de *boom/bust* que permitiam repetidos ganhos por parte de operadores mais atentos e – há que reconhecê-lo – com alguma sorte.

[208] O índice Nasdaq estava em 500, no ano de 1991. Depois: 1000, em 1995, 2000, em 1998 e 5130, em março de 2000. No início de 2009, ela estava abaixo dos 1500, cifrando-se, em setembro de 2013, nos 3.700: uma subida sustentada de três anos.

A liquidez abundante e a possibilidade de conseguir lucros extraordinários no mercado da bolsa e no sector de derivados drenou, inexoravelmente, o capital produtivo. Para quê investir na indústria ou no comércio, numa expectativa de lucros a médio ou a longo prazo, sujeitos a inúmeras contingências, quando, sem esforço, se pode obter um ganho muito superior e mais rápido, jogando com títulos ou com puras realidades financeiras? Empresas saudáveis decidiram investir capitais em áreas mobiliárias, fora do seu núcleo de negócios.

III. Diversos indicadores dispararam, nos já chamados loucos anos 90: os resultados da Administração Clinton ficaram na História, sendo de imputar a uma confluência favorável de algumas variáveis, com relevo para a quebra nos preços do petróleo e à montagem do circuito virtuoso China/Estados Unidos: produção/consumo, com exportação da liquidez chinesa reinvestida nas obrigações do tesouro norte-americanas. Em todo o Mundo, o crescimento dos países emergentes foi notável, tendo retirado centenas de milhões de pessoas da pobreza.

Mas a fragilidade era grande, sendo potenciada (hoje todos o dizem) pela desregulação do mercado financeiro global e pela total subordinação da ética e do bom senso à busca do maior lucro. O esmagamento progressivo das classes média e média baixa, que mantinham elevados níveis de consumo graças ao endividamento e o empolamento exagerado das retribuições dos grandes gestores são retratados em todas as obras da especialidade[209].

IV. Não faltaram avisos, desde os anos 90. Não havendo regulação mundial do dinheiro e jogando-se na liquidez para colmatar as crises, potenciou-se uma multiplicação artificial de moeda bancária que, em cálculos recentes, terá alcançado os 600.000 biliões de dólares, só nos derivados do crédito e em 2007: qualquer coisa como 50 vezes o PIB norte-americano ou, se se preferir: toda a riqueza da maior economia mundial de um ano, multiplicada por cinquenta. Em suma: os excessos de emissão, a desregulação levada ao delírio, a contabilidade imaginativa, a busca do imediato e a participação ativa da banca levaram a uma bolha generalizada,

[209] *Vide*, além dos títulos citados, François Lenglet, *La crise des années 30 est devant nous* (2007).

onde tudo foi possível. Perante o seu rebentamento: tudo é, de novo, possível, mas agora em sentido inverso[210].

31. **Cronologia da crise**

I. A crise dos *subprimes* (empréstimos imobiliários a famílias de escassos recursos, em termos que abaixo melhor serão referidos) iniciou-se nos Estados Unidos em 2007[211]: num momento de euforia, de tal modo que, embora previsto, não mereceu grande relevo. No imediato, temos o seguinte:

- em junho de 2007, o banco comercial *Bear Stearns* anuncia 30% de quebra nos lucros do 2.º trimestre, por causa dos *subprimes*;
- em julho de 2007, a *Countrywide Financial*, *leader* no sector, divulga quebras severas nos lucros e nas projeções;
- em agosto de 2007, o *BNP Paribas* decide o congelamento dos resgates em três fundos de investimento, que tinham *subprimes* em carteira.

II. Depois da pausa de Verão, a crise instala-se na banca tradicional mais sólida. Assim:

- em setembro de 2007, o *Northern Rock* britânico perde 30% do valor em bolsa; uma corrida de clientes leva a mais de 4 biliões de dólares em levantamentos;
- em outubro, o *Citigroup* refere 57% de queda nos lucros, no 3.º trimestre.

O ano termina com uma atenção especial ao petróleo e rumores sobre o estancamento da crise. Na Europa, apesar dos acontecimentos no Reino Unido, mantém-se a ideia de uma crise localizada nos Estados Unidos.

III. Em 2008, a crise financeira vai conhecendo sucessivos agravamentos. Assim:

[210] Temos em conta o escrito clássico de Joseph E. Stiglitz (Nobel da Economia), *The Roaring Nineties: A New History of the World's Most Prosperous Decade* (2004).
[211] Com elementos: Carnell/Macey/Miller, *The Law of Banking and Financial Institutions* cit., 4.ª ed., 370 ss..

- em fevereiro de 2008, o *Crédit Suisse* assiste a uma quebra de 72% nos lucros do quarto trimestre de 2007; pouco depois, o *Northern Rock* é nacionalizado, para evitar a falência;
- em março de 2008, o AIG (*American International Group*), considerado a maior seguradora do Mundo, anuncia perdas de 5,3 biliões de dólares, no 4.º trimestre de 2007; o *JP Morgan* compra o *Bear Stearms* por 236,2 milhões de dólares: $ 2 por ação que, um ano antes, valia $ 70;
- em abril de 2008, o banco *Wachovia* (4.º maior dos Estados Unidos) recolhe 393 milhões de dólares de prejuízo;
- em maio de 2008, a agência *Fannie Mae*[212] *anuncia um prejuízo, no 1.º trimestre, de 2,19 biliões de dólares;*
- *em julho de 2008, a Indy Mac*[213] *entra em quebra;*
- *em agosto de 2008, o Tesouro Norte-Americano intervém nas agências Fannie Mae* e *Freddie Mac*[214], assumindo até 100 biliões de dólares de garantias;
- em setembro de 2008, o banco *Lehman Brothers* entra em insolvência: era o 4.º banco norte-americano de investimento, com mais de 10.000 trabalhadores e (antes da crise se agravar) um valor de centenas de biliões de dólares.

Hoje, os analistas consideram que foi um erro básico ter deixado cair o *Lehman*. A partir daí, a confiança dos investidores, indispensável para qualquer mercado mobiliário, foi definitivamente afetada.

IV. Mau grado as fortíssimas injeções de liquidez feitas, de modo concertado, pelos grandes bancos centrais, a crise não foi sustida. Assim, entre outros episódios e tudo em setembro de 2008:

[212] *Fannie Mae* é o nome por que é conhecida a *Federal National Mortgage Association* (FNMA). Trata-se de uma entidade fundada em 1938, durante a Grande Depressão e como parte do *New Deal*, lançado pelo Presidente Roosevelt. Assinale-se que o seu diretor, Franklin Raines, recebera salários e prémios da ordem dos 90 milhões de dólares.

[213] A *Indy Mac* é a designação por que é conhecido o *National Mortgage Corporation*, com especial atuação na Califórnia do Sul; a sua falência foi a quarta maior da História norte-americana. A *Indy Mac* acabaria por ser adquirida pelo *One West Bank*. Em torno da falência, rebentou um escândalo que envolveu personalidades do Senado.

[214] Nome por que é conhecida a *Federal Home Loan Mortgage Corporation*, criada, em 1970, para apoiar o mercado secundário das hipotecas.

– o Tesouro norte-americano intervém no AIG, concedendo-lhe 85 biliões, a troco de 80% do seu capital: uma nacionalização disfarçada;
– é anunciado um plano de 700 biliões, para adquirir "ativos tóxicos" e para intervir no mercado de capitais;
– o lucro do *Goldman Sachs* quebra 70%;
– o *Merryll Lynch* é adquirido pelo *Bank of America*: 50 biliões;
– o *Goldman Sachs* e o *JP Morgan* passam a bancos comerciais: o fim da banca de investimento;
– o britânico *Lloyd TSB* compra o HBOS, à beira da insolvência;
– o FED injeta 20 biliões no sistema financeiro;
– dificuldades com a aprovação do plano dos 700 biliões, no Congresso, provocam novas quebras na bolsa;
– o *Washington Mutual* (WaMu), 6.º banco, quebra e vende as suas atividades bancárias ao *JP Morgan*, por 1,9 biliões;
– o *Bradford & Bingley* (britânico) e o *Fortis* são nacionalizados, para evitar a insolvência.

A aprovação, em outubro, do plano Bush, dos 700 biliões de dólares, deveria provocar uma acalmia: veio tarde.

32. **O colapso iminente (outubro/2008); aspetos europeus e 2009**

I. O sector bancário foi drasticamente atingido: os mais sólidos bancos mundiais vacilaram ou desapareceram e tudo isso de um dia para o outro. Basta recordar: dificuldades absolutas no *Citigroup*, no *Goldman Sachs* e na *UBS*; desaparecimento, por insolvência ou por absorção do *Bear Stearns*, do *HBOS*, do *Lehman Brothers*, do *Merryll Lynch*, do *Wachovia* e do *Washington Mutual*; publicização ou nacionalização encapotada, para evitar a insolvência: do *AIG*, do *Dexia*, da *Fannie Mae*, da *Freddie Mac*, do *Northern Rock* e do *Fortis*.

II. Isto levou, em meados de outubro, ao súbito desaparecimento do mercado interbancário. Nenhum banco adiantava fundos a outro, com receio de ser surpreendido, no dia seguinte, com a notícia da sua insolvência. Os fundos sacáveis eram levantados. Apenas novas e maciças intervenções dos bancos centrais evitaram que o sistema financeiro mundial entrasse em colapso.

III. Na Europa, em 5 de outubro de 2008, o Governo Federal Alemão estabeleceu uma garantia ilimitada a favor de todas as poupanças na Alemanha. A 10 de outubro, os ministros das finanças do G7 adotaram um plano em cinco pontos para prevenir o colapso do sistema financeiro mundial. Entre outros aspetos, visava-se evitar a insolvência dos grandes bancos[215]. Dois dias depois, os Estados-Membros da EU, o Banco Central Europeu e a Comissão adotaram uma estratégia comum para a estabilização dos mercados financeiros. Os bancos deveriam conceder créditos; seriam atribuídas garantias públicas; tomaram-se medidas de moralização contabilística.

IV. Foi evitado o colapso. Mas não se conseguiu prevenir que, de financeira, a crise passasse a económica. No princípio de 2009, foram sendo conhecidos os números relativos ao quarto trimestre de 2008. Temos:

– quebras severas nos PIBs de vários países desenvolvidos: surpreendentemente, as economias mais atingidas são as que mais exportavam, com exemplo na Alemanha;
– perdas elevadas no sector financeiro (26,2 biliões na banca americana) e nos seguros (100 biliões, só no AIG);
– perdas astronómicas nos mercados de capitais, mesmo em empresas saudáveis e com lucros elevados;
– desemprego em subida acentuada;
– perdas graves no sector automóvel: 31 biliões na GM, 5,9 na Ford e 1,22 na Toyota.

A opção, antes comum e razoável, para as empresas saudáveis, de investir parte dos seus capitais no mercado mobiliário veio a revelar-se catastrófica. Por exemplo, entre nós, uma grande construtora de ponta e com lucros reais superiores a 40 milhões de euros em 2008, acabou por apresentar mais de 400 de prejuízo, por via da quebra das ações do BCP e da Cimpor, que tinha em carteira.

[215] Medida que, em meados de fevereiro de 2009, se repercutiu na Alemanha, a propósito do *Hypo Real Estate*: deveria ser "salvo" pelo Estado ou, como entendia a CSU, deixado à sua sorte? Já em outubro de 2008, o Governo Federal Alemão acudiu com um pacote de 480 biliões de euros (o dobro do PIB português!) para a Banca: insuficiente.

V. As expectativas para 2009 começaram muito baixas. Para além dos indicadores económicos desfavoráveis, havia uma absoluta quebra na confiança das empresas e das famílias, que as levam a adiar investimentos ou simples decisões de despesa. Daí resulta um círculo vicioso: menos consumo, menos trabalho, menos despesa e assim por diante. Em meados do ano, assistiu-se a uma certa melhoria: primeiro nos Estados Unidos e na China e, depois, na Alemanha. Os dados subsequentes confirmaram uma melhoria progressiva, ao longo de 2010. O Mundo rico suspirou de alívio.

Mas a crise continuaria após 2010, no Sul da Europa, na sequência do colapso da Grécia. Veremos essa matéria no § 10.º.

§ 9.º CAUSAS E EXPLICAÇÕES

33. Minsky: a "hipótese de instabilidade financeira"

I. Como foi possível? Apesar das dúvidas e incertezas, vamos fazer o ponto dos conhecimentos disponíveis para entender as suas génese e explicação.

Sabemos que o rastilho que prenunciou a crise planetária adveio do *crash* imobiliário norte-americano. É curioso referir as suas origens e o seu desenvolvimento: documentam justamente o resultado conjugado da falta de regulação e da quebra ética provocada pela busca do lucro imediato.

II. Como pano de fundo, vamos eleger a hipótese de instabilidade financeira, apresentada em 1992, por Minsky[216]. O seu modelo é largamente explicativo, quanto à atual crise planetária. Partindo do "véu monetário keynesiano", cabe recordar que, pelo crédito, se compra hoje o dinheiro de amanhã. A complexidade crescente das estruturas financeiras confere um papel criativo ao crédito: o banqueiro, como qualquer outro operador, recebe lucros por via da inovação. O dinheiro não é neutro, interferindo, com a sua circulação, no valor dos bens e no crédito que deles resulte. E embora o crédito assente na expectativa de lucros futuros, ele promove esses próprios lucros podendo, perante eles, articular-se de modo distinto.

III. Minsky aponta três modelos de relação rendimento/crédito:

– financiamento fechado (*hedge*);
– financiamento especulativo (*speculative*);

[216] Hyman P. Minsky, *The Financial Instability Hypothesis*, maio de 1992. Trata-se de um *paper* facilmente confrontável, na Net, seja pelo título, seja pelo nome do seu Autor.

- financiamento em pirâmide (*Ponzi*[217]; também se usa "em cavalaria")[218].

No financiamento fechado, o devedor pode, com os seus rendimentos próprios, pagar todas as suas obrigações contratuais e, designadamente: o capital e os juros.

No financiamento especulativo, o devedor pode pagar os juros; mas não o capital. Terá de haver *roll over*: a dívida é renegociada e renovada no seu termo, o que assegura, enquanto for possível, a sustentabilidade do esquema. O especulador pode, ainda, obter lucro com a venda do investimento, caso este tenha valorizado.

No financiamento em pirâmide, o devedor não pode pagar nem o capital, nem os juros todos. Logo, ele tem de se endividar nova e crescentemente, para manter a situação. Tal só é pensável num ambiente em que a massa disponível para empréstimos vá aumentando.

IV. Um modelo dominado por financiamentos fechados está em equilíbrio. Adquire-se, hoje, o dinheiro que irá ser efetivamente ganho amanhã. Temos, então, os seguintes teoremas que integram a hipótese da instabilidade financeira:

- a economia tem regimes de financiamento sob os quais é estável ou instável;
- em períodos de prosperidade prolongada, a economia transita de relações financeiras estáveis para relações instáveis.

Com efeito, em prosperidade prolongada, a busca de maior lucro por parte de todos os intervenientes leva a abandonar o modelo de financiamento fechado a favor do especulativo e da cavalaria. A partir daí, o modelo é instável: o crédito cresce sem correspondência na riqueza, origi-

[217] A locução *Ponzi finance* advém de Charles Ponzi, burlão de origem italiana, que nos anos 20 do século XX, ficou conhecido por montar esquemas financeiros em pirâmide: os interessados entregavam o seu dinheiro, recebendo até 100% de juros em três meses; tais juros eram pagos com as contribuições de novos interessados e assim por diante. Tudo se desmoronou com o termo da expansão. Esquemas *Ponzi* surgem de modo cíclico (*vide* a nossa D. Branca), apesar de serem conhecidos há muito.

[218] A "cavalaria" é a última a chegar à batalha e a primeira a partir, na tradição dos *Westerns*.

nando bolhas e ameaçando colapso, logo que se retirem alguns agentes do mercado ou, mais simplesmente: desde que deixem de afluir.

V. Diz-se, no *jargon* financeiro, que há bolha assim que, mercê do excesso de liquidez, designadamente o derivado de sistemas especulativos ou de sistemas em pirâmide, se assista a um aumento do valor de certos bens, para além daquilo que eles possam, razoavelmente, produzir. Em ambiência de bolha, as aquisições são feitas tendo em vista mais-valias só visualizáveis na medida em que o efeito "bolha" prossiga e enquanto ele prosseguir. Baixando a procura, a bolha desfaz-se, com prejuízo para todos os que nela se encontrem, que ficarão privados de quanto ultrapasse o valor "real" do bem.

34. A génese dos subprimes

I. Voltemos à crise imobiliária norte-americana. Em 1946, cerca de 40% da população norte-americana era proprietária da sua própria casa. Em 1970, tal cifra era de 60%, o que representa uma pujante classe média. Com Georges W. Bush, cujo programa visava uma *ownership society*, procurou facultar-se a propriedade a camadas crescentes da população. Teoricamente isso era possível, embora com um problema: a distribuição desigual da riqueza, que levava a que 1% da população detivesse quase um terço do património dos Estados Unidos.

II. Os esquemas postos ao serviço da popularização da propriedade passavam por deduções fiscais e por subvenções da *Federal Housing Administration* (FHA), através de *Government Sponsored Entities* (GSE): a *Fannie Mae* (*Federal National Mortgage Association*) e a *Freddie Mac* (*Federal House Mortgage Corporation*).

A gestão privada das subvenções levou a que elas fossem dirigidas, num primeiro tempo, para as famílias médias: não para as de poucos recursos. Os juros eram muito baixos, tanto mais que havia ligação aos juros das obrigações do tesouro, facilmente colocadas na China, no Japão, na Coreia e em Taiwan, com juros mínimos. A liquidez daí derivada alimentava o "tapete virtuoso". A procura de casa subiu, sendo seguida pelo incremento da construção, mas com uma dilação. Temos uma bolha imobiliária: o preço das casas sobe para além dos custos do terreno e da construção e para além do que o seu arrendamento "normal" poderia gerar.

III. Não havendo "bolha", as boas práticas só permitiriam emprestar fundos aos agregados "fechados", isto é: que dessem garantias de, pelos seus rendimentos, poder pagar o capital e os juros. Tais garantias eram asseguradas pela *Fannie Mae* e pela *Freddie Mac*: exigia-se um empréstimo máximo de US$ 417.000; uma entrada com capital próprio de 20%, no mínimo; um rendimento bastante, devidamente documentado. O empréstimo em jogo era seguro, estando garantido, ainda, por hipoteca. Era a "categoria A" ou situação *prime*. O modelo estava em equilíbrio.

IV. Com as facilidades e a liquidez disponíveis, o número de famílias cobertas alargou-se, os *primes* aumentaram e o preço da habitação subiu, alimentando a bolha. A partir de um certo momento, a manutenção da prosperidade elevou as tensões sobre o equilíbrio. Primeiro, verificou-se que os *primes*, na tipificação das agências federais, eram demasiado uniformes. Uma casa média na Califórnia exigia um financiamento de US$ 729.000 (*jumbo*), a dispensar a famílias que ofereciam garantias. Temos a categoria "Alt A" (*Alternative A*), ainda comportável. O efeito de bolha amplia-se.

A subida contínua do imobiliário leva à concessão de empréstimos a pessoas que, de todo, já não reuniam as condições requeridas pelas *Fannie Mae* e *Freddie Mac* para os *primes*: temos as "categorias AB", "B", "BB" e assim por diante, globalmente ditas *subprimes*.

V. Os financiamentos *subprimes* podem ser explicitados com recurso à hipótese Minsk.

Temos, em primeiro lugar, o financiamento especulador. Trata-se de empréstimos *interest only*. Ao interessado não se exige que possa reembolsar o capital: apenas que pague os juros. Caber-lhe-á o *roll over* do empréstimo ou a venda da casa. Num ambiente de bolha, não há problema: como a casa vale sempre mais, não só a renegociação do empréstimo é fácil como a garantia funciona e com lucros.

Mas se é assim, porque não ir mais longe e financiar mesmo quem não possa pagar juros? Chega a cavalaria, com os financiamentos Ponzi. A criatividade financeira norte-americana funcionou. Um modelo habitual era o dos empréstimos 2/28: durante dois anos, o beneficiário do empréstimo pagava parte dos juros, acrescendo, o resto, ao capital; passado esse período, a mensalidade ajusta-se, duplicando ou triplicando, a menos que haja renegociação. As cláusulas penais ou de cautela, multiplicam-se: quando o capital em dívida atinja os 115% ou os 120% do capital mutuado, o financiamento passa a normal, com capital e juros. A bolha está no zénite.

35. Desregulação e titulação: a bolha global

I. Como foi possível tal situação, cujos efeitos se adivinham? Evidentemente: na origem temos o défice norte-americano, a sobreliquidez, o financiamento do consumo pelo saldo das exportações chinesas, reintroduzido no continente americano através da aquisição maciça de obrigações do tesouro e assim por diante.

Mas no concreto cenário dos *subprimes*, avultam a desregulação e a titulação.

II. Os candidatos *subprimes* são aliciados por corretores interessados, que se movimentam nas áreas suburbanas onde nem é seguro abrir agências bancárias. Tais corretores não são regulados. Adquirido um "cliente", recebem a sua comissão e passam ao seguinte.

O banqueiro ocupa-se, depois, do "cliente". A regulação exige-lhe determinados rácios, mas não se preocupa com a qualidade dos mutuários. E no pouco que resta, não há controlo: ou se pratica o empréstimo *no doc* (*no documents*), em que apenas o valor do bem hipotecado é controlado ou se incita o candidato a mentir sobre as suas possibilidades. Pequenos empregos, biscates, economia paralela: lida-se com rendimentos possíveis mas indemonstráveis.

III. O banqueiro concede o empréstimo e fica titular de um crédito hipotecário. Este é titulado e colocado em *Wall Street* e, a partir daí, em todo o Mundo. A titulação abrangia, na origem, os *primes*: créditos sem risco, duplamente garantidos pela vigorosa classe média americana e por hipoteca sobre casas em alta. Os produtos financeiros daí derivados tinham uma procura avassaladora: eram seguros, davam rendimento e permitiam absorver a volumosa liquidez disponível. Os banqueiros limpavam o seu balanço, acolhiam a comissão, eliminavam o risco e recebiam meios que permitiam conceder novos empréstimos.

Mas a quem? Satisfeita a "área fechada", havia que passar aos especuladores e, por fim, à cavalaria. Os *subprimes* tinham procura: afinal, estavam garantidos por casas em alta. A titulação funcionava. Mas aí, tornou-se complexa e opaca: de novo por falhas regulativas, os créditos titulados eram ordenados em produtos complexos (ABS, de *asset-backed securities*, CDU, de *collateralized debt obligations*, como exemplos), com "fatias" de créditos A, Alt-A, AB, B, BB e assim por diante. A imensa procura de derivados do crédito levou a que fossem aditadas "fatias" representativas de créditos de cartões bancários, de créditos ao consumo e de créditos de toda a ordem.

IV. As agências de notação de riscos bloquearam. Num ambiente de procura intensa, as prevenções eram desmentidas pelos factos. A complexidade dos produtos vendidos no Globo era tal que a UBS estimou ser necessário, para o exato conhecimento de um deles, examinar a génese de mais de 7.000 títulos, incluindo *subprimes*.

Chegamos à bolha global: o valor já não tem a ver com o bem em jogo, mas com o preço mobiliário que se espera no futuro. Os banqueiros financiam-se no mercado, refinanciam-se entre si e asseguram empréstimos que fazem crescer a bolha, num ciclo de triliões de dólares. No pico da bolha, tudo dispara: matérias primas (com o petróleo em inimagináveis 150 dólares), alimentos, ações e até clubes.

V. Ainda nesse ambiente, multiplicam-se as fraudes, os desvios e os descuidos. A liquidez fácil permite cobrir falhas, enquanto a titulação de créditos dissemina-os, com facilidade, num mercado cuja opacidade aumenta com a escala planetária que tudo absorve.

36. **A crise global**

I. A crise parte do mercado imobiliário. Alcançado o pico da bolha, as casas estabilizam e iniciam a baixa. A oferta é muito alargada e faz equilibrar o preço: acabou a alta em contínuo. Entretanto: sai a cavalaria: passada a fase inicial, os mutuários são incapazes de pagar as prestações. O sistema americano é muito rápido: as casas são penhoradas e vendidas, fazendo baixar os preços. Em pouco tempo, dois milhões de agregados perdem a habitação, a qual vem aumentar a oferta.

Seguem-se os especuladores. Confrontados com a perda resultante da baixa do imobiliário, o especulador paga juros sem retorno. O *roll over* torna-se mais difícil. Pode arrendar a casa: mas as rendas são pouco convidativas, iniciando uma baixa. Se estiver atento, vai vender quanto antes, fazendo baixar novamente os preços. Além disso: as dificuldades de refinanciamento levam alguns especuladores ao incumprimento, à penhora e a vendas por baixo preço.

Finalmente, os *hedges*: em princípio, não têm problemas. Mas ficam *underwater* (debaixo de água, no sempre colorido inglês norte-americano), logo que a baixa do imobiliário os deixe sem cobertura patrimonial. Basta que a crise se agrave, que se perca o emprego ou que certas colocações mobiliárias corram mal para que os próprios *primes* sucumbam: novas quebras, nova pressão na oferta, novas baixas e assim por diante. Falou-se numa quebra de 40% do imobiliário: uma cifra astronómica de riqueza, que se desvaneceu em meses, atingindo cada família.

II. No plano financeiro, os reflexos foram devastadores. Na linha da frente estavam as instituições especializadas em *subprimes* e, desde logo, a *Countrywide Financial*, de Ângelo Mozilo, *leader* no sector. Confrontado com as primeiras quebras, Mozilo tenta a fuga em frente, intensificando os empréstimos. A falta de liquidez veda veleidades; a empresa passa de 15 a 5 biliões de dólares. O *Bank of America* comprou a *Countrywide* no princípio de 2008, a 18 dólares a ação: cotada então a 5, quando valera, seis meses antes, 50. Em junho de 2007, a *Bear Stearms* anunciou que dois dos seus *Hedge Founds*, recheados de *subprimes*, perderam todo o valor. É fácil: basta que não tenham procura. A *Bear Stearms* acabaria adquirida, por preço vil, pelo *JP Morgan Chase*: e com garantia da Reserva Federal (16-mar.-2008). Em julho cai o banco *Indy Mac*, tomado pelo Estado. Após nova agonia pela falta de procura de todos os títulos – mesmo os notados AAA! – e goradas as hipóteses de recuperação, o *Lehman Brothers* (o 4.º banco de investimento) entrou em falência. Em 30-jul.-2008, o poderoso *Merril Lynch* põe em venda a sua carteira de CDO que abrangia *subprimes* então já considerados "tóxicos". No valor nominal de 30,5 biliões de dólares, foi vendido por 6,7 biliões (um mês antes, valeria 11,1 biliões). *Merril Lynch* (3.º banco) é adquirido, *in extremis*, pelo *Bank of America*.

III. A sucessão de desaires intensifica-se. Instituições saudáveis como a *Goldman Sachs* e a *Morgan Stanley* chegam a perder mais de 20% em cada sessão da bolsa e passam (com o apoio federal) a bancos comerciais: o fim da banca de negócios.

Em julho de 2008, os já semipúblicos *Fannie Mae* e *Freddie Mac*, que num efeito de retorno haviam adquirido títulos que envolviam *subprimes* foram intervencionados pelo Congresso. Mesmo assim: em agosto de 2008, já haviam perdido, respetivamente, 85% e 87% do seu valor.

As cifras de perdas são enormes: em 15-set.-2008 e em biliões de dólares, temos, como exemplos: Citigroup: 55,1; *Merril Lynch*: 51,8; UBS: 44,2; HSBC: 27,4, etc.. As fronteiras norte-americanas foram ultrapassadas: no Reino Unido, houve que nacionalizar o *Northern Rock*; no Benelux, o *Fortis*; na Alemanha, acudiu-se ao *Dresden* adquirido *in extremis* pelo *Commerzbank*, salvo, passados meses, pelo Estado. Os exemplos prosseguem.

IV. O súbito desaparecimento do mercado interbancário e os ataques dos especuladores em bolsa, potenciados, de resto, pelo facto de, eles próprios, não poderem manter o *roll over* de que dependiam, fez colapsar fortunas e suprimir triliões, em moeda bancária.

A finança mundial ficou dependente dos bancos centrais que, através de injeções impensáveis de moeda, mantiveram o sistema.

A sequência foi seguida diariamente nos jornais: quebra de crédito; quebra de consumo; redução drástica da procura; quebra de produção; despedimentos maciços; nova quebra na procura; baixa incurável das bolsas; quebra nos preços básicos (o próprio petróleo caiu para baixo dos 40 dólares, só não afundando mais mercê da Guerra de Gaza, em janeiro de 2009).

Num curioso retorno histórico: tudo parece depender dos Estados.

37. **Aspetos explicativos**

I. A hipótese de Minsky ilustra a crise dos *subprimes* e, mais latamente, a da bolha global. Tudo isso ocorre mercê de condutas humanas, sendo certo que é ao nível dessas condutas que tudo deve ser feito, no plano dos remédios. E nesse ponto, temos os insondáveis desafios da Humanidade. Tocaremos nalguns tópicos.

A atitude individual de cada um será, quando isoladamente tomada, enquadrável em pressupostos racionais. Coletivamente, isso não sucede. Ou seja: uma soma de condutas "racionais" pode conduzir a resultados irracionais. Basta pensar no ambiente ou na economia.

No plano económico, o comportamento assume uma dimensão massificadora. As "bolhas" resultam, justamente, do facto de uma multitude de pessoas tomarem, em simultâneo, a mesma opção aquisitiva. Pois bem: irracionalidade e massificação constituem os dois ingredientes de base da hipótese do desequilíbrio financeiro.

II. A decisão económica não é tomada pelo que exista: ela depende do que o agente julgue que vai acontecer. Logo, existe um risco, uma vez que a antecipação nem sempre é totalmente segura.

Mas ainda: a decisão económica vai interferir no que irá acontecer. Se o agente compra determinadas ações, na expectativa de que a sua cotação vai subir, ele está, *ipso facto*, a promover a sua subida. E inversamente: vende porque pensa que vão baixar; há mais um impulso para que baixem mesmo.

III. A doutrina clássica do mercado ensina que o melhor resultado depende do livre jogo dos agentes: informados e autónomos. Só que, no seu conjunto, os agentes, mesmo informados e livres, não agem isoladamente (massificação), não atuam no melhor sentido (irracionalismo), não configuram a melhor opção (risco) e interferem, com as suas opções, no resultado final (refletividade). A doutrina clássica está certa, quando associa as causas a certos efeitos. Mas não inclui, no seu modelo, as apontadas características da natureza humana.

IV. O crédito pondera sempre um certo risco de incumprimento. Os "sinistros", em técnica seguradora, ocorrem aleatoriamente e espaçados no tempo. Na ambiência *subprime*, os incumprimentos são simultâneos e em grande número: a quebra do imobiliário provoca-os, em termos que mais deprimem o mercado, provocando novos incumprimentos.

A titulação levou a uma interligação antes impensável. A crise não fica acantonada ao sector sensível que a tenha gerado. Incumprimentos nos arredores de Los Angeles provocam falhas nos lucros locais e quebras em Wall Street. O efeito multiplicador é exponencial, quando a desconfiança se instala. Os títulos são recusados, ainda que tenham, apenas, uma "fração" de *subprime*. Pior: são recusados, por contágio, mesmo que se saiba não terem nenhuma. Ora os títulos só valem por terem procura: não têm qualquer valor intrínseco. A partir daí, a crise é geral. Só não houve colapso do sistema pela intervenção dos bancos centrais.

V. O sistema recompensa os agentes que, aderindo às "bolhas" contribuam para o seu empolar. Todos ganham: exceto os que, aquando do seu rebentamento, ainda não se tenham retirado. Mas se, antecipando tal rebentamento, vários agentes se retiram … precipita-se a queda. A ideia de "recompensa" por atitudes nocivas deve ser retida. É justamente nesse nível que o Direito deverá atuar: seja limitando a "recompensa", indexando-a a pressupostos racionais, seja proscrevendo práticas obviamente perigosas.

38. Medidas legislativas: Estados Unidos e Alemanha (referência)

I. Nos diversos países, foram tomadas medidas de emergência para enfrentar a crise: de um modo geral, com um recorte bastante semelhante ao nosso e do foro bancário. Na impossibilidade de a todas abordar[219], vamos referir as experiências norte-americana e alemã: a primeira pelo seu impacto económico e a segunda pelo seu fino recorte jurídico.

II. Nos Estados-Unidos, as primeiras medidas anti-crise consistiram na injeção reforçada de liquidez, por parte da Reserva Federal, numa linha já observada anteriormente[220]. De seguida, passou-se ao apoio pontual a instituições de crédito em crise (a algumas), com concessões de liquidez e garantias, de modo a permitir certas fusões ou reagrupamentos.

Intentou-se, depois, um programa de aquisição de "ativos tóxicos" e de intervenção no mercado de capitais, por forma a restabelecer a confiança: o plano Bush, dos 700 biliões, aprovado, de resto, com os votos dos congressistas democratas.

Já com a administração Obama[221], aprontou-se e aprovou-se um novo plano maciço (cerca de 840 biliões), o qual, através de subvenções, de cortes fiscais e de obras públicas, intenta relançar o investimento e travar o desemprego. A voz comum considera-o insuficiente. Entretanto, no mundo financeiro, a voragem prossegue: a Reserva Federal intervém nas agências financeiras, nos bancos e nas seguradoras, em termos acrescidos. Fala-se, a tal propósito, em cripto-nacionalizações[222].

[219] Por exemplo, quanto ao Reino Unido, à França, à Áustria e ao Japão, *vide*, respetivamente: Paul Anning/Matthias Terlan, *Massnahmen gegen die Finanzmarktkrise/ /Grossbritannien*, RIW 2009, 54-56, Reinhard Dammann/Michael Samol, *idem/Frankreich*, RIW 2009, 57-60, Petra Inwinkl, *idem/Österreich*, RIW 2009, 60-65 e *idem/Japan*, RIW 2009, 66-69.

[220] Em geral: Claus Luttermann, *Kreditversicherung (Credit Default Swaps): Vertrag, Restrukturiererung und Regulierung (Hedge-Fonds, Rating, Schattenbanken)*, RIW 2008, 737-743.

[221] Em torno da qual foram criadas grandes expectativas: Siegfried Utzig, *Herausforderungen des neuen US-Präsidenten/Schwieriges Fehrwasser*, Die Bank 12.2008, 9-13

[222] No plano financeiro, cumpre referenciar os:

– *capital purchase program;*
– *troubled asset purchase program*;
– *temporary liquidity guaranty program.*

Vide Peter Flägel/Brian Schmidt, *Massnahmen gegen die Finanzmarktkrise/USA*, RIW 2009, 51-53.

III. Em meados de março, foi anunciado um novo programa de injeção reforçada de liquidez: da ordem do trilião de dólares. Assistiu-se a uma ligeira subida dos cursos da bolsa de Nova Iorque, na sequência desse anúncio: todos gostariam que se confirmasse, assinalando o princípio do fim da crise, nos Estados Unidos, em 2009/2010. Subsequentemente, manteve-se um certo otimismo nos mercados, ainda que num ambiente de volatilidade[223].

IV. Na Alemanha[224], o nervosismo reinante nos mercados mobiliários, perante as notícias vindas de além-Atlântico[225], levaram, em 12 de agosto de 2008, à aprovação do *Risikobegrenzungsgesetz* (lei de limitação do risco)[226]. Fundamentalmente, procurou-se tornar mais transparentes as aquisições de créditos, tendo em vista a ocorrência de tomadas de sociedades. Foram alterados diversos diplomas, entre os quais o próprio Código Civil. Pretendeu-se publicitar os riscos[227], atraindo fundos[228], numa orientação que rapidamente foi ultrapassada pelos factos.

V. O intensificar da crise levou a um *qui pro quo* histórico. A Chanceler Angela Merkl começou por declarar que a crise financeira não afetaria o País: os bancos alemães seriam, consabidamente, sólidos. Em plena reunião dos G8, depois de ela asseverar que não era necessário tomar quaisquer medidas, é avisada, por um seu assessor, de que o *Hypo Real Estate Bank* estava à beira da insolvência, havendo que encontrar, de imediato, 15 biliões de euros para lhe acudir.

[223] Matthias von Oppen, *PIPE – Transaktionen in einem volatilen Umfeld: Der kurze Weg zum Eigenkapital*, Die Bank 7.2009, 12-15 (PIPE é a sigla de *private investments in public equity*) e Thomas Beilner/Claus Weber, *Portfoliomanagement: die Performance stabilisieren*, Die Bank 6.2009, 38-41.

[224] *Vide* com larga panorâmica Corinna Bringmann, *Bankenbeihilfen im Zuge der Finanzkrise* (2015), 189 pp..

[225] Günther M. Bredow/Hans-Gert Vogel, *Kreditverkäufe in der Praxis/Missbrauchsfälle und aktuelle Reformansätze*, BKR 2008, 271-281.

[226] BGBl, 1, 1666.

[227] Wolfgang Könug, *Das Risikobegrenzungsgesetz – offene und gelöste Fragen*, BB 2008, 1910-1914.

[228] Stefan Simon/Angela Dobel, *Das Risikobegrenzungsgesetz – neue Unterrichtungspflichten bei Unternehmsübernahmen*, BB 2008, 1955-1959 (1959/I).

Em 17 de outubro, de 2008 é aprovado o *Finanzmarktstabilisierungsgesetz*[229]. No fundamental, ele veio prever um fundo de estabilização do mercado financeiro, no volume de 100 biliões de euros. Cabe-lhe assumir ativos problemáticos e recapitalizar, através de participações, as instituições de crédito. Pode ainda conceder garantias até 400 biliões de euros. Apontamos, em síntese[230]:

– medidas de estabilização;
– medidas de recapitalização;
– assunções de risco.

Para além das medidas em si, a lei visou repor a confiança dos agentes económicos na banca[231]. O sobreendividamento e os deveres a ele associados[232] e o risco da administração das sociedades[233] foram abordados, por via da lei em causa.

VI. As medidas tomadas no último trimestre de 2008 foram entendidas como um auxílio de emergência aos bancos: depois do episódio do *Hypo Real Estate*, outros se seguiram, como o enorme défice do *Dresdner Bank*, absorvido, de emergência, pelo *Commerzbank* o qual teve, depois, de ser auxiliado pelo Estado; os próprios institutos públicos tiveram de ser recapitalizados[234]. Mas a temática jurídica ampliou-se, à medida que a crise se alargava à economia. Considerações éticas levam a um apelo à con-

[229] BGBl 2008, 1, 1982, sendo conhecido por FMStG.

[230] Gerald Spindler, *Finanzkrise und Gesetzgeber/Das Finanzmarktstabilisierungsgesetz*, DStR 2008, 2268-2276 (2269/I, 2269/II e 2270/I). Com uma série de elementos: Jörn Winterfeld, *Finanzmarktstabilisierungsgesetze*, em Herbert Schimansky e outros, *Bankrechts- Handbuch* cit., 2, 4.ª ed., § 124a (2382-2412).

[231] Michael J. J. Brück/Christoph Schalast/Kay-Michael Schanz, *Das Finanzmarktstabilisierungsgesetz: Hilfe für die Banken – Systemwechsel im Aktien- und Insolvenzrecht?*, BB 2008, 2526-2535 (2534/II).

[232] Karsten Schmidt, *Überschuldung und Insolvenzantragspflicht nach dem Finanzmarktstabilisierungsgesetz/Geschäftsleiterpflichten im Wechselbad der Definitionen*, DB 2008, 2467-2471.

[233] Norbert Horn, *Das Finanzmarktstabilisierungsgesetz und das Risikomanagement zur globalen Finanzkrise*, BKR 2008, 452-459.

[234] Wolfgang Ewer/Alexander Behnsen, *Staatshilfe für Staatsbanken?/Inanspruchnahme von Massnahmen nach dem FMStFG durch Landesbanken und ihre Vereinbarkeit mit höherrangigen Recht*, BB 2008, 2582-2586 (2586/II).

tenção de retribuições desproporcionadas aos gestores[235]. Recolocam-se temas de responsabilidade social das empresas[236], dos *Hedge Funds*[237] e dos órgãos sociais[238].

Vêm surgindo aspirações de reforma nas áreas bancárias[239] e no campo laboral[240].

Como temas recorrentes, agitados pela crise, podemos referir: a manutenção de empresas viáveis sobreendividadas[241]; a reestruturação da banca, na base do *Finanzmarktstabilisierungsgesetz*, acima referido[242]; a reforma do Direito dos depósitos[243], o papel das agências de *Rating*[244] e da gestão de risco[245]; a contabilização das imparidades (desvalorizações de valor em carteira)[246]; as bolsas regionais[247].

[235] Martin Diller/Burkard Göpfert, *Rettungsfonds für Banken: Eingriffe in Vorstandsverträge und Bezüge*, DB 2008, 2579-2584 (2581/II).

[236] Christian Förster, *Soziale Verantwortung von Unternehmenrechtliche reguliert/ Corporate Social Responsability (CSR)*, RIW 2008, 833-840 (840/II) e Klaus-Michael Menz, *Wirt Corporate Social Responsability honoriert?*, Die Bank 2009, 20-21.

[237] Michael Pap, *Haftungsfragen bei geschlossenen Fonds*, BKR 2008, 367-372.

[238] Hans-Walter Forkel, *Rechtsfragen zur Krise na den Finanzmärkten: Zur Systematik möglicher Schadensersatzansprüche*, BKR 2008, 183-188 (188/II): direções, conselhos gerais, auditores, empresas de *rating*, prestadores de serviços diversos, etc.

[239] Patrick Arora, *Reform des Depotrechts: Zunehmender Handlungsdruck*, Die Bank 1.2009, 14-16 e Peter König, *Privatkundengeschäft: Benchmarks in der Vermögenverwaltung*, Die Bank 2009, 8-12.

[240] Martin Kannegiesser, *Vorstellungen der Wirtschaft von einem neuen System der Tarifverhandlungen*, ZfA 2008, 305-308.

[241] Wolfgang Portisch, *Fortführungsprognose für überschuldete Unternehmen: wenn die Insolvenz Droht*, Die Bank 5.2009, 36-38.

[242] Christoph Nöcker/Michael Grunenberg, *Restrukturierung von Kreditinstituten: Die drei Phasen der Ertragsoptimierung*, Die Bank 5.2009, 40-43.

[243] Patrick Arora, *Reform des Depotrechts* cit., 14-16.

[244] Bernd Brabänder, *Subprime-Krise: Die Rolle der Rating-Agenturen*, Die Bank 8.2009, 8-15 e Werner Gleisser/Martin Bemmann, *Die Rating-Qualität verbessern*, Die Bank 9.2008, 50-55.

[245] Hartmut Kiehling, *Risiko-Perzeption: Vom Umgang der Psyche mit Risiko und Ungewissheit*, Die Bank 5.2009, 16-19, referindo o dito de Niklas Luhmann: a porta do Paraíso mantém-se assinalada com a palavra risco.

[246] Eberhard Mayer-Wegelin, *Impairmenttest nach IAS-36/Realität und Ermessenspielraum*, BB 2009, 94-96 e Oliver Köster, *Impairment von Finanzinstrumenten nach IRFS und US-Gaap*, BB 2009, 97-98.

[247] Sven Marxsen, *Regionalbörsen: Wettbewerb als Taktgeber*, Die Bank 6.2009, 22-25.

§ 10.º O DIREITO DA CRISE PRÉ-TROIKA

39. **A crise da dívida soberana**

I. A crise mundial foi superada nos países ricos. Ficaram sequelas e derivaram, dela, múltiplos instrumentos europeus, de que daremos conta[248]. O pior parecia, todavia, ultrapassado, ao longo de 2010. Desenhou-se, todavia, a partir de então, uma nova crise, que atingiu as dívidas soberanas dos países do Sul da Europa.

Diz-se "dívida soberana" a dívida pública de um determinado País. Tal dívida pode ser colocada no plano interno ou no internacional. Além disso, diz-se de curto (até um ano), de médio (até dez anos) ou de longo prazo (a partir daí). A dívida soberana tem algumas particularidades: (a) não pode ser executada, já que falta uma instância executiva internacional; (b) não depende de informações seguras; (c) é, em regra, titulada, o que permite, para ela, dois mercados distintos: o primário, isto é, o que preside à sua emissão; o secundário, correspondente às transações subsequentes, relativas aos títulos emitidos.

A situação das dívidas soberanas é decisiva para as empresas dos países a que elas respeitem. Num mecanismo de forte injustiça, o mercado (predominantemente anglo-saxónico) penaliza as empresas em função do tratamento dado aos Estados respetivos.

II. A dívida soberana obedece, antes do mais, ao mercado. Pode ser arbitrariamente penalizada pelos especuladores: basta que deem ordens de venda (incluindo a descoberto) para que ela baixe, no mercado secundário. Com isso, arrastam o mercado primário: o Estado visado tem dificuldade

[248] *Infra*, 137 ss..

em fazer novas emissões, em condições melhores do que as do secundário. Verifica-se, ainda, que a dívida soberana está sujeita a um permanente *roll over*: emite-se dívida para amortizar a existente.

Na procura e na valoração da dívida soberana valem a confiança e as perspetivas dos operadores. Não havendo esquemas de execução nem de garantia, tudo depende da perceção dos mercados, quanto à intenção e à capacidade dos Estados de solver os seus compromissos. Na configuração de tal perceção, são decisivas as agências de notação financeira, com um particular relevo para três entidades privadas norte-americanas: *Standard & Poor's*, *Moody's Investors Service* e *Fitch Rating*. Essas agências dão "classificações" a Estados e a empresas, infletindo o mercado. Mau grado erros clamorosos, designadamente nas vésperas da crise dos *sub-primes*, elas mantêm-se incontornáveis.

III. No rescaldo dos *sub-primes* e da crise mundial, as agências de notação decidiram demonstrar mais eficácia: viraram-se para as dívidas soberanas. Particularmente visada era, ainda, a zona euro, que entrara em confronto com o, até então, omnipotente dólar. Como elo mais fraco surgiu, desde logo, o caso da Grécia.

Mercê de um esquema rotativo partidário, em que alternavam no poder forças políticas, de base familiar, que prometiam benesses, em geral cumpridas, que se acumulavam, a democracia grega somou uma dívida soberana de montante elevado. O problema punha-se, em geral, mercê das estruturas que acompanhavam o euro: ao contrário dos Estados Unidos, a Europa do euro não podia recorrer à livre emissão de moeda e de dívida pública (os *eurobonds*); ficava dependente do mercado e da possibilidade de, aí, cada País colocar a sua dívida.

Obrigada a recorrer ao mercado, a Grécia ficou colocada perante dificuldades de refinanciamento. As agências de notação degradaram, com reconhecido exagero, a dívida grega e os bancos helénicos, numa situação agravada pela notícia de que as estatísticas gregas não seriam fiáveis, antes dissimulando a verdadeira situação do País. Havia que encontrar um rápido apoio no plano das instituições europeias. Paralisado por eleições regionais e por uma (hoje esquecida) oposição do SPD, o Governo Federal alemão demorou em agir: uma demora que terá causado danos irreversíveis à economia grega e aos países do Sul da Europa, com danos reflexos na própria Alemanha. O esquema partidário grego só complicou: sequiosas de ascender ao poder, as sucessivas oposições complicam o papel dos Governos.

Com uma dívida pública que atingiu os 142,8% do PIB, em 2010, e não logrando refinanciá-la no mercado, a Grécia pediu apoio internacional. Em meados de 2010, ela obteve, junto da Comissão Europeia, do Banco Central Europeu e do Fundo Monetário Internacional (a "Troika"), um financiamento de 110 biliões de euros, em troca de um severo programa de austeridade. O programa mostrou-se insuficiente: foram, sucessivamente, adotados novos programas, de severidade crescente, com quebras assinaláveis no PIB. Agravada por uma súbita instabilidade política, que obrigou a duas eleições sucessivas, a crise grega piorou, obrigando a um segundo resgate. A Troika, sob pressão alemã, exigiu um perdão de 50% da dívida, por acordo com os credores privados, como condição para conceder um novo financiamento. Com isso, gerou-se um forte receio, relativamente a todas as dívidas soberanas, particularmente as do Sul. Além disso, o perdão em jogo prejudicou gravemente os titulares de dívida grega, com relevo para os bancos cipriotas e para diversos bancos portugueses. Os juros da dívida grega tocaram os 30%, sendo problemático o regresso da Grécia aos mercados. O "perdão" da dívida não parece constituir uma saída para crises que, enquanto perdurar o euro, passam necessatiamente por uma recuperação de imagem, perante os mercados.

IV. A crise das dívidas soberanas alargou-se à Irlanda, mercê de dificuldades atravessadas pelos seus bancos. Chegou, depois, a vez de Portugal, nos termos abaixo consignados. Seguiram-se a Espanha, a Itália e a própria França ficou ameaçada. Houve que intervir em Chipre e em Malta.

A impossibilidade de gerir o espaço euro como um grande Estado, com a inerente possibilidade de transferência de fluxos interterritoriais, condena o Velho Mundo a uma Política de atuações e de improvisos.

40. **A crise portuguesa**

I. Na origem da crise portuguesa encontramos um problema estrutural de desfasamento entre a produtividade e as exportações, por um lado e os níveis de consumo, público e privado e as importações, por outro. Tal situação só pode manter-se através de remessas do estrangeiro: seja de emigrantes, seja de investimento estrangeiro, seja de empréstimos contraídos no mercado internacional. Na década de noventa, foi possível assegurar um certo crescimento do PIB nacional, a um nível superior ao da média europeia. Houve consequências, num mérito que a História atribuirá aos governos do Prof. Cavaco Silva. Foram, todavia, concretizadas as bases de um generoso Estado social e multiplicadas as regalias das pessoas: uma orientação meritória, que passou a ser tomada como um direito adquirido, mas que teria de ser paga pelo País. A subsequente adoção de políticas despesistas (António Guterres), um tanto à imagem do ocorrido na Grécia, agravou o défice das contas públicas e conduziu a um endividamento crescente do país. Deu-se, depois, a adesão ao euro: o País ficou dotado de uma moeda forte, que sobrevalorizou o antigo escudo e que permitiu o acesso fácil a um crédito barato. Os governos enveredaram por uma espetacular política de obras públicas, mobilizadoras de fundos a reembolsar no futuro e com pouco retorno reprodutivo. O sistema era inviável: funcionava enquanto se mantivesse, por contágio, a valoração máxima, dada pelas agências de notação.

II. A crise internacional de 2007-2009 pôs a nu a fraqueza estrutural do espaço português. Desde logo, a supressão do mercado interbancário, subsequente à insolvência do *Lehman Brothers*, deixou a banca nacional numa situação impossível. Cumpre explicar que o recurso ao crédito, levado a cabo pelas famílias, pelas empresas e pelo sector público, era enfrentado, pela banca nacional, através de fundos obtidos nos mercados internacionais. Tal atuação era possível enquanto, mercê da notação de que todos desfrutavam, tais mercados se mantivessem acessíveis. O desaparecimento do mercado interbancário impediu o *roll over* do passivo existente. Além disso, a banca nacional mantinha-se, no plano interno, vinculada a empréstimos longos, a baixos juros.

Estas dificuldades foram agravadas pelo fenómeno, aparentemente favorável, da quebra das taxas de juros. Na linha de uma política anti-inflacionista *à outrance*, o BCE mantinha elevadas taxas de juros, enquanto a Reserva Federal norte-americana seguia, justamente, a política inversa. Os empréstimos concedidos pelos bancos portugueses assentavam, fundamentalmente, numa parcela variável, equivalente, em geral, à taxa Libor[249] e acrescida de um *spread*, em regra baixo. A Libor era elevada, nas vésperas da crise, chegando a rondar os 6%. Quando o BCE, tardiamente, alterou a sua política de juros altos, a Libor iniciou um trajeto descendente,

[249] A taxa Libor traduz a taxa média interbancária pela qual um *pool* representativo de bancos se propõe efetuar empréstimos entre si, no mercado monetário de Londres. Tem diversas modalidades, de acordo com o prazo dos empréstimos, sendo anunciada diariamente, às 11.45 TMG, pela *British Banker's Association*.

chegando aquém de 1%. Resultado: os bancos, que trabalhavam na base do curto prazo, vieram a sofrer perdas elevadas com os empréstimos a longo prazo, designadamente para habitação, cujos juros desceram acentuadamente. Resultou, daí, um aconchego para as famílias, menos falado, mas útil na crise subsequente. A quebra da Libor teve, ainda, consequências calamitosas no domínio dos derivados, originando, nos anos subsequentes, a catástrofe dos *swaps* celebrados pelo sector público.

III. Este cenário, já de si preocupante, foi potenciado por um erro clamoroso, de que os economistas foram, em geral, os grandes responsáveis: para enfrentar a crise de além-Atlântico, preconizou-se uma política de tipo norte-americano, assente na injeção maciça de liquidez. Simplesmente, ao passo que os Estados-Unidos, apoiados na sua soberania financeira e na universalidade do dólar, prosseguiam a via da emissão de moeda, os países do euro não tinham essa saída. Não podendo "criar" euros, o Estado português tinha de os pedir em empréstimo. Em dois anos (2009-2011), a dívida pública nacional duplicou: situava-se, aquando da intervenção internacional, em cerca de 120% do PIB.

IV. Tudo isto jogou em conjunto. No ano de 2011, o País não tinha condições para se (re)financiar no mercado internacional. Os indicadores estavam na área do inviável e a instabilidade política interna não facilitava. Foi, finalmente, pedida ajuda externa. Esta veio, mas impondo condições que implicam, na prática, a revisão em baixa do garantismo antes alcançado. A questão mantém-se e coloca problemas complexos para qualquer Governo. O atual regime partidário não ajuda: demagogia das oposições e falta de autoridade dos governos, dobrada pelo positivismo cego do Tribunal Constitucional. Vamos seguir, no plano jurídico, a evolução de toda essa matéria.

41. **As medidas legislativas; aspetos gerais**

I. Portugal perdeu, com a integração europeia e com o regime do euro, a soberania financeira. Aquando da génese da crise, então puramente financeira, teve de assistir, impávido, ao insólito de o Banco Central Europeu, em vez de acudir imediatamente à falta de liquidez e de confiança, continuar a travar uma luta contra uma hipotética inflação, elevando as taxas de juros[250]. Foi já com todos os indicadores em alarme que se iniciou, por parte do BCE, a injeção de moeda e, ainda mais tarde, a baixa da taxa dos juros: numa ocasião em que muitos não pensavam que tal fosse possível.

A crise atingiu o País por via financeira: o desaparecimento da moeda bancária e do próprio mercado interbancário conduziu a uma completa retração do crédito e isso num País que depende do mercado financeiro estrangeiro. E levou, ainda, ao afundamento do mercado mobiliário: assente numa bolha e na "loucura coletiva"[251], ele foi submerso em ordens de venda; a baixa das cotações deixou créditos a descoberto, com novas vendas, novas baixas dos cursos e assim por diante.

Quanto às exportações: já de si deficitárias, elas vieram a cair ainda mais, perante a retração dos diversos mercados. A recente melhoria aqui registada constitui um (único) sinal de esperança.

II. Com a grande maioria das coordenadas *extra muros*, os órgãos nacionais de soberania (só) podiam tomar medidas modestas. Devemos, pois, ter o sentido das proporções, quando se trate de interpretar os diplomas nacionais. Ainda nesta linha, afigura-se percetível o facto de as medidas tomadas se dirigirem a aspetos de certa forma marginais. Nos próprios países da União Europeia, de resto, isso veio a suceder: garantir os depósitos, facilitar o crédito a contrair pelos bancos, apregoar a transparência, acudir a casos pontuais de instituições de crédito em perigo e baixar a despesa pública, particularmente com cortes no sector social.

III. Antes da intervenção da Troika, abaixo referida, foram tomadas diversas medidas legislativas destinadas a enfrentar a crise, que vamos recordar. São elas:

- o Aviso do Banco de Portugal de 14-out.-2008[252], quanto a fundos próprios;
- a Lei n.º 60-A/2008, de 20 de outubro, que estabeleceu a possibilidade de concessão extraordinária de garantias pessoais, pelo Estado, no

[250] João Ferreira do Amaral, *Crise e instituições europeias*, 4 RFPDF 2008, 11-18, 17, apelando a que a política monetária deixe de ser unicamente dirigida à estabilidade dos preços.

[251] Vítor Bento, *Crise económica, ou mais do que isso?*, 4 RFPDF 2008, 19-35, 21 ss..

[252] DR 2.ª série, n.º 202, de 17-out.-2008, 42500-42503; este Aviso republica, em Anexo, o Aviso n.º 12/92.

âmbito do sistema financeiro; esta Lei foi regulamentada pela Portaria n.º 1219-A/2008, de 23 de outubro;

- o Decreto-Lei n.º 211-A/2008, de 3 de novembro, que veio, entre diversos outros aspetos, reforçar os deveres de informação e de transparência no âmbito do sector financeiro e que elevou, de € 25.000 para € 100.000, o limite de cobertura do Fundo de Garantia de Depósitos e do Fundo de Garantia do Crédito Agrícola Mútuo; este diploma, através de alterações introduzidas nos artigos 77.º e 77.º-C do RGIC, ampliou as informações a prestar aos consumidores de produtos financeiros; foram ainda visadas informações sobre produtos financeiros complexos;
- a Lei n.º 62-A/2008, de 11 de novembro, que nacionalizou o BPN; os seus novos estatutos foram aprovados pelo Decreto-Lei n.º 5/2009, de 6 de janeiro;
- a Lei n.º 63-A/2008, de 24 de novembro, que estabeleceu medidas de reforço da solidez financeira das instituições de crédito no âmbito da iniciativa para o reforço da estabilidade financeira e da disponibilização de liquidez nos mercados financeiros;
- o Aviso do Banco de Portugal n.º 10/2008, de 9 de dezembro, que fixou os deveres de informação e de transparência a observar pelas instituições de crédito[253];
- Aviso n.º 1/2009, de 17 de fevereiro, do Banco de Portugal[254], que altera o n.º 5/2007, quanto a fundos próprios;
- Decreto-Lei n.º 64/2009, de 20 de março, que através de esquemas de redução do capital ou de redução do valor nominal das ações, veio permitir emissões abaixo do par;
- Portaria n.º 493-A/2009, de 8 de maio: define os procedimentos necessários para o reforço da estabilidade financeira da instituição de crédito previsto na Lei n.º 63/2008, de 24 de novembro;
- Decreto-Lei n.º 142/2009, de 16 de junho, altera o Regime Jurídico do Crédito Agrícola Mútuo, aprovado pelo Decreto-Lei n.º 24/91, de 11 de janeiro e republica em anexo, esse regime;
- Lei n.º 28/2009, de 19 de junho: estabelece um regime relativo à política de remunerações dos membros dos órgãos de administração e fiscalização das sociedades de interesse público e procede à revisão do regime sancionatório para o sector financeiro, alterando o RGIC, o CVM e o RGES;
- Decreto-Lei n.º 162/2009, de 20 de julho: altera os sistemas de garantia dos depósitos e de indemnização aos investidores;

253 DR 2.ª série, n.º 246, de 22-dez.-2008, 50893-50896.

254 DR 2.ª série, n.º 45, de 5-mar.-2009, 8525.

– Aviso n.º 4/2009, do Banco de Portugal, de 11 de agosto: dever de informação relativo a depósitos bancários[255];
– Aviso n.º 5/2009, do Banco de Portugal: dever de informação relativo a produtos financeiros complexos[256];
– Aviso n.º 6/2009, do Banco de Portugal: depósitos bancários[257];
– Decreto-Lei n.º 192/2009, de 17 de agosto: toma medidas relativas ao crédito à habitação;
– Aviso n.º 7/2009, do Banco de Portugal, de 1 de setembro, relativo a *offshores* não cooperantes[258];
– Lei n.º 94/2009, de 1 de setembro: aprova, entre outras, medidas de derrogação de sigilo bancário;
– Decreto-Lei n.º 222/2009, de 11 de setembro: estabelece medidas de proteção do consumidor na celebração de contratos de seguro de vida associados ao crédito à habitação;
– Decreto-Lei n.º 49/2010, de 19 de maio, que veio permitir a emissão de ações sem valor nominal;
– Aviso n.º 7/2010, do Banco de Portugal, de 30 de dezembro: substitui o Aviso n.º 6/2009.

IV. Tentando um balanço, poderemos dizer que, no seu conjunto, as medidas tomadas para enfrentar a crise não tiveram uma dimensão sistemática. A lógica do conjunto mantém-se intocada, tendo as medidas incidido em aspetos pontuais. No Verão de 2009, assistiu-se a uma multiplicação de iniciativas: a associar ao final de legislatura. Ao longo de 2010, as modificações legislativas rarearam.

Pelo prisma dos particulares: por um lado, procurou-se ampliar a sua tutela – caso da elevação para € 100.000, do montante coberto pelo Fundo de Garantia de Depósitos; por outro, delimitou-se a área dos créditos e dos investimentos protegidos, afastando-se, pelo menos em parte, certas operações *off shore*.

Caso a caso teremos de verificar o influxo das novas normas.

Veremos, de seguida e particularmente perante o Direito bancário, o alcance das medidas.

[255] DR 2.ª série, n.º 161, de 20-ago.-2009, 34.015 a 34.018.

[256] DR 2.ª série, n.º 161, de 20-ago.-2009, 34.018 a 34.022.

[257] DR 2.ª série, n.º 161, de 20-ago.-2009, 34.022 a 34.023; foi revogado pelo Aviso n.º 7/2010, de 30 de dezembro, DR 2.ª série, n.º 253, de 31-dez.-2010, 63.818-(46)-63.818-(49).

[258] DR 2.ª série, n.º 180, de 16-set.-2009, 37.913.

42. Fundos próprios e recapitalização

I. Num primeiro bloco de medidas, procurou-se reforçar o domínio dos fundos próprios das instituições de crédito e, depois, das sociedades. O Aviso do BP de 14-out.-2008 teve esse objetivo, tendo sido prolongado, ainda que facultativamente, pela Lei n.º 63-A/2008, de 24 de novembro. Este diploma foi alterado (neste momento), oito vezes: por último pela Lei n.º 1/2014, de 16 de janeiro

O raciocínio parece simples: se os bancos estão enfraquecidos, há que aumentar a sua solidez, densificando os fundos próprios. Mas donde poderão vir esses fundos?

II. As primeiras medidas foram (e são) consideradas pró-cíclicas: é evidente que numa crise de liquidez, no âmbito da qual quase desaparece o mercado interbancário, não há *funding*. A melhoria dos rácios só é possível cortando no crédito. Por isso, as medidas foram contraproducentes, tendo o BP de flexibilizar largamente a sua aplicação.

III. Já o dispositivo do Decreto-Lei n.º 63-A/2008, de 24 de novembro, que veio permitir diversas vias de (re)capitalização, não foi agressivo: elas ficam à disposição das instituições que as pretendam usar.

Entre essas medidas, contam-se algumas algo teóricas, entre as quais os aumentos de capital: mas como, se há ações de instituições bem significativas cotadas abaixo do par? O Decreto-Lei n.º 64/2009, de 20 de março, veio, com quatro meses de atraso, resolver o problema. É óbvio que o seu dispositivo devia ter constado do Decreto-Lei n.º 63-A/2008.

IV. Ainda no domínio da recapitalização, há que inserir a Lei n.º 60-A/2008, de 20 de outubro, semelhante a outras que, após o quase colapso do início de outubro desse ano, vieram sendo tomadas nos diversos países europeus: permitem garantias pessoais do Estado, até 20.000 milhões de euros, no âmbito do sistema financeiro.

A medida foi usada pelos bancos: com parcimónia. Desde logo, ela encarece o crédito: é óbvio que a taxa cobrada pelo Estado terá de ser absorvida, no limite, pelo consumidor final do produto financeiro. De seguida: a tornar-se habitual, ela iria inviabilizar os créditos "não-garantidos"; a burocratização do mercado interbancário seria absoluta, com novos entraves ao crédito, maiores custos e, ainda, com uma insuficiência do patamar da garantia, bem à vista.

V. Em suma: pelo prisma dos consumidores dos produtos financeiros, as medidas relativas a fundos próprios e à recapitalização das instituições de crédito só teriam uma eficácia mediata. Mesmo quando contraproducentes, elas sempre melhorariam o nível geral da confiança. Provavelmente a única medida eficaz veio tarde: a do Decreto-Lei n.º 64/2009, permitindo, na prática, emissões de ações abaixo do par.

43. **Informação e transparência**

I. Perante a crise dos *subprimes*, contagiada aos mercados de derivados e à finança mundial, fica um sentimento de opacidade: ninguém sabia o que se transacionava? O consumidor final dos produtos financeiros, por certo, não o saberia. Daí resultou um clamor geral no sentido de mais informação e maior transparência.

II. O Decreto-Lei n.º 211-A/2008, de 3 de novembro, incumbiu-se dessa dimensão. Assim, nos termos do artigo 2.º/1 desse diploma, os "produtos financeiros complexos":

> (...) têm que ser identificados na informação prestada aos aforradores e investidores e nas mensagens publicitárias como produtos financeiros complexos.

Além disso (n.º 2) deve haver um prospeto informativo:

> (...) em linguagem clara, sintética e compreensível.

Por seu turno, a informação constante do "prospeto informativo" (n.º 3):

> (...) tem que ser completa, verdadeira, atual, clara, objetiva, lícita e adequada de modo a garantir o investimento de acordo com critérios de compreensão, adequação e transparência.

Quanto às mensagens publicitárias relativas aos tais "produtos financeiros complexos" (n.º 5):

> (...) são sujeitas a aprovação da autoridade responsável pela supervisão do instrumento em causa, sem prejuízo da aplicação do disposto no Código da Publicidade.

A transparência só pode merecer aplauso. Não parece, todavia, que se vá assistir ao lançamento de "produtos financeiros complexos", no futuro imediato ou de médio prazo. Ainda uma prevenção: o aparecimento de prospetos com a indicação "aprovado pela autoridade de supervisão (BP, ISP ou CMVM)" pode induzir o consumidor final em erro, quanto à solidez do produto. Há que estar prevenido e que prevenir.

III. Ainda o Decreto-Lei n.º 211-A/2008, de 3 de novembro, veio reforçar os deveres de informação das instituições de crédito, tal como resultavam do RGIC, que foi alterado. Particularmente quanto ao crédito ao consumo (77.º/2, 3, 5 e 6 do RGIC, em nova redação): requer-se todo um conjunto de esclarecimentos. Nas mensagens publicitárias (77.º-C/3), há que inserir, quando possível, "exemplos representativos".

IV. Foram, ainda, aumentados os deveres de informação perante as autoridades de supervisão, tendo tentado (re)animar-se o Conselho Nacional de Supervisores Financeiros (10.º).

V. Muito importante e, ao que pensamos, com mais alcance prático, surge o Aviso do BP n.º 10/2008, de 9 de dezembro, para entrar em vigor a 1 de janeiro de 2009. Aí, em preceitos claros e incisivos, foram determinados deveres de informação e de transparência, a observar pelas instituições de crédito, nas mensagens publicitárias de produtos e serviços financeiros, sujeitos à supervisão do Banco de Portugal (1.º).

44. **Medidas pontuais**

I. Foram ainda tomadas medidas pontuais de socorro a instituições de crédito em perigo, sempre com o fito declarado de defender depositantes e acionistas e, portanto: o consumidor final de produtos financeiros.

O exemplo emblemático é o da Lei n.º 62-A/2008, de 11 de novembro, que nacionalizou o Banco Português de Negócios[259].

II. O caso do BPN é atípico. Em bom rigor, ele não teve a ver com a crise que, quando muito, terá precipitado o problema. De facto, o BPN

[259] *Vide* o nosso *Da nacionalização do BPN*, RDS 2009, 57-91.

albergava uma série de problemas que haviam sido provocados pela anterior administração. E isso com violação de elementares regras contabilísticas e de tal forma que passaram despercebidos ao regulador.

III. Também os auxílios dispensados ao Banco Privado Português, através da Caixa Geral de Depósitos e a subsequente discussão discussão quanto a saber se se devia acudir ou deixar cair esse Banco tinham mais a ver com a gestão de risco por ele adotada do que com a crise. Todavia, é sabido que as crises põem a nu problemas que, num ambiente geral de bolhas, passam menos visíveis.

IV. Finalmente, com um certo sentido de ciclo político, temos todas as medidas tomadas no Verão de 2009, desde as sanções aos gestores até à fiscalidade, à habitação e ao segredo bancário. Afigura-se que seria fundamental instilar, junto dos agentes económicos e, em especial, da banca, uma ética dos negócios, em que o lucro imediato e à custa do cliente seja substituído por uma procura sustentada de bons negócios futuros. A ideia de "responsabilidade social" faz o seu curso[260], embora seja muito duvidosa qualquer alteração imediata de mentalidades. A experiência em curso ilustra, pelo contrário, uma prevalência de interesses financeiros sobre os económicos. Será necessária uma nova crise?

[260] Dirk Frank, *Sozial Verantwortungsvolle Finanzprodukte/Weit mehr als nur Glaubenssache*, Die Bank 11.2008, 9-13; Iris Uhlmann, *Environmental, Social & Governmental Factors: Worauf Investoren achten müssen*, Die Bank 2.2009, 14-16; Klaus-Michael Menz, *Kapitalmarkt: wird Corporate Social Responsability honoriert?*, Die Bank 2.2009, 20-21.

§ 11.º O DIREITO PÓS-TROIKA

45. O acordo com a "Troika"

I. Nas circunstâncias acima apontadas, a degradação das contas nacionais atingiu o seu ponto alto, em 2011. Na iminência de uma quebra nos pagamentos, o Estado pediu auxílio internacional, nos termos acima explicados. Assim, o Governo então em funções (José Sócrates), já demissionário, negociou e subscreveu, com o Fundo Monetário Internacional, a Comissão Europeia e o Banco Central Europeu (a "Troika") e com o acordo dos principais partidos da oposição, em 17-mai.-2011, um denominado *Memorando de Entendimento sobre as Condicionalidades de Política Económica*[261]: o Memorando da Troika.

No essencial, o Memorando da Troika contém uma série de obrigações assumidas pelo Governo do País, em troca de um financiamento de 84 mil milhões de euros, que permita transcender o não-acesso aos mercados internacionais, para efeitos de refinanciamento da dívida externa.

II. O Memorando da Troika é um documento denso, em 35 páginas, redigido em linguagem não-jurídica, pouco elegante e menos precisa, nalguns dos seus pontos. Após um breve preâmbulo, comporta sete rubricas:

1 – Política orçamental;
2 – Regulação e supervisão do sector financeiro;
3 – Medidas orçamentais estruturais;
4 – Mercado de trabalho e educação;
5 – Mercados de bens e serviços;

[261] A versão oficial está escrita em língua inglesa. Usa-se a versão portuguesa, cuja tradução é da responsabilidade do Governo e que é facilmente consultável na Net. A Comunicação Social deu conta da existência de outras versões, não coincidentes. Para os presentes propósitos, não cabe delucidar esse aspeto.

6 – Mercado de habitação;
7 – Condições de enquadramento.

Esta última rubrica versa o problema dos tribunais e o da concorrência, contratos públicos e ambiente empresarial.

III. Quanto à política orçamental, são apontados os objetivos de reduzir o défice das Administrações Públicas, nos termos seguintes (milhões de euros)[262]:

2011 .... para 10.068 (5,9% do PIB);
2012 .... para 7.645 (4,5% do PIB);
2013 .... para 5.224 (3,0% do PIB).

Para o efeito, eram previstas medidas quanto à despesa e quanto à receita. Vamos recordar o que tange à despesa:

Despesa

1.7. Melhorar o funcionamento da administração central, eliminando duplicações, aumentando a eficiência, reduzindo e extinguindo serviços que não representem uma utilização eficaz de fundos públicos. Tal deverá resultar em poupanças anuais de, pelo menos, 500 milhões de euros. Planos pormenorizados serão apresentados pelas autoridades portuguesas e avaliados **até ao T1-2012**; e os impactos orçamentais serão distribuídos até 2014. Para este fim, o Governo irá:

i. reduzir o número de serviços mantendo a qualidade na prestação de serviço público;
ii. criar um serviço único tributário e promover serviços partilhados entre as diferentes áreas da Administração Pública;
iii. reorganizar as administrações local e regional e a prestação de serviços da administração central a nível local;
iv. avaliar periódica e regularmente a eficiência e eficácia (*value for money*) dos diversos serviços públicos que integram as Administrações Públicas, tal como definido em contabilidade nacional;
v. promover a mobilidade dos trabalhadores nas administrações central, regional e local;

[262] Estas cifras mostrar-se-iam inviáveis; para os finais de 2013, no âmbito de uma revisão entretanto efetuada, previa-se um défice de 5,5%.

vi. reduzir as transferências do Estado para Serviços e Fundos Autónomos;
vii. rever as políticas remuneratórias e as prestações acessórias (*fringe benefits*) das entidades públicas e das entidades que estabelecem com independência os seus regimes de remuneração;
viii. reduzir subsídios a produtores privados de bens e serviços.

1.8. Reduzir custos na área de educação, tendo em vista a poupança de 195 milhões de euros, através da racionalização da rede escolar criando agrupamentos escolares, diminuindo a necessidade de contratação de recursos humanos, centralizando os aprovisionamentos, e reduzindo e racionalizando as transferências para escolas privadas com contratos de associação.
1.9. Assegurar que o peso das despesas com pessoal no PIB diminua em 2012 e em 2013 [**T2-2012** para a avaliação; **T2-2013** para concluir o processo]:

i. limitar admissões de pessoal na administração pública para obter decréscimos anuais em 2012-2014 de 1% por ano na administração central e de 2% nas administrações local e regional. **[T3-2011]**
ii. congelar salários no sector público, em termos nominais, em 2012 e 2013, e limitar promoções.
iii. reduzir o custo orçamental global com sistemas de saúde dos trabalhadores em funções públicas (ADSE, ADM e SAD) diminuindo a comparticipação da entidade empregadora e ajustando o âmbito dos benefícios de saúde, com poupanças de 100 milhões de euros em 2012.

1.10. Controlar os custos no sector da saúde, com base nas medidas detalhadas adiante no ponto sobre "Sistema Nacional de Saúde", obtendo poupanças de 550 milhões de euros.

1.11. Reduzir as pensões acima de 1.500 euros, de acordo com as taxas progressivas aplicadas às remunerações do sector público a partir de **janeiro de 2011**, com o objetivo de obter poupanças de, pelo menos, 445 milhões de euros.

1.12. Suspender a aplicação das regras de indexação de pensões e congelar as mesmas, exceto para as pensões mais reduzidas, em 2012.

1.13. Reformar as prestações de desemprego com base nas medidas adiante indicadas no ponto sobre "Mercado de trabalho e educação", obtendo poupanças de 150 milhões de euros a médio prazo.

1.14. Reduzir, em pelo menos 175 milhões de euros, as transferências para as administrações local e regional, no âmbito do contributo deste subsector para a consolidação orçamental.

1.15. Reduzir os custos com Serviços e Fundos Autónomos em, pelo menos, 110 milhões de euros.

1.16. Reduzir custos no Sector Empresarial do Estado (SEE), com o objetivo de poupar, pelo menos, 515 milhões de euros através das seguintes medidas:

i. assegurar uma redução média permanente de, pelo menos, 15% dos custos operacionais;
ii. restringir sistemas de remuneração e de prestações acessórias (*fringe benefits*);
iii. racionalizar os planos de investimento a médio prazo;
iv. aumentar as receitas de atividade mercantis .

1.17. Reduzir, de modo permanente, as despesas de investimento em 500 milhões de euros, estabelecendo projetos prioritários de investimento. Intensificar o uso de oportunidades de financiamento providenciadas pelos fundos estruturais da UE, preservando a abordagem de competitividade acordada com a CE, no contexto do atual Quadro de Referência Estratégico Nacional (QREN).

IV. Decisivo para o domínio do Direito bancário é o ponto 2 do Memorando, relativo à regulação e à supervisão do sector financeiro. Diz o documento[263]:

Objetivos

Preservar a estabilidade do sector financeiro, manter a liquidez e apoiar uma desalavancagem equilibrada e ordenada do sector bancário; reforçar a regulação e supervisão bancária; concluir o processo relacionado com o Banco Português de Negócios e racionalizar a estrutura do banco público Caixa Geral de Depósitos; reforçar o enquadramento legal da reestruturação, saneamento e liquidação das instituições de crédito e do Fundo de Garantia de Depósitos e do Fundo de Garantia de Crédito Agrícola Mútuo; reforçar o enquadramento legal de insolvência de empresas e de particulares.

Manter a liquidez no sector bancário

2.1. Sujeito à aprovação ao abrigo das regras de concorrência da UE, as autoridades comprometem-se a facilitar a emissão de obrigações bancárias garantidas pelo Estado até ao montante de 35 mil milhões de euros, incluindo o previsto no pacote existente de medidas de apoio.

[263] Fl. 7-10.

Desalavancagem do sector bancário

2.2. O Banco de Portugal (BdP) e o BCE, em consulta com a Comissão Europeia (CE) e o FMI, estabelecerão objetivos periódicos claros de rácios de alavancagem e solicitarão aos bancos que apresentem, até final de Junho de 2011, planos de financiamento a médio prazo específicos para cada instituição alcançar uma posição de financiamento estável com base no mercado (*market-based funding position*). Para suavizar o processo de desalavancagem, as autoridades irão encorajar os investidores privados a manter a sua exposição. Serão realizadas revisões trimestrais em conjunto com a CE e o FMI, e será examinada a viabilidade dos planos individuais dos bancos e as respetivas implicações quanto a rácios de alavancagem, bem como o impacto nos agregados de crédito e na economia como um todo e o BdP solicitará, quando necessário, ajustamentos aos planos.

Buffers de Capital

2.3. O BdP dará instruções a todos os grupos bancários, sob sua supervisão, para atingirem um rácio de capital core Tier 1 de 9% até ao fim de 2011 e de 10% até ao fim de 2012, e para o manterem no futuro. Se necessário, utilizando os seus poderes do Pilar 2, o BdP exigirá também a alguns bancos, com base nos seus perfis de risco específico, que atinjam estes níveis elevados de capital de forma mais rápida, tendo em consideração as indicações do quadro de avaliação de solvabilidade abaixo descrito. Os bancos terão de apresentar ao BdP, até ao fim de Junho de 2011, planos que descrevam como tencionam atingir os novos requisitos de capital através de soluções de mercado.

2.4. Na eventualidade dos bancos não conseguirem atingir atempadamente os novos requisitos de capital, a necessidade de assegurar níveis de capital mais elevados poderá temporariamente requerer a utilização de fundos públicos no aumento dos níveis de capital dos bancos privados. Para este efeito, as autoridades reforçarão o mecanismo de apoio à solvabilidade bancária, de acordo com as regras dos auxílios de Estado da UE, com recursos até ao montante de 12 mil milhões de euros disponibilizados ao abrigo do programa. Este mecanismo será concebido de forma a preservar, durante uma fase inicial, o controlo da gestão dos bancos pelos seus acionistas privados e a permitir-lhes a opção de recompra da participação do Estado. Os bancos que beneficiem de injecções de capital serão sujeitos a regras e restrições específicas de gestão e a um processo de reestruturação, de acordo com os requisitos de concorrência e de auxílios de Estado da UE, que incentivem soluções baseadas no mercado.

Caixa Geral de Depósitos (CGD)

2.5. A estrutura do grupo estatal CGD será racionalizada, de forma a aumentar a base de capital da sua actividade bancária central, conforme seja necessário. Espera-se que a CGD aumente o seu capital até ao novo nível requerido por via de recursos internos ao grupo, e que melhore a governação do grupo. Tal incluirá a definição de um calendário mais ambicioso para a já anunciada venda do negócio segurador do grupo, de um programa para a alienação gradual de todas as subsidiárias non core e, se necessário, de uma redução das atividades no estrangeiro.

Monitorização da solvabilidade e liquidez bancária

2.6. O BdP está a melhorar o seu quadro de avaliação de solvabilidade e desalavancagem para o sistema como um todo e para cada um dos oito bancos de maior dimensão, e procurará, até final de Setembro de 2011, uma avaliação das melhorias ao seu quadro de avaliação, por uma equipa conjunta de peritos da CE, do BCE e do FMI.

2.7. Até fim de Junho de 2011, o BdP estabelecerá também um programa para a realização de inspeções especiais *in-situ* para validar os dados sobre os activos que os bancos prestam como *inputs* para a avaliação de solvabilidade. Este programa fará parte de um projecto de cooperação e capacitação técnica com o apoio da CE, do BCE e do FMI, que juntará supervisores portugueses, bancos centrais cooperantes e/ou autoridades de supervisão, auditores externos e outros peritos, conforme necessário.

2.8. O BdP disponibilizará actualizações trimestrais das potenciais necessidades futuras de capital dos bancos e verificará que os respectivos processos de desalavancagem se mantêm em curso e devidamente equilibrados. Sempre que o quadro de avaliação indicar que o rácio de capital core Tier 1 de um banco pode, sob um cenário de stress, situar-se abaixo de 6% durante o decurso do programa, o BdP, utilizando os seus poderes do "Pilar 2", exigirá que o banco tome as medidas necessárias para reforçar a sua base de capital.

Regulação e supervisão bancária

2.9. O BdP assegurará até fim de Setembro de 2011 que a divulgação de informação sobre empréstimos em incumprimento será melhorada através da adição de um novo rácio, alinhado com práticas internacionais, ao rácio atual que apenas inclui os pagamentos de empréstimos em atraso. O BdP intensificará as inspeções in-situ e a verificação da fiabilidade dos dados com a assistência técnica do FMI, no contexto do exercício de verificação de dados para efeitos do novo quadro de avaliação da solvabilidade. O BdP afetará novos recursos para o recrutamento de mais especialistas em supervisão bancária. Será mantida uma estreita coordenação entre os supervisores do Estado de origem e do Estado de acolhimento, no âmbito do quadro europeu para supervisão bancária transfronteiriça, e com os relevantes supervisores dos países terceiros em que se encontrem estabelecidas sucursais e filiais de bancos portugueses.

Banco Português de Negócios

2.10. As autoridades estão a iniciar um processo para a venda do Banco Português de Negócios (BPN) de acordo com um calendário acelerado e sem um preço mínimo. Para este fim, está a ser submetido um novo plano à CE para aprovação ao abrigo das regras de concorrência. O objectivo é encontrar um comprador, o mais tardar, até fim de Julho de 2011.

2.11. Para facilitar a venda, foram separados do BPN os três veículos especiais existentes que detêm os activos com imparidades e os ativos bancários non core, e podem ainda vir a ser transferidos para esses veículos outros ativos como parte das negociações com os eventuais compradores. Com o objetivo de aumentar a sua atractividade para os investidores, o BPN está igualmente a lançar outro programa com medidas mais ambiciosas de redução de custos.

2.12. Logo que se encontre uma solução, os créditos da CGD sobre o BPN garantidos pelo Estado e todos os veículos especiais serão transferidos para o Estado, de acordo com um calendário a ser definido na altura.

Enquadramento legal da Reestruturação, Saneamento e Liquidação das Instituições de Crédito (Bank Resolution Framework)

2.13. As autoridades alterarão a legislação sobre instituições de crédito em consulta com a CE, o BCE e o FMI até ao final de Novembro de 2011 para, entre outras, impor obrigações de reporte prévio baseadas em requisitos e penalizações claras. O BdP será autorizado a aplicar medidas correctivas para promover a implementação de um plano de recuperação. As instituições de crédito com riscos sistémicos terão de preparar planos de contingência de reestruturação, saneamento e liquidação sujeitos a revisão periódica.

2.14. As alterações introduzirão um regime de reestruturação e saneamento das instituições de crédito em dificuldades que lhes permita, sob controlo oficial, manter o exercício da actividade, para promover a estabilidade financeira e a protecção dos depositantes. O regime estabelecerá requisitos claros para a sua aplicação e os instrumentos de reestruturação ao dispor das autoridades deverão incluir a recapitalização sem direitos de preferência dos accionistas, de acordo com o enquadramento europeu relevante, a transferência de activos e passivos para outras instituições de crédito e um bridge-bank.

O Fundo de Garantia de Depósitos

2.15. As autoridades reforçarão a legislação que regula o Fundo de Garantia de Depósitos (FGD) e o Fundo de Garantia do Crédito Agrícola Mútuo (FGCAM), em consulta com a CE, o BCE e o FMI, até ao final de 2011. A função destes fundos será reexaminada para reforçar a protecção dos depositantes garantidos. Estes fundos deverão, contudo, manter a possibilidade de financiar o saneamento de instituições de crédito em dificuldades e, em particular, de transferir os depósitos garantidos para outra instituição de crédito, mas não para as recapitalizar. Tal assistência financeira terá como limite o montante dos depósitos garantidos que teriam de ser reembolsados em situação de liquidação. Tal só deverá ser permitido no caso de não prejudicar a capacidade dos Fundos exercerem a sua função principal.

2.16. O Código de Insolvência será alterado até ao fim de Novembro de 2011 a fim de assegurar que os depositantes garantidos e/ou os Fundos (tanto directamente como através de sub-rogação) gozem de prioridade sobre os credores não garantidos numa situação de insolvência de uma instituição de crédito.

Enquadramento legal da reestruturação de dívidas de empresas e de particulares

2.17. A fim de melhor facilitar a recuperação efectiva de empresas viáveis, o Código de Insolvência será alterado até ao fim de Novembro de 2011, com assistência técnica do FMI, para, entre outras, introduzir uma maior rapidez nos procedimentos judiciais de aprovação de planos de reestruturação.

2.18. Princípios gerais de reestruturação voluntária extra judicial em conformidade com boas práticas internacionais serão definidos até fim de Setembro de 2011.

2.19. As autoridades tomarão também as medidas necessárias para autorizar a administração fiscal e a segurança social a utilizar uma maior variedade de instrumentos de reestruturação baseados em critérios claramente definidos, nos casos em que outros credores também aceitem a reestruturação dos seus créditos, e para rever a lei tributária com vista à remoção de impedimentos à reestruturação voluntária de dívidas.

2.20. Os procedimentos de insolvência de pessoas singulares serão alterados para melhor apoiar a reabilitação destas pessoas financeiramente responsáveis, que equilibrem os interesses de credores e devedores.

2.21. As autoridades lançarão uma campanha para sensibilizar a opinião pública e as partes interessadas sobre os instrumentos de reestruturação disponíveis para o resgate precoce de empresas viáveis através de, por exemplo, formação e novos meios de informação.

Monitorização do endividamento de empresas e de particulares

2.22. As autoridades prepararão relatórios trimestrais sobre os sectores de empresas e de particulares que incluam uma avaliação das respectivas pressões de financiamento e actividades de refinanciamento de dívida. As autoridades avaliarão os programas de garantia actualmente em vigor, bem como as alternativas de financiamento no mercado (*market-based financing alternatives*). Será constituído um grupo de trabalho para preparar planos de contingência para o tratamento eficiente dos desafios colocados pelo endividamento elevado nos sectores das empresas e de particulares. Estas actividades reforçadas de monitorização serão postas em vigor até fim de Setembro de 2011, em consulta com a CE, o BCE e o FMI.

46. ***Medidas legislativas em execução do Memorando***

I. À assinatura do Memorando da Troika seguiu-se uma campanha eleitoral e uma eleição parlamentar que deu azo a uma maioria diferente. O novo Primeiro-Ministro foi nomeado pelo Decreto do Presidente da República n.º 54-B/2011, de 21 de junho, seguindo-se a dos restantes membros do Governo. Houve, pois, um período dilatado sem medidas legislativas que executassem o Memorando. Apenas surgiu a RCM n.º 13/2011, de 30 de junho, relativa aos Governos Civis e visando a sua eliminação.

II. Passados cerca de dois meses, temos as primeiras medidas. Assinalamos:

- Decreto-Lei n.º 96/2011, de 19 de agosto: altera o Decreto-Lei n.º 2/2010, de 5 de janeiro, que aprova a reprivatização do BPN;
- Lei n.º 48/2011, de 26 de agosto: altera a Lei n.º 55-A/2010, de 31 de dezembro (OGE), no âmbito da iniciativa de reforço da estabilidade financeira; foram feitas transferências e aumentados os patamares relativos às garantias do Estado e ao seu endividamento;
- Lei n.º 49/2011, de 7 de setembro: aprova uma sobretaxa extraordinária sobre os rendimentos sujeitos a IRS, em 2011 (de 3,5%);
- Lei n.º 50/2011, de 14 de setembro: altera a Lei Quadro das Privatizações.

III. Nos finais de setembro, surgem algumas diretrizes e diplomas já denotando a presença de um novo programa sufragado pelo eleitorado. Temos:

- RCM n.º 40/2011, de 22 de setembro, que aprova os princípios orientadores e os eixos estruturantes da reforma da administração local, invocando expressamente o Acordo da Troika;
- Lei n.º 52/2011, de 13 de outubro, que altera, pela sexta vez, a lei de enquadramento orçamental;
- Lei n.º 53/2011, de 14 de outubro: altera o Código do Trabalho, estabelecendo um novo sistema de compensação em diversas modalidades de cessação do contrato de trabalho, quanto a contratos celebrados para o futuro;
- RCM n.º 43/2011, de 25 de outubro: aprova os Princípios Orientadores de Recuperação Extrajudicial de Devedores;
- Decreto-Lei n.º 106-A/2011, de 26 de outubro: aprova a 8.ª fase de reprivatização da EDP;
- Decreto-Lei n.º 106-B/2011, de 3 de novembro: aprova a 2.ª fase de reprivatização da REN;
- RCM n.º 95/2011, de 10 de novembro: aprova o Plano Estratégico dos Transportes, para o horizonte 2011-2014; são aí tidas em conta as situações deficitárias de várias empresas;
- Lei n.º 55/2011, de 15 de novembro: altera a Lei n.º 53-F/2006, de 29 de dezembro, relativa ao sector empresarial local e suspende a possibilidade de criação de novas empresas.

Como se vê, são tomadas medidas pontuais, em execução do Acordo da Troika.

IV. No final de 2011, apontamos:

- Lei n.º 58/2011, de 28 de novembro: autoriza o Governo a rever o regime aplicável ao saneamento e liquidação de instituições sujeitas à supervisão do Banco de Portugal;
- Lei n.º 59/2011, de 28 de novembro: cria equipas extraordinárias de juízes tributários;
- Decreto-Lei n.º 111/2011, de 28 de novembro: define orientações para a reformulação do sector público de capital de risco e o respetivo contributo para a dinamização da economia;
- Lei n.º 60-A/2011, de 30 de novembro: altera, pela segunda vez, o OGE para 2011 e outros diplomas com fins de consolidação orçamental;
- Lei n.º 62/2011, de 12 de dezembro: cria um regime de composição de litígios, na área da propriedade industrial;

- Lei n.º 63/2011, de 14 de dezembro: aprova a Lei da Arbitragem Voluntária;
- Portaria n.º 306-A/2011, de 20 de dezembro: aprova as taxas moderadoras do SNS, invocando expressamente o Acordo da Troika;
- Lei n.º 64-A/2011, de 30 de dezembro: aprova as Grandes Opções do Plano, para 2012-2015;
- Lei n.º 64-B/2011, de 30 de dezembro: adota o Orçamento Geral do Estado para 2012;
- Lei n.º 64-C/2011, de 30 de dezembro: aprova a estratégia e os procedimentos a adotar no âmbito da lei de enquadramento orçamental;
- Decreto-Lei n.º 127/2011, de 31 de dezembro: procede à transmissão, para o Estado, das responsabilidades com pensões previstas no regime de segurança social substitutivo constantes de instrumento de regulamentação coletiva de trabalho vigente no sector bancário.

V. Passando ao ano de 2012, assinalamos o seguinte:

- Lei n.º 1/2012, de 3 de janeiro: determina a realização de um censo, quanto às fundações, para decidir relativamente à sua manutenção ou à sua extinção;
- Lei n.º 3/2012, de 10 de janeiro: estabelece um regime de renovação extraordinária dos contratos com termo certo, bem como o regime de compensação aplicável;
- Lei n.º 4/2012, de 11 de janeiro: altera a Lei n.º 63-A/2008, de 24 de novembro, com vista ao reforço da solidez financeira das instituições de crédito;
- Decreto-Lei n.º 8/2012, de 18 de janeiro: altera o regime do gestor público;
- Decreto-Lei n.º 31-A/2012, de 10 de fevereiro: altera o Regime Geral das Instituições de Crédito, que republica em anexo, e outros diplomas, no uso da autorização legislativa aprovada pela Lei n.º 58/2011, de 28 de novembro;
- Decreto-Lei n.º 32/2012, de 13 de fevereiro: estabelece normas de execução para o OGE de 2012;
- RCM n.º 16/2012, de 14 de fevereiro: aprova critérios de determinação do vencimento dos gestores públicos, com expressa menção do Acordo da Troika;
- Decreto-Lei n.º 40/2012, de 20 de fevereiro: altera o regime jurídico dos bilhetes do tesouro, referindo, também, o Acordo em causa;
- Lei n.º 8/2012, de 21 de fevereiro: aprova as regras aplicáveis à assunção de compromissos e aos pagamentos em atraso das entidades públicas;
- Lei n.º 16/2012, de 20 de abril: altera o Código da Insolvência;
- Lei n.º 20/2012, de 14 de maio: orçamento retificativo para 2012;
- Lei n.º 24/2012, de 9 de julho: adota a Lei-Quadro das fundações e altera o Código Civil;

– Decreto-Lei n.º 169/2012, de 1 de agosto: cria o sistema de indústria responsável;
– Decreto-Lei n.º 112/2012, de 20 de maio: altera as regras sobre participação no sistema elétrico nacional;
– Decreto-Lei n.º 128/2012, de 21 de junho: modifica o sistema de taxas moderadoras;
– Decreto-Lei n.º 132/2012, de 27 de junho: estabelece o regime de recrutamento e mobilidade do pessoal docente do ensino básico e secundário;
– Decreto-Lei n.º 137/2012, de 2 de julho: regula o regime de autonomia e administração dos estabelecimentos de ensino;
– Decreto-Lei n.º 139/2012, de 5 de julho: rege os princípios orientadores de organização e de gestão dos currículos e de avaliação dos conhecimentos;
– Lei n.º 20/2012, de 14 de maio: altera o Orçamento Geral do Estado para 2012, com diversos reflexos fiscais;
– Lei n.º 23/2012, de 25 de junho: altera o Código do Trabalho;
– Decreto-Lei n.º 149/2012, de 12 de julho: altera o Código dos Contratos Públicos visando, entre outros aspetos, o cumprimento do memorando;
– Decreto-Lei n.º 177/2012, de 3 de agosto: estabelece uma estrutura de acompanhamento do memorando da Troika;
– Leis n.º 30/2012, n.º 31/2012 e n.º 32/2012, todas de 14 de agosto, que procederam à reforma do arrendamento.

VI. Finalmente, em 2013 e 2014, apontamos:

– Decreto-Lei n.º 134/2012, de 29 de junho: aprova o regime da Comissão de Normalização Contabilística;
– Lei n.º 50/2012, de 31 de agosto: aprova o regime da atividade empresarial local e das participações locais;
– Decreto-Lei n.º 178/2012, de 3 de agosto: institui o SIREVE, ou Sistema de Recuperação de Empresas por Via Extrajudicial;
– Lei n.º 64/2012, de 20 de dezembro: altera diversos diplomas, tendo em vista o reforço da estabilidade financeira;
– Lei n.º 66/2012, de 31 de dezembro: altera diversos diplomas relativos ao emprego público;
– Decreto-Lei n.º 1/2013, de 7 de janeiro: instala o Balcão Nacional do Arrendamento e fixa o processo especial de despejo;
– Decreto-Lei n.º 13/2013, de 25 de janeiro: altera vários diplomas, relativos a prestações sociais;
– Decreto-Lei n.º 18/2013, de 6 de fevereiro: transpõe a Diretriz europeia 2010/78 (Diretiva *omnibus*), relativa às autoridades europeias de supervisão; altera diversos diplomas, entre os quais o CVM e o RGIC;
– Lei n.º 15/2013, de 8 de fevereiro: estabelece o novo regime da mediação mobiliária;

– Decreto-Lei n.º 24/2013, de 19 de fevereiro: estabelece o método de delimitação das contribuições para o fundo de resolução;
– Lei n.º 22/2013, de 26 de fevereiro: adota o novo estatuto do administrador judicial;
– Decreto-Lei n.º 36/2013, de 11 de março: adota normas de execução para o Orçamento Geral do Estado para 2013;
– Lei n.º 29/2013, de 19 de abril: estabelece princípios e regras atinentes à mediação de conflitos; altera o Código do Trabalho;
– Decreto-Lei n.º 58/2013, de 8 de maio: regula a contagem do prazo das operações de crédito, os juros remuneratórios, a capitalização de juros e a mora do devedor;
– Decreto-Lei n.º 62/2013, de 10 de maio: estabelece medidas contra atrasos no pagamento de transações comerciais;
– Decreto-Lei n.º 63-A/2013, de 10 de maio: fixa novas regras para os organismos de investimento coletivo, alterando, entre outros, o RGIC e o CVM;
– Decreto-Lei n.º 71/2013, de 30 de maio: aprova o denominado IVA de caixa;
– Decreto-Lei n.º 80/2013, de 12 de junho: adota o processo de privatização de diversas seguradoras;
– Lei n.º 41/2013, de 26 de junho: aprova o novo Código de Processo Civil;
– Lei n.º 48/2013, de 16 de julho: altera a Lei n.º 63-A/2008, de 24 de novembro, que visa reforçar a solidez das instituições de crédito;
– Lei n.º 1/2014, de 16 de janeiro: altera e republica essa mesma Lei n.º 63-A/2008, de 24 de novembro;
– Decreto-Lei n.º 40/2014, de 18 de março: assegura a execução do Regulamento (EU) n.º 648/2012, de 4 de julho, sobre derivados.

VII. As diversas regras bancárias serão consideradas nas rubricas materiais a que pertencem[264]. No dia 17-mai-2014, cessou formalmente o programa de assistência a Portugal: saiu a Troika. Na verdade, mantiveram-se diversas medidas restritivas, tendo mesmo sido adotadas outras. Serão vistas em sede própria.

47. A natureza do "Direito da crise"

I. O exame das dezenas de diplomas, acima elencados, cuja *ratio legis* pode ser endossada à crise e ao Acordo com a Troika, permite algumas conclusões.

[264] *Vide infra*, 325 ss..

Em primeiro lugar, torna-se patente a sua natureza fragmentária. Se pretendermos encontrar um edifício completo e coerente, teremos de remontar ao próprio Memorando de 17 de maio de 2011. Os diplomas, em si, não surgem articulados: falta uma grande "lei de bases da crise", que fixe princípios e ordene, depois, as medidas legislativas adotadas em sua execução. Não se veja, por aqui, uma crítica especial ao legislador: os meandros da crise são complexos e devem ser atalhados com pragmatismo, na periferia. Mas é evidente que uma visão de conjunto permite melhor interpretar e aplicar a matéria.

II. Como segundo ponto, avulta a natureza inicialmente financeira da generalidade das medidas. O grande objetivo do Acordo da Troika foi o restabelecimento do equilíbrio orçamental. Para tanto, cabia diminuir a despesa e aumentar a receita: o que vem sendo feito, com enorme dificuldade. Não tem sido possível, por fraqueza política e por pruridos constitucionais, fazer baixar a despesa. Por isso, recorreu-se a sucessivos agravamentos de impostos, em acumulação e que atingem níveis demenciais. A descapitalização das classes média e média-alta veda quaisquer recuperações.

III. Um terceiro ponto diz respeito às reformas sociais. A Troika movimentou-se nos quadros da economia do mercado. A opção pode ser criticada, em termos políticos[265]: mas não há alternativas credíveis, pelo menos de momento. Por isso, fez opções que, pela lógica do capitalismo, levam, a médio prazo, ao relançar das empresas e à criação de trabalho. Nada, no memorando da Troika, aponta para o não-cumprimento dos contratos ou para a diminuição da confiança nos mecanismos do mercado: pelo contrário. A rigidez social joga, assim, fortemente, contra o emprego e a recuperação das empresas.

IV. Pois bem: como diretriz interpretativa, não oferece dúvidas reter a necessidade de, dentro das boas regras, conciliar os valores básicos levados, pelo legislador, para o palco do nosso sistema jurídico, tendo em vista a realização do Acordo da Troika. Apesar de fragmentárias, as diversas medidas não devem ser interpretadas de forma a entrarem em colisão, anulando-se, nos efeitos práticos pretendidos.

[265] *Vide* o interessante estudo de António Manuel Hespanha, *A revolução neoliberal e a subversão do "modelo jurídico". Crise, Direito e argumentação jurídica*, RMP 2012, 9-80.

V. A natureza jurídica do acordo com a Troika pode ser discutida[266]. De todo o modo, parece pacífico que o seu eventual não-cumprimento por razões constitucionais[267] ou, *a fortiori*, por razões políticas, não isentaria o Estado português das consequências que, daí, derivariam. O acordo com a Troika tem a força dos factos. Nenhuma norma pode manter-se, caso a sua execução seja impossível. O sistema terá de acomodar-se, apertando os direitos de todos, dentro de um prisma de igualdade, até que seja possível repô-lo, na sua plenitude. A admissibilidade de regras de emergência, para enfrentar situações inesperadas é, hoje, pacificamente admitida.

VI. Neste momento, a crise portuguesa apresenta-se como uma depressão por falta de liquidez, complicada por oscilações políticas. As instituições de crédito não libertam meios suficientes para as empresas e, quando o fazem, praticam os juros mais caros da Europa. Sem liquidez, as empresas não investem e não criam emprego. Pior: definham, incapazes de honrar os seus compromissos laborais, sociais, fiscais e bancários. Sem liquidez, os particulares não consomem e, no limite, mostram-se incapazes de honrar os seus compromissos. O próprio Estado, também sem liquidez, fraqueja no cumprimento das suas obrigações: retarda pagamentos, abdica de investimentos e abandona obras em curso. Razões políticas tornam muito difícil a tomada de medidas a longo prazo, que possam traduzir orientações anti-cíclicas[268].

Num País sem soberania financeira, a liquidez em falta só pode advir dos mercados internacionais. E para estes, são irrelevantes as cartilhas ideológicas internas. Estas considerações devem estar presentes, no atual panorama jurídico-bancário português.

As medidas anti-austeridade recentemente tomadas têm, além de outros aspetos, conduzido a cortes severos no investimento, comprometendo o futuro. O sistema financeiro é muito frágil. A queda sucessiva de quatro bancos – o BPN, nacionalizado; o BPP, na insolvência; o BES (inimaginável), na resolução; o BANIF também na resolução – e a situação aflitiva (inimaginável) que atinge a CGD documentam-no, plenamente.

[266] Eduardo Correia Baptista, *Natureza jurídica dos memorandos com o FMI e com a União Europeia*, ROA 2011, 476-488.

[267] *Idem*, 486.

[268] Em geral: Nico Baader, *Langfristorientierung und antizyklisches Handeln*, Bank, 2015, 7, 8-10.

CAPÍTULO III

A CIÊNCIA JURÍDICO-BANCÁRIA

§ 12.º CARACTERÍSTICAS DO DIREITO BANCÁRIO

48. Direito privado

I. O Direito bancário, enquanto subsistema coerente, assente nas vertentes institucional e material e vocacionado para reger o dinheiro, é Direito privado.

Recordamos que o qualificativo "público" ou "privado" não cabe a normas isoladamente tomadas: antes se reporta a sistemas ou subsistemas estáveis[269]. Uma mesma regra pode ser pública ou privada, consoante a sua inserção: uma obrigação pecuniária, por exemplo, será pública se corresponder a um dever tributário; será privada quando preencha um mútuo.

Isto dito, o Direito privado distingue-se do público:

- por razões científico-culturais: radica no Direito romano e assenta numa evolução que permitiu a preparação de leis científicas: as codificações;
- por razões teóricas: ocupa-se de relações interpessoais, acompanhando o sentir geral da civilização;
- por razões práticas: remete os seus cultores para áreas académicas, literárias, jurisprudenciais e profissionais bem conhecidas;
- por razões significativo-ideológicas: protege as esferas dos particulares, previne intromissões arbitrárias e faculta o livre desenvolvimento, pessoal e patrimonial, das energias criativas de cada um.

[269] *Tratado* I, 4.ª ed., 88 ss. (99 ss.).

II. O Direito bancário material é, clara e pacificamente, Direito privado. Ele assenta, como melhor veremos, em contratos comerciais, pautados, nalguns casos, por leis extravagantes, em cláusulas contratuais gerais e, mais latamente, na autonomia das partes. Os intervenientes na relação bancária apresentam-se sem *ius imperii* e em pé de igualdade formal. Os seus cultores, nos países do Continente são, em geral, comercialistas ou, mesmo, civilistas. Finalmente: um Direito bancário privado é o corolário – ou o pressuposto – de uma sociedade de tipo liberal, assente na propriedade privada e na livre contratação.

A análise de qualquer contrato bancário permite, sem qualquer dificuldade, pelo estilo, pelo espírito, pelo regime e pelo foro competente, fixar de imediato uma pertença privada.

III. O Direito bancário institucional nasceu como Direito público: pense-se nas leis de moeda, na prerrogativa real da quebra, nas proibições draconianas de "tráfego de divisas" e nos diversos monopólios estaduais, no domínio da emissão de moeda. Seguiu-se uma fase de liberalização. Crises sucessivas – 1891, 1914, 1928 e 1939, como exemplos – levaram a intervenções do Estado no sector bancário e, depois, à montagem de um completo aparelho regulador.

O sistema financeiro nacional – tal como, de resto, sucede nos outros países – postula uma autoridade de supervisão e de fiscalização, dotada de poderes públicos e submetida a uma lógica do Direito administrativo.

Todavia, o tecido bancário repousa em instituições que, por lei, devem assumir o tipo de sociedade anónima[270]. Além disso, verifica-se que o nível institucional bancário compreende diversos deveres genéricos estruturalmente privados: a competência técnica (73.º), o dever de informação (75.º) e o dever de segredo (78.º a 84.º, todos do RGIC), como exemplos. Em suma: mesmo no plano institucional, o Direito bancário apresenta uma larga estruturação privada.

IV. O Direito privado é subsidiariamente aplicável nas áreas públicas[271]. No campo bancário, esse fenómeno surge mais flagrante, podendo falar-se numa aplicação direta: veja-se o artigo 64.º/1 da Lei Orgânica

[270] Artigo 14.º/1, *b*), do RGIC.

[271] *Tratado* I, 4.ª ed., 114 ss..

do Banco de Portugal, na redação dada pelo artigo 1.º do Decreto-Lei n.º 118/2001, de 17 de abril[272].

Sem prejuízo pela efetiva existência de mecanismos de tipo administrativo – que, de resto ocorrem hoje na generalidade das áreas privadas – podemos considerar que domina a ambiência jurídico-privada.

V. Num País de Direito continental, como o nosso, a generalidade dos conceitos é elaborada pelo Direito civil[273]. No campo bancário, vamos mais longe: a maioria das regras, dos esquemas e das soluções advém do Código Civil ou de leis materialmente civis e comerciais. A natureza privada do Direito bancário, quando tomado como um todo, impõe-se, de modo pacífico.

Fixada a regra: a distinção entre o Direito público e o privado assume, no sector bancário, o maior interesse. Justamente pela sua especificidade, as regras públicas, dotadas de um regime e de tradições próprias, devem ser identificadas e corretamente tratadas.

A velha contraposição dos Direitos românicos não surge como mera noção introdutória: antes como um instrumento dogmático, sempre útil e presente. Adiantamos o teor do artigo 39.º da LO[274]:

> Dos atos praticados pelo governador, vice-governador, conselho de administração e demais órgãos do Banco, ou por delegação sua, no exercício de funções públicas de autoridade, cabem os meios de recurso ou ação previstos na legislação própria do contencioso administrativo, incluindo os destinados a obter a declaração de ilegalidade de normas regulamentares.

Como se vê: a demarcação de fronteiras é essencial.

VI. Posto isso, não há dificuldades em sublinhar a utilidade da contemplação simultânea de todos os vetores em presença. O Direito bancário institucional, sobretudo na parcela em que consubstancia direitos das pessoas – pense-se, por exemplo, no dever de sigilo – tem prolongamentos que interferem no Direito bancário material. Por seu turno, este dá corpo a uma realidade que o Direito institucional, mormente quando legitime, no âmbito da supervisão, o exercício de poderes discricionários, não pode deixar de

[272] Esse preceito remete o exercício de poderes públicos pelo Banco de Portugal para o regime dos atos administrativos.

[273] *Tratado* I, 4.ª ed., 113.

[274] Na redação dada pelo Decreto-Lei n.º 118/2001, de 17 de abril.

ponderar[275]. Além disso, no próprio coração do Direito bancário material surge, por vezes, uma intervenção estadual, com exemplo claro nos dispositivos modernos tendentes a pôr cobro à "lavagem de dinheiro"[276].

49. **Direito funcional específico**

I. O Direito bancário não é, propriamente, um Direito valorativamente neutro. Seja no plano institucional, seja no material, o Direito bancário acompanha a lógica do dinheiro e da sua circulação. Os seus vetores e as suas soluções empenham-se na salvaguarda do valor da moeda e dos créditos a ela relativos, bem como no fenómeno do lucro, a ela associado.

Esta realidade torna-se de difícil conceitualização. Alguns autores exprimem-na sublinhando a sua natureza funcional, centrada no dinheiro[277]. Outros sublinham tratar-se de Direito especial da economia[278]. Esta última construção pressuporia, todavia, uma definição dogmaticamente operacional do Direito da economia[279]. Tal definição veio a mostrar-se inviável, dada a instabilidade das estruturas intervencionistas em que assentou a experiência nacional. O Direito da economia cedeu perante as categorias tradicionais. Ficar-nos-emos, por isso, pela ideia de um Direito funcional específico.

II. Precisemos a noção. O Direito comum – portanto: civil – tem os seus valores: os valores básicos de qualquer sociedade humana civilizada. Mas justamente por se tratar de valores básicos, óbvios e omnipresentes, o Direito comum limita-se a procurar o melhor regime para os servir. Nesse pano de fundo que todos respeitam, o Direito comum apresenta-se neutro.

[275] Kurt Hauri, *Der Einfluss des öffentlichen Rechts auf das private Bankrecht*, em Wolfgang Wiegand, *Die Banken im Spannung zwischen öffentlichen Recht und Privatrecht* (1999), 1-15.

[276] Günther Stratenwerth, *Die Entwicklung der Strafrechtlichen Normen zur Bekämpfung der Geldwäscherei*, em Wiegand, *Die Banken* cit., 17-30.

[277] Schwintowski/Schäfer, *Bankrecht*, 2.ª ed. cit., 3-4, e Hans Peter Schwintowski, *Bankrecht* cit., 3.ª ed., 1 e Peter Bülow, em Derleder/Knops/Bamberger, *Handbuch* cit., 2.ª ed., 7-8.

[278] Arne Wittig, em Siegfried Kümpel/Arne Wittig, *Bank- und Kapitalmarktrecht* cit., 4.ª ed., 1.5 (3).

[279] *Vide* uma tentativa em Menezes Cordeiro, *Direito da economia*, 1 (1986), 5 ss., com recurso à ideia de sistema.

Chamamos funcionalização de um sector ao fenómeno que ocorre quando, *para além* do pano de fundo civil, ocorram valores sectoriais prosseguidos pelo ramo normativo visado.

III. A funcionalização do Direito bancário institucional parece evidente. Recordemos alguns pontos:

- segundo o artigo 105.º do Tratado da CE – hoje 282.º/2 do TFUE –, retomado pelo artigo 2.º do Protocolo BCE, "... o objetivo primordial do SEBC é a manutenção da estabilidade dos preços";
- esses mesmos preceitos, como segundo objetivo que não prejudica o primeiro, atribuem ao SEBC apoiar "... as políticas económicas gerais na Comunidade tendo em vista contribuir para a realização dos objetivos da Comunidade, tal como se encontram definidos no artigo 2.º";
- prosseguem, ainda: "O SEBC atuará de acordo com o princípio de uma economia de mercado aberto e de livre concorrência, incentivando a repartição eficaz dos recursos ...";
- o artigo 101.º da Constituição de 1976 determina que o sistema financeiro seja "... estruturado por lei, de modo a garantir a formação, a captação e a segurança das poupanças, bem como a aplicação dos meios financeiros necessários ao desenvolvimento económico e social";
- o artigo 3.º da LO determina que o BP faça parte integrante do SEBC, prosseguindo os objetivos e participando no desempenho das atribuições cometidas a esse Sistema;
- o artigo 12.º, *c*), da LO comete ao BP "Velar pela estabilidade do sistema financeiro nacional ...";
- o artigo 20.º/1, *e*), do RGIC permite ao BP recusar a autorização de constituição de uma instituição de crédito quando esta "... não dispuser de meios técnicos e de recursos financeiros para o tipo e volume de operações que pretende realizar".

Estamos perante todo um sistema que, a si próprio, vê atribuído um conjunto de funções, sintetizáveis no seguinte: assegurar um sistema financeiro estável, em economia de mercado. Explicam os economistas que uma economia de mercado só é "estável" num ambiente de crescimento razoável: da ordem dos 2%, pelo menos. O Direito bancário deverá, no seu todo, prosseguir também este objetivo de crescimento.

IV. O Direito bancário material, até pela ausência de codificações específicas, é menos claro. Todavia, os regimes legais de contratos bancários – entre nós: em leis extravagantes – têm um especial cuidado em fortalecer o crédito, assegurando o cumprimento das obrigações.

Esta afirmação pode documentar-se com base em vários institutos e soluções. Por exemplo:

– a providência cautelar de entrega judicial e cancelamento do registo, a favor do locador financeiro[280];
– o privilégio creditório especial sobre créditos hipotecários, a favor dos titulares de obrigações hipotecárias[281];
– a emissão de papel comercial impõe, à entidade emitente, uma série de requisitos que assegurem a operação[282];
– o regime dos contratos de garantia financeira permitem uma sequência de esquemas de tutela do crédito[283].

Devemos ainda ter em conta que as cláusulas contratuais gerais, tanto quanto a LCCG o permite, asseguram, por diversas vias, as posições dos banqueiros.

No fundo, poderemos dizer que o Direito bancário existe por representar, no campo do crédito e do dinheiro, um *plus* em relação ao Direito comum. Esta envolvência do Direito bancário traduz a funcionalização.

V. Resta acrescentar que a dimensão funcional do Direito bancário tem consequências dogmáticas. Desde logo, na própria interpretação das normas: a doutrina dá primazia ao elemento teleológico da interpretação. Tal primazia traduz, aqui, à prevalência das funções subjacentes, acima assinaladas. Pode-se mesmo, verificadas determinadas conjunturas, fazer um apelo à interpretação funcional: em certas circunstâncias, as operações

[280] Artigo 21.º do Decreto-Lei n.º 149/95, de 24 de junho, relativo à locação financeira, com a redação dada pelo Decreto-Lei n.º 30/2008, de 28 de fevereiro.

[281] Artigo 3.º/1 do Decreto-Lei n.º 59/2006, de 20 de março; anteriormente: 6.º/1 do Decreto-Lei n.º 125/90, de 16 de abril.

[282] Artigo 4.º/1 do Decreto-Lei n.º 69/2004, de 25 de março; os artigos 12.º, 13.º e 21.º deste diploma foram alterados pelo Decreto-Lei n.º 52/2006, de 15 de março.

[283] Aprovado pelo Decreto-Lei n.º 105/2004, de 8 de maio, em transposição da Diretriz n.º 2002/47/CE, alterado e republicado pelo Decreto-Lei n.º 85/2011, de 29 de junho, e alterado, de novo, pelo Decreto-Lei n.º192/2012, de 23 de agosto.

tendentes a, da fonte, extrair normas passam pelo crivo da operacionalidade funcional do resultado.

Para além da interpretação: o Direito bancário, na sua concatenação interna, na integração das suas lacunas e na indicação de novas soluções, procuraria aperfeiçoar a função (não neutra nem comum) que lhe foi cometida.

VI. A funcionalização do Direito bancário pode levar a excessos contraproducentes: afugentando os clientes, a banca perde espaço e a economia estagna. Além disso, o Direito – particularmente o privado – serve as pessoas e a economia real.

Por isso, o moderno Direito bancário tem visto enriquecer a paleta das suas funções com tópicos importantes, tais como a tutela do consumidor e o respeito pelos direitos de personalidade. No que tenha de mais caracteristicamente "bancário" mantêm-se, porém, as "funções" da estabilidade do sistema, da defesa do crédito e do impulso ao lucro.

50. **Direito "técnico"**

I. O Direito bancário pode ser apresentado como Direito "técnico". A expressão tem alguma ambiguidade; poderia exprimir uma de três ideias:

- a de que o estudo e a aplicação do Direito bancário implicariam conhecimentos de técnica bancária;
- a de que o Direito bancário exige um estudo especializado: conhecimentos de ordem geral, nos campos civil, comercial e administrativo, não seriam suficientes;
- a de que estariam em jogo conhecimentos de mercados, de seguros, de investimentos e de comércio internacional, num corte específico.

Estas ideias tomam corpo através de designações globais como *Direito de crédito*, *Direito financeiro* ou *Direito da regulação e da intermediação financeiras*[284]. Todas elas são redutoras, perante a realidade jurídica em causa.

[284] *Vide* Thierry Bonneau, *Droit bancaire*, 11.ª ed. (2015), n.º 5 (14-15); Alain Couret/Hervé le Nabasque, *Droit financier* (2008), 1 ss.; Joanna Benjamin, *Financial Law* (2008), 4-5.

II. Nos nossos dias, uma aplicação sábia implica o conhecimento da realidade subjacente. Trabalhar com Direito da família exige delicados conhecimentos e experiência, por exemplo, na área dos menores; o Direito das sociedades opera perante a vivência subjacente; e o conhecimento do processo fica incompleto sem a experiência do foro.

Assim é no Direito bancário. Mas este não se confunde com a técnica ou a gestão bancárias: também nesse nível temos de admitir especializações. O juiz de família não é – nem deverá ser! – um assistente social.

III. Isto dito: parece insofismável que o Direito bancário constitui, hoje, uma disciplina que deve ser estudada. Dispõe de uma literatura própria, de periódicos especializados, de circuitos específicos e, até de uma certa cultura: o seu isolamento bloquearia o progresso. Mas não é intuitivo: exige trabalho específico e dedicado.

Sintomaticamente, o Supremo Tribunal Federal Alemão (o BGH), dividido em senados, especializou o XI *Zivilsenat* em questões bancárias importantes[285].

Sensível é, em especial, o facto de, no domínio bancário, conceitos aparentemente comuns e locuções habitualmente usadas assumirem sentidos específicos. O Direito postula, sempre, uma aprendizagem.

51. Direito fragmentário e dependência científica

I. Tivemos a oportunidade, a propósito do Direito comercial, de afirmar a natureza fragmentária do tecido normativo respetivo[286]. Esta afirmação pode ser retomada a propósito do Direito bancário, ainda que com um sentido não totalmente coincidente[287].

No Direito bancário, encontramos alguns (poucos) institutos que dispõem, no seu nível, de regimes bastante completos. No plano institucional, assim sucede com o Banco de Portugal; no material, serão os casos da abertura de conta, do desconto ou de outras garantias. Em regra, porém, isso

[285] Na gíria fala-se, assim, no *Bankrechtssenat*; *vide* Schimansky/Bunte/Lwowski, *Bankrechts-Handbuch* cit., 1, 4.ª ed., VIII.

[286] *Direito comercial*, 3.ª ed., 149 ss..

[287] A ideia subjacente é referida, por vezes, através das múltiplas interferências que ocorrem entre o Direito bancário e outras disciplinas; *vide* Stéphanie Piedelièvre/Emmanuel Putman, *Droit bancaire* (2011), n.º 22 (20).

não sucede: o Direito bancário recorre a institutos preexistentes civis ou comerciais, cuja regulação acolhe quase na íntegra, introduzindo, depois, alguns traços especificamente "bancários". O mútuo bancário é, no fundamental, um mútuo civil[288]: apenas haverá que, neste, introduzir algumas adaptações. Podemos fazer idêntica afirmação no tocante à locação financeira, ao penhor bancário ou à responsabilidade bancária, como exemplo.

II. Nestas condições, uma exposição "pura" do Direito bancário quedaria incompreensível: ela remeteria o essencial dos regimes para o Direito civil. Essa afirmação mantém validade mesmo quando se conclua – como, em regra, será de concluir – que os institutos comuns, uma vez enxertados com algumas regras bancárias, adotam, na sua globalidade, uma feição diferente da original: uma feição bancária.

Retemos, pois: o Direito bancário não se preocupa em regular, de modo exaustivo, os diversos aspetos que lhe respeitam. Antes parte da aplicabilidade do tecido comum, afeiçoando-o, na medida necessária. Daí a afirmação da fragmentariedade.

III. A natureza fragmentária vem reforçar a já referida dependência científica do Direito bancário. Para além de usar conceitos e construções próprias do Direito comum, o Direito bancário assenta em institutos pré-regulados.

De novo frisamos, agora a este propósito, que o estudioso do Direito bancário nunca deve descurar o Direito civil e o Direito comercial: de outro modo, poderá soçobrar em juízos antiquados, forçando descobertas há muito esclarecidas. A tendência para a especialização agudiza estes aspetos.

[288] Regulado nos artigos 1142.º e seguintes, do Código Civil.

§ 13.º DELIMITAÇÃO DE OUTRAS DISCIPLINAS

52. Vertical: Direito civil e Direito comercial; o Direito do consumo

I. Na fixação das coordenadas jurídico-bancárias, cumpre proceder a uma delimitação de disciplinas próximas. Podemos, por razões de articulação formal e de fundo, distinguir:

- uma delimitação vertical, ligada às disciplinas com as quais o Direito bancário mantém relações de especialidade: fundamentalmente, o Direito civil e o Direito comercial;
- uma delimitação horizontal, perante disciplinas que versem matéria vizinha: os seguros e os valores mobiliários;
- uma delimitação instrumental, que opera em face das disciplinas que asseguram a concretização de institutos bancários: o registo, o processo e o Direito penal.

II. Pronunciámo-nos, de modo repetido, sobre as relações intensas – estruturais, jurídico-científicas e práticas – existentes entre o Direito bancário e os Direitos civil e comercial. Designadamente: em muitos pontos, o Direito bancário é uma simples especialização de institutos civis e comerciais, cujas regras, no essencial, utiliza.

Pergunta-se, agora: mau grado essas ligações ontológicas, como fazer a delimitação entre o Direito bancário e as poderosas disciplinas que lhe subjazem? A resposta remete-nos, de novo, para os postulados da autonomia do Direito bancário[289]: este assentará num conjunto de normas e princípios ordenados em subsistema e centrados no sistema financeiro e nas relações profissionais da banca com os particulares. O subsistema será afeiçoado pelos diversos factos de absorção (negativos e positivos) que lhe deem uma configuração histórica.

[289] *Supra*, 51 ss..

III. O juízo de pertença ao subsistema jurídico-bancário apresentar-se-á óbvio, no núcleo do sistema: na presença de uma relação financeira ou de um negócio típico entre o banqueiro (nessa qualidade) e o seu cliente, a saída é clara. Na periferia, há dúvidas. Um acidente numa agência bancária traduz responsabilidade bancária? Um banqueiro concede crédito em troca do uso temporário de um local para exercer a sua atividade: é crédito bancário ou arrendamento (comercial) dobrado por um elemento misto, a nível de renda?

A resposta deve ser procurada no plano do escopo das normas eventualmente em causa. Quando a situação questionada caia no âmbito de uma norma bancária que, ao aplicar-se, realize a efetiva mensagem normativa do sistema é, ela própria, bancária.

IV. Nas situações duvidosas, a opção deve ser sempre feita pelo Direito (mais) comum. Se não se caracterizam juízos de reconhecimento de uma situação como sendo bancária, não é possível importá-la para o competente subsistema. Ela permanecerá nas áreas comerciais ou civis, aí encontrando, por certo, regimes adequados.

Resta acrescentar que, apesar de inevitáveis dúvidas académicas, a prática é, aqui, bastante clara: o Direito bancário – ao contrário do próprio Direito comercial, em relação ao civil, cuja destrinça se presta a dúvidas infindáveis – dispõe de uma unidade objetiva e subjetiva que, em regra, facilita a sua identificação imediata.

V. Fica-nos, ainda, um ponto interessante: o das relações do Direito bancário com o Direito do consumo. O Direito do consumo é Direito civil[290]. Assim sendo, ele aplica-se nas mais diversas áreas: sempre que esteja presente um consumidor e desde que nenhuma norma o venha afastar.

No Direito bancário lida-se, tipicamente, com destinatários finais do circuito financeiro, isto é: com consumidores[291]. As normas bancárias não se delimitam das do Direito do consumo: ambas se interpenetram, sem perda de identidade. Obedecem a lógicas distintas, mas compatíveis.

[290] Menezes Cordeiro, *A natureza civil do Direito do consumo*, em Estudos em Memória do Prof. Doutor António Marques dos Santos (2005), 1, 675-711.

[291] *Infra*, 309 ss..

53. **Horizontal: Direito dos seguros e Direito mobiliário**

I. O Direito dos seguros centra-se, à partida, no contrato de seguro: uma pessoa transfere, para outra, o risco da verificação de uma ocorrência, na esfera própria ou alheia, mediante o pagamento de uma determinada remuneração[292].

Isoladamente tomado, o contrato de seguro surge como negócio aleatório. Todavia, quando celebrado em grande número por entidades profissionais habilitadas – as companhias de seguros – o seguro torna-se uma atividade económica estável: as seguradoras, embora não possam prever os sinistros singulares, sabem de antemão, por conhecimento estatístico, a taxa de sinistralidade por sectores. Podem, assim, fixar prémios judiciosos, que permitam enfrentar os sinistros e, ainda, remunerar o capital investido.

II. O funcionamento dos seguros – particularmente no sector vida – exige uma especial confiança por parte dos tomadores. Ninguém irá pagar prémios durante anos a fio se não tiver a convicção de que, havendo um sinistro, o capital acordado é efetivamente pago. O Estado intervém: seja para assegurar a idoneidade das seguradoras, seja para fiscalizar o seu modo de funcionamento.

Tal como o bancário, o Direito dos seguros vem a desdobrar-se em duas grandes áreas: o Direito institucional dos seguros, que rege a organização e a supervisão das companhias seguradoras e o Direito material dos seguros, que se ocupa do contrato de seguro e questões conexas. Ambas as áreas conhecem, hoje, uma legislação avulsa muito desenvolvida[293]: o Direito institucional, através do regime geral de acesso e de exercício da atividade seguradora e resseguradora (RGAS ou regime geral da atividade seguradora), aprovado pela Lei n.º 147/2015, que substitui o regime anterior, estabelecido pelo Decreto-Lei n.º 94-B/98, de 17 de abril, diversas

[292] *Direito dos seguros*, 2.ª ed. (2016), 33 ss., com indicações; há que atender, ainda, ao Regime Jurídico do Contrato de Seguro, aprovado pelo Decreto-Lei n.º 72/2008, de 16 de abril; *vide* Pedro Romano Martinez e outros, *Lei do contrato de seguro anotada*, 2.ª ed. (2011).

[293] António Menezes Cordeiro/Carla Teixeira Morgado, *Leis dos seguros anotadas* (2002), reportado à época.

vezes alterado[294] e republicado, pela segunda vez[295], pelo Decreto-Lei n.º 2/2009, de 5 de janeiro e já modificado, depois disso, por último, pela Lei n.º 46/2011, de 24 de junho; o Direito material, por via do regime geral do contrato de seguro (LCS ou Lei do Contrato de Seguro), aprovado pelo Decreto-Lei n.º 72/2008, de 16 de abril.

III. Aparentemente, não haverá qualquer dificuldade em distinguir o Direito bancário do Direito dos seguros: seja em termos institucionais (sistema financeiro, por um lado e organização das seguradoras, por outro), seja em termos materiais (atividade bancária *versus* contrato de seguro).

O problema põe-se, todavia, por via da *bancassurance*: a já referida interpenetração entre os dois sectores[296]. Verifica-se que os banqueiros comercializam seguros e isso mesmo quando os competentes contratos acabem por ser celebrados por seguradoras a eles ligados. Por seu turno, as companhias de seguros participam em negócios materialmente bancários, mobilizando fundos e concedendo garantias. Esta interpenetração material tem, na base:

– oportunidades de negócio;
– interligação entre instituições de crédito e companhias de seguros, detendo aquelas participações importantes nestas, ou inversamente.

A interpenetração apontada é tão significativa que já levou, como vimos, países como a Inglaterra (através da FSA ou *Financial Service Authority*) ou a Alemanha (através da BaFin ou *Bundesanstalt für Finanzdienstleistungsaufsicht*) a unificar as supervisões da banca e dos seguros,

[294] Pelos Decretos-Leis n.º 8-C/2002, de 11 de janeiro, anteriormente publicado como n.º 8-A/2002, n.º 169/2002, de 25 de julho, n.º 72-A/2003, de 14 de abril, n.º 90/2003, de 30 de abril, n.º 251/2003, de 14 de outubro, n.º 76-A/2006, de 29 de março, n.º 145/2006, de 31 de julho, n.º 291/2007, de 21 de agosto, n.º 357-A/2007, de 31 de outubro, n.º 72/2008, de 16 de abril, n.º 211-A/2008, de 13 de novembro, n.º 2/2009, de 5 de janeiro; seguiu-se, ainda, a Lei n.º 28/2009, de 19 de junho e, depois, os Decreto-Lei n.º 52/2010, de 26 de maio e Lei n.º 46/2011, de 24 de junho.

[295] O RGAS já havia sido republicado pelo Decreto-Lei n.º 251/2003, de 14 de outubro.

[296] *Supra*, 67. Em especial: Henner Schierenbeck/Reinhold Hölscher, *BankAssurance/Institutionelle Grundlagen der Banks- und Versicherungsbetriebslehre*, 4.ª ed. (1998), 955 pp. e Karol K. Sparts, *Insurance Activities of Banks*, 2003.

englobando ainda o abaixo referido mercado mobiliário. A partir daí, há uma evidente tensão unificadora sobre os respetivos Direitos institucionais.

Também nos Direitos materiais da banca e dos seguros há zonas (crescentes) de sobreposição. Instituições de crédito e companhias seguradoras concluem negócios próprios de ambas as entidades, enquanto surgem pacotes mistos banca/seguros. Mais longe ainda: o banqueiro avisado lida com os grandes números e com taxas de "sinistralidade" (de insolvências ou de incumprimentos), enquanto a seguradora atenta trabalha com o dinheiro e as suas potencialidades reprodutivas. Assinalamos, ainda, que o seguro é, hoje, considerado como um serviço financeiro[297].

IV. Ao apontado fenómeno de interpenetração entre a banca e os seguros podemos acrescentar outro similar, agora com o Direito dos valores mobiliários[298]. Os valores mobiliários são, no essencial, ações, obrigações e outros títulos relacionados com entidades comerciais ou equiparadas. Tais valores são transacionáveis, assim se originando um específico e movimentado mercado[299]. Nos Estados Unidos, essa é a forma básica de reunir capitais para o funcionamento das empresas. Daí resulta:

– um Direito mobiliário institucional, exigido pela necessidade de supervisão estadual, base da confiança que assegura o funcionamento do sistema;
– um Direito mobiliário material, que rege as relações entre os intervenientes no mercado e os contratos nele especializados.

Trata-se de matéria hoje codificada: pelo Código dos Valores Mobiliários, adotado pelo Decreto-Lei n.º 486/99, de 13 de novembro[300-301].

[297] Artigo 2.º, *c*), *d*) e *e*), do Decreto-Lei n.º 95/2006, de 29 de maio.

[298] Paulo Câmara, *Manual de Direito dos valores mobiliários*, 2.ª ed. (2011), 13 ss., 15 ss. e *passim* e A. Barreto Menezes Cordeiro, *Direito dos valores mobiliários*, 1 (2015), 208 ss..

[299] Na literatura estrangeira (neste momento) recente, referimos Hans-Dieter Assmann/Rolf A. Schütze, *Handbuch des Kapitalanlagerechts*, 4.ª ed. (2015), LIX + 1462 pp. e Wolfgang Groß, *Kapitalmarktrecht*, 6.ª ed. (2016), XII + 535 pp..

[300] *Tratado* I, 4.ª ed., 339, com indicações.

[301] Alterado pelos Decretos-Leis n.º 61/2002, de 20 de março, n.º 38/2003, de 8 de março, n.º 107/2003, de 4 de junho, n.º 183/2003, de 19 de agosto, n.º 66/2004, de 24 de março, n.º 52/2006, de 15 de março, n.º 219/2006, de 2 de novembro e n.º 357-A/2007, de 31 de outubro, que procedeu à sua republicação, em termos consolidados. Não obstante

Pois bem: partindo de uma autonomia de base[302], os valores mobiliários têm vindo a aproximar-se da banca e dos seguros: através de diversos esquemas, instituições de crédito e seguradoras intervêm no mercado mobiliário e disponibilizam, aos interessados, produtos a ele atinentes ou com ele conexionados.

Tal como se referiu a propósito dos seguros: há um movimento para supervisões unificadas banca/seguros/valores mobiliários enquanto, na base, proliferam os negócios que respeitam a essas três áreas.

Como distinguir?

V. No presente momento histórico e no plano material, os núcleos duros das três disciplinas estão bastante nítidos: comércio bancário, contrato de seguro e valores mobiliários. Os halos respetivos devem ser tratados em termos sistemáticos, por aproximação aos núcleos.

Havendo sobreposição: em princípio, impõe-se o método da adição: às regras bancárias, haverá que cumular as dos seguros e as mobiliárias, consoante os casos. Surgindo incompatibilidade: prevalecem as regras mais estritas, no sentido de melhor preservar os interesses dos particulares, destinatários últimos de todos estes edifícios.

54. **Instrumental: registo e processo**

I. O Direito bancário postula diversas regras instrumentais e, designadamente: de registo e de processo.

As instituições de crédito estão sujeitas a um registo especial no BP (65.º do RGIC): dele depende o início da atividade. O registo abrange os elementos referidos no artigo 66.º e estende-se às instituições autorizadas

o prenúncio de acalmia, o CVM já foi, depois disso, alterado pelo Decreto-Lei n.º 211-A/2008, de 3 de novembro, pela Lei n.º 28/2009, de 19 de junho e pelo Decretos-Leis n.º 185/2009, de 12 de agosto, n.º 49/2010, de 19 de maio, n.º 52/2010, de 26 de maio, n.º 71/2010, de 18 de junho, n.º 85/2011, de 29 de junho e n.º 18/2013, de 6 de fevereiro, pela Lei n.º 63-A/2013, de 10 de maio, pelos Decretos-Leis n.º 29/2014, de 25 de fevereiro, n.º 40/2014, de 18 de março, n.º 88/2014, de 6 de junho, n.º 157/2014, de 24 de outubro, pela Lei n.º 16/2015, de 24 de fevereiro, pelo Decreto-Lei n.º 124/2015, de 7 de julho, pela Lei n.º 148/2015, de 9 de setembro e, por último e neste momento, pelo Decreto-Lei n.º 22/2016, de 3 de junho.

[302] Ainda que não de origem, uma vez que banca, seguros e bolsa se desprenderam, todos, do Código Comercial.

no estrangeiro (67.º). Também estão sujeitos a registo no BP os membros dos órgãos de administração e de fiscalização (69.º[303]), bem como os factos supervenientes (70.º). O artigo 72.º regula a recusa de registo.

Toda esta matéria tem contacto com o registo comercial. Embora o RGIC não chegue a remeter para o Código do Registo Comercial, nem mesmo a título subsidiário, é evidente que o recurso a este se impõe, no caso de lacuna. Todavia, o não cumprimento dos deveres registais bancários (apenas) dá lugar à aplicação de coimas – 210.º, *a*) do RGIC.

II. As regras sobre registo no Banco de Portugal são bancárias: pela especialidade como pela inserção sistemática. Mas surgem instrumentais e têm natureza registal. Como se distinguem das regras gerais do registo comercial?

Se compulsarmos os objetivos e os princípios do registo comercial[304], parece óbvio que fazem todo o sentido no campo bancário. Apenas os regimes divergem.

A distinção parece fácil: dada a formalização do registo, as inscrições bancárias distinguem-se pela autoridade competente para o efeito: o Banco de Portugal.

III. Aparecem-nos regras de processo, no campo institucional. Operações como a autorização ou o registo, junto do Banco de Portugal, implicam operações procedimentais. Há, ainda, que lidar com o Código do Procedimento Administrativo, com o processo contraordenacional (213.º e seguintes do RGIC, remetendo o artigo 232.º para o regime geral dos ilícitos de mera ordenação social) e com o processo contencioso (39.º da Lei Orgânica do BP).

Não temos um "processo bancário" suficientemente caracterizado: apenas normas de Direito bancário que se apresentam como processuais e algumas práticas do Banco de Portugal. A sua distinção dos Direitos processuais comuns, de tipo sistemático, faz-se pelos sujeitos implicados; designadamente: o Banco de Portugal, dotado dos seus poderes de autoridade.

[303] Redação dada pelo Decreto-Lei n.º 157/2014, de 24 de outubro.

[304] *Direito comercial*, 3.ª ed., 439 ss..

§ 14.º INTERPRETAÇÃO E APLICAÇÃO DO DIREITO BANCÁRIO

55. A realização do Direito como decisão unitária

I. Na interpretação e na aplicação do Direito bancário, há que recorrer às regras gerais, tal como são apuradas, na atualidade, pelo Direito civil[305]. Insistimos: os cultores do Direito bancário não podem colocar-se à margem dos progressos gerais da Ciência do Direito, no domínio, também, da interpretação e da aplicação. De outra forma, irão trabalhar com instrumentações ultrapassadas, comprometendo todo o processo de realização a seu cargo.

II. Em traços muito gerais, podemos considerar que os cânones de interpretação, sempre ativos, correspondem aos fixados por Savigny, nos princípios do século XIX[306]. Aí aparecem as categorias clássicas da "letra" e do "espírito" da lei e da vontade da "lei" e do "legislador". Essas categorias, complementadas por Ferrara[307] e por Manuel de Andrade[308], surgem nos artigos 9.º e 10.º do Código Civil, com aplicação geral em todo o Direito português.

[305] *Tratado* I, 4.ª ed., 671 ss., com indicações.

[306] Friedrich Carl von Savigny, *Juristische Methodenlehre* (1802-1803, publ. 1951), 19 ss. e *System des heutigen römischen Rechts* 1 (1840), §§ 32 ss. (206 ss.). Recordando a sua operacionalidade no Direito bancário: Schwintowski/Schäfer, *Bankrecht* cit., 2.ª ed., 5 e Hans-Peter Schwintowski, *Bankrecht*, 3.ª ed., Nr. 5 (3).

[307] Francesco Ferrara, *Interpretação e aplicação das leis*, trad. Manuel de Andrade, 2.ª ed. (1963), 134 ss..

[308] Manuel A. Domingos de Andrade, *Ensaio sobre a teoria da interpretação das leis*, 2.ª ed. (1963), 14 ss. e *Fontes de Direito, vigência, interpretação e aplicação da lei*, BMJ 102 (1961), 141-152 (150).

Todavia, a Ciência do Direito tem vindo a complementar os elementos aí consignados, com diversas considerações que, hoje, se afiguram indiscutíveis.

III. Por razões analíticas, que cumpre preservar, têm-se distinguido, no processo global de realização do Direito, operações diferenciadas e, designadamente: a interpretação e a aplicação. Podemos ir mais longe: temos, como operações próprias, a localização das fontes, a sua interpretação, a sua integração (no caso de haver lacuna), a localização da matéria de facto relevante, a sua qualificação e, no termo, a aplicação. O intérprete-aplicador teria de as percorrer uma por uma, até solucionar o caso.

Hoje sabe-se, porém, que todas estas operações são realizadas em conjunto, pelo intérprete aplicador. Quando determina os factos relevantes, o intérprete-aplicador conhece, em esboço, as soluções; a procura de uma fonte é acompanhada da qualificação dos factos a solucionar e assim por diante.

O processo de realização do Direito tem, pois, natureza unitária. Além disso, ele prolonga-se, a montante da localização da fonte, pelo pré-entendimento do problema e, a jusante, pela ponderação das consequências da decisão.

IV. Prosseguindo: o processo de realização do Direito, perante uma lógica implacável de separação de poderes, deveria surgir como algo automático. Dos factos e da lei brotaria, de modo fatal, a solução adequada. O intérprete-aplicador teria uma mera função cognitiva.

No entanto, confrontados com fenómenos como o das lacunas, o dos conceitos indeterminados, o das contradições de princípios e o das normas disfuncionais por contrariarem a essência do sistema, os operadores aperceberam-se de que a solução não surge automática: antes exige uma escolha humana e, *maxime*, do juiz. Não se trata de uma escolha arbitrária mas, antes, de uma opção baseada em múltiplos fatores normativos e, designadamente, na interpretação das fontes aplicáveis.

A função de realizar o direito é, assim, volitivo-cognitiva.

V. No conjunto dos elementos que o intérprete-aplicador deve ponderar, para realizar consequentemente o Direito, no caso concreto, avultam, com os alcances de seguida explanados:

– o elemento sistemático;
– o elemento teleológico.

O elemento sistemático recorda-nos que, num caso a resolver, não se aplica *uma* norma: antes, em conjunto, opera sempre toda a Ordem Jurídica. O grande perigo de aplicação da lei feita por não-juristas reside, precisamente, na tendência natural para apenas considerar as normas visíveis, esquecendo todo o sistema e o seu espírito. Subjacentes, temos importantes exigências de harmonia e de equilíbrio, essenciais para qualquer aplicação jurídico-científica.

O elemento teleológico corresponde à substancialização do Direito. Os comandos não valem por si: apenas como instrumentos para alcançar uma ordenação de valores e de interesses pretendida pelo ordenamento. As regras jurídicas devem ser aplicadas para a efetiva consecução do escopo que as anime. Determinar esse escopo e apurar as vias mais conseguidas de o alcançar constituem as tarefas essenciais de qualquer realização adequada do Direito.

VI. As proposições acima exaradas, que sintetizam toda a literatura hermenêutica do século XX, são úteis, em qualquer disciplina jurídica. Mas sê-lo-ão ainda mais em áreas funcionalizadas, como o Direito bancário. Uma vez que a solução "bancária" se desprende do Direito comum, cabe ao intérprete-aplicador descobrir o seu "porquê" e o seu "para quê". Feita a determinação, temos a chave do sentido das normas em presença e da aplicação a realizar.

56. **Interpretação funcional**

I. O Direito bancário assume, numa das suas dimensões, uma natureza funcional específica[309]: para além do Direito comum, ele está envolvido na problemática do crédito e do dinheiro, cabendo-lhe salvaguardar os valores subjacentes. Esta dimensão poderá ter consequências interpretativas: as fontes bancárias deveriam ser interpretadas num sentido conducente à realização ótima da sua função.

Assim entendida, a interpretação funcional do Direito bancário acabaria por se reconduzir à interpretação comum. Afinal, se na realização das regras bancárias se apura que, quer pela inserção sistemática, quer pela sua

[309] *Supra*, 184 ss..

específica teleologia, elas visem tutelar o crédito ou os valores inerentes ao dinheiro, basta prosseguir: as regras habituais permitiriam fechar o círculo.

II. O Direito bancário apresenta, todavia, áreas diferenciadas. É certo que, de um modo geral, os institutos bancários visam facilitar o crédito e as inerentes garantias. Todavia, em áreas como as da contratação, está em causa – ou poderá estar – a tutela do consumidor de produtos financeiros. Nas relações entre grandes empresas, os custos marginais das transações baixarão quando se consigam esquemas jurídicos aderentes aos circuitos económicos. Nos contratos duradouros com as pessoas, emergem claros valores de personalidade, cuja tutela não poderá deixar alheio um Direito bancário moderno. Os próprios planos prudenciais têm, nas suas preocupações, a da salvaguarda da imagem dos banqueiros junto da opinião pública: aspeto importante, nas nossas sociedades abertas. Finalmente: detentor do poder conferido pelo dinheiro, o banqueiro, servido por funcionários zelosos que vejam, apenas, o imediato, pode ser levado a abusos, conseguindo, dos seus clientes, contratos desequilibrados ou desnecessariamente onerosos. Também aqui o Direito intervém.

III. Algumas das referidas áreas têm regras especiais de interpretação ou, pelo menos: suscitam, no seu âmbito, uma discussão específica sobre o tema, discussão essa que, depois, poderá ter efeitos interpretativos.

A todas elas acresce, ainda, o Direito bancário europeu, com bitolas próprias de interpretação e, em especial: a interpretação conforme com as diretrizes. Tudo isto permite recolocar, agora com mais sentido útil, o tema da interpretação funcional. Perante um complexo de normas, qual a função a relevar pelo intérprete-aplicador? Defender o crédito, tutelar o consumidor, tornar transparentes os circuitos económicos, acautelar os direitos fundamentais ou complementar uma mensagem do legislador europeu?

IV. Cabe ao intérprete-aplicador posicionar, dentro do subsistema jurídico-bancário, o problema que tenha em mãos e, com recurso a uma ideia de interpretação funcional ou equivalente, prosseguir a valoração legislativa. Para além dos fins das normas relevam, neste ponto, os papéis das áreas mais imediatas onde elas se integrem: crédito, consumo, circuitos económicos, direitos fundamentais ou diretrizes europeias, como exemplos.

57. Os tópicos do investimento, da transparência, do consumo e dos direitos de personalidade

I. Para além dos aspetos funcionais abstratos, pergunta-se se, na interpretação-aplicação do Direito bancário, não haverá que privilegiar determinados tópicos interpretativos e, em especial: selecionar, de entre as vias interpretativas possíveis, aquela que melhor assegure a defesa concreta de certos valores. Em aberto ficam, por exemplo: um *favor creditoris* ou *favor argentarii*, quando se entendesse que o Direito bancário visava tutelar o banqueiro ou o crédito ou um *favor debitoris* ou *favor consummatoris*, na hipótese de antes prevalecer o cliente do banqueiro.

II. Nesta busca de *favores* inerentes ao Direito bancário houve, mesmo, uma evolução interessante.

Como primeiro tópico, temos o da tutela do investimento ou, mais precisamente, dos depositantes, subjacente, aliás, ao artigo 101.º da Constituição. De certo modo, ele está na origem do Direito bancário institucional e da supervisão prudencial. Assim:

- o artigo 2.º/1 do RGIC define como instituição de crédito "... as empresas cuja atividade consiste em receber do público depósitos ou outros fundos reembolsáveis, a fim de os aplicarem por conta própria mediante a concessão de crédito";
- em princípio, apenas os bancos podem receber depósitos do público – 4.º/1, *a*), 4.º/2 e 5.º do RGIC;
- a receção de depósitos ou outros fundos reembolsáveis, sem a necessária autorização, é crime – 200.º do RGIC.

Este é o ponto mais delicado do sistema financeiro. Para acautelar os depósitos do público, os banqueiros devem observar certas *rationes* fixadas prudencialmente. Em suma: toda a confiança do público no sistema financeiro depende da tutela dos depósitos.

Podemos, daqui, extrapolar para uma tutela dos investidores[310].

[310] Tal o sentido do escrito clássico de Klaus J. Hopt, *Der Kapitalanlegerschutz im Recht der Banken* (1975), 51 e 59 ss.; *vide*, ainda e com indicações, Hans-Peter Schwintowski, *Bankrecht* cit., 4.ª ed., Nr. 17 (5-6).

Este princípio da tutela de investidor, a impor-se, teria efetivas consequências interpretativas. Poderia, mesmo, originar deveres específicos de informação e de aconselhamento, por parte do banqueiro[311].

III. Numa linha mais consumista, temos o tópico da transparência. Desenvolvido pelo BGH alemão na base da boa-fé vigente no campo das cláusulas contratuais gerais[312], ele tomou base, pelo Direito português, nos artigos 5.º/1 e 6.º/1 da LCCG: o banqueiro deveria comunicar todas as cláusulas ao seu cliente-aderente, assegurando-se de que ele as entendeu[313]. O tópico da transparência é reforçado por regras específicas, que transcendem a banca, aplicando-se, porém, a banqueiros; assim:

– artigo 77.º do RGIC[314]: deveres de informação a cargo dos banqueiros;
– artigos 18.º a 23.º da LGS: deveres de informação a cargo das seguradoras[315];
– artigos 7.º a 12.º-E do CVM: deveres de informação no domínio mobiliário[316].

No campo geral da interpretação das fontes, este tópico traduzir-se-ia na validação das soluções mais "transparentes", isto é: mais facilmente cognoscíveis pelos particulares que acedessem a produtos financeiros (incluindo banca, seguros e valores mobiliários).

IV. Chegados a este ponto, podemos prosseguir explicitando a posição do utente do sistema financeiro, como um consumidor dos produtos aí disponibilizados.

311 Schwintowski/Schäfer, *Bankrecht* cit., 2.ª ed., 6; Hans-Peter Schwintowski, *Bankrecht* cit., 4.ª ed., 5.

312 BGH 24-nov.-1988, BGHZ 106 (1989), 42-53 (48-50): um contrato de mútuo hipotecário não era claro quanto aos pagamentos e à taxa de juro efetiva.

313 BGH 11-jul.-1988, BGHZ 105 (1989), 108-116 (114).

314 Alterado e reforçado pelo Decreto-Lei n.º 211-A/2008, de 3 de novembro.

315 Anteriormente: artigos 176.º do RGAS de 1998 e 2.º a 7.º do Decreto-Lei n.º 176/95, de 26 de julho.

316 *Vide* A. Barreto Menezes Cordeiro, *Direito dos valores mobiliários* cit., 1, 274 ss.

A defesa do consumidor resulta do artigo 60.º da Constituição, de onde emergem proposições especializadas[317]. Ela dá lugar[318]:

- a vetores programáticos, orientando o legislador ordinário;
- a vetores sistemáticos, permitindo agrupar e interpretar em conjunto diversas normas dispersas;
- a vetores regulativos, diretamente aplicáveis.

No campo da banca, há inúmeras regras de tutela[319]. O seu tratamento sistemático permite melhorar os níveis da sua realização.

V. Finalmente, uma atenção especial é dada, pelo moderno Direito bancário, aos direitos de personalidade e, especialmente, àqueles que, consignados na Constituição, surjam, também, como direitos fundamentais. As especiais valorações que elas implicam infletiriam, no Direito bancário, os institutos que lhes prestassem o seu tributo. Temos, nessa categoria e em lugar de relevo, o segredo bancário.

VI. Os tópicos ora referidos constituem elementos importantes do moderno Direito bancário. Na realização das fontes bancárias, o intérprete-aplicador dar-lhes-á, como seria de esperar, um lugar condigno.

Todavia, não podemos, daqui, extrair especiais regras de interpretação, diversas das disponibilizadas pelo Direito civil para todo o ordenamento. Também no campo civil surgem especiais deveres de informação, com consumidores a tutelar e com direitos de personalidade, dotados de especial ponderação valorativa. Todo o peso aplicativo subjacente a estes diversos institutos se vai revelando ao intérprete-aplicador, precisamente à luz das regras gerais de realização do Direito.

Como especialidade bancária ficará, assim, uma particular sensibilidade aos valores ligados ao dinheiro, na sua dimensão social.

[317] *Infra*, 311 ss..

[318] Menezes Cordeiro, *Da natureza civil do Direito do consumo*, O Direito 136 (2004), 605-640 (614).

[319] Stéphanie Piedelièvre/Emmanuel Putmann, *Droit bancaire* cit., n.º 23 (21).

CAPÍTULO IV

AS FONTES DO DIREITO BANCÁRIO

§ 15.º FONTES INTERNAS

58. A Constituição e a Lei Orgânica do Banco de Portugal

I. Na própria Constituição encontramos regras básicas de Direito bancário, particularmente atinentes ao sistema financeiro. Assim:

Artigo 101.º
(Sistema financeiro)

O sistema financeiro é estruturado por lei, de modo a garantir a formação, a captação e a segurança das poupanças, bem como a aplicação dos meios financeiros necessários ao desenvolvimento económico e social.

Artigo 102.º
(Banco de Portugal)

O Banco de Portugal é o banco central nacional e exerce as suas funções nos termos da lei e das normas internacionais a que o Estado Português se vincule.

Temos a base do Direito financeiro institucional, virado para a captação e para a segurança dos depósitos dos particulares e para a sua aplicação produtiva. O necessário desempenho supervisor é, como se impunha, entregue pela Constituição ao Banco de Portugal.

II. Curiosamente, a Constituição de 1976 – como, de resto, sucede com as suas congéneres pelo Mundo – não consagra o princípio do respeito pelos contratos. Provavelmente: trata-se de uma regra de tal modo óbvia, que nunca nenhuma sociedade humana a pôs em causa – ao contrário do que já sucedeu, por exemplo, com a propriedade privada, com o Estado ou com a própria família. Dispensa uma consagração solene.

De todo o modo, sempre seria possível retirá-la de princípios como o do respeito pela propriedade privada – 62.º/1 – e o da liberdade de iniciativa e de organização empresarial – 80.º, *c*), ambos da Constituição. A matéria bancária, de natureza patrimonial privada e assente em vínculos contratuais, encontra, nestes princípios, o seu arrimo constitucional.

III. A Constituição contém, ainda, outras regras importantes para o sector bancário, como as que consagram o direito à reserva da intimidade da vida privada (26.º/1), base do segredo bancário, o direito de acesso aos tribunais (20.º/1) e os princípios fundamentais da Administração Pública: legalidade, igualdade, proporcionalidade, justiça, imparcialidade e boa-fé (266.º/2, todos da Constituição).

No atual momento histórico, as regras constitucionais portuguesas prevalecem, no território nacional, sobre as leis comunitárias.

IV. A nível infraconstitucional, deparamo-nos, com uma importante fonte de Direito bancário: a Lei Orgânica do Banco de Portugal. O diploma em vigor foi aprovado pela Lei n.º 5/98, de 31 de janeiro, alterado pelo Decreto-Lei n.º 118/2001, de 17 de abril, pelo Decreto-Lei n.º 50/2004, de 10 de março, pelo Decreto-Lei n.º 39/2007, de 20 de fevereiro[320], pelo Decreto-Lei n.º 31-A/2012, de 10 de fevereiro, pelo Decreto-Lei n.º 142/2013, de 18 de outubro e pela Lei n.º 39/2015, de 25 de maio.

Para além da própria orgânica do nosso Banco Central, a LO fixa importantes aspetos da supervisão bancária. Materialmente, a LO assume uma clara função diretiva, no tocante às demais fontes bancárias. Podemos, a essa luz, considerá-la como uma lei reforçada[321], a acrescentar à lista habitual desse tipo de factos normativos[322].

[320] Curiosamente, o preâmbulo deste último diploma congratula-se ... com a estabilidade da Lei Orgânica do Banco de Portugal.

[321] Quanto ao "princípio da função diretiva": Carlos Blanco de Morais, *As leis reforçadas* (1998), 1072 ss.; é evidente que as sucessivas alterações legislativas desvirtuam esta sua qualidade.

[322] Jorge Miranda, *Manual de Direito constitucional* 5, 2.ª ed. (2000), 346 ss. (354 ss.). Está disponível a 4.ª ed., de 2011.

59. O Código Comercial e a legislação extravagante

I. O Direito bancário material não dispõe de uma fonte unitária, mesmo incompleta: o Direito da atividade bancária, designadamente no tocante às relações entre o banqueiro e o seu cliente, deve ser reconstruído com recurso a uma multiplicidade de fontes[323].

Por razões de prevalência histórico-cultural, cumpre referir, como primeira fonte, o Código Comercial de 1888. Aí, no livro II, relativo aos contratos especiais de comércio, inclui-se um título IX, *das operações de banco*, com quatro artigos: 362.º a 365.º. Eis as correspondentes normas:

- artigo 362.º: considera comerciais todas as operações de bancos tendente a realizar lucros sobre numerário, fundos públicos ou títulos negociáveis e refere, em especial, as operações seguintes: "... as de câmbio, os arbítrios[324], empréstimos, descontos, cobranças, aberturas de créditos, emissão e circulação de notas ou títulos fiduciários pagáveis à vista e ao portador";
- artigo 363.º: remete as operações de banco para as "...disposições especiais respetivas aos contratos que representarem, ou a que a final se resolverem";
- artigo 364.º: remete o regime dos bancos emissores para legislação especial;
- artigo 365.º: presume a falência culposa por parte do banqueiro que cesse pagamentos.

II. O Código Comercial mantém-se, apesar da sua concisão, como o texto fundamental do Direito bancário material. Permite considerá-lo, em bloco, como Direito comercial e, estruturalmente, como um Direito de contratos. O Direito institucional é remetido para legislação especial.

O Código Comercial incluíra ainda, no seu título VI, precisamente intitulado *das letras, livranças e cheques* – artigos 278.º a 343.º – a matéria atinente aos títulos de crédito que, nalguns autores, é tratada em Direito bancário[325]. Dispõem, hoje, as leis uniformes, mantendo-se a disciplina

[323] Carsten Peter Claussen, *Bank- und Börsenrecht*, 4.ª ed. (2008), 1.

[324] "Arbítrios" ou "paridades" são as operações pelas quais os banqueiros, verificando as diferenças de cotações entre praças distintas, tiram delas proveito, de modo a realizar lucros.

[325] *Direito bancário/Relatório*, 190 ss..

do Código Comercial apenas naquilo em que não as contrarie: de todo o modo, deixaremos, por razões pragmáticas, o tratamento dos títulos de crédito, para o Direito comercial.

III. Ao lado do Código Comercial, tem vindo a acumular-se legislação extravagante referente a atos bancários[326]. Assim, e sem natureza exaustiva:

– quanto a serviços mínimos bancários: o Decreto-Lei n.º 27-C/2000, de 10 de março, alterado pela Lei n.º 19/2011, de 20 de maio, que o republicou em anexo, pelo Decreto-Lei n.º 225/2012, de 17 de outubro, que o republicou, de novo, em anexo e pela Lei n.º 66/2015, de 6 de julho;
– quanto ao depósito bancário: Decreto-Lei n.º 430/91, de 2 de novembro, quanto às modalidades de depósito, sendo de referir diversos regimes especiais[327]; esse diploma foi alterado pelo Decreto-Lei n.º 88/2008, de 29 de maio;
– quanto a câmbios e a transações com o exterior: Decreto-Lei n.º 295/2003, de 21 de novembro, alterado pelo Decreto-Lei n.º 61/2007, de 14 de março;
– quanto a pagamentos e a cheques: Lei Uniforme Relativa ao Cheque; Decreto-Lei n.º 381/77, de 9 de setembro, sobre compensação de cheques e Decreto-Lei n.º 454/91, de 28 de dezembro, contendo normas relativas ao uso do cheque com diversas alterações, a última das quais introduzida pela Lei n.º 66/2015, de 6 de julho;
– quanto ao crédito: Decreto-Lei n.º 32:765, de 29 de abril de 1943, sobre a prova do mútuo celebrado por estabelecimentos bancários e Decreto-Lei n.º 220/94, de 23 de agosto, quanto a informação sobre taxas de juro e outros custos, retomado pelo Decreto-Lei n.º 51/2007, de 7 de março, alterado pelos Decretos-Leis n.º 88/2008, de 29 de maio, n.º 192/2009, de 17 de agosto e n.º 226/2012, de 18 de outubro; é de referir, a título de Direito

[326] *Leis da Banca*, 3.ª ed., 574 ss., com outras indicações e com os textos dos diplomas, então vigentes.

[327] Assim: Decreto-Lei n.º 138/86, de 14 de junho, relativo a contas poupança-reformado e Decreto-Lei n.º 323/95, de 29 de novembro, referente a contas poupança-emigrante; Decreto-Lei n.º 382/89, de 6 de novembro, sobre contas poupança-habitação; Decreto-Lei n.º 372/91, de 8 de outubro, quanto a certificados de depósito. *Vide*, por último, o Decreto-Lei n.º 158/2002, de 2 de julho, alterado pelo Decreto-Lei n.º 125/2009, de 22 de maio.

comum, o preceituado, no Código Civil, sobre o contrato de mútuo; também aqui devemos lidar com vários regimes especiais[328];

- quanto à locação e à cessão financeiras: Decretos-Leis n.ºs 149/95, de 24 de junho e 171/95, de 18 de julho, respetivamente; o primeiro destes diplomas foi alterado pelo Decretos-Leis n.º 265/97, de 2 de outubro, n.º 285/2001, de 3 de novembro e n.º 30/2008, de 25 de fevereiro; o segundo, pelo Decreto-Lei n.º 186/2002, de 21 de agosto, que revogou o seu artigo 4.º/1;
- quanto ao penhor bancário: Decreto-Lei n.º 29 833, de 17 de agosto de 1939; há que ter em conta o Decreto-Lei n.º 105/2004, de 8 de maio, sobre contratos de garantia financeira, alterado e republicado pelo Decreto-Lei n.º 85/2011, de 29 de junho e novamente alterado pelo Decreto-Lei n.º 192/2012, de 23 de agosto;
- quanto a obrigações hipotecárias: Decreto-Lei n.º 125/90, de 16 de abril, alterado pelos Decretos-Leis n.º 17/95, de 27 de janeiro, n.º 343/98, de 6 de novembro e n.º 52/2006, de 15 de março; hoje está substituído pelo Decreto-Lei n.º 59/2006, de 20 de março;
- quanto a obrigações de caixa: Decreto-Lei n.º 408/91, de 17 de outubro, alterado pelos Decretos-Leis n.º 343/98, de 6 de novembro, n.º 181/2000, de 10 de agosto e n.º 52/2006, de 15 de março;
- quanto a papel comercial (dívidas de curto prazo): Decreto-Lei n.º 69/2004, de 25 de março, alterado pelo Decreto-Lei n.º 52/2006, de 15 de março e pelo Decreto-Lei n.º 29/2014, de 25 de fevereiro, que o republicou em anexo;
- quanto a contratos de garantia financeira: Decreto-Lei n.º 105/2004, de 8 de maio, acima referido e por último alterado pelo Decreto-Lei n.º 192/2012, de 23 de agosto;
- quanto ao Direito mobiliário, relevante, a diversos títulos, no domínio bancário: rege, hoje, o Código dos Valores Mobiliários, aprovado pelo Decreto-Lei n.º 486/99, de 13 de novembro, alterado, por último, pelo Decreto-Lei n.º 22/2016, de 3 de junho, sobre transparência.

[328] Assim: Decreto-Lei n.º 349/98, de 11 de novembro, quanto ao crédito à habitação com diversas alterações, a última das quais introduzida pela Lei n.º 59/2012, de 9 de novembro, que o republicou em anexo e pelo Decreto-Lei n.º 359/91, de 21 de setembro, sobre crédito ao consumo, diversas vezes alterado e revogado pelo Decreto-Lei n.º 133/2009, de 2 de junho, por último alterado pelo Decreto-Lei n.º 42-A/2013, de 28 de março, que o republicou em anexo.

60. O Regime Geral das Instituições de Crédito e Sociedades Financeiras

I. Como diploma nuclear, particularmente no campo institucional, surge o Regime Geral das Instituições de Crédito e Sociedades Financeiras, ou RGIC, aprovado pelo Decreto-Lei n.º 298/92, de 31 de dezembro. Ele veio codificar, entre nós, boa parte do Direito bancário institucional, revogando vasta legislação anterior. O RGIC conta, neste momento, trinta alterações introduzidas pelos seguintes diplomas[329]:

1.º Decreto-Lei n.º 246/95, de 14 de setembro, que veio transpor a Diretriz n.º 94/19/CE, sobre sistemas de garantias de depósitos e introduzir, ainda, diversas outras modificações, recomendadas pela prática;

2.º Decreto-Lei n.º 232/96, de 5 de dezembro, que transpôs, também, diversas Diretrizes comunitárias, fazendo ainda, outras modificações;

3.º Decreto-Lei n.º 222/99, de 22 de junho, que veio criar e regular o Sistema de Indemnizações aos Investidores, alterando, em consonância, diversos preceitos do diploma em causa;

4.º Decreto-Lei n.º 250/2000, de 13 de outubro, que transpôs a Diretriz n.º 98/33/CE, de 22 de junho, modificando os artigos 81.º e 82.º do RGIC;

5.º Decreto-Lei n.º 285/2001, de 3 de novembro, que alterou o regime da locação financeira e modificou o artigo 4.º do RGIC;

6.º Decreto-Lei n.º 201/2002, de 26 de setembro, que modificou muitos preceitos do RGIC, aditando e revogando artigos e transpondo a Diretriz n.º 2000/28/CE, de 18 de setembro, sobre moeda eletrónica;

7.º Decreto-Lei n.º 319/2002, de 28 de dezembro: ocupou-se da dinamização das sociedades de capital de risco, modificando o artigo 101.º/3 do RGIC e revogando a alínea *h*) do seu artigo 6.º/1;

8.º Decreto-Lei n.º 252/2003, de 17 de outubro: procedeu à revisão do regime jurídico dos fundos de investimento mobiliário e aprovou o novo regime dos organismos de investimento coletivo, aditando um novo preceito – o artigo 199.º-I, ao RGIC;

9.º Decreto-Lei n.º 145/2006, de 31 de julho: transpôs a Diretriz n.º 2002/87, de 16 de dezembro, relativa à supervisão complementar das instituições de crédito, empresas de seguros e empresas de investimento de um conglomerado financeiro e a Diretriz n.º 2005/1, de 9 de março, que estabeleceu uma nova estrutura orgânica para os comités no domínio dos serviços financeiros; além de um regime próprio, alterou o RGEI e modificou os artigos 16.º, 18.º, 30.º, 58.º, 100.º, 103.º, 117.º, 130.º, 132.º e 137.º do RGIC;

[329] A legislação referida pode ser confrontada em *Leis da banca*, 3.ª ed., 52 ss., até 2005.

10.º Decreto-Lei n.º 104/2007, de 3 de abril[330]: transpõe a Diretriz n.º 2006/48, de 14 de junho, relativa ao acesso à atividade das instituições de crédito; além de um regime próprio, altera os artigos 13.º, 14.º, 17.º, 39.º, 43.º, 52.º, 60.º, 130.º, 132.º, 137.º e 199.º-A do RGIC e acrescenta-lhe os artigos 93.º-A, 116.º-A, 116.º-B, 116.º-C, 132.º-C, 135.-.º-A, 137.º-A, 137.º-B, 137.º-C, 137.º-D e 137.º-E;

11.º Decreto-Lei n.º 357-A/2007, de 31 de outubro: transpõe diversas diretrizes mobiliárias, reformula e republica o CVM e, do RGIC, altera os artigos 3.º, 4.º, 8.º, 14.º, 16.º, 29.º-A, 37.º, 38.º, 40.º, 65.º, 69.º, 81.º, 82.º, 88.º, 99.º, 103.º, 105.º, 120.º, 121.º, 186.º, 189.º, 193.º, 197.º, 198.º, 199.º-A, 199.º-B, 199.º-C, 199.º-D, 199.º-E, 199.º-F, 199.º-G, 199.º-H, 199.º-I e 215.º, acrescenta-lhe os artigos 199.º-J e 199.º-L e revoga os seus artigos 81.º/1, *e*), 199.º-E/1, *e*), *f*) e *g*) e 199.º-I/2 a 6;

12.º Decreto-Lei n.º 1/2008, de 3 de janeiro: reportou-se às regras de conduta exigíveis na banca e à sua supervisão pelo Banco de Portugal; alterou os artigos 73.º a 77.º, 116.º, 120.º, 132.º e 210.º do RGIC, aditou-lhe os artigos 77.º-A a 77.º-D e revogou os artigos 89.º e 90.º; em anexo e em boa hora, republicou o RGIC, em versão consolidada;

13.º Decreto-Lei n.º 126/2008, de 21 de julho: versa a idoneidade dos gestores bancários; altera os artigos 30.º, 31.º, 33.º, 69.º, 77.º-A, 85.º, 143.º, 154.º, 158.º e 227.º do RGIC;

14.º Decreto-Lei n.º 211-A/2008, de 3 de novembro: reforça os deveres de informação e transparência e amplia o limite de cobertura do Fundo de Garantia de Depósitos; altera os artigos 77.º, 77.º-C, 120.º, 167.º e 203.º do RGIC e amplia, até 31-dez.-2011, o limite de garantia fixado no artigo 166.º/1 do mesmo diploma (12.º);

15.º Lei n.º 28/2009, de 19 de junho: fixa um regime sancionatório (mais agravado), alterando os artigos 200.º, 210.º, 211.º e 215.º do RGIC; adita, ao mesmo RGIC, os artigos 118.º-A, 211.º-A, 227.º-A e 227.º-B[331];

16.º Decreto-Lei n.º 162/2009, de 20 de julho: transpõe a Diretriz n.º 2009/14, de 11 de março, sobre garantia de depósitos e altera os artigos 101.º, 155.º, 156.º, 157.º, 165.º, 167.º e 167.º-A do RGIC;

[330] Este diploma considera ir proceder à 9.ª alteração do RGIC quando, de facto, procede à 10.ª. O Decreto-Lei n.º 357-A/2007, de 31 de outubro, ignora a existência deste diploma (artigos 4.º, 5.º e 19.º). Apenas o Decreto-Lei n.º 1/2008, de 5 de janeiro, acertou a contagem.

[331] A Lei n.º 28/2009 afirma ir introduzir a 14.ª alteração ao RGIC quando, de facto, introduz a 15.ª ... como aliás se alcança dos seus artigos 5.º e 6.º.

17.º Lei n.º 94/2009, de 1 de setembro: derroga o sigilo bancário; altera vários diplomas, entre os quais o artigo 79.º do RGIC;

18.º Decreto-Lei n.º 317/2009, de 30 de outubro: transpõe a Diretriz n.º 2007/64, de 13 de novembro, que instituiu a Área Única de Pagamentos em Euros, e altera os artigos 4.º, 5.º, 6.º, 8.º, 117.º-A e 212.º; adita, no RGIC, o artigo 117.º-B,

19.º Decreto-Lei n.º 52/2010, de 26 de maio, que transpôs a Diretriz 2007/44, de 5 de setembro, relativa a avaliações prudenciais de projetos de aquisição e aumento de participações por entidades do sector financeiro, dando nova redação aos artigos 13.º, 20.º, 102.º, 103.º, 104.º, 105.º, 107.º, 108.º, 176 e 196.º e aditando, ao RGIC, os artigos 3.º-A e 44.º;

20.º Decreto-Lei n.º 71/2010, que aprovou o regime jurídico dos organismos de investimento coletivo em valores mobiliários sob forma societária e dos fundos de investimento imobiliário sob forma societária, alterando, entre outros diplomas, o artigo 199.º-L, do RGIC;

21.º Lei n.º 36/2010, de 2 de setembro: modifica o artigo 79.º, com novas exceções ao segredo bancário;

22.º Decreto-Lei n.º 140-A/2010, de 30 de dezembro, que transpõe várias diretrizes, dando nova redação aos artigos 13.º, 81.º, 93.º, 96.º, 99.º, 116.º-C, 132.º, 135.º-A, 137.º-A, 199.º-D e 199.º-E, do RGIC, aditando os artigos 14.º-A, 40.º-A, 56.º-A e 135.º-B, e revogando vários preceitos;

23.º Lei n.º 46/2011, de 24 de junho, que criou o tribunal de competência especializada para propriedade intelectual e o tribunal de competência especializada para a concorrência, regulação e supervisão, alterando o artigo 229.º, do RGIC;

24.º Decreto-Lei n.º 88/2011, de 20 de junho, que transpôs a Diretriz 2010/76, de 24 de novembro, sobre fundos próprios e alterou os artigos 14.º, 17.º e 116.º-C, do RGIC;

25.º Decreto-Lei n.º 119/2011, de 26 de dezembro, que altera o artigo 166.º, sobre a garantia de reembolso de depósitos;

26.º Decreto-Lei n.º 31-A/2012, de 10 de fevereiro, que altera o sistema financeiro no sentido de conferir, ao Banco de Portugal, poderes para intervir em instituições sujeitas à sua supervisão em situações de desequilíbrio, procede à criação de um Fundo de Resolução, estabelece um procedimento pré-judicial de liquidação para as referidas instituições e fixa outros aspetos relacionados com o processo de liquidação; altera e adita dezenas de artigos do RGIC e republica-o em anexo[332];

[332] O diploma anuncia ir proceder à 25.ª alteração ao do RGIC quando, de facto, procede à 26.ª.

27.º Decreto-Lei n.º 242/2012, de 7 de novembro: regula as instituições de moeda eletrónica e a prestação dos seus serviços, transpondo a Diretriz 2009/110, de 16 de setembro; altera os artigos 2.º, 3.º, 4.º, 8.º, 13.º, 116.º-D, 117.º-A, 167.º, 198.º, 199.º-I e 212.º, do então recém-republicado RGIC;

28.º Lei n.º 64/2012, de 20 de dezembro, que alterou, pela segunda vez, a Lei n.º 64-B/2011, de 30 de dezembro (Orçamento Geral do Estado para 2012) e deu nova redação ao artigo 152.º do RGIC;

29.º Decreto-Lei n.º 18/2013, de 6 de fevereiro, que transpôs a Diretriz 2010/78 (Diretriz Omnibus I) relativa à Autoridade Bancária Europeia e às dos Seguros e dos Valores Mobiliários e alterou, do RGIC, os artigos 16.º, 22.º, 23.º, 38.º, 53.º, 56.º-A, 58.º, 81.º, 93.º, 132.º-A, 132.º-C, 135.º-A, 135.º-B, 135.º-C, 137.º-A, 137.º-C, 199.º-D e 199.º-F, e a epígrafe do capítulo III do título X-A, acrescentando, ainda, um novo preceito: o artigo 122.º-A;

30.º Decreto-Lei n.º 63-A/2013, de 10 de maio, que aprovou o novo regime dos organismos de investimento coletivo, alterando os artigos 6.º, 199.º-A, 199.º-B e 199.º-L, do RGIC;

31.º Decreto-Lei n.º 114-A/2014, de 1 de agosto, que aperfeiçoou o regime da resolução introduzido pelo Decreto-Lei n.º 31-A/2012, de 10 de fevereiro; alterou os artigos 145.º-B, 145.º-F, 145.º-H, 145.º-I, 153.º-M, 155.º e 211.º;

32.º Decreto-Lei n.º 114-B/2014, de 4 de agosto: completou o anterior, modificando os artigos 145.º-G e 145.º-I;

33.º Decreto-Lei n.º 157/2014, de 24 de outubro ou grande reforma de 2014: veio transpor regras europeias relativas a requisitos prudenciais e à atividade das instituições de crédito; alterou o regime sancionatório; atingiu dezenas de artigos do RGIC e aditou inúmeros preceitos novos; republicou, em anexo, o texto do RGIC, consolidado;

34.º Lei n.º 16/2015, de 24 de fevereiro: transpôs parcialmente as Diretrizes 2011/61 e 2013/14, revendo o RJOIC, que publicou em anexo; alterou os artigos 2.º-A, 20.º, 199.º-A e 199.º-L do RGIC;

35.º Lei n.º 23-A/2015, de 26 de março ou grande reforma de 2015: transpôs a Diretiva 2014/49, relativa aos sistemas de garantia de depósitos e 2014/59, sobre a recuperação e a resolução das instituições de crédito; alterou muitas dezenas de artigos do RGIC e acrescentou outros tantos, republicando, em anexo, todo esse diploma, consolidado: a segunda republicação, em menos de seis meses;

36.º Decreto-Lei n.º 89/2015, de 29 de maio, atinente à Finangeste; alterou o artigo 6.º/2;

37.º Lei n.º 66/2015, de 6 de julho, relativo a serviços mínimos bancários e a contas de depósito; modificou o artigo 77.º;

38.º Decreto-Lei n.º 140/2015, de 31 de julho: modificou o artigo 145.º-L, no domínio da resolução;
39.º Lei n.º 118/2015, de 31 de agosto: altera os artigos 85.º, 86.º, 102.º e 109.º, tendo a ver com incompatibilidades;
40.º Decreto-Lei n.º 190/2015, de 10 de setembro: fixa um novo regime para as caixas económicas e altera o artigo 39.º do RGIC;
41.º Decreto-Lei n.º 20/2016, de 20 de abril ("decreto BPI"): adita o artigo 13.º-C ao RGIC, relativo à desblindagem dos estatutos das instituições de crédito; este diploma, claramente inconstitucional, visou permitir a aquisição do BPI por uma entidade espanhola.

A instabilidade crescente que tem vindo a atingir o RGIC obriga, em permanência, a uma grande atenção: quer quanto aos textos em vigor, quer quanto às regras aplicáveis de Direito transitório.

II. Ao RGIC há que acrescentar diversa legislação complementar. Assim, quanto a instituições de crédito, e sempre sem garantia de exaustão[333]:

– Decreto-Lei n.º 287/93, de 20 de agosto, que aprovou regras relativas à Caixa Geral de Depósitos, contendo, em anexo, os seus estatutos; foi alterado pelo Decreto-Lei n.º 106/2007, de 3 de abril, que republicou os estatutos em causa;
– Decreto-Lei n.º 136/79, de 18 de maio, sobre as caixas económicas[334], substituído pelo Decreto-Lei n.º 190/2015, de 10 de setembro;
– Decreto-Lei n.º 24/91, de 11 de janeiro, relativo às caixas de crédito agrícola mútuo[335], por último alterado e republicado pelo Decreto-Lei n.º 142/2009, de 16 de junho;
– Decreto-Lei n.º 260/94, de 22 de outubro, sobre sociedades de investimento[336];

[333] *Leis da banca*, 3.ª ed., 227 ss..

[334] Este diploma foi alterado, designadamente, pelo Decreto-Lei n.º 231/79, de 24 de julho, pelo Decreto-Lei n.º 281/80, de 14 de agosto, pelo Decreto-Lei n.º 78/81, de 20 de abril, pelo Decreto-Lei n.º 49/86, de 14 de março, pelo Decreto-Lei n.º 212/86, de 1 de agosto, pelo Decreto-Lei n.º 182/90, de 6 de junho, pelo Decreto-Lei n.º 319/97, de 25 de novembro e pelo Decreto-Lei n.º 188/2007, de 11 de maio.

[335] Alterado pelo Decreto-Lei n.º 230/95, de 12 de setembro, pelo Decreto-Lei n.º 320/97, de 25 de novembro, pelo Decreto-Lei n.º 102/99, de 31 de março, pelo Decreto-Lei n.º 201/2002, de 26 de setembro, pelo Decreto-Lei n.º 76-A/2006, de 29 de março e pelo Decreto-Lei n.º 142/2009, de 16 de junho, que o republicou.

[336] Alterado pelos Decretos-Leis n.º 157/2014, de 24 de outubro e n.º 100/2015, de 2 de junho.

- Decreto-Lei n.º 72/95, de 15 de abril, quanto a sociedades de locação financeira[337];
- Decreto-Lei n.º 171/95, de 18 de julho, quanto a sociedades de cessão financeira[338];
- Decreto-Lei n.º 186/2002, de 21 de agosto, relativo a instituições financeiras de crédito;
- Decreto-Lei n.º 242/2012, de 7 de novembro, sobre as instituições de moeda eletrónica, revogando o anterior Decreto-Lei n.º 42/2002, de 2 de março, foi alterado pelo Decreto-Lei n.º 157/2014, de 24 de outubro.

III. No tocante a sociedades financeiras, temos:

- Decreto-Lei n.º 262/2001, de 28 de setembro, referente a sociedades corretoras e financeiras de corretagem[339];
- Decreto-Lei n.º 110/94, de 28 de abril, quanto a sociedades mediadoras dos mercados monetário ou de câmbios;
- Decreto-Lei n.º 60/2002, de 20 de março, relativo a fundos de investimento imobiliário[340];
- Decreto-Lei n.º 166/95, de 15 de julho, relativo a sociedades emitentes ou gestoras de cartões de crédito;
- Decreto-Lei n.º 163/94, de 4 de junho, quanto a sociedades gestoras de patrimónios[341];
- Decreto-Lei n.º 25/91, de 11 de janeiro, sobre sociedades de desenvolvimento regional[342];
- Decreto-Lei n.º 453/99, de 5 de novembro, relativo a sociedades de titularização de créditos[343];

[337] Alterado pelos Decretos-Leis n.º 285/2001, de 3 de novembro, n.º 186/2002, de 21 de agosto, n.º 157/2014, de 24 de outubro, n.º 100/2015, de 2 de junho.

[338] Alterado pelo Decreto-Lei n.º 186/2002, de 21 de agosto e pelos dois últimos diplomas referidos na nota anterior.

[339] Alterado pelo artigo 10.º do Decreto-Lei n.º 357-A/2007, de 31 de outubro.

[340] Alterado pelo Decreto-Lei n.º 252/2003, de 17 de outubro, pelo Decreto-Lei n.º 13/2005, de 7 de janeiro, que o republicou, pelo Decreto-Lei n.º 357-A/2007, de 31 de outubro, pelo Decreto-Lei n.º 211-A/2008, de 3 de novembro, pelo Decreto-Lei n.º 71/2010, de 18 de junho, que o republica em anexo e pela Lei n.º 16/2015, de 24 de fevereiro.

[341] Alterado pelo Decreto-Lei n.º 17/97, de 21 de janeiro e pelo Decreto-Lei n.º 99/98, de 21 de abril.

[342] Alterado pelo Decreto-Lei n.º 247/94, de 7 de outubro.

[343] Alterado pelo Decreto-Lei n.º 82/2002, de 5 de abril, pelo Decreto-Lei n.º 303/2003, de 5 de dezembro, que republicou o diploma, pelo Decreto-Lei n.º 52/2006, de

– Decreto-Lei n.º 237/91, de 2 de julho, quanto a sociedades administradoras de compras em grupo[344];
– Decreto-Lei n.º 3/94, de 11 de janeiro, referente a agências de câmbios[345];
– Lei n.º 16/2015, de 24 de fevereiro, com o regime dos orgaismos de investimento coletivo, revogando o regime adotado menos de dois anos antes pelo Decreto-Lei n.º 63-A/2013, de 10 de janeiro.

61. Os usos bancários; as cláusulas contratuais gerais

I. No campo das fontes internas do Direito bancário, ainda que com força meramente mediata, cabe um papel importante aos usos vigentes no sector.

Historicamente, o Direito bancário foi emergindo das práticas dos prestamistas e dos cambistas. Além das leis, faltava o próprio apoio do Direito comum. O movimento codificador do século XIX avançou pouco, nos campos da banca. Nos diversos países, o Direito bancário material é apontado como carecendo de base legal codificada[346]. Mesmo em Portugal, terra campeã de leis bancárias, falta um diploma extenso sobre Direito bancário material.

Nestas condições, os atos bancários assentam na autonomia privada. Não é contudo imaginável que, aquando da prática de cada ato bancário, se proceda a uma atividade criativa: as partes, em regra, mais não fazem do que retomar caminhos já antes repetidamente experimentados. Resulta, daqui, uma prática reiterada, isto é, um uso[347].

II. Os usos bancários podem ser juridificados por uma de três vias: pela autonomia privada, pela lei ou pela presença de um costume[348].

15 de março e pelo Decreto-Lei n.º 211-A/2008, de 3 de novembro.

[344] Alterado pelo Decreto-Lei n.º 22/94, de 27 de janeiro.

[345] Alterado pelo Decreto-Lei n.º 298/95, de 18 de novembro e pelo Decreto-Lei n.º 53/2001, de 15 de fevereiro, pelo Decreto-Lei n.º 317/2009, de 30 de outubro e pelo Decreto-Lei n.º 242/2012, de 7 de novembro.

[346] Schwintowski/Schäfer, *Bankrecht* cit., 2.ª ed., 9 e Hans-Peter Schwintowski, *Bankrecht* cit., 3.ª ed., n.º 10 (6) e 4.ª ed., § 1, Nr. 22 (7); Stéphanie Piedelièvre/Emmanuel Putman, *Droit bancaire* cit., n.º 13 (12-13).

[347] Antonio Pavone la Rosa, *Gli usi bancari*, em Giuseppe B. Portale (org.), *Le operazioni bancarie*, tomo I (1978), 23-58.

[348] Quanto à juridicidade dos usos: *Tratado*, I, 4.ª ed., 573 ss..

A autonomia privada juridifica os usos remetendo, diretamente, para eles. Trata-se da via mais simples. Muitas vezes, ela ocorre através da "codificação", em cláusulas contratuais gerais, de práticas bancárias consagradas. Este movimento está, entre nós, ainda incipiente: faltam, como abaixo melhor se verá, cláusulas bancárias de alcance geral. Mas há outras possibilidades: as cláusulas contratuais existentes, embora parcelares e organizadas por cada banco, remetem por vezes, expressamente, para os usos[349] enquanto, nas relações interbancárias, os operadores, perfeitos conhecedores das práticas seguidas, apelam – mesmo que implicitamente – para elas, quando contratam. Os "usos" não valem enquanto tais; operam mercê da positividade jurídica que lhes seja insuflada pela vontade das partes. Materialmente, são proposições contratuais, numa conclusão que deve ser verificada caso a caso.

III. Os usos podem valer como fontes (mediatas) do Direito quando a lei remeta para eles: recorde-se o teor do artigo 3.º/1 do Código Civil[350]. Teremos, no Direito bancário, uma remissão legal para os usos?

A resposta é parcialmente positiva, em termos que requerem, contudo, alguma explicação.

Segundo o artigo 407.º do Código Comercial,

> Os depósitos feitos em bancos ou sociedades reger-se-ão pelos respetivos estatutos em tudo quanto não se achar prevenido neste capítulo e mais disposições legais aplicáveis.

A referência a "estatutos" reporta-se, na realidade, aos "usos"[351]. "Estatutos" corresponde à expressão usada no artigo 310.º do Código de Comércio Espanhol, fonte do citado artigo 407.º. No preceito espanhol, eles designam os usos. Como "estatutos", em sentido português, nem

[349] A doutrina exige, nessa eventualidade, que os particulares aderentes conheçam o uso em causa; na hipótese negativa, cabe ao banqueiro, acatando o seu dever de esclarecimento, documentar, previamente, o aderente.

[350] Nessa ocasião e nos termos do mesmo artigo 3.º/1 há, ainda, que proceder à sindicância da boa-fé; quanto ao sentido dessa sindicância, remete-se para Menezes Cordeiro, *Da boa fé no Direito civil* (1985, 4.ª reimp., 2009), 1281.

[351] Assim: STJ 26-jun.-1980 (Rodrigues Bastos), BMJ 298 (1980), 354-357 (356), STJ 8-mai.-1984 (Moreira da Silva), BMJ 337 (1984), 377-384 (382), REv 9-nov.-1989 (Raúl Mateus), CJ XIV (1989) 5, 258-261 (259, 2.ª col.) e RCb 29-out.-1991 (Costa Marques), CJ XVI (1991) 4, 122-124 (123, 1.ª col.).

fariam sentido: o banqueiro individual não tem estatutos, enquanto os das sociedades não se ocupam dos depósitos, como é evidente[352].

Temos, pois, um preceito que, no tocante ao depósito bancário, remete para os usos. O depósito bancário surge, muitas vezes, integrado em séries negociais complexas, que incluem, como exemplos, a abertura de conta, a convenção de cheque, a concessão de determinados créditos e, ainda, a prestação de certos serviços. Podemos admitir a vigência, *ex lege*, de usos que abarquem todo esse negócio complexo, por interpretação extensiva e atualista do artigo 407.º do Código Comercial. Caso a caso se procederá à sindicância *ex bona fide*. Os nossos tribunais acolhem, por vezes e sem sobressalto, usos bancários[353].

IV. Finalmente, os usos de teor imperativo adquirem positividade jurídica: temos Direito consuetudinário.

Noutros ordenamentos, a referência ao Direito consuetudinário, no campo bancário, é relativamente frequente. Por exemplo, no Direito alemão, institutos correntes como o segredo bancário[354], são remetidos para o costume: não se suscita a mínima dúvida quanto à sua juridicidade. Entre nós, as remissões para o costume não obtêm êxito jurisdicional. A facilidade com que o nosso legislador intervém, em profundidade, nos diversos quadrantes, dificulta a formação dos costumes. Além disso, a permanente necessidade de procurar, na lei, um apoio para o costume frustra a eficácia das normas consuetudinárias, pondo em crise a própria juridicidade autónoma.

Temos, pois, dificuldades em, no Direito português, localizar costumes bancários. A situação é amenizada pelo peso crescente que a jurisprudência tem vindo a assumir nos diversos institutos, principalmente nos que advêm do Código Comercial, datado de há quase 130 anos.

V. Nos termos gerais do artigo 348.º do Código Civil, por interpretação extensiva, o teor dos usos deve ser comprovado por quem os invoque.

[352] *Vide* a explicação confluente de Luiz Cunha Gonçalves, *Comentário ao Código Comercial Português*, 2 (1914), 383-384, bem como Aureliano Strecht Ribeiro, *Código Comercial Português/actualizado e anotado*, 2 (1939), 303.

[353] Assim: RLx 3-jun.-2003 (Pimentel Marcos), CJ XXVIII (2003) 3, 101-105 (103/I), onde se refere, como uso, a prática do lançamento em conta dos cheques depositados, com a cláusula "salvo boa cobrança".

[354] Schwintowski/Schäfer, *Bankrecht* cit., 2.ª ed., 59-60; Hans-Peter Schwintowski, *Bankrecht* cit., 3.ª ed., § 3,3 (55) e 4.ª ed. § 3, Nr. 4 (52).

Na experiência francesa, por exemplo, a *Association française des banques* pode dar o seu parecer sobre a existência e o conteúdo de determinado uso bancário[355].

A *Associação Portuguesa de Bancos*, nos termos do artigo 3.º, *b*), *h*) e *i*) dos seus Estatutos, poderá prestar idêntico serviço.

VI. Como fonte (mediata) do Direito bancário, de peso predominante, no campo material, surgem as cláusulas contratuais gerais[356]. Referimos já que elas acolhem muitos dos usos bancários, dando-lhes a competente juridicidade. Além disso, elas compilam o essencial de contratos bancários basilares, como a abertura de conta, que não têm qualquer base legal.

62. **Códigos de conduta e fontes privadas**

I. O Direito bancário tem, ainda uma fonte relevante, designadamente em termos práticos: trata-se de regras estabelecidas, por aviso, pelo BP, nos termos do artigo 17.º da LO e do artigo 77.º-B/1 do RGIC e a que genericamente a epígrafe desse preceito chama "códigos de conduta"[357]. As regras gerais e abstratas aprovadas pelo BP são leis materiais cuja positividade jurídica deriva das normas que instituem o poder regulamentar do BP. Não podem contrariar as leis fixadas por órgãos de soberania, sob pena de ilegalidade; tão-pouco se aplicam, diretamente, a entidades que não estejam submetidas à supervisão do BP. Finalmente: não devem transcender o âmbito dos poderes de supervisão[358]. De todo o modo, a existência deste poder regulador do BP, a incluir na sua tarefa geral de supervisão, abaixo examinada[359], faz, do sector bancário, uma área de atividade especialmente regulada[360].

II. Pergunta-se se as regras aprovadas pelo BP – *maxime*, sob a forma de circular – podem ser constitutivas de direito para os particulares. A res-

[355] Rives-Lange/Contamine-Raynaud, *Droit bancaire* cit., 6.ª ed., 150-151.

[356] Siegfried Kümpel, *Bank- und Kapitalmarktrecht* cit., 3.ª ed., 18 ss..

[357] A competência para o BP definir normas prudenciais fora fixada pelo Decreto-Lei n.º 318/89, de 23 de outubro; este diploma foi revogado pelo artigo 5.º do Decreto-Lei n.º 298/92, de 31 de dezembro, tendo a matéria transitado para o RGIC.

[358] Quanto aos códigos de conduta, Augusto de Athayde, *Curso de Direito bancário* cit., 1, 493 ss..

[359] *Infra*, 1100 ss..

[360] Simões Patrício, *Direito bancário privado* cit., 33 ss..

posta é negativa: não é possível constituir direitos privados para uns, sem onerar outros. Ora neste último campo, temos de exigir leis formais, dotadas de cobertura constitucional. Assim, a violação de tais regras, aprovadas pelo BP, apenas poderia originar a responsabilidade disciplinar da entidade prevaricadora[361]. Porém, a violação das regras aprovadas pelo BP, designadamente por parte de um banqueiro, quando provoque danos num particular, dá azo a um dever de indemnizar, por via da 2.ª parte do artigo 483.º/1, do Código Civil[362]. A violação de regras aprovadas pelo BP é a violação das normas que, ao BP, conferem os poderes por ele exercidos. Ora, tais regras visam a proteção de "interesses alheios". São, pois, clássicas normas de proteção, cuja violação induz responsabilidade.

III. O artigo 77.º-B/1 do RGIC[363] prevê, como referido, a elaboração de códigos de conduta pelas instituições de crédito ou pelas associações representativas das instituições de crédito. O BP pode emitir instruções sobre os códigos de conduta referidos (77.º-B/2).

No âmbito estritamente associativo, compete às mencionadas associações aprovar regras de conduta para os seus membros: trata-se de fontes privadas, cuja juridicidade deriva da livre adesão aos estatutos que as legitimem[364]. Neste domínio, as fontes privadas podem ir mais longe do que determinariam os poderes de supervisão do BP. Mas podem, também, contrariar regras básicas do RGIC ou desenvolvimentos prudenciais devidamente aprovados pelo BP. As instruções e normas orientadoras, relativas a códigos de conduta e a emitir pelo Banco de Portugal, visam, precisamente, prevenir excessos desse tipo. Só que, quando os códigos de conduta se limitem a acolher instruções ou orientações do BP, temos, materialmente, regras de tipo público: aplica-se o regime acima apontado.

[361] Nesse sentido, RPt 28-mai.-1996 (Mário Cruz), CJ XXI (1996) 3, 204-212; já não podemos acompanhar este acórdão na parte em que, daqui, infere a impossibilidade de derivar um dever de indemnizar, a favor dos particulares, pelas razões apontadas no texto.

[362] Assim, e no sentido da boa doutrina, STJ 17-jan.-1989 (Menéres Pimentel), BMJ 383 (1989), 200-204 (203): a violação de circulares do BP, ainda que não implique a nulidade dos atos prevaricadores, pode dar azo a responsabilidade civil.

[363] Aditado pelo Decreto-Lei n.º 1/2008, de 3 de janeiro; anteriormente a matéria constava, em termos não coincidentes, do artigo 77.º/2 e 3 do RGIC; este preceito previa a aprovação dos códigos de conduta pelo Banco de Portugal, o que desapareceu do preceito atual.

[364] Quanto a diplomas privados como fontes do Direito: *Tratado*, I, 4.ª ed., 547.

Os códigos de conduta, tenham natureza pública ou privada, devem ser divulgados "junto dos clientes", designadamente através de página na Internet (77.º-B/1).

IV. A figura dos códigos de conduta estava ainda prevista no revogado CódMVM, artigos 654.º e seguintes. Segundo o artigo 655.º desse Código,

> Será elaborado e publicado, para cada categoria ou para categorias homogéneas de intermediários financeiros, ou, quando for julgado mais conveniente, para cada tipo ou para tipos homogéneos de atividades de intermediação em valores mobiliários, um código de conduta em que se estabeleçam as normas de deontologia profissional a observar pelos referidos intermediários no exercício dessas atividades.

Tais códigos eram elaborados pelos organismos de classe representativos e submetidos à aprovação da CMVM. Pelas matérias que regem, os códigos de conduta previstos no CódMVM têm relevância bancária. Assim, foram elaborados e aprovados, logo no início, os códigos de conduta provenientes das seguintes associações[365]:

- *Associação das Sociedades Gestoras de Fundos de Investimento Mobiliário* (ASGFIM), aprovado em 13-jan.-1993;
- *Associação Portuguesa das Sociedades Gestoras de Patrimónios* (AGEPAT), aprovado em 8-abr.-1993;
- *Associação Portuguesa de Bancos* (APB), aprovado em 2-dez.-1993;
- *Associação das Empresas Gestoras de Fundos de Pensões* (AEGFP), aprovado em 24-jan.-1994;
- *Associação Portuguesa das Sociedades de Investimento* (APSI), aprovado, também, em 24-jan.-1994.

Surgiram, depois, códigos de conduta de diversas instituições de crédito: do Banco de Portugal, para vigorar após 1 de janeiro de 2005, da Caixa Geral de Depósitos, sem data e de diversos bancos comerciais[366]. A ASPAC (Associação das Instituições de Crédito Especializadas) também aprovou, em 4-dez.-2008, um código de conduta.

[365] O texto destes códigos pode ser facilmente consultado em Vasco Soares da Veiga, *Direito bancário* (1996), 682-750.

[366] Confrontáveis nos sítios respetivos, na Net.

V. O atual CVM, respondendo à crítica de que o esquema de aprovação dos códigos de conduta por um organismo estadual lhes retirava a sua particular função autodisciplinadora, modificou o sistema. Segundo o artigo 315.º do CVM, versão inicial,

> Os códigos de conduta que venham a ser aprovados pelas associações profissionais de intermediários financeiros são registados na CMVM.

Mais tarde, o artigo 372.º/2 limitou-se a exigir que os códigos fossem comunicados à CMVM. Tal como sucedeu com a Banca, há um distanciamento em relação a essa matéria, no âmbito da ideia de desregulação que campeou até 2008.

Também o artigo 372.º do CVM refere essa figura, acrescentando as entidades gestoras dos mercados, dos sistemas de liquidação e dos sistemas centralizados de valores mobiliários, esclarecendo que o registo na CMVM visa "... o controlo de legalidade e de respeito pelos regulamentos". Uma lógica autonomista levaria, contudo, ao controlo jurisdicional.

VI. Pretendendo explicitar, ainda que por amostragem, o alcance da regulação estabelecida pelo Banco de Portugal, passamos a referir os avisos já publicados no presente ano de 2013[367]. De resto, eles ilustram as medidas tomadas contra a crise de 2007/2014. Advertimos os estudiosos e os práticos do Direito bancário para a necessidade de uma permanente consulta a bases de dados atualizadas, fazendo cruzamentos de informações e confirmando-as através das publicações oficiais. Assim:

Aviso n.º 1/2013, de 19 de março: define os procedimentos relativos às contribuições periódicas para o Fundo de Resolução[368];

Aviso n.º 2/2013, de 17 de maio: altera o Aviso n.º 5/2007, relativo a fundos próprios, no âmbito do Fundo de Contragarantias Mútuo[369];

Aviso n.º 3/2013, de 30 de julho: altera o Aviso n.º 6/2010, quanto a fundos próprios em base consolidada[370].

[367] Na 3.ª ed. deste *Manual*, 133-134, podem ser, por curiosidade, confrontados os de 2005 e, na 4.ª ed., 197, os de 2009.

[368] DR II-E, n.º 60, de 26-mar.-2013, 10.560-10.561.

[369] DR II-E, n.º 104, de 30-mai.-2013, 17.236.

[370] DR II-E, n.º 158, de 19-ago.-2013, 26.081.

Note-se que, em 2011, foram adotados dez avisos, em 2012, dezoito, em 2013, seis, em 2014, catorze, em 2015, cinco e em 2016 (agosto), seis[371]. O número de intervenções do BP varia em função da crise.

[371] A matéria pode ser comodamente consultada no SIBAP (Sistema de Instruções do Banco de Portugal), acessível através do sítio do mesmo Banco.

§ 16.º FONTES EUROPEIAS

63. As diretrizes institucionais

I. No atual Direito bancário português, assumem um papel crescente as fontes europeias. Cumpre proceder ao seu levantamento. Procurando uma sequência cronológica, deparamo-nos, em primeiro lugar, com as diversas diretrizes institucionais. Tomando como ponto de partida as chamadas diretrizes de coordenação bancária, temos:

- *Diretriz n.º 77/780/CEE*, do Conselho, de 12 de dezembro de 1977, conhecida como *Primeira Diretriz de Coordenação Bancária*: visa a coordenação das disposições legislativas, regulamentares e administrativas respeitantes ao acesso à atividade dos estabelecimentos de crédito e ao seu exercício[372];
- *Diretriz n.º 89/299/CEE*, do Conselho, de 17 de abril de 1989, ou *Diretriz Fundos Próprios*: regula os fundos próprios das instituições de crédito[373];
- *Diretriz n.º 89/646/CEE*, do Conselho, de 15 de dezembro de 1989, ou *Segunda Diretriz de Coordenação Bancária*: visa a coordenação das disposições legislativas, regulamentares e administrativas respeitantes ao acesso à atividade das instituições de crédito ou ao seu exercício e que altera a Diretriz n.º 77/780/CEE[374];
- *Diretriz n.º 89/647/CEE*, do Conselho, de 18 de dezembro de 1989, ou *Diretriz Ratio de Solvabilidade*: reporta-se a uma *ratio* de solvabilidade das instituições de crédito[375];
- *Diretriz n.º 92/30/CEE*, do Conselho, de 6 de abril de 1992, ou *Diretriz da Superintendência em Base Consolidada*: regula a fiscalização das instituições de crédito numa base consolidada[376];

[372] JOUE N.º L 322, de 17-dez.-1977, 21-27.
[373] JOUE N.º L 124, de 5-mai.-1989, 16-20.
[374] JOUE N.º L 386, de 30-dez.-1989, 1-13.
[375] JOUE N.º L 386, de 30-dez.-1989, 14-22.
[376] JOUE N.º L 110, de 28-abr.-1992, 58-58.

- *Diretriz n.º 92/121/CEE*, do Conselho, de 21 de dezembro de 1992, ou *Diretriz Grandes Riscos*: dispõe sobre fiscalização e controlo dos grandes riscos das instituições de crédito[377];
- *Diretriz n.º 93/6/CEE*, do Conselho, de 15 de março de 1993, ou *Diretriz Adequação dos Fundos Próprios*: rege a adequação dos fundos próprios das empresas de investimento e das instituições de crédito[378];
- *Diretriz n.º 94/19/CE*, do Parlamento Europeu e do Conselho, de 30 de maio de 1994, ou *Diretriz Garantia dos Depósitos*: versa os sistemas de garantia de depósitos[379];
- *Diretriz n.º 95/15/CE*, da Comissão, de 31 de maio de 1995: alterou a Diretriz n.º 89/647/CEE, relativa à *ratio* de solvabilidade[380];
- *Diretriz n.º 95/26/CE*, do Parlamento Europeu e do Conselho, de 29 de junho de 1995, ou *Diretriz Post-BCCI*: alterou diversas Diretrizes anteriores, de modo a reforçar a supervisão prudencial[381];
- *Diretriz n.º 95/67/CE*, da Comissão, de 15 de dezembro de 1995: alterou a Diretriz n.º 89/647/CEE, relativa à *ratio* de solvabilidade, no tocante à noção de "bancos multilaterais de desenvolvimento"[382];
- *Diretriz n.º 96/10/CE*, do Parlamento Europeu e do Conselho, de 21 de março de 1996: alterou a Diretriz n.º 84/647/CEE, no que respeita à compensação contratual (ou *contractual netting*)[383];
- *Diretriz n.º 96/13/CE*, do Conselho, de 11 de março de 1996: alterou a Diretriz n.º 77/780/CEE, no tocante a exclusões do âmbito de aplicação desta última[384];
- *Diretriz n.º 98/26/CE*, do Parlamento Europeu e do Conselho, de 19 de maio de 1998, relativa ao carácter definitivo da liquidação nos sistemas de pagamentos e de liquidação de valores mobiliários[385];

[377] JOUE N.º L 29, de 5-fev.-1993, 1-8.

[378] JOUE N.º L 141, de 11-jun.-1993, 1-26.

[379] JOUE N.º L 135, de 31-mai.-1994, 5-14.

[380] JOUE N.º L 125, de 8-jun.-1995, 23-24.

[381] JOUE N.º L 168, de 18-jul.-1995, 7-13; o BCCI ou *Bank of Commerce and Credit International* deu azo a um escândalo financeiro internacional, espoletado em 1991: através de uma estrutura de grupo marcada por elevada opacidade, o BCCI furtava-se à vigilância e operava no domínio da lavagem de dinheiro.

[382] JOUE N.º L 314, de 28-dez.-1995, 72.

[383] JOUE N.º L 85, de 3-abr.-1996, 17.

[384] JOUE N.º L 66, de 16-mar.-1996, 15-16.

[385] JOUE N.º L 166, de 11-jun.-1998, 45-50.

– *Diretriz n.º 98/32/CE*, do Parlamento Europeu e do Conselho, de 22 de junho de 1998: altera, especialmente em relação aos créditos hipotecários, a Diretriz n.º 89/647/CEE do Conselho (*ratio* de solvabilidade)[386];
– *Diretriz n.º 98/33/CE*, do Parlamento Europeu e do Conselho, de 22 de junho de 1998: altera a Diretriz n.º 77/780/CE (a Primeira Diretriz de Coordenação Bancária) e os anexos II e III da Diretriz n.º 89/647/CEE, quanto à adequação de fundos próprios das empresas de investimento e das instituições de crédito[387].

II. A matéria seria, subsequentemente, simplificada. Assim, a Diretriz n.º 2000/12/CE, do Parlamento Europeu e do Conselho, de 20 de março[388], relativa ao acesso à atividade das instituições de crédito e ao seu exercício, veio revogar, no seu artigo 67.º, as Diretrizes n.º 77/780/CEE, 89/299/CEE, 89/646/CEE, 89/647/CEE, 92/30/CEE e 92/121/CEE, bem como as Diretrizes que as alteraram[389]. As respetivas matérias foram acolhidas na referida Diretriz 2000/12/CE. Seguidamente, cumpre referir:

– *Diretriz n.º 2000/46/CE*, do Parlamento Europeu e do Conselho, de 18 de setembro, relativa ao acesso à atividade das instituições de moeda eletrónica e ao seu exercício, bem como à sua supervisão prudencial[390];
– *Diretriz n.º 2001/24/CE*, do Parlamento Europeu e do Conselho, de 4 de abril, relativa ao saneamento e à liquidação das instituições de crédito[391];
– *Diretriz n.º 2002/87/CE*, do Parlamento Europeu e do Conselho, de 16 de dezembro, relativa à supervisão complementar de instituições de crédito, empresas de seguros e empresas de investimento de um conglomerado financeiro[392].

III. Mais tarde, assistiu-se a um novo fluxo de diretrizes bancárias, na área institucional, motivado por dois fatores: o esforço de aperfeiçoamento

386 JOUE N.º L 204, de 21-jul.-1998, 26-28; foi transposta pelo Decreto-Lei n.º 263/ /2000, de 18 de outubro.
387 JOUE N.º L 204, de 21-jul.-1998, 26-28.
388 JOUE N.º L 126, de 26-mai.-2000, 1-59.
389 Cf. o anexo V à Diretriz n.º 2000/12.
390 JOUE N.º L 275, de 27-out.-2000, 39-43.
391 JOUE N.º L 125, de 5-mai.-2001, 15-23.
392 JOUE N.º L 35, de 11-fev.-2003, 1-27.

resultante da plataforma conhecida como Basileia II[393] e a crise mundial de 2007/2010[394]. Damos nota:

- *Diretriz n.º 2006/48/CE*, do Parlamento Europeu e do Conselho, de 14 de junho de 2006, relativa ao acesso à atividade das instituições de crédito[395] e que veio substituir a Diretriz n.º 2000/12: funciona como um pequeno código de Direito bancário institucional europeu, tendo sido alterada pela *Diretriz n.º 2008/24/CE*, do Parlamento Europeu e do Conselho, de 11 de março de 2008[396], relativa a aspetos de procedimento;
- *Diretriz n.º 2006/49/CE*, do Parlamento Europeu e do Conselho, de 14 de junho de 2006, referente à adequação de fundos próprios de empresas de investimento e das instituições de crédito[397]; revogou a Diretriz n.º 2008/23/CE, do Parlamento Europeu e do Conselho, de 11 de março de 2008[398], também em aspetos de procedimento;
- *Diretriz n.º 2007/44*, de 5 de setembro: altera diversas diretrizes, no que se refere a normas processuais e a critérios para a avaliação prudencial das aquisições e dos aumentos de participações em entidades do sector financeiro[399];
- *Diretriz n.º 2008/25/CE*, do Parlamento Europeu e do Conselho, de 11 de março de 2008[400], que altera a Diretriz n.º 2002/87, sobre a supervisão complementar de instituições de crédito, empresas de seguros e empresas de investimento de um conglomerado financeiro, no que diz respeito às competências de execução atribuídas à Comissão;
- *Diretriz n.º 2009/14/CE*, do Parlamento Europeu e do Conselho, de 11 de março de 2009[401], que veio alterar a Diretriz n.º 94/19, sobre os sistemas de garantia dos depósitos.

IV. Subsequentemente, acentua-se uma tendência para Diretrizes regulamentares. De grande extensão, elas descem a um nível crescente de pormenor, por vezes procurando codificar instrumentos anteriores. Cada vez mais, é requerida, ao estudioso, uma especial valência em Direito euro-

[393] *Infra*, 1087 ss..
[394] *Supra*, 131 ss..
[395] JOUE N.º L 177, de 30-jun.-2006, 1-200.
[396] JOUE N.º L 81, de 20-mar.-2008, 38-39.
[397] JOUE N.º L 177, de 30-jun.-2006, 201-255.
[398] JOUE N.º L 76, de 19-mar.-2008, 54-55.
[399] JOUE N.º L 247, dc 1-set.-2007, 1-16.
[400] JOUE N.º L 81, de 20-mar.-2008, 40-41.
[401] JOUE N.º L 68, de 13-mar.-2009, 7-7.

peu. Procurou-se, ainda, reforçar o sistema financeiro europeu, na sequência de Basileia III (2012). Temos, designadamente:

– *Diretriz n.º 2009/65/CE*, de 13 de julho: coordena as disposições legislativas, regulamentares e administrativas respeitantes a alguns organismos de investimento coletivo em valores mobiliários[402];
– *Diretriz n.º 2009/110*, de 16 de setembro: rege o acesso à atividade das instituições de moeda eletrónica, o seu exercício e a sua supervisão prudencial[403];
– *Diretriz n.º 2010/76*, de 24 de novembro: altera as Diretrizes 2006/48 e 2006/49, no que diz respeito aos requisitos de fundos próprios para carteira de negociação e para retitularizações, bem como à análise das políticas de remuneração pelas autoridades de supervisão[404];
– *Diretriz n.º 2010/78*, de 24 de novembro, ou *Diretriz omnibus*: altera diversas diretrizes, no tocante à competência da Autoridade Bancária Europeia, da Autoridade Europeia dos Seguros e Pensões Complementares de Reforma e da Autoridade Europeia dos Valores Mobiliários e dos Mercados[405];
– *Diretriz n.º 2013/36*, de 26 de junho, relativa ao acesso à atividade das instituições de crédito e empresas de investimento, que altera a Diretriz n.º 2002/87 e revoga as Diretrizes n.º 2006/48 e 2006/49[406];
– *Directriz n.º 2014/17*, de 4 de fevereiro, relativa aos sistemas de garantia de depósitos[407];
– *Directriz n.º 2014/59*, de 15 de maio, que estabelece um enquadramento para a recuperação e a resolução de instituições de crédito e de empresas de investimento e que altera as Diretrizes 82/891, 2001/24, 2002/47, 2004/25, 2005/56, 2007/36, 2012/30 e 2013/36 e os Regulamentos 1093/2010 e 648/2012[408].

64. As diretrizes materiais

I. Entre as diretrizes materiais bancárias encontramos, essencialmente:

402 JOUE N.º L 302, de 17-nov.-2009, 32-96.
403 JOUE N.º L 267, de 10-out.-2009, 7-119.
404 JOUE N.º L 329, de 14-dez.-2010, 3-35.
405 JOUE N.º L 331, de 24-nov.-2010, 120-161.
406 JOUE N.º L 176, de 27-jun.-2013, 338-436.
407 JOUE N.º L 173, de 12-jun.-2014, 149-178.
408 JOUE N.º L 173, de 12-jun.-2014, 190-348.

– *Diretriz n.º 87/102/CEE*, do Conselho, de 22 de dezembro, relativa à aproximação das disposições legislativas, regulamentares e administrativas dos Estados-Membros relativas ao crédito ao consumo[409];
– *Diretriz n.º 90/88/CEE*, do Conselho, de 22 de fevereiro, que altera a Diretriz n.º 87/102[410];
– *Diretriz n.º 97/5/CE*, do Parlamento Europeu e do Conselho, de 27 de janeiro, relativa às transferências transfronteiriças[411];
– *Diretriz n.º 98/17/CE*, do Parlamento Europeu e do Conselho, de 16 de fevereiro, que altera a Diretriz n.º 87/102[412];
– *Diretriz n.º 98/26/CE*, do Parlamento Europeu e do Conselho, de 19 de maio, relativa ao carácter definitivo da liquidação nos sistemas de pagamentos e de liquidação dos valores mobiliários[413];
– *Diretriz n.º 2002/47/CE*, do Parlamento Europeu e do Conselho, de 6 de junho, relativa aos acordos de garantia financeira[414];
– *Diretriz n.º 2008/48/CE*, do Parlamento Europeu e do Conselho, de 23 de abril de 2008, relativa a contratos de crédito aos consumidores e que revoga a Diretriz n.º 87/102[415];
– *Diretriz n.º 2009/44/CE*, do Parlamento Europeu e do Conselho, de 6 de maio de 2009[416], que modifica a Diretriz n.º 96/26, referente ao caráter definitivo da liquidação nos sistemas de pagamentos e de liquidação de valores mobiliários e a Diretriz n.º 2002/47, sobre os acordos de garantia financeira, no que diz respeito a sistemas ligados e a créditos sobre terceiros;
– *Diretriz n.º 2014/17*, de 4 de fevereiro, relativa ao crédito imobiliário a consumidores[417].

II. Devemos ainda ter em conta a existência de outras diretrizes que, não sendo diretamente bancárias, acabam, a esse nível, por ter a maior relevância. Entre elas sobressai a Diretriz n.º 93/13, relativa às cláusulas contratuais gerais. Relevantes são, ainda, as diretrizes mobiliárias.

[409] JOUE N.º L 42, de 12-fev.-1987, 48-53.
[410] JOUE N.º L 61, de 10-mar.-1990, 14-18.
[411] JOUE N.º L 43, de 14-fev.-1997, 25-31.
[412] JOUE N.º L 101, de 1-abr.-1998, 17-23.
[413] JOUE N.º L 166, de 11-jun.-1998, 45-50.
[414] JOUE N.º L 125, de 5-mai.-2001, 15-23.
[415] JOUE N.º L 133, de 22-mai.-2008, 66-92.
[416] JOUE N.º L 146, de 10-jun.-2009, 37-43.
[417] JOUE N.º L 60, de 28-fev.-2014, 34-69.

Além disso, encontramos níveis materiais significativos nas diretrizes institucionais, num fenómeno que requer um estudo mais pormenorizado da sua matéria[418].

65. Os regulamentos

I. O legislador comunitário intervém no campo bancário através de regulamentos. Em primeiro lugar, temos um bloco relativo ao euro:

- *Regulamento (UE) n.º 1103/97*, do Conselho, de 17 de junho de 1997, relativo a certas disposições respeitantes à introdução do euro[419];
- *Regulamento (CE) n.º 2595/2000*, do Conselho, de 27 de novembro de 2000, que altera o anterior[420];
- *Regulamento (CE) n.º 974/98*, do Conselho, de 3 de maio de 1998, relativo à introdução do euro[421]: o Regulamento fundamental;
- *Regulamento (CE) n.º 2596/2000*, do Conselho, de 27 de novembro de 2000, que altera o anterior[422];
- *Regulamento (CE) n.º 2866/98*, do Conselho, de 31 de dezembro de 1998, relativo às taxas de conversão entre o euro e as moedas dos Estados-Membros que adotam o euro[423];
- *Regulamento (CE) n.º 1478/2000*, do Conselho, de 19 de junho de 2000, que altera o anterior[424].

II. De seguida, temos a considerar regulamentos que, embora não se dirigindo diretamente para matéria bancária, acabam, a esse nível, por ter relevância. Tal o caso do Regulamento (CE) n.º 1446/2000, do Conselho, de 29 de maio, relativo aos processos de insolvência[425].

III. Finalmente, e no rescaldo da crise financeira, afigura-se clara a propensão atual do legislador comunitário para recorrer a regulamentos. Damos nota, sempre a título exemplificativo, dos seguintes:

418 JOUE N.º L 60, de 28-fev.-2014, 34-69.
419 JOUE N.º L 162, de 19-jun.-1997, 1-3.
420 JOUE N.º L 300, de 29-nov.-2000, 1.
421 JOUE N.º L 139, de 11-mai.-1998, 1-5.
422 JOUE N.º L 300, de 29-nov.-2000, 2-3.
423 JOUE N.º L 359, de 31-dez.-1998, 1-2.
424 JOUE N.º L 167, de 7-jul.-2000, 1.
425 JOUE N.º L 160, de 30-jun.-2000, 1-18.

– *Regulamento (UE) n.º 1093/2010*, de 24 de novembro: cria a Autoridade Europeia de Supervisão (Autoridade Bancária Europeia)[426]; note-se que, nesse mesmo dia, foram adotadas as Diretrizes n.º 1094/2010[427] e n.º 1095/2010[428], que criaram, respetivamente, a Autoridade Europeia de Seguros e Pensões Complementares de Reforma e a Autoridade Europeia dos Valores Mobiliários e dos Mercados;
– *Regulamento (UE) n.º 648/2012*, de 4 de julho: relativo aos derivados do mercado de balcão, às contrapartes centrais e aos repositórios de transações[429];
– *Regulamento (UE) n.º 575/2013*, de 26 de junho: relativo aos requisitos prudenciais para as instituições de crédito e para as empresas de investimento e que altera o Regulamento (UE) n.º 648/2012[430];
– *Regulamento (UE) n.º 806/2014*, de 15 de julho: estabelece regras e um procedimento uniforme para a resolução de instituições de crédito[431];
– *Regulamento (UE) n.º 909/2014*, de 23 de julho, relativo a melhoria de liquidação de valores mobiliários[432].

66. **Projetos**

Neste momento, discutem-se nas instâncias europeias, recomendações e projetos com relevância bancária. Entre outros, sublinhamos os seguintes:

– Proposta de Regulamento que confere ao BCE atribuições específicas no que diz respeito às políticas relativas à supervisão prudencial das instituições de crédito, de 12-set.-2012[433];
– Proposta de Regulamento que altera o Regulamento n.º 1093/2010, que cria a Autoridade Bancária Europeia, de 12-out.-2012[434];

[426] JOUE N.º L 331, de 15-dez.-2010, 12-47.
[427] JOUE N.º L 331, de 15-dez.-2010, 48-83.
[428] JOUE N.º L 331, de 15-dez.-2010, 84-119.
[429] JOUE N.º L 201, de 27-jul.-2012, 1-59.
[430] JOUE N.º L 176, de 27-jun.-2013, 1-337.
[431] JOUE N.º L 225, de 30-jul.-2014, 1-90.
[432] JOUE N.º L 257, de 28-ago.-2014, 1-72.
[433] COM (2012) 511 final/2.
[434] COM (2012) 512 final.

– Recomendação do Comité Europeu do Risco Sistémico de 20-dez.-2012, relativa ao financiamento das instituições de crédito[435];
– Proposta de Regulamento relativo a medidas destinadas a melhorar a capacidade de resistência das instituições de crédito[436];
– Proposta de Regulamento que altera o Regulamento 575/2013, relativo aos requisitos prudenciais para as instituições de crédito e as empresas de investimento[437].

435 JOUE N.º C 119, 1-61.
436 COM (2014) 43 final.
437 COM (2015) 473 final.

CAPÍTULO V

OS PRINCÍPIOS BANCÁRIOS GERAIS

§ 17.° GENERALIDADES; A DIFERENCIAÇÃO CONCEITUAL

67. **Os princípios no Direito**

I. Os princípios correspondem a proposições que resultam de valorações operadas por diversas normas. Distinguem-se destas por não assentarem, logicamente, numa previsão e numa estatuição. Valem por si, independentemente de qualquer concretização. E dado o seu papel, eles inscrevem-se no núcleo duro atuante do sistema – ou subsistema – em jogo. Os princípios – ao contrário das normas – podem entrar em contradição entre si: caso a caso ver-se-á qual deve prevalecer.

II. Os princípios têm, ainda, diversos papéis. A saber:

– papel ordenador;
– papel programático;
– papel regulativo.

Os princípios permitem ordenar problemas, soluções e normas. Têm, assim, um papel no sistema externo ou sistema de exposição. Mas logo aí assumem uma relevância substantiva, uma vez que a ordenação que se obtenha não é inóqua para as soluções finais.

Os princípios podem assumir um papel programático: constituem uma base sobre a qual o legislador poderá, depois, erguer novas normas. A nossa Constituição tem conhecidos níveis programáticos.

Finalmente, os princípios podem ser chamados a solucionar diretamente casos concretos: seja concatenando normas, seja dando corpo a conceitos indeterminados, seja integrando lacunas.

III. Os princípios resultam da elaboração científica. Ao contrário das normas, que se obtêm pela interpretação, os princípios exigem toda uma tarefa alargada de estudo e de arrumação jurídico-científica, por vezes criadora.

A elaboração de princípios constitui uma tarefa indeclinável do estudo de qualquer disciplina jurídica.

68. **Princípios gerais e princípios bancários; papel e limites**

I. No campo bancário, têm aplicação os princípios gerais do Direito privado[438] (tutela da pessoa, autonomia privada, boa-fé, responsabilidade civil e propriedade e sua transmissão) e do Direito público, nas áreas onde este aflui (legalidade, igualdade, imparcialidade, proporcionalidade e boa-fé)[439].

Além disso, têm ainda uma aplicação tendencial os chamados princípios dos atos comerciais[440] (internacionalidade, simplicidade e rapidez, clareza jurídica, publicidade e tutela da confiança e onerosidade)[441].

Pergunta-se, agora, se para além disso, não será possível encontrar ou construir, no campo financeiro, princípios que tenham um conteúdo material essencialmente bancário.

II. A resposta é positiva. As realidades do manuseio profissional do dinheiro têm exigências que transparecem em múltiplos passos dos regimes em jogo. Cabe ao intérprete-aplicador concretizá-los, nos diversos problemas. Será, depois, tarefa de investigação e de construção científicas proceder ao seu levantamento e organizar princípios. Trata-se de uma tarefa na qual irão jogar os aspetos quantitativos da repetição, em distintas ocasiões, de manifestações especificamente bancárias e os aspetos qualitativos da intensidade "bancária" que eles traduzam.

[438] *Tratado* I, 4.ª ed., 923 ss..
[439] Artigo 266.º/2, da Constituição.
[440] *Direito comercial*, 4.ª ed., 139 ss. e 571 ss..
[441] *Infra*, 464 ss..

III. Em ocasiões anteriores, manifestámo-nos pouco convictos sobre o papel dogmático dos princípios bancários[442]. Revemos essa posição[443]. Os princípios bancários têm uma efetiva consistência, aflorando em diversos institutos e, mais do que isso: na própria concretização, pelos operadores, das situações jurídicas bancárias.

Eles permitem identificar aspetos relevantes e explicar saídas que, na aparência, não teriam base jurídico-positiva. Eles dão, ainda, hipóteses sistematizadoras de conteúdo material, aos estudiosos do Direito bancário. Finalmente: permitem, em múltiplas ocasiões, encontrar e justificar soluções concretas.

O estudo global do Direito bancário terá, por tudo isso e como desafio primordial, a construção de princípios materiais dogmaticamente bancários.

69. **A diferenciação conceitual; o perigo da sobreposição linguística**

I. Antes de passarmos à construção dogmática dos princípios bancários e, mais longe, de encarar a própria exposição da matéria, cumpre apontar e situar o importante fenómeno da diferenciação conceitual.

Na origem temos a constatação de que o Direito é uma realidade cultural, linguisticamente condicionada[444]. O jurista não pensa em termos puros: antes avoca conceitos assentes em fórmulas vocabulares. Daí resulta que certos conceitos ocorram (ou não) consoante a disponibilidade linguística de lhes dar um corpo comunicável e, daí, suscetível de reflexão. Este fenómeno explicará a superioridade que as línguas analíticas e terminologicamente mais ricas (como a alemã) têm nos domínios da Filosofia, da Teoria Política e da Ciência do Direito ou a facilidade que as línguas elásticas e inovadoras (como o inglês) assumem no campo da Economia e das Ciências Sociais aplicadas.

II. No Direito bancário ocorrem diferenciações conceituais expressas – como era inevitável – em fórmulas linguísticas próprias.

[442] Assim sucedeu nos nossos *Manual de Direito bancário*, 2.ª ed., 33 e *Da compensação no Direito civil e no Direito bancário* (2003), 171.

[443] Assim sucedeu na 4.ª ed. desta obra, 208 ss..

[444] *Tratado* I, 4.ª ed., 189 ss..

Assim, conceitos como a relação bancária complexa, o descoberto em conta, o giro bancário ou a carta de conforto não têm correspondência nas grandes disciplinas privadas. Noutros casos, assistimos à utilização de estrangeirismos – particularmente: anglicanismos, muitas vezes por via norte-americana – que os juristas tentam assimilar, preconizando locuções equivalentes em vernáculo: *leasing* e locação financeira ou *factoring* e cessão financeira, como exemplos. Perante fórmulas conceituais tipicamente bancárias, haverá que ter um especial cuidado de definição precisa: o Direito bancário, como disciplina moderna, não deve refugiar-se em fórmulas dúbias que escondam, sob um isoterismo de linguagem, a incapacidade jurídico-científica de apurar os conceitos de trabalho.

III. A diferenciação conceitual acarreta um óbice: o da possível sobreposição linguística. Aparecendo, no Direito bancário, figuras diferenciadas, o intérprete-aplicador, na falta de designação adequada, recorre, muitas vezes, a conceitos habituais que, com a nova realidade, tenham algum parentesco. A partir daí, é natural a tendência para lhe aplicar o regime comum, esquecendo-se estarmos perante uma realidade autónoma, que exigiria soluções próprias.

Por exemplo:

- o depósito bancário: trata-se de um ato de execução de um contrato previamente celebrado: a abertura de conta; o conceito sobrepõe-se ao do contrato de depósito, levando o intérprete desprevenido a pensar que existe um contrato *ad hoc* de depósito bancário[445];
- a conta-corrente bancária: surge como um elemento típico do contrato de abertura de conta, com regras específicas, ditadas por cláusulas contratuais gerais; o conceito sobrepõe-se à conta-corrente comercial, cujas regras só caso a caso e após verificação, podem ser transpostas para o campo bancário;
- o penhor de conta bancária: trata-se de uma garantia específica que implica uma conta bancária com um saldo bloqueado; o seu titular responde, até à concorrência do saldo, por certa dívida; o conceito sobrepõe-se ao penhor bancário (de coisa), que segue regras espe-

[445] Por vezes chama-se "depósito" ao próprio contrato de abertura de conta; aí haveria novo perigo de sobreposição, já que o contrato de abertura de conta tem cláusulas que extravasam, largamente, o contrato de depósito.

cíficas, com relevo para a inaplicabilidade da proibição de pactos comissórios, inaplicáveis ao penhor de conta;

– o depósito solidário: trata-se de uma abertura de conta em que se acordou poderem os movimentos e outras operações ser praticados por apenas um dos contitulares; o conceito sobrepõe-se à solidariedade das obrigações, quando apenas traduz um regime contratual e não – ou não necessariamente – a aplicação da massa de regras sobre solidariedade, sem cuidadosa verificação prévia.

IV. No fundo, as ocorrências de diferenciação conceitual lembram que, no caso concreto, nunca se aplicam regras isoladas: todo o sistema é chamado a depor. Perante problemas de Direito bancário, só depois de cuidadosa ponderação de vontades, de interesses e de valores se poderá fazer apelo às regras comuns. O facto de haver sobreposições linguísticas constitui um incentivo suplementar à atenção do especialista.

§ 18.° O PRINCÍPIO DA SIMPLICIDADE

70. A simplicidade bancária

I. No campo privado, a ideia de simplicidade impôs-se, no Direito comercial, por oposição a exigências de formalidades e de solenidades, requeridas pelo Direito civil[446].

No Código Comercial, a simplicidade daria corpo às regras seguintes:

- liberdade de escrituração, salvas as limitações legais (30.°);
- liberdade de língua (96.°)[447];
- liberdade de forma do mandato geral (249.°);
- possibilidade de provar o empréstimo mercantil por qualquer modo (396.°)[448];
- possibilidade de celebrar penhor com entrega meramente simbólica da coisa empenhada (398.°, § único)[449].

Joga a constatação de que muitas das formalidades ou das solenidades que acompanham certos atos resultam, apenas, das tradições: não desempenhariam, de facto, um papel útil: poderiam ser alijadas no Direito comercial, mais próximo das "realidades da vida".

Devemos prevenir: o ideal da simplicidade comercial deve ser procurado, de modo permanente, pelo legislador. Exigências de todo o tipo, incluindo controlos administrativos, fiscais, de registo, de notários, de inscrição de firmas, de segurança social e de trabalho, estabelecem, na prá-

[446] Karsten Schmidt, *Handelsrecht*, 6.ª ed. (2014), § 1, IV, 2, Nr. 72-73 (43-44).

[447] No próprio Direito comercial, esta "simplicidade" está, hoje, invertida: o Direito civil admite o uso de línguas estrangeiras [365.°/1, do Código Civil; *Tratado* V, 2.ª ed. (2015), 522] enquanto, no Direito comercial e por força das regras de tutela do consumidor deve, em regra, usar-se o português (7.°/3 da LDC); *vide Direito comercial*, 4.ª ed., 572 ss..

[448] STJ 19-mar.-1998 (Lúcio Teixeira), CJ/Supremo VI (1998) 1, 142-143 (143/I).

[449] RCb 22-jun.-1998 (Araújo Ferreira), CJ XXIV (1999) 3, 42-43 (43/I).

tica, verdadeiros calvários burocráticos comerciais, que não têm paralelo no Direito civil[450].

A complexidade jurídica, por seu turno, atingiu tal dimensão que o legislador, pelo Decreto-Lei nº 70/2011, de 16 de junho, optou por publicar uma lista com centenas de diplomas que não se encontram em vigor. Limitou-se, todavia, a diplomas posteriores a 1974.

II. No Direito bancário, as exigências de simplicidade seriam acentuadas e, sobretudo: efetivas. Tratando-se, para mais, de dinheiro: fica claro que qualquer diligência dispensável representa um custo de transação totalmente injustificado.

A atuação bancária tende a reduzir as formalidades ao mínimo exigível para a consubstanciação e ulterior prova dos atos. Esta exigência tem sido prosseguida com recurso aos seguintes três subprincípios:

– consensualismo e reformalização normalizada;
– uso da informática;
– unilateralidade.

III. Antes de proceder à análise desses subprincípios, cabe ainda dar conta do seguinte. O Direito bancário lida, predominantemente, com vínculos obrigacionais. Fica dispensada toda uma área destinada a assegurar a publicidade dos atos junto de terceiros, publicidade essa que é especialmente requerida no domínio dos direitos reais e no das sociedades comerciais.

O bom uso do Direito das obrigações constituirá uma base excelente para a simplificação bancária.

71. **Consensualismo e reformalização normalizada**

I. Subprincípio concretizador da simplicidade será o do consensualismo. No Direito bancário – mais do que no Direito civil e no próprio

[450] Reagindo a este reconhecido estado de coisas, o Decreto-Lei n.º 111/2005, de 8 de julho, veio instituir um "regime especial de constituição imediata de sociedades"; seguiram-se alterações introduzidas pelo Decreto-Lei nº 76-A/2006, de 29 de março, pelo Decreto-Lei nº 125/2006, de 29 de junho e pelo Decreto-Lei nº 247-B/2008, de 30 de dezembro. Diversos outros diplomas foram publicados, com esse objetivo.

Direito comercial – a vontade dos intervenientes produziria os seus efeitos, seja qual for a forma por que se revele. Podemos mesmo apontar, nalguns negócios-chave, uma caminhada para a simplificação formal. Quanto ao mútuo:

– no Direito civil, o mútuo superior a 2.500 euros exige documento assinado pelo mutuário; sendo superior a 25.000 euros, exige escritura pública ou documento particular autenticado (1143.° do Código Civil[451]);
– no Direito comercial, o mútuo celebrado entre comerciantes, seja qual for o seu valor, admite todo o género de prova (396.° do Código Comercial);
– no Direito bancário, o mútuo, mesmo que a outra parte contratante não seja comerciante e seja qual for o seu valor, pode provar-se por escrito particular (artigo único do Decreto-Lei n.° 32.765, de 29 de abril de 1943).

Um percurso similar pode ser seguido no caso do penhor:

– no Direito civil, exige-se a entrega efetiva da coisa (666.°/1 do Código Civil);
– no Direito comercial, a entrega pode ser meramente simbólica (398.° do Código Comercial);
– no Direito bancário, a entrega é dispensada (1.° do Decreto Lei n.° 29:833, de 17 de agosto de 1939).

II. A partir de uma certa margem, o consensualismo joga contra a simplificação. Admitir, por exemplo, negócios puramente verbais redunda em, mais tarde, se assistir a intermináveis discussões sobre o seu conteúdo. E o próprio ato de manifestar oralmente a vontade própria, mercê dos circunlóquios e das palavras de circunstância que sempre ocorrem, pode implicar complicações e perdas de tempo.

Por isso, no Direito bancário, a simplificação formal nunca vai ao ponto de dispensar a forma escrita ou equivalente. Negócios orais ou manifestações tácitas de vontade acabam por não ter lugar no manuseio profissional do dinheiro ou de outros valores.

[451] Redação introduzida pelo Decreto-Lei n° 116/2008, de 4 de julho, já no sentido de aliviar a forma e de atualizar os valores.

III. As exigências da simplicidade acabam por induzir uma reformalização normalizada dos negócios jurídicos. Numa ponte para a rapidez, abaixo examinada, os particulares interessados são solicitados a manifestar a sua vontade através do preenchimento de formulários, reduzidos, muitas vezes, à simples aposição de cruzes em quadrículas, com uma assinatura formal.

A vontade pode ainda manifestar-se por via informática.

72. **O uso da informática**

I. Num aspeto que se reporta, também, à rapidez, a simplificação bancária deve muito à informática e às tecnologias da informação. Podemos considerar que os progressos da banca, nas últimas décadas, se ficaram a dever a essa vertente dos nossos tempos.

Em traços largos, podemos considerar que a informática simplifica:

– a contratação e a prática de diversos atos bancários;
– a execução de deveres de informação e de comunicação, designadamente quanto às chamadas obrigações de caixa;
– a manutenção da contabilidade e o exercício da supervisão.

Além disso ela é eficiente, barata e não comete erros[452].

II. A contratação e a prática bancárias por via informática, especialmente à distância e com recurso à *Internet*, eram habituais no comércio bancário: muito antes do surgimento do Decreto-Lei n.º 7/2004, de 7 de janeiro e demais legislação especializada sobre o tema[453]. Todo o sistema dos cartões bancários é, hoje, possibilitado por essas vias.

Verifica-se mesmo, por vezes, que contratos ajustados por escrito só se tornam eficazes depois de introduzidos "no sistema", de modo a sofrerem o competente tratamento informático.

[452] Gina Slotosch, *Das ideale Fondsorderrouting: Effizient, fehlerarm, kostengünstig*, Bank 5.2009, 20-23.

[453] *Tratado* II, 354 ss. e Calvão da Silva, *Banca, Bolsa e Seguros* cit., 1, 2.ª ed., 103 ss.. O Decreto-Lei n.º 7/2004, de 7 de janeiro, aprovou o regime jurídico do comércio eletrónico, tendo transposto a Diretriz n.º 2000/3; foi alterado, no seu artigo 22.º (comunicações não solicitadas), pelo Decreto-Lei n.º 62/2009, de 10 de março.

III. Os deveres de informação, incluindo a remessa de extratos, de avisos de débito ou de pagamento e da concretização de operações, são efetivados sem intervenção humana e por via informática. Trata-se de um máximo de simplificação. No limite, diversas operações vão sendo efetuadas por via inteiramente automática.

Repare-se que este esquema, de base bancária, pode ser usado para além dela: pagamentos de salários ou de diversos serviços – incluindo fornecimentos de eletricidade, de água ou de telefone – são efetivados e comprovados sem qualquer intervenção de pessoas.

IV. A contabilidade – incluindo as contas-correntes bancárias –, a posição das diversas operações, a eventual verificação de moras ou de descobertos e, a partir daí, a própria supervisão sobre as *rationes*, os riscos, as previsões e as reservas são asseguradas por meios informáticos de potência crescente.

A simplicidade assim conquistada diminui as hipóteses de erro, baixa os custos, populariza a banca e liberta as forças humanas para tarefas de contacto e de avaliação (ainda) não informatizáveis.

73. **A unilateralidade**

I. Como concretização do princípio da simplicidade, um lugar especial assiste ao princípio ou subprincípio da unilateralidade.

No Direito bancário, os atos apresentam-se, muitas vezes, sob a forma de simples cartas assinadas e não de contratos formais: uma regra que tem suscitado diversas dúvidas, que cumpre esclarecer.

II. A unilateralidade dos atos bancários pode ser real ou aparente. Será real nas hipóteses de surgirem vinculações pura e simplesmente unilaterais; será aparente nos casos em que tenha havido um acordo de vontades normal – portanto: um contrato – depois formalizado num texto assinado, apenas, por um dos intervenientes.

Este último aspeto pode ser facilmente comprovado com recurso ao artigo 410.°/2: no contrato-promessa monovinculante exige-se, apenas, a assinatura da parte que se vincula. O instrumento em jogo só aparentemente é unilateral: trata-se, na realidade, de um verdadeiro contrato, derivado de um encontro de vontades, e nominado, pela própria lei, como contrato-promessa unilateral[454]. Na mesma linha, o artigo 1143.º do Código Civil, nas redações dadas pelo Decreto-Lei n.º 343/98, de 6 de novembro e pelo Decreto-Lei n.º 116/2008, de 4 de julho, determina que o mútuo de valor superior a € 2.500, mas inferior a € 25.000, só seja válido se for celebrado por documento assinado pelo mutuário. O mútuo não deixará de ser contratual, embora, formalmente, surja apenas um interveniente.

III. No Direito bancário, através da forma voluntária ou da forma convencional, as partes recorrem, muitas vezes, a um documento – normalmente uma carta – assinada, apenas, por uma delas – em regra, pelo cliente – para exprimir um acordo de vontades a que ambas chegaram. As "cartas" assinadas pelo cliente são negociadas previamente com o banqueiro; podem, mesmo, ser pura e simplesmente oferecidas, pelo banqueiro, para assinatura pelo cliente ou, até, assinadas em branco, mediante um acordo lateral quanto ao seu preenchimento. Nestas duas últimas hipóteses, como bem se compreende, há um suplemento de exigência da boa-fé, fonte de deveres de lealdade e de informação.

Em suma: sempre que a lei se contente com uma assinatura ou, por maioria de razão, quando ela não exija qualquer forma, as partes podem contratar na base de documentos unilaterais.

IV. De seguida, temos a hipótese de atos realmente unilaterais, isto é, de atos que, de facto, exprimam uma vontade unilateral do declarante, sobre a qual não tenha havido qualquer concordância do declaratário.

Tais hipóteses são pouco frequentes. No Direito bancário abundam as situações de relação. Mesmo perante uma declaração unilateral, a outra parte, ainda que tacitamente – p. ex.: concedendo crédito, prorrogando negócios ou emitindo garantias – acaba por dar o seu assentimento. Mas podem ocorrer.

O Direito civil tradicional era dominado pelo preconceito romanístico-liberal de que não pode haver compromissos senão por via do contrato. Porém, o que não se poderia conceber seria uma situação na qual uma pessoa lograsse, por si e unilateralmente, vincular outra. Já não se compreenderia, num mundo de gente responsável, que uma pessoa não pudesse assumir, livremente e por si, válidos compromissos. Ultrapassado este obstáculo, temos ainda outros dois:

[454] Quanto ao problema das promessas unilaterais e bilaterais, apenas com uma assinatura, *vide* STJ 3-nov.-1992 (Ramiro Vidigal), BMJ 421 (1992), 392-398 (394 ss.).

– o de que ninguém poderia ser beneficiado contra a sua própria vontade;
– o da natureza contratual da remissão e da doação, dobrada pela proibição de doação de bens futuros.

Trata-se de obstáculos superáveis, embora eles devam ser tidos em conta no regime que, depois, se venha a fixar. Na verdade, ninguém pode ser beneficiado sem dar o seu acordo; porém, tudo se resolve se se admitir a possibilidade do beneficiário de um ato unilateral renunciar, depois, à vantagem dele derivada. Quanto à natureza contratual da remissão e da doação – artigos 863.°/1 e 940.°/1, ambos do Código Civil: ela corresponde à construção histórica desses institutos, mas não permite extrapolar qualquer regra geral.

V. Para além das razões de fundo – em si ultrapassáveis – acima indicadas, temos ainda de considerar o dispositivo do artigo 457.° do Código Civil: a promessa unilateral de uma prestação só obriga nos casos previstos na lei. Deste preceito tem-se procurado inferir uma regra de tipicidade dos negócios jurídicos unilaterais. Pela nossa parte, temos contraditado esta orientação[455]. A proclamação do artigo 457.° do Código Civil só daria azo a uma verdadeira tipicidade de atos unilaterais quando, depois, as regras relativas às diversas figuras unilaterais se mantivessem dentro do que se espera venha a ser uma tipicidade normativa. Isso não sucede: as categorias de atos unilaterais surgem, na lei, em termos totalmente genéricos, por forma a permitir, nelas, a inclusão de um número indeterminado de figuras[456]. Não obstante, admitimos hoje que, embora latas, existam efetivas limitações à possibilidade de alguém, unilateralmente, se obrigar[457].

No agora em causa, assinalamos as figuras da promessa de cumprimento e do reconhecimento de dívida – artigo 458.° do Código Civil – com larga aplicação bancária. Recordamos que estes negócios têm, como eficácia, o dispensar as partes de provar a fonte da situação jurídica subjacente.

VI. No Direito bancário, podemos proclamar uma tendência, determinada pelas necessidades de simplicidade, de predomínio de instrumen-

[455] *Direito das Obrigações*, 1, 555 ss. (560 ss.).

[456] Em abono, STJ 8-jul.-1997 (Machado Soares), CJ/Supremo V (1997) 2, 148-151 (149-150).

[457] *Tratado* VII, 681 ss..

tos unilaterais, *maxime*: de cartas. Isso é possível e totalmente eficaz por uma de três vias:

- ou por se tratar de verdadeiros contratos, apenas formalizados – como é possível, pela consensualidade – através de um escrito assinado por um interveniente;
- ou por se consubstanciar um ato unilateral claramente previsto na lei;
- ou, finalmente, por interpretação restritiva do artigo 457.º do Código Civil.

Assim, não se pode acompanhar alguma jurisprudência limitativa, que considera inválida, como contrato, a declaração unilateral de uma instituição de crédito destinada a garantir a responsabilidade de outrem, perante os respetivos credores, prosseguindo, depois, que ela seria inválida, também e por falta de base legal, como negócio unilateral[458]. Nesse caso, há, seguramente, um contrato, pois nenhum banco emite uma garantia sem um prévio acordo com o cliente; além disso, a figura sempre seria utilizável como negócio unilateral. Nem seria, pois, necessário recordar que *venire contra factum proprium nulli concidetur*.

[458] STJ 21-set.-1993 (Machado Soares), CJ/Supremo I (1993), 24-26.

§ 19.° O PRINCÍPIO DA RAPIDEZ

74. A rapidez bancária; a normalização substancial

I. Podemos distinguir, da simplicidade, a rapidez bancária e isso mau grado a evidente interligação entre ambos existente. Na rapidez não se trata tanto de simplificar o modo de praticar certos atos: antes de, atuando na própria substância de atos, facilitar a tomada de decisão conducente à sua celebração.

A rapidez está ainda associada à crescente dimensão dos bancos e à necessidade de descentralizar, no seu seio, o processo decisório: apenas os negócios inabituais ou os de elevado montante subirão ao conselho de administração.

II. A rapidez exige, desde logo, normalização substancial. Apesar da capacidade de inovação imputável à banca, a grande maioria dos negócios segue caminhos já trilhados. Os negócios-tipo oferecidos aos clientes do banqueiro estão predefinidos. Perante um pedido de financiamento – por exemplo – o banqueiro começará por reconduzi-lo a um dos modelos que habitualmente disponibilize e que se lhe afigure adequado em face das circunstâncias do caso. Se se tratar de uma aquisição imobiliária, o banqueiro irá, por exemplo, considerar o mútuo hipotecário ou a locação financeira de imóveis; só por exceção se irá estudar uma fórmula atípica.

Resulta daqui que, apesar de lidarmos, na banca, com um *numerus apertus* de atos, estes, na prática, obedecem a tipos predeterminados, legais ou sociais.

III. Para além da normalização nos negócios disponíveis, temos ainda uma normalização, a nível de negócios preconizados. Os clientes ou virtuais clientes do banqueiro são, desde logo, ordenados por "segmentos", *prima facie* em função de rendimentos. Seguidamente, são-lhes propostos negócios consonantes com o "segmento" a que pertençam, de tal modo que se possa aproveitar, ao máximo, o potencial de rendibilidade bancária que cada um possa alcançar.

A despersonalização daqui resultante poderá ser temperada com um atendimento formal ou substancialmente individualizado, de acordo com o estado do mercado e a própria imagem do banqueiro considerado.

75. **O recurso a cláusulas contratuais gerais**

I. Corolário lógico das exigências substanciais de normalização é o recurso intensivo à contratação com recurso a cláusulas contratuais gerais.

Como foi referido, as cláusulas contratuais gerais dos bancos coligiram os usos do sector e dão corpo a contratos básicos que não dispõem de regimes legais supletivos ou que, a esse nível, apenas desfrutam de leis muito elementares.

II. A adesão a cláusulas gerais dispensa todo um processo de negociação e dissipa dúvidas quanto à realidade acordada. Ela permite, ainda, decisões descentralizadas, dentro das instituições de crédito. Operações delicadas, como o cálculo do risco, ficam facilitadas no recurso a cláusulas contratuais gerais: estas postulam o prévio estudo, por sectores, dessa matéria.

O contraponto de tudo isto é conhecido, em especial no que toca ao (não) conhecimento, pelos particulares aderentes, das realidades complexas que, lestamente, vão subscrever. Donde o dispositivo da Lei das Cláusulas Contratuais Gerais, muito importante, na banca e que a seu tempo iremos considerar[459].

76. **A desmaterialização**

I. A desmaterialização tem, por seu turno, a ver com a possibilidade de representação e de comunicação das realidades atinentes à banca – e,

[459] *Infra*, 490 ss..

maxime, do próprio dinheiro[460] –, através de suportes automáticos e eletrónicos e portanto: imateriais, no sentido mais imediato do termo[461].

À partida, o dinheiro e as operações a ele ligadas são percetíveis pelos sentidos humanos, através da sua inserção em documentos. O advento da eletrónica e dos computadores permite essa consignação em moldes impercetíveis para os sentidos, mas recuperáveis através de uma leitura levada a cabo por instrumentos a tanto destinados. Em termos práticos, a banca eletrónica coloca as pessoas na dependência desses instrumentos, mas permite uma multiplicação extraordinária de dados em registo, a sua comunicação à distância em termos praticamente instantâneos e, ainda, um acesso imediato à precisa informação procurada.

II. A desmaterialização do Direito bancário provocou o aparecimento – ou melhor: a difusão – de um instrumento novo: o dos cartões bancários, de crédito e de pagamento. Para além disso, toda a prática bancária foi profundamente alterada. As diversas operações jurídicas são processadas através de meios eletrónicos. Nalguns casos, elas ainda são acompanhadas por suportes escritos; noutros, prescinde-se, por completo, desse resquício.

A contratação por computador traduz apenas, à partida, o prolongamento da mente e do braço humanos. Assim, o computador poderá estar programado para aceitar propostas formuladas em certos termos ou para formular, ele próprio, propostas sujeitas à aceitação do público. No entanto, parece evidente que o aprofundamento da banca eletrónica acabará por bulir com múltiplos vetores negociais. E designadamente:

- as hipóteses negociais serão limitadas, de antemão, pela programação do autómato; a banca eletrónica anda, assim, paredes-meias com as cláusulas contratuais gerais;
- a interpretação negocial é limitada à estrita mensagem codificada introduzida no autómato.

Além disso, o Direito bancário, no seu conjunto, não poderá deixar de ser afetado. A política monetária, a supervisão e a colaboração interna-

[460] Holger Berndt, *Elektronisches Geld – Geld der Zukunft?*, Sparkasse 1995, 369-372 e Bernd Rodewald, *Der Erfolgskurs des electronic cash*, WM 1996, 11.

[461] Ainda hoje é fundamental o escrito de José António Veloso, *Electronic Banking: uma introdução ao EFST*, SI 1987, 77-155.

cionais[462] devem adaptar-se. As relações são simplificadas em extremo, tendendo para a abstração[463] e, em certos cenários, para pôr em crise os contactos entre as pessoas e a própria confiança[464]. Mesmo as instituições bancárias – e as mobiliárias – poderiam ser ladeadas através de uma teia de relações entre os interessados, assentes no ciberespaço[465].

III. A desmaterialização tem, depois, profundas consequências nos títulos de crédito e, em geral, nos valores mobiliários[466]. Ela domina, além disso, toda a concretização do tráfego bancário.

[462] Ludwig Gramlich, *Elektronisches Geld. Gefahr für Geldpolitik und Währungshoheit?*, CR 1997, 11-18.

[463] Caroline Beatrix Rossa, *Missbrauch beim electronic cash/Eine zivilrechtliche Bewertung*, CR 1997, 138-148 (141).

[464] Michael Laker/Ingo Markgraf, *Automatisierung: Risiken und Nebenwirkungen*, Bank 1997, 156-158. Entre nós, cf. Sofia de Vasconcelos Casimiro, *A responsabilidade civil pelo conteúdo da informação transmitida pela Internet* (2000).

[465] Ulrich Buchard, *Kompetenz-Netzwerk versus Universalbank*, Bank 1997, 4-8 e Carsten Stolz/Valerio Schmitz-Esser, *Cybermarket: Konkurrenz für Banken und Börsen?*, Bank 1997, 297-300, onde se refere, nos Estados Unidos, a emissão de ações, através da *Internet*.

[466] Carlos Ferreira de Almeida, *Desmaterialização dos títulos de crédito: valores mobiliários escriturais*, RB 16 (1993), 23-39, Amadeu José Ferreira, *Valores mobiliários escriturais/Um novo modo de representação e circulação de direitos* (1997) e Fernando Pessoa Jorge, *Acções escriturais*, O Direito 1989, 93-114.

§ 20.º O PRINCÍPIO DA PONDERAÇÃO BANCÁRIA

77. Essência do princípio; a prevalência das realidades

I. O princípio da ponderação bancária, na terminologia que temos vindo a propor, equivale a um modo de realizar o Direito próprio do comércio bancário. Implica, fundamentalmente:

– uma fórmula de contratar;
– um esquema de interpretar o contratado;
– as garantias do cumprimento.

Nada impede outras entidades, mormente num sector financeiro alargado que englobe os seguros e os valores mobiliários, de recorrer a esquemas similares de ponderação. Originária e tipicamente eles têm, todavia, origem no manuseio profissional do dinheiro.

II. A ponderação bancária requer, em primeiro lugar, a prevalência das realidades patrimoniais, tal como relevam em termos de realização pecuniária. No limite, o cliente ideal para um crédito ... será o que dele não precise. O banqueiro procurará avaliar a capacidade financeira do cliente, ponderando especialmente a faturação (*cash flow*) em detrimento do património e, quanto a este: procedendo a uma efetiva valoração perante o mercado (e não, por hipótese, em face de valores oficiais dados pelas matrizes prediais ou por avaliações que não as do mercado).

III. A realidade subjacente leva o banqueiro a privilegiar as abrangências negociais. Só por exceção um banqueiro irá praticar, com um seu cliente, um único ato bancário. E quando porventura o faça, será em prejuízo seu: uma abertura de conta, por exemplo, só por si, representa apenas um custo para o banqueiro. Os atos bancários estão vocacionados, em nome da realidade económica que lhes subjaz, para se encadearem em séries ilimitadas. Daí resulta, de resto, o fenómeno da relação bancária complexa, abaixo analisado[467].

IV. Ainda em nome da prevalência das realidades, temos a ideia de flexibilidade. A banca está, em princípio e com salvaguarda das preocupações de normalização já exaradas[468], disponível para estudar e para concretizar novos esquemas negociais. Fá-lo seja importando figuras novas oriundas de outros ordenamentos, seja adotando figuras antigas com objetivos financeiros, seja criando realidades contratuais novas.

Muitas vezes a capacidade inovatória da vida bancária ultrapassa a capacidade dos cultores da Ciência jurídico-bancária. Tal sucedeu, por exemplo e entre nós, com figuras como a cessão financeira ou as cartas de conforto, usadas na vida prática antes de, sobre elas, ter recaído qualquer estudo doutrinário. Além disso, encontramos uma permanente inovação em áreas que se revelaram sensíveis, como a dos derivados[469].

78. **A interpretação segundo o primeiro entendimento**

I. *Summo rigore*, a interpretação dos atos bancários deveria efetivar-se segundo as regras contidas nos artigos 236.° e seguintes do Código Civil. O recurso a cláusulas contratuais gerais implica, nos termos do artigo 10.° da LCCG, a utilização dessas mesmas regras.

Se se atentar nas realidades do comércio de massas subjacentes à prática bancária, logo se vê a inviabilidade de uma interpretação individualizada dos vários atos.

II. No dia-a-dia da banca surgem, pelo lado do banqueiro e, por vezes, também pelo lado do cliente, numerosos operadores ou empregados. Ora é essencial que, às declarações proferidas, todos deem o mesmo sentido. A normalização das grandes instituições e a praticabilidade dos próprios esquemas negociais bancários ficariam em crise quando se impusessem interpretações variáveis, em função dos concretos suportes humanos em presença.

[467] *Infra*, 255 ss..
[468] *Supra*, 239 ss..
[469] *Infra*, 873 ss..

Isso conduz-nos a uma interpretação essencialmente objetiva das declarações bancárias. Esta mesma dimensão reduz a aplicabilidade das figuras do erro na formação e na declaração: os atos valem pelo que, neles, esteja exarado.

III. Poderemos exprimir esta preocupação falando na regra do primeiro entendimento: a declaração negocial vale com o sentido codificado que dela resulte ou, na falta dele, com o do primeiro entendimento que, dela, o operador venha retirar. Essencial é que todos deem, à declaração, o mesmo sentido.

Trata-se de uma realidade insofismável. Poderíamos tentar, com ela, compatibilizar o artigo 236.°/1 do Código Civil: no campo bancário, o declaratário normal, colocado na posição do declaratário real aderiria ... ao primeiro entendimento. Uma fórmula algo artificial: o Direito deve acompanhar as realidades a que se aplique, assim se justificando o primeiro entendimento.

Caberá, agora, aos técnicos juristas que redijam as cláusulas gerais ou os contratos encontrar fórmulas que façam corresponder o "primeiro entendimento" à efetiva substância pretendida pelas partes.

79. A eficácia sancionatória

I. No tocante ao tema dos incumprimentos e das sanções, no Direito bancário, pergunta-se se estamos perante um sector especialmente dominado pela confiança. No desenvolvimento das concretas relações bancárias, estabelece-se, em regra, uma relação unilateral de confiança, do cliente para com o banqueiro. O inverso, pelo menos à partida, não é exato. *Ab initio*, o cliente tem um conhecimento muito mais aprofundado sobre as suas próprias possibilidades, sobre o seu passivo e sobre a sua solvência, do que o banqueiro a quem ele recorra. O banqueiro tem consciência desse seu *deficit* de informação. É, assim, levado a tomar uma série de precauções que, em face de bons clientes, são não só inúteis como gravosamente encarecedoras dos produtos em jogo. Digamos que a relação bancária se inicia sob o signo da desconfiança, por parte do banqueiro, particularmente perante pessoas que não tenham *curricula* de (bons) devedores: aquelas, justamente, que, por não terem passivo, maior solvência apresentam. Daí a multiplicação de garantias que, muitas vezes, envolve o tráfego bancário.

Temos, aqui, uma manifestação da clássica lei de Gresham: a má moeda expulsa a boa. No caso: a informação assimétrica degrada o nível do mercado. Os maus clientes apressam-se a pedir créditos volumosos; o banqueiro, que não conhece a sua real situação, concede-os, absorvendo, depois, as consequências das insolvências respetivas. O banqueiro passa, então, a exigir a todos os clientes – pois não tem informação completa sobre cada um deles – garantias exorbitantes, subindo o preço do crédito e baixando o seu volume individual. Perante isso, o bom cliente perde dinheiro e tempo: ou muda de banqueiro ou sai do mercado, renunciando a investimentos que exijam capitais mutuados. Ficam os maus clientes dos quais alguns terão artes de conseguir garantias ilusórias ou de ultrapassar os patamares de crédito. O banqueiro irá agudizar as cautelas, com isso expulsando do mercado os clientes menos maus, numa espiral de degradação[470].

Evidentemente: o problema ultrapassa-se quando o bom banqueiro saiba localizar o bom cliente e quando o bom cliente dê, ao banqueiro, informação suficiente. A formação de ciclos é, todavia, inevitável.

II. As garantias fazem, de todo o modo, parte intrínseca do tráfego bancário. O banqueiro não procurará, todavia, as garantias teoricamente mais fortes e, *maxime*: a hipoteca[471]. Antes dará preferência a garantias pessoais, concedidas por entidades totalmente solventes e, *maxime*: por outros banqueiros ou pelo Estado.

Na vida real, a hipoteca é um produto caro; além disso, o seu funcionamento encontra-se bloqueado pelo colapso das ações executivas[472]. Em operações de crédito comercial, a eficácia sancionatória dará clara preferência a garantias pessoais idóneas.

III. A sanção mais eficaz, no domínio bancário, é precisamente a hipótese do corte do crédito. Na vida comercial e no âmbito de uma relação bancária complexa, um incumprimento injustificado, por parte de um cliente, envolve, além de diversos vencimentos antecipados, a não conces-

[470] Fernando Araújo, *Uma nota sobre carros usados*, Estudos Jurídicos e Económicos em Homenagem ao Professor João Lumbrales (2000), 181-206.

[471] Salvo, naturalmente, nos casos em que nenhuma outra seja de esperar.

[472] Em agosto de 2005, estimava-se em mais de 60.000 o número das execuções hipotecárias paralisadas: já foi ponderado, nas instâncias do Governo, que o desbloquear das execuções iria causar problemas sociais de realojamento de muitas famílias; em 2009, pararam as execuções em Lisboa, a pretexto da mudança de instalação dos Tribunais. Subsequentemente, retomaram, embora seja de aguardar uma acalmia, até que seja assimilada a reforma do processo de 2013.

são de mais crédito. Tanto basta para paralisar a generalidade das empresas. Estas tudo farão para prevenir incumprimentos. O sistema autossustenta-se e isso mesmo sabendo que os esquemas coercivos do Estado, quando eficazes, funcionam em tempos e por preços proibitivos. No limite, temos as regras das insolvências, nas quais todos os credores que não estejam suficientemente apoiados em garantias especiais perdem dinheiro.

CAPÍTULO VI

A RELAÇÃO BANCÁRIA GERAL

80. **Apresentação e razão de ordem**

I. O Direito bancário pode ser apresentado pelo prisma das operações de crédito ou pela via da regulação prudencial. Outras abordagens são possíveis. No limite, porém, tudo tende para reger situações de pessoas e, mais precisamente: as situações das pessoas que, no âmbito do comércio bancário, se venham a relacionar com instituições de crédito. Sabemos, neste momento e mercê da ponderação bancária, subprincípio da abrangência, que a situação típica a partir da qual se estruturam as realidades jurídico-bancárias é a de um relacionamento duradouro entre o banqueiro e o seu cliente, em cujo decurso se inscrevem os mais diversos atos: abertura de conta, emissão de cheques, emissão de cartões bancários, depósitos em dinheiro, depósitos em valores, pagamentos, transferências e créditos, entre outros. É a relação bancária geral.

II. Uma dogmática bancária deve inscrever, no topo das suas preocupações, a relação bancária geral. Sem ela, as diversas operações bancárias não fazem sentido. E o próprio Direito bancário institucional, com o tema da supervisão em devido peso, perde a sua última razão de ser.

O relevo dado à relação bancária geral corresponde, deste modo, a uma exigência dogmática moderna. Além disso, ela constitui um excelente banco de ensaio, relativamente a diversos institutos especialmente vocacionados para intervir no domínio bancário: a relação de negócios, as relações duradouras, a boa-fé, a obrigação sem dever de prestar principal e a contratação mitigada, entre outros.

III. A opção pela primazia dogmática da relação bancária geral tem, ainda, uma preocupação ético-jurídica: a de dar uma decisiva prioridade à pessoa e a uma conceção humanista do Direito bancário. A multiplicação das análises macro-económicas e a sua intrusão no Direito, mormente pela via das regulações e das *rationes* pode deitar para um segundo plano os grandes (únicos!) atores no palco do jurídico: as pessoas singulares.

A colocação, na base, da relação bancária geral procura inverter o fenómeno, recolocando o Direito bancário como grande província do Direito privado.

§ 21.° AS TEORIAS CLÁSSICAS

81. A doutrina do contrato bancário geral

I. Como foi dito, entre o banqueiro e o seu cliente não ocorre, em regra, apenas um único negócio jurídico. Pelo contrário, iniciada uma relação, ela tende a prolongar-se no tempo, intensificando-se mesmo, com a prática de novos e mais complexos negócios.

Esta "relação bancária", de natureza complexa, mutável mas sempre presente, constitui um dos aspetos mais marcantes e mais característicos do Direito bancário. Ela torna-se, porém, difícil de explicar e de traduzir, através de instrumentação jurídica tradicional. Historicamente – e principalmente na doutrina alemã, onde melhor este tema se ponderou – têm surgido diversas teorias explicativas. De entre elas, a mais marcante e clássica é a doutrina do "contrato bancário geral", que passamos a referenciar[473].

II. A ideia de basear a relação estabelecida entre o banqueiro e o cliente num contrato unitário próprio, a tanto dirigido, remonta ao prin-

[473] Sobre a doutrina do "contrato bancário geral" cumpre referir duas monografias: Horst W. Altjohann, *Der Bankvertrag, ein Beitrag zur Dogmatik des Bankrechts* (1962) e Hans Ulrich Fuchs, *Zur Lehre vom allgemeinen Bankvertrag* (1982). É ainda importante o desenvolvimento de Claus-Wilhelm Canaris, *Bankvertragsrecht* cit., I, 3.ª ed., 3 ss., bem como o de Klaus J. Hopt, em Herbert Schimansky/Hermann-Josef Bunte/Hans-Jürgen Lwowski, *Bankrecht-Handbuch* I, 4.ª ed. (2011), § 1 (2-18) e o de Hans-Peter Schwintowski, *Bankrecht*, 4.ª ed. (2014), § 1, Nr. 24-32 (9-11). Um balanço atual consta de Stefan Grundmann, em Claus-Wilhelm Canaris/Mathias Habersack/Carsten Schäfer, *Bankvertragsrecht*, 5.ª ed. (2016), 2, Nr. 17-19 (144-146) e *passim*.

cípio do século XX: deve-se a Bernstein[474] e a Regelsberger[475], enquanto estudiosos do então desconcertante fenómeno das cláusulas contratuais gerais no sector bancário. O contrato bancário surgiria com a aceitação, pelo cliente, das cláusulas oferecidas pelo banqueiro, cláusulas que, assim, teriam natureza contratual. O contrato bancário tinha o duplo mérito de explicar a relação complexa entre o banqueiro e o cliente e de esclarecer a natureza das próprias cláusulas contratuais gerais.

O tema ficaria nalguma quiescência. Foi, no entanto e de modo indireto, animado pelas discussões havidas em torno das cláusulas contratuais e da apresentação dos contratos normativos[476] ou dos contratos básicos[477], a elas ligados. Na verdade, a relação bancária complexa estabelecida – ou pretensamente estabelecida – entre o cliente e o banqueiro teria a virtualidade de provocar o aparecimento de novos contratos: daí o considerar-se o invocado contrato bancário como um contrato de angariação de negócios[478], um contrato-promessa[479] ou um contrato normativo[480].

[474] Otto Bernstein, *Die Geschäftsbedingungen der Bankiers und ihre rechtliche Behandlung*, Bank-Archiv IV (1905), 166-171 (169); "*Bankiers*" corresponde, aqui, a um plural alatinado, provindo do *banquier* francês.

[475] Ferdinand Regelsberger, *Die rechtliche Bedeutung der sog. Geschäftsbedingungen der Bankiers für die Kontokorrentverträge*, Bank-Archiv V (1906), 169-172 (171); vale a referência linguística feita na nota anterior.

[476] Alfred Hueck, *Normenverträge*, JhJb 73 (1923), 33-118 (47 ss., 59 ss. e 81 ss., enfocando os contratos com diretrizes e as vinculações diretamente emergentes).

[477] Ludwig Raiser, *Das Recht der allgemeinen Geschäftsbedingungen* (1935), 145, menciona precisamente, segundo alguns, como exemplo de contrato básico, o contrato bancário: como veremos, Raiser acabaria, aí, por transcender essa posição. Julius von Gierke, *Handelsrecht und Schiffahrtsrecht*, 8.ª ed. (1958), 490, refere o contrato bancário como o acordo principal que exprime a ligação com o banco.

[478] Arwed Koch, *Die Allgemeinen Geschäftsbedingungen der Banken/ihre rechtliche und wirtschaftliche Bedeutung und Entwicklung* (1932), 18, sublinhando um *Geschäftsbesorgungsvertrag*.

[479] Arwed Koch, *Der Krediteröffnungsvertrag*, Bank-Archiv XXXII (1933), 224-226 (224).

[480] Portanto, um *Normenvertrag* na terminologia de Hueck; *vide* Johann Heinrich von Brunn, *Die Formularmässigen Vertragsbedingungen der deutschen Wirtschaft/Der Beitrag der Rechtspraxis zur Rationalisierung*, 2.ª ed. (1956), 78.

III. A exata natureza do contrato bancário geral não está plenamente esclarecida pela doutrina[481]. Ele manteve-se como simples referência habitual[482], sendo ainda usado pela jurisprudência para apoiar decisões centradas nas cláusulas contratuais gerais como um todo[483] e, sobretudo, nos deveres gerais do banqueiro, particularmente após 1945[484].

Mau grado alguma imprecisão, o contrato bancário geral permitiria juridificar uma relação de confiança mútua entre as partes[485]. Dessa relação adviriam, para o banqueiro, deveres de segredo, de informações, de acompanhamento e prevenção e de acautelamento dos interesses do cliente. Além disso, o contrato bancário adstringiria o banqueiro a uma situação de disponibilidade para futuras intenções negociais do seu cliente.

IV. Mais complicada parecia ser a articulação entre o contrato bancário geral e os diversos contratos bancários singulares que, depois, fossem concluídos entre o banqueiro e o cliente.

Numa versão mais radical, os contratos singulares não seriam, sequer, verdadeiros contratos: eles assumiriam a natureza de simples instruções

[481] Uma série de referências às posições adotadas pelos diversos autores pode ser confontada em Altjohann, *Der Bankvertrag* cit., 17 ss. e em Ulrich Fuchs, *Zur Lehre vom allgemeinen Bankvertrag* cit., 4 ss..

[482] Heinz Pikart, *Die Rechtsprechung des Bundesgerichtshofs zum Bankvertrag*, WM 1957, 1238-1246 (1238), Rudolf Liesecke, *Die neuere Rechtsprechung des Bundesgerichtshofes zum Bankrecht*, WM 1959, 614-619 (614) – este Autor mudaria, depois, de orientação – Nebelung, *Gutschriften auf dem Konto pro Diverse*, NJW 1959, 1068-1069 (1069) e Hans-Joachim Schraepler, *Kreditauskunft – Einschränkung des Bankgeheimnis*, NJW 1972, 1836-1840 (1838). Trata-se de escritos muito próximos da jurisprudência.

[483] Decisão pioneira terá sido RG 18-mai.-1904, RGZ 58 (1905), 151-156 (155), onde as cláusulas contratuais gerais bancárias são unitariamente referidas como *lex contractus*.

[484] Assim, BGH 22-nov.-1956, WM 1957, 30-33 – dever de tratamento cuidadoso –, BGH 31-jan.-1957, BGHZ 23 (1957), 222-227 (223) – dever de informação –, BGH 17-nov.-1960, BGHZ 33 (1961), 293-302 (298) – dever de prevenir quanto a riscos –, BGH 20-fev.-1967, BGHZ 47 (1967), 207-217 – dever de prevenir, num financiamento para a compra dum automóvel, que o reembolso era exigível mesmo quando o bem adquirido não estivesse em condições –, BGH 20-fev.-1967, BGHZ 47 (1967), 217-223 – dever de informação, num contrato de financiamento para a aquisição de tapetes –, OLG Karlsruhe 9-abr.-1970, WM 1971, 486-488 (487, 2.ª col.) e BGH 4-jul.-1973, WM 1973, 892-894 (894, 1.ª col.) – dever de sigilo, mas aqui procurando já apoio jurídico-positivo na boa-fé.

[485] *Vide*, com indicações, Ulrich Fuchs, *Zur Lehre vom allgemeinen Bankvertrag* cit., 12 ss..

dadas pelo cliente ao banqueiro, ao abrigo do contrato geral[486]. Em versões mais moderadas, o contrato bancário geral, para além dos deveres apontados do banqueiro, apenas daria lugar a um quadro no qual se iriam, depois, concretizar os diversos contratos singulares.

V. A questão em aberto, no tocante ao contrato bancário geral, tinha a ver com um eventual dever de contratar, por parte do banco. E designadamente: mercê do contrato em causa, ficaria o banqueiro obrigado a conceder crédito futuro ao cliente? A resposta era negativa: mesmo no auge da conceção do contrato bancário, sempre se entendeu que o banqueiro era livre de celebrar contratos futuros, de acordo com os seus critérios próprios: apenas em situações peculiares lhe poderia ser oposto o abuso do direito, perante a recusa de contratar[487].

E foi justamente por esta via que a doutrina do contrato bancário perdeu terreno.

VI. A ideia do contrato bancário geral deu azo a alguma dogmática interessante. Muitas vezes, porém, ele ficou-se por generalidades: porventura um dos aspetos que ditaria a sua fraqueza. De todo o modo, seria possível apontar-lhe o seguinte conteúdo típico[488]:

a) Um acordo-quadro regido por cláusulas contratuais gerais;
b) Uma relação de negócios assente na confiança; o banqueiro promete ponderar os interesses do seu cliente;
c) Deveres gerais de conduta e de proteção: ficariam abrangidos temas como os do sigilo e da informação;
d) Deveres de concluir "negócios neutros": eles só poderiam ser recusados se se pusesse termo à relação global;
e) Dever de igual tratamento perante "negócios não neutros": ninguém poderia ser arbitrariamente prejudicado;
f) Deveres gerais de conduta a cargo do cliente: a situação é bilateral;
g) Um contrato de prestação de serviço, com natureza de contrato de alteração de negócios (*Geschäftsbesorgungscharakter*).

Tecnicamente, o contrato bancário geral seria uma prestação de serviço, próxima do mandato.

[486] Trata-se de uma afirmação que se poderia comprovar através do exemplo dos depósitos sucessivos.

[487] Ulrich Fuchs, *Zur Lehre vom allgemeinen Banvertrag* cit., 19-20.

[488] Klaus J. Hopt, em Schimansky/Bunte/Lwowski, *Bankrecht-Handbuch* cit., I, 4.ª ed., § 1, Nr. 24-32 (9-12).

82. A doutrina da relação de negócios

I. Os estudiosos comercialistas do século XIX já haviam deparado com a existência, entre comerciantes e fornecedores ou entre comerciantes e os seus clientes, de relações de negócios que se prolongam no tempo. Nessas relações, verificar-se-ia que, em vez de um único negócio isolado, antes surgiriam sequências de negócios encadeados no tempo. A relação (duradoura) assim expressa – a relação de negócios – teria um início e um termo, representando um valor autónomo acrescido, no comércio[489].

II. A natureza da relação de negócios levantou dúvidas de leitura e de construção, até aos nossos dias[490].

Laband iniciaria uma série de tomadas de posição: numa relação prolongada de comércio vê um uso[491], que reconduz a um acordo tácito[492].

Raiser, estudioso das cláusulas contratuais gerais, apura uma juridicidade nas condutas típicas das partes, claras quanto ao seu significado social[493]. Tasche, um tanto na linha das relações contratuais de facto, assenta na boa-fé uma relação baseada no puro decurso dos factos[494].

A recondução da relação de negócios – ou da sua juridicidade – ao princípio geral da boa-fé parece evidente: tal o passo de Weber[495]; haveria, contudo, que se ir mais longe na precisão. Optou-se, então, pelo uso da fórmula da proibição do *venire contra factum proprium*: um esquema querido a Wieacker[496] e a Canaris[497].

[489] Rüdiger Philipowski, *Tatsachen und rechtliche Bedeutung der längeren Geschäftsverbindung* (1963, ed. de Berlim), 15, 17 e 19; esta obra foi também publicada em Heidelberg, 1963, com o título *Geschäftsverbindung/ Tatsachen und rechtliche Bedeutung*.

[490] Um apanhado da matéria: Peter-Christian Müller-Graf, *Rechtliche Auswirkungen einer laufenden Geschäftsverbindung im amerikanischen und deutschen Recht* (1974), 129 ss..

[491] Laband, *Die Handels-Usancen*, ZHR 17 (1872), 466-511 (467-468).

[492] *Idem*, 507.

[493] Ludwig Raiser, *Das Recht der Allgemeinen Geschäftsbedingungen*, 2.ª ed. (1961, correspondente à 1.ª, de 1935), 127 ss. e 187 ss..

[494] Tasche, *Vertragsverhältnis nach nichtigem Vertragsschluss?*, JhJb 90 (1943), 101-130 (128-129).

[495] Wilhelm Weber, *Treu und Glauben* (1961), correspondente à 11.ª ed. de *Staudingers Kommentar* ao § 242 do BGB, especialmente, A-290 a A-294 (115-117).

[496] Franz Wieacker, *Zur Rechtstheoretischen Präzisierung des § 242 BGB* (1956), 27 ss..

[497] Claus-Wilhelm Canaris, *Die Vertrauenshaftung im deutschen Privatrecht* (1971, reimp. 1983), 357 ss. e *passim*.

Foram tentadas saídas legais mais explícitas. Danz apela aos usos do tráfego, que poderiam modelar as relações entre comerciantes[498], enquanto BGH 8-abr.-1957 – o célebre caso da lotaria – apela para o papel que séries de condutas podem ter na interpretação, por via do § 157 do BGB[499].

III. Não há quaisquer dúvidas de que uma relação de negócio estável, pontuada por múltiplos atos de conteúdo similar ou interligado, corresponde a uma situação voluntária: as partes encontram-se nela porque assim o pretenderam. O problema reside, antes, numa outra dimensão: sendo voluntária, será que as partes pretenderam vincular-se ao esquema por ela representado? Ou, pelo contrário, não será de sua opção (e do seu interesse) manter uma total liberdade de, no futuro, conservar essa relação de negócios, modificá-la, adotar outra com um diverso parceiro ou, pura e simplesmente, cessar a atividade?

A doutrina inclinou-se para, na relação de negócios e para além dos aspetos fácticos, ver uma mera relação de tutela, adveniente de deveres obrigacionais sem prestação principal[500]. Só por si, a relação de negócios não implicaria um negócio: seria, todavia, fonte de alguns deveres[501]. Caíriamos na relação de confiança e nos deveres de tutela daí advenientes[502].

IV. A doutrina da relação de negócios perdeu importância[503]: apesar de algum poder descritivo, ela apresenta muita insegurança na sua previsão e pouca precisão nas consequências.

Acabou, assim, por ser substituída por institutos mais precisos, como a *culpa in contrahendo* e as diversas vias da tutela da confiança. Todavia: sempre que, mercê da situação concreta e das suas características, for possível descobrir um qualquer contrato entre as partes, este prevalece. Dogmática e significativo-ideologicamente: estamos no Direito privado.

[498] Erich Danz, *Laienverstand und Rechtsprechung*, JhJb 38 (1898), 372-500 (418-419).

[499] BGH 8-abr.-1957, NJW 1957, 1105-1106.

[500] Peter-Christian Müller-Graf, *Die Geschäftsverbindung als Schutzpflichtverhältnis*, JZ 1976, 153-156 (156/II).

[501] Rüdiger Philipowski, *Geschäftsverbindung* cit., 118.

[502] Peter-Christian Müller-Graf, *Rechtliche Answirkungen einer laufenden Geschäftsverbindung* cit., 252 e 255.

[503] Klaus J. Hopt, em Schimansky/Bunte/Lwowski, *Bankrecht-Handbuch* cit., I, 4.ª ed., § 1, Nr. 44 (14).

83. A doutrina da relação legal e de confiança

I. A construção da relação bancária geral era frágil: não resistia a uma ponderação monográfica do seu conteúdo[504]. Efetivamente, ela tinha uma consistência duvidosa e uma eficácia diminuta: no ponto delicado dos hipotéticos deveres de contratar dela emergentes, prevalecia uma resposta negativa. E o recurso à ideia, em si fecunda, da relação de negócios não esclarecia sobre a origem e a natureza dessa relação.

Impunha-se a questão fulcral de saber se o contrato bancário geral preenchia os requisitos de um verdadeiro contrato. Também aqui a resposta era negativa. O contrato bancário geral não assentava, propriamente, num encontro de vontades destinado a instituir, entre elas, uma relação duradoura, fonte de novos contratos[505]. Salvo ficção, em nenhum momento do percurso bancário seria possível apontar uma vontade das partes – ou de alguma delas – a tanto dirigida.

O contrato bancário geral entrou, assim, em desgraça, vindo a ser criticado pela doutrina[506].

II. Em sua substituição, surgiu a doutrina da relação legal, base de responsabilidade pela confiança.

Já em 1935, no seu estudo sobre as cláusulas contratuais gerais, Ludwig Raiser havia afirmado a existência, entre o banco e o cliente, de uma "ligação especial semelhante à que surge nas negociações contratuais e que constitui a base da *culpa in contrahendo*"[507]. Canaris propôs o aproveitamento, neste domínio e no Direito bancário, da doutrina da "relação obri-

[504] Horts W. Altjohann, *Der Bankvertrag* cit., 132-133, Ulrich Fuchs, *Zur Lehre vom allgemeinen Banvertrag* cit., 196 e Joachim Pantel, *Pflichten der Bank aus dem Kreditverhältnis, insbesondere bei der Kündigung* (1979), 108 ss. e 113.

[505] Em especial, Claus-Wilhelm Canaris, *Bankvertragsrecht* cit., 1, 3.ª ed., 7.

[506] Além da literatura referida nas duas últimas notas, com relevo para Canaris, *vide* Rudolf Liesecke, *Die Bankguthahen in Gesetzgebung und Rechtsprechung*, WM 1975, 214-230 (218), mudando a posição que antes adotara, Norbert Horn, em Heymann/*HGB*, vol. 4 (1990), Anhang § 372, Nr. 6 (319) e Frank Peterek, em Siegfried Kümpel/Arne Wittig, *Bank- und Kapitalmarktrecht* cit., 4.ª ed., 6-7 (569).

Vide Johannes Köndgen, *Die Entwicklung des privaten Bankrechts in den Jahren 1992-1995*, NJW 1996, 558-570 (559).

[507] Ludwig Raiser, *Das Recht der allgemeinen Geschäftsbedingungen* cit., 135, referido, também, em Claus-Wilhelm Canaris, *Bankvertragsrecht* cit., I, 3.ª ed., n.º 12 (8).

gacional legal sem dever de prestação primário", desenvolvida em Direito das obrigações[508], e agora recuperada com novos argumentos[509].

Em traços largos, podemos dizer que, nesta leitura, pactuada uma obrigação comum, as partes assumem, uma perante a outra, determinadas prestações – as prestações primárias. Mas para além disso, a regra da boa-fé implica que elas fiquem adstritas a certos deveres de cuidado e de proteção, de modo a que não sejam provocados danos nas respetivas esferas. Tais deveres são claros na pendência contratual; a jurisprudência e a doutrina permitem também apurá-los *in contrahendo* e *post pactum finitum*, bem como em situações caracterizadas pela nulidade do contrato de base – e, portanto, pela inexistência de qualquer dever principal válido. Desenvolvidos sectorialmente, os deveres de cuidado e de proteção vieram a apresentar regimes diferentes, consoante ocorressem na fase pré-contratual, na vigência do contrato, na sua nulidade, ou depois do seu cumprimento. A situação foi ultrapassada com a teorização geral do fenómeno, proposta há anos por Canaris[510] e que, de então para cá, tem merecido um acolhimento global[511]: em situações de proximidade negocial – e, portanto, com contrato ou sem ele – as partes podem prejudicar-se mutuamente; surge, assim, um dever legal de não o fazer. Canaris fala em dever legal de prote-

[508] Karl Larenz, *Lehrbuch des Schuldrechts*, I *Allgemeiner Teil*, 14.ª ed. (1987), 104 ss. e Peter-Christian Müller-Graff, *Die Geschäftsverbindung als Schutzpflichtverhältnis*, JZ 1976, 153-156 (154 ss.).

[509] Claus-Wilhelm Canaris, *Bankvertragsrecht* cit., I, 3.ª ed., n.º 12 ss. (8 ss.), Hans-Peter Schwintowski, *Bankrecht* cit., 3.ª ed., Nr. 12 (7) e e Frank Peterek, em Siegfried Kümpel/Arne Wittig, *Bank- und Kapitalmarktrecht* cit., 4.ª ed., Nr. 6.10 (570).

[510] Claus-Wilhelm Canaris, *Ansprüche wegen "positiver Vertragsverletzung" und "Schutzwirkung für Dritte" bei nichtigen Verträgen*, JZ 1965, 475-482. A problemática que levou ao trabalho de Canaris vem referenciada em Menezes Cordeiro, *Da pós-eficácia das obrigações* (1984), 50 ss. (52) e *Da boa fé* cit., 632 ss..

[511] Assim: Ulrich Müller, *Die Haftung des Stellvertreters bei culpa in contrahendo und positiver Forderungsverletzung*, NJW 1969, 2169-2175 (2172 ss.); Walter Gerhard, *Die Haftungsfreizeichung innerhalb der gesetzlichen Schutzverhältnisses*, JZ 1970, 535-539 (535-536), e *Der Haftungsmassstab im gesetzlichen Schutzverhältnis (Positiver Vertragsverletzung, culpa in contrahendo)*, JuS 1970, 597-603 (598); Wolfgang Thiele, *Leistungsstörung und Schutzpflichtverletzung – Zur Einordnung der Schutzpflichtverletzungen*, JZ 1967, 649-657 (654); F.-S. Evans-von Krbek, *Nichterfüllungsregeln auch bei weiteren Verhaltens oder Sorgfaltspflichtverletzung?*, AcP 179 (1979), 85-152 (87-88); Marina Frost, *"Vorvertragliche" und "vertragliche" Schutzpflichten* (1981), 212 e 241; com indicações: *Tratado* II, 234 ss..

ção, baseado na confiança, utilizando, também, a nomenclatura de Larenz: uma "relação obrigacional legal", "sem dever de prestação primário"[512].

Assinale-se que, na reforma do BGB de 2001/2002, a figura da obrigação sem dever de prestar primário foi acolhida, designadamente a propósito da impossibilidade[513].

IV. A aplicação, ao relacionamento bancário, da doutrina da relação legal, permitiria, segundo os seus seguidores, resolver múltiplos problemas. Os deveres acima referenciados, desde o segredo à disponibilidade, poderiam encontrar base legal.

Pela nossa parte, no entanto, rejeitámos em tempo essa construção, à luz do Direito português[514]. A doutrina dos deveres de proteção unitários destinar-se-ia, como então sustentávamos, a suprir as insuficiências estruturais do sistema alemão de responsabilidade aquiliana. Tais insuficiências não afetariam o Direito português, tornando dispensável a congeminação de específicas obrigações legais. Hoje revemos a nossa posição.

V. Uma relação obrigacional corresponde a uma ligação social entre duas pessoas e que assume relevo jurídico. A figura mais comum de obrigação, da qual historicamente veio a decorrer todo o edifício subsequente, é, efetivamente, a do vínculo pelo qual uma pessoa deve efetuar, a outra, uma prestação: tal a noção do artigo 397.° do Código Civil.

Podem, porém, surgir relações obrigacionais que não tenham esse conteúdo: antes se limitem a juridificar uma ligação na qual os intervenientes devam trocar informações, abstendo-se de deslealdades e, sendo o caso, assegurando uma mútua segurança.

Admitimos, pois, que a relação bancária complexa possa, efetivamente, analisar-se numa relação obrigacional sem dever de prestar principal. Simplesmente:

- isso não nos diz que não tenha base contratual;
- enquanto a ausência de dever de prestar principal teria, sempre, de ser estabelecida perante o seu regime.

[512] Claus-Wilhelm Canaris, *Bankvertragsrecht* cit., 1, 3.ª ed., 12 ss. (8 ss.) e 15 ss. (9 ss.).

[513] Com indicações, Menezes Cordeiro, *Da modernização do Direito civil*, 1 (2004), 105 ss..

[514] Menezes Cordeiro, *Concessão de crédito e responsabilidade bancária*, BMJ 359 (1986), 5-66 (45 ss.) = *Banca, bolsa e crédito*, 1 (1990), 9-61 (49 ss.).

84. Desenvolvimentos subsequentes

I. Desde o momento em que o cliente e o banqueiro concluam um primeiro negócio significativo – normalmente, a abertura de conta – estabelece-se, entre eles, uma relação social e económica. Essa relação tenderá a ter continuidade. Surgindo mais negócios entre ambos, ela intensificar-se-á. Ambas as partes terão deveres de conduta, derivados da boa-fé, dos usos ou de acordos parcelares que venham a concluir.

Todos esses deveres surgem num conjunto que tem uma unidade económica e social evidente: há uma relação bancária contínua, suscetível de ser preenchida com os mais diversos negócios.

A unidade da relação bancária torna-se percetível, no Direito alemão, mercê da existência de cláusulas contratuais gerais unitárias. Mas entre nós, apesar de faltar esse elemento, há que reconhecer, ainda, uma clara unidade.

II. Antes de prosseguir, devemos assinalar que, no final do século XX, renasceu um apelo ao contrato bancário geral[515], numa opção tomada pela jurisprudência[516]. Na verdade, se pensarmos um pouco, veremos que ele não é despropositado, desde que reconduzido a proporções mais adequadas: afinal, quer o banqueiro, quer o seu cliente encontram-se numa relação duradoura voluntária.

Todavia, em 24-set.-2002, o BGH alemão, a propósito de uma discussão sobre o montante dos juros, veio afirmar que, de uma longa relação bancária, não resulta um contrato bancário geral[517]. Anotando esta decisão, Autores como Balzer[518] e como Lang[519] logo vieram concluir que a dou-

[515] Assim: Baumbach/Hopt, *HGB* 30.ª ed. (2000), A/6-A/7 (1306-1307), Claussen//Erne, *Bank- und Börsenrecht* cit., 3.ª ed., § 4, II (100 ss.), Dagmar Nuissl, *Bankgeschäftsrecht* (1997) cit., 7 e Schwintowski/Schäfer, *Bankrecht*, 1.ª ed. (1997) cit., § 1.°, Nr. 134 (47). Na 2.ª ed., o desenvolvimento destes Autores já é um pouco diferente.

[516] BGH 28-out.-1997, WM 1997, 2355-2356 (2356/I) = ZIP 1997, 2194-2195 (2195/I).

[517] BGH 24-set.-2002, BKR 2002, 1089-1092 (1090/II) = WM 2002, 2281-2284 (2282): precisamente uma decisão do XI Senado.

[518] Peter Balzer, anot. a BGH 24-set.-2002, BKR 2002, 1092-1094 (1092/II).

[519] Volker Lang, *Das Aus für die Lehre vom "allgemeine Bankvertrag"?/ Zugleich eine Kommentierung des Urteils des BGH, BKR 2002, 1089*, BKR 2003, 227-234.

trina do contrato bancário geral estava arrumada, por supérflua. Este último aponta como argumentos que deporiam contra o contrato bancário geral[520]:

– que os deveres presentes não necessitariam de qualquer contrato;
– que, do pretenso "contrato bancário geral" não resultaria nem mesmo o dever de celebrar contratos neutros;
– que a ligação especial existente se explicaria por contactos sociais.

A questão não ficou, porém, decidida: se Autores como Peterek parecem atentos à indicação do BGH[521] outros, como Roth, apresentam-se críticos[522]. Também Schwintowski mantém a utilidade da referência a um contrato bancário geral[523], o mesmo sucedendo com Bunte[524].

III. O grande problema que tolhe os estudiosos do Direito bancário é o de lidarem com conceções não atualizadas dos fenómenos contratuais e de deixarem de lado a dogmática das relações duradouras.

Antes de passar à reconstrução da relação bancária geral, impõe-se fazer o ponto quanto:

– à contratação mitigada;
– às relações duradouras.

[520] *Idem*, 233/I.

[521] Frank Peterek, em Siegfried Kümpel/Arne Wittig, *Bank- und Kapitalmarktrecht* cit., 4.ª ed., , Nr. 6.8 (569-570).

[522] Markus Roth, *Der allgemeine Bankvertrag*, WM 2003, 480-482 (482/II: a conclusão).

[523] Hans-Peter Schwintowski, *Bankrecht* cit., 3.ª ed., 4 1, Nr. 12-19 (7-10) e 4.ª ed., § 1, Nr. 30-32 (10-11).

[524] Hermann-Josef Bunte, em Schimansky/Bunte/Lwowski, *Bankrechts-Handbuch* cit., 1, 3.ª ed., § 2.º, 26 ss..

§ 22.º DEVERES BANCÁRIOS MITIGADOS

85. A negociação mitigada

I. A natureza da relação bancária geral pode ser esclarecida, em certas áreas, com recurso à categoria geral da negociação mitigada[525].

Como ponto de partida, recordamos que, perante uma esquematização de tipo tradicional, a postura dos interessados em face de um eventual contrato só poderia ser de aquiescência ou de recusa. Ou pretendem o acordo e concluem-no; ou não é o caso e faltará o contrato. As necessidades do tráfego vieram determinar outra hipótese: a de os interessados, não querendo ainda o contrato, se obrigarem, no futuro, a concluí-lo. Teremos, então, o contrato-promessa. Dentro desta possibilidade abriram-se, depois, outras sub-hipóteses e, designadamente: a de haver contratos-promessas com e sem execução específica. No primeiro caso, ocorrendo o incumprimento, o promitente fiel poderia sempre obter, do tribunal, uma sentença que suprisse a abstenção do faltoso; em suma: celebrado o contrato-promessa, as partes teriam meios de fazer surgir o contrato definitivo. No segundo caso, o incumprimento do contrato-promessa apenas poderia dar lugar a medidas compensatórias.

O espaço que fica entre a completa ausência de compromissos e o contrato-definitivo foi-se, ainda, densificando[526]. Poderiam, pelas partes, ser estabelecidos vínculos mais lassos, de conteúdo variável e que teriam em vista uma futura composição de interesses. Chamaremos, genericamente, a essas figuras "contratação mitigada"[527].

[525] Para mais elementos, *Tratado* II, 304 ss..

[526] Martin Weber, *Der Optionsvertrag*, JuS 1990, 249-256 (249) e Baptista Machado, *A cláusula do razoável* (1986), em *Obra dispersa*, 1 (1991), 457-621 (457 ss.).

[527] Sobre todo este tema, *vide* os importantes estudos de E. Santos Júnior, *Acordos intermédios: entre o início e o termo das negociações para a celebração de um contrato*,

II. A contratação mitigada surge consignada pela prática dos negócios. Diversas figuras têm sido autonomizadas[528]. A saber:

– a carta de intenção (*letter of intent*): trata-se de uma declaração, normalmente em forma epistolar e que consigne uma vontade já sedimentada de, em determinadas condições, concluir certo contrato, embora sem se obrigar a tanto[529]; a carta de intenção é muitas vezes usada no comércio internacional onde, mercê da diversidade linguística e das dificuldades de redocumentação, se recorre, preliminarmente, a instrumentos mais simples[530]; há várias hipóteses de textos[531]; a carta de intenção é ainda usada para demonstrar uma vontade séria de adquirir de modo a poderem ser iniciadas auditorias (*due diligence*)[532];
– o acordo de negociação (*instruction to proceed* ou *Vereinbarung über den Verhandlungsablauf*): ocorre em negociações complexas e consigna uma vontade comum das partes de prosseguir negociando, dentro de determinados parâmetros;
– o acordo de base (*head of agreement*, *principle of agreement* ou *Grundvereinbarung*): também em negociações complexas, podem as partes, obtido um acordo em área nuclear, formalizá-lo desde

ROA 1997, 565-604 e de Maria Raquel Rei, *Do contrato-quadro* (1997, inédito e já citado), bem como o *Tratado* II, 4.ª ed., 307 ss..

[528] Em especial, Marcus Lutter, *Der Letter of Intent/Zur rechtlichen Bedeutung von Absichterklärungen*, 3.ª ed. (1998), Weber, *Der Optionsvertrag* cit., 251 ss., Reinhard Bork, no *Staudingers Kommentar* I, §§ 134-163 cit., § 145, Nr. 14 (583-589) e Larenz/ /Wolf, *Allgemeiner Teil des deutschen Bürgerlichen Rechts*, 9.ª ed. (2004), 427-428. Tem muito interesse a enumeração de Brigitte Lefebvre, *La bonne foi dans la formation du contrat* (1998), 124 ss., à luz do Direito do Quebeque; ela distingue: 1) acordos de honra; 2) cartas de intenção; 3) punctação; 4) acordos de princípio.

[529] Reinhard Bork, no *Staudingers Kommentar* I, §§ 134-163 (2003), 589 e Enrico Caruso, *Le dichiarazioni d'intenti*, em Realmonte, *I rapporti giuridici preparatori* (1996), 275-323. Outras indicações, nacionais e estrangeiras, em *Tratado* II, 311 ss..

[530] Burghard Piltz, *Neue Entwicklungen im UN-Kaufrecht*, NJW 2003, 2056-2063 (2060/I).

[531] Rolf A. Schütze/Lutz Weipert, *Münchener Vertragshandbuch* 4, 5.ª ed. (2002), dão-nos fórmulas de cartas de intenção.

[532] Klaus J. Müller, *Gestaltung der Due Diligence durch den Vorstand der Aktiengesellschaft*, NJW 2000, 3452-3456 (3455).

logo; as negociações prosseguirão, depois, a nível técnico, para aplainar os aspetos secundários[533];

– o acordo-quadro (*Rahmenvertrag*): em negociações tendentes a originar múltiplos contratos, as partes assentam num núcleo comum a todos eles[534];

– o protocolo complementar (*side letter* ou *Zusatzvereinbarung*): tendo em vista um contrato nuclear, as partes concluem um convénio acessório, tendente a completá-lo[535].

Um exemplo de contrato preparatório frequente entre nós e que podemos reconduzir à contratação mitigada é o do "contrato de reserva": um potencial comprador mostra-se interessado mas pretende conservar total liberdade de decisão; o vendedor "reserva" a coisa vendida durante um pequeno prazo, comprometendo-se a aguardar a decisão do comprador[536].

III. Em princípio, todas estas figuras são juridicamente relevantes. Assim, perante elas, cabe desde logo e pela interpretação, verificar qual a vontade dos participantes e, designadamente: se eles se consideram vinculados pelos seus termos e de que modo.

A grande dúvida tem a ver com o incumprimento: pode a parte faltosa ser coagida ao acatamento?

Em Direito, qualquer acordo válido deve ser cumprido, salvo quando, nele, se diga outra coisa. Tudo dependerá de saber se o acordo mitigado tem um conteúdo suficientemente explícito ou se se limita a obrigar as partes a prosseguir nas negociações. Sendo bastante, o conteúdo deve ser acatado[537]. Não o sendo, a parte faltosa apenas poderá ser condenada em

[533] Ute Jung, *Die Einigung über die "essentialia negotii" als Voraussetzung für das Zustandekommen eines Vertrages*, JuS 1999, 28-32 (28 ss.). *Vide* OLG Karlsruhe 14-jun.-1995, NJW-RR 1996, 997.

[534] Larenz/Wolf, *Allgemeiner Teil* cit., 9.ª ed., 428.

[535] Há bastante jurisprudência; p. ex., em BGH 12-nov.-2003, NJW-RR 2004, 518, discutia-se a validade de um protocolo complementar a um contrato de arrendamento.

[536] REv 22-jun.-2004 (Ana Resende), CJ XXIX (2004) 3, 255-258 (256-257 e 258/I).

[537] Tal o caso (mal) decidido em STJ 24-out.-1995 (Torres Paulo), BMJ 450 (1995), 443-468 (461 ss.), de resto bem documentado e cuidadoso; fora aí celebrado um "contrato preliminar dum contrato-promessa", mediante o pagamento de uma denominada "taxa de inscrição"; o Supremo, impressionado por não se tratar dum contrato-promessa habitual, optou pela não-execução específica, mau grado haver elementos suficientes para a encarar.

indemnização, por interrupção injustificada das negociações. O Tribunal não pode, de todo o modo, substituir-se às partes, negociando por elas.

IV. Pergunta-se, por fim, pela natureza destes acordos. A locução "contratação mitigada", embora sugestiva, pode enganar. Não se trata de vínculos "mais fracos" mas, antes, de vínculos diferentes. As partes podem adotar deveres de procedimento, de esforço e de negociação, tendo em vista um fim eventual. Tais deveres são tão dignos como outros quaisquer: só surgem diferentes dos deveres que, eventualmente, virão à luz na contratação final.

86. **Acordos de cortesia e de cavalheiros**

I. O domínio bancário é essencialmente comercial. Os operadores bancários, embora obrigados – mesmo juridicamente![538]– a observar o respeito e a cortesia, mantêm-se, em princípio, no campo ativo do Direito. Todavia, para mais ao longo de uma relação que se prolongue no tempo, é inevitável o aparecimento de obsequiosidades, de gentilezas e de atenções que podem dar azo a declarações de cortesia ou, até, a acordos de cavalheirismo[539]. Terá essa matéria algum interesse para a reconstrução da relação bancária geral?

II. Antes de mais, há que fixar terminologia. Não consideraremos nesta categoria os negócios comuns, que apenas tenham sido celebrados por cortesia, por cavalheirismo ou por obsequiosidade. Assim, a letra de favor, a aquisição por preço elevado de um quadro insignificante ou a aceitação de um trespasse sem futuro, apenas por simpatia ou apreço pela outra parte, são atos patrimoniais que, uma vez concluídos, devem ser honrados, nos termos comuns. Também a gentileza pode originar situações comuns de responsabilidade civil: pense-se no automobilista que dá uma boleia e que se vê, depois, confrontado com o dever de indemnizar o transportado, por acidente de estrada.

Chamaremos acordo de cortesia ao convénio relativo a matéria não-patrimonial e que releve do mero trato social. Ele poderá recair sobre a hora e o local de um encontro, sobre questões protocolares ou sobre outros

[538] Veja-se o artigo 74.° do RGIC, aliás: de conteúdo mais vasto.
[539] Com indicações, *Tratado* II, 4.ª ed., 304 ss..

ajustes convenientes para um convívio agradável, dentro e fora da contratação jurídica.

O acordo de cortesia não se distingue do contrato (apenas) por as partes o terem colocado fora do Direito: ele recai, antes, sobre uma matéria que, não tendo conteúdo patrimonial[540], não releva para o Direito. Esta distinção era muito clara no século XIX, uma vez que se exigia, para uma verdadeira obrigação jurídica, natureza patrimonial[541]. O alargamento subsequente veio criar dificuldades de fronteira. Mas são transponíveis, uma vez que as obrigações não patrimoniais postulam uma vontade jurídica reforçada. A presença de uma obrigação derivada do acordo de cortesia é, em regra, de tipo legal: assim ocorre com a prestação de informações sem base jurídica[542].

Evidentemente: o acordo de cortesia que seja subtraído apenas para provocar danos pode dar azo a situações comuns de responsabilidade civil. Digamos que ele origina uma obrigação legal de proteção, semelhante à da *culpa in contrahendo*[543]. Temos, nessa base, a área de responsabilidade por deferência, ilustrada pela jurisprudência do último século[544].

III. O acordo de cavalheiros é um convénio que as partes pretenderam colocar fora do campo do Direito[545]. Pode, teoricamente, recair sobre quaisquer assuntos, patrimoniais e pessoais: tem apenas a particularidade de assentar na palavra dada e na honra de quem a dê[546].

O acordo de cavalheiros – desde que, naturalmente, se trate mesmo de cavalheiros[547] – é mais adstringente do que qualquer vínculo jurídico.

[540] E não produzindo efeitos de tipo pessoal ou familiar por não corresponder a nenhuma situação que a lei preveja com esse sentido.

[541] Dietmar Willoweit, *Schuldverhältnisse und Gefälligkeit/Dogmatische Grundfragen*, JuS 1984, 909-916 (909/II).

[542] Do mesmo autor: *Die Rechtsprechung zum Gefälligkeitshandeln*, JuS 1986, 96-107.

[543] Willoweit, *Schuldverhältnisse und Gefälligkeit* cit., 911/I e Carneiro da Frada, *Teoria da confiança e responsabilidade civil* (2004), 817 ss., com terminologia não coincidente.

[544] *Tratado* VI, 2.ª ed., 354 ss. e *infra*, 272 ss..

[545] Antônio Junqueira de Azevedo, *Negócio jurídico e declaração negocial/Noções gerais e formação da declaração negocial* (1986), 41 ss..

[546] Karl Friedrich Reuss, *Die Intensitätsstufen der Abreden und die Gentlemen Agreements*, AcP 154 (1955), 485-526 (489).

[547] Ou de Senhoras: a expressão "cavalheiro" não tem qualquer conteúdo sexista.

Basta ver que um contrato pode, em certos casos previstos na lei, não ser cumprido; ora o cavalheiro honrará sempre a palavra dada, quaisquer que sejam as circunstâncias e o preço. Mas não é Direito.

IV. Põe-se o problema de saber se, ao concluir um acordo de cavalheiros, as partes podem abdicar, desde logo, de qualquer proteção jurídica. Não podem, a não ser no plano do cavalheirismo. Visto o disposto no artigo 809.º, do Código Civil, as obrigações naturais só são possíveis nos casos admitidos por lei. Além disso, funcionam numerosas outras regras, como a nulidade das obrigações indetermináveis – artigo 280.º/1 –, a proibição de doar bens futuros – artigo 942.º/1 – ou a possibilidade de fixar prazos às obrigações – artigo 777.º/1, todos do Código Civil. Assim:

– o acordo de cavalheiros pelo qual alguém compra um automóvel pagando ao vendedor o preço que entender justo ou é nulo – artigo 280.º/1 – ou encontrará um preço fixado nos termos do artigo 883.º/1, ambos do Código Civil;
– o acordo de cavalheiros pelo qual alguém empresta uma quantia a outrem que este pagará quando puder será cumprido nos termos do artigo 778.º do Código Civil;
– o acordo de cavalheiros pelo qual as partes irão celebrar certo contrato: ou satisfaz os requisitos de forma e de substância do contrato-promessa e vale como tal, ou não existe.

No limite, pode-se recorrer às regras sobre liberalidades. A margem para acordos de cavalheiros, sem proteção jurídica, queda-se pelas matérias que não tenham, só por si, relevância patrimonial: veja-se o último exemplo referido[548].

V. Em suma: o acordo de cavalheiros deixará de o ser se os interessados não se comportarem como tal. Parece, em especial, lamentável a atitude de exigir uma vantagem em nome da palavra recebida e recusar

[548] Quanto ao Direito bancário, discutiu-se a juridicidade das cartas de conforto, à primeira vista assentes no cavalheirismo; hoje responde-se pela positiva; *vide*, *infra*, 275 e Menezes Cordeiro, *As cartas de conforto no Direito bancário* (1993), 63, bem como STJ 19-dez.-2001 (Ferreira Ramos), CJ/Supremo IX (2001) 3, 157-161, RPt 6-jun.-2002 (Moreira Alves), CJ XXVII (2002) 3, 193-195 e STJ 18-mar.-2003 (Reis Figueira), CJ/ /Supremo XI (2003) 3, 127-131 (130).

a contrapartida invocando falta de juridicidade. E quando celebrados em família, os acordos de cavalheiros ainda devem merecer mais respeito.

Questão diferente da juridicidade do "acordo de cavalheiros" é o facto de a grande maioria dos contratos ser cumprida numa base de "cavalheirismo" e não de juridicidade.

No dia-a-dia, as pessoas realizam inúmeros atos jurídicos, assumindo as correspondentes obrigações. Nessa tarefa, elas executam-se simplesmente porque deram a sua palavra e querem honrá-la. Se fosse necessário recorrer à justiça do Estado para pôr em prática tais obrigações, o sistema entrava em colapso:

- muitas das obrigações em jogo, embora jurídicas, são indemonstráveis: não há escritos e não há testemunhas;
- além disso, o volume de processos provocados pela "judicialização" da vida social submergeria os tribunais.

O Direito positivo funciona pelas forças da sociedade e da cultura a que ele pertence. Nunca sozinho.

Como temos vindo a repetir, o bom jurista será justo, correto, educado, sério e rigoroso. Tudo está interligado, para mais nas áreas que tenham a ver com o dinheiro.

87. **Responsabilidade por cortesia e por obsequiosidade**

I. As relações de obsequiosidade, tal como as de cavalheirismo, quando não comportem comuns relações obrigacionais, a cumprir pelas partes, podem dar lugar a situações de responsabilidade. Falaremos em responsabilidade por deferência.

A jurisprudência alemã documenta várias situações típicas. Assim, no caso de relações pessoais, designadamente[549]: acordos relativos a divórcios: RG 16-fev.-1904[550]; a acidentes de caça: RG 17-mar.-1930[551]; acordos quanto à obtenção de negócios: BGH 17-mar.-1971[552]; acordos de presta-

[549] Outros casos podem ser vistos em Dietmar Willoweit, *Die Rechtsprechung zum Gefälligkeitshandeln*, JuS 1986, 96-107 (97/I ss.).

[550] RG 16-fev.-1904, RGZ 57 (1904), 250-258 (257-258).

[551] RG 17-mar.-1930, RGZ 128 (1930), 39-46.

[552] BGH 17-mar.-1971, BGHZ 56 (1971), 204-214 (207 ss.).

ção de serviço: BGH 2-jul.-1968[553]; acordos referentes ao transporte: RG 13-dez.-1906[554]; aconselhamentos: BGH 29-out.-1952[555].

As soluções encontradas são flexíveis[556] e apontam as considerações abaixo efetuadas.

II. Havendo relações de deferência, podem decorrer situações de proximidade negocial, de entrega confiante ou de dependência de proteção, de que resultem danos.

Os casos clássicos, desde o princípio do século XX, têm a ver com o transporte por deferência: uma pessoa é, por gentileza, transportada gratuitamente por outra, mas vem a sofrer um acidente[557].

Situações curiosas são as interligadas com jogos de fortuna. Assim, o caso decidido pelo BGH, em 1974. Sucedera o seguinte: um grupo de amigos jogava habitualmente no loto alemão, sempre com a mesma chave; um deles, rotativamente, preenchia e entregava, em nome próprio, a aposta; em 23-out.-1974, o incumbido da entrega não a fez, vindo a combinação de números, normalmente por eles usada, a ser premiada com DM 10.550. Os restantes amigos demandaram o faltoso, que se justificou dizendo que, por imponderáveis, saíra tarde do emprego, altura em que já estavam encerradas as agências. O BGH desamparou a ação[558], em decisão bastante comentada[559]. Afigura-se que, se o faltoso tivesse garantido aos demais que entregaria a aposta (ou, em alternativa: se não se limitou a dizer que faria o possível para a entregar), há responsabilidade por via da confiança.

Casos configurados na doutrina são, p. ex.: um cavalheiro convida uma senhora para dançar e, por descuido, pisa-a, ferindo-a ou rasga-lhe um dispendioso vestido[560].

[553] BGH 2-jul.-1968, NJW 1968, 1874-1875, relativamente à guarda de crianças.

[554] RG 13-dez.-1906, RGZ 65 (1907), 17-21 (19-20).

[555] BGH 29-out.-1952, BGHZ 7 (1953), 371-378.

[556] Dietmar Willoweit, *Die Rechtsprechung zum Gefälligkeitshandeln*, JuS 1986, 96-107 (106/II).

[557] RG 13-dez.-1906 cit.; outros casos em Bernd v. Dewitz, *Gefälligkeitsverhältnisse im Bürgerlichen Recht*, 1939, *passim*.

[558] BGH 16-mai.-1974, NJW 1974, 1705-1707 (1706/I).

[559] Assim, Harro Plander, *Lottospielgemeinschaft und Rechtsbindungswille*, AcP 176 (1976), 424-447 e Udo Kornblum, *Der verpasste Lottoglück*, JuS 1976, 571-572.

[560] Konrad Zweigert, *Seriositätsindizien/Rechtsvergleichende Bemerkungen zur Scheidung verbindlicher Geschäfte von unverbindlichen*, JZ 1964, 349-354 (350/I) e Wilhelm Weimar, *Erklärungen ohne Rechtsbindung*, MDR 1979, 374-376 (375/I).

III. A primeira hipótese será a de haver solução legal expressa: assim sucede com o denominado transporte gratuito de passageiros: o condutor é responsável pelos danos que estes venham a sofrer (503º, 504º e, em especial, 504º/3)[561]. A segunda linha conduz a uma relação legal de proteção[562]: teríamos, aí, algo de semelhante à *culpa in contrahendo* ou à violação positiva do contrato[563]. A terceira implica deveres de tráfego, assentes no § 823 (entre nós, no 483º/1): ao controlar o perigo, o obsequiante deve observar deveres de cuidado relativos ao obsequiado[564]. Ou seja: através da deferência, podem resultar efetivas obrigações: não dirigidas ao cumprimento, mas antes visando a tutela da confiança ou o cuidado. Bem se compreende: o convidado não fica à mercê do hospedeiro. Também nos casos em que o deferente preste a sua atividade profissional: haverá responsabilidade no caso de negligência grosseira ou, em certos casos, por culpa leve[565]; há, aí, um máximo de confiança. Tudo isto é claramente operacional, perante o Direito positivo português.

88. **Acordos bancários mitigados**

I. Os desenvolvimentos anteriores, tipicamente civis, têm uma aplicação fecunda no campo bancário. De certo modo, tal aplicação será mesmo reforçada pela ética bancária, área sensível da ética dos negócios.

No âmbito de um relacionamento bancário complexo, é frequente o banqueiro prontificar-se para estudar propostas e ponderar soluções. Quando o faça, poderemos estar perante declarações de intenções, perante acordos de negociações ou, até, perante acordos de base. Pela interpreta-

[561] P. ex., STJ 7-mai.-2009 (Salvador da Costa), Proc. 382/07-3TBVNGS1.

[562] Werner Flume, *Allgemeiner Teil des Bürgerlichen Rechts*, II – *Das Rechtsgeschäft*, 4.ª ed. (1992), § 7, 5 (87).

[563] Walter Gerwart, *Die Haftungsfreizeichnung innerhalb des gesetzlichen Schutzverhältnisses*, JZ 1970, 535-539 (535/I).

[564] Weimar, *Erklärungen ohne Rechtsbindung* cit., 375/I; Karl Friedrich Reuss, *Die Intensitätstufen der Abreden und die Gentlemen-Agreements*, AcP 154 (1955), 485-526 (496); Hans-Joachim Hoffmann, *Der Einfluss des Gefälligkeitsmoments auf des Haftungsmass*, AcP 167 (1967), 394-409 (398); Hans-Dietrich Pallmann, *Rechtsfolgen aus Gefälligkeitsverhältnissen*, 1971.

[565] Markus Gehrlein, *Vertragliche Haftung für Gefälligkeiten*, VersR 2000, 415-419 (419/II).

ção, será possível determinar as consequências jurídicas do que tenha sido declarado.

A relação bancária complexa poderá compreender tais deveres mitigados: seja originariamente, logo a partir do seu surgimento, seja em momento ulterior, por declarações supervenientes.

II. Pergunta-se, porém, se tais declarações têm, necessariamente, conteúdo jurídico. Não têm. Desde logo, pode-se tratar de meras cortesias: sempre que não tenham conteúdo patrimonial direto. Mas não se esqueçam os deveres de diligência (76.° do RGIC): o banqueiro que chegue atrasado a uma escritura pode frustrar um negócio de milhões, sendo responsável; o mesmo se aplica ao seu cliente.

Finalmente, uma relação bancária complexa pode incluir acordos não-jurídicos, que as partes pretenderam manter no cavalheirismo. Quando alguma das partes o queira, tais acordos regressam ao campo do jurídico. Caberá especialmente ao banqueiro, através de um exercício criterioso dos seus deveres de informação, prevenir situações dúbias.

Já quando o banqueiro dê conselhos, entramos no campo do Direito. Existe, por via do dever legal de tutela, a obrigação de agir com cautela e cuidado. Ao assumir dar conselhos, numa atitude que, à partida, não seria devida, o banqueiro integra o núcleo dos seus deveres.

§ 23.º A RELAÇÃO BANCÁRIA DURADOURA

89. Ponto básico e evolução

I. A relação bancária geral, como relação de negócios[566], é uma clara obrigação duradoura. Tem assim interesse recordar, dogmaticamente, essa categoria obrigacional. Veremos o contributo que a relação bancária poderá dar para o seu aprofundamento.

II. A distinção das obrigações em instantâneas e duradouras remonta a Savigny. Este clássico põe em destaque o facto de, nas primeiras, o cumprimento se efetivar num lapso juridicamente irrelevante; pelo contrário, nas segundas, o cumprimento prolongar-se-ia no tempo, correspondendo à sua natureza[567]. Todavia, seria necessário aguardar pelos princípios do século XX para que a doutrina viesse ocupar-se das obrigações duradouras, aprofundando-as.

O mérito recaiu sobre Otto von Gierke, em estudo publicado em 1914[568]. Este Autor chama a atenção para o seguinte fenómeno:

– nas obrigações instantâneas, o cumprimento surge como causa de extinção;
– nas duradouras, o cumprimento processa-se em termos constantes, não as extinguindo[569].

[566] *Supra*, 258 ss..

[567] Friedrich Karl von Savigny, *Das Obligationenrecht / als Teil des heutigen römischen Rechts* (1851, 2.ª reimp., 1987), § 28,2 (302). No Direito romano, não se documentam "obrigações douradouras", para as quais faltaria, além do mais, qualquer designação. Alguns autores já tentaram baseá-las no Direito germânico, sem êxito claro. *Vide* Franz Gschnitzer, *Die Kündigung nach deutschem und österreichischem Recht*, JhJb 76 (1926), 317-415 (319).

[568] Otto von Gierke, *Dauernde Schuldverhältnis*, JhJb 64 (1914), 355-411.

[569] *Idem*, 357, 359 e 363.

As obrigações duradouras implicariam, designadamente, abstenções; mas poderiam redundar, também, em prestações positivas[570]. Um dos aspetos significativos das regras próprias das obrigações duradouras estaria nas formas da sua cessação. Von Gierke distingue[571]:

- a determinação inicial da sua duração, seja pela aposição de um termo certo, seja pela de um termo incerto (p. ex., a vida de uma pessoa);
- a indeterminação inicial, podendo, então, sobrevir a denúncia, prevista na lei ou no contrato; a denúncia poderia operar com um prazo (pré-aviso) ou ser de efeitos imediatos;
- a impossibilidade superveniente.

As ideias de von Gierke foram retomadas pelo austríaco Gschnitzer, que estudou, precisamente, a denúncia[572]. Precisões importantes advieram de Beitzke, segundo o qual o mero decurso do tempo não equivale ao cumprimento[573].

III. Outros aspetos atinentes às relações duradouras foram aprofundadas por Wiese. Este Autor sublinha que também as relações duradouras são sensíveis ao cumprimento. Nelas, todavia, a execução da prestação prolonga-se no tempo, o qual constitui um estádio inerente a cada uma[574]. Posteriormente, a dogmática das obrigações duradouras desenvolveu-se, sendo de sublinhar o escrito maciço de Oetker[575] e os desenvolvimentos de

[570] *Idem*, 359 e 360.

[571] *Idem*, 378-392.

[572] Franz Gschnitzer, *Die Kündigung nach deutschem und österreichischem Recht*, acima citada, publ. em JhJb 76 (1926), 317-415 e JhJb 78 (1927/28), 1-86.

[573] Günther Beitzke, *Nichtigkeit, Auflösung und Umgestaltung von Dauerrechtsverhältnissen* (1948), 20.

[574] Günther Wiese, *Beendigung und Erfüllung von Dauerschuldverhältnissen*, FS Nipperdey I (1965), 837-851 (851).

[575] Hartmut Oetker, *Das Dauerschuldverhältnis und seine Beendigung/Bestandaufnahme und kritische Würdigung einer tradierten Figur der Schuldrechtsdogmatik* (1994), num total de 757 páginas.

Kramer[576] e de Otto[577]. O tema passou a constar das obras gerais[578], ainda que com poucas explicitações quanto ao seu regime. Esta última circunstância explica-se pela existência de muitas regras imperativas, dirigidas a situações particulares[579], com relevo para os contratos de trabalho e de arrendamento. Uma teoria geral das obrigações duradouras seria elaborada, sempre, à custa de uma grande generalidade.

90. **Dogmática geral**

I. As obrigações duradouras têm sido abordadas na doutrina portuguesa[580], constando de breves referências de todos os obrigacionistas[581]. Vamos tentar a sua construção geral.

À partida, a obrigação duradoura não se caracteriza pela multiplicidade de atos de cumprimento: qualquer obrigação instantânea, designadamente se tiver um conteúdo complexo, pode implicar cumprimentos que se analisem em múltiplos atos. Por isso, Pessoa Jorge propõe que, em vez de se atender ao número de atos realizados, se dê prevalência ao momento (ou momentos) em que seja realizado o interesse do credor. Pela nossa parte, adotamos essa ideia básica, embora convolando-a para a concretização do cumprimento. Nas obrigações duradouras – ao contrário das instantâneas – o cumprimento vai-se realizando num lapso de tempo alongado, em termos de relevância jurídica: uma ideia já presente, de resto, em Savigny.

[576] Ernst A. Kramer, no *Münchener Kommentar*, II, 4.ª ed. (2001), Intr., Nr. 95 ss. (51 ss.).

[577] Hansjörg Otto, no *Staudingers Kommentar*, §§ 315-327, ed. 2001, § 326, Nr. 28 ss. (303 ss.).

[578] P. ex., Karl Larenz, *Lehrbuch des Schuldrechts*, I, 14.ª ed. cit., 29 ss. e Wolfgang Fikentscher, *Schuldrecht*, 9.ª ed. (1997), 38 ss..

[579] Beitzke, *Nichtigkeit, Auflösung und Umgestaltung von Dauerrechtsverhältnissen* cit., 28 ss., estuda, em especial, 21 figuras de relações duradouras obrigacionais e 5 próprias dos direitos reais e de Direito da família, todas sensíveis à denúncia, e com regras específicas.

[580] Assim, Vaz Serra, *Objecto da obrigação*, BMJ 74 (1958), 15 ss..

[581] *Direito das obrigações*, 1, 357 ss.. *Vide*, ainda, Manuel de Andrade, *Teoria geral das obrigações* (1965), 159 ss., Inocêncio Galvão Telles, *Manual de Direito das obrigações*, I (1965), 36 ss., Fernando Pessoa Jorge, *Direito das obrigações*, I (1972), 69, João Antunes Varela, *Das obrigações em geral* 1, 10.ª ed. (2000), 94 ss., Almeida Costa, *Direito das obrigações*, 12.ª ed. (2009), 699 ss. e o nosso *Tratado* VI, 2.ª ed., 559 ss..

II. Na obrigação duradoura, ainda podemos encontrar duas situações:

– ou a prestação permanente é contínua, exigindo uma atividade sem interrupção, *quotidie et singulis momentis*;

– ou essa prestação é sucessiva, quando implique condutas distintas, em momentos diversos.

Encontramos prestações contínuas sobretudo nas abstenções; mas elas ocorrem, também, em obrigações positivas, com exemplo nas do depositário.

III. As obrigações duradouras apresentam algumas regras ditadas pela natureza das coisas. Desde logo, elas não se extinguem por nenhum ato singular de cumprimento. Tão-pouco elas podem dar lugar à repetição, na hipótese de ser anulado ou declarado nulo o contrato em que assentem: ou se restitui o valor (artigo 289.º/1 do Código Civil) ou não há quaisquer restituições, como sucede na hipótese de invalidade do contrato de trabalho.

91. **A denúncia; a longa duração**

I. As obrigações duradouras são, ainda, sensíveis à denúncia. Uma vez que elas não se extinguem pelo cumprimento, há que prever outra forma de extinção, diversa da resolução (unilateral, justificada e retroativa), como vimos e da revogação, que exige mútuo acordo. E aqui ocorre a figura da denúncia.

A denúncia estará, em princípio, prevista por lei ou pelo próprio contrato[582]. O Direito preocupa-se com a matéria no âmbito de situações em que, de modo tipificado, procede à tutela da parte fraca: assim sucede no Direito do trabalho e no Direito do arrendamento. Outras áreas têm, também, regras explícitas, com relevo para o contrato de agência, regulado pelo Decreto-Lei n.º 178/86, de 3 de julho, com as alterações introduzidas pelo Decreto-Lei n.º 118/93, de 13 de abril: artigo 28.º[583] e para o contrato

[582] Ulrich Huber, *Leistungsstörungen*, 2 (1999), 438.
[583] *Direito comercial*, 3.ª ed., 757 ss..

de seguro, nos termos do artigo 112º da LCS[584]. O esquema da agência é aplicável, por analogia, à concessão e à franquia e que redunda no seguinte:

– na falta de prazo, qualquer das partes pode fazer cessar o contrato de agência;
– para tanto, há que fazer uma denúncia com pré-aviso: tanto maior quanto mais longa tiver sido a duração do contrato;
– na falta de pré-aviso, a denúncia é eficaz, mas há responsabilidade.

II. Põe-se o problema de saber o que sucede perante obrigações duradouras de duração indeterminada, quando as partes nada tenham dito sobre a denúncia e quando elas não possam ser reconduzidas a nenhum tipo contratual que preveja essa figura.

Ocorre, por vezes, a afirmação de que não poderia haver obrigações perpétuas, por contrariarem vetores indisponíveis do ordenamento (ordem pública). A afirmação remonta ao Código Civil francês, de 1804, que, a propósito da "locação de domésticos e de operários" – *grosso modo*, o contrato de trabalho – dispõe, no seu artigo 1780.°:

> Só se pode adstringir os seus serviços por duração limitada ou para um empreendimento determinado.

Com isso pretendia-se prevenir o regresso a situações de servidão, abolidas pela Revolução Francesa. Mas paradoxalmente, foi precisamente no sector do trabalho que a evolução posterior acabaria por (re)introduzir situações tendencialmente perpétuas, com clara ilustração no Direito português atual.

III. A proibição de relações perpétuas – que justificaria sempre a denúncia – surge apoiada na regra constitucional da liberdade de atuação[585]. Naturalmente, isso possibilitaria a livre denunciabilidade de relações duradouras de duração indeterminada, o que poderia atentar contra legítimas expectativas de continuação e de estabilidade e contra a regra

[584] *Direito dos seguros*, 2.ª ed., 770 ss..

[585] Por todos, Hartmut Oetker, *Das Dauerschuldverhältnis und seine Beendigung* cit., 258 ss..

do respeito pelos contratos. A solução teria de ser compatibilizada à luz da boa-fé, numa ponderação a realizar em concreto[586].

IV. O problema da excessiva restrição à liberdade individual, por força da existência de relações duradouras indeterminadas, põe-se a propósito da prestação de serviço: daí a proibição napoleónica. Fora dessas situações e para mais num Direito que, como o português, perpetua, na prática, situações como os contratos de trabalho e de arrendamento, a afirmação da não-perpetuidade, embora soe bem, terá de ser verificada e comprovada. De resto, o artigo 18.°, *j)* da Lei sobre Cláusulas Contratuais Gerais, aprovada pelo Decreto-Lei n.° 446/85, de 25 de outubro, veio proibir obrigações perpétuas, *quando* derivadas de cláusulas contratuais gerais; *a contrario*, elas pareceriam possíveis quando tivessem outra origem.

V. O problema tem conhecido uma abordagem recente diversa, graças à doutrina dos contratos de longa duração (*long term contracts*), de origem anglo-saxónica[587]. As partes podem, ao abrigo da sua autonomia privada, concluir contratos que durem ilimitadamente: basta que fixem uma associação de interesses que tenha essa aspiração.

Nessa eventualidade, o facto de elas não terem previsto uma cláusula de denúncia, ainda que com um pré-aviso alongado, poderia significar:

- ou que houve erro ou esquecimento, seguindo-se o seu regime próprio;
- ou que há lacuna contratual, a integrar pela interpretação complementadora[588]; ainda aqui, poderão estabelecer-se cláusulas de renegociação.

Não se verificando nenhuma dessas hipóteses – ou, *a fortiori*, quando as partes excluam expressamente a denúncia ou equivalente – quedará o recurso à alteração das circunstâncias[589]. Fecha-se o círculo: no limite, a existência de relações perpétuas poderá, *in concreto*, defrontar os valores

[586] *Idem*, 279-289.

[587] Em especial, e com indicações, Kramer, ob. cit., 56 ss..

[588] Joachim Gernhuber, *Hinausgeschobene Dauerschulden/Das Schuldverhältnis vor dem Anfangstermin*, FS Zöllner II (1998), 1119-1138 (1138).

[589] Helmut Köhler, *Rückwirkende Vertragsanfassung bei Dauerschuldverhältnissen?*, FS Steindorf (1990), 611-641 (615 e 640). Tentámos concretizar esta via no domínio melindroso do Direito coletivo do trabalho: Menezes Cordeiro, *Convenções colectivas de trabalho e alterações de circunstâncias* (1995), 87 e *passim*.

fundamentais do ordenamento, veiculados pela ideia de boa-fé. O Direito português, justamente através do instituto da alteração das circunstâncias, tem meios para intervir.

92. A relação bancária personalizada

I. O desenvolvimento anterior tem uma clara aplicação à relação bancária complexa – ou, se se quiser, ao contrato de abertura de conta de que ela promane.

A relação bancária não se extingue pelo cumprimento: antes se vai reforçando, com ele. Uma vez concluída, ela subsiste indefinidamente. Podemos até adiantar que ela é tendencialmente perpétua: as pessoas acabam por conservar, ao longo da sua vida, o primeiro banqueiro de que se tornaram clientes.

II. Devemos assinalar que a substituição de um banqueiro por outro coloca problemas práticos, ainda que solucionáveis. O particular visado terá de modificar numerosas ordens de pagamento permanentes – p. ex., as relativas a fornecimentos de eletricidade, água, telefone e gás. Além disso, diversos "contratos" ligados à conta terão de cessar: cheques, cartões e créditos. Abordar um novo banqueiro pode levantar dúvidas: este questionar-se-á perante um desconhecido, podendo supor que, vindo de outro lado, não é recomendável.

III. Com o decurso do tempo, o banqueiro irá ficar com um conhecimento alargado da vida patrimonial e pessoal do seu cliente. Resulta, daí, toda uma confiança, que as partes devem respeitar.

O alongamento de uma relação bancária duradoura vai, no limite, forçar uma deslocação da situação do campo patrimonial para o pessoal. Denunciar uma conta *ad nutum* poderá ser atentatório do bom nome e da reputação do particular. Este estado de coisas é perfeitamente conhecido pela prática bancária: os banqueiros, perante clientes "antigos" em quem confiem, concedem facilidades à margem do estritamente contratado: descobertos em conta, créditos hipotecários em que a hipoteca é registada *depois* de libertados os fundos, acompanhamento personalizado, preferência na aquisição de certos produtos e auxílios especiais no estrangeiro.

IV. A área "pessoal" da relação bancária complexa não deve ser "invalidada" pelo Direito. A este compete, todavia, acompanhar o fenómeno, atuando nos casos de abuso manifesto da confiança assim criada. E isso pode suceder a favor de qualquer das partes[590].

[590] *Vide* o interessante caso da RCb 12-mai.-1998 (Távora Dias), nos *Estudos em Honra do Prof. Doutor Inocêncio Galvão Telles* cit., 2, acompanhado de excelente anotação de Paula Ponces Camanho, 102-130: um banqueiro pagara, por erro, determinado cheque, assim originando um descoberto em conta que ele não pretendera.

§ 24.° O DIREITO PORTUGUÊS: ABERTURA DE CONTA

93. A reconstrução; a primazia do Direito nacional

I. Os elementos obtidos, designadamente no domínio dos deveres mitigados e da relação bancária duradoura, irão permitir aprofundar a relação bancária geral, em ordem à sua reconstrução.

Não devemos perder de vista o objetivo do esforço: trata-se de prosseguir uma dogmática bancária capaz de proporcionar resultados concretos, no domínio da interpretação e da aplicação da disciplina aqui em jogo. Esta, por seu turno, não se exaure numa tecnicidade bancária: antes se apresenta como sector jurídico-normativo pleno, apto para a utilização dos mecanismos disponíveis, com relevo para os originados no Direito privado comum.

II. A relação bancária geral não deve perder-se em generalidades. Ela adere ao Direito positivo em cujo âmbito o problema se ponha. Para o caso: ela deverá atender ao Direito positivo português.

Usámos, até este momento, uma Ciência sem fronteiras, particularmente de inspiração alemã. Obtivemos, assim, os quadros para uma solução e para desenvolvimentos ulteriores. A partir daqui, porém, teremos de atender aos nossos concretos quadros nacionais.

Compreende-se, a essa luz, que a solução a propugnar no nosso espaço jurídico possa não coincidir com a alemã: há diferenças de perspetiva e, até, de regimes jurídico-positivos. Vamos até onde é possível ir.

94. A flexibilidade das explicações contratuais

I. Como ponto de partida, sublinhamos a flexibilidade que apresentam as explicações de tipo contratual. Desde logo, elas surgem especialmente adaptadas para enquadrar e explicar o núcleo do Direito bancário moderno: trata-se, na verdade, de um Direito privado e de clara conceção contratual. Estará na essência da relação bancária geral?

II. Quando se inicie um relacionamento bancário – normalmente pela abertura de conta – ambas as partes têm uma clara intenção de prosseguir. O banqueiro existe, justamente, para desenvolver a sua atividade e, por isso, tem uma vontade explícita – pense-se na publicidade – de celebrar novos negócios bancários, enquanto o cliente, estando satisfeito, pretende precisamente obter do banqueiro os inúmeros produtos de tipo bancário que hoje se mostram imprescindíveis: seja no dia-a-dia, seja nos médio e longo prazos.

Pois se ambas as partes já concluíram um negócio, com uma relação duradoura dele subsequente e com a vontade comum de completar essa relação com outros negócios, há uma clara fenomenologia contratual.

III. É certo que desta relação bancária, não resulta, para nenhuma das partes, o dever de celebrar novos contratos[591]. E isso num duplo sentido:

- observados os limites contratuais ou *ex bona fide*, qualquer das partes pode, a todo o tempo, pôr cobro à relação;
- o novo negócio que uma das partes proponha à outra pode ser objeto de livre rejeição – dentro, naturalmente, dos aludidos limites.

Mas daqui não se impõe o afastamento dogmático do contrato bancário geral: apenas se recusam, no naipe dos seus efeitos, deveres de contratar.

IV. Uma das características da moderna contratação é a de admitir deveres de diligência, de acompanhamento, de disponibilidade para negociar e mesmo de negociação sem que, por este último, se entenda a obrigação de concluir qualquer contrato[592]. Não se trata, propriamente, de deveres enfraquecidos mas, tão-só, de deveres diferentes. Estes deveres podem ter natureza contratual, surgindo como obrigações mitigadas.

[591] Por todos: Hermann-Josef Bunte, em Siegfried Schimansky, *Bankrechts-Handbuch* cit., 1, 4.ª ed., § 2, Nr. 18 (25).

[592] Já tínhamos referido o tema em *Convenções colectivas de trabalho e alteração das circunstâncias* (1995); Roland Erne, em Carsten Peter Claussen, *Bank- und Börsenrecht/Für Studien und Praxis*, 4.ª ed. (2008), 216-217.

Além deste aspeto, os diversos negócios são acompanhados de deveres acessórios, isto é, de deveres cominados pela boa-fé e que adstringem as partes a regras de segurança, de informação e de lealdade[593] e que, no nosso Direito, resultam genericamente do artigo 762.º/2 do Código Civil. No Direito bancário, qualquer contrato vai propiciar uma concretização "bancária" da boa-fé. Este aspeto mais se acentua com a natureza duradoura e personalizada da relação aqui em jogo.

Finalmente, um contrato comercial – e, para mais, bancário – é sempre complementado pelas cláusulas contratuais gerais e pelos usos. Normalmente, estamos habituados a ver os usos invocados pelo banqueiro; mas o cliente também o poderá fazer. Ora a continuação do relacionamento bancário tem – no mínimo – apoio nos usos, quando não nas próprias cláusulas contratuais gerais.

V. Com os apontados elementos, parece-nos possível indicar uma orientação e traçar uma construção para a relação bancária geral. Dois pontos básicos podem ser demonstrados pela observação: tal relação existe e ela tem origem contratual, embora seja complementada pela lei e pelos usos.

A relação existe: consumado um contrato duradouro entre o banqueiro e o cliente há, entre ambos, deveres de lealdade, com especial incidência sobre o profissional: justamente o banqueiro. *In concreto* se verificará o modo por que tais deveres se concretizam, sendo apenas certo que, salvo compromisso ou especial configuração da boa-fé, eles não chegam ao ponto de obrigar seja quem for a contratar.

A relação tem origem contratual. Tudo se inicia porque as partes *o quiseram* e exteriorizaram vontades livres e válidas nesse sentido. Assim como não devemos ficcionar a existência de contratos, também não devemos remeter para a lei fenómenos que, manifestamente, ocorrem por opção livre e jurígena das partes, na área da sua autonomia privada. Naturalmente: consumado o acordo básico, há todo um conjunto de regras – legais, usuais ou assentes em cláusulas contratuais gerais – que, depois, encontram aplicação. A natureza contratual não se perde, por isso.

[593] Com indicações, *Da boa fé* cit., 603 ss..

95. A abertura de conta

I. Restam três questões: quando surge o tal "contrato bancário geral", qual a sua extensão e que regime lhe aplicar?

No Direito português – ao contrário do alemão – faltam cláusulas contratuais gerais que deem corpo à globalidade da relação bancária. Vamos assentar – o ponto, já aludido, será depois verificado – que a relação bancária geral surge com o contrato de abertura de conta. Ou noutros termos: o contrato de abertura de conta, tipicamente bancário embora sem desenvolvimento legal, compreende, entre os seus efeitos, o surgimento de uma relação bancária duradoura. Esta, para além do que as partes exprimam, tem, pelo menos, o conteúdo – muito rico – que lhe advém dos usos e das cláusulas contratuais gerais e que implica uma vocação para a multiplicação subsequente dos atos jurídicos.

II. A abertura de conta deriva da adesão a determinadas cláusulas ou "condições" contratuais gerais preconizadas ou utilizadas pelo banqueiro.

De acordo com a prática geral da banca portuguesa, existem "condições" distintas – embora não muito diferentes – consoante o cliente seja uma pessoa singular – ou um "particular", na linguagem bancária – ou uma pessoa coletiva – por vezes dita "empresa".

As "condições gerais" definem-se como aplicáveis à abertura, à movimentação, à manutenção e ao encerramento de contas de depósito junto do banco; não obstante elas reportam-se a um contrato que denominam "contrato de abertura de conta", expressão corrente e consagrada, que aqui adotamos. Elas admitem estipulações em contrário, acordadas *por escrito*, entre as partes. E no omisso, elas remetem para os usos bancários, e para a legislação bancária[594]: é o que inferimos do estudo de cláusulas contratuais gerais em uso nos bancos mais significativos.

III. O contrato de abertura de conta conclui-se pelo preenchimento de uma ficha, com assinatura e pela aposição da assinatura num local bem demarcado. Trata-se de um ponto importante, uma vez que essa assinatura passará a ser válida para todas as comunicações dirigidas ao banqueiro e para todas as ordens inerentes, *maxime*: para a assinatura de cheques, caso sejam emitidos.

[594] A ordem por que surgem estes dois fatores – e que não é irrelevante para a sua aplicação – varia, consoante os bancos.

As cláusulas contratuais gerais regulam o envio de correspondência: para o local indicado pelo cliente, considerando-se recebida com o seu envio.

O banqueiro pode alterar as cláusulas contratuais gerais, remetendo as alterações ao cliente. Não havendo oposição do cliente, dentro de determinado prazo[595], a alteração tem-se por aceite[596].

IV. A abertura de conta prevê um quadro para a constituição de depósitos bancários que o banqueiro se obriga, desde logo, a receber, e regula a conta-corrente bancária. Prevê regras sobre os seus movimentos, incluindo juros, comissões e despesas que o banqueiro poderá debitar e sobre os extratos. Poderá prever débitos que o banqueiro possa levar à conta, incluindo saldos negativos de outras contas ou importâncias diversas de que o banqueiro seja credor. Nalguns casos, as cláusulas gerais sobre abertura de conta obrigam o beneficiário a manter um saldo médio mínimo. A compensação de créditos pode, também, estar prevista. Além de tudo isso, temos aqui, de modo implícito, uma assunção, pelo banqueiro, de todo o serviço de caixa, relacionado com a conta aberta. De notar que, nalgumas cláusulas contratuais gerais, a própria celebração do contrato de abertura de conta depende de um depósito inicial, enquanto, noutras, isso não sucede. E na verdade, é concebível uma abertura de conta com a subsequente conta-corrente bancária, sem qualquer depósito: a conta funcionaria na base da concessão de crédito ou de cobranças feitas, pelo banqueiro, a terceiros.

V. As cláusulas contratuais gerais atinentes à abertura de conta preveem, ainda, três negócios subsequentes:

– a convenção de cheque;
– a emissão de cartões;
– a concessão de crédito por descobertos em conta.

A convenção de cheque fica na disponibilidade do banqueiro: todas as "condições" reservam, a este, o direito de não emitir cheques. Por vezes, elas referem que a "convenção" advém do facto de o cliente pedir módulos

595 Nuns casos 15 dias; noutros, 30 dias.

596 Trata-se de um tipo de cláusula que foi considerado lícito pelo STJ 14-fev.-2002 (Ferreira de Almeida), CJ/Supremo X (2002) 1, 98-103 (102).

de cheques e o banqueiro aceitar emitir-lhos. De todo o modo, os aspetos essenciais relativos à convenção de cheque constam, logo, das cláusulas relativas à abertura de conta. A emissão de cartões – de débito, de crédito ou outras – fica dependente de um acordo paralelo ou ulterior, com a intervenção de novas cláusulas contratuais gerais. A concessão de crédito por descobertos em conta – portanto: pela admissão de um saldo favorável ao banqueiro e não ao cliente – depende de uma decisão a tomar pelo banqueiro: pode ser, desde logo, ajustada, normalmente em termos apertados.

VI. Cabe, por fim, sublinhar que a primazia do contrato de abertura de conta como fonte da relação bancária geral subjacente foi recentemente acolhida no ordenamento bancário português. O Aviso do Banco de Portugal n.º 11/2005, de 21 de julho, veio regular "as condições gerais de abertura de contas de depósito bancário", afirmando, no seu preâmbulo que ela[597]:

> (...) constitui uma operação bancária central pela qual se inicia, com frequência, uma relação de negócio duradoura entre o cliente e a instituição de crédito (...)

Este Aviso foi alterado pelo Aviso do Banco de Portugal n.º 2/2007, de 2 de fevereiro (artigos 4.º, 8.º, 9.º, 10.º, 12.º, 13.º e 15.º), que o republicou em anexo[598].

Trata-se de matéria a considerar com atenção na parte relativa ao Direito bancário material[599].

[597] DR I-B Série, n.º 139, de 21-jul.-2005, 4330-4333 (4330/I).
[598] DR I Série, n.º 28, de 8-fev.-2007, 1021-1026
[599] *Infra*, 532 ss..

CAPÍTULO VII

TÓPICOS EVOLUTIVOS DA BANCA

§ 25.º DIVERSIFICAÇÃO E APROFUNDAMENTO DA ATIVIDADE BANCÁRIA

96. Generalidades; a integração financeira

I. Uma tarefa arriscada: teorizar sobre o nosso tempo. Mostra a História que questões ora candentes tornar-se-ão insignificantes, enquanto outras, indiscerníveis, vêm, afinal, a ser o futuro.

Com a maior reserva e lançando mão das publicações recentes, será todavia possível sublinhar alguns pontos que dão colorido à realidade atual e ao futuro mais imediato. Adiantamos que o Direito bancário, mau grado o aparato de algumas novidades, se mantém estável: os seus quadros, aliados a regras oriundas de disciplinas próximas com relevo financeiro – como o Direito dos seguros e o Direito mobiliário – estão em boas condições para corresponder às solicitações que vão surgindo. Mas elas não devem ser estranhas aos estudiosos da disciplina que ora expomos.

II. Um primeiro traço impressivo tem a ver com uma integração crescente entre a banca, os seguros e os valores mobiliários: um fenómeno já aludido neste *Manual*[600].

O Direito da banca e o do mercado de capitais são, muitas vezes, estudados em conjunto[601]: as suas ligações são patentes. Todo o comércio de valores mobiliários assenta numa intermediação assegurada, no

[600] *Supra*, 192 ss..

[601] Recordamos o manual de Siegfried Kümpel/Arne Wittig, *Bank- und Kapitalmarktrecht* cit., 4.ª ed., *passim*.

fundamental, por instituições de crédito. E esses valores constituem, em conjunto com diversos elementos, o objeto de significativos contratos bancários. Digamos que a interligação opera na periferia, através de negócios mobiliário-bancários[602] e no centro, graças à progressiva instituição de supervisões unificadas[603]. A proximidade entre a banca e o mercado de capitais veio a ser acentuada pela crise financeira de 2007-2009[604].

III. Banca e seguros dão lugar, de igual modo, a atividades crescentemente vizinhas e, por vezes, indiferenciadas. Temos produtos próximos – assim, as garantias bancárias e os seguros-caução –, produtos de seguros colocados no mercado por banqueiros e financiamentos prosseguidos por seguradoras. Também aqui a unificação das supervisões está na ordem do dia[605]. A *bancassurance* conhece uma expansão em toda a Europa[606], acentuando-se o seu potencial de simbiose e a necessidade de compatibilizar e de aperfeiçoar as figuras em presença[607]. A banca funde-se com a atividade seguradora, cujas prestações são, por vezes, de tipo bancário[608]. Em planos paralelos e simultâneos põem-se temas de controlo bancário[609],

[602] Exemplo recente com expressa cobertura legal é o das garantias financeiras; *vide infra*, 773 ss..

[603] Recordamos as já referidas experiências britânica e alemã.

[604] Arne Wittig, em Siegfried Kümpel/Arne Wittig, *Bank- und Kapitalmarktrecht* cit., 4.ª ed., 1.73-1.75 (30-31).

[605] Vale a nota anterior; ainda antes da unificação verificada na Alemanha: Schierenbeck/Hölscher, *BankAssurance* cit., 107 ss. e 222 ss..

[606] Wolfgang P. Warth, *Bancassurance in Europa weiter auf dem Vormarsch*, Bank 2003, 410-416; com elementos relativos a vários países (CH, GB, F, I, USA e J): Schierenbeck/Hölscher, *BankAssurance* cit., 251 ss.. Entre nós, João Calvão da Silva, *Banca, bolsa e seguros* 1, 3.ª ed. (2012), 21 ss..

[607] Johann Dietrich von Hülsen/Jan-Peter Schacht/Benjamin Scholz, *Bankassurance – Erfolgsmodell im Finanzdienstleistungssektor*, Bank 2003, 120-127 (127/III).

[608] Wolfgang P. Warth, *Bancassurance in Spanmungsfeld zwischen Kooperation und Konkurrenz*, Bank 2000, 8-11.

[609] Johann Rudolf Flesch/Stefan Gerdsmeier, *Entwicklungslinien im Bank--Controlling*, Bank 1998, 294-301.

de aproveitamento produtivo de serviços outrora meros subprodutos[610], de técnicas de gestão inovatórias[611] e de novos produtos[612].

IV. Encontramos ainda demonstrações crescentes de integração financeira na montagem de projetos de investimento[613] com financiamentos bancários ou total ou parcialmente autofinanciados (*project finance*)[614], na preparação de aquisições de empresas pelos seus próprios quadros (MBO)[615] e na avaliação de operações[616]. O banqueiro torna-se num especialista das mais diversas áreas económicas: com toda uma série de inconvenientes que podem ser enfrentados com recurso ao *outsourcing*, abaixo mencionado.

A espetacularidade de algumas destas manifestações de integração ilustra, de resto, um fenómeno já antigo: o Direito bancário opera muitas vezes como um Direito de sobreposição. As operações bancárias não valem por si: elas são instrumentais de outras realizações económicas que

[610] Hermann-Josef Lamberti, *Transaction Services – ein attraktiver Markt*, Bank 2000, 18-19.

[611] Andrew Kuritzkes, *Kreditportfoliomanagement: Neues Geschäftmodell im Firmenkundengeschäft*, Bank 1999, 60-64.

[612] Registam-se "produtos" em configurações e sobretudo designações que desafiam qualquer imaginação, tornados respeitáveis pelo uso da língua inglesa. Por exemplo: cupões de empréstimo-boi (aqueles cujo reembolso esteja indexado a um índice de ações), de empréstimo-urso (aqueles cuja devolução sobe com a descida do índice) e de empréstimo-condor (aqueles que se mantêm fixos), a que se poderá juntar, numa operação de *financial engineering*, uma combinação entre todos eles; *vide* Marco Wilkens/Hendrik Scholz/Jürg Völker, *Bull-, Bear- und Condor-Bonds-Anleihen in Kombination*, Bank 1999, 406-411. Versando figuras "inovatórias" referimos, ainda, Lutz Krämer, *Finanzswaps und Swap derivate in der Bankpraxis* (1999); entre nós, vide Maria Clara Calheiros, *O contrato de Swap* (2000), 7 ss. e José Engrácia Antunes, *Os instrumentos financeiros* (2009), 51 ss. (valores mobiliários), 119 ss. (instrumentos derivados) e 205 ss. (instrumentos monetários).

[613] Wolfgang Mansfeld, *Die neue EU-Investmentrichtlinie: Implikationen für Markt und Wettbewerb*, Die Bank 5.2009, 8-15.

[614] E. R. Yescombe, *Principles of Project Finance* (2002), 5, John D. Finnerty, *Project Financing/Asset-Based Financial Engineering*, 2.ª ed. (2007), 4 e Stefano Gatti, *Project Finance in Theory and Practice* (2008), 1 ss.; há dezenas de títulos disponíveis sobre o tema.

[615] A literatura é inabarcável; referimos Alexander Götz, *Management Buy Out – Instrument für Unternehmensnachfolge und Restrukturierung*, Bank 2003, 738-743 (739/I).

[616] Sabine Mattes/Maximilian Graf von Maldeghem, *Unternehmensbewertung beim Squeeze Out*, BKR 2003, 531-537, também como exemplo e entre muitas possíveis situações.

o banqueiro, por vezes – e até como modo de calcular os riscos do seu crédito – quererá acompanhar e melhorar.

97. O alargamento dos segmentos-alvo

I. A popularização do crédito já foi objeto de referência, neste *Manual*. Ao longo dos séculos, os banqueiros lidavam apenas com clientes de grande porte. No início, aliás, os depósitos não eram remunerados: o próprio depositante é que devia pagar o serviço da guarda do "seu" dinheiro. Progressivamente, a situação foi-se invertendo e as camadas médias passaram a aceder ao comércio bancário.

Surgiram, depois, bancos de poupança, muitas vezes públicos – como a nossa Caixa Geral de Depósitos – ou de base mutualista – como as nossas caixas económicas ou as nossas caixas de crédito agrícola mútuo – especializadas em pequenos depositantes e em pequenos aforros. A banca comercial mantinha-se, porém, vocacionada para empresas e para grandes clientes.

II. Na segunda metade do século XX, com especial relevo no último terço desse século, assistiu-se a um alargamento geral das camadas visadas pela banca comercial. Pequenos aforradores, funcionários, reformados e jovens vieram a merecer o interesse da banca. Daí decorrem vários fenómenos. Toma forma um retalho bancário, recentemente reforçado[617], dirigido para sectores com parceiros mais especializados[618]: curiosamente, a banca de investimento fica sob pressão, em tempos de crise, enquanto o negócio com clientes privados é menos sensível à conjuntura[619]. De resto, a crise de 2007/2010 marcou quase que um *requiem* para os bancos de

[617] Wolfgang Arnold/Stephan Steuer, *50 Jahre Zentraler Kreditausschuss: Entwicklungslinien des Retail Banking*, Bank 2003, 665-670; Oliver Mihm/Bettina Jacobs, *Für jeden Kunden die passen Bank*, Bank 9.2012, 21-25 e Jürgen Moormann/Michael Leyer, *Retail Banking muss kontextsensitiv werden*, Bank 10.2012, 64-68.

[618] Ralf Benna/Manfred Heydolph/Thorsten Mischke, *Erfolgreiches Retail Banking durch Disagregation der Wertschöpfungsketten*, Bank 2003, 91-93.

[619] Holger J. Kern/Andreas R. Dombret, *Retail Banking – mit neuen Geschäftsmodellen den Branchenumbruch meistern*, Bank 2003, 460-463.

investimento. Há que dar atenção particularizada aos jovens[620], às empresas[621], distinguindo as mais simples[622] e à distribuição[623].

III. O sector dos clientes privados merece acrescidas atenções[624]. O atendimento torna-se mais personalizado[625], também aí se assistindo a uma mudança de paradigma: nos anos 90 do século XX, a segmentação dos clientes operava de acordo com o seu património e o seu rendimento; hoje observa-se um regresso à ideia de rendibilidade do cliente[626].

Desenham-se estratégias publicitárias que têm em conta os aspetos emocionais da clientela, os quais devem ser aproveitados[627]. Quanto ao fundo, há diversos pontos-chave a observar, como a inovação, a disponibilidade, a orientação de clientes, o aconselhamento[628] e a gestão de carteiras[629]: parece determinado que os banqueiros que disponibilizam uma maior variedade de produtos prendem mais facilmente os clientes[630]. Os bancos regionais fazem sentido, havendo que reanimá-los[631]. O banqueiro

[620] Christian Jung, *Mit Geld- und Finanzinfos junge Menschen erreichen*, Bank 1.2013, 23-25.

[621] Markus Benner, *Unternehmensfinanzierung durch Banken hat Zukunft*, Bank 10.2012, 56-59.

[622] Mathias Artz/Michael Thiellmann, *Bankgeschäfte mit der Unternehmensgesellschaft (haftungsbeschränkt)*, BKR 2010, 58-62 (62/II).

[623] Anton Schmoll, *Firmenkundengeschäft: Ertragsimpulse durch effiziente Vertriebsunterstützung*, Bank 3.2013, 24-30.

[624] Dirk Franke, *Private Banking: auf die Beziehung kommt es an*, Bank 2003, 108-110.

[625] Ulrich Bongartz, *Erfolgreiche Private Banking Strategien: Die Exklusiven und die Schnellen*, Bank 2003, 306-310; Burkhard Wagner/Marc von Braun, *Retail Banking: der Kunde bleibt König*, Bank 6.2013, 26-29.

[626] Reiner Hoock/Jörg Ulrich, *Strategiewechsel im Privatkundengeschäft deutscher Banken*, Bank 2003, 44-46; Peter König, *Privatkundengeschäft: Benchmarks in der Vermögensverwaltung*, Bank 1.2009, 8-12.

[627] Volker Kurr/Thomas Bittner, *Anlageberatung aus der psychologischen Perspektiven*, Bank 2003, 176-181 (180/II); Florian Bauer/Andreas Bechenbach, *Psychologisches statt rationales Pricing*, Die Bank 8.2008, 54-59.

[628] Com as cautelas que hoje se impõem e que as boas práticas recomendam: Reinhard Messenböck/Til Klein, *Das Ende der Beratung?*, Bank 8.2012, 46-48.

[629] Peter Buschbeck, *Die aktuelle Strategie der Citibank Privatkunden AG-Erfolgsfaktoren für 2003*, Bank 2003, 472-476.

[630] Isabel Schrimpf, *Giro-Paket-Modelle: Mehrwert- Banking für kunde und Bank*, Bank 2003, 246-249.

[631] Theodor Weimer, *Auf dem Weg zur Re-regionalisierung*, Bank 10.2012, 52-55.

atento deverá ponderar não só os efeitos de modas mas, ainda, as tendências gerais que se desenhem para o futuro. Pontualmente: o envelhecimento das populações ocidentais levará a uma alteração nos produtos bancários utilizados[632].

IV. Sob o ruído da crise de 2007/2010, parece indubitável o crescimento, como tendência de fundo, do negócio com os clientes particulares[633]. Uma boa comunicação torna-se fundamental[634], aconselhando os clientes[635], acompanhando-os[636] e procurando cativá-los no longo prazo[637]. Não é de boa gestão aproveitar uma qualquer conjuntura para subtrair benefícios excessivos ao particular: poderá, com isso, perder-se, no futuro, toda uma relação mais vantajosa. Esta lição deveria estar bem presente na atual banca portuguesa.

98. A diversificação de produtos; o microcrédito

I. A diversificação de produtos financeiros disponibilizados pela banca corresponde a uma estratégia ligada ao alargamento dos segmentos-alvo[638]. Vai mais longe: no fundo, é uma exigência da evolução jurídico-bancária cujo progresso, como em qualquer disciplina jurídica, passa pela diferenciação de soluções, de modo a melhor acompanhar a realidade. E isso sem prejuízo pelo uso de meios próprios da sociedade da informação[639].

[632] Karin Gruber, *Ageing Society – Zukunftsszenarien für das Bankgeschäft*, Bank 2003, 584-588.

[633] Werner Karsch, *50 Jahre Privatkundengeschäft: Dynamische Expansion*, Bank 5.2009, 44-45.

[634] Stephan Paul/Stephan Stein, *Gute Finanzkommunikation zahlt sich aus*, Bank 2.2009, 46-49.

[635] Katharina Vähning, *Firmenkundungeschäft: vom Betreuer zum Berater*, Bank 5.2009, 46-48 (47).

[636] Ralf Gobeler/Marc Letzing, *Mobile Finanzberatung: Die Bank beim Kunden*, Bank 6.2009, 28-33.

[637] Irmgard Grasmacher/Anita Mosch, *Marketing in Zeiten vielfältiger Kundendialoge: Die Richtige Balance finden*, Bank 1.2009, 26-31.

[638] Oliver Dlugosch, *Finanzdienstleistungen: dem Omnikanal- Banking gehört die Zukunft*, Bank 6.2013, 38-41.

[639] Rüdiger von Nitzsch/Dirk Braun/Claudia Hamel, *Online Banking/Mehrwert nach Maß*, Bank 9.2012, 72-75.

Há já alguns anos, é detetável que, sob um cenário de liberalização, os bancos vieram alargar a sua atividade, diversificando os modos de atuação[640]. Temos, assim, um número crescente de novas figuras bancárias. Mas além disso, os banqueiros procuraram aproximar-se dos seus clientes: num universo um tanto uniformizador, os banqueiros podem, do ponto de vista do grande público, assemelhar-se todos: a escolha operará, então, na base de critérios de comodidade, de proximidade geográfica ou de oportunidade casual. Os banqueiros procuram, por isso, dispensar os seus produtos em supermercados ou grandes áreas comerciais[641], ou colocá-los acessíveis pela eletrónica e, *maxime*, pela *Internet*[642]. Resultam, daqui, ganhos em comodidade e em custos para os clientes. Todavia, eleva-se a possibilidade de precipitação nos negócios e no consumo, o que recomenda medidas de tutela do consumidor.

II. Prossegue, de todo o modo, a diversificação, com estratégias diferenciadas[643] e produtos inovadores[644], tudo isso potenciado pelas atuais tecnologias[645].

A persistência, na Europa, de uma depressão económica cuja recuperação, no Sul, parece cada vez mais tardia, não conduzira nem a uma quebra rigorosa no crédito[646], nem a uma baixa de lucros da banca. E no rescaldo da crise de 2007/2010, enquanto se mantêm graves situações no plano do aparelho produtivo e do emprego, verifica-se um regresso da banca aos lucros.

[640] Ulrich Buchard/Karl Gernandt, *Europäische Expansion im Retail Banking*, Bank 1999, 20-24.

[641] Herbert Grohmann, *Banking in Supermärkten expandiert*, Bank 1998, 406-408 e Thomas Burkhardt/Bernd Nolte, *Der Supermarkt als Bankdienstleister: Fresh Banking in Grossbritannien*, Bank 1999, 80-83.

[642] Ralph Walter/Georg Disterer, *Multimediale Kiosksysteme als virtuelle Bankfiliale*, Bank 2000, 118-122 e Hermann-Joseph Lamberti/Thomas Volland, *Entwicklung einer E-Commerce-Strategie am Beispiel einer Grossbank*, Bank 2000, 444-449; trata-se de um aspeto abaixo referido.

[643] Swen Schneider/Martin Rösler/Michael Thiel, *Differenzierungsstrategien im Transaction Banking*, Bank 2003, 32-35.

[644] Thomas Klein/Jens Ingo Mehlau/Andreas Wimmer, *Effizienzegewinne durch innovative Produktmodellierung*, Bank 2003, 196-201.

[645] Christian Böhmler e outros, *Multi Channel Banking 2020*, Bank 9.2011, 36-40.

[646] Karl Knappe, *Gibt es eine Kreditklemme in Deutschland?*, Bank 2003, 530-533.

Entre nós, a diversificação denota-se através da popularização de esquemas que, embora já conhecidos, surgiam ainda há pouco como uma curiosidade. Explica-se o aparecimento de jurisprudência sobre pontos antes indocumentados.

III. Ocorre referir aqui o crescimento do chamado microcrédito, designadamente nos países emergentes. O microcrédito reporta-se a pequenos mútuos (de 50 a 5000 dólares), concedidos a pessoas de poucas posses mas que, pela adjunção do seu trabalho, podem ser muito produtivos, com grande benefício social. Conhecido e praticado pelos mutualistas do século XIX (designadamente Raiffeinsen, na Alemanha), o microcrédito tornou-se conhecido graças à iniciativa do Prof. Muhammad Yunus[647] (Nobel da Paz, em 2006), no Bangladesh[648] e ao Grameen Bank, especializado nessas operações. O microcrédito tem as suas regras[649], sendo praticado pelos diversos bancos comerciais, no nosso País. Outras iniciativas têm sido apontadas[650], sendo de acarinhar esta dimensão social da banca. Em jogo está ainda o rápido crescimento dos países emergentes, com relevo para a Índia[651].

99. A internacionalização

I. A internacionalização da banca acompanha o fenómeno da globalização da economia, dos mercados e das sociedades[652]. Vamos referir alguns tópicos de reflexão:

[647] Thomas Kurze, *Mikrokredite: Die sanfte Revolution des Muhammad Yunus*, Bank 1.2009, 40-43.

[648] Muhammad Yunus, *Banken to the poor: Micro-Lending and the Battle Against World Poverty* (2007), 115 ss. e *passim*.

[649] Assim: Joanna Ledgerwood, *Microfinance Handbook/An Institutional and Financial Perspective* (2002), 33 ss., 63 ss. e *passim* e Beatriz Armendáriz de Aghion/ /Jonathan Morduch, *The Economics of Microfinance* (2007), 1 ss..

[650] No domínio do retalho bancário na Índia, cabe referir Chanda Kochlar; *vide* Jonas Dowen, *Chanda Kochlar: Die Sari- Bankerin*, Bank 7.2009, 76-77.

[651] Klaus Entemann, *Automobile Finanzdientsleistungen in Indien: Der Reiz rapiden Waxhstums*, Bank 4.2013, 408-411.

[652] Siegfried Utzig, *Die Globalisierung der Finanzmärkte vermessen*, Bank 2003, 727-731.

– os bancos nacionais não mais podem abdicar de conhecer as atuações dos bancos estrangeiros: seja nas respetivas terras de origem, seja na nossa própria[653];
– cada vez mais, o núcleo do negócio dos grandes bancos é descentralizado[654];
– as recentes flutuações nos custos, no pessoal ou na organização deixam, contudo, estável o tema da internacionalização, que não recua[655];
– a nível mundial, os grandes bancos apresentam bons resultados, exceto, porventura, no Japão[656]; a crise de 2007/2010 traduziu prejuízos astronómicos: mas ainda antes do fim da crise, os bancos voltaram aos lucros;
– a base acionista dos grandes bancos tende para a internacionalização[657].

Trata-se, em suma, de um movimento de fundo irrecusável.

II. No plano europeu, como área de especial dinamismo condenada ao crescimento, temos os países do Leste[658].

As revistas ocidentais da especialidade – particularmente *Die Bank* – publicaram estudos relativos à Polónia – o peso pesado[659] – à Rússia[660],

[653] Wolfgang Arnold, *Zur Wettbewerbsdiskussion in der deutschen Kreditwirtschaft*, Bank 2003, 516-520.

[654] Werner Karsch, *Das Auslandsgeschäft der Grossbanken: Kernmarkt Europa*, Bank 2003, 844-848; Dorothe Einsele, *Bank- und Kapitalmarktrecht/Nationale und Internationale Bankgeschäfte* (2006), 305 ss..

[655] Dirk Franke, *Grossbanken: Internationalisierung ungebrochen*, Bank 2003, 350-351.

[656] Dirk Frank, *Grösste Banken der Welt: US-Institute demonstrieren ihre Stärke*, Bank 2003, 656-659 (657/I).

[657] Alexander Bullmann, *Deutsche Unternehmen: Ausländische Aktionäre gewinnen an Gewicht*, Bank 2.2009, 26-28.

[658] Marcus Leininger/Otmar Stöcker, *Immobilienfinanzierung in Mittel- und Osteuropa: Ein Markt entwickelt sich*, Bank 2003, 294-301 (301/I).

[659] Dirk Franke, *Bankenmärkte Mittel – und Osteuropas* (I): *Polen – das Schwergewicht*, Bank 2003, 151-155.

[660] Reinhardt H. Schmidt/Andreas Hackethal/Valentin Marinov, *Idem*, (II): *Russland – Systemrisiken noch nicht überwunden*, Bank 2003, 223-227.

à Eslováquia[661], à Chéquia[662], à Eslovénia[663], à Bulgária[664], à Hungria[665], aos Estados Bálticos[666], à Roménia[667] e à Ucrânia[668]. O potencial humano é enorme, numa evidência a que a banca comercial portuguesa tem estado atenta[669].

O crescimento do Leste vem sendo prejudicado pelo prolongamento da atual crise. Todavia, é imaginável uma evolução no sentido do crescimento, no médio e no longo prazo.

III. Uma referência deve ser feita à banca islâmica[670]. No Corão, há uma proibição de juros, em princípio[671]. Trata-se, porém, de um ponto que

[661] Sándor Gardó, *Idem*, (III): *Slowakei – vom Nachzügler zum Musterschüler?*, Bank 2003, 326-330.

[662] Dirk Frank, *Idem*, (IV): *Tschechien – der Spätstarter*, Bank 2003, 368-372.

[663] Lisa Perrin, *Idem*, (V): *Slowenien – gerüstet für den Wettbewerb?*, Bank 2003, 439-443.

[664] Andreas Hackethal/Valentin Marinov/Reinhardt H. Schmidt, *Idem*, (VI): *Bulgarien – gestärkt aus der Krise hervorgegangen*, Bank 2003, 511-515.

[665] Dirk Frank, *Idem*, (VII): *Ungarn – Dynamik aus den Privatkundengeschäft*, Bank 2003, 594-597.

[666] Thorsten Hild, *Idem*, (VIII): *Das Baltikum – auf der wirtschaftslichen Überholspur*, Bank 2003, 696-702.

[667] Sándor Gardó, *Idem*, (IX): *Rumänien – im Zeichen der Konsolidierung*, Bank 2003, 780-784.

[668] Sándor Gardó, *Idem*, (X): *Ukraine – Hoffnungsträgen mit Risiken*, Bank 2003, 800-803.

[669] Entre nós, o BCP detém posições significativas na Roménia e, sobretudo, na Polónia.

[670] Referimos: Michael Mahlknecht, *Islamic Finance/Einführung in Theorie und Praxis* (2009), 329 pp. e Michael Gassner/Philipp Wackerbeck, *Islamic Finance*, 2.ª ed. (2009), 198 pp.

[671] *Corão*, 2.ª Surata (*Albácara*) (= *Alcorão Sagrado*, trad. Samir el Hayek, ed. 1994):

vers. 275. Os que praticam a usura só serão ressuscitados como aquele que foi perturbado por Satanás; isso, porque disseram que a usura é o mesmo que o comércio; no entanto, Deus consente o comércio e veda a usura. Mas quem tiver recebido uma exortação do seu Senhor e se abstiver, será absolvido pelo passado, e o seu julgamento só caberá a Deus. Por outro lado, aqueles que reincidirem, serão condenados ao inferno, onde permanecerão eternamente.

vers. 276. Deus abomina a usura e multiplica a recompensa aos caritativos; Ele não aprecia nenhum incrédulo, pecador.

tem sido ultrapassado, com várias considerações e, designadamente, a de só entender proibidos os juros ou vantagens excessivas[672].

Os vastos fundos drenados pelo petróleo e o enorme potencial humano, representado pelos países islâmicos, explicam, também nessa área, a presença de boas perspetivas de crescimento bancário[673]. Os estudiosos recomendam um especial respeito pelas diversas mentalidades[674].

[672] José Ibraimo Abudo, *Do contrato de depósito bancário* (2004), 86 ss.. *Vide* Jan Ph. Wieners, *Islamic Consumer Finance: nach den Regeln der Scharia*, Bank 9.2008, 36-39; Kilian Bälz, *Zinsbeschränkungen in den arabischen Rechtsordnungen: die Auswirkungen auf internationale Finanzierungsverträge*, BKR 2012, 277-280 e A. Barreto Menezes Cordeiro, *Do trust no Direito Civil* (2013), 391.

[673] Michael Gassner, *Islamic Finance – Wachstumsenarkt für deutsche Banken*, Bank 2003, 732-733.

[674] Hartmut Kiehling, *Vom Umgang mit arabischen Geschäftspartnern: Schwieriges Terrain*, Bank 2.2009, 78-82.

§ 26.° REORGANIZAÇÃO DA BANCA: FUSÕES E *OUTSOURCING*

100. Reorganização e fusões

I. A necessidade de investir, gerada pela diversificação acima apontada e a própria lógica de funcionamento de um sistema liberalizado em extremo levam a fenómenos de concentração bancária. Mais rápido e, por vezes, mais barato do que montar uma rede de agências será adquirir um banco que já as tenha[675]. O mesmo raciocínio pode ser aplicado a instituições especializadas[676]. As megafusões verificadas nos últimos tempos e em todo o Planeta envolvem consequências para o pessoal[677], para os clientes[678] e para a concorrência[679] e o seu controlo[680]. A crise de 2007/2014 levou, de resto, a um intensificar desse fenómeno. Põe-se o problema prévio da definição do valor de um banco[681] e a questão subsequente de como assegurar a supervisão das grandes unidades resultantes da concentração[682].

[675] Ulrich Burchard/Ulrich Bungartz, *Fusionen: Der Reiz des schnellen Wachstums*, Bank 1998, 392-395.

[676] Volker Baas, *Strategische Optionen für europäische Investmentbanken*, Bank 1998, 720-723.

[677] Heinz Laber/Silke Wolf, *Bankenfusionen: Den Wandel personalpolitisch gestalten*, WM 1998, 520-524.

[678] Reinhard Klein/Dagmar Nathanson-Luidl, *Der Kunde in der Fusion – Nutzniessen oder Opfer?*, Bank 2000, 168-172.

[679] Ulf Böge/Manfred Weber, *Bankenfusionen: Wächst die Gefahr der Machtkonzentration?*, Bank 2000, 367.

[680] Torsten Körber, *Gerichtlicher Rechtsschutz in der europäischen Fusionskontrolle*, RIW 1998, 910-915.

[681] Marco Wilkens/Gebhard Zemke, *Fusionen: Welchen Wert hat eine Bank?*, Bank 2000, 274-281.

[682] Wolfgang Artopoeus, *Global Banking erfordert neues Aufsichtssystem*, Bank 2000, 12-17.

II. O processo tem prosseguido[683]. Neste momento, ensaiam-se as primeiras fusões transfronteiriças, no âmbito da União Europeia: um movimento travado, durante anos, pela inexistência de legislação comunitária sobre fusões internacionais[684] e pela excessiva restritividade denotada pelo esquema das sociedades europeias[685].

Haverá limites que traduzirão o ponto de equilíbrio.

III. A concentração bancária coloca problemas. Desde logo ao nível da concorrência: nas economias de mercado, um ponto sensível, quer perante as entidades reguladoras quer em face da opinião pública.

Num prisma de gestão, surgem também dificuldades. O sobredimensionamento obriga a burocratizações e a esquemas de gestão descentralizada, com riscos de disparidade e de eficiência. Verifica-se ainda que se as fusões permitem, num primeiro momento, baixar nos custos, a dimensão conduz, num segundo momento, a novos custos e a perdas contingentes. Poder-se-á falar em ciclos: a um ciclo de concentração seguir-se-á um período em que pequenos bancos são mais rendíveis e apetecíveis; o êxito destes levará a novos movimentos de concentração e assim por diante.

De todo o modo, a (excessiva) dimensão resultante das fusões modernas vem a ser compensada pelo fenómeno do *outsourcing*.

101. *Outsourcing*

I. A expressão inglesa *outsourcing*, retirada da economia, resulta da junção dos vocábulos *outside*, *resource* e *using*: a utilização de

[683] Ralf Jasny/Christian von Goetz, *Fusionen: Die Architekten der neuen Marke*, Bank 2003, 376-380.

[684] Finalmente, foi publicada a Diretriz n.º 2007/63, de 13 de novembro, sobre a fusão e a cisão de sociedades. A matéria acabaria por ser transposta pela Lei n.º 19/2009, de 12 de maio, tendo havido novas alterações, por via do Decreto-Lei n.º 185/2009, de 12 de agosto: tudo isso no Código das Sociedades Comerciais. *Vide* Diogo Costa Gonçalves, *As recentes alterações ao regime da fusão de sociedades/A Lei n.º 19/2009, de 12 de Maio e o Decreto-Lei n.º 185/2009, de 12 de Agosto*, RDS I (2009), 3, 353-581.

[685] *Direito europeu das sociedades*, 905 ss..

recursos do exterior[686]. Trata-se de um tema muito tratado na literatura norte-americana[687].

Na língua alemã, *outsourcing* pode ser vertido para *Auslagerung*: torna-se, todavia, necessário explicar de imediato que é de *outsourcing* que se trata.

Nas línguas latinas, temos dificuldades de transposição. Ainda que, por razões comunicativas, se recorra ao inglês, deveria prever-se uma expressão nacional para o *outsourcing*. O próprio *outsourcing* tem ambiguidades que dificultam a transposição linguística: tanto poderia ser "exteriorização de recursos", como "utilização de recursos do exterior", consoante o tipo de realidade existente antes da operação de *outsourcing*.

Haverá que voltar ao tema.

O *outsourcing* designa o fenómeno pelo qual as grandes empresas abdicam de algumas das suas valências, entregando-as a entidades exteriores com as quais contratam, depois, a prestação dos correspondentes serviços. Na origem, o *outsourcing* atingirá atividades instrumentais, que não tenham a ver com o negócio em jogo – p. ex., o banqueiro, em vez de manter uma cantina para o seu pessoal, poderá contratar uma empresa de restauração que se ocupe das refeições. Num nível mais avançado, ele pode atingir atividades já muito próximas do núcleo central: porventura mesmo indissociáveis, como sucede com a informática ou com a contabilidade.

II. A ideia subjacente ao *outsourcing* não é nova: novidade será a impressividade do próprio termo e a sua utilização na área financeira.

Com efeito, já no início do século XIX, as grandes empresas inglesas haviam recorrido à prática subjacente ao conceito. Nos anos 30 do século XX, as poderosas refinarias norte-americanas externalizaram os transportes; nos anos 50, foi a vez das empresas mineiras. Em 1964, a IBM exorbitou a confeção de computadores então ditos da terceira geração[688].

[686] Thomas Brändli, *Outsourcing/Vertrags-, Arbeits- und Bankrecht* (2001), 3, e Christoph Engelbrecht, *Logistikoptimierung durch Outsourcing/Erfolgswirkung und Erfolsfaktoren* (2004), 18.

[687] P. ex., Mark J. Power/Kevin C. Desouza/Carlo Bonifazi, *The Outsourcing Handbook/How to implement a Successful Outsourcing Proces* (2006) e John K. Halvey/Barbara Muphy Melby, *Business Process Outsourcing: Process, Strategies and Contracts*, 2.ª ed. (2007), 17 ss. e *passim*.

[688] Sobre a evolução histórica: Ulla Hendrix/Claudia Abendroth/Günther Wachtler, *Outsourcing und Beschäftigung/Die Folgen betriebsübergreifender Kooperation für die Gestaltung von Arbeit* (2003), 22 ss..

O *outsourcing* chegou à Europa, especialmente à Alemanha, no termo dos anos 60 do século XX[689].

Nos finais da década de 80, ele foi aprofundado, graças, em especial, ao teletrabalho e à informática[690].

As opções subjacentes são de natureza económica e de gestão, envolvendo estudos a esse nível[691]. Num plano jurídico, estão implicadas questões complexas, ainda por estudar, entre nós. Na presente rubrica apenas cabe uma ideia do fenómeno, dado o seu interesse para melhor conhecer o atual sector bancário. Note-se que ela tem, aí, larga aplicação[692].

A Filosofia básica do *outsourcing*, tal como resulta da *Harvard Business Review* (1990) é simples: *focus on what gives your company its competitive edge, outsource the rest*[693]. Impõe-se retirar o maior partido da especialização e da divisão das tarefas[694].

III. Os motivos que podem levar ou justificar o *outsourcing* centram-se, em princípio, numa questão de eficiência. Podemos, além disso, apontar[695]:

– a limitação de custos: externalizada determinada atividade, a empresa principal pode negociar globalmente custos reduzidos, sem ter de, no terreno, proceder aos cortes competentes;
– aproveitamento de *know-how*: a empresa contratada para o serviço exterior será especialista na matéria; disporá de mais conhecimentos aplicados e de vias para a sua execução; no limite, poderá ser detentora de patentes e de licenças que, de todo, escapem à empresa principal; pense-se, por exemplo, na contratação de serviços de portaria e de segurança;
– concentração no cerne do negócio: a empresa principal deixará de se preocupar com atividades para as quais não está vocacionada e

[689] Jan Osterloh, *Outsourcing von sekundären Servicebereichen/Institutionen – ökonomische und kognitive Erklärungsansätze* (2004), 41 ss..

[690] Engelbrecht, *Logistikoptimierung durch Outsourcing* cit., 18.

[691] Por curiosidade: Hartmut Egger/Peter Egger, *Outsourcing and Trade in a Spatial World* (2004).

[692] Steffen Zimmermann, *Outsourcing ist en vogue*, BKR 2007, 475-479.

[693] *Apud* Gerhard Hoffmann, *Outsourcing und Bankenaufsicht*, em AAVV, *Funktionsauslagerung (Outsourcing) bei Kreditinstituten* (2001), 41-58 (42).

[694] Peer Teske/Alexander Anton, *Das Prinzip Outsourcing*, Bank 4.2012, 38-40.

[695] Brändli, *Outsourcing* cit., 13 ss. e Osterloh, *Outsourcing* cit., 69 ss..

para as quais o seu *management* não terá valências; ou, se as tiver: perde tempo e dinheiro pois não é isso o que se esperará dele.

IV. Todavia, para além de vantagens, o *outsourcing* poderá implicar riscos. Apontam-se, como típicos, os seguintes[696]:

- os perigos na fase da transferência: em empresas de laboração permanente, o momento no qual ela se despoja da valência a externalizar, entregando-a a terceiros, representa sempre um momento delicado; o risco pode ser minorado se se recorrer a um esquema de cisão, devidamente programado;
- os riscos de dependência: operado o *outsourcing*, a empresa principal ficará dependente de processos e de decisões que lhe escapam; também aqui o problema pode ser minorado: ou mantendo, sobre a empresa exterior, um controlo societário ou assegurando uma cooperação estreita, através de um contrato de *outsourcing* bem concebido;
- as dificuldades de avaliar a relação custos/benefícios da operação, não esquecendo os custos da transação; neste ponto, já foi dito que a determinação da solução ótima é, muitas vezes, um problema sem solução; cabe, no limite, ao tato, à imaginação e à experiência da administração interessada adotar, com as cautelas que se imponham, a melhor solução.

V. O *outsourcing* tem, na base, um contrato do mesmo nome[697]. Será um contrato atípico, complexo, basicamente de prestação de serviço e do qual emerge uma relação duradoura. Por vezes, o contrato de *outsourcing* assume as feições de um contrato-quadro, no âmbito do qual serão, depois, concluídos acordos concretizadores.

Em certos casos, na origem da operação estará uma prévia operação de cisão: a empresa exterior resultará da cisão de um estabelecimento antes pertencente à empresa principal. Esta poderá manter um domínio direto ou indireto sobre a empresa prestadora o que, como é natural, facilitará a coesão subsequente.

[696] Jan Osterloh, *Outsourcing* cit., 93 ss., com uma formulação próxima; Christian Röckemann/Mathias Till , *Outsourcing – eine valide Option?*, Bank 2.2011, 26-31.

[697] A matéria do contrato de *outsourcing* está especialmente desenvolvida em Thomas Brändli, *Outsourcing* cit., 34 ss..

Torna-se ainda importante sublinhar que o *outsourcing* poderá – ou não – implicar regimes de exclusivo. O ideal residirá na não-exclusividade: permite partilhar serviços e custos[698], numa verdadeira economia de meios.

102. **Segue; questões específicas no sector bancário**

I. No sector bancário, para além dos problemas acima aludidos, o *outsourcing* apresenta certas especificidades. Desde logo, ele pode respeitar:

– a serviços técnicos periféricos;
– a serviços técnicos nucleares;
– a serviços bancários.

Na primeira hipótese teremos *outsourcing* de serviços de limpeza, de segurança ou de restauração, como exemplos: matérias importantes, mas que não vêm bulir com atuações dos bancos, enquanto tais.

Na segunda estão envolvidos, como exemplos, serviços informáticos ou serviços jurídicos. Desta feita, as entidades externas vão ter acesso à informação nuclear da instituição de crédito, podendo ainda, com as informações que deem, infletir a sua atuação.

Na terceira, são externalizados vetores bancários; p. ex., o crédito automóvel, o crédito ao consumo ou a locação financeira são entregues a instituições especializadas, ligadas à casa-mãe.

II. Os *outsourcings* técnicos implicam as competentes decisões prévias. Nalguns casos, a empresa exterior tem mera capacidade de execução; noutras – o caso do serviço jurídico – ela assume autonomia técnica. Têm aplicação, consoante os casos, as deontologias próprias dos sectores visados e, eventualmente, os competentes poderes reguladores ou disciplinares. Pense-se na sujeição à Ordem dos Advogados, no caso dos serviços jurídicos.

Os *outsourcings* bancários, para além de requererem ponderações adequadas de extensão e de oportunidade, incluindo a dimensão do negó-

[698] Matthias Sure, *Share services/Schlüsselfaktoren für eine erfolgreiche Einführung*, Bank 2003, 56-60.

cio a externalizar[699], correspondem, ainda, a atuações sujeitas a deveres de diligência bancária.

Além disso, o *outsourcing* de serviços bancários tem evidentes consequências no plano da supervisão[700]: haverá que ponderar as práticas e os sistemas dos países onde o problema ocorra[701].

III. Havendo *outsourcing* no sector bancário, as empresas em presença podem constituir um grupo; haverá que aplicar o competente regime[702]. Além disso, por-se-ão problemas ligados ao segredo profissional[703] e à proteção de dados[704]. Tudo isso tem solução, perante o Direito bancário. Fora desse nível, haverá ainda que acautelar os aspetos societários e as dimensões jurídico-laborais.

699 Eckhard M. Theewen, *Problemkredit und die "Mindestanforderungen an das Kreditgeschäft der Kreditinstitute"/Workant, Outsourcing oder Bad Bank?*, WM 2003, 105-114.

700 Gerhard Hofmann, *Outsourcing und Bankenaufsicht, § 25a Abs 2 KWG* cit., 41 ss. e Brändli, *Outsourcing* cit., 236 ss.; Reinfried Fischer, em Herbert Schimansky e outros, *Bankrechts- Handbuch*, 2, 4.ª ed. (2011), § 128, Nr. 70-76 (2483-2485).

701 Como exemplos: Hermann-Josef Lamberti, *Funktionsauslagerung und deutsche Bankenpraxis*, em AAVV, *Funktionsauslagerung (Outsourcing) bei Kreditinstituten* (2001), 59-72, Fritz Sommer, *Rechtliche Aspekte der Funktionsauslagerung bei Kreditinstituten in Österreich*, *idem*, 93-110 e Hanspeter Dietzi, *Outsourcing von Dienstleistungen durch Banken und Effektenhändler nach schweizerischem Recht*, *idem*, 111-127.

702 Peter O. Mülbert, *Funktionsauslagerung bei Kreditinstituten aus gesellschafts- und konzernrechtlicher Sicht/aufsichtsrechtliche Vorgaben und gesellschafts- sowie konzernrechtliche Folgeprobleme*, AAVV, *Funktionsauslagerung (Outsourcing) bei Kreditinstituten* (2001), 3-40 (5 ss. e 24 ss.).

703 Thomas Brändli, *Outsourcing* cit., 205 ss..

704 Markus Deutsch, *Datenschutz und Funktionsauslagerung*, AAVV, *Funktionsauslagerung (Outsourcing) bei Kreditinstituten* cit., 129-152.

§ 27.º A TUTELA DO CONSUMIDOR DE PRODUTOS FINANCEIROS

103. **Aspetos gerais do Direito do consumo**

I. O Direito do consumo é, como foi dito[705], matéria civil. Todavia, ele assume uma relevância especial no moderno Direito bancário, sendo útil recordar alguns aspetos gerais.

À partida, podemos dizer que o Direito do consumo vem dispensar ao consumidor, tomado como o elo terminal do sector económico (portanto: depois do produtor e depois do distribuidor), um regime especial, tendencialmente mais favorável.

II. Desde o início que o Direito visou proteger os fracos[706]. Quer no Direito romano, quer no antigo Direito português, surgem normas destinadas a acautelar a posição dos adquirentes. Nos finais do século XIX, os progressos económicos derivados da revolução industrial e do desenvolvimento dos meios de transporte vieram multiplicar exponencialmente os bens à disposição dos interessados. Paralelamente, deu-se um alongamento do circuito económico, de tal modo que o adquirente final não tem qualquer contacto com o produtor. Quando fique mal servido, pouco ou nada poderá fazer junto deste, enquanto os intermediários facilmente descartariam qualquer responsabilidade.

O problema agudiza-se com a publicidade e as suas técnicas de criar necessidades aparentes, a satisfazer com bens vistosos, mas de qualidade nem sempre assegurada. O Estado intervinha em casos extremos: por

[705] *Supra*, 190 ss.; *vide* Hans-Peter Schwintowski, *Bankrecht* cit., 3.ª ed., § 13, Nr. 1 (491) e 4.ª ed., § 14, Nr. 1 (579).

[706] Quanto à História do Direito do consumo: Eike von Hippel, *Verbraucherschutz*, 3.ª ed. (1986), 5 ss..

exemplo, para proteger a saúde pública. Quanto ao resto: caberia ao mercado resolver.

III. A interiorização do circuito económico como algo de finalisticamente dirigido ao consumidor e os sucessivos progressos efetivados no domínio dos transportes, da eletricidade e da eletrónica, levaram a que, globalmente, toda a sociedade fosse virada para um consumo sem limites absolutos. Pensadores de diversa formação vieram exigir uma proteção.

Podemos falar numa cobertura ideológica da tutela do consumidor. No pós-guerra de 1945, economistas como J. K. Galbraith vieram sublinhar os excessos do capitalismo, no prisma dos cidadãos destinatários dos bens[707].

Em 1957, o norte-americano Vance Packard explicou que a publicidade visava a manipulação do consumidor[708]. Trata-se de um tema presente sempre que se discutam questões de excessos de publicidade[709].

Uma referência especial deve ser feita a Marcuse, alemão emigrado nos Estados Unidos, desde 1934 e Autor, em 1964, da obra *One-Dimensional Man*[710]. Com recurso às categorias da dialética hegeliana[711], é posta em causa a paridade que, supostamente, subjazeria às opções dos consumidores[712].

Uma consagração impressiva da universalidade do tema ficou associada às muito citadas palavras do Presidente John F. Kennedy, na sua mensagem ao Congresso, de 1962: *Consumers, by definition, include us all*[713].

[707] J. K. Galbraith, *American Capitalism/The Concept of Countervailing Power* (1952); um troço significativo pode ser conferido em John Kenneth Galbraith, *The Essencial Galbraith* ed. Andrea D. Williams (2001), 2 ss..

[708] Vance Packard, *The Hidden Persuaders* (1957, 46.ª reimp., 1976); Packard especifica a persuasão com consumidores (8 ss.) e com cidadãos (155 ss.).

[709] Assim: Alfons Vogt/Stefan Vogt, *Die Entwicklung des Wettbewerbsrechts in der Zeit von 1975 bis 1979*, NJW 1981, 12-17 (16), a propósito de jogos publicitários e Karl-Heinz Fezer, *Imagewerbung mit gesellschaftskritischen Themen im Schutzbereich der Meinung- und Pressfreiheit*, NJW 2001, 580-583 (581/I).

[710] Herbert Marcuse, *One-Dimensional Man/Studies in the Ideology on Advanced Industrial Society* (1964), com 2.ª ed., nova introdução por Douglas Kellner (1991); *vide*, aí, p. ex., 4 ss., quanto às falsas necessidades.

[711] Klaus Adomeit, *Herbert Marcuse, der Verbraucherschutz und das BGB*, NJW 2004, 579-582 (580/I).

[712] *Idem*, *Die gestörte Vertragsparität/ein Trugbild*, NJW 1994, 2467-2469 (2468).

[713] *Vide* o subtítulo de Adomeit, *Herbert Marcuse* cit., 579, bem como Eike von Hippel, *Verbraucherschutz* cit., 3.ª ed., 6.

A aprovação de regras de tutela do consumidor pareceria, assim, matéria fácil e consensual. Os problemas não tardariam.

IV. Por definição, o consumidor irá suportar todos os custos do processo conducente à disponibilidade dos bens que ele procura. As cautelas e os controlos que o legislador queira impor traduzem-se em novos custos pagos, fatalmente, pelo próprio consumidor. As medidas a encarar terão, de certo modo, de se custear a si próprias, reduzindo custos alhures, dentro do circuito económico. Mas essa redução só é pensável na parcela em que se combatam preços monopolistas ou práticas abusivas, que distorçam a verdade do mercado. Além disso, haverá que contar com a resistência dos agentes que ocupem segmentos a montante do circuito económico. Novo obstáculo é, ainda, constituído pela postura dos consumidores, desorganizados e motivados pelo "fetichismo" das mercadorias.

O Direito tradicional português continha regras de proteção aos adquirentes, inseridas no contrato de compra e venda. Não eram suficientes para suportar um sector autónomo de tutela do consumidor. Tal sector acabaria por advir pela força das "ideologias" dos consumidores e da pressão comunitária. Assim sucederia nos diversos países europeus[714].

104. **O Direito europeu e as leis nacionais**

I. No domínio da tutela do consumidor – no Direito bancário como no Direito civil em geral – torna-se inevitável mencionar a influência do Direito europeu[715]. Ela veio pontuando, nos vários países, os diversos passos no sentido da tutela em jogo.

O Tratado de Roma, na versão de 1957, não continha nenhum preceito relativo aos consumidores. Além disso, ele perfilhava um pensamento "produtivista", preocupando-se, essencialmente, em abolir os entraves à

[714] *Vide* as duas obras de referência: Peter Bülow/Marcus Artz, *Verbraucherprivatrecht* (2003), 14 ss. e Bettina Heiderhoff, *Grundstrukturen des nationalen und europäischen Verbrauchervertragsrechts/Insbesondere zur Reichweite europäischer Auslegung* (2004), 1 ss. e 41 ss. Para referências atualizadas, mencionamos Christian Alexander, *Verbraucherschutzrecht* (2015), XXVI + 281 pp..

[715] *Vide* Hans-Peter Schwintowski, *Bankrecht* cit., 3.ª ed., § 13, Nr. 2 ss. (491 ss.) e 4.ª ed., § 14.º, Nr. 2-6 (579-580).

livre circulação dentro das fronteiras comunitárias[716]. Apenas 15 anos volvidos, na Cimeira de Paris, os fundadores da Comunidade assentaram em que, para além dos objetivos puramente económicos, haveria que melhorar as condições de vida das populações, com reforço da tutela dos consumidores. Em 1975, o Conselho adotou um "programa preliminar da CEE para uma política de proteção e de informação do consumidor[717], assente em cinco direitos fundamentais, a ele reconhecidos:

– o direito à proteção das suas saúde e segurança;
– o direito à proteção dos seus interesses económicos;
– o direito à reparação dos danos sofridos;
– o direito à informação e à formação;
– o direito à representação ou a ser ouvido.

A consagração comunitária em conjunto com a divulgação dos temas dos consumidores levaram à aprovação da Lei n.° 29/81, de 22 de agosto: o primeiro regime de defesa do consumidor[718]. O momento foi acompanhado pelos primeiros estudos alargados sobre o Direito do consumo[719]. Verificava-se um amadurecimento que justificou o passo seguinte: a Revisão Constitucional de 1982 introduziu um artigo 110.° – hoje 60.° – relativo aos "direitos dos consumidores", que transcrevemos, na versão atual[720]:

> 1. Os consumidores têm direito à qualidade dos bens e serviços consumidos, à formação e à informação, à proteção da saúde, da segurança e dos seus interesses económicos, bem como à reparação dos danos.

[716] Norbert Reich, *Der Verbraucher im Binnenmarkt*, em Norbert Reich/Hans-W. Micklitz, *Europäisches Verbraucherrecht*, 4.ª ed. (2003), 9-80 (14 ss.).

[717] Calais-Auloy/Frank Steinmetz, *Droit de la consommation* cit., 6.ª ed., 35 e Norbert Reich, *Der Verbraucher im Binnenmarkt* cit., 16.

[718] A Lei n.° 29/81 foi acompanhada por outros diplomas sugestivos: o Decreto-Lei n.° 195/82, de 21 de maio, sobre associações de consumidores e o Decreto Regulamentar n.° 8/83, de 5 de fevereiro, relativo ao Instituto Nacional de Defesa do Consumidor. Como curiosidade: o texto da Lei n.° 29/81, de 22 de agosto, pode ser confrontada, em língua inglesa, em anexo a Eike von Hippel, *Verbraucherschutz* cit., 3.ª ed., 392-397; desse anexo constam outras leis, da época.

[719] Com relevo para Carlos Ferreira de Almeida, *Os direitos dos consumidores* (1982), 360 pp. e *Negócio jurídico de consumo/Caracterização, fundamentação e regime jurídico*, BMJ 347 (1985), 11-38 e, muito especialmente, para João Calvão da Silva, *Responsabilidade civil do produtor* (1990), 27 ss., 56 ss. e *passim*.

[720] O texto foi alterado pelas Revisões de 1989 (o n.° 1) e de 1997 (o n.° 3).

> 2. A publicidade é disciplinada por lei, sendo proibidas todas as formas de publicidade oculta, indireta ou dolosa.
>
> 3. As associações de consumidores e as cooperativas de consumo têm direito, nos termos da lei, ao apoio do Estado e a ser ouvidas sobre as questões que digam respeito à defesa dos consumidores, sendo-lhes reconhecida legitimidade processual para defesa dos seus associados ou de interesses coletivos ou difusos.

É patente o enunciado comunitário de 1975, particularmente no n.º 1.

II. Entretanto, o Ato Único de 1987 veio estabelecer um horizonte para o mercado interno: 31-dez.-1992. Além disso, facilitou os esquemas de tomada de decisão. Com um risco: o de se proceder a uma harmonização das legislações com alinhamento pelas menos protetoras. Por isso, o artigo 100.º a – hoje: 95.º – do Tratado, no seu n.º 3, veio dispor:

> A Comissão, nas suas propostas previstas no n.º 1 em matéria de saúde, de segurança, de proteção do ambiente e de defesa dos consumidores, basear-se-á num nível de proteção elevado, tendo nomeadamente em conta qualquer nova evolução baseada em dados científicos. No âmbito das respetivas competências, o Parlamento Europeu e o Conselho procurarão igualmente alcançar esse objetivo.

No plano interno, agora fortalecido com o apoio constitucional e com a inspiração europeia, foram adotados diplomas importantes, com relevo para o Decreto-Lei n.º 238/86, de 19 de agosto, que fixa a obrigatoriedade do uso da língua portuguesa nas informações sobre bens ou serviços oferecidos ao público[721], para o Decreto-Lei n.º 253/86, de 25 de agosto, que define práticas comerciais, designadamente a da redução de preços, pelo prisma da defesa do consumidor[722] e para o Decreto-Lei n.º 213/87, de 28 de maio, que estabelece normas sobre bens e serviços que possam implicar perigo para os consumidores.

[721] Alterado pelo Decreto-Lei n.º 42/88, de 6 de fevereiro e reforçado pelo Decreto-Lei n.º 62/88, de 27 de fevereiro, no tocante a máquinas, aparelhos, utensílios e ferramentas.

[722] Alterado pelo Decreto-Lei n.º 73/94, de 3 de março.

III. No plano comunitário, inicia-se uma produção de diretrizes com relevo no plano da defesa do consumidor[723]. A sua transposição origina novas regras nacionais.

Surgiram, a partir da década de oitenta do século XX, as grandes diretrizes civis de tutela do consumidor[724]: n.° 85/374/CEE, de 25 de julho, sobre responsabilidade do produtor[725], n.° 85/577/CEE, de 20 de dezembro, referente a contratos celebrados fora do estabelecimento, n.° 87/102/CEE, de 22 de dezembro, quanto a crédito ao consumo, n.° 94/47/CE, de 26 de outubro, sobre direitos reais de habitação periódica, n.° 97/7/CE, de 20 de maio, quanto a vendas à distância e n.° 99/44/CE, de 25 de maio, reportada a vendas de bens de consumo[726].

Verifica-se, ainda, outro ponto relevante: temas de ordem mais geral vêm a ser aproximados, comunitariamente, da tutela do consumidor. Tal o caso da Diretriz n.° 93/13/CEE, de 5 de abril, sobre cláusulas abusivas nos contratos com consumidores. O Tribunal de Justiça da Comunidade vem produzindo decisões importantes que permitem modelar aspetos significativos desta área jurídica[727].

Toda esta matéria não tem unidade dogmática: a não ser por referência ao Direito civil[728].

IV. A prática colhida e os elementos comunitários recomendavam uma revisão mais aprofundada da Lei de Defesa do Consumidor, de 1981. Surgiu uma autorização legislativa: a da Lei n.° 60/91, de 13 de agosto,

[723] *Vide* Bettina Heiderhoff, *Grundstrukturen des nationalen und europäischen Verbrauchervertragsrechts* cit., 42 ss..

[724] *Tratado* I, 4.ª ed., 322 ss..

[725] Uma das mais referidas na nossa jurisprudência; p. ex., RPt 13-jul.-2000 (Moreira Alves), CJ XXV (2000) 4, 179-182, RPt 6-mar.-2001 (Durval Morais), CJ XXVI (2001) 2, 166-169 e STJ 29-mar.-2001 (Miranda Gusmão), CJ/Supremo IX (2001) 1, 192-196.

[726] Referida mesmo antes da transposição em RLx 23-mai.-2002 (Ana Paula Boularot), CJ XXVII (2002) 3, 85-86 (86).

[727] Reiner Schulze/Hans Schulte-Nölke (publ.), *Casebook/Europäisches Verbraucherrecht* (1999), onde podem ser confrontados vinte casos exemplares da área do consumo, acompanhados de interessantes comentários.

[728] Tobias Tröger, *Zum Systemdenken im europäischen Schuldvertragsrecht/Probleme der Rechtsangleichung durch Richtlinien am Beispiel der Verbrauchsgüterkauf-Richtlinie*, ZeuP 2001, 525-540; este Autor recorda logo o ceticismo suscitado pelas diretrizes e pondera a hipótese de uma codificação europeia plena.

que invocava a adequação ao ordenamento comunitário e ao novo enquadramento constitucional. Sem seguimento. Apenas cinco anos mais tarde, a Lei n.° 24/96, de 31 de julho, fixou o regime legal aplicável à defesa dos consumidores. Poucos dias antes, a Lei n.° 23/96, de 26 de julho, criara mecanismos destinados a proteger o utente de serviços públicos essenciais. A Lei n.° 24/96 – Lei de Defesa do Consumidor ou LDC[729] – originou diversa legislação complementar.

As diretrizes do consumo foram sendo objeto de transposição para leis civis extravagantes. Registaram-se atrasos: imputáveis à turbulência política mais do que à impreparação dos departamentos especializados. Todo um sector ganhou, entretanto, corpo, em torno da publicidade. Vigora o Código da Publicidade, aprovado pelo Decreto-Lei n.° 330/90, de 23 de outubro, com alterações subsequentes, a última das quais adotada pelo Decreto-Lei n.º 66/2015, de 29 de abril. Há diversas diretrizes envolvidas.

105. **A tutela no sector financeiro**

I. O Direito bancário visa proteger o crédito: é a base ontológica sem a qual não há banca. Mas a partir daí visa, também, a tutela dos clientes do banqueiro entre os quais, como segmento cada vez mais significativo: os consumidores ou destinatários finais do circuito.

As regras que prosseguem essa tutela estão dispersas por todo o Direito bancário. Adiantando a referência a certas rubricas, podemos apresentar o seguinte quadro[730]:

– regras institucionais;
– regime das cláusulas contratuais gerais;
– regime da responsabilidade bancária;
– regime do crédito ao consumo e das transferências bancárias.

II. No domínio institucional, encontramos diversas regras que visam a tutela do consumidor. No fundo, os poderes de supervisão e a técnica do

[729] Alterada pela Lei n.º 65/98, de 16 de dezembro e pelo Decreto-Lei n.º 67/2003, de 8 de abril e pelas Leis n.º 10/2013, de 28 de janeiro e n.º 47/2014, de 28 de julho, que a republicou em anexo.

[730] Com outros temas: Norbert Reich, *Finanzdienstleistungen* em Norbert Reich/ /Hans-W. Micklitz, *Europäisches Verbraucherrecht*, 4.ª ed. (2003), 735-847, com indicações.

seu exercício visam, precisamente, a proteção dos depositantes e do sistema: logo, dos consumidores.

Uma referência especial ao fundo de garantias de depósitos – artigos 154.° e seguintes do RGIC: um fundo que tem por objeto garantir o reembolso de depósitos constituídos em instituições de crédito que nele participem (155.°/1), sendo que, entre outras, participam nele, obrigatoriamente, as instituições de crédito com sede em Portugal (156.°/1)[731]. Este esquema foi, de certo modo, reforçado pelo Fundo de Resolução, introduzido no RGIC através do Decreto-Lei n.° 31-A/2012, de 10 de fevereiro (artigos 153°-B a 153°-U), com alterações derivadas da Lei n.° 23-A/2015, de 26 de março.

III. O regime das cláusulas contratuais gerais foi aprovado pelo Decreto-Lei n.° 446/85, de 25 de outubro. Esse diploma, na sequência da Diretriz n.° 93/13/CE, de 5 de abril, foi alterado pelos Decretos-Leis n.° 220/95, de 31 de agosto e n.° 249/99, de 7 de julho, supostamente para efeitos de transposição. O artigo 22.°/2 e 3 da LCCG reporta-se a aspetos bancários, isentando-os de algumas regras. De todo o modo, o grosso das proibições específicas relativas a cláusulas contratuais gerais aplica-se às condições dos banqueiros, sendo as dos artigos 20.°, 21.° e 22.° precisamente visadas para os consumidores finais.

A jurisprudência dos nossos tribunais, particularmente no tocante ao exercício da ação inibitória e às proibições daí resultantes, tem a ver, em primeira linha, com cláusulas contratuais bancárias. Podemos adiantar que, hoje, o essencial do comércio bancário com consumidores está fortemente burilado pelo regime das cláusulas contratuais gerais e pela sua concretização. Trata-se, assim, de um aspeto fulcral na tutela do consumidor de produtos financeiros.

IV. A responsabilidade bancária – ou responsabilidade profissional do banqueiro – é, na atualidade, um capítulo clássico nas exposições de Direito bancário[732]. Em pontos importantes, ele tende a concretizar-se em

[731] No plano mobiliário, esta iniciativa tem paralelo no Sistema de Indemnização aos Investidores, previsto pela Diretriz n.° 97/9/CE, de 3 de março, transposta pelo Decreto-Lei n.° 222/99, de 22 de junho. Torna-se difícil, por esta via, saber até onde vai a ideia de consumidor: o investidor sê-lo-á? *Vide* Klaus-R. Wagner, *Sind Kapitalanleger Verbraucher? – Zum Verhältnis von Kapitalanlagerecht zum Verbraucherschutzrecht*, BKR 2003, 649-656 (656).

[732] *Infra*, 414 ss..

torno de danos causados aos pequenos clientes ou "a consumidores finais" de produtos financeiros: assim sucede, designadamente, no campo da *culpa in contrahendo* – que tem, como eventual escopo e entre outros, a tutela, pela informação, do contraente débil –, no domínio da responsabilidade pelo uso permitido do cheque ou no da violação de deveres profissionais – artigos 73.º e seguintes do RGIC.

V. Temos, depois, instrumentos diretamente vocacionados para a tutela do consumidor de produtos financeiros. Foi o caso da Diretriz n.º 87/102/CEE, de 22 de dezembro, alterada pelas Diretrizes n.º 90/88//CEE, de 22 de fevereiro e n.º 98/7/CE, de 16 de fevereiro, transpostas pelo Decreto-Lei n.º 359/91, de 21 de setembro e pelo Decreto-Lei n.º 101/2000, de 2 de junho, no domínio do crédito ao consumo. Aí aparecem os dois pontos típicos da tutela do consumidor:

- a informação, designadamente quanto à TAEG (5.º);
- o "direito ao arrependimento" do consumidor (8.º) ou direito a este reconhecido de, após reflexão e num certo prazo, revogar o contrato.

Neste momento, o crédito ao consumo é objeto da Diretriz n.º 2008//48, de 23 de abril, que revogou a Diretriz n.º 87/102. Seguiu-se o Decreto-Lei n.º 133/2009, de 2 de junho, que procedeu à sua transposição, revogando o Decreto-Lei n.º 359/91. O Decreto-Lei n.º 133/2009, por seu turno, foi alterado pelo Decreto-Lei n.º 72-A/2010, de 18 de junho e pelo Decreto-Lei n.º 42-A/2013, de 28 de março, que o republicou em anexo. Este último diploma visou transpor a Diretriz 2011/90, de 11 de novembro[733].

[733] A bibliografia e a jurisprudência atinentes ao crédito ao consumo são numerosas; salientamos, de entre publicações neste momento recentes: Thomas Bahlinger, *Kreditgeschäft: Konsumentenkredit und Immobilienfinanzierung*, Bank 2015, 1, 28-30; Henning Servais, *Der Widerruf von Kfw-Darlehen*, BKR 2016, 152-155; Franz X. Wallner, *Der Widerruf von Verbraucherkrediten / Eine kritische Würdigung der aktuellen Rechtsprechung*, BKR 2016, 177-184; quanto à jurisprudência: OLG Braunschweig 30-abr.-2015, BKR 2016, 18-28, anot. Rafael Harnos, *idem*, 23-30, também relativo às consequências da revogação do mútuo ao consumo.

Uma referência deve ainda ser feita à Diretriz n.° 97/5/CE, de 27 de janeiro, relativa às transferências transfronteiriças[734], transposta pelo Decreto-Lei n.° 41/2000, de 17 de março: temos, aqui, deveres de informação (3.° e 4.°) e regras sobre indemnizações, a favor dos consumidores[735] (6.° e seguintes). Alterado pelo Decreto-Lei n.º 18/2007, de 22 de janeiro, ele foi revogado pelo Decreto-Lei n.º 317/2009, de 30 de outubro, alterado pelo Decreto-Lei n.º 242/2012, de 7 de novembro e pelo Decreto-Lei n.º 157/2014, de 24 de outubro.

VI. Ainda no domínio específico da defesa do consumidor de produtos financeiros, cumpre ter presente que o Direito bancário surge como matéria instrumental. O consumidor dirige-se para a aquisição de bens e de serviços, mas usa, para o efeito, "canais bancários". Assim, no caso das vendas à distância ou pela *Internet*, reguladas pela Diretriz n.° 97/7/CE, de 4 de junho, transposta pelo Decreto-Lei n.° 143/2001, de 26 de abril[736] [737], e hoje substituído pelo Decreto-Lei n.º 24/2014, de 14 de fevereiro, que transpôs a Diretriz 2011/83, de 25 de outubro, sobre os direitos dos consumidores e que foi alterado pela Lei n.º 47/2014, de 28 de julho, estabelecia-se que o pagamento por cartões de crédito ou de débito faz correr, pelo banqueiro, o risco de fraude (10.°)[738]. Hoje dispõe nesse sentido o artigo 18.º do referido Decreto-Lei n.º 24/2014. Desenvolve-se, aqui, uma "cultura do comércio eletrónico", só possível pela atuação instrumental do crédito e do Direito bancário[739]. Nova área carecida de acompanhamento é a das campanhas de recolhas de fundos dirigidas a anónimos, designadamente pela *Internet*[740].

[734] Bernd Holznagel/Thomas Hoeren (org.), *Rechtliche Rahmenbedingungen des elektronischen Zahlungsverkehrs* (1999) e Horst Heinrich Jakobs, *Gesetzgebung im Banküberweisungsrecht*, JZ 2000, 641-650.

[735] Dorothee Einsele, *Das neue Recht der Banküberweisung*, JZ 2000, 9-19 (13/II).

[736] Diversas indicações: *Tratado* II, 350 ss..

[737] Alterado pelo Decreto-Lei n.º 82/2008, de 20 de maio.

[738] Torsten Körber, *Die Risikoverteilung bei der Kreditkartenzahlung in Mailorder und E-Commerce*, WM 2004, 563-570.

[739] Joachim Fontaine, *Debitkarten im Internet*, Bank 2003, 254-259 (259/II).

[740] Peter Barkow, *Crowdinvesting: Schwarm ohne Schwung?*, Bank 2015, 3, 18-19 e Julian Veith, *Crowdlending/Anforderungen an die rechtskonforme Umsetzung der darlehenskonforme Umsetzung der darlehensweisen Schwarmfinanzierung*, BKR 2016, 184-193; o Autor recorda a tradição das subscrições públicas, em cuja base, por exemplo, foram angariados fundos para a estátua da liberdade, oferecida pela França aos Estados-Unidos.

106. **O provedor bancário**

I. A figura do provedor remonta à experiência sueca de 1809, do *Justitie-Ombudsman*. Consiste numa figura independente, sem poderes de decisão, mas com a possibilidade de, junto dos diversos departamentos administrativos, se inteirar do andamento de processos, propondo determinadas soluções.

A ideia teve êxito, sendo acolhida, no campo estadual, pelo artigo 23.° da Constituição. Também o Tratado da UE deu guarida à figura, a nível comunitário, no seu artigo 195.°. A figura do provedor tem tido diversas aplicações sectoriais.

II. Com direto interesse no tocante à tutela dos consumidores de produtos financeiros surge a figura do provedor bancário[741].

Trata-se de um instituto não-estadual: ele resulta, na Alemanha, de uma iniciativa, em 1992, da Associação Federal dos Bancos Alemães[742]. Tomando este caso como exemplo, podemos adiantar que ele gere as queixas dos particulares, atuando com rapidez, em moldes simplificados e com plausabilidade de meios probatórios[743]. Verifica-se, ainda, que esta instituição do provedor bancário depende do prestígio da pessoa sobre que recaia o cargo. Além disso, ela visa mais a paz nas relações bancárias do que, propriamente, uma estrita fundamentação jurídica das suas fundamentações. Teve boa ressonância pública[744] e é avaliado positivamente[745], tendo um papel significativo nas aplicações bancárias das novas tecnologias[746].

[741] Sobre o tema, com diversos elementos, Stephan Steuer, *Schlichtungsverfähren: Ombudsmann*, em Schimansky/Bunte/Lwowski, *Bankrecht-Handbuch* cit., I, 3.ª ed., § 3 (34 ss.). Entre nós, *vide* o escrito importante de José Simões Patrício, *Prevenção e resolução alternativa de conflitos com clientes bancários*, Estudos em Honra do Professor Doutor Inocêncio Galvão Telles, 2 (2002), 593-617.

[742] O texto da competente *Verfahrensordnung* pode ser confrontado em Stephan Steuer, ob. cit., 36-38 e em NJW 1992, 2745/II a 2746/II.

[743] Thomas Hoeren, *Das neue Verfahren für die Schlichtung von Kundenbeschwerden im deutschen Bankgewerbe*, NJW 1992, 2727-2732 (2728/I a 2731/II).

[744] Thomas Hoeren, *Der Bankenombudsmann in der Praxis*, NJW 1994, 362-365.

[745] Leo Parsch, *5 Jahre Schlichtungsverfahren der privaten Banken*, WM 1997, 1228-1231 (1231/II).

[746] Alfons van Gelder, *Phischer, Pharmer & Co./Angriffe und Haftung beiem Online-Banking/Aus der Praxis eines Ombudsmannes*, FS Gerd Noble (2009), 55-73.

Outros países têm seguido este exemplo[747], enquanto, nalguns casos, cabe aos bancos centrais receber e examinar as queixas dos consumidores[748].

III. Entre nós, um provedor bancário poderia resultar de uma iniciativa da Associação Portuguesa de Bancos. Até lá, encontramos já a figura do provedor, no âmbito de iniciativas particulares de alguns banqueiros[749]. O Banco de Portugal dispõe do Portal do Cliente Bancário, para o qual podem ser encaminhadas reclamações.

Como incentivo de ordem geral, temos a registar a recomendação da Comissão de 14-fev.-1990, relativa à transparência das condições bancárias aplicáveis às transações financeiras transfronteiriças[750].

747 Assim sucede com a Bélgica, a Suíça, a Grã-Bretanha, a Austrália, a Irlanda e a Nova Zelândia.

748 Os casos da Espanha e da França.

749 Assim sucede no BCP, que adotou a figura. *Vide Regulamento do Provedor do Cliente do Banco Comercial Português, SA*, consultável em *www.millenniumbcp.pt*.

750 JOUE Nr. L-67, 39-43, de 15-mar.-1990. Segundo o "sexto princípio" enunciado na recomendação:

> Todas as instituições que intervêm numa transação financeira transfronteiras devem estar em condições de tratar rapidamente as queixas formuladas pelo ordenador ou pelo beneficiário, relativamente à execução ou à nota de despesas da transação.

§ 28.º O PROGRESSO TECNOLÓGICO

107. Eletrónica, automação e telecomunicações

I. Retomando um tópico recorrente, recordamos que a técnica bancária corrente veio alterar-se por completo com a eletrónica, os computadores e as telecomunicações[751]. Todo o dia-a-dia da empresa bancária repousa, hoje, sobre as potencialidades dessa técnica. As contas dos clientes, os cálculos, os juros, as transferências, as diversas operações e o próprio atendimento processam-se mais depressa e com maior segurança. Só assim foi, de resto, possível responder ao aumento exponencial dos atos. Além disso, aparecem contratos bancários cuja expansão foi facultada por esses meios: basta pensar na emissão de cartão bancário, abaixo examinada.

A moeda e os valores escriturais ganham em dimensão e em potencialidades[752].

II. Devemos adiantar que, segundo uma doutrina já hoje confluente, a revolução eletrónica e das telecomunicações não teve, no Direito, a eficácia devastadora que, no início, se lhe atribuiu[753]. No fundo, todos esses meios prolongam a mente e a mão humanas. Os valores existenciais, todavia, não mudam ou não mudam logo. De todo o modo, eles vieram interferir em múltiplos institutos.

[751] Gerhard Norbert/Jörg Abrolat, *Revolution im Zahlungsverkehr (Neue Technologien)*, Bank 12.2011, 68-73.

[752] Siegfried Kümpel, *Rechtliche Aspekte des elektronischen Netzgeldes (Cybergeld)*, WM 1998, 365-375 e Cristoph Brunner, *Wertrechte – nicht verurkundete Rechte mit gleicher Funktion wie Wertpapier* (1996).

[753] *Vide Tratado* II, 346, com indicações, bem como Manuel Carneiro da Frada, *"Vinho novo em odres velhos"? A responsabilidade civil das "operadoras de* Internet*" e a doutrina comum da imputação de danos*, ROA 1999, 665-692. Tem ainda um especial interesse confrontar, por este prisma, Maria Raquel Guimarães, *As transferências electrónicas de fundos e os cartões de débito* (1999), 11 ss. e, em especial, 55 ss..

Desde logo a contratação à distância, há muito possível, generalizou-se, colocando velhos e novos problemas de conflitos de leis[754]. O desenvolvimento da *Internet* permite alargar o mercado bancário e mobiliário[755], obrigando os participantes vendedores a disponibilizar novas estratégias para os seus produtos[756], incluindo modelos de negócios bancários devidamente adaptados[757] e novas técnicas de segurança[758].

III. Particularmente significativo, pelo prisma bancário, é o desenvolvimento de meios de pagamento eletrónico[759]: a contratação eletrónica põe problemas gerais, sendo hoje tratada no Direito civil[760]. Os banqueiros preocupam-se, assim, com a segurança dos pagamentos[761], sendo sabido que todo o comércio eletrónico depende da confiança que inspire[762]. A repartição de responsabilidades entre o banqueiro e os seus clientes, a fazer com critério, é a pedra de toque desta área[763].

De toda a maneira, é essencial para a banca acompanhar a grande onda da informação, ocupando o seu espaço e contribuindo, com as suas regras e a sua ética, para a formação de uma nova cultura assente nas técnicas disponíveis.

[754] Joachim Gruber, *Vertragsschluss im Internet unter Kollisionsrechtlichen Aspekten*, DB 1999, 1437-1442.

[755] Stefan Rieg/Joachim Häcker, *Internet Trading: Handel mit Zukunft*, Bank 1998, 602-604.

[756] Michael Veil, *Strategien im Electronic Commerce*, Bank 1999, 156-162.

[757] Tilo Bellof/Arndt G. Bercher, *Neue Geschäftsmodelle im Internet Banking*, Bank 1999, 318-321, Walter/Disterer, *Multimediale Kiosksysteme* cit., 118 ss. e Lamberti//Volland, *Entwicklung einer E-Commerce-Strategie* cit., 444 ss..

[758] Hermann-Josef Lamberti, *Neuansatz für Digitale Signatur: Mit jeder Chipkarte jede Internetanwendung sicher nutzen*, Bank 2003, 188-191.

[759] Petra Christina Fabienke, *Erfüllung im bargeldlosen Zahlungsverkehr*, JR 1999, 47-55.

[760] *Tratado* II, 342 ss..

[761] Jan v. Hagen/Hans Zagler, *Sicherer Zahlungsverkehr im Electronic Commerce*, Bank 1998, 217-219.

[762] Tobias Kiefer, *Electronic Commerce – Vertrauen als Erfolgsfaktor*, Bank 2000, 308-312.

[763] Gerald Spindler, *Internet-Banking und Haftungsverteilung zwischen Bank und Kunden*, FS Gerd Noble (2009), 215-235.

III

DIREITO BANCÁRIO MATERIAL

CAPÍTULO I

A SITUAÇÃO JURÍDICA BANCÁRIA

SECÇÃO I

DETERMINAÇÃO E CONTEÚDO GERAL

§ 29.° NOÇÃO, MODALIDADES E FACTOS

108. Noção

I. Uma situação jurídica é bancária sempre que releve enquanto regulada pelo Direito bancário material. Este, por seu turno e como foi visto, é dado pelo subsistema jurídico historicamente incumbido de disciplinar os atos das instituições que se ocupam do dinheiro, nessa qualidade[764].

A situação jurídica bancária traduz pois, se se quiser, a realização do Direito bancário: terá ínsito um determinado problema com a sua solução, problema em que, materialmente, obtém o predicativo "bancário".

II. O recurso à ideia de situação jurídica bancária tem, subjacente, determinadas opções, que cumpre apontar. Desde logo ela procura evitar o recurso à técnica da relação jurídica, definitivamente inapta para retratar a variedade das ocorrências relevantes para o Direito[765].

III. Ao acolher, no coração do Direito bancário, a ideia de "situação jurídica", damos abrigo aos elementos jurídico-científicos que acompa-

[764] *Supra*, 60.
[765] Menezes Cordeiro, *Teoria Geral do Direito Civil/Relatório* (1988), 237 ss..

nham, em geral, essa noção[766]. O Direito bancário pressupõe, sempre, um correto manuseio do Direito privado comum[767].

De seguida, ela recusa uma definição subjetiva do tipo: situação bancária é a que implique a presença de um banqueiro ou de uma instituição de crédito ou sociedade financeira. Os bancos podem desenvolver atividades não-bancárias. Estas, quando sejam reguladas pelo Direito comum, não devem ser consideradas como situações bancárias. Haverá, no entanto, que verificar se a presença, numa situação jurídica comum, de uma instituição de crédito não irá conduzir à aplicação de normas específicas que lhe confiram feição bancária.

Finalmente, a noção defendida afasta uma definição emergente material, isto é, uma conceção de situação materialmente bancária *a se*. De acordo com a própria ideia propugnada de Direito bancário, apenas a nível de sistema será possível determinar a presença de um sector normativo. Um mútuo, só por si, poderá ser ou não bancário: sê-lo-á quando concedido por um banqueiro, ao abrigo de regras bancárias.

109. **Modalidades**

I. A situação jurídica bancária pode ser classificada em função do facto constitutivo ou do seu conteúdo, de acordo com as classificações das situações jurídicas e dos negócios jurídicos[768]. Teremos, assim, quanto ao conteúdo, situações simples e complexas, uni e plurissubjetivas, absolutas e relativas, patrimoniais e não patrimoniais, ativas e passivas (em sentido civil) e analíticas e compreensivas. Atendendo ao facto constitutivo, podemos apontar situações uni e plurilaterais ou contratuais, formais e consensuais, reais *quoad constitutionem*, obrigacionais e reais *quoad effectum*, causais e abstratas, típicas e atípicas, onerosas e gratuitas e de administração e de disposição.

II. Em regra, é possível afirmar que as situações jurídicas bancárias são patrimoniais, contratuais e onerosas: mas com exceções, designadamente no campo gerador da responsabilidade civil. Perante o disposto no

[766] *Tratado* I, 4.ª ed., 863 ss..

[767] Menezes Cordeiro, *Do Direito privado como Direito comum português*, em Estudos em Homenagem ao Prof. Ruy de Albuquerque (2005), 1-27.

[768] *Tratado* I, 4.ª ed., 863 ss. e II, 4.ª ed., 83 ss..

artigo 362.° do Código Comercial, as situações bancárias – já de si subjetivamente comerciais, porquanto exigindo, por norma, a presença de um banqueiro – são, ainda, objetivamente comerciais. Daí resulta a aplicação, às situações bancárias, do regime geral dos atos comerciais[769].

III. As classificações de situações jurídicas bancárias, acima referidas, obedecem aos quadros do Direito civil.

Classificação tipicamente bancária seria a contraposição entre operações passivas e operações ativas[770]. Trata-se, à partida, da classificação comum das situações em ativas e passivas; nas primeiras, os efeitos dependem da vontade do sujeito a quem assistem; nas segundas, isso não sucede. Mas com adaptações: ela visualiza as situações pelo prisma da instituição de crédito e simplifica-as, em função do seu teor económico, uma vez que, na grande maioria dos casos, todas elas têm elementos ativos e passivos. De todo o modo, são consideradas passivas as situações em que o banco se apresenta devedor – as contas e o depósito – e ativas aquelas em que ele é credor – concessão e abertura de crédito, desconto, descoberto, antecipação, locação financeira e cessão financeira.

A simplificação operada retira, à classificação entre operações bancárias ativas e passivas, a sua operacionalidade dogmática. Além disso, ela não esgota o universo em que se insere, já que obriga a abrir, a seu lado, novas categorias de situações bancárias: as operações de prestação de serviço – pagamentos, cobranças, operações mobiliárias e operações acessórias – e as operações de garantia[771]. Por isso, não a adotamos como base de sistematização, embora admitamos recorrer, a ela, incidentalmente.

IV. Outra classificação bancária clássica distingue as operações bancárias comerciais das operações de investimento. Na origem, encontramos a contraposição anglo-saxónica entre *commercial banking* e *investment banking*: o primeiro tem a ver com simples entregas de dinheiro, enquanto o segundo se reporta, já, à aquisição de produtos financeiros e à atuação no mercado de capitais. Assim, seriam *commercial banking* a abertura de conta, o depósito bancário, os pagamentos e transferências (giro bancário), a emissão de cheque, a emissão de cartão, o crédito, o crédito ao consumo

[769] José Simões Patrício, *Direito bancário privado* cit., 109 ss..

[770] Entre nós, José Maria Pires, *Direito bancário*, 2 – *As operações bancárias* (1995), 139 ss. e 181 ss. e José Simões Patrício, *Direito bancário privado* cit., 102 ss..

[771] José Maria Pires, *Direito bancário* cit., 2, 313 ss. e 415 ss..

e os diversos negócios cambiais. O *investment banking* abrangeria os títulos de crédito, a administração de patrimónios, os negócios de bolsa, as denominadas inovações financeiras, as emissões e os consórcios. Trata-se de uma classificação que deixa um lugar especial às técnicas bancárias subjacentes e ao tipo de clientela nelas em jogo. Traduz um progresso no aprofundamento do universo da banca[772]. Não obstante, parece-nos preferível, perante a realidade do Direito bancário português, optar por uma classificação de atos mais imediatamente funcional: teremos a abertura de conta e os atos a ela especialmente ligados (depósito, giro bancário, emissão de cheque e emissão de cartão), os câmbios e a moeda estrangeira, os atos de crédito (do mútuo bancário ao reporte), as garantias (do penhor bancário às cartas de conforto) e os serviços e produtos financeiros (da administração aos empréstimos CRISTAL).

Recorreremos a esta última classificação para ordenar o estudo dos atos bancários em especial. Quanto às restantes classificações: todas elas são boas para elucidar, em concreto, a dogmática bancária.

110. Os factos constitutivos; a autonomia privada

I. Fontes das situações jurídicas privadas são os seus factos constitutivos. A expressão não se confunde, pois, com as fontes do próprio Direito bancário, já examinadas.

Em princípio, podemos utilizar, no Direito bancário, o mapa das fontes que nos advém do Direito das obrigações[773] e que opera também, no Direito comercial.

Na base temos o evento relevante para o Direito: facto em sentido amplo. Depois, distinguimos os atos dos simples factos *stricto sensu*, consoante o Direito considere os factos constitutivos subjacentes como produto da vontade humana ou como eventos a ela alheios. Será ato bancário uma abertura de conta, enquanto a destruição de um bem dado em locação financeira é, à partida, um facto em sentido estrito. Os especialistas nacionais usam, por vezes, "operação bancária" para designar o ato. Todavia, "operação" implica, mesmo no Direito bancário prático, um encadear de

[772] Trata-se da classificação adotada por Schwintowski/Schäfer, *Bankrecht* cit., 2.ª ed., 91 ss. e 679 ss..

[773] *Direito das Obrigações*, 1, 403 ss. e *Tratado* VII, 21 ss..

atos, visando certo escopo. Uma operação de crédito, por exemplo, abrangerá estudos, avaliações, garantias e diversas formalidades. Para um estudo analítico da matéria que, para mais, aproveite o património civil, melhor fica "ato".

Os atos podem ser lícitos ou ilícitos, subdividindo-se os primeiros em unilaterais – a emissão de um título – ou em contratuais – um mútuo bancário.

No tocante aos factos em sentido estrito, é possível, no domínio bancário, recorrer à tradição civilística: teremos espaço para diversas manifestações de responsabilidade objetiva, para a gestão de negócios e para o enriquecimento sem causa.

II. O Direito bancário material é totalmente dominado pela autonomia privada: as partes podem determinar a existência de efeitos – liberdade de celebração – a natureza desses efeitos – liberdade de estipulação – e o modo por que eles ocorram – liberdade de forma. Tudo isso se verificará nas margens em que não surjam normas restritivas. Deve ficar claro que, em Direito bancário, é possível efetuar todos os atos que a lei não proíba.

III. Em concreto, como veremos, há limitações de ordem prática. As instituições de crédito tornam-se centros de contratação maciça. Os diversos atos são realizados por funcionários habilitados, que agem em representação dos bancos: por razões de ordenação funcional, eles têm instruções para efetuar certas categorias de atos, predeterminadas. Apenas as administrações dos bancos dispõem de latos poderes de estipulação, reservando-os, em regra, para os contratos de maior vulto. Além disso, a generalidade da atuação bancária subordina-se a cláusulas contratuais gerais. Por isso, a liberdade de estipulação está, muitas vezes, limitada, em termos práticos. A autonomia privada mantém-se, porém, como fonte de juridicidade dos atos e de legitimação das soluções a que se chegue. Temos, pois, uma afirmação jurídica da liberdade económica[774] – portanto: da empresa e do trabalho – subjacente ao Direito bancário material.

[774] Claus Ott/Hans-Bernd Schäfer, *Lehrbuch der ökonomischen Analyse des Zivilrechts*, 3.ª ed. (2000), 365 ss..

111. Comportamentos concludentes

I. Cabe, depois, perguntar pelo âmbito da autonomia privada e, designadamente: a vontade jurígena das partes manifesta-se, apenas, através da contratação e de atividades unilaterais formalmente jurídicas ou admite-se, ainda, uma atuação puramente material mas juridicamente concludente, como fonte de situações bancárias? Ocorre, neste ponto, uma referência à já clássica doutrina das relações contratuais de facto[775]. Na sequência de análises a que ficou ligado o nome de Günther Haupt[776], alguma doutrina apurou a existência de relações de tipo contratual, sem que surgisse qualquer contrato a antecedê-las. Assim sucederia em situações de contactos sociais típicos – p. ex., de *culpa in contrahendo* – de participação em relações comunitárias – p. ex., de inclusão, numa empresa, de uma pessoa sem contrato de trabalho – ou de prestação de serviços e bens essenciais – p. ex., de água ou de eletricidade – que se iniciariam independentemente de qualquer acordo de vontades. Novas categorias de "relações de facto" foram apuradas pela doutrina.

II. Se bem se atentar, a doutrina das "relações contratuais de facto", para além de poder implicar uma pressão antiliberal sobre a ideia básica do contrato[777], não apresentava qualquer unidade dogmática: ela apenas facultava a sistematização, sob uma designação unitária, de institutos diversos, dotados de regimes próprios. À medida que esses institutos se desenvolvam, há que autonomizá-los, em lugar próprio, sem miscegenações.

Fica-nos como núcleo impressivo relevante, o dos comportamentos concludentes. Neste domínio, o Direito bancário tem uma experiência importante. Muitos atos bancários correntes, designadamente os praticados através de autómatos, completam-se sem uma manifestação de vontade. Os protagonistas limitam-se a aderir a esquemas sociais de comportamentos predeterminados, sem formarem qualquer vontade consciente, seja do ato, seja dos seus efeitos. A tais ocorrências aplica-se o regime negocial. Mas haverá contrato?

[775] *Tratado* VII, 631 ss., com indicações, em especial Peter Lambrechts, *Die Lehre vom faktischen Vertragsverhältnis* (1994).

[776] Günther Haupt, *Über faktische Vertragsverhältnisse* (1941); outras indicações: nas obras citadas na nota anterior.

[777] Com efeito, a doutrina foi apresentada em 1941, numa ocasião em que o pensamento liberal parecia regredir sob ameaças provenientes de diversos quadrantes.

III. O pensamento jurídico-privado atual inclina-se para admitir uma concretização da autonomia não apenas através da vontade mas, também, através da simples adesão a esquemas sociais de comportamentos concludentes. Se o ato jurídico, por definição, for apenas o facto humano voluntário, já não haverá, aqui, negócio: apenas uma relação negocial "de facto". Sucede, no entanto, que o negócio jurídico é, na realidade, sempre uma combinação entre a autonomia privada e a tutela da confiança: basta ver que o negócio vale enquanto vontade expressa e com o alcance em que o seja e não como pura volição. No comportamento concludente, dominará a vertente da confiança, sempre que – o que, por definição, não é, *in concreto*, verificável – falte uma vontade conformada.

Em suma: a doutrina "clássica" do negócio jurídico pode, ainda, reduzir dogmaticamente o fenómeno dos comportamentos concludentes. A necessária sindicância do Direito é assegurada através do controlo das cláusulas contratuais gerais.

§ 30.° OS SUJEITOS E O OBJETO

112. O banqueiro e o seu cliente

I. A situação jurídica bancária é simultaneamente caracterizada pelos seus sujeitos e pelo seu objeto.

Como sujeito surge, necessariamente, uma instituição de crédito, uma sociedade financeira ou uma "empresa de investimento"[778], na enumeração hoje resultante do RGIC.

O Código Comercial referia, simplesmente, os "bancos" – artigo 362.°. Abrangia, assim, quer as entidades singulares, quer as coletivas, que se dedicassem, profissionalmente, à atividade bancária. Mais tarde, generalizou-se a figura da instituição de crédito, completada, nas reformas dos anos cinquenta, pelas instituições parabancárias e pelas instituições auxiliares de crédito.

O RGIC, simplificando a situação anterior[779], adotou uma bipartição em instituições de crédito e sociedades financeiras, depois completada, por influência comunitária, com as "empresas de investimento" e com instituições financeiras. Os bancos são, apenas, um dos tipos admitidos de instituição de crédito. No entanto, por se tratar da forma mais impressiva e historicamente moldante, eles deram o nome ao ramo global "Direito bancário".

II. Retomando a elegante tradição continental, usaremos o termo "banqueiro" para designar, globalmente, as instituições de crédito, as sociedades financeiras ou as "empresas de investimento", enquanto entidades legalmente habilitadas a praticar, em termos profissionais, atos bancários.

[778] O Decreto-Lei n.° 252/2003, de 17 de outubro, alterou a epígrafe do título X-A do RGIC (199.°-A e seguintes); agora: *serviços de investimento, empresas de investimento e sociedades gestoras de fundos de investimento mobiliário*.

[779] *Infra*, 1026 ss..

A ideia de "prática profissional" deixa-se precisar com recurso aos seguintes parâmetros:

- é uma prática habitual: o banqueiro não se limita – como em qualquer profissão – a praticar atos ocasionais ou isolados; antes os leva a cabo em cadeia, numa sequência articulada;
- é uma prática lucrativa: o banqueiro pretende cobrir os custos da sua atividade e, ainda, realizar um determinado lucro; mesmo quando, por razões conjunturais ou de fundo, haja prejuízos, a atuação desenvolve-se com uma mira de benefício; por isso, toda a organização do banqueiro assume, de modo necessário, uma feição empresarial;
- é uma prática tendencialmente exclusiva e isso em dois sentidos:
  - só o banqueiro pode, profissionalmente, praticar atos bancários – artigo 8.°/2, do RGIC;
  - o banqueiro só deve, pelo menos em termos nucleares, desenvolver atividades bancárias – artigo 14.°/1, *c*), do RGIC.

Como seria de esperar, a habitualidade, a natureza lucrativa e a exclusividade vão levar o banqueiro a assumir uma orgânica própria e muito especializada. Diversos mecanismos de controlo, entre nós supervisionados pelo Banco de Portugal, asseguram a adequação dessa orgânica.

III. A lei portuguesa tipifica as formas que pode assumir o banqueiro: instituições de crédito (3.°) e sociedades financeiras (6.°). Surgem os bancos e equiparados com uma capacidade bancária genérica e, depois, as diversas outras entidades, com um teor especializado (4.°/2 e 7.°, todos do RGIC).

IV. A pessoa que contacte com o banqueiro é, tradicionalmente, designada "cliente do banqueiro" ou, simplesmente, cliente.

Os clientes podem ser classificados em função da sua própria natureza. Teremos clientes singulares e coletivos e, dentro destes, associações, sociedades ou instituições de diversa natureza, pública ou privada. Tem atualidade uma contraposição entre pequenos e grandes clientes: aos primeiros é dispensada uma tutela pelas regras de proteção do consumidor[780].

[780] Wolfgang Däubler, *Kleine und grosse Bankkunden*, NJW 2000, 1535-1536 (1536/II).

A atividade bancária, pelo prisma do cliente é, hoje, pura e simplesmente *instrumental*. Assim, podemos considerar que quem tenha capacidade para a prática de determinado ato patrimonial tem, salvo exceção, capacidade para o fazer em *modo bancário*. A entidade que possa realizar determinado pagamento poderá celebrar uma abertura de conta, um depósito bancário e um acordo de emissão de cheque ou de emissão de cartão, para efetuar o pagamento em causa.

Tanto basta para proclamar como princípio que pode ser cliente qualquer pessoa, singular ou coletiva, que tenha capacidade patrimonial privada. Tratando-se de entes públicos ou de pessoas coletivas privadas haverá, depois, que observar os respetivos estatutos internos.

V. Não faz qualquer sentido vir exigir, a uma pessoa coletiva, uma expressa referência estatutária à capacidade para praticar atos bancários junto de instituições de crédito, em nome do princípio da especialidade, como já tem sucedido em surrealistas cartórios notariais. Desde logo, o princípio da especialidade das pessoas coletivas deve considerar-se superado[781]. Além disso, enquanto atividade instrumental, a contratação bancária é sempre idónea para a prossecução de fins societários: ficaria automaticamente abrangida pelo artigo 6.°/1 do CSC.

113. Os menores

I. O princípio acima enunciado tem uma aplicação tendencial às pessoas singulares. Os menores, os interditos e os inabilitados podem aceder à banca na medida em que estejam em causa atos ao alcance da sua capacidade de exercício[782]. Quando isso não suceda, deverão ser representados ou assistidos, nos termos legais.

No tocante aos menores, a regra básica é a da incapacidade – artigo 123.° do Código Civil. Os menores devem ser representados junto do banqueiro – artigo 124.° – numa regra que, nos termos prescritos e com as devidas adaptações, se aplica aos interditos – artigo 138.° – e aos inabilitados – artigo 153.°, todos do Código Civil – aí através da assistência de um curador.

[781] *Direito das sociedades*, 3.ª ed., 375 ss. (378 ss.).

[782] Sobre as condições jurídicas de menores, interditos e inabilitados: *Tratado* IV, 3.ª ed., 459 ss., 485 ss. e 502 ss., respetivamente.

II. Contudo, há exceções a ter em conta – artigo 127.° do Código Civil. Poucos atos bancários poderão ser considerados "... próprios da vida corrente do menor ..." – artigo 127.°/1, *b*); provavelmente, apenas seriam admitidas, por essa via, pequenas operações de câmbio. No entanto:

– o menor de dezasseis anos poderá praticar os atos bancários relativamente a bens que haja adquirido pelo seu trabalho – artigo 127.°/1, *a*) do Código Civil;
– o menor autorizado a exercer determinada atividade, relativamente aos bens que lhe advenham por essa via, poderá, igualmente, fazê-lo – artigo 127.°/1, *c*), do mesmo diploma; recorde-se que a idade mínima de admissão para prestar trabalho é de 16 anos: artigo 68.°/2 do Código do Trabalho de 2009.

III. O dispositivo vigente permite, pois, que o menor, devidamente autorizado, possa praticar atos bancários correntes, desde que tenha completado 16 anos. A partir daí, será de proceder a uma indagação, ato a ato. Existem produtos dirigidos a menores, devidamente representados.

Resta acrescentar que, em vários países e quanto a fórmulas mais céleres de acesso ao crédito – p. ex., através de cartões – surgem, por parte das associações de defesa dos consumidores, prevenções em relação às práticas bancárias incentivadas junto dos jovens.

114. **O objeto**

I. O objeto (imediato) da situação jurídica bancária é o complexo de direitos e deveres emergentes do concreto ato bancário considerado. Normalmente – e à semelhança do que sucede no Direito dos contratos, civis ou comerciais – o complexo em causa é sinteticamente designado pelo facto jurídico que o origine. Assim, podemos falar na situação jurídica "abertura de conta" para exprimir os direitos e os deveres que emergem para as partes – cliente e banqueiro – da celebração de um contrato de abertura de conta.

II. A situação bancária, à semelhança do que ocorre com as diversas situações de tipo profissional, não se define, apenas, pelos sujeitos: o banqueiro que adquira, num restaurante, determinadas refeições, para servir ao seu pessoal, não pratica atos regidos pelo Direito bancário. Exige-se, ainda, um objeto especificamente bancário.

A tendência, neste momento e em virtude da integração europeia, parece seguir no sentido da enumeração dos atos bancários e, daí, dos possíveis objetos das situações bancárias. Tal tendência é, de certo modo, contraditada pela permanente criatividade dos banqueiros e dos mercados bancários.

III. Por influência comunitária encontramos, no RGIC, uma enumeração de operações consideradas bancárias. Recordamos o seu artigo 4.°/1[783]:

1. Os bancos podem efetuar as operações seguintes:

a) Receção de depósitos ou outros fundos reembolsáveis;
b) Operações de crédito, incluindo concessão de garantias e outros compromissos, locação financeira e *factoring*;
c) Serviços de pagamento, tal como definidos no artigo 4.º do regime jurídico dos serviços de pagamento e da moeda eletrónica;
d) Emissão e gestão de outros meios de pagamento não abrangidos pela alínea anterior, tais como cheques em suporte de papel, cheques de viagem em suporte de papel e cartas de crédito;
e) Transações por conta própria ou da clientela, sobre instrumentos do mercado monetário e cambial, instrumentos financeiros a prazo e opções e operações sobre divisas, taxas de juro, mercadorias e valores mobiliários;
f) Participação em emissões e colocações de valores mobiliários e prestação de serviços correlativos;
g) Atuação nos mercados interbancários;
h) Consultoria, guarda, administração e gestão de carteiras de valores mobiliários;
i) Gestão e consultoria em gestão de outros patrimónios;
j) Consultoria das empresas em matéria de estrutura do capital, de estratégia empresarial e de questões conexas, bem como consultoria e serviços no domínio da fusão e compra de empresas;
k) Operações sobre pedras e metais preciosos;
l) Tomada de participações no capital de sociedades;
m) Mediação de seguros;
n) Prestação de informações comerciais;
o) Aluguer de cofres e guarda de valores;

[783] Trata-se de um preceito sucessivamente alterado pelo Decreto-Lei n.º 285/2001, de 3 de novembro, pelo Decreto-Lei n.º 201/2002, de 26 de setembro e pelo Decreto-Lei n.º 242/2012, de 7 de novembro.

p) Locação de bens móveis, nos termos permitidos às sociedades de locação financeira;
q) Prestação de serviços e exercício das atividades de investimento a que se refere o artigo 199.°-A, não abrangidos pelas alíneas anteriores;
r) Emissão de moeda eletrónica;
s) Outras operações análogas e que a lei lhes não proíba.

Como se vê, a lista é, assumidamente, exemplificativa: veja-se a última das transcritas alíneas.

IV. Por seu turno, os "serviços de investimento", prefigurados no artigo 199.°-A/1[784] abrangem:

a) A receção e transmissão por conta de clientes, de ordens relativas a um ou mais instrumentos financeiros referidos no n.° 3.º;
b) A execução de ordens, por conta de terceiros, relativas a um ou mais instrumentos financeiros referidos no n.° 3.º;
c) A negociação, por conta própria de um ou mais instrumentos financeiros referidos no n.° 3.º;
d) A gestão de carteiras, numa base discricionária e individualizada, no âmbito de mandato conferido pelos clientes, sempre que essas carteiras incluam um ou mais instrumentos financeiros referidos no n.° 3.º;
e) A consultoria para investimento em um ou mais instrumentos referido no n.º 3.º;
f) A tomada firme, e a colocação, com ou sem garantia, de instrumentos financeiros referidos no n.° 3.º;
g) A gestão de sistemas de negociação multilateral

O n.° 2.º remete para a Diretriz n.° 2004/39, do Parlamento e do Conselho, de 21-abr., cujo anexo I, secção B, refere:

1) Custódia e administração de instrumentos financeiros por conta de clientes, incluindo a guarda e serviços conexos como a gestão de tesouraria/ de garantias;

[784] Redação dada pelo Decreto-Lei n.º 104/2007, de 3 de abril, que transpôs a Diretriz n.º 2006/48, de 14 de junho e pelo Decreto-Lei n.º 157/2014, de 24 de outubro. O texto do preceito foi alterado em aspetos não-substanciais: uma prática que deve ser evitada, em boa técnica legislativa.

2) Concessão de créditos ou de empréstimos a investidores para lhes permitir efetuar transações sobre um ou mais instrumentos financeiros, transações essas em que intervenha a empresa que concede o crédito ou o empréstimo;
3) Consultoria a empresas em matéria de estrutura do capital, de estratégia empresarial e questões conexas e consultoria e serviços em matéria de fusão e aquisição de empresas;
4) Serviços cambiais, sempre que este serviço estiver relacionado com a prestação de serviços de investimento;
5) Estudos de investimento e análise financeira ou outras formas de consultoria geral relacionada com transações de instrumentos financeiros;
6) Serviços ligados à tomada firme.
7) Serviços e atividades de investimento, bem como serviços auxiliares do tipo a que se referem as Secções A e B do Anexo I, relativos aos elementos subjacentes aos derivados a que se referem os pontos 5, 6, 7 e 10 da Secção C, caso estes estejam ligados à prestação de serviços de investimento ou auxiliares.

O n.º 3.º, por seu turno, remete para a secção C do mesmo anexo, que dispõe:

1) Valores mobiliários;
2) Instrumentos do mercado monetário;
3) Unidades de participação em organismos de investimento coletivo;
4) Opções, futuros, *swaps*, contratos a prazo de taxa de juro e quaisquer outros contratos derivados relativos a valores mobiliários, divisas, taxas de juro ou de rendibilidades ou outros instrumentos derivados, índices financeiros ou indicadores financeiros que possam ser liquidados mediante uma entrega física ou um pagamento em dinheiro;
5) Opções, futuros, *swaps,* contratos a prazo de taxa de juro e quaisquer outros contratos derivados relativos a mercadorias que devam ser liquidados em dinheiro ou possam ser liquidados em dinheiro por opção de uma das partes (por qualquer razão diferente do incumprimento ou outro fundamento para rescisão);
6) Opções, futuros, *swaps* e quaisquer outros contratos derivados relativos a mercadorias que possam ser liquidados mediante uma entrega física, desde que sejam transacionados num mercado regulamentado e/ou num MTF;
7) Opções, futuros, *swaps*, contratos a prazo e quaisquer outros contratos sobre derivados relativos a mercadorias, que possam ser liquidados mediante entrega física, não mencionados no ponto 6 e não destinados a fins comerciais, que tenham as mesmas características de outros ins-

trumentos financeiros derivados, tendo em conta, nomeadamente, se são compensados ou liquidados através de câmaras de compensação reconhecidas ou se estão sujeitos ao controlo regular do saldo da conta margem;

8) Instrumentos derivados para a transferência do risco de crédito;
9) Contratos financeiros por diferenças (*financial contracts for diferences*);
10) Opções, futuros, *swaps*, contratos a prazo de taxa de juro e quaisquer outros contratos sobre derivados relativos a variáveis climáticas, tarifas de fretes, licenças de emissão, taxas de inflação ou quaisquer outras estatísticas económicas oficiais, que devam ser liquidados em dinheiro ou possam ser liquidados em dinheiro por opção de uma das partes (por qualquer razão diferente do incumprimento ou outro fundamento para rescisão), bem como quaisquer outros contratos sobre derivados relativos a ativos, direitos, obrigações, índices e indicadores não mencionados na presente Secção e que tenham as mesmas características de outros instrumentos financeiros derivados, tendo em conta, nomeadamente, se são negociados num mercado regulamentado ou num MTF, se são compensados e liquidados através de câmaras de compensação reconhecidas ou se estão sujeitos ao controlo regular do saldo da conta margem.

115. **Situações bancárias sem banqueiro; o abusivismo**

I. Em diversas decorrências, é possível diagnosticar situações bancárias sem banqueiro. De todo o modo, podemos deixar claro que tal paradoxo é excecional, com tudo o que isso implica, em termos interpretativos.

Uma melhor exposição de conjunto requer a antecipação de uma classificação de atos bancários em função da entidade apta a praticá-los. Encontramos:

– atos de natureza bancária absoluta;
– atos de natureza bancária relativa;
– atos de natureza bancária eventual.

O ato de natureza bancária absoluta só pode ser praticado por instituições de crédito[785]; é o que sucede com "... a atividade de receção, do público, de depósitos ou outros fundos reembolsáveis, para utilização por conta própria" – artigo 8.º/1 do RGIC.

[785] Com exceção das instituições de moeda eletrónica, por via da alteração advinda do Decreto-Lei n.º 201/2002, de 26 de setembro.

O ato de natureza bancária relativa só pode ser praticado, *a título profissional*, pelas instituições de crédito e sociedades financeiras; é o que sucede com as atividades referidas nas alíneas *b*) a *i*) e *q*) a *s*) do n.° 1 do artigo 4.° do RGIC – artigo 8.°/2, também do RGIC.

Finalmente e por exclusão de partes, serão eventualmente bancários os atos referidos nas alíneas *j*) a *q*) do artigo 4.°/1 do RGIC.

II. Perante essa classificação, poderemos apontar as seguintes situações bancárias sem banqueiro:

– no tocante a atos de natureza bancária absoluta, os praticados pelas entidades enumeradas no artigo 8.°/3[786], a saber:
  – o Estado e seus fundos e institutos públicos;
  – as regiões autónomas e autarquias locais;
  – o Banco Europeu de Investimentos e outros organismos internacionais de que Portugal faça parte;
  – as seguradoras, no respeitante a operações de capitalização;
  – todas estas entidades deverão, no entanto, agir no âmbito das normas que, concretamente, lhes permitam essa atuação bancária[787];
– quanto aos atos de natureza bancária relativa, os levados isolada ou esporadicamente a cabo por entidades singulares ou coletivas; ponto é que não se trate de um "exercício profissional".

Já quanto aos "atos bancários eventuais": por razões estruturais, não será possível imaginá-los sem banqueiro.

III. Em todos os casos compaginados, os "atos bancários sem banqueiro" seguem o regime próprio dos atos bancários. Apenas haverá que excluir:

[786] A esta lista haverá que acrescentar o próprio Banco de Portugal: nos termos do artigo 24.° da sua Lei Orgânica, o Banco Central pode praticar as operações de banco aí enumeradas.

[787] Trata-se, de resto, de uma projeção bancária do princípio inserido no artigo 17.° do Código Comercial: o Estado e as pessoas coletivas similares não podem ser comerciantes; podem, porém, nos limites das suas atribuições, praticar atos de comércio os quais se regem, então, pelo Direito comercial. *Vide Direito comercial*, 3.ª ed., 281.

– as regras afastadas ou substituídas por preceitos específicos: é o que sucede, em especial, pelos atos bancários praticados por entidades públicas;
– as regras que, por sua natureza ou finalidade, tenham exclusivamente a ver com a profissão de banqueiro.

IV. O abusivismo bancário consiste na prática de atos bancários vedados. Em abstrato, temos duas hipóteses: ou a prática, por não banqueiro, de atos de natureza bancária absoluta ou a prática profissional de atos relativamente bancários.

A primeira hipótese é objeto de incriminação: é o que resulta do artigo 200.º do RGIC[788]. A segunda tem a ver com ilícitos de mera ordenação social, com relevo para o artigo 211.º, *a*) do RGIC que prevê, a tal propósito, uma infração especialmente grave[789].

[788] Agravado pela Lei n.º 28/2009, de 19 de junho.
[789] *Idem*.

§ 31.° O CONTEÚDO GERAL

116. Elementos normativos e voluntários: os tipos bancários

I. Os atos bancários implicam um conjunto de efeitos a que podemos dar a designação global de conteúdo. Este sofre um tratamento analítico semelhante ao dos contratos[790]. Podemos distinguir diversos elementos e, designadamente, os normativos e os voluntários, consoante advenham de normas jurídicas ou de atos – normalmente, contratos – celebrados pelas partes.

Os elementos normativos são injuntivos ou supletivos, conforme possam, ou não, ser afastados pela vontade das partes.

Por seu turno, os elementos voluntários são necessários e eventuais. Os necessários devem ser providenciados pelas partes, sob pena de não se consubstanciar o negócio ou de surgirem invalidades irreparáveis. Pense-se, por exemplo, num contrato de câmbio em que as partes não indicassem as moedas em presença. Os eventuais limitam-se a afastar normas supletivas.

II. O Direito bancário faculta, ainda, diversas e esclarecedoras subclassificações. Assim, os elementos normativos podem ser legais, regulamentares ou usuais: a sua origem estará, respetivamente, na lei, em regulamentos ou nos usos bancários.

Por seu turno, nos elementos voluntários podemos distinguir os voluntários gerais dos voluntários específicos: os primeiros advêm de cláusulas contratuais gerais, provindo os segundos de acordos especificamente concluídos.

Tudo isto tem as mais evidentes repercussões, a nível de regime.

[790] *Direito das Obrigações*, 1, 529.

III. O conjunto representado pelos elementos normativos e pelos elementos voluntários necessários constitui o tipo contratual e, para o caso, o tipo bancário.

Podemos, na base dos elementos predominantes, abrir diversas classificações nos tipos bancários. Teremos, assim, tipos legais, tipos regulamentares ou tipos usuais.

O especial papel da autonomia privada, particularmente quando vertida em cláusulas contratuais gerais, permite distinguir os "tipos sociais", em aproveitamento de terminologia habitual: trata-se de atos configurados por elementos repetidamente vertidos em cláusulas contratuais.

Queda acrescentar que o Direito português apresenta uma facilidade grande em confecionar tipos legais, em detrimento dos restantes: a prolixidade legislativa tem levado o legislador português a regulamentar atos que, noutros países, têm mero apoio no costume, nos usos ou na autonomia privada.

117. **Conteúdo positivo**

I. No estudo do conteúdo dos atos bancários, podemos distinguir um conteúdo positivo e um conteúdo negativo. O conteúdo positivo tem a ver com normas de imposição, isto é, com regras que prescrevem, para os atos bancários, determinados efeitos. O conteúdo negativo liga-se a normas de proibição: sem definir, precisamente, o espaço próprio dos atos bancários, tais normas fixam, para ele, limites inultrapassáveis.

II. A existência de um conteúdo positivo de relativa extensão tem a ver, no sector bancário, com as preocupações de política económica, de salvaguarda do sistema e, mais recentemente, de tutela dos consumidores que nele dominam. Os poderes de supervisão concretizam todos esses elementos.

Dada a natureza predominantemente relativa das situações bancárias, o conteúdo positivo dos diversos atos configura-se, prevalentemente, através de deveres cominados ao banqueiro.

Tais deveres têm as mais diversas origens e configurações: trata-se de elementos que irão fluindo no decurso do estudo do Direito bancário. De momento, vamos considerar os deveres legais do banqueiro, tal como resultam da lei vigente.

118. Os deveres de competência, de adequação e de eficiência

I. O RGIC contém um Título VI relativo às regras de conduta do banqueiro. Aí, no tocante a deveres gerais, surgem-nos quatro figuras[791]:

– a competência técnica – artigo 73.°;
– outros deveres de conduta – artigo 74.°;
– o critério de diligência – artigo 75.°;
– o dever de informação e de assistência – artigo 77.°.

O dever de informação suscita uma dogmática própria, pelo que será analisado em rubrica autónoma.

II. A competência técnica dá azo a deveres de qualidade e de eficiência: o banqueiro deve assegurar ao cliente, em todas as atividades que exerça, "... elevados níveis de competência técnica ...". A lei prossegue que, para tal, o banqueiro há-de dotar "... a sua organização empresarial com os meios materiais e humanos necessários para realizar condições apropriadas de qualidade e eficiência".

Esta norma é importante. A atividade bancária é dominada por parâmetros tecnológicos e culturais em permanente ascensão. Podemos apontar exigências físicas – instalações, acesso, ambiência geral, equipamento informático e de comunicações – exigências de serviços – receção e envio de correspondência, disponibilidade de informações e acesso aos produtos[792] – e exigências bancário-culturais – disponibilidade de produtos, criação de novos serviços, apresentação, urbanidade, adequação e qualidade das prestações bancárias. A prossecução destes objetivos obriga o banqueiro a um esforço permanente de reorganização do trabalho e dos métodos[793]

[791] A matéria resulta, hoje, das alterações introduzidas pelo Decreto-Lei n.º 1/2008, de 3 de janeiro: nem sempre substanciais.

[792] "Paleta de produtos", de acordo com a linguagem do sector; *vide* Elmar Müller/ /DagmarWeberer/Egbert Hartmann, *Bankprodukte systematisch strukturieren*, Bank 1998, 592-595.

[793] Em geral, já Walther Hadding/Franz Häuser, *Rechtsfragen des Giroverhältnisses*, ZHR 145 (1981), 138-173; por último, Daniel Zuber Bühler, *Spannungsverhältnis zwischen Regulierung und Wettbewerbsfähigkeit*, SZW 1996, 201-210, Sabine Reimers-Mortensen, *Strategische Optionen für Direktbanken*, Bank 1997, 132, Jürgen Moormann/Arndt Gossmann, *Erfolgsfaktoren von Reengineering-Projekten*, Bank 1997, 372-376.

e de formação do seu pessoal[794]. Para oferecer boas condições ao seu cliente, o banqueiro terá de racionalizar os custos o que, no limite, poderá pôr em causa o objetivo pretendido. Trata-se, em suma, da eterna tensão entre a qualidade e o preço, num drama que, bem conhecido já da indústria convencional, chega, agora, também à banca[795]. Particularmente vincado é o tema no domínio do pessoal bancário: uma redução nos custos passa pela utilização de computadores, em substituição dos tradicionais empregados e pelo *outsourcing* e portanto: pelo recurso a prestadores de serviços altamente especializados, mas alheios à instituição bancária considerada[796]. Evidentemente: no limite, o banqueiro perde o capital humano, fundamental para assegurar a sua própria competência técnica[797]. Os grandes banqueiros procuram solucionar o dilema, designadamente, pela especialização de estabelecimentos: lado a lado poderão funcionar balcões para operações correntes, de grande público, assentes na mecanização e na rotina, balcões de atendimento personalizado, para operações mais delicadas – crédito para habitação, crédito para o pequeno e médio comércio – e balcões para grandes clientes, a tratar casuisticamente[798]. A mobilidade do banqueiro e a sua capacidade de surgir, no momento certo, perto do cliente, é decisiva[799]. Todas as hipóteses estão em aberto, num devir permanente ditado e temperado pelas regras da arte bancária, da supervisão do banco central, da livre concorrência e da tutela dos utentes.

III. A competência técnica, assim entendida, deve ser aproximada dos deveres prescritos no RGIC quanto às relações com os clientes, sob a epígrafe desnaturada e introduzida pelo Decreto-Lei n.º 1/2008, "outros

[794] Herbert Durstberger/Reinhard Baade, *Personalentwicklung – strategischer Erfolgsfaktor für Banken*, Bank 1997, 146-149.

[795] Gunther Tichy, *Rationalisierung in Banken – Reorganisation, outsourcing und Personalabbau*, ÖBA 1996, 696-701.

[796] Além do artigo referido na nota anterior, Thomas Klanten, *Beschränkung des "outsourcing" durch Arbeitsrecht?*, Sparkasse 1994, 446-448.

[797] Leo Schuster, *Banks are people?*, ÖBA 1996, 907-908.

[798] Herbert Zerwas/Mathias Hanten, *Outsourcing bei Kredit- und Finanzdienstleitungsinstituten*, WM 1998, 1110-1118, Martin Bösch, *Wertpapierabwiclung: Optimierung durch Outsourcing*, Bank 1998, 752-754 e Kirsten Dönch/Martwa Bachmann, *Verwaltung von Investmentdepots – Outsourcing als Lösungsansatz*, Bank 1999, 244-247.

[799] Recorde-se a sugestiva imagem, acima referida a propósito das tendências atuais da banca, do banqueiro no supermercado; *vide* Herbert Grohmann, *Banking in Supermärkten* cit., 406 ss..

deveres de conduta" – artigo 74.° – e quanto ao critério de diligência – artigo 75.°.

As relações com os clientes levam o legislador a referir deveres de diligência, de neutralidade, de lealdade, de descrição e de respeito conscienciosо dos interesses confiados ao banqueiro. Tais deveres só verbalmente podem ser isolados uns dos outros: a sua associação dá corpo à *ars bancaria* moderna.

O critério de diligência, aparentemente orientado para os administradores e para o pessoal dirigente mas, no fundo, destinado ao próprio banqueiro, enquanto instituição, aponta para a bitola do *banqueiro criterioso e ordenado*. Trata-se da recuperação, com fins bancários, da figura do *bonus pater familias*, prudente, ordenado e dedicado.

IV. Pergunta-se se os artigos 73.°, 74.° e 75.° do RGIC, com o conjunto de deveres de adequação e de eficiência que deles resultem, se podem considerar como verdadeiras normas de conduta, fontes de direitos para os clientes ou se, pelo contrário, serão meras regras programáticas.

O Direito bancário, como Direito moderno e dinâmico, tem de ser preciso nos critérios e nas soluções. Ele não pode compadecer-se com regras vagas e imprecisas como as que temos vindo a examinar, cheias de colocações dilemáticas e de concretizações contraditórias. Se bem se atentar, apenas o mercado poderá, em última instância, afirmar se o banqueiro cumpre ou não os seus deveres de adequação e de eficiência.

Os artigos 73.°, 74.° e 75.° do RGIC são, assim, meras normas programáticas e de enquadramento. Na prática, eles terão de ser completados por outras regras, de natureza legal ou contratual, de modo a dar azo a verdadeiros direitos subjetivos ou, pelo menos, a regras precisas de conduta, suscetíveis de, quando violadas, induzirem responsabilidade bancária. Com essa prevenção, os preceitos em causa são significativos, sendo relevante a atenção que o legislador lhes dispensou. Eles dão ao Direito bancário uma coloração importante que se irá manifestar, depois, nas mais diversas soluções bancárias. Além disso, eles podem combinar-se com outras regras, de modo a proporcionar normas claras e precisas, próprias da área jurídico-económica aqui em estudo[800].

[800] Os artigos 73.°, 74.° e 75.° do RGIC são, assim, "normas incompletas", semelhantes, nesse ponto, ao artigo 64.° do Código das Sociedades Comerciais, quando refere o critério do "... gestor criterioso e ordenado ..." – *vide* Menezes Cordeiro, *Da responsabili-*

119. Conteúdo negativo; conformação legal: possibilidade e determinabilidade

I. O conteúdo das situações jurídicas bancárias deve obedecer às regras dos negócios jurídicos. Falaremos, a tal propósito e genericamente, em conformação legal.

No moderno Direito bancário, tem vindo a ser acentuada a necessidade de se respeitar a lei civil: as normas especificamente bancárias são bastante raras[801]. No fundo, mostra a experiência que os mais diversos desvios e abusos encontram soluções equilibradas perante as regras clássicas do Código Civil[802].

II. O ato bancário deve ser física ou legalmente possível, conforme com a lei e determinável – artigo 280.º/1 do Código Civil. A possibilidade é exigida pelo Direito português, embora haja, histórica e comparatisticamente, outros esquemas possíveis[803]. Admitir atos impossíveis equivale, pela natureza das coisas, a sujeitar o agente às consequências do incumprimento: nessa altura, parece construtivamente mais fácil formular, desde logo, um juízo de incumprimento do que imaginar atos impossíveis, depois não-cumpridos[804]. Não obstante, a atual doutrina obrigacionista sublinha que o próprio juízo de impossibilidade se reporta à prestação principal: a obrigação atingida pode conservar-se assente nos deveres acessórios que subsistam.

A conformidade com a lei é um requisito óbvio. No campo bancário, múltiplas regras de ordem pública, desenvolvidas, designadamente, pelo

dade civil dos administradores das sociedades comerciais (1996), 522 e *passim* – expressamente retomado no artigo 75.º do RGIC.

Uma ideia aparentemente diferente, que procura retirar dos preceitos em análise, só por si, deveres suscetíveis de responsabilizar o banqueiro, pode ser confrontada em Manuel Veiga de Faria, *Algumas questões em torno da responsabilidade civil dos bancos pela concessão ou recusa de crédito e por informações, conselhos ou recomendações*, RB 35 (1995), 43-70 (54 ss.).

[801] Rives-Lange/Contamine-Raynaud, *Droit bancaire*, 6.ª ed. cit., 145.

[802] *Idem*, 148, exemplificando com a jurisprudência francesa.

[803] Menezes Cordeiro, *A "impossibilidade moral": do tratamento igualitário ao cumprimento das obrigações*, em *Estudos de Direito Civil*, 1 (1987), 97-114 (102 ss.).

[804] Retenha-se, todavia, a reformulação da impossibilidade e do seu regime, levada a cabo pela reforma do BGB de 2001/2002; Menezes Cordeiro, *Da modernização do Direito civil* cit., 1, 105 ss., *Tratado* II, 4.ª ed., 549 ss. e *Tratado* IX, 2.ª ed. (2016), 291 ss..

poder regulamentar do Banco Central, podem inviabilizar diversos atos, ferindo-os de nulidade. Um papel importante é, ainda, o desempenhado, neste domínio, pela legislação relativa à lavagem de dinheiro e ao branqueamento de capitais: pela sua importância e pelas suas conexões: matéria que trataremos a propósito do segredo bancário.

III. A determinabilidade obriga a recordar a distinção entre atos indeterminados e atos indetermináveis. No primeiro caso, encontramos uma atuação desconhecida, aquando da celebração do negócio, mas dotada de elementos que podem proporcionar a sua determinação, antes do cumprimento; é o que sucede nas hipóteses dos artigos 400.° e 883.° do Código Civil. No segundo, o ato é indeterminável, porquanto, na celebração, não é, de todo, configurável a feição que ele irá assumir afinal. Trata-se, em suma, de um ato aleatório, que pode facultar largas margens de arbítrio e que, inclusive, pode ser configurado como doação de bens futuros, vedada pelo artigo 942.°/1 do Código Civil. A jurisprudência portuguesa tem vindo – e bem – a invalidar negócios bancários de conteúdo indeterminável[805].

120. **Segue; bons costumes e ordem pública**

I. O conteúdo bancário deve ser conforme com os bons costumes e a ordem pública – artigo 280.°/2. De acordo com a técnica hoje pacífica[806], podemos avançar que os *bons costumes* abrangem duas áreas:

[805] STJ 19-fev.-1991 (Beça Pereira), ROA 1991, 525-541, anot. Menezes Cordeiro, favorável e STJ 21-jan.-1993 (Raúl Mateus), CJ/Supremo I (1993) 1, 71-74 (74). Com múltiplos elementos subsequentes, José António Barreto Nunes, *Fiança, nulidade, obrigações futuras, objecto indeterminável*, Rev. Jurídica 2000, 91-104 e Januário Gomes, *A assunção fideijussória de dívida* (2000), 597 ss. e *passim*, com indicações; *vide* o *Tratado* II, 4.ª ed., 562 ss. e X (2015), 509 ss..

[806] Infelizmente, alguns Autores, sem qualquer estudo específico sobre esta matéria, têm vindo a adotar terminologias diversas das que nos são dadas por uma evolução histórica bimilenária. Trata-se de uma posição que só vem dificultar a aplicação jurisdicional dos importantes conceitos aqui em jogo.

A evolução desta matéria pode ser confrontada em *Da boa fé*, 1208 ss., no *Tratado* II, 4.ª ed., 584 ss. e 603 ss., respetivamente.

– a das regras de comportamento pessoal, sexual e familiar que, embora não explicitadas no Código Civil, são reconhecidas e observadas na sociedade;
– a dos códigos de conduta e deontológicos, a observar em determinadas profissões.

A primeira categoria de atuações contrárias aos bons costumes não é de fácil configuração no Direito bancário, salvo o que, abaixo, se dirá quanto ao fim dos negócios. Em princípio, o Direito bancário move-se num plano estritamente patrimonial, sendo-lhe indiferente o que se passe nas esferas das pessoas intervenientes.

A segunda categoria tem um papel crescente. Os códigos de conduta exprimem uma deontologia bancária que autolimita o banqueiro. A inobservância de regras deontológicas significativas é indutora de nulidade, por via da violação da regra dos bons costumes, prevista no artigo 280.º/1 do Código Civil. Repare-se: a não ser esta construção, os códigos de conduta apenas poderiam ser aproveitados como normas de proteção, para efeitos de indemnização. Podemos ainda fazer aqui intervir a já referida ética bancária, manifestação especializada da ética dos negócios[807].

II. A ordem pública exprime, por seu turno, o conjunto de princípios injuntivos que não podem ser postergados pela autonomia privada. A ordem pública internacional representa o núcleo duro desses princípios que resiste, inclusive, à própria aplicação da lei estrangeira[808].

No Direito bancário surgem importantes vetores de ordem pública, por exemplo, no tocante aos limites existentes para a remuneração do capital. Encontraremos outras precisões a propósito do mútuo e da usura.

III. O artigo 281.º do Código Civil configura a hipótese de apenas o fim do negócio jurídico ser contrário à lei ou à ordem pública ou ofensivo dos bons costumes. Nessa eventualidade, o negócio apenas seria nulo quando o fim fosse comum a ambas as partes.

[807] Georg Küpper, *Mehr Fairness unter Kaufleuten: Die Konditionenempfehlung der Arbeitsgemeinschaft Zulieferindustrie*, BB 2000, 1310-1313, mas cujas conclusões são aplicáveis ao sector bancário: as grandes empresas têm um especial poder sobre os fornecedores e outras entidades que delas dependam: devem usá-las com *fairness*.

[808] *Tratado* II, 4.ª ed., 606 ss..

A doutrina e a jurisprudência têm apontado a existência de um dever de não-ingerência, por parte do banqueiro, nos negócios do seu cliente[809]. Assim, na prática dos diversos atos bancários, o banqueiro teria mesmo a obrigação de não indagar o fim último dos atos praticados. Trata-se de um dever que serve o cliente mas, em simultâneo, o próprio banqueiro: este não poderia ser responsabilizado por finalidades que deveria desconhecer.

O raciocínio afigura-se correto, com duas precisões: ele é válido para operações de caixa – portanto, operações passivas e conexas, tais como receção de depósitos ou realização, na base destes, de pagamentos – e conhece exceções legais, designadamente as induzidas das regras sobre branqueamento de capitais.

Noutras operações, em particular na concessão de créditos significativos, a finalidade do negócio consta, mesmo e em regra, do próprio contrato. O banqueiro tem, nos termos gerais que norteiam a conclusão e a execução dos contratos, um dever especial de constatar a efetividade e a realização do fim em causa. Nestas hipóteses, o artigo 281.° é claramente aplicável, no domínio bancário.

IV. Os bons costumes e a ordem pública têm vindo a encontrar, no Direito bancário, uma aplicação crescente. Inicialmente eles ocorrem, na jurisprudência alemã, a propósito da concessão indevida de crédito ou da sua não-concessão, quando devesse ter lugar. Mais tarde, eles são usados para defender certas categorias de pessoas perante práticas bancárias agressivas: assim sucede no caso da fiança *omnibus*[810] ou no da exigência, a pessoas sem meios – por exemplo: ao cônjuge ou aos filhos do cliente – de garantias exorbitantes[811]. A própria figura da cessão global em garantia é questionada na recente jurisprudência[812], com recurso aos bons costumes; também a exigência de garantias abusivamente exageradas[813] ou a concessão de garantias por sociedades filhas à sociedade-mãe[814] são

[809] Rives-Lange/Contamine-Raynaud, *Droit bancaire*, 6.ª ed. cit., 155.

[810] Portanto: de uma fiança por todos os débitos, presentes e futuros; trata-se de um aspeto que tem sido resolvido, como vimos, e entre nós, com recurso à regra da determinabilidade das prestações, mas que poderia vocar, também, os bons costumes.

[811] BGH 22-jan.-1991, NJW 1991, 923-926 e BGH 5-jan.-1995, NJW 1995, 592-594. Cf. Claussen/Erne, *Bank- und Börsenrecht*, 2.ª ed. cit., 389.

[812] BGH 8-dez.-1998, MDR 1999, 369 e BGH 21-abr.-1999, DStR 1999, 1159.

[813] BGH 12-mar.-1998, DB 1998, 1027-1028.

[814] BGH 19-mar.-1998, DB 1998, 1123-1127.

sancionadas, por essa via. O controlo na base dos bons costumes vem-se generalizando[815].

Estão em jogo algumas figuras a estudar no lugar próprio. Fique, todavia, a ideia de que estes institutos, aparentemente distantes do dia-a-dia, têm, no moderno Direito bancário, um papel crescente.

[815] Philipp Federlin, em Siegfried Kümpel/Arne Wittig, *Bank- und Kapitalmarktrecht* cit., 4.ª ed., 12.253 ss., Christian Merz, *idem*, 10.344 ss. (1341 ss.) e Schwintowski/Schäfer, *Bankrecht* cit., 2.ª ed., 83.

SECÇÃO II

SEGREDO BANCÁRIO

§ 32.° O SEGREDO BANCÁRIO E A SUA JUSTIFICAÇÃO

121. O segredo em geral

I. Diz-se obrigação de sigilo ou segredo o dever de não revelar determinados conhecimentos ou informações. Trata-se de um dever de *non facere*; o seu cumprimento pode, todavia, num plano acessório, exigir atuações positivas: fechar portas e gavetas, usar cofres ou codificar elementos, consoante a intensidade do dever. No campo contratual, o dever de segredo é, à partida, um dever acessório, cominado pela boa-fé. Todas as informações ou conhecimentos que um co-contratante obtenha, por via do contrato, não devem ser usados, fora do âmbito do contrato, para prejudicar a outra parte ou fora das expectativas dela[816].

A regra do sigilo contratual corresponde a uma concretização da tutela da confiança. Pode dizer-se que a confiança é tanto mais forte quanto maior for a personalização da relação.

II. O dever de sigilo manifestou-se, historicamente, em concreto. Pensemos no segredo de confissão dos padres católicos, de dimensão sacra. No campo jurídico, a posição de certas profissões como a dos médicos ou dos advogados, que têm acesso à mais íntima esfera dos seus clientes, é elucidativa. O dever de segredo, aqui, para além de uma resultante contratual, é, ainda, imposto por deontologias profissionais, sancionadas, em certos casos, por comissões e órgãos deontológicos próprios. Movemo-nos, aqui, num estrito plano pessoal.

[816] Quanto ao segredo em geral, no Direito, *vide Le secret et le droit*, TAHC XXV (*Journées Libanaises*) (1974), com múltiplos contributos.

III. O segredo deixa, progressivamente, de ser uma exigência da tranquilidade contratual e da confiança bilateral, surgida entre os contratantes. Ele assume a dimensão de uma exigência pública, necessária para o funcionamento das instituições. Ninguém irá, tranquilo, a um hospital se pensar que pode ser violentado, em público, na sua sensibilidade ou no seu pudor. Ninguém confiará no seu advogado se tiver a ideia que este poderá revelar, fora do que exija a defesa dos interesses, quanto lhe confiar.

O passo seguinte tem a ver com a oponibilidade do sigilo a terceiros. Desta feita, o problema põe-se não já perante indiscrições do co-contratante, mas em face de outras entidades que, a qualquer título, tenham – ou possam ter – acesso às informações. Nessas condições está, desde logo, o próprio Estado.

O segredo aproxima-se, desta forma, do direito à intimidade sobre a vida privada[817] e, mais latamente, dos direitos fundamentais relativos à personalidade[818]. Estes, por seu turno, também sofreram uma evolução. No primeiro tempo eram, essencialmente, destinados a deter o Estado; posteriormente, eles vieram a mostrar-se eficazes, na tutela das diversas posições *erga omnes*.

IV. O desenvolvimento da Ciência do Direito e dos meios jurisdicionais de garantia das posições das pessoas vieram, progressivamente, a assegurar efetivas áreas de segredo profissional. O Estado e as ancestrais tendências invasivas humanas que se lhe acolhem vieram, daí, a desencadear uma contra-ofensiva. Sob bandeiras como as da investigação criminal ou da voracidade fiscal, o Estado tem vindo a multiplicar as iniciativas tendentes a limitar ou, até, a abolir diversos segredos profissionais. Para isso, dispõe de elementos poderosos e de uma opinião pública facilmente mobilizável para cruzadas retorcivas e niveladoras.

[817] Sobre este direito, Paulo Mota Pinto, *O direito à reserva sobre a intimidade da vida privada*, BFD 69 (1993), 479-585 e *Tratado* IV, 3.ª ed., 259 ss..

[818] Hans-Peter Schwintowski, *Bankrecht*, 3.ª ed. (2011), 53-54, G. Michael Beckhusen, *Bankgeheimnis*, em Derleder/Knops/Bamberger, *Handbuch zum deutschen und europäischen Bankrecht*, 2.ª ed. (2009), § 6 (153-177) e Wolfgang Gössmann, *Bankgeheimnis, Bankauskunft*, em Reinhard Welter/Volker Lang, *Handbuch der Informationspflichten im Bankverkehr* (2005), 637-679 (639); as dúvidas que terão existido, na Alemanha, quanto à base constitucional do segredo bancário parecem, assim, dissipar-se. No Direito francês: Richard Routier, *Obligations et responsabilités du banquier*, 2.ª ed. (2008), 328 ss..

Estamos perante um dos grandes dilemas da nossa época: é importante que os juristas defendam os seus valores. Vamos ver como se comporta o Direito bancário.

122. Evolução geral da base positiva

I. O segredo bancário terá acompanhado, desde sempre, a profissão de banqueiro. Encontramos referências implícitas, nesse domínio, na antiga Babilónia[819]. Subsequentemente, o segredo impôs-se nos usos da banca, sendo severamente sancionado pela prática: nenhum banqueiro conhecido pela indiscrição seria procurado pelos clientes.

O aparecimento de instituições bancárias formais levou à consignação, em textos estatutários e em cláusulas contratuais gerais, do dever de segredo. Como as mais antigas, surgem referidas as experiências do Banco de Santo Ambrósio, de Milão, em 1593[820] e do artigo 6.° das cláusulas da *Hamburger Bank*, de 1619[821]. Em França, prescrições sobre segredo bancário datam de 1726[822], enquanto os estatutos do Banco instituído, em 1756, por Frederico o Grande, da Prússia, no artigo 19.°, faziam severas injunções nesse sentido[823].

II. No tocante ao Direito bancário privado, a necessidade do segredo deu azo a prescrições legislativas ou a simples – mas eficazes – consignações contratuais[824].

[819] Anselmo Rodrigues, *Sigilo bancário e Direito constitucional*, em Diogo Leite de Campos e outros, *Sigilo bancário/Colóquio Luso-Brasileiro sobre Sigilo Bancário* (cit. *Colóquio*) (1997), 47-60 (49 ss.). Quanto à história do segredo bancário em geral *vide* Siegfried Sichtermann, *Das Bankgeheimnis in Deutschland* (1965), 25 ss. e Rabindranath Capelo de Sousa, *O segredo bancário/Em especial, face às alterações fiscais da Lei n.° 30-G/2000, de 29 de Dezembro*, Estudos Inocêncio Galvão Telles, 2 (2002), 157-223 (157 ss.).

[820] Siegfried Sichtermann, *Bankgeheimnis und Bankauskunft/Systematische Darstellung mit besonderer Berücksichtigung der Rechtsprechung und unter Heranziehung ausländischen Rechts* (1966), 51.

[821] Hans-Peter Schwintowski, *Bankrecht* cit., 4.ª ed., § 3, Nr. 2 (52).

[822] Geraldo de Camargo Vidigal, *As centrais de risco e o sigilo bancário*, em *Colóquio* cit., 19-32 (23).

[823] Carsten Peter Claussen, *Bank- und Börsenrecht*, 4.ª ed. (2008), 100 e Siegfried Sichtermann, *Bankgeheimnis und Bankauskunft* (1966), 55.

[824] Importantes elementos comparatísticos podem ser vistos em Capelo de Sousa, *O segredo bancário* cit., 161 ss..

No Direito alemão, o segredo bancário, derivado, pela doutrina, da confiança e apoiado na Constituição está formalmente consagrado no artigo 2.°/1 das cláusulas contratuais gerais dos bancos[825]. Em França dispunha o artigo 57.° da Lei Bancária de 1984[826], o qual remetia ainda para a lei penal as hipóteses de violação. Hoje, esse mesmo preceito consta do artigo L 511-33 do Código Monetário e Financeiro[827]. Em Itália, o segredo bancário tem sido reconduzido aos usos, integrados no contrato por via do artigo 1374.° do Código Civil; aponta-se, ainda, uma consagração indireta na Nova Lei Bancária, de 1993[828]. No Luxemburgo cabe referir uma consagração legislativa expressa[829], enquanto na Suíça, a um uso muito arreigado, foram acrescentadas prescrições legislativas, historicamente destinadas a evitar as arremetidas de agentes nacional-socialistas[830].

III. O segredo bancário tem ainda sido objeto de considerações a propósito do aparecimento de bases de dados informatizadas e de diversos diplomas destinados a tutelar os direitos das pessoas, perante os perigos

[825] No tocante aos departamentos do Estado, o segredo tem base legal; assim o § 9.° do KWG; *vide* Fülbier, BFS-KWG (2000), § 9 (266 ss.). Quanto às cláusulas contratuais gerais *vide* Hermann-Josef Bunte, *Bankgeheimnis*, em Schimansky/Bunte/Lwowski, *Bankrechts-Handbuch* I, 4.ª ed. (2011), § 7 (148-157), Mathias Casper, em Derleder/ /Knops/Bamberger, *Handbuch* cit., 2.ª ed., § 3, Nr. 10 ss. (52 ss.) e Stefan Grundmann, em Canaris/Habersack/Schäfer, *Bankvertragsrecht* cit., 5.ª ed., 2, Nr. 72 (171).

[826] Rives-Lange/Contamine-Raynaud, *Droit bancaire,* 6.ª ed. (1995), 160 ; Lamy, *Droit du financiement* (2001), n.° 2385 ss. (1068 ss.), com múltiplas indicações e Christian Gavalda/Jean Stoufflet, *Droit bancaire*, 9.ª ed. (2015), n.º 302 ss. (180 ss.); Stéphane Piedelièvre/Emmanuel Putmann, *Droit bancaire* (2011), n.º 192 ss. (193 ss.). A sua configuração atual pode ser confrontada em Michel Storck e outros, *Code monétaire et financier* (da Dalloz), 3.ª ed. (2013), 905 ss..

[827] Na ed. comentada por Alice Prazard, *Code monétaire et financier* (2009), 773, dando nota da alteração introduzida pela Lei n.º 2008/776, de 4 de agosto; quanto ao preceito em si: Thierry Bonneau, *Droit bancaire*, 11.ª ed. (2015), n.º 555 ss. (407 ss.).

[828] Enrico Gianfelici, *Il segreto bancario* (1996), 1-2 e Francesco Giorgianni/Carlo-Maria Tardivo, *Manuale do diritto bancario*, 3.ª ed. (2012), 416 ss.. Quanto à consagração no "Texto Único", Ferro-Luzzi/Castaldi, *La nuova legge bancaria* 1 (1996), 132 ss. (134 ss.) e Molle/Desiderio, *Manuale di diritto bancario*, 7.ª ed. (2005), 34 ss..

[829] E. Storck, *Das Bankgeheimnis in Luxemburg*, Bank 1993, 364-366.

[830] Anselmo Rodrigues, *Sigilo bancário e Direito constitucional* cit., 51. Quanto à experiência suíça, por último, Beat Kleiner, *Entwicklung im Schweizer Bankrecht 1995*, ÖBA 1996, 199-200 e Peter C. Honeger/Thomas A. Frick, *Das Bankgeheimnis im Konzern und bei Übernahmen*, SZW 1996, 1-10, com referência à Lei de 15-fev.-1995.

daí resultantes[831]. As fusões de bancos, quando impliquem novos acessos às bases de dados preexistentes, põem problemas a esse nível[832], o mesmo sucedendo com o *outsourcing*[833]. Na própria vida dos negócios, em geral, a informação passa a ser um bem com níveis pessoais, a manusear com cautela[834].

A teia de interesses contrapostos, no campo do segredo bancário, tem ainda vindo a complicar-se: o próprio banqueiro, quando pretenda informações sobre o seu cliente ou quando, sem responsabilidades, procure prestar informações desse teor[835], contribui para apor limites no segredo e nas obrigações que o reforçam.

IV. Algo deve ser acrescentado, no tocante à base jurídico-positiva do segredo bancário. A sua radicação em lei expressa, a tanto destinada, parece deixá-lo à mercê do legislador. Deve no entanto ficar claro que o segredo bancário tem sedes mais profundas: elas podem ser cumulativas.

Desde logo, o segredo bancário tem base contratual[836]: seja no contrato bancário geral, seja nos diversos negócios bancários que venham a ser celebrados. Trata-se de uma solução que pode emergir diretamente do contrato – quando as partes combinem o segredo, não vemos pretexto para incumprimentos – ou que pode ocorrer por via dos usos – solução italiana – ou de cláusulas contratuais gerais – solução alemã – como foi visto. Ora o Estado não pode intervir arbitrariamente nos contratos celebrados entre privados: eles estão genericamente protegidos pelos artigos 62.°/1 (propriedade privada), 80.°, *c*) (iniciativa privada) e 86.°/2 (não-intervenção na gestão das empresas), todos da Constituição.

[831] Wolfgang Zöllner, *Datenschutzrechtliche Aspekte der Bankauskunft*, ZHR 149 (1985), 179-196, Hans-Joachim Stange, *Reform des Datenschutzes im Kreditinformationssystem*, ZIP 1986, 488-493 e Arndt Kalkbrenner/Christian Koch, *Bankgeheimnis und Dateuschutz* (2016), 222 pp..

[832] Georg Wengert/Katharina Wengert/Andreas Widmann, *Bankfusionen und Datenschutz*, NJW 2000, 1289-1295.

[833] *Supra*, 303 ss..

[834] Eberhard Heincke, *Geheimhaltungspflichten im Wirtschaftsrecht*, WM 1998, 749-757.

[835] Jürgen Wolff, *Bankgeheimnis und Kreditauskunft*, AG 1968, 286-291 (291) e Roland Kirchherr/Rudolf Stützle, *Aktuelle Probleme zu Bankgeheimnis und Bankauskunft*, ZIP 1984, 515-523.

[836] Dieter Rehbeim, *Rechtsfragen zum Bankgeheimnis*, ZHR 149 (1985), 139-150 (140 ss.).

De seguida, o segredo bancário sempre surgiria como concretização do dever de boa-fé[837]: não sendo específico da realidade bancária ele tem, aí, um relevo profundo fácil de entender.

Finalmente, o segredo bancário tem a ver com direitos de personalidade e com a inerente tutela constitucional[838]: direitos do cliente, sobretudo mas, também, direitos do banqueiro[839]. Trata-se de uma posição dominante na doutrina[840] que tem acolhimento na melhor jurisprudência nacional[841] e que, como é evidente, não é incompatível com certas limitações.

123. **A experiência portuguesa e a sua evolução até ao RGIC**

I. Documentam-se, no século XVIII, referências portuguesas ao segredo no domínio comercial[842]. Seria, no entanto, necessário aguardar o aparecimento dos bancos para que tal segredo tomasse corpo. O Regulamento Administrativo do Banco de Portugal, de 28 de janeiro de 1847, dispunha, no seu artigo 83.º[843]:

> As operações do Banco, e os depósitos particulares, são objeto de segredo.

[837] Ernst Steindorff, *Zivilrechtliche Grundfragen von Bankgeheimnis, Bankauskunft und Persönlichkeitsschutz*, ZHR 149 (1985), 151-164 (153).

[838] S. Sichtermann, *Das Bankgeheimnis als Teil des allgemeinen Persönlichkeitsrechtes*, MDR 1965, 697-700, Steindorff, *Zivilrechtliche Grundfragen von Bankgeheimnis* cit., 154 ss., Peter Lerche, *Bankgeheimnisverfassungsrechtliche Rechtsgrundlagen*, ZHR 149 (1985), 165-176, Carolin Junker, *Aktuelle Rechtsfragen zum Bankgeheimnis und zur Bankauskunft*, DStR 1996, 224-229 (224 ss.), Schwintowski, *Bankrecht*, 3.ª ed. cit., 54 e Gössmann, *Bankgeheimnis* cit., 639.

[839] Em especial, Claus-Wilhelm Canaris, *Bankvertragsrecht* cit., 1, 3.ª ed., 25.

[840] Além das indicações já dadas e a dar, *vide* Joaquim Malafaia, *O segredo bancário como limite à investigação criminal*, ROA 1999, 413-445 (417 ss.) e Ives Gandra da Silva Martins, *Sigilo bancário e tributário*, SI 2001, 49-67 (49 ss.).

[841] Assim: STJ 14-jan.-1997 (Cardona Ferreira), CJ/Supremo V (1997) 1, 44-46 (45/1) e RLx 28-jan.-1997 (Simões Ribeiro, com decl. de voto de Carmona da Mota), CJ XXII (1997) 1, 154-156 (155/2).

[842] Camargo Vidigal, *As centrais de risco* cit., 23. Outros elementos podem ser confrontados em Capelo de Sousa, *O segredo bancário* cit., 172 ss..

[843] Citado também em Maria Célia Ramos, *O sigilo bancário em Portugal/Origens, evolução e fundamentos em Colóquio* cit., 115-137 (118), nos precisos termos transcritos.

> O empregado que o revelar será reprehendido, se da revelação não resultar damno; resultando será despedido.

O "Regulamento administrativo do banco de Portugal" aprovado em 23 de abril de 1891 e revogado, apenas, pelo artigo 3.° do Decreto-Lei n.° 337/90, de 30 de outubro – portanto: uma vigência de quase cem anos! – dispunha, no seu artigo 221.°[844]:

> As operações do banco e os depositos dos particulares serão assumptos de segredo para todo o pessoal da séde e das delegações, qualquer que seja a sua categoria.
>
> Os empregados que as revelarem serão reprehendidos, se da revelação não resultar damno; resultando, serão despedidos.

Para além destas regras, cumpre assinalar a inexistência de tutela penal bancária, perante os Códigos Penais de 1852 e de 1884[845]. O que bem se compreende: o segredo bancário era, então, matéria privada, do foro do banqueiro e do seu cliente.

II. A História mostra que a consagração, em lei formal, do segredo bancário ocorre por via de crises ou de graves agressões à deontologia e à arte da banca. Admitimos que a popularização da banca tenha, também, contribuído para isso. Num cenário de estreito relacionamento pessoal entre o banqueiro e o cliente, o segredo era evidente: mal haveria que reafirmá-lo. A massificação perturbou esse esquema. Por um lado, o banqueiro rodeia-se de empregados de formação diversa, todos com acesso, real ou potencial, aos segredos da profissão. Por outro, a própria multiplicação dos clientes gera um ambiente de descuido e de desconsideração pela pessoa de cada um.

[844] CLP 1891, 154-174 (172). No entanto – Célia Ramos, *O sigilo* bancário cit., 126-127 – este preceito do *Regulamento* terá sido implicitamente revogado pelos artigos 64.° e 54.° da Lei Orgânica do Banco de Portugal aprovada pelo Decreto-Lei n.° 644/75, de 15 de novembro, que regulou, de novo, a matéria do segredo bancário relacionada com o Banco Central.

[845] Célia Ramos, *O sigilo bancário* cit., 121.

III. A evolução do segredo bancário, em Portugal, segue esta linha[846]. Num primeiro tempo, ele seria derivado dos contratos e da boa-fé. Além disso, ele assentava na invocação dos usos comerciais.

A primeira consagração legislativa do sigilo bancário data de 1967: o Decreto-Lei n.º 47.909, de 7 de setembro desse ano, que criou o Serviço de Centralização de Riscos de Crédito, – artigo 1.º/1, "...com o objeto de centralizar os elementos informativos respeitantes aos riscos da concessão e aplicação do crédito bancário e parabancário ..."[847].

Segundo o artigo 3.º/1, as instituições de crédito ficavam obrigadas a fornecer, ao Banco de Portugal, os elementos informativos pedidos. Continuava o n.º 2:

> Estes elementos não poderão ser utilizados para outros fins que não sejam os do Serviço de Centralização (...) ou os de elaboração para estatística (...)

Rematando:

> Não podem, em qualquer caso, os elementos informativos fornecidos pelas instituições ser suscetíveis de difusão violadora do princípio do segredo bancário que deve proteger as operações de crédito em causa.

O artigo 5.º, do mesmo diploma, também relevava, em termos de segredo bancário:

> 1. As informações prestadas pelo Banco de Portugal não poderão conter qualquer indicação acerca das localidades em que os créditos foram outorgados, nem das instituições que os concederam. (...)
>
> 2. Estas informações serão exclusivamente destinadas à instituição requerente, sendo-lhe vedada a sua transmissão, total ou parcial, a terceiros.

[846] Cumpre citar além de Célia Ramos, *O sigilo bancário* cit., 122 ss. e Capelo de Sousa, *O segredo bancário* cit., 174 ss.: Alberto Luís, *O segredo bancário em Portugal*, ROA 41 (1981), 451-474 (459 ss.), Maria Eduarda Azevedo, *O segredo bancário*, CTF 346-348 (1987), 73-124 (75 e 79 ss.) e Jorge Patrício Paúl, *O sigilo bancário/Sua extensão e limites no Direito português*, RB 12 (1989), 71-96 (72 ss.). Uma referência muito especial deve ainda ser feita a Augusto de Athayde, *Curso de Direito bancário* 1, 2.ª ed. (2009), 496 ss..

[847] O Decreto-Lei n.º 47.909, de 7 de setembro de 1967, vigorou até ser revogado pelo artigo 8.º/1 do Decreto-Lei n.º 29/96, de 11 de abril, que reorganizou, já à luz da Lei Orgânica do Banco de Portugal de 1990, o Serviço de Centralização de Riscos de Crédito.

O sigilo era sancionado pelo artigo 6.°:

> 1. A violação do dever de segredo (...) por parte de administradores, membros do conselho fiscal, diretores, gerentes, empregados e outros servidores das instituições de crédito (...) constitui crime de violação do segredo profissional (...).

Tratava-se de uma remissão para o artigo 290.° do Código Penal de 1886, que tutelava o dever de segredo dos "empregados públicos".

IV. Durante a Revolução de 1974-75, o segredo bancário nem sempre terá sido respeitado, pelas pessoas que tinham acesso às informações. Segundo a voz corrente, muitos clientes ter-se-ão acolhido a instituições estrangeiras, dentro e fora do País, para prevenir fugas de informação. Além disso, recorria-se ao entesouramento de moeda que, desta forma, ficava arredada do circuito bancário[848].

Nessas condições, não admira que o legislador tenha intervindo no sentido de reforçar o segredo bancário. Este surge nos artigos 63.° e 64.° da Lei Orgânica do Banco de Portugal, aprovada pelo Decreto-Lei n.° 644/75, de 15 de novembro e nos artigos 7.° e 8.° do Decreto-Lei n.° 729-F/75, de 22 de dezembro, que se ocupou da orgânica de gestão e fiscalização das instituições de crédito nacionalizadas. O segredo bancário foi, ainda, diretamente visado por uma Resolução do Conselho de Ministros de 19 de dezembro de 1975 e, de modo indireto, pela reformulação do artigo 290.° do Código Penal de 1886, levada a cabo pelo Decreto-Lei n.° 475/76, de 16 de junho[849].

V. Havia que ir mais longe. Assim, o Decreto-Lei n.° 2/78, de 9 de janeiro, veio, formalmente, estabelecer o segredo bancário[850]. Do seu preâmbulo, retiram-se as seguintes e eloquentes afirmações:

> Ponderando que a reconstrução do País implica o estabelecimento de um clima de confiança na banca que permita a captação e recuperação do dinheiro entesourado, vem o Governo (...)

[848] Célia Ramos, *O sigilo bancário* cit., 125-126, onde podem ser confrontadas sugestivas transcrições do *Relatório e Contas do Banco de Portugal* de 1975.

[849] *Idem*, 127-128.

[850] Transcrito, p. ex., em Patrício Paúl, *O sigilo bancário* cit., 72-73.

É, pois, chegado o momento de se ensaiar [um] diploma de âmbito geral, caracterizador do segredo bancário, até porque, por um lado, se impõe, também, abranger as instituições de crédito não nacionalizadas e, por outro, a Lei Orgânica do Banco de Portugal e o texto regulador da orgânica de gestão e fiscalização das instituições nacionalizadas não alcançaram, na matéria, a desejável uniformidade. Passa, deste modo, Portugal a enfileirar no numeroso grupo de países nos quais estão em vigor disposições regulando, expressamente, o segredo bancário.

O artigo 1.°, muito esclarecedor, tinha a seguinte redação:

1. Os membros dos conselhos de administração, gestão ou de direção ou de quaisquer órgãos, e bem assim todos os trabalhadores de instituições de crédito, não podem revelar ou aproveitar-se de segredo cujo conhecimento lhes advenha exclusivamente por virtude do exercício das suas funções.

2. Estão, designadamente, sujeitos a segredo os nomes dos clientes, contas de depósito e seus movimentos, operações bancárias, cambiais e financeiras realizadas, licenciamentos de operações concedidos e elementos relativos a processos em curso na Inspeção de Crédito do Banco de Portugal.

VI. A violação do dever de segredo era sancionada, civil e criminalmente – artigo 3.°. O Decreto-Lei n.° 2/78 só previa dispensa mediante autorização dada pelo órgão de direção do banco, quando se tratasse de factos atinentes à instituição – artigo 2.°/1 – ou pelo cliente, quando estivessem em jogo relações a este respeitantes – artigo 2.°/2.

A solução estabelecida foi considerada *forte*, dentro dos diversos sistemas de tutela do sigilo bancário. Havendo recusa do próprio, apenas era possível aceder à informação nos casos em que lei especial o permitisse e mediante decisão do Tribunal[851].

124. **O regime do RGIC**

I. A evolução posterior foi marcada por um certo enfraquecimento do segredo bancário. Tal enfraquecimento deu-se, no entanto, *perante o Estado*, por exigências policiais e fiscais e não, propriamente, perante os particulares.

[851] PGR n.° 138/83, de 5-abr.-1984 (António Caeiro), BMJ 342 (1985), 55-82.

O Decreto-Lei n.º 2/78 manteve-se em vigor, até ser revogado pelo Decreto-Lei n.º 298/92, de 31 de dezembro – artigo 5.º/1 – que aprovou o RGIC. Tal revogação ficou a dever-se ao facto de o próprio RGIC ter chamado a si a matéria, regulando-a, aliás, em termos mais aperfeiçoados[852].

II. O RGIC dedicou, ao segredo profissional, o Capítulo II, do Título VI. Dispõe o seu artigo 78.º[853]:

> 1. Os membros dos órgãos de administração ou de fiscalização das instituições de crédito, os seus colaboradores, mandatários, comissários e outras pessoas que lhes prestem serviços a título permanente ou ocasional não podem revelar ou utilizar informações sobre factos ou elementos respeitantes à vida da instituição ou às relações desta com os seus clientes cujo conhecimento lhes advenha exclusivamente do exercício das suas funções ou da prestação dos seus serviços.
> 2. Estão designadamente, sujeitos a segredo os nomes dos clientes, as contas de depósito e os seus movimentos e outras operações bancárias.
> 3. O dever de segredo não cessa com o termo das funções ou serviços.

O artigo 79.º só permite a revelação, mediante autorização do cliente – n.º 1. O n.º 2 admitia as seguintes exceções: revelações ao Banco de Portugal, à Comissão do Mercado de Valores Mobiliários e ao Fundo de Garantia de Depósitos, ao Sistema de Indemnização aos Investidores e ao Fundo de Resolução, no âmbito das respetivas atribuições – *a*), *b*) e *c*); revelações nos termos previstos na lei penal e de processo penal – *d*); perante disposição legal que limite expressamente o dever de segredo – *e*). A Lei n.º 94/2009, de 1 de setembro, abaixo analisada, introduziu uma nova alínea *e*), passando a antiga a *f*). Essa nova alínea permite a revelação dos factos sujeitos a segredo "à administração tributária, no âmbito das suas atribuições".

[852] Fernando Conceição Nunes, *Os deveres de segredo profissional no regime geral das instituições de crédito e sociedades financeiras*, RB 29 (1994), 39-63 (39). Para uma aplicação destas regras, cf. Germano Marques da Silva/Isabel Cristina da Silva, *Sobre a admissibilidade de empresas privadas de centralização de informações sobre riscos de crédito*, RB 44 (1997), 21-50 (32 ss.). *Vide*, ainda, Ana Pessoa Pinto, *Sigilo bancário*, em *Temas de Direito bancário* (1999), 223-267 e Armindo Saraiva Matias, *Regime sancionatório em Direito bancário*, ROA 2002, 605-619 (610 ss.).

[853] Na redação dada pelo Decreto-Lei n.º 157/2014, de 24 de outubro.

III. Tem interesse relevar os preceitos penais que delimitem o dever de segredo. Quanto ao Código Penal[854], consigne-se o artigo 195.º, na versão aprovada pelo Decreto-Lei n.º 48/95, de 15 de março[855]:

Artigo 195.º
(Violação de segredo)

Quem, sem consentimento, revelar segredo alheio de que tenha tomado conhecimento em razão do seu estado, ofício, emprego, profissão ou arte é punido com pena de prisão até 1 ano ou com pena de multa até 240 dias.

Repare-se que desapareceu a anterior exclusão de ilicitude, prevista no revogado artigo 185.º do Código Penal. Embora o sistema vigente permita consignar algumas situações de exclusão de ilicitude, através do esquema geral do artigo 36.º do Código Penal, perante o conflito de deveres[856], parece-nos claro que, da reforma de 1995, resultou um reforço da tutela penal do segredo profissional e, para o caso, do segredo bancário[857].

125. **A defesa do segredo bancário; fundamentos**

I. O segredo bancário deve ser preservado, nas nossas sociedades. Em termos jurídico-positivos, o segredo bancário começa por se apoiar na própria Constituição e, designadamente, nos seus artigos 26.º/1 (intimidade da vida privada e familiar) e 25.º (integridade moral das pessoas).

Como ponto de partida, recordamos que a propriedade privada é expressão e é condição da liberdade das pessoas: sem possibilidade de decisão económica e de livre autonomia patrimonial – autonomia que, para o ser, requer pelo menos alguns meios – não há liberdade em nenhuma aceção. A aventura das "democracias populares" demonstrou-o, em todos os níveis.

[854] Miguel Pedrosa Machado, *Sigilo bancário e Direito Penal*, *Colóquio* cit., 71-100 (82 ss.).

[855] *Vide* a anotação de Manuel da Costa Andrade ao artigo 195.º, *Comentário Conimbricense ao Código Penal*, *Parte especial*, Tomo I/Artigos 131.º a 201.º (1999), 771-802.

[856] Júlio de Castro Caldas, *Sigilo bancário: problemas actuais*, *Colóquio* cit. 33-45 (39).

[857] Rodrigo Santiago, *Sobre o segredo bancário – uma perspectiva jurídico-criminal e processual penal*, RB 42 (1997), 23-76.

Pois bem: uma esfera de resguardo e de tranquilidade, para o ser, pressupõe também o resguardo da propriedade ou de alguma propriedade. Esta, na Idade Média, traduzia-se em terras, incluindo a cabana ou a courela. Atualmente, a "propriedade" é disponibilidade de meios económicos, dotados, em regra, de expressão bancária.

II. O Direito bancário acompanha, hoje, quase todas as operações patrimoniais praticadas pelas pessoas. O banqueiro pode, através da análise dos movimentos das contas de depósitos ou dos movimentos com cartões, seguir a vida dos cidadãos. O banqueiro – até por ter muitos milhares de clientes – não o fará: não o deve fazer. Mas facultar tais elementos a terceiros é pôr cobro à intimidade das pessoas.

Além do problema da intimidade privada, o desrespeito pelo segredo bancário põe ainda em causa a integridade moral das pessoas atingidas. A revelação de depósitos, movimentos e despesas pode ser fonte de pressão, de troça ou de suspeição. Os movimentos que labutam pelo fim do segredo bancário distinguem-se, ainda, pelo apelo público à delação e à denúncia: algo que ainda há pouco seria considerado indigno. Numa sociedade humanista, tudo isto é impensável.

III. Sendo assim, o segredo bancário só cessa com o consentimento do cliente[858]: é o que resulta do artigo 79.°/1 do RGIC e do artigo 195.° do Código Penal. Tal consentimento equivale a uma limitação voluntária de um direito de personalidade – o direito à reserva sobre a intimidade da vida privada, artigo 80.° do Código Civil – dotado de cobertura constitucional – artigos 25.°/1 e 26.°/1, ambos da Constituição e relativos aos direitos à integridade moral e à reserva da intimidade da vida privada e familiar.

Há, por isso, que lhe aplicar o regime do artigo 81.° do Código Civil, donde resulta que:

– o consentimento é nulo por contrário à ordem pública, isto é, se surgir de tal modo que envolva um atentado a valores injuntivos da ordem jurídica; designadamente: o consentimento terá de ser minimamente delimitado, quanto aos atos a revelar e quanto ao período a que respeitem: ninguém se pode despojar, ilimitadamente, do "seu" segredo bancário;

[858] Este é o "dono" do segredo (*Geheimnisherr*); *vide* Buchner, *Bankgeheimnis* cit., § 39, Nr. 8 (643).

– o consentimento é sempre revogável ainda que envolva uma obrigação de indemnizar.

IV. O segredo bancário deriva, ainda, da existência de uma relação jurídica bancária, de base contratual. Ao concluir a abertura de conta, o banqueiro e o seu cliente, explícita ou implicitamente, assentam em que o sigilo será respeitado. Quando o não façam: o sigilo sempre se imporia como dever acessório, imposto pela boa-fé (762.º/2 do Código Civil).

O banqueiro, ao quebrar o sigilo, viola a relação bancária básica. Além disso – e salvo o que abaixo se dirá sobre as circunstâncias especiais que justificam o levantamento do segredo – não vemos a que título poderá um terceiro – seja ele o Estado – imiscuir-se numa relação contratual, quebrando o segredo. Os contratos também são "propriedade privada": devem ser respeitados pelo Estado. Eles desfrutam da proteção resultante do artigo 62.º/1 da Constituição[859].

V. Temos, ainda, razões públicas que recomendam a defesa do segredo bancário. A experiência de 1975 vai-se desvanecendo: na altura, parecia bem que ativistas políticos devassassem as contas bancárias das pessoas com quem não concordassem politicamente. O Estado estabeleceu um segredo máximo, para defender o sistema.

Hoje, os "ativistas" reivindicam-se de democracia. Todavia: é *naïf* pensar que, por via bancária, se vão descobrir as grandes manigâncias e os grandes tráfegos. Umas e outros podem ser mascarados de movimentos legítimos e titulados ou deslocalizados, para paraísos sem interferência. Apanham-se, sim, os (pequenos) incautos e incomoda-se muita gente, por puro sensacionalismo ou por retorção pessoal ou política.

VI. O perigo de ingerência dos Estados modernos na vida das pessoas, ainda que a coberto de boas causas, como o combate ao branqueamento ou à fuga fiscal, abaixo referidos, é muito real. Os juristas devem defender a sua Ciência. Apenas valores claramente superiores – e, em princípio, de natureza não-patrimonial – poderão consentir, sempre sob a forma de lei

[859] Quanto à tutela constitucional dos contratos, *vide* o nosso *A Lei dos direitos dos utentes das auto-estradas e a Constituição (Lei n.º 24/2007, de 18 de Julho)*, ROA 2007, 529-572 (566 ss.).

com cobertura constitucional, limitações ao segredo bancário; além disso, tais limitações são claramente excecionais[860].

Nada fazer é deixar perfilar, no horizonte, o vulto orweliano do grande irmão!

126. A proteção de dados pessoais em face da informática

I. O segredo bancário vem, ainda, a ser tutelado pela Lei de Proteção de Dados Pessoais Face à Informática, aprovada pela Lei n.° 10/91, de 29 de abril, com as alterações introduzidas pela Lei n.° 28/94, de 29 de agosto. Estes diplomas foram substituídos pela Lei n.° 67/98, de 26 de outubro[861] – a Lei de Proteção de Dados Pessoais – a qual transpôs para a ordem interna a Diretriz n.° 95/46/CE, do Parlamento Europeu e do Conselho, de 24 de outubro.

Efetivamente, os elementos tutelados pelo segredo bancário constam de ficheiros automatizados, de bases e bancos de dados pessoais. A constituição de tais bases e a sua atualização fora do estritamente permitido pelos clientes submete-se à apreciação da Comissão Nacional de Proteção de Dados (CNPD), que funciona junto da Assembleia da República[862].

II. Também se deve referir a Lei n.° 41/2004, de 18 de agosto, que veio transpor a Diretriz n.° 2002/58/CE, de 12 de julho, relativa ao tratamento de dados pessoais e à proteção da privacidade no sector das comunicações eletrónicas. Esta Lei foi alterada e republicada pela Lei n.° 46/2012, de 29 de agosto, a qual transpôs a Diretriz 2009/136/CE.

Temos, aqui, uma instância de proteção que, além do seu papel intrínseco, confere mais uma linha significativa ao sistema, no seu todo: não pode, o legislador, desfazer sem critério o que, laboriosamente, vai construindo. O intérprete, por seu turno, deve ater-se ao sentido global do ordenamento.

[860] *Vide* a importante intervenção de Diogo Leite de Campos, *O sigilo bancário*, em *Colóquio* cit., 13-17 (17).

[861] Ret. n.° 22/98, de 28 de novembro e por último alterada pela Lei n.° 103/2015, de 24 de junho, que permitiu o registo dos "pedófilos".

[862] A CNPD dispunha de um Regulamento aprovado pela Resolução da Assembleia da República n.° 53/94, de 19 de agosto, em termos que deixam clara a sua independência e a especial dignidade que assumem as suas funções. Hoje, a sua organização e o seu funcionamento são regulados pela Lei n.° 43/2004, de 18 de agosto, cujo artigo 20.° foi alterado pelo artigo 184.° da Lei n.° 55-A/2010, de 31 de dezembro.

§ 33.º LIMITAÇÕES AO SIGILO BANCÁRIO: BRANQUEAMENTO E FISCALIDADE

127. O regime processual do levantamento

I. O sigilo bancário conhece algumas exceções[863]. Perante o Direito privado, o segredo só cede perante quem tenha um direito bastante relativo ao bem que esteja – ou possa estar – na posse do banqueiro. É o que sucede em face dos sucessores do cliente ou os seus credores, em processo executivo.

No Direito público, para além dos casos específicos do branqueamento e da fuga fiscal, abaixo examinados, a quebra do segredo exige imperiosas razões de interesse geral, a confirmar pelo tribunal.

É totalmente insuficiente afirmar que "a administração da justiça deve prevalecer sobre a proteção do consumidor de serviços financeiros e da confiança na banca", demasiado divulgada na jurisprudência atual: por essa linha, admitir-se-ia o soro da verdade, o polígrafo imposto ou a tortura. O segredo protege a personalidade, no sentido pleno do termo.

II. O regime processual da quebra do sigilo mostra o cuidado posto pelo ordenamento, nesta matéria. O artigo 135.º do Código de Processo Penal, na redação dada pelo Decreto-Lei n.º 317/95, de 28 de novembro e, por último, pela Lei n.º 48/2007, de 29 de agosto, sob a epígrafe "segredo profissional", dispõe:

[863] Além das diversas obras gerais, cumpre referir: Sichtermann, *Das Bankgeheimnis und seine Grenzen*, MDR 1952, 143-146, Manfred Mielke, *Das Bankgeheimnis gegenüber Behörden*, AG 1964, 182-183, Dieter Ungnade, *Bankgeheimnis gegenüber Strafverfolgungsbehörden*, WM 1976, 1210-1220 e Hans Ehlers, *Durchsuchung – Beschlagnahme – Bankgeheimnis*, BB 1978, 1513-1518.

1. Os ministros de religião ou confissão religiosa e os advogados, médicos, jornalistas, membros de instituições de crédito e as demais pessoas a quem a lei permitir ou impuser que guardem segredo podem escusar -se a depor sobre os factos por ele abrangidos.

2. Havendo dúvidas fundadas sobre a legitimidade da escusa, a autoridade judiciária perante a qual o incidente se tiver suscitado procede às averiguações necessárias. Se, após estas, concluir pela ilegitimidade da escusa, ordena, ou requer ao tribunal que ordene, a prestação do depoimento.

3. O tribunal superior àquele onde o incidente tiver sido suscitado, ou, no caso de o incidente ter sido suscitado perante o Supremo Tribunal de Justiça, o pleno das secções criminais, pode decidir da prestação de testemunho com quebra do segredo profissional sempre que esta se mostre justificada, segundo o princípio da prevalência do interesse preponderante, nomeadamente tendo em conta a imprescindibilidade do depoimento para a descoberta da verdade, a gravidade do crime e a necessidade de proteção de bens jurídicos. A intervenção é suscitada pelo juiz, oficiosamente ou a requerimento.

4. Nos casos previstos nos n.ºs 2 e 3, a decisão da autoridade judiciária ou do tribunal é tomada ouvido o organismo representativo da profissão relacionada com o segredo profissional em causa, nos termos e com os efeitos previstos na legislação que a esse organismo seja aplicável.

5. O disposto nos n.ºs 3 e 4 não se aplica ao segredo religioso.

III. Como se vê, a lei de processo penal pôs a maior dignidade na quebra do segredo. O artigo 417.º/4 do Código de Processo Civil de 2013, equivalente ao artigo 519.º/4 do Código de Processo Civil de 1961, remete a quebra do sigilo, para o disposto no processo penal.

Resta sublinhar que a "prevalência do interesse preponderante" deve ser tomada em termos substantivos e valorativos: apenas os interesses subjacentes a um crime grave prevalecem sobre os bens de personalidade em jogo no segredo: ela deve limitar-se ao *minimum* necessário enquanto o segredo se mantém como tal, fora do processo onde foi revelado.

128. **O levantamento perante os tribunais**; a) **Situações públicas, até 1-mar.-2011**

I. Aparentemente, a quebra do segredo profissional, a decidir pelos tribunais nos termos das leis de processo, acima indicadas, prestar-se-ia a dúvidas. A "prevalência do interesse preponderante" surge, na verdade, como um conceito indeterminado, a concretizar perante os problemas a decidir.

Adiantamos, todavia, que, na prática, as situações que justificam a quebra do segredo – para o caso: bancário – acabam por ser bastante consensuais.

Vamos proceder a um levantamento ilustrativo, principiando pelas situações de interesse público[864]: antes da reforma de 2010, que subverteu todo este sistema.

II. Num primeiro momento, os tribunais vieram reafirmar o sentido firme da tutela do segredo, nos termos do Decreto-Lei n.º 2/78.

Segundo dois acórdãos do Supremo Tribunal de Justiça, de 10-abr.-1980[865] e 20-out.-1988[866], o sigilo só cederia quando a lei o determinasse.

III. Os tribunais foram, depois, assumindo uma feição mais favorável à quebra do segredo bancário, perante o problema dos crimes. Assim:

STJ 12-nov.-1986: havendo um crime público, o processo deve prosseguir, sendo indiferente o modo por que o mesmo chegou ao conhecimento do Ministério Público e isso ainda que tenha havido violação do sigilo bancário[867];

REv 6-fev.-1990: admite a quebra do sigilo, para se averiguar um caso de levantamento criminoso de vales do correio[868].

Subsequentemente, referem-se as situações nas quais se justifica a quebra do segredo[869], particularmente quanto a factos que originem processo-crime[870]. O artigo 185.º do Código Penal, na versão anterior à reforma de 1995, e a afirmação de que o "interesse na boa administração da justiça prevalece sobre o da proteção do consumidor de serviços financeiros e da confiança na banca" passaram, depois, a animar a jurisprudência sobre segredo bancário: RCb 6-jul.-1994[871], RPt 13-jul.-1994[872],

[864] *Vide*, com elementos gerais, Joaquim Malafaia, *O segredo bancário como limite à investigação criminal* cit., 425 e ss..

[865] STJ 10-abr.-1980 (Abel de Campos), BMJ 296 (1980), 190-192.

[866] STJ 20-out.-1988 (Abel Delgado), BMJ 380 (1988), 492-494.

[867] STJ 12-nov.-1986 (Vasconcelos Carvalho), BMJ 361 (1986), 253-258.

[868] REv 6-fev.-1990 (Lopes Cardoso), CJ XV (1990) 1, 314-315.

[869] RPt 11-nov.-1991 (Calheiros Lobo), CJ XVI (1991) 5, 215-216.

[870] REv 12-mai.-1992 (Manuel Osório), CJ XVII (1992) 3, 353-354.

[871] RCb 6-jul.-1994 (Ferreira de Sousa), CJ XIX (1994) 4, 46-48.

[872] RPt 13-jul.-1994 (Fonseca Guimarães), CJ XIX (1994) 4, 228-229.

REv 11-out.-1994[873], RLx 23-nov.-1994[874], REv 14-fev.-1995[875], REv 28-mar.-1995[876] e RPt 14-mai.-1997[877]. Trata-se de uma orientação reforçada pela alteração, introduzida no artigo 135.°/3 do Código de Processo Penal, pelo Decreto-Lei n.° 317/95, de 28 de novembro, que permite ao Tribunal decidir, em certos casos, de prestação de testemunho, com quebra do segredo profissional, quando tal se mostre justificado face ao "princípio da prevalência do interesse preponderante"[878].

IV. Alguma jurisprudência chega mesmo a proclamar que o *ius puniendi* se sobrepõe ao sigilo bancário – RPt 29-mar.-1995[879] – enquanto os esquemas que permitam decidir a quebra vêm sendo aperfeiçoados – REv 23-mai.-1995[880]. É muito importante a posição do Supremo, expressa em STJ 17-fev.-1998:

> Com base no dever de colaboração para a descoberta da verdade, a parte não pode ser forçada, em princípio, a prescindir de direitos de que seja beneficiária, como é o direito a que os bancos respeitem o dever de sigilo bancário (art. 519.° do CPC)[881].

V. Na evolução mais recente sobre o levantamento do segredo por razões públicas, encontramos algumas flutuações. Em RLx 5-jul.-2000, decidiu-se que não era lícito, ao juiz, notificar o requerente de apoio judiciário para apresentar extratos de contas bancárias de que seja titular[882], enquanto em 8-jul.-2004 se tomou uma posição inversa[883].

A banca pode ainda ser usada para obter informações que já não respeitam a saldos ou a movimentos. Assim, em RLx 4-out.-2001 enten-

[873] REv 11-out.-1994 (Sidarta Sousa), CJ XIX (1994) 4, 286-287.

[874] RLx 23-nov.-1994 (Carlos Sousa), CJ XIX (1994) 5, 156-160.

[875] REv 14-fev.-1995 (Lopes Cardoso), CJ XX (1995) 1, 286-287.

[876] REv 28-mar.-1995 (Abílio Cardoso), CJ XX (1995) 2, 277.

[877] RPt 14-mai.-1997 (Costa Mortágua), CJ XXII (1997) 3, 229-231 (230/I).

[878] RCb 17-abr.-1996 (Maio Macário), CJ XXI (1996) 2, 57-58 (58) e RLx 28-jan.-1997 (Simões Ribeiro), CJ XXII (1997) 1, 154-156.

[879] RPt 29-mar.-1995 (Costa Mortágua), CJ XX (1995) 2, 230-232.

[880] REv 23-mai.-1995 (Políbio Flor), CJ XX (1995) 3, 303-304.

[881] STJ 17-fev.-1998 (Martins da Costa), CJ/Supremo VI (1998) 1, 75-77 (77/I).

[882] RLx 5-jul.-2000 (Ponce de Leão; vencido: Luís da Fonseca), CJ XXV (2000) 4, 90-91.

[883] RLx 8-jul.-2004 (Fátima Galante), CJ XXIX (2004) 4, 71-73 (73/II).

deu-se que o banqueiro podia prestar informações sobre a residência de um seu cliente, para efeitos de execução de uma prestação de alimentos[884], enquanto em RLx 6-jun.-2002, o levantamento visou a remessa da ficha de assinaturas do cliente para uma peritagem no Laboratório de Polícia Científica[885].

Da jurisprudência então mais recente, podemos respigar as seguintes diretrizes:

- a recusa legítima, de uma instituição de crédito revelar elementos abrangidos pelo segredo bancário só pode ser ultrapassada pela via do artigo 135.º/3 do Código de Processo Penal[886];
- pode recorrer a instituição de crédito a quem tenham sido solicitados elementos cobertos pelo sigilo[887];
- justifica-se a quebra do sigilo bancário, para investigar crimes fiscais[888];
- *idem*, num caso em que um contribuinte adquiriu quotas por um valor muito superior aos rendimentos declarados e sem explicar a sua proveniência[889].

Mesmo para além do sigilo bancário, retemos, quanto ao segredo profissional:

- pode justificar-se o levantamento do segredo de advogado[890];
- num caso de abuso de criança, o consentimento do representante desta exclui o dever de sigilo do médico[891].

VI. Em todos estes casos, temos:

- uma ponderação de interesses que revela a prevalência dos valores públicos;

[884] RLx 4-out.-2001 (Urbano Dias), CJ XXVI (2001) 4, 116-117.

[885] RLx 6-jun.-2002 (Pais do Amaral), CJ XXVII (2002) 3, 98-100: houvera um embargo de executado em que se invocara a falsidade de determinada assinatura; a diligência da remessa visava esclarecer o assunto.

[886] RGm 19-fev.-2007 (Nazaré Saraiva), CJ XXXI (2007) 1, 290-291.

[887] RLx 28-mar.-2007 (Conceição Gonçalves), CJ XXXII (2007) 2, 128-131.

[888] RPt 26-mar.-2008 (Élia São Pedro), CJ XXXIII (2008) 2, 226-228.

[889] RLx 14-out.-2008 (Ana Resende), CJ XXXIII (2008) 4, 106-109.

[890] RPt 3-nov.-2004 (Onélia Madaleno), CJ XXIX (2004) 5, 207-209.

[891] STJ 17-mai.-2007 (Arménio Sottomayor), CJ/Supremo XV (2007) 2, 191-197.

– essa prevalência não é automática: antes ressalta em concreto;
– a ponderação é levada a cabo por um tribunal da Relação[892].

Como se vê, toda esta matéria tem um peso e uma dignidade que não se compadeciam com ligeirezas.

129. **Segue**; b) **Após 1-mar.-2011**

I. A Lei n.º 36/2010, de 2 de setembro, veio, em conjunto com a Lei n.º 37/2010, do mesmo dia, constituir um pacote "anti-sigilo bancário". Comecemos pela primeira que, prevendo 180 dias de *vacatio*, entrou em vigor em 1 de março de 2011.

No essencial, ela veio dar uma nova redação ao artigo 79.º/2, *d*) do RGIC. Onde antes se dizia que, fora de autorização do particular visado, os elementos cobertos pelo dever de segredo só podiam ser revelados "nos termos previstos na lei penal e do processo penal" veio dizer-se, agora, que tal poderia ocorrer "às autoridades judiciais, no âmbito de um processo penal".

II. Aparentemente, desapareceram as cautelas processuais existentes e, designadamente, as do artigo 135.º do Código de Processo Penal, que obrigavam a um específico incidente de levantamento, a decidir pelo tribunal superior.

Efetivamente, passou a ser esse o entendimento da jurisprudência:

- RCb 19-out.-2011: numa investigação em processo penal, deixou de ser necessária a autorização prévia do tribunal superior[893];
- RPt 19-out.-2011: a partir de 1-mar.-2011, a quebra do segredo cabe ao MP ou ao juiz de instrução[894];
- REv 25-out.-2011: a CGD forneceu elementos ao MP, porque o artigo 135.º do Código de Processo Penal deixou de ter aplicação[895];
- RCb 2-nov.-2011: a prévia autorização de um tribunal superior deixa de ser necessária[896];

[892] RLx 9-jan.-2002 (Adelino Salvado), CJ XXVIII (2002) 1, 132-133, explica que a subida à 2.ª Instância só se justifica se houver dúvidas na 1.ª.

[893] RCb 19-out.-2011 (Jorge Dias), Proc. 1688/09.

[894] RPt 19-out.-2011 (Eduardo Lobo), Proc. 10228/08.

[895] REv 25-out.-2011 (João Gomes de Sousa), Proc. 756/10.

[896] RCb 2-nov.-2011 (Isabel Valongo), Proc. 262/10.

- RCb 2-nov.-2011: a Lei n.º 36/2010 concretizou o que os tribunais vinham decidindo: harmonizou o sigilo com a justiça, pondo termo ao incidente do levantamento[897];
- RGm 14-nov.-2011: após a Lei n.º 36/2010, os bancos devem solicitar ao MP os elementos pedidos em inquérito criminal[898];
- RCb 16-nov.-2011: após essa mesma lei, não se aplica o incidente do levantamento do sigilo em investigação criminal[899];
- RLx 20-dez.-2011: o direito à intimidade cede perante o *ius puniendi*; o legislador pretendeu, com a Lei n.º 36/2010, combater a morosidade processual[900];
- REv 21-jun.-2016: o teor de sigilo cessa perante a investigação de uma falância dolosa[901];
- RLx 16-jun.-2016: o dever de sigilo cede em face do direito de fazer prova de certos pagamentos[902].

III. A medida faz sentido: o incidente de levantamento do sigilo, em investigações criminais urgentes, podia prejudicar o processo. Todavia, a banalização do levantamento a qualquer investigação, decidida apenas pelo MP e isso numa altura em que o segredo de justiça atingiu a estaca zero, afigura-se demasiado. Exigir-se-ia, sempre, uma decisão do juiz, perante um pedido devidamente justificado.

A partir de agora, corremos o risco de qualquer investigação de conteúdo patrimonial começar logo com um levantamento de sigilo. E isso quando é mais do que evidente que o prevaricador terá colocado os seus fundos em bancos que respeitem o segredo, designadamente em *off shores*.

130. **Segue**; c) **Situações privadas**

I. Nas relações privadas, o levantamento do sigilo bancário só pode ocorrer em conjunturas muito particulares. No fundo, o que se verifica é uma situação global que faz, ao sigilo, perder o seu alcance. Assim:

[897] RCb 2-nov.-2011 (Belmiro Andrade), Proc. 614/09.
[898] RGm 14-nov.-2011 (Lígia Moreira), Proc. 344/10.
[899] RCb 16-nov.-2011 (Maria José Nogueira), Proc. 288/10.
[900] RLx 20-dez.-2011 (Artur Vargues), Proc. 828/11.
[901] Rev 21-jun.-2016 (Carlos Berguete Coelho), Proc. 128/15.
[902] RLx 16-jun.-2016 (Ezagüy Martins), Proc. 1761/12.

– o sigilo não pode ser oposto aos herdeiros do cliente do banqueiro: STJ 28-jun.-1994[903], RCb 21-nov.-1995[904], RPt 7-mar.-1996[905], STJ 10-dez.-1997[906], RLx 9-nov.-1999[907], STJ 21-mar.-2000[908], RLx 14-nov.-2000[909], RLx 28-fev.-2002[910] e RGm 15-nov.-2011[911]; na mesma linha, ele pode ser levantado em processo de inventário[912];
– quando um dos cônjuges recuse o levantamento do sigilo, há que recorrer ao suprimento judicial previsto no artigo 1684.°/3 do Código Civil: STJ 19-abr.-1995[913]; de todo o modo, o sigilo do marido cede perante o interesse da mulher em conhecer os bens existentes, em ação de partilha dos bens do casal[914] ou num divórcio litigioso[915-916-917];
– o sigilo cessa perante o arrolamento: RCb 7-nov.-1989[918], STJ 31-out.-1995[919] e RPt 10-jan.-2012[920]; neste último caso, o Supremo teve o cuidado de explicar que se tratava, apenas, de revelar o essencial, sem pormenores; também em RLx 13-mai.-1999 se entendeu que, no arrolamento de conta bancária, dado o segredo, bastava indicar o estabelecimento e o nome do titular[921];

903 STJ 28-jun.-1994 (Miranda Gusmão), CJ/Supremo II (1994) 2, 163-165.

904 RCb 21-nov.-1995 (Pires da Rosa), CJ XX (1995) 5, 36-38.

905 RPt 7-mar.-1996 (Oliveira Barros), CJ XXI (1996) 2, 179-182.

906 STJ 10-dez.-1997 (Torres Paulo), CJ/Supremo V (1997) 3, 170-171.

907 RLx 9-nov.-1999 (Santana Guapo), CJ XXIV (1999) 5, 78-80 (79/II).

908 STJ 21-mar.-2000 (Pinto Monteiro), CJ/Supremo VI (2000) 1, 130-132 (132/II).

909 RLx 14-nov.-2000 (Santos Martins), CJ XXV (2000) 5, 95-96: os herdeiros nem serão terceiros, perante o segredo.

910 RLx 28-fev.-2002 (Lino Pinto), CJ XXVII (2002) 1, 130-131 (131), com idêntico reparo.

911 RGm 15-nov.-2011 (Fernando Fernandes Freitas), Proc. 134/09.

912 RLx 4-dez.-2012 (Orlando Nascimento), Proc. 1555/09; RCb 17-dez.-2014 (Fonte Ramos), Proc. 464/12.

913 STJ 19-abr.-1995 (Santos Monteiro), CJ/Supremo III (1995) 2, 37-39.

914 RLx 5-mar.-2002 (Rua Dias), CJ XXVII (2002) 2, 71-74.

915 RLx 16-nov.-2006 (Santos Jorge), CJ XXXI (2006) 5, 89-91.

916 RGm 10-nov.-2011 (António Sobrinho), Proc. 855/10.

917 RLx 9-jul.-2014 (José Pimentel Marcos), Proc. 825/12.

918 RCb 7-nov.-1989 (Pereira da Silva), CJ XIV (1989) 5, 45-46.

919 STJ 31-out.-1995 (Cardona Ferreira), CJ/Supremo III (1995) 3, 88-90.

920 RPt 10-jan.-2012 (Henrique Araújo), Proc. 5336/10.

921 RLx 13-mai.-1999 (Carlos Valverde), CJ XXIV (1999) 3, 99-100 (100/I).

- o sigilo cede perante a penhora: RLx 22-set.-1994[922], RPt 12-jun.-1995[923], RLx 22-jun.-1995[924]; RLx 30-nov.-1995[925], REv 18-jun.-1996[926], RLx 8-out.-1996[927], STJ 14-jan.-1997[928], STJ 8-abr.-1997[929], REv 4-nov.-1997[930], REv 20-nov.-1997[931], RLx 18-dez.-2002[932], RLx 5-jun.-2003[933] e RPt 15-mai.-2012[934];
- o sigilo não vigora nas relações internas entre o banco e o seu trabalhador: o arguido de depósitos irregulares na própria conta pode ver o empregador inspecionar a mesma, para efeitos disciplinares: tal o caso de RLx 5-jul.-1989[935], confirmado pelo STJ 29-mar.-1991[936]; em STJ 2-dez.-2004 entendeu-se, porém, que o sigilo pode impedir o exercício da ação disciplinar[937];
- o sigilo pode ceder para se apurar a validade de certos negócios jurídicos[938], para se fixarem alimentos[939] ou para averiguar uma mega-fraude[940];
- não pode, com base no sigilo, recusar-se a indicação de quem são os sócios de uma cooperativa de crédito[941].

II. De todo o modo, a jurisprudência atual deixa sempre pairar a exigência de uma concreta ponderação de interesses[942], nunca devendo

[922] RLx 22-set.-1994 (Pires Salpico), CJ XIX (1994) 4, 92-93.

[923] RPt 12-jun.-1995 (Antero Ribeiro), CJ XX (1995) 3, 235-237.

[924] RLx 22-jun.-1995 (Pires Salpico), CJ XX (1995) 3, 134-136.

[925] RLx 30-nov.-1995 (Luís Fonseca; vencido: Noronha Nascimento, mas não nesse ponto), CJ XX (1995) 5, 129-130.

[926] REv 18-jun.-1996 (Pita de Vasconcelos), CJ XXI (1996) 3, 276-278.

[927] RLx 8-out.-1996 (Ferreira Pascoal), CJ XXI (1996) 4, 134-126.

[928] STJ 14-jan.-1997 (Cardona Ferreira), CJ/Supremo V (1997) 1, 44-46.

[929] STJ 8-abr.-1997 (Martins da Costa), CJ/Supremo V (1997) 2, 37-39 (38).

[930] REv 4-nov.-1997 (Pita de Vasconcelos), CJ XXII (1997) 5, 258-260 (259/II).

[931] REv 20-nov.-1997 (Ribeiro Luiz), BMJ 471 (1997), 481 (o sumário).

[932] RLx 18-dez.-2002 (Sousa Grandão), CJ XXVII (2002) 5, 115-117 (117/I).

[933] RLx 5-jun.-2003 (Ezaguy Martins), CJ XXVIII (2003) 3, 105-107 (107/I).

[934] RPt 15-mai.-2012 (Vieira e Cunha), Proc. 1911/08.

[935] RLx 5-jul.-1989 (Roberto Valente), CJ XIV (1989) 4, 176-178.

[936] STJ 29-mar.-1991 (Barbieri Cardoso), BMJ 407 (1991), 308-310.

[937] STJ 2-dez.-2004 (Victor Mesquita), CJ/Supremo XII (2204) 3, 276-286.

[938] RGm 26-abr.-2007 (Espinheira Baltar), CJ XXXII (2007) 2, 276-277.

[939] RPt 7-abr.-2005 (Oliveira Vasconcelos), CJ XXX (2005) 2, 177-181 e RGm 10-nov.-2011 (Helena Melo), Proc. 460/11.

[940] RPt 13-nov.-2006 (Fonseca Ramos), CJ XXXI (2006) 5, 171-174.

[941] REv 22-mar.-2012 (José António Penetra Lúcio), Proc. 194/09.

[942] Assim, em STJ 8-fev.-1990 (Cabral de Andrade), BMJ 394 (1990), 417-421, entendeu-se que o sigilo bancário prevalecia sobre os interesses fiscais sucessórios; em

a quebra do sigilo ir além do necessário[943]. Trata-se de uma orientação que merece inteiro aplauso. O segredo é concedido, em primeira linha, em benefício do cliente: não do banqueiro[944], embora surja evidente que este, para além do dever, tem também todo o interesse na sua defesa.

III. Parece ainda resultar um certo abrandamento no tocante à litigiosidade ligada ao segredo bancário. Os operadores jurídicos – particularmente as partes interessadas – têm uma consciência crescente dos limites privados do segredo. Assim, quando solicitadas, prestam espontaneamente as informações pedidas.

131. **Segue**; d) **Aspetos processuais**

I. Os tribunais têm vindo a aperfeiçoar os aspetos atinentes ao sigilo e ao seu levantamento. Torna-se possível, nessa base, fixar grandes parâmetros.

Suscitado um problema de segredo bancário, cumpre verificar se existe alguma disposição legal que expressamente a afaste, tal como ocorre com o cheque sem provisão, com a criminalidade organizada e com o branqueamento de capitais. Não a havendo, compete ao tribunal ponderar os interesses em presença[945].

Cabe ao tribunal da causa decidir se a invocação do sigilo é legítima[946], havendo recurso da sua decisão[947]. Quando legítima, pode o tribunal conformar-se, desistindo da informação[948]; quando não se conforme, terá de lançar mão do processo previsto no artigo 135.º/3 do Código de

REv 28-nov.-2013 (Paula do Paço), Proc. 214/12, julgou-se que ele prevalece sobre os interesses em jogo numa ação de despedimento; em REv 16-jun.-2016 (Paulo Amaral), Proc. 494/3, sobre a instauração de uma execução por custas.

[943] Tal o caso decidido em RPt 6-mai.-1993 (Carlos Matias), CJ XVIII (1993) 3, 195-196, já com invocação do RGIC: em processo executivo, apenas havia que revelar o saldo de uma conta e não os depósitos anteriores. Também em RLx 17-fev.-2000 (Carlos Valverde), CJ XXV (2000) 1, 121-123, a propósito da concessão de apoio judiciário, pode o Tribunal pedir a indicação (apenas) do saldo.

[944] STJ 16-abr.-1998 (Sousa Inês), CJ/Supremo VI (1998) 2, 37-38 (38/I).

[945] RPt 26-mar.-2008 (Élia São Pedro) cit., 226.

[946] RLx 6-fev.-2007 (Vieira Lamim), CJ XXXII (2007) 1, 136-138; RLx 28-mar.-2007 (Conceição Gonçalves) cit., 128.

[947] RLx 6-mar.-2008 (Fernando Estrela), CJ XXXIII (2008) 2, 137-140 (139/II).

[948] RLx 6-fev.-2007 (Vieira Lamim) cit., 136.

Processo Penal[949]: um procedimento que pressupõe a recusa, pela instituição de crédito em causa, de revelar a informação em jogo[950]. Havendo caso julgado, não cabe à Relação pronunciar-se[951].

II. No âmbito desta matéria, o Pleno das Secções Criminais do Supremo, em acórdão de 13 de fevereiro de 2008, uniformizou a seguinte jurisprudência[952]:

> 1) Requisitada a instituição bancária, no âmbito de inquérito criminal, informação referente a conta de depósito, a instituição interpelada só poderá legitimamente escusar-se a prestá -la com fundamento em segredo bancário;
> 2) Sendo ilegítima a escusa, por a informação não estar abrangida pelo segredo, ou por existir consentimento do titular da conta, o próprio tribunal em que a escusa for invocada, depois de ultrapassadas eventuais dúvidas sobre a ilegitimidade da escusa, ordena a prestação da informação, nos termos do n.º 2 do artigo 135.º do Código de Processo Penal;
> 3) Caso a escusa seja legítima, cabe ao tribunal imediatamente superior àquele em que o incidente se tiver suscitado ou, no caso de o incidente se suscitar perante o Supremo Tribunal de Justiça, ao pleno das secções criminais, decidir sobre a quebra do segredo, nos termos do n.º 3 do mesmo artigo.

III. Os nossos tribunais superiores permitem, ainda, outros ensinamentos procedimentais, com relevo substantivo, que devem ser retidos. Assim:

- a recusa de um banco não legitima, de imediato, uma ordem de busca[953];
- a quebra do sigilo bancário é excecional, não se justificando para apurar uma burla que não chega aos 50 euros[954];
- *idem*, quando a excecionalidade, no tocante ao segredo do advogado[955];

[949] RGm 19-fev.-2007 (Nazaré Saraiva), CJ XXXII (2007) 1, 290-291.

[950] REv 21-fev.-2013 (Maria Isabel Silva), Proc. 3033/09.

[951] RCb 20-mar.-2012 (António Beça Pereira), Proc. 137-08.8TBAGN.

[952] STJ(P) 13-fev.-2008 (Eduardo Maia Costa), DR I Série, n.º 63, de 31-mar.-2008, 1879-1885 (1884-1885).

[953] RPt 21-mar.-2007 (Luís Gominho), CJ XXXII (2007) 2, 201-203.

[954] RPt 26-set.-2007 (Luís Gominho), CJ XXXII (2007) 4, 218-220.

[955] RGm 11-out.-2004 (Nazaré Saraiva), CJ XXIX (2004) 4, 295-297; *vide*, ainda, RLx 21-set.-2005 (Varges Gomes), CJ XXX (2005) 4, 137-139 (138/I, com elementos históricos).

– ao arguido, que não está obrigado a prestar declarações, não é aplicável o artigo 135.º/1 do Código de Processo Penal[956];
– o parecer da Ordem dos Advogados sobre o segredo profissional não é vinculativo para os tribunais[957];
– o regime específico sobre buscas a escritórios de advogados não se aplica quanto à apreensão de documentos contabilísticos em departamento de contabilidade, ainda que chefiado por advogado[958].

132. O branqueamento de capitais

I. O branqueamento designa, em geral, a utilização de banqueiros para dissimular a origem criminosa da obtenção de fundos[959]. Temos elementos interessantes na Alemanha[960], em França[961] e em Itália[946] e, ainda,

[956] RLx 9-jul.-2008 (Sérgio Gonçalves Poças), CJ XXXIII (2008) 3, 143-145.

[957] RLx 24-set.-2008 (Nuno Silva Garcia), CJ XXXIII (2008) 4, 134-136.

[958] RLx 3-dez.-2008 (Nuno Silva Garcia), CJ XXXIII (2008) 5, 143-145 (145/I).

[959] Na literatura nacional, *vide* António de Campos, *Luta contra a "lavagem de dinheiro"/Participação do sistema financeiro nessa luta*, RB 15 (1990), 127-158, Jorge Patrício Paúl, *A banca perante o branqueamento de capitais*, RB 26 (1993), 41-71, José Maria Pires, *Direito bancário* cit., 2, 78-95, Vasco Soares da Veiga, *Direito bancário* cit., 225-272 e Joaquim Malafaia, *O segredo bancário* cit., 425 ss..

[960] Na Alemanha (*Geldwäsche*) a Diretriz n.º 91/308/CEE foi transposta pelo *Gesetz über das Aufspüren von Gewinnen aus schweren Straftaten* ou *Geldwäschegesetz*, de 25-out.-1993. Além das obras gerais e sob o signo da prevenção contra uma excessiva ingerência de tipo policial no segredo bancário, *vide* Felix Herzog, *Der Banken als Fahnder? Von der Verdachtsanzeige zur systematischen Verdachtsgewinnung/Entwicklungstendenzen der Geldwäschenbekämpfung*, WM 1996, 1753-1763, Joachim Dahm, *Banken im Spannungsfeld zwischen Staat und Kunden/Der Versuch einer Standortbestimmung am Beispiel der Weitergabe von Daten an staatliche Stellen*, ZIP 1996, 1285-1292, Erwin Ruff, *Wahrung des Bankeheimnisses*, Sparkasse 1996, 190, Helmut Bruchner, *Geldwäsche*, em Herbert Schimansky, *Bankrechts-Handbuch* 1 (1997), § 42, 718 ss. e Sandra Fishbeck, *Geldwäsche*, *idem*, 1, 4.ª ed. (2011), § 42, 936-1049, como escrito de referência, com muita literatura. Com elementos atualizados: Michael Findelsen, *Geldwäschegesetz*, em Derleder/Knops/Bamberger, *Handbuch zum deutschen und europäischen Bankrecht*, 2.ª ed. (2009), 2121-2141; Jens Bülte, *Gesetzgebung zur Geldwäsche – Compliance as Vorbild oder abschreckendes Beispiel*, BB 2016, Nr. 17, I.

[961] Em França (*blanchissement*), já antes da Diretriz n.º 91/308/CEE haviam sido tomadas medidas pela Lei de 12-jul.-1990; Rives-Lange/Contamine-Raynaud, *Droit bancaire* cit., 6.ª ed., 165 ss., Lamy, *Droit du financement* (2001), n.º 2496 (1246), Olivier Jerez, *Le blanchiment de l'argent*, 2.ª ed. (2003), 396 pp. e Gavalda/Stoufflet, *Droit bancaire*, 8.ª ed. (2010), n.º 301 ss. (171 ss.).

em países que não pertencem à União Europeia[963]. O problema liga-se ao crime organizado e ao tráfego de droga.

O artigo 368.°-A do Código Penal, aditado pela Lei n.° 11/2004, de 27 de março, refere:

> (...) factos ilícitos típicos de lenocínio, abuso sexual de crianças ou de menores dependentes, extorsão, tráfico de estupefacientes e substâncias psicotrópicas, tráfico de armas, tráfico de órgãos ou tecidos humanos, tráfico de espécies protegidas, fraude fiscal, tráfico de influência e demais infrações referidas no n.° 1 do artigo 1.° da Lei n.° 36/94, de 29 de setembro.

A dimensão assumida por estes temas levou ao aparecimento de instrumentos internacionais determinados a combatê-lo, com relevo para a Diretriz n.° 91/308/CEE, do Conselho, de 10 de junho[964]. Esta Diretriz foi transposta para a ordem interna pelo Decreto-Lei n.° 313/93, de 15 de setembro[965] [966]. A Diretriz n.° 91/308, de 10 de junho, foi alterada pela

[962] Em Itália (*riciclaggio*), *vide* Gianfelici, *Il segreto bancario* cit., 217 ss., Francesco Vella, *Attività bancaria internazionale e sistema di vigilanza: la nuova disciplina comunitaria*, BBTC 48 (1995), 749-784 (752 ss.) e Molle/Desiderio, *Manuale di diritto bancario*, 7.ª ed. (2005), 36 ss..

[963] Fora da União Europeia, registam-se, também, medidas de tipo policial restritivas do segredo bancário. Assim, nos Estados Unidos, *vide* Heribert Hirte/Karsten Otto, *Die Rechtsentwicklung im Bankrecht in den Vereinigten Staaten im Jahre 1993*, ZBB 1994, 189-190 (189), onde se relata um caso em que se admitiu a denúncia de um banqueiro (o *Chemical Bank*) em relação a um cliente que, através de depósitos em *cash* e em cheques de viagem, traficava em divisas, enquanto, na Suíça, encontramos em SchwBG 16-ago.-1993, SZW 1994, 97, uma decisão judicial restritiva, por razões fiscais. A montagem do serviço de informações automáticas funciona, também, na Suíça: Peter Happe/ /Peter Aschwanden/Reto Giger, *Schweizer Vermögen auf Deutschen Banken unten dem ALA*, BKR 2016, 194-199.

[964] Outros esquemas se seguem: a lavagem do dinheiro atinge níveis cada vez mais subtis; *vide* Joachim Valh/Andre Schmidt, *Geldwäschebekämpfung: Stringende Gefährdungsanalyse erhöt Erfolgsquote*, Bank 2003, 622-625 e Olivier Jerez, *Le blanchissement*, 2.ª ed. cit., 71 ss. e 128 ss..

[965] Ret. n.° 231/93, de 30 de novembro. Este diploma foi alterado pelo Decreto-Lei n.° 323/2001, de 17 de dezembro.

[966] Na Alemanha, a transposição foi feita pela Lei de 25-out.-1993, conhecida por *Geldwäschegesetz* ou GwG, alterada pela Lei de 4-mai.-1998; cf. Kurt Dittrich, *Die gesetzlichen Regelung der Geldwäsche und ihre Reform/Eine Praxisanalyse*, DStR 1998, 342-347 e Thorsten Höche, Neues Instrumentarium zur Geldwäschebekämpfung, Bank 1998, 618-624.

Diretriz n.° 2001/97/CEE, de 4 de dezembro. Esta foi transposta pela Lei n.° 11/2004, de 27 de março.

Entre outros aspetos, este diploma previa o seguinte:

- uma obrigação do banqueiro de identificar o seu cliente habitual ou o ocasional que efetue uma transação que atinja ou ultrapasse os 12.500 euros e de apurar, na hipótese de atuação por conta de outrem, quem é o *dominus* (artigo 15.°)[967];
- um dever do banqueiro de denunciar à autoridade judiciária competente suspeitas de operações capazes de implicar o crime de branqueamento (artigo 18.°)[968];
- um dever de não praticar atos de branqueamento (artigo 4.°).

II. O Decreto-Lei n.° 325/95, de 2 de dezembro, viera punir o branqueamento de fundos provenientes de crimes de terrorismo, tráfego de armas, extorsão de fundos, rapto, lenocídio, corrupção e outras infrações. Além disso – artigo 3.° – alargou a estas situações os deveres do banqueiro já impostos quanto à matéria dos fundos provenientes do tráfego de droga. Tudo isto deve ser articulado, no processo, de modo a permitir a defesa dos arguidos[969]. O Decreto-Lei n.° 325/95 foi diversas vezes alterado, a última das quais pela Lei n.° 10/2002, de 11 de fevereiro. Acabaria por ser revo-

[967] Esta obrigação de identificar o cliente vem impedir a prática – de resto nunca existente entre nós, nem na generalidade dos países, como na Alemanha – das contas numeradas, isto é: das contas identificadas, apenas, por um número, de tal modo que nem o banqueiro conheça a identidade do cliente. As contas numeradas na Suíça eram, na realidade, contas identificadas, mas cujo titular apenas era conhecido por dois ou três quadros superiores do banco; os empregados apenas conheciam o titular pelo número, num esquema destinado a reforçar o segredo; em compensação, na Áustria admitiam-se verdadeiras contas numeradas, num esquema que surge prejudicado pela legislação comunitária sobre lavagem de dinheiro; *vide* Hanns Fritz, *Anonymität*, *Identitätfeststellung und Bankgeheimnisses*, ÖBA 1996, 409-428, assaz crítico em relação à devassa das contas. A jurisprudência, por seu turno, sublinha a necessidade de o banqueiro conferir a veracidade dos elementos apresentados: Paris 21-jan.-1997, RTDComm 50 (1997), 296-297.

[968] Trata-se de um dever que não pode ser tomado como missão policial: não é essa a função do banqueiro. Quando encontra uma situação grave, que preencha o tipo legal, o banqueiro comunica-o: mas não lhe cabe realizar investigações. *Vide* Felix Herzog, *Der Banker als Fahnder?* [i. é: *O banqueiro como indagador?*] cit., 1753 ss., chamando a atenção para a necessidade de evitar excessos, nesta via.

[969] Hans Christoph Schaefer/Günther Wittig, *Geldwäsche und Strafverteidiger*, NJW 2000, 1387-1389.

gado pela Lei n.º 11/2004, de 27 de março, que absorveu as suas regras, Lei essa que foi substituída pela Lei n.º 25/2008, de 5 de junho.

Temos, hoje, toda uma produção legislativa referente à matéria do branqueamento. Assim:

- a Lei n.º 32/95, de 18 de agosto, veio autorizar o Governo a legislar no âmbito do branqueamento de capitais e de outros bens provenientes de crimes;
- o Decreto-Lei n.º 325/95, de 2 de dezembro, veio fazer uso desta autorização;
- a Lei n.º 65/98, de 2 de setembro, que alterou o Código Penal, bem como o Decreto-Lei n.º 325/95;
- o Decreto-Lei n.º 323/2001, de 17 de dezembro, que alterou os Decretos-Leis n.º 313/93, de 15 de setembro e n.º 325/95, de 2 de dezembro;
- a Lei n.º 5/2002, de 11 de janeiro[970], que estabelece medidas de combate à criminalidade organizada e económico-financeira, estabelecendo ainda, em certos casos, um regime especial de recolha de prova, de quebra do segredo profissional e de perda de bens a favor do Estado[971];
- Lei n.º 10/2002, de 11 de fevereiro[972], que altera o Decreto-Lei n.º 325/95;
- Lei n.º 11/2002, de 27 de março, que estabelece o regime sancionatório aplicável a situações de incumprimento das sanções impostas por regulamentos comunitários e estabelece procedimentos cautelares de extensão do seu âmbito material[973];
- Decreto-Lei n.º 148/2003, de 11 de julho, que transpõe a Diretriz n.º 2000/52/CE, de 26 de julho, que altera a Diretriz n.º 80/723/ /CEE, de 25 de junho, relativa à transparência das relações financeiras entre as entidades públicas dos Estados Membros e as empresas públicas;
- Lei n.º 11/2004, de 27 de março, que estabelece o regime de prevenção e de repressão do branqueamento de vantagens de proveniência ilícita, alterando o Código Penal e o Decreto-Lei n.º 15/93, de 22 de

[970] Ret. n.º 5/2002, de 6 de fevereiro.

[971] *Vide* Jorge Dias Duarte, *Lei n.º 5/2002, de 11 de Janeiro/Breve comentário aos novos regimes de segredo profissional e de perda de bens a favor do Estado*, RMP 2003, 141-154.

[972] Ret. n.º 11/2002, de 14 de março.

[973] O artigo 6.º desta Lei remete para as disposições especiais relativas ao branqueamento de capitais.

janeiro, revogando os Decretos-Leis n.º 313/93, de 15 de setembro e n.º 325/95, de 2 de dezembro;
- Lei n.º 27/2004, de 16 de julho, que altera a Lei n.º 11/2004;
- Decreto-Lei n.º 120/2005, de 26 de julho, que altera os artigos 1.º, 4.º, 6.º e 7.º do Decreto-Lei n.º 148/2003, de 11 de julho;
- Lei n.º 25/2008, de 5 de junho, que estabelece o novo regime, revogando a Lei n.º 11/2004;
- Decreto-Lei n.º 317/2009, de 30 de outubro, que a propósito das instituições de pagamento, alterou os artigos 3.º e 24.º da Lei n.º 25/2008;
- Lei n.º 46/2011, de 24 de junho, criadora de tribunais especializados e que modificou o artigo 57.º da Lei n.º 25/2008;
- Decreto-Lei n.º 242/2012, de 8 de novembro: altera os seus artigos 3.º, 24.º e 25.º;
- Decreto-Lei n.º 18/2013, de 6 de fevereiro: modifica os seus artigos 2.º e 64.º e adita o artigo 40.º-A;
- Decreto-Lei n.º 157/2014, de 24 de outubro: intervem em temas sancionatórios, alterando os artigos 54.º e 55.º e aditando os artigos 54.º-A, 55.º-A, 55.º-B e 57.º-A;
- Lei n.º 62/2015, de 24 de junho: modifica os seus artigos 4.º, 7.º, 19.º, 35.º, 36.º, 38.º, 39.º e 50.º;
- Lei n.º 118/2015, de 31 de agosto: altera o artigo 2.º/5, sempre da Lei n.º 25/2008.

III. A matéria do branqueamento vem surgindo como parte de um subsistema – o do Direito penal financeiro – cujo manuseio exige, hoje, um conhecimento e uma prática cada vez mais especializados. A globalização da economia e a facilidade com que se transferem fundos para qualquer ponto do Planeta torna agudos problemas antigos, merecendo a atenção dos legisladores. O terrorismo internacional constituiu mais um ensejo, nesse sentido.

O legislador europeu reformulou os seus quadros. Foi adotada a Diretriz n.º 2005/60/CE, de 26 de outubro[974], relativa à prevenção da utilização do sistema financeiro para efeitos de branqueamento de capitais e de financiamento do terrorismo. Esse diploma prevê um dever dos Estados-Membros de prevenir o branqueamento do dinheiro, através da "vigilância da clientela" (8.º/1). Os mecanismos, para esse feito, foram afinados, tendo sido revogada a anterior Diretriz n.º 91/308/CEE.

[974] JOCE N. L-309, 15-36, de 25-nov.-2005.

A Diretriz n.º 2005/60 foi objeto de "medidas de execução" adotadas pela Diretriz n.º 2006/70/CE, de 1 de agosto[975] e, ainda (ligeiramente), alterada pela Diretriz n.º 2008/20/CE, de 11 de março[976].

As Diretrizes n.º 2005/60/CE e n.º 2006/70/CE foram transpostas pela Lei n.º 25/2008, de 5 de junho. Este diploma aplica-se a entidades financeiras (3.º) e não financeiras, tais como casinos e pagadoras de apostas (4.º), sujeitando-as aos seguintes deveres gerais (6.º), depois explicitados:

a) Dever de identificação;
b) Dever de diligência;
c) Dever de recusa;
d) Dever de conservação;
e) Dever de exame;
f) Dever de comunicação;
g) Dever de abstenção;
h) Dever de colaboração;
i) Dever de segredo;
j) Dever de controlo;
l) Dever de formação.

No fundo, está em causa um dever de conhecer a realidade financeira a que se reportem e de comunicar as anomalias às entidades competentes. São proibidas as relações com bancos de fachada (30.º/1). Os próprios advogados e solicitadores devem comunicar ao bastonário da Ordem e ao presidente da Câmara dos Solicitadores, respetivamente, as "operações suspeitas", as quais, "sem filtragens", as restransmitirão ao Procurador-geral da República e à Unidade de Informação Financeira (35.º/1). A fiscalização dos deveres em jogo é atribuída, quanto às entidades financeiras, ao Banco de Portugal, à CMVM e ao Instituto de Seguros de Portugal, conforme as atribuições – 38.º, *a*). Fica previsto todo um esquema sancionatório aplicável, inclusive, aos advogados (58.º/1).

IV. Estamos perante normas graves, que vêm bulir com a deontologia de várias profissões. O jurista deverá considerá-las justificadas, pelo menos enquanto se mantiverem os perigos graves que pretendem enfrentar. Importa, agora, divulgar essas regras, de modo que não mais se faça passar

[975] JOCE N. L-214, 29-34, de 4-ago.-2006.
[976] JOCE N. L-76, 46-47, de 19-mar.-2008.

a ideia de uma inação do Direito, em face do grande crime internacional, esteja ele, ou não, sob a capa de credos terroristas.

133. A fiscalização tributária

I. O segundo ponto que poderá exigir a quebra do sigilo fiscal é o da fiscalização tributária[977].

Classicamente, apenas em casos muito pontuais[978] a Administração e a Fiscalização Tributárias tinham acesso a elementos bancários ou similares dos contribuintes[979].

De resto, vigoravam os artigos 108.° do CIRC e 125.° do CIRS que permitem o livre acesso dos funcionários da DGCI, encarregados da fiscalização, aos mais diversos locais, mas sem especificar os banqueiros e as suas instalações.

II. Uma linha mais radical, quer por, do segredo bancário, ter uma ideia – francamente oposta à atual panorâmica da doutrina – contrária à da sua aproximação dos direitos fundamentais[980], quer por subscrever uma aplicação isolada do princípio da tributação pelo lucro real[981], entende que os aludidos poderes limitam o segredo bancário. De modo algum: segundo o artigo 34.°/3 do Decreto-Lei n.° 363/78, de 28 de novembro, todos esses poderes só podem ser exercidos contra a vontade do contribuinte *quando ordenado pela autoridade judicial competente em pedido fundamentado pelo respetivo funcionário da fiscalização tributária*[982].

Não se vislumbrava nenhuma intenção normativa de revogar o citado artigo 34.°/3. Além disso, era gravemente disfuncional admitir que, para investigar um crime, o próprio juiz tenha de se socorrer do artigo 135.° do Código de Processo Civil, pedindo autorização a um tribunal supe-

[977] Joachim Wieland, *Zinsbesteuerung und Bankgeheimnis*, JZ 2000, 272-275.

[978] Assim o artigo 137.° do revogado Código da Sisa. Para outros elementos sobre esta matéria e a sua evolução: Capelo de Sousa, *O segredo bancário* cit., 210 ss..

[979] A evolução legislativa desta problemática pode ser seguida em Jorge Patrício Paúl, *O sigilo bancário e a sua relevância fiscal*, ROA 2002, 573-603 (578 ss.).

[980] Benjamim Rodrigues, *O sigilo bancário e o sigilo fiscal*, em *Colóquio* cit., 101-113.

[981] Saldanha Sanches, *Segredo bancário e tributação do lucro real*, CTF n.° 375 (1995), 25-42.

[982] Vasco Soares da Veiga, *Direito bancário* cit., 268.

rior, enquanto o funcionário fiscal o poderia fazer livremente. Finalmente: admitir que a Administração pudesse aceder, sem prévio controlo judicial, a *tudo* quanto respeite aos cidadãos, sem o consentimento destes – portanto: pela força – seria um extraordinário retrocesso na ideia de Estado de Direito e da separação dos poderes. Em suma: a defesa dos direitos de personalidade e dos direitos fundamentais requer, sempre, lei expressa e via jurisdicional, como modo de limitar certos direitos, entre os quais o sigilo bancário e o que ele representa. Diversos preceitos constitucionais o exigem, com relevo para os artigos 32.º/6 e 34.º, além, naturalmente, 25.º/1 e 26.º/1, todos da nossa lei fundamental.

Nessa linha, o artigo 63.º/2 da Lei Geral Tributária, aprovada pelo Decreto-Lei n.º 398/98, de 17 de dezembro, só permitia a quebra do sigilo bancário pelas autoridades fiscais mediante prévia autorização judicial, sem exceções.

III. Processou-se, depois, todo um debate relativo a uma reforma fiscal que limitaria o segredo bancário. Seria a forma de reduzir uma alegada fuga fiscal, demagogicamente apresentada, por forças políticas opostas, como sendo a causa do défice das contas públicas.

Assim se chega à Lei Orçamental n.º 30-G/2000, de 29 de dezembro[983], que alterou o artigo 63.º da Lei Geral Tributária, permitindo a derrogação do dever de sigilo bancário pela administração tributária, sem prévia autorização judicial, nos casos previstos na lei. E logo o artigo 63.º-B/1 prevê, de facto, essa derrogação em várias situações, designadamente perante benefícios fiscais e em face da impossibilidade de comprovar direta e exatamente a matéria tributária ou quando haja um afastamento dos padrões de rendimento que seria de esperar.

A constitucionalidade desta medida é contestável[984]: basta ver que se pretende reduzir a um tema fiscal algo que se prende visceralmente com direitos fundamentais. No século XXI, essa defesa não passa pela proibição de torturas ou de confiscos, de puro relevo histórico: processa-se, sim, no controlo do Estado e na vida e sossego privados de cada um.

[983] Aprovada, em termos caricatos, devido à abstenção de um deputado que pretendia defender o *queijo limiano*.

[984] Capelo de Sousa, *O segredo bancário* cit., 222-223: este Autor opta pela inconstitucionalidade na parte em que sejam atingidas pessoas singulares. Tem razão. Só que também as pessoas coletivas têm direitos de personalidade, podendo-lhes ser estendido o regime constitucional reforçado.

E fundamentalmente: não conseguimos entender por que não pode a Administração Fiscal passar pelo juiz – até se podia prever um processo acelerado para o efeito – acedendo, então, aos "segredos" de contribuinte e isso quando a própria investigação criminal tem de o fazer, pedindo mandados e validando escutas!

IV. A matéria foi novamente alterada pela Lei n.° 55-B/2004, de 30 de dezembro, que deu a seguinte redação ao artigo 63.°-B da Lei Geral Tributária, epigrafado "acesso a informações e documentos bancários":

> 1 – A administração tributária tem o poder de aceder a todas as informações ou documentos bancários sem dependência do consentimento do titular dos elementos protegidos:
>
> *a*) Quando existam indícios da prática de crime em matéria tributária;
> *b*) Quando existam factos concretamente identificados indiciadores da falta de veracidade do declarado.
>
> 2 – A administração tributária tem, ainda, o poder de aceder diretamente aos documentos bancários, nas situações de recusa da sua exibição ou de autorização para a sua consulta:
>
> *a*) Quando se trate de documentos de suporte de registos contabilísticos dos sujeitos passivos de IRS e IRC que se encontrem sujeitos a contabilidade organizada;
> *b*) Quando o contribuinte usufrua de benefícios fiscais ou de regimes fiscais privilegiados, havendo necessidade de controlar os respetivos pressupostos e apenas para esse efeito.
>
> 3 – A administração tributária tem, ainda, o poder de aceder a todos os documentos bancários, exceto às informações prestadas para justificar o recurso ao crédito, nas situações de recusa de exibição daqueles documentos ou de autorização para a sua consulta:
>
> *a*) Quando se verificar a impossibilidade de comprovação e qualificação direta e exata da matéria tributável, nos termos do artigo 88.°, e, em geral, quando estejam verificados os pressupostos para o recurso a uma avaliação indireta;
> *b*) Quando se verificar a situação prevista na alínea *f*) do artigo 87.° ou os rendimentos declarados em sede de IRS se afastarem significativamente, para menos, sem razão justificada, dos padrões de rendimento que razoavelmente possam permitir as manifestações de riqueza evidenciadas pelo sujeito passivo, nos termos do artigo 89.°-A;

c) Quando seja necessário, para fins fiscais, comprovar a aplicação de subsídios públicos de qualquer natureza.

4 – As decisões da administração tributária referidas nos números anteriores devem ser fundamentadas com expressa menção dos motivos concretos que as justificam e são da competência do diretor-geral dos Impostos ou do diretor-geral das Alfândegas e dos Impostos Especiais sobre o Consumo, ou seus substitutos legais, sem possibilidade de delegação.

5 – Os atos praticados ao abrigo da competência definida no número anterior dependem da audição prévia do contribuinte nos casos previstos nos n.os 2 e 3 e são suscetíveis de recurso judicial com efeito meramente devolutivo, exceto nas situações previstas no n.º 3, em que o recurso possui efeito suspensivo.

6 – Nos casos de deferimento do recurso previsto no número anterior, os elementos de prova entretanto obtidos não podem ser utilizados para qualquer efeito em desfavor do contribuinte.

7 – As entidades que se encontrem numa relação de domínio com o contribuinte ficam sujeitas aos regimes de acesso à informação bancária referidos nos n.os 1, 2 e 3.

8 – O acesso da administração tributária a informação bancária relevante relativa a familiares ou terceiros que se encontrem numa relação especial com o contribuinte depende de autorização judicial expressa, após audição do visado, obedecendo aos requisitos previstos no n.º 4.

9 – O regime previsto nos números anteriores não prejudica a legislação aplicável aos casos de investigação por infração penal e só pode ter por objeto operações e movimentos bancários realizados após a sua entrada em vigor, sem prejuízo do regime vigente para as situações anteriores.

10 – Para os efeitos desta lei, considera-se documento bancário qualquer documento ou registo, independentemente do respetivo suporte, em que se titulem, comprovem ou registem operações praticadas por instituições de crédito ou sociedades financeiras no âmbito da respetiva atividade, incluindo os referentes a operações realizadas mediante utilização de cartões de crédito.

O presente preceito apresenta-se como uma autêntica salada: o que não admira, se tivermos em conta as circunstâncias rocambolescas que presidiram à aprovação e à promulgação do Orçamento do Estado para 2005 e ao salto em frente que o então já demissionário Governo decidiu dar.

O n.º 1 do transcrito artigo 63.º-B já permite, à Administração Fiscal, aceder aos elementos bancários que entender: dará as justificações que lhe aprouver, sem hipótese de recurso judicial (n.º 5, *a contrario*), nem mesmo devolutivo.

Tratava-se de um preceito claramente inconstitucional: viola o artigo 26.º/1 (direito à reserva da intimidade da vida privada)[985]. Mas além disso, viola o artigo 19.º/1 – há uma suspensão de direitos, liberdades e garantias, fora do que a Constituição permite – o artigo 20.º/1 – acesso à justiça e tutela jurisdicional efetiva – o artigo 103.º/2 – princípio da tipicidade tributária – e o artigo 266.º/2 (princípio da proporcionalidade): todos da Constituição. Esta não pode ser invocada quando convenha e esquecida nos restantes casos.

Independentemente das (naturais) divergências de pensamento, cremos que este tema deve ser despartidarizado. É pouco provável que o artigo 63.º-B da Lei Geral Tributária, mesmo a não ser declarado inconstitucional, tenha grande aplicação: prevalecerá o bom senso da Administração Tributária. Além disso, tecnicamente, o País pode fazer melhor.

V. A jurisprudência dos Tribunais Centrais Administrativos veio, pacientemente, a integrar as regras apontadas nos quadros de um moderno Estado de Direito[986]. Assim:

– exigência de indícios da prática de crime doloso e não meras suspeitas de inveracidade das declarações[987];
– necessidade de fundamentação requer razões adequadas e credíveis[988];
– essa fundamentação, no âmbito dos artigos 63.º/2, 63.º-A e 63.º-B, aditados pela Lei n.º 30-G/2000, de 29 de novembro, deve indicar factos concretos[989];
– tais factos devem estar provados[990];
– cabe à Administração Tributária o ónus da prova[991];
– tratando-se de uma vantagem patrimonial ilegítima, o seu montante concreto deve ser indicado[992];
– o recurso judicial tem efeito suspensivo da derrogação de sigilo[993].

[985] Jorge Miranda/Rui Medeiros, *Constituição Portuguesa Anotada*, I (2005), 290-291.

[986] Veja-se TCAS 21-mai.-2013 (Joaquim Codesso), Proc. 06309/13.

[987] TCAS 20-dez.-2006 (Valente Torrão), Proc. 01480/06; também TCAS 30-out.-2006 (Lucas Martins), Proc. 01371/06.

[988] TCAS 20-mai.-2008 (Lucas Martins), Proc. 02401/08.

[989] TCAS 11-mar.-2008 (Eugénio Sequeira), Proc. 02265/08.

[990] TCAS 16-out.-2008 (Manuel Malheiros), Proc. 02036/07.

[991] TCAS 7-jul.-2007 (José Correia), Proc. 01930/07.

[992] TCAS 23-jan.-2007 (Ivone Martins), Proc. 01585/07.

[993] TCAS 5-dez.-2006 (Pereira Gameiro), Proc. 01485/06.

O Supremo Tribunal Administrativo reforçou esta postura jurídico-científica. Assim:

- o acesso da Administração Tributária à informação relevante de familiares ou terceiros, entre os quais os administradores de sociedades visadas, depende de autorização judicial expressa (63.º-B/7 da LGT)[994];
- a Administração Fiscal só tem o poder de derrogação do sigilo bancário quando existam indícios de prática de crime doloso[995];
- a derrogação do sigilo, devidamente fundamentada, deve ser ponderada à luz da proporcionalidade, da adequação e da necessidade[996];
- deduzida oposição com base em sigilo profissional, a Administração Tributária só pode aceder à informação bancária com autorização judicial, nos termos do artigo 61.º/5 da LGT[997];
- as decisões da Administração Tributária de acesso às informações e documentos bancários (63.º-B, da LGT) devem ser fundamentadas, diretamente ou por remissão, com motivos concretos[998]; uma orientação que se mantém após a Lei n.º 94/2009[999].

VI. Novas tentativas de reforço do levantamento do sigilo bancário, por via tributária, foram preventivamente afastadas, pelo Tribunal Constitucional[1000].

Curiosamente, de novo num ambiente de pré-campanha eleitoral, são aprovadas "novas medidas" de derrogação de sigilo bancário, por invocadas razões fiscais. Tal o sentido da Lei n.º 94/2009, de 1 de setembro. Este diploma alterou os artigos 63.º, 63.º-A, 87.º e 89.º-A da LGT e revogou as alíneas *b*) e *d*) do artigo 63.º/6 e os números 3 e 8 do artigo 63.º-B, do mesmo diploma. De um modo geral, foram coartadas as garantias dos administrados, ainda subsistentes perante a lei anterior e foi alargada a facilidade com que a Administração Fiscal pode aceder a elementos sob

[994] STA 26-abr.-2007 (António Calhau), Proc. 0187/07.

[995] STA 2-mai.-2007 (Jorge Lino), Proc. 0292/07; STA 14-mar.-2007 (Lúcio Barbosa), Proc. 0189/07.

[996] STA 3-out.-2007 (António Calhau), Proc. 0630/07; STA 9-jan.-2008 (Miranda de Pacheco), Proc. 01022/07.

[997] STA 20-ago.-2008 (Miranda de Pacheco), Proc. 0715/08.

[998] STA 19-mar.-2009 (Pimenta do Vale), Proc. 0135/09.

[999] TCAN 15-fev.-2013 (Catarina Almeida e Sousa), Proc. 00145/12.

[1000] Veja-se o importante acórdão do TC n.º 442/2007, de 14-ago.-2007 (Sousa Ribeiro). Nos casos de fiscalização concreta, o TC evitou, por razões processuais várias, uma posição de fundo.

sigilo. Os recursos judiciais (só) têm efeito suspensivo quando apresentados por terceiros, visados pelo levantamento (63.º-B/5).

Mantemos, reforçadas, as apreciações feitas, há anos, às leis anteriores. Compreende-se que a conjuntura, mormente numa altura em que a opinião pública clama por responsáveis pela crise de 2009/2014, seja favorável a medidas demagógicas, contra os titulares de contas bancárias. Mas sobre tudo isso deve prevalecer o Direito, os seus princípios e a sua Ciência. A Justiça deixará de o ser quando prosseguida por meios atentatórios aos direitos de personalidade.

Além disso, é de recear que, dado o facilitismo no acesso a contas, a Administração Tributária venha perder capacidade para, no terreno, verificar a realidade de factos. E é ainda seguro que medidas como as do novo artigo 63.º-A/2 da LGT, pelas quais as instituições de crédito devem comunicar, todos os meses[1001], as transferências financeiras que tenham como destinatário entidade localizada em país, território ou região com regime de tributação mais favorável, irão conduzir à fuga ou à não-entrada, no sistema financeiro nacional, de capitais que poderiam ser úteis.

Fica uma nossa expectativa no bom senso da Administração Tributária, na isenção dos tribunais e no papel pedagógico da Ciência do Direito.

[1001] Em "declaração de modelo oficial, aprovada por portaria do Ministro das Finanças"!

§ 34.º AS REFORMAS DE 2010-2016: O CENÁRIO ORWELLIANO

134. A Lei n.º 37/2010, de 2 de setembro

I. O segredo bancário não encontrou públicos defensores. Além disso, o ambiente reinante de perseguição seletiva e de fixação de bodes expiatórios para a incapacidade política de assumir erros e de encontrar soluções para a crise facilita a compressão dos direitos de personalidade.

A Lei n.º 37/2010, de 2 de setembro, não exigida, como vimos, no Memorando da Troika, intitula-se expressamente "derrogação do sigilo bancário", posicionando-se no campo das alterações à Lei Geral Tributária. O que haveria, ainda, para derrogar?

II. O artigo 63.º da LGT (inspeção) foi alterado de modo a permitir, mais facilmente, a quebra do sigilo bancário em cenários de inspeção. Os demais segredos mantêm o regime da prévia autorização judicial. Quanto ao sigilo bancário: desde logo ficou clara a sua derrogação, através da remissão feita para os artigos 63.º-A, 63.º-B e 63.º-C, todos do RGT, feita pelo artigo 63.º em causa, na redação dada pela Lei n.º 37/2010.

III. O artigo 63.º-A/7, *a*) e *b*) vem distinguir, para efeitos de formalidades, a derrogação do sigilo bancário decidida pela Administração Tributária diretamente, sem e com audição prévia do "sujeito passivo"[1002] ou de familiares e terceiros que, com ele, estejam em relação especial.

IV. O artigo 63.º-B/1, que fixava os casos em que a Administração Tributária pode aceder a todas as informações ou documentos bancários sem consentimento do titular dos elementos protegidos, veio acrescentar uma nova alínea: a *g*). O acesso é também facultado quando existam dívidas à administração fiscal e à segurança social.

[1002] A própria linguagem é desvirtuante: o "sujeito passivo" é uma pessoa, singular ou coletiva, que pelo seu trabalho, permite manter o Estado e os seus funcionários.

Os levantamentos de sigilo operados devem ser comunicados à Assembleia da República, para efeitos estatísticos (novo 63.º-B/11).

V. Os novos números 4 e 5 do artigo 63.º-C da LGT, aditados pela Lei n.º 37/2010, permitem que, sem consentimento, a Administração Tributária possa aceder a todas as informações ou documentos relativos a contas afetas exclusivamente à atividade empresarial.

135. **A Lei n.º 55-A/2010, de 31 de dezembro**

I. Seguiu-se, no campo ora em estudo, a Lei n.º 55-A/2010, de 31 de dezembro, que aprovou o orçamento geral do Estado para 2011.

O artigo 30.º dessa lei veio alterar preceitos da LGT, precisamente na área do sigilo bancário.

II. Em síntese, podemos dizer que:

– o novo artigo 63.º-A/1 veio sujeitar as instituições de crédito a mecanismos de informação automática, relativamente a contribuintes cuja situação não esteja regularizada ou que estejam inseridos em situação de risco; tal informação automática abrange a abertura e a manutenção de contas e certas transferências transfronteiriças;
– o novo artigo 63.º-A/3 veio sujeitar as mesmas instituições a mecanismos de informação automática periódica, quanto a fluxos de pagamentos por cartão de débito ou de crédito, sem identificar os titulares.

III. A novidade passa, aqui, pelos mecanismos de informação automática. Agora já não se trata de facilitar a fiscalização, por parte das entidades de inspeção. O próprio sistema financeiro funciona como órgão indireto do Fisco, devassando a vida dos seus clientes.

136. **A Lei n.º 20/2012, de 14 de maio**

I. A Lei n.º 20/2012, de 14 de maio, veio alterar a Lei n.º 64-B/2011, de 30 de dezembro: *vulgo*, orçamento intercalar. O seu artigo 11.º dedicou-se, de novo, aos artigos 63.º-A e 63.º-C da Lei Geral Tributária.

II. Segundo o novo artigo 63.º-A/4,

(…) as instituições de crédito e sociedades financeiras têm ainda a obrigação de fornecer, a qualquer momento, a pedido do diretor-geral da Autoridade Tributária e Aduaneira ou do seu substituto legal, ou do conselho diretivo do Instituto de Gestão Financeira da Segurança Social, I. P., as informações respeitantes aos fluxos de pagamentos com cartões de crédito e de débito, efetuados por seu intermédio aos sujeitos passivos referidos no número anterior que sejam identificados no referido pedido de informação, sem por qualquer forma identificar os titulares dos referidos cartões.

III. O novo artigo 63.º-C/3, por seu turno, veio dispor:

3 – Os pagamentos respeitantes a faturas ou documentos equivalentes de valor igual ou superior a € 1000 devem ser efetuados através de meio de pagamento que permita a identificação do respetivo destinatário, designadamente transferência bancária, cheque nominativo ou débito direto.

IV. Acentua-se o aspeto já sublinhado, a propósito da Lei n.º 55-A/2010: está em jogo não tanto o sigilo bancário e a sua derrogação mas, antes, a utilização direta das instituições de crédito como órgãos coadjuvantes da Administração Fiscal.

As apreciações que vínhamos já fazendo às leis anteriores, designadamente à Lei n.º 94/2009, de 1 de setembro, ficam reforçadas. O objetivo da Lei esquece, agora e por inteiro, os direitos das pessoas: à sua intimidade e ao seu sossego. Sem que nenhuma infração tenha sido provada ou, sequer, formulada, qualquer cidadão pode-se ver constrangido a dar, a estranhos, pormenores da sua vida pessoal.

O passo seguinte seria o da monitorização automática e permanente de todas as despesas de cada um. Temos George Orwell: não em 1984, mas em 2012/2016. Chegaríamos a tanto? A questão ficou em aberto, na 5.ª edição desta obra, de 2014.

George Orwell é o pseudónimo de Eric Arthur Blair (1903-1950): escritor britânico que, em diversas obras, como *Animal Farm* (1945), traduzida em português como o *Triunfo dos porcos* e *Nineteen Eighty Four* (1949), o imortal *1984*, traduzido em 65 idiomas, retratava uma sociedade totalitária, onde tudo era vigiado pelo *Big Brother*.

137. A Lei n.º 83-C/2013, de 31 de dezembro

I. A Lei n.º 83-C/2013, de 31 de dezembro, que aprovou o OGE para 2014, voltou a ocupar-se do sigilo bancário perante a Administração Tributária. Desta feita, foi acrescentado um novo preceito: o artigo 63.º-D, com o teor seguinte:

ARTIGO 63.º-D
Países, territórios ou regiões com um regime fiscal claramente mais favorável

1. O membro do Governo responsável pela área das finanças aprova, por portaria, a lista dos países, territórios ou regiões com regime claramente mais favorável.

2. Na elaboração da lista a que se refere o número anterior devem ser considerados, nomeadamente, os seguintes critérios:

a) Inexistência de um imposto de natureza idêntica ou similar ao IRC ou, existindo, a taxa aplicável seja inferior a 60 % da taxa de imposto prevista no n.º 1 do artigo 87.º do Código do IRC;

b) As regras de determinação da matéria coletável sobre a qual incide o imposto sobre o rendimento divirjam significativamente dos padrões internacionalmente aceites ou praticados, nomeadamente pelos países da Organização para a Cooperação e Desenvolvimento Económico (OCDE);

c) Existência de regimes especiais ou de benefícios fiscais, designadamente isenções, deduções ou créditos fiscais, mais favoráveis do que os estabelecidos na legislação nacional, dos quais resulte uma redução substancial da tributação;

d) A legislação ou a prática administrativa não permita o acesso e a troca efetiva de informações relevantes para efeitos fiscais, nomeadamente informações de natureza fiscal, contabilística, societária, bancária ou outras que identifiquem os respetivos sócios ou outras pessoas relevantes, os titulares de rendimentos, bens ou direitos e a realização de operações económicas.

3. Os países, territórios ou regiões que constem da lista mencionada no n.º 1 podem solicitar ao membro do Governo responsável pela área das finanças um pedido de revisão do respetivo enquadramento na lista prevista no n.º 1, com base, nomeadamente, no não preenchimento dos critérios previstos no n.º 2.

4. As alterações que sejam introduzidas na lista a que se refere o n.º 1, nomeadamente em consequência de pedidos nos termos do número anterior, apenas produzem efeitos para o futuro.

II. Estas regras visam dar mais consistência à obrigação proveniente do (então) artigo 63.º-A/2 (redação da Lei n.º 94/2009, de 1 de setembro e assacada às instituições de crédito e sociedades financeiras, de comunicar à Administração Tributária as transferências para entidades localizadas nas tais áreas de tributação privilegiada. A medida só incomoda: se o dinheiro foi licitamente ganho e devidamente tributado – pois se encontra em território nacional – para quê apurar o seu destino? Vá para onde for, ele já sofreu a punção fiscal.

III. As transferências para os denominados paraísos fiscais são apresentadas, perante o público, como uma forma de dissimular riqueza ilícita e de fugir ao fisco. Assim será nos casos em que os fluxos financeiros, provenientes do estrangeiro, nunca cheguem a passar pelo território nacional. Já o retirá-los do circuito interno, onde eles serão detetados e tributados e entregá-los a entidades estrangeiras ignotas representa um enorme risco, para os particulares que o façam. Associadas a produtos duvidosos – recorde-se o "retorno seguro" do BPP, onde muitos nacionais perderam as suas economias –, elas perdem-se, por vezes na totalidade, sem que os seus titulares possam, depois, recorrer à Justiça. Cabe à banca nacional manter os seus clientes bem informados: e nunca propiciar tais negócios.

138. **A Lei n.º 82-B/2014, de 31 de dezembro**

I. A Lei n.º 82-B/2014, de 31 de dezembro, relativa ao OGE para 2015, voltou à carga, no tocante ao sigilo bancário, para efeitos de fiscalização tributária.

Desta feita, começou por se atingir o sigilo ligado aos contratos de seguro[1003]. Estes, com efeito, permitem ao segurador aceder a múltiplos dados da vida pessoal e até, íntima, do segurado ou do tomador. Todavia, podem constituir uma forma de acumulação de riqueza, naturalmente cobiçada pelo fisco. Assim, a Lei n.º 82-B/2014 veio alterar o artigo 63.º da LGT, permitindo o acesso à informação coberta pelo sigilo da LCS, em termos similares aos fixados para o segredo bancário [63.º/3 e 5, *b*)].

[1003] Consagrado, entre outros locais, no artigo 119.º da LCS; *vide* o nosso *Direito dos seguros*, 2.ª ed., 736.

II. O artigo 63.º-A da LGT também foi alterado: os seus novos números 2 e 6 vieram alargar a obrigação a cargo das instituições de crédito, sociedades financeiras e demais entidades que prestem serviços de pagamento, de comunicar à Autoridade Tributária e Aduaneira as transferências para as áreas de "tributação privilegiada", automatizando-a.

III. Também o artigo 63.º-B da LGT foi alterado, ampliando o acesso da Administração Tributária a todas as informações e documentos bancários, sem dependência do consentimento do titular dos elementos protegidos (63.º-B/1), agora também em cumprimento de acordos e convenções internacionais. Ela recebeu ainda o poder de aceder a contas de familiares ou de terceiros que se encontrem numa relação especial com o contribuinte (63.º-B/2). As decisões, nesse sentido, da Administração Tributária devem ser fundamentadas (63.º-B/4), com possibilidade de recurso judicial meramente devolutivo (63.º-B/5). Os elementos a aceder são alargados (63.º-B/11). Mantém-se a informação estatística (63.º-B/12) e permite-se que, quando em execução de informações solicitadas nos termos ou de acordos internacionais a que o Estado Português esteja vinculado, elas possam ser prestadas sem a notificação dos interessados nem a audição prévia do familiar ou do terceiro: sempre que haja urgência ou a audição ou notificação possam prejudicar as investigações em curso (63.º-B/13).

139. **A Lei n.º 7-A/2016, de 30 de março**

I. As vicissitudes políticas resultantes das eleições de 4-out.-2015 (vitória de uma coligação PSD/CDS, mas sem maioria absoluta) levaram a que o OGE para 2016 apenas fosse aprovado pela Lei n.º 7-A/2016, de 30 de março. E de novo houve a necessidade de corroer o que pouco sobejava do sigilo bancário.

O daí resultante artigo 63.º-A/3, da LGT, veio alargar a "outros meios de pagamento eletrónico" a obrigação de informar o valor de fluxos de pagamentos com cartões de crédito, quanto a informações periódicas. E o novo artigo 63.º-A/4, da LGT, fez outro tanto, no tocante a informações a prestar, a todo o momento, a pedido do diretor-geral da Autoridade Tributária e Aduaneira ou do seu substituto legal.

II. Aproveitou-se, ainda, para retocar o artigo 68.º-B, da LCT, proveniente do Decreto-Lei n.º 6/2013, de 17 de janeiro, que previa a categoria dos "contribuintes de elevada relevância económica e fiscal", para "efeitos do seu acompanhamento permanente e gestão tributária", de modo a serem permanentemente acompanhados por um "gestor tributário". A Lei n.º 7-A/2016 veio alargar essa categoria a pessoas singulares com rendimentos superiores a montante a fixar – 68.º-B/3, *b*) – a pessoas singulares que detenham, direta ou indiretamente, um património superior a montante a definir – 68.º-B/3, *g*) – e a outras pessoas que se relacionem com as anteriores – 68.º-B/3, *h*). Neste momento, os "grandes contribuintes" são definidos pela Portaria n.º 130/2016, de 10 de maio, com a Retificação n.º 11/2016, de 1 de junho: asseguram cerca de metade da receita fiscal do Estado.

140. **A nova reforma de 2016**

I. No plano europeu, a Diretriz 2011/16, de 15 de fevereiro[1004], previa a troca automática de informações, no domínio da fiscalidade. Ela foi alterada pela Diretriz 2014/107, de 9 de dezembro[1005]. Fundamentalmente, trata-se de evitar que não-residentes usem contas bancárias na União, para receber e camuflar rendimentos: aparentemente fácil, dada a liberdade de fazer circular fluxos financeiros, deslocando-os.

II. A pretexto de transpor essa Diretriz, surgiu um anteprojeto de diploma do Governo, no Verão de 2016, que permitiria à Administração Tributária aceder, *ad nutum*, a todas as contas bancárias. Os protestos da CNPD e de várias associações de cidadãos, perante o que foi considerado uma inconstitucionalidade, levou o Governo a rever o anteprojeto: essa faculdade apenas ocorreria para saldos (de depósitos à ordem, a prazo ou de outras aplicações) superiores a € 50.000,00. Além do atentado aos direitos de personalidade, a medida era politicamente inoportuna: vinha atingir a já difícil recuperação bancária. Foi vetada pelo Presidente da República. O Governo optou por manter, apenas, as regras sobre informações de não-residentes.

III. Aparentemente, procura fechar-se o círculo orwelliano, há anos pré-anunciado. No terreno, as famílias aprendem não a dissimular, mas a

[1004] JOUE N.º 64, de 11-mar.-2011, 1-12.
[1005] JOUE N.º 359, de 16-dez.-2914, 1-29.

moderar os seus rendimentos e o seu património. Quiçá mais gravosa do que a pantagruélica voracidade fiscal, é a perturbação causada aos cidadãos empreendedores, dobrada de fugas para a comunicação social. Menos investimentos, menos trabalho e menos criação de riqueza: num País em que, mercê de políticas inexperientes e de curto prazo, os direitos de personalidade não valem no palco jurídico.

141. Um problema de harmonia da Ordem Jurídica e de estratégia bancária

I. O segredo bancário não é absoluto: deve ceder por razões públicas ou por razões privadas, perante situações que, concretamente, o justifiquem. Em última instância, caímos no domínio dos conflitos de direitos, há muito equacionados pela Ciência do Direito[1006] e que encontra, no artigo 335.º do Código Civil, um sistema geral de composição equilibrada[1007]. No segredo aqui em causa, há regras processuais seguras: o Direito português tem mecanismos que permitem proceder ao seu levantamento, por decisão dos tribunais.

A atual cruzada contra o segredo bancário, como modo de estabelecer a justiça fiscal, sem controlo judicial é (ela sim) uma anomalia, no panorama geral do nosso Direito. Ela entra em contradição com a defesa dos direitos fundamentais de personalidade e, ainda, com o próprio regime do sigilo profissional, tão rigoroso, em geral e como foi visto.

II. O segredo bancário deve ser inserido no local que lhe é próprio: o Direito bancário. Os agentes da banca não devem ser transformados em prestadores gratuitos de serviços policiais: não é esse o seu papel nem, para tal, têm formação.

Deve haver uma estratégia bancária global para o País: não faz sentido que as mais graves decisões sejam tomadas ao sabor das frustrações de alguma classe política.

Portugal, no plano da União Europeia, poderia ter boas condições para atrair capitais reprodutivos: deveria apresentar um Direito bancário simples, claro, eficaz, diferenciado e seguro. A segurança passa pelo

[1006] *Tratado* V, 2.ª ed. (2015), 411 ss..

[1007] *Idem*, 416 ss. e 420 ss.. Em RGm 10-nov.-2011 (Jorge Teixeira), Proc. 637.09.2, faz-se apelo a esse preceito.

segredo bancário, a ceder perante o branqueamento e as fugas fiscais, mas sempre com prévia autorização judicial.

III. A divulgação de um sistema aberto ao fisco e acompanhado por públicos apelos à delação só pode prejudicar o País e o seu desenvolvimento. A nossa Terra tem características próprias, que todos conhecemos[1008]. Não há alternativa para a vida bancária de cada um: a não ser a marginalização do campo económico[1009]. Não é *fair* aproveitar uma necessidade básica para fins a ela alheios, alijando, com isso, a responsabilidade de, em sede própria e pelas vias legais, se proceder às investigações fiscais que a lei preveja.

IV. Ainda um alerta. A fiscalidade, como é sabido, tem limites. A partir de certa taxa global efetiva, as punções fiscais regridem. Pois o mesmo sucede com a derrogação do sigilo bancário. A partir de certo patamar, a vida patrimonial das pessoas torna-se opaca. Trocas diretas; dinheiro aforrado em espécie; contas no estrangeiro ou em nome de terceiros: esses e outros esquemas vão-se popularizando, tornando impossível uma fiscalização tributária equilibrada.

De novo apelamos aos órgãos de aplicação do Direito: há, sempre, que ponderar situações, de modo a, no concreto, salvaguardar os valores fundamentais.

[1008] *Vide* as considerações de Capelo de Sousa, *O segredo bancário* cit., 220 ss..
[1009] Beckhusen, *Bankgeheimnis* cit., 114.

SECÇÃO III

A INFORMAÇÃO BANCÁRIA

§ 35.° A INFORMAÇÃO AO CLIENTE

142. O tema

I. O Direito bancário, enquanto Direito do dinheiro e dos sectores sociais especializados no seu manuseio é, crescentemente, um Direito de serviços. À partida, uma parte importante do estatuto jurídico do dinheiro seria dado por Direitos Reais – a propriedade da moeda ou dos metais preciosos – e pelos contratos translativos de direitos reais – a compra e venda, a troca e o mútuo. No entanto, a desmaterialização da moeda veio obrigar ao recurso a esquemas obrigacionais de teor cada vez mais abstrato. "Ter dinheiro" é, na maioria dos casos, dispor de um crédito mobilizável sobre um banqueiro; fazer um pagamento é ceder esse crédito a um terceiro o qual, por seu turno, vai transferir o inerente débito para outro banqueiro.

As operações monetárias mais simples são, no fundo, atuações simbólicas dos operadores, uns perante os outros, atuações essas a que se associa o surgimento de vínculos abstratos. Apenas pelo espírito se apreende – em todos estes casos – o dinheiro e a sua circulação.

Tudo isto só é possível através de comunicações permanentes entre todos os intervenientes ou, em termos mais analíticos, de informações. Seja para executar operações seja, simplesmente, para reconhecer as diversas posições dentro do sistema, há, na banca, uma permanente troca de informações.

II. Se o núcleo bancário mais duro – o do dinheiro e das operações a ele relativas – vive já sob o signo da informação, muito mais isso sucede com a restante atividade do banqueiro.

A relação bancária duradoura, estabelecida entre o banqueiro e o seu cliente, é uma relação de permanente informação entre as partes. Informações sobre o passado – os banqueiros têm arquivos inesgotáveis, aos quais o cliente recorre em permanência para reconstituir a sua própria atividade – informações sobre o presente – qualquer operação, até porque abstrata, não pode ser concluída sem uma permanente troca de elementos informativos – e informações sobre o futuro: que negócios desenvolver, em que circunstâncias e com que alternativas.

Para além disso, o banqueiro pode dar – em princípio e como veremos, apenas com autorização do próprio – informações sobre o seu cliente a terceiros; os banqueiros trocam informações entre si; o banqueiro aconselha o seu cliente, informando-o dos distintos elementos, antes e depois da contratação.

O Banco Central pede e dá informações sobre os mais diversos campos da atividade bancária, incluindo elementos relativos aos clientes. Há zonas inteiras da banca que se dedicam, apenas, a informações.

III. O Direito bancário é um Direito de informações[1010]. É certo que essa afirmação vale, em grande parte, para todos os sectores sócio-económicos das modernas sociedades pós-industriais: afinal, a extrema divisão do trabalho só é pensável perante uma teia permanente de informações entre todos os intervenientes.

Mas no Direito bancário, em face da perfeita predeterminação dos intervenientes – banqueiro e cliente – e tendo em conta o valor das operações e a necessidade extrema da precisão, as informações redobram de valor e assumem um papel pioneiro, em termos de regulação[1011]. Digamos que, no Direito bancário, as informações há muito perderam a sua natureza instrumental e secundária: antes surgem como objeto principal de muitas obrigações[1012], como as derivadas de um contrato de acompanhamento ou

[1010] Jean-François Clément, *Le banquier, vecteur d'informations*, RTDComm 50 (1997), 203-228 (203 ss.); Thierry Bonneau, *Droit bancaire*, 11.ª ed. (2015), n.º 561 ss. (415 ss.).

[1011] Luís Menezes Leitão, *Informação bancária e responsabilidade*, em Estudos Galvão Telles 2 (2002), 225-244 (225-226).

[1012] Reinhard Welter/Volker Lang, introd. ao *Handbuch der Informationspflichten im Bankverkehr* (2005), 3; Dorothee Einsche, *Bank- und Kapitalmarktrecht*, 3.ª ed. (2014), § 1, Nr. 22-27 (14-16); Dirk Auerbach, *Banken- und Wertpapieraufsicht* (2015), D 111-112 (284-285).

de aconselhamento[1013]. Mas mesmo acessórias, elas assumem um peso particular pelo sector onde ocorrem.

IV. Um banqueiro dá informações inexatas a um cliente que, assim, adquire um mau produto e tem prejuízos[1014]. Um cliente engana o seu banqueiro quanto às suas possibilidades económicas. Banqueiros emitem informações preliminares ou trocam informações inexatas. Nuns casos houve engano de boa-fé; noutros, negligência; noutros, finalmente, uma vontade direta, necessária ou eventual de enganar.

Em suma: temos, aqui, múltiplas hipóteses de responsabilidade, cujos contornos devem ser previamente determinados.

V. Ao longo de todo o Direito bancário, vamo-nos deparar com as mais diversas manifestações do dever de informar. Qualquer situação jurídica bancária postula informações.

Parece-nos, assim, especialmente adequado, sem prejuízo pelo desenvolvimento das diversas rubricas, referenciar os grandes quadros que norteiam a obrigação de informar[1015].

143. Modalidades

I. A presença, acima referida, de numerosas manifestações de deveres de informar, no Direito bancário, recomenda que se proceda à sua classificação, agrupando os deveres existentes em modalidades características. São vários os critérios possíveis, como de seguida se irá verificar[1016].

[1013] Martin Tonner, *Aufklärungs- und Beratungspflichten*, em Derleder/Knops/Bamberger, *Handbuch zum deutschen und europäischen Bankrecht*, 2.ª ed. (2009), 113-140 (115).

[1014] Posiciona-se aqui, o tema da transparência, seja nas informações dos banqueiros seja no acolhimento, por estes de certos *ratings*; referimos Thomas Etheber/Andreas Hackethal, *Neue Wege in der Anlageberatung/Leistungstransparenz*, Bank 2015, 2, 16-19 e Oliver Everling, *Mehr Transparenz durch Cleantech-Ratings*, Bank 2015, 2, 20-21.

[1015] Richard Routier, *Obligations et responsabilités du banquier* cit., 2.ª ed., 380 ss. e Joachim Siol, em Schimansky/Bunte/Lwowski, *Bankrechts-Handbuch* cit., 1, 3.ª ed., §§ 43-45 (996 ss.).

[1016] Luís Menezes Leitão, *Informação bancária e responsabilidade* cit., 230 ss.; em geral, *vide* o *Tratado* VI, 675 ss..

De acordo com a fonte, os deveres de informação podem resultar:

– de cláusulas gerais;
– de lei estrita.

No primeiro caso, o dever de informação decorre de prescrições indeterminadas, também ditas cláusulas gerais, com relevo para a boa-fé *in contrahendo* ou para a observância da boa-fé na execução dos contratos – artigos 227.º/1 e 762.º/2, ambos do Código Civil.

No segundo, o dever é inculcado por lei expressa a tanto dirigida: o artigo 573.º do Código Civil é o mais característico exemplo. Pode incluir-se aqui, também, o dever de informação que tivesse sido expressamente pactuado por contrato.

II. O dever de informação, proveniente de cláusulas gerais, pode, ainda, subdividir-se; temos:

– cláusulas gerais legais, quando a própria lei as prescreva diretamente; tal a situação das remissões para a boa-fé objetiva;
– cláusulas gerais honorárias ou doutrinárias, quando haja que recorrer a doutrinas, tais como a dos deveres do tráfego, acima referenciados.

Também o dever derivado de lei estrita admite uma subdistinção. Assim, encontramos:

– lei estrita geral: o caso do artigo 573.º, que prevê, em termos gerais, a hipótese de surgimento do dever de informar;
– lei estrita específica: as diversas hipóteses em que a lei manda comunicar, avisar ou informar alguém, de alguma coisa; no Direito bancário temos, como exemplo, o artigo 75.º/1 do RGIC.

III. De acordo com o conteúdo, o dever de informação pode ser:

– indeterminado;
– preciso.

O dever de informação é indeterminado, quando não seja possível determinar previamente o seu conteúdo. Tal a situação típica das informações *in contrahendo*.

O dever é preciso, quando a sua predeterminação seja viável. Pense-se no caso do dever de comunicar a receção tardia ou a cedência do locado, previstos, respetivamente, nos artigos 229.°/1 e 1038.°, *g*), ambos do Código Civil.

Entre os dois extremos apontados, há múltiplas graduações possíveis. Tendencialmente, poderemos considerar que os deveres de informação decorrentes de cláusulas gerais são indeterminados, enquanto os provenientes de leis estritas específicas são precisos. Mas não fatalmente: em certos contratos, por hipótese, a boa-fé obriga a prestar informações predetermináveis, enquanto leis estritas específicas só *in concreto* permitem fixar o teor informativo a transmitir.

IV. Ainda quanto ao conteúdo, é possível distinguir:

– deveres de informação substanciais;
– deveres de informação formais.

Nos deveres de informação substanciais, o obrigado está adstringido a veicular a verdade que conheça, descrevendo-a, em termos explícitos; nos formais, o obrigado fica vinculado, apenas, a transmitir uma mensagem prefixada ou, se se quiser, "codificada". Assim, no caso da boa-fé *in contrahendo*, o obrigado deverá descrever toda a realidade relevante para a contraparte, procurando termos adequados para o fazer com fidelidade; já no do dever de comunicar uma receção tardia, o obrigado apenas dirá: "recebi tarde", "fora de tempo" ou equivalente.

Em princípio, a substancialidade variará na razão inversa da precisão: quanto mais preciso for um dever, mais formal será o seu cumprimento; quanto mais indeterminado, maiores as exigências da substancialidade.

V. Surge, daqui, o critério da autoria da determinação dos deveres de informação. Temos duas hipóteses básicas:

– determinação autónoma;
– determinação heterónoma.

Há determinação autónoma quando o próprio obrigado tenha o encargo de, à medida que a situação progrida, ir fixando os termos a informar e a matéria a que respeitem: pense-se na *culpa in contrahendo*.

A determinação é heterónoma sempre que a fixação da informação não caiba ao próprio. E então, duas são as sub-hipóteses:

– determinação automática;
– determinação pelo beneficiário.

A determinação é automática quando resulte, objetivamente, da situação em causa. Assim ocorre, por exemplo, na receção tardia ou na própria boa-fé contratual.

A determinação opera pelo beneficiário sempre que caiba, a este, proceder à configuração do dever de informar. Tal será o caso das informações a fornecer, pelos administradores, aos sócios das sociedades anónimas, em assembleia geral – artigo 290.º/1 do CSC.

VI. Por fim, encontramos o critério dogmático ou critério da inserção no vínculo[1017]. A informação pode ser objeto de prestação principal, de prestação secundária ou de deveres acessórios.

Perante um contrato cujo objeto seja, precisamente, o aconselhamento e a informação, esta vai surgir como objeto da prestação principal, a cargo do banqueiro. Num negócio com diversos elementos – por exemplo, um contrato de engenharia financeira – é plausível a presença de cláusulas não dominantes que prevejam informações: a prestação é secundária. Finalmente, em qualquer situação contratual ou, mesmo, pré ou pós-contratual, a boa-fé pode determinar a prestação de informações: trata-se de um dever acessório.

Estas diferenciações são relevantes para a determinação do âmbito e da intensidade da informação a prestar.

144. **Informações ao cliente**

I. Numa situação bancária, ambas as partes ficam – ou podem ficar – adstritas a trocar determinadas informações. O Direito bancário tem vindo, porém, por evidentes razões de ordem prática, a concentrar-se sobre as informações a prestar pelo banqueiro.

Como base de estudo, devemos assentar em que o problema se põe, apenas, quando o banqueiro deva informar, a título principal, secundário ou acessório, nos termos acima explanados: integra-se, assim, o artigo 485.º/2 do Código Civil[1018]. Ora, à partida, não há qualquer dever geral,

[1017] Martin Tonner, *Aufklärungs- und Beratungspflichten* cit., 115.

[1018] Sobre o preceito, *vide* a pesquisa fundamental de Jorge Sinde Monteiro, *Responsabilidade por conselhos, recomendações ou informações* (1989).

por parte do banqueiro, de prestar informações[1019]: o banco não é, por profissão, uma agência de informações e mesmo esta teria de ser contratada, para informar. Por isso, o dever de informação só ocorre quando o banqueiro o tenha assumido ou quando a boa-fé o exija. Fora dessas hipóteses, o banqueiro que preste uma informação coloca-se, como qualquer outra entidade, no âmbito do artigo 485.°/1 do Código Civil: só é responsável se agir com dolo.

II. Quando se trate de um cliente – portanto, de uma pessoa que, com um banqueiro, mantenha uma relação de negócios contínua e duradoura – o banqueiro poderá estar obrigado a prestar as informações que, *ex bona fide*, tenham a ver com a relação em curso; além disso, há deveres de informação relativos aos contratos concretos[1020], nos termos gerais.

Se atentarmos na configuração assumida pelo dever de informar, no Direito bancário, notaremos algumas particularidades, dignas de menção.

III. No Direito comum, a informação diz, essencialmente, respeito a questões-de-facto: o regime jurídico presume-se conhecido por todos, sendo estranho – embora apenas em princípio – um qualquer dever de ensinar o Direito.

Já no Direito bancário, a informação requerida aos bancos é, no essencial, de tipo técnico-jurídico. A factualidade ligada aos negócios bancários, particularmente os que tenham a ver com dinheiro é, em regra, bastante simples. Já o regime jurídico envolvido pode tornar-se mais complexo, sobretudo por assentar, muitas vezes, em usos bancários ou em cláusulas contratuais gerais, de apreensão mais complexa.

IV. A informação bancária contempla, em geral, a situação de especial carência, em que se encontre o cliente do banqueiro[1021]. Além de atinente,

[1019] Claus-Wilhelm Canaris, *Bankvertragsrecht* cit., 1, 3.ª ed., Nr. 75 ss. (58 ss.) e Nr. 100 ss. (74 ss.) especialmente Nr. 103 (75).

[1020] Uma análise pormenorizada: Jürgen Wortmann, *Aufklärungs- und Beratungspflichten der Banken*, 3.ª ed. (1995), 35 ss. (contas), 39 ss. (crédito), 47 ss. (carta de crédito), 84 ss. (garantias), 124 ss. (depósito) e 193 ss. (administração de património); entre nós, *vide* Sofia de Sequeira Galvão, *Da responsabilidade civil do banco por informações* (1994, policop.) e Almeno de Sá, *Direito bancário* (2008), 81 ss..

[1021] BGH 6-jul.-1993, WM 1993, 1455-1457: o banco deve esclarecer o cliente de acordo com o nível deste; no caso aí decidido, o banqueiro propusera um negócio com títulos estrangeiros, cabendo-lhe prevenir o cliente para os riscos envolvidos.

principalmente, a questões jurídicas, ela deve, ainda, ater-se ao essencial, de modo a poder ser útil[1022]. A instituição financeira tem conhecimentos e experiência para, perante cada negócio, reconhecer, de imediato, o ponto que deve ser "informado", ao cliente. Assim, num processo tendente à concessão de crédito, haverá que informar, com toda a clareza, que o banco se reserva o "direito" de, até à conclusão do contrato, não conceder qualquer crédito. De igual modo, num negócio que envolva ações, o banqueiro deverá recordar a hipótese de queda das cotações ou, numa sequência que envolva moeda estrangeira, a possibilidade de modificação das taxas de câmbio[1023]. No moderno tráfego bancário, os clientes valorizam muito a exata prevenção dos riscos[1024] e a rapidez da prestação da informação[1025]. As previsões que o banqueiro faça sobre a evolução de variáveis económicas só devem ser comunicadas ao cliente sob reserva, a menos que estejam disponíveis elementos muito seguros[1026].

V. Sem entrar em exageros, podemos considerar que, mercê dos valores sociais, económicos e mesmo éticos, aqui envolvidos, o banqueiro deve desenvolver uma certa atuação pedagógica, junto dos clientes: uma postura reforçada pela crise de 2009/2014. Essa atuação não irá ao ponto de descaracterizar a atividade bancária, como comercial e lucrativa. No entanto, ela terá de ser suficientemente efetiva para levar, como exemplo, o banqueiro a recomendar, ao cliente particular interessado num determinado produto, uma solução diversa que, em concreto, se mostre mais apelativa, para este. O banqueiro deve também ponderar bem o que diga quando saiba que, na base disso, o seu cliente irá tomar importantes decisões.

Em suma: a informação bancária distingue-se da comum por ser – tendencialmente – técnico-jurídica, simples, direta e eficaz. Ela é muito

[1022] Oliver Dlugosch, *Prozessoptimierung in der Bankberatung*, Die Bank 10.2011, 70-74.

[1023] Andreas Tilp, *Aufklärungspflichten bei Devisentermingeschäften*, ZIP 1993, 1843-1849; como veremos mais adiante, a jurisprudência portuguesa não tem sido sensível a esta tecla: há que introduzir um corretivo.

[1024] Thomas O. Klimpke, *Der mobile Bankberater: Zugang zum Kunden*, Bank 1998, 496-499.

[1025] Bernd Rolfes/Ralf Benna, *Beratung: Die Präferenz der Kunden*, Bank 1998, 543-547.

[1026] Jörg-Engelbrecht Cramer, *Zukunftsaussichten der Privatbankiers*, WM 1998, 226-227.

diversificada, segundo os produtos a que respeite[1027], dobrando-se, ainda, de deveres de acompanhamento[1028] e atingindo novos níveis com a automação[1029]. A matéria alarga-se, ainda, através das informações ao mercado, abaixo referidas.

VI. O dever de informar, a cargo do banqueiro, pode determinar conflitos de interesses[1030]. No limite, há "produtos" que o banqueiro coloca junto dos seus clientes e que nunca encontrariam contraparte se tudo fosse informado. Aparentemente pelo menos, o banqueiro "perde" bons negócios, quando informe os seus clientes. Mas não no médio e longo prazo: o cliente satisfeito é um cliente fidelizado. Cabe ao banqueiro encontrar um ponto de equilíbrio: moderar, à luz das boas práticas, uma apetência de lucro imediato. O problema pode agravar-se quando os "produtos" sejam colocados por funcionários zelosos, eventualmente ganhadores de bónus. De novo há que fazer intervir a ética dos negócios, desta feita através de adequada formação profissional.

145. **Segue; o problema do ónus da prova**

I. Perante o dever de informação do banqueiro, pergunta-se, em termos práticos, pelo tema do ónus da prova. Quem deve provar o quê, em caso de litígio. Pelas regras gerais, quem invoque o direito à informação deve provar os respetivos factos constitutivos (341.º/1 do Código Civil)[1031]. Neste caso, o cliente deverá provar a sua própria ignorância concreta e o conhecimento do banqueiro, bem como os danos daí resultantes. Além disso, é conforme com o sistema cometer a quem tenha o domínio dos factos, o risco da sua demonstração. Leis especiais, como a das cláusulas contratuais gerais, cometem ao utilizador o ónus de provar certas

[1027] Na obra coletiva de Welter/Lang (org.), *Handbuch der Informationspflichten im Bankverkehr*, pode ser confrontada mais de uma dezena de escritos parcelares relativos às informações envolvidas nos diversos contratos bancários.

[1028] Jochen Richrath, *Aufklärungs- und Beratungspflichten/Grundlagen und Grenzen*, WM 2004, 653-661.

[1029] Herbert Schimansky, *Irreführung des Bankkunden durch Kontostandsauskunft am Geldautomaten?*, BKR 2003, 179-183; cf. Kai Kreische/Jörg Bretz, *Anforderung an die Informationstechnologie der Kreditinstitute*, Bank 2003, 321-325.

[1030] Stefan Hanke, *Der offenkundige Interessenkonflit in der Anlageberatung*, BKR 2012, 493-499, em geral.

[1031] Pires de Lima/Antunes Varela, *Código Civil Anotado* I, 4.ª ed. (1987), 305 ss..

comunicações[1032]. Inferimos daqui que a prova a exigir ao cliente do banqueiro é bastante elementar: muitas vezes, o próprio dano, por presunção *hominis*, permitirá inferir a necessidade de informação prévia e a sua falta. Nessa altura, compete ao banqueiro provar os factos que delimitem ou que extingam o direito à informação.

II. Interessante mas perigosa é a teoria da existência de um ónus de autoinformação[1033], representado, de resto, em doutrinas como a francesa, pouco amigas da técnica dos deveres acessórios[1034]. Cada um teria, na vida contratual, de se informar sobre os negócios; cumprido esse ónus, poderia pedir informações. De facto, se cada um se informar previamente (e pode, em abstrato, sempre fazê-lo), nada mais há a informar. Mas o Direito visa questões concretas em sociedades reais. O cliente que frequenta um banco fica, só por isso, tranquilo e intimidado. A pessoa normal confia: sabe que lida com profissionais do dinheiro, responsáveis e sindicados pelo Estado. Dentro do razoável, o ónus da informação é do banqueiro.

Cuidado com a política do real: num litígio, é muito difícil, ao particular, provar seja o que for contra o banqueiro. Sobrecarregá-lo com um ónus de autoinformação é deitar abaixo todo o esforço já secular de estabelecimento, na relação bancária, de um equilíbrio substancial.

146. **As fontes sobre o dever de informar**

I. O Direito atual confronta o bancário com múltiplos deveres de informar. Particularmente na fase que antecede a conclusão de negócios bancários concretos, temos as fontes seguintes gerais:

- o artigo 227.º/1 do Código Civil, quanto à *culpa in contrahendo*;
- o artigo 573.º do mesmo Código, sobre a obrigação legal de informação;
- os artigos 5.º e 6.º da LCCG, sempre que, como é, de resto, habitual, o negócio projetado se conclua por adesão a cláusulas contratuais gerais;

[1032] Artigo 5.º/3 da LCCG.

[1033] Eva Sónia Moreira da Silva, *Da responsabilidade pré-contratual por violação dos deveres de informação* (2006, reimp.), 121 ss..

[1034] *Idem*, 122 ss., com especial atenção ao rodapé.

– o artigo 8.º/1 da Lei de Defesa do Consumidor, sempre que o cliente tenha esse estatuto;
– o artigo 9.º/1, *a*) e *b*) do Decreto-Lei n.º 57/2008, de 26 de março[1035], que proíbe a omissão ou a insuficiência de informação como prática comercial enganosa e, como tal, vedada.

II. Além disso, temos de contar com preceitos bancários específicos. Assim:

– o artigo 75.º do RGIC, sobre o dever de informar os clientes sobre a remuneração oferecida pelos produtos e o preço dos serviços prestados;
– o Decreto-Lei n.º 51/2007, de 7 de março, que regula as práticas comerciais das instituições de crédito e assegura a transparência da informação por estas prestada no âmbito do crédito habitacional, alterado, por último, pelo Decreto-Lei n.º 226/2012, de 18 de outubro;
– o artigo 4.º do Decreto-Lei n.º 240/2006, de 22 de dezembro, quanto à informação sobre o arredondamento da taxa de juro;
– o aviso n.º 8/2009, de 29 de setembro, do Banco de Portugal[1036], quanto a múltiplos deveres bancários mínimos de informação;
– o Decreto-Lei n.º 133/2009, de 2 de junho, alterado e republicado pelo Decreto-Lei n.º 42-A/2013, de 28 de março, sobre crédito ao consumo, com um largo dever de informar (6.º);
– o Decreto-Lei n.º 95/2006, de 29 de maio, sobre a contratação de produtos financeiros à distância (11.º a 18.º)[1037];
– o Decreto-Lei n.º 211-A/2008, de 3 de novembro, quando o negócio bancário em jogo possa ser considerado um "produto financeiro complexo";
– o Decreto-Lei n.º 227/2012, de 25 de outubro, que prevê, para cada instituição de crédito, um Plano de Ação para o Risco de Incumprimento (PARI) e um Procedimento Extra-Judicial de Situações de Incumprimento (PERSI), de modo a proteger os particulares endi-

[1035] Alterado, nos seus artigos 1.º, 7.º, 8.º, 13.º e 21.º pelo Decreto-Lei n.º 205/2015, de 23 de setembro.

[1036] DR II, n.º 197, de 12-out.-2009, 41 195-41 197.

[1037] Alterado pelo Decreto-Lei n.º 317/2009, de 30 de outubro, pela Lei n.º 14/2012, de 26 de março e pelo Decreto-Lei n.º 242/2012, de 7 de novembro.

vidados, prevendo uma série de informações a prestar, pela banca, a esses mesmos particulares: 6.º, 7.º, 13.º, 15.º/5 e outros.

Estas referências não são exaustivas. Diversos diplomas, nas áreas bancária, imobiliária e dos seguros, fixam deveres de informação que atingem produtos da banca.

III. Perante este universo, como articular as fontes em presença[1038]? A resposta deriva da natureza das normas concorrentes e da determinação do seu escopo, o que envolve a sua cuidada dogmatização[1039]. Frente a frente, podemos orientar três teorias:

– a teoria da consumpção;
– a teoria da especialização;
– a teoria do escopo das normas.

A teoria da consumpção explica que o concurso de deveres de informação se resolve com a prevalência das normas que se ocupem do sector considerado. Tais normas consomem, no seu campo de aplicação, os valores compreendidos nas regras gerais. Levada ao extremo, esta teoria defenderia, no campo bancário, apenas os deveres de informação previstos no RGIC. Mas não: outros diplomas, com incidências igualmente bancárias, sempre teriam aplicação. Além disso, poderiam quedar lacunas, a resolver com recurso a regras mais gerais.

IV. A teoria da especialização parte da prevalência da lei especial sobre a lei geral, no campo de aplicação da primeira. Distingue-se da consumpção por ser analítica, isto é: norma a norma, verifica-se se existe uma regra especial para a banca ou uma regra ainda mais especial para o produto bancário considerado. *Prima facie*, a teoria está certa. Todavia, verifica-se que a especialização pode ser apenas formal, deixando sem solução

[1038] Perante um quadro legislativo geral bastante semelhante ao nosso, Friedrich Schoch, *Neuere Entwicklungen im Verbraucherinformationsrecht*, NJW 2010, 2241-2248 (2247/II), explica que existem cerca de 30 diplomas sobre informações a prestar; isso coloca problemas de coerência, de competência, de codificação, de transparência e de imagem.

[1039] Quanto à problemática paralela, que se põe nos seguros: Dominik Schäfers, *Das Verhältnis der vorvertraglichen Anzeigepflicht (§§ 19 ff. VVG) zur Culpa in contrahendo*, VersR 2010, 301-308 (303/I ss. e 308/I e II).

clara certos casos concretos. Por exemplo: o banqueiro não dá cumprimento integral ao artigo 75.º do RGIC (informação sobre a remuneração oferecida pelos produtos e sobre o preço dos serviços). Aplica-se o artigo 227.º/1 do Código Civil?

V. Fica, como boa, a teoria do escopo das normas em presença. Perante qualquer norma sobre deveres de informar, há que averiguar o objetivo por ela prosseguido. Este é, em regra, obtido pelo conhecimento do seu regime, através da interpretação, dominada pelo elemento teleológico.

Assim, se se visa proteger o consumidor, prevalecem as normas que permitem o efetivo conhecimento da informação. Se se procura a tutela do mercado, vencem as que assegurem a transparência e a acessibilidade da informação. Impõe-se uma ponderação em cada caso concreto.

147. **Natureza e limites; a legítima ignorância**

I. Os deveres de informar dão corpo a relações obrigacionais específicas. Eles relacionam duas pessoas em concreto: o banqueiro e o cliente do banqueiro. Têm base legal, o que não atinge a natureza obrigacional assumida.

No que não seja infletido por regras especiais da banca, designadamente no estabelecimento de (meros) encargos, as obrigações de informação seguem o regime geral do Direito civil. A responsabilidade que resulte da sua inobservância é obrigacional (798.º e seguintes) e não aquiliana (483.º e seguintes, ambos do Código Civil): um dado importante, visto originar a preciosa presunção de culpa, sem a qual ficará bloqueada, na prática, qualquer responsabilização do segurador.

Este aspeto deve estar sempre presente, sob pena de irrealismo. Sirva de lição o sucedido com a *cic*. A origem teórica do instituto residiu, precisamente, em ultrapassar, na prática, as limitações da responsabilidade aquiliana, particularmente no plano da prova. Ignorando essa evidência, alguma doutrina nacional continua a insistir na natureza aquiliana da responsabilidade *ex* 227.º/1, indiferente às consequências práticas dessa opção. Ora, se a responsabilidade fosse aquiliana, o artigo 227.º/1 era despiciendo: bastaria o 483.º. Além disso, na falta de vínculos específicos, não é possível predeterminar condutas. A *Realpolitik* faz parte de uma consequente realização do Direito.

II. Sem prejuízo pela determinação precisa dos deveres de informação pré-contratuais, cumpre ponderar a sua imensa complexidade[1040]. Não é credível que algum banqueiro consiga desenvolver, com êxito, a sua atividade, se se preocupar com a escrupulosa informação prevista em múltiplos diplomas legais. No mínimo, assustaria e afugentaria a sua clientela. A simples leitura passiva das ccg bancárias representa, logo por si, um feito.

Por outro lado, nada obriga o cliente do banqueiro a acolher toda (ou, sequer, alguma) a informação disponibilizada. Ele informar-se-á se quiser e ouvirá o que se lhe diga, também, se o pretender.

Deve ainda acrescentar-se que o excesso de informação é contraproducente. Se se transmitir um dado a uma pessoa, ela escutará e, se for considerado relevante, retê-lo-á. Mas se ela for confrontada com dezenas de elementos, ignorá-los-á ou esquecê-los-á rapidamente. O mecanismo do esquecimento foi montado, pela evolução, para defesa do cérebro humano e das pessoas. O cliente do banqueiro tem, como qualquer particular, consumidor e/ou aderente às ccg bancárias, o direito à legítima ignorância (Grigoleit). Basta-lhe confiar no segurador e nas leis do Estado.

III. Este estado de coisas tem consequências, em três níveis:

- obriga o banqueiro a ser seletivo no cumprimento dos deveres de informar, numa regra que também se aplica ao cliente do banqueiro; na prática, perante cada tipo de contrato, haverá um ou dois "alertas" que podem levar a contraparte a ponderar; *summo rigore*, é isso que deve ser dito;
- conduz a que apenas em concreto se possa ajuizar da direção e da intensidade da informação[1041];
- implica que o Estado, através das suas leis, através das ações inibitórias, nas ccg bancárias e através da supervisão, mantenha elevados padrões de tutela da parte fraca.

Os tribunais, quando chamados a decidir, devem ter estas dimensões em conta.

[1040] *Vide* Friedrich Schoch, *Neuere Entwicklungen im Verbraucherinformationsrecht* cit., 2241 ss. e *passim*.

[1041] Thomas Pfeiffer, *Was kann ein Verbraucher?/Zur Relevanz von Informationsverarbeitungskapazitäten im AGB-Recht und darüber hinaus*, NJW 2011, 1-7. No limite, poder-se-á dizer que o fator sorte joga um papel na inclusão da matéria nos contratos: mais do que o seu entendimento; *vide* Hubert Schmidt, *Einbeziehung von AGB im Verbraucherverkehr*, NJW 2011, 1633-1639 (1639/II).

§ 36.º AS INFORMAÇÕES DO CLIENTE E AO MERCADO

148. Informações do cliente

I. Outro ponto relevante das informações bancárias tem a ver com as que o banqueiro preste – ou possa prestar – sobre o seu próprio cliente.

Mercê da amplitude hoje assumida pela atividade bancária, o banqueiro conhece os meandros da vida patrimonial e pessoal dos clientes. Um negócio simples, como o da obtenção de um crédito para habitação, levará, como operações de rotina, o banqueiro a ficar na posse das declarações de rendimentos do cliente, de uma descrição do seu património e até do seu estado de saúde, já que, em regra, essas operações são acompanhadas de seguros de vida, precedidos de exame médico, a que o banqueiro tem acesso[1042]. Além disso, o cliente fornece, normalmente, ao seu banqueiro, elementos pessoais de tipo confidencial: residências secundárias, telefones inacessíveis, intenções de negócio que não podem ser conhecidas, etc.

Daqui resulta que o banqueiro, por vezes melhor do que a mais cuidadosa autoridade policial, está na posse de informações importantes sobre o seu cliente. Pode prestá-las?

II. Todas as informações relativas ao cliente estão a coberto do dever de segredo[1043]. O banqueiro só as poderá revelar[1044]:

– com autorização do cliente;
– nos casos previstos pela lei, mediante prévia autorização jurisdicional;

[1042] Subentenda-se e como é evidente: sempre com autorização do cliente.

[1043] Siegfried Bergles/Harald Eul, *Warndstein für international agierende Banken – vereinbar mit Datenschutz und Bankgeheimnis?*, BKR 2003, 273-280.

[1044] *Supra*, 352 ss., quanto ao sigilo bancário.

– limitadamente, no âmbito do Serviço de Centralização de Riscos de Crédito.

As informações relativas ao cliente são, por vezes, solicitadas no domínio dos negócios, particularmente no tocante às relações interbancárias. O cliente que inicie uma relação bancária nova poderá fornecer ao banqueiro diversas referências abonatórias e, designadamente, a indicação de contactos bancários anteriores, com outros bancos. Nessa altura, passamos a distinguir:

– informações de ordem geral, sobre a existência e a normalidade de relações bancárias prévias;
– informações específicas, sobre operações concretas, sobre os volumes envolvidos em relações bancárias ou sobre quaisquer outros elementos específicos do conhecimento do banqueiro.

Em relação às primeiras, deve entender-se que o cliente, ao dar, como referência, um banqueiro, está já a autorizar a sua revelação, mas apenas ao destinatário da referência.

Em relação às segundas, o cliente terá de contactar diretamente o seu banqueiro e autorizá-lo a prestar a informação pretendida. Tudo isto, que resulta, noutros ordenamentos, dos usos e das cláusulas contratuais gerais, impõe-se, entre nós, por via do regime da limitação voluntária dos direitos de personalidade.

III. Este regime da informação sobre o cliente funciona no interesse de ambas as partes envolvidas: cliente e banqueiro. Este pode ser responsabilizado por informações incorretas; além disso, nenhuma vantagem direta lhe advém de prestar informações sobre os seus clientes, para além do acréscimo de trabalho que tal representa. Por isso, deve entender-se que o banqueiro não tem qualquer dever geral de prestar informações sobre o seu cliente. Mesmo quando autorizado, o banqueiro só informa se o entender – por exemplo, para prestar um serviço ao seu cliente – ou se a isso for obrigado, por contrato ou por lei.

IV. As informações a prestar nos casos previstos pela lei seguem quanto acima se disse, sobre segredo profissional. Elas respeitam apenas a factos e devem cingir-se ao estritamente necessário para o acatamento dos preceitos em jogo.

149. **Informação ao mercado**

I. A integração do mercado financeiro, com a aproximação crescente entre a banca, os seguros e o mercado mobiliário, potencia novos deveres de informação, de âmbito diverso.

Recordamos o artigo 7.° do CVM, epigrafado qualidade da informação, na redação dada pelo Decreto-Lei n.º 357-A/2007, de 31 de outubro[1045]:

> 1. A informação respeitante a instrumentos financeiros, a formas organizadas de negociação, às atividades de intermediação financeira, à liquidação e à compensação de operações, a ofertas públicas de valores mobiliários e a emitentes deve ser completa, verdadeira, atual, clara, objetiva e lícita.
>
> 2. O disposto no número anterior aplica-se seja qual for o meio de divulgação e ainda que a informação seja inserida em conselho, recomendação, mensagem publicitária ou relatório de notação de risco.
>
> (...)

II. As informações mobiliárias têm um campo lato[1046]. Além da área clássica das informações privilegiadas[1047], procede-se a um agravamento da responsabilidade por informações inexatas ao mercado de capitais[1048], óbvia quando dolosamente propaladas nos meios de comunicação social[1049].

[1045] Na redação anterior, preceito, no seu n. 1, dispunha:

> 1. Deve ser completa, verdadeira, atual, clara, objetiva e lícita a informação respeitante a valores mobiliários, a ofertas públicas, a mercados de valores mobiliários, a atividades de intermediação e a emitentes, que seja suscetível de influenciar as decisões dos investidores ou que seja prestada às entidades de supervisão e às entidades gestoras de mercados, de sistemas de liquidação e de sistemas centralizados de valores mobiliários.

[1046] Paulo Câmara, *Manual de Direito dos valores mobiliários* cit., 2.ª ed., 729 ss.; A. Barreto Menezes Cordeiro, *Direito dos Valores Mobiliários* cit., 1, 274 ss..

[1047] Jörg Streissle, *Insiderrechtliche Aspekte von Pflichtangeboten*, BKR 2003, 788-795.

[1048] Daniel Zimmer, *Verschärfung der Haftung für fehlerhafte Kapitalmarktinformation/Ein Alternativkonzept*, WM 2004, 0-21.

[1049] Karl-Georg Loritz, *Haftung im Medienbereich bei virsätzlich falscher Berichterstatung über Kapitalanlageprodukte*, WM 2004, 957-966.

Ficam abrangidas as responsabilidades dos emitentes[1050], das sociedades[1051] e dos titulares dos órgãos das sociedades[1052]. Na definição de tais deveres e nas consequências envolvidas ter-se-á ido demasiado longe[1053]: haverá que pôr limites[1054], sob pena de deprimir (ainda mais) o mercado[1055].

III. Os banqueiros surgem como agentes privilegiados, no tocante a informações a prestar ao mercado. Para além das indicações mais diretas que deem aos seus clientes, os banqueiros são operadores ativos na confeção da "opinião pública do mercado".

Para além dos vetores propriamente bancários, acima vistos, há que ter em conta a integração com os mercados mobiliários e seguradores. A aplicação de deveres é cumulativa.

[1050] Rüdiger Veil, *Die Haftung des Emittenten für fehlerhafte Information des Kapitalmarkts nach dem geplanten KapInHaG*, BKR 2005, 91-98.

[1051] Sven Keusch/Kerstin Wankerl, *Die Haftung der Aktiengesellschaft für fehlerhafte Kapitalmarktinfornationen im Spannungsfeld zum Gebot der Kapitalerhaltung*, BKR 2003, 744-747 e Thomas Bunz, *Ist nur vollständige Information "angenossen"? Anforderungen an den Grad der Informiertheit bei unternehmerischen Entscheidungen*, Der Konzern 2012, 444-449.

[1052] Holger Fleischer, *Die persönliche Haftung der Organmitglieder für Kapitalmarktbezogene Falschinformationen/Bestandaufnahme und Perspektiven*, BKR 2003, 608-616 e Matthias Casper, *Persönliche Aussenhaftung der Organe bei fehlerhafter Information des Kapitalmarkts?*, BKR 2005, 83-90 (90/I, com objeções políticas).

[1053] Stefan Sauer/Frank Wittemann, *Das Rechtsberatungsgesetz und die Wirksamkeit von Geschäftsbesorgungsverträgen/Vorgaben des Verfassungsrechts*, BKR 2003, 656-664.

[1054] Hervé Edelmann, *Gibt es eine Hinweispflicht des Anlagevermittlersberaters auf negative Pressberichterstattungen?*, BKR 2003, 438-444 (444, respondendo pela negativa).

[1055] Helmut Kaiser/Werner Krämer, *Muss man in dieser Zeit noch Aktien besitzen?*, Bank 2003, 82-87.

SECÇÃO IV

RESPONSABILIDADE BANCÁRIA

§ 37.° A RESPONSABILIDADE DO BANQUEIRO

150. O problema em geral

I. No decurso da sua atividade profissional, o banqueiro pode, como qualquer outro interveniente, perpetrar factos ilícitos. Quando isso suceda, e uma vez reunidos os demais requisitos legais, ele é responsável[1056].

A responsabilidade bancária é a responsabilidade profissional do banqueiro[1057]. Não corresponde, pois, a todas as situações nas quais um banco pode ser responsabilizado: assim, não é bancária a responsabilidade do banqueiro por acidentes de trabalho[1058], por acidentes de viação[1059], por situações delituais estranhas ao exercício concreto da profissão[1060] ou por incumprimento de contratos extrabancários[1061].

[1056] Toda esta matéria pressupõe conhecimentos atualizados sobre a responsabilidade civil; para uma visão sintética, *vide* os nossos *Litigância de má-fé, abuso do direito de acção e culpa in agendo*, 3.ª ed. (2013), 150 ss. e *Tratado* VIII, 285 ss., com indicações.

[1057] Richard Routier, *Obligations et responsabilités du banquier*, 2.ª ed. (2008), 22 ss., com a evolução do tema.

[1058] Matéria regulada em geral nos artigos 281.° e seguintes do Código do Trabalho, aprovado pela Lei n.° 99/2003, de 27 de agosto e referida no artigo 283.° do Código resultante da Lei n.° 7/2009, de 12 de fevereiro, a qual a remeteu para legislação especial: hoje o regime aprovado pela Lei n.° 98/2009, de 4 de setembro, que entrou em vigor no dia 1-jan.-2010.

[1059] Em regra, trata-se de uma responsabilidade por imputação objetiva, pela natureza das coisas.

[1060] Por exemplo: o banqueiro que deixe desmoronar um edifício responde nos termos do artigo 492.° do Código Civil.

[1061] Por exemplo: o banqueiro arrendatário responde pelo atraso na restituição da coisa, nos termos do artigo 1045.° do Código Civil.

II. Ficaria para o núcleo de uma responsabilidade especificamente bancária, a área correspondente ao não cumprimento, pelo banqueiro, dos seus específicos deveres: seja no plano contratual, seja no plano legal. Mais complexa seria a hipótese de uma responsabilidade aquiliana específica do banqueiro, por lesão de direitos absolutos, em virtude da inobservância de normas genéricas e, isso, provocando danos.

À partida, a profissão do banqueiro não parece ser de molde a provocar especiais danos: ela não envolve perigos para a integridade das pessoas e dos bens. Estaríamos, assim, perante hipóteses marginais.

III. Por vezes, porém, a atividade da banca pode surgir associada a diversos prejuízos, particularmente no aspeto característico da concessão de crédito. Nas diversas ocorrências de insolvência ou similares, que traduzam danos para o devedor ou para os seus credores, intervêm, na prática, sempre bancos, seja como principais credores, seja como entidades cuja intervenção, a dar-se, poderia evitar ou retardar a insolvência. A essa presença da banca soma-se a ideia difundida da força económica das instituições de crédito às quais, em nome de uma equidade informe, poderiam ser pedidos sacrifícios, mesmo sem uma clara base jurídica.

151. **Um serviço público? A especificidade do debate**

I. À ideia vaga de permanente responsabilização da banca foi dado corpo, em França, através das considerações de Houin[1062]. Entre outros aspetos, Houin veio defender a tese de que a banca desenvolveria um *serviço público*: ela escaparia, assim, à lógica do Direito privado, encontrando-se adstrita a servir o público, ainda que com danos para si[1063]. Tal

[1062] Roger Houin, na rubrica *Faillites et règlements judiciaires,* RTDComm 1955, 137-166 (150-151); do mesmo autor e na mesma rubrica, cf., também, RTDComm 1961, 436-481 (460) e 1964, 143-181 (163 ss.), bem como Houin/Le Gall, *Règlement judiciaire, liquidation des biens, faillite personnelle et plan d'apurement du passif*, RTDComm 38 (1975), 623-642 (628 ss.), desta feita com incidência em aspetos de processo.

[1063] Houin não deixava, aliás, de matizar o seu pensamento, afirmando que os bancos participavam num verdadeiro serviço público de distribuição de crédito – RTDComm 1955, 151. No relatório de síntese elaborado nas jornadas brasileiras da Associação Henri Capitant, em 1984 – *Travaux* 35 (1986), 10-15 (11) dirigidos ao tema da responsabilidade do banqueiro, limita-se apenas a enfocar o relevo social da banca.

orientação foi prontamente rejeitada pela própria doutrina francesa[1064]: a atividade bancária tem efetiva relevância social, em termos que não suscitam dúvidas; no entanto, ela pauta-se por parâmetros de eficiência, de rendibilidade e de dinamismo que não são, assumidamente, os que devem presidir aos serviços públicos.

II. A rejeição da tese de Houin, hoje remetida, apesar do seu prestígio pessoal, para o nível das curiosidades doutrinárias, não impediu, contudo, a formação de um espaço autónomo de debate sobre a responsabilidade do banqueiro. Esse espaço intensificou-se quando, sobre ele, direta ou indiretamente, incidiram encontros de juristas, como o que deu lugar à obra coletiva publicada, em 1978, por Gavalda[1065], o que ocorreu em Königstein, em janeiro de 1979[1066], o 54.° dia dos juristas alemães, de 1982[1067], as jornadas brasileiras da Associação Henri Capitant, em 1984[1068], a obra cole-

[1064] Assim, Georges Prat, *La responsabilité du banquier et la "faillite" de son client*, 2.ª ed. (1983), 7, para quem ela é "*...tout à fait fausse*". Contra o que poderia resultar do texto de Prat, deve frisar-se que, na atualidade, a teoria do serviço público bancário surge, de facto, nos escritos da especialidade, apenas a título ilustrativo. Anteriormente, o próprio Jean Stoufflet, an. Paris 26-mai.-1967, JCP 1968, 11 (jurisp.), 15518, 11, 13, considerara perigoso assimilar a banca a um serviço público. A referência a uma *missão de serviço público*, apenas para sublinhar os deveres de diligência e de prudência, a cargo do banqueiro, surge em Rives-Lange/Contamine-Raynaud, *Droit bancaire*, 6.ª ed., 152. Registe-se, por fim, desde já, que fora do espaço francês, tal teoria recebe uma negativa categórica; assim, Klaus J. Hopt, *Rechtspflichten der Kreditinstitute zur Kreditversorgung, Kreditbelassung und Sanierung von Unternehmen/Wirtschafts– und bankrechliche Überlegungen zum deutschen und französischen Recht,* ZHR 143 (1979), 139-173 (147 ss.).

[1065] Christian Gavalda (publ.), *Responsabilité professionnelle du Banquier, Contribution à la protection des cliens de Banque,* (1978). Cf. o prefácio de Pierre Marcilhacy.

[1066] *Vide* os estudos publicados na ZHR 143 (1979) – 113, a nota prévia – ilustrativos das intervenções então realizadas.

[1067] *Vide* os *Gutachten für den 54. Deutschen Juristentag* (1982).

[1068] Publicadas como o tomo XXXV dos *Travaux de l'Association Henri Capitant,* 1984, ed. em 1986, sob o título *La responsabilité du banquier: aspects nouveaux*. Torna-se esclarecedora a leitura dos *relatórios* de Fábio Comparato, quanto ao Brasil – 103-108 (103) –, de Lubin Lilkoff, quanto ao Canadá – 109-142 –, de Giusto Jaeger/Bianca Cassandro Sulpasso, quanto à Itália – 161-169 (161) –, de Elvinger/Godart/Linster, quanto ao Luxemburgo – 171-182 (175) –, de J. R. Schaafsma, quanto aos Países Baixos – 183-192 (187, salvo o relevo geral da boa-fé) –, de Jerzy Rajski, quanto à Polónia – 193-200 (200) e de Pierre-Alain Patry, quanto à Suíça – 207-214 –, inseridos nos *Travaux* citados na nota anterior: em todos estes países, o tema é ou ignorado, ou rejeitado ou, simplesmente, mencionado por osmose com a experiência francesa.

tiva publicada por Köndgen (1987)[1069] e o 5.° simpósio de Direito bancário de Königstein/Taunus (1987)[1070]. Tais encontros concluíram, de modo geral, pela inconveniência em onerar a banca com particulares situações de responsabilidade as quais, em última análise, acabariam por se repercutir negativamente nos utentes. E em consonância com esse aspeto da política legislativa, concluíram também pela inexistência de meios jurídico-positivos específicos para efetivar situações de responsabilidade acrescida, a cargo do banqueiro, particularmente nas hipóteses de recusa de crédito.

III. Pode adiantar-se que o aparecimento de uma doutrina específica relativa à responsabilidade do banqueiro pela concessão – ou não concessão – do crédito é um fenómeno circunscrito à doutrina francesa, com alguns reflexos na belga. Assenta, aí, numa particular técnica de tratar a responsabilidade civil – e que passa pela não-distinção entre a culpa e a ilicitude – técnica essa que deve considerar-se ultrapassada pela evolução geral da Ciência Jurídica continental dos nossos dias.

Não obstante, é no espaço alemão que o tema tem merecido – independentemente de quaisquer linhas de solução – os estudos mais aprofundados, acompanhados de uma jurisprudência sugestiva. A panorâmica alemã é complementada pela rica experiência bancária suíça[1071]. Estas lições têm especial interesse uma vez que o Direito português, numa situação definitivamente sancionada pelo legislador civil, em 1966, neste aspeto como noutros, está bem mais próximo do alemão do que do francês, sem prejuízo de especificidades importantes[1072].

[1069] Johannes Köndgen, *Neue Entwicklungen im Bankhaftungsrecht* (1987).

[1070] Assim, os seis artigos assinados, respetivamente, por Uwe Hüffer, Jürgen Schröter, Ulrich Immenga, Dietrich Rümker e Wilhelm Schlaub, em ZHR 151 (1987), 93-193.

[1071] O tomo XXXV dos *Travaux* referidos nas notas anteriores não compreende, lamentavelmente, qualquer relatório relativo ao Direito alemão, enquanto o relatório suíço, de P.-A. Patry, surge demasiado sintético para deixar clara a sua clivagem de fundo perante o Direito francês.

[1072] Na doutrina portuguesa, recordamos: Alberto Luís, *O crédito abusivo e a mentira bancária*, em *Direito bancário* (1985), 69-78 (70 ss.), Diogo Leite de Campos, *A responsabilidade do banqueiro pela concessão ou não concessão de crédito*, ROA 1986, 49-55, Menezes Cordeiro, *Concessão de crédito e responsabilidade bancária*, BMJ 357 (1986), 5-66 e Manuel Veiga de Faria, *Responsabilidade civil dos bancos pela concessão ou recusa de crédito e por informações, conselhos ou recomendações*, RB 35 (1995), 43-70. Em Moçambique: Abdul Carimo Issá, *Responsabilidade bancária e o dever de informar*, em *Temas de Direito bancário* (1999), 149-222.

IV. No espaço jurídico – e, sobretudo, no espaço jurídico-privado – não há entidades irresponsáveis. Os bancos não poderiam ser exceção. Mas a uma situação inicial, em que a responsabilidade do banqueiro, particularmente no tocante à concessão ou não concessão do crédito veio ligada a conjunções emocionais, deve seguir-se uma análise serena e científica, que faculte as respostas claras e precisas de que esse sector tão importante carece. As características de responsabilidade civil em Portugal justificam que se estudem separadamente as experiências francesa e alemã.

152. A experiência francesa

I. A experiência francesa[1073], no tocante à responsabilidade do banqueiro, pode ser comodamente introduzida através de um caso judicial.

Em 7 de janeiro de 1976, a Cassação Francesa, através da sua Secção Comercial, admitiu a competência de um síndico de falência para interpor uma ação contra um banco, credor do falido. A ação de fundo destinar-se-ia a responsabilizar o banco em causa por prejuízos sofridos pelos demais credores da massa, em consequência de múltiplos créditos bancários que ele concedera: a entidade falida piorara, consideravelmente, a sua situação patrimonial quando, afinal, uma falência solicitada em tempo útil teria minorado os danos ocorridos[1074].

Com esta decisão, a Cassação Francesa alterou a sua própria jurisprudência anterior que não reconhecia, ao síndico de falência, semelhante capacidade. Em rigor, não houve inovações substantivas: tratava-se, apenas, de aplicar o dispositivo geral da responsabilidade civil, tal como resulta do Código Napoleão, em face de um delito alegadamente cometido por um banco[1075].

Subjacente à decisão em causa encontrava-se a falência da Sociedade Laroche e Filho; apurou-se que, durante largos lapsos de tempo, a Sociedade em causa sacava efeitos sobre compradores imaginários ou desconhecedores do saque, pretensamente domiciliados em várias agências da Banque Natio-

[1073] Em geral: André Buthurieux, *Responsabilité du banquier (Entreprise en difficulté/Crédit fautif/Expertise)* (2004), 76 ss..

[1074] CassCom 7-jan.-1976, JCP 1976, 11, 18327 = GP 1976, I, 412-413 = RTDCom 1976, 171-172 = RS 94 (1976), 126 = DS 1976 (Jurispr.), 277-278. Cf. a referência de Jack Vézian, *La responsabilité du banquier en droit privé français*, 2.ª ed. (1977), 169-170.

[1075] Outros elementos em Menezes Cordeiro, *Responsabilidade bancária* cit., 13 ss.. A esta decisão foi dado, por alguma doutrina, um papel no tocante à responsabilização do banqueiro que, de facto, ela não tem.

nale de Paris e remetia-os para desconto desse Banco. No vencimento, retirava-os ou pagava-os por intervenção, recorrendo a novas operações similares para obter os fundos necessários. Para além disso, havia *dossiers* falsos, nas várias agências, relativos às operações irregulares realizadas. Ora, segundo o tribunal, todas estas operações fraudulentas, que lesaram gravemente os interesses dos credores da sociedade falida, só foram possíveis devido à conivência do banco ou a uma negligência grosseira, já que a mínima verificação teria conduzido ao esclarecimento dos processos seguidos.

Perante isto – e uma vez que a decisão judicial é, sempre, a solução de um problema concreto e não a colocação genérica e abstrata de uma regra jurídica – compreende-se a via seguida pela Cassação Francesa, procurando, no caso, fazer certa justiça.

II. Tomados em si, os fundamentos da decisão são apresentados de modo vago, pela própria instância donde promanam[1076]: uma situação bastante comum na jurisprudência francesa, que lhe confere indubitável elasticidade, mas que recomenda cautelas acrescidas, quando se trate de operar transposições.

A condenação do banqueiro por danos sofridos pelos credores do falido – portanto pela concessão de crédito – repousa na ideia de *falta* (*"faute"*)[1077]. A teoria do serviço público, acima referida e rejeitada, ainda que por vezes mencionada como tópico argumentativo, não tem fundamentado decisões condenativas da banca[1078]. Tudo se mantém, pois, no campo do Direito privado.

Segundo o artigo 1382.° do Código Civil francês, "Todo o feito humano que cause dano a outrem obriga aquele por cuja *falta* tenha ocorrido, a repará-lo".

A "falta" tem sido definida como "... cometer um ato proibido ou abster-se de um ato prescrito, em condições tais que se fique sujeito à censura"[1079]. A utilização da *falta* permite à doutrina e à jurisprudência fran-

[1076] H. Schönle, *Rechtsvergleichende Aspekte der Bankenhaftung aus Sanierungsakten*, ZHR (1979), 208-226 (213).

[1077] Quanto à origem prática e às implicações deste conceito, Menezes Cordeiro, *Da responsabilidade civil dos administradores das sociedades comerciais* (1997), 423 ss..

[1078] Amiens, 24-fev.-1969, JCP 1969, II, 16124, an. Ch. Gavalda = RTDComm 1969, 1059, com an. Cabrillac/Rives-Langes, *idem*, 1059-1060, onde se diz que a atuação bancária teria semelhanças com o serviço público, mas onde se recusou a responsabilidade do banqueiro, que nela se julgava.

[1079] Aubry/Rau/Esmein, *Droit civil français*, 6.ª ed. (1951), 425. Não há definição legal de "falta". *Vide*, sobre o tema, o nosso *A responsabilidade civil dos administradores* cit., 428 ss..

cesas responsabilizar o banqueiro pela concessão de créditos, quando esta se venha a revelar danosa para terceiros, sem grande esforço explicativo[1080].

A *falta é* um conceito que não tem correspondente exato na linguagem jurídica portuguesa, sendo particularmente inadequado traduzi-la por culpa. Em termos analíticos, ela exprime um misto de culpa e de ilicitude[1081], isto é, de censura normativa e de inobservância de comandos legais. Esta indefinição permite-lhe abarcar situações incaracterísticas ou insuficientemente indeterminadas. A afirmação deve ser matizada, na prática: é possível, pela repetição de decisões e pela análise dos problemas, atingir níveis elevados de precisão[1082].

III. Saídas deste tipo, com base na "falta", seriam inviáveis nos Direitos alemão e suíço[1083].

Apenas na Bélgica – onde, como se sabe, vigora também o Código Napoleão, ainda que interpretado, por vezes, de modo próprio – a doutrina da "falta" conheceu um relativo acolhimento. A doutrina, ainda que admitindo a possibilidade de condenar o banqueiro que, com "falta", prejudicasse terceiros, previne contra os excessos a que tal linha pode dar lugar[1084].

Muito citada[1085], a sentença da 12.ª Câmara do Tribunal Comercial de Bruxelas de 3 de maio de 1976, entendendo que o banqueiro deveria abster-se de, pela concessão de crédito, prejudicar terceiro, condenou-o em indemnização, por descobrir uma ligação causal entre a "falta" verificada e o prejuízo ocorrido[1086]. Mas logo o mesmo Tribunal, desta feita pela 4.ª Câmara, decidiu, em 29 de outubro de 1976, que embora em princípio se pudesse res-

[1080] Jack Vézian, *La responsabilité du banquier* cit., 153 ss. e Prat, *La responsabilité du banquier* cit., 21 ss..

[1081] Quanto à aludida natureza mista da "falta", justamente no campo da responsabilidade bancária, *vide* Schönle, *Rechtsvergleichende Aspekte der Bankenhaftung* cit., 209.

[1082] *Vide* as diversas hipóteses estudadas por Buthurieux, *Responsabilité du banquier* cit., 91 ss., p. ex. quanto à rutura na concessão de crédito.

[1083] Herbert Schönle, *La responsabilité extra-contractuelle du donneur de crédit envers les tiers, en droit suisse,* SAG 49 (1977), 149-154 (149 e 154) e *Rechtsvergleichende Aspekte der Bankenhaftung* cit., 209 ss. e Hopt, *Rechtspflichten der Kreditinstituten* cit., 147 ss..

[1084] *Vide* Alain Zenner, *Nouveaux développements de la responsabilité du dispensateur de crédit*, JT 1977, 53-57 (57), e Pierre van Ommeslaghe, *La responsabilité du banquier dispensateur de crédit en droit belge,* SAG 49 (1977), 109-149 (109), bem como as considerações finais de Zenner/Henrion, no *Relatório belga* para as jornadas brasileiras da Association H. Capitant, *Travaux* 35 (1986), 47-101 (90).

[1085] P. ex., van Ommeslaghe, *La responsabilité du banquier* cit., 109.

[1086] Comm. Bruxelles, 12ème Ch., 3-mai.-1976, JT 1977, 60-65 (60, 63 e 65).

ponsabilizar o banco que, com falta, concedesse crédito abusivo, dando ao cliente uma aparência de solvabilidade e permitindo-lhe, assim, continuar a desenvolver atividades ilícitas, não devia, no caso considerado, haver condenação, por não se ter mostrado sequer que o banco tivesse conhecimento das irregularidades cometidas[1087]. Outras decisões intentam explicitar vários ângulos da "falta" dos bancos, embora acabem por, na prática, negar qualquer responsabilidade[1088].

IV. As incipiências da "falta" e a sua incapacidade para conferir, às decisões, o mínimo de previsibilidade requerido pela segurança jurídica não deixam de ser sentidas pela doutrina francesa. Esta esforça-se, assim, por descobrir deveres mais precisos, a cargo do banqueiro. Este incorreria em deveres de discernimento, de informação e de vigilância[1089]: discernimento para não financiar atividades ilícitas; informação para se inteirar da verdadeira situação do cliente; vigilância para acompanhar a utilização dada aos financiamentos.

O grau de diligência posto pelos bancos na prossecução desses deveres fica pouco claro nos escritos franceses da especialidade. Jean Stoufflet, especial defensor da responsabilidade específica dos bancos, não deixa de notar que deveriam ser visados os que, conscientemente, prejudicassem terceiros[1090].

A *Cour d'Appel de Paris*, em decisão de 6 de janeiro de 1977, que tem sido entendida como restritiva da "generosa" orientação assumida pela Cassação, em 6 de janeiro de 1976[1091], negou a responsabilidade do banco quando lhe houvessem sido apresentados elementos indiciadores de que a empresa de construção a financiar era viável[1092]. E anteriormente, Guestin sublinhara

[1087] Comm. Bruxelles, 4ème Ch., 29-out.-1976, JT 1977, 58-60; esta decisão refere, de passagem, uma missão económico-social do banco.

[1088] Para mais elementos, Menezes Cordeiro, *Responsabilidade bancária* cit., 22.

[1089] Rives-Lange/Contamine-Raynaud, *Droit bancaire*, 6.ª ed., 465 ss.. *Vide* J. Stoufflet, *Devoirs et responsabilités du banquier à l'occasion de la distribution du crédit*, em Gavalda, *Responsabilité professionnelle du banquier* cit., 21-51 (22 ss.).

[1090] Jean Stoufflet, *L'ouverture de crédit peut-elle être source de responsabilité envers les tiers?*, JCP 1965, I (doctrine), 1882, n.º 4; o autor afirmara antes não ser evidente que o banqueiro devesse ser responsável perante todos.

[1091] Schönle, *Rechtsvergleichende Aspekte der Bankhaftung* cit., 214.

[1092] CApp Paris, 3ème Ch., 6-jan.-1977, DS 1977, 144-148. Em anotação, Michel Vasseur, DS 1977, 148-152, afirma que o risco envolvido corre, efetivamente, por todos os intervenientes. Paralelamente, a CassFr 2-mai.-1983, DS 1984 (IR/SC) 89 = BBC/Ch.-Comm n.º 127 (109-110), admitiu a responsabilidade do banco que financia, contra um estudo realizado pelo próprio banco, uma empresa inviável; na verdade há, em tais

a inconveniência em considerar os bancos como seguradoras, o que acabaria por conduzir a indesejáveis restrições para o crédito[1093].

Surge também como elemento moderador a exigência de um nexo de causalidade entre a "falta" e o dano registado em terceiro[1094]. Este aspeto, embora pouco aprofundado pela sempre elegante mas imprecisa doutrina francesa, tem um relevo considerável na delimitação dos danos relevantes. Basta enfocar que os deveres de indagação, de informação e de vigilância visam, antes de mais, proteger o próprio banco; a sua violação não é, à partida, uma causa adequada para prejudicar terceiros.

A jurisprudência francesa, apesar da relativa ventilação doutrinária existente, é muito cautelosa na responsabilização do banqueiro pela concessão do crédito[1095]. Os exemplos que se encontram centram-se em torno de casos clamorosos, de que a Cassação Francesa, na decisão de 7 de janeiro de 1976 é, ainda, o melhor[1096-1097].

V. A doutrina mais recente alarga o âmbito da responsabilidade do banqueiro. Esta é apresentada como uma garantia oferecida ao público como contrapartida da confiança e das prerrogativas reconhecidas ao banqueiro: só ele pode comerciar com o dinheiro[1098]. Enquanto responsabilidade profissional esbate-se, nela, a contraposição contratual/delitual, mercê de uma multiplicação de deveres bancários[1099]. Aguarda-se a concretização destas leituras.

condições, uma consciência do prejuízo. Comentando esta decisão, M. Vasseur considera o perigo de algum modo presente na atribuição de quantias em dinheiro. O problema não se poria, contudo, perante créditos concedidos de acordo com os procedimentos normais; assim, CassFr 7-fev.-1983, DS 1984 (IR/SC) 90, an. Vasseur = BCC/Ch-Comm n.° 49 (38-40).

[1093] Guestin, *La prophétie réalisée*, JCP 1976 I (doctrine), 2786.

[1094] Prat, *La responsabilité du banquier* cit., 150 ss..

[1095] Jean Stoufflet, *Relatório francês* cit., 144 e Rives-Lange/Contamine-Raynaud, *Droit bancaire*, 6.ª ed. cit., 153.

[1096] Noutro caso, normalmente apontado como antecedente da CassComm 7-jan.-1976, a CComm Paris, 26-mai.-1967 responsabilizara o banco que concedera crédito a clientes tão desonestos que haviam sacado uma série de efeitos falsos, acabando por fugir para o estrangeiro. Cf. JCP 1968, II (jurisp.) 15518, an. J. Stoufflet.

[1097] Elementos mais recentes: Christian Gavalda/Jean Stoufflet, *Droit bancaire*, 8.ª ed. (2010), n.º 311 ss. (180ss.) e Thierry Bonneau, *Droit bancaire*, 10.ª ed. (2013), n.º 868 ss. (623 ss.).

[1098] Richard Routier, *Obligations et responsabilités du banquier*, 2.ª ed., 021.11 (22-23).

[1099] *Idem*, 021.31 (25).

153. **A experiência alemã**

I. No domínio da responsabilidade do banqueiro, a experiência alemã segue uma via bastante diferente da francesa[1100-1101]. Como decisão exemplar, pode utilizar-se a do *Reichsgericht*, de 9 de abril de 1932, muito comentada na literatura da especialidade[1102]. Fora, aí, solicitada a condenação de uma caixa de poupança que, tendo concedido uma série de créditos a um devedor inadimplente, acabara por prejudicar os terceiros, também credores. A possibilidade legal a considerar residia no § 826 do *BGB*, segundo o qual é responsável aquele que, atuando dolosamente contra os bons costumes, provoque danos a outrem. Analisando o problema, o *Reichsgericht* isolou cinco casos em que tal situação poderia ter lugar[1103]:

– dilação da falência, com o fito de obter garantias próprias mais vantajosas, em detrimento dos restantes credores;
– exploração do devedor, fortemente dependente do credor em causa e capaz de aceitar, por isso, as condições que lhe sejam postas;

[1100] Logo à partida, a doutrina nega, de princípio, qualquer responsabilidade do banqueiro pela concessão de crédito – Hopt, *Rechtspflichten der Kreditinstitute* cit., 147 ss. (148) – ou afirma a existência, na Alemanha, de menores armas dos credores contra os bancos – Hans-Joachim Mertens, *Zur Bankenhaftung wegen Gläubigerbenachteiligung*, ZHR 143 (1979), 174-194 (175).

[1101] Em geral, sobre a responsabilidade do banqueiro e os deveres do cliente, na doutrina alemã: Matthias Casper, em em Derleder/Knops/Bamberger, *Handbuch zum deutschen und europäischen Bankrecht*, 2.ª ed. (2009), § 3, Nr. 21 ss. (56 ss.); Hans-Peter Schwintowski, *Bankrecht*, 3.ª ed. (2011), § 2, Nr. 27 (21), § 12, Nr. 129 ss. (425 ss.) e *passim*; Frank Peterek, em Siegfried Kümpel/Arne Wittig, *Bank und Kapitalmarktrecht*, 4.ª ed. (2011), Nr. 6.176 ss. (620 ss.); Hermann-Joseph Bunte, em Schimansky/Bunte/ /Lwowski, *Bankrechts-Handbuch*, 1, 4.ª ed. (2011), § 8 (159-171); no domínio das cláusulas contratuais gerais.

[1102] Menno Aden, *Der Vorwurf der Konkursverschleppung gegen den Mitgläubiger*, MDR 1979, 891-896 (892); Obermüller, *Kredite und Konkurseröffnung* ZIP 1980, 337-344 (338); Dietrich Rümker, *Gläubigerbenachteiligung durch Gewährung und Belassung von Krediten*, ZHR 143 (1979), 195-207 (195); Böhner, *Observations* em *Responsabilité du banquier*, publ. Ch. Gavalda (1978), 91-100 (98).

[1103] RG 9-abr.-1932, RGZ 136 (1932), 247-260 (249-250, 253-254 e 260); o RG acabou, no caso considerado, por denegar o pedido de responsabilidade efetuado. Foi possível localizar uma decisão anterior relevante: RG 19-out.-1914, RGZ 85 (1915), 343-347 (347), onde se considerou dolosamente contrária aos bons costumes a obtenção de certas garantias destinadas a prejudicar os demais credores.

– apropriação fáctica do negócio, ficando o devedor reduzido a mero "homem de palha";
– crédito-burla, tendente a fazer crer a terceiros numa boa situação patrimonial do devedor;
– atentado aos credores, através da obtenção de garantias a tanto destinadas.

II. A orientação prefigurada era bastante circunspecta; a multiplicação apontada de casos apenas traduzia uma preocupação de análise. No entanto e porque, dela, se poderia retirar um certo relaxamento na verificação dos requisitos postos pelo § 826 do *BGB*, ela foi prontamente revista pelo próprio *Reichsgericht* que, meses volvidos, a veio criticar, em nova decisão, afirmando simplesmente a necessidade de se pretender enganar os credores[1104]. Pouco antes, aliás, ainda o *Reichsgericht* negara a existência de qualquer dever de prevenir os credores da nova concessão de créditos[1105].

Até aos nossos dias, pode afirmar-se que uma jurisprudência constante, continuada pelo atual Tribunal Federal, apenas admite a responsabilidade dos bancos pela concessão de crédito quando, atentando dolosamente contra os bons costumes, eles o tenham feito para prejudicar os restantes credores[1106]. Outra possibilidade, já ensaiada, consistiu em fazer

[1104] RG 2l-dez.-1932, RGZ 143 (1934), 48-57 (53-54).

[1105] RG 17-jan.-1931, LZ 1931, 694.

[1106] Entre muitas outras: BGH 25-abr.-1961, WM 1961, 776-780 (776-777 e 779-780) – a responsabilidade pelo financiamento de uma empresa de construção em dificuldades só se constitui havendo dolo no prejuízo causado a terceiros, pelo menos na forma de dolo eventual; BGH 4-jul.-1961, WM 1961, 1103-1106 (1106) – uma situação de domínio total da empresa financiada só conduziria, apesar disso, a responsabilidade, se o banco pretendesse retirar vantagens paralelas aos prejuízos causados aos devedores; BGH 15-jun.-1962, WM 1962, 527-530 (529) – a necessidade de dolo traduz-se na intenção de prejudicar outrem; BGH 20-set.-1962, WM 1962, 1220-1222 (1222) – a violação dos bons costumes requer uma situação de opressão do devedor; BGH 18-set.-1963, WM 1963, 1093-1094 (1093-94) – o banco só é responsável por não ter prevenido terceiros da verdadeira situação do devedor quando, com isso, se verifique a previsão do § 826 do *BGB*; BGH 24-mai.-1965, WM 1965, 918-920 (919 e 920) – recusou-se, também, uma condenação por não se ter demonstrado uma intenção de prejudicar os restantes credores que atentasse contra os bons costumes ou, mais precisamente, um comportamento doloso contra os outros credores; BGH 9-dez.-1969, NJW 1970, 657-659 (659), – de novo a concessão tardia de crédito foi negada como constitutiva do dever de indemnizar, por não ocorrer a previsão do § 826 do *BGB*.

declarar nulos os negócios que prejudicassem os terceiros credores, por contrariedade aos bons costumes[1107].

Assim amparada na jurisprudência, não admira que a presente orientação tenha acolhimento doutrinário pleno[1108]; certas posições aparentemente dissonantes têm, na realidade, a ver com aspetos pré-contratuais e não com a pura responsabilidade pela concessão de crédito, como haverá oportunidade de verificar.

III. O requisito do *dolo* não suscita particulares problemas[1109]. A ideia de bons costumes foi acima analisada[1110]. No Direito alemão, recordamos que ela tem um relevo especial: constitui a disposição básica da lei contra a concorrência desleal[1111]. A ponderação do seu conteúdo, efetuada com base nas decisões judiciais que deles façam aplicação, revela duas áreas diferenciadas:

- por um lado, os bons costumes correspondem a concretizações de valores e princípios imanentes à ordem jurídica;
- por outro, eles abrangem comportamentos nos domínios da atuação sexual e familiar onde o legislador não pode ou não quis ser explícito e, ainda, regras próprias de certas deontologias profissionais.

Esta repetição de julgados terá feito rarear os pedidos e, daí as decisões respeitantes a esse ponto. No entanto, pode-se ainda relevar BGH 9-jul.-1979, BGHZ 75 (1979), 96-116 (114) = WM 1979, 878-884 (883), OLG Düsseldorf 5-abr.-1984, AG 1984, 188-192 (191), e OLG Düsseldorf 20-jun.-1985, AG 1985, 276-281 (277) – a propósito da dilação na falência. Em OLG Frankfurt 20-jun.-1996, WM 1996, 337-340, entendeu-se que o banqueiro não estava obrigado, perante o próprio mutuário e antes de lhe dar crédito, a verificar a sua (do mutuário) idoneidade.

[1107] BGH 9-jul.-1953, BGHZ 10 (1963), 228-234 (231) = NJW 1953, 1665-1666 (1666) e BGH 8-fev.-1956, BGHZ 20 (1956), 43-53 (49) = NJW 1956, 706.

[1108] *Vide*: Aden, *Konkursverschleppung* cit., 896; Helmut Coing, *Eine neue Entscheidung zur Haftung der Banken wegen Gläubigergefährdung* WM 1980, 1026-1030 (1027); Mertens, *Bankenhaftung* cit., 179; Rümker, *Gläubigerbenachteiligung* cit., 203; Hans-Ulrich Wackerhagen, *Haftung der Banken aus Kundenberatung im Wertpapiergeschäft* (1974), 81.

[1109] Já se intentou equiparar ao dolo a negligência grosseira, considerada, para o efeito, expressamente, como a violação consciente dos deveres de cuidado a observar; *vide* BGH 15-jun.-1962, WM 1962, 962-966 (965).

[1110] *Supra*, 348 ss.. Com diversos elementos cf., também, a nossa *Responsabilidade bancária* cit., 26-28.

[1111] Assim o clássico § 1 do *UWG – Gesetz gegen den unlauteren Wettbewerb* – que tem dado lugar a uma larga casuística.

A dualidade é marcada e dificulta, em extremo, a formulação unitária do conceito.

No Direito português, contudo, não se coloca tão grande dificuldade. Na verdade, o Código Civil de 1966, aproveitando a elaboração doutrinária que o antecedeu, consagrou, como noções separadas, a ordem pública e os bons costumes[1112].

IV. O balanço da experiência alemã permite concluir, na prática, pela inexistência de um esquema de responsabilizar o banqueiro perante a concessão de crédito, ainda que, daí, resultem danos para terceiros. Trata-se de um ponto importante para a determinação da responsabilidade do banqueiro em geral. O esforço analítico jurisprudencial, no qual a decisão do antigo *Reichsgericht*, de 9 de abril de 1932, assume ainda uma posição liderante, destrinça, de facto, diversas possibilidades; fá-lo, porém, em termos que, no plano da efetividade, evitam uma responsabilidade específica dos bancos.

A bitola dos bons costumes – que abrange, na linguagem científica portuguesa, quer os bons costumes em si, quer a ordem pública apenas permitiria sancionar casos estranhos e extremos; a exigência de dolo, posta pelo § 826 do *BGB*, para que a violação dos bons costumes facultasse um dever de indemnizar, estreita ainda mais um crivo já de si bem apertado.

Afinal, seria responsabilizado o banqueiro que, atentando dolosamente contra princípios fundamentais da ordem jurídica ou contra uma particular deontologia profissional – que não surge explicitada – concedesse crédito a outrem para prejudicar terceiros. Sendo tradicional, esta orientação mantém-se, dobrada pela afirmação da inexistência de um dever de sanear empresas[1113].

154. **O Direito português**

I. O aprofundamento anterior permite explicitar a solução jurídica portuguesa para o problema da eventual responsabilidade do banqueiro por danos causados a terceiros, pela concessão de crédito.

[1112] *Tratado* II, 4.ª ed., 584 ss..

[1113] Eckard Theewen, *Haftungsrisiken der Kreditinstitute in der Krise ihrer Schuldner*, BKR 2003, 141-148 (148/II).

Num primeiro momento, cabe afastar a existência de uma responsabilidade pública dos bancos pela concessão de crédito. Os bancos movem-se, em Portugal, no seio do Direito privado. Doutrinas como a do serviço público ou similares – rejeitadas hoje no seu espaço de origem e totalmente recusadas fora dele – baqueariam, em Portugal, por maioria de razão: ao desamparo doutrinário somar-se-ia a total ausência de base legal.

II. Uma solução de tipo francês, assente na "falta", seria inviável no Direito português. Ao contrário do esquema napoleónico, o Código Civil português separa, no domínio dos pressupostos da responsabilidade civil aquiliana, a culpa da ilicitude. Assim, em qualquer situação de imputação delitual, é necessário apontar uma norma jurídica violada. Na sequência de tal violação, poder-se-á, então, formular um juízo de censura sobre o comportamento do agente que, em conjunto com os demais elementos postos, por lei, para o efeito, dê azo ao dever de indemnizar.

As soluções imprecisas, de elevado teor afetivo, assentes numa "falta" informe[1114], não têm cabimento, traduzindo, caso fossem adotadas, um retrocesso sem precedentes na evolução científica do ordenamento português. Na responsabilidade obrigacional, como hoje sustentamos, a situação já estaria mais próxima do sistema napoleónico; mas aí a existência de prévias obrigações específicas impede dúvidas e imprecisões.

III. A orientação alemã, pelo contrário, encontraria, no Direito português, um ambiente mais favorável: neste ponto como noutros, o paralelo entre os dois ordenamentos é nítido, mesmo quando efetuada a destrinça entre os bons costumes e a ordem pública.

Na concessão do crédito, o banqueiro deve abster-se de prejudicar terceiros, atentando contra os bons costumes ou contra a ordem pública. No primeiro caso, assistir-se-ia, por exemplo, à celebração de negócios bancários com fitos atentatórios da moral sexual ou familiar ou, ainda, contrariando aspetos deontológicos. No segundo, o comércio bancário processar-se-ia contra vetores básicos injuntivos, impondo, por exemplo, atividades ilícitas ao utente ou assentando, quiçá, em discriminações de tipo rácico. Tudo isto surge académico: não se vê como, na prática, possam ocorrer semelhantes prevaricações e – ainda mais – como elas possam

[1114] A facilidade existente no recurso à "falta" explica, em França, a irrelevância atual do abuso do direito e da *culpa in contrahendo*.*Vide Da boa fé*, 564 ss. e 682, nota 96, respetivamente.

ser demonstradas. Na atualidade, o "banqueiro" é uma instituição complexa: a concessão de crédito implica a intervenção de várias pessoas, o que impossibilita a prática dos clássicos delitos civis, de base individual. De pé ficaria, afinal, apenas a inobservância de uma deontologia bancária: esta consta, no entanto, de normas específicas.

Cabe ainda ter presente que uma eventual atribuição de crédito em violação da ordem pública ou dos bons costumes apenas acarretaria – só por si – a nulidade dos negócios implicados – artigo 280.°/2[1115]. Para, daí, passar à responsabilidade para com terceiros, seria também necessário que o comportamento prevaricador visasse prejudicá-los e, efetivamente, o fizesse. Doutra forma, faltaria seja a culpa, seja o nexo causal.

Pode pois concluir-se que, à semelhança do que sucede na experiência alemã, uma responsabilização do banqueiro por danos causados a terceiros, contra os bons costumes ou contra a ordem pública, é uma possibilidade teórica, com pouca substância prática.

IV. O processo tradicional de tutela dos credores reside na ação pauliana[1116]. O relevo deste meio para o problema em estudo é, à partida, escasso: a ação pauliana visa a subsistência de certos negócios e não a indemnização de prejuízos. Ora a impugnação do negócio bancário que prejudicasse os credores do utente da banca teria, para eles, um escasso relevo.

Acresce ainda que os requisitos da ação pauliana são, na temática em estudo, de difícil verificação.

Os negócios bancários são, por definição, onerosos. A impugnação requereria, pois, má-fé do banqueiro e do seu cliente – artigo 612.°/1 do Código Civil. A orientação tradicional exigiria, a tal propósito, o *consilium fraudis* entre o banco e o utente, isto é, a intenção comum de prejudicar o terceiro[1117]; a orientação mais recente, aparentemente consagrada no Código Civil – artigo 612.°/2 – contentar-se-ia com o conhecimento desse

[1115] Numa concessão de crédito, a nulidade implicaria a restituição das quantias mutuadas – o que, em regra, surgiria *ainda mais prejudicial* nos terceiros credores do mutuário do que a mera subsistência do crédito.

[1116] Assim o relevo que lhe é concedido por Leite de Campos, A *responsabilidade do banqueiro* cit., 51 ss.. Quanto à ação pauliana em geral, *vide Direito das obrigações* 2, 488 ss. e *Tratado* IX, 523 ss..

[1117] Tal era a posição de Cunha Gonçalves e de J. G. Pinto Coelho, tomada nas obras citadas em *Da boa fé* cit., 493-494, nota 229.

prejuízo[1118]. Não obstante esta abertura, apresenta-se clara a dificuldade prática da concretização da figura: recorde-se a natureza institucional que, na atualidade, é assumida pela banca.

Pode-se, porém, ir mais longe. O sucesso da pauliana requer o *eventus damni* – artigo 610.°, *b*) – isto é, exige que o ato a impugnar provoque, para o credor, a impossibilidade de obter a satisfação integral do seu crédito ou o agravamento dessa impossibilidade. Ora um crédito bancário não pode, por si, ter tal efeito. O cliente do banco adstringe-se, de facto, a um cumprimento que, futuramente, poderá prejudicar os seus restantes credores. Mas recebe, em troca, um financiamento que integra o seu ativo patrimonial. O prejuízo não advirá, pois, do crédito bancário mas antes do destino que, a esse crédito, seja dado pelo cliente do banco. Em regra, isso já não respeita ao banqueiro.

Mas assim não será quando, a pretexto de concessão de novos créditos, o banqueiro consiga garantias que vão prejudicar os outros credores ou – pior ainda! – quando se trate de garantias concedidas, em detrimento dos credores, para assegurar o cumprimento de terceiros. Nessa altura, o banqueiro sujeita-se à pauliana, nos termos gerais, resultando a sua má-fé do próprio mérito da causa.

V. Para além do tema da concessão ou da não-concessão de crédito, o banqueiro é responsável, nos termos gerais, pela inobservância dos contratos. Assim, num exemplo (neste momento) recente, ele responde pelo roubo praticado num seu cofre, por terceiros[1119].

[1118] Nesse sentido, já Paulo Cunha, *Da garantia nas obrigações* (1938-39), I, 352-353.

[1119] Kammergericht 2-mar.-2016, WM 2016, 923-926.

§ 38.° CONCRETIZAÇÃO DA RESPONSABILIDADE BANCÁRIA

155. Responsabilidades obrigacional e aquiliana; a causalidade

I. Na concretização – agora em geral – da responsabilidade do banqueiro, perante o Direito positivo português, é hoje fundamental a contraposição entre responsabilidade obrigacional e aquiliana. Elementos importantes foram, de resto, já obtidos pela análise das experiências alemã e francesa.

Em diversos escritos publicados até cerca de 1986, defendemos que, no Direito português, se processara uma acentuada aproximação entre as responsabilidades obrigacional e aquiliana. A evolução teria sido completada pelo Código Civil que, nos seus artigos 562.° e seguintes, tratou unitariamente o dever de indemnizar.

Mais tarde, porém, viemos a abandonar essa orientação[1120]. O *iter* seguinte é complexo, não cabendo agora dar dele, conta. Apenas se focam as conclusões fundamentais.

II. Os Direitos continentais europeus conhecem, hoje, dois grandes sistemas de responsabilidade civil. O sistema francês ou napoleónico, baseado na unidade dos pressupostos ético-jurídicos da responsabilidade civil, expressos, de modo indiferenciado, pela locução *faute* ("falta", corrente mas erroneamente traduzida por culpa) e o sistema germânico, assente na dualidade desses mesmos pressupostos, expressos, diferenciadamente, pelas ideias de culpa e de ilicitude.

Ou seja: ao passo que, para o Direito francês, a responsabilidade exige que alguém pratique um dano com *faute* – artigo 1382.° do Código

[1120] *Vide* os nossos *Da responsabilidade civil dos administradores das sociedades comerciais* cit., § 19.°, *Tratado* VIII, 387 ss. e *Litigância de má-fé* cit., 3.ª ed., 181 ss..

Napoleão – para o alemão, requer-se um dano ilícito e com culpa – § 823/I do *BGB*. A *faute* seria, pois, um misto de ilicitude e de culpa.

A razão da diferenciação deve ser procurada no analitismo da Ciência Civil alemã, no século XIX, e na maior maturação que teve o Código Civil de 1896. A Rudolf von Jhering se deve o mérito de ter feito a destrinça entre culpa e ilicitude, em termos que perdurariam, nas subsequentes doutrinas civil e penal.

III. O sistema português era, no século XIX, de inspiração francesa. Assim, nos clássicos civilistas da época, encontramos o termo "culpa" com o sentido de "*faute*", isto é: abrangendo, de modo indiferenciado, a culpa e a ilicitude.

Com Guilherme Moreira, deu-se a transposição para o pandectismo. No tocante à responsabilidade civil, Guilherme Moreira operou a receção contraposta de culpa e de ilicitude. Mais perfeito, o esquema em breve foi acolhido, pela generalidade da doutrina.

Mas nunca totalmente: num fenómeno tipicamente jurídico, a receção opera não por substituição dos conceitos velhos pelos novos, mas pela junção, a conceitos velhos, de conceitos novos.

O sistema unitário ou napoleónico sobreviveu. No campo civil, o esquema português é, hoje, misto:

– na responsabilidade contratual domina a orientação napoleónica; a "culpa" equivale à *faute* e traduz, em simultâneo, a ilicitude;
– na responsabilidade aquiliana singra a orientação germânica: culpa e ilicitude estão contrapostas.

IV. A demonstração jurídico-positiva mais clara, do exposto, resulta do confronto entre os artigos 483.º/1 e 799.º/1 do Código Civil. No primeiro preceito, há uma clara contraposição entre a culpa e a ilicitude, seguindo o estilo germânico. No artigo 799.º/1 surge, porém, uma denominada "presunção de culpa", contra o devedor inadimplente.

Uma presunção de culpa só poderia significar que se presume a ausência de causas de excusa: doutro modo, havendo ilicitude, haveria culpa. Ora nunca se presume a existência de qualquer causa de excusa, pelo que o artigo 799.º/1, assim entendido, seria inútil.

A "presunção de culpa" desse preceito é, na realidade, uma presunção de ilicitude. Perante a falta de cumprimento, presume-se que:

– o devedor não cumpriu, violando as normas jurídicas que mandam cumprir – ilicitude;
– o devedor incorre no correspondente juízo jurídico de censura – culpa.

Há uma presunção de *faute*.

A demonstração pode ser complementada com a invocação de causalidade, também incluída na *faute*, mas não na ilicitude/culpa.

V. A natureza híbrida da responsabilidade civil portuguesa tem consequências importantes, na responsabilidade bancária. Na presença de um acordo entre o banqueiro e o seu cliente ou, de modo mais lato, na de vínculos obrigacionais específicos, a simples falta do resultado normativamente prefigurado implica presunções de ilicitude, de culpa e de causalidade. Competirá, pois, ao devedor inadimplente apresentar alguma causa de extinção de obrigação ou de justificação do inadimplemento. Já se estivermos perante a inobservância de deveres genéricos, tudo fica nas mãos do prejudicado que deverá provar os diversos pressupostos de responsabilidade civil[1121].

Pensamos que esta solução global, ditada, de certo modo, pelos acasos do devir histórico-cultural, conduz a soluções particularmente justas e adequadas. No Direito bancário como, em geral, na vida dos negócios e na vida pessoal, os acordos devem ser cumpridos a todo o custo, apenas com os limites últimos da boa-fé. É um *minimum* de coesão social que tem de ser exigido, sob pena de tudo converter em litígios. Na falta de acordos ou de vínculos específicos similares, a regra é a da liberdade. Apenas perante violações comprovadas alguém pode ser responsabilizado.

VI. A causalidade deve ser tomada na aceção moderna: são imputados os danos correspondentes ao círculo de bens tutelado pela norma jurídica violada. Trata-se de uma orientação que obriga a indagar o escopo da norma atingida. Como veremos, este método permite, na prática, delimitar danos que, de outro modo, pareceriam ilimitados.

[1121] Nesse sentido, RPt 24-abr.-2008 (Carlos Portela), Proc. 0736538.

156. Aplicação perante o dever de informar

I. Vamos testar a aplicação das considerações acima explanadas ao Direito bancário, através do regime do dever de informar e da responsabilidade dele resultante[1122].

Dado o sentido profundo hoje assumido, em Portugal, pela contraposição entre as responsabilidades obrigacional e aquiliana, os próprios pressupostos de responsabilização são diversos.

Numa situação de tipo obrigacional, a mera falta de informação do beneficiário responsabiliza, automaticamente, o obrigado: joga, contra ele, a presunção de "culpa" – portanto: de *faute* ou de culpa/ilicitude – prevista no artigo 799.º/1 do Código Civil. O responsabilizado só se liberará se lograr provar que, afinal, prestara a informação ou que beneficiara dalguma causa de justificação ou de excusa.

Já numa situação de tipo aquiliano, a mera falta de informação a nada conduz. O prejudicado terá de provar todo o condicionalismo que originaria o dever de informar por parte de outrem e, depois, de demonstrar que o visado não cumprira, com culpa, tal dever.

II. O dever de informar torna-se, assim, muito mais operacional, quando tenha estrutura obrigacional. As razões dessa acrescida tutela têm sido firmadas, designadamente, por Claus-Wilhelm Canaris, através dos seus estudos sobre a confiança. É um ponto importante, que permite, da responsabilidade civil, retirar elementos de relevo, no tocante à própria configuração dos deveres bancários.

Numa situação que relacione particularmente duas pessoas – *culpa in contrahendo* ou execução contratual, por exemplo – as partes são levadas a confiar uma na outra. Quando o façam, elas baixam as suas defesas naturais, tornando-se, mutuamente, vulneráveis. Gera-se uma situação em que os envolvidos descuram a preocupação de obter informações, pelos seus próprios meios. Na base da confiança gerada, as partes praticam novos atos.

[1122] *Vide*, como referência e com muita bibliografia: Volker Lang, *Haftung und Schadensersatz*, em Welter/Lang, *Handbuch der Informationspflichten im Bankverkehr* (2005), 75-106 (75 ss.). Entre nós, Menezes Leitão, *Informação bancária e responsabilidade* cit., 234 ss..

Tudo isto, humano por excelência, deve ser tutelado pelo Direito. Por isso se gera uma situação que dá azo a obrigações específicas de informar, fruto de responsabilidade obrigacional, no caso de inobservância.

Não havendo qualquer ligação específica, não ocorrem as razões de tutela acima referenciadas. O Direito dispensa, apenas, a tutela aquiliana.

III. Na posse de dados básicos sobre o regime, pergunta-se como se articulam, entre si, os deveres de informação, com a inerente responsabilidade.

No tocante a deveres de proteção, Canaris formulou uma doutrina que, em geral, é hoje acolhida no Direito alemão: a doutrina dos deveres unitários de proteção[1123]. Segundo essa doutrina, nos preliminares surge um dever de proteção que se manteria, depois, na vigência contratual. Tal dever subsistiria, ainda, na hipótese de nulidade do contrato, sobrevivendo-lhe *post pactum finitum*[1124].

Trata-se de uma doutrina que pode ser transposta para os deveres de informação. Mas apenas com o seguinte alcance: há uma pressão niveladora, que intenta aproximar os regimes da informação, nas diversas situações. Tal pressão, que corresponde a expectativas clássicas de redução da complexidade e de uniformização é, porém, contrariada por exigências diferenciadoras, nos casos concretos.

Em cada situação haverá, pois, que ponderar os interesses e valorações em presença. Uma visão global desta matéria é tarefa do Direito das obrigações[1125].

IV. A responsabilidade por questões ligadas às informações prestadas pelo banqueiro domina boa parte do panorama da responsabilidade bancária[1126]. A literatura é considerável, obrigando a lidar com os quadros da

[1123] Claus-Wilhelm Canaris, *Ansprüche wegen "positiver Vertragsverletzung" und "Schutzwirkung für Dritte" bei nichtigen Verträgen*, JZ 1965, 475-482. Quanto a esta doutrina, com indicações, Menezes Cordeiro, *Da pós-eficácia das obrigações*, em *Estudos de Direito Civil* 1 (1987), 143-197 (188 ss.) e *Da boa fé*, 634 ss..

[1124] Nos escritos acima citados, defendemos a desnecessidade, no Direito português, de deveres unitários de proteção. Trata-se de uma orientação que hoje abandonámos, mercê da nova clivagem entre as responsabilidades obrigacional e aquiliana, agora perfilhada. De todo o modo, o problema não tem, diretamente, a ver com os deveres de informação.

[1125] *Tratado* VI, 2.ª ed., 675 ss..

[1126] Stefan Einbock, *Vorvertragliche Pflichten der Kreditinstitute im Kreditgeschäft und im Wertpapiergeschäft/Eine vergleichende Betrachtung unter Berücksichtigung des Wertpapierhandelsgesetzes* (2015), 297 pp..

responsabilidade aquiliana e obrigacional[1127]. A responsabilidade bancária concretiza-se, como hipóteses clássicas: perante o banqueiro que atesta factos inexatos[1128] ou que dá falsas indicações a um terceiro[1129], perante a administração de patrimónios[1130], perante o giro bancário[1131], perante os cheques[1132], perante elementos de que tenha conhecimento que possam pôr em jogo um mútuo que vai celebrar[1133], perante recomendações de produtos arriscados a clientes inexperientes[1134] e perante informações que determinem importantes decisões, mesmo em clientes experientes[1135]. A responsabilidade bancária pode alargar-se a situações nas quais o banqueiro remeta o cliente para outros prestadores de serviços[1136]. O banqueiro res-

[1127] Além dos elementos bibliográficos já referidos: Bertold Gaede, *Die Haftung der Banken für Kreditauskünfte* (1970), 8 ss. (responsabilidade contratual) e 71 ss. (responsabilidade delitual), Hans-Peter Scheerer, *Probleme der Haftung der Kreditinstitute für die Erteilung von Auskünften in Deutschland und Frankreich unter besonderer Berücksichtigung der Haftungsfreizeichnungsklauseln*, FS Bärmann 1975, 801-821, com especial referência a cláusulas de exoneração, Joachim Dirichs, *Die Haftung der Banken für Rat und Auskunft* (1976), 24 ss. (responsabilidade contratual) e 67 ss. (responsabilidade delitual) e *Zur Haftungsbeschränkung bei Bankauskünften*, WM 1979, 626-630. Na literatura mais recente, o tema perdeu impacto. Como referências gerais: Siegbert Lammel, *Zur Auskunftshaftung*, AcP 179 (1979), 337-366 e Robert Haller, *Haftung für Rat und Auskunft*, Jura 1997, 234-240.

[1128] Assim: Dietrich Rümker, *Verdeckte Sacheinlage und Bankenhaftung*, ZBB 1991, 176-179, Volker Butzke, *Die Einzahlungsbestätigung nach § 37 Abs 1 Satz 3 AktG als Grundlage der Bankenhaftung*, ZGR 1994, 94-112 e BGH 16-dez.-1996, DStR 1997, 377-378, An. Wulf Goette, *idem*, 378-379.

[1129] BGH 7-jul.-1998, DB 1998, 1856-1859.

[1130] Kurt Kiethe, *Haftung für Anlageberatung und Vermögensverwaltung*, DStR 1996, 547-552.

[1131] Uwe Hüffer, *Haftungsfragen im Bankrecht*, WM 1987, 641-646 e Ingo Koller/Florian Faust, *Die Haftung der Erstbank für Verschulden der Zwischenbank bei der Giroüberweisung*, ZBB 1989, 63-76.

[1132] OLG Nürnberg 10-fev.-1993, ZBB 1994, 63; já o banco não responde por cheques de viagem: não é emitente: AG Düsseldorf 20-dez.-1993, ZBB 1994, 348; mas é responsabilizado por grave negligência perante a falta de poderes de quem saque o cheque: OLG Frankfurt/M. 2-jun.-1999, ZIP 1999, 1207-1209.

[1133] BGH 11-fev.-1999, ZIP 1999, 574-577 = DB 1999, 1255-1256.

[1134] OLG Celle 25-jan.-1992, ZBB 1993, 40; podem, aí, ser confrontados outros casos diversos.

[1135] BGH 8-dez.-1999, ZIP 1999, 275-276.

[1136] Siegfried Kümpel, *Die begrenzte Haftung der Bank bei weitergeleiteten Kundenaufträgen*, WM 1996, 1893-1901.

ponde ainda, em geral, pelo risco das falsificações[1137]. A conjuntura bancária, que precedeu a crise de 2007/2015, marcada pela desregulamentação, pela liberalização do tráfego internacional e pela erosão dos juros, ofereceu novas situações de responsabilização[1138]. Importante é o recente filão responsabilizador, através da apresentação, a entidades menos informadas, de derivados de alto risco, que estas vieram a subscrever[1139]. Temos, ainda, possibilidades curiosas através da "administração de facto" exercida por um banqueiro e em relação a um cliente: perante uma empresa em perigo, pode suceder que o banqueiro principal credor venha, de facto, a exercer funções de gestão. Será responsável, enquanto "administrador", pelas decisões que tome[1140]? Pergunta-se, também, até onde poderá responder um banqueiro que adote modelos de financiamento com implicações estruturantes que se venham a demonstrar inidóneas[1141]. Em tese, o banqueiro tem um dever razoável e comedido, de esclarecer em termos sensatos e perante os elementos disponíveis. Na dúvida, deverá comunicá-la ao cliente, sem gerar falsas expectativas[1142].

Hipótese específica de responsabilidade bancária é a derivada do *churning*, expressão que traduziríamos por desnatamento. O banqueiro que tenha a seu cargo a administração de determinada importância poderia encetar a prática de multiplicar, desnecessariamente, as operações, por forma a aumentar a cobrança de comissões e taxas equivalentes[1143]: os

[1137] BGH 13-dez.-1967, DB 1968, 303-304 (303) e OLG Koblenz 8-dez.-1983, WM 1984, 206-209.

[1138] Jürgen Penthor, *Liability Management in Banken*, ÖBA 1996, 49-52.

[1139] *Infra*, 947 ss..

[1140] Friedrich Engelke, *Faktische Geschäftsführung durch Kreditinstitute?*, Bank 1998, 431-433.

[1141] Reiner Fuellmich/Stefan Rieger, *Die Haftung der Banken für massenhaft fehlerhafte Treuhandmodellfinanzierung*, ZIP 1999, 465-476 (465) e Andreas Spichkoff/Jörg Petershagen, *Bankenhaftung bei fehlgeschlagenen Immobilienerwerber Treuhandmodellen*, BB 1999, 165-173.

[1142] Andreas Früh, *Zur Bankenhaftung bei Immobilien- Kapitalanlagen*, ZIP 1999, 701-705 e Patrick Rösler, *Haftung der vermittelnden und beratenden Bank bei Immobilienkapitalanlagen*, Bank 2000, 48-52.

[1143] Peter Derleder/Rainer Metz, *Die Nebenentgelte der Banken-Rechtsgrundlagen und rechtliche Grenzen*, ZIP 1996, 573-585 e *Die Nebenentgelte der Banken – Zur Zulässigkeit der einzelnen "Gebühren"*, ZIP 1996, 621-630, Michael-Christian Rössner/Martin Arendts, *Die Haftung wegen Kontoplünderung durch Spesenschinderei (churning)*, WM 1996, 1517-1528 e Johannes W. Steiner, *Gebührenrechtliche Fragen bei Bankgeschäften*, ÖBA 1996, 461-468. Hipótese particular de *churning* julgada em BGH 18-mai.-1999, BB

bens entregues ao banqueiro ficarão, assim, "desnatados". Haverá responsabilidade bancária – no caso de se tratar de um banqueiro – por diversas vias e, no limite, por atuação desleal, contrária à boa-fé[1144].

157. A prática judicial portuguesa

I. Até há poucos anos, não era muito significativa a produção jurisdicional portuguesa sobre temas de responsabilidade bancária[1145]. Mais recentemente, têm vindo a multiplicar-se os casos, em termos que confirmam, em geral, as construções acima referenciadas[1146].

Quando assuma um compromisso, ainda que de modo indireto, o banqueiro deve cumpri-lo, sob pena de ser responsabilizado pelos danos. É o que sucede quando um banco tenha creditado imediatamente à ordem um determinado cheque – dispensando, pois, a cláusula, "salvo boa cobrança"[1147] – quando o banco se tenha comprometido a envidar esforços para conseguir uma determinada bonificação para uma empresa de pesca e, depois, se tenha limitado a escrever uma carta[1148] ou quando o banco, acei-

1999, 1520-1523, é a do banqueiro que debita ao seu cliente medidas preparatórias de uma penhora, numa orientação retomada em BGH 19-out.-1999, ZIP 2000, 16-18. Em OLG Schleswig 24-fev.-2000 entendeu-se, com base na cláusula de boa-fé inserida na lei sobre cláusulas contratuais gerais (§ 9.°/I), que o banqueiro não podia debitar ao cliente as despesas ocasionadas pela investigação que desenvolvera a seu respeito; cf. Thomas Krüger, *Banken- entgelte für Auskünfte wegen unrechtmässig vereinnahmter "Gebühren"?*, ZIP 2000, 1196-1202 e Heinz-Dieter Sauer, *Absenkung der Personalzersatzkosten überfällig*, Bank 2003, 477-481.

Entre nós, é fundamental o escrito de José António Veloso, *Churning: alguns apontamentos com uma proposta legislativa*, em *Direito dos valores mobiliários* (1997), 349-453.

[1144] Heinz Georg Bamberger, *Anlageberatung*, em Derleder/Knops/Bamberger, *Handbuch zum deutschen und europäischen Bankrecht*, 2.ª ed. (2009), § 50, Nr. 55 (1426-1427), apela para o § 826 do BGB: danos dolosos contrários aos bons costumes.

[1145] *Vide* a 1.ª ed. deste *Manual*, 367 ss..

[1146] A "multiplicação" detetada tem a ver com o aumento exponencial da atividade bancária e com a progressiva consciencialização, por parte dos pequenos clientes, dos seus direitos.

[1147] REv 9-nov.-1989 (Raúl Mateus), CJ XIV (1989) 5, 255-261; este caso é especialmente controverso quanto aos factos; interessam-nos, aqui, apenas os aspetos jurídicos.

[1148] STJ 18-out.-1994 (Torres Paulo; vencido Cura Mariano), CJ/Supremo II (1994) 3, 93-98 (96/1); trata-se de um aresto muito bem elaborado em que o voto de vencido apenas questiona a matéria de facto – o que não está aqui em causa.

tando um cheque endossado, nem diligencia para a cobrança da respetiva importância, creditando-a na conta do cliente, nem o devolve ao mesmo, no caso de insucesso[1149]. Também temos uma responsabilidade contratual na hipótese de um banqueiro ter vendido três notas estrangeiras falsas: há um cumprimento defeituoso com presunção de culpa[1150]. Inobservância de deveres contratuais ocorreram num caso em que um banqueiro descontou um cheque sacado por uma sociedade, através do seu representante, sem a aposição do carimbo da mesma, como exigia a abertura de conta[1151]. Trata-se de situações de responsabilidade contratual. O banqueiro é, ainda e nos termos gerais, responsável pelos atos dos seus empregados[1152], particularmente do trabalhador infiel que faça suas importâncias recebidas do cliente[1153].

II. Os tribunais têm sancionado algumas situações de demora injustificada no desenvolvimento de atuações bancárias. A esse propósito, acentua-se a quebra de confiança que tal demora representa – RLx 12-abr.-1994 – e a facilidade com que, hoje, se podem transmitir informações, o que aumenta o dever de diligência do banqueiro – STJ 4-abr.-1995. Assim, o banco que demore a concretização de uma operação mobiliária ao ponto de, de permeio, ser apanhada por um *crash* bolsista é responsável, com presunção de culpa[1154]; e isso embora o risco da alteração de cotações corra, em regra, pelo cliente[1155]; também há responsabilidade em cobrar um cheque no dia 24 e, no dia 27, por deficiência de informação interna, devolver por suposta falta de provisão um cheque que tinha, por pressuposto, a cobrança do primeiro[1156]; outro tanto poderia suceder perante o banco que só ao fim de 29 dias se apercebe de que determinado cheque, que havia creditado, afinal, não estava assinado, também aqui se presu-

[1149] STJ 26-jun.-2007 (Alves Velho), Proc. 07A1735.

[1150] RCb 4-nov.-2003 (Alexandre Reis), CJ XXVIII (2003) 5, 5-7.

[1151] RLx 8-nov.-2007 (Ezaguy Martins), Proc. 7511/2007-2, que ponderou ainda a falta da diligência exigida pelo RGIC.

[1152] STJ 25-jun.-1998 (Miranda Gusmão), CJ/Supremo VI (1998) 2, 130-134.

[1153] STJ 2-mar.-1999 (Pinto Monteiro), CJ/Supremo VII (1999) 1, 127-131 (129/II).

[1154] RLx 12-abr.-1994 (Pais do Amaral), CJ XIX (1994) 2, 107-109.

[1155] RPt 24-abr.-2008 (Carlos Portela), Proc. 0736538.

[1156] STJ 4-abr.-1995 (Carlos da Silva Caldas), CJ/Supremo III (1995) 2, 27-29; também em RLx 7-out.-1999 (Silva Pereira), CJ XXIV (1999) 4, 118-122 (121/I), se discutiu a mora do banqueiro em creditar um cheque.

mindo a culpa do banqueiro[1157]; e culpa ainda do banqueiro se presume no caso extremo em que ele demora um ano a comunicar o extravio de um cheque[1158]. O banqueiro responde igualmente quando permita o levantamento de um depósito por pessoa não autorizada: pelo capital e pelos juros[1159]. Finalmente: ele é responsável por não examinar minimamente a regularidade de uma sucessão de endossos[1160].

Se bem se reparar, em todos estes casos estão em causa deveres de diligência e de informação. O facto de, neles, se optar pela via da responsabilidade obrigacional facilita, naturalmente, o funcionamento do instituto.

De notar que o banqueiro que tenha extraviado um cheque que lhe tenha sido entregue para cobrança pelo seu cliente, pode propor ação de enriquecimento sem causa contra o emitente do título, uma vez pago ao cliente o valor constante do título[1161].

III. A jurisprudência tem vindo a responsabilizar o banqueiro em situações relacionadas com os cheques. Assim sucederá quando o banqueiro, tendo pago um cheque falsificado, não logre ilidir a presunção de culpa que sobre ele recaíra[1162]. Numa hipótese de cheque cruzado, o Supremo entendeu que o banqueiro responde quando:

> (...) se prove que aceitou sem precauções, a remessa de alguém que havia desviado o cheque em seu proveito, nomeadamente por endosso falso (...)[1163].

[1157] RCb 19-nov.-1996 (Rua Dias), CJ XXI (1996) 5, 15-18; neste caso, o banqueiro acabaria por não ser condenado por o cliente, em vez de pedir uma indemnização pelos danos, vir solicitar em juízo a consolidação do depósito do cheque por assinar.

[1158] RCb 16-mar.-1999 (Nuno Cameira), CJ XXIV (1999) 2, 21-24 (24/I).

[1159] RLx 7-out.-1997 (Pereira da Silva), CJ XX (1997) 4, 104-106 (106/I).

[1160] REv 4-jul.-2002 (Pereira Baptista), CJ XXVII (2002) 4, 229-230 (230/I).

[1161] RLx 30-jan.-2003 (Salazar Casanova), CJ XXVIII (2003) 1, 97-99 (99/II).

[1162] RLx 19-jun.-1997 (Pessoa dos Santos), CJ XXII (1997) 3, 121-126 (125/II), STJ 2-mar.-1999 (Ferreira Ramos), CJ/Supremo VII (1999) 1, 133-135 (135/I), com indicações jurisprudenciais, RLx 8-jan.-2008 (Roque Nogueira), CJ XXXIII (2008) 1, 69-73 e RPt 7-fev.-2008 (Teles de Menezes), Proc. 0737037, STJ 7-mar.-2008 (Oliveira Rocha), Proc. 08B1850 e STJ 31-mar.-2009 (Fonseca Ramos), Proc. 09A197.

[1163] STJ 14-abr.-1999 (Simões Freire), BMJ 486 (1999), 279-284 (282/II).

A aparente restritividade do Supremo resulta, aqui, do facto de o endosso não ter, em princípio, controlo material: há pois um suplemento de factos a produzir[1164].

O cliente que saque cheques sem provisão provoca, como veremos, por parte do banqueiro, o dever de rescindir a convenção de cheque – artigo 1.° do Decreto-Lei n.° 454/91, de 28 de dezembro, com alterações subsequentes. Assim, se entregar cheques com violação do dever de rescisão, deve pagá-los[1165], por força do artigo 9.° desse mesmo diploma[1166], independentemente de se mostrarem reunidos os requisitos do artigo 483.° do Código Civil[1167].

IV. Questão específica, que culminou com o acórdão uniformizador de jurisprudência n.º 4/2008, de 28-fev.-2008[1168], é a de saber se uma instituição de crédito pode recusar o pagamento de um cheque com fundamento em ordem de revogação recebida do sacador seu cliente. O Supremo optou pela negativa, ficando envolvida a responsabilidade do banqueiro.

Ponderaremos o tema a propósito da convenção de cheque[1169].

V. Finalmente, apontamos situações de responsabilidade do banqueiro decididas nestes termos, pelo Supremo Tribunal de Justiça:

STJ 23-fev.-2010: o banco tomador de um cheque e o banco sacado são, nos termos gerais, responsáveis pela não verificação de irregularidade de um endosso num cheque[1170];

STJ 18-jan.-2011: o banqueiro é responsável, verificados os pressupostos, por falsas informações que transmita ao Serviço de Centralização de Riscos de Crédito[1171];

[1164] Quanto ao dever de examinar apenas a regularidade formal do endosso: RLx 2-mar.-2004 (Pimentel Marcos), CJ XXIX (2004) 2, 65-69.

[1165] RLx 25-fev.-1999 (Paixão Pires), CJ XXIV (1999) 1, 126-129 (127/II).

[1166] Na redação dada pelo Decreto-Lei n.° 316/97, de 19 de novembro.

[1167] STJ 7-jul.-1999 (Martins da Costa), CJ/Supremo VII (1999) 2, 21-22 (22/I).

[1168] STJ n.º 4/2008, de 28-fev.-2008 (Paulo Sá), DR I Série, n.º 67, de 4-abr.-2008, 2058-2081 = CJ/Supremo XVI (2008) 1, 11-31 = Proc. 06A542, com diversos votos de vencido. *Vide* STJ 29-abr.-2010 (Moreira Alves), Proc. 4511/07 e STJ 13-jul.-2010 (Silva Salazar), Proc. 5478/07, quanto ao alcance do acórdão uniformizador.

[1169] *Infra*, 615 ss..

[1170] STJ 23-fev.-2010 (Alves Velho), Proc. 3404/07.

[1171] STJ 18-jan.-2011 (Salazar Casanova), Proc. 6725/04.

STJ 19-mai.-2011: *idem*, incluindo danos morais[1172];

STJ 3-out.-2012: o banqueiro responde quando, fora do que a lei permite, dê um cheque como revogado[1173];

STJ 21-mar.-2013: nessa eventualidade, cabe ao particular lesado demonstrar o dano[1174];

STJ 30-mai.-2013: o banqueiro responde pelos danos derivados do não-pagamento de um cheque, revogado sem alegada justa causa, mas sem ter feito a competente verificação[1175];

STJ 6-jun.-2013: fixa os quadros de responsabilidade do intermediário financeiro[1176];

STJ 4-jul.-2013: o banqueiro responde pelos títulos de dívida pública de que seja depositário[1177];

RCb 28-jan.-2014: o banqueiro responde em termos aquilianos pelo mau cumprimento do dever de remeter ao Banco de Portugal informação sobre os créditos e as suas situações (Decreto-Lei n.º 204/2008, de 14 de outubro)[1178];

RLx 3-mar.-2015: o banqueiro responde pelo acesso abusivo de um terceiro ao *home banking* do seu cliente[1179];

STJ 17-mar.-2016: o banqueiro que atua com informação enganosa ou ocultando informação responde por culpa grave[1180].

158. **Danos morais, pontos em aberto e cautelas**

I. Tem o maior interesse, pelo significado que envolve no domínio da humanização do Direito bancário e do mundo dos negócios em geral, a jurisprudência nacional sobre a condenação do banqueiro em danos morais[1181].

[1172] STJ 19-mai.-2011 (Pires da Rosa), Proc. 3003/04.

[1173] STJ 3-out.-2012 (Pires da Graça), Proc. 9105/08.

[1174] STJ 21-mar.-2013 (Abrantes Geraldes), Proc. 685/10.

[1175] STJ 30-mai.-2013 (Granja da Fonseca), Proc. 472/10.5.

[1176] STJ 6-jun.-2013 (Abrantes Geraldes), Proc. 364/11.

[1177] STJ 4-jul.-2013 (Gabriel Catarino), Proc. 232/09.6.

[1178] RCb 28-jan.-2014 (Anabela Luna de Carvalho), Proc. 1776/11.

[1179] RLx 3-mar.-2015 (Manuel Marques), Proc. 1727/13.

[1180] STJ 17-mar.-2016 (Maria Clara Sottomayor), Proc. 70/13.

[1181] Em geral, quanto à reparação de danos não-patrimoniais no âmbito contratual: STJ 3-abr.-2003 (Quirino Soares), CJ/Supremo XI (2003), 2, 19-21 (21/I).

O problema pôs-se em RCb 23-nov.-1999: numa conta conjunta, um banqueiro entendeu dever compensar determinado débito de um titular, inteiramente e sem atentar em que nem todo o saldo podia ser, juridicamente, do devedor. Diz o acórdão em causa:

> No caso dos autos não podemos deixar de reconhecer que a conduta do [banqueiro] ao levantar todas as economias de um casal de pessoas idosas destinadas a fazer face exatamente às despesas de saúde, sem ter em consideração que se tratava de conta coletiva e que a dívida era da responsabilidade de um dos titulares, não pode deixar de ser considerada, pelo menos, negligente[1182].

Temos ainda a responsabilidade do banqueiro por inclusão de um cliente em lista de pessoas que oferecem risco[1183], atingindo o seu bom nome e reputação[1184]: um tema sancionado repetidamente pelo Supremo[1185].

O tema da inclusão do cliente do banqueiro em "listas negras" de clientes problemáticos suscita várias dificuldades. Quando essa inclusão se deva a erro do banqueiro, este é responsável, como foi apontado. Se, no entanto, o banqueiro se limitou a cumprir a Lei (*in casu*, os artigos 2.º e 3.º do Decreto-Lei n.º 29/96, de 11 de abril), já não haverá ilicitude nem, consequentemente, responsabilidade[1186].

Naturalmente: o facto de cumprir a lei não isenta o banqueiro de deveres de cuidado. Além disso, sobrepõe-se sempre o princípio da proporcionalidade, de base constitucional, à luz do qual todas as leis devem ser interpretadas: não é lícito incluir, em lista negra, um cliente, por uma pequena falha sem consequências, quando se saiba que, daí, podem resultar prejuízos muito superiores.

Também na hipótese indevida de revogação da convenção de cheque, o banqueiro pode ser responsabilizado pela violação dos direitos de perso-

[1182] RCb 23-nov.-1999 (Gil Roque), CJ XXIV (1999) 5, 32-35 (34/I); a indemnização arbitrada (150 c.) foi simbólica, mas a decisão é significativa.

[1183] RPt 10-fev.-2000 (Alves Coelho), CJ XXV (2000) 1, 215-218.

[1184] RLx 14-mar.-2000 (Marcolino de Jesus), CJ XXV (2000) 2, 90-92 (92/I).

[1185] Assim, os citados STJ 18-jan.-2011 (Salazar Casanova), Proc. 6725/04 e STJ 19-mai.-2011 (Pires da Rosa), Proc. 3003/04.

[1186] STJ 28-out.-2008 (Urbano Dias), CJ/Supremo XVI (2008) 3, 101-104 (103-104) = Proc. 08A3346.

nalidade do cliente[1187]. As indemnizações têm vindo a ganhar significado, de acordo com o que sucede, em boa hora, em todo o domínio da responsabilidade civil.

II. A jurisprudência ainda não sancionou devidamente as violações, por parte do banqueiro, do dever de informar devidamente o cliente, perante negócios de risco especial[1188]. Assim, mesmo na hipótese quase académica de o banqueiro recomendar a um cliente o recurso a uma operação em divisas estrangeiras a qual, mercê das oscilações das taxas de câmbio, se veio a revelar ruinosa – *sem ter alertado para tal risco* – não foi cominada a responsabilidade[1189]. Trata-se de um ponto a rever, com vantagens para a confiança dos particulares e do próprio tráfego bancário. Adiante veremos como tem sido encarado o tema dos derivados, particularmente dos *swaps*, na jurisprudência europeia e nacional.

III. A referência a estas situações particulares de jurisprudência não deve fazer esquecer que a responsabilidade do banqueiro não dispensa a verificação dos requisitos da responsabilidade civil[1190]. A sua responsabilização pela violação de obrigações em que ele não seja parte só é atendível havendo abuso do direito[1191]. Para além disso, o banqueiro, como titular dos fundos, corre, em geral, o risco das falsificações que possam ocorrer[1192]: em rigor, já não se trata de responsabilidade.

Verifica-se, ainda, que os bons banqueiros, hoje em dia, evitam litígios com os seus clientes habituais. Assim, perante falhas de entendimento ou lapsos do próprio banco, quando estejam cientes da boa-fé dos clientes,

[1187] RLx 21-mar.-2000 (Jorge Santos), CJ XXV (2000) 2, 103-108 (107/I e 108/I).

[1188] Está neste momento sob mediação da CMVM uma série de situações em que pequenos clientes de um banqueiro afirmam terem sido levados, pelo balcão, a subscrever ações representativas do capital social dele, ações essas que, depois, sofreram quebras nas cotações. Haverá aí que distinguir entre o cliente que foi, efetivamente "enganado" e aquele outro que, tendo todo um histórico de investimentos mobiliários, bem sabia (ou devia saber) que existe, sempre, um risco de menos-valias.

[1189] STJ 14-mar.-1995 (Ramiro Vidigal), CJ/Supremo III (1995) 2, 21-27.

[1190] Assim, RPt 7-out.-1996 (Lázaro Faria), CJ XXI (1996) 4, 216-218.

[1191] STJ 19-mar.-2002 (Azevedo Ramos), CJ/Supremo X (2002) 1, 139-142 (142/II): é a posição hoje dominante na jurisprudência, quanto à chamada "eficácia externa" das obrigações.

[1192] Patrick Bruns, *Das Fälschungsrisiko der Banken* (1999), 31 ss., 48 ss. e 57 ss., quanto a cheques, cartões e ATMs, respetivamente; quanto à conclusão, cf. 148.

os banqueiros preferem, em nome do sossego e da confiança nos negócios, arcar com algum prejuízo pontual, cobrindo quaisquer danos: não arruinam uma relação mutuamente proveitosa, com danos na opinião pública, através de um litígio, ainda que promissor[1193-1194].

[1193] Richard Routier, *Obligations et responsabilités du banquier* cit., 2.ª ed., 021.11 (22).

[1194] Foi à luz deste princípio que foram propostas, pelo banqueiro, as mediações referidas *supra*, nota 1157.

CAPÍTULO II

DOS ATOS BANCÁRIOS EM GERAL

SECÇÃO I

PRINCÍPIOS GERAIS

§ 39.° A AUTONOMIA PRIVADA

159. *Numerus apertus* e normalização bancária

I. O Direito bancário material, enquanto Direito privado, é dominado pela autonomia privada[1195], genericamente consignada no artigo 405.°/1 do Código Civil. As partes podem, pois, celebrar os contratos que entenderem e, designadamente:

– escolher um tipo legal previsto na lei;
– escolher um tipo social que, embora sem previsão legal específica, esteja consagrado pelos usos e pela prática bancários;
– associar, num mesmo contrato, regras provenientes de dois ou mais tipos legais ou sociais;
– inserir, junto de cláusulas típicas, proposições inteiramente novas, de sua lavra;
– usar figuras típicas, mas de modo a desempenharem um papel diferente do que, normalmente, lhes está associado;

[1195] Claussen, *Bank- und Börsenrecht* cit., 4.ª ed., § 1, Nr. 165 (67). Sobre a presente rubrica: José Xavier Júnior, *Contratos bancários em geral*, em *Temas de Direito bancário* (1999), 269-316 e José Engrácia Antunes, *Direito dos contratos comerciais* cit., 479; esclarecemos, todavia, que não afirmámos a autonomia privada como absoluta: nem no Direito bancário, nem no próprio Direito civil.

– adotar tipos legais ou sociais usados em ordenamentos estrangeiros, mas submetendo-os à lei portuguesa;
– engendrar figuras contratuais inovatórias.

Tanto basta para se considerar que, no Direito bancário, de resto numa manifestação simples de uma regra de Direito privado, vigora um postulado de *numerus apertus*: o número de atos bancários teoricamente possíveis é ilimitado.

II. A vigência de um *numerus apertus negotiorum* permite, sempre de acordo com os vetores gerais, dois corolários significativos:

– as descrições legais relativas a contratos bancários não são contratualmente típicas: trabalhamos com conceitos de ordem geral, de modo a permitir a juridificação de elementos a elas alheios;
– as regras bancárias são suscetíveis de aplicação analógica, mesmo quando especialmente previstas para um determinado tipo.

III. Essa ambiência de grande configurabilidade dos atos bancários é contrabalançada pelas necessidades de normalização bancária.

No tráfego bancário dominam exigências claras de normalização, no tocante a atos correntes: trata-se de um ponto que iremos encontrar a propósito das cláusulas contratuais gerais. Além disso, a própria aderência da comercialidade bancária a regras económicas obriga a uma concretização de atos por vias preestabelecidas: apenas por essa forma será possível prever os resultados finais.

Compreende-se, deste modo, que a autonomia privada surja restringida na sua efetivação prática: embora juridicamente vigente, as partes acabam por verter a sua capacidade criadora apenas em certos moldes rígidos: quer quanto aos tipos admissíveis de figuras, quer quanto às cláusulas a praticar dentro de cada tipo.

Uma autonomia efetiva mais alargada acaba por surgir no grande negócio bancário, discutido cláusula a cláusula.

160. **Atos mistos**

I. As partes podem, como se viu, juntar num único contrato cláusulas provenientes de diversos tipos contratuais ou, ainda, reunir, também no mesmo instrumento, cláusulas típicas e cláusulas novas. Os híbridos daí resultantes podem, de resto, configurar-se como tipos sociais: basta que apresentem uma certa estabilidade ditada pela prática bancária. Em qualquer dos casos, há que lidar com as regras sobre contratos mistos[1196].

Em rigor, seria possível distinguir:

- contratos típicos: aqueles cuja regulamentação geral consta da lei;
- contratos mistos em sentido estrito: aqueles que resultem da junção, num único instrumento contratual, de cláusulas retiradas de dois ou mais contratos típicos;
- contratos mistos em sentido amplo: aqueles que correspondam a um conjunto de cláusulas próprias de tipos contratuais legais e de cláusulas engendradas pelas partes;
- contratos atípicos (em sentido estrito): aqueles que surjam como total criação da vontade das partes.

Em sentido amplo, todos os contratos mistos são atípicos.

II. Uma vez que resultam da autonomia privada, os contratos mistos podem-se multiplicar até ao infinito. No entanto, para facilitar o seu estudo, é habitual apontar algumas das suas configurações mais habituais[1197]. Assim, cabe referir:

[1196] Gino de Gennaro, *I contratti misti* (1934), 106-107; Francisco Messineo, *Contratto innominato (atipico)*, ED X (1962), 95-110 (95 ss.); C. Massimo Bianca, *Diritto Civile* III – *Il contratto* (1987), 450 ss.; Wolfgang Eick, *Das Problem der gemischten Verträge* (1984); Larenz/Canaris, *Lehrbuch des Schuldrechts*, II, 2, 13.ª ed. (1994), 41 ss.; Reinhold Thode, *Münchener Kommentar BGB*, 3.ª ed. (1994), § 305 (1015 ss.); Volker Emmerich, *idem*, 4.ª ed., a (2003), § 311, Nr. 39 ss. (1484 ss.); Esser/Schmidt, *Schuldrecht*, I, 1, 8.ª ed. (1995), 213 ss.; Manfred Löwisch, *Staudingers Kommentar*, 13.ª ed. (1995), § 305 (63 ss.); Luisa Vigone, *Contratti atipici/Guida ai principali contratti commerciali e finanziari*, 2.ª ed., (1998).

A literatura clássica pode ser confrontada *infra*, 449. Entre nós, além de *Direito das Obrigações* 1, 424 ss. e *Tratado* VII, 207 ss., *vide* Pedro Pais de Vasconcelos, *Contratos atípicos* (1994, reimp., 2009) e Rui Pinto Duarte, *Tipicidade e atipicidade dos contratos* (2000).

[1197] *Direito das Obrigações*, 1, 424; *Tratado* VII, 211 ss.; Galvão Telles, *Manual dos contratos em geral*, 3.ª ed. (1966), 384; Antunes Varela, *Das obrigações em geral*, 1, 10.ª ed. (2000), 279 ss. e Vaz Serra, *União de contratos – contratos mistos*, separata do BMJ 91 (1960), 7. Esta ordenação remonta a Ludwig Enneccerus/Heinrich Lehmann, *Recht der Schuldverhältnisse/Ein Lehrbuch*, 15.ª ed. (1958), 397 ss..

– contratos múltiplos ou combinados: uma das partes está vinculada a prestações específicas de vários tipos contratuais enquanto a outra está obrigada a uma prestação própria de um único tipo;
– contratos de tipo duplo ou geminados: uma das partes está ligada à prestação típica de um contrato enquanto a outra deve realizar a prestação própria do outro;
– contratos mistos em sentido estrito, indiretos ou cumulativos: as partes escolhem um certo tipo contratual mas utilizam-no de tal modo que, com ele, prosseguem o escopo próprio de outro;
– contratos complementares: a obrigação própria de um contrato é acompanhada por obrigações retiradas de tipos contratuais diferentes.

Estas modalidades clássicas operam, se bem se atentar, nos contratos mistos em sentido estrito. No entanto, seria fácil proceder ao seu alargamento de modo a abranger todos os contratos mistos. De facto, quando decidam utilizar a sua autonomia para compor novas fórmulas contratuais, as partes não podem, em regra, limitar-se a juntar, unicamente, cláusulas provenientes de vários tipos contratuais: seria necessário engendrar cláusulas de adaptação que, para além de contemplarem casos concretos, assegurassem ainda a concatenação entre as várias parcelas.

Por isso, as diversas manifestações de contratos mistos tenderão sempre a apresentar-se como complexos integradores de cláusulas totalmente atípicas.

III. O contrato misto rege-se, em princípio, pelas regras pretendidas pelas partes. Deve entender-se que apenas por exceção a lei interfere na liberdade contratual associando, aos negócios por elas celebrados, cláusulas ou regras de sua autoria.

Nos contratos mistos, este princípio é, ainda, mais ponderoso. De facto, o contrato misto é, por definição, atípico ou não previsto na lei. Procurar, nesta, normas que se lhe apliquem conduz a fatais perturbações ou desvios: a lei, pura e simplesmente, não previu o caso em causa.

Não obstante, pode suceder que as partes estabeleçam um contrato misto, mas sem prever, para ele, um particular e explícito regime. Nessa ocasião, poderá ser necessário recorrer à lei, ainda que a título supletivo. Faz então sentido procurar fixar, em abstrato, o regime correspondente ao contrato em jogo.

Historicamente, têm sido apresentadas três teorias para explicar o regime aplicável aos contratos mistos: a teoria da absorção, a teoria da combinação e a teoria da analogia. O conteúdo dessas doutrinas seria o seguinte:

– pela teoria da absorção haveria que determinar, em cada contrato misto concretamente surgido, qual o elemento tipicamente prevalente; esse elemento ditaria, depois, o regime do conjunto (Lotmar)[1198];
– pela teoria da combinação impor-se-ia uma dosagem entre os regimes próprios dos diversos tipos contratuais em presença; todos eles contribuiriam para fixar o regime final do contrato misto em causa (Rümelin e Hoeniger)[1199];
– pela teoria da analogia considerar-se-ia que o contrato misto, por definição, seria um contrato não regulado na lei; assim sendo, lidar-se-ia com uma lacuna que não poderia deixar de ser integrada, nos termos gerais (Schreiber)[1200].

Todas estas teorias, quando tomadas de modo isolado, levantam dúvidas e prestam-se a críticas.

A teoria da absorção pode desvirtuar alguns dos contratos mistos reduzindo, excessivamente, a autonomia privada. Na verdade, um contrato misto será sempre mais do que, apenas, um dos seus elementos, por dominante que se apresente.

A teoria da combinação também teria o seu quê de limitador; de facto, o contrato misto tem um valor de conjunto que transcende a soma das meras parcelas que o formem: o seu regime não pode, pois, ser um somatório de elementos preexistentes. Além disso, verifica-se que a teoria da combinação não dá o modo de articulação dos diversos regimes nem exprime o peso relativo que cada um deles deverá ter na solução final.

A teoria da analogia por fim, salta sobre a vontade das partes e é puramente formal: não esclarece qual o critério para considerar análogos casos integráveis nos diversos tipos contratuais.

[1198] Philipp Lotmar, *Der Arbeitsvertrag nach dem Privatrecht des Deutschen Reiches*, 1 (1902), 107 e *passim*.

[1199] Gustav Rümelin, *Dienstvertrag und Werkvertrag* (1905), 177 ss. e Heinrich Hoeniger, *Die gemischten Verträge in ihren Grundformen* (s/d, mas 1910), 360 ss..

[1200] Otto Schreiber, *Gemischte Verträge im Reichsschuldrecht*, JhJb 60 (1912), 106-228 (209 ss.).

IV. A doutrina tem vindo, assim, a apontar soluções mais moderadas: a teoria da combinação aplicar-se-ia a contratos múltiplos e aos geminados, ficando a da absorção para os contratos cumulativos e para os complementares.

Como pura indicação tradutora de uma vontade normal das partes, esta orientação poderá ser acolhida; mas pouco mais. Na verdade, o essencial terá de residir sempre na autonomia privada: quando esta seja omissa, impõe-se recorrer aos princípios gerais de integração dos negócios jurídicos, com relevo para a vontade hipotética das partes e para a boa-fé.

Este último aspeto tem vindo, na doutrina mais recente, a dar fôlego à teoria da absorção. Na verdade, as partes, ao contratar, ainda que através de composições mistas, terão tido em vista algum ou alguns efeitos primordiais. Tais efeitos impregnam o contrato. Eles irão constituir o centro de gravidade do conjunto, propiciando a aplicação das regras dirigidas, justamente, aos aspetos preponderantes[1201].

Trata-se de um ponto com relevo específico, no Direito bancário. As necessidades de normalização, de simplicidade e de previsibilidade económica levam a que, as partes, mesmo quando acrescentem determinadas cláusulas atípicas, tenham em vista um determinado padrão típico a que, apesar de tudo, ainda seja possível reconduzir o contrato. As regras típicas mais próximas serão, assim, aplicáveis, quando, *in concreto*, não se imponham outros esquemas.

V. Entre nós, a doutrina dos contratos mistos está, na prática, muito distorcida pelo problema de regras injuntivas, designadamente no contrato de trabalho e no arrendamento. O afastamento de tais regras, francamente inadequadas perante realidades distintas das previstas na lei, tem levado a jurisprudência a restringir, *in nomine*, os contratos mistos, multiplicando o espaço dos contratos (totalmente) atípicos. Assim sucede, por exemplo, com o contrato de concessão de loja em centro comercial, considerado atípico para evitar o arrendamento comercial[1202]. No Direito bancário, tais problemas não se põem, pelo que podemos aplicar, mais facilmente, a teoria dos contratos mistos.

[1201] *Tratado* VII, n.º 70 (245 ss.).

[1202] *Tratado* VII, n.º 65 (225 ss.).

161. As coligações ou uniões de contratos

I. Nos Direitos codificados, o contrato é tratado como uma figura isolada. Tanto na lei como na doutrina, cada negócio contratual surge como um espaço insular e bem delimitado; ele apresenta-se como uma figura autónoma e inteiramente desligada, quer em termos de celebração, quer no regime, de quaisquer outros negócios circundantes.

O tráfego jurídico faculta um cenário efetivo bastante diferente. Muitas vezes os contratos encadeiam-se, com os outros, de tal modo que surge toda uma série de interações relevantes para o regime aplicável. O recurso a vários contratos, devidamente seriados e articulados, é particularmente indicado para enquadrar situações complexas: temos, então, coligações ou uniões de contratos.

Os contratos em coligação ou em união distinguem-se dos contratos mistos: nas primeiras, diversos negócios encontram-se associados em função de fatores de diversa natureza, mas sem perda da sua individualidade; nos segundos, assiste-se à presença de um único contrato que reúne elementos próprios de vários tipos contratuais[1203].

Nas uniões de contratos, segundo a tradição de Enneccerus/Lehmann, distinguiam-se:

– a união externa;
– a união interna;
– a união alternativa.

Na união externa, dois ou mais contratos surgem materialmente unidos, sem que entre eles se estabeleça um nexo juridicamente relevante. Na união interna, dois ou mais contratos surgem conectados porquanto alguma das partes – ou ambas – concluem um deles subordinadamente à celebração de outro ou em função desse outro. Na união alternativa, a con-

[1203] *Direito das obrigações*, 1, 429 ss. e *Tratado* VII, n.º 79. *Vide* Vaz Serra, *União de contratos/Contratos mistos* cit., 6, Galvão Telles, *Manual dos contratos em geral* cit., 3.ª ed., 395 ss., Antunes Varela, *Das obrigações em geral* cit., 1, 10.ª ed., 281 ss. e Almeida Costa, *Direito das obrigações*, 12.ª ed. (2009), 377 ss.. Nesta matéria teve muito peso o desenvolvimento de Enneccerus/Lehmann, *Recht der Schuldverhältnisse* cit., 15.ª ed., 394 ss., dada a divulgação que a tradução castelhana dessa obra conheceu entre nós, sobretudo através de Vaz Serra. Em geral, refiram-se, ainda: Francesco Messineo, *Contratto collegato*, ED X (1962), 48-54 (48 ss.) e Giuseppe Osti, *Contratto*, NssDI IV (1959), 463-535 (500).

cretização de um contrato afasta a celebração do outro. Este quadro afastaria a relevância jurídica das uniões externas; pelo contrário, nas uniões internas e nas alternativas, haveria uma interação capaz de bulir no regime das figuras em presença.

Outros autores apresentam quadros ordenados segundo linhas diversas. Atente-se, por exemplo, no de Michele Giorgianni, que distingue[1204]:

– conexões funcionais;
– conexões causais;
– conexões unitárias.

Nas conexões funcionais, verifica-se uma união entre dois ou mais contratos para melhor prosseguir certo fim; nas conexões causais, um dos contratos estabelece uma relação donde deriva, depois, o outro; nas conexões unitárias, uma figura aparentemente una revela, a uma análise mais atenta, vários negócios.

Francesco Messineo, que reforça as suas afirmações com uma larga casuística, contrapõe, no essencial[1205]:

– situações de dependência ou de interdependência;
– conexões genéticas ou funcionais;
– conexões económicas.

Uma análise atenta destas figuras permitiria apurar múltiplos reflexos destas ocorrências nos regimes em jogo.

II. Numa tentativa mais abrangente, é possível apresentar um novo quadro. Deixando de parte as uniões externas e as alternativas, verifica-se, no tocante às internas, que elas podem ser arrumadas em função de vários critérios. Assim, de acordo com o tipo de articulação, podem-se distinguir:

– uniões processuais;
– uniões não-processuais.

[1204] Michele Giorgianni, *Negozi giuridici collegati*, RISG 1937, 275-352 (327 ss.). Procedeu-se a uma adaptação linguística.

[1205] Francesco Messineo, *Contratto collegato* cit., 50.

As primeiras ocorrem quando vários negócios se encontrem conectados para a obtenção de um fim (p. ex.: um pacto quanto à forma, um contrato-promessa e o contrato definitivo); os segundos, nos restantes casos.
De acordo com o conteúdo, surgem:

– uniões homogéneas;
– uniões heterogéneas.

Nas primeiras, os vários contratos em presença são do mesmo tipo (p. ex., várias compras-e-vendas); nas segundas, eles reconduzem-se a tipos diferentes (p. ex., mútuo e compra-e-venda).
O modo de relacionamento entre os contratos unidos permite apurar:

– uniões hierárquicas;
– uniões prevalentes;
– uniões paritárias.

Nas uniões hierárquicas, um segundo contrato encontra-se subordinado a um primeiro, porquanto encontra neste a sua fonte de legitimidade; tal será o caso, p. ex., da união arrendamento/subarrendamento. Nas uniões prevalentes, um contrato especifica o objeto, o conteúdo e o regime de um certo espaço jurídico o qual irá, depois, ser retomado, por remissão, pelo segundo; p. ex., uma compra devidamente especificada e, depois, uma revenda que se limite a retomar quanto foi tratado na primeira. As uniões prevalentes multiplicam-se nas situações em que um contrato de base seja servido por vários contratos instrumentais ou, simplesmente, em que tal contrato seja concretizado por outros – p. ex., contrato-promessa e contrato definitivo. Às uniões prevalentes também se pode chamar uniões com subordinação. Nas uniões paritárias, vários contratos surgem conectados internamente, mas em pé de igualdade: p. ex., várias compras-e-vendas.
O tipo de articulação, por fim, permite distinguir:

– uniões horizontais ou em cadeia;
– uniões verticais ou em cascata.

Na união horizontal ou em cadeia, vários contratos conectam-se na horizontal, celebrados em simultâneo ou sem que, entre eles, se estabeleçam espaços de tempo relevantes. Na união vertical ou em cascata, os contratos articulam-se na vertical, dependendo uns dos outros ou justificando-se, nessa linha, entre si, de modo a dar corpo a uma ideia de sucessão.

As diversas classificações, acima apresentadas, podem interpenetrar-se. Assim, uma união poderá ser processual, heterogénea, prevalente e vertical – o caso do contrato-promessa/contrato definitivo – ou não-processual, homogénea, hierárquica e vertical – o da empreitada/subempreitada, por exemplo.

III. Os elementos coligidos não têm um alcance meramente descritivo. Na verdade, eles ganham relevo por traduzirem ou implicarem um determinado regime. As combinações possíveis são tão numerosas que não seria possível proceder aqui a uma completa explanação do tema. Algumas precisões são, no entanto, desejáveis.

Desde logo, impõe-se deixar claro o fundamento do regime das uniões de contratos ou, se se quiser, das interações relevantes, em termos jurídicos, que delas derivem: a autonomia privada. As partes são, por certo, livres de contratar e, fazendo-o, de inserir nos contratos as cláusulas que lhes aprouver. Simplesmente, quando, através de uma associação contratual ou de contratos previamente celebrados, elas optem, livremente, por um certo tipo de soluções, cabe-lhes honrar a palavra dada.

Para além da autonomia privada há que lidar, em certas conjunturas, também com limitações de ordem legal. Bem pode suceder que o legislador, conhecendo os efeitos úteis ou nefastos de certas conexões contratuais, dimane normas destinadas a incentivá-las ou a proibi-las. Como é de esperar, podem ocorrer múltiplas soluções de meio termo.

IV. Sem preocupações de exaustividade, apontamos alguns aspetos jurídicos em que as uniões de contratos relevam.

Desde logo, no domínio da validade.

Nas uniões verticais, sucede que os contratos posteriores vejam a sua validade dependente da dos anteriores. E isso por uma de três vias:

– a da legitimidade;
– a do vício na formação da vontade;
– a da ilicitude.

Uma união de contratos pode estruturar-se de tal modo que a legitimidade para a celebração de um segundo contrato dependa da idoneidade de um primeiro. Por exemplo, a invalidade do arrendamento determina, *ipso iure*, a ilegitimidade do subarrendamento.

Numa segunda combinação, verifica-se que, em certos casos, um dos contratos é celebrado na convicção da existência válida de outro; uma falha a nível deste último abre brechas no primeiro, por vício na formação da vontade. Tal o caso radical do contrato-promessa/contrato definitivo: as partes que celebrem uma compra-e-venda em execução de um contrato-promessa que se venha a revelar nulo, podem proceder à competente anulação: ele foi celebrado no pressuposto da existência do dever de contratar.

Um terceiro caso traduz ocorrências nas quais um primeiro contrato inviabilize a celebração de certos negócios. Pense-se num pacto de não-concorrência: salvo um distrate, as partes envolvidas não podem celebrar negócios de determinado teor. Caso ocorram, eles serão ilícitos, com todas as consequências que isso possa acarretar.

V. As uniões relevam, depois, no conteúdo. E isso por algum dos três caminhos seguintes:

– por remissão;
– por condicionamento;
– por potenciação.

Há remissão quando um contrato, de modo implícito ou explícito, apele para outro, no tocante às regras que estabeleça.

Há condicionamento nos casos em que um contrato não possa, na sua regulamentação, ir além de certos limites prescritos em contrato anterior ou, muito simplesmente, deva seguir vias por eles predeterminadas.

Há potenciação sempre que os contratos unidos sejam necessários para a obtenção de objetivos comuns, os quais ficarão perdidos na falha de algum deles.

VI. Por fim, as uniões têm um papel na interpretação. Perante contratos unidos, em cadeia ou em cascata, a interpretação das declarações em jogo deve ter o conjunto em conta. Um declaratário normal pode ser levado a dar, às declarações negociais que porventura receba, sentidos diferentes consoante os contratos antecedentes que, com elas, se apresentem conectados.

VII. Estes diversos aspetos estão interligados: apenas por razões de estudo e de análise se procedeu, aqui, à sua destrinça.

Assim, uma união de contratos pode, com facilidade, interligar os negócios envolvidos em termos de validade, de conteúdo e de interpretação. Em qualquer dos casos, havendo união, os diversos contratos não devem ser tratados separadamente, quer aquando da interpretação, quer no momento da aplicação.

162. Consensualidade e formalismo

I. A liberdade de forma dos atos jurídicos, genericamente prevista no artigo 219.° do Código Civil, é ainda um corolário do princípio da autonomia privada: as partes podem obrigar-se livremente, pela forma que bem escolherem, salvo regra em contrário.

De um modo geral, podemos considerar que, no Direito comercial, as exigências formais são menores. Por isso, encontramos derrogações na forma exigível: normas comerciais específicas prescrevem, para certos atos, um formalismo menos exigente do que o requerido no Direito civil. Parte-se do princípio de que o Direito bancário fixa desagravamentos ainda maiores[1206]. Esta ideia funciona perante outras atuações que devam acompanhar as declarações de vontade, com relevo para a entrega da coisa, nos contratos reais *quoad constitutionem*. Assim e num exemplo já dado, o penhor civil exige o desapossamento do devedor – artigo 669.°/1 do Código Civil; o penhor mercantil contenta-se com a entrega simbólica da coisa – artigo 398.°, § único, do Código Comercial; o penhor bancário dispensa qualquer entrega – artigo 1.° do Decreto-Lei n.° 29:833, de 17 de agosto de 1939.

A propósito de cada ato dotado de consagração legislativa, haverá que indagar a solução vertida na lei.

II. A desformalização dos atos bancários é – como se disse – contraditada pelas necessidades de rapidez e de segurança que reinam nesse sector. Um tanto paradoxalmente, o consensualismo retarda a prática de certos atos: implica que as pessoas se conheçam, troquem mensagens preambulares e, depois, se ponham de acordo quanto ao negócio pretendido. Não pode ser. A prática das cláusulas contratuais gerais conduz a uma reformalização da vida bancária, numa tendência agravada pela necessidade de, rapidamente, com eficácia e sem dúvidas, produzir a prova dos atos celebrados. Tal prova colocaria imensos problemas, quando se reportasse à prática oral de atos.

1206 *Supra*, 237 ss.; trata-se de matéria aqui retomada pelo prisma da autonomia privada.

III. Os compromissos bancários tendem a ser celebrados por escrito, pelas razões apontadas. O recurso intensivo a cláusulas contratuais gerais permite aproveitar textos já impressos em formulários adequados, nos quais o cliente do banqueiro se limita a assinalar a sua vontade em determinadas quadrículas, mediante a aposição de cruzes. Através de cláusulas contratuais gerais, as partes estipularam, ainda e muitas vezes, a sua vontade de, apenas por escrito e mediante determinados canais, convencionarem novas alterações.

A assinatura do cliente torna-se num elemento-chave do processamento bancário. Ela permite, desde logo, identificar o cliente: o banqueiro conserva em ficheiro as assinaturas dos clientes dispondo, hoje, de meios técnicos para a visualizar em qualquer agência. Além disso, ela torna-se no elemento responsabilizante por excelência: pertence à cultura dos nossos dias a regra de que, pela aposição de uma assinatura, as partes assumem os mais graves compromissos[1207].

IV. A exteriorização da vontade através de computador constitui, ainda, um modo de consensualizar, reformalizando o Direito bancário dos nossos dias. Sempre nos termos de diversas cláusulas contratuais gerais, as partes acordam em manifestar a sua vontade, quanto à prática futura de atos, através da introdução de elementos em autómatos, por forma preestabelecida. Tal introdução, eventualmente autenticada pelo uso de um número pessoal secreto, ao qual apenas o cliente tem acesso, exprime uma vontade juridicamente relevante, com todas as consequências e sem alternativas de formulação.

À contratação por via eletrónica aplica-se, hoje, o Decreto-Lei n.º 7/2004, de 7 de janeiro[1208]. Nos termos do artigo 26.º desse diploma, as declarações eletrónicas, com suporte adequado, satisfazem a exigência legal da forma escrita, valendo a assinatura eletrónica.

[1207] Quanto à assinatura e à sua dogmática, *vide* a excelente pesquisa de Mauro Orlandi, *La paternità delle scritture/Sottoscrizione e forme equivalenti* (1997), 79 ss. e *passim*.

[1208] *Tratado* II, 4.ª ed., 345 ss..

§ 40.° OS PRINCÍPIOS COMERCIAIS

163. **Os atos bancários como atos de comércio**

I. Os princípios do Direito comercial são aplicáveis aos atos bancários; apenas se excetuará, naturalmente, a hipótese de alguma regra especial determinar outra solução.

Os atos bancários serão, pois, atos comerciais. De acordo com que critério[1209]? A matéria não tem especificidades em relação ao que resulta do Direito comercial, salvo o que de seguida se dirá quanto às fontes. Assim, teremos:

– atos bancários objetivamente comerciais: todos os que vierem regulados, com regime próprio, no Código Comercial ou em legislação comercial anexa: são os "atos especialmente regulados neste Código", segundo o artigo 2.° do Código Comercial;
– atos bancários subjetivamente comerciais: os praticados pelo comerciante – aqui, pelo banqueiro – salvo se, por natureza, não puderem ter natureza comercial – "... os que não forem de natureza exclusivamente civil ..." – e se tiverem sido praticados no exercício da sua atividade comercial – "... se o contrário do próprio ato não resultar", segundo o referido artigo 2.°[1210].

[1209] A matéria da determinação dos atos comerciais é uma questão clássica, que não será aqui retomada. *Vide Direito comercial*, 3.ª ed., § 13.° (205 ss.), com indicações, bem como Fernando Olavo, *Direito Comercial*, 1, 2.ª ed. (1970), 61 ss., Ferrer Correia, *Lições de Direito Comercial* (1973, *reprint*, 1994), 37 ss..

[1210] A afirmação genérica de que os atos bancários são, objetivamente, atos comerciais – *vide* RLx 23-mai.-1991 (Pires Salpico), CJ XVI (1993) 3, 149-151 (150) –, pode ser sufragada com a ressalva de que, na prévia determinação da natureza bancária, podem intervir fatores subjetivos.

II. Como foi visto, o Direito bancário material é o Direito da profissão especializada no dinheiro[1211]. Inferimos, daqui, que os atos bancários são, no essencial, atos subjetivamente comerciais. Muitos deles são-no, porém, também a título objetivo.

A análise do Direito bancário permite-nos alargar o elenco dos atos bancários objetivos – o que, de resto e por essa via, implica alargar o universo dos atos comerciais. Na verdade, há numerosos atos bancários carecidos de base legal mas totalmente estabilizados pelos usos e por cláusulas contratuais gerais como práticas próprias do banqueiro, no exercício da sua profissão. Tais atos devem ser considerados objetivamente bancários e comerciais: pense-se, por exemplo, num contrato de abertura de conta.

III. A qualificação dos atos bancários como atos comerciais tem, como é sabido, um alcance relativamente reduzido. Mas ainda é algum e, designadamente[1212]: permite a aplicação, aos atos bancários, dos artigos 96.° e seguintes do Código Comercial, relativo às disposições gerais dos contratos especiais de comércio.

Recordamos que perante atos mistos – portanto: atos comerciais em relação a uma das partes e não-comerciais em relação à outra – se aplica o regime dos atos comerciais, salvo o que resulte do artigo 99.° do Código Comercial.

164. **O uso de línguas estrangeiras**

I. A natureza comercial dos atos bancários implica as disposições gerais relativas aos contratos de comércio, contidas nos artigos 96.° e seguintes do Código Comercial.

Trata-se de um conjunto de regras já arcaicas, na sua formulação, mas suscetíveis de interpretação atualista, que cumpre passar em rápida revista.

II. O primeiro princípio resulta do artigo 96.° do Código Comercial e pode ser formulado como o da liberdade de língua: os títulos comerciais são válidos qualquer que seja a língua em que estejam exarados. Surge

[1211] *Supra*, 51 ss..
[1212] Simões Patrício, *Direito bancário privado* cit., 109 ss..

este preceito inspirado no artigo 51.° do Código de Comércio espanhol[1213] e que teve como objetivo imediato contraditar o artigo 248.°, do Código Comercial de Ferreira Borges, de 1833, assim redigido:

> As escripturas, apolices, ou quaesquer outros escriptos commerciaes por obrigações contrahidas em territorio portuguez, seja qual for a nação dos contrahentes, serão inadmissiveis em juizo, não sendo exarados no idioma vulgar do reino.

Cumprido esse papel histórico – de resto pouco vincado, uma vez que o Código Ferreira Borges foi, de todo o modo, globalmente revogado – o que resta do princípio da liberdade de língua?

III. O artigo 365.° do Código Civil, reconhece a validade dos documentos passados no estrangeiro. Podemos daí retirar: exarados em língua estrangeira. Por outro lado, e mercê de legislação especial, os atos públicos praticados em Portugal, mesmo no domínio comercial, devem sê-lo em português: artigos 139.°/1 do Código de Processo Civil, quanto a atos judiciais e 58.° do Código do Notariado, quanto aos notariais.

E quanto a atos civis particulares praticados em Portugal? Não conhecemos nenhum preceito que obrigue ao uso do português. Dois estrangeiros que contratem em Portugal usarão a sua língua; um estrangeiro e um português recorrerão à língua em que ambos se entendam; finalmente, dois portugueses poderão querer aproveitar um texto já elaborado em língua estrangeira, nenhuma razão havendo, em última instância, para os discriminar em relação aos estrangeiros. A liberdade de língua é de regra, no Direito privado, exceto nos atos públicos em que, sem exceção para o Direito comercial, se deve usar o português.

O artigo 96.° do Código Comercial, não tem alcance especial: reafirma uma regra hoje comum. Vale como profissão de fé no universalismo do Direito comercial.

IV. A utilização de línguas estrangeiras vem, assim, a ser permitido nos atos bancários. Impõem-se, contudo, algumas delimitações e restrições.

[1213] Cunha Gonçalves, *Comentário ao Código Comercial Português* cit., 1, 178, que acaba, já então, por concluir no sentido da total inutilidade do preceito.

Nos atos bancários internacionais, os usos impõem a língua inglesa. Nada impede, contudo, que as partes recorram a qualquer outra língua, que ambas dominem.

Nos atos bancários praticados em Portugal, com recurso a cláusulas contratuais gerais, a língua portuguesa é exigida.

Com efeito, segundo o artigo 7.º/3 da Lei n.º 24/96, de 31 de julho, – a atual Lei de Defesa dos Consumidores – a informação ao consumidor é prestada em língua portuguesa. Por seu turno, o Decreto-Lei n.º 238/86, de 19 de agosto[1214], determina que – artigo 1.º – "as informações sobre a natureza, características e garantias de bens ou serviços oferecidos ao público no mercado nacional ..." sejam prestadas em língua portuguesa, enquanto o artigo 3.º desse mesmo diploma dispunha:

> Sem prejuízo de conterem versão em língua ou línguas estrangeiras, os contratos que tenham por objeto a venda de bens ou produtos ou a prestação de serviços no mercado interno, bem como a emissão de faturas ou recibos, deverão ser redigidos em língua portuguesa.

O Decreto-Lei n.º 62/88, de 27 de fevereiro, obriga ao uso da língua portuguesa no tocante às – artigo 1.º/1 – "... informações ou instruções respeitantes a características, instalação, serviço ou utilização, montagem, manutenção, armazenagem, transporte, bem como as garantias que devem acompanhar ou habitualmente acompanhem ou sejam aplicadas sobre máquinas, aparelhos, utensílios e ferramentas...".

De todos estes preceitos, com relevo especial para o artigo 3.º do Decreto-Lei n.º 238/86, de 17 de agosto, retiramos a regra de que, perante consumidores finais – e logo, sempre, tratando-se de cláusulas contratuais – deve ser usada a língua portuguesa. A regra é aplicável aos serviços e, logo, à banca.

V. Os preceitos aqui em causa têm, contudo, a ver com a tutela do consumidor: não com a validade dos atos. Assim, a violação do Decreto-Lei n.º 238/86 não é sancionada com a nulidade dos atos prevaricadores, mas a título de contraordenação. Inferir uma nulidade por via do artigo 294.º do Código Civil pode redundar num dano maior para o consumidor, que se pretende proteger.

[1214] Alterado, no seu artigo 4.º, pelo Decreto-Lei n.º 42/88, de 6 de fevereiro.

O uso de língua estrangeira em atos bancários praticados em território nacional põe em crise o cumprimento do dever de informação, por parte do banqueiro. Tratando-se de cláusulas contratuais gerais, o uso de língua estrangeira pode implicar, nos termos do artigo 8.° da LCCG, a sua não-inclusão nos contratos singulares, com o subsequente recurso às regras supletivas que pretenderam afastar. Nos restantes casos, seja com apelo à regra geral do uso do português para a tutela do consumidor, seja por via da boa-fé, o uso de língua estrangeira, por parte do banqueiro, faz correr, contra este, o risco linguístico de quaisquer mal-entendidos[1215].

Não se trata, pois, de uma defesa nacionalista da língua portuguesa[1216] – defesa essa que deverá ocorrer no ensino e no campo cultural – mas, antes, da proteção dos clientes do banqueiro: a situação destes ficaria mais precarizada quando, no próprio território nacional, irrompesse o *jargon* financeiro em língua inglesa.

VI. O Direito bancário institucional tem, ainda, uma regra da maior importância e que contradita a aparente liberdade de uso de línguas estrangeiras. O artigo 55.° do RGIC obriga as instituições de crédito com sede no estrangeiro, quando estabeleçam sucursais no País, a usar a língua portuguesa na escrituração de livros: uma regra sem paralelo no Direito comercial comum. Resulta daqui um vetor geral a ter em conta: a primeira preocupação do Direito bancário é a de que os diversos operadores se entendam ... o que, em Portugal, obriga ao uso do português.

[1215] Quanto ao risco linguístico, recordamos OLG Bremen 22-jun.-1973, WM 1973, 1228-1230, onde se fez correr tal risco contra um iraniano que veio afirmar não conhecer bem as cláusulas contratuais gerais alemãs, em virtude da língua e Erik Jayme, *Sprachrisiko und Internationales Privatrecht beim Bankverkehr mit ausländischen Kunden*, FS Bärmann 1975, 509-522 (516): a questão resolve-se segundo a língua acordada para o contrato; para além disso, poderá haver deveres de esclarecimento, nos termos gerais. Como obra de referência, Michael Kling, *Sprachrisiken im Privatrechtsverkehr/Die wertende Verteilung sprachbedingter Verständnisrisiken/Das Vertragsrecht* (2008), XXXI + 694 pp.; *vide*, aí, 5 (risco linguístico), 14 e 30 ss. (regras sobre o risco linguístico, particularmente de fonte europeia), 238 ss. (risco linguístico na formação do contrato) e 312 ss. (*idem*, na sua interpretação). Subsequentemente: Georg Maier-Reimer, *Vertragsprache und Sprache des anwendbaren Rechts*, NJW 2010, 2545-2550 (2545/II: limites entre a Língua e o Direito) e Christian Armbrüster, *Fremdsprachen im Gerichtsverfahren*, NJW 2011, 812-818 (818/II): a regra do uso de alemão não se alarga aos meios de prova, sendo admissível o inglês.

[1216] Quanto à defesa razoável da língua portuguesa, *vide* o excelente acórdão do STJ 22-jun.-1993 (Cardona Ferreira), BMJ 428 (1993), 613-624 (619).

165. As comunicações à distância

I. O artigo 97.º do Código Comercial fixava o valor da "correspondência telegráfica". Em síntese, era o seguinte[1217]:

– os telegramas com originais assinados pelo expedidor ou mandados expedir por quem figure como expedidor valem como documentos particulares;
– o mandato e "toda a prestação de consentimento", transmitidos telegraficamente com a assinatura reconhecida, "... são válidos e fazem prova em juízo...".

O preceito acrescentava ainda a regra de que a alteração ou a demora na transmissão de telegrama seriam imputáveis, nos termos gerais, a quem as tivesse causado; que o expedidor que houvesse respeitado os regulamentos se presumiria isento de culpa e que, finalmente, a data e hora exaradas se presumiriam exatas.

II. O artigo 97.º em causa surgiu logo no início das telecomunicações. Hoje, o telégrafo está em desuso; foi, sucessivamente, substituído pelo *telex*, pelo *fax* e pela *Internet*.

As leis têm tardado a adaptar-se. Apenas cumpre assinalar o Decreto-Lei n.º 28/92, de 27 de fevereiro, que veio admitir o uso de telecópia – normalmente dita "telefax" – na prática de atos processuais e o Decreto-Lei n.º 461/99, de 5 de novembro, que regula a transmissão e a receção de documentos por telecópia nos serviços dos registos e do notariado, hoje substituído pelo Decreto-Lei n.º 66/2005, de 15 de março. O Decreto-Lei n.º 28/92, de 27 de fevereiro, veio exigir que fosse utilizado ou o serviço público de telecópia ou equipamento de advogado ou solicitador constante de lista oficial organizada pela Ordem dos Advogados ou pela Câmara dos Solicitadores – artigo 2.º/2; tais listas seriam remetidas à Direção-Geral dos Serviços Judiciários, que as faria circular por todos os tribunais – *idem*, n.º 3. As telecópias provenientes de aparelhos assim registados presumir-se-iam verdadeiras e exatas, salvo prova em contrário

[1217] Oliveira Ascensão, *Direito Comercial* 1 (1986/87), 542 ss., inclina-se para a revogação, pelo artigo 379.º do Código Civil, do artigo 97.º do Código Comercial; no entanto, aquele preceito parece-nos compatível com um regime comercial não coincidente, como é aqui o caso.

– 4.°/1. Trata-se de um esquema pesado, que invalida alguns atos[1218], complicando todos, mas que a jurisprudência tem procurado – e bem – facilitar[1219]. Deve manter-se sempre a regra de não invalidar atos por quebras não essenciais.

III. No plano negocial, as comunicações à distância são dominadas pelas mensagens por via eletrónica, através da *Internet*. Como foi dito, rege hoje o Decreto-Lei n.° 7/2004, de 7 de janeiro[1220], que transpôs a Diretriz n.° 2000/31/CE, de 8 de junho. A declaração eletrónica equivale à declaração escrita (26.°), sendo de observar o Decreto-Lei n.º 143/2001, de 26 de abril, sobre a contratação à distância. O Decreto-Lei n.º 143/2001, foi alterado pelo Decreto-Lei n.º 82/2008, de 20 de maio[1221], que o republicou em anexo e pelo Decreto-Lei n.º 357/2009, de 30 de outubro[1222]. Finalmente (por agora) ele foi revogado e substituído pelo Decreto-Lei n.º 24/2014, de 14 de fevereiro, em transposição da Diretriz 2011/83, de 25 de outubro[1223].

IV. Na fixação das regras relativas a comunicações negociais à distância, cumpre distinguir entre a prática do ato em si e a sua prova. Um documento escrito e assinado não deixa de o ser pelo facto de ser enviado por cópia à distância. Assim, e retomando, em termos atualistas, o velho artigo 97.° do Código Comercial, vamos entender que os documentos telecopiados, cujos originais tenham sido assinados pelo próprio, valem como documentos particulares. Satisfazem, ainda, a exigência de forma escrita. O mesmo sucede com as comunicações por via eletrónica.

[1218] STJ 12-mar.-1996 (Oliveira Branquinho), CJ IV (1996) 1, 146-149 e REv 17-dez.-1996 (Henriques da Graça), CJ XXI (1996) 5, 295-296.

[1219] Admitindo a interposição de recurso por *fax* não registado, por não haver, *in concreto*, dúvidas de autenticidade e por não ter sido preterida qualquer formalidade essencial, *vide* o Despacho do Presidente da RLx 12-nov.-1992 (Cardona Ferreira), CJ XVII (1992) 5, 111.

[1220] Alterado pelo Decreto-Lei n.º 62/2009, de 10 de março, que modificou o seu artigo 22.º e pela Lei n.º 46/2012, de 29 de agosto, que alterou os seus artigos 7.º, 8.º, 9.º, 23.º, 36.º e 37.º, revogando os seus artigos 22.º e 37.º/1, *b*)).

[1221] Foram alterados, do Decreto-Lei n.º 143/2001, os artigos 1.º, 6.º, 8.º, 9.º, 14.º, 15.º, 18.º, 19.º, 25.º, 31.º, 32.º e 34.º.

[1222] Foi modificado, desta feita, o seu artigo 10.º.

[1223] *Vide* o nosso *Direito comercial*, 4.ª ed., (2016), 641 ss..

Documentos autênticos ou autenticados remetidos por telecópia valem, enquanto atos; a telecópia é um documento particular que atesta a sua existência, podendo ser exibidos, em juízo, os originais, para se fazer prova plena ou melhor prova.

V. No contacto entre banqueiros, é possível, na troca de declarações à distância, proceder à sua "autenticação" através da aposição de códigos apenas conhecidos dos intervenientes.

A generalização do tráfego jurídico por computador levará, possivelmente, a um intensificar desta via.

166. **Solidariedade e regime conjugal de dívidas**

I. O artigo 100.° do Código Comercial estabelece a regra supletiva da solidariedade, nas obrigações comerciais. Recorde-se que no Direito comum, por via do artigo 513.° do Código Civil, vigora a regra inversa.

O § único do artigo 100.° do Código Comercial afasta essa regra, nos contratos mistos, quanto aos não-comerciantes: aí, a exigibilidade *in totum et totaliter* terá de ser convencionada, nos termos do referido artigo 513.° do Código Civil. Resta acrescentar que, nas relações bancárias, são frequentes as convenções de solidariedade.

O artigo 101.° do Código Comercial estabelece uma solidariedade do fiador de obrigação mercantil, mesmo que não comerciante. Desde logo, temos uma manifestação da natureza acessória da fiança: esta será comercial quando a obrigação principal o seja. De seguida, ocorre um afastamento do benefício da excussão previsto no artigo 638.°/1 do Código Civil. Desenha-se, aqui, no entanto, um tipo contratual próprio: o da fiança comercial.

II. As obrigações comerciais originam um regime especial, no tocante à responsabilidade dos cônjuges[1224]. Segundo o artigo 1691.°/1, *d*) do Código Civil, na redação introduzida pelo Decreto-Lei n.° 496/77, de 25 de novembro, ambos são responsáveis pelas dívidas contraídas por qualquer

[1224] Quanto à evolução histórica deste tema, Antunes Varela, *Direito da família*, 1, 4.ª ed. (1996), 409 ss.. Essa evolução é importante para se entender o alcance do sistema em vigor. Para uma panorâmica mais ampla: Rita Lobo Xavier, *Limites à autonomia privada na disciplina das relações patrimoniais entre os cônjuges* (2000), 47 ss..

dos cônjuges no exercício do comércio, salvo se se provar que não foram contraídas em proveito comum do casal ou se vigorar entre os cônjuges o regime da separação de bens[1225]. Este preceito, ao contrário da primitiva solução do Código, permite evitar a comunicabilidade das dívidas comerciais[1226] através da elisão da presunção de proveito comum[1227]: maior equidade e menor segurança para o comércio[1228]. O artigo 10.° Código Comercial, na redação dada pelo Decreto-Lei n.° 363/77, de 2 de setembro, vinha afastar a moratória prevista inicialmente no artigo 1696.°/1 do Código Civil,

> quando for exigido de qualquer cônjuge o cumprimento de uma obrigação emergente do ato de comércio, ainda que este o seja apenas em relação a uma das partes.

Mantinha-se, pois, também a este nível, um esquema que tutela o crédito comercial, em comparação com o comum. O artigo 4.° do Decreto-Lei n.° 329-A/95, de 12 de dezembro, veio alterar o artigo 1696.°/1 do Código Civil, suprimindo, em geral, a moratória[1229]. O Decreto-Lei n.° 180/96, de 25 de setembro, veio aditar um artigo 27.° ao Decreto-Lei n.° 329-A/95, tornando a nova redação do artigo 1696.° do Código Civil aplicável às causas pendentes. Parece impor-se um juízo de inconstitucionalidade[1230], sendo certo que as caleidoscópicas normas portuguesas põem um desafio permanente a todos os juristas interessados.

III. A matéria atinente à solidariedade comercial e ao regime de responsabilidade por dívidas dos cônjuges apresenta alguma subtileza, com

[1225] STJ 3-abr.-2008 (Maria dos Prazeres Beleza), Proc. 07B1329.

[1226] O artigo 15.° do Código Comercial, na redação introduzida pelo Decreto-Lei n.° 363/77, de 2 de setembro, presume que as dívidas comerciais do cônjuge comerciante foram contraídas no exercício do seu comércio.

[1227] Quanto ao conceito de "proveito comum do casal": RLx 25-mai.-2000 (Manuel Gonçalves Rodrigues), BMJ 497 (2000), 436/II; não sendo feita, há responsabilidade de ambos os cônjuges: STJ 15-mar.-2005 (Reis Figueira), CJ/Supremo XIII (2005) 1, 132-137.

[1228] Pires de Lima/Antunes Varela, *Código Civil Anotado*, 4.° vol., 2.ª ed. (1992), 338.

[1229] STJ 9-nov.-1995 (Sampaio da Nóvoa), BMJ 451 (1995), 344-349.

[1230] STJ 5-fev.-1998 (Sousa Inês), BMJ 474 (1998), 369-377.

dúvidas na execução. O ónus da prova da comercialidade cabe ao interessado, o que mais agrava a situação.

O comércio bancário não se compadece com tal situação. Assim, é frequente o banqueiro, quando depare com regimes de comunhão geral ou de adquiridos, exigir a vinculação de ambos os cônjuges, em termos de solidariedade.

§ 41.° OS PRINCÍPIOS BANCÁRIOS

167. Remissão

I. Num sentido de crescente concretização, aos princípios comerciais dever-se-iam seguir os princípios bancários[1231]: vetores próprios da banca e que, aos diversos atos bancários, dariam uma ordenação e um conteúdo. Teríamos, assim:

– o princípio da simplicidade;
– o princípio da rapidez;
– o princípio da ponderação bancária.

O princípio da simplicidade dá azo aos subprincípios do consensualismo e da reformalização normalizada, da informatização e da unilateralidade.

O princípio da rapidez faculta a normalização substancial, o recurso a cláusulas contratuais gerais e a desmaterialização.

O princípio da ponderação bancária origina a prevalência das realidades, a interpretação segundo o primeiro entendimento e a eficácia sancionatória.

II. Como se vê, muitos destes vetores têm a ver com a técnica de contratação. Outros, porém, prendem-se já com o conteúdo dos próprios atos. Pela sua importância numa exposição de Direito bancário português e pelo papel que assumem no plano do Direito bancário institucional, houve que os inserir na parte relativa à dogmática geral. Para aí remetemos[1232].

[1231] Na 2.ª ed. deste *Manual*, 427 ss..
[1232] *Supra*, 231 ss..

SECÇÃO II

A CELEBRAÇÃO

§ 42.º A *CULPA IN CONTRAHENDO* EM GERAL

168. Deveres bancários prévios

I. A *culpa in contrahendo* é um instituto geral do Direito privado[1233]. Dada, porém, a sua concretização preferencial através de deveres de informação, ela apresenta-se, cada vez mais, como um instituto vocacionado para atuar no campo dos serviços e, dentro deste, dos serviços bancários[1234]. Vamos recordar o essencial da doutrina e, depois, a sua aplicação bancária.

II. A propósito da formação do contrato, e fosse qual fosse o esquema então seguido, uma doutrina radical, hoje abandonada, entendia que, nas negociações preliminares, não havia Direito aplicável: as partes seriam inteiramente livres, podendo assumir as atitudes arbitrárias que entendessem. Não é, contudo, assim. Nas negociações preliminares, as partes devem respeitar os valores fundamentais da ordem jurídica, pautando-se pela boa-fé[1235].

[1233] *Tratado* II, 4.ª ed., 207 ss., com indicações.

[1234] Kümpel, *Bank- und Kapitalmarktrecht* cit., 3.ª ed., 258 ss. e Welter/Lang, introdução ao *Handbuch der Informationspflichten im Bankverkehr* cit., 7 ss.. Registe-se que na literatura alemã, mercê da codificação da velha *culpa in contrahendo* levada a cabo pela reforma do BGB de 2001/2002, no § 311, essa fórmula tende a ser substituída pela responsabilidade nas negociações.

[1235] Trata-se, sabidamente, do instituto da *culpa in contrahendo*, devido a genial intuição de Jhering e divulgado, depois, nos diversos países; *vide Da boa fé*, 527 ss..

O Código Civil português di-lo, de modo expresso, no seu artigo 227.°.

III. Como figura assente num conceito indeterminado – o de boa-fé – a responsabilidade pré-negocial carece de um processo concretizador, a operar perante cada problema real. O conhecimento e a ponderação das decisões jurisprudenciais que a consubstanciam têm, pois, o maior interesse teórico e prático.

Uma sistematização operada com base na jurisprudência mais rica no domínio da *culpa in contrahendo* – a alemã – permite afirmar que ela ocorre quando, na fase preparatória de um contrato, as partes – ou alguma delas – não acatem certos deveres de atuação que sobre elas impendem. E tais deveres analisam-se em três grupos:

– deveres de proteção: nos preliminares contratuais, as partes devem abster-se de atitudes que provoquem danos nos hemisférios pessoais ou patrimoniais umas das outras; quando não, há responsabilidade;
– deveres de informação: num processo destinado à procura do consenso contratual, as partes devem, mutuamente, prestar-se todos os esclarecimentos e informações necessários à celebração de um contrato idóneo; ficam, em especial, abarcados todos os elementos com relevo direto e indireto para o conhecimento da temática relevante para o contrato, sendo vedada quer a omissão do esclarecimento, quer a prestação de esclarecimentos falsos, incompletos ou inexatos; as doutrina e jurisprudência da atualidade conferem uma intensidade particular aos deveres de esclarecimento, a cargo de uma parte forte e a favor da fraca[1236];
– deveres de lealdade: a necessidade de respeitar, na sua teleologia, o sentido das negociações preparatórias não se esgota num nível informativo; podem surgir deveres de comportamento material, com o mesmo sentido de evitar, nos preliminares, atuações que se desviem da busca honesta de um eventual consenso negocial; tais deveres englobam-se na ideia de lealdade; subcaso típico e clássico de deslealdade *in contrahendo* reside na rutura injustificada

[1236] Quanto aos deveres de informação, retemos: Felix Rudolf/Christian Anthony Rödel, *Aufklärungspflicht und Schadensersatz wegen Aufklärungspflichtverletzung am Beispiel der Anlageberatung* (2015), 325 pp..

das negociações[1237]; mas outras situações surgem, com relevo para a prática, nos preliminares ou lateralmente, de atos de concorrência desleal.

Em termos gerais, o instituto da *culpa in contrahendo*, ancorado no princípio da boa-fé, recorda que a autonomia privada é conferida às pessoas dentro de certos limites e sob as valorações próprias do Direito; em consequência, são ilegítimos os comportamentos que, desviando-se de uma procura honesta e correta de um eventual consenso contratual, venham a causar danos a outrem. Da mesma forma, são vedados os comportamentos pré-contratuais que inculquem, na contraparte, uma ideia distorcida sobre a realidade contratual.

IV. Em Portugal, aparecem referências à *culpa in contrahendo* já na primeira edição das *Instituições de Direito Civil*, de Guilherme Moreira[1238]. Depois de algumas hesitações iniciais[1239], a ideia foi desenvolvida por Galvão Telles, Vaz Serra, Mota Pinto e Ruy de Albuquerque, numa aproximação à boa-fé, na linha germânico-românica acima apontada, acabando por ter um acolhimento formal no Código Civil de 1966[1240]. Este dispõe, no seu artigo 227.º/1:

> Quem negoceia com outrem para conclusão de um contrato deve, tanto nos preliminares como na formação dele, proceder segundo as regras da boa-fé, sob pena de responder pelos danos que culposamente causar à outra parte.

[1237] A documentação jurisprudencial destes deveres, bem como outras tentativas de sistematização, que não contundem com o afirmado no texto, podem ser confrontadas em *Da boa fé* cit., 546 ss. e, de modo mais resumido, em *Tratado* II, 4.ª ed., 220 ss..

[1238] Guilherme Alves Moreira, *Instituições do Direito Civil Português*, 2 (1911), n.º 202 (664-675). Quanto ao desenvolvimento da *culpa in contrahendo* em Portugal, *vide Da boa fé*, 571 e Almeida Costa, *Responsabilidade civil pela ruptura das negociações preparatórias de um contrato* (1984), 42 ss..

[1239] Assim, surgiram reparos contra a *culpa in contrahendo* em obras importantes, tais como em Beleza dos Santos, *A simulação*, 1 (1921), 10 ss. (14) e Jaime de Gouveia, *Da responsabilidade contratual* (1932), 293 e 294. Mais tarde, tais dúvidas foram sendo ultrapassadas; *vide* Cunha Gonçalves, *Tratado de Direito Civil*, 4 (1931), 246-247.

[1240] Inocêncio Galvão Telles, *Manual dos contratos em geral*, 3.ª ed. (1965), 187-188, Vaz Serra, *Culpa do devedor ou do agente*, BMJ 68 (1957, com separata), n.º 6, 110-132, Mota Pinto, *A responsabilidade pré-negocial pela não conclusão dos contratos*, separata do BFD n.º 14 (1963) e Ruy de Albuquerque, *Da culpa in contrahendo no Direito luso-brasileiro* (1961).

O dispositivo legal em questão, sendo expresso, confere, à velha *culpa in contrahendo*, a maior extensão; merece um aplauso generalizado por parte da literatura da especialidade.

Através dele devem considerar-se em vigor os aludidos deveres pré-negociais de informação e de lealdade.

169. A jurisprudência portuguesa

I. A jurisprudência portuguesa tem concretizado, com eficácia, a *culpa in contrahendo*. E fê-lo, com especial acuidade, no domínio dos deveres de lealdade pré-negociais, e no do dever, também pré-negocial, de uma completa e exata informação.

Referem-se, de seguida, como exemplos, três acórdãos do Supremo Tribunal de Justiça.

> *Acórdão de 5-fev.-1981*: os réus iniciaram negociações com vista à aquisição de quotas sociais; os autores ficaram convencidos de que a transação se iria concretizar e iniciaram, em consequência, várias atividades dispendiosas nesse sentido; os réus recusaram-se, depois, a outorgar na escritura de cessão, vindo a ser condenados em indemnização, no que foi sancionado pelo Supremo; este vem afirmar a existência de um dever de negociação honesta, considerando que os réus "... procederam de uma forma que aqueles (os autores) não podiam deixar de ficar convencidos de que estes queriam ficar com o estabelecimento ..."[1241].

> II. *Acórdão de 14-out.-1986*: a proprietária de um prédio pretende vender o 2.° andar a uma Companhia de Seguros, que já era arrendatária do rés-do-chão; faz a comunicação ao arrendatário desse 2.° andar, para efeitos de preferência; este pretende preferir, pelo que a Companhia se desinteressa; marcada a escritura, sucede que a proprietária a adia, à última hora, para o dia seguinte; verifica-se, depois de realizada esta escritura, que, no dia anterior, a proprietária alterara, mediante uma subida simbólica de renda, o objeto do arrendamento do rés-do-chão, por acordo com a Companhia, alargando desmesuradamente o seu âmbito e facultando toda a espécie de obras; o Supremo entendeu que foi violado o dever de informação pré-contratual:

[1241] STJ 5-fev.-1981 (Solano Viana), RLJ 116 (1983), 81-84, com anotação favorável de Almeida Costa, *Ruptura de negociações* cit., de que há separata, já referida.

o preferente comprador *tinha interesse* em saber qual o tipo de contrato celebrado com a Seguradora[1242].

III. *Acórdão de 4-jul.-1991*: autor e réu assentam verbalmente na constituição de uma sociedade, para exploração de um café-bar; nessa base, o autor faz uma série de despesas e abandona um comércio que exercia; com razões insuficientes, o réu rompe as negociações, recusando outorgar a escritura e intimando o autor a deixar o local, que pertencia ao réu; o Supremo entendeu que houve deslealdade, por quebra da confiança, cabendo aplicar o artigo 227.° do Código Civil[1243].

IV. Um exemplo de rutura de negociações, como fonte de *culpa in contrahendo* é, ainda, o dado pelo acórdão da Relação de Lisboa de 18 de janeiro de 1990[1244]. Uma hipótese de deslealdade pré-contratual vem abordada num acórdão do Supremo Tribunal de Justiça, de 18 de outubro de 1988[1245].

V. O sentido da jurisprudência acima sumariada é bastante claro; há, no entanto, que precisá-lo. Em princípio – e salvo a presença de normas legais aplicáveis que a tal conduzam – não há, nas negociações preliminares, um dever de celebrar o contrato visualizado. Mas há, por certo, um dever de negociar honestamente e isso desde que se iniciem os contratos negociais[1246].

Isso implica, desde logo:

– que a parte que não tenha a intenção de levar por diante as negociações o deva, de imediato, comunicar à contraparte, de modo a não provocar, nela, esperanças vãs, que induzam danos; no domínio bancário, é particularmente importante que o banqueiro não deixe surgir falsas esperanças quanto à eventual concessão de crédito[1247];

[1242] STJ 14-out.-1986 (Joaquim Figueiredo), BMJ 360 (1986), 583-587 (586).

[1243] STJ 4-jul.-1991 (Ricardo da Velha), BMJ 409 (1991), 743-750 (749).

[1244] RLx 18-jan.-1990 (Ribeiro Coelho), CJ XV (1990) 1, 144-146.

[1245] STJ 18-out.-1988 (Soares Tomé), BMJ 380 (1988), 483-401 (490); por lapso do *Boletim* refere-se, aí, o artigo 227.° *do Código Comercial*.

[1246] Martin Tonner, *Aufklärungs- und Beratungspflichten*, em Derleder/Knops/ /Bamberger, *Handbuch zum deutschen und europäischen Bankrecht*, 2.ª ed. (2009), § 4, Nr. 6-7 (116-117).

[1247] Claussen, *Bank- und Börsenrecht*, 3.ª ed. (2003), 249, reportando-se ao (então novo) § 311/2 do BGB.

– que a parte que detenha, nas negociações, informações vitais para a outra parte as deva, também de imediato, comunicar à contraparte, de modo a evitar contratos distorcivos e, posteriormente, danos; se não o quiser fazer, basta-lhe não contratar; à luz destas considerações, boa parte dos deveres de informação acima examinados são, de facto, pré-contratuais. Entrarão aqui a falta de informações ou as falsas informações dadas, pelo cliente e ao seu banqueiro, sobre a sua real situação patrimonial ou sobre as suas efetivas perspetivas de negócio. Este aspeto tem sido absorvido pelo "risco do crédito" não dando, curiosamente, lugar à aplicação da *culpa in contrahendo*.

VI. Como se vê, mesmo as hipóteses de deslealdade, particularmente claras na rutura injustificada das negociações, há sempre, ainda que mediatamente, um dever de informação subjacente, que não foi cumprido. No caso do banqueiro, estes deveres assumem o especial teor acima determinado[1248]. Como já foi afirmado[1249], a pessoa que queira prevalecer-se da *culpa in contrahendo* deve, ela própria, agir de boa-fé: mas nem a lei, nem o sistema lhe imputam qualquer ónus de autoinformação.

170. **Sentido e consequências**

I. A violação do artigo 227.º/1 do Código Civil, dá lugar a consequências que importa referir.

A pessoa que cometa tal violação está a pôr em causa deveres específicos de conduta, de base legal. Assim, a responsabilidade é obrigacional e não, apenas, aquiliana: foram violadas obrigações legais e não, somente, o dever genérico de respeito, implícito no artigo 483.º/1 do Código Civil[1250].

1248 *Supra*, 396 ss..

1249 *Tratado* V, 2.ª ed., 359 ss.: cair-se-ia no *tu quoque*.

1250 No sentido da natureza obrigacional da *culpa in contrahendo*, que temos defendido em diversos escritos, depõem, também, Vaz Serra, *Culpa do devedor ou do agente*, BMJ 68 (1957), 13-149 (130 ss.) e RLJ 110 (1978), 270-272 e 274-280 (277 ss.) e Mota Pinto, *Cessão da posição contratual* (1970), 351 ss., entre outros. Trata-se, ainda, da posição dominante na Alemanha e em Itália.

No mesmo sentido obrigacional dessa responsabilidade *vide* o já citado e excelente acórdão do STJ 4-jul.-1991, BMJ 409, 743 ss.. Para outras indicações: *Tratado* II, 4.ª ed., 277 ss..

Sendo obrigacional, presume-se a culpa, sempre que ocorra uma inobservância (objetiva) da boa-fé: dispõe, nesse sentido, o artigo 799.º/1 do Código Civil. A culpa envolve, aqui, a ilicitude e a causalidade, na linha do que vimos ser o sentido hoje assumido pela responsabilidade obrigacional.

II. A natureza obrigacional da responsabilidade derivada da *culpa in contrahendo* é essencial para se entender a aplicação do instituto pelos tribunais.

Existe um dever genérico de não causar danos a outrem. Quem, faltando à verdade ou por outro meio idóneo, com culpa, lesar o direito de outrem, causando danos, responde, nos termos gerais do artigo 483.º/1 do Código Civil. Tal sucederia se alguém convencesse outrem a lesar o património próprio. Se a *culpa in contrahendo* viesse dizer isso mesmo, a propósito da conclusão de um contrato, seria escasso o progresso.

Nas origens, a *culpa in contrahendo* surgiu, precisamente, para suprir as insuficiências da responsabilidade aquiliana[1251]. Firmando a existência de obrigações legais de informação e de lealdade, ela permite fazer funcionar os esquemas da responsabilidade obrigacional, mais eficazes.

III. Consumada a violação, há um dever de indemnizar por todos os danos verificados. Já houve conceções ligadas ao denominado interesse negativo e que pretendiam limitar, a este, a indemnização a arbitrar. Este aspeto deve ser situado historicamente.

A ideia de que, por *culpa in contrahendo*, haveria que responder, apenas, pelos danos negativos, i. é, pelos danos que não sucederiam se não tivessem ocorrido as negociações falhadas, filia-se num entendimento da responsabilidade pré-negocial como fruto de um "contrato tácito", não cumprido, entre as partes. A limitação perdeu, hoje, a sua base de apoio, dado o consenso existente em que a *culpa in contrahendo* deriva da violação do princípio legal da boa-fé[1252]. O artigo 227.º/1 do Código Civil, não faz qualquer limitação; por isso deve entender-se que, violada a boa-fé *in contrahendo*, devem ser ressarcidos *todos* os danos causados[1253]. Ficam

[1251] *Vide* os casos liderantes em *Da boa fé*, 546 ss..

[1252] *Da boa fé*, 585, com bibliografia.

[1253] Em apoio de uma pretensa limitação da indemnização, ao denominado interesse negativo, citam-se, por vezes, os artigos 898.º e 908.º do Código Civil. Tais artigos não conduzem, no entanto, a uma interpretação limitativa. De facto, ao mandarem indemnizar determinados lesados pelos danos que eles não teriam sofrido se o contrato nulo ou anulado

envolvidos os "interesses" positivo e negativo[1254] tanto os danos emergentes – incluindo todas as despesas perdidas – como os lucros cessantes.

IV. Porém, mesmo o entendimento minoritário de que, por violação da boa-fé *in contrahendo,* apenas haveria que indemnizar o interesse negativo, computa, entre os danos a considerar, a chamada *oportunidade perdida*, isto é: os negócios que não foram celebrados por força do comportamento faltoso. Temos, pois, também por esta via, um modo de corrigir a injustiça derivada da violação.

171. A codificação da *culpa in contrahendo*

I. A codificação da *culpa in contrahendo* pode ocorrer por duas fórmulas distintas:

- a codificação geral do instituto;
- a sua codificação sectorial, tendo em vista determinados sectores sensíveis.

Exemplo de codificação geral é-nos dado pela reforma do BGB alemão, de 2001/2002. Dispõe o correspondente texto[1255]:

> § 311 (Relações obrigacionais negociais e semelhantes a negociais)
>
> (1) Para a constituição de uma relação obrigacional através de negócio jurídico assim como para a modificação do conteúdo de uma relação obrigacional é necessário um contrato entre as partes, salvo diversa prescrição da lei.

não tivesse sido celebrado, esses preceitos deixam em aberto a possibilidade de se mostrar que, na falta de contrato inválido, teria havido outro válido. Todos os danos concretos devem, nos termos gerais, ser indemnizados.

Acresce, ainda, que os artigos 898.° e 908.° do Código Civil, não podem ser transpostos para a *culpa in contrahendo*: eles contemplam, apenas, a invalidade da compra e venda, enquanto a responsabilidade pré-negocial vai bem mais além.

[1254] Por último e na boa doutrina: STJ 28-abr.-2009 (Azevedo Ramos), Proc. 09A0457; *idem*, num caso de responsabilidade pré-contratual do banqueiro: STJ 26-jan.-2006 (Oliveira Barros), CJ/Supremo XIV (2006) 1, 40-45 (44/I).

[1255] Klaus Peter Berger/Dieter Medicus em PWW/BGB, 7.ª ed. (2012), § 311 (535 ss.) e Christian Grüneberg, no Palandt, 75.ª ed. (2016), § 311 (492 ss.).

(2) Uma relação obrigacional com deveres no sentido do § 241/2 surge também através de:

1. A assunção de negociações contratuais;
2. A preparação de um contrato pelo qual uma parte, com vista a uma eventual relação negocial, conceda à outra parte a possibilidade de agir sobre os seus direitos, bens jurídicos ou interesses, ou confia nela ou dá azo a contratos semelhantes a negociais.

(3) Uma relação obrigacional com deveres no sentido do § 241/2 pode também surgir para pessoas que não devam, elas próprias, ser partes num contrato. Uma tal relação obrigacional surge, em especial, quando o terceiro tenha assumido um determinado grau de confiança e com isso tenha influenciado consideravelmente as negociações contratuais ou a conclusão do contrato.

II. Como se vê, a codificação não foi ao ponto de desfibrar os diversos deveres suscetíveis[1256]. Mantêm-se, pois, as tipologias de deveres já isoladas perante a lei velha[1257] e que podem ser enquadradas em cinco grandes grupos:

– violação de deveres de proteção perante a outra parte durante as negociações contratuais;
– violação de deveres de informação;
– impedimento à eficácia do contrato;
– interrupção infundada das negociações;
– responsabilidade do representante.

De todo o modo, a codificação dá uma base mais clara ao instituto.

III. O § 311 da lei nova tem ainda o mérito de, definitivamente, situar na responsabilidade obrigacional as consequências da *culpa in contrahendo*: à violação dos deveres envolvidos aplica-se o § 280 do BGB[1258].

[1256] Trata-se de um ponto assumido logo na primeira justificação do Ministério da Justiça; *vide* o *Diskussionsentwurf* em Claus-Wilhelm Canaris, *Schuldrechtsmodernisierung* (2002), 3-347 (176).

[1257] Volker Emmerich, *Das Recht der Leistungsstörungen*, 5.ª ed. (2003), 93 ss..

[1258] Volker Emmerich, *Das Recht der Leistungsstörungen* cit., 5.ª ed., 137 ss..

Parece igualmente claro que nenhuma razão existe para limitar a correspondente indemnização ao interesse negativo: tudo depende do sentido e do conteúdo dos deveres que, *in concreto*, se mostrem violados[1259].

Ficam votos para que esta firme orientação do Direito alemão contribua para reforçar, entre nós, a ideia da responsabilidade pré-contratual como obrigacional (e não aquiliana) e para esconjurar as limitações apriorísticas ao interesse negativo, drenadas de certas orientações conceitualistas alemãs pré-reforma, mas sem base na nossa lei, além de valorativamente inadequadas.

IV. Finalmente, tem muito interesse a consagração legal da responsabilidade de terceiros por *culpa in contrahendo*, tal como resulta do § 311/3. Há muito defendida pela doutrina e sufragada pela jurisprudência, a consagração apontada torna mais fácil e operativo o instituto. Paralelamente, mantêm-se úteis as vias de concretização apuradas pelo Direito anterior à reforma.

V. Um exemplo sectorial surge nas leis sobre os seguros. O Regime Jurídico do Contrato de Seguro, aprovado pelo Decreto-Lei n.° 72/2008, de 16 de abril[1260], fixa uma lista extensa de informações a prestar pelas seguradoras antes da conclusão do contrato (18.° e seguintes)[1261]. Esta matéria é recortada no instituto da *culpa in contrahendo*, dispondo de um regime especial. Todavia, a *culpa* é sempre útil: seja como elemento auxiliar de interpretação, seja como fator de complementação.

[1259] *Idem*, 137. Mais elementos: *Tratado* II, 4.ª ed., 282 ss..

[1260] *Vide Direito dos seguros*, 2.ª ed., 605 ss..

[1261] Antes dispunham os artigos 176.º e 179.º do RGAS de 1998 e os artigos 2.º e 3.º do Decreto-Lei n.º 176/95, de 26 de julho. *Vide* Menezes Cordeiro/Carla Morgado, *Leis dos seguros anotadas* (2002), 149 ss. e 231 ss..

§ 43.º A *CULPA IN CONTRAHENDO* NO SECTOR BANCÁRIO

172. A conformação do dever de informar; outros deveres prévios

I. Como foi referido, um dos deveres por que se concretiza o instituto dito *culpa in contrahendo* é o de informar. Trata-se, mesmo, de um dever envolvente: a própria deslealdade analisa-se, afinal, numa falta de informação. O dever de informar *in contrahendo* assume as mais diversas configurações: tudo depende do contrato em jogo. De todo o modo, será possível referenciar vetores abstratos atuantes, no momento da concretização, particularmente no domínio bancário.

II. À partida, o dever de informação tenderá a abranger tudo quanto, pela natureza da situação considerada, não seja conhecido pela contraparte. Assim, ele será tanto mais intenso quanto maior for a complexidade do contrato e da realidade, por ele envolvida.

Em termos descritivos, o dever de informar poderá recair:

- sobre o objeto do contrato: há que evitar que, por ação ou por omissão, a contraparte caia em erro quanto ao objeto material do contrato, nos termos latos que essa realidade comporta; por exemplo: a informação de que certa linha de crédito só pode ser usada para um determinado fim, devidamente documentado;
- sobre aspetos materiais conexos com esse objeto: por vezes, o contrato releva não apenas pelo objeto estrito sobre que recai, mas ainda por determinados aspetos conexos; assim sucederá com os elementos atinentes à compra da coisa locada, num contrato de locação financeira;
- sobre a problemática jurídica envolvida: os contratos em estudo assumem, por vezes, implicações jurídicas conhecidas por uma das partes e, designadamente, pela proponente: há que levá-las ao conhecimento do parceiro nas negociações; numerosas operações bancárias exigem explicações sobre o seu desenrolar futuro;

– sobre perspetivas contratuais ou sobre condutas relevantes de terceiros: aquando da contratação e de acordo com as circunstâncias, há que transmitir, à outra parte, dados corretos sobre o futuro do contrato e sobre condutas relevantes de terceiros; pense-se, por hipótese, nas informações sobre o risco do negócio ou sobre as especiais eventualidades que o possam acompanhar, como sucede nos casos exemplares dos mútuos para aquisição de valores mobiliários;
– sobre a conduta do próprio obrigado: a pessoa adstrita à informação deve esclarecer a outra parte sobre a sua intenção de contratar e, designadamente, sobre o seu empenho em levar a bom termo a contratação; de novo recordamos a eventualidade da não concessão de crédito.

III. O dever de informar não é, apenas, conformado pelos elementos objetivos acima enunciados.

A doutrina e a jurisprudência têm vindo a focar o relevo da pessoa da contraparte nessa conformação. Ou seja: o dever de informar é tanto mais intenso e extenso quanto mais inexperiente ou ignorante for a contraparte. Mas em compensação, a pessoa que aja ilicitamente perde a confiança, o que afasta a tutela da *culpa in contrahendo*[1262].

A *culpa in contrahendo* tem vindo a ser usada, com certo êxito, como instituto destinado a tutelar a parte débil e a prevenir a conclusão de contratos injustos[1263]. E precisamente, da *culpa in contrahendo* relevam, neste domínio, os deveres de informação.

173. **Aspetos evolutivos**

I. A *culpa in contrahendo* serviu, historicamente, para levar ao sistema toda uma área que, antes, lhe era estranha: a que decorre desde o encontro entre as partes e até à efetiva conclusão de um contrato, válido e equilibrado. Porém, dado esse passo, ela cedo veio a sofrer a erosão de

[1262] RLx 9-nov.-2000 (Torres Veiga), CJ XXV (2000) 5, 92-94 – o caso do banqueiro que interrompe a concessão de crédito para habitação por o cliente ter emitido cheques devolvidos por falta de provisão.

[1263] *Tratado* II, 4.ª ed., 223 ss.; recorde-se Oskar Hartwieg, *Culpa in contrahendo als korrektiv für "ungerechte" Verträge*, JuS 1973, 733-740.

institutos mais precisos e mais diferenciados. Paralelamente, ela proporcionou uma progressiva integração sistemática. Principiaremos por este último aspeto.

In contrahendo, ocorre uma especial proximidade entre as partes, que as coloca à mercê uma da outra. Em tais condições, compreende-se que surjam deveres de segurança (física e patrimonial), de lealdade (incluindo o sigilo e a não-concorrência) e de informação (completa e verídica): a boa-fé e o sistema a tanto conduzem. Mas tal proximidade não é exclusiva das fases pré-contratuais: ela ocorre, também, na vigência do contrato, nas hipóteses em que o contrato seja nulo e, até, depois da cessação do contrato ou *post pactum finitum*. Podemos defender com Canaris – o grande investigador desta construção – uma teoria unitária dos deveres de proteção, de lealdade e de informação, assentes na tutela da confiança e na primazia da materialidade subjacente[1264].

Além desta progressão doutrinária, assinale-se que a densificação legislativa crescente, designadamente na área da defesa do consumidor, tem levado ao surgimento de deveres de proteção e de informação de base legal[1265].

II. Sabemos hoje que, na fase preliminar, as partes podem estabelecer os mais diversos acordos parcelares, bem como recorrer à contratação mitigada. A rejeição doutrinária das soluções contratualistas da *culpa in contrahendo* não nos pode fazer esquecer que, na realidade, as partes vão progredindo, nas negociações, por aproximação e na medida em que haja consenso. Deste modo, é de esperar que, perante súbitas erupções danosas, se estejam a violar convénios já conseguidos[1266]. O âmbito do artigo 227.º/1 do Código Civil irá regredindo, à medida que a Ciência do Direito se mostre capaz de trabalhar com tais acordos.

III. Além disso, surgem áreas específicas, ricas em valores e nas quais o legislador assumiu a postura explícita de proteger determinados interve-

[1264] *Da boa fé*, 632 ss. e *passim*; *vide* Manuel Carneiro da Frada, *Contrato e deveres de protecção* (1994).

[1265] *Vide* os artigos 5.º e 8.º da LDC. O artigo 9.º/1 da mesma LDC refere "...a lealdade e a boa-fé, nos preliminares...". *Vide infra*, 309 ss.. Além disso, devemos contar com o útil concurso de outros institutos, como o dos vícios na coisa vendida: Reinhard Singer, *Fehler beim Kauf/Zum Verhältnis von Mängelgewährleistung, Irrtumsanfechtung und culpa in contrahendo*, FG (Wissenschaft) 50 Jahre BGH 1 (2000), 381-405.

[1266] Maria Raquel Rei, *Do contrato-quadro* cit., 41 ss..

nientes. Assim sucede no domínio das cláusulas contratuais gerais, onde ocorrem específicos deveres de informação – artigo 6.° da LCCG – ou no do Direito mobiliário, onde se prevê uma particular responsabilidade pelo prospeto, numa concretização da *culpa in contrahendo*[1267].

A todas estas figuras haverá sempre que somar os diversos institutos da responsabilidade civil, à medida que se venham a tornar mais eficazes. Assim, uma violação do sigilo será uma falha *in contrahendo*. Mas poderá, antes de mais, representar uma violação do direito à privacidade, sede onde será possível uma indemnização mais cabal. Tudo isto retira espaço à velha *culpa*[1268].

Pela sua própria natureza, o aperfeiçoamento do critério soluciona problemas mas permite descobrir muitos outros por resolver. A *culpa in contrahendo* é depurada por novos institutos mais precisos. Mantém-se, no entanto, como sinal último da presença do sistema, harmonizando soluções e facultando saídas exigidas pelo ordenamento, mas onde falhe o *ius strictum*[1269].

IV. No funcionamento da *culpa in contrahendo* deve-se ter sempre presente que – as palavras são do Supremo – ela opera como[1270]:

> (...) compromisso ou conciliação entre o interesse na liberdade negocial e o interesse na proteção da confiança das partes durante a fase das negociações.

Por outro lado, ela surge como um instituto delicado: há que alegar e provar quer a violação[1271], quer os danos[1272]. Com essas cautelas, não cabe recear qualquer perda de segurança jurídica.

[1267] Artigos 143.° e ss. do CódMVM e 149.° e ss. do CVM. *Vide* Carlos Costa Pina, *Dever de informação e responsabilidade pelo prospecto no mercado primário de valores mobiliários* (1999).

[1268] Norbert Horn, *Culpa in contrahendo* cit., 386.

[1269] Torna-se interessante constatar, também neste domínio, uma certa confluência de sistemas; o Direito anglo-saxónico, tradicionalmente pouco motivado para a *culpa in contrahendo*, tem vindo a ser sensibilizado para o tema; *vide* Nicole Schneider, *Uberrima Fides/Treu und Glauben und vorvertragliche Aufklärungspflichten im englischen Recht* (2004), 12 ss., 23 ss. e 233 ss..

[1270] STJ 9-fev.-1999 (Martins da Costa), CJ/Supremo VII (1999) 1, 84-86 (85/I).

[1271] RLx 2-jul.-1998 (Fernando Casimiro), CJ XXIII (1998) 4, 81-85 (83/I).

[1272] STJ 23-set.-1998 (Pereira da Graça), CJ/Supremo VI (1998) 3, 14-19 (18/II).

Também no que tange à responsabilidade emergente da *culpa*, temos alguns progressos. Já vimos que, apesar das resistências, a doutrina e a jurisprudência vêm:

– reconhecer que a responsabilidade *in contrahendo* tem natureza obrigacional;
– admitir que os danos indemnizáveis possam não se circunscrever ao interesse negativo.

Esta matéria poderia melhor ser enquadrada com recurso à "terceira via" da responsabilidade civil.

174. **Outros deveres bancários prévios**

I. Além do dever de informar ocorrem ainda, *in contrahendo*, outros deveres tipicamente bancários. Paradigmático é o dever de sigilo. Logo no campo pré-negocial, pode suceder que as partes troquem informações na perspetiva da (hipotética) relação subsequente. Independentemente desta vir a surgir, o sigilo deve ser respeitado, nos termos legais.

Trata-se, é certo e entre nós, de um dever legal. Todavia, ele poderá ser diversamente conformado, em função do próprio teor das negociações prévias. Nessa medida, faz sentido recordá-lo *in contrahendo*.

II. Também *in contrahendo* e no campo bancário faz sentido referir deveres de lealdade. O banqueiro – e os seus servidores – não podem agir em função de elementos colhidos nas negociações, fora do âmbito que a estas respeite. Assim sucede com a informação privilegiada, que poderá chegar ao banqueiro. Operam diversos dispositivos próprios do Direito das sociedades e do Direito mobiliário.

SECÇÃO III

A ADESÃO A CLÁUSULAS CONTRATUAIS GERAIS

§ 44.º CLÁUSULAS CONTRATUAIS GERAIS

175. As cláusulas e a banca

I. As cláusulas contratuais gerais – cujos conceitos básicos e o regime serão, abaixo, examinados – têm um papel fundamental no Direito bancário material.

Historicamente, as primeiras cláusulas contratuais gerais utilizadas no tráfego jurídico filiam-se, precisamente, na atividade dos banqueiros[1273]: elas correspondiam a "condições", impressas nos livros de cheques em letras reduzidas e que articulavam deveres e cautelas do cliente. Fizeram a sua aparição na década de 80 do Século XIX.

Mais importante é ainda o facto de a doutrina se ter debruçado, pela primeira vez, sobre as cláusulas a propósito dos banqueiros e do Direito bancário[1274].

II. As cláusulas contratuais gerais praticadas pelos bancos vieram a desenvolver-se, no espaço alemão[1275]. Trata-se de uma experiência importante, uma vez que o modelo alemão de lei geral sobre as cláusulas seria

[1273] Ludwig Raiser, *Das Recht der allgemeinen Geschäftbedingungen* cit., 26 ss. (27); anteriormente, cumpriria referir certos formulários usados pelos notários e que remontam ao Século XV.

[1274] Assim: Otto Bernstein, *Die Geschäftsbedingungen der Bankiers und ihre rechtliche Behandlung* cit., 166-171 e Ferdinand Regelsberger, *Die rechtliche Bedeutung der sog. Geschäftsbedingungen der Bankiers für die Kontokorrentverträge*, cit., 169-172: estes artigos discutiam a natureza das "cláusulas".

[1275] *Vide* o clássico Arwed Koch, *Die Allgemeinen Geschäftsbedingungen der Banken/ihre rechtliche und wirtschaftliche Bedeutung und Entwicklung* (1932), *passim*.

adotado, pelo legislador português, através do Decreto-Lei n.° 446/85, de 25 de outubro. Além disso, ele influenciaria decisivamente o Direito comunitário nesse domínio, tendo originado uma Diretriz – a n.° 93/13/CEE, de 5 de abril, abaixo referida – transposta para a na nossa ordem interna através do Decreto-Lei n.° 220/95, de 31 de janeiro e, de novo e pretensamente, pelo Decreto-Lei n.° 249/99, de 7 de julho.

Pois bem: toda esta influência de ordem geral terá, por certo, repercussões nas cláusulas bancárias.

III. Em 1937, pela primeira vez, os bancos alemães usaram cláusulas contratuais gerais comuns a todos eles e, além disso, suscetíveis de acompanhar a generalidade dos atos bancários privados. Tais cláusulas foram revistas em 1942, 1948, 1955, 1966, 1976, 1977, 1984, 1986 e 1988[1276], vindo a ser totalmente remodeladas em 1993[1277]; seguiram-se alterações pontuais, com nova publicação, em 2002.

Formalmente, surgem-nos as cláusulas contratuais gerais dos bancos, aprovadas pela Associação Federal dos Bancos Alemães[1278] e a das caixas económicas, cuja última versão data, também, de 1993[1279], republicadas em 2002.

As modificações anteriores a 1993 correspondiam a meras alterações pontuais. Pelo contrário, esta última deu corpo a uma completa remodelação da matéria, sendo de salientar os pontos seguintes:

– trata-se de condições mais curtas e sintéticas do que as anteriores; basta ver que se passou de 47 para 20 cláusulas; para tanto, cada uma das anteriores cláusulas foi cuidadosamente verificada, na sua projeção prática e no seu papel concreto;

[1276] Schwintowsky/Schäfer, *Bankrecht* cit., 1.ª ed., 10. A versão de 1955, p. ex., pode ser confrontada em Wilhelm Weber, *Die allgemeine Geschäftsbedingungen/Eine rechtliche Gesamtdarstellung* (1967, sep. do *Staudingers Kommentar*, 11.ª ed.), N. 70 ss. (242 ss.). A panorâmica jurisprudencial da sua aplicação, na versão de 1977, com pormenores, pode ser confrontada em Friedrich Graf von Westphalen, *Die Banken-AGB in Rechtsprechung und Literatur – Ein Übersicht*, WM 1984, 2-18. Quanto à versão de 1984, cabe referir Norbert Horn, *Die Neufassung 1984 der AGB der Banken*, WM 1984, 449-465.

[1277] Sobre esta versão, então ainda em estudo, *vide* Günther Krings, *Die Neuffassung der AGB-Banken*, ZBB 1992, 326-335, chamando, a atenção para as melhorias introduzidas no tocante ao tratamento dos clientes.

[1278] A *Bundesverband Deutscher Banken*.

[1279] Menno Aden, *Die neuen AGB-Sparkassen 1993*, NJW 1993, 832-840. O seu texto pode ser confrontado em NJW 1993, 840-844 e em *Bankrecht*, 33.ª ed. cit., 791 ss..

– procedeu-se a uma melhor sistematização da matéria, tendo em vista os destinatários, de tal modo que se pode falar, a seu propósito, num "manual de uso da conta";
– consignaram-se soluções mais favoráveis para os clientes do banqueiro, com maior clareza e "transparência"; pôs-se, designadamente, cobro a cláusulas de exoneração de responsabilidade do banqueiro.

As alterações de 2002 visaram, no fundamental, coordenar as cláusulas contratuais gerais dos bancos com a modernização do Direito das obrigações, introduzida no BGB em 2001/2002[1280]. Foram depois substituídas pelas de 1 de julho de 2014[1281].

Ressalvado o que abaixo se dirá sobre a natureza das cláusulas contratuais gerais, podemos apontar a experiência alemã como um exemplo de pequena codificação privada do Direito bancário material. O significado deste sistema, quer para a proteção dos intervenientes, quer para o próprio progresso da Ciência do Direito bancário, é evidente.

V. Em traços largos, as cláusulas contratuais gerais dos bancos alemães repartem-se por oito partes, não numeradas[1282]:

I – Regras fundamentais quanto às relações entre o banco e o cliente;
II – Funcionamento da conta;
III – Deveres de colaboração dos clientes;
IV – Custos das prestações bancárias;
V – Garantias para as pretensões do banco contra os clientes;
VI – Denúncia;
VII – Tutela dos fundos depositados;
VIII – O processo do provedor.

[1280] Matthias Casper, *Allgemeine Geschäftsbedingungen (AGB-Banken/AGB-Sparkassen)*, em Derleder/Knops/Bamberger, *Handbuch zum deutschen und europäischen Bankrecht*, 2.ª ed. (2009), § 4, Nr. 1 (43).

[1281] Stefan Grundmann, em Canaris/Habersack/Schäfer, *Bankvertragsrecht* cit., 1, 5.ª ed., 2, Nr. 272 (292-293).

[1282] O texto das cláusulas contratuais gerais alemãs para os bancos, na versão de outubro de 2009, consta da citada recolha *Bankrecht*, com introdução de Franz Haüser, 40.ª ed. (2012), 1517-1530; a versão de 2014 pode ser confrontada na 43.ª ed. (2016), 1545-1559.

As *regras fundamentais* – §§ 1.º a 6.º – envolvem os aspetos mais importantes das situações jurídicas bancárias. Para além do âmbito de aplicação e das modificações das cláusulas, fica consignado o segredo bancário e as informações que o banco pode prestar, a responsabilidade bancária e o concurso de culpas, a compensação, o Direito aplicável – o alemão – e o foro competente.

O *funcionamento da conta* – §§ 7.º a 10.º – versa temas como a conta-corrente bancária e a fixação do saldo, os estornos, os documentos comprovativos e determinadas distribuições de riscos.

O *dever de colaboração do cliente* – § 11.º – enumera deveres do cliente: os de indicar rapidamente quaisquer mudanças de nome, de residência ou de representação, de ser claro nos pedidos, de verificação dos documentos e outros.

Os *custos das prestações bancárias* – § 12.º – vêm especificados, quanto às formas de fixação e de indicação.

As *garantias do banco perante os clientes* – §§ 13.º a 17.º – merecem múltiplas precisões, nos diversos domínios, incluindo o da sua atualização.

A *denúncia* – §§ 18.º e 19.º – vem explicitada, quer quando de iniciativa do cliente – em princípio livre, salvo se houver prazo, altura em que se exige um fundamento importante – quer quando de iniciativa do banco – em princípio, com um pré-aviso razoável, salvo justa causa.

A *tutela dos depósitos* – § 20.º – é assegurada através de um fundo federal.

O *provedor* e o processo do recurso a essa entidade fecha as condições gerais – § 21.

VI. Em separado, foram aprovadas, em janeiro de 1995, cláusulas relativas aos negócios cambiários, hoje vigentes em versão de 2003. Trata-se de matéria que, antes, constava das cláusulas contratuais gerais, anteriores a 1993. Foram, ainda, adotados formulários referentes à abertura de conta, ao pedido de garantias, à poupança e a pagamentos[1283].

176. **Dogmática básica**

I. Referenciado o papel das cláusulas contratuais na banca, particularmente na base da experiência alemã, cabe analisar o seu concreto

[1283] Hartwin Bungert, *Wertpapierbedingungen und Inhaltskontrolle nach dem AGB-Gesetz*, DZWir 1996, 185-199.

regime, hoje vigente. Para tanto, vamos principiar com a sua dogmática básica. Esclarecemos que, no âmbito da reformulação do nosso *Tratado de Direito civil*[1284], reedificámos as construções gerais atinentes às cláusulas contratuais gerais. Em edição ulterior da presente obra, ensaiaremos a sua adaptação à realidade bancária.

As cláusulas contratuais gerais são um conjunto de proposições pré-elaboradas que proponentes ou destinatários indeterminados se limitam a propor ou a aceitar.

A noção básica pode ser decomposta em vários elementos esclarecedores. Assim:

– a generalidade: as cláusulas contratuais gerais destinam-se ou a ser propostas a destinatários indeterminados ou a ser subscritas por proponentes indeterminados; no primeiro caso, certos utilizadores propõem a uma generalidade de pessoas certos negócios, mediante a simples adesão às cláusulas contratuais gerais; no segundo, certos utilizadores declaram aceitar apenas propostas que lhes sejam dirigidas nos moldes das cláusulas contratuais pré-elaboradas; podem, naturalmente, todos os intervenientes ser indeterminados, sobretudo quando as cláusulas sejam recomendadas por terceiros;
– a rigidez: as cláusulas contratuais gerais devem ser recebidas em bloco por quem as subscreva ou aceite; os intervenientes não têm possibilidade de modelar o seu conteúdo, introduzindo, nelas, alterações.

Não havendo generalidade, assistir-se-ia a uma simples proposta feita por alguém decidido a não aceitar contrapropostas enquanto, na falta de rigidez, se assistiria a um comum exercício de liberdade negocial.

II. Além das características apontadas, outras há que não sendo necessárias, surgem, contudo, com frequência nas cláusulas contratuais gerais; assim:

– a desigualdade entre as partes: o utilizador das cláusulas contratuais gerais – portanto a pessoa que só faça propostas nos seus termos ou que só as aceite quando elas as acompanhem – goza, em regra, de

[1284] *Tratado* II, 4.ª ed., 357 ss..

larga superioridade económica e jurídico-científica em relação ao aderente;

– a complexidade: as cláusulas contratuais gerais alargam-se por grande número de pontos; por vezes, elas cobrem com minúcia todos os aspetos contratuais, incluindo a determinação da lei aplicável e o foro competente para dirimir eventuais litígios;

– a natureza formulária: as cláusulas constam, com frequência, de documentos escritos extensos onde o aderente se limita a especificar escassos elementos de identificação.

III. As cláusulas contratuais gerais devem-se às necessidades de rapidez e de normalização ligadas às modernas sociedades técnicas[1285]. Não há que perder tempo em negociações relativas a atos correntes, enquanto as entidades que atuam com recurso às cláusulas devem, por razões que se prendem com o seu funcionamento, conhecer de antemão o tipo de vinculações a que vão ficar adstritas. No sector bancário, as cláusulas contratuais gerais destinam-se ainda a enfrentar a falta ou a insuficiência das regras legais, aplicáveis aos diversos contratos. Figuras nucleares como a abertura de conta ou o contrato de emissão de cartão repousam inteiramente nas cláusulas, sob pena de total ausência de regime[1286]. As cláusulas servem também a procura de maiores lucros, generalizada pela concorrência.

O poder que o recurso às cláusulas coloca nas mãos dos seus utilizadores é considerável: muitas cláusulas contratuais gerais são mais relevantes para a comunidade jurídica do que múltiplos diplomas legais.

Os abusos que tal estado de coisas potencia são evidentes. Os particulares que se limitem a aderir às cláusulas têm, logo à partida, uma escassa liberdade para o fazer. As cláusulas contratuais gerais ocorrem, com frequência, em espaços de monopólios ou de oligopólios, difundindo-se, mesmo fora delas, a áreas generalizadas. De seguida, eles conhecem mal – ou não conhecem de todo – as cláusulas a que aderem. E por fim, o próprio teor das cláusulas é tal que os aderentes ficam desprotegidos perante o incumprimento do utilizador ou, simplesmente, perante o próprio lapso ou os azares da fortuna.

[1285] Quanto às circunstâncias que levaram ao uso de ccg, *vide* RLx 9-out.-1997 (Ponce de Leão), CJ XXII (1997) 4, 106-111 (108/I), citando o Supremo, precisamente num caso sobre cartões de crédito.

[1286] Fischer/Klanten, *Bankrecht* cit., 3.ª ed., 113 e Calvão da Silva, *Banca, Bolsa e Seguros* cit., 1, 2.ª ed., 159 ss..

IV. Apesar dos pontos críticos acima formulados, as cláusulas contratuais gerais são uma necessidade.

A realização efetiva de negociações pré-contratuais em todos os contratos iria provocar um retrocesso na atividade jurídico-económica em geral. Muitos deles não têm, de resto e como se disse, qualquer regime legal. A quebra nos mais diversos sectores de atividade seria inimaginável, pois a rapidez e a normalização seriam postas em crise. Todos seriam prejudicados.

As cláusulas contratuais gerais devem, pois, manter-se, por necessárias.

Não pode, porém, o Direito, alhear-se delas: põem problemas diferentes, que a teoria geral do negócio jurídico, tal como ainda consta, por exemplo, do Código Civil português de 1966, não estava, de todo, preparada para enfrentar.

As diversas ordens jurídicas, seja qual for o sistema em que se integrem, têm correspondido ao fenómeno[1287].

177. Evolução; a necessidade de leis específicas

I. O problema das cláusulas contratuais gerais foi-se implantando e desenvolvendo ao longo do século XX nos diversos países europeus[1288].

A evolução pode ser tipificada em quatro fases:

– aplicação das regras gerais;
– autonomização jurisprudencial;
– pequena referência legal;
– regime legal completo.

A aplicação das regras gerais surge como solução natural enquanto o fenómeno das cláusulas for desconhecido ou enquanto se negar o seu reconhecimento. Os diversos problemas que elas suscitem devem, então, ser

[1287] Por um prisma de Direito comparado, Zweigert/Kötz, *Einführung in die Rechtsvergleichung*, 3.ª ed. (1996), 325 ss.. Como base para uma pesquisa atualizada quanto à lei alemã vigente, *vide* as anotações de Christian Grüneberg ao Palandt, *BGB*, 75.ª ed. (2016), §§ 305 ss. (427 ss.); tenha-se presente que a antiga Lei alemã de 1976, sobre cláusulas contratuais gerais, foi integrada no próprio BGB, na reforma de 2001/2002.

[1288] Zweigert/Kötz, *Einführung in die Rechtsvergleichung* cit., 3.ª ed., 327 ss.. *Vide*, ainda, Hélène Bricks, *Les clauses abusives* (1982).

enquadrados à luz das regras comuns de celebração dos negócios: apela-se, nessa altura, para a boa-fé, os bons costumes, o dolo, o erro, a usura[1289], etc.

As cláusulas contratuais gerais constituem um modo específico de formação dos contratos. Pretender aplicar-lhes as mesmas regras que funcionam perante uma comum negociação é injusto e inconveniente: equivale a tratar de modo igual o que tem diferenças.

Não se infira daí que os princípios gerais não consigam, pelo menos teoricamente, solucionar o problema das cláusulas: eles podem ser concretizados de uma ou doutra forma, facultando, consoante a via que tomem, regras diferenciadas. As soluções particulares que vieram a ser encontradas para as cláusulas contratuais gerais e que, mais tarde, tiveram consagração jurisprudencial ou mesmo legal resultaram da simples concretização dos princípios gerais. Mas a Ciência do Direito permite, hoje, uma maior ambição.

II. A autonomização jurisprudencial, em regra antecedida ou acompanhada de um conveniente tratamento doutrinário, equivale à obtenção, através dos tribunais, de soluções particularmente adequadas ao problema das cláusulas.

As decisões fundam-se nos princípios gerais, mas exprimem já um regime diferenciado, capaz de se analisar num corpo de regras autónomas.

Dois aspetos foram, em particular, conquistados por via jurisprudencial:

– a exclusão de cláusulas não-cognoscíveis;
– a condenação de cláusulas despropositadas.

As cláusulas contratuais gerais que, aquando da celebração, os aderentes não conhecessem – não devendo ou podendo fazê-lo, – não podem considerar-se incluídas nos contratos. Por seu turno, as cláusulas despropositadas, que contra a corrente geral do negócio nele sejam introduzidas, frustrando os seus objetivos normais, devem ser invalidadas[1290].

[1289] Por todos, Oliveira Ascensão, *Teoria Geral do Direito Civil* 3 (1992), 366 ss., que remete, em particular, para o erro.

[1290] Georges Berlioz, *Le contrat d'adhésion* (1973), 117 ss..

A autonomização jurisprudencial caracterizou, por largo tempo, os sistemas vigentes em França e na Alemanha[1291].

III. A pequena referência legal equivale ao sistema italiano; de facto, o artigo 1341.° do correspondente Código Civil toma medidas[1292]:

– que conduzem à ineficácia das cláusulas impossíveis de conhecer por parte do aderente;
– que incentivam uma tomada de consciência por parte do aderente, quando se trate de adotar cláusulas que lhe possam ser prejudiciais.

O esquema é importante e mostra a atenção dada, pelo legislador civil, a um problema que, de facto, não mais pode ser ignorado pelo Direito. Mas não resolve todas as questões.

A consciencialização do aderente, aquando da adoção de cláusulas contratuais gerais, é importante; mas surge insuficiente; além disso, é irrealista pretender uma sua efetivação universal: basta pensar que as cláusulas contratuais gerais presidem, muitas vezes, a contratos celebrados por

[1291] Eugène Gaudemet, *Droit des obligations* (1968), 54 ss. e Müller-Graff, *Das Gesetz zur Regelung des Rechts der Allgemeinen Geschäftsbedingungen*, JZ 1977, 245-255 (245 ss.).

[1292] Diz o artigo 1341.° do Código Civil italiano:

> As condições gerais do contrato predispostas por um dos contraentes são eficazes para com o outro se no momento da conclusão do contrato este as conhecer ou teria devido conhecer, usando a diligência normal.
>
> Em qualquer caso não têm efeito, se não forem especificamente aprovadas por escrito, as condições que estabelecem, a favor de quem as predispôs, limitações de responsabilidades, faculdade de rescindir o contrato ou de suspender a sua execução ou que sancionem para com o outro contraente, caducidades, limitações à faculdade de opor exceções, restrições à liberdade contratual nas relações com terceiros, prorrogações ou renovação tácita do contrato, cláusulas compromissórias ou derrogações à competência da autoridade judiciária.

Vide, quanto à doutrina, p. ex., A. Genovese, *Contratto di adezione*, ED X (1962), 1 ss., M. Dossetto, *Contratto per adesione*, NssDI IV (1960), 536, A. Giordano, *I contratti per adesione* (1951) e, com outros elementos, C. Massimo Bianca, *Diritto civile*, III – *Il contratto* (1987, reimp.), 340 ss., Umberto Morello, *Condizioni generali di contratto* no DDP/SCiv, III (1990), 334-396 e novamente Bianca, *Condizioni generali di contratto (tutela dell'aderente)*, *idem*, 397-403.

Assinale-se que a Lei italiana de 6-fev.-1996 aditou, ao Código Civil, um capítulo sobre contratos com consumidores onde são reguladas as "cláusulas vexatórias"; posteriormente, tais normas foram inseridas no Código dos Consumidores.

comportamentos concludentes, nos quais a possibilidade de conhecimento das cláusulas, ainda que exista, não é, na normalidade social, concretizada.

Mesmo quando desconhecedor das desvantagens em que, eventualmente, possa incorrer, o aderente tende a ser levado a subscrever ou a aceitar as cláusulas contratuais gerais que se lhe apresentem, seja por necessidade, seja na esperança de não se deparar com quaisquer problemas que o obriguem a procurar apoio no texto do contrato.

Há que enfrentar, com frontalidade, o verdadeiro problema: certas cláusulas são intrinsecamente injustas ou inconvenientes; e por isso, elas devem ser bloqueadas pelo Direito, seja qual for a consciência que delas houvesse, aquando da conclusão[1293].

IV. A experiência universal mostra que o tema das cláusulas contratuais gerais deve ser enfrentado com um corpo adequado de regras, a tanto destinado e que essas regras não podem ater-se à mera forma de conclusão dos contratos, antes penetrando na sua própria substância, isto é, nas soluções que, uma vez concluídos, eles propiciem.

Os diversos países têm vindo a promulgar leis a tanto destinadas[1294], havendo mesmo recomendações internacionais nesse sentido[1295]. Não se entende como se poderia manter Portugal à margem desse movimento.

Em abstrato, são possíveis duas soluções:

- a prévia aprovação das cláusulas contratuais gerais, para que possam, legitimamente, ser utilizadas[1296];
- a sujeição das cláusulas a um controlo normalmente de tipo jurisdicional, depois de terem sido incluídas num determinado contrato[1297].

[1293] E desde que, naturalmente, elas tenham provindo de cláusulas contratuais gerais; doutra forma, o problema será o da contratação em geral.

[1294] Assim, a Lei alemã, das cláusulas contratuais gerais (AGBG) de 1976, a Lei austríaca de proteção do consumidor de 1978, a Lei francesa de 1978 e a Lei inglesa de 1974. Podem ser confrontados elementos em Zweigert/Kötz, *Einführung* cit., 3.ª ed., 329 ss.; os textos essenciais das leis francesa, inglesa e alemã, acompanhados de traduções italianas, constam de C. M. Branca, *Le condizioni generali di contratto* 1 (1979), 291 ss..

[1295] *Vide* a Recomendação do Conselho da Europa de 16-nov.-1976 e, hoje, a Diretriz 93/13/CEE, de 5 de abril de 1993, abaixo examinada.

[1296] Tal era o esquema da antiga República Democrática Alemã; a Lei francesa n.º 78-23, artigo 35.º, previa a intervenção do Conselho de Estado para vedar certas cláusulas consideradas abusivas.

[1297] Tal o esquema alemão do AGBG, adotado, também, em Portugal.

No seu estado puro, qualquer destas soluções tem inconvenientes. A primeira conduz, com facilidade, a uma administrativização dos negócios jurídicos, dependentes, na sua concreta configuração, de mais uma instância de controlo do Estado, o qual já está, aliás, bem provido de esquemas de intervenção. A segunda tudo deixa depender da iniciativa de cada aderente: ora esta é problemática, uma vez que, de um modo geral, os particulares hesitam em encetar dispendiosos e incertos processos judiciais, para tutelar interesses que, isoladamente tomados, não têm relevância económica.

V. As leis mais avançadas têm ensaiado soluções duplas.

Por um lado, permitem que o subscritor, em concreto, de cláusulas contratuais gerais possa, em juízo, apresentar a injustiça a que isso tenha conduzido, exigindo medidas. Por outro, facultam esquemas de apreciação abstrata da idoneidade das cláusulas, independentemente da sua concreta inclusão em contratos; este esquema funciona, designadamente, graças à intervenção de associações de tutela do consumidor e é exercido pelos tribunais. Em Portugal, cumpre já sublinhar uma excelente ação do Ministério Público, a quem a lei confere legitimidade para solicitar, aos tribunais, a apreciação abstrata das cláusulas. Consegue-se, assim, suprir uma certa fraqueza ainda denotada pelas associações de defesa do consumidor.

Em qualquer dos casos, é particularmente importante a elaboração de listas de cláusulas que, por experiência, se têm mostrado indesejáveis ou injustas. Tais cláusulas vieram sedimentar, aliás, muitas vezes, uma jurisprudência anterior. De outro modo, tudo redundaria na vaguidade, nociva ao tráfego jurídico.

178. A defesa do consumidor e a influência europeia

I. A partir da década de oitenta do século XX deu-se, ainda, uma nova viragem. No início, as cláusulas contratuais gerais impuseram-se mercê da sua pretensão de criar, *a latere*, um novo ordenamento para certos sectores. A autoridade legislativa do Estado era dobrada por instâncias empresariais despidas de legitimidade. As leis intervêm para restabelecer o equilíbrio.

Posteriormente impôs-se, com valores autónomos, a ideia de tutela do consumidor. A tónica da generalidade, que primeiro justificara as intervenções legislativas corretoras, veio a ceder espaço à da pré-formulação: trata-se de um esquema indireto destinado a proporcionar, dentro de cada contrato, a sindicância direta à luz do Direito do consumo. Na verdade, é evidente que os negócios celebrados com consumidores, pela própria natureza das coisas, tendem a ser pré-formulados, não admitindo negociação.

À luz desta filosofia, foi preparado um instrumento comunitário: a Diretriz n.º 93/13/CEE, do Conselho, de 5 de abril de 1993[1298]. Esse instrumento teve duas finalidades:

– estabelecer um *minimum* de uniformidade na tutela dispensada através das leis sobre cláusulas contratuais gerais, nos diversos Estados da União;
– introduzir a específica dimensão da tutela do consumidor.

II. Quanto ao primeiro ponto, ele tem sido justificado com a necessidade de facilitar a concorrência: as leis de tutela são, hoje, um fator importante na delimitação das empresas; o facto de haver variações significativas de Estado para Estado surge como um obstáculo à livre atuação económica.

O segundo emerge de uma certa filosofia garantística perante o consumidor. Destinatário último de toda a produção económica, o consumidor pode facilmente ser enganado na sua confiança, em face das solicitações do mercado. Multiplicam-se as leis e as intervenções doutrinárias, de tal modo que podemos, hoje, falar, com autonomia, num Direito do consumidor[1299].

Tal o sentido geral da Diretriz n.º 93/13/CEE[1300]. Este documento comunitário incorre, todavia, em diversas críticas. Desde logo, ele veio misturar, no seu texto, o tema das cláusulas contratuais gerais com o dos contratos pré-formulados, no prisma da tutela do consumidor. De seguida, ele utilizou conceitos que dificilmente podem ser usados com um sentido comum no espaço comunitário, com relevo para o da boa-fé[1301]. A Diretriz optou ainda pela terminologia francesa "cláusulas abusivas".

[1298] Quanto aos antecedentes desta Diretriz, *vide* Joaquim de Sousa Ribeiro, *O problema do contrato/As cláusulas gerais e o princípio da liberdade contratual* (1997), 585 ss.. A Diretriz está publicada no JOCE N.º L 95, 29-34, de 21-abr.-1993.

[1299] Em especial, a Lei n.º 24/96, de 31 de julho, com Ret. n.º 16/96, de 13 de novembro, por último (neste momento) alterada e republicada pela Lei n.º 47/2014, de 28 de julho. *Vide supra*, 309 ss..

[1300] Quanto à Diretriz n.º 93/13/CEE, *vide*, com indicações, Staudinger/Schlosser, *AGBG*, 13.ª ed. (1998), § 24a (760 ss.).

[1301] De tal modo que se torna conveniente trabalhar com o texto nas traduções francesa, alemã e italiana – além da portuguesa. O texto nas três primeiras línguas referidas

III. Apesar de generalizadamente criticada, a Diretriz foi, como competia, acolhida nos diversos Estados. Em França, a transposição ocorreu pela Lei de 1-fev.-1995, que reescreveu totalmente a matéria atinente às cláusulas[1302]. Na Alemanha, tal tarefa foi levada a cabo por uma Lei de 19-jul.-1996, que limitou ao mínimo as modificações introduzidas no AGBG de 1976[1303]. Em Itália, a transposição foi feita pela Lei n.º 52, de 6-fev.-1996, que introduziu, no Código Civil, um novo capítulo – o XIV bis – no título relativo aos contratos em geral, sobre os contratos do consumidor, com cinco artigos. A literatura italiana conheceu, com essa reforma, uma extraordinária expansão[1304].

As cláusulas contratuais gerais, embora jovens, num prisma histórico, atingiram já a sua maturidade científica. Não se confirmaram quaisquer receios de insegurança, derivados dos poderes que as leis reconhecem aos tribunais para sindicar o conteúdo dos contratos[1305].

Em compensação, pela juventude, pela facilidade de análise precipitada e pelas implicações políticas imediatas que a referência à tutela do consumidor pode suscitar, as cláusulas constituem uma área de desenvolvimentos superficiais fáceis. Há que manter o sentido das realidades e a ligação umbilical ao Direito civil e à sua Ciência.

pode ser confrontado em Ugo Ruffolo (org.), *Clausole "vessatorie" e "abusive"* (1997), em conjunto com diversa documentação importante.

[1302] Com indicações, Terré/Simler/Lequette, *Droit civil/Les obligations* cit., 10.ª ed., n.º 320 (335-336).

[1303] A literatura alemã é, a larga distância, liderante no domínio das cláusulas contratuais gerais e problemas conexos. Existem dezenas de comentários, além de monografias e artigos especializados que podem ser confrontados. *Vide*, com indicações, Jürgen Basedow, no *Münchener Kommentar zum BGB*, 2, 6.ª ed. (2012), 1083-1191 e Wolfgang Wurmnest, *idem*, 1191-1391; literatura anterior pode ser confrontada na 3.ª ed. deste *Manual*.

[1304] Assim, além da obra organizada por Ugo Ruffolo, *Clausole "vessatorie" e "abusive"* (1997), a obra coletiva coligida por Guido Alpa/Salvatore Patti, *Le clausole vessatorie nei contratti con i consumatori*, 2 volumes (1997), bem como Antonio Tullio, *Il contratto per adesione/Tra il diritto comune dei contratti e la novella sui contratti dei consumatori* (1997), 19 ss..

[1305] Helmut Heinrichs, *Die Entwicklung des Rechts der Allgemeinen Geschäftsbedingungen im Jahre 1998*, NJW 1999, 1596-1611.

§ 45.° A LEI PORTUGUESA DAS CLÁUSULAS CONTRATUAIS

179. **Antecedentes**

I. As referências doutrinárias, em Portugal, às cláusulas contratuais gerais, datam dos anos vinte do século XX[1306]. Por influência francesa, tem-se falado em "contratos *de* adesão"; a locução é imprópria, por dar ideia de um problema de conteúdo (ex., contrato *de* compra e venda, *de* doação, *de* sociedade, etc.) e não de modo de celebração. Melhor seria, pois, falar em contratos *por* adesão. A expressão germânica "condições negociais gerais" (*Allgemeine Geschäftsbedigungen*, conhecida pela sigla AGB) não é tecnicamente satisfatória: a "condição" tem um sentido técnico preciso que, aqui, não se verifica – o dos artigos 270.° e ss. do Código Civil – e podem estar em causa atos não-negociais (embora se trate sempre de contratos). Tão-pouco se deve falar em cláusulas gerais dos contratos, que propiciam novas confusões: desta feita, com conceitos indeterminados ou muito extensos, que vêm referidos na doutrina como "cláusulas gerais".

Tudo visto, parece satisfatória a fórmula, proposta por Almeida Costa, de cláusulas contratuais gerais, que aqui se tem vindo a utilizar e que consta da lei portuguesa.

II. Referenciadas pela doutrina, as cláusulas contratuais gerais eram remetidas, na falta de outros esquemas, para certos princípios gerais capazes de as enfrentar, pelo menos em termos teóricos: estava-se, pois, numa fase de mero recurso às soluções comuns.

Teria sido possível, com base nessas soluções, proceder a concretizações que, aos poucos, sedimentassem um corpo autónomo de decisões, adaptadas às novas realidades. Isso não sucedeu. Num ambiente marcado pelo escasso interesse da doutrina e por quase nula insistência dos interes-

[1306] *Tratado* II, 4.ª ed., 409 ss..

sados, verificou-se que os tribunais, instados apenas ocasionalmente sobre o assunto, davam por pacífico tudo quanto se contivesse nas cláusulas contratuais gerais.

Tal panorâmica era danosa para os particulares e, em especial, para os consumidores. Por isso se reclamava uma intervenção legislativa cuidada, que solucionasse o problema e integrasse o que, pela evolução económico-social, podia ser considerado como uma verdadeira lacuna regulativa.

180. O regime aprovado pelo Decreto-Lei n.° 446/85

I. O Decreto-Lei n.° 446/85, de 25 de outubro, aprovou o regime das cláusulas contratuais gerais[1307].

A feitura do Decreto-Lei n.° 446/85 obedeceu, a traços largos, a algumas opções prévias, que se passa a anunciar.

Assim:

– o tema das cláusulas contratuais gerais carecia, em Portugal, de uma intervenção legislativa tão cuidada quanto possível: desde a industrialização que as cláusulas se haviam generalizado, com todos os problemas que isso sempre acarreta, sem que o legislador civil de 1966 regulasse, no mínimo, o fenómeno e sem que, da parte da jurisprudência, se observasse a produção de um corpo de decisões capazes de dar uma resposta; a doutrina era praticamente unânime nesse sentido, numa posição confirmada pelo Direito comparado e por recomendações de organismos internacionais;
– a intervenção a realizar tinha de assumir uma base doutrinária; ao contrário de experiências estrangeiras, que procederam a uma codificação legislativa da jurisprudência anterior, esta faltava, entre nós;
– a intervenção legislativa procuraria concretizar os grandes princípios civis já existentes que, por vaguidade ou indeterminação, não impulsionavam a jurisprudência; essa concretização poderia ser

[1307] O circunstancialismo objetivo que rodeou o tema das cláusulas contratuais gerais consta do *preâmbulo* do diploma; elementos subjetivos podem ser confrontados na *nota prévia* de Almeida Costa em Almeida Costa/Menezes Cordeiro, *Cláusulas contratuais gerais/Anotação ao Decreto-Lei n.° 446/85, de 25 de Outubro* (1986), 5-6. O diploma será referido pela sua sigla LCCG.

máxima quando se tratasse de fixar proibições absolutas; mas ela teria de ser mais comedida perante proibições dependentes de valorações, a efetivar na decisão concreta;

- a intervenção não seria incluída no Código Civil, antes se articulando como um diploma extravagante; por conseguinte, ela teria de apresentar uma estruturação completa, minimamente harmoniosa, tanto mais que ela não tem natureza meramente civil;
- a intervenção legislativa teria o cuidado de não proceder a opções doutrinárias mas, apenas, de elaborar preceitos tão claros quanto possível;
- a intervenção legislativa procuraria colher os ensinamentos da experiência, conjugando uma fiscalização singular com uma fiscalização preventiva.

II. Surgiu assim a lei portuguesa das cláusulas contratuais gerais. Embora o modelo alemão – reconhecidamente, o mais eficaz na defesa dos consumidores e o tecnicamente mais elaborado – tenha sido aproveitado, o diploma nacional procurou, por um lado, atender às realidades do País e, por outro, aproveitar os ensinamentos que a crítica ao AGBG de 1976 possibilitava.

III. Resta acrescentar que a lei portuguesa das cláusulas contratuais gerais conta já vinte e cinco anos de aplicação. Não se concretizaram as vozes de Cassandra que previram graves dúvidas e inseguranças, mercê de conceitos indeterminados usados pelo legislador[1308].

No fundo, a LCCG depende – como, de resto, qualquer outra lei – da Ciência do Direito que a vá aplicar. Ora o século XX legou, aos vindouros, a capacidade de lidar, em termos jurídico-científicos, com conceitos indeterminados. Há que assumi-lo.

[1308] O próprio Prof. Antunes Varela, *Das obrigações em geral* cit., 1, 10.ª ed., 260 ss., grande crítico inicial da LCCG (no âmbito das revisões ministeriais, ele evitou que o Código Civil, na linha das propostas de Vaz Serra, se ocupasse desse tema), veio moderar a sua linguagem imputando o que considera “incerteza” a todas as ordens europeias que se ocuparam das cláusulas contratuais gerais.

181. A influência do Direito europeu do consumo

I. Já com a lei das cláusulas contratuais gerais em plena aplicação, foi adotada a Diretriz n.° 93/13/CEE, de 5 de abril de 1993, "relativa às cláusulas abusivas nos contratos celebrados com os consumidores"[1309].

Trata-se de uma Diretriz do Conselho que assenta em considerandos esclarecedores assim sintetizados:

– os diversos Estados-membros têm regras diversas sobre cláusulas contratuais gerais o que, no mercado único, provoca distorções na concorrência;
– essa diversidade não acautela as posições dos consumidores que podem não conhecer as diversas leis;
– finalmente, os tribunais devem dispor dos meios necessários para pôr cobro à aplicação de cláusulas abusivas.

II. Os dois primeiros artigos da Diretriz fixam o âmbito de aplicação e apresentam definições.

O artigo 3.°/1 apresenta o que seja uma "cláusula abusiva", nos termos seguintes:

> Uma cláusula contratual que não tenha sido objeto de negociação individual é abusiva quando, a despeito de exigência de boa-fé, der origem a um desequilíbrio significativo em detrimento do consumidor, entre os direitos e obrigações das partes decorrentes do contrato.

A apreciação será efetuada tendo em conta as diversas circunstâncias relevantes e o conjunto das cláusulas – artigo 4.°. As cláusulas devem ser redigidas com clareza – 5.°.

Segundo o artigo 7.° da Diretriz, os Estados-membros deverão providenciar para que, no interesse dos consumidores e dos profissionais con-

[1309] JOCE n.° L 95/29, de 21-abr.-1993, 29-34. O texto desta Diretriz consta, ainda, de O Direito 127 (1995), 315-324. *Vide*, sobre a mesma, Inocêncio Galvão Telles, *Das condições gerais dos contratos e da Directiva Europeia sobre as cláusulas abusivas*, O Direito 127 (1995), 297-314. A Diretriz provocou alterações nas diversas leis comunitárias; p. ex., no caso alemão, Dagmar Coester-Waltjen, *Änderungen im Recht der Allgemeinen Geschäftsbedingungen*, Jura 1997, 272-275 e HansWerner Eckert, *Das neue Recht der Allgemeinen Geschäftsbedingungen*, ZIP 1996, 1238-1241.

correntes, existam meios adequados e eficazes para pôr termo à utilização de cláusulas abusivas.

Eles podem – artigo 8.° – adotar ou manter disposições mais rigorosas, para assegurar um nível de proteção mais elevado para o consumidor.

A Diretriz contém um anexo onde são seriadas as diversas cláusulas a proibir. Salvo aspetos pontuais e de técnica jurídica, pode considerar-se que a lista da Diretriz fica aquém da portuguesa – Decreto-Lei n.° 446/85: esta, além de mais completa, apresenta-se dotada de maior grau de analitismo.

III. Provavelmente nem teria sido necessário alterar o Decreto-Lei n.° 446/85, de 25 de outubro, para satisfazer a Diretriz n.° 93/13/CEE. De todo o modo – e bem – sempre se fizeram alguns ajustamentos, de forma a aproximar os diplomas. Além disso, aproveitou-se para introduzir melhoramentos recomendados pela experiência dos dez anos de vigência da Lei sobre Cláusulas Contratuais Gerais. Assim surgiu o Decreto-Lei n.° 220/95, de 31 de agosto[1310].

Entre as alterações significativas por ele introduzidas cumpre referir a supressão do artigo 3.°/1, *c*), que excluía da fiscalização judicial as "cláusulas impostas ou expressamente aprovadas por entidades públicas com competência para limitar a autonomia privada". Pela nossa parte, já perante a redação inicial havíamos sustentado uma interpretação restritiva desse preceito: a autonomia privada só pode ser limitada por uma lei formal, dotada de cobertura constitucional. Essa interpretação restritiva nem sempre era a adotada nos tribunais, de tal forma que importantes contratos, designadamente no campo dos seguros, escapavam à sindicância[1311]. Por

[1310] Nessa ocasião, registou-se uma tentativa infeliz de substituir totalmente o Decreto-Lei n.° 446/85 por um diploma que surgia como tradução não técnica da Diretriz Europeia, de nível reconhecidamente inferior; *vide* Galvão Telles, *Das condições gerais* cit., 298, referindo-se ao diploma nacional e ao texto comunitário, acrescenta "... mandando a justiça dizer que o texto português leva de longe vantagem, no plano da técnica legislativa, ao texto comunitário". O projeto tentado, entre outras particularidades bizarras, suprimia, pura e simplesmente, a referência à boa-fé, cerne de todo o controlo e, ainda por cima, mantida pela própria Diretriz que se pretendia transpor!

O Decreto-Lei n.° 220/95, de 31 de agosto, foi objeto da Declaração de Retificação n.° 114/95, de 31 de agosto. Quanto à LCCG, após a revisão de 1995, Almeida Costa, *Nótula sobre o regime das cláusulas contratuais gerais após a revisão do diploma que instituiu a sua disciplina*, separata de DJ, 1997.

[1311] RPt 30-jul.-1987 (Aragão Seia), CJ XII (1987) 4, 226-229 (um caso em que o falso disparo, numa pedreira, projetou uma pedra de 12 kg numa trajetória de 500 m., até

indicação comunitária, foram estabelecidas regras especiais para determinados contratos bancários – artigo 22.°/2, *a*) e 3, *a*) e *b*), em termos abaixo examinados. Suprimiram-se referências relativas a conflitos espaciais de normas, tornadas inúteis pela entrada em vigor, entre nós, da Convenção de Roma sobre a Lei Aplicável às Obrigações Contratuais e elevou-se o valor máximo das sanções pecuniárias compulsórias. Finalmente, previu-se um registo das decisões judiciais que tenham proibido cláusulas contratuais gerais ou que tenham declarado a sua nulidade[1312].

IV. Ainda em nome do Direito europeu, foram introduzidas, na LCCG, novas alterações: pelo Decreto-Lei n.° 249/99, de 7 de julho. Serão abaixo consideradas, a propósito dos contratos pré-formulados[1313].

rebentar uma janela e atingir uma criança na cama, a qual ficou com sequelas permanentes; a companhia de seguros fez valer uma cláusula que a ilibava de danos morais, a qual, tendo sido aprovada pelo ISP, escaparia à sindicância judicial, por via do artigo 3.°/1, *c*), da Lei); STJ 20-abr.-1993 (Martins da Costa), BMJ 426 (1993), 483-489 (o seguro de colheitas assenta em cláusulas que, pela mesma razão, seriam insindicáveis); STJ 22-jun.-1993 (Martins da Costa), CJ/Supremo I (1993) 2, 164-166 (de teor semelhante); RLx 8-fev.-1996 (Santos Bernardino), CJ XXI (1996) 1, 114-116 (*idem*; aquando da elaboração deste acórdão, já a alínea *c*) do artigo 3.°/1 da Lei havia sido revogada pelo Decreto-Lei n.° 220/95, de 31 de agosto; porém, o acórdão entendeu que visto o artigo 12.° do Código Civil, a lei nova não tinha, aqui, aplicação; pela nossa parte e pelo que ficou dito, não teríamos dúvida em conferir, à "revogação" da alínea *c*), na margem aqui em causa, um sentido interpretativo e, portanto, uma aplicação retroativa.

Em compensação, em STJ 5-jul.-1994 (Machado Soares), CJ/Supremo II (1994) 3, 41-44 (42/1), entendeu-se, bem, que a aprovação pelo Banco de Portugal dos contratos-tipos de locação financeira, então prevista pelo artigo 4.°/2 do Decreto-Lei n.° 171/79, de 6 de junho, hoje revogado, não isentava as inerentes cláusulas de uma ponderação jurisdicional, nos termos da LCCG.

[1312] A Portaria n.° 1093/95, de 6 de setembro, incumbiu o Gabinete de Direito Europeu do Ministério da Justiça de "... organizar e manter atualizado o registo das cláusulas contratuais abusivas".

[1313] *Infra*, 534 ss..

§ 46.° A CONTRATAÇÃO POR ADESÃO A CLÁUSULAS CONTRATUAIS GERAIS

182. **Âmbito**

I. A Lei das Cláusulas Contratuais Gerais visou uma aplicação de princípio a *todas* as cláusulas – artigo 1.°[1314]; o artigo 2.° especifica que elas ficam abrangidas independentemente:

– da forma da sua comunicação ao público; tanto se abrangem os formulários como, p. ex., uma tabuleta de aviso ao público;
– da extensão que assumam ou que venham a apresentar nos contratos a que se destinem;
– do conteúdo que as enforme, isto é, da matéria que venham regular;
– de terem sido elaboradas pelo proponente, pelo destinatário ou por terceiros.

II. Algumas matérias ficariam, no entanto, necessariamente excluídas da disciplina das cláusulas contratuais gerais, seja por razões formais – artigo 3.°/1, alíneas *a*) e *b*) – seja em função da matéria – artigo 3.°/1, alíneas *c*), *d*) e *e*), na redação hoje em vigor.

As alíneas *a*) e *b*) – portanto: cláusulas aprovadas pelo legislador e cláusulas resultantes de convenções internacionais – são fáceis de entender: prendem-se à hierarquia das fontes. As alíneas *c*), *d*) e *e*), já têm a ver com a problemática do consumo.

De facto, o diploma sobre cláusulas contratuais gerais funciona perante situações patrimoniais privadas que se ligam, de modo vincado, ao fenómeno geral da *circulação* dos bens e dos serviços. Retiraram-se, por isso, do seu âmbito de aplicação, as situações jurídicas públicas, bem

[1314] Quanto à noção de ccg: RGm 15-fev.-2006 (Maria Rosa Tching), CJ XXXI (2006) 1, 283-287 (286/I).

como as situações familiares e sucessórias; as regulamentações coletivas do trabalho[1315], por seu turno, que representam já, por si, uma particular proteção dos trabalhadores, foram respeitadas.

III. A exceção do artigo 3.º/1, *c*) – "Contratos submetidos a normas de direito público" – deve ser limitada ao preciso alcance dessas normas: um contrato que tenha aspetos públicos e privados incorrerá, nestes últimos, na LCCG.

A exceção do artigo 3.º/2, *d*) – "Cláusulas de instrumento de regulamentação coletiva de trabalho" – não tem, por efeito, o remover a LCCG, em absoluto, do Direito do trabalho; garante apenas que os níveis laborais coletivos não sejam limitados pelo dispositivo da LCCG.

Na margem deixada em branco pelos aludidos instrumentos laborais coletivos, na qual seja, pois, operante o recurso a cláusulas contratuais gerais, tem aplicação a LCCG, dentro do sistema das fontes jurídico-laborais[1316]. Esta ideia veio a ser acolhida pelo legislador, em 2003[1317].

Finalmente, deve ter-se em conta que, mesmo quando a LCCG não seja aplicável, ela vale como instrumento auxiliar de aplicação, muito útil sobretudo quando se trate de concretizar conceitos indeterminados, como o da boa-fé. Esta tem sempre aplicação assegurada em todo o ordenamento.

IV. Na sua redação primitiva, a LCCG continha um artigo 3.º/1, *c*), segundo o qual ele não se aplicaria a cláusulas impostas ou expressamente aprovadas por entidades públicas com competência para limitar a autonomia privada.

Na altura, sustentámos a necessidade de interpretar restritivamente este preceito: dada a tendência para fazer aprovar numerosos modelos contratuais por entidades com poderes de supervisão, áreas inteiras de cláusulas ficariam sem controlo[1318]. Não obstante, diversa jurisprudência veio, com base neste preceito, excluir a aplicação da LCCG do sector dos

[1315] No essencial, as convenções coletivas de trabalho – portanto, convénios celebrados entre associações sindicais e patronais – e que visam, nos termos da lei, regular múltiplos aspetos das situações jurídicas de trabalho.

[1316] *Manual de Direito do trabalho*, § 15.º; no mesmo sentido: RLx 28-jun.-1995 (Carlos Hortas), CJ XX (1995) 3, 192-194 (193/2) e RPt 17-jun.-2002 (Sousa Peixoto), CJ XXVII (2002) 3, 236-238 (237/II).

[1317] Artigo 105.º do Código do Trabalho de 2009, correspondente ao 96.º, do de 2003.

[1318] *Teoria geral do Direito civil*, 2.ª ed. (1990), 40 ss..

seguros[1319], numa orientação já corrigida[1320]. Em compensação, os tribunais não excluíram a sindicância sobre contratos bancários cujos modelos haviam sido aprovados pelo Banco de Portugal[1321].

Também já se entendeu que a LCCG não se aplicaria a negócios unilaterais e, mais precisamente, a concursos públicos[1322]. A afirmação não pode, todavia, ser feita com generalidade apriorística. A LCCG nada tem de excecional, antes correspondendo a uma concretização dos princípios gerais. Assim, caso a caso haverá que ponderar se, por analogia, as regras da LCCG são aplicáveis a negócios unilaterais[1323]. Ora a analogia parece impor-se nos casos em que – como precisamente sucede nos concursos públicos – os particulares adiram a negócios unilaterais e, nessa base, façam investimentos de confiança, agindo em consequência.

183. **A inclusão nos negócios singulares**

I. O recurso a cláusulas contratuais gerais não deve fazer esquecer que elas questionam, na prática, apenas a liberdade de estipulação e não a liberdade de celebração.

Assim, elas incluem-se nos diversos contratos que as utilizem – os contratos singulares – apenas na conclusão destes, mediante a sua aceitação – artigo 4.º da LCCG: não são, pois, efetivamente incluídas nos contratos as cláusulas sobre que não tenha havido acordo de vontades.

As cláusulas contratuais gerais inserem-se, no negócio jurídico, através dos mecanismos negociais típicos. Por isso, os negócios originados podem ser valorados, como os restantes, à luz das regras sobre a perfeição

[1319] Além dos casos citados, *supra*, 500, nota 1276, cf. RPt 30-jan.-1997 (Saleiro de Abreu), CJ XXII (1997) 1, 224-226 (também referente a apólices aprovadas pelo ISP).

[1320] STJ 8-mar.-2001 (Oliveira Barros), CJ/Supremo IX (2001) 1, 154-159 (157/II).

[1321] Veja-se o já referido STJ 5-jul.-1994 (Machado Soares), CJ/Supremo II (1994) 2, 170-174 = *idem*, 3, 40-44, num caso de locação financeira com cláusula penal excessiva e RLx 7-jul.-1994 (Rodrigues Codeço), CJ XIX (1994) 4, 79-81, num caso semelhante ao anterior.

[1322] RLx 27-nov.-1997 (Narciso Machado), CJ XXII (1997) 5, 110-113 (112/II).

[1323] Nesse sentido, Staudinger/Schlosser, *AGBG*, 13.ª ed. cit., § 1.º Anot. 5 (23), que alargam ainda essa possibilidade a atos não negociais – *idem*, anot. 6.

das declarações negociais: há que lidar com figuras tais como o erro, a falta de consciência da declaração ou a incapacidade acidental[1324].

II. Dada, porém, a delicadeza do modo de formação em jogo, não basta a mera aceitação exigida para o Direito comum: é necessária, ainda, uma série de requisitos postos pelos artigos 5.° e seguintes da LCCG[1325]. De facto, a inclusão depende:

– de uma efetiva comunicação – artigo 5.°;
– de uma efetiva informação – artigo 6.°;
– da inexistência de cláusulas prevalentes – artigo 7.°.

III. O ponto de partida para as construções jurisprudenciais dos regimes das cláusulas contratuais gerais residiu na condenação de situações em que, ao aderente, nem haviam sido comunicadas as cláusulas a que era suposto ele ter aderido. Foi também neste ponto que a doutrina iniciou uma elaboração autónoma sobre as cláusulas contratuais gerais.

A exigência de comunicação vem especificada no artigo 5.°, que referencia:

– a comunicação na íntegra – n.° 1;
– a comunicação adequada e atempada, de acordo com bitolas a apreciar segundo as circunstâncias – n.° 2.

Em casos-limite não haverá dúvidas: a remissão para tabuletas inexistentes ou afixadas em local invisível não corresponde a uma comunicação completa; a rápida passagem das cláusulas num visor não equivale à comunicação adequada; a exibição de várias páginas de um formulário, em letra pequena e num idioma estrangeiro, seguida da exigência de imediata assinatura não integra uma comunicação atempada. Já a assinatura de um clausulado, "bem impresso, perfeita e completamente legível, sendo as

[1324] Em especial, Dirk Schroeder, *Die Einbeziehung Allgemeiner Geschäftsbedingungen nach dem AGB-Gesetz und die Rechtsgeschäftslehre* (1983).

[1325] A "observância do disposto neste capítulo", inserida no final do artigo 4.° da LCCG, diz respeito à *inclusão* das cláusulas nos contratos singulares, i. é.: elas incluem-se pela aceitação, mas *apenas quando* observado o disposto no capítulo em causa; considerando o preceito ambíguo, *vide* Raúl Ventura, *Convenção de arbitragem* cit., 24, que, no entanto, parece chegar, por via interpretativa, à mesma conclusão.

letras de tamanho razoável e razoável, também, o respetivo espaçamento" satisfaz as exigências legais[1326].

O grau de diligência postulado por parte do aderente – e que releva para efeitos de calcular o esforço posto na comunicação – é o comum – artigo 5.°/2, *in fine*: deve ser apreciado *in abstracto*, mas de acordo com as circunstâncias típicas de cada caso, como é usual no Direito civil[1327].

IV. O artigo 5.°/3 melhor precisado pela alteração introduzida pelo Decreto-Lei n.° 220/95, de 31 de agosto, dispõe sobre o melindroso ponto do ónus da prova: o utilizador que alegue contratos celebrados na base de cláusulas contratuais gerais deve provar, para além da adesão em si, o efetivo cumprimento do dever de comunicar[1328] – cf. o artigo 342.° do Código Civil. O cumprimento desse dever, designadamente no sector bancário, prova-se através de indícios exteriores variáveis, consoante as circunstâncias. Assim, perante atos correntes e em face de clientes dotados de instrução básica, a presença de formulários assinados pressupõe que eles os entenderam; caberá, então, a estes demonstrar quais os óbices. Já perante um ancião analfabeto, impõe-se um atendimento mais demorado e personalizado. É possível, neste ponto, fazer a ponte entre o dever de comunicar, o dever de informar, abaixo referido e as regras de conduta prescritas nos artigos 73.° e seguintes do RGIC. E como tal dever, ainda que legal, é específico, o seu incumprimento envolve presunção de culpa, nos termos do artigo 799.°/1 do Código Civil.

A conclusão esclarecida do contrato – base de uma efetiva autodeterminação – não se contenta com a comunicação das cláusulas; estas devem ser efetivamente entendidas; para o efeito, a LCCG prevê um dever de informação[1329]: o utilizador das cláusulas contratuais gerais deve conceder

[1326] RLx 14-nov.-1996 (Manso Rodrigues), CJ XXI (1996) 5, 93-95 (94/1), a propósito de uma cláusula de arbitragem.

[1327] P. ex., há que ter mais cautelas perante um operário indiferenciado do que em face de um advogado experiente; mas em qualquer desses casos, deve atender-se a um operário abstrato e a um advogado abstrato correspondentes aos padrões sociais (e não aquele particular operário, que poderá ser extremamente inteligente e assim mais entendido do que o advogado concreto, especialmente obtuso).

[1328] STJ 28-abr.-2009 (Fonseca Ramos), Proc. 2/09.1YFLSB.

[1329] Como exemplo, no campo bancário: STJ 8-mai.-2003 (Ezaguy Martins), CJ/ /Supremo XI (2003) 2, 34-38 (36).

a informação necessária ao aderido, prestando-lhe todos os esclarecimentos solicitados, desde que razoáveis[1330].

Tanto o dispositivo do artigo 5.° como o do artigo 6.° correspondem a uma *concretização* do artigo 227.°/1 do Código Civil. Para além de menos indeterminados, os deveres legais ora estabelecidos têm um regime diferente: quando não sejam cumpridos não surge apenas um dever de indemnizar, ao contrário do imposto pelo artigo 227.° do Código Civil; o artigo 8.° permite, se bem se vir, ir mais longe.

V. As partes que subscrevam cláusulas contratuais gerais podem, em simultâneo, acordar, lateralmente, noutras cláusulas específicas. Tal eventualidade nada tem de remoto, uma vez que a adesão se faz em globo, muitas vezes sem atenção a cada uma das cláusulas incluídas no formulário.

O dispositivo do artigo 7.° determina uma prevalência das cláusulas específicas sobre as gerais: a lei, consciente de que, na presença de tais cláusulas, a vontade das partes se inclinou, com toda a probabilidade, para elas, sancionou o que seria já uma lição da experiência[1331].

VI. A presença, num contrato celebrado com recurso a cláusulas contratuais gerais, de dispositivos que não tenham sido devidamente comunicados ou informados não corresponde ao consenso real das partes: ninguém pode dar o seu assentimento ao que, de facto, não conheça ou não entenda. Deve-se, contudo, ter presente que, mesmo nessas situações de falta de vontade há, em termos formais, um assentimento. Pelo Direito comum, várias seriam as soluções a encarar: elas iriam desde a mera indemnização – artigo 227.°/1 – até à anulabilidade por erro – artigos 247.° e 251.° – passando pela ausência de efeitos, por falta de consciência da declaração – artigo 246.°. Segundo a LCCG, segue-se a solução mais fácil da pura e simples exclusão dos contratos singulares atingidos – artigo 8.°, *a*) e *b*).

As alíneas *c*) e *d*) penalizam, por seu turno, as "*cláusulas-surpresa*" e as que constam de formulários, depois da assinatura dos contratantes[1332] e,

[1330] Aplicações destes deveres podem ser confrontadas em Raúl Ventura, *Convenção de arbitragem* cit., 37 ss..

[1331] Assim, não há ccg se se demonstrar que determinada fiança foi, de facto, discutida e negociada com o banqueiro: STJ 13-mai.-2008 (Fonseca Ramos), Proc. 08A1287.

[1332] STJ 7-mar.-2006 (João Moreira Camilo), CJ/Supremo XIV (2006) 1, 110-113 (111/I), STJ 21-mar.-2006 (Alves Coelho), CJ/Supremo XIV (2006) 1, 145-148 e RCb 18-nov.-2008 (Emídio Francisco Santos), CJ XXXIII (2008) 5, 16-19 (18/II).

a fortiori, as que surjam no caso do formulário assinado[1333]: em ambos os casos se verifica um condicionalismo externo que inculca, de novo, a ideia da inexistência de qualquer consenso.

VII. A inserção, no contrato singular, das cláusulas referenciadas no artigo 8.° da LCCG, põe o problema do contrato em causa.

O princípio básico, no domínio das cláusulas contratuais gerais, é o do maior aproveitamento possível dos contratos singulares: estes são, muitas vezes, de grande relevo ou mesmo vitais para os aderentes, os quais seriam mesmo prejudicados quando o legislador, querendo pôr cobro a injustiças, viesse multiplicar as nulidades[1334]. O princípio em causa aflora nos artigos 9.° e 13.°.

O artigo 9.° da LCCG determina que quando, por força do artigo 8.°, se assista à não-inclusão de cláusulas contratuais gerais nos contratos singulares estes se mantenham, em princípio. Nas áreas desguarnecidas pela exclusão, haverá que recorrer, sucessivamente:

– às regras supletivas aplicáveis;
– às regras da integração dos negócios jurídicos.

Caso estas soluções de recurso sejam insuficientes ou conduzam a resultados contrários à boa-fé, a nulidade é inevitável – artigo 9.°/2.

184. **Interpretação e integração**

I. O artigo 10.° da LCCG dispõe sobre a interpretação e a integração das cláusulas contratuais gerais, remetendo implicitamente para os artigos 236.° e ss. do Código Civil.

Esse preceito releva a dois níveis:

[1333] RLx 9-fev.-2006 (Luís Espírito Santo), CJ XXXI (2006) 1, 94-98 (96/II) e RLx 22-mar.-2007 (Fátima Galante), CJ XXXII (2007) 2, 93-96 (95/I).

[1334] Em especial, Harry Schmidt, *Vertragsfolgen der Nichteinbeziehung und Unwirksamkeit von Allgemeinen Geschäftsbedingungen* (1986), 21 ss., 28 ss. e *passim*.

– impede as próprias cláusulas contratuais gerais de engendrarem outras regras de interpretação[1335];
– remete para uma interpretação que tenha em conta apenas o contrato singular[1336].

Ambos os aspetos são importantes: o primeiro, por ter conteúdo dispositivo próprio; o segundo, por cortar cerce uma dúvida bem conhecida da doutrina especializada e que se prende com o perpétuo confronto entre as tendências generalizadora e individualizadora da justiça: a primeira tendência exigiria que as cláusulas contratuais gerais fossem interpretadas em si mesmas – sobretudo quando forem completas – de modo a obter soluções idênticas para todos os contratos singulares que se venham a formar com base nelas; a segunda, pelo contrário, abriria as portas a uma interpretação singular de cada contrato em si, com o seguinte resultado, paradoxal na aparência: as mesmas cláusulas contratuais gerais poderiam propiciar, conforme os casos, soluções diferentes.

O artigo 10.° da LCCG aponta para a segunda solução. A prazo, isso deverá levar os utilizadores de cláusulas contratuais gerais que estejam particularmente ciosos da normalização a desenvolver, ao pormenor, os seus formulários, de modo a prevenir hiatos interpretativos. É uma vantagem.

II. O artigo 11.° da LCCG precisa a temática das cláusulas ambíguas remetendo, sem limitação, para o entendimento do aderente normal. Esse preceito faz ainda correr, contra o utilizador, os riscos particulares de uma ambiguidade insanável. Trata-se de uma regra tradicional[1337], expressa desde os romanos através de brocardos como *ambiguitas contra stipulatorum* e que se veio a consolidar na jurisprudência dos diversos ordenamentos. As leis modernas sobre cláusulas contratuais gerais têm-se limitado

[1335] O artigo 18.°, *e*), tem, efetivamente, outro alcance.

[1336] Assim, RPt 14-jan.-1997 (Araújo Barros), CJ XXII (1997) 1, 204-208 (206/2), considerando aplicável, a propósito da interpretação das cláusulas, a regra habitual da doutrina da impressão do destinatário.

[1337] Olaf Meyer, *Contra Proferentem? Klares und weniger klares zu Unklarheiten regel*, ZHR 174 (2010), 108-143 (109: a ideia remonta a Celso).

a codificá-las[1338]: assim sucedeu com o § 5.° da AGBG alemão – hoje: § 305c/II do BGB[1339] – e com o artigo 11.° da LCCG.

[1338] *Vide* Christoph Krampe, *Die Unklarheitenregel/Bürgerliches und römisches Recht* (1983); quanto à clareza das cláusulas, BGH 18-jun.-1986, WM 1986, 1194-1197 (1196) e BGH 24-nov.-1988, WM 1988, 1780-1784; entre nós, fazendo aplicação da *ambiguitas contra stipulatorum*, no domínio das cláusulas contratuais gerais, RLx 28-jun.-1995 (Carlos Hortas), CJ XX (1995) 3, 192-194 (193/2), STJ 11-mai.-2001 (Quirino Soares), CJ/Supremo IX (2001) 2, 92-95 (94) e RGm 15-fev.-2006 (Maria Rosa Tching), CJ XXI (2006) 1, 283-287 (287/II). Outras indicações: *Tratado* II, 438-439.

[1339] Peter Ulmer/Carsten Schäfer, em Ulmer/Brandner/Hensen, *AGB-Recht Kommentar*, 11.ª ed. (2011), § 305, Nr. 61 ss. (397 ss.).

§ 47.° CLÁUSULAS CONTRATUAIS GERAIS PROIBIDAS

185. **Proibição e nulidade**

I. O cerne da LCCG reside na proibição de certas cláusulas. Tendo introduzido alguns desvios ao que resultaria do regime geral, a LCCG sentiu a particular necessidade de reafirmar o princípio geral da *nulidade* das cláusulas que contundam com a proibição – artigo 12.°. Mas desde logo se previu a hipótese de novos desvios ("... nos termos deste diploma").

Esses desvios inserem-se no regime da nulidade e têm a ver com o princípio, acima referenciado, do maior aproveitamento dos contratos singulares.

II. A nulidade de cláusulas inseridas em contratos singulares deveria acarretar a invalidade do conjunto, salvo a hipótese de redução – artigo 292.°.

Os inconvenientes para o aderente poderiam multiplicar-se, como se viu a propósito da não inclusão de certas cláusulas. Por isso se fixou o regime esquematizado que se segue – artigo 13.°/1 e 2 e artigo 14.° da LCCG:

– o aderente pode escolher entre o regime geral (nulidade com hipótese de redução) ou a manutenção do contrato;
– quando escolha a manutenção, aplicam-se, na parte afetada pela nulidade, as regras supletivas;
– caso estas não cheguem, faz-se apelo às normas relativas à integração dos negócios;
– podendo, tudo isto, ser bloqueado por exigências da boa-fé, posto o que se seguirá o esquema da redução, se for, naturalmente, possível; caso contrário, terá de se perfilar a nulidade.

III. Em termos práticos, os dispositivos que determinam a nulidade das cláusulas contratuais gerais proibidas e que, depois, intentam a recuperação dos contratos singulares atingidos, só funcionarão perante negócios de vulto.

No domínio dos negócios correntes do dia-a-dia, nenhum consumidor iria mover uma custosa e sempre incerta ação para fazer valer a nulidade de alguma cláusula.

Apenas o reconhecimento de novos níveis nesta problemática permitirá enfrentar o problema da defesa dos consumidores; aí intervém a ação inibitória, prevista nos artigos 25.° e seguintes da LCCG.

Através desta ação, as entidades referidas no artigo 26.° – associações de defesa do consumidor, outras associações e Ministério Público – podem pedir judicialmente a proibição das cláusulas vedadas, independentemente da contratação que tenham originado.

No domínio bancário, a ação inibitória tem sido usada, com êxito, pelo Ministério Público, para conseguir a proibição de cláusulas relativas ao "cartão multibanco" predispostas por determinadas instituições[1340].

186. **Sistema geral das proibições**

I. A LCCG ficaria impraticável se não concretizasse, em moldes materiais, as cláusulas que considera proibidas. Porventura mais relevante do que as precisas enumerações é o sistema geral utilizado na proibição.

A lei portuguesa distinguiu, para efeitos de proibições:

– as relações entre empresários ou os que exerçam profissões liberais, singulares ou coletivos, ou entre uns e outros, quando intervenham apenas nessa qualidade e no âmbito da sua atividade específica – artigo 17.°;
– as relações com consumidores finais e, genericamente, todas as não abrangidas pela caracterização acima efetuada – artigo 20.°.

[1340] Como exemplos: RLx 16-jun.-1994 (Noronha Nascimento), CJ XIX (1994) 3, 121-127 e STJ 20-jun.-1995 (Pais de Sousa), CJ/Supremo III (1995) 2, 136-138 entre os mais antigos e RLx 13-nov.-2003 (Francisco Magueijo), CJ XXVIII (2003) 5, 61-63 e STJ 16-mar.-2004 (Moreira Alves), CJ/Supremo XII (2004) 1, 127-133 (129/II a 131/II), entre os mais recentes.

A distinção tem um duplo relevo. Por um lado, permite facultar a essas duas categorias uma proteção diferenciada, com maior adaptação à sua natureza.

Por outro, deixa claro que a lei portuguesa dispensa uma *proteção geral*; assim se distingue da alemã, que não se aplica entre comerciantes, por entender que estes, mais informados, podem agir livremente no seio da autonomia privada. As condições existentes em Portugal são diferentes, havendo que dispensar uma proteção ao próprio empresário. Aliás, no domínio comercial, as cláusulas contratuais gerais são, sobretudo, utilizadas por grandes empresas, nas suas relações com pequenos empresários, que merecem uma certa proteção.

II. Na proibição das cláusulas, a lei, na redação dada pelo Decreto-Lei n.° 220/95, de 31 de agosto, adotou o seguinte sistema:

- isolou as disposições comuns por natureza, aplicáveis a todas as relações;
- elencou determinadas proibições relativas às relações entre empresários ou entidades equiparadas;
- passando às relações com consumidores finais, a lei determinou a aplicação de todas as proibições já cominadas para as relações entre empresários e, além disso, prescreveu novas proibições.

Temos, assim, um princípio comum, assente na boa-fé. Além disso, o dispositivo relativo aos empresários funciona como um mínimo aplicável em todas as circunstâncias; posto o que, tratando-se de relações com consumidores finais ou de situações não redutíveis às primeiras – p. ex., relações entre meros particulares – haverá que aplicar várias outras proibições.

O teor geral das proibições segue as linhas seguintes:

- nas relações entre empresários deixa-se, às partes, a maior autonomia, apenas se prevenindo, nesse domínio, que elas se exoneram da responsabilidade que, porventura, lhes caiba;
- nas relações com consumidores finais, houve que ir mais longe: para além da intangibilidade da responsabilidade, foram assegurados outros dispositivos de proteção.

III. Outro aspeto tecnicamente importante tem a ver com a estruturação das cláusulas contratuais gerais proibidas e assenta numa contraposição entre cláusulas absolutamente proibidas e cláusulas relativamente proibidas:

- as cláusulas absolutamente proibidas não podem, a qualquer título, ser incluídas em contratos através do mecanismo de adesão – artigos 18.° e 21.° da LCCG;
- as cláusulas relativamente proibidas não podem ser incluídas em tais contratos desde que, sobre elas, incida um juízo de valor suplementar que a tanto conduza; tal juízo deve ser formulado pela entidade aplicadora, no caso concreto, dentro do espaço para tanto indiciado pelo preceito legal em causa – artigos 19.° e 22.° da LCCG.

A diferenciação fica clara perante o conteúdo das normas em presença; assim:

- o artigo 18.° da LCCG proíbe, na alínea *a*), as cláusulas que excluam ou limitem, de modo direto ou indireto, a responsabilidade por danos causados à vida, à integridade moral ou física ou à saúde das pessoas; sempre que apareça uma cláusula com tal teor, ela será proibida e, daí, nula;
- o artigo 19.° da LCCG proíbe, também na alínea *a*), as cláusulas que estabeleçam, a favor de quem as predisponha, prazos excessivos para a aceitação ou rejeição das propostas; apenas em concreto e perante uma realização dos valores aqui figurados, se poderá afirmar a "excessividade de determinado prazo".

Esta clivagem é estrutural e não se vê como evitá-la: enquanto nalguns casos a simples presença de determinada cláusula pode, desde logo, ser afastada, noutros tal só sucede quando a cláusula em causa assuma uma dimensão negativa; o mesmo prazo pode ser excessivo, ou não, consoante o tipo de contrato em jogo.

O legislador procurou, depois, ir tão longe quanto possível na enumeração das diversas cláusulas absolutas ou relativamente proibidas; competirá, agora, à jurisprudência encontrar um meio termo entre as vertentes generalizadora e individualizadora da justiça.

IV. Uma questão complexa tem a ver com as vias de concretização utilizadas no domínio das cláusulas relativamente proibidas. Por um lado, estas dependem de juízos concretos; mas por outro não quis o legislador que se caísse em cláusulas de equidade, que tudo subordinassem a certas impressões do caso concreto, numa situação que, desde logo, inviabilizaria a ação inibitória no tocante às cláusulas relativamente proibidas.

A referência ao "quadro negocial padronizado" pretende, justamente, explicitar que a concretização das proibições relativas deve operar perante as cláusulas em si, no seu conjunto e segundo os padrões em jogo[1341]; por exemplo, em face de um formulário de compra e venda de um automóvel, há que ponderar: se o prazo de entrega é excessivo, tendo em conta *esse tipo de venda* (e não aquela venda concreta), se a cláusula penal é excessiva, etc.. Tratando-se de um automóvel usado, a ponderação será feita de acordo com o padrão "venda de veículos usados", etc..

V. O núcleo do diploma é dado pela proibição de cláusulas contrárias à boa-fé – artigo 15.°; o artigo 16.° procura precisar um pouco essa remissão indeterminada, ainda que com cuidado para não contundir com a evolução futura do conceito[1342]. Surgem referenciados os dois aspetos, próprios da boa-fé: a tutela da confiança e a primazia da materialidade subjacente[1343].

Perante este aspeto fulcral, as diversas proibições são exemplificativas: em concreto a boa-fé poderá determinar outras, numa situação evidente que a lei reconhece[1344].

A disposição é útil uma vez que o legislador de 1966 não soube prever uma remissão para a boa-fé que faculte um controlo do conteúdo dos

[1341] Pode ver-se uma correta aplicação desta técnica, então de ponta, em RPt 23-nov.-1993 (Matos Fernandes), CJ XVIII (1993) 5, 225-230 (229-230), precisamente a propósito dum contrato de locação financeira.

[1342] Hermann-Josef Bunte, *Entwicklungen im Recht der Allgemeinen Geschäftsbedingungen – Ein Erfahrungsbericht nach 5 Jahren AGB-Gesetz*, BB Beilage Nr. 13/82 (1982), 2 ss. e, por último e com várias indicações, Thomas Becker, *Die Auslegung des § 9 Abs. 2 AGB-Gesetz* (1986) e Hans W. Micklitz, *La loi allemande relative ao régime juridique des conditions générales des contrats du 9 Décembre 1976/Bilan de onze anées d'aplication*, RIDC 41 (1989), 101-122 (110 ss.).

[1343] *Da boa fé*, 1234 ss. e 1252 ss., cuja orientação é, hoje, sufragada pelo legislador.

[1344] Em RPt 21-out.-1993 (Carlos Matias), BMJ 430 (1993), 510 (sumário), afastaram-se diversas cláusulas contratuais gerais patentes num formulário respeitante ao "eurocheque" e ao inerente cartão, por pura e simples contrariedade à boa-fé: o titular "obrigava-se" a não contestar os montantes originados pela utilização e presumia-se que a sua utilização por terceiros era sempre consentida pelo próprio ou, por ele, culposamente facilitada, ainda que se provasse não haver culpa do titular.

contratos: apenas a sua formação ou o exercício das obrigações – artigos 227.º/1 e 762.º/2 – mereceram referências.

Jogam, aqui, todas as regras sobre a concretização da boa-fé: pretende-se, sempre, uma solução justificada e controlada pela Ciência do Direito e não algo que se aproxime do arbítrio ou de uma equidade informe, no sentido de "justiça do caso concreto".

187. As cláusulas proibidas

I. O sistema geral acima sumariado desenvolve-se, depois, em catálogos de proibições específicas. Das combinações dos diversos parâmetros resultam as quatro hipóteses básicas contempladas na lei:

- cláusulas absolutamente proibidas entre empresários e equiparados – artigo 18.º;
- cláusulas relativamente proibidas entre empresários e equiparados – artigo 19.º;
- cláusulas absolutamente proibidas nas relações com consumidores finais – artigo 21.º;
- cláusulas relativamente proibidas nas relações com consumidores finais – artigo 22.º.

As proibições fixadas para as relações entre empresários e equiparados aplicam-se, também, nas relações com consumidores finais.

II. O legislador português procurou ir tão longe quanto possível no apronta das proibições exaradas na LCCG, numa orientação que, assumida desde o início, foi reforçada em 1995. Para tanto, não recorreu a uma metodologia de tipo dedutivo: antes aproveitou várias experiências científicas, firmadas na resolução de problemas concretos e, designadamente, na prática do AGBG alemão, sedimentado há duas décadas. De resto, as suas formulações são, seguramente, mais precisas do que as deste, como resulta de uma simples leitura objetiva e cotejada dos dois textos. As diversas proibições específicas relevam, fundamentalmente, do Direito das obrigações. A sua simples leitura mostra, contudo, um enorme papel para o Direito bancário, globalmente dominado, hoje em dia, por cláusulas contratuais gerais.

III. O artigo 18.° da LCCG começa, nas suas alíneas *a*), *b*), *c*) e *d*), por *proibir as chamadas cláusulas de exclusão ou da limitação da responsabilidade*. O legislador pretendeu deixar, entre empresários, dominar uma autonomia privada alargada, mas com a responsabilidade inerente aos danos causados[1345]. Boa parte das regras agora firmadas transcende o domínio das cláusulas contratuais gerais, aplicando-se a todos os contratos, independentemente do seu modo de celebração. Vejam-se, neste sentido, os artigos 809.° e seguintes do Código Civil[1346]. De todo o modo, a jurisprudência não considerou contrárias a essas proibições as cláusulas que presumam não haver culpa do banqueiro quando se avarie uma máquina ATM[1347]. Já são nulas as cláusulas que exonerem o banqueiro de responsabilidades por uso abusivo subsequente a furto ou a extravio: o dinheiro depositado pertence ao banqueiro[1348].

A alínea *e*) visa evitar que se procure conseguir, por via interpretativa, aquilo que as partes não podem diretamente alcançar. Na verdade, a hermenêutica dos contratos regula-se por regras próprias, constituintes por natureza, e que se incorporam nos modelos finais de decisão. Deixá-la ao

[1345] Várias das decisões hoje existentes sobre cláusulas proibidas tem, precisamente, a ver com proposições que pretendiam excluir a responsabilidade. Assim: RLx 11-jun.-1992 (Luís Fonseca), CJ XVII (1992) 3, 201-202, relativo a múltiplas cláusulas abusivas usadas por uma empresa fornecedora de gás, entre as quais uma exoneratória; STJ 6-mai.-1993 (Figueiredo de Sousa), BMJ 427 (1993), 509-515 = CJ/Supremo I (1993) 2, 90-91, *idem*, confirmando o acórdão anterior; RLx 27-jun.-1995 (Dinis Nunes), CJ XX (1995) 3, 137-139 (138), em que foram julgadas nulas cláusulas alargadas de irresponsabilidade, usadas por uma lavandaria; RLx 14-mar.-1996 (Torres Veiga), CJ XXI (1996) 2, 81-84, julgando nula uma cláusula pela qual uma empresa de entrega rápida de correio se desresponsabilizava, em caso de atraso, pelos lucros cessantes assim provocados.

[1346] Em RLx 6-abr.-1989 (Costa Raposo), CJ XIV (1989) 2, 124-127, decidiu-se que era nula a cláusula pela qual uma pessoa, cujo nome saíra trocado, na lista telefónica, assim originando vários danos, prescindira previamente, de qualquer indemnização, precisamente por via do artigo 809.° do Código Civil. Temos aqui um exemplo de como, jurisprudencialmente, é possível, na base de princípios gerais, suprir a ausência dum diploma sobre cláusulas contratuais gerais; a LCCG não era, ainda, aqui aplicável.

[1347] RLx 9-out.-1997 cit., CJ XXII, 4, 108/II, revogada, nesse ponto, por STJ 3-dez.-1998 (Armando Lourenço), CJ/Supremo VI (1998) 3, 140-145 (143/II).

[1348] RLx 9-out.-1997 cit., CJ XXII, 4, 110, confirmado aqui por STJ 3-dez.-1998 cit., 143/I. *Vide* STJ 14-fev.-2002 (Ferreira de Almeida), CJ/Supremo X (2002) 1, 98-102 (101/I e 102/I), RLx 15-mai.-2003 (Lúcia de Sousa), CJ XXVIII (2003) 3, 81-84 e RLx 13-nov.-2003 (Francisco Magueijo), CJ XXVIII (2003) 5, 61-63.

sabor das cláusulas era permitir, afinal, manipular as decisões em jogo[1349]. Anote-se ainda que esta regra tem a ver com a interpretação de qualquer preceito, provenha ele, ou não, de adesão a cláusulas predispostas.

As alíneas *f*), *g*), *h*) e *i*) têm a ver com os institutos da *exceção do não cumprimento do contrato* (428.º ss.), da *resolução por incumprimento* (432.º ss.)[1350], do *direito de retenção* (754.º ss.) e das faculdades de *compensação* (847.º ss.) e de *consignação em depósito* (841.º ss., todos do Código Civil). Trata-se de institutos que garantem ou reforçam o cumprimento das obrigações. A sua manutenção – com proibição, pois, de cláusulas que pretendam excluí-las – impõe-se pela mesma ordem de ideias que levou a vedar a eliminação da responsabilidade. De novo se deve ter em conta que a possibilidade de excluir estes institutos é, no mínimo, duvidosa já perante as próprias regras gerais. O legislador pretendeu, contudo, evitar dúvidas, neste ponto sensível.

A alínea *j*) visa evitar *obrigações perpétuas* ou – o que seria ainda pior – obrigações cuja duração ficasse apenas dependente de quem recorra às cláusulas contratuais gerais. Pode sustentar-se – há, aliás, boas razões nesse sentido – que só são viáveis obrigações perpétuas quando a lei o permita ou o imponha: de outro modo, as partes estariam a despojar-se da sua liberdade. A lei esclareceu em definitivo esse ponto, no campo das cláusulas.

A alínea *l*) pretende, por fim, prevenir que, a coberto de esquemas de transmissão do contrato, se venha a limitar, de facto, a responsabilidade. Bastaria, na verdade, transferir a posição para uma entidade que não tenha adequada cobertura patrimonial para, na prática, esvaziar o conteúdo de qualquer imputação de danos[1351].

IV. O artigo 19.º da LCCG reporta-se a proibições relativas no quadro das relações entre empresários. Como foi referido, apenas um juízo de valor, feito dentro da lógica de cada tipo negocial em jogo, permitirá restabelecer a justiça dentro do contrato.

As alíneas *a*) e *b*) têm a ver com prazos dos contratos. No decurso desses prazos, uma das partes fica submetida à vontade da outra. Em concreto, pode compreender-se que assim deva ou possa ser. A justificação, contudo,

[1349] Orientação sufragada pela RLx 22-jun.-2016 (Maria José Mouro), Proc. 338-14.

[1350] *Vide* STJ 19-set.-2006 (João Camillo), CJ/Supremo XIV (2006) 3, 59-63.

[1351] *Vide* o já citado STJ 6-mai.-1993 onde também surgiam cláusulas com este vício: foram julgadas absolutamente nulas, na linguagem da LCCG.

desaparece quando os prazos sejam demasiado alongados. O *quantum* admissível depende, como é claro, de cada tipo negocial em jogo.

A alínea *c*) proíbe cláusulas penais desproporcionadas aos danos a ressarcir. O artigo 812.° já permitia a sua redução segundo juízos de equidade. Essa solução não é imaginável perante o tráfego negocial de massas; aí, a pura e simples nulidade das cláusulas com o recurso subsequente às regras legais supletivas permite uma solução direta, clara, fácil e justa, em cada situação. Trata-se de uma proibição muito aplicada perante contratos de locação financeira, cujas cláusulas gerais incluíam, por vezes, cláusulas penais draconianas[1352].

A rapidez do tráfego de massas justifica que, por vezes, se dispensem formais declarações de vontades, substituindo-as por outros indícios. Os comportamentos concludentes têm aqui particular relevo. Mas a situação torna-se inadmissível quando se recorra a factos insuficientes para alicerçar a autonomia privada. Caso a caso será necessário indagar dessa suficiência: tal o sentido da alínea *d*)[1353].

A garantia das qualidades da coisa cedida ou de serviços prestados pode ser posta na dependência do recurso a terceiros; pense-se, por exemplo, na garantia dos automóveis, que exige a realização regular de operações de manutenção feitas por agentes autorizados ou representantes. No entanto, em certos casos, tal sujeição apenas irá equivaler a um meio oblíquo de limitar a responsabilidade. Caso a caso, nos termos da alínea *e*), haverá que o demonstrar.

A alínea *f*) trata da denúncia, isto é, da faculdade de, unilateralmente e sem necessidade de justificação, se pôr termo a uma situação duradoura. Essa faculdade, quando a outra parte tenha feito investimentos ainda não amortizados, pode colocá-la nas mãos da primeira. Assim, quando seja injusta, é nula. A jurisprudência entende que não é esse o caso perante cláu-

[1352] Tal o caso decidido em STJ 5-jul.-1994 (Machado Soares), CJ/Supremo II (1993) 3, 41-44 (43/2): considerou-se desproporcionado que, num contrato de locação financeira, se tivesse inserido, por via de uma cláusula contratual geral, a regra pela qual, perante o incumprimento do locatário, haveria lugar, além da resolução, ao pagamento de rendas vencidas, com juros e de rendas vincendas. Para outras indicações jurisprudenciais *vide infra*, 527 ss., STJ 2-mai.-2002 (Sousa Inês), CJ/Supremo X (2002) 2, 43-44 (44/II) e, como exemplos mais recentes, RCb 2-jun.-2015 (Henrique Antunes), Proc. 5202/12 e RLx 19-jan.-2016 (Rui Vouga), Proc. 13162/14.

[1353] STJ 16-out.-2014 (Lopes do Rego), Proc. 2476/10: o aderente reconhece-se devedor de certas despesas, não especificadas: os indícios são insuficientes.

sulas bancárias que permitam ao banqueiro, como proprietário dos cartões de crédito, exigir a sua restituição em caso de uso abusivo ou indevido[1354].

O estabelecimento de um tribunal competente que envolva graves inconvenientes para uma das partes, em razão da distância ou da língua, por exemplo, deve ser justificado por equivalentes interesses da outra parte. Quando tal não suceda, a competente cláusula é nula, nos termos da alínea *g*). De acordo com interpretação preconizada por Miguel Teixeira de Sousa, tal cláusula é extensiva ao tribunal arbitral[1355].

As limitações das alíneas *h*) e *i*) têm a ver com a concessão de poderes excessivos e exorbitantes a uma das partes.

Em todos estes casos de proibição relativa, deve entender-se que, perante a sua concretização, toda a cláusula em jogo é afetada. Não há, pois, qualquer hipótese de se reduzir a cláusula aos máximos admitidos pela lei das cláusulas contratuais gerais: isso iria dar lugar a enormes dúvidas de aplicação, nunca se podendo conhecer de antemão o Direito aplicável. Quando caia sob a alçada de uma proibição, ainda que relativa, a cláusula é toda nula, seguindo-se a aplicação do Direito supletivo que ela pretendera afastar, nos termos gerais.

V. Nas relações com consumidores finais aplicam-se as proibições acima referenciadas e, *ainda*, as constantes dos artigos 21.° e 22.°, com as alterações introduzidas pelo Decreto-Lei n.° 220/95, de 31 de agosto.

As *proibições absolutas* inseridas nas alíneas *a*), *b*), *c*) e *d*) do artigo 21.° visam assegurar que os bens ou serviços pretendidos pelo consumidor final são, de facto, os que ele vai alcançar. Por seu turno, as alíneas *e*), *f*), *g*) e *h*) pretendem garantir a manutenção eficaz de uma tutela adequada, prevenindo a possibilidade de recurso a vias oblíquas para defraudar a lei[1356]. Particularmente visadas nas proibições judiciais mais recentes são

[1354] RLx 9-out.-1997 cit., CJ XXII, 4, 109/I.

[1355] Já se tem entendido que cairia sob esta proibição a instituição de crédito que, tendo sede em Lisboa ou no Porto, fixasse, em cláusulas contratuais gerais, como foro competente, as Comarcas dessas Cidades: seria inconveniente para o aderente que nelas não residisse. Leia-se o texto todo da alínea *g*): parece um claro caso de escola em que as vantagens de uma das partes compensam as desvantagens da outra. A LCCG não visa uma tutela dos pequenos: procura, sim, a justiça contratual.

[1356] Temos nulidades induzidas de alterações das regras do risco e do ónus de prova – atuais alíneas *f*) e *g*), do artigo 21.° – em RLx 9-jun.-1994 (Flores Ribeiro), CJ XIX (1994) 3, 107-109 –, em condições relativas ao uso de eurocheque e do inerente cartão. Na mesma linha, RLx 16-jun.-1994 (Noronha Nascimento), CJ XIX (1994) 3, 121-127,

as cláusulas que, relativamente aos cartões bancários, alterem o regime do risco – artigo 21.°, *f)*[1357] ou estabeleçam a veracidade dos extratos emitidos pela máquina[1358].

As *proibições relativas* do artigo 22.°/1 acentuam, também, esta mesma via. Nas relações com consumidores finais, não se trata, apenas, de negar a exclusão de responsabilidade: há que, pela positiva, assegurar a própria obtenção do bem, já que a obtenção de uma indemnização é, aqui, problemática. As diversas alíneas especificam pontos nos quais, segundo a experiência, os consumidores mais facilmente podem ver em perigo a sua posição[1359]. Assim, é nula a cláusula inserida em condições gerais bancárias e que permita ao banqueiro, sem pré-aviso, cancelar um cartão de crédito: artigo 22.°/1, *b)*[1360].

Também aqui têm aplicação as considerações acima feitas sobre a nulidade plena das cláusulas que caiam sob a alçada de proibições relativas.

188. A ação inibitória e a sua importância

I. A nulidade das cláusulas contratuais gerais mostra-se, como foi referido, insuficiente para garantir a posição dos consumidores finais. A LCCG inseriu, por isso, um remédio mais eficaz: a ação inibitória que faculta, quando proceda, a proibição judicial da utilização de certas cláusulas, independentemente da sua inclusão em contratos singulares.

II. A matéria é desenvolvida nos artigos 25.° e seguintes da LCCG. No essencial, eles permitem que as entidades referidas no artigo 26.° –

STJ 20-jun.-1995 (Pais de Sousa), CJ/Supremo III (1995) 2, 136-138 e RLx 26-nov.-1998 (Jorge Santos), CJ XXIII (1998) 5, 109-112 (111/II), STJ 3-dez.-1998 cit., CJ/Supremo VI, 3, 143/I, RLx 20-abr.-1999 (Pimentel Marcos), CJ XXIV (1999) 2, 110-117 (112/II), STJ 17-jun.-1999 (Abílio Vasconcelos), CJ/Supremo VI (1999) 2, 148-150 (149) e STJ 23-nov.-1999 (Garcia Marques), CJ/Supremo VI (1999) 3, 100-108, num acórdão excelente e muito bem documentado.

[1357] STJ 19-nov.-2002 (Azevedo Ramos), CJ/Supremo X (2002) 3, 135-139 (137/II) e RLx 10-abr.-2003 (Pinto de Almeida), CJ XXVIII (2003) 2, 190-197 (196/I): um acórdão muito bem tirado.

[1358] RLx 19-jan.-2006 (Manuel Gonçalves), CJ XXXI (2006) 1, 80-82.

[1359] Em STJ 6-mai.-1993 já citado, considerou-se também nula uma cláusula que permitia elevações unilaterais de preços – atual artigo 22.°/1, *e*), da LCCG.

[1360] RLx 26-nov.-1998 cit., CJ XXII, 5, 111/II.

associações de defesa do consumidor, associações sindicais, profissionais ou de interesses económicos legalmente constituídas e Ministério Público – possam pedir judicialmente a proibição do recurso a certas cláusulas, independentemente de, em concreto, elas serem utilizadas. O artigo 26.º/2 não tem preocupações doutrinárias: visa, sim, regular a extensão do caso julgado.

O Ministério Público tem sido, na prática, o grande motor das ações inibitórias já intentadas[1361]. Registam-se, ainda, ações intentadas pela DECO – Associação Portuguesa para a Defesa do Consumidor[1362]. A Lei admite a proibição provisória – artigo 31.º – para enfrentar situações que requeiram uma rápida composição. São ainda regulados os aspetos atinentes à legitimidade passiva, ao tribunal competente, à forma de processo e isenções e à parte decisória da sentença – artigos 27.º a 30.º. Segundo o n.º 2 deste preceito, a pedido do Autor, o vencido pode ser condenado a dar publicidade à proibição pelo modo e durante o tempo que o tribunal determine[1363].

III. Decidida a proibição, as cláusulas atingidas não mais podem ser incluídas em contratos – artigo 32.º – incorrendo os utilizadores em sanções pecuniárias compulsórias se não respeitarem tal proibição – artigo

[1361] Assim: RLx 11-jun.-1992 (Luís Fonseca), CJ XVII (1992) 3, 201-202; STJ 6-mai.-1993 (Figueiredo de Sousa), CJ/Supremo I (1993) 2, 90-91 = BMJ 427 (1993), 509-515; RLx 16-jun.-1994 (Noronha Nascimento), CJ XIX (1994) 3, 121-127; STJ 20-jun.-1995 (Pais de Sousa), CJ/Supremo III (1995) 2, 136-138; RLx 27-jun.-1995 (Dinis Nunes), CJ XX (1995) 3, 137-139; RLx 26-nov.-1998 (Jorge Santos), CJ XXIII (1998) 5, 109-112; RLx 4-fev.-1999 (Arlindo Rocha), CJ XXIV (1999) 1, 104-109; RLx 20-abr.-1999 (Pimentel Marcos), CJ XXIV (1999) 2, 110-117; STJ 17-jun.-1999 (Abílio Vasconcelos), CJ/Supremo VII (1999) 2, 148-150; STJ 23-nov.-1999 (Garcia Marques), CJ/Supremo VII (1999) 3, 100-108; a série prossegue, até hoje, RLx 22-jun.-2016 (Maria José Mouro), Proc. 338-14 e REv 16-jun.-2016 (Rui Machado e Moura), Proc. 1265/15. Todos estes acórdãos deram azo a dezenas de aplicações de regras proibitivas.

[1362] Assim: RLx 9-out.-1997 (Ponce de Leão), CJ XXII (1997) 4, 106-111 e STJ 3-dez.-1998 (Armando Lourenço), CJ/Supremo VI (1998) 3, 140-145

[1363] Esta regra tem sido considerada conforme com a Constituição; cf. STJ 23-nov.-2000 (Sousa Inês), CJ/Supremo VIII (2000) 3, 133-139 (138/I) e RLx 24-jun.-2004 (Graça Amaral), CJ XXIX (2004) 3, 122-126 (126/II). O próprio Tribunal Constitucional já se pronunciou: TC n.º 360/2001, de 12 de julho (Vítor Nunes de Almeida), DR II Série, n.º 264, 18.789-18.790, de 14-nov.-2001.

33.°[1364]. As decisões judiciais são comunicadas para efeito de registo – artigo 34.° – existindo, para isso, um serviço de registo – artigo 35.°.

O artigo 36.° da LCCG – artigo 34.°, antes da reforma introduzida pelo Decreto-Lei n.° 220/95, de 31 de agosto – veio prever um esquema de aplicação da lei no tempo que ressalva os contratos singulares anteriormente celebrados[1365].

A eficácia da LCCG é, a nível jurisdicional, apreciável. Vai, todavia, bem mais longe do que o resultante das já significativas proibições judiciais. A existência da Lei e a sua divulgação levou as grandes empresas a estudar e a rever cuidadosamente as cláusulas contratuais gerais por elas praticadas, de modo a expurgar as nulidades.

Houve, desta forma, ganhos consideráveis, no tocante à justeza contratual, no País. E nunca a segurança jurídica foi ameaçada pelo diploma.

[1364] Sanções essas que se aplicam quando o utilizador use cláusulas substancialmente idênticas às proibidas: STJ 21-out.-2008 (Alves Velho), Proc. 08A2933.

[1365] RPt 9-jun.-1993 (Fernandes Magalhães), CJ XVIII (1993) 3, 226-229 e STJ 30-abr.-1996 (Aragão Seia), CJ/Supremo IV (1996) 2, 43-44 (44/I).

§ 48.° CLÁUSULAS CONTRATUAIS GERAIS BANCÁRIAS

189. As regras legais específicas

I. A LCCG, na versão derivada do Decreto-lei n.° 220/95, de 31 de agosto, compreende algumas regras especificamente bancárias, que interessa referenciar.

Trata-se de regras que advêm do ponto 2 do anexo à Diretriz n.° 93/13/CEE, de 5 de abril, e que têm, de resto, uma clara origem alemã[1366].

II. O artigo 22.°/1 da LCCG, nas suas alíneas *c*) e *d*), considera relativamente proibidas as cláusulas que:

> *c*) Atribuam a quem as predisponha o direito de alterar unilateralmente os termos do contrato, exceto se existir razão atendível que as partes tenham convencionado;
> *d*) Estipulem a fixação do preço de bens na data da entrega, sem que se dê à contraparte o direito de resolver o contrato, se o preço final for excessivamente elevado em relação ao valor subjacente às negociações;

Nesse seguimento, o n.° 2 do mesmo artigo ressalva, em derrogação da alínea *c*) em causa:

- o direito do fornecedor dos serviços financeiros de alterar a taxa de juro ou o montante de quaisquer outros encargos aplicáveis, desde que correspondam a variações do mercado e sejam comunicadas de imediato, por escrito, à contraparte;
- a atribuição, a quem as predisponha, do direito de alterar unilateralmente o conteúdo de um contrato de duração indeterminada,

[1366] Visam salvaguardar os §§ 12 (juros e encargos) e 18 (denúncia) das cláusulas contratuais gerais dos bancos alemães, na parte referente aos bancos.

contanto que se preveja o dever de informar a contraparte com pré-aviso razoável e se lhe dê a faculdade de resolver o contrato.

Esta última isenção não está, formalmente, delimitada ao sector bancário. Histórica e teleologicamente, porém, ela é-lhe destinada.

III. Por seu turno, o artigo 22.°/3 da LCCG ressalva, em derrogação das alíneas *c*) e *d*) do n.° 1:

– as transações referentes a valores mobiliários ou a produtos e serviços cujo preço dependa da flutuação de taxas formadas no mercado financeiro;
– os contratos de compra e venda de divisas, de cheques de viagem, ou de vales postais internacionais expressos em divisas.

Num e noutro caso, trata-se de realidades cujas flutuações o adquirente pode querer assumir. A normalização do tráfego bancário e a rapidez requerida pelos atos aí em causa justificam que, para o efeito, se possa recorrer a cláusulas contratuais gerais.

IV. Finalmente, o artigo 22.°/4 ressalva cláusulas de indexação, "... quando o seu emprego se mostre compatível com o tipo contratual onde se encontrem inseridas e o mecanismo de variação do preço esteja explicitamente descrito". Compreende-se o sentido da derrogação: tal como nas hipóteses acima examinadas temos, aqui, uma sobreposição de necessidades de tipo económico.

Em todos estes casos, o legislador pressupõe sempre que não deixe de haver algum controlo. Simplesmente, tal controlo será levado a cabo por outras normas que não as referenciadas no artigo 22.°/1, *c*) e *d*). Em última instância, conserva-se, sempre operacional, a nulidade das cláusulas contrárias à boa-fé.

190. A prática portuguesa

I. Na prática bancária portuguesa faltam, por ora, cláusulas contratuais gerais comuns aos diversos bancos.

Assim, cada banco elabora cláusulas próprias. Além disso, as cláusulas surgem especializadas para os diversos negócios bancários. Com base numa amostragem de cláusulas contratuais gerais usadas por diversos grupos bancários nacionais – Caixa Geral de Depósitos, Banco Comercial Português, Banco Português de Investimento e Caixas de Crédito Agrícola Mútuo[1367] –, podemos apontar cláusulas contratuais gerais distintas, relativas aos seguintes atos bancários:

- abertura de conta[1368]/particulares;
- abertura de conta/pessoas coletivas;
- abertura de contas especiais[1369];
- cadernetas;
- centro de serviço a clientes;
- transferências eletrónicas;
- utilização dos canais telefónico, internet e SMS;
- cartões de débito;
- cartões de crédito[1370];
- condições gerais de crédito;
- crédito pessoal;
- desconto;
- locação financeira;
- cessão financeira;
- garantias bancárias;
- subscrições de fundos e diversos investimentos[1371].

II. A configuração das cláusulas contratuais gerais é variável. Por vezes, elas surgem bastantes desenvolvidas e minuciosas, aparentando uma técnica cuidadosa de redação. Noutras, elas ocorrem em meros formulários, seguindo esquemas elementares.

Em termos de apresentação, as cláusulas contratuais gerais bancárias são pouco convidativas. Não obstante, os clientes podem, caso estejam

[1367] Observam-se, ainda, variações claras nas cláusulas contratuais gerais pertencentes a bancos diversos, dentro do mesmo grupo.

[1368] Há cláusulas contratuais gerais que falam em "abertura de conta à ordem/particulares"; outras preferem "condições gerais de depósitos à ordem", referindo, depois, a sua "abertura".

[1369] Também aqui surgem situações variadas.

[1370] O mesmo banco oferece, normalmente, diversos tipos de cartões de crédito, com cláusulas diferenciadas.

[1371] Há, aqui, uma grande diversidade de opções.

motivados, alcançar pleno conhecimento do seu conteúdo. Ainda em regra, eles obtêm, ao balcão, as informações que solicitem, principalmente na presente situação de marcada concorrência.

III. Quanto ao fundo, as cláusulas contratuais bancárias apresentam-se bastante favoráveis aos banqueiros: muito mais do que sucede com as cláusulas gerais alemãs, como exemplo. Na prática, os banqueiros não fazem uso dos extensos poderes que lhes conferem as cláusulas, no que surge como deliberada política de boa relação com os clientes, mesmo modestos. Os dispositivos jurídicos, porém, existem, sendo usados sempre que necessário. Nesse ponto, torna-se relevante o controle dos tribunais: vimos, a propósito da análise da lei sobre cláusulas contratuais gerais, quais os pontos mais geralmente sancionados. A generalidade das ações inibitórias tem a ver com o comércio bancário e, em menor expressão, com o dos seguros.

IV. Apesar das flutuações, parece-nos haver uma clara confluência entre as cláusulas contratuais gerais praticadas pelos vários bancos. Temos, assim, a via aberta para elaborar cláusulas comuns aos diversos banqueiros. A Associação Portuguesa de Bancos estará em posição privilegiada para levar a cabo essa tarefa.

191. **O problema dos contratos pré-formulados**

I. O contrato pré-formulado é aquele que uma das partes proponha à outra, sem admitir contrapropostas ou negociações. Aproxima-se das cláusulas contratuais gerais pela rigidez; distingue-se delas pela falta de generalidade.

Quando apresentado a um consumidor, o contrato pré-formulado coloca problemas semelhantes aos das cláusulas contratuais gerais. Por isso, o artigo 9.°/3 da LDC mandava aplicar a esse tipo de contratos o regime das cláusulas contratuais gerais, através de uma ponderação feita nos termos do seu n.° 2. Trata-se de uma regra aplicável no sector bancário.

II. Posto isto, verifica-se que o tema dos contratos pré-formulados veio a ser encarado, pela Diretriz n.° 93/13/CEE, de 5 de abril, acima referida, de modo um tanto indiferenciado. Dispôs a Diretriz em causa que toda a cláusula:

(...) que não tenha sido objeto de negociação individual é considerada abusiva quando, a despeito da exigência de boa-fé, der origem a um desequilíbrio significativo em detrimento do consumidor, entre os direitos e obrigações das partes decorrentes do contrato.

Esta fórmula atinge as cláusulas contratuais gerais. Mas atinge, ainda, as cláusulas rígidas, a incluir nos contratos pré-formulados, tal como acima os definimos. A grande novidade da Diretriz n.° 93/13/CEE foi, pois, a de alargar aos contratos pré-formulados a defesa dispensada aos contratos por adesão. Com uma particularidade: em ambos os casos, a defesa apenas funciona perante consumidores.

III. O dispositivo referente aos contratos pré-formulados foi transposto para os diversos ordenamentos europeus. No caso alemão, a Lei de 19-jul.-1996 introduziu, no AGBG, um § 24a; este preceito, com algumas especificações, determinou a aplicabilidade da Lei a condições contratuais pré-formuladas, dirigidas a consumidores[1372]. Hoje, a matéria consta do § 310 (3), do BGB[1373].

Em Itália, a transposição foi feita pela Lei n.° 52, de 6 de fevereiro de 1996, que introduziu alterações no Código Civil[1374]. O legislador seguiu uma técnica diversa: em vez de tocar no dispositivo relativo às cláusulas contratuais gerais, optou por introduzir uma rubrica sobre contratos de consumidores. E aí, respeitando os usos linguísticos, optou-se pela expressão *cláusulas vexatórias*. Nestes termos – artigo 1469 bis do Código italiano:

> No contrato concluído entre o consumidor e o profissional, que tenha por objeto a cessão de bens ou a prestação de serviços, consideram-se vexatórias as cláusulas que, mau grado a boa-fé, determinem, a cargo do consu-

[1372] *Vide* Peter Schlosser, no Staudinger, *AGBG*, 13.ª ed. (1998) e Horst Locher, *Begriffsbestimmung und Schutzzweck nach dem AGB-Gesetz*, JuS 1997, 389-392.

[1373] Peter Schlosser, no Staudinger II, §§ 305-310 cit., § 305, Nr. 17 (26) e § 310, Nr. 61 ss. (744 ss.) e Peter Ulmer/Carsten Schäfer, em Ulmer/Brandner/Hensen *AGB-Recht* cit., 11.ª ed., § 310, Nr. 79 ss. (1186 ss.).

[1374] *Vide* a introdução de Guido Alpa/Salvatore Patti a *Le clausole vessatorie* (2006), tomo I, XVII-LV. A matéria transitou para os artigos 33.º e seguintes do Código do consumo, aprovado pelo Decreto Legislativo n.º 206, de 5-set.-2005. *Vide* Enzo Maria Tripodi/Claudio Belli, *Codice del consumo/commentario del D. Lgs. 6 settembre 2005, n.º 206* (2006), 199 ss..

midor, um significativo desequilíbrio dos direitos e das obrigações derivados do contrato.

Qualquer uma das duas vias acima exemplificadas é possível, para assegurar a transposição da Diretriz n.° 93/13/CEE. De todo o modo e como foi dito, este instrumento saiu tecnicamente incorreto: justapôs, contra a tradição jurídica europeia, áreas problemáticas diversas.

IV. O legislador português, quando reformulou o Decreto-Lei n.° 445/85, de 25 de outubro, com o fito de transpor a Diretriz n.° 93/13/CEE, deparou com o seguinte problema: ou mutilava a LCCG, que boas provas dera de si e à qual a doutrina e a jurisprudência se haviam acostumado, ou garantia, através de alterações discretas, o funcionamento da LCCG perante as cláusulas vexatórias rígidas, incluídas em contratos com consumidores. Optou pela segunda hipótese, no Decreto-Lei n.° 220/95, de 31 de agosto.

A referência a consumidores vinha já no artigo 20.° da versão inicial da LCCG: também aí o legislador português se antecipou ao alemão e ao comunitário.

Posto isso, atente-se no artigo 1.°/2 da LCCG na versão de 1995: o ónus da prova da prévia negociação de uma cláusula recaía sobre quem pretendesse prevalecer-se do seu conteúdo. Ficava bem entendido que, a não se fazer tal prova, se aplicaria o regime das cláusulas contratuais gerais. Interpretado no seu conjunto, o artigo 1.° da LCCG podia, assim, funcionar perante contratos pré-formulados[1375]. Uma interpretação conforme com as diretrizes comunitárias faria o resto[1376].

A LCCG, na versão de 1995, estava, pois, municiada para se aplicar a contratos pré-formulados.

V. Todavia, o importante residia noutra dimensão. O tema dos contratos pré-formulados, tal como resulta da Diretriz n.° 93/13/CEE, *não pertence às cláusulas contratuais gerais*. É, antes, um ponto de defesa do consumidor. E por isso, na LDC, acima examinada, vamos encontrar os seguintes preceitos:

Artigo 9.°
Direito à proteção dos interesses económicos

1 – O consumidor tem direito à proteção dos seus interesses económicos, impondo-se nas relações jurídicas de consumo a igualdade material dos

[1375] Almeida Costa, *Direito das Obrigações*, 12.ª ed. cit., 262-264.

[1376] Winfried Brechmann, *Die richtlinienkonforme Auslegung* (1994) e Stefan Grundmann, *EG-Richtlinie und nationales Privatrecht*, JZ 1996, 274-287.

intervenientes, a lealdade e a boa-fé, nos preliminares, na formação e ainda na exigência dos contratos.

2 – Com vista à prevenção de abusos *resultantes de contratos pré-elaborados*, o fornecedor de bens e o prestador de serviços estão obrigados:

a) À redação clara e precisa, em caracteres facilmente legíveis, das cláusulas contratuais gerais, incluindo as inseridas em contratos singulares;

b) À não inclusão de cláusulas em contratos singulares que originem significativo desequilíbrio em detrimento do consumidor.

3 – A inobservância do disposto no número anterior fica sujeita ao regime das cláusulas contratuais gerais.

(...)

Como se vê, no local próprio, o legislador tratava os contratos pré-formulados e remetia o seu regime para a LCCG, já preparada para os receber. Apenas por desconhecimento se poderia, pois, vir afirmar que o Estado português não havia transposto o regime da Diretriz n.° 93/13/CEE, para a sua ordem interna.

VI. O desconhecimento da LDC e a incapacidade de interpretar convenientemente os textos portugueses vigentes levaram a Comissão Europeia a dirigir ao Estado português determinadas missivas: estaria em causa uma transposição insuficiente da Diretriz n.° 93/13/CEE, por não se terem referido, de modo expresso, os contratos pré-formulados. Servil e desnecessariamente, legislou-se de imediato. Através do Decreto-Lei n.° 249/99, de 7 de julho, foi novamente alterada a LCCG. Fundamentalmente, inseriu-se um novo n.° 2, no artigo 1.°, com o seguinte teor:

O presente diploma aplica-se igualmente às cláusulas inseridas em contratos individualizados, mas cujo conteúdo previamente elaborado o destinatário não pode influenciar.

A LCCG foi mutilada sem qualquer necessidade: o preceito agora introduzido já resultava do artigo 9.°/1 a 3 da LDC, acima referido. A Diretriz n.° 93/13/CEE tinha, pois, sido totalmente recebida, como temos vindo a repetir.

Mais grave é, no entanto, o facto de o legislador nacional, no seu afã de mostrar "europeísmo", ter "transposto" erradamente a Diretriz em jogo. Esta aplica-se apenas a contratos pré-formulados concluídos entre empresários e consumidores. O n.° 2 do artigo 1.° da LCCG, introduzida em 1999, não teve a cautela de o precisar. Tal como está, parece aplicar-se a todo e qualquer contrato pré-formulado. Teria um imenso impacto na banca, complicando, inclusive, todas as conclusões dos grandes negócios. Será, pois, necessário recorrer a uma interpretação restritiva do preceito invocando, no limite, a necessidade de conformação com a Diretriz n.º 93/13/CEE.

SECÇÃO IV

O ATO NUCLEAR: A ABERTURA DE CONTA

§ 49.° ABERTURA DE CONTA: ELEMENTOS E NATUREZA

192. **Generalidades**

I. A abertura de conta é um contrato celebrado entre o banqueiro e o seu cliente, pelo qual ambos assumem deveres recíprocos relativos a diversas práticas bancárias. Trata-se do contrato que marca o início de uma relação bancária complexa e duradoura, fixando as margens fundamentais em que ela se irá desenrolar[1377]. A abertura de conta não deve ser tomada como um simples contrato bancário, a ordenar entre outros contratos dessa natureza: ela opera como um ato nuclear cujo conteúdo constitui, na prática, o tronco comum dos atos bancários subsequentes[1378]. Como por vezes sucede com os elementos mais básicos, o papel da abertura de conta passa desapercebido: muitas vezes ela era confundida ou com uma vulgar conta-corrente, ou com o depósito bancário. Recentemente, esse aspeto vem sendo corrigido: entre nós[1379] e no estrangeiro[1380].

[1377] STJ 18-nov.-2008 (Santos Bernardino), Proc. 08B2429, RCb 18-out.-2011 (Henrique Antunes), Proc. 46/10 e RCb 17-abr.-2012 (Henrique Antunes), Proc. 343/09.

[1378] Christian Gavalda/Jean Stoufflet, *Droit bancaire* cit., 8.ª ed., 199 ss. e Lamy, *Droit du financement* cit., n.° 2461 ss. (1229 ss.); entre nós, *vide* o importante acórdão da RCb 16-mar.-1999 (Nuno Cameira), CJ XXIV (1999) 2, 21-24 (23/I). *Vide*, ainda, Ussumane Aly Dauto, *Abertura de conta bancária*, em *Temas de Direito bancário* (1999), 317-379.

[1379] Em especial: Simões Patrício, *Direito bancário privado* cit., 133 ss., Paulo Olavo Cunha, *Cheque e convenção de cheque* (2009), 960 pp., 396 ss., José Engrácia Antunes, *Direito dos contratos comerciais* (2009), 483 ss. e *Os contratos bancários*, em Est. Ferreira de Almeida 2 (2011), 71-155 (84 ss.) e Januário Gomes, *Contratos comerciais* (2012), 108 ss..

[1380] Frank van Look, em Carsten Peter Claussen, *Bank- und Börsenrecht*, 4.ª ed.

II. A abertura de conta não dispõe de qualquer regime legal explícito. Ela assenta, no essencial, nas cláusulas contratuais gerais dos bancos e nos usos bancários. Neste momento, supomos haver já um conjunto de elementos que permitirão estabilizar uma linha dogmática coerente. Antes de examinar as diversas facetas de abertura de conta, podemos adiantar que ela traduz um negócio jurídico complexo. Impõe-se, por isso, avançar algumas noções jurídicas que condicionam o seu entendimento.

Independentemente das questões técnicas envolvidas, é importante reter que a abertura de conta corresponde a um negócio tipicamente bancário, perdendo-se nos tempos. Ela estará na origem do próprio Direito bancário como disciplina privada especializada no dinheiro. Assim, ela corresponde, antes de mais, a um todo lógico, no qual apenas para fins de estudo podemos isolar partes.

193. **Conteúdo necessário**

I. A abertura de conta é, como temos vindo a repetir, o negócio bancário nuclear. Ela marca o início de uma relação bancária complexa entre o banqueiro e o seu cliente e traça o quadro básico do relacionamento entre essas duas entidades. Antes de quaisquer considerações tendentes a defini-la ou a qualificá-la, impõe-se verificar qual o seu conteúdo, isto é: qual o regime que, dela, deriva para as partes.

A análise subsequente assenta nas cláusulas contratuais gerais de bancos representativos dos principais grupos bancários nacionais[1381]. Dada a natureza exclusivamente científica deste *Manual*, evitaremos referências aos concretos bancos que as utilizem.

(2008), 82 ss.; Hans-Ulrich Joeres, em Schimansky/Bunte/Lwowski, *Bankrechts-Handbuch* cit., 1, 4.ª ed., § 30 (595 ss.); Frank Peterek, em Siegfried Kümpel/Arne Wittig, *Bank- und Kapitalmarktrecht* cit., 4.ª ed., Nr. 6.591 ss. (745 ss.); no Direito alemão, a abertura de conta rege-se pelas cláusulas contratuais gerais, sendo vista, a esse propósito, no início da relação bancária complexa. Em França: Bonneau, *Droit bancaire* cit., 11.ª ed., 315 ss. e, em Itália, Molle/Desiderio, *Manuale di diritto bancario* cit., 7.ª ed., 163 ss., sendo evidente uma menor elaboração, nestes países.

[1381] No caso da Caixa Geral de Depósitos regia o regulamento aprovado pelo Decreto n.º 694/70, de 31 de dezembro. Hoje, ela dispõe de "condições gerais de abertura de conta", como qualquer banco comercial.

II. À partida, existem "condições" distintas – embora não muito diferentes – consoante o cliente seja uma pessoa singular – ou um "particular", na linguagem bancária – ou uma pessoa coletiva – por vezes dita "empresa".

As "condições gerais" definem-se como aplicáveis à abertura, à movimentação, à manutenção e ao encerramento de contas de depósito junto do banco; não obstante elas reportam-se a um contrato que denominam "contrato de abertura de conta", expressão corrente e consagrada, que aqui adotamos. Elas admitem estipulações em contrário, acordadas por escrito, entre as partes. E no omisso, elas remetem para os usos bancários e para a legislação bancária[1382].

III. O contrato de abertura de conta conclui-se pelo preenchimento de uma ficha, com assinatura e pela aposição da mesma assinatura, num local bem demarcado. Trata-se de um ponto importante, uma vez que essa assinatura passará a ser válida para todas as comunicações dirigidas ao banqueiro e para todas as ordens inerentes, *maxime*: para a assinatura de cheques, caso sejam emitidos.

As cláusulas contratuais gerais regulam o envio de correspondência: para o local indicado pelo cliente, considerando-se recebida com o seu envio.

O banqueiro pode alterar as cláusulas contratuais gerais, remetendo as alterações ao cliente. Não havendo oposição deste, dentro de determinado prazo[1383], a alteração tem-se por aceite.

IV. A abertura de conta prevê um quadro para a constituição de depósitos bancários que o banqueiro se obriga, desde logo, a receber[1384]. Além disso, ela regula dois aspetos da maior importância prática:

– a conta-corrente bancária;
– o giro bancário.

Quanto à conta-corrente, ficam assentes os termos em que a conta, em termos de crédito e de débito, é movimentada, em moldes abaixo estu-

[1382] A ordem por que surgem estes dois fatores – e que não é irrelevante para a sua aplicação – varia, consoante os bancos.

[1383] Nuns casos 15 dias; noutros, 30 dias.

[1384] Januário Gomes, *Contratos comerciais* cit., 110 ss., distingue entre elementos necessários (a conta-corrente) e elementos naturais (os regimes de depósito e de pagamentos simples).

dados. No que toca ao giro: ela prevê regras sobre os seus movimentos, incluindo juros, comissões e despesas que o banqueiro poderá debitar e sobre os extratos. Implicitamente, temos aqui uma assunção, pelo banqueiro, de todo o serviço de caixa, relacionado com a conta aberta. De notar que, nalgumas cláusulas contratuais gerais, a própria celebração do contrato de abertura de conta depende de um depósito inicial, enquanto, noutras, isso não sucede. E na verdade, é concebível uma abertura de conta com a subsequente conta-corrente bancária, sem qualquer depósito: a conta funcionaria na base da concessão de crédito ou de cobranças feitas, pelo banqueiro, a terceiros.

194. **Conteúdo eventual**

I. As cláusulas contratuais gerais atinentes à abertura de conta podem prever, ainda, três negócios subsequentes:

– a convenção de cheque;
– a emissão de cartões;
– a concessão de crédito por descobertos em conta.

A convenção de cheque fica na disponibilidade do banqueiro: todas as "condições" reservam, a este, o direito de não emitir cheques. De todo o modo, os aspetos essenciais relativos à convenção de cheque constam, logo, das cláusulas relativas à abertura de conta. A emissão de cartões – de débito, de crédito ou outras – fica dependente de um acordo ulterior, com a intervenção de novas cláusulas contratuais gerais. A concessão de crédito por descobertos em conta – portanto: pela admissão de um saldo favorável ao banqueiro e não ao cliente – depende de uma decisão a tomar pelo banqueiro, na altura devida.

II. As cláusulas contratuais gerais regulam diversas modalidades de depósito, num tema a retomar ulteriormente. Por vezes, reconhecem ao banqueiro o direito de compensar, com o saldo favorável ao cliente, quaisquer outros créditos que sobre ele detenha, isto é: de "debitar tais créditos na conta"[1385]. A compensação bancária constitui, hoje, um problema autónomo, abaixo considerado.

[1385] Esta faculdade deve ser temperada pela boa-fé e pelo dever de informação; assim, em RCb 3-dez.-1996 (Eduardo Antunes), CJ XXI (1996) 5, 35-38, desamparou-se

São, ainda, tratados diversos outros aspetos, como o foro competente e a lei aplicável, o sigilo bancário e a cessação do contrato.

195. **Terminologia e natureza**

I. O contrato de abertura de conta corresponde a um claro tipo social. Bem moldado por cláusulas contratuais gerais e totalmente assimilado pela prática jurídica da banca, a abertura de conta teve o seu reconhecimento oficial pelo Aviso n.º 11/2005, de 21 de julho, do Banco de Portugal, hoje substituído pelo Aviso n.º 5/2013, de 11 de dezembro, abaixo examinado.

Poder-se-á estranhar como foi possível que, dada a sua natureza óbvia e o seu papel nuclear, a abertura de conta tenha demorado tanto tempo a obter um tratamento nuclear nos escritos de Direito bancário. A resposta é simples: justamente pela sua omnipresença e pela sua natureza apriorística, ela passa despercebida: os estudos recaem sobre os elementos singulares que a integram (casos da conta-corrente e do giro bancário) ou possam integrar (caso do depósito bancário).

II. A abertura de conta tem surgido com diversas denominações que escondem, por vezes, flutuações dogmáticas[1386].

a posição do banqueiro, perante os factos seguintes: um cliente deposita 3.000 c., na sua conta; assim que esta importância fica disponível, o banqueiro debita 3.000 c. na conta em causa, por invocada compensação parcial com créditos derivados de determinadas garantias antes prestadas; o cliente não é avisado, vindo a sacar sobre os 3.000 c. um cheque que o banqueiro devolve por falta de provisão; neste caso não se provou que houvesse prévia convenção de compensação, além de ter sido violado um dever de comunicação. Pensamos que numa situação deste tipo, a convenção de compensação é válida, mesmo em cláusulas contratuais gerais; mas o cliente deve ser devidamente informado, nos termos gerais e segundo as circunstâncias.

[1386] Em Itália fala-se, por vezes, em conta-corrente de correspondência – *vide* Giuseppe Ferri, *Conto corrente di corrispondenza*, ED IX (1961), 666-671 – ou, por influência alemã, em contrato de giro – Molle, *Conto corrente bancario* cit., 414 – embora, em rigor e como veremos, o giro bancário corresponda a um tipo contratual diferente; na Alemanha, fala-se, simplesmente, em *Konto* – Claus-Wilhelm Canaris, *Bankvertragsrecht* cit., 1, 3.ª ed., 104 ss. – em depósito – Schwintowski/Schäfer, *Bankrecht*, 1.ª ed., cit., 161 ss. – ou em *Girogeschäft* – Kümpel, *Bank- und Kapitalmarktrecht* cit., 1.ª ed., 191 ss.; em França, usa-se *compte courant* para os comerciantes e *compte de dépôt* para os não-comerciantes – Gavalda/Stoufflet, *Droit bancaire* cit., 9.ª ed., 223 ss.: estas flutuações correspondem a diversos entendimentos do fenómeno, por vezes. Nos países de *common law* ocorre o termo

Entre nós já se falou, para a designar, de "contrato de depósito" e de "conta-corrente bancária". Todavia, esses termos têm sentidos conceituais próprios, que se não confundem com a abertura de conta. Aparece "conta bancária" (Simões Patrício), ou "contrato de conta" (Engrácia Antunes)[1387]. Já nos parece de evitar a "conta de depósito": pode não haver qualquer depósito, funcionando uma abertura de conta na base, apenas, do crédito. Por essa mesma razão não adotamos a locução "abertura de conta de depósito", presente no revogado Aviso do Banco de Portugal n.º 11/2005, alterado e republicado pelo Aviso n.º 2/2007, do mesmo Banco e hoje substituído pelo seu aviso n.º 5/2013. Quanto a "contrato de conta": há vários contratos que se podem reportar à conta e que não são de "abertura". Abertura de conta parece-nos, pois, o ideal. Mas subscreveríamos qualquer locução que obtivesse consenso.

Outros aspetos terminológicos serão retomados a propósito da conta-corrente bancária[1388].

Pela nossa parte e pelo exposto, ficamos por "contrato de abertura de conta", usado pelas cláusulas contratuais gerais dos nossos bancos e que não permite quaisquer confusões. Desde o momento em que se saiba o que se pretende dizer, a terminologia é secundária. De todo o modo, convidamos os ilustres juristas estudiosos do Direito bancário de língua portuguesa a não introduzirem, sem razões dogmáticas sérias, variações terminológicas: só complicam a sedimentação da doutrina e a discussão do que, efetivamente, haja para discutir.

III. A abertura de conta tem características difíceis de reduzir. Ela surge como contrato normativo, uma vez que regula toda uma atividade jurídica ulterior, ainda que facultativa. Tem, pois, traços do que acima chamámos contratação mitigada. Embora o banqueiro não fique obrigado a celebrar contratos ulteriores, ele compromete-se a ficar disponível para examinar quaisquer propostas que lhe venham a ser formuladas, respondendo, em termos de razoabilidade, às questões que lhe sejam postas. Fica

current account, embora para designar algo de diverso: o dever do banqueiro de honrar os cheques sacados sobre ele. Sobre toda esta matéria, Giuseppe Falcone, *Conto corrente bancario in diritto comparado*, DDP/SComm IV (1990), 27-28.

[1387] *Vide* Januário Gomes, *Contratos comerciais* cit., 108-109 e Engrácia Antunes, *Direito dos contratos comerciais* cit., 483-484.

[1388] *Infra*, 560 ss..

instituída, entre as partes e com uma base contratual, a relação bancária geral[1389].

Mas além disso, a abertura de conta tem efeitos jurídicos imediatos: a conta-corrente bancária, o giro bancário com o serviço de caixa por parte do banqueiro, o dever, deste, de receber depósitos, e de fazer e efetuar transferências e, ainda, os deveres gerais de prestar informações e de efetuar comunicações, a que se soma toda uma série de traços, resultantes das cláusulas contratuais gerais.

IV. A abertura de conta deve ser tomada como um negócio materialmente bancário, por excelência. É um contrato *a se*: próprio, com características irredutíveis e uma função autónoma. Sem prejuízo por esses fatores, ela articula-se como negócio misto, com elementos da conta-corrente e de outros negócios, típicos (p. ex., convenção de cheque) ou atípicos (p. ex., giro bancário). Cabe agora à doutrina, na base da análise das cláusulas contratuais gerais, proceder à sua análise.

A posição nuclear da abertura de conta permite recorrer às suas regras para integrar muitos dos negócios bancários carecidos de regulamentação. Justifica-se, também por isso, a sua inclusão numa teoria geral dos atos bancários.

Quanto à sua essência última: é a de uma prestação de serviço. Em última instância, ela deverá ser colmatada com recurso ao regime do mandato, nos termos do artigo 1156.° do Código Civil.

[1389] *Supra*, 326 ss..

§ 50.º CELEBRAÇÃO DA ABERTURA DE CONTA E MODALIDADES

196. Formalidades

I. A abertura de conta é um contrato de fácil celebração. Não obstante, ele postula algumas formalidades. Assim, por via da legislação destinada a combater o branqueamento de capitais, o banqueiro é obrigado a identificar devidamente o seu cliente, quando se estabeleçam relações de negócio e, portanto: quando se celebre uma abertura de conta: artigo 7.º/1, *a)* da Lei n.º 25/2008, de 5 de junho[1390-1391]. É ainda necessário a apresentação do cartão contendo o número fiscal: o "cartão de contribuinte"[1392].

II. Tratando-se de pessoas coletivas, essas mesmas operações são devidamente adaptadas: cartão de identificação de pessoa coletiva ou de certidão de registo comercial ou, não sendo residentes, de documento equivalente – 7.º/3, *b)*, da Lei n.º 25/2008.

Para abertura de conta simples, os banqueiros não pedem, em regra, informações sobre o património e os rendimentos dos clientes. Quando ela esteja associada à concessão de crédito, são dadas fichas adequadas, aos clientes, solicitando-se-lhes, ainda, demonstrações fiscais e contabilísticas.

[1390] Com a Retificação n.º 41/2008, de 4 de agosto; a Lei n.º 25/2008 foi alterada pelos Decretos-Leis n.º 46/2011, de 24 de junho, n.º 242/2012, de 7 de novembro e n.º 18/2013, de 6 de fevereiro.

[1391] Dispôs, ainda, a Instrução n.º 48/96, de 17 de junho do BP, em vigor até ao dia 20-out.-2005. *Vide* José Maria Pires, *Direito bancário* cit., 3, 425 ss., onde o texto dessa instrução pode ser confrontado.

[1392] Rege o Decreto-Lei n.º 463/79, de 30 de novembro, alterado pelo Decreto-Lei n.º 266/91, de 6 de agosto.

197. O Aviso nº 2/2013, do Banco de Portugal

I. O Aviso n.º 11/2005, de 21 de julho[1393], do Banco de Portugal, veio, segundo o sumário oficial, regular "as condições gerais de abertura de contas de depósito bancário". Ele foi alterado (artigos 4.º, 8.º, 9.º, 10.º, 12.º, 13.º e 15.º pelo Aviso n.º 2/2007, de 2 de fevereiro[1394], que procedeu à sua republicação em anexo. Apesar de revogado, ele tem interesse doutrinário. Do seu preâmbulo, resultavam as seguintes linhas de força:

- a abertura de conta inicia, com frequência, uma relação de negócio duradoura entre o cliente e a instituição de crédito, requerendo assim uma identificação segura deste e dos seus representantes;
- ao cliente deve ser fornecida informação atempada e detalhada sobre o "contrato de depósito bancário";
- a abertura da conta pode dar-se de modo não presencial;
- existe a propósito de regulamentos a abertura de conta, pela ótica bancária, independentemente do cumprimento de outras obrigações: fiscais, civis e outras, já vigentes.

II. O Aviso n.º 11/2005 ordenava-se em três capítulos, dos quais um subdividido em secções. Nos termos seguintes:

Capítulo I – Disposições gerais (1.º a 3.º);
Capítulo II – Procedimentos de identificação:
  Secção I – Princípios gerais (4.º a 8.º);
  Secção II – Abertura presencial de contas de depósito (9.º e 10.º);
  Secção III – Abertura não presencial de contas de depósito (11.º e 12.º);
Capítulo III – Disposições finais (13.º a 17.º).

Como disposições gerais tínhamos as regras seguintes:

- o aviso dirigia-se aos bancos, às caixas económicas, à Caixa Central de Crédito Agrícola Mútuo e às caixas de crédito agrícola mútuo (1.º);
- as instituições de crédito deviam atuar com "elevado grau de cuidado", na identificação das pessoas e na verificação dos poderes de representação (2.º);

[1393] Assinado a 13-jul.-2005, pelo Governador (Vítor Constâncio), o Aviso n.º 11/ /2005 está publicado no DR I Série-B, n.º 139, de 21-jul.-2005, 4330-4333.
[1394] DR I Série, n.º 28, de 8-fev.-2007, 1021-1026.

– previamente, elas deviam disponibilizar as "condições gerais" que irão reger o contrato a celebrar, em papel ou outro suporte duradouro eficaz (3.º/1), cabendo-lhes fazer prova do cumprimento deste dever (3.º/2).

Tínhamos, neste último e importante preceito, uma concretização clara do regime geral das cláusulas contratuais gerais.

III. As preocupações com os temas do terrorismo internacional e com o branqueamento de fundos ilicitamente obtidos, dobrados pela opinião pública hostil, relativamente aos fluxos monetários, mercê da crise de 2009-2014, levaram a uma forte densificação da matéria. Assim, surgiu o Aviso do Banco de Portugal n.º 5/2013, de 11 de dezembro de 2013 (Governador Carlos Costa)[1395]. O Aviso n.º 5/2013 apresenta-se como um pequeno Código bancário, arrumado em quatro títulos, nos termos seguintes:

Título I – Disposições gerais (1.º a 8.º).
Título II – Deveres preventivos (9.º a 54.º):
  Capítulo I – Deveres de identificação (9.º a 28.º)
    Secção I – Princípios gerais (9.º a 12.º);
    Secção II – Relações de negócio (13.º a 25.º):
      Subsecção I – Contas de depósito bancário (13.º a 22.º);
      Subsecção II – Outras relações de negócio (23.º a 25.º);
    Secção III – Transações ocasionais (26.º a 28.º);
  Capítulo II – Dever de diligência (29.º a 40.º).
  Capítulo III – Dever de controlo (41.º a 45.º).
  Capítulo IV – Dever de formação (46.º e 47.º).
  Capítulo V – Outros deveres (48.º a 54.º).
Título III – Disposições complementares (55.º a 59.º).
Título IV – Disposições transitórias e finais (60.º a 62.º)

IV. Embora devendo representar um normativo básico sobre o contrato de abertura de conta, o Aviso n.º 5/2013, mercê da sua finalidade básica de combate, preventivo e repressivo, ao branqueamento de vantagens de proveniência ilícita e ao financiamento do terrorismo, surge distorcido, nesse sentido.

No seu título I, ele procede a uma série de definições (2.º), indica, como destinatárias, as instituições de crédito, sociedades financeiras, instituições de pagamento e instituições de moeda eletrónica com sede no ter-

[1395] Publicado no DR 2.ª série, n.º 245, de 18-dez.-2013, 36.036-36.057, com anexos.

ritório nacional, sucursais estrangeiras e entidades prestadoras de serviços postais (3.º). Deve ser feita uma avaliação dos riscos inerentes à atividade desenvolvida, de acordo com múltiplos parâmetros (4.º). É reafirmada uma supervisão diversificada (5.º).

V. Os "deveres preventivos" envolvem um cuidado dever de identificação (9.º a 12.º). O Aviso distingue relações de negócio de transações ocasionais (13.º e seguintes e 26.º e seguintes). Nas relações de negócio, contrapõe as contas de depósito, aliás pelo prisma da sua abertura, às "outras relações de negócio" (23.º). Quanto à abertura das "contas de depósito bancário", ocorre um dever especial de cuidado quanto à identificação de cada titular de conta e dos seus beneficiários efetivos (13.º). Os elementos identificativos são alargados e especificados (17.º), dispondo-se sobre os meios comprovativos (18.º). Os beneficiários efetivos são apurados (19.º). O número de identificação fiscal deve ser apurado (21.º). Cuidados suplementares ocorrem em face de depósitos em numerário iguais ou superiores a € 10.000,00 ou, havendo "risco elevado de branqueamento", a € 5.000,00 (22.º/1 e 2). Perante "outras relações de negócio" (23.º) ou em face de "transações ocasionais" operam, também, procedimentos de identificação (26.º).

VI. Outros aspetos do Aviso n.º 5/2013 têm relação mais vincada com o tema do branqueamento de capitais. Como tal foi considerado[1396].

198. **Modalidades**

I. As contas de cuja abertura se trate são suscetíveis de diversas classificações. Desde logo, temos contas de pessoas singulares e de pessoas coletivas. Perante sociedades em formação, associações não reconhecidas, sociedades civis, comissões, condomínios ou similares, surge-nos, na prática bancária, a figura da "entidade equiparada a pessoa coletiva": as contas são abertas com referência a essa situação; exige-se, então, que fique bem expresso quais as pessoas autorizadas a movimentar a conta e como se procederá à sua substituição, no caso de alterações ou da falta de todas ou de alguma delas.

[1396] *Supra*, 380 ss..

II. Há, ainda, que observar as competentes regras de representação, na hipótese de contas de menores ou de interditos. Os próprios menores podem, de resto, abrir conta, nos termos já explanados[1397].

As contas dos cônjuges gozam, ainda, do regime especial do artigo 1680.° do Código Civil:

> Qualquer que seja o regime de bens, pode cada um dos cônjuges fazer depósitos bancários em seu nome exclusivo e movimentá-los livremente.

III. Quanto à titularidade, a conta pode ser individual ou coletiva, consoante seja aberta em nome de uma única ou de várias pessoas: neste último caso, pode falar-se em contitularidade da conta. Na referida hipótese, a conta pode ser, ainda, solidária, conjunta ou mista, nos seguintes termos[1398]:

– conta solidária: qualquer dos titulares pode movimentar sozinho livremente a conta; o banqueiro exonera-se, no limite, entregando a totalidade do depósito a um único dos titulares[1399];
– conta conjunta: só pode ser movimentada por todos os seus titulares, em simultâneo;
– conta mista: alguns dos titulares só podem movimentar a conta em conjunto com outros.

As contas são, ainda, suscetíveis de diversas classificações, consoante o tipo de depósito que abriguem: um ponto a examinar aquando do depósito.

[1397] *Supra*, 334 ss..

[1398] Elementos doutrinários sobre estes tipos de contas podem ser confrontados em Schwintowski/Schäfer, *Bankrecht* cit., 1.ª ed., 168 ss.. Entre nós *vide* Paula Camanho, *Do contrato de depósito bancário* cit., 235 ss. e, com muitas indicações, Januário Gomes, *Contratos comerciais* cit., 138 ss..

[1399] RPt 4-mai.-1997 (Afonso Correia), CJ XXII (1997) 2, 189-192 (191); como bem se explica neste acórdão, a solidariedade, aqui presente, diz respeito, apenas, às relações entre o cliente e o banqueiro; no tocante à titularidade do saldo, que rege as relações entre os titulares da conta, há que indagar, sendo ilidível a presunção de igualdade do artigo 516.° CC. No mesmo sentido, cumpre citar STJ 25-fev.-1981 (Santos Silveira), BMJ 304 (1981), 444-451 (448 ss.), com múltiplas indicações bibliográficas, RLx 13-out.-1988 (Leite Barreiros), CJ XIII (1988) 4, 120-122 (121), onde essa orientação tem relevância hereditária, RLx 10-out.-1988 (Alexandre Pinto), CJ XIV (1989) 4, 143-144 (143-144) e STJ 5-jun.-2008 (Garcia Calejo), Proc. 08A1361.

IV. A conta coletiva suscita problemas quanto à atribuição do seu saldo. Tecnicamente, é deste que se trata e não da "titularidade dos depósitos". No entanto, quer a doutrina quer a jurisprudência reportam-se a "depósitos" pretendendo traduzir os saldos das contas.

Perante uma conta solidária, pode ter sido estipulado entre os titulares qual a quota-parte ideal que a cada um compita. Nada se dizendo ou sabendo sobre o tema, funciona a presunção do artigo 516.° do Código Civil: presume-se que todos os titulares têm idênticas percentagens sobre o saldo[1400], podendo essa presunção ser ilidida, nos termos gerais[1401]. Por vezes, a jurisprudência exprime essa mesma ideia distinguindo entre "titularidade da conta" e "propriedade dos fundos"[1402]: embora sugestiva, esta fórmula não é rigorosamente técnica uma vez que – como veremos – o "proprietário dos fundos" é o próprio banqueiro. A distinção visada é, como se disse, entre a titularidade da conta e a quota-parte do saldo que cada um detenha.

V. Temos a categoria das contas fiduciárias, isto é, daquelas que são abertas em nome de uma pessoa, mas por conta e no interesse de outra. A fidúcia, aqui, só releva se for do conhecimento do banqueiro: sendo oculta, tudo se passa como se houvesse, apenas, um título formal, equivalente ao substancial[1403].

Questão suplementar põe-se quanto a entregas fiduciárias para conta bancária alheia: uma pessoa entrega a outra uma quantia em dinheiro para depósito na conta da segunda e com o encargo de a restituir quando solicitado. Pois bem: feito o depósito, a propriedade do dinheiro transfere-se para o banqueiro, tendo o titular da conta um mero crédito ao saldo. Esse crédito é fiduciário: postula um acordo entre o titular da conta e o "dono" dos fundos, pelo qual este receberá o saldo em causa. O acordo fiduciário não é, em princípio, oponível ao banqueiro, dada a regra da relatividade

[1400] STJ 27-jan.-1998 (Martins da Costa), CJ/Supremo VI (1998) 1, 42-44 (43/I).

[1401] *Vide* STJ 5-nov.-1998 (Dionísio Correia), CJ/Supremo VI (1998) 3, 95-97 (96//II), STJ 12-jan.-1999 (Costa Marques; vencidos: Roger Lopes e Noronha Nascimento), CJ/Supremo VII (1999) 1, 25-27 (26/II), que mandou baixar os autos para se apurar quem era, afinal, o titular do "dinheiro" e RPt 14-jan.-1999 (Saleiro de Abreu), CJ XXIV (1999) 1, 183-186 (185/II).

[1402] STJ 20-jan.-1999 (Francisco Lourenço), CJ/Supremo VII (1999) 1, 48-50 (50/I); este aresto, com importantes indicações jurisprudenciais, explica que não se apurando com clareza quem é o "proprietário", funciona a presunção de igualdade referida no texto.

[1403] Com elementos: Januário Gomes, *Contratos comerciais* cit., 144-147.

dos contratos. As entregas fiduciárias representam pois um risco para quem as faça.

VI. Finalmente, podemos hoje distinguir contas facultativas e contas obrigatórias. Estas últimas ocorrem quando, por força do preceito legal, esteja prevista a sua existência, designadamente para efeitos fiscais. Veja-se, assim, o artigo 129.º da Lei Geral das Infrações Tributárias[1404].

VII. Outras modalidades de contas serão referidas a propósito do depósito bancário[1405].

[1404] Redação dada pelo Decreto-Lei n.º 53-A/2006, de 29 de dezembro.
[1405] *Infra*, 601 ss..

§ 51.° REGIME DA ABERTURA DE CONTA

199. **Um contrato misto socialmente típico**

I. Como foi visto, a abertura de conta traduz um contrato *a se*, misto, socialmente típico e com uma função nuclearmente bancária[1406].

Descendo mais profundamente nos elementos que condicionam o seu regime, temos:

– preceitos legais injuntivos: estão, nesse caso, as regras que impõem a identificação pessoal e fiscal dos beneficiários;
– cláusulas contratuais gerais, eventualmente expurgadas de cláusulas proibidas, por força da LCCG;
– disposições legais supletivas.

As regras da supervisão – designadamente o Aviso n.° 5/2013, do Banco de Portugal – aplicam-se ao contrato na medida em que deem corpo a normas legais imperativas ou quando inseridas nas cláusulas contratuais gerais. Para além disso, elas podem responsabilizar as instituições de crédito, enquanto normas de proteção.

II. As disposições legais supletivas exigem que se determine a composição típica da abertura de conta. Ela envolve:

– elementos da conta-corrente comercial (artigos 344.° e seguintes do Código Comercial);
– elementos do giro bancário (Decreto-Lei n.° 317/2009, de 30 de outubro[1407] e outros elementos);

[1406] *Supra*, 543 ss..

[1407] Alterado e republicado pelo Decreto-Lei n.° 242/2012, de 7 de novembro e novamente modificado pelo Decreto-Lei n.° 157/2014, de 24 de outubro.

– eventualmente, elementos do depósito (1185.° e seguintes do Código Civil), da convenção de cheque (3.° da Lei Uniforme do Cheque e outra legislação) e do cartão bancário;
– elementos de prestação de serviço, aplicando-se-lhes o mandato (1157.° e seguintes do Código Civil).

Pois bem: consoante a área concretamente em causa, assim haverá que apelar aos respetivos elementos legais supletivos. Digamos que, na abertura de conta, dominará a teoria da combinação.

III. De todo o modo: a ser necessário precisar um "centro de gravidade", ele deverá ser localizado na prestação de serviço. Como vimos, o grande sentido global da abertura de conta é a prestação, ao cliente, de um serviço bancário muito especializado e que apenas pode ser disponibilizado pelo banqueiro.

O regime do mandato será sempre a última instância a que podemos, aqui, pedir normas supletivas. A partir daí:

– ou há lacuna no contrato;
– ou há lacuna da lei.

Seguir-se-ão, conforme os casos, os regimes dos artigos 239.° ou 10.°, ambos do Código Civil[1408].

200. Direito à conta? Os serviços mínimos bancários

I. Na atualidade, quase todos os cidadãos economicamente ativos têm uma ou mais contas bancárias. Nalgumas circunstâncias são mesmo obrigados a tê-las: os funcionários públicos são pagos através da Caixa Geral de Depósitos, enquanto um número crescente de empresas paga os salários dos seus trabalhadores por transferência bancária. Na falta de lei expressa[1409] entendemos, contudo, que ninguém é obrigado a abrir conta bancária.

[1408] *Tratado* II, 767 ss., quanto à delimitação de ambos esses tipos de lacunas.

[1409] Como lei expressa com tal conteúdo podemos entender uma disposição, nesse sentido, contida numa convenção coletiva de trabalho ou instrumento equivalente; *vide* Schwintowski/Schäfer, *Bankrecht*, cit. 1.ª ed., 175.

Questão diversa e bastante curiosa é a de saber se o banqueiro é obrigado a abrir conta a qualquer pessoa que se lhe dirija. Podemos avançar, como ponto assente, a não obrigatoriedade de conceder crédito, cartões de crédito e, até, cheques. E quanto a contas simples? Por um lado, a abertura de conta é, hoje, um meio insubstituível de conseguir determinados serviços e de alcançar um nível modesto de qualidade de vida: mal estaríamos se alguém pudesse, arbitrariamente, ser privado desse serviço. Mas por outro, temos de reconhecer a liberdade ao banqueiro. Este pode, legitimamente, não querer ter entre os seus clientes pessoas indesejáveis ou não recomendáveis.

II. Em França, há uma solução legal expressa: a pessoa que se veja recusar a abertura de conta, pode dirigir-se ao Banco de França que, *iure imperii*, indicará ao interessado um estabelecimento que lha deverá abrir. Mas apenas com serviço de caixa: sem uso de cheque e sem crédito[1410]. Na Alemanha não há tal regra: nenhum banqueiro é obrigado a contratar exceto se a recusa, por via das regras da concorrência ou dos bons costumes, constituir um ato ilícito[1411]. Reconhece-se, todavia, a necessidade de aceder aos serviços bancários[1412].

III. Em Portugal, não conhecemos nenhuma regra que obrigue o banqueiro a contratar. Este poderá recusar a abertura de quaisquer contas. Como limite, apenas teríamos as regras da concorrência e mais precisamente o disposto no revogado artigo 4.° do Decreto-Lei n.° 370/93, de 29 de outubro[1413], que proíbe determinadas práticas individuais restritivas do comércio. Segundo esse preceito,

[1410] Na origem, *vide* o artigo 58.° da Lei Bancária de 24-jan.-1984, modificado pela Lei de 29-jul.-1998, depois incluído no artigo L. 312-1 do Código Monetário e Financeiro, várias vezes alterado; na edição de Didier Martin, *Code monétaire et financier* (2013), 304 ss. e, na de Michel Storck/Jérôme Lassere Capdeville, *Code monétaire et financier*, 3.ª ed. (2013), 432 ss., com muitas indicações; *vide* Christian Gavalda/Jean Stoufflet, *Droit bancaire* cit., 8.ª ed., n.º 317 ss. (188 ss.) e Thierry Bonneau, *Droit bancaire* cit., 10.ª ed., n.º 425 (286).

[1411] Schwintowski/Schäfer, *Bankrecht* cit., 1.ª ed., 176.

[1412] Stephan Steuer, *Girokonto für jedermann*, WM 1998, 439-440.

[1413] Este diploma foi alterado pelo Decreto-Lei n.° 140/98, de 16 de maio e pelo Decreto-Lei n.º 10/2003, de 18 de janeiro.

1. É proibido a um agente económico recusar a venda de bens ou a prestação de serviços a outro agente económico, segundo os usos normais da respetiva atividade ou de acordo com as disposições legais ou regulamentares aplicáveis, ainda que se trate de bens ou de serviços não essenciais e que da recusa não resulte prejuízo para o regular abastecimento do mercado.

O n.º 3 do mesmo artigo alinhava causas justificativas para a recusa, em termos bastante latos, que retiravam interesse ao preceito. Para além disso: o decreto-lei n.º 370/93 foi revogado e substituído pelo Decreto-Lei n.º 166/2013, de 27 de dezembro[1414]. Este diploma, no seu artigo 6.º, apenas veda recusas de contratação entre empresas. Não resolve, pois, o presente problema.

IV. Movido por preocupações de tutela do consumidor e, mais latamente, de tutela social, o legislador decidiu intervir: através do Decreto-Lei n.º 27-C/2000, de 10 de maio, relativo a serviços mínimos bancários[1415]. Este diploma foi alterado pela Lei n.º 19/2011, de 20 de maio, que o republicou em anexo e, de novo, pelo Decreto-Lei n.º 225/2012, de 17 de outubro, que o republicou, pela segunda vez, em anexo. Esta última versão foi alterada pela Lei n.º 66/2015, de 6 de julho[1416]: uma permanente instabilidade legislativa, que dificulta o estudo e a aplicação do Direito.

O diploma estabelece um sistema de acesso, pelas pessoas singulares, aos serviços mínimos bancários. Tais serviços incluem, segundo o seu artigo 1.º/2, *a*):

i) Serviços relativos à constituição, manutenção, gestão e titularidade de conta de depósito à ordem;
ii) Titularidade de cartão de débito;
iii) Acesso à movimentação da conta através de caixas automáticas, serviço de *homebanking* e balcões da instituição de crédito;
iv) Operações incluídas: depósitos, levantamentos, pagamentos de bens e serviços, débitos diretos e transferências intrabancárias nacionais;

[1414] Alterado pelo Decreto-Lei n.º 220/2015, de 8 de outubro, nos seus artigos 2.º, 4.º, 5.º e 7.º.

[1415] *Vide* João Calvão da Silva, *Direito bancário* cit., 336 ss. e Januário Gomes, *Contratos comerciais* cit., 148-150.

[1416] Foram alterados os seus artigos 1.º, 2.º, 4.º, 4.º-A, 4.º-B, 4.º-C, 4.º-D, 5.º, 7.º-A e 7.º-B e revogados os artigos 7.º e 7.º-A/1.

V. O particular interessado pode aceder a tais serviços através da abertura de uma conta de serviços mínimos bancários[1417], em instituição de crédito à sua escolha de entre as que tenham aderido ao sistema; pode, ainda, converter uma conta comum, de que já seja titular, em conta de serviços mínimos (2.º/1). A conta de serviços mínimos não pode dar lugar a comissões anuais superiores a 1% da remuneração mínima mensal garantida, salvo o custo do cartão bancário (3.º). O interessado não pode ser titular de nenhuma outra conta (4.º/1). A conta pode ser resolvida, pelo banqueiro, depois de decorrido, pelo menos, um ano após a abertura ou conversão de conta de depósito à ordem em conta de serviços mínimos bancários se, nos seis meses anteriores, essa conta apresentar um saldo médio anual inferior a 5% da remuneração mínima mensal garantida e não tiverem sido realizadas quaisquer operações bancárias nesse mesmo período de tempo (5.º/1).

VI. As instituições de crédito não podem, após as alterações introduzidas pela Lei n.º 66/2015, de 6 de julho, recusar a abertura de conta de serviços mínimos, salvo nos casos previstos no artigo 4.º/4: apura-se que, afinal, o interessado já tinha outra conta ou recusar-se ele a declarar formalmente que não é titular de outra conta. Com isso, aboliu-se o esquema dos antigos protocolos com o Governo, previsto nas regras anteriores[1418]. Neste momento, aguarda transposição a Diretriz 2014/92, de 23 de julho[1419], que assegura, entre outros aspetos, o acesso a contas de pagamento, sem discriminações. O seu acolhimento na ordem interna permitirá novos avanços neste domínio.

201. **Cessação e bloqueio**

I. A cessação de uma conta bancária provoca o termo dos diversos negócios dela dependentes. Encerrada a conta, caducam as convenções de

[1417] O diploma, corrigindo a denominação anterior, fala, hoje, em "abertura de conta": artigo 2.º/1.
[1418] *Vide* a 5.ª ed. desta obra, 549.
[1419] *Vide infra*, 592-593.

cheque, os contratos de depósito, os acordos relativos a cartões e os outros acordos acessórios[1420].

As cláusulas contratuais gerais dos bancos atribuem, ao banqueiro, o direito de cancelar livremente as "contas à ordem", isto é, as contas que prevejam meros depósitos à ordem. Os depósitos de outra natureza têm prazos próprios de cessação, prazos esses que, automaticamente, se aplicam às inerentes contas, devendo ser respeitados pelo banqueiro.

O cancelamento, por iniciativa do banqueiro, depende de um pré-aviso feito com 8, 15 ou 30 dias de antecedência, consoante os bancos.

Tecnicamente temos, aqui, uma hipótese de denúncia com pré-aviso, e portanto: de cessação unilateral, discricionária e não retroativa. Algumas cláusulas conferem um direito paralelo ao cliente; outras são omissas. Neste último caso – e salvo atentado à boa-fé – pensamos que o cliente pode, a todo o tempo "cancelar" - portanto: denunciar – a conta, por aplicação direta ou analógica dos artigos 349.° do Código Comercial e 777.°/1 do Código Civil. Por seu turno, também o cancelamento ou encerramento da conta, por iniciativa do banqueiro, mesmo com pré-aviso, poderá, concretamente, ser abusivo: o pré-aviso deverá ser aumentado ou, em alternativa: o banqueiro poderá ter que indemnizar. Mas fora dessas situações-limite, deve ficar claro que toda a abertura de conta é dominada pela autonomia privada.

II. Para além da denúncia, a conta pode cessar por acordo das partes (revogação ou distrate). Maiores dúvidas suscita a hipótese de resolução. À partida, a resolução seria uma forma de cessação de conta retroativa, unilateral e vinculada. A retroatividade não parece, aqui, possível, visto o artigo 434.° do Código Civil. A resolução não surge prevista nas cláusulas contratuais gerais que conhecemos; teria de se basear na regra geral da impossibilidade/incumprimento, prevista, no artigo 801.°/2 do Código Civil, para os "contratos bilaterais"; além disso, ela dependeria da verificação de um incumprimento definitivo, pela outra parte. Não parece, contudo, facilmente configurável um incumprimento definitivo, no domínio do dinheiro. Assim, admitimos a resolução como encerramento imediato da conta bancária em casos muito vincados nos quais, justificadamente, não se pudesse exigir, ao banqueiro, a manutenção de certa relação, dentro do período de pré-aviso requerido para a denúncia.

[1420] Jurisprudência significativa pode ser confrontada em Gerd Nobbe, *Bankrecht/ /Aktuelle höchst- und obergerichtliche Rechtsprechung* (1999), 6 ss..

III. A conta bancária pode, ainda, ser bloqueada, numa situação que, por vezes, prenuncia a cessação do contrato de abertura de conta, mas que não se confunde com ela. O bloqueio é decidido pelo banqueiro, podendo advir de múltiplas razões[1421]: a pedido do próprio cliente, por ordem do tribunal ou por morte do cliente[1422]; nesta hipótese, o saldo será entregue aos herdeiros[1423], extinguindo-se a conta[1424]. O desaparecimento de uma pessoa coletiva não bloqueia nem extingue, por si, a conta; esta será movimentada pelos liquidatários, nos termos gerais, até à liquidação definitiva: a cessação da conta e, com ela, da relação bancária complexa, ficará, então, consumada.

IV. Podem, ainda, ocorrer outras vicissitudes[1425]. Surgem, designadamente, cativos, parciais ou totais, que se caracterizam pela imobilização de parte ou da totalidade do saldo, em termos similares ao do bloqueio. Distinguem-se, todavia, do bloqueio, por não implicarem a paralisação da conta. É viável o penhor de conta bancária[1426], bem como a sua penhora. Também se configura a hipótese de bloqueio de conta.

[1421] RCb 10-mai.-1995 (Carlos Leitão), CJ XX (1995) 3, 64-65 e RPt 12-jul.-1995 (Pereira Madeira), CJ XX (1995) 4, 226-228; os tribunais têm vindo a ocupar-se de contas bloqueadas por força da devolução de cheques que, sobre elas, tenham sido sacados; não haveria, aí, crime de emissão de cheque sem provisão. Em sentido diverso: RLx 14-mai.-1997 (Carlos Santos de Sousa), BMJ 467 (1997), 611 (o sumário).

[1422] STJ 19-fev.-2009 (Serra Baptista), Proc. 03B3821.

[1423] O tribunal pode determinar a restituição de levantamentos, de modo a contemplar os herdeiros: STJ 19-mai.-2009 (Salazar Casanova), Proc. 2434/04.

[1424] Alguns bancos recusam-se a extinguir as contas de pessoas falecidas, mantendo-as artificialmente abertas e cobrando comissões aos herdeiros: uma ocorrência que justificaria a intervenção do Banco de Portugal.

[1425] Desenvolvidamente: Januário Gomes, *Contratos comerciais* cit., 150-163.

[1426] *Infra*, 817 ss..

SECÇÃO V

ELEMENTOS NECESSÁRIOS DA ABERTURA DE CONTA

§ 52.° A CONTA-CORRENTE BANCÁRIA

202. **Generalidades**

Na abertura de conta inclui-se, como primeiro elemento necessário, um conjunto de regras atinentes a uma conta-corrente: a conta-corrente bancária.

O Direito comercial conhece e regula um contrato comum de conta-corrente. Por razões de clareza na exposição dogmática, vamos percorrer-lhe os contornos e o regime. Fica, no entanto, ressalvado que a conta-corrente bancária não tem autonomia e que, provavelmente, ela terá antecedido a própria conta-corrente comum. Procuramos, aqui, uma coerência dogmática, ainda que em detrimento de elementos histórico-culturais.

203. **A conta-corrente comercial; origens e evolução**

I. A conta-corrente comercial (ou comum, por oposição à bancária) surge como um negócio típico e nominado.

Trata-se de um contrato concluído em torno de uma técnica contabilística com raízes na mais alta Antiguidade: uma representação expedita em duas colunas, de uma sequência marcada por entregas mútuas e na qual, à primeira, são levadas o *meu* e, na segunda, o *teu*, permitindo, depois, o encontro de ambas[1427]. Na Grécia antiga, bem como em Roma,

[1427] Schwintowski/Schäfer, *Bankrecht* cit., 1.ª ed., 143.

surgem práticas comerciais próximas de uma conta-corrente contabilística, num hábito retomado na baixa Idade Média e na Renascença italiana[1428].

A conta-corrente retratava, apenas, de forma gráfica sintética, uma sucessão de atos. Cedo, porém, se verificou que a relação de proximidade entre eles propiciava regras comuns e uma interação entre todos. Assim, no século XIX, acabaria por se passar de simples conta-corrente contabilística ao contrato de conta-corrente, propriamente dito[1429-1430].

II. Na autonomização do contrato de conta-corrente formaram- se, no século XIX, duas grandes tradições: a francesa e a alemã.

Nascida dos usos[1431], a conta-corrente não obteve, no *Code de Commerce* de 1807, mais do que uma breve referência. A dinamização dos negócios levou a um desenvolvimento marcante e, depois, a largo interesse doutrinário[1432]. A doutrina chama a atenção para três dos seus elementos e sucessivamente: as entregas recíprocas, o efeito novatório e a compensação mútua. Partindo de entregas mútuas de bens ou de valores, as partes abdicariam da individualidade de cada uma delas, novando as respetivas obrigações em vínculos obrigacionais de sinal contrário; no final, através de compensações, apurar-se-ia o saldo: apenas este seria devido. Na evolução subsequente o aspeto novatório veio a diminuir[1433], numa aproximação ao esquema alemão.

[1428] Torquato Giannini, *I contratti di conto corrente* (1895), 103 ss., Vittorio Salandra, *Conti correnti bancari e contratto di conto corrente*, RDComm XXIX (1931) 1, 707-737 (715), Giacomo Molle, *Conto corrente bancario*, NssDI IV (1959), 414-424 (415 e 416) e Uwe Blaurock, *Das Kontokorrent*, JA 1980, 691-696 (691 ss.), que começa por referir antecedentes no Egito e na Babilónia.

[1429] Gustavo Bonelli, *Sulla teoria del conto corrente*, RDComm XII (1914) 1, 825-834 (825-826) e Oberdan Tommaso Scozzafava/Giuseppe Grisi, *Conto corrente*, DDP/SComm IV (1990) 1-7 (1). Um importante desenvolvimento pode ser, ainda, confrontado em Vittorio Santoro, *Il conto corrente bancario* (1992), 7 ss..

[1430] Deve se notar que uma conta-corrente contabilística não é, necessariamente, um contrato de conta-corrente: este pressupõe um acordo, entre as partes, destinado a produzir efeitos que transcendem a soma das operações retratadas; *vide* REv 14-mar.-1996 (Pita de Vasconcelos), CJ XXI (1996) 2, 273-275 (274) e, anteriormente, STJ 12-jun.-1986 (Solano Viana), BMJ 358 (1986), 558-563 (561).

[1431] Jean Escarra, *Cours de droit commercial* (1952), 42.

[1432] Com múltiplas indicações, Vittorio Salandra, *Conti correnti* cit., 716 e ss..

[1433] Richard Desgorces, *Relecture de la théorie du compte courant*, RTDComm 50 (1997), 383-394 (385).

A tradição alemã vê, na conta-corrente, uma simples posição de crédito ou de débito, consoante a parte que detenha um saldo positivo[1434].

A orientação italiana surgiria como um misto das duas anteriores[1435]. O Código de Comércio de 1882 receberia uma ideia de conta-corrente como assumindo um efeito novativo pressupondo, ainda, um papel creditício[1436].

III. O Código de Comércio italiano de 1882 influenciou o nosso Código de Veiga Beirão: um dos poucos que trata, explicitamente, o contrato de conta-corrente[1437]. Segundo o seu artigo 344.°,

> Dá-se contrato de conta-corrente todas as vezes que duas pessoas tendo de entregar valores uma à outra, se obrigam a transformar os seus créditos em artigos de "deve", e "há-de haver", de sorte que só o saldo final resultante da sua liquidação seja exigível.

Antes, porém, de examinar o regime resultante do Código Comercial, parece oportuno verificar o estado atual da dogmática relativa ao contrato de conta-corrente comum.

204. A dogmática atual

I. Qualquer discussão sobre a natureza do contrato de conta-corrente deve ser precedida pela fixação das suas funções e do seu regime. Estes dois aspetos estão, de resto, imbricados.

Em traços largos, de acordo com o sistema de Canaris, podemos ajustar três funções para a conta-corrente[1438]:

[1434] *Idem*, 720. A *Kredittheorie* surge, ainda hoje, nas fórmulas destinadas a definir a conta-corrente; *vide* Claus-Wilhelm Canaris, *Bankvertragsrecht* cit., 1, 4.ª ed., Nr. 142 (104 ss.).

[1435] Vittorio Salandra, *Conti correnti* cit., 723.

[1436] Adriano Fiorentino, *Conto corrente*, NssDI IV (1959), 408-414 (409).

[1437] Noutros ordenamentos, esta matéria é lacunosa. No Direito alemão, a conta-corrente (*Laufende Rechnung* ou *Kontokorrent*) é parcialmente tratada nos §§ 355 ss. do *HBG*; a sua maior aplicação ocorre, contudo, no Direito bancário, onde tem vindo a desenvolver uma dogmática própria; *vide* Baumbach/Hopt, *Handelsgesetzbuch,* 30.ª ed. cit., 1018 ss..

[1438] Claus-Wilhelm Canaris, *Funktionen und Rechtsnatur des Kontokorrents*, FS Hämmerle (1972), 55-78 (55 ss., 64 ss. e 67 ss.); uma orientação similar aparece em Uwe Blaurock, *Das Kontokorrent* cit., 692.

– uma função de simplificação e de unificação;
– uma função de segurança;
– uma função de crédito.

O contrato de conta-corrente implica, antes de mais, uma obrigação, assumida pelas partes, de manter uma determinada relação de negócios sob a forma contabilística de uma conta-corrente. Resulta, daí, uma simplificação e uma normalização no modo de apresentar um conjunto complexo de operações.

A conta-corrente tem, de seguida, a virtualidade de consignar determinados valores à satisfação de certos débitos. Em termos práticos, resulta daqui que o credor de parcelas incluídas em conta-corrente, pelo maquinismo da compensação[1439], vai ser preferencialmente satisfeito pelo desaparecimento dos seus próprios débitos para com o devedor: em relação a elas, não há concurso de credores.

Finalmente, a conta-corrente tem, ínsita, uma função de crédito: consoante o sentido do saldo, e até ao encerramento da conta, as partes poderão ficar, reciprocamente, na situação de credor e de devedor.

II. Se tentarmos reduzir dogmaticamente os efeitos da conta-corrente, encontraremos elementos próprios de diversos contratos. Recorrendo novamente, ainda que de modo adaptado, à análise de Canaris, encontramos vários elementos: um contrato de base que faculte os distintos movimentos; um acordo no sentido de levar as posições a uma conta-corrente, em sentido contabilístico; um acordo de compensação; um acordo de reconhecimento do saldo[1440]. Tudo isto deve, contudo, ser entendido em termos unitários.

A ideia de novação, desenvolvida pela doutrina francesa do século XIX e presente no Código de Comércio italiano de 1882, recebeu algum

[1439] Em rigor, trata-se de uma compensação anómala; *vide* o nosso *Da compensação* cit., 153-154.

[1440] Claus-Wilhelm Canaris, *Funktionen und Rechtsnatur des Kontokorrents* cit., 69 ss.. Em relação ao reconhecimento do saldo surgem, ainda, outras orientações: alguma jurisprudência alemã – BGH 28-jun.-1968, BGHZ 50 (1969), 277-284 (279) – opina por um reconhecimento abstrato de dívida, enquanto, Uwe Blaurock, *Das Anerkenntnis beim Kontokorrent*, NJW 1971, 2206-2209, se inclina para um contrato confirmativo. *Vide* Blaurock, *Das Kontokorrent* cit., 693/2.

acolhimento jurisprudencial alemão[1441]. No entanto, a jurisprudência de além-Reno evoluiu em sentido inverso: primeiro entendeu que a referência a uma fenomenologia novativa era puramente explicativa[1442]; depois, descobriu, na conta-corrente, meras virtualidades compensatórias[1443]. A doutrina alemã acabaria, igualmente, por rejeitar a hipótese da novação, acolhendo-se à simples compensação entre créditos contrapostos[1444].

III. Também em Itália, a hipótese da novação foi abandonada. Referida ainda no princípio do século XX por Bonelli – embora com o acrescento importante de se tratar de um contrato normativo e, portanto: de um contrato destinado a produzir ulteriores efeitos através de novos atos que o viessem executar[1445] – a ideia de novação acabou sendo substituída pela de dilação de pagamento de créditos recíprocos, com compensação[1446].

O Código Civil italiano de 1942 evitou qualquer referência à novação[1447].

O seu artigo 1823.° dispõe nos seguintes termos[1448]:

> A conta-corrente é o contrato pelo qual as partes se obrigam a anotar em conta os créditos derivados de remessas recíprocas, considerando-os inexigíveis e indisponíveis até ao fecho da conta.

[1441] RG 21-set.-1883, RGZ 10 (1884), 53-56 (55), referindo expressamente a doutrina francesa segundo a qual o saldo traduziria, por via da novação, uma realidade inteiramente nova. Em RG 1-fev.-1887, RGZ 18 (1887), 246-250 (249), admitiu-se que o saldo fosse uma realidade nova, embora afirmando que seria muito duvidoso falar-se em novação.

[1442] RG 7-jan.-1916, RGZ 87 (1916), 434-440 (437).

[1443] RG 25-mar.-1931, RGZ 132 (1931), 218-223 (221).

[1444] Wolfgang Hefermehl, *Grundfragen des Kontokorrents*, FS Lehmann (1956), 547-562 (546 ss., 562).

[1445] Gustavo Bonelli, *Sulla teoria del conto corrente* cit., 831-834; este Autor conclui, na linha de Coviello, tratar-se dum *pactum de novando*. Anteriormente e no sentido da novação, *vide* Giannini, *I contratti di conto corrente* cit., 155 ss..

[1446] Vittorio Salandra, *Conti correnti bancari* cit., 737 e RDComm XXXI (1933) 1, 6-40 (6); este Autor não excluía formalmente a novação, dada a sua consagração expressa no Código de Comércio de 1882, então vigente.

[1447] Adriano Fiorentino, *Conto corrente* cit., 409.

[1448] *Vide* as anotações de Cian/Trabucchi, *Commentario breve al Codice Civile*, 4.ª ed. (1992), 1477 ss. e de Francesco Alessandro Massi, em Pietro Rescigno, *Codice civile*, 2, 7.ª ed. (2008), 3282-3294.

O saldo da conta é exigível aquando do termo estabelecido. Se não for solicitado o pagamento, o saldo é considerado como a primeira remessa de uma nova conta, entendendo-se o contrato renovado por tempo indeterminado.

O artigo 1824.° exclui da conta os créditos que não possam ser compensados.

205. **O regime de Veiga Beirão**

I. Vigora, entre nós, o dispositivo inserido no Código Comercial de 1888[1449]. Nenhum inconveniente existe em proceder a uma interpretação atualista dos preceitos em jogo, mormente quando estejam em causa opções puramente doutrinárias, sem reflexos nas soluções concretas pretendidas pelos textos legislativos.

Assim, se atentarmos na definição do artigo 344.°, veremos que o objetivo aí apontado à conta-corrente é o de só permitir a exigibilidade do saldo: "... de sorte que só o saldo final da sua liquidação seja exigível." Trata-se de um aspeto que prevalece sobre o *iter*: "... obrigam a transformar os seus créditos ...".

II. O objeto da conta-corrente é muito lato: "todas as negociações entre pessoas domiciliadas ou não na mesma praça ..." e "... quaisquer valores transmissíveis em propriedade ...", segundo o artigo 345.°. Ou seja: a conta-corrente pode recair sobre operações patrimoniais sucessivas, em dinheiro ou em outros bens.

Os efeitos vêm enumerados no artigo 346.°. Neste ponto, como bem se compreende, a linguagem do Código Comercial atinge um máximo de desatualização. Nenhum inconveniente existe na sua atualização dogmática, com respeito pelas soluções. Assim:

1.° *A transferência de propriedade do crédito indicado em conta-corrente para a pessoa que por ele se debita*: em rigor, a titularidade aí visualizada foi proporcionada pelo ato subjacente à remessa e não pela conta-corrente em si, que apenas a exprime;

[1449] Tem interesse confrontar Cunha Gonçalves, *Comentário ao Código Comercial Português*, 2 (1914), 334 ss. e Mário de Figueiredo, *Contrato de conta-corrente* (1923), 148 pp..

2.° *A novação entre o creditado e o debitado da obrigação anterior, de que resultou o crédito em conta-corrente*: temos, aqui, um reflexo direto do Código de Comércio italiano de 1882, com a doutrina subjacente; a novação permitiria explicar a conversão em dinheiro – ou noutra realidade homogénea equivalente – dos bens levados à conta-corrente: de outra forma, não haveria compensação possível; porém, essa conversão terá de resultar do negócio (ou negócios) subjacente à conta e não da própria conta em si; esta não tem espaço normativo para versar os múltiplos meandros da pretendida "novação"; além disso, esta não opera nas hipóteses largamente dominantes das contas-correntes que traduzam, apenas, movimentos recíprocos de dinheiro;

3.° *A compensação recíproca entre os contraentes até à concorrência dos respetivos crédito e débito ao termo do encerramento da conta-corrente*: trata-se do efeito fundamental da conta-corrente: no encerramento ou fecho, extinguem-se, até ao ponto em que se sobreponham, os créditos e os débitos recíprocos, ficando apenas o saldo[1450];

4.° *A exigibilidade só do saldo resultante da conta-corrente*: trata-se de uma decorrência da compensação: tudo o mais se extinguiu;

5.° *O vencimento de juros das quantias creditadas em conta-corrente a cargo do debitado desde o dia do efetivo recebimento*: estamos no domínio comercial; este preceito opera como uma concretização da regra geral do artigo 102.° do Código Comercial.

Nos termos do parágrafo único do artigo 346.° do Código Comercial, o lançamento em conta-corrente de mercadorias ou títulos de crédito presume-se sempre feito com a cláusula "salva cobrança". Trata-se de um preceito destinado a facilitar o funcionamento da conta-corrente; mercê da compensabilidade, os bens levados à conta devem ter uma expressão monetária, pressupondo-se uma troca por dinheiro; a cobrança é, assim, condição (resolutiva) do lançamento.

IV. A conta-corrente não visa, só por si, modificar as relações jurídicas subjacentes. Por isso, se estas originarem outras posições jurídicas – "... remuneração ..." e "... reembolso das despesas das negociações ..." nas

[1450] *Vide* RLx 19-set.-2013 (Ezagüy Martins), Proc. 679/09.

palavras do artigo 397.° do Código Comercial, há que respeitá-las, como resulta desse mesmo preceito. A conta-corrente é uma forma de extinção de obrigações sucessivas, por compensação: não faculta por si, outras extinções ou beneficiações.

V. Cumpre, depois, distinguir o encerramento ou fecho e o termo do contrato[1451]. O encerramento ou fecho da conta é o facto e o efeito de atuar a compensação por ela prevista, com vencimento do saldo[1452]. Desaparecem, assim, os créditos e débitos recíprocos, até ao limite da sua concorrência, sobejando (eventualmente) um saldo, que se torna exigível. Nos termos do disposto no artigo 350.° do Código Comercial, antes do encerramento, nenhum dos correntistas é considerado como credor ou devedor do outro; com o encerramento, fixam-se as relações entre as partes e determina-se, sendo esse o caso, as pessoas do credor e do devedor[1453].

Segundo o artigo 348.° do Código Comercial, o encerramento e subsequente liquidação da conta operam no termo fixado pelas partes ou, supletivamente, no fim do ano civil. O legislador não dispôs para a hipótese de, expirado o prazo, as partes prosseguirem na relacionação da conta-corrente, sem procederem à liquidação e pagamento do saldo. Nessa altura, com recurso ao sistema, poderemos atingir uma solução semelhante à italiana: a conta prossegue até ao termo do (próximo) ano civil, funcionando o saldo anterior como o primeiro movimento do novo ciclo.

VI. O termo do contrato põe cobro ao próprio relacionamento em termos de conta-corrente. Ele acarreta necessariamente o fecho da conta, com aplicação dos artigos 348.° e 350.° do Código Comercial; além disso, ele impede a retoma de novo ciclo, salvo celebração, expressa ou tácita, de novo contrato.

O termo do contrato ocorre – artigo 349.° do Código Comercial – no prazo estipulado pelas próprias partes ou por morte ou interdição de alguma delas: trata-se, como se vê, de um contrato *intuitu personae*. Na hipótese de nada se ter estipulado, qualquer das partes pode pôr-lhe fim, no

[1451] Adriano Fiorentino, *Conto corrente* cit., 412.

[1452] Francesco Alessandro Massi, em Pietro Rescigno, *Codice civile* cit., 2, 7.ª ed., art. 1831.º (3289)

[1453] Quanto ao fecho da conta, Federico Martorano, *Contratto di conto corrente*, ED IX (1961), 658-666 (664).

que surge como concretização da regra do artigo 777.°/1 do Código Civil. Mas com dois limites:

- havendo prazo estipulado para o encerramento da conta, nenhuma parte pode pôr cobro ao contrato em termos que contundam com o acordado; esta regra não prevalece quando se trate do prazo supletivo do fim do ano civil, salvo se outra coisa resultar da vontade das partes;
- em qualquer caso, o termo imediato e *ad nutum* da conta-corrente, que apanhe a outra parte desprevenida em termos de a prejudicar, atentando contra a sua confiança legítima, é contrário à boa-fé; seria, então, de exigir um pré-aviso minimamente razoável; esta restrição requer, nos termos gerais, que o beneficiário tivesse razões objetivas, imputáveis à outra parte, para crer que a conta-corrente iria prosseguir.

206. Conta-corrente bancária

I. A conta-corrente bancária é uma espécie da conta-corrente comum que se integra, com outros elementos, num contrato de abertura de conta[1454]. Carecida de base legal, ela é ainda vitimada por imprecisões terminológicas, que cumpre remover[1455]. Assim, vamos distinguir muito claramente – em consonância de resto, com o que resulta das cláusulas contratuais gerais dos bancos –, as seguintes situações:

- abertura de conta: é um contrato nuclear do Direito bancário; dá azo à relação bancária duradoura e complexa e integra diversos elementos, eventuais – como o depósito bancário – ou necessários – como a conta-corrente;
- conta-corrente bancária: trata-se de regras próprias do contrato de conta-corrente, celebrado com um banqueiro, e com determinadas

[1454] Luís Manuel Baptista Branco, *Conta-corrente bancária/Da sua estrutura, natureza e regime jurídico*, RB 39 (1996), 35-85; José Engrácia Antunes, *Direito dos contratos comerciais* cit., 491 ss.; com indicações: Barbara Mayen, em Schimansky/Bunte/Lwowski, *Bankrechts-Handbuch* cit., 1, 4.ª ed., § 47, Nr. 37 ss. (1147 ss.).

[1455] Sustentando que a conta-corrente bancária tem base legal, Niccolò Salanitro, *Conto corrente bancario*, DDP/SCom IV (1190), 8-26 (10). *Vide*, ainda, Vittorio Santoro, *Il conto corrente bancario* cit., 14 ss..

especificidades, abaixo examinadas e que se integra no contrato mais vasto de abertura de conta;
- depósito bancário: é um depósito especial, celebrado com um banqueiro e sujeito a regras próprias e que, em geral, se inclui na execução de um contrato de abertura de conta[1456].

Por vezes usa-se a expressão "conta-corrente bancária" com o sentido de abertura de conta[1457]; também o depósito surgia na mesma aceção[1458]. A leitura das condições gerais da abertura de conta, de qualquer banco, mostra que, nesta, se incluem elementos totalmente irredutíveis à conta-corrente e ao depósito. Aliás, pode ser aberta conta sem se realizar qualquer depósito: o saldo ficará a zero ou será provido com recurso ao crédito, numa situação muito frequente sempre que, para determinado financiamento, se providencie uma conta específica. O progresso do Direito bancário exige, seguramente, que a realidades diferentes se façam corresponder conceitos próprios e, tanto quanto possível idóneos, perante o objetivo pretendido.

II. Feita esta precisão, ficaremos com a noção estrita de conta-corrente bancária: é uma conta-corrente no sentido do artigo 344.° do Código Comercial, mas celebrada entre o banqueiro e o seu cliente e incluída num negócio mais vasto: a abertura de conta. Ela é essencial para o andamento das relações bancárias[1459].

Como especialidades, notaremos as seguintes[1460]:
- ela reporta-se, apenas, a movimentos em dinheiro;
- ela inclui-se num negócio mais vasto – a abertura de conta;

[1456] Quanto à diferença entre conta-corrente bancária e depósito, *vide* Giacomo Molle, *Conto corrente bancario* cit., 417; para uma noção mais precisa, Molle/Desiderio, *Manuale di diritto bancario* cit., 7.ª ed., 205 ss..

[1457] Luís Manuel Baptista Branco, *Conta-corrente bancária* cit., 35.

[1458] Ricardo Benoliel Carvalho, *Aspectos do regime legal do depósito bancário*, RBr 25 (1971), 37-65 (37). Em Paula Ponces Camanho, *Do contrato de depósito bancário* cit., 95 ss., parece-nos haver já uma tendência para evitar a aproximação entre depósito e conta. E em RLx 15-abr.-1999 (Marcos Rodrigues), CJ XXIV (1999) 2, 104-106, fala-se em "depósito bancário amplo".

[1459] Fischer/Klanten, *Bankrecht* cit., 3.ª ed., 126 ss..

[1460] Aldo Cavallo, *Le operazioni bancarie in conto corrente*, em Annamaria Ambrosio, *I contratti bancari* (1999), 275-329, bem como Annamaria Ambrosio, *Il conto corrente bancario: le vicende del rapporto*, *idem*, 331-368.

– ela postula uma emissão contínua de saldos: estes surgem sempre que alguma remessa seja levada à conta;
– salvo convenção em contrário, o banqueiro nunca surge como credor: o saldo deve ser favorável ao cliente ou, no máximo, igual a zero;
– o cliente pode, assim, dispor, permanentemente do seu saldo[1461];
– ela pressupõe um dever a cargo do banqueiro, de a organizar e apresentar;
– ela dá lugar a extratos, a emitir pelo banqueiro e cuja aprovação pelo cliente, em regra tácita, consolida os movimentos dele constantes.

III. Porquanto integrada na abertura de conta, como adiante veremos, a conta-corrente postula a prestação de diversos serviços bancários, com relevo para o giro bancário e o serviço de caixa. No que as partes não tenham disposto de outra forma e dentro das hipóteses dadas pela integração em negócio mais vasto, há que ter presente o regime de conta-corrente comum, derivado do Código de Veiga Beirão. O legislador tem intervindo em aspetos pontuais para pôr cobro a abusos, designadamente no tocante a saldos-valor e ao momento em que os movimentos levados à conta, a crédito do cliente, deviam ser disponibilizados: tal o papel do Decreto-Lei n.º 18/2007, de 22 de janeiro[1462].

IV. Como elemento vital da conta-corrente bancária, emerge o saldo. Este constitui uma posição jurídica de relevo, particularmente autónoma em relação aos créditos que o antecedem[1463].

[1461] Matosinhos 19-abr.-1996 (Nuno Ribeiro Coelho), CJ XXI (1996) 3, 303-307 (305/1), com indicações bibliográficas.

[1462] De facto, verificou-se que, depositado um cheque sacado sobre o mesmo banco e sobre a mesma agência, alguns banqueiros retiravam, imediatamente, o dinheiro da conta sacada e chegavam a pedir 7 dias úteis para o creditar na conta de destino. Tais práticas devem ser evitadas, a todos os títulos, em nome da ética e da arte bancária, sendo lamentável a necessidade de intervenção do legislador, num ponto que deveria ter sido ultrapassado por autodisciplina e autocontenção.

[1463] Sobre esta matéria, tem o maior interesse Fernando Conceição Nunes, *Depósito e conta*, em Estudos em Honra do Professor Doutor Inocêncio Galvão Telles, 2 (2002), 67-88; parece-nos, todavia, que a integração de todos os elementos na figura unitária da abertura de conta corresponde mais à realidade sócio-económica e jurídica, facilitando o manuseio da figura.

Só o saldo é disponível; só o saldo é penhorável; só o saldo representa, por fim, o valor social e económico de certa conta[1464].

V. Inscrição tipicamente bancária é a do estorno[1465]. O estorno traduz um movimento na conta-corrente bancária de sentido inverso a uma anterior inscrição irregular e, como tal, suscetível de retificação. Aparentemente inofensivo, dá azo a especiais deveres de informar, uma vez que o titular da conta pode ser induzido em erro realizando, inclusive, operações nessa base.

1464 Uwe Blaurock, *Das Kontokorrent* cit., 695-696.

1465 Januário Gomes, *Contratos comerciais* cit., 117-118 e Hans-Peter Schwintowski, *Bankrecht* cit., 3.ª ed., § 2, Nr. 56-63 (29-30), também referido por esse ilustre Autor.

§ 53.° O GIRO BANCÁRIO

207. **Noção geral e integração na abertura de conta**

I. O giro bancário é o conjunto das operações escriturais de transferência de fundos, realizadas por um banqueiro, a pedido do seu cliente ou a favor dele. Enquanto conceito jurídico, o giro bancário não tem sido dogmatizado entre nós; não obstante, e porque ele traduz operações perfeitamente radicadas na vida bancária portuguesa, temos ensaiado a sua introdução.

Giro advém-nos do latim *gyrus*, grego γυρος: traduz a ideia de círculo ou de andar em círculo. Pois bem: o dinheiro circula, em torno do banqueiro, sem que, propriamente, haja qualquer movimento material[1466]. Esta técnica documenta-se no Egito helenístico (323 a.C.), sendo conhecida, ao longo da História, nos momentos de comércio mais intenso. No Ocidente, ela generaliza-se a partir do século XVII[1467].

II. O giro bancário deriva de um contrato de abertura de conta, cujo conteúdo integra, como elemento necessário[1468]. Apenas para facilidade de análise falaremos num contrato de giro, como contrato próprio. Não se trata, contudo, de um contrato vulgar: ele funciona como um contrato-mol-

[1466] Schwintowski/Schäfer, *Bankrecht* cit., 2.ª ed., 153 ss., com muitas indicações. Quanto ao giro bancário, Franz Häuser, *Giroverhältnis* em *Gutachten und Vorschläge zur Überarbeitung des Schuldrechts*, vol. II (1981), 1317-1426, Canaris, *Bankvertragsrecht* cit., 4.ª ed., Nr. 315-319 (205-207), Claussen, *Bank- und Börsenrecht*, 1.ª ed. (1996), 124 ss., Kümpel, *Bank- und Kapitalmarktrecht*, 3.ª ed. cit., 435 ss., Wolfgang Gössmann, *Das Recht des Zahlungsverkehrs*, 2.ª ed., (1993), Heymann/Horn, *HGB*, Anhang § 372 cit., III, 1 ss. (4, 358 ss.) e Gian Franco Campobasso, *Il bancogiro. Profili strutturali*, em Giuseppe B. Portale, *Le operazioni bancarie*, vol. II (1978), 631-694.

[1467] Hans-Peter Schwintowski, *Bankrecht* cit., 4.ª ed., § 8, Nr. 6-9 (251-252).

[1468] João Calvão da Silva, *Direito bancário* cit., 342-343.

dura ou contrato-quadro, no âmbito do qual serão, depois, concluídos diversos contratos simples ou praticados múltiplos atos bancários[1469].

A possibilidade de acordar, com o banqueiro, um esquema imaterial de circulação do dinheiro ascende às primeiras experiências bancárias, com raízes na Antiguidade. Avanços significativos dar-se-iam na passagem do século XIX para o século XX[1470]. Seria, no entanto, no último quartel do século XX, designadamente com a informatização, que o giro bancário atingiria proporções predominantes. Os últimos passos vêm sendo dados mediante operações conduzidas através de cartões – mas sem cartões![1471]– e do denominado *home banking*, que permite, por telefone ou por computador, desencadear, de casa, as mais diversas operações relativas a fundos, os quais, fisicamente, nunca são deslocados[1472].

208. **Operações incluídas e sistemas de pagamentos**

I. O contrato de giro bancário pressupõe a prévia celebração de uma abertura de conta, com uma inerente conta-corrente bancária. A partir daí, ele faculta, ou pode facultar, as operações seguintes[1473]:

- transferências bancárias simples;
- transferências internacionais;
- pagamentos por conta bancária;
- cobranças por conta bancária;
- outras operações de transferência de fundos.

As transferências bancárias simples são deslocações de fundos de uma conta bancária para uma conta diferente, dentro do País[1474]. Nor-

[1469] Sebastian Omler, no *Staudinger Kommentar zum BGB*, II, §§ 675c-676c, *Zahlungsdiensterecht* (2012), § 675f, Nr. 14 (236).

[1470] Um dos primeiros estudos sobre pagamentos sem espécie é o de Helmut Isele, *Geldschuld und bargeldloser Zahlungsverkehr*, AcP 129 (1928), 129-185 (141 ss.).

[1471] Isto é: através de mera comunicação do número do cartão.

[1472] Sobre tudo isto, com indicações, Schwintowski/Schäfer, *Bankrecht*, 1.ª ed., cit., 221 ss.. Entre nós, *vide* a monografia de Maria Raquel Guimarães, *As transferências electrónicas de fundos* cit., 24 ss. e *passim*.

[1473] Wernhard Möschel, *Dogmatische Strukturen des bargeldlosen Zahlungsverkehrs*, AcP 186 (1986), 187-236.

[1474] *Vide*, com outros elementos, Simões Patrício, *Direito bancário privado* cit., 217 ss..

malmente, na transferência simples, não há indicação da causa. Quando a deslocação de fundos se faça para um banco no estrangeiro, a transferência é internacional. O pagamento por conta bancária é uma transferência expressamente destinada a solver uma dívida. Pode ser isolada ou pode implicar prestações sucessivas, predeterminadas: assim, a prática de, por transferência automática e periódica, pagar a assinatura de uma revista ou a renda da casa. Na cobrança, o movimento é inverso: o banco recebe em conta bancária e vindos de outra conta, fundos destinados a satisfazer um crédito do seu cliente. Pagamentos e cobranças podem estar associados: o pagamento – por exemplo – de faturas relativas ao fornecimento de eletricidade, de água, de gás ou de telefone por transferência bancária.

II. O giro bancário tem múltiplas vantagens. Ele faculta uma grande segurança: o dinheiro escritural não pode ser furtado, roubado ou extraviado. Ele ajuda os clientes: o banqueiro, através dos seus suportes informáticos, não perde prazos de pagamento nem esquece operações. Finalmente: ele permite uma prova infalível dos fundos efetivamente deslocados e da data em que isso tenha ocorrido: o banqueiro, através dos seus suportes próprios demonstrá-lo-á, de modo irrefutável.

O giro bancário pode, ainda, ser associado a outros esquemas: concessão automática de crédito, operações de cobrança, serviço de títulos, rendibilização de tesouraria e outros[1475].

III. O giro bancário assenta em suportes técnicos consideráveis, capazes de canalizar e operar um número crescente de operações. No conjunto fala-se, a seu propósito, em sistemas de pagamento[1476]. Existem vários esquemas[1477].

Os sistemas de pagamento não são inóquos. Aparentemente, eles limitar-se-iam a melhorar os suportes materiais (ou energéticos) das operações jurídicas comuns. Na realidade, eles promovem alterações substan-

[1475] *Vide* a jurisprudência recolhida por Nobbe, *Bankrecht* cit., 22 ss..

[1476] Sobre esta importante rubrica, fundamental: José António Veloso, *Electronic Banking: uma introdução ao EFTS*, SI 1987, 77-155 e *Regulamentação dos sistemas de pagamentos: aspectos gerais*, RB 1995, 83-125.

[1477] *Vide* Thierry Bonneau, *Droit bancaire* cit., 10.ª ed., n.º 997 ss. (745 ss.) e Christian Gavalda/Jean Stoufflet, *Droit bancaire* cit., 9.ª ed., n.º 276 ss. (165 ss.) e Axel Bernett/ /Ulrich Haug, em Schimansky/Bunte/Lwowski, *Bankrechts-Handbuch* cit., 1, 4.ª ed., § 51 (1302 ss.).

ciais: determinados tipos de operações vêm a suplantar outros, surgindo, num paralelo simultâneo, novos produtos financeiros. Institutos consagrados, como o das falências, por exemplo, devem ser repensados. Basta atentar em que a situação líquida e patrimonial de uma empresa pode alterar-se completamente, num lapso muito curto de tempo, através de operações de giro bancário.

IV. O contrato de giro bancário veio a ser introduzido no BGB – § 676 f – pela Lei de 21-jul.-1999, relativa a transferências e que visou transpor a Diretriz n.° 97/5/CE, abaixo referida. Trata-se de matéria sobre a qual é de esperar novos desenvolvimentos doutrinais e jurisprudenciais[1478]. O tema das transferências assume, desde já, um grau de especialização que justifica uma rubrica própria, na presente obra[1479]

209. **Construção e regime jurídicos**

I. A construção do contrato de giro bancário nem sempre surge expressa, nos diversos autores[1480]. Por razões de clareza, adiantamos, desde já, um esquema explicativo.

O cliente do banqueiro, ao abrir uma conta, tem acesso imediato a diversos produtos e, designadamente, às múltiplas transferências e receções de fundos, por via escritural. As operações que se desenrolem, a essa luz, não são negociadas caso a caso: de resto, elas nem teriam um regime coerente, se não apelarmos para as regras gerais ligadas à abertura de conta e à conta-corrente bancária. Todavia, elas não são nenhuma decorrência automática dessas duas realidades ou de alguma delas. Há, pois, uma "convenção de giro", implícita na abertura de conta, pela qual o banqueiro põe à disposição dos seus clientes, esses produtos, mediante as competentes retribuições.

[1478] Schwintowski/Schäfer, *Bankrecht*, 2.ª ed. cit., 196 ss..

[1479] *Infra*, 570 ss..

[1480] Canaris, *Bankvertragsrecht* cit., 1, 4.ª ed., Nr. 315-319 (205-207) e Schwintowski/Schäfer, *Bankrecht*, 2.ª ed. cit., 162 ss.. *Vide* Thorwald Hellner, *Rechtsprobleme des Zahlungsverkehrs unter Berücksichtigung der höchstrichterlichen Rechtsprechung*, ZHR 145 (1981), 109-137 e Walther Hadding, *Zur Zivilrechtlichen Beurteilung des Lastschriftverfahrens*, FS Bärmann 1975, 375-393, sobre as diversas questões jurídico-privadas aqui presentes.

As cláusulas contratuais gerais portuguesas, na parte relativa à abertura de conta, são pouco explícitas. Referem, de todo o modo e em termos latos, a ocorrência de débitos e de créditos, nas contas: aflora aí, pelo menos, a ideia de uma convenção tácita de giro. Tal convenção resultará, em qualquer caso e com toda a probabilidade, dos diversos atos que, depois, a executem.

II. Os atos concretos de transferência de fundos não estão sujeitos a qualquer forma específica, embora se pratique a forma escrita[1481]. Em regra, o banco porá impressos normalizados à disposição dos seus clientes, que estes se limitarão a preencher mediante a aposição de cruzes em quadrículas e no essencial: assinado. Mas são dispensáveis: o próprio banqueiro, em relações bancárias mais elaboradas e dinâmicas, executa ordens de transferência por *fax* ou, simplesmente, por telefone: a voz humana é individual, podendo ser reconhecida pelo banqueiro[1482].

As ordens concretas de transferência são atos de execução do contrato de giro bancário. Salvo situações pontuais, que devam ser objeto de negociação individualizada, parece-nos ficcioso vir descobrir, numa ordem de transferência dada ao banqueiro, um contrato. A ordem é pura e simplesmente executada, desde que haja fundos; pode, mesmo, concretizar-se por via exclusivamente informática, com ou sem a intermediação de cartões e sem que o banqueiro seja chamado a manifestar qualquer vontade.

III. Verificados os pressupostos – e, designadamente, a disponibilidade de fundos na conta – concluímos que o banqueiro não deve recusar a ordem de transferência que o cliente lhe transmita, salvo justa causa: proibição administrativa ou prudencial, dúvidas quanto à operação ou à sua legalidade ou dificuldades técnicas. O banqueiro poderá celebrar o contrato de giro bancário; porém, estando este em vigor, há que acatá-lo.

[1481] Christian Gavalda/Jean Stoufflet, *Droit bancaire* cit., 9.ª ed., n.º 413 (252).

[1482] Alguns bancos só admitem, nas condições gerais, ordens dadas por cheque, carta assinada ou impresso próprio; normalmente, porém, perante clientes conhecidos, aceitam ordens telefónicas verbais que executam de imediato pedindo (por vezes), confirmação escrita da operação pedida. Em termos técnicos entendemos, aqui, que o contrato de giro bancário, expressa ou tacitamente concluído, contém cláusulas especificamente acordadas, que prevalecem sobre as gerais. Admitimos, contudo, que salvo convenção escrita, o banqueiro, perante as apontadas cláusulas contratuais gerais, possa recusar ordens meramente verbais.

Em relação ao contrato de giro bancário, não se põem os problemas de tutela da confiança pública que justificam a hipótese de rescisão da convenção de cheque. Cada operação concreta depende de condições preestabelecidas, com relevo para a presença de fundos disponíveis.

IV. O regime jurídico de cada operação, nas relações com o banqueiro, é marcado pela abstração: não releva a fonte ou causa da operação. Salvo a hipótese de conhecimento direto do problema, altura em que o banqueiro, *ex bona fide*, deve avisar o seu cliente, uma transferência não é prejudicada pelo facto de executar um contrato nulo, celebrado entre o cliente e o terceiro beneficiário. A restituição a que, porventura, haja lugar, irá processar-se nas relações entre o cliente e o terceiro beneficiário e à margem do banqueiro[1483].

[1483] Claus-Wilhelm Canaris, *Die Bereicherungsausgleich im bargeldlosen Zahlungsverkehr*, WM 1980, 354-371.

§ 54.º OS SERVIÇOS DE PAGAMENTO

210. A evolução europeia

I. No âmbito do giro bancário, os serviços de pagamento têm vindo a alcançar um desenvolvimento jurídico e uma autonomia que recomendam a abertura da presente rubrica.

Na origem, temos as ccg dos bancos que, no âmbito da abertura de conta, regulam a área das transferências e dos pagamentos por conta ou em conta. Com a montagem progressiva da moeda única, as instâncias europeias vieram adotar regras tendencialmente uniformizadoras. Salientamos, desde logo, a Diretriz 97/5/CE, de 27 de janeiro de 1997, hoje revogada, relativa às transferências transfronteiras[1484]; em catorze artigos, esta Diretriz ocupa-se de transferências efetuadas nas divisas dos Estados-Membros e em ecus, de montante inferior a 50.000 ecus (1.º); a transferência transfronteiras era definida – 2.º, *f*) – como:

> (…) uma operação efetuada por iniciativa de um ordenante através de uma instituição, ou de uma sucursal, situada num Estado-Membro, destinada a colocar uma quantia de dinheiro à disposição de um beneficiário numa instituição, ou numa sua sucursal situada noutro Estado-Membro; o ordenante e o beneficiário podem ser a mesma pessoa;

A Diretriz previa regras de transparência: as instituições deviam disponibilizar todas as informações: prévias (3.º) e posteriores (4.º) à transferência. Além disso, as instituições envolvidas deviam assumir diversos compromissos, quanto a prazos e à execução, cabendo reembolso no caso de não-execução (5.º a 8.º). A força maior era exonerante (9.º), devendo prever-se esquemas eficazes e rápidos para a resolução de litígios (10.º).

[1484] JOUE N.º L-43, 25-30, de 14-fev.-1997; "transfronteiras" não é português; a locução correta será "transfronteiriças".

II. De seguida, cabe sublinhar a Diretriz 98/26/CE, de 19 de maio de 1998, relativa ao carácter definitivo da liquidação nos sistemas de pagamentos e de liquidação de valores mobiliários[1485]. O artigo 2.º, *a*), define "sistema" como acordo formal:

- entre três ou mais participantes, sem contar com um eventual agente de liquidação, uma eventual contraparte central, uma eventual câmara de compensação ou um eventual participante indireto, com regras comuns e procedimentos padronizados para a execução de ordens de transferência entre os participantes,
- regulado pela legislação de um Estado-membro escolhida pelos participantes; contudo, os participantes apenas podem escolher a legislação de um Estado-Membro em que pelo menos um deles tenha a sua sede e
- designado, sem prejuízo de outras condições mais rigorosas de aplicação geral previstas na legislação nacional, como sistema e notificado à Comissão pelo Estado-Membro cuja legislação é aplicável, depois de esse Estado-Membro se ter certificado da adequação das regras do sistema.

O mesmo preceito prosseguia:

> Nas mesmas condições do primeiro parágrafo, os Estados-Membros podem designar como sistema de pagamentos um acordo formal, cuja atividade consista na execução de ordens de transferência tal como definidas no segundo travessão da alínea *i*) e que, em medida limitada, execute ordens relacionadas com outros instrumentos financeiros, quando os Estados-Membros considerarem que essa designação se justifica em termos de risco sistémico.
>
> Os Estados-Membros podem ainda, caso a caso, designar como sistema um dos referidos acordos formais entre dois participantes, sem contar com um eventual agente de liquidação, uma eventual contraparte central, uma eventual câmara de compensação ou um eventual participante indireto, quando considerarem que essa designação se justifica em termos de risco sistémico;

Por seu turno, ordem de transferência era definida como – 2.º, *i*):

- uma instrução de um participante para colocar um certo montante pecuniário à disposição de um destinatário, através do lançamento nas contas de uma instituição de crédito, de um banco central ou de um agente de

[1485] JOUE N.º L-166, 45-50, de 11-jun.-1998.

liquidação, ou uma instrução que resulte na assunção ou execução de uma obrigação de pagamento tal como definida pelas regras do sistema, ou

– uma instrução de um participante para transferir a titularidade de um ou mais valores mobiliários ou o direito relativo a um ou mais valores mobiliários através da inscrição num registo, ou sob outra forma;

Definindo-se, ainda:

k) "Compensação" (*netting*): a conversão dos créditos e obrigações decorrentes de ordens de transferência que um ou mais participantes emitem a favor de outro ou outros participantes, ou que dele ou deles recebem, num único crédito (líquido ou numa única obrigação líquida), de forma que apenas será exigível esse crédito líquido ou devida essa obrigação líquida;

A Diretriz 98/26/CE regulava, em especial, a eficácia, perante terceiros, das ordens de transferência e da compensação, designadamente nos casos de falência (3.º a 9.º).

III. A introdução do euro levou ao Regulamento n.º 2560/2001, de 19 de dezembro, relativo aos pagamentos "transfronteiras" em euros[1486]. Explica o respetivo preâmbulo que, mau grado as regras já existentes, os consumidores não recebem informação suficiente. Seguiam-se regras relativas a encargos aplicáveis às operações de pagamento eletrónico e às transferências transfronteiras (3.º), à transferência dos encargos (4.º) e a técnicas de facilitação de transferências transfronteiras, através do IBAN (número internacional de conta bancária) e do BIC (código de identificação bancária) (5.º).

Outros diplomas intervieram:

– a Diretriz 97/7/CE, de 20 de maio[1487], relativa à proteção dos consumidores em matéria de contratos à distância;

– a Diretriz 2002/65/CE, de 23 de setembro[1488], referente à comercialização de serviços financeiros, prestados a consumidores; com um largo preâmbulo explicativo, este diploma previa informações prévias ao consumidor (3.º) e, ainda, informações adicionais (4.º);

[1486] JOUE N.º L-344, 13-16, de 28-dez.-2001.

[1487] JOUE N.º L-144, 19-27, de 4-jun.-1997.

[1488] JOUE N.º L-271, 16-24, de 9-out.-2002.

ao consumidor era também assegurado um direito de rescisão, a exercer no prazo de 14 dias (6.º); eram vedados serviços (9.º) e comunicações não pedidas (10.º);

– a Diretriz 2005/60/CE, de 26 de outubro, reportada à prevenção de utilização do sistema financeiro, para efeitos de branqueamento de capitais e de financiamento do terrorismo[1489]; este diploma, dotado de largo preâmbulo explicativo, fixa deveres de vigilância da clientela (6.º a 10.º), ora simplificados (11.º e 12.º), ora reforçados (13.º), com obrigações de comunicação (20.º a 27.º): ficam, em especial, abrangidas transações de valor igual ou superior a € 15.000.

Todos estes diplomas, oportunamente transpostos para os diversos ordenamentos europeus, compreendiam normas relacionadas com o serviço de pagamentos.

IV. A Diretriz 2007/64/CE, de 11 de novembro, relativa aos serviços de pagamento no mercado interno[1490], veio alterar as Diretrizes 97/7/CE, 2002/65/CE, 2005/60/CE e 2006/48/CE, esta última relativa ao acesso à atividade bancária. Esta Diretriz, composta por quatro preâmbulos, em 63 números, por 96 artigos e por um anexo, apresenta a seguinte arrumação:

Título I – Objeto, âmbito de aplicação e definições (1.º a 4.º);
Título II – Prestadores de serviços de pagamento (5.º a 29.º);
  Capítulo 1 – (5.º a 27.º):
    Secção 1 – Regras gerais (5.º a 16.º);
    Secção 2 – Outros requisitos (17.º a 19.º);
    Secção 3 – Autoridades competentes e supervisão (20.º a 25.º);
    Secção 4 – Derrogação (26.º e 27.º);
  Capítulo 2 – Disposições comuns (28.º e 29.º).

Título III – Transparência das condições e dos requisitos de informação relativos aos serviços de pagamento (30.º a 50.º):
  Capítulo 1 – Regras gerais (30.º a 34.º);
  Capítulo 2 – Operações de pagamento de carácter isolado (35.º a 39.º);
  Capítulo 3 – Contratos-quadro (40.º a 48.º);
  Capítulo 4 – Disposições comuns (49.º e 50.º).

[1489] JOUE N.º L-309, 15-36, de 25-nov.-2005.
[1490] JOUE N.º L-319, 1-36, de 5-dez.-2007.

Título IV – Direitos e deveres relativamente à prestação e utilização dos serviços de pagamento (51.º a 8.º):

Capítulo 1 – Disposições comuns (51.º a 53.º);

Capítulo 2 – Autorização de operações de pagamento (54.º a 63.º);

Capítulo 3 – Execução de operações de pagamento (64.º a 79.º):

Secção 1 – Ordens de pagamento e montantes transferidos (64.º a 67.º);

Secção 2 – Prazo de execução e data-valor (68.º a 73.º);

Secção 3 – Responsabilidade (74.º a 78.º);

Capítulo 4 – Proteção de dados (79.º);

Capítulo 5 – Procedimentos de reclamação e reparação extrajudicial para resolução de litígios (80.º a 83.º):

Secção 1 – Procedimentos de reclamação (80.º a 82.º);

Secção 2 – Procedimentos de reparação extrajudicial (83.º).

Título V – Medidas de execução e comité de pagamentos (84.º e 85.º).

Título VI – Disposições finais (86.º a 96.º).

Como se vê, temos significativas regras institucionais, a referir oportunamente[1491]. Além disso, os concretos serviços de pagamento obtêm regras adequadas, abaixo consideradas[1492].

V. Seguiu-se a Diretriz 2009/110/CE, de 16 de setembro, relativa ao acesso à atividade das instituições de moeda eletrónica, ao seu exercício e à sua supervisão prudencial, e que altera as Diretrizes 2005/60/CE e 2006/48/CE e que revoga a Diretriz 2000/46/CE[1493]. Temos, neste momento, a Diretriz 2015/2366, de 25 de novembro[1494], relativa aos serviços de pagamento e que substituiu a Diretriz 2007/64. Deve ser transposta até 13-jan.-2018. Remetemos a sua análise para a próxima edição desta obra[1495].

[1491] *Infra*, 973 ss..

[1492] *Infra*, 586 ss..

[1493] JOUE N.º L-267, 7-17, de 10-out.-2009.

[1494] JOUE N.º L-337, 35-127, de 23-dez.-2015.

[1495] Sebastian Omlor, *Die zweite Zahlungsdiensterichtlinie: Revolution oder Evolution im Bankvertragsrecht?* ZIP 2016, 558-564.

211. Transposições; o Direito dos pagamentos

I. As diretrizes apontadas foram transpostas para as diversas ordens jurídicas nacionais. Além disso, exigências internas levaram à promulgação de outras regras atinentes a serviços de pagamentos. Damos nota dos mais recentes, entre nós[1496]:

Lei n.º 84/2009, de 25 de agosto: autoriza o Governo a regular o acesso à atividade de instituições de pagamento e a prestação de serviços de pagamento, bem como sobre adequado regime sancionatório, em transposição da Diretriz 2007/64/CE;

Decreto-Lei n.º 317/2009, de 30 de outubro: faz uso da autorização em causa, alterando diversos diplomas e fixando o regime de acesso à atividade das instituições de pagamento e à prestação de serviços de pagamento;

Decreto-Lei n.º 3/2010, de 5 de janeiro: proíbe a cobrança de encargos pela prestação de serviços de pagamento e pela realização de operações com caixas multibanco;

Decreto-Lei n.º 242/2012, de 7 de novembro: transpõe a Diretriz 2009/110/CE; altera inúmeros preceitos do Decreto-Lei n.º 317/2009 e republica o anexo relativo ao Regime Jurídico que regula o acesso à atividade das instituições de pagamento e à prestação de serviços de pagamento[1497];

Decreto-Lei n.º 141/2013, de 18 de outubro: aprova medidas para a execução do Regulamento 260/2012, de 14 de março, que estabelece requisitos técnicos e de negócio para transferências a crédito e a débito diretas.

II. A transposição para as ordens internas, designadamente para a alemã, das regras europeias sobre serviços de pagamentos, originou diversos estudos, no plano da harmonização[1498] e no das margens de atuação daí

[1496] Quanto a legislação anterior, designadamente o Decreto-Lei n.º 41/2000, de 17 de março e à transposição da Diretriz 97/5/CE para o Direito alemão, *vide* a presente obra, 4.ª ed., n.º 189.

[1497] Com a Retificação n.º 1-A/2013, de 4 de janeiro.

[1498] Peter Derleder, *Die vollharmonisierende Europäisierung des Rechts der Zahlungsdienste und des Verbraucherkredits*, NJW 2009, 3195-3202; entre nós e transcendendo largamente esta rubrica, *vide* Francisco Mendes Correia, *Moeda bancária e cumprimento: o cumprimento das obrigações pecuniárias através de serviços de pagamento* (2015).

resultantes[1499]. Os estudiosos do Direito bancário dedicaram-lhes espaços condignos, ainda que centrados no giro bancário e na conta-corrente[1500], nas transferências[1501] ou nos serviços de pagamento escriturais[1502]. A introdução, pela Lei de 29 de julho de 2009, dessa matéria no Código Civil alemão (§§ 675c a 675z e 676 a 676c), abriu as portas a um tratamento integrado, levado a cabo pelos grandes comentários que dominam a produção científica de Além-Reno. Salientamos o Staudinger, que dedicou um inteiro volume aos parágrafos em causa, confiado a Sebastian Omlor, professor em Saarbrücken[1503] e o *Historisch-kritischer Kommentar*, com um amplo tratamento, entregue a Stephan Meder, professor em Hannover e a Andrea Czelke, de Hagen[1504]. Também o monumental *Bankrechts-Kommentar* de Langenbucher, de Bliesener e de Spindler, através de vários autores, anotou, ao estilo civil, os preceitos em causa, do BGB[1505].

Estes desenvolvimentos permitem falar numa disciplina jurídico-científica e prática: a do Direito dos pagamentos, conectado com o giro bancário dos nossos dias.

III. O Direito dos pagamentos envolve duas áreas bem demarcadas:

- a área institucional, que comporta as regras aplicáveis aos prestadores de serviços de pagamento e emitentes de moeda eletrónica;
- a área material, referente à prestação e à utilização de serviços de pagamento.

Tudo isso consta, hoje, do Regime jurídico dos serviços de pagamento e de moeda eletrónica (RSP), constante de um anexo ao Decreto-Lei

[1499] Detlev W. Belling/Johannes Belling, *Zahlungsdienstrecht und Bereicherungsausgleich bei nicht autorisierten Zahlungsvorgängen*, JZ 2010, 708-711.

[1500] Barbara Mayen, em Schimansky/Bunte/Lwowski, *Bankrechts-Handbuch* cit., 1, 4.ª ed., §§ 46 ss. (1111 ss.).

[1501] Stefan Werner, em Siegfried Kümpel/Arne Wittig, *Bank- und Kapitalmarktrecht* cit., 4.ª ed., 7.101 ss. (858 ss.).

[1502] Hans-Peter Schwintowski, *Bankrecht* cit., 3.ª ed., § 7 (145 ss.).

[1503] Sebastian Omler, no Staudinger 2, *§§ 675c – 676c* (*Zahlungsdienstrecht*) (2012), 521 pp..

[1504] Stephan Meder/Andrea Czelke, no HKK/BGB III, *Schuldrecht: Besonderer Teil*, §§ 433-853, 2. Teilband: §§ 657-853 (2013), §§ 675c-676c (1614-1666).

[1505] Temos, ambos de Katja Langenbucher/Dirk H. Bliesener/Gerald Spindler, *Bankrechts-Kommentar*, 2.ª ed. (2016): Carsten Herresthal, §§ 675c-675i (58-118); Katja Langenbucher, §§ 675j-676c (119-197).

n.º 317/2009[1506], de 30 de outubro, muito alterado pelo Decreto-Lei n.º 242/2012, de 7 de novembro, que o republicou em anexo e, depois, pelo Decreto-Lei n.º 157/2014, de 24 de outubro, que modificou o seu artigo 7.º.

Deixaremos a área institucional para a competente rubrica, dentro da presente obra[1507]. Apenas salientamos que o prestador não tem, necessariamente, de ser uma instituição de crédito. Pode tratar-se de instituições de pagamento, de instituições de moeda eletrónica e da entidade concessionária do serviço postal universal, bem como diverss outras entidades, abarcadas no artigo 7.º da RSP, na redação dada pelo Decreto-Lei n.º 157/2014.

212. **O Regime dos Serviços de Pagamento (RSP)**

I. O RSP, republicado, como se disse, em anexo ao Decreto-Lei n.º 242/2012, de 7 de novembro, é um diploma extenso: 103 artigos e um anexo, assim ordenados:

Título I – Disposições gerais e introdutórias (1.º a 6.º);

Título II – Prestadores de serviços de pagamento e emitentes de moeda eletrónica (7.º a 39.º);
- Capítulo I – Acesso e condições gerais de atividade (7.º a 9.º-A);
- Capítulo II – Autorização e registo de instituições de pagamento e de instituições de moeda eletrónica (10.º a 22.º);
- Capítulo III – Direito de estabelecimento e liberdade de prestação de serviços das instituições de pagamento e das instituições de moeda eletrónica (23.º a 27.º);
- Capítulo IV – Supervisão das instituições de pagamento e das instituições de moeda eletrónica (28.º a 38.º);
  - Secção I – Normas prudenciais (28.º a 33.º-I);
    - Subsecção I – Instituições de pagamento (28.º a 33.º);
    - Subsecção II – Instituições de moeda eletrónica (33.º-A a 33.º-I);
  - Secção II – Supervisão do Banco de Portugal (34.º a 38.º);
- Capítulo V – Disposições comuns (39.º);

Título III – Prestação e utilização de serviços de pagamento (40.º a 91.º);

[1506] Entre nós, com muito interesse: Januário da Costa Gomes, *Contratos comerciais* cit., 220-252.

[1507] *Infra*, n.º 212.

Capítulo I – Transparência das condições e dos requisitos de informação aplicáveis aos serviços de pagamento (40.º a 61.º);
Secção I – Regras gerais (40.º a 45.º);
Secção II – Operações de pagamento de carácter isolado (46.º a 50.º);
Secção III – Contratos-quadro (51.º a 61.º);
Capítulo II – Direitos e obrigações relativamente à prestação e utilização de serviços de pagamento (62.º a 91.º);
Secção I – Disposições comuns (62.º a 64.º);
Secção II – Autorização de operações de pagamento (65.º a 74.º);
Secção III – Execução de operações de pagamento (75.º a 91.º);
Subsecção I – Ordens de pagamento e montantes transferidos (75.º a 78.º);
Subsecção II – Prazo de execução e data-valor (79.º a 90.º);
Secção IV – Proteção de dados (91.º);

Título IV – Emissão e carácter reembolsável de moeda eletrónica (91.º-A a 91.º-D);

Título V – Resolução extrajudicial de litígios e procedimento de reclamação (92.º e 93.º);

Título VI – Regime contraordenacional (94.º a 99.º);

Título VII – Disposições complementares, transitórias e finais (100.º a 103.º).

Em anexo, surge um texto relativo ao cálculo de fundos próprios.

213. **Operações de pagamento: o contrato-quadro**

I. A operação de pagamento é um ato, praticado pelo ordenante ou pelo beneficiário, de depositar, transferir ou levantar fundos, independentemente de quaisquer obrigações subjacentes entre o ordenante e o beneficiário – 2.º, *g*), do RSP. Na sua aparente simplicidade, esta definição deixa clara a abstração do ato praticado. É evidente que se alguém pratica uma operação de transferência de fundos para um beneficiário, o faz para cumprir uma obrigação entre ambos existente ou, no limite, para fazer uma doação. Mas isso não releva para a operação em si.

II. A operação de pagamento enquadra-se numa atividade especificada por lei: num serviço de pagamento. O artigo 4.º do RSP, decalcado da

Diretriz 2007/64/CE e equivalente ao § 675c do BGB, enumera os serviços de pagamento[1508]. Podemos ordenar a matéria; ficam incluídos os serviços que, relativamente a uma conta e envolvendo as operações de gestão necessárias, permitam:

(a) depositar numerário;
(b) levantar numerário;
(c) executar operações de pagamento, incluindo:
 (i) débitos diretos, incluindo os de carácter pontual;
 (ii) operações de pagamento, através de cartão ou dispositivo similar;
 (iii) transferências a crédito, incluindo ordens de domiciliação.

Essas operações de pagamento podem ser cobertas por uma linha de crédito, concedida ao utilizador dos serviços[1509].

Além disso, ficam envolvidas (4.º do RSP):

(d) A emissão ou aquisição de instrumentos de pagamento;
(e) o envio de fundos.

O artigo 5.º do RSP procede a uma delimitação negativa dos serviços de pagamento: com a originalidade de proceder a "recortes" sobre a matéria não constante da delimitação positiva do artigo 4.º[1510]. *Grosso modo* ficam excluídas operações em numerário, serviços de câmbio cujos fundos não sejam detidos em conta de pagamento, operações de pagamento baseadas em cheques ou outros títulos em suporte de papel, operações mobiliárias e certas operações entre empresas.

III. As operações de pagamento podem ocorrer:

– com carácter isolado;
– no âmbito de um contrato-quadro.

O contrato-quadro visa a prestação de serviços de pagamento individuais e sucessivos, podendo enunciar as obrigações e condições para a

[1508] Sebastian Omler, no Staudinger cit., 2, § 675c (193 ss.); Carsten Herresthal, em Langenbucher/Bliesener/Spindler, *Bankrechts-Kommentar* cit., 2.ª ed., 2. Kap. 1-4 (60 ss.).
[1509] Sebastian Omler, no Staudinger cit., 2, § 675c (198).
[1510] Januário Gomes, *Contratos comerciais* cit., 224, sublinhando o insólito.

abertura de uma conta de pagamento – 2.º, *o*), do RSP[1511]. Trata-se do aflorar da construção já antiga, segundo a qual os diversos atos do giro pressupunham um prévio negócio legitimador e de enquadramento[1512]. Em rigor, o contrato-quadro de pagamento surge como uma cláusula (ou várias) inserida no contrato de abertura de conta. Dá azo a uma relação duradoura e recíproca, com direitos e deveres para ambas as partes[1513].

Uma operação com carácter isolado dispensa tais cláusulas ou contratos: consubstancia-se, todavia e em regra, na base de uma prévia abertura de conta.

IV. O contrato-quadro pode ser denunciado, nos termos do artigo 56.º do RSP, surpreendentemente colocado no seio dos deveres de informação[1514]. A denúncia, pelo legislador do serviço, é livre, salvo se as partes tiverem acordado num período de pré-aviso, que não pode ser superior a um mês (56.º/1). Se superior a 12 meses, a denúncia do contrato não implica encargos para o utilizador (56.º/3).

Quanto à denúncia pelo prestador: quando o contrato tenha duração indeterminada, ela é possível mediante um pré-aviso de, pelo menos, dois meses, se tiver sido acordado (56.º/4).

214. A transparência e a informação

I. O RSP, na linha da Diretriz 2007/64/CE, dá muito relevo ao tema da transparência. Isto é: sobre o prestador do serviço de pagamento recaem múltiplos deveres de informação: 40.º e seguintes[1515].

Quando o utilizador não seja um consumidor, as partes podem afastar as regras do RSP (40.º/3).

[1511] Carsten Herresthal, em Langenbucher/Bliesener/Spindler, *Bankrechts-Kommentar* cit., 2.ª ed. 2. Kap. (60 ss.), especialmente § 675c, Nr. 2 ss. (60 ss.).

[1512] Sebastian Omler, no Staudinger cit., 2, Vorbem zu § 675c-676c, Nr. 92 (54).

[1513] Sebastian Omler, no Staudinger cit., 2, § 675f, Nr. 8 ss. (233 ss.).

[1514] No BGB, vale o § 675h; *vide* Sebastian Omler, no Staudinger cit., 2, § 675h (256 ss.).

[1515] *Vide*, em especial, o § 675d, do BGB. O desafio dogmático consiste, depois, em fazer o cruzamento entre os deveres aqui presentes e os numerosos outros deveres de transparência e de informação. *Vide* Sebastian Omler, no Staudinger cit., 2, § 675d (205 ss.).

II. Chamamos a atenção para os pontos seguintes:

- o RSP procede a uma harmonização com os deveres de informação relativos a contratos à distância sobre produtos financeiros (41.º);
- há que usar a língua portuguesa, salvo se acordado outro idioma (42.º);
- os encargos com a informação não podem ser cobrados ao utilizador (43.º);
- o ónus da prova de ter sido cumprida a informação cabe ao prestador do serviço (44.º).

Estas regras conhecem derrogações para instrumentos de pagamento e moeda eletrónica de baixo valor (45.º).

III. As operações de pagamento de carácter isolado implicam múltiplos deveres de informação (46.º). Assim:

- informações pré-contratuais, que devem ser disponibilizadas (47.º);
- informações sobre condições, com relevo para os encargos e as taxas de câmbio (48.º);
- informações ao ordenante após a receção da ordem de pagamento (49.º);
- informações ao beneficiário após a execução de operações de pagamento (50.º).

IV. Havendo contrato-quadro, temos mais uma série de informações (51.º). Assim:

- informações pré-contratuais (52.º);
- informações sobre condições (53.º); são enumeradas 26 informações a prestar;
- informações na pendência do contrato (54.º) e sobre alterações de condições (55.º);
- informações a prestar antes da execução de operações individuais (57.º);
- informações a prestar ao ordenante sobre as operações individuais (58.º);
- informações a prestar ao beneficiário sobre operações de pagamento individuais (59.º).

V. Os artigos 60.º e 61.º do RSP preveem ainda outras informações de ordem geral, sobre a moeda e a conversão monetária e sobre encargos adicionais ou reduções.

O manancial informativo é surrealista. Não se imagina nenhum utilizador a tomar consciência das muitas dezenas de informações previstas no RSP, informações essas que, de resto, se irão somar às muitas outras previstas nos diversos diplomas[1516]. No fundo, tudo isto permite que as instituições de pagamento elaborem listagens que submetem ou, até, façam assinar pelo utilizador, por forma a, depois, se eximirem a responsabilidades. O lóbi europeu da banca fez o seu trabalho, aparentemente com a conivência do lóbi dos consumidores.

215. **Direitos e deveres das partes; execução**

I. O RSP, nos seus artigos 62.º a 91.º, fixa os direitos e os deveres das partes, relativamente à prestação e à utilização de serviços de pagamento, bem como a sua execução. As regras são imperativas para as relações com consumidores e supletivas nos restantes casos (62.º/1). Os encargos aplicáveis são, apenas, os faturados pelo respetivo prestador de serviços de pagamento (63.º/1).

II. Uma operação de pagamento (ou um conjunto) devem ser autorizadas pelo ordenante (65.º/1), previamente à sua execução da operação (65.º/2), sendo dada pela forma acordada (65.º/3). Depois de recebida, a ordem não é revogável, em regra (77.º/1), podendo sê-lo antes disso (65.º/4). Tratando-se de um conjunto de operações, o consentimento pode ser retirado (65.º/5).

São acordáveis limites na utilização do instrumento de pagamento (66.º).

Surgem, ainda, obrigações do utilizador (67.º) e do prestador (68.º). O utilizador pode fazer ratificar operações não autorizadas ou incorretamente executadas (69.º), cabendo ao prestador provar que tal não sucedeu (70.º).

[1516] *Supra*, 585 ss..

III. O prestador é responsável por operações não autorizadas (71.º), revertendo essa responsabilidade para o ordenante, quando a falha lhe seja imputável, em certos termos (72.º). Preveem-se reembolsos (73 e 74.º).

IV. A execução de operações de pagamento é tratada pelo RSP: quanto a ordens de pagamento e a montantes transferidos (75.º a 78.º), quanto ao prazo de execução e à data-valor (79.º a 84.º) e quanto à responsabilidade envolvida (85.º a 90.º).

Havendo identificador único, o prestador não é responsável quando o utilizador dê indicações incorretas (85.º/1). Se a execução for incorreta, o prestador é o responsável (86.º/1).

As regras em jogo não prejudicam o regime geral da responsabilidade civil (88.º). Há regresso (89.º) e a força maior é exonerante (90.º).

216. **Natureza**

I. Os denominados serviços de pagamento não esgotam o âmbito do velho giro bancário[1517]. Boa parte das regras consignadas no RSP, de origem europeia, eram já conhecidas e praticadas: seja na base de ccg, seja na da concretização de princípios gerais. Trata-se, tal como no giro, onde essa matéria pode, de resto, ser integrada, de uma prestação de serviço, de teor financeiro, devidamente contratada.

II. Podemos, por razões de ordem histórico-cultural, construir um contrato geral de abertura de conta que acolha, no seu âmbito, sucessivas camadas de regras típicas, oriundas de momentos históricos diversos. Pense-se na conta-corrente, no giro bancário e, agora, no serviço de pagamentos.

A recondução desta matéria ao Direito civil, oportunamente levada a cabo pelo BGB, permite um maior amparo no regime geral da prestação de serviço e, daí, no mandato. A tarefa da doutrina reside, agora, em transcender o plano regulamentador da densa matéria europeia, de modo a construir alguns grandes princípios. E nesse ponto, continuamos dominados pela lógica da informação, eleita modo de excelência de tutela do particular.

[1517] Stephan Meder/Andrea Czelke, no HKK/BGB cit., III/2, §§ 675c-676c, Nr. 67 (1665).

217. A Diretriz das contas de pagamento

I. Estritamente ligada aos serviços de pagamento, temos a Diretriz 2014/92, de 23 de julho, relativa à comparabilidade das comissões relacionadas com as contas de pagamento, à mudança de conta de pagamento e ao acesso a contas de pagamento com características básicas[1518]. Na verdade, a baixa dos juros tem levado os bancos a cobrar comissões aos seus clientes: por vezes mesmo sem que seja prestado qualquer serviço[1519]. O tema das comissões, particularmente no caso de transferências e pagamentos bancários suscitou a preocupação das instâncias europeias. Nesse contexto surgiu a referida Diretriz 2014/92.

II. A Diretriz 2014/92, após um longo preâmbulo em 58 pontos, arruma-se em sete capítulos:

I – Objeto, âmbito de aplicação e definições (1.º e 2.º);
II – Comparabilidade das comissões relacionadas com as contas de pagamento (3.º a 8.º);
III – Mudança de conta (9.º a 14.º);
IV – Acesso a contas de pagamento (15.º a 20.º);
V – Autoridades competentes e resolução alternativa de litígios (21.º a 25.º);
VI – Sanções (26.º);
VII – Disposições finais (27.º a 31.º).

A Diretriz comporta três espaços normativos:

(a) a comparabilidade das comissões, prevendo-se vários esquemas para que ela seja efetiva e acessível;
(b) a mudança de conta de pagamento, facilitada;
(c) o acesso a contas de pagamento, prevenindo-se qualquer tipo de discriminação.

[1518] JOUE N.º L-257, 214-246, de 28-ago.-2014.

[1519] Neste momento, estão a ser cobradas "comissões de manutenção de conta". O problema é dobrado pela extrema dificuldade em conseguir encerrar contas bancárias, mesmo perante o falecimento dos seus titulares.

III. A Diretriz 2014/92 deve ser transposta até 18 de setembro de 2016. Em agosto não tinha sido divulgado qualquer projeto de transposição. Na Alemanha, um projeto desse tipo foi publicitado em 28-out.-2015[1520], tendo originado o *Zahlungtskontengesetz* (ZKG), de 11 de Abril de 2016[1521]. Aguardemos.

[1520] Christian Conreder/Ulrike Schild, *Entwurf des Gesetzes zur Umsetzung der sog. Zahlungskontenrichtlinie – Ein Überblick*, BKR 2016, 89-94.

[1521] Carsten Herresthal, *Der Anspruch auf ein Basiskonto nach dem Zahlungskontengesetz (ZKG)*, BKR 2016, 133-143.

SECÇÃO V

A COMPENSAÇÃO NO DIREITO BANCÁRIO

§ 55.° A COMPENSAÇÃO BANCÁRIA EM GERAL

218. Generalidades

I. A compensação é um instituto geral, previsto no artigo 847.°/1 do Código Civil[1522]. Quando duas pessoas sejam, reciprocamente, credor e devedor, qualquer delas pode livrar-se da sua obrigação, através da compensação com a obrigação do seu credor, verificados certos requisitos, depois referenciados. O crédito da pessoa que invoca a compensação é o crédito compensatório ou ativo; o da pessoa contra a qual ele seja invocado diz-se compensado ou passivo[1523].

A compensação advém do Direito romano e tem uma evolução muito interessante: fundamental para se entender o regime vigente.

II. A compensação apresenta diversas vantagens que têm sido enumeradas ao longo da História. Vamos recordar algumas:

– permite prescindir de um juízo ou, mais latamente, de um conjunto de operações relativas a um contrapagamento: numa linguagem tipo *law & economics*: baixa os custos da transação: o credor demandado resolve a situação no momento, sem necessidade de se arvorar, por seu turno, em demandante;

[1522] *Tratado de Direito civil* IX (2010, reimp., 2014), 359 ss. e 383 ss.. Quanto à sua evolução histórica: Reinhardt Zimmermann, no HKK/BGB, II/2 (2007), §§ 387-396 (2179 ss.), com indicações.

[1523] Quanto aos requisitos da compensação: STJ 12-set.-2013 (Silva Gonçalves), Proc. 5478/06.6.

– põe o interessado ao abrigo da insolvência do seu devedor: pela compensação, ele "cobra-se", ainda que o devedor fique incapaz de satisfazer as suas obrigações;
– evita fluxos de meios de pagamento: a compensação consuma-se em abstrato, nas esferas respetivas.

Pode, porém, ter inconvenientes. Eles serão, de algum modo, a contraface das vantagens. Assim, nas mãos de um demandado de má-fé, que invente créditos dilatórios, a compensação pode enfraquecer o mais sólido e justificado pedido. Num cenário de insolvência, a compensação pode subtrair, injustamente, créditos à massa. Finalmente, a compensação pode, pela supressão do movimento de mercadorias, empolar artificial e irresponsavelmente transações que, em última instância, alguém terá de suportar.

Caberá ao Direito limar todos estes possíveis escolhos.

III. A compensação tem um papel fulcral, no Direito bancário. Podemos dizer que, com os juros, ela é um suporte básico de toda a atividade da banca. Efetivamente, os diversos mecanismos das contas-correntes, dos pagamentos e das transferências, que facultam os mais variados negócios, funcionam por via da compensação.

A exposição do regime da compensação é tarefa civil. Remetemos, globalmente, para as competentes obras[1524]. Na sequência, iremos considerar, apenas, alguns aspetos especificamente bancários, de grande relevo prático.

219. **Ambiência e custos do crédito**

I. A compensação no Direito bancário ocorre no âmbito de uma relação bancária geral, enformada por vetores duradouros de confiança. Nesse nível, ambas as partes estão ao corrente da globalidade das suas posições e devem agir, trocando, entre si, todas as informações úteis. Ninguém deve ser surpreendido com atos que contrariem situações de confiança legítima. E igualmente: ninguém, que deva certas importâncias, se poderá considerar credor do seu credor sem as abater daquilo a que tenha direito.

[1524] Recordamos Menezes Cordeiro, *Da compensação no Direito civil e no Direito bancário* (2003) e o já citado *Tratado* IX, 359 ss..

II. Ainda em sede de considerações gerais, devemos frisar um ponto que ocorre igualmente a propósito da responsabilidade bancária: o significado macro-económico dos entraves que se possam pôr à compensação.

Num determinado caso concreto, a condenação de um banqueiro por ter efetuado uma compensação determinada terá um sentido distributivo: o banqueiro é uma entidade poderosa, com recursos económicos consideráveis, enquanto o seu cliente poderá ser um pequeno consumidor.

III. Todavia, o comércio bancário opera na base de fatores de multiplicação e de generalização. Coartado na garantia que sempre significa a possibilidade de compensar, o banqueiro irá ser mais parcimonioso na concessão de crédito; poderá, ainda, exigir mais garantias ou elevar as taxas de juro, num conjunto de medidas que dificultarão o desenvolvimento do comércio e da economia. Estes aspetos mais se acentuam na atual situação de depressão dos mercados[1525].

A compensação, devidamente assumida, será um dos instrumentos mais naturais, mais justos e mais inóquos de fazer baixar os custos do crédito e, em geral, dos serviços financeiros.

220. A compensação convencional

I. O primeiro problema deriva da aplicabilidade, no campo bancário, da compensação convencional. Essa aplicabilidade não levanta dúvidas e é total. O banqueiro pode, livremente, ajustar com o seu cliente a realização de operações de compensação, fora de quaisquer requisitos legais: com ressalva, todavia, das regras imperativas que, porventura, possam ocorrer.

II. Esse tipo de convenção pode ser implícito: emerge, muitas vezes, de regras de funcionamento da conta-corrente, resultantes de cláusulas contratuais gerais, seja da própria abertura de conta, seja de outros negó-

[1525] Sobre a "crise" e os reflexos bancários, para além dos elementos referidos *supra*, 131 ss.: Ottmar Wolf, *Börsenkrisen: Was kommt nach der Baisse?*, Die Bank 2002, 748-752; quanto aos cuidados com o controlo (de onde retiramos um reforço de cautelas com a compensação e a sua efetivação), Hansrudi Lenz, *Der Fall Enron – Rechnungslegung und Wirtschaftsprüfung im Kreuzfeuer der Kritik*, BB 2002, 1 e Siegfried Utzig, *Corporate Governance, Schareholder Value und Aktienoptionen – die Lehre aus Enron, Worldcom und Co*, Die Bank 2002, 594-597.

cios que possam ser celebrados, designadamente no tocante à concessão de crédito. Tais cláusulas dispõem, com frequência, nos termos seguintes:

> O BANCO poderá debitar as importâncias que lhe sejam devidas em quaisquer contas de que o mutuário ou os garantes (fiadores, avalistas ou subscritores) sejam titulares, únicos ou no regime de solidariedade.

Ao proceder a tais débitos, a compensação surge inevitável. É possível apurar ou aprontar cláusulas de compensação ainda mais amplas.

III. A LCCG – artigo 18.°, *h*) – impede o afastamento da compensação (legal). Ela não veda a sua facilitação.

Devemos ter presente que, à partida, a compensação é uma vantagem para ambas as partes. No tocante ao comércio bancário, essa consideração elementar pode, numa primeira leitura, parecer menos evidente. Com efeito, o regime institucional vigente garante, mesmo na insolvência do banqueiro e em certos termos, os depósitos dos particulares[1526]. Já a insolvência do cliente do banqueiro segue as regras gerais. Nesse prisma, a compensação surge mais aliciante para os bancos. Todavia, o bloquear das compensações bancárias obrigaria o cliente a uma multiplicação de operações, com os inerentes custos. Muitas das operações bancárias são acompanhadas de compensações, evitando que o cliente tenha de pagar avulso ou, por distração, incorra em moras, com todos os encargos inerentes.

IV. A compensação convencional, previamente acordada em abertura de conta, em abertura de crédito ou em quaisquer outros negócios de onde possam resultar créditos, para o banqueiro, sobre o seu cliente, é a solução mais indicada e mais desejável. Previne litígios e, sendo acompanhada das competentes informações, protege totalmente os particulares.

221. **A compensação em conta-corrente**

I. Independentemente de compensações convencionais, cumpre ter presente a compensação em conta-corrente.

Como vimos, a conta-corrente é um elemento estrutural do contrato de abertura de conta, ele próprio um fator nuclear de toda a relação bancá-

[1526] *Infra*, 1182 ss..

ria complexa. A conta-corrente bancária está na base do serviço de caixa e de todo o giro tecido através da banca. Não é arriscado adiantar que, a não haver contas-correntes bancárias, o comércio bancário, enquanto profissão de grandes números, hoje acessível a todos, não seria pensável.

II. Um dos elementos básicos da conta-corrente é, precisamente, o fluxo contínuo de compensações anómalas[1527] que permite, em cada momento, disponibilizar um saldo. O próprio Código Comercial, no seu artigo 346.°, 3.°, refere a compensação como um dos efeitos da conta-corrente comum. Tal compensação é generalizada, na conta-corrente bancária, não tendo de aguardar pelo fecho. Tem um regime diferenciado, como vimos: mas não deixa de ser compensação.

A não haver tais compensações, nunca o banqueiro poderia trabalhar com os depósitos que recebesse: estes poderiam, a todo o momento, sofrer o concurso dos possíveis credores do depositante.

III. Temos de entender que a compensação, enquanto efeito natural (e legal) da conta-corrente e, daí, da própria abertura de conta, não tem restrições: tudo o que seja levado à conta pode ser compensado.

Em particular, não é oponível ao banqueiro qualquer relação subjacente ao depósito. Se este for fiduciário – portanto e como vimos: se o "dinheiro" depositado não "pertencer" ao titular da conta mas a um terceiro –, essa situação é inoponível ao banqueiro. Este não sabe – nem deve saber – que negócios poderão estar subjacentes a qualquer depósito: uma vez realizado, ele entra na lógica da abertura de conta, da conta-corrente e das compensações que a animam.

Digamos, num outro prisma, que tudo o que seja devido a uma conta-corrente bancária é – ou se torna – homogéneo.

IV. Esta afirmação pode ser testada perante hipóteses concretas de incompensabilidade. Recordemos o crédito de salários: pode o banqueiro levá-lo à conta e compensá-lo? Na pureza dos princípios, a resposta não pode deixar de ser positiva. Uma vez em conta, o crédito de salários mais não é do que um movimento, idêntico a quaisquer outros.

Assim não será em três situações:

[1527] Quanto à "anomalia", *vide supra*, 561 ss..

- a de o próprio banqueiro ser a entidade patronal, altura em que a subrogação real prevista no artigo 739.° do Código de Processo Civil de 2013 é oponível ao banqueiro;
- a de, por interpretação da abertura de conta, se concluir por um regime especial para os movimentos de salários;
- a de, por mera tolerância do banqueiro, se dispensar um tratamento especial a tais créditos.

O Direito bancário e a prática dos banqueiros vão criando as suas próprias categorias mentais.

§ 56.° A COMPENSAÇÃO NOS DIVERSOS TIPOS DE CONTAS BANCÁRIAS

222. **Contas diferentes do mesmo titular**

I. Fixados os parâmetros da compensação bancária em geral, cumpre considerar o seu funcionamento nas situações bancárias dotadas de regimes específicos.

O primeiro problema põe-se perante a existência, junto de um mesmo banqueiro e de um mesmo titular, de contas diferentes. Pode haver compensações entre elas?

II. De acordo com as regras próprias da abertura de conta, o cliente do banqueiro pode dispôr, em permanência, do saldo. Assim sendo, ele estará sempre em condições de efetuar as compensações que entender, desde que dê as ordens correspondentes à declaração de compensação. Procedimento ainda mais fácil será o de, simplesmente, transferir fundos de uma conta para a outra, dando as competentes ordens, nos termos da(s) abertura(s) de conta.

III. No que tange ao banqueiro, cumpre distinguir. Cada abertura de conta funciona como um espaço próprio para as compensações que decorram no seu âmbito. Nestes termos, o banqueiro só poderá operar as compensações próprias da conta-corrente desde que efetue movimentos de uma conta para a outra. Saber se o pode fazer é questão de interpretação do contrato de abertura de conta. Se este nada disser, somos levados a pensar que o banqueiro não pode empreender a miscegenação de contas bancárias: uma vez que aceitou aberturas separadas, tem de respeitar essa separação,

O ideal, para prevenir litígios, seria, justamente, que os contratos de abertura de conta especificassem claramente em que condições os banqueiros poderiam efetuar movimentos "inter-contas".

IV. O expendido significa que, na falta de outra convenção, o banqueiro não pode operar movimentos entre contas, de modo a fazer funcionar a "compensação" automática própria da conta-corrente.

Mas esse tipo de compensação anómala não se confunde, como vimos, com a compensação civil regulada nos artigos 847.º e seguintes, do Código Civil. Esta compensação funciona sempre, dependendo dos seus requisitos. Uma abertura de conta, só por si, não envolve qualquer renúncia à compensação comum[1528]. Tal renúncia sempre seria, de resto, nula, por via do artigo 18.º, *h*), da LCCG[1529]. E pela mesma ordem de ideias: não é necessária qualquer convenção suplementar para tornar aplicável o que já resulta da lei geral[1530].

V. O banqueiro é devedor do saldo (positivo) que o seu cliente apresente numa sua conta. Tal débito poder-lhe-á, a todo o tempo, ser exigido. Quando isso suceda – ou independentemente de uma concreta exigência – pode o banqueiro livrar-se do seu débito invocando a compensação quando, a qualquer outro título, detenha um crédito sobre o seu credor.

A homogeneidade das prestações pecuniárias não é perturbada pelo facto de elas resultarem de fontes diversas. A compensação só não seria viável se operasse alguma das cláusulas de exclusão previstas no artigo 853.º do Código Civil ou se se verificasse a aplicabilidade de alguma regra concreta impeditiva da compensação[1531]. Para operar tal compensação, o banqueiro teria, todavia, de dirigir uma declaração autónoma ao seu cliente, feita nos termos do artigo 848.º, do mesmo Código.

[1528] Com diversas distinções: Christian Gavalda/Jean Stoufflet, *Droit bancaire*, 9.ª ed. (2015), n.º 542 ss. (325 ss.). No Direito italiano: Margherita Marmo, *Il deposito bancario*, em *I contrati bancari* (1999), 36; no Direito alemão: Reinfrid Fischer/Thomas Klanten, *Bankrecht/Grundlage der Rechtspraxis*, 3.ª ed. cit., Nr. 3.62 (133) e Hermann-Josef Bunte, no Schimansky/Bunte/Lwowski, *Bankrechts-Handbuch* cit., 1, 4.ª ed., § 9 (172-178); a matéria consta do Nr. 4 do AGB-Banken.

[1529] Não podemos, assim e de modo algum, salvo o devido respeito, adotar a opção de RPt 12-out.-1989 (Lopes Furtado), CJ XIV (1989) 4, 215-217 (216) e que ainda fez vencimento em RCb 3-dez.-1996 (Eduardo Antunes), CJ XXI (1996) 5, 35-38 = BMJ 462 (1996), 499 (o sumário) e segundo o qual o "contrato de conta bancária" envolveria uma renúncia tácita à compensação; essa asserção obteve, aliás, declarações de não-concordância dos então Desembargadores Nuno Cameiro e Rua Dias.

[1530] Contra: RPt 15-out.-1998 (Coelho da Rocha), BMJ 480 (1999), 541.

[1531] Com exemplo claro no artigo 95.º da LCT, nos especiais casos em que tenha aplicação.

223. Débitos avulsos do titular de conta

I. As considerações acima expendidas podem ser transpostas para a hipótese de compensação entre o saldo do cliente (débito do banqueiro) e um crédito avulso do banqueiro sobre esse mesmo cliente, isto é, um crédito que não se inserisse, *ab initio*, numa conta-corrente bancária.

Por exemplo: o cliente parte uma cadeira numa agência bancária: pode o banqueiro compensar o valor do crédito da indemnização com o saldo que deva ao cliente?

II. Reunidas as condições da compensação (civil), nada o impede[1532]. A ideia de que o depósito envolveria o afastamento da compensação – e que ainda surgia no artigo 767.°, 4.°, do Código de Seabra –, não se aplica ao "depósito" irregular pressuposto pela abertura de conta. O banqueiro não é "guardião" do dinheiro, numa visão empiricamente arcaica da banca: ele é "proprietário" do dinheiro e devedor do saldo.

III. Queda, agora, interpretar o contrato de abertura de conta, para saber se o banqueiro pode, pura e simplesmente, debitar na conta-corrente o crédito que quer compensar ou se deve, primeiro (ou em simultâneo) proceder à declaração do artigo 848.° do Código Civil.

No silêncio do contrato, optamos por esta última hipótese. O cliente do banqueiro deve, aliás, ser informado da existência do seu débito, da sua origem e do tipo de cálculo que foi realizado.

224. Depósitos com regimes diferenciados; depósitos a prazo

I. O problema seguinte coloca-se perante depósitos em regime diferenciado: poderá o banqueiro compensar débitos de depósitos sujeitos a regimes diferenciados com créditos que detenha sobre clientes seus? Em

[1532] Assim, RCb 15-dez.-1992 (Carlindo Costa), BMJ 422 (1993), 437 e RPt 21-nov.-1996 (Pires Rodrigues), BMJ 461 (1996), 521. Na doutrina e no mesmo sentido: Ferrer Correia/Almeno de Sá, *Cessão de créditos/Emissão de cheque/Compensação*, CJ XV (1990) 1, 39-56 (50 ss.) e Paula Camanho, *Do contrato de depósito bancário* cit., 226. *Vide*, ainda, STJ 4-nov.-2008 (Cardoso Albuquerque), CJ/Supremo XVI (2008) 3, 113-116 onde, perante contas de diversa natureza, se veda a compensação por falta de homogeneidade dos créditos.

especial: contas de poupança-habitação, de poupança-reformados e depósitos a prazo?

Em tese, a solução é a seguinte: quando se esteja em face de um depósito sujeito a um regime diferenciado, faltará, em regra, o requisito de homogeneidade previsto no artigo 847.º/1, *b*), do Código Civil. A compensação não é possível, por essa via. Já assim não será – ou não será necessariamente – quando o banqueiro possa "modificar" unilateralmente a natureza do depósito, designadamente tornando-o mobilizável. É o problema que se põe nos casos dos depósitos a prazo.

II. A jurisprudência está aparentemente dividida. A favor da compensação decidiu STJ 7-fev.-1991[1533]. Contra decidira STJ 19-jul.-1979[1534], mas num quadro muito específico: na altura vigorava o artigo 51.º, § 7.º, do Decreto-Lei n.º 42 641, de 12 de novembro de 1959, na redação dada pelo Decreto-Lei n.º 2/75, de 7 de janeiro: ora este diploma, "a fim de evitar a instabilidade de depósitos a prazo", determinou que as instituições de crédito não pudessem "... acordar com os clientes qualquer forma de mobilização antecipada dos dinheiros depositados a prazo que consista na anulação ou redução do prazo de depósito constituído". Este preceito impedia, como era evidente, qualquer compensação, tendo sido igualmente aplicado por RLx 5-ago.-1978[1535]. Já RCb 24-set.-1991[1536], ao decidir "manter esta posição jurisprudencial", mas agora depois da revogação dessa lei, não parece de acolher[1537].

[1533] STJ 7-fev.-1991 (Figueiredo Sousa), BMJ 404 (1991), 397-402 (401): o banqueiro pagara um cheque a descoberto, tornando-se credor do cliente: diz o Supremo "E como é prática corrente nestes casos, o Banco operou depois a respetiva compensação de créditos com a transferência dos depósitos a prazo de que o autor era titular no mesmo estabelecimento".

[1534] STJ 19-jul.-1979 (Daniel Ferreira), BMJ 289 (1979), 345-349 (347).

[1535] RLx 5-ago.-1978 (Campos Costa), CJ III (1978) 5, 1571-1574 (1573); o preceito em causa já então havia sido revogado pelo Decreto-Lei n.º 75-B/77, de 28 de fevereiro; mas a revogação não se aplicava, ainda, aos factos aí decididos.

[1536] RCb 24-set.-1991 (Victor Rocha), CJ XVI (1991) 4, 100-103 (102/II) = BMJ 409 (1991), 881 (o sumário).

[1537] Este acórdão invoca, também, os deveres de guarda do banqueiro; todavia, tal orientação não corresponde à construção do depósito bancário como depósito irregular ... nem, muito menos, à do depósito a prazo como mútuo. Pelas razões constantes do texto, não podemos acompanhar, neste ponto, Paula Camanho, *Do contrato de depósito bancário* cit., 225: recordamos que embora o prazo tenha sido estabelecido também a favor do

III. No chamado depósito a prazo, a solução favorável à compensação resulta diretamente da lei. Como vimos, parte da doutrina vê, nele, um verdadeiro mútuo. Pela nossa parte, temo-lo como "depósito bancário" no qual, todavia, haverá que aplicar as regras do mútuo e na medida do possível – artigo 1206.° do Código Civil.

O banqueiro, que recebe os fundos e deve o capital e os juros, é o "mutuário"; o cliente, que entrega os fundos e recebe juros, o "mutuante". O prazo é estabelecido em benefício dos dois: todavia, o artigo 1147.° permite ao mutuário antecipar o pagamento, desde que satisfaça os juros por inteiro. Pois bem: desde que satisfaça tais juros, o banqueiro pode pagar antecipadamente; podendo pagar, os créditos tornam-se homogéneos, nenhum obstáculo existe a que o faça por compensação.

IV. Podemos concluir que, no tocante a depósitos a prazo, o banqueiro pode usar o correspondente crédito para efeitos de compensação:

– sem condicionalismos, logo que o prazo se tenha vencido[1538];
– pagando antecipadamente os juros, antes do vencimento, por via dos artigos 1147.° e 1206.° do Código Civil.

225. **Contas solidárias**

I. Como vimos, pode haver contas bancárias coletivas ou com mais de um titular: serão solidárias quando qualquer dos titulares possa movimentar sozinho e livremente a conta, exonerando-se o banqueiro pela entrega da totalidade do saldo a quem o pedir; serão conjuntas quando os movimentos exijam a intervenção simultânea de todos os seus titulares. Também apurámos que a "solidariedade" aqui em jogo é uma categoria tipicamente bancária: não corresponde, de modo linear, à solidariedade das obrigações, antes traduzindo o regime da movimentação e dos débitos em conta, livremente adotado pelas partes aquando da celebração do contrato de abertura de conta. Prevenimos, pois, formalmente, contra transposições apressadas.

depositante (aqui em posição similar à do mutuante),o mutuário (isto é: o banqueiro) pode antecipar o pagamento, desde que satisfaça os juros por inteiro – artigo 1147.°.

[1538] Assim, REv 4-abr.-1989 (Matos Canas), CJ XIV (1989) 2, 279-282 (279/II e 282/I) e RPt 14-jan.-1998 (Saleiro de Abreu), CJ XXIV (1998) 1, 183-186 (184/II).

O problema da compensação põe-se nestes termos: quando o banqueiro seja credor de apenas um dos titulares, poderá ele operar a compensação com o saldo de uma conta coletiva?

II. A jurisprudência é, aparentemente, algo restritiva. Nalguns casos, parece responder pela negativa: a compensação não seria, de todo, possível, na falta de autorização de todos os contitulares: RLx 27-jun.-1995[1539] e RCb 3-dez.-1996[1540]. Não conseguimos depreender, da leitura dos textos publicados destes acórdãos, se se tratava de contas conjuntas ou solidárias, o que é relevante para a decisão. Trata-se de uma orientação que reaparece em STJ 11-mar.-1999[1541], embora num caso de "conta poupança-reformado", em RLx 6-mai.-1999[1542], em RCb 23-nov.-1999[1543], numa hipótese de um casal de idosos, e em RCb 24-out.-2000[1544]. Nestes casos, o óbice à compensação reside, todavia e na realidade, no facto de estarmos perante créditos não-homogéneos ou não-fungíveis, na linguagem do artigo 847.º/1, *b*): não na natureza "solidária" do depósito.

Noutros casos, a jurisprudência assume uma posição intermédia: a compensação seria possível, mas apenas nos limites do depósito que coube-

[1539] RLx 27-jun.-1995 (Cabanas Bento), CJ XX (1995) 3, 136-137 (137), invocando a falta de reciprocidade.

[1540] RCb 3-dez.-1996 (Eduardo Antunes), CJ XXI (1996) 5, 35-38 (37), invocando a natureza do depósito, a renúncia tácita à compensação e o não se ter avisado previamente os clientes; as duas primeiras razões foram, como já se disse, rejeitadas pelos Desembargadores Nuno Cameira e Rua Dias, num voto que acompanha o acórdão.

[1541] STJ 11-mar.-1999 (Miranda Gusmão; vencido: Nascimento Costa), CJ/Supremo VII (1999) 1, 147-150 (149) = BMJ 485 (1999), 446-453 (450); a este acórdão, como faz notar o bem documentado voto de vencido, subjaz a ideia de que os créditos do depósito não admitem compensação (artigo 767.º, 4.º, do Código de Seabra): é uma postura inaplicável ao depósito bancário.

[1542] RLx 6-mai.-1999 (Soares Curado), CJ XXIV (1999) 3, 84-86 (85/I), invocando falta de fungibilidade.

[1543] RCb 23-nov.-1999 (Gil Roque), CJ XXIV (1995) 5, 32-34 (33/II), numa orientação que se poderia acompanhar, mas apenas com base na boa-fé, salvo se demonstrar a falta de homogeneidade.

[1544] RCb 24-out.-2000 (Monteiro Casimiro), CJ XXV (2000) 4, 41-43 (42/II), com uma valoração equivalente à do acórdão citado na nota anterior.

rem ao devedor do banqueiro: STJ 1-out.-1996[1545], RLx 12-mai.-1996[1546] e RPt 14-jan.-1999[1547].

Noutros, finalmente, a jurisprudência aceita a compensação de débitos de um cliente em conta solidária, sem restrições[1548].

Quanto à doutrina: Alberto Luís parecer optar pela não possibilidade de compensação, com contas coletivas, salvo estipulação nesse sentido[1549], enquanto Paula Camanho, ao fazer depender a compensação de iniciativa de reembolso pelos depositantes (ou por algum deles), parece tomar idêntica opção[1550]. Antunes Varela, embora escrevendo sobre a solidariedade em geral, elege a solução intermédia: compensação apenas na medida do direito do credor adstrito ao débito[1551].

III. A solução deste problema exige uma clarificação prévia: é importante, designadamente a propósito da apreciação jurisprudencial, considerar os acórdãos no seu todo, examinando as respetivas matérias de facto. Por vezes, o sentido do decidido afigura-se correto, mas não a justificação.

Por exemplo: o banqueiro, sem qualquer aviso prévio, compensa uma dívida com o saldo de uma conta poupança-reformados, deixando um casal idoso no desamparo. A compensação seria impossível se o saldo não for mobilizável ou se exigir, para tanto, condições não verificadas: faltaria a homogeneidade. Admitindo que o problema não se ponha ou esteja ultrapassado: uma evidente jurisprudência do sentimento tentará inviabilizar esta operação. E será possível: porventura, através da boa-fé e do abuso do direito, explicando que dadas as circunstâncias, os idosos foram levados a crer, até pela designação eventualmente enganosa "poupança-reformados", que o correspondente saldo era intocável e que cabia ao banqueiro ter dado as explicações necessárias.

Agora essa jurisprudência de sentimento – que também tem lugar no Direito, desde que cientificamente reduzida, através dos institutos que a possam conter e controlar, como o da boa-fé – não deve levar o intérprete-aplicador a distorcer os institutos jurídicos civis e comerciais. Como

1545 STJ 1-out.-1996 (Fernando Fabião), CJ/Supremo II (1996) 3, 33-34 (34).

1546 RLx 12-mai.-1996 (Pereira da Silva), CJ XXIII (1996) 3, 94-96 (95/I).

1547 RPt 14-jan.-1999 (Saleiro de Abreu), CJ XXIV (1999) 1, 183-186 (185/I).

1548 STJ 8-out.-1991 (Martins da Fonseca), BMJ 410 (1991), 805-816 (816).

1549 Alberto Luís, *Direito bancário* cit., 167-168.

1550 Paula Camanho, *Do contrato de depósito bancário* cit., 247.

1551 Antunes Varela, *Das obrigações em geral* cit., 2, 7.ª ed., 703.

já se adiantou, decidir "de sentimento" contra o banqueiro joga, a prazo, contra os particulares consumidores de serviços financeiros.

226. **Segue; o regime aplicável**

I. As contas bancárias solidárias têm um regime que resulta das respetivas aberturas de conta. Não se trata de uma verdadeira solidariedade civil, cujos interesses e valorações não coincidem com o que aqui se discute.

Como ponto de partida, importa refutar a ideia de que a solidariedade, nos depósitos bancários, tenha sido estabelecida "no interesse dos depositantes"[1552]. A solidariedade, tal como qualquer outra cláusula contratual, é sempre estabelecida no interesse de ambos os contratantes: quer diretamente, porque a propuseram, quer indiretamente, porque, aceitando-a, conseguiram vantagens noutros pontos. Qualquer paralelo com o "benefício do prazo" seria meramente vocabular: o "benefício do prazo" é a fórmula linguística tradicional para dispor sobre a antecipação de cumprimento das obrigações. Também o "favor do devedor" referido no artigo 528.º/2 do Código Civil tem, apenas, a ver com o regime aí estabelecido: não se pode extrapolar um "a favor do credor" .

Nos depósitos bancários, a solidariedade é uma cláusula de funcionamento da conta: opera seja no interesse dos depositantes, seja no interesse do banqueiro; paralelamente, tem desvantagens para todos eles. Com efeito, cada depositante tem a vantagem de poder movimentar, sozinho, o saldo; tem a desvantagem de poder ser despojado do seu valor, por ato

[1552] Esta afirmação tem uma história e um trajeto que importa referir. Ela ocorre num parecer de Antunes Varela, publicado sob o título *Depósito bancário / Depósito a prazo em regime de solidariedade / Levantamento antecipado por um titular*, publicado na Revista da Banca 21 (1992), 41-75 (51); Antunes Varela refutava, aí, a orientação assumida por um acórdão da Relação do Porto e segundo o qual, havendo uma conta coletiva de depósito a prazo, a cláusula de solidariedade apenas autorizaria o titular isolado a movimentar, sozinho, os juros não capitalizáveis: não a proceder, sozinho, ao levantamento do depósito no fim do prazo ou a movimentá-lo, antecipadamente. Nesse contexto afirma que a "solidariedade" estabelecida não o foi no interesse do banco – que até preferiria conservar o dinheiro mais tempo. Mais tarde, a ideia é retomada por Paula Camanho no seu, de resto excelente, livro *Do contrato de depósito* cit., 239, e em *Contrato de depósito bancário* cit., 124 ss., mas já sem ligação ao contexto factual que a originou. E desta última obra, ela seria respigada para algumas decisões judiciais. Ora impunha-se refletir no tema desde o princípio.

unilateral do seu parceiro. Quanto ao banqueiro: tem a vantagem de poder exonerar-se perante um único depositante, com toda a simplificação burocrática e jurídica que isso implica; tem a desvantagem de poder ver aumentar a volatilidade dos depósitos.

II. Outra ideia a afastar é a de que os bancos não teriam a faculdade de escolher perante qual dos depositantes solidários se poderiam exonerar[1553]. O artigo 528.° do Código Civil não se lhes aplicaria. Não é, de todo, assim. O banqueiro não pode, de facto, escolher perante qual dos depositantes solidários se pode exonerar porque, em regra, ele não pode ... exonerar-se, pura e simplesmente. Ligado por um contrato de abertura de conta, fonte de uma situação essencialmente duradoura, o banqueiro deve tolerar (porque a isso se obrigou contratualmente) todos os depósitos que os seus clientes queiram fazer nas respetivas contas, não os podendo devolver à procedência. Agora: nos casos, contratualmente previstos, em que o banqueiro possa pôr termo ao contrato de abertura de conta, encerrando a conta-corrente bancária e dando por terminada a relação bancária complexa, não temos qualquer dúvida: o banqueiro pode prevalecer-se do artigo 528.°/1 para entregar o saldo a algum dos depositantes solidários, deste modo se exonerando. Nem faria sentido exigir que ele procurasse, porventura em remotas paragens, todos os depositantes solidários.

[1553] Também esta afirmação tem a sua história. Na origem encontramos Vaz Serra, *Pluralidade de devedores ou de credores*, sep. do BMJ 1957, 321, que explica ser a solidariedade entre credores rara, por representar um perigo para estes: qualquer deles poderia receber integralmente a prestação, sem a entregar aos restantes; em nota de rodapé – a nota 657; *vide* no BMJ 70 (1957), 6 – Vaz Serra, depois de referir as "operações bancárias", afirma que os credores podem ter vantagem nesta espécie de solidariedade, por se dispensar a intervenção dos outros, que pode ser difícil de conseguir. Antunes Varela, desta feita em *Das obrigações em geral* 1, 9.ª ed. (1996), 780, nota 1 (n.° 210), depois de citar Vaz Serra, acrescenta que nas tais operações bancárias "... se não confere, em regra, ao Banco a faculdade de cumprir junto do credor que lhe aprouver, mas se impõe o dever de pagar àquele que exigir a prestação". Acrescenta, retomando Vaz Serra, que o regime seria útil quando haja mútua confiança entre os credores. Ocorre, aqui, a citação de Larenz e, mais precisamente: Karl Larenz, *Lehrbuch des Schuldrechts*, 1, *Allgemeiner Teil*, 14.ª ed. (1987), § 36, I, c), p. 625, que explica isso mesmo. Dá como exemplo os cônjuges e contrapõe depois que, aqui, não cabe ao devedor exonerar-se perante o credor que entender: veja-se A. Varela, *Depósito bancário* cit., 51, nota 18. Tudo isto é retomado em Paula Camanho, *Do contrato de depósito* cit., 239-240, mas agora para afirmar que o artigo 528.° do Código Civil não se aplica aos depósitos bancários solidários.

A questão não está em saber se o banqueiro se pode exonerar apenas perante um dos depositários: havendo solidariedade, pode por certo fazê-lo, dado o regime acordado para a movimentação da conta e, se necessário, o artigo 528.º/1 do Código Civil; a questão reside, sim, em saber se, de todo em todo, ele pode exonerar-se ou quando pode fazê-lo.

E é na resposta a esse ponto que poderá surgir a compensação.

III. Ao celebrar uma abertura de conta conjunta com solidariedade, todos sabem que qualquer dos seus titulares pode esgotar o seu saldo (e, até, sacar a descoberto, em certos casos!), independentemente de, na origem, os fundos serem seus. Trata-se, sempre, entre os contitulares, de uma situação fiduciária, que não pode ser oposta ao banqueiro. Este não sabe quem era dono dos fundos (pode, até, ser um terceiro) nem é bom que saiba, no interesse de todos.

Ora se um titular pode, sozinho, esgotar o saldo, também poderá, sozinho, constituir débitos junto do banqueiro que impliquem, por via da compensação, esse mesmo esgotamento[1554].

A lei geral não conduz a outra solução: o banqueiro (enquanto devedor) pode escolher o cliente solidário a quem satisfaça a prestação – artigo 528.º/1 do Código Civil.

Esta situação não é mais chocante do que a comum solidariedade, em que uma pessoa responde imediatamente por débitos que não são seus, do que a comum garantia pessoal sem benefício de excussão ou do que uma conta solidária, em que um dos titulares (que pode não ser dono de nada) pode esgotar o saldo, em proveito próprio. As pessoas apenas devem ser informadas das possíveis consequências legais das soluções que tomem: depois, terão de as acatar, ou nenhum comércio é possível.

IV. O banqueiro, perante uma conta solidária, pode compensar o crédito que tenha sobre algum dos seus contitulares, até à totalidade do saldo.

O único aspeto restritivo poderia advir das condições de movimentação acordadas. Assim, se estas não facultarem débitos em conta por despe-

[1554] Contra: STJ 19-abr.-2001 (Dionísio Correia), CJ/Supremo IX (2001) 2, 25-28, na base de citações de A. Varela; subjacente está a ideia de que a "solidariedade" das contas bancárias é a solidariedade obrigacional: mero contágio linguístico, como vimos. No sentido da boa doutrina: STJ 9-jun.-2009 (Mário Cruz), Proc. 09A0662.

sas e créditos do banqueiro em geral, este terá o cuidado de proceder a uma declaração avulsa de compensação, abatendo-os no saldo disponível[1555].

227. Contas conjuntas

I. Numa situação de conta conjunta, o problema é diverso. Aí só se torna viável movimentar a conta com a assinatura de todos os seus titulares. Admitir uma compensação pelo débito de apenas um deles iria forçar a vontade das partes, quando foi concluída a abertura de conta. Além disso, estaria aberta a porta a defraudar os próprios termos da abertura de conta: o particular que pretendesse movimentar sozinho uma conta conjunta mais não teria do que constituir débitos laterais junto do banqueiro: a consequência seria o que as partes não quiseram: a utilização isolada do saldo[1556].

II. Não se infira, daqui, que a conta conjunta se torna indisponível, impenhorável ou inatingível, por força das dívidas de apenas um dos seus contitulares. De outro modo, o devedor poderia sempre eximir-se às regras da responsabilidade patrimonial, abrindo "contas conjuntas" com pessoas da sua confiança.

Nesta hipótese funcionará a presunção de igualdade das participações – artigos 534.°, 1403.°/2 e 1404.°, todos do Código Civil. O banqueiro poderá, então, operar a compensação, mas apenas na parte que cabe ao contitular devedor.

[1555] Na 2.ª ed. deste nosso *Manual de Direito bancário*, 506, remetemos a solução deste problema para a interpretação do contrato de abertura de conta: tratar-se-ia de saber se o saldo é ou não livre, numa questão em aberto. Hoje complementamos essa nossa posição: o estudo mais atento da compensação mostra que esta está omnipresente, correspondendo a um esquema de responsabilidade patrimonial. *Ergo*, qualquer saldo está sempre "livre" para responder pelos débitos do titular da conta, podendo fazê-lo em termos de compensação, se se mostrarem reunidos os requisitos legais desta.

[1556] *Vide* STJ 5-jun.-2008 (Garcia Calejo), Proc. 08A1361, aparentemente mal sumariado, uma vez que a conta em jogo era conjunta.

CAPÍTULO III

DOS ATOS BANCÁRIOS EM ESPECIAL

SECÇÃO I

ATOS BANCÁRIOS SIMPLES

§ 57.° O DEPÓSITO BANCÁRIO

228. O depósito comum

I. O contrato de depósito vem definido no artigo 1185.° Código Civil como:

> (...) o contrato pelo qual uma das partes entrega à outra uma coisa, móvel ou imóvel, para que a guarde e restitua quando for exigida.

Na sua simplicidade, esta fórmula acolhe uma figura romana clássica. Com raízes muito antigas[1557], o *depositum*[1558] foi estruturado como *bonae*

[1557] Giuseppe Gandolfi, *Il deposito nella problematica della giurisprudenza romana* (1971), 39 ss.. Quanto ao antigo Direito grego, que previa o depósito, por exemplo, em templos, Ugo Enrico Paoli, *Deposito (Diritto attico)*, NssDI V (1960), 494-495 (494): Παραπαταθηχη. Entre nós, *vide* Paula Camanho, *Do contrato de depósito bancário* cit., 98 ss..

[1558] Em rigor, *depositum* é o objeto do depósito, de *deponere*; *vide* Carlo Longo, *Corso di diritto romano/Il deposito* (1946), 1 ss.. Quanto ao depósito no Direito romano, Franco Bonifacio, *Deposito (diritto romano)*, NssDI V (1960), 495-497, Guido Astuti, *Deposito (storia)*, ED XII (1964), 212-236 (217 ss.), Giovanni Negri, *Deposito nel diritto romano, medievale e moderno*, DDP/Sciv V (1990), 219-252 e Margherita Marmo, *Il deposito bancario*, em Annamaria Ambrosio e outros, *I contratti bancari* (1999), 1-63 (3 ss.).

fidei iudicium[1559] caracterizando-se, nessa medida, como um contrato consensual, dotado de ações recíprocas, universal, sensível à compensação e a outras exceções e – em suma – suscetível de um manuseio mais justo e menos formal. Tratava-se, ainda, de um contrato real – exigia, para a sua compleição, a entrega da coisa – e era essencialmente gratuito[1560].

A estrutura básica do depósito conservou-se, através das diversas receções do Direito romano. Podemos apontar uma certa diferenciação entre o estilo napoleónico e o alemão: enquanto, no primeiro, o depósito veio a perder a sua matriz real, admitindo-se, pois, a sua conclusão por simples acordo entre as partes, no segundo, a natureza real só mais recentemente tem sido questionada[1561].

II. No Código de Seabra, o depósito – artigos 1431.° e seguintes – era incluído entre os contratos de prestação de serviço – artigos 1370.° e seguintes[1562]. Não obstante, a doutrina, pelo menos no início, manteve vivas as raízes do depósito enquanto contrato assente numa absoluta confiança do depositante sobre o depositário[1563]. Procurando enumerar as características do depósito sob o Código de Seabra – ponto importante,

[1559] Apenas numa fase já mais tardia do depósito integra o elenco das figuras *ex bona fide*, surgindo, nessa medida, no *Edictum perpetuum*. *Vide*, na reconstrução de Otto Lenel, *Das Edictum Perpetuum/Ein Versuch zu seiner Wiederherstellung*, 3.ª ed. (1927), §§ 106-112 (288-302). *Vide*, para outros elementos, *Da boa fé*, 73 ss..

[1560] Carlo Longo, *Il deposito* cit., 5 ss..

[1561] Com elementos, Paolo Gallo, *Deposito in diritto comparato*, DDP/SCiv V (1990), 274-278 (275 ss.). No Direito suíço, o depósito não tem natureza real; no Direito anglo-saxónico, o depósito tem de ser reconduzido à categoria mais ampla do *bailment*, numa dogmática muito diversa da continental.

[1562] Os contratos de prestação de "serviços" – o Código atual usa "serviço" – eram, no CS, sucessivamente: o serviço doméstico, o serviço salariado, as empreitadas, os serviços prestados no exercício das artes e profissões liberais, a recovagem, barcagem e alquilaria, a albergaria ou pousada, a aprendizagem e o depósito. Como se vê, o CC corresponde, também neste domínio, a um empobrecimento jurídico-cultural.

[1563] Dizia Dias Ferreira, *Codigo Civil Portuguez Annotado*, 3, 2.ª ed. (1898), 69:

> D. Affonso de Castella, o Sabio, dizia deposito *quando um homem dava a outro as suas cousas a guardar fiando-se n'elle*; e os romanos formavam tão alta idêa d'este contracto, que o chamavam *sacer contractus*, porque mais que nenhum outro assentava na honradez e na proibidade pessoal.

pois foi sob ele que se moldou o Código Veiga Beirão ainda em vigor – temos as seguintes[1564]:

– é um contrato gratuito – 1432.° – podendo, contudo, convencionar-se uma remuneração;
– é um contrato real: só se constitui com a entrega da coisa;
– é um contrato consensual ou formal, consoante o seu valor; o artigo 1434.° requeria um documento assinado pelo depositário e reconhecido pelo notário, quando o valor excedesse 1.000$, e escritura pública, se excedesse 2.000$[1565].

Quanto aos efeitos[1566], deve apontar-se, no tocante às obrigações do depositário, os deveres de guardar a coisa, de não a usar ou devassar, de a restituir e, se necessário, de defender os direitos do depositário. Quanto às obrigações do depositante, referiam-se: a de indemnizar o depositário de todas as despesas e a de o remunerar, sendo esse o caso.

III. O Código atual entendeu, no acima citado artigo 1185.°, adotar a definição do artigo 1766.° do Código Civil italiano[1567]; este diploma foi, de resto, intensamente seguido, também neste domínio, pelo legislador de 1966[1568]. Logo daí retiram Pires de Lima/Antunes Varela a natureza real

[1564] O estudo do depósito tem sido gravemente prejudicado, entre nós, por não se lecionar, pelo menos até há pouco tempo, nas Faculdades de Direito, a matéria relativa aos contratos. A temática pode, assim, ser confrontada, sobretudo, nos comentaristas; *vide* Luiz da Cunha Gonçalves, *Tratado de Direito Civil*, 8 (1934), 6 ss..

[1565] Na reforma de 1930; a versão inicial do Código de Seabra dispunha, respetivamente, os valores de 50 e de 100 mil réis.

[1566] Cunha Gonçalves, *Tratado* cit., 8, 25 ss..

[1567] Pires de Lima/Antunes Varela, *Código Civil Anotado*, 2, 4.ª ed. (1997), 832.

[1568] A doutrina italiana tem, assim, um interesse direto, entre nós, para o conhecimento do depósito; *vide*, em especial, Arturo Dalmartello/Giuseppe B. Portale, *Deposito (diritto vigente)*, ED XII (1960), 236-274, Angelo Galasso/Giuseppe Galasso, *Deposito* DDP/SCiv V (1990), 253-274 e Patrizia Rapone, em Pietro Rescigno, *Codice Civile*, 7.ª ed. (2008), artigo 1766.º (2, 3202 ss.).

Quanto à inabarcável doutrina alemã, referimos, em particular e no tocante ao depósito comum (*Verwahrungsvertrag*), hoje regulado nos §§ 688 e ss. do BGB, Larenz, *Lehrbuch des Schuldrechts*, II, 1, *Besonderer Teil*, 13.ª ed. (1986), 454 ss., Dieter Reuter, no *Staudingers Kommentar BGB*, 13.ª ed. (1995), §§ 652-704, 779 ss. e Palandt/Sprau, *BGB*, 65.ª ed. (2006), 1084 ss., Hartwig Sprau, no Palandt BGB, 75.ª ed. (2016), § 688 (1212 ss.) e Ralf Fressek, no HKK/BGB, III/2 (2013), §§ 688-700 (1845 ss.), onde podem ser confrontadas outras indicações.

quoad constitutionem do depósito: seria essa a solução dominante em Itália[1569]. Alguns autores italianos admitem, porém, a possibilidade de, ao lado do depósito real, se poder celebrar um depósito consensual, por mero acordo das partes[1570]. Trata-se de uma solução que temos vindo a preconizar para o Direito português e que funciona, de resto, em relação aos diversos contratos reais *quoad constitutionem*[1571].

O artigo 1186.°, por remissão para o mandato, presume a gratuitidade do depósito. Temos, desta feita, uma transposição do artigo 1767.° do Código italiano o qual não impede, no entanto, a doutrina de reafirmar a gratuitidade como elemento natural do depósito.

IV. Segundo o artigo 1187.° do Código Civil, o depositário fica essencialmente obrigado:

a) A guardar a coisa depositada;
b) A avisar imediatamente o depositante, quando saiba que algum perigo ameaça a coisa ou que terceiro se arroga direitos em relação a ela, desde que o facto seja desconhecido do depositante;
c) A restituir a coisa com os seus frutos.

O dever de custódia suscita algumas dúvidas. Desde logo, ele não pode ser reconduzido a um dever de proteção: trata-se de um dever principal, *ex contractu* e não de um dever acessório, *ex bona fide*. Pela mesma linha de pensamento, também não é dever instrumental. No tocante à medida da diligência exigível, o artigo 1768.° do Código italiano remete para o padrão do bom pai de família. O Código Civil, que vem seguindo à letra o Código em causa, omitiu, porém, esse preceito. Antunes Varela infere, assim, com recurso aos artigos 487.°/2 e 799.°/2, relativos à responsabilidade, que se deve atender à diligência, em abstrato, do bom pai de família e não à diligência que, normalmente, o depositário ponha nas suas próprias coisas[1572]. As teses que, para a definição do dever de custódia, apelam a um critério de responsabilidade, e não de prestação, vêm, contudo, sendo rejeitadas em Itália[1573]. Parece-nos que bem: o Direito civil afirma-

[1569] Pires de Lima/Antunes Varela, *Código Civil Anotado* cit., 2, 4.ª ed., 834.
[1570] Assim, Dalmartello/Portale, *Deposito* cit., 251.
[1571] *Tratado* II, 4.ª ed., 97 ss..
[1572] Pires de Lima/Antunes Varela, *Código Civil Anotado* cit., 2, 4.ª ed., 838.
[1573] Dalmartello/Portale, *Deposito* cit., 238.

-se pela positiva e não pela negativa; além disso, o critério de imputação de danos pressupõe a prévia determinação da ilicitude e da culpa, as quais variam com os contratos. Importa ter presente – o retorno aos clássicos é inevitável! – que o depósito é, antes de mais, um contrato *intuitu personae*, assente na confiança[1574]. Quem entrega uma coisa à guarda de outrem fá-lo por estar convencido de que ela será bem guardada. E para isso, atenta nas qualidades concretas do depositário. Este, pela obrigação de custódia, assume um dever de resultado: não de meios[1575]! Caso o resultado não seja alcançado, presume-se a culpa[1576]. O depositário, para a ilidir, terá de provar, entre outras coisas, que pôs, no cumprimento, a diligência que, *in concreto*, lhe era exigível. E *in concreto* se verá – como entende a atual doutrina italiana – se a diligência tida em conta pelas partes era a comum ou qualquer outra[1577].

O dever de aviso previsto no artigo 1187.°, *b)*, do Código Civil, não se confunde com o dever de defesa da coisa. Basta ver que ele funciona sempre que o depositante desconheça o perigo e não, apenas, quando o depositário não possa assegurar, ele próprio, a defesa[1578]. O depositante deve estar informado de quanto respeite à coisa depositada. Pensamos que, por maioria de razão, o depositário deve avisar o depositante das pretensões que ele próprio, depositário, entenda poder deduzir em relação à coisa. Mal estaríamos se o depositário, julgando-se com direito à coisa, a aceitasse, placidamente, do depositante, como depósito, para, depois e de surpresa, exibir os seus direitos. Este raciocínio é aplicável às pretensões

[1574] O papel da confiança no depósito é salientado – e bem – em STJ 21-mai.-1996 (Miguel Montenegro), CJ IV (1996) 2, 82-83.

[1575] Nesse sentido, Patrizia Rapone, em Pietro Rescigno, *Codice Civile* cit., 7.ª ed., artigo 1768.º (3209).

[1576] No sentido obrigacional de *faute*, isto é, de culpa/ilicitude/nexo de causalidade; cf. o nosso *Da responsabilidade civil dos administradores* cit., § 19 (451 ss.).

[1577] Em RLx 15-abr.-1997 (Pinto Monteiro), CJ XXII (1997) 2, 103-105 (105/2), entendeu-se que o depositário que deixa um *jeep* à entrada de um *stand* e com as chaves na ignição está a violar o dever de custódia, sendo responsável. Embora, formalmente, este acórdão pareça apelar às considerações feitas no *Código Anotado* de P. Lima/A. Varela, verifica-se, no nível fundamental da decisão, e bem, uma clara prevalência da apreciação *in concreto*. Fazendo também aplicação da regra da presunção de culpa, perante a subtração de um veículo dado em depósito, como forma de responsabilizar um depositário, cf. RLx 16-jun.-1986 (Azevedo Brito), CJ XI (1986) 1, 87-90 (89-90).

[1578] Neste domínio, ocorre recordar o artigo 1188.° do Código Civil que, inclusive, atribuiu formalmente as ações possessórias ao depositário; quanto às dúvidas que esta solução suscita *vide* os nossos *Direitos Reais* (1993, *reprint*), 705.

supervenientes. O depósito é um contrato sério, de confiança, não se admitindo o seu uso transversal ou não-sério.

O dever de restituição opera *ex contractu*. Por isso, o depositário não pode recusar a restituição da coisa com o fundamento de que o depositante não é o verdadeiro titular: artigo 1192.°/1 do Código Civil. Os números 2 e 3 desse preceito excetuam, em certos termos, as hipóteses de se tratar de coisa objeto de reivindicação por terceiros ou de coisa supostamente proveniente de crime. Segundo o artigo 1194.° do Código Civil, o prazo de restituição presume-se estabelecido a favor do depositante: este pode, pois, a todo o tempo – e mesmo havendo prazo – *pedir a imediata restituição da coisa*; porém, sendo o depósito remunerado, o depositário tem, nessa hipótese, direito à remuneração convencionada por inteiro, salvo justa causa – *idem*. A coisa é restituída, no silêncio das partes, no local onde se encontrar – 1195.° – ficando as despesas a cargo do depositante – 1196.°, ambos do Código Civil.

V. O depositário não pode usar a coisa nem subdepositá-la, sem autorização do depositante – artigo 1189.°. Ele pode guardar a coisa de modo diverso do convencionado quando deva supor que o depositante concordaria, perante as circunstâncias; o exercício de tal *ius variandi* deve ser comunicado ao depositante, logo que possível – artigo 1190.°, ambos do Código Civil.

O depósito cerrado não pode ser devassado pelo depositário, presumindo-se a culpa deste quando o invólucro ou o recipiente que contenha a coisa se mostre violado – artigo 1191.°.

VI. Finalmente, o depositante tem os deveres de – artigo 1199.° do Código Civil:

- pagar a retribuição devida, quando esse seja o caso; quanto à retribuição dispõe o artigo 1210.° do Código Civil;
- reembolsar o depositário das despesas;
- indemnizá-lo do prejuízo, salvo se o depositante tiver agido "sem culpa".

229. **O depósito irregular**

I. Pela natureza das coisas, o depositário não pode consumir a coisa depositada: nessa altura a restituição não seria possível. Porém, desde a

Antiguidade se tem verificado a transposição linguística e, depois, conceptual, das categorias do depósito para os casos em que o "depositário" recebe algo com o dever de restituir (apenas) o equivalente[1579].

Desde o início surgiu, pois, um depósito particular: aí, o depositário, em vez de restituir a própria coisa depositada, teria de devolver o equivalente[1580], o *tandumdem, eiusdem generis et qualitatis*. A esta figura vieram os comentadores chamar depósito irregular.

II. A natureza do depósito irregular é discutida[1581]: querem uns que se trate de um verdadeiro depósito, outros de um mútuo e outros, por fim, de um contrato *sui generis*, com elementos do mútuo e do depósito. A primeira posição domina em Itália, com base na ideia da identidade do interesse do depositante, que prevalece sobre a mutabilidade da coisa. A terceira merece os favores da doutrina alemã – ou dalguma dela – por razões que se prendem com o seu regime[1582]. De todo o modo, a solução, quer da lei italiana – artigo 1782.° – quer da alemã – § 700/I, primeira parte[1583], dos Códigos Civis respetivos – remeteu o regime do depósito irregular para as regras do mútuo.

III. O Código Civil vigente tem uma secção expressamente aplicável ao depósito irregular, dedicando-lhe dois preceitos: os artigos 1205.° e 1206.°.

O primeiro define depósito irregular como o "... que tem por objeto coisas fungíveis". Trata-se de uma definição deficiente: as partes podem perfeitamente celebrar um depósito comum relativo a coisas fungíveis: nessa altura o depositário não as poderá consumir, devendo restituir precisamente o que recebeu, de acordo com as regras normais do depósito.

[1579] Klaus Gelger, *Das Depositum irregulare als Kreditgeschäft* (1962), 22, referindo o fenómeno já na Grécia. Mencionando a Mesopotâmia, Hannu Tapani Klami, "*Mutua magis videtur quam deposita"/Über die Geldverwahrung im Denken der römischen Juristen*, trad. alemã do Autor e de Bernd Assmuth (1969), 5.

[1580] Astuti, *Deposito* cit., 224. *Vide* Ernesto Simonetto, *Deposito irregolare* DDP/SCiv V (1990), 279-299 (279 ss.).

[1581] Quanto à discussão em Itália, referindo os autores que subscrevem as diversas opiniões, Patrizia Rapone, em Pietro Rescigno, *Codice Civile* cit., 7.ª ed., artigo 1782.° (3224).

[1582] Uwe Hüffer, no *Münchener Kommentar* 3/2, 2.ª ed. (1986), § 700 (363 ss) e Dieter Reuter, *Staudingers Kommentar* cit., 13.ª ed., § 700, Nr. 2 ss. (832 ss.).

[1583] *Vide* Hartwig Sprau, no Palandt cit., 75.ª ed., § 700 (1215-1216).

O artigo 1782.°/I do Código italiano – desta vez esquecido – parece mais esclarecedor uma vez que, sob a epígrafe de depósito irregular, dispõe:

> Se o depósito tiver por objeto uma quantia em dinheiro ou outras coisas fungíveis, com a faculdade, para o depositário, de se servir delas, este adquire a propriedade delas e fica obrigado a restituir outras tantas da mesma espécie e quantidade.

O artigo 1206.° manda aplicar, ao depósito irregular, na medida do possível, as regras do mútuo. São aplicáveis, por esta via, os artigos 1143.° (forma), 1144.° (transferência da propriedade para o depositário), 1148.° (prazo da restituição) e 1149.° (falta de género, não se tratando do dinheiro). São inaplicáveis, entre outras, as regras relativas ao mútuo oneroso – artigos 1145.° e seguintes, todos do Código Civil[1584].

IV. O depósito irregular não é um verdadeiro depósito. Basta ver que não se lhe aplicam as regras existenciais relativas ao dever de custódia. Mas também não é um mero mútuo[1585]: o depósito, mesmo irregular, é celebrado no interesse do depositante que, assim, quer beneficiar da conservação daquele preciso valor, mantendo, sobre ele, uma permanente disponibilidade[1586]; o mútuo visa o interesse do mutuário, que pretende gastar a coisa e, eventualmente, o do mutuante, mas através da receção dos juros.

Temos, por nós, que é um contrato misto, com elementos do depósito e do mútuo e que, por estar há muito nominado e autonomizado, podemos apresentar como tipo próprio: precisamente o do depósito irregular.

[1584] Pires de Lima/Antunes Varela, *Código Civil Anotado* cit., 2, 4.ª ed., 862. Teria sido conveniente o Código Civil conservar, do anteprojeto Galvão Telles, a regra de que a propriedade da coisa "depositada" passa para o depositante *ex contractu*. Nada se dizendo, a solução bem poderia ser a do artigo 1451.°/2 do Código Civil, relativa à do usufruto de coisas consumíveis, que é inversa. A propriedade só se transferiria, então, com o consumo, alterando profundamente o regime do risco. Aderimos à solução de transferência por ser o entendimento mais justo e por ser prevalecente nas doutrinas dadoras da nossa.

[1585] Decisivo: Dieter Reuter, *Staudingers Kommentar* cit., 13.ª ed., § 700, Nr. 3 (832-833).

[1586] Essa permanente disponibilidade – que não surge no mútuo – corresponde, aqui, à pretensão de restituição, essencial no depósito, mesmo irregular; STJ 4-out.-1994 (Ramiro Vidigal), CJ/Supremo II (1994) 3, 81-83.

230. Depósito mercantil e depósito bancário

I. Antes de abordar diretamente o depósito bancário, cabe ainda referir o depósito mercantil, regulado nos artigos 403.° e seguintes do Código Comercial. Esse preceito dispõe, logo à cabeça, que o depósito é considerado mercantil quando "... seja de géneros ou de mercadorias destinadas a qualquer ato de comércio". Trata-se, pois, de um ato objetivamente comercial.

No tocante ao regime, verifica-se que o depósito mercantil, ao contrário do comum, dá, como regra, azo a remuneração – artigo 404.° do Código Comercial[1587]. Estando em causa um depósito de "papéis de crédito com vencimento de juros", o depositário é obrigado à cobrança e demais diligências necessárias para a conservação de um valor e efeitos legais, sob pena de responsabilidade – artigo 405.°. Temos, aqui, um importante dever secundário, de base legal.

Na vida do comércio, pode suceder que a celebração de um depósito mercantil seja acompanhada de permissão expressa para o depositário se servir da coisa, seja para si próprio, seja em operações recomendadas pelo depositante; nessa altura, por via do artigo 406.°, aplicam-se, respetivamente, as regras do empréstimo mercantil ou da comissão ou, ainda, do contrato que ao caso couber[1588].

No omisso aplicam-se, ao depósito mercantil, as regras relativas ao depósito comum[1589]. Deve-se acrescentar que o contrato de depósito apresenta, no seu funcionamento, uma extraordinária versatilidade[1590]. Ele vem, desta forma, apresentar múltiplas hipóteses de atuação, designadamente no campo bancário.

II. O artigo 408.° do Código Comercial refere os depósitos *feitos em bancos ou sociedades* os quais "... reger-se-ão pelos respetivos estatutos em tudo quanto não se achar prevenido neste capítulo e mais disposições legais aplicáveis". A menção aos "estatutos" como vimos, deve ser convolada para uma referência aos usos.

[1587] Luiz da Cunha Gonçalves, *Comentário ao Código Comercial* cit., 2, 471-472.

[1588] Criticando esta fórmula, importada pelo artigo 309.° do Código de Comércio espanhol, Cunha Gonçalves, *Comentário* cit., 2, 473.

[1589] Cunha Gonçalves, *Comentário* cit., 2, 472 (n.° 587).

[1590] Rosario Nicolò, *Deposito e contratto a favore di terzo*, RDComm XXXVII (1939) 2, 451-459, em anot. a CssIt 10-mar.-1939, *idem*, 451-459.

Temos, aqui, uma primeira alusão ao depósito bancário. De todo o modo e para maior clareza, definiremos depósito bancário como o depósito feito, em dinheiro, por um cliente – o depositante – junto de um banqueiro – o depositário[1591].

231. Modalidades

I. O Decreto-Lei n.° 430/91, de 2 de novembro, apresenta-se como aprovando o "regime geral das contas de depósito"[1592]. O seu artigo 1.° distingue "depósitos de disponibilidades monetárias nas instituições de crédito", referindo as seguintes modalidades[1593]:

– depósitos à ordem: são os exigíveis, a todo o tempo, pelo cliente;
– depósitos com pré-aviso: são exigíveis apenas após um pré-aviso escrito, feito com a antecedência fixada no contrato;
– depósitos a prazo: são exigíveis no fim do prazo para que forem acordados; as instituições de crédito podem conceder uma mobilização antecipada, nas condições acordadas;
– depósitos a prazo não mobilizáveis: não admitem tal antecipação;
– depósitos em regime especial: todos os outros; a sua criação é livre devendo, contudo, ser dado conhecimento das suas características, com 30 dias de antecedência, ao BP – artigo 2.°.

Os depósitos a prazo e os depósitos a prazo não mobilizáveis dão azo a um título nominativo, a emitir pelas instituições depositárias, nos termos e com as características referidas no artigo 3.°. O artigo 4.° do Decreto-Lei

[1591] Quanto ao depósito bancário, Carlos Barata, *Ensaio sobre a natureza jurídica do contrato de depósito bancário* (1993, polic.) e *Contrato de depósito bancário*, em Estudos em Honra do Professor Doutor Inocêncio Galvão Telles 2 (2002), 7-66, Fernando Conceição Nunes, *Depósito e conta*, *idem*, 67-88, Vasco Matchoco, *O depósito bancário* (1995), José Ibraimo Abudo, *Depósito bancário*, em *Temas de Direito bancário* (1999), 381-434, Paula Ponces Camanho, *Do contrato de depósito bancário*, 2.ª ed. cit., 69 ss., Paulo Olavo Cunha, *Cheque e convenção de cheque* cit., 404 ss., Luís Miguel Pestana de Vasconcelos, *Dos contratos de depósito bancário*, RFDUP VIII (2011), 141-178 e Januário da Costa Gomes, *Contratos comerciais* cit., 164 ss..

[1592] Foi alterado (artigos 3.º e 4.º) pelo Decreto-Lei n.º 88/2008, de 29 de maio, relativo a taxas de juro.

[1593] Januário da Costa Gomes, *Contratos comerciais* cit., 171-172.

n.º 430/91 refere, ainda, depósitos constituídos ao abrigo de legislação especial. Os diversos tipos de depósitos dão lugar a taxas de juros diferentes, devidamente publicitadas.

II. Os depósitos constituídos em instituições de crédito podem ser "representados" por certificados de depósito nominativos, emitidos pelas instituições depositárias – artigo 1.º do Decreto-Lei n.º 372/91, de 8 de outubro[1594]. Estes certificados – ao contrário dos títulos nominativos relativos a depósitos a prazo, com ou sem possibilidade de mobilização antecipada –, são transmissíveis por endosso, com ela se transmitindo todos os direitos relativos aos depósitos que representem – artigo 2.º/1, do Decreto-Lei n.º 372/91, de 8 de outubro. Este diploma regula, ainda, os prazos, remetendo-os para o acordo das partes contratantes, os juros, o depósito de certificados, os elementos obrigatórios que eles devem conter e as condições a fixar pelo BP – artigos 3.º a 7.º, respetivamente.

III. Diversa legislação especial fixa, ainda, outros tipos de depósito bancário[1595]. Os diplomas falam em "contas" – tais depósitos ocorrem normalmente em contas específicas, abertas junto de contas comuns – e associam, por vezes, outros contratos aos depósitos em jogo. Assim, numa breve síntese, temos:

- *contas poupança-habitação* – Decreto-Lei n.º 27/2001, de 3 de fevereiro[1596]: trata-se de um depósito com o prazo mínimo de um ano, com benefícios fiscais – dedutibilidade, até certo montante, no rendimento coletável, para efeitos de IRS – e cujo saldo só pode ser mobilizado para aquisição ou beneficiação de habitação própria[1597]; quando a conta tenha mais de 3 anos, a instituição depositária fica obrigada a conceder crédito para habitação, em certas condições favoráveis;

[1594] Este preceito foi alterado pelo Decreto-Lei n.º 387/93, de 20 de novembro, de modo a abranger depósitos em moeda estrangeira.

[1595] *Vide*, em Itália, Giacomo Molle, *Deposito bancario*, NssDI V (1960), 518-528 (519 ss.), Giuseppe Ferri, *Deposito bancario*, ED XI (1964), 278-285 (280) e Lino Gugliel-mucci, *Deposito bancario*, DDP/SComm IV (1990), 255-261 (256-257).

[1596] Alterado pela Lei n.º 107-B/2003, de 31 de dezembro e pelo Decreto-Lei n.º 263-A/2007, de 23 de julho; *vide*, ainda, as explicitações do Decreto-Lei n.º 54/2008, quanto à sua manutenção, alterado pelo Decreto-Lei n.º 199/2009, de 27 de agosto.

[1597] A lei admite a mobilização para outros fins – artigo 5.º/3 – mas o depositante terá de repor os benefícios fiscais.

– *contas poupança-reformados* – Decreto-Lei n.° 138/86, de 14 de junho[1598]: reportam-se a depósitos a constituir por reformados com pensões médias/baixas e que apresentam alguns benefícios fiscais, prazos a fixar pelas partes e juros vantajosos;
– *contas de emigrantes* – Decreto-Lei n.° 323/95, de 29 de novembro[1599]: trata-se de contas facultadas apenas a emigrantes e que visam o financiamento de habitação ou da instalação e desenvolvimento de atividades industriais, agro-pecuárias ou piscatórias – artigo 4.°; os depósitos na "conta-emigrante" podem ser expressos em escudos ou em moeda estrangeira – artigo 7.° tendo uma taxa de juros a acordar pelas partes – artigo 10.°. Tais contas podem beneficiar de empréstimos, em circunstâncias a regulamentar e em limites a fixar, com uma taxa de juro a negociar pelas partes – artigo 11.° e seguintes[1600]; este diploma foi revogado, para contratos futuros, pelo Decreto-Lei n.° 169/2006, de 17 de agosto;
– *contas poupança-condomínio* – Decreto-Lei n.° 269/94, de 26 de outubro[1601]: são depósitos constituídos pelos condomínios de prédios em propriedade horizontal, exclusivamente destinadas a financiar obras em partes comuns e que têm (ligeiros) benefícios fiscais.

Podemos considerar que a matéria atinente aos depósitos e às suas modalidades apresenta uma regulamentação ainda extensa, nem sempre justificada pelos benefícios fiscais que, supostamente, a justificariam.

232. Regime e natureza

I. O depósito bancário em sentido próprio é um depósito em dinheiro, constituído junto de um banqueiro, como se viu. Trata-se de uma operação que surge sempre associada a uma abertura de conta, de tal modo que,

[1598] Alterado pela Decreto-Lei n.° 158/87, de 2 de abril e pela Lei n.° 10-B/96, de 23 de março.

[1599] Alterado pelo Decreto-Lei n.° 65/96, de 31 de maio e pelo Decreto-Lei n.° 99/2003, de 13 de maio.

[1600] José Maria Pires, *Direito bancário* cit., 3, 603 ss.. A densidade normativa é, aqui, muito intensa. *Vide* o Decreto-Lei n.° 169/2006, de 17 de agosto, artigo 9.°, que revoga esse diploma, para o futuro.

[1601] Alterado pela Lei n.° 30-G/2000, de 29 de dezembro e pelo Decreto-Lei n.° 323/2001, de 17 de dezembro.

aquando da efetivação, o banqueiro já deu o seu assentimento genérico: ele mais não pode fazer do que aceitar as diversas manifestações da sua concretização. Perante depósitos à ordem, podemos falar numa única convenção de depósito, anexa à abertura de conta e que obriga o banqueiro a receber, levando à conta, as diversas remessas feitas a título de dinheiro depositado. A partir daí, aplicam-se as regras próprias estipuladas, especificamente ou por adesão, a propósito da abertura de conta.

II. A forma dos depósitos bancários está, por vezes, condicionada, por cláusulas contratuais gerais, ao preenchimento de impressos ou à atuação de esquemas informáticos. Trata-se de exigências de normalização; de todo o modo, cumpre distinguir entre a forma dos atos e a prova de que a tal forma foi seguida. Nos termos gerais, a forma em causa é *ad substantiam* e não *ad probationem*. Observada a forma, o ato é válido; a sua prova subsequente pode ser feita por qualquer via admitida em Direito.

O produto dos depósitos e o desconto dos créditos do banqueiro, nos termos que vimos animarem a conta-corrente bancária, permitem apurar o saldo. O saldo da conta funciona como um bem patrimonial, suscetível de diversas operações, já referidas ou a referir.

III. A natureza do depósito bancário já levantou muitas dúvidas[1602]. O depósito bancário à ordem tem sido considerado, entre nós, na doutrina e, sobretudo, na jurisprudência, como um depósito irregular[1603]: o banqueiro adquire a titularidade do dinheiro que lhe é entregue, sendo o cliente um simples credor. A pedra de toque está na disponibilidade permanente do saldo.

O risco do que possa suceder na conta do cliente, quando não haja culpa deste, cabe ao banqueiro: assim foi decidido num caso em que se provou ter sido efetivado determinado depósito noturno, por certo valor,

[1602] Paula Camanho, *Do contrato de depósito bancário* cit., 145-210, com múltiplos elementos; esta Autora acaba, todavia, por optar pela teoria do mútuo.

[1603] STJ 8-out.-1991 (Martins da Fonseca), BMJ 410 (1991), 805-816 (813), STJ 9-fev.-1995 (Costa Soares), CJ/Supremo III (1995) 1, 75-77 (76/2), RLx 27-jan.-1995 (Cabanas Bento), CJ XX (1995) 3, 136-137 (136/2) e RLx 12-mai.-1996 cit., CJ XXIII, 3, 95/I e RLx 7-out.-1999 cit., CJ XXIV, 4, 119/II, para citar apenas alguns exemplos mais recentes. Para um breve apanhado do tema noutros ordenamentos, Paolo Gallo, *Deposito bancario in diritto comparato*, DDP/SComm IV (1990), 261-263. A hipótese do depósito irregular é particularmente retida em Itália – Lino Guglielmucci, *Deposito bancario* cit., 256 –, com clara influência entre nós.

sem que, depois, na conferência, surgisse toda a importância depositada: o risco corria pelo banqueiro, proprietário das importâncias[1604]; também pelo banqueiro corre o risco do aparecimento de cheques falsificados, com a assinatura muito semelhante à autêntica[1605].

Já os depósitos a prazo – os depósitos de poupança – distinguir-se-iam dos depósitos a prazo: teriam a natureza de mútuos e não de depósitos irregulares[1606]. Na verdade, aí já falta a ideia de restituição/disponibilidade.

IV. Todas estas considerações sobre o depósito bancário e a sua natureza são úteis, uma vez que lançam luz sobre diversas das suas facetas. No entanto, elas não devem fazer esquecer que o depósito bancário é um claro tipo contratual social, perfeitamente determinado por cláusulas contratuais gerais e pelos usos e que não corresponde, precisamente, a nenhuma figura preexistente[1607].

Apesar da argúcia das análises que a sustentam, repugna cindir dogmaticamente a categoria dos depósitos bancários. É certo que os depósitos a prazo não estão totalmente disponíveis; qualquer banco admite, porém, a sua mobilização antecipada ou o seu resgate, ainda que com perda de juros para o cliente. Pois bem: nessa ocasião, um mútuo transformar-se-ia em depósito irregular?! Além disso, as regras específicas que tutelam o mutuário não operam em prol do banqueiro. Os bancos também podem contrair empréstimos: não o fazem, porém, sob a forma de depósitos a prazo. Finalmente: o sentir social, importante para moldar tipos sociais e, ainda, figuras assentes nos usos, não trata o cliente que constitui um depósito a prazo como um mutuante: é um depositante, embora especial.

Mantemos, tudo visto, o depósito bancário como figura unitária, típica, autónoma e próxima, historicamente, do depósito irregular.

[1604] RCb 21-mai.-1996 (Nuno Cameira), CJ XXI (1996) 3, 16-20 (19/2).

[1605] STJ 21-mai.-1996 (Miguel Montenegro), CJ/Supremo IV (1996) 2, 82--83 (83). Trata-se de uma orientação tradicional, no Direito bancário: recordamos BGH 13-dez.-1967, DB 1968, 303-304 (303) e OLG Koblenz 9-dez.-1983, WM 1984, 206-209; em França e na mesma linha, cf. as indicações de Lamy, *Droit du financement* cit., n.º 2051.

[1606] Uwe Hüffer, no *Münchener Kommentar* cit., 3/2, 367. Entre nós, é esta, também, a orientação de Carlos Barata, *Depósito bancário* cit., *maxime* 283, com múltiplas indicações.

[1607] Em abono, Januário Gomes, *Contratos comerciais* cit., 179.

§ 58.° A CONVENÇÃO DE CHEQUE

233. **Generalidades; a Lei Uniforme**

I. O cheque é um documento, em regra normalizado e do qual consta uma ordem, dada por um cliente ao seu banqueiro, de efetuar um determinado pagamento a um terceiro, ao portador ou, até, ao próprio mandante[1608]. O cliente diz-se sacador; o banqueiro diz-se sacado; o beneficiário da ordem diz-se terceiro beneficiário ou, simplesmente beneficiário.

Esquemas materialmente semelhantes ao cheque documentam-se na era egípcia dos Ptolomeus, a partir de 323 a. C.. Já em Roma, os pagamentos eram feitos diretamente em dinheiro, numa prática que perduraria. Apenas a partir de meados do século XIV, com início em Itália, se difundiu a prática das ordens, dadas a banqueiros, de efetuar determinados pagamentos, como forma de assegurar uma circulação monetária sem espécie. O desenvolvimento moderno do cheque está, no entanto, ligado ao próprio alargamento das notas de banco. No século XVII, e mercê da insegurança reinante, os particulares ricos providenciavam o depósito seguro de seu dinheiro e substituíam uma ordem, dada ao depositário – ao banqueiro – de pagar, em espécie, ao beneficiário[1609]. Não é segura a origem

[1608] Quanto ao conceito – de resto pacífico – de cheque, Antonio Segreto/Aldo Carrato, *L'assegno* (1997; trata-se de uma obra maciça), 67, Schwintowski/Schäfer, *Bankrecht*, 2.ª ed. cit., 274 e Gavalda/Stoufflet, *Instruments de paiement et de crédit* cit., 215 ss.. Em especial e como referência, *vide* Paulo Olavo Cunha, *Cheque e convenção de cheque* cit., 960 pp..

[1609] Nesta breve súmula, seguimos a exposição de Schwintowski/Schäfer, *Bankrecht*, 2.ª ed. cit., 279. Além das obras aí referidas, quanto à evolução histórica do cheque, Dante Angelotti, *Assegno bancario irregolare* (1954), 1 ss., Luca Buttaro, *Assegno bancario, assegno circolare e assegni speciali*, NssDI I, 2 (1958), 1060-1094 (1061), Gaetano Arangio-Ruiz, *Assegno bancario/diritto privato*, ED III (1958), 299-352 (300 ss.), Alfred Hueck/Claus-Wilhelm Canaris, *Recht der Wertpapiere*, 11.ª ed. (1977), 157 ss. e Baumbach/Hefermehl, *Wechselgesetz und Scheckgesetz*, 21.ª ed. (1999), 508 ss. e Gerd Nobbe,

da palavra *cheque*: ela poderá radicar nas ordens, dadas pelos reis ingleses ao seu *exchequers* – o ministro do tesouro – para efetuar determinados pagamentos; por seu turno, *exchequers* advirá do franco/normando *échecs* – xadrês –, aqui relacionado com o facto de as bancas usadas pelos cambistas e outros manipuladores de dinheiro terem tampos quadriculados, como forma de facilitar as contagens das moedas.

II. O cheque conheceu um especial desenvolvimento moderno em Inglaterra, vindo a expandir-se nos países continentais. O tráfego baseado no cheque apenas se radicaria, na Alemanha, a partir da segunda metade do século XIX. As exigências do tráfego comercial e do universalismo mercantil recomendavam a elaboração de regras uniformes sobre o cheque[1610] – de resto, tal como sucedia com outros títulos de crédito. Assim, após a iniciativa de Haia, em 1912, chegar-se-ia às Convenções de Genebra que aprovaram as leis uniformes e, em especial, a Lei Uniforme sobre Cheques, de 7 de junho de 1930. A Convenção foi aprovada pelo Decreto n.° 23 721, de 29 de março de 1934, tendo sido publicada no *Diário do Governo*, de 21 de junho de 1934.

Numa confirmação interessante da vitalidade jurídico-cultural dos Direitos nacionais, a Lei Uniforme acabaria por ser diferentemente interpretada pelas jurisprudências dos diversos países.

III. A Lei Uniforme relativa ao cheque reparte-se por 57 artigos, ordenados em dez capítulos, nos termos seguintes[1611]:

Scheckanweisung, em Schimansky/Bunte/Lwowski, *Bankrechts-Handbuch* cit., 1, 4.ª ed., § 60 (1640 ss.). No tocante às letras, é curiosa a consulta de Carl Courtin, *Allgemeine deutsche Wechselordnung vom 26. November 1840*, 2.ª ed. (1849).

[1610] Longamente regulado pelo costume, o cheque veio a obter leis especiais, nos diversos países, com relevo para a lei francesa de 14-jun.-1865 e a lei alemã de 11-mar.-1908. A elaboração de uma Lei Uniforme apresentava-se difícil, dadas as dogmáticas francesa e alemã se apresentarem muito contrapostas. Afinal, a Inglaterra e os Estados Unidos acabariam por não ratificar as convenções. *Vide* Silvia Ferreri, *Assegno in diritto uniforme*, DDC/SComm I (1989), 318-330 (322) e Francesco de Franchis, *Assegno nel diritto anglo-americano*, DDP/SComm I (1989), 330-331. Em Portugal, o cheque foi regulado pelos Códigos de Ferreira Borges, de 1833 e de Veiga Beirão, de 1888. Quanto à evolução legislativa, Paulo Olavo Cunha, *Cheque e convenção de cheque* cit., 50 ss..

[1611] Quanto à Lei Uniforme sobre cheques, Abel Delgado, *Lei Uniforme sobre cheques*, 5.ª ed. (1990), e M. Peixoto de Sousa, *Cheques, letras e livranças* (1992), com diversas anotações. Referimos, ainda, Aires José Mota do Amaral, *Emissão e uso do cheque*

Capítulo I – Da emissão e forma do cheque – 1.º a 13.º;
Capítulo II – Da transmissão – 14.º a 24.º;
Capítulo III – Do aval – 25.º a 27.º;
Capítulo IV – Da apresentação e do pagamento – 28.º a 36.º;
Capítulo V – Dos cheques cruzados e cheques a levar em conta – 37.º a 39.º;
Capítulo VI – Da ação por falta de pagamento – 40.º a 48.º;
Capítulo VII – Da pluralidade dos exemplares – 49.º e 50.º;
Capítulo VIII – Das alterações – 51.º;
Capítulo IX – Da prescrição – 52.º e 53.º;
Capítulo X – Disposições gerais – 54.º a 57.º.

Para efeitos do presente *Manual*, apenas cabe focar alguns aspetos da Lei Uniforme.

IV. O cheque, enquanto documento normalizado, deve conter os elementos explicitados no artigo 1.º da LUCh. E designadamente:

1.º a palavra cheque;
2.º o mandato puro e simples de pagar uma quantia;
3.º o nome de quem deve pagar, isto é, do sacado;
4.º a indicação do lugar em que o pagamento se deve efetuar;
5.º a indicação da data em que o cheque é passado[1612] e do lugar onde isso sucede;
6.º a assinatura de quem passa o cheque, isto é, do sacador[1613].

O cheque pode, ainda, indicar a pessoa do beneficiário; quando não o faça, é considerado cheque ao portador – artigo 5.º da LUCh[1614]. O cheque pagável a determinada pessoa pode ser transmitido por endosso, tenha ou

em Moçambique, em *Temas de Direito bancário* (1999), 435-503 e, para um estudo mais aprofundado, Paulo Olavo Cunha, *Cheque e convenção de cheque* cit., 91 ss..

[1612] Na falta de data, o cheque já não funciona como tal nem é título executivo: RCb 9-mar.-1999 (Silva Freitas), CJ XXIV (1999) 2, 19-21 (19/II) e Paris 24-jun.-1997, RTDComm 50 (1997), 654-665.

[1613] Quanto à noção de cheque: RLx 19-jun.-1997 (Pessoa dos Santos), CJ XXII (1997) 3, 121-126 (123/II) e STJ 29-fev.-2000 (Silva Paixão), CJ/Supremo VIII (2000) 1, 124-126 (125/II).

[1614] O próprio sacador pode ser beneficiário do cheque – artigo 6.º da LUCh.

não a cláusula "à ordem" – artigo 14.° da LUCh[1615]. Quando o endosso não designe o beneficiário ou consista, simplesmente, na assinatura do endossante, considera-se em branco; o endossante garante, de todo o modo, o pagamento – artigo 18.° da LUCh.

O cheque é pagável à vista, mesmo quando pós-datado – artigo 28.°. Deve ser apresentado no prazo de oito dias, quando pagável no país em que foi passado – 29.°/I – podendo ser revogado depois desse prazo – 32.°/I; porém, se não tiver sido revogado, o sacado pode pagá-lo mesmo depois de findo o prazo 32.°/II[1616]. A eficácia do cheque não é prejudicada pela morte ou pela incapacidade superveniente do sacador – 33.°, todos da LUCh.

V. O portador de um cheque pode demandar o sacador, os endossantes e outros co-obrigados quando, tendo apresentado, em tempo útil, o cheque a pagamento, este não lhe for pago e a recusa for verificada: ou por um facto formal (protesto); ou por uma declaração do sacado, datada e exarada sobre o cheque; ou por uma declaração equivalente de uma câmara de compensão – artigo 40.° da LUCh.

Não há – salvo dolo ou abuso do direito – qualquer relação entre o portador ou beneficiário de um cheque e o banqueiro, a menos que a convenção de cheque tenha sido estipulada como contrato a favor de terceiros, o que, embora possível, não tem sucedido, na prática. O portador não é, de facto, parte na convenção de cheque[1617]. À partida, o banqueiro que, mesmo dentro do prazo legal, não pague um cheque, não é responsável perante o tomador do cheque[1618]; mas já o poderá ser por via aquiliana,

[1615] Quanto às diversas cláusulas limitativas, Guido Uberto Tedeschi, *Assegno bancario, assegno circolare e assegni speciali*, DDC/SComm I (1989), 264-318 (288 ss.).

[1616] Com algumas oscilações – RLx 18-dez.-1997 (Marcos Rodrigues), CJ XXII (1997) 5, 129-130 – a jurisprudência tem-se inclinado para a natureza de título executivo do cheque apenas se o seu pagamento for recusado no prazo de 8 dias: STJ 4-mai.-1999 (Garcia Marques), CJ/Supremo VII (1999) 2, 82-83 e STJ 29-fev.-2000 cit., CJ/Supremo VIII, 1, 126/I; após esse lapso será um simples quirógrafo, operando a presunção do artigo 458.°/1 do Código Civil: STJ 11-mai.-1999 (Lemos Triunfante), CJ/Supremo VII (1999) 2, 88-92 (91/II) e RCb 16-abr.-2002 (Helder Roque), CJ XXVIII (2002) 3, 11-14. Em sentido diverso: RLx 20-jun.-2002 (Rosa Maria Ribeiro Coelho), CJ XXVII (2002) 3, 103-105.

[1617] STJ 10-mai.-1989, RB 14 (1990), 106, sem indicação de relator, com anot. António de Campos. *Vide* Ferrer Correia/Almeno de Sá, *Cessão de créditos, emissão de cheque, compensação/Parecer*, CJ XV (1990), 1, 39-56.

[1618] RPt 5-abr.-1990 (Sampaio da Nóvoa), CJ XV (1990) 2, 227-229, com indicações.

por violação de deveres próprios da sua atividade[1619]. Esta posição deve ser retida: o cheque representa hoje um bem que transcende a convenção de cheque, donde ele promane. Por isso há legislação específica, destinada à sua tutela. Não pode o banqueiro, arbitrariamente, atentar contra o bem-cheque. Ao recusar arbitrariamente um pagamento ao portador legítimo, o banqueiro está a defrontar a confiança deste e os seus direitos patrimoniais.

Ele é responsável: não propriamente pelo valor do cheque, mas por todos os incómodos, maiores despesas, lucros cessantes e, no limite, acrescido risco que o seu comportamento ilícito cause ao tomador do cheque: recordem-se as regras da causalidade normativa.

234. Elementos do cheque; aspetos cambiários

I. No cheque, surgem, muito claros, dois elementos que, diretamente, ditam a sua natureza[1620]:

- uma ordem de pagamento dirigida ao banqueiro;
- uma obrigação cartular do sacador, caso o banqueiro recuse o pagamento.

No tocante à ordem de pagamento, já se sustentou tratar-se de um mandato (Bolaffio, Navarrini-Provinciali), um misto de prestação de serviço com empreitada (Schwintowski), de uma autorização (Ascarelli, Betti), de uma delegação de pagamento (Asquini) ou de uma ordem, em sentido técnico; esta última orientação prevalece, hoje, largamente[1621].

O sacador tem o "direito" de dar ordens de pagamento a um banco em virtude de um contrato celebrado entre ambos: a convenção ou contrato

[1619] RPt 24-abr.-1990 (Mário Ribeiro), CJ XV (1990) 2, 238-241.

[1620] Arangio-Ruiz, *Assegno bancario* cit., 303 ss. Cf. Gastone Cottino, *Diritto commerciale*, vol. II (1978), 316 ss. e Alberto Trabucchi, *Istituzioni di diritto civile*, 32.ª ed. (1991), 674-675. Quanto à dogmática do cheque, cumpre ainda referir Klaus Bilda, *Wechsel- und Scheckrecht mit Grundzügen des Wertpapierrechts* (1990), 63 ss. e Peter Bülow, *Wechselgesetz/Scheckgesetz/Allgemeine Geschäftsbedingungen Kommentar*, 2.ª ed. (1995), 515 ss..

[1621] Adriano Fiorentino, *Notte sull'assegno bancario*, RTDPC 1948, 350-361 e Ludovico Barassi, *Teoria generale delle obbligazioni* 3 (1946), 140 ss.. Quanto às opções alemãs: Schwintowski/Schäfer, *Bankrech* cit., 2.ª ed., 280-281.

de cheque[1622], que aqui nos interessa e que, adiante, será versada. Tenha-se presente que essa convenção assenta numa abertura de conta: em regra.

II. A obrigação cambiária traduz-se no facto de o beneficiário poder exigir o pagamento ao sacador, caso o banco o recuse[1623]. A natureza desta obrigação segue as teorias surgidas no domínio da letra de câmbio: negociais, legais e mistas[1624].

Além disso e enquanto obrigação cambiária, ela está incorporada no próprio cheque que, assim, funciona como título de crédito[1625]. Surgem as conhecidas qualidades da *literalidade*, da *autonomia* e da *abstração*. *Literalidade* por a letra do título ser decisiva para a determinação do conteúdo, dos limites e das modalidades do direito; *autonomia* por o seu adquirente, de acordo com as regras da circulação, estando de boa-fé, ser havido como titular originário do direito; *abstração* por ser independente da relação jurídica que esteve na sua origem[1626].

III. A característica da abstração anda ligada à da literalidade; ambas, por seu turno, têm a ver com o fator *título de crédito*, implicado no cheque. Esse fator tem força própria e dá azo a dúvidas: quanto a saber se o cheque prescrito vale como título executivo[1627] e quanto a essa mesma qualidade,

[1622] Sofia de Sequeira Galvão, *Contrato de cheque* (1992), 19 ss. e *Contributo para o estudo do contrato de cheque*, ROA 1992, 45-121 (62 ss.); *vide* Hueck/Canaris, *Recht der Wertpapiere* cit., 11.ª ed., 164 ss..

[1623] O banqueiro não é parte na relação cambiária. Assim, ele não fica obrigado perante o beneficiário – artigo 40.° – ele não pode aceitar o cheque – artigo 4.° e ele não pode conceder aval – artigo 25.°, todos da LUCh.

[1624] Sobre toda esta matéria: Paulo Olavo Cunha, *Cheque e convenção de cheque* cit., 187 ss..

[1625] Alguns aspetos relativos a títulos de crédito podem ser confrontados em STJ 9-mai.-2002 (Francisco Ferreira de Almeida), CJ/Supremo X (2002) 2, 48-51 (49/II) e STJ 9-jan.-2003 (Dionísio Correia), CJ/Supremo XI (2003) 1, 16-18.

[1626] Quanto a estas noções, por todos, Oliveira Ascensão, *Direito Comercial*, 3, *Títulos de crédito* (1992), 17 ss., Ferrer Correia, *Lições de Direito Comercial*, 3, *Letra de câmbio* (1966), 3 ss., 9 ss., 43 ss. e 45 ss.. Quanto à contraposição entre a letra e o cheque, Hans Brox, *Handelsrecht und Wertpapierrecht*, 3.ª ed. (1983), 338 ss..

[1627] STJ 29-jan.-2002 (Azevedo Ramos), CJ/Supremo X (2002) 1, 64-67 (65/II), com indicações e RLx 27-jun.-2002 (Américo Marcolino), CJ XXVII (2002) 3, 121-123.

havendo revogação: aparentemente, se revogado antes do prazo, tal qualidade mantém-se[1628]; revogado depois: perde-se[1629].

Trata-se de aspetos que emergem da LUCh e mais precisamente do seu artigo 12.° – o sacador garante o pagamento. Considera-se como não escrita qualquer declaração pela qual o sacador se exima a esta garantia, recordando-se ainda que, segundo o artigo 28.° da LUCh, o cheque é pagável à vista[1630]. Tem-se como não escrita qualquer menção em contrário.

IV. Estas características do cheque são muito significativas e dão-lhe a especial força que todos, hoje, lhe reconhecem. Porém, não há que exacerbar a *abstração*: ela não impede que as partes, fora do âmbito cambiário, pactuem, validamente, outras obrigações já estabelecidas. A abstração não reduz as relações internas das partes; ela visa, antes, a proteção do tráfego jurídico e da posição de terceiros de boa-fé.

Por isso, não pode ser invocada a proteção penal de que goza o cheque, para alargar desmesuradamente a ideia de abstração.

Uma vez sacado, o cheque pode circular na sociedade. Por isso ele deve ter provisão: se a não tiver, há um crime de perigo abstrato[1631].

235. **A convenção de cheque e o seu conteúdo**

I. O cheque consubstancia uma ordem dada a um banqueiro. Os próprios títulos de crédito funcionam, hoje e na prática, essencialmente, nas relações entre o banqueiro e os seus clientes[1632]. Assim, faria sentido ordenar toda essa matéria no Direito bancário. Contudo, quer por razões

[1628] STJ 20-nov.-2003 (Salvador da Costa), CJ/Supremo XI (2003) 3, 154-157.

[1629] RCb 16-mar.-2004 (Cardoso Albuquerque), CJ XXIX (2004) 2, 18-20.

[1630] Abel Delgado, *Lei uniforme sobre cheques anotada* cit., 5.ª ed., 134 ss. e 183 ss., respetivamente.

[1631] É esta e apenas esta a conclusão a tirar do acórdão da RLx 24-abr.-1985 (Cerqueira Vahia), CJ X (1985) 2, 172-174. Existe ampla jurisprudência sobre a tutela abstrata do cheque, por via penal, que não pode ser convolada para as relações internas entre as pessoas intervenientes, i. é., o sacador e o beneficiário; p. ex.: RLx 9-jun.-1971, BMJ 208 (1971), 186, RPt 15-dez.-1971, BMJ 212 (1972), 293, RLx 4-out.-1972, BMJ 225 (1973), 165-170.

[1632] Jurisprudência sobre o cheque, pelo prisma bancário, pode ser confrontada em Gerd Nobbe, *Bankrecht* cit., 70 ss..

pragmáticas, quer por motivo de tradição, deixaremos esses temas para o Direito comercial[1633].

Há, no entanto, um ponto nuclearmente bancário: o da convenção de cheque[1634].

II. Cumpre ter presente o artigo 3.° da LUCh:

> O cheque é sacado sobre um banqueiro que tenha fundos à disposição do sacador e em harmonia com uma convenção expressa ou tácita, segundo a qual o sacador tem o direito de dispor desses fundos por meio de cheque. A validade do título como cheque não fica, todavia, prejudicada no caso de inobservância destas prescrições.

Na sua simplicidade, este preceito é claro. São partes no contrato ou convenção de cheque, necessariamente, um banqueiro e o seu cliente; o primeiro deve ter fundos à disposição do segundo; a convenção pode ser expressa ou tácita; a convenção tem, como conteúdo, atribuir ao sacador o direito de dispor dos fundos por cheque[1635].

III. A convenção pode ser expressa ou tácita. Nesta última hipótese, a convenção resultará, designadamente, de o banqueiro pôr uma caderneta de cheques à disposição do cliente ou de ele facultar impressos para operar a sua requisição. Normalmente, ela surge ligada a um contrato de abertura de conta. Já se tem suscitado o problema de saber se se trata de uma convenção autónoma ou se estamos perante um mero ato integrado num negócio mais vasto: a abertura de conta. O artigo 3.° da LUCh dá, à convenção de cheque, uma carta de nobreza que apela à autonomia. Além disso, a teoria bancária tem, de facto, conferido à convenção de cheque um regime próprio, que sustenta a autonomia. Mas na prática, ela é uma decorrência da abertura de conta.

[1633] *Vide* as opções subjacentes no nosso *Direito bancário/Relatório* cit., 190-191.

[1634] Como elementos básicos: Claus-Wilhelm Canaris, *Bankvertragsrecht* cit., 1, 3.ª ed., 482 ss. (489 ss.), Baumbach/Hefermehl, *Wechselgesetz und Scheckgesetz* cit., 21.ª ed., 509 ss.; entre nós, Sofia Galvão, *Contrato de cheque* cit., *passim* e Paulo Olavo Cunha, *Cheque e convenção de cheque* cit., 349 ss., com muitos elementos.

[1635] Quanto à convenção de cheque, STJ 14-abr.-1999 (Abel Freire), CJ/Supremo VII (1999) 2, 52-53 (53/I).

IV. Nos termos da convenção de cheque, o banqueiro fica adstrito a prestações principais e a deveres acessórios, designadamente deveres de fiscalização e de competência técnica[1636]. A título principal, cabe-lhe ter fundos à disposição do cliente: é a chamada relação de provisão. Tais fundos à disposição podem resultar de prévia obrigação assumida pelo banqueiro – por exemplo, de um depósito à ordem, que o banqueiro deva restituir de acordo com as instruções do cliente –, de um crédito concedido ou que o banqueiro se tenha obrigado a conceder[1637] ou de decisão livremente tomada pelo banqueiro, na ocasião; este pode decidir, mesmo na ausência de fundos disponíveis, pagar o cheque: a conta ficará, então, a descoberto, por tolerância do banqueiro.

V. Por seu turno, o cliente fica obrigado a guardar com cuidado os cheques por preencher. Este dever está, por vezes, explicitado em cláusulas contratuais gerais. A jurisprudência já entendeu que compete ao cliente provar que usou de diligência, na guarda dos cheques[1638]. Além disso, deve vigiar a sua conta[1639].

VI. No tocante ao problema dos cheques falsificados, a jurisprudência apela para a determinação, em concreto, da culpa do cliente ou do banqueiro[1640]. Algumas cláusulas contratuais gerais excluem a responsabilidade do banqueiro, exceto se houver "culpa grave". Quanto a esse aspeto, recordamos que, efetivamente, a LCCG, artigo 18.°, *b*) e *c*), só permite

[1636] RCb 17-jan.-2012 (Regina Rosa), Proc. 702/08.

[1637] Claus-Wilhelm Canaris, *Bankvertragsrecht* cit., 1, 3.ª ed., 490.

[1638] REv 13-dez.-1990 (Sampaio da Silva), CJ XV (1990) 5, 265-268 (267-268). Este acórdão pondera – CJ XV, 5, 266 – que, na convenção de cheque, ambas as partes assumem riscos, surgindo deveres acessórios, *ex bona fide*, tendentes a minimizá-los; quando, sem culpa, não resultem, há que repartir riscos, em nome do equilíbrio das prestações.

[1639] STJ 21-fev.-2006 (Urbano Dias), CJ/Supremo XIV (2006) 1, 80-82.

[1640] RCb 26-abr.-1989 (Costa Marques), CJ XIV (1989) 2, 72-74; aí – 73 – entendeu-se haver culpa do cliente que deixa os cheques numa pasta, dentro de um automóvel, à noite; *vide* STJ 31-mar.-2009 (Fonseca Ramos), Proc. 09A197.

António Caeiro/Nogueira Serens, *Responsabilidade do banco apresentante (ou cobrador) e do banco sacado pelo pagamento de cheques com endosso falsificado*, RDE IX (1983), 53-120, Peter Bülow, *Sphärentheorie im Scheckvertragsrecht*, WM 1996, 8-10, Franz Schnauder, *Zur Rückabwicklung einer fehlgeschlagenen Scheckzahlung*, WM 1996, 1069-1073 e Gerd Nobbe, *Scheckanweisung*, em Schimansky/Bunte/Lwowski, *Bankrechts-Handbuch* cit., 1, 4.ª ed., § 60, Nr. 100 ss. (1667 ss.).

exclusões de responsabilidade por culpa leve e, mesmo então, apenas na responsabilidade contratual. A jurisprudência entende que o banqueiro, pagando um cheque falsificado, viola a convenção de cheque e não o contrato de abertura de conta ("de depósito"), com presunção de culpa[1641]; todavia, ele não teria o dever de, antes de pagar, contactar o cliente[1642].

VII. A convenção de cheques tem, por fim, o conteúdo de atribuir ao cliente o direito de dispor dos fundos por cheque. Normalmente, a convenção reporta-se ao uso de um número indeterminado de cheques, na disponibilidade do cliente. Podemos admitir uma convenção relativa a um único cheque: assim o cliente que, embora não beneficie da convenção geral, obtenha do banqueiro um denominado "cheque avulso".

O direito de dispor de fundos por cheque equivale ao direito de sacar cheques. Tal direito envolve o livre exercício das diversas possibilidades conferidas, aos cheques, pela LUCh: sacar cheques ao portador ou a beneficiário determinado; cruzar cheques com ou sem menção do banqueiro, de modo a produzir os efeitos previstos no artigo 38.° da LUCh e designadamente: o de o cheque só poder ser pago a um banqueiro ou ao banqueiro determinado; preencher o cheque, nos termos que entender e nos limites da lei; apor, nele, a menção "em conta" – artigo 39.° da LUCh.

Além disso, o direito de sacar cheques envolve a possibilidade de celebrar pactos de preenchimento: o sacador passa um cheque incompleto – *maxime*, em branco quanto ao seu valor – e acorda, depois, com um terceiro, os termos em que se procederá ao preenchimento dos elementos em causa; cf. artigo 13.° da LUCh. A violação do acordo de preenchimento não pode ser oposta ao terceiro adquirente de boa-fé nem ao próprio banqueiro, também de boa-fé[1643].

Finalmente, o direito de sacar cheques envolve o direito de os revogar[1644], expirado o prazo da apresentação, tal como vimos resultar do LUCh. No tocante ao pagamento de cheques revogados, há jurisprudência

[1641] RPt 10-mar.-2011 (Filipe Caroço), Proc. 2102/08.

[1642] RLx 28-abr.-2005 (Urbano Dias), CJ XXX (2005) 2, 114-121.

[1643] Os pactos de preenchimento são frequentes nas livranças mas, aí, a favor do banqueiro; havendo preenchimento abusivo (fora do combinado) a livrança é nula: STJ 7-nov.-2002 (Araújo Barros), CJ/Supremo X (2002) 3, 127-130 (129/I); não há, aí, nenhuma boa-fé a proteger.

[1644] A revogação do cheque é, de todo o modo, eficaz no caso de extravio – *vide* RLx 17-dez.-1992 (Damião Pereira), CJ XVII (1992), 5, 150-153 (152) – salvo se o portador mostrar que o adquiriu legitimamente; o banqueiro deve recusar o pagamento *pela revo-*

nem sempre coincidente. Após a revogação, esse pagamento é indevido pelo que, se for feito, responsabiliza o banqueiro[1645]; antes da revogação, a recusa de pagamento não responsabiliza contratualmente o banqueiro, perante o portador: pode, porém, ser fonte de responsabilidade aquiliana, nos termos acima examinados[1646].

VIII. A convenção de cheque adstringe ainda as partes a vários deveres acessórios[1647]. Assim, o banqueiro deve atuar com diligência e profissionalismo, nos diversos aspetos atinentes ao manuseio dos cheques: não deve demorar mais do que o necessário a creditá-los[1648], deve verificar com cuidado a assinatura do cliente[1649] e deve, na dúvida, ser cauteloso, recusando o pagamento de cheques menos claros[1650].

IX. Quanto à sua natureza: a convenção de cheque tem sido considerada ora como uma prestação de serviço, ora como uma empreitada, ora como um misto de ambos[1651]. De facto, ela surge como um ato autónomo, nominado, com um claro substrato sócio-cultural. Deve ser reconduzido à grande família da prestação de serviço[1652]. Veremos, abaixo, que pode ser aproximado do mandato[1653]

236. **Regime e natureza; a tutela do cheque**

I. O cheque é, à partida, uma ordem de pagamento, dada a um banqueiro. Porém, essa ordem fica corporizada, num título de crédito – o próprio cheque – que funciona como instrumento de pagamento e que, como

gação e não, apondo no cheque, a menção à falta de provisão, mesmo quando seja esse o caso, como se infere do referido aresto.

1645 RPt 21-dez.-1989 (Lopes Furtado), CJ XIV (1989) 4, 213-217 (216).

1646 *Supra*, 618-619.

1647 Assim, o já citado RCb 17-jan.-2012 (Regina Rosa), Proc. 702/08.

1648 STJ 4-abr.-1995 (Silva Caldas), CJ/Supremo IV (1995) 2, 27-29.

1649 STJ 10-nov.-1993 (Folque Gouveia), CJ/Supremo I (1993) 3, 130-132.

1650 RPt 21-set.-1993 (Araújo de Barros), BMJ 429 (1993), 875.

1651 Gerd Nobbe, *Scheckanweisung*, em Schimansky/Bunte/Lwowski, *Bankrechts-Handbuch* cit., 1, 4.ª ed., § 60, Nr. 28-32 (1650-1651, com indicações.

1652 *Vide* STJ 8-mai.-2012 (Gregório Silva Jesus), Proc. 96/1999.

1653 *Infra*, 641.

tal, circula[1654]. A confiança no cheque é um ponto importante, nas modernas economias: a não se verificar, os operadores recusarão os cheques como meios de pagamento, com inconvenientes gerais para o comércio. Particularmente grave é a emissão de cheque sem provisão, cujo pagamento será, em princípio, recusado pelo banqueiro. A lei tipifica, assim, o crime de emissão de cheque sem provisão – artigo 11.° do Decreto-Lei n.° 454/91, de 28 de dezembro[1655], na redação dada pelos Decretos-Leis n.° 316/97, de 19 de novembro e n.° 323/2001, de 17 de dezembro[1656] e pela Lei n.° 48/2005, de 29 de agosto.

Tais aspetos e os seus meandros penais escapam, porém, ao Direito bancário[1657]. A jurisprudência considera crime de emissão de cheque sem provisão a conduta da pessoa que, falsamente, comunique ao banqueiro o extravio do cheque em causa, desde que verificados os demais requisitos[1658]. Em compensação, o sacador de um cheque pós-datado, não pode cometer o crime em causa[1659]. E considera igualmente, para efeitos do artigo 11.°/1 do Decreto-Lei n.° 454/91, de 28 de dezembro, "prejuízo patrimonial" o não recebimento da importância devida[1660].

II. A tutela do cheque tem, contudo, uma dimensão comercial, que se repercute na convenção de cheque.

[1654] Manuel Nogueira Serens, *Natureza jurídica e função do cheque*, RB 18 (1991), 99-131.

[1655] Na aplicação deste preceito há, infelizmente, inúmera jurisprudência; cf. RPt 3-jul.-1996 (Pereira Cabral), CJ XXI (1996) 4, 237-238, RCb 19-set.-1996 (Maio Macário), CJ XXI (1996) 4, 69-70 e RPt 6-nov.-1996 (Matos Manso), CJ XXI (1996) 5, 228-220, como exemplos ilustrativos de diversas facetas do problema.

[1656] Quanto ao Decreto-Lei n.° 454/91: *Leis da banca*, 3.ª ed., 731 ss.; a Lei n.° 48/2005, de 29 de agosto, veio alterar, no seu artigo 1.°, os artigos 2.°, *d*), 11.°, *a*) e 11.°-A/5, fundamentalmente para atualizar para 150 euros o valor máximo dos cheques que os bancos devem pagar, mesmo sem provisão e a partir do qual a emissão sem provisão constitui crime. O artigo 2.° contém disposições transitórias e o 3.° fixa a *vacatio*: 30 dias após a publicação.

[1657] Embora não possam ser ignorados; assim, entende-se que o arquivamento da ação penal não prejudica a ação cambiária, mantendo-se a exigibilidade do título executivo; cf. STJ 4-fev.-2003 (Armando Lourenço), CJ/Supremo XI (2003) 1, 78-79.

[1658] STJ(P) n.º 9/2008, de 25-set.-2008 (António Artur Rodrigues da Costa), DR I Série, n.º 208, de 27-out.-2008, 7548-7566.

[1659] RPt 10-jul.-2013 (Maria Dolores Silva e Sousa), Proc. 171/11.

[1660] STJ(P) n.º 1/2007, de 30-nov.-2006 (João Marques Bernardo), DR I Série, n.º 32, de 14-fev.-2007, 1156-1159 (1159).

Desde logo, essa realidade reflete-se no modo por que são previstas, nas cláusulas contratuais gerais, as convenções de cheque. Em regra, surgem cláusulas deste tipo:

> O Banco reserva-se o direito de não emitir cheques em nome do cliente.

Ou:

> A movimentação de contas através da emissão de cheques depende da prévia requisição ao Banco, o qual tem inteira liberdade de a aceitar ou recusar.

Temos, aqui, convenções de cheque mais ou menos expressas: a "requisição" – proposta – e a aceitação, pelo banqueiro. A liberdade do banqueiro terá a ver com juízos de oportunidade sobre o risco oferecido pelo cliente. Está em causa o bom nome do banqueiro – nunca fica bem o saber-se, na praça, que circulam cheques de um determinado banco, sem provisão ou que os clientes desse banco não merecem confiança – e, também, os seus interesses patrimoniais diretos: o artigo 8.º/1 do Decreto-Lei n.º 454/91, de 28 de dezembro, obriga a instituição de crédito sacada a pagar, não obstante a falta ou a insuficiência da provisão[1661], qualquer cheque de montante não superior a 5.000$00: 125.000$00, após 1-jan.-1998, conforme resulta dos artigos 1.º e 5.º do Decreto-Lei n.º 316/97, de 19 de novembro[1662]; ... €62,35, por força do artigo 11.º do Decreto-Lei n.º 323/2001, de 17 de dezembro e ... €150, por via do artigo 1.º da Lei n.º 48/2005, de 29 de agosto. O banqueiro é, pois, co-responsável pelos cheques emitidos pelo seu cliente, o que justifica a sua liberdade de aceitar convenções de cheque.

[1661] O pagamento de um cheque sem provisão origina uma cessão de crédito a favor do pagador: STJ 11-jun.-2002 (Nascimento Costa), CJ/Supremo X (2002) 2, 109-111.

[1662] Trata-se de um aspeto cuja constitucionalidade foi discutida, tendo sido favoravelmente decidida pelo TC n.º 371/91 (António Vitorino), RB 20 (1991), 89-157, mau grado numerosos votos vencidos, com anot. António de Campos, *idem*, 159-164. O acórdão referido tem interessantes elementos jurídico-bancários, nacionais e estrangeiros. Cf., ainda, Jorge Miranda, *Emissão de cheques sem provisão – Obrigatoriedade de pagamento pelo sacado – Inconstitucionalidade da Lei n.º 30/91, de 20 de Julho*, RB 20 (1991), 73-85.

III. O artigo 1.° do Decreto-lei n.° 454/91, com as alterações em vigor após 1-jan.-1998, contém, uma norma da maior importância:

> 1 – As instituições de crédito devem rescindir qualquer convenção que atribua o direito de emissão de cheques, quer em nome próprio quer em representação de outrem, por quem, pela respetiva utilização indevida, revele pôr em causa o espírito de confiança que deve presidir à sua circulação.
>
> 2 – Para efeitos do disposto no número anterior, presume-se que põe em causa o espírito de confiança que deve presidir à circulação do cheque quem, agindo em nome próprio ou em representação de outrem, verificada a falta de pagamento do cheque apresentado para esse efeito, não proceder à regularização da situação, nos termos previstos no artigo 1.°-A.
>
> 3 – No caso de contas com mais de um titular, a rescisão da convenção do cheque é extensiva a todos os co-titulares, devendo, porém, ser anulada relativamente aos que demonstrem ser alheios aos atos que motivaram a rescisão.
>
> 4 – A decisão de rescisão da convenção de cheque ordenará a devolução, no prazo de 10 dias úteis, dos módulos de cheque fornecidos e não utilizados e será notificada, nos termos do artigo 5.°, pela instituição de crédito a todas as entidades abrangidas com tal decisão.
>
> 5 – As entidades referidas no número anterior deixam de poder emitir ou subscrever cheques sobre a instituição autora da decisão a partir da data em que a notificação se considere efetuada.
>
> 6 – A instituição de crédito que haja rescindido a convenção de cheque não pode celebrar nova convenção dessa natureza com a mesma entidade antes de decorridos dois anos a contar da data da decisão de rescisão da convenção, salvo autorização do Banco de Portugal.
>
> 7 – O Banco de Portugal pode autorizar a celebração de uma nova convenção de cheque antes de decorrido o prazo estabelecido no número anterior, quando circunstâncias especialmente ponderosas o justifiquem e mediante prova da regularização das situações que determinaram a rescisão da convenção.

Resulta, daqui, um dever de rescisão da convenção de cheque, com todo um regime subsequente. O Direito português encontra, neste ponto, um novo argumento relacionado com a autonomia da convenção (ou cláusula) agora em estudo. Segundo o artigo 3.°/1 do Decreto-Lei n.° 454/91, versão em vigor, as entidades que "tenham sido objeto de rescisão de convenção de cheque" são incluídas numa lista de utilizadores que oferecem risco, a comunicar pelo BP a todas as instituições de crédito. As outras instituições de crédito devem rescindir as convenções existentes – n.° 2.

Apenas passados dois anos poderão ser celebradas novas convenções, salvo antecipação decidida pelo BP – artigo 4.º[1663]. A rescisão da convenção permite, contudo "cheques avulsos", e portanto: a celebração de uma convenção relativa a um único cheque – artigo 6.º.

IV. O banqueiro que forneça módulos de cheques em violação do dever de rescisão deve pagá-los, quando emitidos – artigo 9.º/1 do regime aprovado pelo Decreto-Lei n.º 316/97, de 19 de novembro, num regime objetivo à margem dos requisitos da responsabilidade civil[1664].

A não-rescisão da convenção de cheque constitui contra-ordenação punível com coima – artigo 14.º/2 – assim se reforçando o dever do banqueiro.

V. Pergunta-se se a eventual violação do dever de rescisão, por parte de um banco, pode constituir fonte de responsabilidade para com particulares, lesados pelo mau uso do cheque. À partida, a resposta é positiva[1665]: os particulares terceiros não têm um direito à rescisão das convenções celebradas pelo banqueiro com os seus clientes; porém, o dever de rescindir funciona como uma norma de proteção, para efeitos do artigo 483.º/1, 2.ª parte, do Código Civil. A indemnização a que tal situação dê direito deve, porém, passar pelo crivo da causalidade e mais precisamente da causalidade definida pelo escopo da norma jurídica violada[1666]: a confiança no cheque como meio de pagamento. Assim, o particular, lesado pela devolução de um cheque emitido por não ter sido, com violação do artigo 1.º do Decreto-Lei n.º 454/91, rescindida a convenção de cheque, não tem direito a receber, do banqueiro, o valor nominal do cheque: esse é o dano do não-pagamento, imputável, apenas, ao sacador; tem, sim, o direito de

[1663] A inibição é, assim, uma medida grave. Por isso, quando ocorra indevidamente, por falta de cuidado da instituição de crédito, ela obriga a indemnização: atenta contra o bom nome e a reputação; *vide* STJ 24-out.-2002 (F. Pinto Monteiro), CJ/Supremo X (2002) 3, 110-113.

[1664] RLx 25-fev.-1999 (Paixão Pires), CJ XXIV (1999) 1, 126-129 (127/II) e RLx 22-abr.-2004 (Folque Magalhães), CJ XXIX (2004) 2, 103-107 (105/I).

[1665] Nesse sentido, RPt-7-out.-1996 (Lázaro Faria), CJ XXII (1996) 4, 216-218, que acabou, contudo, por absolver o banco, por invocada falta de outros pressupostos da responsabilidade civil.

[1666] A causalidade normativa é a única que lida com o problema da interpretação por violação de normas de proteção: Menezes Cordeiro, *Da responsabilidade civil dos administradores* cit., 532 ss..

receber o *plus* de despesas que suportou por o pagamento ter sido feito *por cheque*: deslocações, telefonemas, correios, advogados, despesas bancárias e outras; além disso, ainda poderíamos admitir uma indemnização pelo tempo perdido, por causa do cheque, e por lucros cessantes, relativos a esse tempo, fazendo-se a competente prova.

237. A revogação do cheque

I. A revogação do cheque traduz-se no ato unilateral que consiste em o sacador, depois de haver emitido o cheque, pedir ao banqueiro que não proceda ao seu pagamento. Esse ato, a ser possível, iria desamparar a confiança no cheque. Assim, segundo o artigo 32.º da LUCH, no prazo de oito dias a contar da data de emissão, aposta no cheque, não é possível a recusa de pagamento, pelo banqueiro, salvo justa causa – roubo, furto ou extravio, por exemplo[1667]. O tema da revogação de cheque mantém-se controverso[1668].

II. Reagindo a uma disparidade de julgados, o Pleno do Supremo tirou um acórdão uniformizador de jurisprudência assim concebido[1669]:

> Uma instituição de crédito sacada que recusa o pagamento de cheque, apresentado dentro do prazo estabelecido no artigo 29.º da LUCH, com fundamento em ordem de revogação do sacador, comete violação do disposto na primeira parte do artigo 32.º do mesmo diploma, respondendo por perdas e danos perante o legítimo portador do cheque, nos termos previstos nos artigos 14.º, segunda parte, do Decreto n.º 13 004 e 483.º, n.º 1, do Código Civil.

De facto, temos que o cheque, uma vez emitido, não é revogável perante o Direito português. Basta ver que (ao contrário de outros Direitos, como o alemão e o francês), pelo nosso Direito, a (mera) proposta contra-

[1667] RGm 9-abr.-2013 (Espinheira Baltar), Proc. 970/11.

[1668] Paulo Olavo Cunha, *Cheque e convenção de cheque* cit., 577 ss. e Januário Gomes, *Contratos comerciais* cit., 206 ss..

[1669] STJ(P) n.º 4/2008, de 28-fev.-2008 (Paulo de Oliveira e Sá), DR I Série, n.º 67, de 4-abr.-2008, 2058-2081 = CJ/Supremo XVI (2008) 1, 11-31 = Proc. 06A542. Este acórdão teve vários votos de vencido, sendo de salientar o do Il. Conselheiro Salvador da Costa, CJ Supremo XVI, 1, 21-27.

tual não é revogável (228.º e 230.º/1, ambos do Código Civil), salvo casos especiais. O cheque é, precisamente, um ato unilateral autovinculativo, previsto na lei. A revogação não produz, pois, efeitos, dentro do prazo de validade do cheque.

O banqueiro que recuse o pagamento age ilicitamente. Mas não tendo uma ligação contratual com o beneficiário ou o portador do cheque, ele só pode ser responsabilizado por via aquiliana. O acórdão n.º 4/2008 foi, pois, na linha que se afigura correta. Todavia, quanto ao dano e pelas regras da experiência, ele tenderá a coincidir com o montante que ficou por receber[1670], cabendo, todavia, o ónus da prova ao tomador do cheque[1671].

III. Perante o regime, cabe retomar o tema, já referido[1672], da natureza da convenção de cheque[1673]. Já se falou, a tal propósito e entre outras hipóteses, em prestação geral de serviço, em contrato misto ou *sui generis*, em mandato e em empreitada. A doutrina mais recente assenta na hipótese de mandato, mas de um mandato específico, sem representação, para a realização de atos jurídicos precisos: os inerentes ao pagamento do cheque[1674]. De todo o modo, e no omisso, haverá sempre que aplicar as regras do mandato, diretamente ou por via do artigo 1156.º do Código Civil.

[1670] STJ 21-mar.-2013 (Oliveira Vasconcelos), Proc. 4591/06.

[1671] STJ 21-mar.-2013 (Abrantes Geraldes), Proc. 685/10.

[1672] *Supra*, 635.

[1673] Arangio-Ruiz, *Assegno bancario* cit., 311, Segreto/Carrato, *L'assegno* cit., 153 e, entre nós, Sofia Galvão, *Contrato de cheque* cit., 58 ss..

[1674] Claus-Wilhelm Canaris, *Bankvertragsrecht* cit., 1, 3.ª ed., 489-490, Schwintowski/Schäfer, *Bankrecht*, 2.ª ed. cit., 280 (acabando por aderir à ideia de contrato misto, 281) e Baumbach/Hefermehl, *Wechselgesetz und Scheckgesetz*, 20.ª ed. cit., 504. Quanto à natureza da convenção de cheque refira-se, ainda, em excelente acórdão do Supremo: STJ 19-out.-1993 (Cardona Ferreira), BMJ 430 (1993), 466-476 (472), que confirma, entre nós e ao mais alto nível jurisdicional, a boa doutrina. Anteriormente, a referência à convenção de cheque como mandato já havia ocorrido em STJ 20-dez.-1977 (Hernâni de Lencastre), BMJ 272 (1978), 217-226 (224).

§ 59.º MOEDA ESTRANGEIRA E CÂMBIOS

238. Generalidades; obrigações pecuniárias

I. Segundo o artigo 4.º/1 do RGIC, os bancos podem efetuar, entre outras[1675],

> *e*) Transações por conta própria ou da clientela, sobre instrumentos do mercado mobiliário e cambial, instrumentos financeiros a prazo, opções e operações sobre divisas, taxas de juro, mercadorias e valores mobiliários.

Interessa relevar as referências ao mercado cambial e às operações sobre divisas, isto é, sobre moeda estrangeira ou valores similares expressos em moeda estrangeira[1676]. Por seu turno, as operações de câmbio implicam a conversão – normalmente por compra ou por venda – de moeda nacional em moeda estrangeira e vice-versa.

A matéria relativa a câmbios e à moeda estrangeira é emblemática, no Direito bancário. Embora a sua dogmática seja, em grande parte, própria do Direito das obrigações, sabemos, historicamente, que ela constituiu parte importante da atividade profissional dos banqueiros. O Direito bancário não pode, pois, ignorar os temas dos câmbios e da moeda estrangeira, tanto mais que o transcrito artigo 4.º/1, *e)* do RGIC reserva, aos bancos, a sua prática. Não parece possível abordar um tema de moeda estrangeira sem recordar, ainda que em grandes traços, a matéria atinente às obrigações pecuniárias. Estas, de resto, embora tradicionalmente integradas no Direito das obrigações, não são corpo estranho, no Direito bancário.

[1675] Redação dada pelo artigo 1.º do Decreto-Lei n.º 201/2002, de 26 de setembro.

[1676] Quanto às noções aqui presentes, Karsten Schmidt, *Geldrecht* no *Staudingers Kommentar zum BGB*, §§ 244-248, 13.ª ed. (1997), E 1 (347 ss.).

II. São obrigações pecuniárias aquelas cuja prestação consista numa entrega em dinheiro[1677].

O Código Civil trata das obrigações pecuniárias de forma tripartida. Distingue: obrigações de quantidade – o seu objeto traduz-se apenas por uma determinada quantidade ou soma de dinheiro, por exemplo, 100 euros; obrigações de moeda específica – o seu objeto é expresso não só numa determinada quantidade mas também na qualidade particular da moeda considerada; por exemplo, 100 euros, em moedas de 2; obrigações com curso legal apenas no estrangeiro[1678] – o seu objeto consiste em dinheiro que tenha curso legal noutro espaço jurídico. Esta classificação, que resulta dos artigos 550.° ss., 552.° e ss., e 558.° e ss. do Código Civil, dá lugar a termos interpenetráveis. De facto, as obrigações em moeda estrangeira podem também, por seu turno, ser de quantidade ou de moeda específica. Haveria, então, que apurar uma coordenação particular que englobe as diversas normas em presença.

III. A regra geral relativa às obrigações de quantidade vem referida no artigo 550.° do Código Civil, como princípio nominalista:

> O cumprimento das obrigações pecuniárias faz-se em moeda que tenha curso legal no País à data em que for efetuado e pelo valor nominal que a moeda nesse momento tiver, salvo estipulação em contrário.

O princípio nominalista vale como preceito jurídico-normativo; não como produto emanente da própria moeda. A sua análise cabal implica a ponderação de vários aspetos que lhe estão subjacentes.

[1677] Como exemplos a partir dos quais podem ser confrontadas múltiplas indicações: Spiros Simitis, *Bemerkungen zur rechtlichen Sonderstellung des Geldes*, AcP 159 (1960/1961), 406-466; Karsten Schmidt, *Geld und Geldschuld im Privatrecht*, JuS 1984, 737-747; Karl Larenz, *Lehrbuch des Schuldrechts*, I – *Allgemeiner Teil*, 14.ª ed. (1987), 161 ss.; Josef Esser/Eike Schmidt, *Schuldrecht* I – *Allgemeiner Teil*, 1.° tomo, 8.ª ed., (1995), 227 ss.; Hans Brox, *Allgemeines Schuldrecht*, 23.ª ed. (1996), 66 ss.; com elementos históricos, Franz Dorn, no HKK/BGB, II/1 (2003), §§ 244, 245 (432 ss.). Entre nós, *Tratado de Direito civil* VI, 720 ss..

[1678] Trata-se das obrigações em moeda estrangeira; a atual perífrase foi adotada pelo Decreto-Lei n.° 343/98, de 6 de novembro, em face da introdução do euro: não é moeda nacional ... nem estrangeira; mas tem curso legal no País. Falaremos, correntemente, em moeda estrangeira, para designar toda a que se não exprima em euros; aliás, é essa a locução usada pelo artigo 3.°, *a*) e no artigo 5.° do Decreto-Lei n.° 295/2003, de 21 de novembro.

Em primeiro lugar, o princípio nominalista move-se no seio dos diversos "valores" atribuídos à moeda. Recorde-se que tais valores podem ser[1679]:

– valor nominal ou valor extrínseco, imposto por lei a cada moeda, e constando, de modo publicitado, dos exemplares que, em concreto, traduzam a moeda considerada;
– valor metálico ou valor intrínseco, que corresponde ao valor da matéria – do metal – incluída nas espécies monetárias, quando se pretendesse dar-lhe uma qualquer outra aplicação[1680];
– valor de troca[1681], que traduz o poder aquisitivo da moeda, isto é, a quantidade de mercadorias que a moeda considerada possa, efetivamente, proporcionar;
– valor corrente ou cambiário, que exprime a razão existente entre a moeda considerada e outras moedas estrangeiras; ainda aqui seria possível distinguir um valor corrente ou cambiário oficial de um valor de mercado, consoante se atenda a câmbios oficialmente fixados pelos bancos centrais ou instituições similares competentes ou a câmbios resultantes das leis do mercado livre.

O princípio nominalista diz, em primeiro lugar, que nas moedas de quantidade releva, apenas, o valor nominal ou extrínseco.

IV. O princípio nominalista, para além de mandar atender a um determinado valor da moeda que corresponde já a uma nítida emancipação dos níveis económicos – o valor nominal – tem ainda implícitos certos corolários que lhe dão uma expressão plena.

Assim, a moeda legal tem um poder liberatório irrecusável pelo seu valor nominal; efetivamente, quando, pelas regras económicas, surjam desvios entre o valor nominal da moeda e os outros valores acima referidos – o valor metálico, o valor de troca ou o valor corrente ou cambiário – apenas

[1679] Manuel de Andrade, *Obrigações pecuniárias*, RLJ 77 (1944), 49 e ss..

[1680] O valor intrínseco releva, na prática, apenas perante moedas metálicas, donde o falar-se em "valor metálico"; com efeito, o valor intrínseco do papel-moeda – o valor do próprio papel, quando lhe fosse dada outra aplicação – é praticamente nulo.

[1681] Fala-se, por vezes, em valor de troca interno para deixar claro o tratar-se do poder aquisitivo da moeda dentro do espaço jurídico considerado; contrapor-se-lhe-ia o valor de troca externo, o que implica uma interpenetração com o valor corrente ou cambiário.

uma regra jurídica muito particular poderia dar uma certa consistência ao primeiro; tal regra é a do poder liberatório, isto é, a faculdade reconhecida à moeda com curso legal de provocar, através do cumprimento, a extinção das obrigações que exprima, pelo seu valor nominal ou facial[1682].

O valor nominal relevante é o do cumprimento; pactuada uma obrigação por certo valor – ou tendo-se ela, a qualquer título, constituído – e sobrevindo, depois, alterações no valor económico em jogo, é sempre pelo valor facial no momento do cumprimento que se afere o poder liberatório em jogo.

O risco das alterações no valor da moeda corre, indiferentemente, pelos devedores ou pelos credores, consoante o sentido da modificação; em princípio, a valorização da moeda sobrecarrega o devedor, enquanto a desvalorização onera o credor; esta asserção é, na prática, totalmente teórica: bem se sabe que o sentido geral da evolução das moedas – mesmo fora dos períodos de inflação marcada – vai no sentido da desvalorização; a distribuição do risco operada pelo princípio nominalista faz-se, pois, a favor dos devedores[1683], podendo mesmo considerar-se como um dos pilares do apregoado princípio do *favor debitoris*.

Tudo isto pode ser retirado do artigo 550.° do Código Civil.

V. Com o princípio nominalista – no fundo, a base essencial das obrigações pecuniárias – prendem-se outros aspetos jurídicos de relevo.

Desde logo, há que contar com as denominadas exceções ao nominalismo, expressas em permissões legais de atualizar as prestações pecuniárias[1684]. O artigo 551.° do Código Civil remeteu, nessa eventualida-

[1682] O poder liberatório irrecusável manifesta-se nas obrigações que, à partida, sejam pecuniárias; mas ocorre também nas obrigações indemnizatórias por danos ou por incumprimentos inultrapassáveis de prestações não fungíveis e em execuções específicas por prestações diversas, mas como modo de calcular o seu valor; *vide* Baptista Machado, *Nominalismo e indexação*, sep. da RDES XXIV (1977), 49-77 (51-52).

[1683] Baptista Machado, *Nominalismo e Indexação* cit., 54. Como contrapartida desta vantagem, a obrigação pecuniária assume uma natureza genérica quase absoluta, que a torna insensível a dificuldades supervenientes; estas não poderiam justificar uma impossibilidade de cumprimento, salva a hipótese académica do desaparecimento da moeda.

[1684] Genericamente previstas no artigo 551.° do Código Civil, tais permissões de atualização ocorrem, por exemplo, na indemnização em renda vitalícia ou temporária – artigo 567.°, n.° 2 –, nas obrigações de alimentos – artigo 2012.° –, nas tornas em dinheiro quando ocorram partilhas em vida – artigo 2029.°, n.° 3 – e nas doações em dinheiro sujeitas à colação e nos encargos que as onerem ou sejam cumpridas pelo donatário – artigo

de, para certos indicadores, procurando pôr cobro a uma viva discussão anterior[1685].

De seguida, convém ter presente a configuração interna da utilização da moeda no espaço jurídico considerado; este movimenta normas que vão desde a própria determinação do valor da moeda à sua convertibilidade e ao poder liberatório das diversas espécies que a componham. A tanto haverá oportunidade de regressar.

As obrigações pecuniárias correspondem, pois, a vínculos cujo objeto redunda em dinheiro. Mas elas devem ser entendidas em termos estritamente jurídicos; uma obrigação pecuniária é, essencialmente, o produto de um conjunto de regras de Direito, dimanadas, de modo direto, para agir sobre uma realidade que, embora de origem económica, ganha reconhecida autonomia jurídica.

VI. Assinale-se que a introdução do euro não perturbou minimamente o princípio nominalista. O artigo 3.° do Regulamento n.° 1103/97, de 17 de junho, fixou a regra da manutenção dos instrumentos jurídicos anteriores. Apenas há que aplicar a taxa de conversão do Regulamento n.° 2866/98, de 31 de dezembro (1.°): 200,482, quanto ao nosso escudo[1686].

239. Obrigações em moeda estrangeira; obrigações próprias e impróprias; juros

I. A existência, no Planeta, de vários espaços jurídico-económicos conduz à possibilidade de obrigações em moeda estrangeira – desde 1998: moeda com curso legal apenas no estrangeiro –, também chamadas obrigações valutárias.

2019.°, n.° 3, todos do Código Civil. Um campo fértil em hipóteses de atualização é o do arrendamento, hoje visado em legislação extravagante.

[1685] No âmbito dessa questão surgiu o estudo citado de Manuel de Andrade, *Obrigações pecuniárias*, 1944. Intervieram no debate, entre outros, Vaz Serra e a *Revista dos Tribunais*. O tema foi contemplado num desenvolvido Parecer do MP de 10-nov.-1962 (António Furtado dos Santos), BMJ 142 (1965), 197 a 206, e deu lugar ao assento do STJ de 4-dez.-1964 (Simões de Carvalho; tem vários votos de vencido), BMJ 142 (1965), 215-218 (217), anotado por Vaz Serra, RLJ 98 (1965), 136-145.

[1686] *Vide* uma aplicação do princípio em causa da estabilidade dos contratos em STJ 13-jul.-2004 (Oliveira Barros), CJ/Supremo XII (2004) 2, 160-163 (161/II).

Na obrigação em moeda estrangeira ocorre, desde logo, um débito pecuniário, válido em face de determinada ordem jurídica; simplesmente o objeto desse débito recai sobre uma moeda diferente da do espaço correspondente à ordem jurídica considerada.

A possibilidade, perante a ordem jurídica portuguesa, de estipular em moeda com curso legal apenas no estrangeiro, resulta do artigo 558.° do Código Civil; esta disposição, embora não o disponha de modo direto, pressupõe a validade de cláusulas a tanto destinadas. A presença de obrigações em moeda estrangeira pode advir de estipulações diretas ou indiretas: diretas, quando as partes insiram, nos seus instrumentos negociais, cláusulas que imponham, como objeto de vínculo, uma moeda estrangeira; indiretas, sempre que o recurso à moeda estrangeira resulte de preceitos contratuais dirigidos a outras latitudes: por exemplo, de cláusulas penais ou da lei aplicável a certas obrigações.

As estipulações de moeda estrangeira, seja qual for a forma que assumam, podem ainda destinar-se a dois objetivos distintos: a prevenir uma particular instabilidade da moeda nacional e, designadamente, a evitar os inconvenientes que possam advir, para as partes, da sua desvalorização; a facultar às partes o manusear de certa moeda, por razões de outra ordem: por exemplo, o credor pretende obter, no cumprimento, moeda de certa nacionalidade, para ulteriores aplicações.

Quando tenha lugar em países cuja moeda esteja marcada pela depreciação, o recurso a obrigações valutárias visa, classicamente, prevenir hipóteses de desvalorização[1687]; pelo contrário, nos países de moeda forte, a utilização de moeda estrangeira anda, em regra, ligada a negócios puramente cambiais[1688].

II. O recurso a obrigações em moeda estrangeira, seja qual for a forma por que tenha lugar e um tanto de acordo com o objeto que vise[1689], pode ainda assumir duas configurações bem distintas, na sua estrutura como no seu regime[1690]. Pode tratar-se: de obrigações valutárias próprias ou puras,

[1687] Quanto à estipulação em moeda estrangeira, como forma de evitar a desvalorização da moeda nacional, cf. Baptista Machado, *Nominalismo e indexação* cit., 61 e ss..

[1688] Por isso e como exemplo, os comentaristas alemães conectam muitas vezes o problema das obrigações valutárias com a legislação relativa aos câmbios.

[1689] Philipp Heck, *Grundriss des Schuldrechts* (1929, reimpressão 1974), 60.

[1690] Esta contraposição, da maior importância, tem várias aceções; *vide* Karsten Schmidt, *Geldrecht* cit., 441. A sua introdução, entre nós, deve-se a Manuel de Andrade –

quando o pagamento deva ser realizado em moeda estrangeira efetiva; de obrigações valutárias impróprias, impuras ou fictícias, quando as partes tenham pretendido utilizar a moeda estrangeira como bitola do valor da obrigação, podendo o cumprimento ter lugar na moeda nacional que equivalha ao quantitativo estrangeiro estipulado.

Manuel de Andrade introduziu uma terceira categoria, algo intercalar em relação às impróprias, e a que chamou obrigações valutárias mistas. Nestas, as partes pretendem um efetivo cumprimento na moeda estrangeira, mas admitiram, para o devedor, a faculdade de pagar na moeda nacional[1691].

Ainda segundo Manuel de Andrade, as obrigações valutárias mistas estariam mais próximas da categoria das obrigações valutárias próprias ou puras[1692]: de facto, fácil é verificar que as partes, nelas, pretenderam lidar com efetiva moeda estrangeira e não, apenas, com o seu valor.

III. A referência a uma obrigação pecuniária expressa em certa moeda transcende, em muito, as meras categorias económicas subjacentes e que se prendem, como é sabido, com a ideia de dinheiro.

A obrigação pecuniária surge, no essencial, como um conceito jurídico, dominado por regras de Direito, a saber:

- o nominalismo, com os seus corolários acima examinados e, designadamente, o seu valor nominal, o seu poder liberatório irrecusável, o relevo do valor nominal referido, no momento do cumprimento e as regras implícitas relativas à distribuição do risco em ulteriores e eventuais modificações no valor;
- as delimitações negativas ao próprio nominalismo, formadas pelo conjunto dos casos em que o Direito admita a atualização das prestações;
- a configuração interna da utilização da moeda no espaço jurídico considerado, a saber: as regras que fixem um valor concreto para a moeda em causa; as regras que estabeleçam as espécies principais e divisórias; as regras que firmem o poder liberatório das espécies em causa; as regras relativas à convertibilidade da moeda presente

por último, *vide* a sua *Teoria Geral das Obrigações*, 3.ª ed., com a colaboração de Rui de Alarcão (1966), 270-271.

[1691] Manuel de Andrade, *Teoria Geral das Obrigações* cit., 271.

[1692] Manuel de Andrade, ob. e loc. cit..

ou ao seu curso forçado e aos termos em que tudo isso se processe; outras regras reportadas à utilização da moeda em jogo e que vão desde prazos de validade das espécies em que se exprima até às quantidades máximas de que se possa ser portador.

Quando as partes constituam obrigações valutárias próprias ou puras, não está em causa um pagamento a efetivar em moeda de certa nacionalidade: há, antes, uma verdadeira remissão para todas as regras aplicáveis à moeda estrangeira considerada, nos termos da ordem jurídica em que ela se integre e salvo, segundo os princípios gerais, a presença de conexões sectoriais mais fortes.

Quando, pelo contrário, as partes deem lugar a meras obrigações impróprias, impuras ou fictícias, apenas o valor da moeda estrangeira, em relação ao da nacional, está em causa; em tudo o mais aplicam-se, nos termos gerais, as regras próprias da ordem jurídica a que pertença a moeda nacional.

IV. A determinação da natureza pura ou impura de certa obrigação pecuniária em moeda estrangeira constitui um comum problema de interpretação contratual. Trata-se, em concreto, de averiguar a intenção das partes que estipularam a moeda estrangeira como objeto das suas vinculações e, designadamente, se está em causa verdadeira moeda estrangeira ou apenas o seu valor.

Sem absolutizações, a doutrina alemã recorre a um critério de grande oportunidade: o do local do cumprimento. Quando as partes remetam para a moeda estrangeira correspondente ao país onde o cumprimento deva ter lugar, haverá obrigação valutária pura: é de esperar que apenas essa moeda interesse, em tais circunstâncias, ao credor. Quando, pelo contrário, o cumprimento esteja previsto para o país da nacionalidade, é de crer que apenas o valor da moeda estrangeira motivou as partes: a obrigação valutária é impura ou fictícia.

Resta apurar a situação das obrigações valutárias mistas; a categoria tem tanto maior importância quanto é certo que a lei portuguesa a estabeleceu como regra subsidiária – artigo 558.º, n.º 1 do Código Civil[1693].

[1693] Tal como vem sendo entendido, perante uma disposição semelhante inserida no Código Civil alemão, deve considerar-se que a faculdade alternativa subsidiária constante do artigo 558.º/1 do Código Civil, pode ser afastada de modo consensual, isto é, com

A tal propósito, houve a oportunidade de citar a opinião de Manuel de Andrade, que merece inteiramente ser sufragada. A obrigação valutária mista, quando tenha sido acordada, aponta para a obrigação valutária própria: tanto as partes tiveram em vista um cumprimento em moeda estrangeira efetiva que convencionaram a moeda nacional como mera faculdade alternativa.

Quando, porém, a faculdade alternativa resulte da lei, ainda que subsidiária, há que ir mais longe na interpretação do contrato. Muito útil é, então, o critério do local do cumprimento, já examinado.

As obrigações em moeda estrangeira implicam, pois, vínculos bem caracterizados pelo seu objeto. Em causa estão, porém, as regras jurídicas que enquadrem a moeda estrangeira visada.

Quando se trate de obrigações valutárias puras ou próprias, há que lidar com o conjunto das regras relativas à moeda estrangeira em jogo; sempre, porém, que haja meras obrigações impuras, impróprias ou fictícias, apenas o valor da moeda estrangeira releva para o vínculo considerado.

V. As obrigações em moeda estrangeira vencem juros de acordo com a lei nacional respetiva. Trata-se de um ponto importante quando uma das moedas em presença, mercê de um processo inflacionista em curso no Estado respetivo, conheça taxas de juros muito elevadas, destinadas a compensar a depreciação do capital. Nessa altura, aplicar tal taxa a obrigações em moeda estrangeira equivaleria a um enriquecimento do credor, com ultrapassagem dos limites fixados para as taxas de juros internas. Além disso, semelhantes taxas de juros ficariam fora do que qualquer uma das duas leis em presença poderia pretender. Esta é a solução que defendemos[1694] e que veio a ser acolhida na jurisprudência[1695]. Se o pagamento

dispensa de formas particulares. Basta, para tanto, que as partes hajam manifestado, com clareza, uma vontade negocial do seu afastamento.

[1694] Menezes Cordeiro, *Obrigações em moeda estrangeira e taxas de juros*, O Direito 106-119 (1974/87), 119-145; *vide* também, o excelente estudo de José Simões Patrício, *Juros de mora nas obrigações valutárias*, BMJ 372 (1988), 5-48.

[1695] RLx 7-mai.-1987 (Ricardo da Velha), RDES XXX (1989), com anot. Menezes Cordeiro, *Compra e venda internacional, inflação e moeda estrangeira*, 69-93. Quanto à jurisprudência, STJ 10-mai.-1988 (Eliseu Figueira; vencido: Menéres Pimentel), BMJ 377 (1988), 482-489, que sancionou uma condenação em marcos alemães com taxa de juro de 23% (!); já no sentido da boa doutrina, STJ 18-out.-1988 (Cura Mariano), BMJ 380 (1988), 465-467 (numa indemnização em francos franceses, a taxa de juros legais a fixar, no caso de mora, é a que vigorar em França, no momento de pagamento), RLx 13-abr.-1989

ocorrer em moeda nacional, a jurisprudência tem apelado às taxas de juros do País[1696]. Em rigor, há que ver quando se fez a conversão: se for *ab initio*, vale a taxa nacional; se for no momento do pagamento, aplica-se a estrangeira.

240. **Operações cambiais; evolução; a liberalização**

I. A noção de operação cambial deriva, hoje, do artigo 3.° do Decreto--Lei n.° 295/2003, de 21 de novembro[1697]. Segundo esse preceito:

> 1 – São consideradas operações cambiais:
>
> *a*) A compra e venda de moeda estrangeira;
> *b*) As transferências de ou para o exterior expressas em moeda estrangeira, para liquidação de operações económicas e financeiras com o exterior.
>
> 2 – São equiparadas a operações cambiais:
>
> *a*) A abertura e a movimentação de contas em território nacional, nos livros das instituições autorizadas, em nome de não residentes;
> *b*) A abertura e a movimentação de contas em território nacional, nos livros das instituições autorizadas, em nome de residentes, expressas em moeda estrangeira, bem como em unidades de conta utilizadas em pagamentos ou compensações internacionais;
> *c*) A abertura e a movimentação no estrangeiro de contas de residentes.

Em suma: operações cambiais são fundamentalmente operações relativas a dinheiro não nacional, sendo-lhe ainda equiparadas operações com

(Zeferino Faria), CJ XIV (1989), 2, 130-136 (*idem*, numa obrigação, também, em francos franceses), RPt 16-mai.-1989, (Martins Costa), CJ XIV (1989) 3, 196-199 (*idem*, em marcos alemães), RLx 13-dez.-1990 (Peixe Pelica), CJ XV (1990), 5, 138-139 (*idem*, francos franceses), REv 18-fev.-1993 (Óscar Catrola), CJ XVIII (1993) 1, 273-275 (*idem*, florins holandeses), RPt 14-dez.-1993 (Almeida e Silva), BMJ 432 (1994), 426 (o sumário) e RLx 28-set.-1995 (Cruz Broco), CJ XX (1995), 4, 95-96 (*idem*, dólares norte-americanos).

[1696] RPt 5-mai.-2003 (Sousa Lameira), CJ XXVIII (2003) 3, 165-166 e RLx 29-mai.-2003 (Lúcia de Sousa), CJ XXVIII (2003) 3, 97-98 (98/I).

[1697] Alterado, nos seus artigos 1.º, 19.º e 20.º, pelo Decreto-Lei n.º 61/2007, de 14 de março, relativo ao controlo do dinheiro líquido, para combater o branqueamento de capitais.

não residentes. O artigo 8.° do Decreto-Lei n.° 205/2003 consagra a liberdade de contratação e de liquidação de operações económicas e financeiras com o exterior. Antes não havia tal liberdade. O artigo 10.° do mesmo diploma apenas autoriza o comércio de câmbios às instituições de crédito e às sociedades financeiras para tanto habilitadas.

II. Pertence a uma tradição nacional, que remonta ao século XIV e às guerras da independência, a ideia de um monopólio estadual do tráfego cambiário. De outro modo, não surtiriam efeito as operações de quebra da moeda. Ao longo do tempo, a ideia foi evoluindo, acabando por se abrir o comércio aos banqueiros privados. Mas, ao calor das crises, cedo se regressou a um controlo estadual, através do Banco Central, dessas operações. Durante o período subsequente à Revolução de 1974-1975, o combate oficial às operações com moeda estrangeira, não autorizadas, atingiu as dimensões de uma autêntica cruzada: o "tráfego de divisas" situava-se, na política do Estado português, a níveis hoje comparáveis aos dos discursos relativos à droga e à fuga fiscal. Assim, o Decreto-Lei n.° 181/74, de 2 de maio, previa prisão maior de dois a oito anos para quem praticasse operações cambiais com inobservância das disposições legais aplicáveis, num esquema aperfeiçoado pelo Decreto-Lei n.° 189/74, de 6 de maio. A medida exorbitante da pena foi revista pelo Decreto-Lei n.° 630/76, de 28 de julho. Este diploma, embora reduzindo a medida da pena, alargou o âmbito da matéria incriminada: de resto, essa legislação era conjugada com restritivos diplomas anteriores, designadamente o Decreto-Lei n.° 44.698, de 17 de novembro de 1962. Os tribunais eram, naturalmente, obrigados a aplicar tais preceitos[1698]. A lei tinha, contudo, uma aplicação esporádica: num País aberto ao exterior e com uma considerável percentagem da população trabalhando no estrangeiro, era quimérico fazer passar, pelo sistema financeiro oficial, todas as transações em moeda estrangeira. Uma política mais realista levou à publicação do Decreto-Lei n.° 13/90, de 8 de janeiro, o qual, revogando a legislação anterior, reduziu as infrações cambiais a meras contraordenações[1699]. Não obstante, mantinha-se, ainda, um condicionalismo restritivo.

[1698] P. ex., RCb 3-out.-1986 (Vicente Pinto), CJ XI (1986) 4, 102-103 e RLx 19-abr.-1989 (Sá Nogueira), CJ XIV (1989) 2, 167-170 (caso DOPA).

[1699] Na transição de sistemas, STJ 27-jun.-1990 (Maia Gonçalves), BMJ 398 (1990), 346-354.

III. A liberalização subsequente foi promovida pela integração europeia, económica e monetária[1700]. Após a revisão introduzida pelo Decreto-Lei n.° 170/93, de 11 de maio, no Decreto-Lei n.° 13/90, de 8 de janeiro, o BP manteve o seu papel na regulação do mercado cambial, supervisionando as entidades autorizadas a exercer o comércio de câmbios – artigo 10.°. A intermediação dessas entidades manteve-se obrigatória – artigo 14.°. Não obstante, os pagamentos a residentes, por não residentes, podem ter lugar em moeda estrangeira – artigo 15.° – assim como é facultada a residentes – artigo 17.°,

> (...) a utilização de qualquer meio de pagamento em escudos ou moeda estrangeira a favor de não residentes e a utilização de outros meios de pagamento para liquidação de operações de mercadorias, de invisíveis ou de capitais, bem como de despesas associadas a deslocações e estada no estrangeiro.

Segundo os artigos 20.° e 21.° do Decreto-Lei n.° 13/90, na redação dada pelo Decreto-Lei n.° 170/93, eram livres a abertura e movimentação de contas nacionais em moeda estrangeira e de contas estrangeiras, a abertura e movimentação, por residentes, de contas junto de instituições não residentes e a realização, por residentes, de operações de compra e venda de moedas estrangeiras com entidades não residentes.

As operações correntes e de capitais com o exterior eram reguladas pelo Decreto-Lei n.° 176/91, de 14 de maio. O Decreto-Lei n.° 170/93, de 11 de maio, revogou, contudo, os artigos que enumeravam as operações sujeitas a autorização – artigos 10.° a 12.°. Apenas se manteve o poder do BP de, em caso de dificuldades ou de crise súbita na balança de pagamentos, aprovar medidas restritivas de exceção.

IV. Uma efetiva liberalização das operações com moeda estrangeira foi alcançada pelo Decreto-Lei n.° 295/2003, de 21 de novembro, que revogou a legislação anterior. Hoje, apenas o exercício profissional do comércio de câmbio fica reservado a entidades autorizadas.

Sem prejuízo dos poderes prudenciais do BP e demais autoridades com competência cambiária, podemos considerar que as operações

[1700] Especialmente pela Diretriz n.° 88/361/CEE, de 24 de junho, cuja doutrina foi, depois, integrada no Tratado da União.

cambiais regressam, entre nós, ao Direito privado, comum, comercial ou bancário.

No fundo, elas traduzem um modo de atuação bancário, em moeda estrangeira – ou não nacional – suscetível de enformar quaisquer contratos bancários. A dogmática das obrigações pecuniárias em moeda estrangeira dobra, assim, as regras próprias dos diversos atos.

§ 60.° EMISSÃO DE CARTÃO BANCÁRIO

241. Cartões bancários; evolução e modalidades

I. Os cartões bancários constituem um elemento característico da atual prática bancária: eles vêm substituir o cheque, possibilitando a prática de operações mais diversificadas. Simplesmente, enquanto o cheque levou séculos a radicar-se, os cartões bancários conheceram, em poucas décadas, uma popularização imparável.

Um cartão bancário adveio de cadernetas com folhas destacáveis: assim operava o *Diner's Club* dos anos cinquenta. Hoje, ele consiste num retângulo de plástico normalizado, de 86 por 54mm e com 0,76 mm de espessura[1701]. Ele é emitido por conta de um banqueiro – um banco ou uma sociedade emitente os quais, formalmente, se mantêm proprietários do cartão – identificando, normalmente em relevo, o cliente, pelo nome e por um número. Comporta, ainda, uma área magnética, onde esses elementos estão inseridos e, ainda, diversos outros, com relevo para o PIN[1702] ou número pessoal de identificação, conhecido apenas pelo beneficiário[1703]. O cartão bancário tem, ainda, diversos elementos de representação da sociedade emitente e das operações que faculta, comportando, no verso, a assinatura pessoal do cliente e, eventualmente, a sua fotografia.

[1701] Norma ISO 2894. A sigla ISO corresponde às iniciais da *International Standardization Organization*, que visa dimanar normas que facultem a uniformização de produtos e da sua representação.

[1702] PIN corresponde às iniciais de *personal identification number*; em regra, é fixado por computador, em termos aleatórios, sendo comunicado, apenas, ao cliente. Este, por vezes, tem a possibilidade de o alterar, substituindo-o por um número que apenas ele conheça.

[1703] Trata-se de um aspeto essencial da segurança dos cartões; *vide* Rolf R. Aepfelbach/Gerd Cimiotti, *Zur Sicherheit des ec-Kartensystems*, WM 1998, 1218-1222 e Wolfgang Gössmann, *Aspekte der ec-Karten-Nutzung*, WM 1998, 1264-1273.

II. A prefiguração dos cartões de crédito tem sido reportada a uma obra de ficção científica, publicada em 1888, pelo norte-americano Edward Bellamy: *Looking Backward*. O protagonista, Julian West, acorda, após um sono de 113 anos, em Boston, no ano 2000. Entre outras surpresas, ele verifica que as pessoas não usam dinheiro, nessa época: cada cidadão dispõe de um "*... credit card ...*" com o qual obtém, nos armazéns públicos, tudo o de que necessita. Vários esquemas apoiavam o funcionamento de tais cartões, prevenindo abusos.

Em 1894, a direção do Hotel Credit Letter Company, também dos Estados Unidos, emitiu o primeiro cartão-cliente de crédito. Este funcionava na base de um esquema entre duas pessoas: após a estada no Hotel, não era cobrado o preço, em dinheiro; procedia-se, antes, a um débito em conta[1704].

No princípio do século XX, foram emitidos outros cartões: em 1914, o *Western Union Bank*, com funções de creditação; nos anos 20, as grandes sociedades petrolíferas; nos anos 30, as companhias aéreas. Pretendia-se evitar os inconvenientes dos pagamentos em dinheiro: os clientes obtinham os serviços pretendidos mediante a exibição do cartão sendo, depois, debitados, no fim do mês.

O primeiro cartão de crédito universal – portanto, suscetível de funcionar fora do estreito círculo de duas pessoas – surgiu em 1950, com a constituição do *Diner's Club*. Inicialmente, ele facultava aos 200 membros do Clube a possibilidade de utilizar os restaurantes de Nova Yorque, a crédito. A ideia espalhou-se rapidamente: em 1952 surgia o *Diner's Club Great Britain*; seguidamente, através de franquias, fundaram-se clubes independentes em França e Espanha (1954), no México (1955), na Suíça, Alemanha, Austrália e Brasil (1956), no Benelux (1957), em Itália, na Grécia, nas Filipinas, na Índia e em Portugal (1958). Em 1969 contavam-se, já, 350.000 portadores do cartão *Diner's*, em 138 países.

Surgiram, depois, outros cartões internacionais, que vieram a suplantar o do *Diner's Club*. Em 1958, é lançado o *American Express*, primeiro radicado no domínio das viagens; em 1959, aparece, com base no Hilton, da Califórnia, a *Carte Blanche*, seguindo-se, em S. Francisco, o *VISA*: o que, hoje, conhece a maior expansão.

Todo este desenvolvimento assenta numa organização simples e descentralizada, em que a comunicação interbancária, a liberalização da circu-

[1704] Quanto à evolução histórica, por todos: Schwintowski/Schäfer, *Bankrecht*, 2.ª ed. cit., 417 ss. e 421 ss..

lação dos meios de pagamento e a assunção, pelos banqueiros, de determinadas responsabilidades constituem condição e motor de funcionamento.

Boa parte do comércio retalhista faz-se, na atualidade, através de cartões bancários. Estes, apesar de, em certos casos, implicarem um pagamento ao banqueiro, feito pelos comerciantes aderentes, acabam sempre por provocar um aumento nas aquisições de bens e serviços, contribuindo para a popularização da riqueza.

Está colocada a questão de saber se o êxito dos cartões bancários não irá contribuir para o endividamento crescente das famílias e para criar tensões inflacionistas[1705].

III. Antes de referir as modalidades de cartões bancários, parece oportuno considerar o seu funcionamento[1706].

Normalmente, os cartões bancários exigem, na utilização, determinados apetrechos. Num primeiro momento, surgiu a máquina de impressão tipo "ferro de engomar": sobre a máquina coloca-se o cartão e um verbete, prenchido com o montante da despesa ou do levantamento; uma parte móvel da máquina comprime, então, o verbete contra o cartão, de modo que as diversas indicações, neste apostas em relevo, bem como a indicação relativa ao operador – banqueiro ou comerciante –, inseridas na própria máquina, fiquem marcadas no verbete em causa. Assim preenchido, o verbete, constante de um original e duas cópias, é autenticado pela assinatura do titular do cartão, que conserva uma das cópias.

[1705] Quanto à evolução dos cartões bancários: Schwintowski/Schäfer, *Bankrecht*, 2.ª ed. cit., 477 ss., e 482 ss., aqui seguido, no essencial, bem como, com muito material e na base da obra referida, Bernd Stauder/Gerd J. Weisensee, *Das Kreditkartengeschäft* (1970), 19 ss. e Paolo Spada, *Carte di credito: "terza generazione" dei mezzi di pagamento*, em Giuseppe B. Portale, *Le operazioni bancarie*, II vol. (1978), 897-934; de data mais recente, Michael Weller, *Das Kreditkartenverfahren* (1986), 11 ss., Peter Beck, *Einwendungen bei eurocheque und Kreditkarte* (1986), 5 ss., e Ülrich Häde, *Die Zahlung mit Kredit- und Scheckkarten*, ZBB 1994, 33-44 (73 ss.). Entre nós, Maria Raquel Guimarães, *As transferências electrónicas de fundos e os cartões de crédito* cit., 58 ss., Joana Vasconcelos, *O contrato de emissão de cartão de crédito*, Est. Mário Júlio de Almeida Costa (2002), 723-752 e Januário Gomes, *Contratos comerciais* cit., 212 ss., com indicações.

[1706] Trata-se de matéria circunstanciadamente tratada em Lamy, *Droit du financement* cit., n.ºs 2340 e 2341 (1187-1188); *vide*, também, Dieter Maihold, *Geldautomatensystem*, em Schimansky/Bunte/Lwowski, *Bankrechts-Handbuch* cit., 1, 4.ª ed., § 54 (1338-1379).

Numa segunda fase, hoje dominante, o cartão bancário é, simplesmente, introduzido na ranhura de um processador, que opera a sua leitura automática[1707]. A natureza e o montante da operação são digitados no processador; este realiza automaticamente a operação – normalmente, levantamentos ou transferências – emitindo um talão. Ocorrem, aqui, duas modalidades: quando a operação ocorra a contado (normalmente dita, na gíria quotidiana, "multibanco"), o portador do cartão autentica o ato, digitando o código pessoal – o PIN; quando opere a crédito (normalmente, nessa gíria, "VISA", por ser a modalidade mais divulgada, entre nós), a autenticação é sumariamente feita pela comparação das assinaturas. Em postos muito rápidos – p. ex., portagens de auto-estradas – não há qualquer autenticação: os pagamentos são feitos por simples entrega e leitura magnética do cartão.

Finalmente, o cartão bancário pode ser simplesmente exibido perante o funcionário do banqueiro ou um terceiro interessado, possibilitando, depois, os seus efeitos, por decisão humana.

Na sua modalidade automática, o cartão bancário pode operar em terminais *on line* ou *off line*. No primeiro caso, o equipamento acede ao banqueiro, lendo o saldo da conta e sendo sensível a quaisquer bloqueios: cancelamento do cartão, ultrapassagem do limite de utilização e insuficiência de fundos; no segundo, ainda que em certos patamares variáveis, consoante os cartões, a operação é necessariamente realizada a crédito, ficando armazenada para posterior transmissão ao banqueiro.

IV. A primeira distinção a operar nos cartões bancários separa os cartões de levantamento[1708], dos cartões de crédito[1709].

O cartão de levantamento automático põe, frente a frente, simplesmente o banqueiro e o seu cliente: dá azo a uma denominada relação entre duas pessoas. O cartão é utilizado em terminais automáticos, denominados

[1707] Assim considera Simões Patrício, *Direito bancário privado* cit., 229, que os cartões representam a mais importante aplicação da informática à atividade dos bancos.

[1708] Com indicações, Luís Miguel Monteiro, *A operação de levantamento automático de numerário*, ROA 1992, 123-168 e Amável Raposo, *Alguns aspectos jurídicos dos pagamentos através das caixas automáticas: responsabilidade e prova*, BMJ 377 (1988), 5-31.

[1709] Com indicações, Carlos Frederico Gonçalves Pereira, *Cartões de crédito*, ROA 1992, 355-416 e Joana Vasconcelos, *Cartões de crédito*, RDES XXXIV (1992), 305-347 e XXXV (1993), 71-182.

ATM e CD[1710]: o portador insere o cartão na ranhura do terminal, que procede à sua leitura, pedindo, depois, o número pessoal ou PIN. O PIN, constante de quatro dígitos, só é do conhecimento do utente, que deverá tê-lo memorizado. Autenticada a operação, o ATM facultará o levantamento automático, entregando as notas de banco e um talão. Os levantamentos têm limites máximos diários. O ATM apreende, automaticamente, os cartões caducados, cancelados ou esquecidos na própria ranhura e, ainda, os cartões cujo portador, por três vezes consecutivas, se engane a introduzir o PIN.

O cartão de crédito relaciona três pessoas: o banqueiro, o cliente e um terceiro – normalmente: o comerciante ou fornecedor de bens e de serviços. Ajustado um negócio que implique um pagamento, o cliente vai realizá-lo por meio do cartão. Por via mecânica ou eletrónica, a despesa vai ficar consignada em nome do cliente, vindo, depois, a ser paga ao comerciante pelo banqueiro, que a debitará ao cliente. O comerciante pagará uma comissão ao banqueiro, outro tanto podendo suceder com o cliente. O banqueiro só debitará a importância em dívida, ao cliente, no termo de um período que variará entre as duas e as seis semanas: há um crédito a curto prazo. Além disso, o banqueiro poderá ajustar com o cliente pagamentos parcelares e diferidos, aumentando o crédito.

A tendência vai no sentido do enriquecimento dos cartões bancários, permitindo-lhes mais funções. Assim, os típicos cartões de levantamento operam, hoje, também em relações tripartidas. Para tanto, basta que o terceiro comerciante esteja munido de um terminal, denominado POS[1711]. O cartão será introduzido no terminal, digitando-se o montante do pagamento e o PIN: automaticamente, a transferência será feita da conta do cliente para a do comerciante.

V. Seguindo a linha geral da própria evolução bancária, os cartões vêm permitindo o acesso a um número crescente de serviços. Além das operações iniciais de levantamento automático e de crédito, já dobradas por pagamentos automáticos, os cartões permitem, através de ATMs ou de outros esquemas, designadamente: conhecer o saldo da conta bancária à ordem ou de outras contas; conhecer os últimos movimentos; efetuar

[1710] ATM corresponde a *automated teller machine* e CD a *cash dispenser*; o primeiro faculta diversos serviços, para além do levantamento automático; o segundo limita-se a permitir levantamentos. Atualmente, entre nós, quase só há ATMs..

[1711] Sigla de *point of sale*.

pagamentos de múltiplos serviços, como fornecimentos de eletricidade, água, luz, gás e telefone; pagar impostos; pedir cheques; realizar câmbios; proceder a modificações relacionadas com o próprio cartão.

Os cartões bancários têm, ainda, múltiplos serviços não bancários associados: seguros, assistência em viagem, acesso a determinadas mercadorias e possibilidade de pagamento à distância, mediante simples indicação do número e assinatura. Os banqueiros têm vindo a diversificar os cartões de acordo com as possibilidades dos clientes. São emitidos cartões particularmente vistosos, fonte de prestígio para os clientes que os usem – com as inerentes despesas: trata-se, em suma, de um sinal dos nossos tempos. As pessoas devem, todavia, ser alertadas para a natureza fictícia de algumas das benesses associadas aos cartões. Por exemplo, os seguros: em caso de sinistro, os emitentes, devidamente apoiados em cláusulas dúbias, tudo fazem para não pagar os valores acordados. Por seu turno, os tribunais nem sempre assumem a coragem de proferir as competentes condenações.

242. **Condicionalismo legal**

I. Em Portugal, os cartões bancários iniciaram a sua expansão ainda na década de 50. A Portaria n.° 360/73, de 23 de maio[1712], veio regular a emissão de cartões de crédito, submetendo a autorização do Governo a celebração de diversos acordos. A sua emissão apenas poderia ser levada a cabo por sociedades especiais (parabancárias) ou por instituições de crédito. Diversas vicissitudes travaram o seu desenvolvimento e, designadamente: as vertigens cambiais e a pretensão de isolar o País do resto do Mundo, em termos monetários. Em 1975, por despacho de 2 de fevereiro, chegaria mesmo a surgir uma determinação ministerial proibindo a utilização, no estrangeiro, de cartões detidos por residentes[1713]. Em 1977, o Governo atribuiu à UNICRE – Cartão de Crédito Internacional, SA – uma sociedade interbancária constituída em 1974, por vários bancos, para exploração conjunta de cartões de crédito – a emissão de cartões. Através

[1712] Subscrita pelo então Ministro das Finanças Cotta Dias.

[1713] Esta restrição inconcebível perduraria por mais de 10 anos: foi atenuada, em 1982, para as "empresas" e revogada, para os particulares, em 1986! Na prática, este esquema obrigava os cidadãos nacionais a deslocarem-se ao estrangeiro com divisas em espécie, sujeitando-se a todas as contingências assim originadas.

de despachos sucessivos a UNICRE chegaria a deter, em 1984, o monopólio dos cartões de crédito em Portugal.

Mais tarde, passar-se-ia a um esquema de liberalização: os bancos podem emiti-los, isoladamente ou em associação com a UNICRE[1714]. Um sistema aberto seria consignado a partir de 1991.

II. As normas aplicáveis aos cartões bancários derivam, no essencial, de cláusulas contratuais gerais. No entanto, há algumas regras para que chamamos a atenção.

O Decreto-Lei n.° 166/95, de 15 de julho, reserva[1715] a emissão de cartões de crédito às instituições de crédito e instituições financeiras autorizadas para o efeito e às sociedades financeiras que tenham por objeto a emissão desses cartões – artigo 2.°. O seu artigo 3.°, sob a epígrafe "condições gerais de utilização", dispõe:

> 1 – As entidades emitentes de cartões de crédito devem elaborar as respetivas condições gerais de utilização de acordo com as normas aplicáveis, nomeadamente o regime jurídico das cláusulas contratuais gerais, e ter em conta as recomendações emanadas dos órgãos competentes da União Europeia.
>
> 2 – Das condições gerais de utilização devem constar os direitos e obrigações das entidades emitentes e dos titulares de cartões, designadamente a discriminação de todos os encargos a suportar por estes últimos.

III. A submissão ao regime jurídico das cláusulas contratuais gerais é importante. Há, de resto, extensa jurisprudência inibitória, nesse domínio[1716]. As "recomendações comunitárias" têm a ver com a Recomendação n.° 87/598/CEE, da Comissão, de 8-dez.-1987[1717], relativa a paga-

[1714] Quanto à evolução dos cartões bancários em Portugal, Adelino Lopes Aguiar, *O dinheiro de plástico* (1990), 57 ss., C. F. Gonçalves Pereira, *Cartões de crédito* cit., 361 ss., Joana Vasconcelos, *Cartões de crédito* cit., XXXV, 105 ss. e Vasco Soares da Veiga, *Direito bancário* cit., 169 ss..

[1715] *Infra*, 1256 ss..

[1716] Assim, foram referidos a propósito das cláusulas contratuais gerais, entre outros, RLx 9-out.-1997, CJ XXII, 4, 106 ss., RLx 26-nov.-1998, CJ XXIII, 5, 104 ss., STJ 3-dez.-1998, CJ/Supremo VI, 3, 140 ss., RLx 20-abr.-1999, CJ XXIV, 2, 110 ss., STJ 17-jun.-1999, CJ/Supremo VII, 2, 148 ss. e STJ 19-nov.-2002, CJ/Supremo X, 3, 135.

[1717] JOCE 24-dez.-1987; o seu texto pode ser confrontado em Lopes Aguiar, *O dinheiro de plástico* cit., 123-130. Sobre a tutela dos utentes, foram, ainda, confrontados os escritos seguintes: Klaus-Dieter Bieber, *Rechtsprobleme das ec-Geldautomaten*, WM

mentos eletrónicos, e a recomendação n.° 88/590/CEE, da Comissão, de 17-nov.-1988, sobre as relações entre os titulares e os emissores de cartões[1718]. Esta última recomendação dava, às entidades emissoras de cartões, um prazo de 12 meses para obedecerem a determinadas especificações, estabelecidas em anexo. Foi, assim, elaborado pelas Associações Europeias do Sector Bancário um *Código de Conduta dos Bancos Europeus Relativos aos Sistemas de Pagamento Através de Cartões*[1719]. Trata-se de um documento importante, para fixar as obrigações do utilizador e do emitente, limitando o risco deste no caso de roubo, furto ou extravio: encontramos as suas regras essenciais vertidas nas cláusulas contratuais gerais[1720].

IV. Entre nós, há que lidar, ainda, com o Aviso n.° 11/2001, de 6 de novembro[1721], do Banco de Portugal, que fixou regras referentes a cartões de crédito. Dessas regras, relevamos, desde logo, a forma escrita a assumir pelo contrato – 3.° – ainda que celebrado por adesão – 4.° – a redigir em termos claros e em língua portuguesa – 5.°.

O contrato deve, nas palavras do aviso, estabelecer todos os direitos e deveres das partes e designadamente – 6.°:

1) Os encargos, nomeadamente as anuidades, comissões e taxas de juro, que para o titular resultem da celebração do contrato ou da utilização do cartão;
2) A taxa de juro moratória ou o método utilizado para a sua determinação;
3) O modo de determinação da taxa de câmbio aplicável, para efeitos do cálculo do custo, para o titular, das operações liquidadas em moeda estrangeira;
4) O período de validade do cartão;
5) A quem incumbe o ónus da prova em caso de diferendo entre as partes;

1987, Beil. n.° 6, J. Etzkorn, *Rechtsfragen bei Zahlung mit Kreditkarte*, Bank 1993, 28-33, Eckart van Hooven, *25 Jahre Eurocheque – ein historischer Konsens*, Bank 1993, 367-371 e Holger Berndt, *Elektronisches Geld – Geld der Zukunft?* Sparkasse 1995, 369-372.

[1718] JOCE 24-nov.-1988, n.° L 317, 55-69. O texto consta, ainda, de um anexo a Lamy, *Droit du financement* cit., n.° 2300 (1030-1032) e de Lopes Aguiar, *O dinheiro de plástico* cit., 131-138.

[1719] Miguel Monteiro, *Levantamento automático de numerário* cit., 143 ss..

[1720] Sobre os cartões bancários cumpre citar o excelente acórdão do STJ 23-nov.-1999 (Garcia Marques), CJ/Supremo VII (1999) 3, 100-108 (101 ss.).

[1721] DR I Série-B, n.° 269, de 20-nov.-2001, 7443-7445.

6) Sobre quem recai a responsabilidade pela não execução ou pela execução defeituosa de uma operação;
7) As condições em que ao emitente é facultado o direito de exigir a restituição do cartão;
8) As taxas de juro aplicáveis para as utilizações a descoberto de cartões de débito, se permitidas, ou o método utilizado para a sua determinação;
9) As situações, se existirem, em que o direito à utilização do cartão é suscetível de caducar;
10) As consequências da ultrapassagem do limite de crédito fixado;
11) As formas e os prazos de pagamento dos saldos em dívida;
12) As situações em que as partes podem resolver o contrato e os seus efeitos;
13) O período de reflexão outorgado ao titular durante o qual este pode, sem quaisquer consequências patrimoniais, resolver o contrato.

Além disso, as cláusulas contratuais gerais devem especificar que – 8.º:

1) O titular é obrigado a adotar todas as medidas adequadas a garantir a segurança do cartão, de modo a não permitir a sua utilização por terceiros e a notificar o emitente da perda, furto, roubo ou falsificação do cartão logo que de tais factos tome conhecimento;
2) O titular não pode ser responsabilizado por utilizações do cartão devidas aos factos a que se refere o ponto anterior depois de efetuada a notificação ao emitente, no caso de utilização eletrónica do cartão, ou para além de vinte e quatro horas depois da mesma notificação, noutros casos, salvo se, nestes últimos, forem devidas a dolo ou negligência grosseira do titular;
3) O emitente não pode alterar as condições contratuais sem avisar o titular, com um pré-aviso mínimo de 15 dias, ficando este com o direito de reaver a anuidade paga, na parte proporcional ao período ainda não decorrido, se pretender resolver o contrato por motivo de discordância com as alterações introduzidas;
4) A utilização do cartão antes de decorrido o prazo referido no ponto anterior constitui presunção de aceitação das alterações contratuais em causa;
5) O titular pode contactar o emitente, ou um seu representante, vinte e quatro horas por dia, pelo menos através de um número de telefone ou de um telefax a indicar no contrato;
6) A responsabilidade global decorrente das utilizações do cartão devidas a furto, roubo, perda ou falsificação verificadas antes da notificação a que se referem os pontos 1) e 2) não pode ultrapassar, salvo nos casos de dolo

ou de negligência grosseira, no caso dos cartões de crédito, o valor, à data da primeira operação considerada irregular, do saldo disponível face ao limite de crédito que seja do conhecimento do titular e, no caso de cartões de débito, o valor do saldo disponível, na conta associada ao cartão, também à data da primeira operação considerada irregular, incluindo o resultante de crédito outorgado que seja, igualmente, do conhecimento do titular;

7) No caso de cartões de débito, o titular pode acordar com o emitente um limite global diário à responsabilidade prevista no ponto anterior, a que corresponderá, em tal hipótese, salvo convenção em contrário, um saldo diário disponível da respetiva conta, para efeito da sua movimentação através do cartão em causa, nunca superior ao valor daquele limite diário.

V. Como observa Januário Gomes, a matéria versada pelo Aviso do Banco de Portugal n.º 11/2001, veio a ser afastada, em alguns pontos, pelo Decreto-Lei n.º 133/2009, sobre crédito ao consumo e pelo Regime dos Serviços de Pagamento, adotado pelo Decreto-Lei n.º 317/2009[1722].

243. O contrato de emissão

I. Num prisma de Direito bancário, os cartões dependem de um contrato específico, destinado à sua emissão[1723]. Exceptuando as regras acima examinadas, o regime aplicável aos cartões bancários consta, entre nós como na generalidade dos países, de cláusulas contratuais gerais. Com base nas cláusulas utilizadas pelos principais bancos portugueses, vamos proceder a uma análise da matéria.

II. Quanto a simples cartões de pagamento – cartões "multibanco" – verifica-se que a emissão depende da aceitação, pelo banqueiro, de uma proposta de adesão constante de um impresso normalizado, subscrito pelo cliente. Nesse impresso, entre outras indicações, o cliente deve indicar o nome que será gravado no cartão.

Nos termos das condições gerais, exaradas, em letra miúda, no verso do impresso, o aderente toma nota de que o cartão lhe permitirá aceder às caixas automáticas (CA), aos terminais de pagamento automático

[1722] Januário Gomes, *Contratos comerciais* cit., 213.
[1723] Joana Vasconcelos, *O contrato de cartão de crédito* cit., 724 ss..

(TPA)[1724] e a outras redes de pagamento, designadamente no estrangeiro, com as quais sejam fixados acordos.

O cartão é considerado propriedade do banqueiro. Este tem o direito de "... proceder à retenção ou exigir a sua restituição ..." quando: se verifique a sua inadequada utilização, nos termos das presentes condições gerais; pretenda proceder à substituição do cartão; do comportamento do titular resulte quebra da confiança negocial fundamentadora da concessão do cartão; nos casos previstos nas condições gerais ou na lei. O cliente poderá, por seu turno, renunciar, a todo o tempo, ao cartão, devolvendo-o ao banco: perderá, contudo, a anuidade que já tenha pago.

III. Os aspetos atinentes à segurança merecem a atenção de diversas cláusulas. Ao cliente será atribuído um PIN, do conhecimento exclusivo deste e que não deve ser comunicado a terceiros, nem anotado: apenas memorizado. No caso de extravio, furto, roubo ou falsificação, o cliente deve informar imediatamente o banqueiro, por telefone em funcionamento permanente. Feita a comunicação, o banqueiro obriga-se a não permitir mais movimentos na conta, salvo dolo ou culpa grave do cliente: antes dela, os prejuízos são da conta do titular.

Na falta de saldo, o banqueiro não facultará a operação. Realizando-se esta, têm aplicação as regras relativas ao cheque.

Cumpre sublinhar que os diversos aspetos técnicos relacionados com a concretização das operações não constam das cláusulas: elas emergem das próprias condições de funcionamento dos autómatos.

IV. No tocante a cartões de crédito, nota-se uma flutuação grande, nas designações. As diversas cláusulas contratuais gerais, porém, apresentam-se harmónicas, com exceção de alguns pontos, abaixo referidos.

O cartão de crédito apresenta diversos pontos semelhantes ao cartão de pagamento. Simplesmente, ele permite o acesso à rede nacional (Multibanco) e à internacional (VISA, American Express ou outra, conforme o cartão). Funciona, desde logo, como cartão de pagamento. Além disso, ele permite aquisições a crédito, nos estabelecimentos aderentes, bem como levantamentos em numerário, mesmo no estrangeiro. As importâncias são debitadas na conta do cliente, em data acordada, mas com alguma dilação;

[1724] Temos, pois, o aportuguesamento dos ATM e CD: em boa hora.

pode, porém, ser apenas parcialmente debitada, de acordo com o que se tenha acordado.

No caso de roubo, furto ou extravio, o titular deve comunicá-lo imediatamente ao banqueiro. O titular é responsável pelas utilizações que resultem de dolo ou grave negligência seus, por todas as que ocorram até à comunicação do furto, roubo ou extravio e por todas as despesas relativas ao cancelamento.

Outras condições gerais são mais desenvolvidas e favoráveis aos clientes. Assim, preveem, em caso de furto, roubo ou extravio, um dever de comunicação imediata ao banqueiro; feita tal comunicação, o banco assume integralmente todas as transações que se lhe sigam; quanto aos movimentos *anteriores* à comunicação: salvo dolo ou negligência grosseira, o banco assume as efetuadas nas 48 horas imediatamente antecedentes, desde que ultrapassem os 500 euros; antes das 48 horas – portanto: a todo o tempo – o banco assume as que ultrapassem o montante máximo do crédito atribuído ao cartão – 7.500 euros ou 3.750 euros, conforme os casos.

V. O contrato de emissão de cartão de crédito corresponde a um tipo social vertido em cláusulas contratuais gerais. Estas subordinam-se, por seu turno, ao Código Europeu de Conduta e ao Aviso n.° 11/2001 do BP, acima referidos, além de, naturalmente, deverem respeitar a lei geral do País.

Tecnicamente temos, aqui, um mandato sem representação, de conteúdo especial. Compreende-se que, em sua execução, ocorram outros atos jurídicos[1725].

244. Casuística

I. Uma breve ponderação da casuística existente, no tocante aos cartões bancários, permite esclarecer alguns aspetos da figura em jogo.

Desde logo, temos a considerar decisões penais, que permitem aproximar o cartão de crédito da moeda. Assim, a falsificação e uso de cartão

[1725] Schwintowski/Schäfer, *Bankrecht* cit., 2.ª ed., 485, que, no entanto, falam em "contrato-quadro". Quanto à sua natureza de mandato especial, AG München 24-abr.-1992, ZBB 1993, 195.

de crédito envolve crime de moeda falsa[1726], enquanto o valor do furto de cartão é o do crédito por ele proporcionado[1727].

II. Surgiram, de seguida, algumas ações inibitórias quanto a cláusulas contratuais gerais usadas nos cartões. São nulas as cláusulas que façam correr contra o cliente uma presunção de culpa inilidível, perante o abuso de cartões[1728]. Igualmente nulas são as cláusulas que façam correr, apenas contra o cliente, o risco de extravio do cartão, bem como as que atribuam um poder probatório absoluto aos registos informáticos[1729]: o tema do risco exige ponderações delicadas, devendo recorrer-se às regras gerais[1730].

III. Quanto à responsabilidade dos clientes do banqueiro: tratando-se de cônjuges com cartões reportados à mesma conta, ela é solidária, por interpretação da vontade das partes[1731]; perante o uso do cartão, ela é do cliente, que se vinculou contratualmente, tanto mais que não se fez prova de ter havido furto[1732]. Quando se verifique uma utilização fraudulenta com uso do PIN que, supostamente, só o cliente pode conhecer, há que concluir pela negligência deste[1733]. Os créditos do banqueiro provenientes do uso do cartão prescrevem no prazo de vinte anos, segundo o artigo 309.º

[1726] RLx 24-jun.-1987 (Sá Nogueira), CJ XII (1987) 3, 136-141. Tem sido considerado furto – e não burla de computador – usar moedas falsas numa máquina de jogo: OLG Celle 6-mai.-1996, JR 1997, 345-347.

[1727] STJ 11-dez.-1991 (Sá Nogueira), CJ XVI (1991) 5, 25-27 = BMJ 412 (1992), 410-421.

[1728] RPt 21-out.-1993 (Carlos Matias), CJ XVIII (1993) 4, 237-240.

[1729] RLx 16-jun.-1994 (Noronha Nascimento), CJ XX (1994) 3, 121-127, confirmado por STJ 20-jun.-1995 (Pais de Sousa), CJ/Supremo III (1995) 2, 136-138, STJ 19-nov.-2002 (Azevedo Ramos); CJ/Supremo X (2002) 3, 135-139 (137/II), RLx 10-abr.-2003 (Pinto de Almeida), CJ XXVIII (2003) 2, 190-197 (196/I), RLx 24-jun.-2004 (Graça Amaral), CJ XXIX (2004) 3, 122-126 (125/I e 126/I) e STJ 15-out.-2009 (Alberto Sobrinho), Proc. 29368/03.

[1730] Joana Vasconcelos, *Sobre a repartição entre titular e emitente do risco de utilização abusiva do cartão de crédito no Direito português*, em Estudos em Honra do Professor Doutor Inocêncio Galvão Telles 2 (2002), 487-517.

[1731] RLx 3-out.-1996 (Carlos Oliveira), CJ XXI (1996) 4, 116-118.

[1732] 15.º Lx 2-mar.-1994 (Ana Paula Martins Boularot), CJ XIX (1994) 1, 303-306.

[1733] STJ 2-mar.-2010 (Urbano Dias), Proc. 29371/03; RPt 24-fev.-2015 (Rodrigues Pires), Proc. 139121/13.

do Código Civil, aqui aplicável[1734]. Jurisprudência relevante mais recente foi ponderada a propósito das cláusulas contratuais gerais.

O Direito penal dá, também, o seu contributo. Assim, a duplicação fraudulenta de um cartão envolve os crimes de contrafação de moeda (262.º do Código Penal) e de falsificação informática (3.º/1 da Lei n.º 109/2009, de 15 de setembro)[1735]

Com auxílio de jurisprudência estrangeira, poderemos efetuar mais algumas precisões. Assim, admite-se que o ladrão de um cartão possa descobrir o PIN: não haverá, então, negligência automática do cliente[1736]. Em compensação, já é considerado negligência grave o facto de alguém perder um cartão e uma agenda, da qual constava o PIN, disfarçado de número de telefone[1737]. Não responde pelos movimentos do cartão o empregador que, tendo-o atribuído ao trabalhador, avise o banqueiro do termo da relação de trabalho e da subsequente cessação do direito de usar o cartão em causa[1738].

Por seu turno, o banco deve indicar o preço dos seus serviços[1739].

IV. Tentando uma apreciação final, poderemos dizer que a introdução dos cartões bancários veio modificar profundamente os modos de criação e de circulação de moeda. Não obstante, ela processou-se com uma extraordinária facilidade, suscitando muito menos litígios do que o que seria de esperar. O Direito e a tecnologia podem, assim, constituir-se aliados excelentes.

O desafio consiste, agora, em proteger os consumidores do uso excessivo de cartões e dos endividamentos daí resultantes.

1734 RPt 26-jan.-2016 (Tomé Ramião), Proc. 159085/14.

1735 RLx 30-jun.-2011 (Filomena Lima), Proc. 189/09.

1736 OLG Hamm 17-mar.-1997, CR 1997, 339-343.

1737 AG Kassel 16-nov.-1993, ZBB 1994, 277. Quanto à repartição de responsabilidades entre o banqueiro e o cliente, à luz de ccg, Hartmut Strube, *Haftungsrisiken der ec-Karte*, WM 1998, 1210-1218.

1738 CassFr 20-out.-1998, RTDComm 52 (1999), 174-175.

1739 LG Darmstadt 23-ago.-1966, DB 1996, 2383.

SECÇÃO II

CRÉDITO BANCÁRIO

§ 61.° CRÉDITO E MÚTUO BANCÁRIOS

245. **Crédito bancário**

I. O crédito bancário constitui o núcleo duro do tratamento profissional do dinheiro.

O mútuo ou empréstimo de dinheiro opera como um tipo clássico de crédito bancário, modelando alguns dos seus aspetos técnico-jurídicos. Mas não se confunde com ele. Vamos, a título introdutório, efetuar algumas precisões[1740].

II. Crédito advém do latim *creditum*, de *credere*, acreditar ou confiar. Podemos, à partida, estabelecer que o crédito é mais envolvente do que o mútuo. E, diversamente dele, não se apoia nos (meros) rituais que dão substância ao contrato de mútuo mas, antes e simplesmente, na especial confiança que o beneficiário do crédito mereça. A autonomização do crédito operou no século XIX, mercê da revolução industrial[1741]. Os novos investimentos, requeridos pela possibilidade de, por via industrial, reproduzir exponencialmente a riqueza, exigiam aportações de capital que

[1740] Hans-Peter Schwintowski, *Bankrecht* cit., 4.ª ed., § 13 (467 ss.); Nils-Christian Wunderlich, *Kreditvertrag*, em Schimansky/Bunte/Lwowski, *Bankrechts-Handbuch* cit., 1, 4.ª ed., §§ 75 ss. (2166 ss.). A bibliografia disponível é inabarcável.

[1741] Sobre a evolução histórica, com ricas indicações: Siegbert Lammel, no HKK/ /BGB, III/1, *§§ 433-656* (2013), §§ 488-512, 325 ss.. Na autonomização do crédito: E. Lübbert, *Der Kreditvertrag/Ein Beitrag zur Geschichte und Dogmatik des Darlehens*, JhJb 52 (1907), 313-410, com um *Nachschrift* de F. Regelsberger, *idem*, 410-427.

transcendiam as fortunas individuais disponíveis. Com o tempo, particularmente nos Estados Unidos, o problema foi encarado através da montagem de um mercado mobiliário. Todavia, em especial no Continente, a solução mais simples residia em recorrer aos profissionais do dinheiro: aos banqueiros. Para certas cifras, o *mutuum* não era suficiente: tratava-se de organizar fluxos financeiros, apoiados, por vezes, em figuras contratuais díspares e que visavam mobilizar investimentos produtivos, à medida que se mostrassem necessários. A credibilidade (*creditum*) do beneficiário era fundamental, nas inerentes operações[1742].

O crédito bancário começou por designar o conjunto de operações que permitiam, com intervenção do banqueiro, mobilizar meios financeiros para investimentos reprodutivos. Tais operações eram, naturalmente, onerosas. O banqueiro fazia-se remunerar pelos seus serviços, pelo risco sempre envolvido e pela retribuição do capital cedido ou obtido. Ao contrário do mútuo: este, na pureza inicial, surgia como manifestação de solidariedade, sendo gratuito[1743].

III. A popularização subsequente da banca ditou o ampliar da ideia de crédito bancário. As médias empresas também ascenderam ao *creditum* ainda que, crescentemente, na base de garantias. Seguiram-se as micro-empresas e, no limite, os próprios consumidores. O crédito bancário passou a ser um fluxo contínuo de meios monetários necessários para assegurar o funcionamento e o crescimento das economias.

IV. O crédito constitui objeto de numerosas disciplinas. Particularmente na reformulação de Keynes, ele é indissociável de todos os demais fatores que compõem a Economia e a sua Ciência. A Política, a Sociologia e a Psicologia preenchem largos capítulos com este tema. E ao Direito cumpre analisá-lo, legitimá-lo e tornar previsíveis os seus desenvolvimentos individuais.

Resta acrescentar que, embora moldado pela banca, o crédito não é exclusivamente bancário. Algumas das suas manifestações são acessíveis a outros agentes económicos.

[1742] Felix Steffek, *Einführung zum Kreditrecht vor §§ 488 ff. BGB*, em Langenburger/Bliesener/Spindler, *Bankrechts-Kommentar*, 2.ª ed. (2016), 643-656, Nr. 1-3 (644-645).

[1743] Siegbert Lammel, no HKK/BGB cit., III/1, §§ 488-512, Nr. 2 (331).

V. Na base de critérios objetivos, subjetivos, históricos, económicos e jurídicos, torna-se possível apresentar diversos tipos e classificações de créditos. Assim, seguindo um tanto a ordenação de Steffek, podemos efetuar distinções com base[1744]:

- no concedente: crédito bancário, crédito do Estado, crédito dos fornecedores e crédito privado;
- no número de concedentes: crédito simples e crédito em consórcio ou sindicado;
- no beneficiário: crédito às empresas, ao Estado ou ao consumidor;
- no escopo: crédito não especificado e crédito de escopo (para construção, para investimento, para saneamento, para exportações ou para o consumo);
- no âmbito: macro, médio ou microcrédito;
- na renovação: crédito renovável ou não-renovável;
- no vencimento: crédito denunciável, a prestações ou com vencimento final;
- nas garantias: reais, pessoais, imobiliário ou mobiliário;
- no prazo: a curto (até um ano), a médio (entre um e cinco anos) e a longo (mais de cinco anos) prazo;
- na retribuição: oneroso, com juros fixos ou variáveis, ou não-oneroso;
- na forma: crédito informal, crédito formal ou crédito titulado;
- na estrutura jurídica: mútuo simples, mútuo garantido, descoberto em conta, abertura de crédito, crédito documentário, locação e cessão financeiras e outras.

VI. O discernir de todas as modalidades de crédito e dos respetivos processamentos prende-se mais à técnica bancária do que, propriamente, ao Direito bancário.

Na sequência começaremos por analisar o mútuo bancário: figura matricial a que se pode sempre recorrer para integrar as outras modalidades de crédito bancário. Seguir-se-á o estudo de algumas figuras mais características.

[1744] Felix Steffek, em Langenburger/Bliesener/Spindler, *Bankrechts-Kommentar* cit., 2.ª ed., Nr. 7 (645-646).

246. O mútuo civil

I. O artigo 1142.° do Código Civil, define mútuo como o contrato:

> (...) pelo qual uma das partes empresta à outra dinheiro ou outra coisa fungível, ficando a segunda obrigada a restituir outro tanto do mesmo género e qualidade.

Trata-se de um preceito que reproduz, praticamente, o artigo 1813.° do Código Civil italiano[1745]. Na sua simplicidade, esta fórmula é herdeira de longa evolução histórica, que passamos a sumariar[1746]; ela tem um interesse decisivo para o conhecimento e para a aplicação das regras hoje em vigor.

II. Na origem do mútuo encontramos relações simples de solidariedade e de convívio humanos: a pessoa – ou o grupo – que detivesse um excedente momentâneo de bens de consumo cedia-o a quem, na altura, estivesse necessitado; ultrapassada a dificuldade e invertidas as posições, o beneficiário restituiria, em equivalente da mesma espécie, os bens que recebera. Paradoxalmente, a conceitualização dos fenómenos humanos mais simples suscita dificuldades. No Direito grego antigo, o mútuo apresentava diversas configurações[1747], sendo discutível a existência de um tipo bem definido. Um relevo particular era, de todo o modo, atribuído ao mútuo de dinheiro, para efeitos de expedições marítimas[1748]: seria uma prefiguração do mútuo de escopo, cerne dos mútuos mercantil e bancário dos nossos dias.

No Direito romano, figuras similares ao mútuo ocorriam no sistema formal das ações da lei. Tornava-se, por isso, num instrumento pesado. O pretor veio a contemplá-lo com medidas mais expeditas, no *Edictum*

[1745] Assim, Pires de Lima/Antunes Varela, *Código Civil Anotado* cit., 2, 4.ª ed., 761.

[1746] No Direito italiano: Luca Nivarra/Giuseppe Werther Romagno, *Il mutuo* (2000), 11 ss., quanto ao referido artigo 1813.º; Francesco Alessandro Magni, em Pietro Rescigno, *Codice civile* 2, 7.ª ed. (2008), 1813.º (3263 ss.), com indicações.

[1747] Luisa Sorge Lepri, *Mutuo (diritto greco)*, NssDI X (1964), 1046-1048.

[1748] Heinrich Sieveking, *Das Seedarlehen des Altertums* (1893) e Amélia Castresana Herrero, *El prestamo maritimo griego e la pecunia traiectoria* (1982); *vide*, com elementos, *Direito dos seguros*, 52 ss..

Perpetuum, em termos que não contribuíram para a clareza da figura[1749]. A situação complicar-se-ia no período pós-clássico, que assistiria à evanescência dos tipos contratuais. O mútuo aproximar-se-ia, então, do comodato, numa confusão de conceitos que perdurou, apesar dos esforços de Justiniano[1750].

III. Curiosamente, o mútuo acaba, assim, por ser uma das figuras menos românicas, da paleta contratual.

O Código de Seabra consagrou – artigo 1506.° – a figura geral do empréstimo: era a cedência gratuita de uma coisa, para que o beneficiário se servisse dela, com a obrigação de restituir em espécie, ou por equivalente. Quando a restituição devesse ocorrer em coisa da mesma espécie, tínhamos o comodato; em coisa do mesmo género, qualidade e quantidade, o mútuo – artigo 1507.°. O empréstimo era gratuito: o comodato retribuído passava a aluguer; o mútuo retribuído, a usura.

O Código Civil vigente aceitou a evolução semântica[1751] que atribuiu, à "usura", um sentido pejorativo. Encontramos, por isso, o termo, apenas nos "negócios usurários" – artigos 282.° a 284.° do Código Civil –, traduzindo a ideia de exploração injusta[1752]. O mútuo pode ser, hoje, gratuito ou oneroso, consoante haja, ou não, retribuição do mutuante; na dúvida, presume-se oneroso – artigo 1145.°. O legislador de 1966 adotou uma solução inversa à tradicional e que ocorria no artigo 1508.° do Código de Seabra: o mútuo civil é essencialmente gratuito: só por acordo suplementar ele pode assumir natureza onerosa. Andou mal: na vida de sociedade, as pessoas, no quadro da família ou entre amigos, emprestam, com frequência, dinheiro entre si, sem intuito lucrativo. Não se entende o

[1749] Giannetto Longo, *Mutuo (diritto romano)*, NssDI X (1964), 1048-1049 (1048), Vicenzo Giuffrè, *Mutuo (storia)*, ED XXVII (1977), 414-444 (416 ss.) e Anna Maria Giomaro/Piergiorgio Morosini, *Mutuo nel diritto romano, medievale e moderno*, DDP/SCiv (1994), 584-610 (586 ss.).

[1750] Em especial: Sandro-Angelo Fusco, *"Pecuniam commodare"/Aspetti economici e sociale della disciplina giuridica dei rapporti di credito nel V secolo D.C.* (1980), 71 ss.. *Vide* Franco Pastori, *Il commodato nel diritto romano/con contributi allo studio della responsabilità contrattuale* (1954, reimp., 1995), 31 ss. (a evolução do comodato) e Pierluigi Zannini, *Spunti critici per uma storia del commodatum* (1983).

[1751] Inocêncio Galvão Telles, *Contratos civis*, RFDUL X (1954), 161-245 (57-58).

[1752] Quanto ao mútuo, no Código Civil vigente, cumpre referir João Redinha, *Contrato de mútuo*, em Menezes Cordeiro (org.), *Direito das Obrigações*, 3, 2.ª ed. (1991), 185-262 e Pires de Lima/Antunes Varela, *Código Civil Anotado* cit., 2, 4.ª ed., 761 ss..

porquê da presunção de onerosidade, que contraria o sentir social. O legislador inspirou-se, segundo parece[1753], no artigo 1815.° do Código italiano: simplesmente, o Código italiano operou a unificação entre o Direito civil e o Direito comercial; trata-se de uma orientação que não foi seguida entre nós e que parece, hoje, afastada. A presunção de onerosidade faz sentido nas relações comerciais: abaixo veremos o artigo 395.° do Código Comercial: não nas relações civis.

IV. O mútuo tem sido considerado *real quoad constitutionem*. Assim, ele só produziria os seus efeitos pela entrega da coisa mutuada[1754]. Trata-se de uma conceção em regressão; de todo o modo, não haverá dificuldades – tal como vimos suceder com o depósito – em admitir, ao lado do mútuo típico real, mútuos meramente consensuais[1755].

O mútuo é um negócio consensual ou formal, consoante o seu valor[1756]. Segundo o artigo 1143.° do Código Civil, na redação dada pelos Decretos-Leis n.° 343/98, de 6 de novembro, e n.° 116/2008, de 4 de julho, o mútuo de valor superior a 25.000 euros exige escritura pública ou documento particular autenticado e o superior a 2.500 euros, documento assinado pelo mutuário.

Celebrado o contrato e entregue a coisa ao mutuário, torna-se, este, proprietário da mesma – artigo 1144.°[1757]. No comodato, sucede o inverso: a propriedade nunca deixa a esfera do comodante.

O mutuário fica, essencialmente, adstrito a[1758]:

– pagar a retribuição – os juros – quando, a ela, haja lugar;
– restituir o *tantundem*, isto é, coisa do mesmo género, quantidade e qualidade.

[1753] Dizem-no Pires de Lima/Antunes Varela, *Código Civil Anotado* cit., 2, 4.ª ed., 767.

[1754] Assim, o mútuo surgiria com a aceitação da proposta do cliente e com o seu crédito na conta deste: STJ 20-out.-1998 (Torres Paulo), BMJ 480 (1998), 456-462 (460).

[1755] Peter O. Mülbert, *Das verzinsliche Darlehem/Konsensual statt Realkontrakt – oder: synallagmatisches Entgelt statt akzessorischer Zinsen*, AcP 192 (1992), 447-515 (462 ss.). Há uma certa "reabilitação" dos contratos reais *quoad constitutionem*: *vide* o *Tratado* II, 4.ª ed., 97 ss..

[1756] Januário Gomes, *Contratos comerciais* cit., 318-319.

[1757] Bianca Gardella Tedeschi, *Mutuo (contratto di)*, DDP/SCiv XI (1994), 537-558 (542).

[1758] Giorgio Giampiccolo, *Mutuo (diritto privato)*, ED XVII (1977), 444-474 (459 ss.).

O artigo 1149.º admite que o mutuário proceda, em alternativa, ao pagamento do valor da coisa, quando o mútuo recaia sobre coisa que não seja dinheiro e, por causa que não lhe seja imputável, a retribuição se torne impossível ou extremamente difícil.

V. O mútuo é celebrado pelo prazo acordado pelas partes[1759]. Sendo o mútuo oneroso, o prazo presume-se estipulado a favor de ambas as partes: o mutuário pode, todavia, antecipar o pagamento, desde que satisfaça os juros por inteiro – artigo 1147.º.

Não havendo estipulação de prazo, a obrigação do mutuário, no mútuo gratuito, vence-se 30 dias após a interpelação – artigo 1147.º/1; o próprio mutuário, porém, poderá operar a restituição a todo o tempo, nos termos gerais do artigo 777.º/1 do Código Civil. Sendo o mútuo oneroso, qualquer das partes pode pôr-lhe cobro, operando a denúncia com 30 dias de antecedência – artigo 1148.º/1 e 2.

Caso o mutuário não pague os juros no seu vencimento, pode o mutuante resolver o contrato – artigo 1150.º.

Finalmente, no mútuo gratuito, o mutuante só responde pelos vícios ou limitações do direito ou pelos vícios da coisa se, expressamente, se tiver responsabilizado ou se tiver procedido com dolo: artigo 1134.º, *ex vi* artigo 1151.º, ambos do Código Civil.

247. **O empréstimo mercantil**

I. O Código Comercial consagra três artigos – 394.º, 395.º e 396.º – ao que denomina empréstimo comercial.

A natureza comercial do empréstimo surge quando "... a cousa cedida seja destinada a qualquer ato mercantil" – 394.º. Teremos, nessa hipótese, um ato comercial, por via da teoria do acessório[1760]. Aparentemente, surge aqui uma prefiguração do mútuo de escopo, figura fundamental no Direito bancário. O preceito comercial não exige, no entanto, que as partes estipulem um destino determinado para a coisa mutuada. O destino mercantil será, assim, um mero facto jurídico, na disponibilidade do mutuário, dono da coisa.

[1759] Januário Gomes, *Contratos comerciais* cit., 319-321.

[1760] Luiz da Cunha Gonçalves, *Comentário ao Código Comercial* cit., 2, 458. Como se vê, o Código Comercial usa, ainda, a linguagem própria do Código de Seabra.

II. A natureza comercial do mútuo releva, essencialmente, em dois pontos:

– o contrato é sempre retribuído – artigo 395.°;
– quando celebrado entre comerciantes, ele admite, seja qual for o seu valor, todo o género de prova – artigo 396.°, ambos do Código Comercial.

A retribuição "automática" tem, hoje, pouco mais sentido do que reforçar a presunção – de resto, pouco feliz – de onerosidade do artigo 1145.° do Código Civil. Na verdade, mesmo no Direito comercial, não vemos qualquer obstáculo a que, entre comerciantes e no exercício do seu comércio, sejam celebrados mútuos gratuitos.

III. A liberdade de prova consignada no artigo 396.° do Código Comercial deve ser entendida como liberdade de forma. Não faria sentido sujeitar o mútuo comercial às pesadas formalidades prescritas na lei civil. Além disso, seria pouco curial admitir a prova de um mútuo... nulo: nessa eventualidade, qualquer meio de prova legitimaria a obrigação de restituição.

248. **Os juros**

I. A obrigação de juros – ou, simplesmente, juros – está no cerne do mútuo e, mais largamente, de todo o comércio bancário. O Código Civil inseriu-a como uma espécie – entre outras – de obrigações: artigos 559.° a 561.°. Compreende-se tal orientação: os juros não têm a ver, apenas, com o mútuo oneroso, antes se ligando a numerosas outras situações[1761].

A obrigação de juros pressupõe uma outra – a de capital. Posto isso, ela é determinada em função do montante desta, da sua duração e de uma determinada relação que se estabelece entre elas: a taxa, em regra de base anual. A prestação de juros não tem de ser pecuniária[1762]; é-o, porém, e em regra.

[1761] Felix Steffek, em Langenbucher/Bliesener/Spindler, *Bankrechts-Kommentar*, 2.ª ed., (2016), Kap. 13, Nr. 59 ss. (675 ss.).

[1762] Adriano Vaz Serra, *Obrigações de juros*, sep. BMJ 55 (1956), 156.

II. A questão da legitimidade dos juros está na base da maior discussão existente no seio do Direito bancário[1763].

O pensamento grego, na vertente aristotélica, considerava o dinheiro estéril: logo não poderia originar juros. A lei judaica, por seu turno, só permitia a cobrança de juros nas relações com estranhos: não entre judeus. O Novo Testamento contém, igualmente, apelos à gratuitidade dos empréstimos. Toda esta tradição tem um fundamento histórico: o mútuo, nas comunidades humanas primitivas, era uma demonstração de relações de entreajuda e de solidariedade básicas: exigir remuneração equivalia à exploração da necessidade alheia, introduzindo um fator de quebra social.

Compreende-se, assim, o pensamento cristão: partidário, em rigor, de uma pura e simples distribuição igualitária dos bens, o cristianismo primitivo nunca contemporizaria com juros. Esta posição seria reforçada com a confluência das escrituras e do pensamento aristotélico. O Direito canónico conduziu uma luta secular contra os juros, e isso desde o século IV[1764]. Trata-se de uma posição retomada em múltiplos concílios, sendo mesmo, a violação da proibição, visada com a pena máxima da excomunhão.

A proibição dos juros não atingia os não-cristãos: e assim veio, ao longo da Idade Média, o comércio bancário a deslizar para as mãos das comunidades judaicas, com entraves para o comércio em geral.

A evolução dar-se-ia no sentido da liberalização dos juros. Ela principiaria no Norte da Europa, designadamente após a irrupção do protestantismo. Alguns analistas imputam o relativo atraso do Sul, em relação ao Norte, precisamente à demora na liberalização dos mútuos onerosos: toda a atividade bancária depende dela. Mal parece necessário acrescentar que, hoje em dia, os juros são tão legítimos como qualquer outro rendimento; não obstante, parece razoável que o Estado fixe limites máximos para o seu montante.

III. Em Portugal, os juros eram genericamente vedados pelas Ordenações Filipinas[1765]. Mais tarde, esta orientação foi revista. Uma Lei de

[1763] Em especial, Schwintowski/Schäfer, *Bankrecht*, 2.ª ed. cit., 102 ss., com múltiplas indicações. Entre nós, cumpre referir Cunha Gonçalves, *Tratado de Direito Civil* 8 (1934), 287 ss., F. Correia das Neves, *Manual dos juros* (1989), 65 ss. e José Simões Patrício, *Direito do crédito* cit., 56 ss.. Num prisma económico, temos o clássico de José Júlio Pizarro Belesa, *Teoria do juro/A controvérsia keynesiana*, 1955.

[1764] Mais precisamente, no Concílio de Niceia, no ano 325.

[1765] *Ordenações Filipinas*, Livro IV, Tít. 67. (= ed. Gulbenkian, 871 ss.).

15 de janeiro de 1757 permitiu a estipulação de juros, até uma taxa de 5%: visava-se a reconstrução de Lisboa, destruída pelo terramoto de 1755.

O Código Comercial de 1833, fortemente liberal, consagrou um princípio de liberdade na fixação dos juros[1766]. Aquando da preparação do que seria o Código de Seabra, ainda se pôs a hipótese de limitar a taxa de juros. Essa hipótese não singrou: segundo o artigo 1640.°, relativo ao contrato de usura,

> Os contraentes poderão convencionar a retribuição que bem lhes parecer.

A liberdade na fixação dos juros veio a ser questionada na sequência da Grande Guerra de 1914-1918 e das perturbações que se lhe seguiram. Em Portugal, eram correntemente exigidos juros de 30%, com garantia hipotecária e de 60%, com penhor[1767]! Cabia ao legislador intervir, o que foi feito, ainda no período da Ditadura Militar, pelo Decreto n.° 21:730, de 14 de outubro de 1932[1768]. Este diploma fixou a taxa máxima dos juros em 8% para os empréstimos com garantia real e em 10% para os outros e tomou várias medidas, incluindo penais, para prevenir a prevaricação. A taxa legal, a usar no silêncio das partes, era fixada, no § único do artigo 1640.° do Código de Seabra, em 6%.

O Código Civil de 1966, na sua versão original, baixou a taxa legal dos juros civis para 5%. O artigo 1146.° do mesmo Código estabelecia os limites máximos: 8% e 10% consoante houvesse, ou não, garantia real. Porém, logo em 1973 e com um agravamento após 1975, iniciou-se um processo inflacionista vincado. O Decreto-Lei n.° 200-C/80, de 24 de junho, alterou o artigo 559.°/1 do Código Civil, de tal modo que a fixação da taxa de juros legais passasse a ser feita por portaria conjunta dos Ministros da Justiça e das Finanças e do Plano[1769]. E de facto, logo a Portaria

[1766] Era a solução inglesa, que impressionou Ferreira Borges; em França, uma Lei de 3-set.-1807 fixou os juros civis máximos em 5% e os comerciais em 6%; foi, porém, revogada posteriormente.

[1767] Trata-se de informações coligidas em Luiz da Cunha Gonçalves, *Tratado de Direito Civil* cit., 8, 289.

[1768] Torna-se muito elucidativa a leitura do preâmbulo deste diploma – DG I Série n.° 241, de 14-out.-1932, 2027-2028 – onde pode ser seguida a evolução dos juros e, ainda, diversos elementos de Direito comparado.

[1769] *Vide* José Simões Patrício, *As novas taxas de juro do Código Civil*, BMJ 305 (1981), 13-65. Como se explica neste escrito, o Estado, para determinados efeitos e, designadamente, fiscais, já vinha, desde 1969, adotando outras taxas.

n.º 447/80, de 31 de julho, fixou essa taxa em 15%; a Portaria n.º 581/83, de 18 de maio, em 23%; a Portaria n.º 339/87, de 24 de abril, de novo em 15%; a Portaria n.º 1171/95, de 25 de setembro, em 10%; os juros comerciais, por via da Portaria n.º 1167/95, de 23 de setembro, em 15%[1770]; as Portarias n.ºs 262/99 e 263/99, ambas de 12 de abril, fixaram as taxas comercial e civil, respetivamente, em 12% e 7%; finalmente, no campo civil, a Portaria n.º 291/2003, de 8 de abril, fixou a taxa em 4%. Quanto ao campo comercial, há a observar o seguinte:

– o hoje revogado Decreto-Lei n.º 32/2003, de 17 de fevereiro, visando transpor a Diretriz n.º 2000/35, de 29 de junho, que adotou medidas de luta contra os atrasos de pagamento em transações comerciais, veio aditar, ao artigo 102.º do Código Comercial, dois parágrafos:

> § 3.º Os juros moratórios legais e os estabelecidos sem determinação de taxa ou quantitativo, relativamente aos créditos de que sejam titulares empresas comerciais, singulares ou coletivas, são os fixados em portaria conjunta dos Ministros das Finanças e da Justiça.
>
> § 4.º A taxa de juro referida no parágrafo anterior não poderá ser inferior ao valor da taxa de juro aplicada pelo Banco Central Europeu à sua mais recente operação principal de refinanciamento efetuada antes do 1.º dia de janeiro ou julho, consoante se esteja, respetivamente, no 1.º ou no 2.º semestre do ano civil, acrescida de 7 pontos percentuais.

– as medidas encaradas não foram eficazes; surgiu, assim, a Diretriz 2011/7/EU, de 16 de fevereiro, que substituiu a anterior; e em sua transposição, temos o Decreto-Lei n.º 62/2013, de 10 de maio, que revogou o Decreto-Lei n.º 32/2003, aditando um § 5.º ao artigo 102.º do Código Comercial, mas deixando subsistir o § 3.º, acima transcrito;

– consequentemente, a Portaria n.º 1105/2004, de 31 de agosto[1771], depois substituída, sucessivamente, pela Portaria n.º 597/2005, de 19 de julho e pela Portaria n.º 277/2013, de 26 de agosto, estáveis neste ponto, veio fixar para "os créditos de que sejam titulares

[1770] A Portaria n.º 807-U1/83, de 30 de julho, fixava essa taxa por remissão para a "taxa de juros máxima permitida para as operações de crédito ativas" acrescida de 2%.

[1771] DR II Série, n.º 244, de 31-ago.-2004, 15.246; esta Portaria revogou a Portaria n.º 262/99, de 12 de abril.

empresas comerciais, singulares ou coletivas" a taxa de juro aplicada pelo BCE "à sua mais recente operação principal de refinanciamento efetuada antes do 1.° dia de janeiro e de julho, consoante se esteja no 1.° ou no 2.° semestre do ano civil, acrescida de 7 pontos percentuais";

– a taxa em causa será divulgada no Diário da República, II série, por aviso da Direção-Geral do Tesouro, até aos dias 15 de janeiro e 15 de julho de cada ano. Em consequência:

– o Aviso da Direção-Geral do Tesouro n.° 10 097/2004, de 16 de outubro, "fixou" a taxa em 9,01%[1772]; o Aviso da mesma Direção-Geral n.° 310/2005, de 6 de janeiro, em 9,09%, para o 1.° semestre de 2005;

– a Declaração n.° 59/2005, de 3 de março, veio exarar que a publicação da Portaria n.° 1105/2004, de 31 de agosto, por "ter sido publicada incorretamente (...) deverá ser considerada sem efeito"[1773];

– a Portaria n.° 597/2005, de 19 de julho, veio republicar o teor da Portaria n.° 1105/2004, com efeitos reportados a 1-out.-2004 e ressalvando os Avisos n.° 10 097/2004 e n.° 310/2005, da Direção-Geral do Tesouro[1774]; foi substituída pela Portaria n.° 277/2013, de 26 de agosto, que veio diferenciar as taxas de juros das empresas comerciais, consoante estejam ou não sujeitas ao Decreto-Lei n.° 62/2013, de 10 de maio (2.°); este diploma veio substituir o Decreto-Lei n.° 32/2003, de 17 de fevereiro, que veio combater os atrasos nos pagamentos;

– Aviso da Direção-Geral do Tesouro n.° 6 923/2005, de 19 de julho, "fixou" a taxa para o 2.° semestre de 2005, em 9,05%[1775];

– o Aviso da Direção-Geral do Tesouro n° 240/2006, de 30 de dezembro de 2005, "fixou" a taxa para o 1° semestre de 2006, em 9,25%[1776];

– o Aviso da Direção-Geral do Tesouro n° 7 706/2006, de 28 de junho, "fixou" a taxa para o 2° semestre de 2006, em 9,83%[1777];

[1772] DR II Série, n.° 256, de 30-out.-2004, 15.965.

[1773] DR II Série, n.° 52, de 15-mar.-2005, 4104.

[1774] DR I Série-B, de 19-jul.-2005, 4296.

[1775] DR II Série, n.° 141, de 25-jul.-2005, 10.699/I.

[1776] DR II Série, n° 8, de 11-jan.-2006, 442/I.

[1777] DR II Série, n° 131, de 10-jul.-2006, 10 492/II.

– o Aviso da Direção-Geral do Tesouro nº 191/2007, de 28 de dezembro de 2006, "fixou" a taxa para o 1º semestre de 2007, em 10,58%[1778];
– o Aviso da Direção-Geral do Tesouro e Finanças nº 13 665/2007, de 28 de junho, "fixou" a taxa para o 2º semestre de 2007, em 11,07%[1779];
– o Aviso da Direção-Geral do Tesouro e Finanças nº 2 151/2008, de 8 de janeiro, "fixou" a taxa para o 1º semestre de 2008, em 11,2%[1780];
– o Aviso da Direção-Geral do Tesouro e Finanças nº 19 995/2008, de 2 de julho, "fixou" a taxa para o 2º semestre de 2008, em 11,07%[1781];
– o Aviso da Direção-Geral do Tesouro e Finanças nº 1 261/2009, de 2 de janeiro, "fixou" a taxa para o 1º semestre de 2009, em 9,50%[1782];
– o Aviso da Direção-Geral do Tesouro e Finanças nº 12 184/2009, de 1 de julho, "fixou" a taxa para o 2º semestre de 2009, em 8,00%[1783];
– o Despacho n.º 597/2010, de 4 de janeiro: mantém a taxa em 8% para o 1.º semestre de 2010[1784];
– o Aviso n.º 13746/2010, de 30 de junho: *idem*, para o 2.º[1785];
– o Aviso n.º 2284/2011, de 3 de janeiro; *idem*, para o 1.º semestre de 2011[1786];
– o Aviso n.º 14 190/2011, de 4 de julho: fixa a taxa em 8,25%, para o 2.º semestre de 2011[1787];
– o Aviso n.º 692/2012, de 2 de janeiro: fixa a taxa em 8,00%, para o 1.º semestre de 2012[1788];
– o Aviso n.º 9944/2012, de 2 de julho: mantém a taxa em 8%, para o 2.º semestre de 2012[1789];

[1778] DR II Série, nº 4, de 5-jan.-2007, 306.
[1779] DR II Série, nº 145, de 30-jul.-2007, 21 457.
[1780] DR II Série, nº 19, de 28-jan.-2008, 3 971.
[1781] DR II Série, nº 134, de 14-jul.-2008, 30 942.
[1782] DR II Série, nº 9, de 14-jan.-2009, 1 585.
[1783] DR II Série, nº 132, de 10-jul.-2009, 27 095.
[1784] DR, 2.ª série, n.º 6, de 11-jan.-2010, 115/I; o DR, neste caso, reporta o despacho ministerial e não o aviso.
[1785] DR, 2.ª série, n.º 133, de 12-jul.-2010, 37 419/I.
[1786] DR, 2.ª série, n.º 15, de 11-jan.-2011, 4491/I.
[1787] DR, 2.ª série, n.º 134, de 14-jul.-2011, 29 431/I.
[1788] DR, 2.ª série, n.º 12, de 17-jan.-2012, 1603/II.
[1789] DR, 2.ª série, n.º 142, de 24-jul.-2012, 26 146/I.

– o Aviso n.º 594/2013, de 3 de janeiro, "fixou" a taxa para o 1.º semestre de 2013, em 7,75%[1790];
– o Aviso n.º 10.478/2013, de 4 de julho, "fixou" a taxa para o 2.º semestre de 2013, em 7,5%[1791];
– o Aviso n.º 1.019/2014, de 3 de janeiro, estabeleceu, para o 1.º semestre de 2014, taxas de 7,25% e de 8,25% , em função do Decreto-Lei n.º 62/2013, de 10 de maio (2.º)[1792];
– o Aviso n.º 8.266/2014, de 1 de julho, fixou taxas, respetivamente, de 7,15% e de 8,15%, nos mesmos termos[1793];
– o Aviso n.º 563/2015, de 2 de janeiro, fixou taxas, respetivamente, de 7,05% e de 8,05%, nos mesmos termos[1794];
– o Aviso n.º 7.758/2015, de 2 de julho, manteve essas mesmas taxas[1795];
– o Aviso n.º 890/2016, de 6 de janeiro, manteve essas mesmas taxas[1796];
– o Aviso n.º 8671/2016, de 30 de junho, baixou-as para 7% e 8%, respetivamente[1797].

Este afã europeista não traz vantagens para o comércio. Para além do caricato: torna-se uma pesquisa aventurosa conhecer a taxa de juros vigente, no campo comercial. No mínimo: reclama-se a publicação dos "avisos" sobre taxas de juros na 1.ª Série do Diário da República. Repare-se que tudo isto se passa quando é desfraldada a bandeira da transparência.

IV. Quanto aos limites das taxas de juros[1798]: mercê da redação introduzida pelo Decreto-Lei n.º 262/83, de 16 de junho, o artigo 1146.º/1 do Código Civil fixou, como limites para as taxas de juros, a taxa legal, acrescida de 3% e de 5%, consoante houvesse, ou não, garantia real, cifras essas que ascenderiam a 7% e 9%, na hipótese de cláusula penal – *idem*, n.º 2.

[1790] DR, 2.ª série, n.º 8, de 11-jan.-2013, 1569/I.
[1791] DR, 2.ª série, n.º 162, de 23-ago.-2013, 26.428/I.
[1792] DR, 2.ª série, n.º 17, de 24-jan.-2014, 2517/II.
[1793] DR, 2.ª série, n.º 135, de 16-jul.-2014, 18 322/I.
[1794] DR, 2.ª série, n.º 12, de 19-jan.-2015, 1792/II.
[1795] DR, 2.ª série, n.º 135, de 14-jul.-2015, 18 784/I.
[1796] DR, 2.ª série, n.º 18, de 27-jan.-2016, 2974/II.
[1797] DR, 2.ª série, n.º 132, de 12-jul.-2016, 21.308/II.
[1798] Quanto ao tema: Hans Weggemmann, *Die Zinsschranke/zwischen Ideal der gerechten Besteuerung und ernüchternder*, BB 2016, Nr. 15, I.

Desenha-se, hoje, uma certa tendência para liberalizar, em geral, a temática dos juros[1799]. Os Estados e os bancos centrais dispõem de fórmulas indiretas mas eficazes para gerir a política de juros, enquanto o Direito civil e as leis de tutela dos consumidores podem, em concreto, resolver as situações injustas. Mas a inexistência de limites máximos leva os bancos nacionais a praticar juros impensáveis. Por exemplo, num mútuo para investimento, a cinco anos, com garantia hipotecária sobeja e fiança dos sócios solventes: 8%. Nos empréstimos para consumo, ou através de cartão, as taxas podem ir a 20%. Impunha-se uma intervenção legislativa.

V. No campo bancário devemos, ainda, lidar com algumas regras específicas: de ordem pública[1800].

O revogado Decreto-Lei n.° 344/78, de 17 de novembro, veio estabelecer critérios de classificação de prazos de vencimento de créditos bancários, com as alterações introduzidas pelos Decretos-Leis n.º 429/79, de 25 de outubro, n.° 83/86, de 6 de maio e n.° 204/87, de 16 de maio[1801]: temos os juros remuneratórios (5.°) e os moratórios (7.°). Os juros moratórios não podem exceder os remuneratórios em mais de 4% (7.°/2)[1802].

O Decreto-Lei n.° 220/94, de 23 de agosto, estabelece o regime das informações a prestar pelo banqueiro, aos seus clientes, no tocante a taxas de juros e outros custos. Este diploma foi completado pelo Decreto-Lei n.º 51/2007, de 7 de março[1803], que fixa, no tocante ao crédito à habitação, designadamente, a forma de cálculo da TAE (taxa anual efetiva). Com efeito, os contratos estipulam, além dos juros, diversos outros encargos, pelo que a TAE surge decisiva, por forma a dar a conhecer o custo real da operação.

O arredondamento das taxas de juros obteve diversas regras, nem sempre coerentes (Januário Gomes)[1804]. Assim:

[1799] Peter Kindler, *Gesetzliche Zinsanprüche im Zivil- und Handelsrecht / Plädoyer für einen kreditmarktorientierten Fälligkeitszins* (1996).

[1800] Simões Patrício, *Direito bancário privado* cit., 111 e 302 ss..

[1801] Este diploma veio, ainda, pôr cobro à prática da cobrança antecipada dos juros.

[1802] Todavia, em RLx 11-jan.-2005 (Rosa Ribeiro Coelho), CJ XXX (2005) 1, 65-67 (67), veio-se dizer que uma taxa de 35,06% não é usurária por não haver limites para os bancos. Há que afastar o espectro da usura, do século XIX: se necessário, fixando limites muito claros.

[1803] Alterado pelos Decretos-Leis n.º 88/2008, de 29 de maio, n.º 192/2009, de 17 de agosto e 226/2012, de 18 de outubro.

[1804] Januário Gomes, *Contratos comerciais* cit., 268.

– o Decreto-Lei nº 240/2006, de 22 de dezembro, fixou as regras, de tipo moderador, a que deve obedecer o arredondamento de taxas de juro, mas apenas para o crédito à habitação própria[1805];
– o Decreto-Lei nº 171/2007, de 8 de maio, veio estender essas regras a todos os contratos de crédito não abrangidos pelo anterior diploma;
– o Decreto-Lei nº 88/2008, de 29 de maio, no tocante às empresas, tornou o essencial dessas regras supletivas.

A contagem dos prazos das operações de crédito foi objeto do Decreto-Lei n.º 58/2013, de 8 de maio. Este diploma, que revogou, como referido, o Decreto-Lei n.º 344/78, versou ainda:

– a classificação das operações segundo os prazos: créditos a curto, a médio e a longo prazo, consoante não excedam um ano, operem entre um e cinco anos e excedam cinco anos, respetivamente (4.º);
– o cálculo e o montante do pagamento dos juros moratórios (6.º);
– a capitalização dos juros (7.º);
– os juros moratórios, fixados à taxa anual máxima de 3%, a acrescer à taxa dos juros remuneratórios fixada (8.º);
– a proibição, havendo mora, de cobrança de comissões ou outras quantias, mesmo a título de cláusula penal moratória, salvo uma comissão pela recuperação dos valores em dívida, não superior a 4%, com uma série de valores fixos (9.º)[1806].

O Banco de Portugal recebeu poderes para emitir normas regulamentares necessárias para a boa execução do diploma (10.º/1), devendo fiscalizar o seu cumprimento (10.º/2). Prevê-se um regime sancionatório (11.º). Em princípio, o novo diploma aplica-se a contratos celebrados após a sua entrada em vigor (13.º).

[1805] *Vide* STJ 5-fev.-2013 (Moreira Alves), Proc. 684/10. As regras de arrendamento em alta já anteriormente eram abusivas, por violação da boa-fé: RLx 27-mar.-2012 (João Ramos de Sousa), Proc. 2839/08.

[1806] RPt 31-mai.-2016 (Luís Cravo), Proc. 8077/15.

249. **Modalidades; anatocismo**

I. Os juros são suscetíveis de diversas classificações. Assim, temos juros voluntários e juros legais, consoante resultem da vontade das partes ou, diretamente, da lei; juros remuneratórios e juros de mora, conforme visem a retribuição do capital mutuado ou o ressarcimento dos danos criados pela mora na restituição; juros compensatórios e juros compulsórios, quando pretendam, respetivamente, repôr a degradação do capital devido ou incitar o devedor ao pagamento; juros convencionados e juros legais *stricto sensu*, em função da natureza pactuada ou não pactuada das respetivas taxas.

Classificação importante é a que separa os juros em civis, comerciais ou bancários, em função dos intervenientes na operação. Vimos, acima, algumas distinções a introduzir nestes últimos[1807].

II. Anatocismo é a prática que consiste em fazer vencer juros de juros[1808]. Trata-se de um esquema que permite multiplicar a taxa efetiva de certa operação, pelo que ela é valorada com alguma reserva, pela lei. O artigo 560.º do Código Civil só permite o anatocismo por uma de duas vias – n.º 1:

- – ou por convenção entre as partes, posterior ao vencimento;
- – ou mediante notificação judicial feita ao devedor para capitalizar os juros vencidos ou proceder ao seu pagamento, sob pena de capitalização.

O n.º 2 do mesmo preceito só admite a capitalização de juros correspondentes ao período mínimo de um ano. Porém, o n.º 3, ainda da norma em jogo, considera inaplicáveis todas as apontadas restrições "... se forem contrárias a regras ou usos particulares do comércio". Tínhamos, por aqui, uma porta aberta ao anatocismo bancário abaixo referido: esse número deve, hoje, considerar-se revogado pelo artigo 7.º do Decreto-Lei n.º 58/2013, de 8 de maio. No sector cooperativo, dados os fins não

[1807] *Supra*, 679 ss..

[1808] RLx 27-mai.-1997 (Roque Nogueira), CJ XXII (1997) 3, 97-99 (98/II), com bibliografia.

lucrativos que devem imperar, o anatocismo é considerado vedado pela jurisprudência[1809].

III. O anatocismo poderia, ainda, a ser admitido, em função de um uso bancário[1810]. Tal uso devia, de todo o modo, ser alegado e provado, em concreto[1811]: a posição básica do Direito privado é, perante o anatocismo, de desfavor[1812], sendo certo que ainda há poucos anos tal uso não estava radicado[1813].

O artigo 5.º/6 do revogado Decreto-Lei n.º 344/78, de 17 de novembro, na redação dada pelo Decreto-Lei n.º 204/87, de 16 de maio, *a contrario*, permitia a capitalização de juros correspondentes a um período igual ou superior a três meses: nos termos gerais haveria que, após o vencimento, concluir um acordo, nesse sentido[1814].

Este diploma está hoje revogado pelo Decreto-Lei n.º 58/2013, de 8 de maio. Entre outros aspetos, ele só admite a capitalização dos juros por convenção escrita das partes, não podendo ocorrer por períodos inferiores a um mês (6.º). Com isso, fica revogado, no que toca ao sector bancário, o artigo 560.º/3, do Código Civil, na parte em que pudesse admitir um uso bancário em contrário.

250. **Juros negativos**

I. Dizem-se negativos os juros a suportar pelo próprio dono do capital. Em sentido amplo, eles ocorrem sempre que uma determinada importân-

[1809] STJ 5-mai.-1994 (Machado Soares), CJ/Supremo II (1994) 2, 82-84 (83/II).

[1810] Assim: REv 9-jul.-1996 (Mota Miranda), CJ XXI (1996) 4, 278-280 (279/1): "se é uso generalizado, nas instituições de crédito, a capitalização de juros (...) já tal prática não se coaduna com a atividade das cooperativas" e RLx 31-out.-1996 (Silva Salazar), CJ XXI (1996) 4, 147-149 (149/1): "como tem sido constantemente reconhecido em decisões jurisprudenciais, no comércio bancário é uso generalizado a capitalização de juros ..."). *Vide*, também, STJ 14-mar.-1990 (Barros Sequeira), BMJ 395 (1990), 556-560 (558) e RLx 7-jul.-1993 (Cruz Broco), CJ XVIII (1993) 3, 151-152 (151).

[1811] RPt 16-mar.-1998 (Gonçalves Ferreira), CJ XXIII (1998) 2, 206-208 (208/I).

[1812] STJ 14-fev.-1995 (Cardona Ferreira), CJ/Supremo III (1995) 1, 82-84 (84); TCAN 23-set.-2015 (Esperança Mealha), Proc. 00303/13.

[1813] Diogo Leite de Campos, *Anatocismo/Regras e usos particulares do comércio*, ROA 1988, 37-62, com elementos.

[1814] Januário Gomes, *Contratos comerciais* cit., 277-278.

cia, pelo jogo de despesas, custos ou comissões, vá perdendo o seu valor; em sentido estrito, eles manifestam-se caso a taxa a aplicar seja inferior a zero, com o efeito de ser imputada ao capital.

II. Tradicionalmente, a pessoa que entregasse dinheiro a um depositário de confiança, tinha de retribuir o serviço: temos juros negativos em sentido amplo. Todavia, logo que se apurou que o depositário podia movimentar o dinheiro, *maxime* emprestá-lo, recebendo juros, tornou-se viável inverter a situação: o depositante seria remunerado pelo depositário, logicamente a uma taxa inferior do que a percebida por este. Teoricamente, juros negativos *stricto sensu* não fariam sentido: ninguém iria depositar o seu dinheiro e pagar por isso, sabendo, para mais, que o depositário iria rendibilizar o depósito, em proveito próprio.

III. As circunstâncias monetárias decorrentes do euro – essencialmente uma moeda forte, sujeita a valorizações no mercado – somadas à política de juros baixos do BCE, levaram a uma pressão no sentido do abaixamento das taxas[1815]. A taxa zero é atingida: hoje, a generalidade dos bancos não remunera os depósitos à ordem. E como estes dão azo a "despesas" e a "comissões", os juros são, na realidade, negativos *lato sensu*[1816]. O passo seguinte tem a ver com a composição de carteiras de títulos. Num cenário em que certos títulos apresentem especial solidez – pense-se nos títulos da dívida pública alemã – a sua procura competitiva no mercado leva a que os interessados os queiram, baixando a taxa de juros. No limite, o zero é ultrapassado: os juros passam a negativos. Mesmo assim, os títulos podem ter interesse: passam a integrar uma carteira, valorizando-a, no seu conjunto.

IV. Na atual situação, cabe ao regulador tomar as medidas necessárias para que os juros negativos *lato sensu* sejam comunicados aos consu-

[1815] Carsten Jacobi, *Profitables Wachstum sicherstellen*, Bank 2015, 1, 14-17; Dirk Holländer/Olaf Scheer/Frank Mrusek/Ekkerhardt Bauer, *Double trouble/Europäischer Bankensektor*, Bank 2015, 3, 9-12; Corinne Zellweger-Gutknecht, *Negativzins: Vergütung für die Übernahme des Geldwertrisikos durch den Kapitalnehmer*, ZfPW 2015, 350-375; Karl-Heinz Goedeckmeyer, *Banken profitieren von neuem Ertragsmix*, Bank 2015, 9, 9-10. Entre nós: Ana Mafalda Castanheira Neves Barbosa, *Direito civil e sistema financeiro* (2016), 192 pp., 156.

[1816] Kai-Michael Hingst/Karl-Alexander Neumann, *Negativen Zinsen/Die zivilrechtliche Einordnung eines nur scheibar geldpolitischen Phänomens*, BKR 2016, 95-101, com indicações.

midores. Além disso, as comissões devem ser moralizadas. Finalmente: impor-se-ia um esforço para facultar poupanças.

251. O mútuo bancário

I. Dispomos, neste momento, de elementos de ordem geral que permitem analisar o mútuo bancário[1817].

Desde logo ele distingue-se de quaisquer outros por ser celebrado por um banqueiro, como mutuante, agindo no exercício da sua profissão. De seguida, o mútuo bancário tem uma forma aligeirada: nos termos do artigo único do Decreto-Lei n.° 32.765, de 29 de abril de 1943,

> Os contratos de mútuo ou de usura, seja qual for o seu valor, quando feitos por estabelecimentos bancários autorizados, podem provar-se por escrito particular, ainda mesmo que a outra parte contratante não seja comerciante.

A forma escrita, assim exigida para os mútuos bancários, estende-se pelas regras gerais, aos diversos elementos acessórios. De todo o modo e no tocante à taxa de juros, ela sempre deveria ser fixada por escrito, visto o disposto no artigo 102.°, § 1.°, do CCom.

De notar, ainda, a importante alteração introduzida, no nosso ordenamento, pelo Decreto-Lei n.° 255/93, de 15 de julho. Este diploma aplica-se, segundo o seu artigo 1.°, à

> (...) compra e venda com mútuo, com ou sem hipoteca, referente a prédio urbano destinado à habitação, ou fração autónoma para o mesmo fim, desde que o mutuante seja uma instituição de crédito autorizada a conceder crédito à habitação.

[1817] Quanto a literatura geral *vide*, com indicações, Claussen/Erne, *Bank- und Börsenrecht* cit., 2.ª ed., 303 ss. e, quanto à jurisprudência, Nobbe, *Bankrecht* cit., 145 ss.. Em língua portuguesa: Joaquim Luís Madeira, *Mútuo bancário*, em *Temas de Direito bancário* (1999), 505-552 e Miguel Brito Bastos, *O mútuo bancário/Ensaio sobre a estrutura sinalagmática do contrato de mútuo* (2015), 297 pp..

Pois bem:

– tais contratos podem ser celebrados por documento particular, com reconhecimento de assinaturas – artigo 2.º/1[1818];
– ficando sujeitos a registo obrigatório – artigo 3.º.

Temos, aqui, um primeiro caso em que exigências do Direito bancário vêm alterar áreas jurídicas circundantes: são tocados princípios básicos e tradicionais do nosso ordenamento.

II. Os mútuos bancários dispõem de certas regras específicas, já referidas. O Decreto-Lei n.º 58/2013, de 8 de maio, procede à sua classificação segundo o prazo e o regime dos juros. Temos, consoante o prazo do vencimento – artigo 4.º[1819]:

– créditos a curto prazo, quando não exceda um ano;
– créditos a médio prazo, quando for superior a um ano e inferior a cinco;
– créditos a longo prazo, quando exceda os cinco anos.

A prorrogação do prazo de uma operação deve imputar-se no prazo global, para efeitos da apontada classificação (5.º/2). Tendo lugar a renovação das operações, conta-se um novo prazo a partir da data da renovação em causa (5.º/3, ambos do Decreto-Lei n.º 58/2013).

III. Encontramos também regras específicas, no tocante a juros. Atualmente, as taxas de juros bancários estão praticamente liberalizadas: nos termos do n.º 2 do Aviso n.º 3/93, de 20 de maio de 1993[1820],

> São livremente estabelecidas pelas instituições de crédito e sociedades financeiras as taxas de juro das suas operações, salvo nos casos em que sejam fixadas por diploma legal.

[1818] Os contratos devem seguir determinado modelo aprovado pela Portaria n.º 669-A/93, de 16 de julho, com as alterações introduzidas pela Portaria n.º 882/94, de 1 de outubro.

[1819] Simões Patrício, *Direito de crédito/Introdução* cit., 20 ss., perante o anterior Decreto-Lei n.º 344/78, de 17 de novembro.

[1820] DR II Série n.º 117, de 20-mai.-1993, por último alterado pelo Aviso n.º 4/98, de 14 de dezembro, DR I-B n.º 292, de 19-dez.-1998, 6.947.

Encontramos, depois, regras específicas, para determinadas categorias de operações. Na falta de normas diversas, funcionam os limites gerais, vigentes no País, quanto a taxas máximas.

Os juros de mora bancários observam o dispositivo do artigo 8.° do Decreto-Lei n.° 58/2013, de 8 de maio. Eles consistem numa sobretaxa até 3% a aditar à taxa remuneratória aplicável à operação.

252. O mútuo de escopo

I. O mútuo bancário pode ter a particularidade importante de ser um mútuo de escopo, isto é: um mútuo no qual, contratualmente, o mutuário fica adstrito a dar um determinado destino à importância recebida[1821]. Trata-se de um aspeto que assumiu grande relevo, no período do dirigismo bancário. Os banqueiros estavam, então, muito limitados, nas suas decisões de conceder crédito. Este só era possível por sectores e dentro de determinados patamares. Os clientes tinham de apresentar um escopo admissível, quando procuravam o crédito, comprovando-o. O dinheiro devia ser efetivamente utilizado no escopo apresentado, em termos que recebiam consagração contratual. O banqueiro devia, ainda, assegurar-se da efetividade dessa utilização.

II. Na História recente, a existência de mútuos de escopo era significativa no período do "dirigismo bancário": ao longo do Estado Novo (1926-1974) e nas primeiras décadas da III República, praticamente até à liberalização dos anos noventa do século passado. Uma série de preocupações ligadas à defesa do escudo, que exigia um controlo sobre a massa monetária em circulação, levou a diversas restrições, quanto à concessão de crédito. E assim:

(a) o crédito só era possível por sectores e dentro de certos *plafonds* ou patamares;
(b) os clientes do banqueiro, candidatos ao crédito, deviam apresentar um escopo "admissível" para o dinheiro, dentro do quadro legal e regulamentar;

[1821] Com múltiplas indicações, Giuseppe Consolo, *Aspetti pubblicistici e privatistici del mutuo di scopo* (1990), 6 ss.; Giomaro/Morosini, *Mutuo* cit., 606 ss..

(c) o contrato de mútuo consagrava a obrigatoriedade de utilização dos fundos mutuados dentro do escopo que permitira a sua aprovação pelo banqueiro;
(d) ainda esse mesmo contrato consagrava sanções para o "desvio" dos fundos, relativamente ao acordado;
(e) o banqueiro devia assegurar-se, através de inspeções ou de outras iniciativas, da efetiva realização do dinheiro, com vista ao fim pretendido.

Com a liberalização do crédito, na década de 90 do século passado, o mútuo de escopo perdeu relevo. Todavia, ele mantém-se na hipótese de créditos bonificados. Assim sucede, por exemplo, nos seguintes casos:

(a) crédito à habitação;
(b) investimentos com fundos europeus;
(c) bonificações de juros, relativamente a créditos de emergência, para acudir a catástrofes e similares, mormente no sector agrícola;
(d) regimes especiais de tutela do devedor, como ocorre no crédito ao consumo.

III. Em termos jurídicos, a consignação, num contrato de mútuo, de determinado escopo, para a aplicação do financiamento, redundava na assunção de um dever, a cargo do mutuário. Esse dever tinha uma vertente pública – a adveniente das considerações dirigistas, acima formuladas – e uma vertente privada – o banqueiro ficaria melhor garantido com uma utilização produtiva ou racional das importâncias mutuadas, devendo, além disso, ser respeitado o acordo das partes[1822]. No caso de incumprimento, o banqueiro poderia resolver o contrato, provocando o vencimento imediato da obrigação de restituição.

Essa faculdade de resolução por desrespeito do escopo deve ficar contratualmente consignada. Alguns bancos têm, assim, o cuidado de inserir, em cláusulas contratuais gerais relativas à concessão de crédito, uma cláusula resolutória correspondente à inobservância do escopo.

IV. As necessidades de um escopo e do seu respeito absoluto, sob pena de resolução, têm vindo a atenuar-se com a liberalização da economia. Mútuos de tipo "crédito pessoal", "crédito ao consumo" e "crédito à

[1822] RCb 26-nov.-2002 (Paulo Távora Victor), CJ XXVII (2002) 5, 21-22 (22/II).

tesouraria" são, de facto, mútuos livres, isto é, sem escopo. Porém, perante créditos a médio e longo prazo, com bonificações de juros ou com vantagens fiscais, o escopo recupera o seu papel decisivo: deverá, quando contratualmente consignado, ser respeitado.

As especificidades da compra e venda com mútuo, para habitação, introduzidas pelo Decreto-Lei n.° 255/93, de 15 de julho, acima examinado, documentam, ainda, o relevo do escopo.

V. Curiosamente, a figura do mútuo de escopo parece ter ressurgido com a reforma das caixas económicas, levada a cabo pelo Decreto-Lei n.º 190/2015, de 10 de setembro[1823]. Segundo o Regime Jurídico das Caixas Económicas então aprovado, surge uma categoria de "caixas económicas anexas", com uma série de limitações. Entre elas a do artigo 9.º/1: os empréstimos não podem ter destino diferente daquele para que foram concedidos, sob pena de resolução imediata do contrato. Esta regra dificulta o trabalho das caixas e pode complicar o crédito: precisamente o contrário do que se pretende.

[1823] *Infra*, 1232.

§ 62.° CONTRATOS ESPECIAIS DE CRÉDITO

253. Generalidades; a abertura de crédito

I. O mútuo, particularmente na sua concretização como mútuo bancário, constitui o grande tronco comum a vários outros tipos bancários de crédito.

A prática e as necessidades da normalização bancária têm levado à autonomização de diversas figuras. Nalguns Direitos – e, *maxime*, no italiano – há uma certa codificação do que denominaremos negócios especiais de crédito bancário ou, simplesmente, créditos bancários. Noutros poderemos falar, tão-só, de tipos sociais, assentes nos usos e em cláusulas contratuais gerais.

Vamos passar em revista as modalidades mais frequentes.

II. A abertura de crédito vem definida, no artigo 1842.° do Código Civil italiano[1824], como o contrato pelo qual o banqueiro se obriga a ter, à disposição do cliente, uma soma em dinheiro, por um dado período ou por tempo indeterminado[1825]. A lei portuguesa não regula, de modo expresso, a abertura de crédito[1826]. Não obstante, ela vem referida no artigo 362.° do Código Comercial como uma operação de banco[1827], estando consagrada, como sucede na Alemanha, pela prática bancária[1828].

[1824] Giovanni Romano, *Apertura di credito*, em Annamaria Ambrosio e outros, *I contratti bancari* (1999), 65-121; Raffaele Teti, *L'apertura di credito*, em Teti/Marano, *I contratti bancari* (1999), 11 ss.; Roberto Cercone, em Pietro Rescigno, *Codice civile* cit., 2, 7.ª ed., art. 1842.°-1846.° (3312-3320).

[1825] Roberto di Napoli, *Anatocismo e vizi nei contratti bancari* (2008), 16.

[1826] A jurisprudência usa a definição legal italiana: RLx 20-abr.-1989 (Ianquel Milhano), CJ XIV (1989), 141-143 (142/2).

[1827] *Vide* Januário Gomes, *Contratos comerciais* cit., 324-331.

[1828] Hans-Peter Schwintowski, *Bankrecht* cit., 3.ª ed., § 12, Nr. 26-56 (391-400); Nils-Christian Wunderlich, *Krediteröffnungsvertrag*, em Schimansky/Bunte/Lwowski,

A abertura de crédito serve necessidades importantes do tráfego comercial. Muitas vezes, o crédito bancário, expedito em si, requer negociações morosas. O banqueiro pretende ser habilitado com múltiplos elementos comprovativos da situação económica do cliente e ilustrativos da sua atividade; há que negociar taxas de juros e garantias. Por seu turno, o cliente poderá querer consultar diversos banqueiros. Pois bem: perante uma oportunidade de negócio imediata, o cliente terá todo o interesse em saber, de antemão, que dispõe de crédito bancário, e em que condições[1829]. Teria a alternativa de negociar, antecipadamente, um mútuo: simplesmente ficaria a pagar juros quando, afinal, a importância mutuada poderia não ser necessária – ou toda necessária.

Há, pois, ganhos de tempo e de dinheiro, para o cliente. O banqueiro funciona como caixa[1830]. Em compensação, o banqueiro suportará a desvantagem de ter dinheiro tendencialmente imobilizado e não produtivo. São desvantagens que a *ars bancaria* permite superar: por um lado, lidando com milhares de clientes e com grandes números, o banqueiro calcula, de antemão, as percentagens de créditos mobilizados, dando um uso produtivo ao remanescente; por outro, ele pode cobrar uma "comissão de imobilização", relativa às parcelas não usadas, do crédito; finalmente: ele assegura uma relação bancária complexa e um cliente, virtual adquirente de numerosos produtos bancários.

III. A abertura de crédito é um contrato consensual, por oposição a real *quoad constitutionem*[1831]: fica perfeito com o acordo entre as partes, sem necessidade de qualquer entrega monetária, ao contrário do que sucede no mútuo clássico. Além disso e quanto à forma: aplicam-se as regras próprias do mútuo bancário, que exigem forma escrita[1832]. Mas poderá ser requerida escritura pública ou equivalente se a abertura de crédito incluir

Bankrechts-Handbuch, I, 3.ª ed., (2007), § 77 (2211-2224); Oliver Rossbach, em Siegfried Kümpel/Arne Wittig, *Bank- und Kapitalmarktrecht*, 4.ª ed. (2011), 11.10-11.14 (1363-1364).

[1829] STJ 25-out.-1990 (Marques Cordeiro), BMJ 400 (1990), 583-590 (590). Quanto à abertura de crédito, na nossa literatura, Ricardo Benoliel Carvalho, *Notas sobre a abertura de crédito bancário*, RBr 29 (1972), 25-57, Sofia Gouveia Pereira, *O contrato de abertura de crédito bancário* (2000) e Januário Gomes, ob. cit. na penúltima nota.

[1830] Francesco Giorgianni/Carlo-Maria Tardivo, *Manuale di diritto bancario* cit., 2.ª ed., 456.

[1831] Ceccherini/Genghini, *I contratti bancari nel Codice Civile* (1996), 309.

[1832] Assim, não é título executivo: RLx 3-mai.-2016 (Rui Vouga), Proc. 427/13.

negócios que o exijam e, por exemplo: garantia hipotecária[1833]. Temos de seguida, diversas modalidades de aberturas de crédito, que ilustram o seu regime[1834].

A abertura de crédito é simples ou em conta-corrente: no primeiro caso, o crédito disponibilizado pode ser usado uma vez; no segundo, o cliente pode sacar diversas vezes sobre o crédito, solvendo as parcelas de que não necessite, numa conta-corrente com o banqueiro[1835]. Nesta última hipótese há, ainda, que lidar com as regras da conta-corrente[1836].

A abertura de crédito diz-se garantida, quando seja acompanhada de uma garantia, pessoal ou real e a descoberto, na hipótese inversa.

IV. A abertura de crédito dá azo a uma disponibilidade que o cliente pode mobilizar, através de atos subsequentes[1837]. De acordo com o combinado – a prática varia, de banco para banco – o cliente poderá movimentar as importâncias ou mediante pedido escrito, dirigido ao banqueiro por *fax* ou por carta, ou automaticamente, sacando, por exemplo, a descoberto sobre uma conta de depósito à ordem, anexa à abertura de crédito[1838].

[1833] Assim, o caso decidido em RPt 9-nov.-1992 (Alves Correia), CJ XVII (1992), 209-211 (210); *vide*, também, REv 22-nov.-1988 (Ramos dos Santos), CJ XIII (1988) 5, 263-264 e RLx 14-abr.-1994 (Freitas Carvalho), CJ XIX (1994) 2, 120-121.

[1834] Adriano Fiorentino, *Apertura di credito bancario*, NssDI I, 1 (1957), 675-679 (677), Giuseppe Ferri, *Apertura di credito*, ED II (1958), 596-608 (601 ss.), Mario Porzio, *L'apertura di credito: profili generali*, em Giuseppe B. Portale (org.), *Le operazioni bancarie*, II (1978), 505-522, Antonio Serra, *Apertura di credito bancario*, DDP/SComm I (1989), 155-160 (157 ss.) e Paolo Mottura e outros, *Le operazioni bancarie*, 3.ª ed. (1989), 81 ss.. Jurisprudência ilustrativa pode, ainda, ser confrontada em Cesare Coltro Campi, *I contratti bancari nella giurisprudenza* (1977), 372 ss., 382 ss. e 393 ss.. Entre nós, a abertura de crédito vem tratada em José Maria Pires, *Direito bancário* cit., 2, 207-218; quanto a modalidades, Sofia Gouveia Pereira, *O contrato de abertura de crédito bancário* cit., 31 ss..

[1835] Tomar 12-mai.-1997 (Araújo Rodrigues), CJ XXII (1997) 3, 299-304 (303/I) e RLx 22-nov.-2012 (Pedro Martins), Proc. 9108/10.

[1836] Trata-se da hipótese mais frequente; a abertura de crédito surgia, nos manuais alemães, como conta-corrente – *vide* Schwintowski/Schäfer, *Bankrecht*, 1.ª ed. cit., 732 – embora não deixe de ser autonomizada e examinada na doutrina; assim, Bernd Stauder, *Der bankgeschäftliche Krediteröffnungsvertrag* (1968), 24 ss. e bibliografia citada *supra*, nota 1762.

[1837] Daí o ser considerada como um "contrato-quadro" suscetível de dar azo a atos ulteriores; Claussen/Erne, *Bank- und Börsenrecht* cit., 2.ª ed., 307.

[1838] STJ 13-set.-2012 (Álvaro Rodrigues), Proc. 4771/09.

Na hipótese de mobilização, pode ainda pactuar-se que as importâncias a mobilizar o sejam por fatias de valor preestabelecido: por exemplo, uma abertura de crédito de 100.000 euros, podendo o cliente mobilizar parcelas de 10.000 euros ou múltiplos dessa importância, de cada vez. Os juros, bem como a comissão de imobilização, quando exista, são debitados ora mensal ora trimestralmente, de acordo com o combinado.

A garantia – caso tenha sido acordada – é, muitas vezes, de ordem pessoal; na prática bancária portuguesa em que as aberturas de crédito operam a favor de sociedades, recorre-se a livranças subscritas pela própria sociedade e avalizadas pelos sócios mais significativos. Fala-se, então, na gíria bancária, em *conta-corrente caucionada*. Mas ocorrem outras garantias, como a hipoteca[1839].

V. A cessação de uma abertura de crédito pode dar azo a dúvidas. Trata-se de matéria regulada no artigo 1845.° do Código Civil italiano[1840], mas para a qual não há regime legal direto, entre nós.

A solução desejável reside na regulação contratual: as partes devem prever, com clareza, o termo da operação e as condições da sua eventual renovação. Não o fazendo, iremos aplicar: as regras da conta-corrente, em geral, quando seja o caso; as regras do mandato, quanto à disponibilidade; as regras do mútuo, quanto ao saldo, havendo cessação do contrato. Por exemplo: na falta de prazos convencionados, qualquer das partes pode pôr termo ao contrato, por via do artigo 349.° do Código Comercial; o cliente já não poderá mobilizar mais importâncias, mas disporá dos 30 dias previstos no artigo 1148.°/2 do Código Civil, para pagar o saldo em dívida. Havendo prazo, há que invocar a perda do respetivo benefício, nos termos

[1839] RLx 4-fev.-2014 (Manuel Tomé Soares Gomes), Proc. 7270/06.

[1840] Dispõe esse preceito:

> Salvo pacto em contrário, o banco não pode rescindir o contrato antes do decurso do prazo, a não ser por justa causa.
>
> A rescisão suspende imediatamente a utilização do crédito, mas o banco deve conceder um prazo de, pelo menos, quinze dias para a restituição das somas utilizadas e dos acessórios a elas relativos.
>
> Se a abertura de crédito for por tempo indeterminado, cada uma das partes pode rescindir o contrato, mediante pré-aviso no prazo estabelecido pelo contrato, pelos usos ou, na falta deles, no de quinze dias.

Vide, sobre o tema, Giovanni E. Colombo, *L'estinzione dell'apertura di credito*, em Giuseppe B. Portale (org.), *Le operazioni bancarie* 2 (1978), 523-548.

gerais – artigo 780.° do Código Civil –, para o antecipar. O regime do mandato será, sempre, o Direito subsidiário[1841-1842].

Em todo o processo de renovação ou de cessação de aberturas de crédito, há que manter contínuos fluxos de informação, sob pena de se poderem criar situações de confiança que, depois, a serem desamparadas, podem originar responsabilidade. Do mesmo modo, na movimentação do crédito há, também, que atender às exigências da boa-fé[1843].

VI. A natureza da abertura de crédito foi um tema clássico de discussão. Já se viu, nela, um contrato-promessa (Coviello), um contrato normativo (Salandra), um contrato típico (Messineo) e uma associação de mútuo com depósito (Simonetto)[1844]. A grande dúvida reside em saber se os atos concretos de mobilização do crédito são meros atos de execução ou se, pelo contrário, se trata de atos jurídicos autónomos.

A doutrina mais recente salienta que a abertura de crédito visa a disponibilidade do dinheiro. Constitui um bem autónomo, próprio, perfeitamente conhecido por todos os operadores e que não equivale a um crédito. Posto isso: o crédito surge, efetivamente, mas por via potestativa e em simples execução do contrato.

Trata-se, pois, de um contrato bancário nominado – recorde-se o artigo 362.° do Código Comercial – mas legalmente atípico e que corresponde, hoje, a um tipo social, sedimentado nos usos e em cláusulas contratuais gerais[1845].

[1841] Assim, STJ 8-jun.-1993 (Cardona Ferreira), BMJ 428 (1993), 521-528 (527) = CJ/Supremo I (1993) 3, 5-8 (7/2), considerou que, na abertura de crédito, o dever do banqueiro é de *facere* e não de *dare*.

[1842] Em BGH 4-mai.-1999, BB 1999, 1453, decidiu-se que, em oposição aos princípios, podia haver uma denúncia parcial de um crédito em conta-corrente.

[1843] Assim em RPt 22-jun.-1993 (Araújo de Barros), CJ XVIII (1993) 3, 232-238, considerou-se haver uma certa responsabilidade do banqueiro, perante os factos seguintes: num contrato de abertura de crédito, o cliente deixou ficar uma elevada quantia à ordem, enquanto se venciam juros na conta-corrente caucionada; o cliente não curou de mandar fazer a transferência: o banqueiro devia-o ter alertado.

[1844] Todas estas hipóteses – e, ainda, algumas outras – estão representadas na doutrina alemã; *vide* Bernd Stauder, *Der bankgeschäftliche Krediteröffnungsvertrag* cit., 56 ss.. Na literatura portuguesa e com diversas indicações: Sofia Gouveia Pereira, *O contrato de abertura de crédito* cit., 81 ss..

[1845] RPt 3-dez.-2012 (Soares de Oliveira), Proc. 1944/09 e RCb 19-dez.-2012 (Henrique Antunes), Proc. 132/12.

254. O descoberto em conta

I. O descoberto em conta, também chamado facilidades de caixa, é a situação que se gera quando, numa conta-corrente subjacente a uma abertura de conta, o banqueiro admita um saldo a seu favor, isto é: um saldo negativo para o cliente[1846].

O descoberto pode advir de um negócio prévio com o banqueiro – abertura de crédito ou crédito pessoal. Pode, também, ser consequência automática de outros dispositivos: por exemplo, lançamento de despesas, lançamento de movimentos automáticos concretizados com o ATM *off line* ou, até, pagamentos de cheques sem provisão a que o banqueiro se encontrava obrigado, por força da lei relativa à circulação dos cheques.

Na sua forma mais típica, o descoberto é tolerado pelo banqueiro, por curto período, como modo de facilitar, momentaneamente, a tesouraria de certos clientes[1847]. Estes, ao emitirem, por exemplo, um cheque sem a necessária cobertura, dão, por uma conduta social típica, um sinal claro no sentido de aceitação do descoberto, que devem reembolsar[1848].

II. Ao descoberto em conta aplicam-se, tendencialmente, as regras do mútuo bancário[1849]. Por vezes, a questão vem tratada nas cláusulas contratuais gerais relativas à abertura de conta. Não havendo outros elementos, o descoberto *ad nutum* deve ser tomado como uma tolerância do banqueiro,

[1846] STJ 2-fev.-1993 (Ramiro Vidigal), CJ/Supremo I (1993), 121-123 (123/I), RPt 16-mar.-1998 (Gonçalves Ferreira), CJ XXIII (1998) 2, 206-208 (207/I), RCb 12-mai.-1998 (Távora Dias), em Estudos em Honra do Professor Doutor Inocêncio Galvão Telles 2 (2002), 103-110 (106), com anot. Paula Ponces Camanho, *Contrato de depósito bancário/descoberto em conta*, *idem*, 110-130 (112), STJ 13-set.-2012 (Álvaro Rodrigues), Proc. 4771/09 e RCb 5-dez.-2012 (José Avelino Gonçalves), Proc. 79222/09.

[1847] Resulta, então, de meras relações de facto: STJ 28-mai.-2015 (Salazar Casanova), Proc. 198/14.

[1848] RPt 7-mai.-2012 (Augusto de Carvalho), Proc. 6328/09.

[1849] Assim: RLx 23-jul.-1987 (Ianquel Milhano), CJ XII (1987) 4, 137-138 (137-138), RCb 15-dez.-1992 (Santos Lourenço), CJ XVII (1992) 5, 76-80 (78/II), STJ 15-nov.-1995 (Sá Couto), BMJ 451 (1995), 440-444 (443-444) e RLx 6-fev.-1997 (Sousa Grandão), CJ XXII (1997) 1, 121-123 (122/II).

que não constitui direitos para o cliente[1850]. Todavia, existindo, dão azo a uma situação de confiança que não pode ser ignorada[1851].

De outra forma, os banqueiros evitarão conceder descobertos – nada os obriga a isso – com prejuízo para a tranquilidade social, pessoal e económica. Em casos-limites, quando o corte do descoberto em conta opere de modo totalmente inesperado e contrário à boa-fé, poderá haver *venire contra factum proprium*[1852].

255. **A antecipação bancária**

I. Antecipação bancária é um contrato pelo qual um banqueiro concede, ao seu cliente, um crédito, mediante um penhor equivalente de títulos, dinheiro ou outros bens. Digamos que o cliente, em vez de vender esses bens para realizar dinheiro, se dirige ao banqueiro o qual "antecipa" o preço, dando-lhe um crédito e recebendo os bens como garantia.

Na Alemanha, onde este tipo contratual tem a designação sugestiva de *Lombardkredit*, a antecipação é praticada sobretudo nas relações entre os bancos comerciais e a *Bundesbank*, como modo de obter liquidez de curto prazo[1853].

II. A antecipação bancária é um contrato de crédito caracterizado pela associação entre dois elementos: um penhor (normalmente de títulos) e a entrega de uma quantia em dinheiro de valor proporcional ao da garantia constituída. O Código Civil italiano, embora sem, desta feita, incluir uma definição expressa, regula a antecipação bancária nos seus artigos 1846.° a 1851.°[1854]. Ela é tratada, pela doutrina, como uma operação complexa.

[1850] RCb 12-mai.-1998 cit., 107; na sua anotação, Paula Ponces Camanho entende que, *in casu*, por ter havido o pagamento, por erro, de um cheque sem provisão, a figura não seria a do descoberto em conta.

[1851] Assim, RPt 11-out.-2012 (Leonel Serôdio), Proc. 2252/09, entendeu-se que, havendo descoberto, o mero envio de extratos bancários com o saldo negativo não constitui interpelação para efeitos de constituição em mora.

[1852] Calvão da Silva, *Direito bancário* cit., 367.

[1853] Schwintowski/Schäfer, *Bankrecht* cit., 1.ª ed., 732.

[1854] Sobre toda esta matéria: Francesco Messineo, *Anticipazione bancaria*, NssDI I, 1 (1957), 647-654, Giuseppe Ferri, *Anticipazione bancaria*, ED II (1958), 523-529, Alberto Caltabiano, *L' anticipazione bancaria*, em Giuseppe B. Portale (org.), *Le operazione bancaria*, vol. II (1978), 549-566, Antonio Pavone La Rosa, *Apertura di credito garantita da*

III. A antecipação bancária distingue-se do mútuo por não pressupor a entrega do dinheiro: é consensual, por oposição a real *quoad constitutionem*. Além disso, ela está económica e funcionalmente ligada ao penhor "antecipado". Mas ela distingue-se, também, do comum empréstimo sobre penhor por traduzir, na prática bancária, uma pré-realização do valor da garantia e não (apenas) uma garantia de um empréstimo[1855].

Entre nós e na falta de regulação legal, resta tratá-la como um contrato misto de mútuo e penhor de títulos, combinando os respetivos regimes, com preponderância do penhor.

256. **O desconto bancário**

I. O desconto bancário já terá sido o mais frequente e significativo contrato de crédito. Para tanto contribuiu o afinamento possibilitado pelo Direito dos títulos de crédito. Hoje, no entanto e por via da popularização do tráfego bancário, o desconto tende a ser superado pelo mútuo bancário e pela abertura de crédito.

O desconto bancário é o contrato pelo qual o banqueiro entrega, ao seu cliente, uma determinada quantia, em troca de um crédito, ainda não vencido, sobre um terceiro. O banqueiro deduz uma parcela correspondente ao juro e a extinção opera salvo boa cobrança. Normalmente, porém, o desconto funciona sobre títulos de crédito, isto é: o cliente cede ao banqueiro um título que incorpora o débito do terceiro[1856]. O desconto poderá, assim, ser afetado pelas vicissitudes que atinjam o título[1857].

II. O desconto vem nominado no artigo 362.° do Código Comercial; no entanto, não há, no Direito português, regras legais específicas.

pegno e anticipazione bancaria, *idem*, 567-603, Paolo Mottura, *Le operazioni bancarie*, 3.ª ed. cit., 129 ss., Antonio Serra, *Anticipazione bancaria*, DDP/SComm I (1989), 123-135 e Pierpaolo Marano, *Anticipazione bancaria*, em Teti/Marano, *I contratti bancari* (1999), 311 ss..

1855 Giorgianni/Tardivo, *Manuale di diritto bancario* cit., 2.ª ed., 482 ss., com indicações.

1856 Giorgio de Benedetto, *Lo sconto*, em Annamaria Ambrosio e outros, *I contratti bancari* (1999), 123-178 (123 ss.) e Pierpaolo Marano, *Lo sconto*, em Teti/Marano, *I contratti bancari*, I (1999), 641 ss..

1857 RLx 23-set.-2003 (Rosa Ribeiro Coelho), CJ XXVIII (2003) 4, 98-99.

O próprio Código Civil italiano, que contém uma secção relativa ao desconto bancário, poucas normas desenvolve sobre ele[1858]. Trata-se, de todo o modo, de uma figura claramente delimitada, pela prática[1859]. Ela não está sujeita a nenhuma forma especial, aplicando-se a exigência comum da forma escrita, nos empréstimos bancários[1860].

Paradoxalmente, a natureza do desconto mantém aberta uma discussão. No essencial, discute-se se, no desconto, há um mútuo garantido[1861] ou uma venda do crédito[1862]. Parecem dominar as orientações que veem, no desconto, um mútuo com restituição *pro solvendo*, embora também se defenda a existência de um negócio *sui generis*.[1863]

O desconto apenas traduz o fenómeno do crédito mediante entrega do efeito ou do direito contra terceiro. Assim, ele não tem, necessariamente, natureza unitária: tudo depende do negócio que subjaza à entrega.

Quando o banqueiro receba definitivamente o efeito ou o direito, o desconto encobre uma venda. Quando o receba para se pagar com cláusula *pro solvendo,* há mútuo, com essa mesma cláusula[1864].

III. Na prática portuguesa, o desconto tende a ser assimilado a um mútuo especial. Na verdade, entre o beneficiário do desconto – o descontário – e o banco descontador, subsiste uma relação de empréstimo, que pode

[1858] Sobre desconto em geral, Giuseppe Ugo Papi, *Sconto*, NssDI XVI (1969), 775-782; quanto ao desconto bancário: Federico Martorano, *Sconto bancario*, NssDI XVI (1969), 782-787, Giuseppe Terranova, *Sconto bancario*, ED XLI (1989), 771-790, Luigi Capaldo/Gino Cavalli, *Contratti bancari – 2. Il credito documentario – Lo sconto* (1993), 171 ss., e Paolo Mottura, *Le operazioni bancarie* cit., 107 ss..

[1859] Entre nós, é hoje clássica a obra de Fernando Olavo, *Desconto bancário* (1955). *Vide*, ainda, o importante escrito de Carlos Olavo, *O contrato de desconto bancário*, em Estudos em Honra do Professor Doutor Inocêncio Galvão Telles 2 (2002), 427-485, com indicações, bem como Januário Gomes, *Contratos comerciais* cit., 345-350.

[1860] STJ 25-fev.-1988 (Abel Delgado), BMJ 374 (1988), 479-483 (481).

[1861] Em Itália: Angeloni, Greco, Fiorentino, Ferri, Molle e Martorano.

[1862] Em Itália: Arena, Minervini e Panzarini.

[1863] Giorgianni/Tardivo, *Manuale di diritto bancario*, 2.ª ed. cit., 489-490, recordando haver, aqui, o mais exaustivo debate sobre a configuração de um negócio bancário. *Vide* Januário Gomes, *Contratos comerciais* cit., 350.

[1864] Hueck/Canaris, *Recht der Wertpapiere* cit., 11.ª ed., 150, Schwintowski/Schäfer, *Bankrecht*, 1.ª ed. cit., 736 e Baumbach/Hefermehl, *Wechselgesetz und Scheckgesetz* cit., 20.ª ed., 174.

ser acionada[1865]: teremos, em suma, um mútuo com *datio pro solvendo*[1866]. Ele pode, em alternativa, lançar mão da relação cambiária[1867]. No entanto, é essencial atender às cláusulas do concreto desconto considerado, invocando-as e interpretando-as[1868].

Já não haverá desconto na operação em que o banco adiante importâncias à própria subscritora: será um simples mútuo[1869]. Resta acrescentar que as posições jurídicas derivadas do desconto prescrevem, não havendo outro prazo, em 20 anos[1870].

[1865] Era a doutrina de Fernando Olavo, *Desconto bancário* cit., 196-197, aceite na jurisprudência: STJ 2-jul.-1976 (Daniel Ferreira), BMJ 259 (1976), 235-238 (238), STJ 24-jan.-1984 (Santos Carvalho), BMJ 333 (1984), 483-487 (485 e 486), RPt 21-dez.-1989 (Lopes Furtado), CJ XIV (1989) 5, 211-213 (212/I) e STJ 16-mai.-1991 (Albuquerque de Sousa), BMJ 407 (1991), 420-429 (427).

[1866] RCb 5-mar.-1985 (Pereira da Silva), CJ X (1985), 37-38 (38/I), REv 20-jun.-1985 (Sampaio da Silva), BMJ 350 (1985), 402-403, RPt 18-nov.-1986 (Fidalgo de Matos) CJ XI (1986) 5, 221-223 (222/I), ponderando, e bem, o regime dos contratos mistos, RPt 29-nov.-1988 (Miranda Gusmão), CJ XIII (1988) 5, 197-201 (200/I), REv 14-dez.-1988 (Costa Soares), CJ XIII (1988) 5, 277-278 (278/I), STJ 3-dez.-1991 (César Marques), BMJ 412 (1992), 498-502 (501), RLx 10-mar.-1992 (Silva Paixão), CJ XVII (1992) 2, 126-127 (126/II), RCb 7-abr.-1992 (Silva Graça), CJ XVII (1992) 2, 66-68 (67-68), STJ 7-jul.-1992 (Rui de Brito), BMJ 419 (1992), 724-733 (733), STJ 30-mar.-1993 (Martins da Costa), BMJ 425 (1993), 586-590 (588), STJ 12-jan.-1994 (Faria Sousa), BMJ 433 (1994), 547-552 (551) = CJ/Supremo II (1994) 1, 40-42 (42), STJ 14-fev.-1995 (Cardona Ferreira), CJ//Supremo III (1995) 1, 84-88 (86/I) e Matosinhos 19-abr.-1996 (Nuno Ribeiro Coelho), CJ XXI (1996) 3, 303-307 (305/II).

[1867] RCb 4-dez.-1990 (Santos Lourenço), CJ XV (1990) 5, 63-65 (64).

[1868] REv 8-nov.-1984 (Sampaio e Silva), CJ IX (1984) 5, 305-306 (306/II).

[1869] RCb 5-jul.-1989 (Costa Marques), CJ XIV (1989) 4, 50-54 (53/I).

[1870] STJ 14-fev.-1995 cit., CJ/Supremo III, 1, 86/II.

§ 63.° O CRÉDITO AO CONSUMO

257. **Aspetos gerais**

I. O crédito ao consumo tem vindo a constituir uma subdisciplina autónoma, dentro do universo do crédito[1871]. Na origem, encontramos o fenómeno da popularização da banca e as próprias necessidades de concorrência entre os banqueiros. Os particulares são, assim, facilmente aliciados a contraírem créditos improdutivos – créditos ao consumo – que, depois, terão de ressarcir e de remunerar.

II. O crédito ao consumo foi, inicialmente, concedido pelos próprios vendedores, sem juros[1872]: recorriam, pois, a capitais próprios e com o fito de melhor colocar a sua mercadoria. Mais tarde, os banqueiros vieram associar-se à operação: concedendo créditos especificamente destinados ao consumo ou lançando institutos ou departamentos especializados no financiamento de aquisições a prestações. Esse movimento iniciou-se, no 2.° pós-Guerra, na América do Norte, tendo depois passado à Europa. A partir

[1871] Hans-Peter Schwintowski, *Bankrecht* cit., 4.ª ed., § 14 (575-700); Carsten Jungmann/Michael Münscher/Bernd Peters, em Schimansky/Bunte/Lwowski, *Bankrechts-Handbuch*, I, 4.ª ed., (2011), §§ 81-81b (2352-2533); Christian Merz, em Siegfried Kümpel/Arne Wittig, *Bank- und Kapitalmarktrecht* cit., 4.ª ed., 10. Teil (1239-1356); Sibylle Kessal-Wulf, no *Staudingers Kommentar zum BGB*, 2, §§ 491-512 (*Verbraucherdarlehen*) (2012), 658 pp., no que constitui, hoje, o escrito de referência; Markus Roth, em Langenburger/Bliesener/Spindler, *Bankrechts-Kommentar* 2.ª ed. (2016), 15. Kapitel, *Verbraucherdarlehen* (755-892), como exemplos.

[1872] Fritz Ostler/Jochen Weidner, *Abzahlungsgesetz*, 6.ª ed. (1971), 1-3, onde se referem as primeiras experiências: em 1800, em França, nos princípios do século XIX, em Inglaterra, em 1807, nos Estados Unidos e em 1849, em Hamburgo, onde um mercador vendia roupa a prestações e sem juros. Importantes considerações históricas podem ser confrontadas em Siegbert Lammel, no HKK/BGB cit., III/1, §§ 488-512, Nr. 34 ss. (358 ss.).

daí, o crédito ao consumo ganha, também, um escopo de lucro bancário, além de uma grande dimensão.

As vantagens são evidentes: ele permite o acesso das camadas da população economicamente mais débeis a múltiplos bens de equipamento e de consumo. Mas o reverso não o é menos: sobreexploração financeira dessas mesmas camadas, que podem ser levadas a assumir débitos superiores às suas possibilidades de pagamento.

III. O crédito ao consumo exige, assim, redobrados deveres de informação: além da sua delicadeza intrínseca ele dirige-se, muitas vezes, a particulares sem experiência de contactos bancários[1873]. Há, ainda, que introduzir fatores de moderação no próprio ritmo de concessão do crédito: a jurisprudência alemã considera contrário aos bons costumes o excessivo endividamento dos particulares consumidores[1874].

As fórmulas gerais de proteção, assim apuradas, permitiam encarar os casos extremos. Tinham, porém, largas zonas de penumbra, fortemente contra-indicadas na área sensível do comércio bancário. Desde cedo se pôs a oportunidade de adotar leis explícitas e claras de tutela dos consumidores de produtos financeiros e, *maxime*, do crédito bancário.

Em 16-mai.-1894 já havia sido aprovada uma lei alemã relativa às compras a prestações[1875]. Diplomas desse tipo foram ocorrendo noutros países, entre os quais o nosso.

[1873] A bitola do dever de esclarecimento seria, justamente, dada pela necessidade do cliente; *vide* Klaus J. Hopt, *Funktion, Dogmatik und Reichweite der Aufklärungs-, Warn- und Baratungspflichten der Kreditinstitute*, em Walter Hadding/Klaus J. Hopt/Herbert Schimansky, *Aufklärungs- und Beratungspflichten der Kreditinstitute – Der moderne Schuldturm?* (1993), 1-28 (23).

[1874] Assim, LG Lübeck 11-dez.-1986, WM 1987, 955-959, considerou contrário aos bons costumes a concessão de crédito ao consumo a um particular em termos que implicariam um encargo mensal de DM 526, durante 10 anos, quando o agregado em causa apenas dispunha de DM 396,6, penhoráveis; também, BGH 16-mar.-1989, ZIP 1989, 487-490, Karl-Joachim Schmelz, *Der Verbraucherkredit* (1989), 73 ss. e Hans-Peter Schwintowski, *Die wirtschaftliche Leistungsfähigkeit des Schuldners als Massstab der Wirksamkeit von Verbraucherkreditverträgen*, ZBB 1989, 91-99. Uma escolha jurisprudencial pode ser confrontada em Nobbe, *Bankrecht* cit., 171 ss..

[1875] *Vide* Friedrich Graf von Westphalen/Volker Emmerich/Ronald Kessler, *Verbraucherkreditgesetz/Kommentar* (1991), 2.

258. **As leis europeias**

I. Seria, no entanto, a legislação comunitária – e, designadamente, as Diretrizes 87/102/CEE, de 22 de dezembro de 1986 e 90/88/CEE, de 22 de fevereiro de 1990 –, que aprovariam múltiplas regras de tutela, no domínio do crédito ao consumo. Elas foram transpostas para os Direitos internos da União, provocando surtos doutrinários sobre o tema[1876]. Houve, ainda, que delimitar o âmbito da nova legislação[1877], surgindo o crédito ao consumo como uma área sensível a permanentes novidades[1878]. Na Alemanha, a matéria foi conduzida para os §§ 491 a 512 do BGB, o que lhe facultou o acesso aos grandes comentários civis[1879].

II. A Diretriz 87/102, de 22 de dezembro de 1986, atinente à aproximação das disposições legislativas, regulamentares e administrativas dos Estados-Membros relativas ao crédito ao consumo[1880], no seu artigo 7º, ainda que com uma cripto-linguagem, prevê medidas que, quando "os bens podem ser recuperados", designadamente por não ter havido acordo do consumidor, se proceda a um cômputo entre as partes, de modo a evitar o enriquecimento sem causa do credor. Essa Diretriz, várias vezes alterada, foi substituída pela Diretriz 2008/48, de 23 de abril[1881], modificada, quanto à tabela II, parte II, pela Diretriz 2011/90, de 14 de novembro[1882] e, no artigo 2.º, pela Diretriz 2014/17, de 4 de fevereiro, abaixo referida[1883].

[1876] Graf von Westphalen/Emmerich/Kessler, *Verbraucherkreditgesetz* cit., 5, Franz Joseph Scholz, *Fünf Jahre Verbraucherkreditgesetz/Eine Rechtsprechungsübersicht*, WM 1996, 1425-1434, Lutz Michalski, *Das Verbraucherkreditgesetz*, Jura 1997, 169-179 e Edvige Verde, *Credito al consumo*, em Annamaria Ambrosio e outros, *I contratti bancari* (1999), 179-273.

[1877] Assim, em OLG Köln 23-nov.-1998, ZIP 1999, 308-310, entendeu-se que a tutela dispensada ao crédito ao consumo não se aplica ao débito proveniente de um aval.

[1878] Johannes Köndgen, *Die Entwicklung des Bankkreditrechts in den Jahren 1995-1999*, NJW 2000, 468-482 (476 ss.).

[1879] *Vide* Markus Roth, em Langenburger/Bliesener/Spindler, *Bankrechts-Kommentar* cit., 2.ª ed., Vor § 491, Nr. 7 ss. (765 ss.) e, em especial, Sibylle Kessal-Wulf, no *Staudingers* cit., 2, §§ 491-512, Einl zu §§ 491 ff, Nr. 1 ss. (5 ss.).

[1880] JOCE N.º L-42, 48-52, de 12-fev.-1987.

[1881] JOCE N.º L-133, 66-92, de 22-mai.-2008.

[1882] JOCE N.º L-296, 35-37, de 15-nov.-2011.

[1883] *Infra*, 706 ss..

III. A Diretriz 2008/48 prevê:

– que, no tocante a informações pré-contratuais, se especifiquem, se for o caso, as garantias exigidas – 5.º/1, *n*);
– que o próprio contrato de crédito alinhe, de forma clara e concisa, as eventuais garantias e os eventuais seguros exigidos – 10.º/2, *o*).

Ainda com interesse para as garantias a salvaguarda dos intervenientes: o mutuante deve avaliar previamente a solvabilidade do devedor (8.º/1).

IV. Numa linha de cruzamento entre as preocupações de retoma económica e de tutela do consumidor, a Comissão Europeia preparou uma proposta de Diretriz, de 31 de março de 2011, relativa aos contratos de crédito para imóveis de habitação[1884]. Ela obriga as instituições mutuantes a uma série de informações anteriores à celebração do contrato (8.º e 9.º), a calcular uma taxa anual de encargos efetiva global, a transmitir ao particular interessado (12.º e 13.º), a verificar a sua solvabilidade (14.º a 16.º) e a aconselhá-lo (17.º). São previstos esquemas de supervisão.
A Proposta foi aprovada pelo Conselho Europeu de 28 de janeiro, sendo publicada como Diretriz 2014/17, de 4 de fevereiro[1885].

V. A Diretriz 2014/17 segue o modelo do projeto. Após um longo preâmbulo explicativo, ela reparte-se por catorze capítulos:

I – Objeto, âmbito de aplicação, definições e autoridades competentes (1.º a 5.º);
II – Formação financeira (6.º);
III – Condições aplicáveis aos mutuantes, intermediários de crédito e representantes nomeados (7.º a 9);
IV – Informações e práticas anteriores à celebração de contrato de crédito (10.º a 16.º);
V – Taxa anual de encargos efetiva global (17.º);
VI – Avaliação de solvabilidade (18.º a 20.º);
VII – Acesso a bases de dados (21.º);
VIII – Serviços de consultadoria (22.º);

[1884] COM(2011) 142 final. *Vide* o parecer do BCE de 5-jul.-2011, JOCE N.º C-240, 3-7, de 18-ago.-2011.
[1885] JOUE N.º L-60, 34-85, de 28-fev.-2014.

IX – Empréstimos em moeda estrangeira e créditos a taxa de juro variável (23.º e 24.º);
X – Boa execução dos contratos de crédito e direitos associados (25.º a 28.º);
XI – Requisitos aplicáveis ao estabelecimento e supervisão dos intermediários de crédito e dos representantes nomeados (29.º a 34.º);
XII – Acesso à atividade e supervisão de instituições que não sejam de crédito (35.º);
XIII – Cooperação entre autoridades competentes de diferentes Estados-Membros (36.º e 37.º);
XIV – Disposições finais (38.º a 50.º).

Seguem-se três anexos.

O prazo de transposição da Diretriz 2014/17 expirou no dia 21 de março de 2016 (42.º/2). Ela altera, ainda que em pontos secundários, as Diretrizes 2008/48 e 2013/36 e o Regulamento 1093/2010 (47.º).

Fica o voto para que o esquema ora previsto, um tanto pesado, não gere mais custos de transação que acabem repercutidos, como sempre, no consumidor final. E, naturalmente: para que a transposição, conquanto que com atraso, seja adequada.

259. **O revogado Decreto-Lei n.º 359/91**

I. Entre nós[1886], as Diretrizes comunitárias relativas ao crédito ao consumo foram transpostas pelo Decreto-Lei n.° 359/91, de 21 de setembro. Este diploma teve, como linhas de força[1887]:

– a necessidade de informar o consumidor da "taxa anual efetiva global" ou TAEG, que exprima os reembolsos e encargos por ele suportados, numa base anual;
– a celebração, por escrito, de contrato, com determinados requisitos;
– a existência de um "período de reflexão": o consumidor pode, nos sete dias úteis subsequentes, revogar a sua declaração negocial relativa ao contrato.

[1886] Januário Gomes, *Contratos comerciais* cit., 286 ss., com indicações.
[1887] RPt 4 -jun.-2002 (Pelayo Gonçalves), CJ XXVII (2002) 3, 191-193 (193/I).

Encontramos estas regras vertidas nas cláusulas contratuais praticadas pelos banqueiros mais cuidadosos.

II. O Decreto-Lei n.° 359/91, de 21 de setembro, previa, ainda, medidas de tutela, aos consumidores, perante a concessão de crédito em conta-corrente – artigo 13.° – e sob a forma de descoberto – artigo 14.°. No fundamental, esses preceitos vêm concretizar deveres de informação que já se imporiam, nos termos gerais.

Recorrendo à jurisprudência, podemos apurar algumas proposições práticas interessantes. Assim:

– comete *venire contra factum proprium* o particular que só ao fim de três anos invoca a nulidade de um contrato de crédito ao consumo por falta de indicação escrita do fornecedor do bem[1888];
– do artigo 12.° do Decreto-Lei n.° 359/91 não se retira que a nulidade da compra e venda implique a do crédito ao consumo[1889];
– todavia: revogada, por mútuo acordo, a compra e venda, revogado fica o crédito ao consumo[1890].

III. O crédito ao consumo é dobrado pela consignação de um regime especial de falência do consumidor, testado noutros ordenamentos, com relevo para o alemão, através da *Insolvenzordnung*[1891]: uma ideia parcialmente acolhida pelo nosso Código da Insolvência e da Recuperação de Empresas, de 2004[1892], por último e neste momento, alterado pela Lei n.° 66-B/2012, de 31 de dezembro.

IV. A modernização do Direito das obrigações levada a cabo pela reforma do BGB, de 2001/2002, incluiu, no Código Civil alemão, a matéria atinente ao crédito ao consumo[1893]. Essa integração foi bem acolhida pelos estudiosos do Direito bancário[1894], que veem, aí, uma dignificação

[1888] RLx 1-abr.-2003 (Pereira da Silva), CJ XXVIII (2003) 2, 103-105 (105).

[1889] RPt 20-dez.-2004 (Sousa Lameira), CJ XXIX (2004) 5, 201-205 (204 e 205/I).

[1890] RLx 17-fev.-2005 (Gil Roque), CJ XXX (2005) 1, 110-113 (112/I).

[1891] Arne Wittig, *Insolvenzordnung und Konsumentenkredit*, WM 1998, 157-169 e 209-225.

[1892] No tocante à insolvência de pessoas singulares, *vide* os artigos 235.° e seguintes e, de não empresários e titulares de pequenas empresas: artigos 249.° e seguintes.

[1893] *Vide* a nossa *Da modernização do Direito civil* cit., 126-127, com indicações.

[1894] Schwintowski/Schäfer, *Bankrecht* cit., 2ª ed., 580 ss..

da matéria e um novo patamar para o seu desenvolvimento. A matéria foi alterada, em função da Diretriz 2008/48[1895], abaixo referida.

260. **O Decreto-Lei n.º 133/2009, de 2 de junho**

I. A busca de uma maior uniformização levou à Diretriz 2008/48, de 23 de abril[1896]: mas densa e complexa do que a Diretriz 87/102, que ela veio revogar e substituir. A transposição foi feita pelo Decreto-Lei n.º 133/2009, de 2 de junho[1897]. Este diploma, além dos aspetos já contemplados no diploma anterior, veio ainda versar:

– a publicidade (5.º);
– as informações pré-contratuais, muito extensas (6.º a 8.º);
– um dever de avaliar a solvabilidade do consumidor (10.º);
– a invalidade do contrato coligado (18.º);
– mediadores de crédito (25.º),
– a usura (28.º).

Em anexo, entre outros aspetos, comporta uma "informação normalizada europeia".

II. O Decreto-Lei n.º 133/2009, de 2 de junho, foi alterado pelo Decreto-Lei n.º 72-A/2010, de 17 de junho, o qual clarificou aspetos relativos à consulta de bases de dados de responsabilidades de crédito, por parte de instituições de crédito, no âmbito da avaliação da solvabilidade do consumidor. Aproveitando o ensejo de transpor a Diretriz 2011/90, de 14 de novembro, o Governo adotou o Decreto-Lei n.º 42-A/2013, de 28 de março. Este diploma modificou os artigos 1.º, 2.º, 4.º, 5.º, 6.º, 7.º, 8.º, 9.º, 12.º, 14.º, 25.º, 28.º, 29.º, 30.º e 31.º do Decreto-Lei n.º 133/2009, alterou os seus anexos I, II e III e redenominou o seu capítulo V, que passou a ser "intermediários de crédito". Foram revogados os artigos 2.º/ 1, *e*), 8.º/6 e

[1895] Christian Merz, em Siegfried Kümpel/Arne Wittig, *Bank- und Kapitalmarktrecht* cit., 4ª ed., 10.3 (1245).

[1896] JOUE N.º L-133, 66-92, de 22-mai.-2008. Ela foi alterada, no tocante à parte II do anexo I, pela Diretriz 2011/90, de 14 de novembro.

[1897] Fernando de Gravato Morais, *Crédito aos consumidores/Anotação ao Decreto--Lei nº 133/2009* (2009).

31.º/3, *c*). O Decreto-Lei n.º 133/2009, depois desta extensa mexida, foi republicado em anexo.

III. Entre as modificações de 2013 salientamos:

– a possibilidade de aplicar algumas regras de tutela do consumidor a descobertos em conta e a certas ultrapassagens de crédito (2.º/2, 3 e 4 e 25.º);
– a intervenção de intermediários de crédito, com funções de informação (7.º/1);
– a introdução de um certo limite à TAEG: considerada usurária quando exceda em um quarto a TAEG média praticada pelas instituições de crédito no trimestre anterior (28.º/1), seguindo-se outros limites.

III. O crédito ao consumo tem sido objeto de especial atenção dos tribunais. Entre a jurisprudência mais recente, destacamos o acórdão uniformizador de jurisprudência do Supremo, n.º 7/2009, de 25 de março, segundo o qual[1898]:

> No contrato de mútuo oneroso liquidável em prestações, o vencimento imediato destas ao abrigo de cláusula de redação conforme ao artigo 781.º do Código Civil não implica a obrigação de pagamento dos juros remuneratórios nelas incorporados.

Relevamos alguns tópicos jurisprudenciais:

– na interpretação da lei, há que ter presente a especial proteção do consumidor, que está em causa[1899];
– segundo o artigo 6.º do Decreto-Lei n.º 359/91, de 21 de setembro, no momento da assinatura do contrato, deve ser entregue um exemplar ao consumidor; é nulo o contrato celebrado entre ausentes e que tenha sido assinado em primeiro lugar pelo consumidor, pois tal formalismo não poder ser seguido[1900];

[1898] STJ (P) nº 7/2009, de 25 de março (António Cardoso de Albuquerque), DR 1.ª, n.º 86, de 5-mai.-2009, 2530-2538 (2538/II).

[1899] RGm 17-jan.-2013 (Antero Veiga), Proc. 1735/06.

[1900] RPt 24-jan.-2013 (Deolinda Varão), Proc. 11944/08; *vide*, ainda, RGm 19-fev.-2013 (Maria da Purificação Carvalho), Proc. 2895/08.

– na perda do benefício do prazo segue a tramitação do artigo 20º do Decreto-Lei nº 133/2009[1901];
– o acórdão uniformizador nº 7/2009 mantém a atualidade mesmo após a entrada em vigor do Decreto-Lei nº 133/2009, de 2 de junho[1902];
– num crédito ao consumo com cláusulas contratuais gerais, a cláusula de onde conste que o adquirente recebeu cópia do contrato pode ser afastada por prova em contrário[1903];
– o crédito ao consumo não subsiste se a compra e venda financiada ão se consubstancia por falta de objeto (um veículo automóvel); o facto de o consumidor ter pago 4 de 60 prestações não o inibe de invocar esse facto, por abuso do direito[1904];
– o crédito pode ser anulado por incapacidade acidental notória[1905];
– a invalidade do mútuo implica a da venda associada; o inverso não é verdadeiro[1906];
– o artigo 781º do Código Civil, com o acórdão 7/2009, pode ser afastado pelas partes[1907];
– por força da boa-fé, o devedor (no crédito ao consumo) também deve ser diligente[1908];
– a invalidade da compra e venda ou da prestação de serviço repercute-se no crédito ao consumo a ele ligado (18.º do Decreto-Lei n.º 133/2009)[1909];
– o incumprimento da compra e venda pelo vendedor extingue o mútuo a ele associado; o preenchimento da livrança em branco entregue com o mútuo torna-se abusiva[1910].

1901 REv 16-mai.-2013 (Isabel Silva), Proc. 1207/11.
1902 RLx 4-jul.-2013 (Ezagüy Martins), Proc. 1916/12.
1903 RCb 10-set.-2013 (Alberto Pedroso), Proc. 968/09.
1904 RLx 10-set.-2013 (Ana Resende), Proc. 44223/04.
1905 RCb 10-set.-2013 (Teles Pereira), Proc. 4898/06.
1906 STJ 26-set.-2013 (Maria dos Prazeres Beleza), Proc. 1735/06.
1907 RGm 15-out.-2013 (Maria Rosa Tching), Proc. 3258/11.
1908 REv 27-mar.-2014 (Assunção Raimundo), Proc. 230/10.
1909 RLx 5-fev.-2015 (Anabela Calafate), Proc. 697/11.
1910 RLx 31-mai.-2016 (Luís Espírito Santo), Proc. 23079/09.

§ 64.° CRÉDITOS DOCUMENTÁRIOS

261. Noções gerais e modalidades

I. Diz-se crédito documentário a situação jurídica pela qual um banqueiro se compromete, perante um seu cliente, a pagar uma certa quantia a um terceiro mediante a entrega, por este, de determinados documentos[1911]. O crédito documentário pode encobrir operações distintas: razão pela qual, designadamente na prática internacional[1912] e na doutrina italiana, ele aparece, muitas vezes, no plural: "créditos documentários"[1913]. Ainda no plano terminológico, fala-se, ainda, em "abertura de crédito documentário" ou em "crédito confirmado"[1914]. Na língua inglesa, consagrada pelos usos no comércio internacional, usam-se as expressões *documentary credits* e *standby letters of credit*. No Direito alemão, a expressão mais frequente é *Dokumentenakkreditiv*[1915].

II. No domínio dos créditos documentários surge uma semântica própria, de que cumpre dar nota. Assim:

– o banqueiro obrigado chama-se banco emitente ou *issuing bank*;
– o cliente que contrata com o banqueiro é o ordenante, o mandante ou *applicant*;

[1911] RPt 28-out.-2003 (Cândido Lemos), CJ XXVIII (2003) 4, 191-193.

[1912] Desde logo nos *ICC Uniform Customs and Practice for Documentary Credits/2007 Revision* (2007), 66 pp..

[1913] Giacomo Molle/Luigi Desiderio, *Manuale di diritto bancario e dell' intermediazione finanziaria*, 7.ª ed. (2005), 211 ss..

[1914] O presente *Manual de Direito bancário*, 3.ª ed., 549.

[1915] Claus-Wilhelm Canaris, *Bankvertragsrecht* cit., I, 3.ª ed., Nr. 916 (636-637); Michael Seeger, em Siegfried Kümpel/Arne Wittig, *Bank- und Kapitalmarktrecht* cit., 4.ª ed., Nr. 13.101-13.212 (1729-1760).

– o terceiro que, mediante documentos, irá receber o dinheiro é o beneficiário ou *beneficiary*;
– os documentos que o beneficiário deverá entregar para receber o crédito dizem-se, ainda, a apresentação ou *presentation*.

III. O crédito documentário comporta modalidades distintas de que cumpre dar nota. Assim, temos:

– crédito revogável;
– crédito irrevogável.

Na primeira hipótese, o banqueiro emitente pode modificar ou resolver o crédito a todo o tempo; apenas deverá, da sua decisão, notificar o beneficiário. Pelo contrário, na segunda, o banqueiro deve dar sequência à obrigação que assumiu, sejam quais forem as circunstâncias. De acordo com as regras e usos uniformes, o crédito, quando nada se diga, é irrevogável (3.º/III).

IV. De acordo com o conteúdo do "crédito" assumido pelo banco emitente, podemos distinguir[1916]:

– crédito à vista;
– crédito diferido;
– crédito por aceitação;
– crédito por negociação.

O crédito é à vista quando o banqueiro assume o compromisso de, por si ou através de outro banqueiro, efetuar um pagamento imediato, mediante a apresentação dos documentos. No crédito diferido, o pagamento operará mais tarde, na data constante da promissória elaborada a pedido do mandante. O crédito por aceitação pressupõe que o crédito tenha sido incorporado num título cambiário, como uma letra de câmbio: esta será aceite pelo banqueiro, nos termos acordados. A letra poderá depois ser descontada, nos termos gerais. No crédito para negociação assiste-se, também, à criação de um título de crédito. Todavia, este pode ser sacado sobre qualquer outra pessoa designada na carta de crédito, incluindo o próprio

[1916] *Vide* Thierry Bonneau, *Droit bancaire*, 11.ª ed. (2015), n.º 813-816 (598-599) e Luciano Pontiroli, *Credito documentario*, DDP/SComm IV (1989), 207-220 (210/II).

mandante. Além disso, o banqueiro procede, desde logo, ao desconto, o qual não é, assim, uma operação exterior à carta de crédito.

V. Em função de banqueiros intervenientes, temos:

– crédito simples;
– crédito com banqueiro intermediário.

Na primeira hipótese, o banqueiro emitente procede aos pagamentos a que haja lugar. Na segunda, ocorre a presença de um banco intermediário: uma eventualidade frequente nas relações de comércio internacionais onde, por razões práticas, o banqueiro emitente pertence à praça do comprador e não conhece o beneficiário nem, por ele, é conhecido; o beneficiário incumbe então um banqueiro da praça do vendedor de proceder às operações subsequentes. E aqui abrem-se, três sub-hipóteses, relativas ao banqueiro intermediário. Este pode ser:

– um banco notificador;
– um banco designado;
– um banco confirmador ou confirmante.

O banco notificador limita-se a transmitir a carta de crédito ao beneficiário: age como mandatário do banco emitente, devendo apenas verificar, com um cuidado razoável, a autenticidade do crédito transmitido. O banco designado, para além de notificar o beneficiário do crédito, deve ainda realizá-lo por conta do banco emitente. Por fim, o banco confirmador assume um compromisso para com o beneficiário: em tudo semelhante ao do banco emitente. O beneficiário disporá, então, de uma dupla garantia, falando-se em "crédito confirmado".

262. **Funções e importância**

I. O crédito documentário assume funções distintas. Podemos distinguir[1917]:

– uma função de pagamento;
– uma função de garantia;
– uma função de financiamento.

[1917] Claus-Wilhelm Canaris, *Bankvertragsrecht* cit., 1, 3.ª ed., Nr. 916-918 (636-637).

Na sua feição mais simples, o crédito documentário oferece ao ordenante um meio direto e fácil de pagamento, após verificação da causa da dívida. Tratando-se, em especial, de uma compra e venda internacional: o comprador-importador dispõe de um instrumento para pagar o preço, sem especiais riscos nem ameaças de mora ou de extravio de espécies monetárias.

II. O crédito documentário garante ainda, ao beneficiário, a perceção de uma determinada importância. Com efeito, o beneficiário abre mão, em regra, das mercadorias e isso a favor de um adquirente estrangeiro, muitas vezes dele desconhecido. A sua garantia residirá, então, na promissória do banco emitente, donde resulte o seu crédito documentário. Nesta dimensão, o crédito traduz uma espécie de garantia bancária autónoma[1918].

III. Finalmente, o crédito documentário pode traduzir a concessão *proprio sensu* de crédito ao mandante ou ordenante. O banqueiro antecipa os fundos que irá conceder ao beneficiário, concedendo, por essa via, crédito ao ordenante. Nesta dimensão poderão ser acordadas garantias, condições de reembolso, cláusulas penais, juros e todos os demais aspetos que podem enformar o crédito bancário.

IV. O crédito documentário já foi considerado o "sangue" das relações comerciais internacionais. Efetivamente, ele permite o estabelecimento profíquo de relações internacionais entre pessoas que não se conhecem. Muita riqueza circula e multiplica-se graças à teia de relações bancárias as quais são, assim, usadas como suportes para o comércio internacional. A eletrónica e toda a banca dela decorrente levam a uma redefinição de alguns aspetos. As estruturas tradicionais mantêm-se, porém, intactas.

V. O crédito documentário analisa-se, ainda, num quadro versátil, suscetível de dar corpo a situações muito diversas. O ordenante e o banco emitente podem celebrar os mais variados acordos. A relação material existente entre o ordenante e o beneficiário – e em relação à qual o banqueiro é, em princípio, alheio – pode ser de todo o tipo. Finalmente: o próprio direito do beneficiário pode assumir distintas configurações. Em suma: através do

[1918] RPt 23-mar.-2003 (Fonseca Ramos), CJ XXVIII (2003) 3, 195-200.

crédito documentário podem alcançar-se as mais diversas regulações de interesses.

263. **Origem, evolução e regras e usos uniformes**

I. O crédito documentário teve a sua origem na Praça de Londres[1919]. A libra esterlina funcionava como meio internacional de pagamento, sendo o crédito documentário uma forma, por excelência, de pagamentos internacionais. Tratava-se de uma operação assente nos usos e, depois, nas cláusulas contratuais dos bancos. Todavia, ela implicava, por vezes, a necessidade de intervenção de bancos locais (*nominated banks*) os quais podiam assumir diversos papéis, como acima foi verificado. Esta dimensão, ligada à internacionalidade das diversas situações, forçaria a subsequente evolução uniformizadora.

À partida, o crédito documentário não tem qualquer base legal[1920]. As inerentes relações pautavam-se por aquilo que fosse combinado entre as partes, isto é: entre o mandante e o banqueiro emitente. As preocupações de rapidez e de racionalização do comércio bancário levaram os banqueiros a preparar cláusulas contratuais gerais, cláusulas essas que, muitas vezes, davam corpo aos usos e costumes geralmente aceites.

II. Sob a égide da Câmara de Comércio Internacional procedeu-se, em Viena e no ano de 1933, à adaptação de denominadas "regras e usos uniformes relativos aos créditos documentários". Tais "regras e usos" foram revistos, pela primeira vez, na Conferência de Lisboa, em 1951. Seguiram-se revisões sucessivas, particularmente a de 1962, que traduziu a adesão dos bancos ingleses e dos países da *Commonwealth*, acolhendo muitas das suas técnicas. Em 1975, nova revisão visou a sua compatibilização com as novas técnicas de transporte internacional. Um aperfeiçoamento geral deu-se em 1983. Em 1993, intentou-se uma simplificação, a qual foi retomada na revisão de 2007.

A ambas estas revisões iremos dedicar alguma atenção.

[1919] Fernando Olavo, *Abertura de crédito documentário* cit., 9 ss..

[1920] Surgiam regras legisladas nos ordenamentos dos antigos Estados socialistas do Leste europeu; entre nós, ocorrem algumas referências pontuais em diplomas legislativos; *vide* Januário Gomes, *Contratos comerciais* cit., 339.

III. Na revisão de 1993, as regras e usos uniformes relativos aos créditos documentários abrangiam 49 artigos, assim ordenados:

A – Disposições gerais e definições (1.º a 5.º);
B – Forma e notificação dos créditos (6.º a 12.º);
C – Obrigações e responsabilidades (13.º a 19.º);
D – Documentos (20.º a 38.º);
E – Disposições diversas (39.º a 47.º);
F – Crédito transferível (48.º);
G – Cessão do produto do crédito (49.º).

Quanto a disposições gerais e definições, temos as regras seguintes:

1.º Campo de aplicação dos RUU (UCP em inglês);
2.º Significado de "crédito";
3.º Créditos e contratos;
4.º Documentos e mercadorias/serviços/prestações;
5.º Instruções para emitir/alterar os créditos.

Sublinhamos o artigo 3.º: estabelece a independência entre os créditos e as vendas ou outras transações em que se possam basear.

Por seu turno o ponto referente à forma e à notificação dos créditos, explicita:

6.º Créditos revogáveis e irrevogáveis;
7.º Responsabilidade do banco notificador;
8.º Revogação de um crédito;
9.º Responsabilidade dos bancos emitentes e confirmadores;
10.º Tipos de crédito;
11.º Créditos avisados por telecomunicação e créditos pré-avisados;
12.º Instruções incompletas ou imprecisas.

No tocante a obrigações e responsabilidades, encontramos:

13.º Norma para o exame de documentos;
14.º Documentos com divergências e notificação de divergências;
15.º Reserva quanto ao valor dos documentos;
16.º Reserva sobre a transmissão das mensagens;
17.º Força maior;
18.º Reserva da observância das instruções dadas a uma parte;
19.º Disposições para o reembolso de banco a banco.

Relevamos a primeira parte do artigo 13.º:

> Os bancos devem examinar com uma seriedade razoável (*with reasonable case*) todos os documentos estipulados no crédito, a fim de se assegurarem se eles se encontram ou não em aparente conformidade com os termos e condições do crédito.

O ponto D reporta-se a documentos. Em síntese:

20.º Ambiguidades quanto aos emitentes de documentos;
21.º Emitentes ou conteúdo de documentos não especificados;
22.º Data de emissão dos documentos e data do crédito;
23.º Conhecimento de embarque marítimo;
24.º Carta de porte marítimo não negociável;
25.º Conhecimento "charter-party";
26.º Documento de transporte multimodal;
27.º Documentos de transporte por via aérea;
28.º Documentos de transporte por terra, caminho de ferro ou vias interiores navegáveis;
29.º Recibos de sociedades de correio expresso e recibos postais;
30.º Documentos de transporte emitidos por transitários;
31.º "No convés", "embarque e contagem pelo expedidor", nome do expedidor;
32.º Documentos de transporte limpos;
33.º Documentos de transporte "frete pagável/pago antecipadamente";
34.º Documentos de seguro;
35.º Tipo de cobertura de seguro;
36.º Cobertura do seguro "todos os riscos";
37.º Faturas comerciais;
38.º Outros documentos.

Temos, aqui, uma especial atenção a elementos ligados a contratos de transporte, particularmente internacionais. É nessa área que surgem a generalidade dos documentos relevantes em sede de créditos documentários.

O ponto E, referente a disposições diversas, agrupa as normas seguintes:

39.º Tolerâncias relativas ao montante do crédito;
40.º Expedições/utilizações parciais;
41.º Expedições/utilizações fracionadas;
42.º Data limite de validade e lugar para apresentação dos documentos;

43.º Delimitação da data de validade;
44.º Prorrogação da data limite de validade;
45.º Horário de apresentação;
46.º Expressões gerais relativas às datas de expedição;
47.º Terminologia relativa às datas para os períodos de expedição.

O *quantum* de tolerâncias e importantes prazos supletivos resultam destes preceitos, de grande relevo prático.

Por fim, os pontos F e G dispõem sobre o crédito transferível (48.º) e sobre a cessão do produto do crédito (49.º). No primeiro caso, é necessário que o banco emitente exare, de modo expresso, que o crédito é transferível. No segundo, temos uma comum cessão de crédito, sempre possível.

IV. A intensificação das cautelas bancárias e um certo incremento da litigiosidade contra os banqueiros levou a uma taxa elevada de rejeição dos documentos, paralisando o crédito documentário: da ordem dos 70%, em primeira apresentação. Impunha-se uma revisão dos RUU, a que a CCI lançou mão. Assim surgiu a versão de 2007, mais precisa.

Damos nota do seu teor geral. Repare-se que foram suprimidas as ordenações em pontos, capítulos ou similares, no seu conteúdo. Temos:

artigo 1.º Aplicação dos RUU;
artigo 2.º Definições;
artigo 3.º Interpretações;
artigo 4.º Créditos e contratos;
artigo 5.º Documentos e mercadorias, serviços e prestações;
artigo 6.º Disponibilidade, data de caducidade e local de apresentação;
artigo 7.º Vinculação do banco emissor;
artigo 8.º Vinculação do banco confirmador;
artigo 9.º Notificação de créditos e de modificações;
artigo 10.º Alterações;
artigo 11.º Créditos e alterações teletransmitidos e pré-anunciados;
artigo 12.º Designação [do banco nomeado];
artigo 13.º Acordos de reembolso inter-bancários;
artigo 14.º Regras quanto ao exame de documentos;
artigo 15.º Conformidade da apresentação;
artigo 16.º Documentos discrepantes, notificação e auto;
artigo 17.º Documentos originais e cópias;
artigo 18.º Fatura comercial;
artigo 19.º Documentos de transporte multimodal;
artigo 20.º Guia de transporte;

artigo 21.º Conhecimento marítimo não-negociável;
artigo 22.º Guia de transporte "charter party";
artigo 23.º Guia de transporte por via aérea;
artigo 24.º Guia de transporte por terra, caminho de ferro ou via interior navegável;
artigo 25.º Recibo de transporte por correio expresso e recibos postais;
artigo 26.º "No convés", "embarque e contagem pelo expedidor" e encargos adicionais ao frete;
artigo 27.º Guias de transporte limpas;
artigo 28.º Documento de seguro e cobertura;
artigo 29.º Prorrogação e último dia para a apresentação;
artigo 30.º Tolerâncias relativas ao montante de crédito, à quantidade e aos preços unitários;
artigo 31.º Utilizações e expedições parciais;
artigo 32.º Utilizações e expedições fracionadas;
artigo 33.º Horário de apresentação;
artigo 34.º Reservas quanto à efetivação de documentos;
artigo 35.º Reservas quanto à expedição e à transmissão;
artigo 36.º Força maior;
artigo 37.º Reservas quanto às instruções dadas a uma parte;
artigo 38.º Créditos transferíveis;
artigo 39.º Cessão do produto do crédito.

Como especial novidade da revisão de 2007 temos a introdução das definições (2.º) e das interpretações (3.º). Com isso atinge-se um duplo objetivo:

– um maior afinamento conceitual: tanto mais necessário quanto é certo que os RUU são aplicados por diversas ciências jurídicas nacionais;
– uma maior capacidade para intervir a título supletivo, isto é: para regular a matéria, no silêncio das partes.

A regulação supletiva assegurada pelos RUU tem duas dimensões: permite, às partes, uma remissão fácil para um corpo experiente de regras e assegura, aos intervenientes, as soluções mais equilibradas.

V. Os RUU/2007 têm uma ordenação funcional. Não se preocupam, de modo fundamental, com a Ciência do Direito: antes visam seguir o fenómeno do crédito documentário no seu desenvolvimento prático. Por isso, podemos agrupar os seus preceitos da seguinte forma:

– âmbito e noções;
– posição e papel dos bancos;
– execução pelos bancos;
– situações especiais de transporte e de seguros;
– aspetos regulamentares na concretização;
– transmissibilidade.

Toda esta dinâmica tem um papel no plano da interpretação.

VI. O recurso aos RUU, aquando da conclusão de operações de crédito documentário, é habitual. Perante isso, pergunta-se qual seja a sua natureza jurídica ou, se se preferir: qual o fundamento da sua positividade. Frente a frente, três orientações:

– a do Direito contratual;
– a da normatividade *sui generis*;
– a do Direito consuetudinário.

Os RUU são apontados como Direito contratual, particularmente em França[1921]. Eles seriam aplicáveis por força do artigo 1134.º do *Code Civil*[1922].

Esta orientação fez todo o sentido. Na prática, porém, veio a entender-se que as RUU eram aplicáveis mesmo na ausência de expressas convenções das partes que, para eles, remetessem. A revisão de 2007 retomando versões anteriores, acaba por ser ambígua: o seu artigo 1.º começa por dispor que os RUU se aplicam a todo o crédito documentário "quando o texto do crédito indique expressamente que ele está submetido a tais regras". Mas acrescenta:

> Eles vinculam as partes em tudo o que não seja expressamente modificado ou excluído pelo crédito.

Poder-se-ia, por aqui, admitir uma presunção de tácito acolhimento dos RUU.

[1921] Thierry Bonneau, *Droit bancaire* cit., 11.ª ed., n.º 803 (587).

[1922] Cujo teor recordamos:

> As convenções legalmente formadas valem como lei perante aqueles que as tenham feito. Elas só podem ser revogadas por mútuo consenso ou pelas causas que a lei autorize. Elas devem ser executadas de boa-fé.

VII. O facto da vigência dos RUU permite apresentá-los como *lex mercatoria*, como ordenamento *sui generis* ou como expressão de um ordenamento fáctico[1923]. Não vemos, porém, como apurar, por esta via, um fundamento de positividade. Vamos mesmo mais longe: os RUU são demasiado claros e precisos para se perderem com semelhantes e imprecisas reconduções.

A *opinio necessitatis* permitiria reconduzir os RUU a Direito consuetudinário. É certo que estes têm sido regularmente revistos por instâncias centrais: a própria CCI. Todavia, a CCI não age como entidade reformadora, antes se limitando a formalizar o que resulta da prática corrente.

A opção pelo Direito consuetudinário ou por "usos do comércio", nos países que, com a Alemanha, os reconheçam[1924], resolverá o problema[1925]. Entre nós, todavia, falta-nos quer uma remissão legal, quer uma tradição consistente de remissão para Direito consuetudinário.

Os bancos portugueses, na sua prática relativa ao crédito documentário, remetem invariavelmente para os RUU. Estes são, pois, acolhidos aquando da contratação. Isso faz delas, tecnicamente, cláusulas contratuais gerais. Trata-se da posição que assumimos, na sequência, de resto, de doutrina atenta[1926].

264. O contrato de emissão e o negócio-base

I. O crédito documentário rege-se, hoje em dia e no essencial, pelas *Regras e Usos Uniformes Relativos aos Créditos Documentários*, revisão de 2007, adotada pela Câmara de Comércio Internacional. Os RUU são

[1923] Indicações: Claus-Wilhelm Canaris, *Bankvertragsrecht* cit., 1, 3.ª ed., Nr. 925 (639-640).

[1924] Recordamos o § 346 do Código Comercial alemão:

Entre comerciantes, devem-se ter em consideração, com referência ao significado e aos efeitos de ações e de omissões, os usos e os costumes que operem no tráfego comercial.

[1925] *Vide* Karsten Schmidt, no *Münchener Kommentar zum HGB*, 5 (2001), § 346 (39 ss.), Klaus J. Hopt, em Baumbach/Hopt, *HGB*, 31.ª ed. (2003), § 346 (1072 ss.) e Werner Russ, no *Heidelberger Kommentar zum HGB*, 7.ª ed. (2007), § 346 (871 ss.).

Claus-Wilhelm Canaris, *Bankvertragsrecht* cit., 1, 3.ª ed., Nr. 926 (640), que, todavia, acaba por rejeitar esta via, por falta de *opinio necessitatis*.

[1926] Herbert Schönke, *Die Rechtsnatur der Einheitlichen Rechtslinien und Gebräuche für Dokumentenakkreditive*, NJW 1968, 726-731 (728/II ss., 731/II) e Claus-Wilhelm Canaris, *Bankvertragsrecht* cit., 1, 3.ª ed., Nr. 927 (641).

hoje complementados por um suplemento relativo à Apresentação Eletrónica. Os RUU operam como cláusulas contratuais gerais, para as quais remetem os concretos contratos de crédito documentário.

Nos termos gerais, as cláusulas específicas aprovadas pelas partes prevalecem sobre os RUU (artigo 1.º, *in fine*, dos RUU e artigo 7.º da LCCG).

O crédito documentário rege-se por um contrato concluído entre o cliente do banqueiro (ordenante ou mandante) e o banqueiro (o emitente ou emissor). Poderemos falar, a tal propósito, em contrato de emissão de crédito documentário ou contrato de emissão. Este contrato estabelece um direito a favor do beneficiário. Tecnicamente, será um contrato a favor de terceiro (443.º e seguintes do Código Civil), embora algumas das regras legais relativas a esse instituto não tenham, aqui, aplicação.

O contrato de emissão não está sujeito a qualquer forma. Em regra, porém, trata-se de um instrumento escrito. Na hipótese frequente de crédito documentário com incidência internacional, o contrato ocorre em língua inglesa.

II. O contrato de emissão contém uma dupla promessa: em relação ao mandante e em relação ao beneficiário. Com efeito, perante um e perante o outro, o banqueiro assume a obrigação de executar o pagamento ou a negociação previstos no contrato. Além disso, ele prevê diversas comissões a favor do banqueiro: este, obviamente, desenvolve um serviço profissional pelo qual não dispensa ser remunerado. Distinguem-se as seguintes comissões[1927]:

– uma comissão de abertura de crédito, exigível antes da notificação da carta de crédito ao beneficiário;
– uma comissão de confirmação, se o crédito for irrevogável;
– uma comissão de pagamento, no momento da execução do crédito;
– uma comissão de transferência, caso a tanto haja lugar.

Tendo o banqueiro antecipado os fundos haverá, ainda, lugar ao pagamento de juros.

O contrato de emissão pode ainda prever a constituição de garantias a favor do banqueiro emitente. A solução mais simples será a da prévia rea-

[1927] Thierry Bonneau, *Droit bancaire* cit., 11.ª ed., n.º 805 (588-589).

lização de um depósito em garantia. Mas quaisquer outras soluções podem ser adotadas, por consenso entre as partes.

Resta acrescentar que o contrato de emissão de crédito documentário se inscreve, em regra, numa relação bancária complexa, constituída entre o banqueiro e o seu cliente (o mandante). Haverá que lidar com as inerentes regras[1928], operacionais no plano das vinculações entre ambos.

III. Subjacente ao contrato de emissão de crédito documentário está, em regra, um contrato entre o ordenante e o beneficiário. Trata-se do denominado negócio-base. Tal negócio é, muitas vezes, uma compra e venda: o crédito documentário será, nessa eventualidade, uma forma de pagamento do preço. Mas outras hipóteses são configuráveis, com relevo para o puro e simples pagamento de dívidas anteriores, implícito ou explicitamente reconhecidas.

O crédito documentário é totalmente independente do negócio-base. Segundo o artigo 4.º/a dos RUU/2007:

> Um crédito é, pela sua natureza, um negócio distinto da venda ou de outro contrato no qual se possa basear. Os bancos não ficam, de modo algum, afetados ou vinculados por tal contrato, mesmo quando qualquer referência ou equivalência a ele sejam incluídas no crédito. Consequentemente, a vinculação de um banco de pagar, de negociar ou de cumprir qualquer outra obrigação referente ao crédito não fica sujeita a ações ou a defesa do ordenante resultantes do seu relacionamento com o banco emitente ou com o beneficiário.

IV. Esta independência poderia ser tomada como uma manifestação de abstração do crédito documentário: este operaria independentemente da relação que o tivesse originado.

Podemos referir a "abstração" para documentar a independência do crédito em relação ao tal negócio de base. Mas daí não resulta que o próprio crédito seja uma obrigação abstrata, isto é: subsistente independentemente da sua fonte. Tal obrigação repousa na convenção concluída entre o mandante e o banqueiro emitente, convenção essa que, muito claramente, lhe fica o conteúdo e os limites.

[1928] *Supra*, 253 ss..

V. O contrato de emissão de crédito documentário dever-se-ia interpretar segundo as regras gerais dos artigos 236.º e seguintes do Código Civil[1929]. Teríamos, nessa eventualidade, de validar o sentido que, às declarações em presença, emprestaria o declaratário normal, situado na posição de declaratário normal, e tudo temperado por uma imputação razoável e pela vontade real dos intervenientes, quando conhecida e aceite. Havendo dúvidas: prevaleceria a solução mais equilibrada. Todavia, o contrato de emissão de crédito bancário tem alguns traços que o levam a descolar totalmente dessa orientação. Assim:

– rege-se por regras e usos uniformes, de dimensão internacional;
– insere-se numa lógica bancária;
– produz efeitos perante terceiros.

Vamos ponderar em separado estes três aspetos.

VI. Quanto à base internacional dos RUU: a doutrina tem sublinhado a inexistência de regras internacionais de interpretação. Os RUU deveriam ser interpretados de acordo com as bitolas internas de interpretação do Estado onde o problema se pusesse[1930]. Assim é. Não vemos nenhuma base para apelar à interpretação prevista para as fontes europeias[1931]. Ficam-nos, porém, as regras de interpretação da *lex fori*. Justamente: o mérito dos RUU está em atingir um grau de precisão que os torne relativamente imunes às particularidades interpretativas locais.

Sucede ainda que os RUU têm a natureza de cláusulas contratuais gerais. O artigo 10.º da LCCG remete para a interpretação comum dos negócios: uma remissão que, aqui e pelas razões abaixo indicadas, temos como inaplicável. Já o princípio do artigo 11.º, relativo às cláusulas ambíguas (*in dubio contra stipulatorum*), tem aqui plena aplicação[1932].

[1929] *Tratado* II, 4.ª ed., 715 ss..

[1930] Claus-Wilhelm Canaris, *Bankvertragsrecht* cit., 1, 3.ª ed., Nr. 930 (643-644), com indicações.

[1931] Quanto a tais "regras": Menezes Cordeiro, *Direito europeu das sociedades* (2005), 75 ss..

[1932] Na mesma linha perante a equivalente norma alemã então em vigor: Claus-Wilhelm Canaris, *Bankvertragsrecht* cit., 3.ª ed., Nr. 932 (644-645).

VII. O crédito documentário é um negócio bancário. Na banca aplica-se a regra da interpretação segundo o primeiro entendimento[1933]. As exigências de normalização e a prática negocial assente no comércio de massas impede veleidades de interpretações subjetivas e impossibilita buscas de particularismos casuísticos. Fica-nos uma interpretação essencialmente objetiva, assente no primeiro sentido que resulte do instrumento em presença.

O crédito documentário, essencialmente combinado entre o ordenante e o banco emissor, vai produzir efeitos perante terceiros:

– perante o beneficiário;
– perante o banqueiro intermediário, designadamente quando confirmante.

Este tipo de negócio não pode seguir as regras comuns relativas à interpretação dos negócios jurídicos: um fenómeno bem conhecido quanto ao contrato de sociedade[1934]. Também por aqui se impõe uma interpretação de tipo objetivo, mais próxima da da lei. E tudo isto se aplica, *mutatis mutandis*, à integração de eventuais lacunas.

Em síntese: os contratos de emissão de crédito documentário devem ser interpretados em conjunto com os RUU para que remetam. É risco do banqueiro a clareza de tais regras, pelo que, na dúvida, prevalece o sentido mais favorável ao mandante (11.º da LCCG). Para além disso, tais contratos obtêm uma interpretação e uma integração objetivas: semelhantes às que operam perante a lei.

265. **O funcionamento; a carta de crédito**

I. Na formação do contrato de emissão, há que observar as regras gerais atinentes à contratação bancária. Em especial, devemos ter em conta o sensível dever de aconselhamento, que caiba ao banqueiro[1935]. Um crédito documentário passa, muitas vezes, pela indicação de um banqueiro

[1933] *Supra*, 249 ss..

[1934] Com indicações: Menezes Cordeiro, *Direito das sociedades* 1, 3.ª ed., 494 ss..

[1935] Quanto ao funcionamento do crédito documentário *vide*, ainda, Robert Freitag, em Derleder/Knops/Bamberger, *Handbuch zum deutschen und europäischen Bankrecht* (2004), § 54, Nr. 15 ss. (1384 ss.) e Christian Gavalda/Jean Stoufflet, *Droit bancaire*, 8.ª ed. (2010), n.º 965 ss. (564 ss.).

estrangeiro que, no terreno, irá executar o crédito aberto. A indicação, pela natureza das coisas, será dada pelo banco emitente. Além disso, colocar-se-ão múltiplos esclarecimentos atinentes à execução do que tenha sido assumido.

II. Do contrato de emissão resulta a carta de crédito: um documento do qual constam os direitos do beneficiário e todos os demais condicionalismos que rodeiem o crédito documentário em jogo. A carta de crédito assume uma estrutura epistolar: todavia, ela é um contrato e não um negócio unilateral.

A carta de crédito assume feições diferentes consoante se trate de créditos revogáveis ou irrevogáveis, de créditos sem ou com intermediário e assim por diante. Remetemos para as diversas modalidades de crédito documentário já explicadas.

III. Perante um crédito irrevogável, a mais simples alteração exige o acordo do beneficiário. Em qualquer caso, o crédito tem uma data para ser exercido, sob pena de caducidade. Trata-se de matéria inserida nos RUU.

IV. O crédito funciona mediante a apresentação dos documentos previstos na respetiva carta. Tais documentos irão ser examinados pelo banqueiro: ou pelo banco nomeado ou, ainda, pelo banco confirmante. Haverá depois que seguir diversas regras exaradas no artigo 14.º dos RUU.

Eis algumas das regras em causa:

- o banqueiro dispõe de um máximo de cinco dias úteis para examinar os documentos: um prazo não afetado pelo expirar do prazo de caducidade;
- deve haver uma confluência geral entre as descrições dos bens e serviços exarados na carta de crédito e nos documentos;
- documentos não requeridos pela carta não devem ser tidos em conta, sendo restituídos ao apresentante.

Havendo conformidade dos documentos apresentados, o banco deve honrar a carta (15.º). Sendo os documentos discrepantes, o banqueiro pode recusar, elaborando uma breve nota justificativa para o apresentante – 16.º C) – com determinado conteúdo.

O banqueiro não é responsável por situações de força maior (36.º): catástrofes naturais, tumultos, comoções civis, insurreições, guerras, atos de terrorismo, greves, despedimentos coletivos ou gerais ou outros factos fora do seu controlo.

V. O banqueiro não fica obrigado a transferir o crédito documentário: exceto se expressamente se tiver convencionado o contrário (38.º/*a*). Compreende-se: estamos perante relações complexas, determinadas *intuiter personal*.

Já no tocante ao crédito *stricto sensu*: este pode ser transferido nos termos gerais e de acordo com o Direito aplicável[1936].

266. **Construção geral e natureza**

I. A determinação da natureza de crédito documentário levanta dificuldades, especialmente no Direito francês[1937] e no Direito alemão[1938]. No primeiro, o problema põe-se pela inexistência da figura do contrato a favor de terceiro; no segundo, pela presença, no BGB, do contrato de delegação (*Anweisung*), previsto no § 783 do BGB[1939]: contrato pelo qual uma pessoa habilita outra, por documento, a prestar a outrem dinheiro, títulos de crédito ou outras coisas fungíveis, e cujas regras aqui poderiam ter aplicação.

De facto, o crédito documentário deve ser construído em termos triangulares: temos uma relação de valuta, também dita negócio-base, entre o mandante e o beneficiário e, depois, uma relação de atribuição entre o mandante, o banqueiro e o beneficiário. Pela nossa parte, a construção geral do crédito documentário é, claramente, um contrato a favor de terceiro. Esse contrato assenta num outro – o negócio-base – mas surge, como se viu, totalmente independente deste.

II. A natureza do crédito documentário tem dado azo a enumeras teorias. Entre nós, Fernando Olavo, apresentou e criticou as teses seguintes[1940]:

– a teoria da fiança;
– a teoria da cessão de créditos;

[1936] RGm 19-jan.-2005 (António Gonçalves), CJ XXX (2005) 1, 279-282.

[1937] Thierry Bonneau, *Droit bancaire* cit., 11.ª ed., n.º 807 (590-591).

[1938] Claus-Wilhelm Canaris, *Bankvertragsrecht* cit., 1, 3.ª ed., Nr. 920 ss. (638-639).

[1939] Hartwig Sprau, no Palandt/BGB, 75.ª ed. (2016), § 783 (1308 ss.). Em Itália opta-se teoria da delegação passiva – Luciano Pontiroli, *Credito documentario* cit., 219/I – mercê de particularismos legislativos.

[1940] Fernando Olavo, *Abertura de crédito documentário* cit., 100 ss..

– a teoria da assunção de dívidas;
– a teoria da assignação passiva;
– a teoria da delegação;
– a teoria do contrato a favor de terceiro;
– a teoria da promessa de aceite por ato separado;
– a teoria do contrato de emissão;
– a teoria da abertura de crédito;
– a teoria do mandato.

O próprio Fernando Olavo optava pela teoria do mandato sem representação, tese essa que já perfilhámos[1941]. Hoje propendemos para uma construção diversa.

É claro que o crédito documentário tem elementos próprios e uma lógica intrínseca que lhe dão autonomia[1942]. Todavia, afigura-se possível uma recondução clarificadora e outros elementos.

O primeiro ponto a reter é o de que, no crédito documentário, o banqueiro assume uma prestação de serviço. Com efeito, ele adota duas importantes obrigações:

– a de verificar certos documentos;
– a de pagar certa obrigação ou de, por outra via, a satisfazer.

Trata-se de um serviço prestado ao cliente e que, eventualmente, pode ser acompanhado por deveres acessórios. Esta prestação de serviço, que não se esgota em atuações jurídicas, desagua, em última análise, no regime do mandato, por via do artigo 1156.º. Mas não se trata de um mandato simples nem, muito menos, há representação.

III. Mau grado a designação, o crédito documentário não é, à partida, um negócio de crédito. Poderá implicar uma verdadeira concessão de crédito: mas isso já postulará um diferente negócio com o banqueiro, ao qual não se aplica o regime típico do crédito documentário.

Teremos, pois, um contrato a favor de terceiro, na estrutura; e uma específica prestação de serviço bancário, na substância.

[1941] Menezes Cordeiro, *Manual de Direito bancário*, 3.ª ed., 550.
[1942] Molle/Desiderio, *Manuale di diritto bancário*, 7.ª ed. cit., 216.

§ 65.º LOCAÇÃO FINANCEIRA

267. **Origem, evolução e vantagens**

I. Locação financeira é o contrato pelo qual uma entidade – o locador financeiro – concede a outra – o locatário financeiro – o gozo temporário de uma coisa corpórea, adquirida, para o efeito, pelo próprio locador, a um terceiro, por indicação do locatário[1943].

O esquema creditício encontra-se vertido nos moldes da velha locação: pretendendo adquirir um bem, para o qual não tenha disponibilidades imediatas, o interessado dirige-se a um banqueiro; acordam no seguinte: o banqueiro adquire o bem em causa e dá-o, ao interessado, em locação; este irá pagar uma retribuição que traduza a amortização do bem e os juros; no final, o locatário poderá adquirir o bem pelo valor residual ou celebrar novo contrato; poderá, ainda, nada fazer.

II. A locação financeira tem antecedentes na Antiguidade. Não obstante, na sua feição moderna, ela é de origem norte-americana, sendo já praticada na primeira metade do século XIX[1944]. A primeira grande expe-

[1943] Quanto à noção aqui em causa, Giorgio de Nova, *Il contratto di leasing/Con sentenze ed altri materiali*, 3.ª ed. (1995), 3 ss.; *vide*, ainda: Michael Martinek/Jürgen Oechler, *Leasing*, em Schimansky/Bunte/Lwowski, *Bankrechts-Handbuch*, I, 4.ª ed., (2011), § 101 (865-931); Peter Mankovski/Oliver L. Knöfel, *Finanzierungsleasing*, em Derleder/Knops/Bamberger, *Handbuch zum deutschen und europäischen Bankrecht*, 2.ª ed. (2009), 653-682; Oliver Rossbach, em Siegfried Kümpel/Arne Wittig, *Bank- und Kapitalmarktrecht*, 4.ª ed. (2011), 1446-1454.

[1944] Dieter Gäfgen, *Leasing in den USA*, em K. F. Hagenmüller, *Leasing-Handbuch/ /Entwicklung und Einsatzmöglichkeiten bei den Unternehmungen* (1965), 109-167 (109 ss.); Markus Stoffels, *Leasing (Leasingsrecht)*, no *Staudingers Kommentar* 2 (2014), 219 pp., Nr. 1 (17). Entre nós refira-se, em especial, Diogo Leite de Campos, *A locação financeira (Estudo preparatório de uma reforma legislativa)* (1994), 45 ss. e Sebastião Nóbrega Pizarro, *O contrato de locação financeira* (2004), 9 ss..

riência de popularização do *leasing* – designação anglo-saxónica muito divulgada e cuja tradução, por locação financeira, é convencional – deve-se à *Bell Telephone Company*: esta, pretendendo implantar os seus produtos, optou por não vender os telefones, antes os alugando. A iniciativa foi bem sucedida, tendo surgido, em breve, sociedades puramente financeiras especializadas na sua prática[1945]. Com o decurso do tempo, o *leasing* veio a diversificar-se, permitindo atingir, por seu intermédio, uma gama completa de esquemas financeiros.

III. A locação financeira surgiu na Europa no segundo pós-Guerra, embora só tenha alcançado significado nos anos sessenta do século XX[1946]. Na Alemanha, a sua rápida expansão foi explicada pelo rarear da mão-de-obra, com uma subsequente explosão salarial: as empresas viraram-se, então, para os equipamentos, sendo a locação financeira um esquema particularmente adequado para a sua aquisição[1947]. Também ajudou a difusão da ideia de que a propriedade é a garantia por excelência[1948]. A locação financeira conheceu um surto na Europa de Leste, contribuindo, também aí, para o reequipamento das empresas[1949].

Sendo sensível à conjuntura, o *leasing* tende a acompanhar os grandes movimentos da economia[1950]. A tendência geral mantém-se favorável. As sociedades de locação financeira animam publicações especializadas e associações. Na cúpula encontramos a União Europeia das Uniões

[1945] Dieter Gäfgen, *Leasing in den USA* cit., 109 e Berndt Runge/Horst Bremser//Günter Zöller, *Leasing/Betriebswirtschaftliche, handels- und steuerrechtliche Grundlagen* (1978), 28 ss..

[1946] Gerhard Frotz, *Leasing in Österreich und seine Rechtsfragen*, FS Hämmerle (1972), 97-126 (97), relata que, nos anos 60, fora rejeitada, na Áustria, a inscrição comercial de uma *Leasing-Gesellschaft*: a locução *leasing* não exprimiria o seu objetivo; *vide*, ainda, Markus Stoffels, *Leasing* cit., Nr. 2 (17).

[1947] Heinz Book, *Leasing in Deutschland* em Hagenmüller, *Leasing Handbuch* (1965), 169-254 (169). Em 1994 contavam-se, na Alemanha, 1757 sociedades de *leasing*; cf. Heinrich Wassermann, *Leasing 1994*, FLF 1995, 83-88.

[1948] Francesco Giorgianni/Carlo-Maria Tardivo, *Manuale di diritto bancario*, 3.ª ed. (2012), n.º II, 56 (490).

[1949] Josef Stoitzner, *Leasing in Osteuropa*, FLF 1996, 141-147.

[1950] Arnd Städtler, *Leasing in Deutschland: Immobilien weiter expansiv – Massengeschäft rückläufig*, FLF 1995, 3-7.

de Sociedades de Leasing que festejou, em 1996, os seus primeiros 25 anos[1951].

Em Portugal, a locação financeira teve uma implantação mais tardia: a nacionalização da banca, ocorrida em meados da década de setenta do século XX e a retração subsequente dos sectores bancário e financeiro não eram propícias a inovações no campo do crédito[1952]. Regulada, por lei, nos finais dos anos setenta e em moldes restritivos, a locação financeira expandir-se-ia nas décadas subsequentes. Hoje, ela apresenta-se como um tipo negocial bancário popularizado, quer junto das empresas, quer junto de particulares.

IV. A locação financeira tem diversas vantagens, enquanto fórmula destinada a proporcionar crédito bancário. Em primeiro lugar, ela traduz um crédito de escopo bem delimitado: o financiador paga diretamente o bem ao fornecedor. Ela está, ainda, muito aderente ao bem a financiar: acompanha o seu valor e a sua força produtiva. Do ponto de vista da facilidade de concessão, as vantagens são claras: o financiador ficará a dispor da própria titularidade do bem: é a garantia por excelência. Assim, ele pode dispensar maiores indagações sobre o cliente, contentando-se com a existência do bem locado. A locação financeira não surge, formalmente, como um débito: as empresas que a ela recorram não veem aumentar o seu endividamento, ao contrário do que sucederia perante um mútuo tradicional. Além disso, a locação financeira permite diluir contabilisticamente os custos das aquisições, com múltiplas e potenciais vantagens de ordem

[1951] Wolfram Eckstein, *25 Jahre Leaseeurope*, FLF 1996, 186-189.

[1952] Quanto à literatura pioneira, cumpre citar C. A. Mota Pinto, *Uma nova modalidade jurídica de financiamento industrial: o leasing*, RDES 1965, 103-132 e José Carlos Moitinho de Almeida, *A locação financeira (leasing)*, BMJ 231 (1973), 5-26. Mais tarde, cabe assinalar Rui Pinto Duarte, *A locação financeira (estudo jurídico do leasing financeiro)* (s/d, mas 1983). Subsequentemente: João Calvão da Silva, *Locação financeira e garantia bancária* (1994), em *Estudos de Direito Comercial (Pareceres)* (1996), 9-48 (10 ss.), Diogo Leite de Campos, *A locação financeira* (1995), Victor Eugénio Siueia, *Leasing*, em *Temas de Direito bancário* (1999), 553-584 e Fernando de Gravato Morais, *Manual da locação financeira* (2006) e *Locação financeira de estabelecimento comercial*, em AAVV, *20 anos do CSC* 2 (2007), 619-635. Os escritos de referência, neste momento mais recentes, são, em obras gerais, os de José Engrácia Antunes, *Direito dos contratos comerciais* cit., 516-520 e Januário Gomes, *Contratos comerciais* cit., 351-366; no plano monográfico, Fernando de Gravato Morais, *Manual da locação financeira*, 2.ª ed. (2011), 358 pp..

fiscal e no tocante à própria imagem da empresa[1953]. A sua expansão tem sido constante[1954].

V. O problema de base derivado da locação financeira tem a ver com o destino dos bens, no caso de incumprimento. Em princípio, o locador financeiro dispõe do domínio: a garantia máxima. Trata-se, porém, de uma entidade bancária, que não poderá dar ao bem, de equipamento ou outro, que adquiriu para ceder ao locatário, qualquer destino produtivo ou, sequer, útil. Salvo, naturalmente, o colocá-lo no mercado: mas com todas as contingências inerentes ao facto de estar em jogo um bem usado, muitas vezes mal conservado e – porventura – demasiado especializado para colocações imediatas.

Os locadores pretendem, perante esse panorama, assegurar-se, multiplicando as garantias. Estas encarecem o produto, onerando o locatário com encargos não produtivos. Haverá, pois, que procurar um equilíbrio, assente numa repartição razoável e equitativa de riscos.

268. **Traços gerais e modalidades**

I. A locação financeira postula uma intervenção de três sujeitos: o fornecedor, o locador e o locatário[1955]. Infere-se, daí, que ela surge em união com – pelo menos – um contrato de compra e venda. A própria locação

[1953] Em geral, Werner Flume, *Leasing/In zivilrechtlicher und steuerrechtlicher Sicht* (1972), Karl-Heinz Forster, *Grundsätze für die Abgrenzung von Leasingraten*, FS Döllerer (1988), 147-155, Andreas Göritz, *Leasingverträge als verdeckter Eigenkapitalersatz* (1994) e Friedhelm Dünn Backe, *Mobilien-Leasing gibt Kommunen mehr Flexibilität in der Finanzplanung*, Sparkasse 1995, 491-492. Quanto à locação financeira perante a nova lei alemã de falências, Peter Seifert, *Leasing in der neuen Insolvenzordnung*, FLF 1995, 8-16, positivo em princípio e Hans-Georg Eckert, *Miete, Pacht und Leasing im neuen Insolvenzrecht*, ZIP 1996, 897-909, chamando a atenção para determinadas obscuridades, ainda por esclarecer.

[1954] Stefan Richter/Gerrit Seidl, *High Performance Leasing: Wachstum durch Wandel*, Bank 1998, 146-149.

[1955] Quanto à estrutura geral da locação financeira, Dieter Krause, *Die zivilrechtlichen Grundlagen des Leasing-Verfahrens*, 36 ss., Flume, *Leasing* cit., 11 ss., Konrad Mellerowicz, *Leasing-Geschäfte und ihre Bilanzierung – eine Lücke im Aktiengesetz*, FS Carls Hans Barz (1974), 409-427 (409 ss.), Hans Joachim Spittler, *Leasing* (1977), 16 ss., Friedrich Graf von Westphalen, *Der Leasingvertrag*, 3.ª ed. (1987), 51 ss. e Larenz/Canaris, *Lehrbuch des Schuldrechts* cit., II/2, 99 ss..

financeira consigna depois, em regra, uma opção de compra, a favor do locatário[1956]. Muitas vezes, a locação financeira obriga a celebrar outros contratos: seguros e garantias.

A locação financeira ocorre, assim, como um núcleo apto a suportar os fenómenos da união de contratos e dos contratos mistos.

II. Tomando-a, na sua globalidade, a locação financeira é um contrato oneroso, sinalagmático, bivinculante, temporário mas originando relações duradouras e de feição financeira[1957].

Noutros países como, por exemplo, na Alemanha, a locação financeira é sumariamente imputada, na sua regulação, ao Direito consuetudinário, vertido em cláusulas contratuais gerais[1958]. Entre nós, a locação financeira dispõe de completas regulamentações, abaixo examinadas, que se vêm, aliás, a suceder no tempo. Era de esperar.

III. A locação financeira comporta múltiplas classificações. Na origem, cumpre apontar as seguintes[1959]: *net-leasing* e *gros-leasing*, consoante os custos das reparações, dos seguros e outros corram pelo locatário ou pelo locador; *short-leasing* e *long-leasing*, conforme dure menos de 10 ou 10 ou mais anos; *first* ou *secondhand-leasing*, quando se reporte a bens novos ou usados; *sale-lease-back-leasing*, quando o interessado venda o bem ao financiador o qual lho devolve em locação financeira; *terme-leasing* e *revolving-leasing*, respetivamente para os contratos de duração pré-definida ou de duração indeterminada, à vontade do locatário; *Kommunal-leasing*, para os contratos contraídos por autarquias, para equipamentos públicos.

[1956] *Vide* a noção adotada em STJ 18-fev.-1999 (Sousa Dinis), CJ/Supremo VIII (1999) 1, 114-117 (116/II).

[1957] Quanto a este último ponto, rico em consequências interpretativas, RLx 25-jan.-1989 (Mora do Vale), CJ XV (1990) 1, 149-150 (150) e RLx 29-jun.-1990 (Rosa Raposo), CJ XIV (1989) 4, 111-112. Os elementos da locação financeira podem ser confrontados em RPt 12-dez.-2013 (Judite Pires), Proc. 1730/12. Na doutrina, Ezio Maria Leo, *L'essenza del credito e il leasing finanziario*, em Giuseppe B. Portale, *Le operazioni bancarie* (org.), II (1978), 831-896 (833 ss.).

[1958] Exemplos de contratos podem ser confrontados em Krause, *Leasing-Verfahren* cit., 119 ss. e em Runge/Bremser/Zöller, *Leasing* cit., 351 ss..

[1959] Mellerowicz, *Leasing-Geschäfte* cit., 413 ss.; Markus Stoffels, *Leasing* cit., Nr. 8 ss. (20 ss.).

Entre nós, a distinção fundamental tem operado entre o *leasing* mobiliário e o imobiliário, consoante a natureza dos bens locados seja móvel ou imóvel.

269. **O regime vigente**

I. A locação financeira viu a sua primeira regulamentação legal aprovada pelo Decreto-Lei n.º 171/79, de 6 de junho (Governo Mota Pinto)[1960].

Procurou-se, na época, adotar um estilo civil[1961]. O diploma versava, noutros tantos capítulos, sucessivamente, os princípios gerais, a celebração e vigência do contrato, a posição jurídica do locador, a posição jurídica do locatário, a resolução do contrato e garantias e disposições finais e transitórias.

Os princípios gerais continham elementos importantes, quanto à locação financeira. De um modo geral, eles eram restritivos. A locação financeira de móveis e imóveis estava claramente contraposta: artigos 2.º e 3.º, respetivamente. A locação de móveis respeitaria sempre a bens de equipamento; a de imóveis, bens "afetados ou a afetar ao investimento produtivo na indústria, na agricultura, no comércio ou em outros sectores de serviços de manifesto interesse económico ou social".

Os diversos aspetos dos contratos de locação financeira eram, pura e simplesmente, fixados por aviso do Banco de Portugal.

Apenas sociedades de locação financeira podiam dar bens em *leasing*: tal a regra básica do artigo 6.º, que inaugurava o capítulo relativo à celebração e vigência do contrato. Os contratos relativos a imóveis estavam sujeitos a escritura pública; os móveis à forma escrita com reconhecimento, por semelhança, das assinaturas; os móveis sujeitos a registo, a documento particular com autenticação notarial – artigo 8.º. Esta última solução era disfuncional: no caso dos automóveis, a locação financeira tinha uma forma mais gravosa do que a própria compra e venda, puramente consensual! Os contratos estavam sujeitos a publicidade: registo para os

[1960] Trata-se de um diploma não referendado! *Vide* DR I Série, n.º 130, de 6-jun.-1979, 1255.

[1961] O anteprojeto inicial foi preparado pelo Prof. Nuno Espinosa Gomes da Silva e por nós próprios; sofreu, depois, alterações que não acompanhámos e que o terão aproximado do modelo francês; *vide* Gravato Morais, *Manual da locação financeira* cit., 2.ª ed., 29.

imóveis e placa de identificação para os móveis – artigo 8.°. Havia prazos mínimos: 10 e 2 anos para os imóveis e para os móveis, respetivamente. Tais prazos funcionavam, ainda, supletivamente, no silêncio das partes.

No tocante às posições jurídicas do locador – artigos 17.° e seguintes – e do locatário – artigos 21.° e seguintes, respetivamente – as soluções eram marcadamente civis. Apenas se deve notar a faculdade, do locatário, de adquirir a coisa, findo o contrato – artigos 19.°, *c*) e 22.°, *e*), sempre do Decreto-Lei n.° 171/79, de 6 de junho. Já a resolução – capítulo V, artigo 26.° – seguia o regime jurídico geral e não os esquemas restritivos da locação civil.

II. O Decreto-Lei n.° 311/82, de 4 de agosto[1962], veio conferir determinados benefícios fiscais à locação financeira. Posteriormente, tais benefícios foram eliminados.

O Decreto-Lei n.° 168/89, de 24 de maio, deu início a uma certa liberalização do *leasing*: revogou o artigo 4.°/2 do Decreto-Lei n.° 171/79, que sujeitava a aprovação prévia do BP os modelos de contratos de locação financeira. Seguiu-se o Decreto-Lei n.° 18/90, de 11 de janeiro, que revogou o artigo 6.°/2 do mesmo Decreto-Lei: a celebração de contratos por sociedades estrangeiras deixou de depender de autorização prévia do MF.

Veio, depois, o Decreto-Lei n.° 10/91, de 9 de janeiro, que permitiu a celebração de contratos de locação financeira de imóveis "... destinados a habitação própria do locatário...". O contrato de locação financeira era, depois, regulado com brevidade, sempre com utilização de uma linguagem civil. De notar que a própria posição do locatário era livremente transmissível – artigo 11.°. No tocante à cessação, não se aplicavam as regras próprias do arrendamento urbano – artigo 12.°: fixava-se um regime bem mais flexível. O Decreto-Lei n.° 171/79, de 6 de junho, era subsidiariamente aplicável.

III. O regime de locação financeira foi novamente regulamentado pelo Decreto-Lei n.° 149/95, de 24 de junho[1963]. Fundamentalmente, tratava-se de dar mais alguns passos na liberalização da figura, de modo a

[1962] Este diploma, tal como resulta do DR I Série, n.° 176, de 4-ago.-1982, 2304, também não foi referendado.

[1963] Quanto a este diploma, Carlos Felício da Costa/José Florim, *Do leasing ou da locação financeira* (1996) e Fernando Gravato Morais, *Manual da locação financeira* cit., 2.ª ed., 30-31.

acompanhar quer os progressos gerais do Direito bancário nacional, quer a evolução do Direito europeu.

O próprio legislador enunciou, no preâmbulo, as inovações seguintes:

> Alarga-se o objeto do contrato a quaisquer bens suscetíveis de serem dados em locação;
>
> Simplifica-se a forma do contrato, limitando-a a simples documento escrito;
>
> Possibilita-se que o valor residual da coisa locada atinja valores próximos de 50% do seu valor total;
>
> Reduzem-se os prazos mínimos da locação financeira, podendo a locação de coisas móveis ser celebrada por um prazo de 18 meses e a de imóveis por um prazo de 7 anos;
>
> Enunciam-se mais completamente os direitos e deveres do locador e do locatário, de modo a assegurar uma maior certeza dos seus direitos e, portanto, a justiça da relação.

Podemos considerar que, nestas simples proposições, está, efetivamente, sintetizado o novo regime da locação finaceira.

IV. Em termos técnico-jurídicos, a locação financeira viu substituir a sua regulamentação marcadamente civilística por um tipo de articulado vincadamente bancário. O diploma é mais funcional, acentuando, por essa via, a vertente financeira do *leasing*.

A posição das partes foi, efetivamente, precisada. Muito importante, em termos práticos, é o dispositivo do artigo 21.° do novo diploma, que estabelece um esquema expedito para o locador reaver o bem, no caso de cessação do contrato. Trata-se de uma providência cautelar especialmente adaptada, que permite a rápida recuperação do bem: visou-se, assim, responder às lições da prática: o locatário podia, através de diversos esquemas dilatórios, frustrar o domínio do locador[1964]. Só por si, o contrato de locação financeira não é, porém, título executivo[1965].

[1964] Para aplicação dessa providência: RLx 2-dez.-2004 (Fernanda Isabel Pereira), CJ XXIX (2004) 5, 106-108 (107/II) e RPt 12-nov.-2008 (Teles de Menezes), Proc. 0835105.

[1965] RLx 29-jan.-2002 (Pais do Amaral), CJ XXVII (2002) 1, 94-95.

A jurisprudência explica que este procedimento funciona sempre que se verifiquem os seus pressupostos: há uma presunção *iuris et de iure* de *periculum in mora*[1966].

O artigo 23.° veda operações similares ao *leasing*.

V. A publicação do Decreto-Lei n.° 149/95, de 24 de junho, o qual revogou, expressamente, o Decreto-Lei n.° 171/79, de 6 de junho, deixou uma dúvida: teria sido revogado o Decreto-Lei n.° 10/91, de 9 de janeiro? O artigo 2.°/1 do Decreto-Lei n.° 149/95, ao referir que poderiam ser objeto de locação financeira "... quaisquer bens suscetíveis de serem dados em locação" parece indiciar uma clara intenção legislativa de revogar os próprios diplomas especiais. De todo o modo, a dúvida existia e era legítima.

Surgiu, por isso, o Decreto-Lei n.° 265/97, de 2 de outubro. Visando esclarecer o problema, este diploma revogou, de forma expressa, o Decreto-Lei n.° 10/91, de 2 de janeiro. Paralelamente, ele introduziu diversas alterações no Decreto-Lei n.° 149/95, de 24 de junho, visando contemplar o *leasing* de imóveis para habitação.

Seguiu-se o Decreto-Lei n.° 285/2001, de 3 de novembro, que veio alterar novamente a locação financeira. Desta feita, pretendeu-se, no essencial, reforçar a autonomia privada, pondo termo a algumas regras restritivas[1967].

Finalmente e por agora, o Decreto-Lei n.° 30/2008, de 25 de fevereiro, deu nova redação aos artigos 3.° (Forma e publicidade), 17.° (Resolução, por incumprimento e cancelamento do registo) e 21.° (Providência cautelar de entrega judicial).

270. **A prática da locação financeira**

I. Os contratos de locação financeira são concluídos na base de cláusulas contratuais gerais, bastante circunstanciadas, aprontadas pelas sociedades locadoras. Tais cláusulas devem ser comunicadas ao aderente, nos termos vigentes[1968]. Além disso, sujeitam-se à fiscalização jurisdicional:

[1966] RLx 28-jan.-1999 (Santos Bernardino), CJ XXIV (1999) 1, 07-99 (99/I).

[1967] Foi alterado o artigo 6.° e revogados os artigos 4.°, 5.°, 16.° e 20.°: todos do Decreto-Lei n.° 149/95, de 24 de junho.

[1968] RPt 29-jan.-2013 (Márcia Portela), Proc. 1889/08; RPt 7-jul.-2016 (Augusto de Carvalho), Proc. 4573/14.

desde cedo a jurisprudência entendeu que tal fiscalização não era afastada pelo facto de ocorrer uma aprovação, pelo BP, dos modelos dos contratos[1969], de acordo com o depois revogado[1970] artigo 4.º/2 do Decreto-Lei n.º 171/79, de 6 de junho.

II. A locação financeira é, essencialmente, um negócio de crédito, ainda que vertido nos moldes da velha locação. Assim, não lhe são aplicáveis as regras da compra e venda[1971] e, designadamente, as regras da venda a prestações[1972]. O locatário é responsável pelas consequências advenientes do funcionamento da coisa, designadamente pelo seguro obrigatório de responsabilidade civil[1973] e pelas despesas de condomínio[1974]. A ele compete, por exemplo, obter os documentos da viatura locada[1975], agindo, no caso de vício da coisa[1976].

III. Além da dimensão bancária, o regime da locação também faz valer o seu peso: o locador deve assegurar a entrega da coisa[1977], ainda que só responda por dolo ou culpa grave[1978], sua ou de um auxiliar[1979]; o locador é, ainda, o possuidor da coisa em termos de propriedade, exercendo a sua posse através do locatário: pode usar embargos, para defender a sua posse[1980]. Transmitida, na pendência do contrato, a propriedade do bem locado, o novo proprietário passa a locador, por aplicação do artigo 1057.º do Código Civil[1981]. A cessão exige acordo do locador[1982]: mas não a sua

[1969] Assim, STJ 5-jul.-1994 (Machado Soares), CJ/Supremo II (1994) 2, 170-174.

[1970] Pelo artigo único do Decreto-Lei n.º 168/89, de 24 de maio.

[1971] RLx 29-jun.-1989 (Rosa Raposo), CJ XV (1989) 4, 111-112 e RLx 4-jul.-1992 (Silva Paixão), CJ XVI (1991) 4, 170-171.

[1972] RLx 25-jan.-1990 (Mora do Vale), CJ XV (1990) 1, 149-150 (150/1).

[1973] STJ 9-dez.-1992 (Sá Nogueira), BMJ 422 (1993), 97-120 (113).

[1974] STJ 6-nov.-2008 (Santos Bernardino), Proc. 08B2623.

[1975] STJ 13-mai.-2003 (Faria Antunes), CJ/Supremo XI (2003) 2, 49-52 (52/I).

[1976] REv 13-mar.-2003 (Laura Leonardo), CJ XXVII (2003) 2, 231-236 e RGm 6-out.-2004 (Vieira e Cunha), CJ XXIX (2004) 4, 280-282 (280/II), sob invocação do artigo 13.º do Decreto-Lei n.º 149/95.

[1977] STJ 22-nov.-1994 (Pais de Sousa), CJ/Supremo II (1994) 3, 155-157.

[1978] STJ 30-nov.-1995 (Metello de Nápoles), CJ/Supremo III (1995) 3, 132-134 (134/2).

[1979] RLx 23-nov.-2006 (Sousa Pinto), CJ XXVI (2006) 5, 92-95.

[1980] RCb 15-out.-1996 (Nuno Cameira), CJ XXI (1996) 4, 39-40.

[1981] RLx 27-jun.-2002 (Sousa Grandão), CJ XXVII (2002) 3, 113-116 (115/I).

[1982] STJ 21-mai.-2009 (Alberto Sobrinho), Proc. 363/07.7.

outorga no contrato de transmissão[1983]. Havendo insolvência do locatário, o locador financeiro pode requerer a separação da coisa da massa insolvente e a sua restituição[1984]. O locatário financeiro não tem, salvo cláusula em contrário, o direito de ser compensado pelas benfeitorias[1985].

A locação financeira não se limita, porém, a acolher elementos do crédito e da locação comum: ela tem traços próprios, que se refletem nas soluções. Assim, o fornecedor é estranho à relação verificada entre locador e locatário, não respondendo solidariamente pela situação criada[1986]. No termo da relação, o locatário dispõe, segundo o tipo de *leasing*, de uma opção de compra: é nula a cláusula que obrigue o locatário a comprar a coisa[1987].

271. **O incumprimento pelo locatário**

I. Boa parte do contencioso relativo à locação financeira tem ocorrido na área da sua cessação, mormente perante o incumprimento do locatário.

Como foi referido, tal incumprimento tende a colocar o locador numa situação melindrosa: sendo uma instituição de crédito, ele pouco proveito poderá tirar do objeto locado; além disso, haverá dificuldades em colocá-lo no mercado, visto tratar-se de um bem usado e, normalmente, em mau estado de conservação. O locador financeiro, através das suas cláusulas contratuais gerais, tende, assim, a rodear-se de garantias pesadas, gizando, ainda, cláusulas penais de grande extensão. A jurisprudência tem atuado no sentido de moderar tais esquemas de proteção. Em especial, ela veio a fixar-se em que o locador, como alternativa e perante o incumprimento, ou resolve o contrato ou faz vencer as obrigações vincendas[1988]. Esta última hipótese poderia estar contemplada no contrato, com juros[1989]. A locadora poderia ainda resolver o contrato por incumprimento, independentemente de acionar o seguro-caução prestado por uma companhia seguradora[1990].

[1983] RPt 21-jan.-2013 (Luís Lameiras), Proc. 297/10.8.
[1984] RCb 21-mar.-2013 (Arlindo Oliveira), Proc. 444/06.4.
[1985] RPt 15-fev.-2016 (Augusto de Carvalho), Proc. 1084/11.
[1986] RLx 15-out.-1985 (Sá Nogueira), CJ X (1985) 4, 135-138.
[1987] STJ 7-mar.-1991 (Afonso de Albuquerque), BMJ 405 (1991), 465-470 (469).
[1988] RPt 17-mar.-1998 (Emérito Soares), BMJ 475 (1998), 772 (o sumário).
[1989] STJ 20-out.-1998 (Ferreira Ramos), CJ/Supremo VI (1998) 3, 73-77 (76-77).
[1990] RLx 25-jun.-1998 (Salazar Casanova), CJ XXIII (1998) 3, 136-137.

II. Uma vez resolvido o contrato por incumprimento, a jurisprudência tem entendido, de um modo geral, que não pode haver lugar à cobrança das prestações vincendas: RLx 13-mar.-1990[1991], RLx 19-mar.-1992[1992], RCb 23-nov.-1993[1993] e STJ 18-mar.-1995[1994]. Bem se compreende: se o locador recebe o bem locado, não se entenderia que recebesse, também, as rendas subsequentes a essa receção. A resolução – que deve ser pactuada[1995] – é incompatível com a cláusula penal de receção das rendas vincendas.

III. Assente esse ponto, a jurisprudência encaminhou-se para admitir a inclusão de cláusulas penais. Começou-se por julgar nula a cláusula que, perante a resolução, considerasse uma indemnização pelo interesse positivo: apenas o negativo seria ressarcível[1996]. Seriam admitidas cláusulas que, em face de um incumprimento, pelo locatário, seguido de resolução, consignassem a perda das rendas vencidas e pagas, e o dever de pagar as que se fossem vencendo antes da efetiva restituição, com juros de mora[1997]. No passo seguinte, foram admitidas cláusulas que consignassem o pagamento, pelo locatário inadimplente, de um quinto das rendas vincendas e do valor residual[1998]; com hesitações[1999], essa orientação veio a sedimentar-se na jurisprudência[2000], a qual acrescentaria, ainda, mais 20% do valor residual[2001] e os juros vencidos desde a resolução até ao efetivo

[1991] RLx 13-mar.-1990 (Zeferino Faria), CJ XV (1990) 2, 129-131.

[1992] RLx 19-mar.-1992 (Machado Soares), CJ XVII (1992) 3, 178-181: este aresto considera a correspondente cláusula contrária ao artigo 19.°, *c*) da LCCG: cláusula penal desproporcionada.

[1993] RCb 23-nov.-1993 (Cardoso de Albuquerque), CJ XVIII (1993) 5, 38-42.

[1994] STJ 18-mar.-1995 (Costa Marques), CJ/Supremo III (1995) 2, 94-97.

[1995] RLx 4-jul.-1992 (Silva Paixão), CJ XVI (1992) 4, 170-171.

[1996] RLx 27-fev.-1992 (Saraiva Coelho), CJ XVI (1992) 1, 172-173.

[1997] RLx 19-mar.-1992 cit., CJ XVII, 3, 178 ss. e STJ 9-mar.-1993 (Cura Mariano), CJ/Supremo I (1993) 2, 8-11.

[1998] RPt 28-set.-1993 (Metello de Nápoles), CJ XVIII (1993) 4, 215-216.

[1999] Assim, RLx 3-fev.-1994 (Tomé de Carvalho), CJ XIX (1994) 1, 118-120, que entendeu ser inadmissível a cláusula de pagamento penal de 20% das rendas vincendas, por via dos artigos 12.° e 19.°, *c*), da LCCG, mas admissível a do pagamento de 1/90 da última renda trimestral por cada dia de atraso na restituição do bem locado, após a resolução.

[2000] RLx 24-fev.-1994 (s/ indicação de Relator), CJ XIX (1994) 1, 137-139: admite a cláusula dos 20% das prestações vincendas, mas considera usurários juros de mora de 27%, por via do artigo 1146.°/1, do Código Civil: e bem.

[2001] RLx 7-jul.-1994 (Rodrigues Codeço), CJ XIX (1994) 4, 79-81, RLx 4-mai.-1995

pagamento[2002]. Trata-se de uma opção consolidada nos últimos anos[2003]. A jurisprudência não aceita que, por via de cláusulas contratuais gerais, o locador ganhe mais, com o incumprimento, do que com a comum execução do contrato[2004].

IV. As referências a indemnizações pelo interesse negativo ou pelo interesse positivo prestam-se a confusões. Efetivamente, quando, em vez da resolução, o locador opte por uma ação de cumprimento, ele verá contemplado o seu interesse positivo[2005], isto é, o interesse que tem no acatamento do contrato. Mas quando recorra à resolução, nenhuma norma limita a indemnização ao chamado interesse negativo, isto é, ao interesse que teria na não celebração de um contrato que seria incumprido e que é, em regra, substancialmente menor.

As dúvidas surgem por o Código Civil não referir, diretamente, a resolução por incumprimento mas, apenas, a resolução por impossibilidade culposa imputável ao devedor – artigo 801.°/2. Esta norma é, porém, aplicável ao incumprimento culposo definitivo. A lei é clara: a resolução opera "... independentemente do direito à indemnização ...". Esta, nos termos gerais, deve colocar o credor na posição em que estaria, se não fosse a violação: artigos 798.° e 562.°, entre outros, do Código Civil. O interesse positivo deve ser considerado: danos emergentes e lucros cessantes.

V. Havendo resolução, há uma limitação da indemnização, mas por via diferente: recebendo o bem de volta, o locador não poderá faturar, simultaneamente, o valor deste e o das rendas vincendas: haveria uma duplicação.

Contudo, a mera restituição do bem não é ressarcitória: como tem sido reconhecido na jurisprudência[2006], o locador suporta múltiplos inves-

(Silva Salazar), CJ XX (1995) 3, 89-92 (92/1) e RLx 10-out.-1995 (Bento Lopes), CJ XX (1995) 5, 95-98.

2002 RLx 27-abr.-1995 (Silva Salazar), CJ XX (1995) 2, 120-123 (122/2).

2003 Assim: RPt 11-nov.-1997 (Afonso Correia), BMJ 471 (1997), 459, RPt 24-mar.-1998 (Norman Mascarenhas), BMJ 475 (1998), 773, STJ 21-mai.-1998 (Garcia Marques), BMJ 477 (1998), 489-504, STJ 6-out.-1998 (Lemos Triunfante), BMJ 480 (1998), 441-449 (447) e RLx 10-nov.-1998 (Sousa Magalhães), CJ XXIII (1998) 5, 87-89 (89/I).

2004 STJ 2-mai.-2002 (Sousa Inês), CJ/Supremo V (2002) 2, 43-44 (44/II).

2005 Assim: RLx 20-set.-1994 (Araújo Cordeiro), CJ XIX (1994) 4, 88-90.

2006 P. ex., RLx 27-abr.-1995 cit., CJ XX, 2, 122/2.

timentos, que devem ser compensados. A sua atividade é puramente financeira: ele não colhe as vantagens reais, quando receba, de volta, o bem locado. A solução do pagamento de uma percentagem das rendas vincendas e do valor residual parece razoável.

Para além destas considerações, haverá que ponderar, de acordo com o tipo de contrato em causa, o eventual excesso de cláusula penal.

VI. O Decreto-Lei n.° 149/95, de 24 de junho, precisou os termos da resolução: esta já não tem, assim, de ser pactuada. Segundo o artigo 16.°, a resolução é possível perante uma mora de 60 dias do locatário, salvo cláusula, mais favorável a este. Notificada a resolução, o locatário pode precludi-la, pagando o montante em dívida, acrescida de 50%.

Registe-se, por fim, que a multiplicação de garantias[2007], mesmo excessiva, não é, só por si, abusiva. Tudo depende de ter sido devidamente acatado o dever de informação e de esclarecimento, aquando da conclusão do contrato. Todavia, ultrapassados certos limites, há abuso por desequilíbrio no exercício. A prática documenta cumulações demenciais de garantias.

VII. Havendo insolvência da locatária financeira, quando o administrador se recuse a cumprir o contrato, cabe a separação do bem locado: a locadora tem direito à sua entrega e ao pagamento das prestações vencidas e não pagas, que constituem crédito sobre a insolvente[2008].

272. **Aluguer de longa duração e *renting***

I. O artigo 23.° do Decreto-Lei n.° 149/95, de 24 de junho, proibiu a realização por qualquer entidade, de forma habitual, de operações de natureza similar ou com resultado equivalente aos da locação financeira.

No entanto, a prática levou à consagração do contrato de aluguer de longa duração (ALD). Trata-se de um produto relativo, na prática, a automóveis: o locador proporciona ao locatário, por um período longo, o uso e a fruição de um veículo. O contrato não teria natureza financeira, antes visando diretamente o que resulta de qualquer locação. Acresce que o loca-

[2007] Veja-se, quanto ao funcionamento de um seguro-caução: STJ 3-abr.-2008 (Alberto Sobrinho), Proc. 08B470.

[2008] RGm 9-out.-2008 (Conceição Bucho), Proc. 1759/08-1.

tário não tem o direito de opção final. Como locadores aparecem entidades especializadas ... não no financiamento, mas no proporcionar o gozo. A figura seria, assim, admissível[2009], havendo, sobre ela, muita jurisprudência[2010]. A defesa cautelar faz-se com recurso ao procedimento comum[2011].

II. Os contratos de ALD põem, à disposição dos interessados, veículos de prestígio por rendas aparentemente baixas. Todavia, os seus clausulados podem esconder esquemas que, mercê das quilometragens e de revisões ou substituições de peças, alteram completamente a economia dos contratos. Impõem-se deveres de informação pré-contratuais, a satisfazer, com toda a seriedade, pelos locadores.

III. Uma segunda fórmula contratual próxima da locação é o *renting* ou aluguer operacional. Desta feita, temos igualmente uma locação de veículos ou de equipamentos por uma longa duração, mas associada a serviços: o locador deverá, por exemplo, assegurar a manutenção dos bens locados.

Estas figuras regem-se pela autonomia privada, sendo patente, por parte da jurisprudência, uma orientação consistente em não lhes aplicar os regimes restritivos da locação.

[2009] STJ 25-set.-2003 (Oliveira Barros), CJ/Supremo XI (2003) 3, 54-57.

[2010] Assim: RPt 21-nov.-2002 (Viriato Bernardo), CJ XXVII (2002) 5, 180-182, RPt 30-set.-2003 (Fernando Simões), CJ XXVIII (2003) 4, 177-179, RPt 23-out.-2003 (Saleiro de Abreu), CJ XXVIII (2003) 4, 190-191, STJ 28-out.-2003 (Nuno Cameira), CJ/Supremo XI (2003) 3, 119-121, RLx 4-dez.-2003 (Urbano Dias), CJ XXVIII (2003) 5, 105-108, RPt 14-jun.-2004 (Sousa Lameira), CJ XXIX (2004) 3, 194-197, RPt 8-jul.-2004 (Cunha Barbosa), CJ XXIX (2004) 3, 204-207, RLx 16-set.-2004 (Pimentel Marcos), CJ XXIX (2004) 4, 71-75, RPt 7-out.-2004 (Saleiro de Abreu), CJ XXIX (2004) 4, 183-185, RPt 14-fev.-2005 (Marques Pereira), CJ XXX (2005) 1, 186-191, RLx 11-mai.-2006 (Olindo Geraldes), Proc. 3496/2006-6, RPt 13-set.-2007 (Pinto de Almeida), Proc. 0733521 e STJ 14-mai.-2009 (Fonseca Ramos), Proc. 08P4096.

[2011] RPt 26-jan.-2016 (Rodrigues Pires), Proc. 7401/15.

§ 66.º CESSÃO FINANCEIRA

273. Noção, origem e papel

I. Contrato de cessão financeira (ou de *factoring*) é o contrato pelo qual uma entidade – o cliente ou o aderente – cede a outra – o cessionário financeiro ou o *factor* – os seus créditos sobre um terceiro – o devedor ou *debitor* – mediante uma remuneração[2012].

A figura que ora nos ocupa é, correntemente, designada "*factoring*". Trata-se de um termo inglês de origem francesa, que remonta ao latim *facere*. *Factor* é aquele que faz.

A utilização de termos anglo-saxónicos no domínio bancário e económico é bastante frequente. Ela tem a ver com a mobilidade dos quadros e com a formação anglo-saxónica dominante nos níveis mais elevados. Os restantes, numa osmose linguística típica, tendem a imitá-los. O uso do inglês permite ainda contactos com culturas diferentes: funciona como um esperanto.

Tendo penetrado pela vertente técnico-bancária e económica, a terminologia anglo-saxónica chegou ao Direito. Assim aparecem locuções como *leasing, franchising, engineering, know-how, comfort letter, intent letter, heads of agreement* e *factoring*.

O Direito é uma Ciência linguisticamente condicionada. Não é indiferente para a realidade jurídica o tipo de terminologia usado: ela vem infletir os conceitos, implicando com as regras e interferindo nas soluções. No caso do *jargon* bancário anglo-saxónico, esse fenómeno é particularmente claro.

[2012] Outras definições podem ser confrontadas em Menezes Cordeiro, *Da cessão financeira* (1994), 13 ss.. Entre nós: Luís Miguel Pestana de Vasconcelos, *Dos contratos de cessão financeira (factoring)* (1999) e Luís Menezes Leitão, *Cessão de créditos* (2005), 506 ss. Na jurisprudência: STJ 4-mar.-2004 (Quirino Soares), Proc. 04B100.

A terminologia jurídica anglo-saxónica não comporta, muitas vezes, uma tradução literal nos idiomas continentais: os institutos são diferentes, de modo que qualquer tradução não acompanhada de judiciosas explicações acaba por perder fidedignidade. Por isso, compreender-se-á o uso das expressões anglo-saxónicas originais. A transposição destas para o Direito continental vem, contudo, alterar o seu conteúdo. As regras do *leasing* não são as mesmas na Inglaterra ou em Portugal: basta, para tanto, atentar na filiação dos respetivos ordenamentos. O instituto "anglo-saxónico", linguisticamente transposto, acaba por, num aparente paradoxo, ficar duplamente desenraizado:

– surge como um estrangeirismo no espaço recetor;
– bastante abastardado em relação ao espaço de origem.

Tudo isto deve ser tido em conta no seu estudo.

No tocante à difusão de terminologia jurídica anglo-saxónica, há ainda que frisar a sua dimensão publicitária. Concluir um *leasing* ou um contrato de *know-how* é mais impressivo e "moderno" do que tomar de locação financeira ou contratar uma transferência de conhecimentos. Há muito sabem os juristas que institutos e mesmo doutrinas florescem em torno de vocábulos ou de brocardos particularmente moldados e sugestivos. A difusão do *jargon* bancário acaba, assim, por assumir uma dimensão substantiva.

O instituto do *factoring* foi recebido dos Estados-Unidos, devidamente nominado. Sob esse título, ele difundiu-se na Alemanha, embora a língua alemã não tenha quaisquer dificuldades em germanizá-lo: *Factoring-Geschäft*[2013] ou *Factoring-Vertrag*[2014]. Também em Itália a expressão é formalmente usada: o sotaque italiano dá-lhe, porém, uma feição inconfundível[2015]. Em França, após um período de oscilação inicial, *factoring* acabaria por ser substituído por *affacturage*, hoje dominante[2016].

Uma língua sobrevive evoluindo. Quando surjam realidades novas, há que encontrar designações também novas. E isso por alguma de três vias:

[2013] P. ex., Josef Horbach, *Wesen, Technik und Probleme des Factoring-Geschäftes*, Bank-Betrieb 1962, 157-159.

[2014] P. ex., Gunther Teubner, *Der Factoring-Vertrag*, JuS 1972, 261-267.

[2015] Em 1976 surgiu uma proposta de lei do *factoring* onde, repetidamente, se dizia *facturing*: a proposta foi muito criticada, também por isso.

[2016] Através de imposição legislativa! *Vide* o nosso *Da cessão financeira* cit., 21-22.

– ou aportuguesando uma locução estrangeira;
– ou reanimando uma expressão em vernáculo caída em desuso;
– ou criando um termo novo, de preferência com um étimo latino e com observância dos vetores evolutivos que conduziram à língua portuguesa.

Não se compreende, à partida, a postura dos juristas que, perante uma realidade viva, desistam de a nominar na própria língua.

A Ciência Jurídica portuguesa tem o direito e o dever de nominar em português os institutos novos que vão surgindo. O *factoring* não é exceção. Pelo contrário: como adiante se verá, o *factoring* teve a sua origem nas feitorias atlânticas, em que Portugal foi pioneiro. Mais uma razão para nominar o instituto.

De acordo com as três vias acima apontadas, teríamos as hipóteses seguintes:

– aportuguesando a locução estrangeira: factoringue;
– reanimando expressões em vernáculo: contrato de feitoria ou de feitorização; o *factor* seria o feitor;
– criando termos novos: contrato de facturagem, de facturização ou de afacturação; o *factor* seria facturador ou afacturizador.

A primeira via parece inestética e contraria a sensibilidade da língua. A segunda via é apetecível; porém, vem bulir com a evolução semântica do termo "feitor", enquanto "feitoria" tem um sentido histórico sempre atual. Os termos novos, por seu turno, deveriam ser sancionados por algum organismo competente.

O legislador português tem o dever imperioso de se exprimir em língua portuguesa. De um modo geral, tem-no feito: *leasing* tornou-se locação financeira – Decreto-Lei n.º 171/79, de 6 de junho, hoje Decreto-Lei n.º 149/95, de 24 de junho – e *time sharing*, direito real de habitação periódica – Decreto-Lei n.º 355/81, de 31 de dezembro, depois Decreto-Lei n.º 130/89, de 18 de abril, e hoje Decreto-Lei n.º 275/93, de 5 de agosto, neste momento e por último, alterado pelo Decreto-Lei n.º 37/2011, de 10 de março, que procedeu à sua republicação. Nada impede, depois, os operadores económicos de falar em *leasing* ou em *time sharing*[2017].

[2017] No tocante ao *franchising*, que não tem base legal, houve a oportunidade de propor o termo "contrato de franquia" – *vide* Menezes Cordeiro, *Do contrato de franquia (franchising)/Autonomia privada versus tipicidade negocial*, ROA 1988, 63-84.

Não era admissível que o legislador nacional não tivesse feito um esforço nesse sentido, no tocante ao *factoring* – Decreto-Lei n.° 56/86, de 18 de março, e artigo 3.°, *h*), do RGIC.

No estudo que elaborámos tendo em vista a reforma do *factoring*, em 1994, propusemos o termo cessão financeira[2018]. O legislador adotou-o, parcialmente, no Decreto-Lei n.° 171/95, de 18 de julho. Podia ter ido mais longe: mas já foi um progresso.

Resta, agora, aguardar pelo bom senso e pelo bom gosto dos juristas portugueses.

II. A cessão financeira teria ocorrido já na Antiguidade Oriental, designadamente na Babilónia, na Caldeia e na Fenícia[2019]. As comunidades economicamente mais pujantes, para poderem comerciar à distância, instituíam agentes locais que vendiam as suas mercadorias em nome próprio, mediante uma comissão[2020]. As projeções jurídicas resultantes dessa atividade ter-se-ão, porém, perdido. O atual *factoring* remonta à Idade Moderna e ao fenómeno da colonização. Aproveitando esquemas mercantis anteriores[2021], a cessão financeira deriva das feitorias atlânticas, em que

[2018] Menezes Cordeiro, *Da cessão financeira* cit., 23. Sónia Alexandra Mota de Carvalho, *O contrato de* factoring *na prática negocial e sua natureza jurídica* (2007), 394 pp., 22-27, seguindo um escrito antigo de Rui Pinto Duarte, mantém que não choca a sensibilidade nacional a ausência de tradução para *factoring*; a locução cessão financeira, não seria adequada por o *factoring* nem sempre ter funções financeiras. Não acompanhamos. Quanto à sensibilidade: não só a expressão não é lusófona, como também poucos estudiosos portugueses da língua inglesa a serão capazes de a pronunciar corretamente, no idioma de Shakespeare, o que não é de somenos; quanto ao fundo: o nosso *factoring* não é norte-americano, pelo que a locução não deve (a haver preocupação com o regime) ser transposta; por seu turno, "cessão financeira" corresponde ao tipo nuclear, não impedindo outras "cessões". Em suma: não é pensável que falte uma locução em vernáculo, ainda que, no caso corrente, se diga *factoring*; se "cessão financeira" não satisfaz, proponha-se outra. Aguardamos.

[2019] Robert Maria Schmitt, *Das Factoring-Geschäft* (1968), 11; *vide*, também, Janine le Toux, *Le contrat de factoring* (1977), 38, Goffredo Zuddas, *Il contratto di factoring* (1983), 3 e Claes-Olof Livijn, *Factoring-with a view to History*, em *Factoring-Handbuch*, publ. K. F. Hagenmüller/Heinrich Johannes Sommer, 2.ª ed. (1987), 13-22 (13 ss.).

[2020] Também aqui tem sido apontada uma evolução: num primeiro momento, os agentes seriam como vendedores ambulantes, deslocando-se por praças e mercados; mais tarde, eles ter-se-iam sedentarizado, organizando a receção de mercadorias e procedendo à cobrança dos preços por conta dos comitentes.

[2021] A feitoria portuguesa na Flandres data do séc. XIV.

os portugueses foram pioneiros[2022]. As feitorias atlânticas eram entrepostos comerciais dirigidos pelo feitor. Este, por outorga régia ou por concessão de companhias comerciais, agia como um agente comercial. Implantado no local – local esse que era desconhecido pelo *dominus* – o agente recebia a mercadoria, providenciava a sua colocação, cobrava o preço e remetia-o ao dono, salvo a sua comissão. O inverso também era possível: o feitor adquiria, em nome e por conta do *dominus*, mercadorias locais que remetia para a metrópole[2023].

A evolução posterior levou a que os feitores atlânticos adotassem um papel mais marcadamente financeiro, em detrimento do comercial. No tocante à importação de mercadorias das colónias, surgiu em Londres, no século XVII, a *House of factors*. Esta financiava os *stocks* de mercadorias provenientes das colónias[2024]. Paralelamente, nas colónias, os feitores surgiam como "banqueiros" dos exportadores: antecipavam-lhes fundos e assumiam o risco da cobrança, portanto, o *del credere factors*[2025].

III. O papel dos feitores coloniais foi especialmente relevante, na América do Norte. Mercê do rápido desenvolvimento adquirido pelas colónias aí instaladas, estas deixaram de ser meros pontos de passagem de mercadorias e matérias primas para a metrópole, para se transformarem em mercados aptos para absorver produtos metropolitanos. Particularmente em causa estavam os têxteis. As comunicações eram, porém, lentas e difíceis. Os exportadores ingleses (na sua maioria) tinham poucas possibilidades de conhecer os meandros do mercado interno norte-americano, numa situação que se agravaria à medida que os colonos foram progredindo para

[2022] Lamentavelmente, nas múltiplas referências existentes nos manuais de *factoring* às feitorias atlânticas, como matrizes da atual cessão financeira, não se encontra uma única referência à anterioridade portuguesa nesse domínio. A escassez de investigação nacional no tocante aos mecanismos jurídicos dos descobrimentos e a ausência de divulgação de tais mecanismos a tanto conduz: *sibi imputet*. O próprio legislador nacional fechou o círculo quando, em 1986, visando regular a cessão financeira, não encontrou sequer uma expressão em língua portuguesa para designar o fenómeno. Acabou por recorrer ao inglês *factoring* e *factor. Lack of culture*!

[2023] Quanto às feitorias portuguesas, A. H. De Oliveira Marques, *Feitores*, DHP II (1979), 543.

[2024] Com indicações, Le Toux, *Le contract de factoring* cit., 40.

[2025] A expressão é reconduzida ao francês *facteur ducroire*.

Oeste. A situação era suprida graças às relações de confiança existentes com os agentes locais, isto é, com os *factors* ou feitores[2026].

Num primeiro momento, os feitores norte-americanos eram simples agentes comerciais que, em nome e por conta dos exportadores, distribuíam as mercadorias vindas da metrópole, mediante uma comissão. Era o *colonial factoring*. Mais tarde, eles passaram a realizar todas as operações de comercialização nas colónias, acolhendo os compradores, garantindo, aos vendedores, o pagamento das mercadorias e, por fim, adiantando fundos aos mesmos vendedores. Com a independência das Colónias e o surgimento dos Estados Unidos, o esquema intensificar-se-ia, de tal modo que, na primeira metade do século XIX, todo o florescente comércio dos têxteis passava pelos feitores[2027]. Estes, num processo contínuo de acumulação de capital, vieram a dispor de meios consideráveis. Nos finais do século XIX, os Estados Unidos adotaram medidas protecionistas que, praticamente, puseram cobro à importação de têxteis estrangeiros[2028]. As companhias de *factoring* perderam a sua razão de ser. Porém, com uma versatilidade tipicamente americana, elas souberam evoluir rapidamente para sobreviver. Aproveitando a sua experiência, o seu conhecimento do mercado e os seus capitais próprios, elas viraram-se para o mercado interno. Por um lado, elas prestavam serviços de aconselhamento comercial. Por outro, elas laboravam em termos financeiros: adiantavam aos produtores de têxteis o preço das suas vendas e consignavam os bens à sua realização ulterior junto dos adquirentes. A atividade dos feitores financeiros norte-americanos transcendeu, depois, o sector têxtil, vindo a abranger os diversos ramos comerciais. Este tipo de *factoring*, tipicamente financeiro, ficou conhecido como *old line factoring*.

[2026] Sobre esta matéria e com indicação das fontes anglo-americanas, Zuddas, *Factoring* cit., 4 ss. *Vide*, também, Klaus Bette, *Das Factoring-Geschäft/Praxis und Rechtnatur in Deutschland im vergleich zu anderen Formen der Forderungs-Finanzierung* (1973), 21 ss., Ugo Carnevali, *I problemi giuridici del factoring*, em Giuseppe B. Portale, *Le operazioni bancari*, vol. II (1978), 793-830 e Leo Binder-Degenschild, *Die Entwicklung des Modernen Factoring*, em Hagenmüller/Sommer, *Factoring-Handbuch*, 2.ª ed. (1987), 25-32 (25 ss.). Alguns elementos: Sónia Alexandra Mota de Carvalho, *O contrato de* factoring cit., 35 ss..

[2027] A primeira sociedade de *factoring* terá sido a William Iselin & Co, surgida em 1808; seguir-se-lhe-ia a Rusch & Co, de 1827.

[2028] A *Mc Kinley Tariff*, de 1890, estabeleceu uma taxa aduaneira de 49,5% sobre o valor dos têxteis europeus importados.

O êxito do *factoring* acompanhou a grande expansão da indústria norte-americana, tendo, segundo comentadores, contribuído para ela. Esse êxito tem uma explicação singela: nos Estados Unidos, não era praticado o desconto. Este apenas veio a ser introduzido pelo *Federal Reserve Act* de 1913, não tendo, contudo, logrado uma verdadeira implantação. O *factoring* ocupou o espaço do desconto.

Além disso, o *factoring* surge como o produto da versatilidade das construções jurídicas norte-americanas, essencialmente pragmáticas.

Efetivamente, a situação jurídica de base era marcada pelo princípio da incedibilidade dos créditos[2029]. A *common law* não admitia a cessão. Apenas a *equity* viria abrir as portas a essa figura: ela veio atribuir ao cessionário o *power of attorney*, isto é, a representação processual do cedente. O *Judicature Act* de 1873, que fundiu os tribunais de *common law* e os de *equity*, veio radicar a cessão no Direito inglês. Nos Estados Unidos, a evolução processou-se mais rapidamente. Primeiro, adquiriu-se a tutela do cessionário. Passou-se, depois, à livre cedibilidade dos créditos, em breve alargada à dos créditos futuros. Em 1911, o Estado de Nova Iorque aprovou uma lei relativa a garantias sobre bens que fixava o privilégio do feitor financeiro sobre os bens cujo preço adiantara. Outros estados seguiram o exemplo, falando a doutrina, nessa sequência, numa proliferação de *Factor's Lien Statutes*.

Na atualidade, o *factoring* norte-americano tem dimensões muito alargadas. Cada cliente tem um único *factor*; este adquire-lhe todos os créditos entre a 60 e a 120 dias, assumindo o risco da sua cobrança; o cliente mantém o *factor* informado de todas as suas operações comerciais; este, por seu turno, expede e cobra as faturas e presta ao cliente uma série de serviços colaterais. O *factoring* foi bem integrado no tecido financeiro. Os grandes bancos criaram departamentos de *factoring*, com relevo para a *Trust Company of Georgia* ou para o *First National City Bank of Boston*. A figura passou a integrar-se num pacote de serviços e produtos financeiros. É o *new style factoring*.

[2029] Sobre esta matéria, *vide*, também, Zuddas, *Factoring* cit., 8 ss., onde podem ser confrontadas as fontes, bem como Monroe E. Lazere, *Factoring in the United States*, em Hagenmüller/Sommer, *Factoring-Handbuch*, 2.ª ed. (1987), 35-40 (35 ss.) e Carroll G. Moore/Charles E. Vuksta, *The Law Governing Factoring in the United States*, *idem*, 127-137.

IV. Na evolução do *factoring* norte-americano, cumpre sublinhar um último passo: a sua internacionalização. Esta ocorreu a partir da era Kennedy, nos anos sessenta e foi seguindo a expansão da economia norte-americana no Mundo[2030]. Apenas há que excecionar o caso da Alemanha, onde a receção do *factoring* é anterior.

As cadeias internacionais de *factoring* seguiram um de dois modelos: o *modelo fechado*, segundo o qual apenas afiliadas da casa-mãe aderiam ao grupo e o *modelo aberto*, que admitia adesões de instituições puramente nacionais.

Entre o modelo fechado cumpre citar o grupo *International Factors* e a *Walter E. Heller & Company*, que muito contribuíram para a expansão do *factoring* no Mundo e, em especial, na Europa.

Várias dificuldades detiveram, porém, a expansão do *factoring* na Europa. Como pano de fundo refere-se, muitas vezes, o conservadorismo dos esquemas financeiros, pouco sensíveis a sancionar novidades[2031]. De seguida, conta-se a natural resistência que os bancos preestabelecidos, muitas vezes apoiados e mesmo liderados pelos respetivos bancos centrais, opuseram ao novo produto. O *factoring* tinha, ainda, um interesse mais reduzido, uma vez que uma sua relevante função – o financiamento a curto prazo – era assegurada pelo desconto comercial.

Por fim: havia que contar com toda uma teia de dificuldades de tipo burocrático e com o desconhecimento dos operadores económicos, potenciais aderentes à cessão financeira[2032].

Apesar de tudo, a cessão financeira foi logrando a sua implantação[2033]: chegou-se, já, ao ponto de o volume de negócios implicados no

[2030] Sobre esta matéria e com diversas indicações, Zuddas, *Factoring* cit., 31 ss., Harald Schranz, *Wirtschaftliche Bedeutung des Internationalen Factoring*, em Hagenmüller/Sommer, *Factoring-Handbuch*, 2.ª ed. (1987), 165-184 e Jeroen Kohnstamm, *The Geographic Spread of Factoring*, *idem*, 185-191. Entre nós, L. Miguel Pestana de Vasconcelos, *O contrato de cessão financeira (*factoring*) no comércio internacional*, em Est. Ribeiro de Faria (2003), 403-445 e Sónia Alexandra Mota de Carvalho, *O contrato de* factoring cit., 71 ss.

[2031] Günter Flohr, *Factoring, Leasing und Fabrikpacht/Betriebspolitische Anmerkungen*, DB 1963, 773-776 (773).

[2032] Em geral, Zuddas, *Factoring* cit., 34 ss..

[2033] Com elementos relativos às experiências alemã, francesa e italiana cf. o nosso *Da cessão financeira* cit., 39 ss.. Quanto a Itália *vide*, ainda, o escrito importante de Romano Bonavitacola, *Il factoring nella giurisprudenza* (1996).

factoring europeu ter ultrapassado o dos Estados Unidos, no século passado[2034]. Hoje, a distância não pára de aumentar.

Em números redondos, no ano de 2013, tínhamos, nos países europeus mais significativos e no nosso, os seguintes indicadores[2035]:

PAÍS	MILHÕES DE EUROS
Alemanha	171.290
Espanha	116.546
França	200.459
Itália	178.002
Polónia	31.588
Portugal	22.303 [1956]
Reino Unido	308.096
Rússia	41.960

Como se vê, o *factoring* mantém-se especialmente forte no Reino Unido e em França. Em Itália, a utilização do *factoring* como centro especializado dos grupos de sociedades, explica, em parte, a cifra elevada.

Como curiosidades sugestivas: em 2012, o volume total de negócios, em *factoring*, foi, na Europa, de 1.298.725 milhões de euros, contra 77.543 nos Estados Unidos e 343.759, na China.

A cessão financeira tem ainda merecido a atenção de organizações internacionais que visam a uniformização do Direito comercial, sendo de referir, da UNIDROIT, a Convenção de Otava de 1988[2037].

[2034] Ermanno Calzolalo, *Il factoring in Europa* (1997), 1.

[2035] Em Klaus Bette, *Factoring*, em Derleder/Knops/Bamberger, *Handbuch zum deutschen und europäischen Bankrecht*, 2.ª ed. (2009), 909-933 (925-926), podem ser vistos os números relativos a 2007; a atualização consta de www.factors-chain.com.

[2036] Em 2011, Portugal cifrara 27.879 milhões de euros de volume de negócios, em *factoring*.

[2037] *Vide www.unidroit.org*; *vide* Mathias Weller, *Die UNIDROIT-Konvention von Ottawa über internationales Factoring*, RIW 1999, 161-169.

V. A cessão financeira é, antes de mais, uma forma de financiamento, a curto prazo, do aderente ou cedente financeiro[2038]. Nessa medida, ela apresenta, entre outras, as seguintes vantagens[2039]:

- confere maior liquidez à empresa: uma vez que faculta a imediata realização das faturas, a cessão financeira dispensa ao aderente meios de pagamento que, de outro modo, só lhe seriam atribuídos dentro de semanas ou meses;
- incrementa a sua rendibilidade: dispondo de liquidez, a aderente pagará de imediato aos seus próprios fornecedores, conseguindo, com isso, preços mais favoráveis; além disso, pressionada pela própria lógica do *factoring*, ela tudo fará para colocar no mercado, rapidamente, os seus produtos, de modo a conseguir emitir as almejadas faturas;
- impulsiona a expansão: numa situação de perfeito equilíbrio, um contrato de *factoring* irá drenar, atrás das comissões e dos ágios, para o *factor*, meios monetários que, a assim não ser, ficariam no aderente; num cenário de expansão, porém, os custos do *factoring* serão repercutidos nas faturas emitidas (para o futuro) e imediatamente liquidadas pelo *factor*; compreende-se que o *factoring* interesse a empresas em expansão e, uma vez celebrado, impulsione essa mesma expansão;
- limita o endividamento: a empresa "factorizada" não recorre, em princípio, a créditos a curto prazo; liberta, assim, os seus patamares bancários para operações de fundo, como créditos imobiliários, para investimentos em bens duradouros;
- favorece o balanço: a apresentação das contas da empresa "factorizada" é favorecida pelo *factoring*: pense-se na diminuição/supressão do passivo; a empresa surge mais atraente, no giro comercial;
- aumenta o fundo de maneio: justamente pelo aumento de liquidez e pela maior rendibilidade, a empresa "factorizada" tenderá a apresentar um fundo de maneio mais amplo.

[2038] Entre a bibliografia mais recente: Michael Martinek, *Factoring*, em Schimansky/Bunte/Lwowski, *Bankrechts-Handbuch*, I, 4.ª ed. (2011), § 102 (932-1001); Klaus Bette, *Factoring*, em Derleder/Knops/Bamberger, *Handbuch zum deutschen und europäischen Bankrecht*, 2.ª ed. (2009), 909-933.

[2039] *Vide*, designadamente, Klaus Bette, *Das Factoring-Geschäft* cit., 39 ss..

A cessão financeira implica, depois – ou pode implicar, em função do clausulado adotado – a transferência do risco – *del credere* – para o *factor*. Daí resulta, como especial vantagem, a diminuição dos riscos para o aderente[2040].

Temos, mais precisamente:

– o aderente pode laborar sem a insegurança das faturas não pagas: fatura emitida é fatura em caixa;
– o aderente fica dispensado de recorrer a outros esquemas destinados a enfrentar incumprimentos: seguros de crédito, provisões para incobráveis e especiais assistências jurídico-económicas;
– o aderente poupa nas medidas de emergência destinadas a enfrentar incumprimentos: não tem de recorrer, p. ex., a créditos de emergência ou de manter ativos esquemas como as contas-correntes caucionadas.

Por fim, a cessão financeira está crescentemente implicada na prestação de serviços. Nesse domínio, a empresa "factorizada" espera, designadamente, as seguintes vantagens:

– pode dispensar um departamento de cobranças: todas as inerentes tarefas, desde o envio da fatura ao terceiro, até às interpelações, insistências e contencioso passam para o *factor*;
– também a gestão da carteira de clientes, nos aspetos materiais, passa para o *factor*;
– pode dispensar ou aligeirar o departamento de contabilidade, desempenhada pelo *factor*;
– a avaliação da credibilidade dos terceiros devedores é feita pelo *factor* que, em princípio, está melhor colocado para esse efeito: tem conhecimentos, tem experiência e tem, sobretudo, acesso a informações que lhe permitem uma melhor apreciação;
– o *factor* pode, ainda, dispensar informações sobre o mercado, sobre as suas tendências e sobre potenciais clientes; pode, ainda, facilitar o acesso a mecanismos publicitários;
– no domínio da importação/exportação, o *factor* pode ter um papel decisivo, quer pelo conhecimento de intermediários, transportado-

[2040] Heinrich Ehling, *Zivilrechtliche Probleme der vertraglichen Ausgestaltung des Inland-Factoring-Geschäfts in Deutschland* (1977), 27.

res, transitários, seguradoras e outros serviços de apoio, quer por facilitar a integração no espaço de origem/destino das mercadorias;
– por fim, o *factor*, em regra, vai integrar-se, ele próprio, num grupo mais amplo, com outros operadores: banca, seguros, empresa de *leasing*, etc.; o cliente "factorizado" passará a ter um acesso privilegiado aos inerentes serviços do grupo.

VI. A cessão financeira não é uma panaceia, como constantemente avisa a literatura especializada. Ela comporta alguns inconvenientes que será possível agrupar em:

– custos;
– desvantagens na gestão;
– problemas psicológicos.

No tocante aos custos, o *factoring* implica um produto relativamente caro[2041]. Desde logo, há que pagar a comissão geral ao *factor* sobre o volume das faturas tratadas; tal comissão oscila consoante os países, as empresas, os sectores e as próprias faturas, falando-se de margens entre 1% e 3% e entre 3% a 5%. Depois, computa-se uma margem ou comissão de garantia que funciona como prémio pelo risco assumido pelo *factor* e que pode, ou não, estar compreendida na comissão *ad valorem*, acima referida.

Por fim, há que contar com os juros relativos às antecipações de capital.

A gestão das sociedades "factorizadas" pode sofrer. A lógica das sociedades de *factoring* tenderá a ser financeira e não comercial. A empresa "factorizada" pode ser levada a centralizar os seus produtos, evitando novos mercados, porventura mais avançados mas com riscos. Além disso, a empresa "factorizada" vai perder valências e experiências, no tocante à gestão das faturas e dos clientes. Se algum dia cessar o *factoring*, ela ficará desarmada. Perde, pois, independência negocial face ao *factor*. Por fim, o *factoring* é um contrato total e exclusivo, que traduz uma associação duradoura entre o *factor* e o aderente. Este tende a ficar enfeudado ao grupo do *factor*, sentindo dificuldades, depois, em dirigir-se a outros grupos, de modo a, tirando partido das regras do mercado, obter melhores produtos. Em suma: a empresa "factorizada" perde – ou pode perder – autonomia.

[2041] Algumas cifras podem ser confrontadas em Ehling, *Zivilrechtliche Probleme* cit., 27 e em Le Toux, *Factoring* cit., 29 ss..

Também se chama a atenção para problemas psicológicos colocados – ou eventualmente colocados – pelo *factoring*. Muitas vezes (por falta de informação) grassa a ideia de que recorrem ao *factoring* as empresas em dificuldades. Pode, por aí, diminuir a margem de manobra da empresa "factorizada" com perdas, inclusive, para a credibilidade dos seus produtos. Reflexos psicológicos negativos surgem também junto do terceiro devedor. Tendo contratado com uma empresa fornecedora, por vezes, até, em termos de cordialidade pessoal, o terceiro devedor ficará desagradado quando, para o pagamento, seja interpelado por uma impessoal sociedade financeira. Além disso, esta tenderá a agir com uma rigidez formal desagradável. Em suma: podendo escolher, a empresa fornecedora preferirá trabalhar com uma empresa "normal" do que com uma empresa "factorizada".

Algumas destas desvantagens podem ser suprimidas ou amenizadas com recurso a diversos esquemas contratuais. Por exemplo: pode-se recorrer a um *factoring* não aparente, não notificado ao terceiro devedor, como modo de tornear os problemas psicológicos referidos.

De todo o modo, o jogo das vantagens e desvantagens do *factoring* confirma a existência de empresas "factorizáveis".

Assim:

- o *factoring* interessa a empresas de média dimensão; as de pequena dimensão não têm margens de absorção dos custos do *factor*, enquanto as grandes têm departamentos de cobranças e de contabilidade;
- o *factoring* atrai empresas equilibradas: os desequilíbrios estruturais ou sérios requerem medidas de saneamento que o *factor*, que atua apenas na franja do curto prazo e com conhecimentos de gestão limitados[2042], não pode amparar;
- o *factoring* é apetecível para empresas com poucos capitais próprios, mas que escolham a via da expansão;
- o *factoring* opera nas áreas das vendas por grosso; as cobranças dirigidas a "consumidores finais" ou a pequenos clientes não são rendíveis;
- o *factoring* prefere os sectores com margens confortáveis, procurando absorver o acréscimo de custos que implica.

[2042] Entenda-se: limitados em relação ao que será de esperar por parte de outras instituições de maior envergadura, *maxime*, os bancos.

274. A experiência portuguesa

I. O *factoring* vem referido, no espaço jurídico português, pela primeira vez, em diploma legal.

O Decreto-Lei n.° 41.403, de 27 de novembro de 1957, aprovara a organização bancária portuguesa. No seu artigo 3.°, ele vinha enumerar o que considerava as diversas "instituições de crédito". Dispunha, depois, no seu artigo 5.°:

> Poderá ser permitido, com as necessárias restrições, a fixar em diploma regulamentar, o exercício de funções de crédito a pessoas singulares ou coletivas não compreendidas na enumeração do artigo 3.° deste decreto-lei.

O legislador tinha aqui em vista, embora sem as nomear, as denominadas instituições parabancárias.

Apenas oito anos volvidos, surgiria o Decreto-Lei n.° 46.302, de 27 de abril de 1965, relativo às instituições parabancárias. O seu artigo 1.° definia-as da forma seguinte:

> São instituições parabancárias as que, não compreendidas na enumeração dos artigos 3.° e 4.° do Decreto-Lei n.° 41.403, de 27 de novembro de 1957, exerçam alguma função de crédito ou qualquer atividade que possa afetar de forma especial o funcionamento do mercado monetário ou do financeiro, tais como:
>
> (...)

Seguia-se uma enumeração exemplificativa de quatro tipos de instituições parabancárias das quais o último:

> 4.° As sociedades que tenham por objeto a efetivação da cobrança de créditos de terceiros, qualquer que seja a forma utilizada para o efeito, designadamente as que exerçam qualquer sistema de atividade denominada *factoring*.

A referência ao *factoring*, que antecedeu assim, largamente, a do *leasing* e as de outras figuras recebidas do espaço anglo-saxónico soma, pois, mais de quarenta anos.

II. Subsequentemente não houve, contudo, nenhuma regulamentação específica da cessão financeira. Nos anos seguintes foram, por portaria, autorizadas as constituições de duas sociedades de *factoring*: tratava-se de afiliadas, respetivamente, dos grupos *International Factors* e *Walter E. Heller*. De acordo com o preâmbulo do Decreto-Lei n.º 56/86, de 18 de março, as autorizações concedidas a essas entidades não visavam regulamentar o *factoring* no espaço português,

> (...) antes se definindo como processo experimental preparatório de uma futura transposição do *factoring* para o contexto económico-jurídico português.

Os contratos de *factoring* então celebrados são semelhantes aos modelos em voga nos outros países europeus[2043].

Em 1987 foram autorizadas e começaram a funcionar mais duas sociedades de *factoring*. No final de 1990 estavam em atividade cinco sociedades; outras três tinham já autorização e mais duas tinham pedidos em instrução. Todas essas entidades surgem ligadas às sociedades internacionais especializadas ou a grandes bancos. Em 1996, as sociedades de *factoring* eram dez[2044].

O *factoring* português beneficiou, num primeiro momento, das restrições à concessão de crédito, que pesavam sobre os bancos. O levantamento de tais restrições e a generalização, a todas as instituições, dos controlos indiretos remete o interesse do *factoring* para o campo que lhe é próprio: a especial rendibilidade que consiga alcançar[2045].

III. Em 18 de março de 1986, foi publicado o Decreto-Lei n.º 56/ /86[2046], o qual, de acordo com o sumário oficial inserido no *Diário da*

[2043] O Autor teve acesso a um modelo usado pela International Factors Portugal, SA. Quanto ao *factoring* em Portugal, cumpre referir o escrito pioneiro José Manuel Bracinha Vieira, *Alguns aspectos económico-financeiros do factoring*, RBr 22 (1970), 3-47 e o de Rui Pinto Duarte, *Notas sobre o contrato de factoring*, em *Novas Perspectivas do Direito Comercial*, publ. pela Faculdade de Direito de Lisboa/Centro de Estudos Judiciários (1988), 141-158 (148 ss.).

[2044] *Vide* a sua enumeração em Vasco Soares da Veiga, *Direito bancário* cit., 126-127.

[2045] *Vide* o *Livro branco sobre o sistema financeiro: 1992/As instituições de crédito* – volume I – *Relatório principal* (1991), 445-446.

[2046] *DR*, I Série, n.º 64, de 18 de março de 1986, 645-649. O sumário é desajustado à realidade, um tanto mais modesta, do diploma; *vide* Pinto Duarte, *Notas sobre o contrato de factoring* cit., 142.

República, "sistematiza as bases económico-jurídicas da atividade de *factoring* no País".

O diploma em causa teve, aparentemente, um objetivo modesto. Lê-se no final do seu preâmbulo:

> Dada a fase relativamente embrionária de implementação do *factoring* no seu país, teve-se por preferível, neste primeiro ensaio de sistematização, fixar por via legal parâmetros muito genéricos de atividade, abrindo-se caminho a uma regulamentação coordenada pelo banco central que se vá ajustando, com a conveniente flexibilidade, às necessidades e indicações que o esperado desenvolvimento do *factoring* propicie.

O articulado foi, porém, mais longe do que o que resultaria do preâmbulo[2047].

O Decreto-Lei n.° 56/86 alargava-se por 29 artigos. Substancialmente, ele trata ora do contrato de *factoring*, ora das sociedades que se dedicam a esse tipo de atividade.

Quanto ao contrato de *factoring*, cabe relevar:

- *o artigo 1.°* (Atividade de "*factoring*") que apresenta, em termos elementares e, aliás, insuficientes, a cessão financeira;
- *o artigo 3.°* (Contrato de "*factoring*") que se limita a dispor:

> 1. O conjunto das relações do *factor* com cada um dos seus aderentes é titulado por contratos de *factoring*.
> 2. Os créditos transmitidos ao abrigo de contratos de *factoring* devem encontrar-se titulados por faturas ou representação documental equivalente.

- *o artigo 4.°* (pagamento dos créditos transmitidos) regula o pagamento aos aderentes, pelo "*factor*", dos créditos cedidos; dispõe diversas restrições que não vão ao encontro da liberdade que é suposto reinar nesse tipo de relações;
- *o artigo 5.°* (Retribuição do "*factor*") regula a retribuição do "*factor*"; complementa-a, aliás, atribuindo ao Banco de Portugal competência para "... estabelecer as normas a que devem obedecer as comissões e os juros cobráveis nos termos do número anterior".

[2047] Sónia Alexandra Mota de Carvalho, *O contrato de* factoring cit., 176 ss..

IV. O Decreto-Lei n.º 56/86, de 18 de março, constituía, quanto se saiba, a regulamentação europeia mais extensa sobre o *factoring*, tendo em conta os países juridicamente próximos.

A sua regulamentação apresentava-se desnecessariamente restritiva. Assim, no âmbito das reformas subsequentes à publicação do RGIC, foi preconizada a pura e simples abolição da regulamentação legal do contrato de cessão financeira.

O legislador seguiu parcialmente essa indicação. O Decreto-Lei n.º 171/95, de 18 de julho, relativo às sociedades de cessão financeira, compreende dois artigos sobre o contrato e o seu funcionamento: o 7.º e o 8.º[2048].

Segundo o artigo 7.º, o contrato de cessão financeira deve ser celebrado por escrito e a transmissão de créditos ao abrigo da cessão deve ser acompanhada pelas correspondentes faturas ou suporte documental equivalente.

O artigo 8.º contém limitações quanto ao pagamento dos créditos transmitidos. Como abaixo será focado, tais "limitações" serão aparentes. Dado o modo por que surgem na lei, haverá lugar a dúvidas.

Tudo teria resultado mais simples se o legislador português, à semelhança dos legisladores dos países industrializados e pós-industrializados, abdicasse de, permanentemente, tudo querer regular ao pormenor.

275. **Estrutura e modalidades**

I. O contrato de *factoring* é suscetível de se estruturar em termos duais ou em termos unitários. No primeiro caso, haverá um contrato-quadro que, depois, obrigará a celebrar diversas cessões de créditos; no segundo, surgirá um único contrato de cessão de créditos futuros. Ambas as figuras são logicamente possíveis, tudo dependendo da vontade das partes. Ponderados os interesses em presença, parece, porém, que a solução dualista é a que melhor assegura a sua tutela.

Antes de prosseguir interessa recordar, em traços largos, o regime da cessão no Direito português. No termo de uma evolução assaz complexa, o Direito civil português vigente veio a admitir, com bastante largueza, a transmissibilidade das obrigações[2049].

[2048] Menezes Leitão, *Cessão de créditos* cit., 516 ss..
[2049] *Direito das Obrigações*, 2, 89 ss..

Segundo o artigo 577.° do Código Civil, historicamente epigrafado "admissibilidade da cessão",

> 1. O credor pode ceder a terceiro uma parte ou a totalidade do crédito, independentemente do consentimento do devedor, contanto que a cessão não seja interdita por determinação da lei ou convenção das partes e o crédito não esteja, pela própria natureza da prestação, ligado à pessoa do devedor.
>
> (...)

Sobre o regime da cessão dispõe o artigo 578.° do mesmo Código Civil:

> 1. Os requisitos e efeitos da cessão entre as partes definem-se em função do tipo de negócio que lhe serve de base.
>
> (...)

A cessão de créditos constitui, assim, um modo de transmitir obrigações; mais precisamente: uma transmissão de um crédito, mediante um contrato entre o antigo credor e o novo credor, isto é, mediante o denominado "contrato-base" ou "contrato-fonte". Distingue-se da sub-rogação, que pressupõe um cumprimento, da assunção de dívidas, que tem a ver com o lado passivo da relação obrigacional e da cessão da posição contratual, que se prende com a transmissão de uma posição complexa, que envolve direitos e obrigações.

Na linguagem corrente, mesmo jurídica, chama-se por vezes "cessão" ao contrato-base; em rigor, ela dá, apenas, o modo por que o contrato-base se torna eficaz.

Regressando à cessão financeira, verifica-se, com estes elementos, que a operatividade da figura só se reforça distinguindo os dois momentos que a animam. Num primeiro momento, as partes celebram entre si o denominado "contrato de *factoring*", pelo qual regulam o conjunto das suas relações. Esse contrato vai estabelecer as diversas funções que, *in concreto*, irão operar e designadamente:

– a venda de créditos, com ou sem financiamento prévio;
– o regime do risco, com um eventual papel "segurador" do *factor*, mediante a competente remuneração;
– os serviços a prestar pelo *factor*.

Trata-se, pois, de um contrato-quadro, na terminologia alemã. Posteriormente, os diversos créditos serão vendidos ao ritmo em que surjam as faturas e nas condições prefiguradas pelas partes. O artigo 7.º do Decreto-Lei n.º 171/95, de 18 de julho, embora empiricamente, parece ter acolhido a estrutura dualista do *factoring*. Efetivamente, o n.º 1 desse preceito prevê uma regulação global das relações do *factor* com o aderente, através do contrato de *factoring*. O n.º 2 reporta-se, depois, a uma atividade jurídica ulterior.

II. O contrato de cessão financeira apresenta-se, antes de mais, como um contrato organizatório, isto é, um contrato que conduz a uma colaboração duradoura entre as partes, com vista à satisfação de interesses respetivos. A cessão financeira integra-se, assim, num domínio heterogéneo, hoje formado por contratos tão diferentes como o *franchising*[2050], a concessão[2051], o consórcio[2052] e a própria empreitada[2053]. A natureza organizatória da cessão financeira explica a intensidade dos deveres de lealdade e de colaboração que dela ressaltam para as partes; além disso, ela documenta as especiais precauções que acompanham a sua preparação e que precedem – ou devem preceder – a sua cessação.

O factoring é, ainda, um contrato oneroso, sinalagmático, consensual, duradouro e de conteúdo atípico misto: oneroso por pressupor contrapartidas, sinalagmático por as prestações das partes operarem como contrapartida umas das outras, consensual por não implicar a entrega de qualquer coisa e, ainda, por não estar sujeito a qualquer forma e duradouro por perdurar no tempo, não se extinguindo com o seu cumprimento. Quanto ao conteúdo atípico misto, verifica-se que o *factoring* tem os seguintes elementos[2054]:

– uma promessa de venda de créditos futuros;
– uma assunção de risco;
– a prestação de diversos serviços.

[2050] Menezes Cordeiro, *O contrato de franquia (franchising)* cit., 74 e *passim*.

[2051] Maria Helena Brito, *O contrato de concessão comercial* (1990), 24, p. ex..

[2052] Raúl Ventura, *Primeiras notas sobre o contrato de consórcio*, ROA 1981, 609-690 (614 e *passim*).

[2053] Lucio Valerio Moscarini, *Linee evolutive del contratto di appalto*, em *Il contratto internazionale d'appalto* (org. Ugo Draetta) (1992), 7-21 (9).

[2054] STJ 25-mai.-1999 (Torres Paulo), CJ/Supremo III (1999) 2, 107-108 (107/II), STJ 24-fev.-2002 (Oliveira Barros), CJ/Supremo X (2002) 1, 104-109 (106-107), STJ 3-mai.-2012 (Silva Gonçalves), Proc. 6018/05, STJ 13-set.-2012 (Ana Paula Boularot), Proc. 384/09 e STJ 15-jan.-2013 (Gabriel Catarino), Proc. 345/03, explanando ainda as características do contrato e os direitos e deveres das partes.

É muito duvidoso que se possa descobrir, no *factoring*, um núcleo de contrato-promessa, no sentido do artigo 410.º/1 do Código Civil[2055]. De facto, o *factoring* implica uma ulterior atividade jurígena, suficientemente determinada, mas não individualiza nenhum contrato, no sentido habitual do preliminar. Pode, porém, falar-se numa promessa de celebrar futuros contratos, depois de feita a ressalva. O qualificativo de contrato-quadro, no sentido germânico, poderia ser aqui utilmente adotado[2056].

III. A referência a uma natureza mista do *factoring* desde logo apela ao clássico alinhamento das teorias da absorção[2057], da combinação[2058] e da analogia[2059]. Não pode ser apresentada nenhuma solução apriorística. Tal como acima adiantámos, deve hoje entender-se que, mau grado um século de críticas, a orientação de Lotmar documenta a tendência para a redução dogmática, económico-cultural, muitas vezes levada a cabo perante figuras complexas. Posto o que o *factoring*, não obstante a componente de serviços que, segundo a doutrina, crescentemente o enriquece, surge, perante os operadores e antes de mais, como uma compra e venda de créditos[2060].

Na determinação da natureza das figuras jurídicas, particularmente no Direito bancário, não jogam apenas fatores estruturais. São muito ponderosos os aspetos funcionais. Com efeito, é patente a tendência para, no moderno Direito comercial, utilizar esquemas clássicos com funções muito diversas das tradicionais e, *maxime*, com funções financeiras. Exemplo pacífico, já examinado, é, hoje, o da locação financeira ou *leasing*, na qual os quadros da velha *locatio-conductio* são usados para proporcionar um negócio de financiamento.

Sendo assim, verifica-se que a cessão financeira – no seu núcleo central, típico, mais frequente e, como tal, marcante para a generalidade do

[2055] Sónia Alexandra Mota de Carvalho, *O contrato de* factoring cit., 320 ss..

[2056] *Idem*, 336-340.

[2057] Philipp Lotmar, *Der Arbeitsvertrag nach dem Privatrecht des Deutschen Reiches*, I (1902), 107 e *passim*.

[2058] Gustav Rümelin, *Dienstvertrag und Werkvertrag* (1905), 177 ss. e Heinrich Hoeniger, *Die gemischten Verträge in ihren Grundformen* (s/d, mas 1910), 360 ss. (a crítica a Lotmar).

[2059] Otto Schreiber, *Gemischte Verträge im Reichsschuldrecht*, JhJb 60 (1912), 106-228 (209 ss.).

[2060] STJ 26-set.-2002 (Abílio Vasconcelos), CJ/Supremo X (2002) 3, 57-60 (59/I), RLx 3-dez.-2002 (Rua Dias), CJ XXVII (2002) 5, 82-85 (83/II) e, sumariamente, STJ 27-mai.-2003 (Salvador da Costa), CJ/Supremo XI (2003) 2, 74-79 (75).

regime da figura – desempenha as funções do mútuo bancário. Tem razão Canaris quando enfatiza esta dimensão. A função financeira do *factoring* é determinante, para se entender – mormente na experiência portuguesa – as cautelas com que o Direito rodeia a prática da respetiva atividade.

Tudo visto, resta concluir que o *factoring* se apresenta como um contrato-quadro organizatório, estruturalmente centrado em ulteriores vendas de créditos, com elementos do seguro e da prestação de serviço e com uma função predominantemente financeira. É tecnicamente atípico, embora corresponda a um tipo social de atuação, na terminologia bettiana.

IV. Com recurso à evolução da figura e ao Direito comparado, é possível estabelecer um quadro das modalidades da cessão financeira. Com uma prevenção: todos os termos subsequentes devem ser entendidos como tendenciais e exemplificativos. Dada a liberdade contratual e a natureza atípica das figuras, podem as partes, continuamente, mostrar novas modalidades, ou introduzir elementos de distorção nas já conhecidas. De acordo com as funções presentes nos concretos contratos considerados, é possível distinguir[2061]:

– a cessão financeira própria;
– a cessão financeira imprópria.

Na *cessão* financeira própria, o risco do incumprimento do terceiro devedor transfere-se para o *factor*; na imprópria, isso não sucede, seja porque o *factor* só pagará ao aderente após boa cobrança do crédito, seja que ele, na hipótese do incumprimento, dispõe de um regresso contra o próprio aderente[2062]. Aparentemente, tudo estará em saber se o *factoring* concreto implica, ou não, a função seguradora, com a consequente assunção do *del credere*, pelo *factor*. Tecnicamente, há bastante mais: o *factoring* impróprio não traduz, afinal, uma verdadeira cessão de créditos: será, estruturalmente, um mútuo com restituição atípica (doutrina alemã) ou um mandato (doutrina francesa). A cessão financeira imprópria acabaria por não

[2061] Dietmar Schanbacher, *Sicherungszession*, em Derleder/Knops/Bamberger, *Handbuch zum deutschen und europäischen Bankrecht*, 2.ª ed. (2009), 887-908, Nr. 21 e Nr. 37 (897 e 904).

[2062] RLx 27-nov.-1997 (Salvador da Costa), CJ XXII (1997) 5, 107-110 (109/II), exprime a ideia dizendo que o *factoring* pode ser *pro solvendo* (impróprio) ou *pro solutum* (próprio).

ser verdadeira cessão financeira, bem lhe ficando, pois, o qualificativo de "imprópria" (alemão *unechte*, não autêntica). De todo o modo, por razões de absorção institucional, ela segue boa parte do regime da cessão própria: basta ver que ele é celebrado por sociedades de *factoring*.

V. Ainda de acordo com as funções, cumpre distinguir:

– a cessão financeira propriamente dita ou *factoring* "tout court"; também surge designada como *factoring* multi-serviços;
– a cessão financeira de serviços ou *factoring* de serviços;
– a cessão financeira sem serviços.

O *factoring* propriamente dito tem um núcleo centrado na cessão de créditos com escopo financeiro; normalmente, agregará a transferência do risco e a prestação de diversos serviços.

O *factoring* de serviços corresponde ao *maturity factoring* norte-americano e postula a eliminação das funções financeira e seguradora. O *factor* limita-se a assegurar a cobrança das faturas do aderente e a prestar-lhe os serviços de contabilidade, de consultadoria e de acompanhamento que tenham sido acordados. Não há, pois, aqui, em rigor, nenhuma cessão de créditos. Em termos práticos, porém, a expressão não é violentada, uma vez que as faturas são cedidas, materialmente, ao *factor*.

Também aqui joga o fenómeno da absorção institucional. Além disso, o *factoring* de serviços vem bulir com o sigilo bancário e com aspetos técnicos e deontológicos delicados: bem parece, pois, que se faculte a sua celebração apenas a sociedades de *factoring* ou equiparadas, para defesa dos próprios aderentes.

No *factoring* sem serviços (*Eigenservice-Factoring*) passa-se para o outro extremo: o *factor* desempenha, exclusivamente, um papel financeiro.

VI. Consoante postule, ou não, a notificação ao devedor, há que distinguir:

– a cessão financeira aberta;
– a cessão financeira fechada.

A cessão financeira aberta é notificada ao devedor – *rectior*: é-o cada ato concreto de cessão, concluído em execução do *factoring*. A cessão financeira fechada não é dada a conhecer a terceiros. Em termos práticos, isso significará que, visto o disposto no artigo 583.°/1 do Código Civil, a cessão financeira fechada não produzirá efeitos perante o devedor[2063]. Funcionará, pois, como um esquema financeiro interno *factor*/cliente, além, naturalmente, da componente prestação de serviços. A banca portuguesa tem apresentado dificuldades em admitir a cessão fechada. Trata-se de um fenómeno ligado às restrições, por vezes acríticas, à concessão de crédito.

O *factoring* fechado visa precaver o aderente contra os aspetos psicológicos nocivos que possa ter, na praça considerada, o saber-se da sua "factorização".

Compete às partes ajuizar dos seus interesses e contratar nessa base.

VII. Tendo em conta as diversas cláusulas que o *factoring* é suscetível de abarcar, outras úteis distinções descritivas podem ser apresentadas.

Assim, o *factoring* é total ou parcial, consoante abranja todas as faturas do aderente ou, apenas, as de certo tipo. Este será determinado quantitativa ou qualitativamente: por exemplo, o *factoring* pode abranger apenas as faturas que ultrapassem certo montante mínimo, ou que tenham a ver, tão-só, com determinada categoria de clientes. Se o *factoring* não for total, perde-se a sua função de aliviar o aderente de serviços de cobranças e de contabilidade.

O *factoring* pode ser em branco ou seletivo: o *factoring* em branco obriga o *factor* a aceitar e pagar ao aderente todas as faturas que este lhe envie; o *factoring* seletivo confere ao *factor* a faculdade de aprovar as faturas que pague, remetendo as demais para boa cobrança. Neste último caso, o *factor* atuará como simples mandatário do aderente e não como cessionário.

O *factoring* pode ser interno ou internacional, consoante apresente conexões apenas com a ordem interna ou, pelo contrário, também com outros espaços. Neste último caso haverá ainda que referir o *factoring* para importação e o *factoring* para exportação.

No *factoring* de grupo, de prática italiana, surge ainda outra distinção curiosa[2064]: o *factoring* monocedido e o *factoring* monocedente. No *factoring* monocedido, a sociedade de *factoring* adquire todos os créditos que fornecedores tenham sobre empresas do grupo (é como que um *factoring* "ao contrário"); no *factoring* monocedente, a sociedade de *factoring* adquire todos os créditos que as empresas do grupo tenham para com terceiros fornecedores.

[2063] *Vide* RLx 14-mai.-2015 (Octávia Viegas), Proc. 649/13.

[2064] *Vide* de Nova, *Factoring* cit., 352.

VIII. Como variante do *factoring* internacional surge-nos a figura do *exportforfaiting*: o exportador (*forfaitist*) aliena a um banqueiro (*forfaiteur*) os seus créditos sobre o estrangeiro; só irá, todavia, recebendo o seu valor à medida que se confirme a sua existência e que não operem exceções. O risco corre, pois, pelo exportador[2065]. Esta figura liga-se à *forfaiting* ou monetarização de créditos, abaixo analisada[2066]

276. Formação e conteúdo

I. No tocante à formação do contrato de *factoring*, a doutrina sublinha a sua sujeição às regras comuns, habituais para todos os contratos[2067]. Há, na cessão financeira, algumas particularidades para que cumpre chamar a atenção.

A cessão financeira é um negócio duradouro, que implica uma relação organizatória. Compreende-se, assim, que ela exija um elevado nível de confiança entre os celebrantes. Na fase preparatória, há que trocar informações. Em princípio, qualquer empresa de *factoring* legitimamente constituída será de confiança: sujeita-se a regras rigorosas aquando da constituição e, além disso, encontra-se sob a fiscalização do banco central respetivo. Quanto às empresas aderentes, cumpre ao *factor*, no período pré-contratual, informar-se a seu respeito. O *factor* irá pedir os diversos elementos relativos à empresa, designadamente os balanços, ajuizando do seu endividamento, dos seus encargos fixos, da sua clientela e, sobretudo, do *cash flow* e da sua capacidade de expansão. Os elementos fornecidos pelo candidato a aderente devem ser verídicos e suficientes, sob pena de *culpa in contrahendo*. No limite, o próprio contrato de *factoring* pode ser anulado por erro ou por dolo.

II. De acordo com o artigo 7.°/1 do Decreto-Lei n.° 171/95, de 18 de julho, a cessão financeira deve ser celebrada por escrito.

Os contratos de *factoring* tendem a formar-se por adesão. As sociedades de cessão financeira predispõem, em regra, condições gerais que

[2065] Michael Hakenberg, *Juristische Aspekte der Exportforfaitierung*, RIW 1998, 906-910.

[2066] *Infra*, 781 ss..

[2067] Hopt/Mülbert, *Kreditrecht/Bankkredit und Darlehen in deutschen Recht* (1989), Nr. 752 (342)..

as partes se limitam a subscrever. Admitem-se, naturalmente, condições especiais acordadas por elas, caso a caso.

O recurso a cláusulas contratuais gerais é duplamente necessário: trata-se de contratos relativamente complexos, tornando-se inviável uma conveniente estruturação na base de um empirismo casuístico; além disso, jogam-se aspetos técnico-financeiros que só são comportáveis em termos normalizados, por parte do *factor*. Basta recordar o tema do *del credere*. No Direito português tem, pois, aplicação o Decreto-Lei n.º 446/85, de 25 de outubro, relativo às cláusulas contratuais gerais. Competirá ao *factor*, previamente, estudar as cláusulas contratuais gerais com que trabalhe, de modo a prevenir nulidades.

III. A cessão financeira pode, formalmente, apresentar as mais diversas configurações. Das noções básicas já apuradas resulta, porém, que ela – para não se descaracterizar – deverá apresentar certas cláusulas essenciais. Além disso, ela tenderá a apresentar outras cláusulas – as cláusulas acidentais típicas – em função das opções das partes.

Para além da identificação das partes e do contrato – matéria que, em rigor, não é regulativa e, logo, não consta de cláusulas – a cessão financeira compreenderá:

- uma cláusula que preveja a entrega, para efeitos de cessão, de todos os créditos do aderente ao *factoring* (princípio da globalidade);
- uma cláusula que preveja o pagamento dos créditos tomados, com ou sem antecipação;
- uma cláusula que preveja a obrigação de notificar o devedor da cessão operada;
- uma cláusula relativa ao dever do *factor* de aceitar os créditos oferecidos;
- a remuneração do *factor*;
- a duração do contrato.

Além disso, o contrato pode conter:

- cláusulas que restrinjam os créditos a oferecer;
- cláusulas que regulem o regime de pagamento dos créditos;
- cláusulas que estabeleçam os precisos termos em que o *factor* deva aceitar os créditos oferecidos;
- cláusulas que regulem o regime do *del credere*; deve frisar-se que, em regra, o risco corre pelo *factor* ou haverá, apenas, *factoring* impróprio;

– cláusulas remuneratórias: comissão de risco e juros pela antecipação;
– cláusulas que permitam o *factoring* fechado – portanto: sem notificação, ao devedor – ou que façam depender de acordo entre as partes a tomada de medidas do *factor* contra o devedor;
– cláusulas que pormenorizem os serviços a prestar pelo fator;
– cláusulas relativas à resolução do contrato por incumprimento, eventualmente com elementos penais;
– cláusulas de duração, de renovação e de denúncia.

Em certas modalidades de *factoring*, podem faltar cláusulas acima descritas como essenciais. Nessa altura, é conveniente as partes explicitarem-no no contrato. P. ex.: o presente *factoring* é, apenas, de serviços.

IV. O contrato de *factoring*, mau grado a sua nominação legal, é um contrato misto atípico[2068]. E assim sendo, ele não dispõe de nenhum regime supletivo claramente aplicável. Na determinação desse regime surgem as clássicas teorias sobre contratos mistos: a teoria da absorção, a teoria da combinação e a teoria da analogia. A doutrina atual tem evitado opções apriorísticas e absolutas por alguma dessas teorias. Caso a caso e lacuna a lacuna será necessário proceder à complementação do contrato. O *factoring* é, na verdade, o produto da confluência de diversos elementos contratuais. A combinação ganharia a dianteira. Contudo, não deve esquecer-se que – como em qualquer contrato misto – tende a haver, nele, elementos cultural e economicamente dominantes. A absorção tem, pois, o seu lugar.

Na cessão financeira, o elemento dominante é a cessão, por venda, dos créditos[2069]. Logo, pelo menos nessa parte, perante insuficiências contratuais, haverá que recorrer ao regime da compra e venda.

O *factoring* – sobretudo nas versões mais atuais – contém, depois, uma área de prestação de serviços. Desta feita, o regime supletivo é dado pelo artigo 1156.° do Código Civil: haverá, com as devidas adaptações, que recorrer ao regime do mandato. Elementos analogicamente interessantes são, ainda, os contidos no regime legal de agência, aprovado pelo Decreto-Lei n.° 178/76, de 3 de julho, com alterações introduzidas pelo

[2068] Dando azo a uma relação complexa: RPt 20-mar.-2012 (Mário Portela), Proc. 384/09.

[2069] A jurisprudência apela, por isso, às regras da cessão de créditos, numa primeira linha: RGm 4-mar.-2010 (Conceição Saavedra), Proc. 196831/08, STJ 18-nov.-2010 (Maria dos Prazeres Beleza), Proc. 3129/03 e RCb 6-dez.-2011 (Regina Rosa), Proc. 2684/09.

Decreto-Lei n.º 118/93, de 13 de abril. Caso a caso haverá que indagar da sua transponibilidade.

Os diversos elementos relevantes para as vicissitudes do *factoring*, incluindo os de origem legal supletiva, devem ter em conta que o *factoring* é dominado pelo *intuitus personae*. Ambas as partes contratam personalizadamente, na base das qualidades uma da outra. Não é, por isso, pensável que se possa assistir a cessões das posições contratuais sem o consentimento da contraparte. Reforçada fica, pois, a regra geral do artigo 424.º do Código Civil.

V. As partes não deixarão, por certo de, no próprio contrato, estipular o regime da sua cessação. Em regra, o contrato será celebrado para vigorar durante determinado lapso de tempo, admitindo-se a sua renovação. A não-renovação deverá ser comunicada pela parte interessada à outra, com uma determinada antecedência. Particularmente no tocante à oposição perante a renovação conduzida pelo *factor*: cumpre sublinhar que o aderente irá ficar numa situação melindrosa, uma vez que ou encontra outro *factor*, ou terá de engendrar um departamento de cobranças e, ainda, fontes alternativas de financiamento.

E se as partes não estipularem nada? Embora académica, essa hipótese é interessante, por permitir conhecer melhor a realidade em jogo no *factoring*.

A aplicação das regras do mandato levaria a que a sociedade de *factoring* pudesse revogar a todo o tempo o contrato, enquanto a aderente (semelhante ao mandante) só o poderia fazer com justa causa – artigo 1170.º do Código Civil. Quando muito, o *factor* teria de indemnizar, nos termos do artigo 1172.º, *d*), do Código Civil, a aderente, se não tivesse procedido com a antecedência conveniente.

Estas regras parecem pouco adequadas para o *factoring*. Sugere-se, assim, a aplicação analógica do artigo 28.º do Decreto-Lei n.º 178/86, na redação dada pelo Decreto-Lei n.º 118/93, que dispõe[2070]:

> 1. A denúncia só é permitida nos contratos celebrados por tempo indeterminado e desde que comunicada ao outro contraente, por escrito, com a antecedência mínima seguinte:

[2070] Quanto a este preceito, António Pinto Monteiro, *Contrato de agência/Anotação ao Decreto-Lei n.º 178/86*, 5.ª ed. (2004), 117 ss..

a) Um mês, se o contrato durar há menos de um ano;
b) Dois meses, se o contrato já tiver iniciado o 2.° ano de vigência;
c) Três meses, nos restantes casos.
(...)

Na falta de pré-aviso – artigo 29.° – a parte a ele obrigada deve indemnizar a outra pelos danos causados com a omissão.

O contrato caduca se alguma das partes se extinguir; na hipótese de o aderente ser uma pessoa singular, o contrato caduca pela morte desta, nos termos do artigo 1174.°, *a*), do Código Civil.

Nos termos gerais, o contrato pode ser resolvido por qualquer das partes, com base no incumprimento perpetrado pela outra.

277. Efeitos

I. A factorização é celebrada em regime de exclusivo. O aderente só pode, pois, ter um único *factor*: ele fica contratualmente adstrito – ainda que de modo implícito – a não celebrar novos contratos de *factoring*, na vigência do anterior. A título principal, o aderente fica adstrito a oferecer todos os seus créditos ao *factor*: é o princípio da globalidade. Também a título principal, ele deve ainda pagar as retribuições a que o *factor* tenha direito: a comissão *ad valorem*, a comissão de risco e os juros pelas antecipações. Havendo cessão, cabe-lhe entregar todos os elementos relativos ao crédito cedido. Em regra, ainda, e também a título principal, o aderente deve notificar os terceiros devedores da cedência dos respetivos créditos[2071]. Uma vez consumada, a cessão não pode ser revogada: o credor será o *factor*[2072]. Assim, requerendo os trabalhadores o arresto de créditos já cedidos, pode este embargar de terceiros[2073].

Seguem-se diversos deveres secundários, eventualmente acordados pelas partes. Estão nessas condições os deveres instrumentais relativos ao modo de apresentar faturas e outras regras de procedimento. Além disso, o

[2071] Cabendo-lhe o respetivo ónus da prova, sem a qual não há efeitos perante terceiros: STJ 11-fev.-2010 (Maria dos Prazeres Beleza), Proc. 259/09.

[2072] STJ 6-out.-1998 (Fernandes de Magalhães), BMJ 480 (1998), 435-439 (439) e RCb 2-jul.-2013 (Artur Dias), Proc. 101126/12.

[2073] RCb 13-mai.-1999 (Silva Freitas), CJ XXIV (1999) 3, 65-67.

aderente poderá ficar onerado com um dever de, por via de regresso, pagar as faturas que o *factor* não tenha conseguido receber.

Acessoriamente, o aderente, *ex bona fide*, fica adstrito a manter uma gestão sã e prudente, de modo a não prejudicar o *factor*. A escolha dos seus clientes deve ser criteriosa e nunca abaixo da média. A contabilidade da empresa – na parte em que lhe compita – deve ser conservada em boa e devida ordem. Por fim, ele deve manter, para com os terceiros devedores, atitudes lícitas, de modo a não dificultar a cobrança dos créditos pelo *factor*.

Outros deveres são possíveis, dependendo do clausulado das partes. As suas posições ativas são a contrapartida dos deveres do *factor*, de seguida abordados.

II. O *factor* deve aceitar e pagar os créditos que lhe sejam submetidos. Na hipótese de *factoring* seletivo, ele deve acolher os créditos de acordo com critérios de normalidade e de razoabilidade: nunca rejeitá-los, apenas, por exemplo, para evitar documentar-se sobre o terceiro devedor. Na hipótese de não assumir o *del credere*, o *factor* deve usar da diligência requerida na cobrança. Além disso, ele não deve hostilizar o devedor, no interesse do aderente. Nos termos do artigo 587.º/2 do Código Civil, supletivo, o aderente não garante a solvência do terceiro devedor. A título principal, o *factor* deve prestar com toda a diligência os serviços incluídos no contrato. Trata-se de um aspeto em franca ascensão. A entrega confiante do aderente não pode ser defraudada.

O artigo 8.º do Decreto-Lei n.º 171/95, de 18 de julho, parece impedir antecipações dos pagamentos em relação à data do vencimento: embora o n.º 2 o permita, o n.º 3 poderia ser entendido em sentido contrário. Não é assim: a cessão financeira permite pagamentos antecipados, mas por conta de créditos cedidos (ainda que não vencidos); não por créditos inexistentes: isso seria um mútuo puro e simples, fora da cessão financeira[2074].

O *factor* terá, *ex contractu*, deveres procedimentais a observar para com o aderente: basta ver que estamos perante um contrato organizatório.

Os deveres acessórios, impostos pela boa-fé, são particularmente flagrantes no domínio dos serviços, quando estes não tenham sido arvorados, pelas partes, a explícitos deveres principais. Com efeito, o *factor*, pela sua posição, passa, em pouco tempo, a dominar os "segredos" da empresa

[2074] Podem ser cedidos créditos futuros: STJ 27-mai.-2004 (Azevedo Ramos), CJ/Supremo XII (2004) 2, 75-77 (77/I).

"factorizada". O dever de sigilo – hoje dotado de expressa base legal – é evidente. Mas além disso, ele deve prevenir, *ex bona fide*, o aderente, das deficiências que apure ou dos riscos desnecessários que o veja assumir.

III. Nos termos legais, a cessão de créditos opera sem necessidade do consentimento do devedor. No entanto, para produzir efeitos em relação a este, ela deve ser notificada, ainda que extrajudicialmente, nos termos do artigo 583.°/1 do Código Civil[2075]. Feita a notificação, o devedor (só) se exonera perante o *factor*. Na hipótese (académica) de um conflito de cessões, prevalece a que primeiro for notificada ao devedor, segundo o artigo 584.° do Código Civil.

Pode acontecer que, no contrato celebrado entre o terceiro devedor e o aderente, e do qual resulte o crédito a ceder, tenha sido inserida alguma cláusula de incedibilidade. Tais cláusulas são inoponíveis ao *factor*, salvo se este as conhecesse no momento da cessão, como se infere do artigo 577.°/2 do Código Civil. Posto isso, cumpre sublinhar que, tendo celebrado um contrato de cessão financeira, o aderente fica inibido de convencionar cláusulas de incedibilidade com os terceiros potenciais cedidos. Se o fizer, está a violar o próprio contrato de *factoring*. O *factor*, uma vez prevenido, já não pode opôr o *factoring* ao terceiro incedível: resta-lhe pedir contas ao aderente.

IV. Segundo o artigo 582.°/1 do Código Civil, na falta de convenção em contrário, a cessão de crédito importa a transmissão, para o cessionário, das garantias e outros acessórios do direito transmitido, que não sejam inseparáveis da pessoa do cedente. Quer isso dizer, pelo prisma agora em causa, que o terceiro devedor poderá agir para com o *factor* em consonância com a transcrita regra.

Toda a lógica da cessão de créditos assenta no postulado de que a posição do devedor cedido não se torna mais onerosa, por força da alteração verificada na pessoa do credor. Este postulado tem um conteúdo normativo: a posição do devedor não deve tornar-se mais onerosa. Assim, o terceiro devedor poderá opor ao *factor* todos os meios de defesa de que dispusesse contra o aderente – artigo 585.°[2076] e, designadamente, a exceção

[2075] *Vide* o acórdão referido *supra*, nota 2063.

[2076] Pode, designadamente, opor-lhe uma compensação parcial – com as precisões abaixo referidas – como decidiu o Supremo, na primeira decisão publicada sobre o *factor*-

do não cumprimento do contrato[2077]. Quando sejam procedentes, o *factor* apenas pode agir contra o aderente, uma vez que, segundo o artigo 587.º/1 do Código Civil, este garante a existência e a exigibilidade do crédito, no momento da cessão. Já na hipótese de insolvência ou de não cumprimento *ad nutum*, o risco é, em princípio, do *factor*.

Os meios de defesa posteriores à comunicação da cessão já não são operacionais. Tome-se o exemplo da compensação: o terceiro devedor pode compensar o seu débito com créditos que tenha contra o aderente, desde que constituídos antes da notificação da cessão. A compensação já não opera com créditos posteriores à notificação: nessa altura, o aderente já não é credor: tal posição é ocupada pelo *factor*.

Porém, o crédito anulado já não vale, mesmo quando cedido[2078].

V. Havendo litígios, a cessão financeira é dirimida no foro comum: e isso mesmo quando esteja envolvido um empreiteiro de obras públicas[2079].

ing, de que temos conhecimento: STJ 6-fev.-1997 (Roger Lopes), CJ/Supremo V (1997) 1, 93-95 (95).

2077 STJ 24-fev.-2002 cit., CJ/Supremo X, 1, 107/II.

2078 STJ 4-mar.-2004 (Quirino Soares), CJ/Supremo XI (2004) 1, 105-107 (107/II).

2079 RLx 9-mar.-1999 (Quinta Gomes), CJ XXIV (1999) 2, 79-81 e TCAS 7-nov.-2013 (Sofia David), Proc. 06693/10.

§ 67.º OUTROS CONTRATOS FINANCEIROS

278. Aspetos gerais; o crédito sindicado; empréstimos cristal

I. A moderna prática bancária documenta ainda diversos outros negócios financeiros, isto é, negócios relativos ao dinheiro, conduzidos por um banqueiro e destinados a proporcionar, a um interessado, meios de liquidez que, depois, deverão ser reembolsados. No núcleo encontramos o crédito, derivado da ideia básica do mútuo. Esse núcleo vai ser enriquecido com elementos retirados seja da especificidade do sujeito (p. ex., vários bancos), seja do esquema jurídico subjacente (p. ex., a cessão de créditos ou a cartelização), seja, finalmente, da organização montada em torno da captação de fundos (p. ex., o *project finance*). Outras variantes podem ser apontadas, designadamente em associação com os valores mobiliários. Abaixo será versada a temática dos derivados, quedando outras para um manual de Direito financeiro.

II. No crédito sindicado (*syndicated loan* ou *Konsortialkredit*)[2080], assiste-se, basicamente, a um mútuo concedido por um conjunto de banqueiros: um sindicato ou consórcio bancário. O recurso ao crédito sindicado justifica-se perante grandes empresas que pretendam mobilizar fundos avultados. Do ponto de vista do beneficiário trata-se, em regra:

- ou de realizar investimentos, com relevo para grandes obras públicas (auto-estradas, aeroportos ou ferrovias);
- ou de operar aquisições significativas (OPAs) ou defesas contra operações hostis;
- ou de proceder à reestruturação de passivos.

[2080] *Ellinger's Modern Banking Law*, 5.ª ed. (2005), 781 ss. e Nils-Christian Wunderlich, em Schimansky/Bunte/Lwowski, *Bankrechts-Handbuch* cit., 1, 4.ª ed., § 76, Nr. 147 ss. (2204 ss.).

Do ponto de vista do banqueiro, o recurso a sindicatos visa, no essencial, três objetivos:

- facilitar a mobilização de fundos elevados, de que não disponha de momento;
- manter-se dentro de *rationes* que previnam a aplicação do regime dos grandes riscos, com provisões complexas;
- limitar a exposição às possibilidades, sempre existentes, de inadimplência do devedor.

III. A concessão de crédito por um sindicato bancário implica um acordo inter-banqueiros. Nesse acordo fica estipulado, em geral:

- o banco-líder e os seus poderes; normalmente, ele representa os demais banqueiros, nas relações com o cliente e centraliza as comunicações e informações, relativas à operação; além disso cabe-lhe, sempre em princípio, negociar com o cliente, solicitar e validar garantias e fazer, sendo o caso, comunicados ao mercado ou à supervisão;
- a retribuição do banco-líder, pelos serviços que preste aos demais; como é evidente, os custos daqui resultantes são repercutidos no cliente;
- a quota do empréstimo que assista a cada um dos banqueiros associados; o banco-líder assume, em regra, a quota mais elevada;
- a repartição do risco da inadimplência.

O sindicato pode surgir antes ou depois de negociado o crédito. Na última hipótese, o depois banco-líder coloca, junto de outros banqueiros, *tranches* do crédito contratado.

O sindicato ou consórcio bancário rege-se, nas suas regras internas, pelas do contrato de consórcio ou, no limite, pelos de sociedade (civil), quando o próprio contrato não disponha de outra forma.

IV. Modalidade interessante, que já levantou problemas, entre nós[2081], é a dos empréstimos cristal[2082]. Temos duas modalidades:

[2081] *Vide* o nosso *Empréstimo "cristal": natureza e regime/Parecer*, O Direito 127 (1995), 463-509, bem como RLx 21-out.-1999 (Gonçalves Rodrigues), CJ XXIV (1999) 4, 133-139 e STJ 8-fev.-2001 (Roger Cunha Lopes), RLJ 133 (2001), 319-337, anot. Calvão da Silva, *idem*, 337-348.

[2082] Expressão criada pelo Dr. Manuel Castelo Branco, advogado a quem coube

– o cristal prévio: o banco-líder associa-se a outros banqueiros e concorre, com eles, a um leilão de crédito lançado pelo cliente: vence o consórcio que oferecer juros mais baixos;
– o cristal subsequente: o banco (depois) líder, tendo negociado o crédito com o cliente, põe em leilão *tranches* do empréstimo, junto de outros banqueiros; tais *tranches* são afetas aos banqueiros que ofereçam juros mais baixos.

O cristal pode ser firme, quando o líder se comprometa a conceder o crédito, mesmo na ausência de candidatos ao leilão. Na hipótese inversa, ele fica condicionado ao êxito do leilão.

Os empréstimos cristal tornam-se atraentes em épocas de excesso de liquidez e perante operações financeiras de montante elevado. O mecanismo do leilão, a ser efetivo, permite juros muito competitivos: por vezes abaixo da cifra média do mercado.

279. Titularização, titulação ou securitização de créditos

I. Na titularização, titulação ou securitização (*securitization*, *Verbriefung* ou *titorization*) de créditos, o banqueiro (neste caso, fundos de titularização de crédito ou sociedades de titularização de créditos) acolhe créditos e transforma-os em valores (títulos) que coloca no mercado, junto de investidores[2083]. Os créditos contratados podem sê-lo tendo desde logo em vista a sua titularização. Temos, pois, uma situação que releva do

acompanhar, nos anos oitenta do século passado, as primeiras operações desse tipo e que resulta de "crédito ao investimento sindicado por *tranches* afetadas em leilão".

[2083] *Ellinger's Modern Banking Law* cit., 5.ª ed., 882-883, Nils-Christian Wunderlich, em Schimansky/Bunte/Lwowski, *Bankrechts-Handbuch* cit., 1, 4.ª ed., § 76, Nr. 151 ss. (2205 ss.); Paul le Cannu/Thierry Granier/Richard Routier, *Instruments de paiement et de crédit/Titrisation*, 8.ª ed., 2010, 677 pp.; Valerio Forti/Eric Savaux, *La titrisation des créances et droit comparé: contribution à l'étude de la propriété* (2013), 588 pp..

Entre nós, a obra de referência é a de João Calvão da Silva, *Titula[riza]ção de créditos – Securitization*, 3.ª ed. (2013), 284 pp.; *vide*, ainda: Diogo Leite de Campos (org.), *Titularização de créditos* (2000), 239 pp.; António de Macedo Vitorino, *A titularização de créditos em Portugal*, DVM 3 (2001), 161-178; Armindo Saraiva Matias, *Obrigações hipotecárias e titularização de créditos hipotecários*, ROA 69 (2009), 109-126; Hugo Rosa Ferreira, *Compensação e insolvência (em particular na cessão de créditos para titularização)*, em Rui Pinto (org.), *Direito da insolvência* (2011), 9-64.

Direito bancário e do Direito mobiliário e que, tal como a cessão financeira, assenta, tecnicamente, numa cessão de créditos.

A titularização, conquanto que com raízes antigas, representa uma inovação de grande vulto, no atual Direito financeiro. Ela permite, aos banqueiros, conceder crédito e colocá-lo no mercado mobiliário. Com isso, evitam o risco do inadimplemento do devedor (donde a "securitização") e conseguem, de imediato, novos fundos para operações de crédito subsequentes. Um mecanismo deste tipo funciona como poderoso multiplicador bancário, constituindo um elemento básico das "bolhas" mais recentes. Ele está entre os elementos que mais contribuiram para a crise financeira de 2007-2009 (a dos *sub-primes*) e para a crise económica subsequente.

II. A titularização de créditos foi estabelecida, entre nós, pelo Decreto-Lei n.º 453/99, de 5 de novembro. Este diploma foi alterado pelo Decreto-Lei n.º 82/2002, de 5 de abril e pelo Decreto-Lei n.º 303/2003, de 5 de dezembro, que o republicou em anexo. O referido Decreto-Lei n.º 303/2003 teve, como ensejo, a Lei n.º 103/2003, de 5 de dezembro, que veio regular e harmonizar os princípios básicos de cessão de créditos do Estado e da segurança social, para titularização. Como se vê, este esquema interessa (quiçá, entre nós: fundamentalmente) ao sector público.

Os artigos 27.º, 34.º, 37.º e 60.º do Decreto-Lei n.º 453/99, de 5 de novembro, foram alterados pelo artigo 9.º do Decreto-Lei n.º 52/2006, de 15 de março, que procedeu à transposição de vários instrumentos europeus e, designadamente, das Diretrizes n.º 2003/6/CE, de 28 de janeiro e n.º 2003/71/CE, de 4 de novembro.

III. O Decreto-Lei n.º 453/99, de 5 de novembro, na versão em vigor, de acordo com o prolixo estilo nacional, é um diploma extenso: 68 artigos, assim ordenados:

Capítulo I – Titularização de créditos (1.º a 8.º);
Capítulo II – Fundos de titularização de créditos:
  Secção I – Fundos de titularização de créditos (9.º a 14.º);
  Secção II – Sociedades gestoras (15.º a 22.º);
  Secção III – Depositário (23.º a 26.º);
  Secção IV – Constituição de fundos de titularização e regulamento de gestão (27.º a 30.º);
  Secção V – Unidades de titularização (31.º a 35.º);
  Secção VI – Contas do fundo, informação e supervisão (36.º e 37.º);

Secção VII – Liquidação e partilha de fundos (38.º).
Capítulo III – Sociedades de titularização de créditos:
Secção I – Das sociedades de titularização de créditos:
Subsecção I – Requisitos gerais (39.º a 46.º);
Subsecção II – Autorização (47.º a 52.º);
Subsecção III – Registo (53.º a 59.º).
Secção II – Emissão de obrigações titularizadas (60.º).
Capítulo IV – Disposições finais (67.º e 68.º).

Como se vê, o legislador concedeu um máximo de desenvolvimento aos fundos e às sociedades de titularização. No que tange à titularização em si, temos as regras que seguem.

IV. Podem ceder créditos para efeito de titularização, o Estado e demais pessoas coletivas públicas, as instituições de crédito, as sociedades financeiras, as empresas de seguros, os fundos de pensões, as sociedades gestoras de fundos de pensões e as pessoas coletivas cujas contas, nos últimos três anos, tenham sido certificadas por auditor registado na CMVM (2.º/1). Como se vê, estamos perante um efetivo produto financeiro, reservado a entidades de grande porte.

Como cessionários apenas podem surgir fundos de titularização de créditos e sociedades de titularização de créditos (3.º).

Quanto a créditos cedíveis: segundo o artigo 4.º/1, sempre do Decreto-Lei n.º 453/99, eles devem, cumulativamente, reunir os requisitos seguintes:

(a) a transmissibilidade não se deve encontrar sujeita a restrições legais ou convencionais;
(b) devem ter natureza pecuniária;
(c) não se encontrando sujeitos a condições;
(d) não serem litigiosos e não se encontrarem dados em garantia nem judicialmente penhorados ou apreendidos.

Os terceiro e quarto requisitos não são exigidos aos créditos do Estado e da segurança social (4.º/2). Os créditos cedíveis podem ser futuros, desde que emergentes de relações constituídas e de montante conhecido ou estimável (4.º/3). Também são operacionais, para o efeitos, os créditos hipotecários, concedidos no âmbito do Decreto-Lei n.º 348/98, de 11 de novembro (4.º/4). Os números 5 a 8 do preceito em causa colocam outros requisitos.

V. A eficácia da cessão depende, nos termos gerais, da notificação aos devedores (6.º/1 a 4). A cessão pode ser celebrada por documento particular (7.º/1). Os créditos sucedidos para titularização têm, ainda, regras que asseguram a sua solidez: perante a pauliana e em face de situações de insolvência (8.º).

VI. A titularização envolve, em termos dogmáticos, uma tripla operação:

– a cessão de créditos a favor do veículo titularizado (o fundo ou a sociedade de titularização);
– a emissão do título;
– a venda do título incorporante.

Temos, em rigor, dois contratos (a primeira e a terceira operações) e um ato unilateral: a emissão. Todavia, é lógico que as três operações ocorrem tendo em vista uma função única: a captação de fundos. Estamos, pois, perante uma coligação de contratos de tipo interno e funcional e que visam a obtenção de crédito.

280. O *forfaiting* (monetarização de créditos)

I. Na gíria negocial, o pagamento *à forfait* traduz o cumprimento antecipado global relativo a um valor cuja exata configuração seja, ainda, desconhecida.

O termo foi recuperado, pela linguagem anglo-saxónica, para traduzir um negócio bancário que, em síntese, implica a aquisição, por um banqueiro, de créditos sobre terceiros, em geral, titulados, de modo a dotar o cedente de meios monetários antecipados[2084]. O termo está consagrado; em português, poder-se-á dizer "monetarização" ou "antecipação" de créditos, com preferência para a primeira designação, para evitar confusão com a antecipação bancária[2085]. A locução forfaitização (Pestana de Vasconcelos) seria o ideal: haverá que criar a competente habituação.

[2084] Com muitas indicações: Michael Martinek, *Das Forfaitingsgeschäft*, em Schimansky/Bunte/Lwowski, *Bankrechts-Handbuch*, 4.ª ed., II (2011), § 103 (1002-1019).

[2085] Entre nós, *vide* António Pedro A. Ferreira, *Um caso especial de cessão de créditos sem garantia – o denominado* forfaiting, em AAVV, *Nos 20 anos do Código das*

II. O *forfaiting* está claramente próximo das figuras da cessão financeira, da titularização de créditos, da antecipação bancária e do desconto bancário. Em síntese, distingue-se

- da cessão financeira por envolver situações isoladas e não um contrato-quadro relativo a múltiplas cessões futuras;
- da titularização de créditos por implicar uma alienação ao banqueiro e não ao mercado;
- da antecipação bancária por resultar de uma operação internacional;
- do desconto, por não envolver, necessariamente, títulos de crédito e pela dimensão internacional.

III. O *forfaiting* teve origem no comércio internacional, tendo sido reativado, depois da II Guerra Mundial (1939-1945), como forma de financiar os exportadores de cereais norte-americanos, que pretendiam vender para o Leste Europeu. Nessa eventualidade, os bancos suíços, bem posicionados, adiantavam, aos norte-americanos, os fundos que depois seriam captados, junto dos adquirentes. Normal (mas não necessariamente), o pagamento *à forfait* mantém-se, mesmo quando ocorra incumprimento do adquirente final. O crédito fica assegurado, tudo dependendo do que se acorde. Mais tarde, o modelo negocial em causa alargou-se servindo, sobretudo, os exportadores.

IV. Parece claro que o esquema proporcionado pelo *forfaiting* está próximo da cessão financeira ou do desconto bancário, consoante falte ou haja um título de crédito. O *forfaiting* tem claras áreas de sobreposição, quedando-lhe, como particularidade (possível, também, nas outras figuras) o facto de acudir a situações internacionais.

A sua autonomia advém-lhe da designação e de se ter desenvolvido como pólo próprio. Confirmamos, neste nível, que os tipos contratuais podem advir de áreas distintas, sem plano de conjunto, acabando, na prática, por gerar duplicações, totais ou parciais.

Num contrato de *forfaiting*, há que estar muito atento às garantias, à lei aplicável e ao foro competente. O negócio é, em regra, concluído para grandes cifras e implica a intervenção de juristas experientes.

Sociedades Comerciais II (2007), 337-378, L. Miguel Pestana de Vasconcelos, *O contrato de* forfaiting *(ou de forfaitização)*, Est. José Dias Marques (2007), 537-570 e José A. Engrácia Antunes, *Direito dos contratos comerciais* cit., 527-528.

281. O *Project Finance*

I. O *Project Finance* – expressão que, de acordo com a literatura especializada, mantemos em inglês – tem sido definido de modo diverso, mas confluente[2086]. Podemos reter duas apresentações:

E. R. Yescombe:

> *Project Finance* é um método de obtenção de financiamento a longo prazo, para projetos de grande porte, através de uma engenharia financeira baseada em empréstimos contra o *cash flow* gerado pelo projeto, da operação e dos riscos e da sua alocação entre entidades mutuantes ou outras partes, através de arranjos contratuais ou diversos[2087].

Oliver Rossbach:

> *Projektfinanzierung* é um financiamento a longo prazo de um investimento separável e economicamente auto-sustentável, com ou sem responsabilidade limitada aos participantes no projeto (*non-recourse* ou *limited-recourse Finanzierung*)[2088].

A noção de Oliver Rossbach é assumidamente ampla. Como explica mais adiante, é característico do *Project Finance* a centralização do projeto numa sociedade de capitais, juridicamente autónoma, constituída pelos patrocinadores[2089].

II. A expressão *Project Finance* generalizou-se em tempos relativamente recentes. A sua prática é conhecida, no entanto, desde a Antiguidade. Os especialistas referem que a *Via Appia* (312 a. C.) já fora construída numa lógica de *Project Finance*, isto é, antecipando, com créditos,

[2086] Charles T. Haskell, *Advanced Modelling for Project Finance/For Negotiation and Analysis* (2005), 3; Jörg Böttcher/Peter Blattner, *Projektfinanzierung* (2006), 274 pp. (9) e Christian Decker, *Internationale Projektfinanzierung: Konzeption und Prüfung* (2008), 7.

[2087] E. R. Yescombe, *Principles of Project Finance* (2002), 344 pp. (1).

[2088] Oliver Rossbach, *Projektfinanzierung und Public Private Partnership*, em Siegfried Kümpel/Arne Wittig, *Bank- und Kapitalmarktrecht*, 4.ª ed. (2011), Nr. 11.271 (1431).

[2089] Oliver Rossbach, *Projektfinanzierung und Public Private Partnership* cit., Nr. 11.276 (1433).

os lucros que ela iria proporcionar[2090]. Iniciativas marítimas e coloniais ao longo da História, com relevo especial para os séculos XV e XVI, adotaram a ideia[2091]. Em Inglaterra, no final do século XIII (em 1299), a Coroa entregou ao italiano Frescobaldo o aproveitamento das minas de prata de Devon, pagando-se o investimento com os lucros obtidos[2092].

Nos nossos dias, esquemas de *Project Finance* presidiram às maiores realizações: os Canais do Suez e do Panamá; o *pipeline* do Alaska; o Eurotunel que liga Calais a Dover; a Eurodisney; e muitas outras realizações emblemáticas[2093].

O *Project Finance* tem ainda um campo de eleição na realização de obras públicas ou de interesse público, tais como túneis, vias de comunicação, aeroportos, auto-estradas, pontes e telecomunicações. Nessa eventualidade, o *sponsor* pode ser o Estado ou entidade equivalente; é igualmente possível a associação e capitais públicos, também antecipados com vista ao futuro *cash flow* ou a angariação, pelo Estado, de financiadores, com recurso às suas garantias. Temos as PPP (parcerias público-privadas ou *Public Private Partnerships*)[2094], puras ou associadas a privatizações[2095], recentemente descobertas pela opinião pública portuguesa e das quais se diz que provocaram uma revolução nas infraestruturas em todo o Mundo[2096].

[2090] Martin Rey, *Entwicklung und moderne Tendenzen der Projektfinanzierung*, BKR 2001, 29-34 (29/I).

[2091] Alexander Reuter, *Was ist und wie funktioniert Projektfinanzierung?*, DB 1999, 31-37 (31/I).

[2092] John D. Finnerty, *Project Financing/Asset-Based Financial Engineering*, 2.ª ed. (2007), XVII + 476 pp. (4).

[2093] P. ex., John D. Finnerty, *Project Financing* cit., 4 ss., 338 ss. e 368 ss.; Charles T. Haskell, *Advanced Modelling* cit., 4; Willie Tan, *Principles of Project und Infrastructure Finance* (2007), 296 pp. (3 ss.); Andrew Fight, *Introduction to Project Finance (Essencial Capital Markets)* (2006), VI + 205 pp. (2-3).

[2094] Oliver Rossbach, *Projektfinanzierung und Public Private Partnership* cit., Nr. 11.274 (1431) e, com aspetos práticos e como exemplos: Hendrik Horn/Andrea Peters, *Vertragsgestaltung bei Public Private Partnership (PPP)/Projekten*, BB 2005, 2421-2427, Björn Demuth/Daniel Kaiser, *Die Folgen der Zinsschranken auf PPP-Projekte nach dem neuen BMF-Schreiben vom 4.7.2008*, BB 2008, 2497-2501 e Willie Tan, *Principles of Project und Infrastructure Finance* cit., 126 ss..

[2095] *Vide* o livro de E. S. Savas, *Privatization and Public-Private Partnerships* (2000), XV + 368 pp..

[2096] Darrin Grimsey/Mervynk Lewis, *Public-Private Partnerships: the Worldwide Revolution in Infrastructure Provision* (2007), 288 pp..

O esquema dito *Project Finance* visa grandes empreendimentos, da ordem mínima dos 30 milhões de euros, de previsível rendibilidade e nos quais os promotores não pretendem colocar mais de 20% de capitais próprios. Eventualmente: nenhuns capitais próprios[2097].

III. A estrutura básica de *Project Finance* é fácil de entender e de expor: há uma confluência clara de vasta literatura especializada hoje existente.

No essencial, temos o sistema seguinte[2098]:

- um promotor (ou *sponsor*), que detém os direitos básicos ao projeto, seja por lhe caberem de raiz, seja por lhe terem sido adjudicados;
- uma sociedade-veículo autónoma ou SPV, de *Special Purpose Vehicle*), que contrata os financiamentos e assume a direção da obra;
- um esquema de financiamento, seja pelo recurso ao mercado de capitais, seja pela intervenção de um banqueiro ou de sindicatos bancários;
- a captação do *cash flow*, o qual é usado, desde logo, como garantia;
- uma série de *Financial Covenants* ou estalões financeiros, a cargo do mutuário e que vão ser seguidos pelos financiadores; estes recebem poderes de acompanhamento e de fiscalização apertados, relativamente ao desenrolar do projeto;
- um esquema de repartição equitativa e predeterminada de riscos.

Cabe aprofundar alguns desses aspetos.

IV. A estrita separação entre o promotor e a sociedade veículo é um ponto básico do *Project Finance*[2099]. Ele não corre riscos, para além dos fundos que, eventualmente, coloque no projeto (e podem não ser

[2097] Oliver Rossbach, *Projektfinanzierung* cit., Nr. 11.272 (1431).

[2098] A matéria pode ser conferida Ivan Bénichou/David Corchia, *Le financement de projets/Project Finance* (2010), 189 pp., em *Guide to the Project Management Body of Knowledge* (PMBOK Guide), 4.ª ed. (2008), XXVI + 466 pp., em Alexander Reuter, *Was ist und wie funktioniert Projektfinanzierung?* cit., 32/II e ss. e em Martin Rey, *Entwicklung und moderne Tendenzen der Projektfinanzierung* cit., 30/I ss., bem como na numerosa literatura anglo-saxónica já citada.

[2099] Por todos, Stefano Gatti, *Project Finance in Theory and Practice* (2007), XXI + 414 pp. (2).

nenhuns)[2100]. Em termos práticos, opera o *non-recourse*: o *sponsor* não garante (ou não tem de garantir) qualquer reembolso[2101].

Repare-se: a não ser assim, estaríamos perante um vulgar empreendimento financiado seja na banca, seja no mercado de capitais e a cuja garantia poderiam ser alocados créditos futuros. No *Project Finance*, o projeto ganha vida e alimenta-se a si mesmo, independentemente do promotor, que alija os riscos.

Esse esquema permite, ao promotor, manter a iniciativa e os seus riscos e encargos fora do seu balanço (*off balance sheet*), conservando margem para outras iniciativas[2102]. Tratando-se do Estado: ele consegue promover obras públicas com uma total desorçamentação.

V. Dada a separação total do *Special Purpose Vehicle*, nada mais há a oferecer, como garantia, do que o capital deste (em regra: pequeno) e o *cash flow* previsível. Isso obriga as entidades financiadoras a estudar profundamente o projeto e as suas perspetivas: *the devil is in the detail*, como lembra Yescombe. A capacidade económica do próprio projeto vai suportar todo o *funding* da operação[2103].

O risco maior, para os financiadores, residirá na eventualidade de o projeto não ser concluído: só nessa altura principia o retorno constituído pelo *cash flow*. Um projeto bem estruturado, numa área com futuro e com adequada gestão minimiza, todavia, esse risco[2104]. Concluído o projeto, o risco quase desaparece.

O projeto e a sua prossecução tornam-se, pois, decisivos. Daí que os financiadores se rodeiem de cautelas contratuais para, em permanência, acompanharem a sociedade-veículo e as suas atuações, quer no plano financeiro, quer no domínio técnico. Essas cautelas tomam corpo em cláusulas adequadas, que permitem uma total e permanente informação[2105].

[2100] E. R. Yescombe, *Principles of Project Finance* cit., 16.

[2101] Scott L. Hoffmann, *The Law of Business of International Project Finance*, 3.ª ed. (2008), XLVII + 474 pp. (8); Andrew Fight, *Introduction to Project Finance* cit., 3.

[2102] Oliver Rossbach, *Projektfinanzierung* cit., Nr. 11.277 (1433).

[2103] Hans Janus, em Herbert Schimansky/Hermann-Josef Bunte/Hans-Jürgen Lwowski, *Bankrechts-Handnuch* II, 3.ª ed. (2007), § 122, Nr. 79 e 80; Alexander Reuter, *Projektfinanzierung und Kapitalmarkt*, WM 2009, 2057-2063 (2057/II).

[2104] Podem, por isso, ser previstas especiais garantias (seguros; garantia do Estado) de conclusão do projeto; *vide* Oliver Rossbach, *Projektfinanzierung* cit., 1435.

[2105] Daniel Beisel/Friedhold E. Andreas, *Due Diligence*, 2.ª ed. (2010), 299, desenvolvendo os *Financial Covenants* eventualmente envolvidos.

Isso pressupõe que os financiadores se dotem de estruturas técnicas adequadas ou (o que será recomendável) contratem consultores da sua confiança, que colaborem no projeto e fiscalizem o seu desenvolvimento.

VI. As vantagens do *Project Finance* decorrem do sistema apontado[2106]. Os promotores podem, sem risco, desenvolver projetos para os quais não tenham fundos ou, aos quais, não queiram alocá-los. Além disso, podem dispensar todas as estruturas técnicas: a sociedade-veículo encarregar-se-á, em conjunto com os financiadores, de contratar a competente *expertise*, estudando os riscos[2107]. No fundo, devemos ter presente que a montagem do esquema vai ser realizada pelos financiadores, os quais surgem, deste modo, como prestadores de serviços. A possibilidade de sindicar os financiamentos ou de recorrer ao mercado de capitais, por diversas vias, para o fazer, permite congregar cifras significativas[2108]. Os projetos mais ambiciosos são viabilizados. Além disso, há espaço para fazer uma distribuição equitativa de riscos[2109].

VII. Como desvantagens, os especialistas apontam os custos de transação elevados. A montagem da operação exige estudos complexos, que devem ser pagos. Os financiamentos, assentes em créditos futuros, têm custos superiores aos das operações comuns. Por isso, compreende-se que o *Project Finance* só seja de encarar para empreendimentos de grande vulto.

Além disso, o *Project Finance* opera no longo prazo. Não há – como a História recente demonstra – possibilidades realistas de fazer previsões nesse plano. Um pequeno desvio inicial no cálculo do crescimento futuro pode, por exemplo e em poucos anos, desequilibrar totalmente o negócio. Quer isso dizer que, mau grado a lógica da engenharia financeira subja-

[2106] *Vide*, além das obras referidas, Jörg Böttcher/Peter Blattner, *Projektfinanzierung* cit., 28 ss..

[2107] Scott L. Hoffmann, *The Law of Business of International Project Finance*, 3.ª ed. cit., 11; Henri L. Beenhakker, *Risk Management in Project Finance and Implementation* (1997), 274 pp..

[2108] Alexander Reuter, *Projektfinanzierung und Kapitalmarkt* cit., 2058/II; Christoph Schücking, *Konsortialvertrag* em Mathias Habersack/Peter O. Mülbert/Michael Schlitt, *Unternehmensfinanzierung am Kapitalmarkt*, 2.ª ed. (2008), § 26 (713 ss.), com indicações.

[2109] Christian Decker, *Internationale Projektfinanzierung* cit., 139 ss..

cente, o mercado só sossega se lhe for dada a garantia do Estado, direta ou indiretamente. Um projeto que corra mal pode custar uma fortuna aos contribuintes.

VIII. Em termos dogmáticos, o *Project Finance* é um contrato complexo, de escopo financeiro, com um claro elemento de organização e que pode funcionar em coligação com numerosos outros contratos. Pela sua complexidade, a sua conclusão deve ser acompanhada por juristas experientes, apoiados em equipas técnicas que, no terreno, conheçam perfeitamente a obra em vista, as condicionantes sociais e politicas e a evolução previsível do sector. Convém, ainda, diluir o risco, através da dispersão de responsabilidades e de um criterioso apoio público.

CAPÍTULO IV

DAS GARANTIAS NO DIREITO BANCÁRIO

SECÇÃO I

DAS GARANTIAS EM GERAL

§ 68.º GARANTIAS: EVOLUÇÃO E RELEVO

282. O risco e o Direito

I. A Ciência do Direito privilegia, hoje, uma abordagem às garantias através das ideias de incerteza, de insegurança e de risco[2110]. As situações humanas envolvem, nas suas projeções futuras, parâmetros complexos. Elas dependem da evolução de variáveis incontroláveis: psicológicas, individuais, sociais, económicas, políticas e ambientais, entre outras. No limite, existe uma complexidade causal dependente de tantas incógnitas que torna impossível uma precisão sectorial segura. Apenas grandes linhas podem ser prefiguradas e, ainda então, com enganos por todos reconhecidos, após a sua ocorrência.

II. As relações humanas progridem numa ambiência de álea: não é possível, de antemão, conhecer a sua configuração futura. Essa álea surge tanto maior quanto mais longínquo for o momento subsequente a considerar. Além disso, ela é ampliada pela particular insegurança que possam envolver alguma ou algumas das variáveis envolvidas na situação inicial.

[2110] Sobre toda esta matéria, remetemos para o nosso *Tratado de Direito civil*, X (2015), e para a bibliografia aí citada, com relevo para Christian Förster, *Die Fusion von Bürgschaft und Garantie* (2010), 1 ss., com indicações.

Podemos, aqui, introduzir a ideia de risco[2111]. Ela exprime a vertente negativa da álea, isto é: a eventualidade de a evolução futura da situação considerada conhecer uma progressão desfavorável para o sujeito em causa. Num crédito, o risco do seu titular reside no inadimplemento do devedor e, no limite, na sua insolvência. Além disso e como exemplo, temos o risco da depreciação monetária, da evolução desfavorável das taxas de juro, das alterações legislativas que imponham constrangimentos judiciais ou burocráticos e outros.

III. As situações jurídicas, no caso de litígio ou de dúvida, são objeto de decisão humana e, *maxime*, do juiz. A decisão, por bem preparada e isenta que surja, introduz um novo fator de incerteza e, como tal, de risco. Pode ou não corresponder ao expectável. Inferimos, daqui, um elemento multiplicador, a somar às já de si inseguras variáveis humanas e sociais.

IV. No plano das atuações humanas, podemos dizer que boa parte das opções feitas tem a ver com a projeção, mais ou menos consciente, que cada um faça do risco que corra ou possa correr. O ser humano procura, na sua passagem terrena, rodear-se de cintas de segurança, da mais diversa natureza, para proteção própria, da família, da vida sócio-profissional e do património.

Fautor de riscos, o Direito é chamado, em diversos planos, a enquadrá-los e a minorá-los: quer tenham natureza puramente jurídica, quer advenham das múltiplas variáveis envolvidas.

Um dos esquemas tradicionais mais conseguidos para lidar com o risco, no plano das obrigações é, justamente, a prestação de garantias.

283. A gestão do risco (*risk-management*)

I. A omnipresença do risco retardou, de certo modo, o seu tratamento científico. É certo que, desde a Antiguidade, foram surgindo, de modo empírico, esquemas destinados a suster o risco, particularmente nas obrigações. Tais esquemas estão, de resto, na origem de muitas das atuais garantias.

[2111] Com elementos: *Direito dos seguros*, 481 ss..

A evolução das sociedades, a ampliação dos riscos e o desenvolvimento das técnicas subjacentes aos seguros, à banca e à gestão das empresas permitiu o desenvolvimento de uma "Ciência" do risco.

II. O risco comporta várias estratégias de abordagem, cuidadamente desenvolvidas, no seu início, pelas disciplinas da gestão das empresas[2112]. Em termos esquemáticos, é possível agir[2113]:

– antes de iniciar o processo cujo desenlace possa comportar riscos, suprimindo ou limitando as incertezas; no campo do crédito, o banqueiro escolherá devedores solventes ou limitará os patamares dos financiamentos (política etiológica);
– iniciado o processo, pode o credor montar derivativos que absorvam ou que restrinjam o risco; assim, ele pode exigir garantias, com um papel compulsório e efetivador (política paleativa);
– concretizado o risco, o credor pode atuar garantias, repercutir o evento em terceiros (seguradores) ou usar reservas (provisões) constituídas para essa eventualidade (política compensatória).

III. Existe, hoje, uma disciplina jurídica ampla, dedicada à gestão jurídico-científica do risco: o Direito dos seguros[2114]. Para além dela, operam a técnica dos seguros, a gestão das empresas e a ponderação bancária. Mas paralelamente, dispomos de institutos em si pontuais, que operaram nesse domínio: as garantias. Tais institutos comportam, todavia, uma gestão global: não-indiferente, nos momentos de interpretação e de aplicação.

284. **Sentido e limites da vertente histórica**

I. As diversas garantias surgiram, no decurso da História, ao sabor dos acasos jurídico-culturais. Nunca houve um plano ou uma visão de conjunto. Sobre essa realidade, puramente existencial, foram-se enxertando, ao longo dos tempos, quer necessidades sócio-económicas, quer novos acasos.

[2112] Entre a literatura pioneira, Karl Oberparleiter, *Funktionen und Risiken des Warrenhandels*, 2.ª ed. (1955), VI + 236 pp., 150 ss. e *passim*. Refira-se, ainda, Niklas Luhmann, *Soziologie des Risikos* (1991), 252 pp..

[2113] Peter Rütger Wossidlo, *Unternehmenswirtschaftliche Reservierung: eine realtheoretische und praxeologische Untersuchung* (1970), 266 pp., 45 ss. e 47 ss..

[2114] *Direito dos seguros*, 2.ª ed., 33.

Os cientistas do Direito construíram o universo das garantias em torno de diversas figuras parcelares. Mais ainda: de figuras isoladas, eventualmente constituídas em situações concretas.

Este fenómeno foi tão intenso que apenas nas codificações civis tardias surgem referências expressas à denominada garantia geral das obrigações, acompanhadas de esquemas destinados à sua tutela preventiva.

II. Em rigor, não há uma "História" das garantias. Tão-só encontramos "Histórias" parcelares das diversas garantias especiais, que hoje animam o palco do jurídico.

É certo que, ao lado das garantias propriamente ditas, ocorrem institutos de ordem mais geral que, sobre elas, têm um papel modelador e concretizador. São eles:

- a *bonorum venditio*: desenvolvida no século II a. C., ela veio dar corpo à responsabilidade patrimonial pelo não-cumprimento das obrigações, por oposição à responsabilidade pessoal consignada na Lei das XII Tábuas; está, hoje, na base da ação executiva;
- a falência medieval: com antecedentes romanos, ela radicou-se, na Idade Média, como forma de enquadrar a situação do comerciante impossibilitado de cumprir as suas obrigações; a falência (hoje: a insolvência) constitui o grande pano de fundo sobre o qual se posicionam as garantias;
- o património: construção oitocentista, consolidada ao longo do século XX (ainda que com antecedentes milenários), ela veio permitir o tratamento unitário dos bens penhoráveis, base de uma articulação coerente da responsabilidade por dívidas;
- a natureza complexa do vínculo obrigacional: aprofundada ao longo do século XX, ela permitiu interiorizar a própria ideia de garantia das obrigações, operacionalizando-a.

III. A vertente histórica é indispensável, para o conhecimento e a aplicação de qualquer instituto jurídico, mormente no Direito privado. No caso das garantias, esse ponto vale com algumas delimitações. Há que ponderar cada concreta figura em si, sendo problemático operar uma teorização geral[2115]. Além disso, devemos pressupor o conhecimento, na sua

[2115] Intentámos essa tarefa no *Tratado* X, já referido.

evolução e na sua configuração atual, dos quatro grandes pontos referidos: ação executiva, insolvência, património e natureza complexa do vínculo obrigacional.

Em aberto, fica o desafio: o de construir uma teoria geral das garantias, nas suas vertentes histórica e dogmática.

285. **O relevo; os paradoxos e a *ars* bancária**

I. O Direito bancário, na sua essência material última, funciona como a Ciência jurídica do dinheiro. Em jogo está, por um lado, a busca do lucro e, por outro, a minimização do risco. Todas as operações bancárias pressupõem garantias. Trata-se de um dado óbvio que, todavia, cumpre analisar. Assim, a presença, a qualidade, a dimensão e a operacionalidade de garantias joga:

- na seleção de clientes, quando estejam em jogo financiamentos; o banqueiro procurará concentrar-se naqueles que ofereçam mais garantias, geral e especiais;
- nos montantes a mobilizar: o cliente "garantido" disporá de maiores patamares de crédito;
- nas condições do crédito: o cliente mais seguro obtém, em regra, juros mais baixos e condições mais favoráveis, de prazos, pagamentos e ritmos de reembolso;
- nas modalidades de financiamento: os esquemas mais flexíveis e apetecíveis ficam reservados aos interessados de grande porte e, em princípio, com maior segurança na solvência.

II. Estes quadrantes, postos no terreno, dão azo aos grandes paradoxos da banca. Assim:

- quanto à seleção dos clientes, o ideal será emprestar àquele que, de todo, não precise de qualquer crédito ou que, para o mesmo, ofereça garantias totais, plenas e de funcionamento imediato; por exemplo, o cliente faz um depósito em dinheiro, no montante equivalente ao do capital mutuado e ao dos juros vencidos; evidentemente: por este caminho, não há margem para o comércio bancário;
- quanto aos montantes, o banqueiro, pela dimensão das garantias, poderá ser tão parco na concessão de crédito que inviabilize as ope-

rações económicas pretendidas pelo cliente; no limite, os próprios montantes "reduzidos" podem, por essa via, ser postos em perigo, no que toca ao reembolso;

– quanto às condições do crédito, o banqueiro pode sufocar os clientes mais frágeis: com juros altos, com exigências de garantias caras, com condições de pagamento desfavoráveis e assim por diante; boas empresas, médias e pequenas, são inviabilizadas ou levadas à insolvência precisamente porque, no momento em que precisariam de apoio bancário, veem piorar o custo do crédito;
– quanto às modalidades de financiamento, podem ser escolhidas as mais inadequadas, relativamente à pessoa cuja solvência importe salvaguardar.

III. Os paradoxos originados pela dupla crédito/garantias estão na base da *ars* bancária. O banqueiro deve discernir a realidade material subjacente aos clientes que o procuram, projetando-a, em termos de futuro e sem se prender com aparências. Isso implica quadros dinâmicos e com autonomia de decisão. Uma banca sem rosto, servida por burocratas, não distingue. Os clientes são *dossiers* despersonalizados.

A prática mostra equívocos aparatosos: clientes com meios, com futuro e com liquidez assegurada são preteridos, no jogo formal da ponderação das garantias, por funcionários zelosos que desconhecem a realidade onde se movem.

Cabe à Ciência jurídica, pelas garantias que construa e pela redução dos custos marginais que prossiga, contribuir para ultrapassar os paradoxos clássicos da banca.

IV. Contrastando com a sua importância prática, as garantias só aos poucos têm vindo a suscitar o interesse da Ciência do Direito. Para além de importantes escritos monográficos[2116] e de referências em obras gerais, designadamente sobre contratos[2117], cumpre relevar os escritos de Luís

[2116] *Vide* o *Tratado* IX, 499 ss..
[2117] Com relevo para Januário da Costa Gomes, *Contratos comerciais* cit., 371-396.

Menezes Leitão[2118] e de Luís Miguel Pestana de Vasconcelos[2119]. No Direito alemão, avultam os desenvolvimentos de Lwowski[2120] e de Bülow[2121].

Outros elementos constam do nosso *Tratado de Direito civil* X, precisamente dedicado às garantias.

2118 Luís Menezes Leitão, *Garantia das obrigações*, 4.ª ed. (2012), 332 pp..

2119 Luís Miguel Pestana de Vasconcelos, *Direito das garantias*, 2.ª ed. (2013), 692 pp..

2120 Hans-Jürgen Lwowski, *Das Recht der Kreditsicherung*, 9.ª ed. (2011), 1105 pp..

2121 Peter Bülow, *Recht der Kreditsicherheiten/Sachen und Rechte Personen*, 8.ª ed. (2012), 678 pp..

§ 69.º MAPA DAS GARANTIAS E BANCA

286. Noções básicas; garantias geral e especiais

I. A expressão "garantia", na linguagem comum como na jurídica, comporta um uso diversificado. Ela pode exprimir, em geral, o ato e o efeito de assegurar ou de reforçar um certo estado de coisas, providenciando, designadamente, um certo resultado. Em sentido não coincidente, garantia exprime, ainda, qualquer esquema destinado à proteção de pessoas ou de bens.

No Direito bancário, releva um sentido mais preciso e técnico: garantia é, aqui, qualquer esquema destinado à obtenção seja do cumprimento de uma obrigação, seja do equivalente, quanto possível, a esse mesmo cumprimento. No fundo, releva o sentido civil restrito.

II. A primeira garantia das obrigações é o património do devedor, nos termos do artigo 601.º do Código Civil. Trata-se da garantia geral, que podemos ordenar, em termos mais precisos:

- estaticamente, como o conjunto dos bens penhoráveis do devedor, que respondam pelas suas dívidas;
- dinamicamente, enquanto situação jurídica na qual o credor e o devedor se encontram envolvidos, nos termos da responsabilidade patrimonial.

Tecnicamente, a garantia geral das obrigações equivale a uma permissão genérica de atuação das regras da responsabilidade patrimonial. Essa permissão inscreve-se no acervo das posições acessórias que compõem o conteúdo complexo de cada obrigação. Não há, aí, que decompor o vínculo obrigacional, assente no dever de prestar. A responsabilidade patrimonial pode concretizar-se, no seu decurso, perante a eventualidade do incumprimento: antes, durante ou depois.

III. A responsabilidade patrimonial comporta faculdades que se analisam em dois grupos: os meios de conservação (a ação de nulidade, as ações sub-rogatória e pauliana e o arresto, constantes dos artigos 605.º a 622.º do Código Civil) e os meios de execução (as ações de cumprimento e de execução, a execução específica e a sanção pecuniária compulsória (artigos 817.º a 829.º-A, do mesmo Código). Os competentes regimes pertencem ao Direito das obrigações.

IV. As garantias especiais exprimem todos os esquemas que visem reforçar a garantia geral. Estamos perante um critério meramente funcional. Por isso, estruturalmente, as garantias especiais são extremamente diversificadas. Para além do reforço da garantia geral, elas podem implicar:

- a afetação de novos bens à satisfação do interesse do credor, para além dos já resultantes da obrigação garantida: prestações do próprio ou de terceiros com, neste caso, novas garantias gerais e direitos, reais ou outros, também do devedor ou de terceiros;
- a compulsão do devedor ou do terceiro, à realização da prestação devida.

Este último aspeto não deve ser minimizado. A grande maioria das garantias, no Direito bancário como em todas as outras áreas jurídico-económicas, nunca chega a ser atuada. Mas não é inútil: a sua simples existência compele os agentes ao cumprimento pontual das suas obrigações e dá seriedade ao mercado.

287. **Classificações e tipologias**

I. A matéria das garantias conheceu, nos diversos sistemas jurídicos, uma evolução de tipo periférico. Elas foram-se desenvolvendo, como vimos, ao longo de uma evolução histórica que implicou situações sócio-económicas e culturais muito distintas. Jogaram necessidades práticas, acasos culturais e aportações de todo o tipo, sem qualquer plano de conjunto. Tanto basta para explicar a presença de saltos dogmáticos e de situações desfocadas. Como consequência, temos áreas de sobreposição e espaços em branco.

A doutrina não logra, por isso, aprontar classificações que tudo agrupem, num plano de racionalidade, a não ser num nível de abstração tão elevado que lhes retiraria eficácia dogmática, no momento decisivo da interpretação e da aplicação.

II. Atentemos nas mais recentes classificações de garantias, surgidas entre nós. Luís Menezes Leitão contrapõe a garantia geral à especial e, nesta, abre as garantias pessoais, as reais, a propriedade como garantia e as garantias especiais sobre direitos, sobre universalidades e atípicas[2122]. Luís Miguel Pestana de Vasconcelos critica a doutrina tradicional de arrumação das garantias por: (1) ser incompleta, mesmo nos seus quadros; (2) não incluir figuras que desempenham tal papel, com especial relevância no tráfego mercantil; (3) desconhecer o regime executivo e o regime insolvencial. Isto feito, propugna, como principal, a classificação que contrapõe as garantias que visam o reforço quantitativo da probabilidade de satisfação do crédito (fiança, garantia autónoma, aval, certas cartas de conforto, crédito-caução, *Credit Default Swap*, solidariedade passiva convencional e assunção cumulativa de dívida), às que promovem um reforço qualitativo do mesmo crédito (direitos reais de garantia, privilégios, titularidade de um direito e separação de patrimónios)[2123]. Distingue, ainda: as garantias que exigem execução judicial das que permitem a execução privada; as garantias voluntárias das de fonte legal; as garantias prestadas pelo devedor das que o sejam por terceiro; as garantias típicas das atípicas[2124].

Estas ordenações têm evidente mérito dogmático. Todavia, no desenvolvimento subsequente, estes ilustres Autores alinham as figuras que, historicamente, surgiram enquanto garantias, de tal modo que as classificações propostas servem um propósito sistemático, mais do que dogmático.

III. Em termos dogmáticos, podemos, tão-só, adiantar que a fiança funciona como a grande matriz das garantias pessoais, enquanto a hipoteca tem esse mesmo papel, em face das reais. Por isso e nas diversas literaturas, essas duas figuras acabam por encimar os desenvolvimentos gerais relativos às garantias especiais. Já a garantia geral, de feição diversa, é apanágio das exposições gerais de Direito das obrigações.

A ordenação das garantias não pode, pelo exposto, ser realisticamente lógica. Há que trabalhar com classificações e com tipologias.

Nas classificações procede-se a uma contraposição lógica entre garantias, em função de critérios previamente eleitos. Avança-se por *genus pro-*

[2122] Luís Menezes Leitão, *Garantia das obrigações* cit., 4.ª ed., 14-16.
[2123] Luís Miguel Pestana de Vasconcelos, *Direito das garantias* cit., 2.ª ed., 62-68.
[2124] *Idem*, 68-71.

ximum e *differentia specifica*. Os critérios em causa podem ser históricos (garantias romanas e não-romanas), jurídicos (garantias reais e pessoais) ou extrajurídicos (garantias preventivas ou compensatórias), tudo como exemplos. Poder-se-ia mesmo ensaiar uma classificação de classificações: mas isso exigiria um tal nível de abstração que se perderia em clareza e em utilidade.

O recurso a tipologias constata que, por aportações históricas, culturais ou comparatísticas, foram surgindo garantias *a se*, em planos diferentes e isoladas umas das outras e garantias derivadas de troncos dogmáticos comuns, sem preocupações classificatórias coerentes.

IV. Afigura-se, por exemplo, de um artificialismo redutor pensar que a fiança se contrapõe à hipoteca por força de uma dicotomia real/pessoal. Na realidade, estamos perante universos diferentes e planos distintos. Ambas as figuras surgiram em contextos históricos e geográficos diferenciados e evoluíram, até aos códigos da atualidade, mercê de dinâmicas diferenciadas.

Não é possível contrapor essas figuras numa classificação propriamente dita. Elas correspondem a tipos próprios, autónomos, que podemos, tão-só, alinhar.

O moderno Direito das garantias, num fenómeno paralelo presente nos contratos em especial e nos direitos reais, não pode abdicar quer de classificações, quer de ordenações tipológicas. E não deve fazer passar estas por aquelas.

288. **Garantias e banca; a tutela do cliente**

I. No domínio do Direito bancário, as garantias assumem um papel muito importante: são dispensáveis as glosas, dado o desenvolvimento anterior. Não compete, todavia, vir, nesta sede, elaborar um esquema geral sobre o tema: essa é a tarefa do Direito das obrigações.

O Direito bancário, como é o seu timbre, avança muito rapidamente com recurso às categorias civis. Apenas intervém quando se imponham especialidades. Deste modo, torna-se possível simplificar a exposição: sem prejuízo de recordar as categorias gerais, até para assegurar a inteligibilidade do discurso.

II. Algumas garantias foram ocorrendo justamente para acudir às necessidades do comércio bancário. São propriamente bancárias: pense-se nos acordos de garantia financeira ou nas garantias bancárias. Outras correspondem a especializações de garantias comuns: o penhor financeiro, como exemplo.

III. No campo bancário, contrapomos garantias à banca a garantias emitidas pelo próprio banqueiro. No primeiro caso, asseguram-se créditos do banqueiro; no segundo, é o próprio banqueiro que reforça créditos de terceiros, a pedido do seu cliente e mediante retribuição. Será uma classificação.

Podemos depois trabalhar com ordenações variadas.

IV. Interessa apontar os grandes vetores que animam, hoje, as garantias, no plano da banca[2125]. Assim:

- a passagem do centro de gravidade das garantias reais para as pessoais: à partida, a garantia máxima, era a hipoteca, assente sobre a terra; no entanto, a erosão do valor dos imóveis e a multiplicação de retenções e de privilégios imobiliários, dobrada pela morosidade dos processos executivos, veio retirar-lhe operacionalidade; as garantias pessoais, pelo contrário, emitidas por entidades idóneas, são de funcionamento seguro e imediato;
- o alargamento do universo das garantias, através da disponibilidade contratual da função dos vários direitos: pense-se na alienação fiduciária em garantia;
- a ampliação do objeto das garantias: figuras como o penhor, que à partida requeriam uma coisa móvel, são hoje possíveis sobre créditos, sobre direitos futuros e sobre universalidades de conteúdo variável;
- a mobiliarização: apuram-se garantias que podem ser colocadas no mercado mobiliário;
- a internacionalização: apresentam-se novas figuras de garantia, de prática internacional e de raiz anglo-saxónica.

V. Nos nossos dias, a grande maioria das garantias envolve, de facto, a banca: por beneficiarem banqueiros ou por serem prestadas por banqueiros. Esse estado de coisas motiva as clássicas preocupações do Direito ban-

[2125] Em especial: a excelente síntese de Januário Gomes, *Contratos comerciais* cit., 375-376.

cário, com relevo para a proteção do particular. O zelo dos funcionários bancários leva, por vezes, a um garantismo demencial: num mesmo contrato, o banqueiro-financiador obtém, como garantia, a propriedade do bem financiado, uma livrança em branco subscrita pelo devedor e o aval dos seus sócios-gerentes; além disso, o contrato prevê cláusulas penais muito elevadas, regras de perda do benefício do prazo em situações de mora e poderes de debitar os valores em jogo noutras contas do devedor ou de terceiros. No limite, o Direito intervém, através do regime das cláusulas contratuais gerais. Mas pode-se, *ex bona fide*, ir mais longe, mercê do desequilíbrio da situação.

VI. Outro problema tem a ver com a captura do património dos devedores pelo banqueiro, em detrimento dos demais credores. Detentor do poder económico e do *know how* financeiro, o banqueiro não tem dificuldade em aspirar, aos poucos ou em bloco, todo o património realizável de pequenas e médias empresas e das famílias. Com recurso a hipotecas, a penhores, a cativos em conta, a livranças e a avales, cria-se, com facilidade, uma situação na qual, havendo insolvência, os credores comuns pouco ou nada tenham a receber. Nesse domínio, há todo um caminho a percorrer para, sem destruir o crédito, lograr saídas mais equilibradas.

VII. Finalmente, o Direito intervém para moderar garantias dadas em favor de terceiros e garantias desmesuradas, que escapam ao controlo do garante. No primeiro caso, sobressai a situação de garantias passadas por sociedades: o artigo 6.º/3 do Código das Sociedades Comerciais considera-as contrárias aos fins da sociedade (e, como tal, nulas), salvo se existir justificado interesse próprio da sociedade garante ou se se tratar de sociedades em relação de domínio ou de grupo[2126]. Haveria que intervir, igualmente, nas garantias prestadas por pessoas singulares e que podem, no terreno, funcionar como autêntica liberalidade, em favor do beneficiário. No segundo, temos situações como as fianças de conteúdo indeterminável e as fianças *omnibus*[2127], bem como as fianças exigidas a jovens ou a pessoas sem meios, como mera forma de pressão e que têm vindo a ser condenadas por contrariedade aos bons costumes[2128].

[2126] *Vide* o *Código das Sociedades Comerciais Anotado*, 2.ª ed. (2011), art. 6.º, anot. 17 e seguintes (95 ss.).

[2127] *Supra*, 827.

[2128] *Supra*, 350.

Em suma: temos, nos nossos dias, toda uma área delicada do Direito bancário, que exige a intervenção do Direito e da sua Ciência.

289. Sequência e remissão

I. Na sequência, visando manter o presente Manual em dimensões editorialmente comportáveis, vamos proceder a uma exposição limitada de garantias relevantes no Direito bancário. Mantemos, com atualizações, o plano constante de edições anteriores. Vão ser considerados:

– os penhores bancários;
– os acordos de garantia financeira;
– as garantias bancárias;
– as cartas de conforto.

Outras garantias serão abordadas no capítulo relativo aos derivados.

II. Um tratamento alargado do Direito das garantias, no qual surgem diversas figuras que, hoje, têm relevância no domínio bancário constará do *Tratado de Direito civil*, volume X. Para aí remetemos.

SECÇÃO II

PENHORES BANCÁRIOS

§ 70.° O PENHOR BANCÁRIO COMUM

290. Generalidades

I. No antigo Direito romano, base do moderno Direito privado português tal como, aliás, da generalidade dos ordenamentos do Continente Europeu, a responsabilidade por dívidas principiou por ser de natureza pessoal. De acordo com o esquema previsto na Tábua III da Lei das XII Tábuas, o devedor inadimplente era preso, pelo próprio credor e na casa deste, podendo, no termo de um processo minuciosamente regulado, ser vendido como escravo ou, até, levado para fora da cidade e, aí, executado, *partis secanto*. Mais tarde, estas soluções foram sendo amenizadas, acabando por se adaptar um esquema de responsabilidade patrimonial: pelas dívidas responde o património do devedor e não, já, a sua pessoa[2129].

O esquema da implantação da responsabilidade patrimonial surge particularmente conseguido, em Portugal. Com efeito, a prisão por dívidas civis foi, em geral, abolida por uma Lei de 20 de junho de 1774, e portanto: há cerca de duzentos e cinquenta anos. A responsabilidade patrimonial leva a que, salvo desvios, por determinada dívida, responda:

– todo o património do devedor;
– apenas o património do devedor.

O património funciona como garantia geral das obrigações[2130].

[2129] *Direito das Obrigações*, 1, 155 ss..
[2130] Sobre toda esta matéria refira-se Pedro Romano Martinez/Pedro Fuzeta da Ponte, *Garantias de cumprimento*, 5.ª ed. (2003), 306 pp..

Aquando da contração de uma dívida, o credor irá, naturalmente, ponderar se o património do devedor constitui garantia suficiente para o seu direito. Quando a resposta seja negativa, o credor pretenderá um suplemento de garantias. E mesmo quando seja positiva: poderá sempre suceder que, no momento da execução patrimonial, por incumprimento e mercê de uma acumulação de dívidas subsequentes, o património do devedor seja, já, insuficiente.

As necessidades do sistema levam a que, para além da garantia geral, sejam estabelecidos esquemas suplementares destinados a assegurar os direitos do credor. Tais esquemas recebem, genericamente, a designação de garantias especiais[2131].

II. As garantias especiais podem ser ordenadas de acordo com as mais diversas classificações. Designadamente, elas serão garantias reais ou garantias pessoais consoante impliquem, com fins de garantia, coisas corpóreas ou simples prestações de terceiros.

Podemos, ainda, distinguir garantias típicas e garantias atípicas, segundo elas disponham, ou não, de regulamentação legal.

No Direito português, os direitos reais estão sujeitos a um princípio de tipicidade: artigo 1306.°/1 do Código Civil. Apenas são reconhecidas como reais as figuras expressamente previstas na lei, com essa característica. Assim, as garantias reais são, em princípio, sempre típicas, enquanto as pessoais poderão ser típicas ou atípicas: no primeiro caso, as partes aproveitam uma figura prevista na lei; no segundo, elas fazem uso da sua liberdade contratual – artigo 405.° do Código Civil – para criar uma nova figura de garantia.

De entre as garantias reais tradicionais, o Direito português prevê o penhor e a hipoteca: no primeiro, uma coisa móvel é entregue, em determinadas circunstâncias, para garantia de uma obrigação; na segunda, sucede outro tanto com um imóvel ou semelhante.

Trata-se de figuras civis. A lei comercial admite, por seu turno, o penhor mercantil. Na atualidade, os grandes credores são banqueiros. O penhor e a hipoteca surgem, pois, como figuras essencialmente usadas no tráfego bancário. Resultam, daí, especiais consequências, quanto ao regime.

[2131] Com elementos e indicações, sobre toda essa matéria, *Direito das Obrigações*, 2, 497 ss. e, quanto a doutrina estrangeira, Hans-Jürgen Lwowski, *Das Recht der Kreditsicherung* cit., 9.ª ed., 41 ss..

O estudo sistemático do Direito bancário não pode alijar tal aspeto. Vamos, contudo, cingirmo-nos ao penhor: é o que apresenta maiores especificidades, no domínio bancário.

291. Da *fiducia* à pré-codificação

I. Antes de entrar em temas dogmáticos, cumpre analisar os dados históricos, sempre presentes no Direito privado.

A primeira figura românica encontrada para, com recurso a esquemas reais, garantir créditos, foi a *fiducia*. Nela, o devedor cedia, ao credor, uma particular garantia, através de dois negócios distintos[2132]:

– pela via solene da *mancipatio*, o devedor transmitia, para o credor, a propriedade de uma coisa sua;
– o mesmo credor obrigava-se, por seu turno, a retransmitir a propriedade da coisa em causa para o devedor, quando o débito se mostrasse adimplido.

A *fiducia* preencheu o seu papel histórico. No entanto, apresentava alguns inconvenientes graves: o devedor fica privado da coisa objeto da garantia; mesmo quando cumprisse, ele colocava-se na dependência do credor, que poderia, ou não acatar o dever de retransmissão que lhe incumbia. Tudo assentava, apenas, na confiança.

II. No momento histórico seguinte, apurou-se a *datio pignoris*. Desta feita, o devedor abria mão não já da propriedade da coisa mas, tão-só, da sua posse[2133]; esta era-lhe cedida através da *datio pignoris*, operação que dispensava a forma pesada da *mancipatio* e, ao credor, conferia o *ius possidendi* e, sobretudo, o *ius distrahendi*.

[2132] Lucio Bove, *Pegno (diritto romano)*, NssDI XII (1965), 763-766 (763), Gino Gorla, *Del pegno – delle ipoteche* (integrado no *Commentario* de Branca/Scialoja, VI), 3.ª ed. (1966), 142. *Vide* Menezes Cordeiro, *Direitos Reais* (reprint, 1993), 741 ss.. Quanto à origem e evolução histórica da fidúcia, com muitos elementos, *vide* A. Barreto Menezes Cordeiro, *Do* trust *no Direito civil* (2013), 704 ss..

[2133] Gino Gorla, *Del pegno – delle ipoteche* cit., 142-143 e Lucio Bove, *Pegno* cit., 675.

Finalmente, chegou-se à *conventio pignoris*[2134]: desta feita, o devedor já não é, sequer, desapossado da coisa: ele apenas a vincula, por convenção, à satisfação do interesse do credor, no caso de incumprimento. Com Justiniano, a *conventio pignoris* é aproximada da ὑποθήκη (hypothéké), instituto grego afim, donde provêm as designações continentais da figura. Resta acrescentar que, no início, a hipoteca não era limitada aos imóveis. Só mais tarde e dada a necessidade de registo, tal limitação viria a surgir.

III. O Direito pátrio, durante as Ordenações, aceitou o esquema dado pela evolução do Direito romano. Assim explica Pascoal de Mello que a diferença entre o penhor e a hipoteca residia na entrega da coisa, requerida, apenas, pela primeira dessas figuras[2135]. No domínio das hipotecas, a fonte nacional mais conhecida era constituída pela Carta de Lei de 20 de junho de 1774[2136], cujo § XXX entrava na matéria, justificando:

> Porque he necessaria estabelecer certas regras, e principios para a decisão das preferencias no concurso, ou labyrintho dos Crédores; tirallas da obscuridade, e confusão, com que ainda se tratam no Foro; e fixar sobre elas a Jurisprudencia: Ampliando a minha Ley de vinte e dous de dezembro de mil setecentos sessenta e hum (...) ordeno se observe o seguinte.

De seguida, a lei estabeleceu várias contraposições e preferências; assim:

- a hipoteca celebrada por escritura pública prefere à particular, uma vez que, neste último caso, seria possível antedatá-la, prejudicando os credores;
- hipoteca pública anterior prefere à posterior, independentemente de uma ou outra serem gerais ou especiais.

[2134] Leonardo Coviello, *Delle ipoteche nel diritto civile italiano*, 2.ª ed. (1936), 14 ss., Gino Gorla, *La garanzie reale dell'obbligazione (Parte generale)*, (1935), 17, Domenico Rubino, *La responsabilità patrimoniale – Il pegno* (1943), 57 ss. e Alberto Pagge, *Pegno (diritto attico)*, NDI IX (1939), 610.

[2135] Pascoal de Mello, *Instituições de Direito Civil Português/tanto público como particular*, tit. XIV, § 1 = BMJ 166 (1967), 164, na versão em língua portuguesa de Miguel Pinto de Meneses. O original latino foi publicado entre 1789 e 1794.

[2136] O texto deste diploma pode ser confrontado na *Collecção das Leys, Decretos, e alvarás, que comprehende o feliz reinado delrey fidelissimo D. José I. nosso Senhor*, tomo III (1775).

Com base no *corpus iuris civilis*, operavam ainda outras distinções[2137].

Assim, o penhor como a hipoteca podiam ser judiciais, convencionais ou legais.

Judiciais:

1) Quando oferecidos pelo devedor em juízo;
2) Quando oferecidos por terceiros em juízo;
3) Quando tomado pelo juiz para execução de coisa julgada;
4) A sanção de penhor exigida pelo juiz.

Há, aqui, uma nítida aproximação à atual figura da penhora.

Convencionais ou voluntários, sempre que constituídos "... entre vivos por contrato e tradição da coisa ou por pacto sem tradição".

Legais ou tácitos, por serem constituídos por lei sem facto algum do homem, competindo, nas palavras de Mello:

I) Aquele que emprestou dinheiro:
   1) Para se fazer edifício novo ou restaurar um velho[2138];
   2) Para se refazer um navio;
   3) Para se reduzirem a cultura terras bravias e planícies;
   4) Para a compra de prédio rústico.
II) Ao Fisco, nos bens daqueles que lhe estão obrigados por contrato;
III) Ao locador de um prédio rústico, nos frutos deste e ao de um prédio urbano, nas coisas para ele levadas ou introduzidas para se pagar do aluguer;
IV) A Igreja, para se satisfazer do foro;
V) A mulher, a favor do dote.

Como se vê, os penhores e hipotecas legais abrangiam a atual figura dos privilégios; a sua extensão era considerada excessiva, sendo já restringida em certas áreas comerciais pelo Código Ferreira Borges (1833)[2139].

[2137] Pascoal de Mello, *Instituições de Direito Civil Português* cit., §§ IV ss. (166 ss.).

[2138] Em Lisboa, mandava o Alvará de 12 de maio de 1758, na linha da reconstrução subsequente ao terramoto e, nas províncias, a já referida Carta de Lei de 20 de junho de 1774, § XXXIV.

[2139] Cuja Part. 1, Liv. III, Tit. XI, Secç. VI, Art. CXXII (1242), dispunha:

A lei constitue a hypotheca tacita: – 1.° nas coisas fixas no prédio urbano com destino d'uso perpetuo na obrigação do pagamento da renda: – 2.° nos fructos do prédio rustico em pagamento do preço do arrendamento: – 3.° nos alimentos nos termos do direito comum: – 4.° nos bens do tutor a favor do pupillo pelo principal e acessorios: – 5.° pelo

IV. A doutrina da pré-codificação procedeu a várias simplificações neste domínio, apontando as contraposições.

Em Corrêa Telles[2140] como em Coelho da Rocha[2141], encontra-se, clara, a limitação da hipoteca aos imóveis, facilitada por idêntica opção feita pelo Código Napoleão de 1804. A distinção entre hipotecas legais e convencionais mantém-se; na hipoteca legal, "... a lei mesma determina que fiquem obrigados hypothecariamente os bens do devedor ..."; na convencional "... a hypotheca é effeito da convenção das partes ..."[2142]. No tocante às hipotecas legais, cabia distinguir as privilegiadas das simples, consoante conferissem ou não ao beneficiário o primeiro lugar no concurso das preferências[2143].

pagamento de tributos e direitos: – 6.° no prédio pelo fôro e laudemio a favor do senhorio: – 7.° na cousa vendida não entregue ao comprador.

E logo o Art. CXXIII reforçava:

A hypotheca tacita não póde extender-se a casos não expressos em lei.

[2140] J. H. Corrêa Telles, *Digesto Portuguez ou Tratado dos modos de adquirir a propriedade; de a gozar e administrar, e de a transferir por derradeira vontade; para servir de subsídio ao "novo Codigo Civil"*, 3 (1909, reimpressão póstuma da 3.ª ed. de 1845), art. 1199 (166).

[2141] M. A. Coelho da Rocha, *Instituições de Direito Civil Portuguez*, 2 (1917, 8.ª ed. póstuma equivalente à 2.ª ed., de 1848), § 633 (434).

[2142] Corrêa Telles, *Digesto Portuguez* cit., 3, art. 1246 e 1248 (172) e Coelho da Rocha, *Instituições* cit., 2, §§ 636 e 638 (436 e 438).

[2143] Coelho da Rocha, *Instituições* cit., 2, § 639 (438), elencava entre as hipotecas legais privilegiadas:

1. A do vendedor pela dívida do preço de venda sobre os bens de raiz;
2. Aos mutuantes de dinheiro para a compra de certos bens, constando do título ter sido esse o destino do empréstimo;
3. Aos credores dos materiais ou dinheiro e aos obreiros ou empreiteiros, que concorrerem para edificar, reparar ou benfeitorizar;
4. À mulher pelo seu dote;
5. Aos coherdeiros ou consorte, sobre os bens que nas partilhas ou divisão tocaram aos outros, pelas dívidas de tornas ou indemnizações;
6. Ao senhorio e censuista sobre o prazo ou prédio onerado, pelos foros ou censos atrasados.

A enumeração pode ser seguida em Corrêa Telles, *Digesto Portuguez* cit., III, 1266 ss. (174 ss.).

A hipoteca legal privilegiada do mutuante viera clarificada no § XXXVII da Lei de 20 de junho de 1774, nos seguintes e precisos termos, quanto a "fazendas":

> "Exceptuo em quarto lugar o Crédor, que emprestar o seu Dinheiro para a compra de qualquer fazenda; para que, constando da mesma Escritura do emprestimo, que elle se fez

O penhor respeitava, sob as Ordenações, a coisas móveis. Para se constituir, tinha de haver lugar à entrega, real ou simbólica, da coisa empenhada. De acordo com a enumeração de Coelho da Rocha, podiam ser empenhados[2144]:

1.º Todos os bens móveis suscetíveis de alienação;
2.º Os frutos pendentes dos bens de raiz, com o fim de se colher e separar;
3.º Os acessórios e pertenças das coisas empenhadas, em conjunto com elas;
4.º As ações e créditos, "... contanto que o empenho seja intimado ao devedor originário".

Acrescentava-se, ainda, a particular situação do credor que, de boa-fé, recebesse, em penhor, bens de terceiro: não tinha de os entregar, enquanto a dívida não se mostrasse satisfeita.

292. **O Código de Seabra**

I. O Código de Seabra regula o penhor num capítulo intitulado *da caução ou garantia dos contratos*, inserindo-o, aí, numa secção II, depois da fiança. Dedica-lhe, mais precisamente, os artigos 855.º a 872.º[2145].

A noção de penhor resulta do artigo 855.º nos seguintes e precisos termos:

> O devedor pode assegurar o cumprimento da sua obrigação, entregando ao credor, ou a quem o represente, algum objeto móvel, para que lhe sirva de segurança. É o que se chama penhor.

com esse destino; e verificando-se a compra posterior, prefira o Crédor a respeito sómente das fazendas compradas a outro qualquer Crédor, posto que tenha Hypotheca geral, ou especial".

Os §§ XXXIV, XXXV e XXXVI da mesma Lei estabeleciam idêntico privilégio, a favor de outros mutuários, nos termos acima enunciados por Pascoal de Mello.

[2144] Coelho da Rocha, *Instituições* cit., 2, § 627 (430).

[2145] Quanto à doutrina surgida em torno do Código de Seabra, sobre o penhor: Dias Ferreira, *Codigo Civil Portuguez Annotado*, 2.ª ed., 2 (1895), 130 ss.; Guilherme Alves Moreira, *Instituições de Direito Civil Português*, 2 – *Das Obrigações* (1911), § 24 (348 ss.); José Tavares, *Os princípios fundamentais do Direito civil*, I, 2.ª ed. (1929), 576 ss.; Luiz da Cunha Gonçalves, *Tratado de Direito Civil em comentário ao Código Civil Português*, 5 (1932), 227 ss..

O contrato de penhor só produz efeitos, entre as próprias partes, pela entrega da coisa empenhada; a eficácia perante terceiros dependia de auto autêntico ou autenticado, do qual constem a soma devida e a espécie e natureza do objeto do penhor – artigo 858.°.

Quanto ao *objeto do penhor*, cumpre referir os seguintes dois preceitos:

856.°

Podem ser dados em penhor todos os objetos móveis, que podem ser alienados.

857.°

Quando se empenharem títulos de crédito particular, que não sejam ações de alguma companhia, deverá o penhor ser notificado ao originário devedor.

II. Como se vê, só na aparência o Código limitava o penhor aos "objetos móveis": logo de seguida, referia "títulos de crédito particular". Contudo, ficavam de fora as coisas futuras, numa orientação que a doutrina permitiria, na prática, rever. O projeto do Visconde de Seabra, na linha do Direito das Ordenações, admitia que fossem dados em penhor os frutos pendentes de bens de raiz; o proprietário seria, então, considerado depositário dos frutos empenhados[2146]. Tal hipótese foi, contudo, suprimida pela comissão revisora. Quase cento e cinquenta anos mais tarde, regressar-se-ia à hipótese do penhor de direitos futuros.

III. Procurando definir o conteúdo do penhor, temos os artigos 860.° e 861.° que enumeravam os direitos e os deveres do credor pignoratício. Assim, pelo penhor, este adquire o direito:

1.° De ser pago de sua dívida pelo valor do penhor, com preferência dos demais credores do devedor;
2.° De usar de todos os meios conservatórios de sua posse (...);
3.° De ser indemnizado das despesas necessárias e úteis que fizer com o objeto empenhado;
4.° De exigir do devedor outro penhor, ou o cumprimento da obrigação, ainda antes do prazo convencionado, se o objeto do penhor se perder ou

[2146] Guilherme Moreira, *Instituições* cit., 2, 348-349, nota 2; anteriormente, refira-se a RLJ 17 (1885), 563-565 (564, 2.ª col.), em resposta a uma consulta.

diminuir, sem culpa sua, ou se for exigido por terceiro, a quem pertença, e que não haja consentido no penhor.

Fica, no entanto, adstrito:

1.° A conservar a coisa empenhada, como se fora sua própria, e a responder pelas deteriorações ou prejuízos, que ela padecer por culpa ou negligência sua;
2.° A restituir a coisa empenhada, logo que se cumpra inteiramente a obrigação (...)

A proibição de pactos comissórios resultava do artigo 864.°:

O credor não pode ficar com o objeto do penhor, em pagamento de dívida, sem avaliação, ou por avaliação por ele feita; mas podem as partes convencionar, que a venda se faça extrajudicialmente, ou que o credor fique com a coisa empenhada pela avaliação, que fizerem louvados nomeados de comum acordo.

293. **O penhor civil**

I. O regime do penhor consta, hoje, do Código Civil de 1966[2147]. O esquema geral do penhor, no domínio do Código Civil de Seabra, não deu azo a problemas que justificassem uma reforma de fundo[2148]. De todo o modo, no âmbito da preparação do Código, o penhor foi objeto de extensos e cuidadosos estudos de Vaz Serra[2149], que concluíram por articulados desenvolvidos[2150].

Surge-nos o penhor no livro III do Código Civil, dedicado ao *Direito das Obrigações* e, aí, no título I, relativo às *obrigações em geral*. Este

[2147] Em geral e com muitas indicações: Annemarie Matusche-Beckmann, *Pfandrechte an beweglichen Sachen und an Rechten*, em Derleder/Knops/Bamberger, *Handbuch zum deutschen und europäischen Bankrecht*, 2.ª ed. (2009), 857-886.

[2148] É o que se deduz, por exemplo, de Pires de Lima/Antunes Varela, *Código Civil Anotado*, 1, 4.ª ed. (1987), 685.

[2149] Adriano Vaz Serra, *Penhor*, BMJ 58 (1956), 17-292 e BMJ 59 (1956), 13-123 e *Penhor de direitos*, BMJ 59 (1956), 177-256.

[2150] Assim: BMJ 59 (1956), 123-175 e BMJ 59 (1956), 257-269.

título, por seu turno, comporta um capítulo VI, intitulado *garantias especiais das obrigações*, com 7 secções:

I – Prestação de caução – artigos 623.° a 626.°;
II – Fianças – artigos 627.° a 655.°;
III – Consignação de rendimentos – artigos 656.° a 665.°;
IV – Penhor – artigos 666.° a 685.°;
V – Hipoteca – artigos 686.° a 732.°;
VI – Privilégios creditórios – artigos 733.° a 753.°;
VII – Direito de retenção – artigos 754.° a 761.°.

A sistematização é significativa: mostra o posicionamento do penhor, dentro da lógica das garantias. Além disso – e embora o penhor seja pacificamente reconhecido como uma garantia real – fica clara a sua posição acessória, perante o crédito garantido. A própria colocação do penhor, no domínio do Direito das obrigações, assim o ilustra.

II. Neste momento, cabe, apenas, sublinhar alguns dos aspetos do regime geral do penhor.

Segundo o artigo 669.°/1,

> O penhor só produz os seus efeitos pela entrega da coisa empenhada, ou de documento que confira a exclusiva disponibilidade dela, ao credor ou a terceiro.

O artigo 694.°, aplicável por via do artigo 678.°, proíbe os pactos comissórios:

> É nula, mesmo que seja anterior ou posterior à constituição da hipoteca, a convenção pela qual o credor fará sua a coisa onerada no caso de o devedor não cumprir.

Esta proibição, com raízes anteriores, resultou de uma Constituição do Imperador Constantino, adotada em 324 d. C.. Ela foi confirmada pelo Direito canónico, com relevo para uma decisão de 1189, do Papa Inocêncio III[2151].

2151 C. Massimo Bianca, *Patto commissorio*, NssDI XII (1965), 711-721 (712-713).

Trata-se de uma proibição material: ela atinge os mecanismos que, na prática, consigam precisamente o que a lei quis proibir[2152]. Por redução teleológica, poder-se-ia, no entanto, admitir a possibilidade do pacto marciano, isto é, do acordo pelo qual o credor garantido pode promover a venda da coisa, de modo a realizar o seu crédito, entregando a demasia ao devedor ou, como alternativa, fazer sua a coisa e, após avaliação, restituir, ao devedor, o sobrevalor[2153]. Dado o escopo da lei, afigura-se uma via de afastar.

III. No tocante ao penhor de direitos, principia-se por uma regra geral de aplicabilidade dos preceitos relativos ao penhor de coisas, "... em tudo o que não seja contrariado pela natureza especial desse penhor ou pelo preceituado nos artigos subsequentes" – artigo 679.º.

Quanto ao objeto, deve tratar-se de direitos que visem coisas móveis e sejam suscetíveis de transmissão – artigo 680.º. Temos, quanto à forma e à publicidade – artigo 681.º:

> 1. A constituição do penhor de direitos está sujeita à forma e publicidade exigidas para a transmissão dos direitos empenhados.
>
> 2. Se, porém, tiver por objeto um crédito, o penhor só produz os seus efeitos desde que seja notificado ao respetivo devedor, ou desde que este o aceite, salvo tratando-se do penhor sujeito a registo, pois neste caso produz os seus efeitos a partir do registo.

294. **Penhor mercantil e penhor bancário**

I. O regime comum do penhor, tal como consta do Código Civil – ou penhor civil – serve, hoje, apenas e na prática, como referência geral. Na verdade, o penhor é considerado como uma "atividade industrial", estando, no essencial, sujeito a regimes especiais. O artigo 668.º do Código Civil aponta para tanto[2154]. Cabe relevar o Decreto-Lei n.º 365/99, de 17 de setembro que, substituindo os velhos Decreto n.º 17:766, de 17 de dezem-

[2152] Assim, RPt 7-jun.-2004 (Fernandes do Vale), CJ XXIX (2004) 3, 186-190 (189), que considerou que uma procuração irrevogável, passada a favor de um credor hipotecário, equivalia a um pacto comissório.

[2153] *Vide* STJ 16-mar.-2011 (Lopes do Rego), Proc. 279/2002, com indicações.

[2154] Pires de Lima/Antunes Varela, *Código Civil Anotado* cit., 1, 4.ª ed., 687, onde pode ser confrontada diversa legislação especial.

bro de 1929 e Decreto-Lei n.º 32:428, de 14 de novembro de 1942, veio regular a atividade de prestamista. A Assembleia da República, pela Resolução n.º 149/2011, de 9 de dezembro, recomendou ao Governo a revisão deste diploma, para melhor proteger os particulares.

II. Um primeiro regime a considerar é o do penhor comercial. Este surge quando a dívida garantida proceda de ato comercial – artigo 397.º do Código Comercial.

A grande especialidade do penhor mercantil reside no dispositivo do artigo 398.º do Código Comercial:

> Pode convencionar-se a entrega do penhor mercantil a terceira pessoa.
> § único. A entrega do penhor mercantil pode ser simbólica, a qual se efetuará:
>
> 1.º Por declarações ou verbas nos livros de quaisquer estações públicas onde se acharem as coisas empenhadas;
> 2.º Pela tradição da guia de transporte ou do conhecimento da carga dos objetos transportados;
> 3.º Pelo endosso da cautela de penhor dos géneros e mercadorias depositadas nos armazéns gerais.

Quanto ao penhor em títulos de crédito rege o artigo 399.º do citado Código:

> O penhor em letras ou títulos à ordem pode ser constituído por endosso com a correspondente declaração segundo os usos da praça; e o penhor em ações, obrigações ou outros títulos normativos pela respetiva declaração no competente registo.

Como se vê, a entrega efetiva de coisa empenhada vem a ser dispensada, no penhor mercantil[2155].

III. No Direito bancário, o regime do penhor é, ainda, mais elástico: assim, atente-se no Decreto-Lei n.º 29:833, de 17 de agosto de 1939[2156]:

[2155] STJ 23-abr.-1992 (Ricardo da Velha), BMJ 416 (1992), 664-670 (666 ss.).

[2156] Um esquema similar era previsto pelo Decreto-Lei n.º 693/70, de 31 de dezembro, a favor da CGD: STJ 23-jan.-1996 (Nascimento Costa), CJ/Supremo IV (1996) 1, 65-67.

Artigo 1.º

O penhor que for constituído em garantia de créditos de estabelecimentos bancários autorizados produzirá os seus efeitos, quer entre as partes, quer em relação a terceiros, sem necessidade de o dono do objeto empenhado fazer entrega dele ao credor ou a outrem.

§ 1.º – Se o objeto empenhado ficar em poder do dono, este será considerado, quanto ao direito pignoratício, possuidor em nome alheio, e as penas de furto ser-lhe-ão impostas se alienar, modificar, destruir ou desencaminhar o objeto sem autorização escrita do credor, e bem assim se o empenhar novamente sem que no novo contrato se mencione, de modo expresso, a existência do penhor ou penhores anteriores, que, em qualquer caso, preferem por ordem de datas.

§ 2.º – Tratando-se de objeto pertencente a uma pessoa coletiva, o disposto no parágrafo antecedente aplicar-se-á àqueles a quem incumbir a sua administração.

Artigo 2.º

O contrato de penhor regulado neste decreto constará de documento autêntico ou de documento autenticado e os seus efeitos contar-se-ão da data do documento no primeiro caso e da data do reconhecimento autêntico no segundo.

§ único – No documento transcrever-se-ão obrigatoriamente as disposições dos §§ 1.º e 2.º do artigo 1.º, cumprindo ao notário assegurar a observância do presente preceito.

Artigo 3.º

Ressalva-se o penhor de créditos, de títulos de crédito, de quotas e de coisas imateriais que, mesmo quando dado em garantia de operações bancárias, continuará submetido ao regime até agora em vigor.

O artigo único do Decreto-Lei n.º 32:032, de 22 de maio de 1942, dispõe:

Para que o penhor constituído em garantia de créditos de estabelecimentos bancários autorizados produza efeitos em relação a terceiros basta que conste de documento particular, ainda que o dono do objeto empenhado não seja comerciante.

A entrega dos bens garantes é, pois, dispensada, no Direito bancário[2157].

[2157] RLx 10-out.-1991 (Pires Salpico), CJ XVI (1991) 4, 185-186.

IV. O figurino do penhor pode ser usado, pelas partes, para confeccionar garantias atípicas, particularmente atuantes no campo bancário. Assim nos surgem o que designaremos "penhores bancários especiais", abaixo examinados.

§ 71.º PENHORES BANCÁRIOS ESPECIAIS

295. **Penhor de conta bancária**

I. Como primeira figura derivada do penhor bancário temos o "penhor de conta bancária". Trata-se de uma figura corrente, social, jurídica e economicamente estabilizada e que se pode caracterizar nos pontos seguintes:

– determinados depósitos bancários ficam afetos ao pagamento de certas dívidas;
– os depositantes obrigam-se a não os movimentar, enquanto subsistirem as dívidas garantidas;
– os depositantes autorizam o Banco a debitar, na conta dos depósitos em causa, as dívidas garantidas vencidas.

II. O regime sumariado corresponde a uma garantia própria do Direito bancário, a que poderíamos chamar "penhor de conta bancária". Tal penhor, pela própria especificidade do seu objeto, distingue-se do penhor comum. Na verdade:

– ele não recai sobre uma coisa corpórea ou a ela assimilável: o dinheiro depositado é propriedade do Banco: antes respeita aos créditos do garante sobre o Banco;
– ele postula um regime particular de funcionamento: o débito das importâncias garantidas na conta do declarante;
– finalmente, ele obriga o garante a manter a conta provisionada: é uma garantia pessoal e não real.

O penhor de "conta bancária" reporta-se, de facto, ao saldo desta[2158].

[2158] Tal como o seu arrolamento, que recai sobre o saldo da conta: STJ 27-jan.-1998 (Lopes Pinto), CJ/Supremo VI (1998) 1, 44-46 (45/II). *Vide*, ainda, STJ 27-mai.-1999 (Costa Soares), CJ/Supremo VII (1999) 2, 128-129, quanto à penhora de conta.

III. Muitas vezes, a gíria bancária, forçada pelas necessidades da vida que não se compadecem com a lentidão – aliás natural – da elaboração doutrinária e jurisprudencial, utiliza termos jurídicos consagrados fora dos cânones mais estritos. Assim, o "depósito" bancário não é um verdadeiro depósito. Também o denominado "penhor" de conta bancária não é um verdadeiro penhor, no sentido de um direito real de garantia[2159]; trata-se, antes, de uma garantia pessoal dobrada pela autorização de debitar, na conta garante, determinadas importâncias[2160].

Esta solução tem, implícita, uma cláusula de principal pagador, perfeitamente viável, perante o artigo 640.°, *a*), do Código Civil. Além disso, limita a responsabilidade do garante ao montante da conta em jogo: não é, pois, uma garantia de conteúdo indeterminável.

IV. Pergunta-se, perante os artigos 694.° e 665.° do Código Civil, se esta figura é admissível. Se estivesse em causa um penhor-direito real de garantia, o negócio seria nulo, por ter natureza comissória: a lei, numa solução que remonta ao Direito romano[2161] e que visa prevenir fáceis abusos, não permite que o credor pignoratício faça pura e simplesmente sua a coisa empenhada.

Não temos, porém, um penhor-direito real de garantia: trata-se, antes, de um penhor de conta bancária. Cumpre questionar, no entanto, se a proibição do artigo 694.° não teria, ainda, aplicação: afinal, há uma evidente analogia de situações.

A resposta é negativa. O depósito bancário tem um valor objetivo indiscutível, dado pelo seu montante. Logo, não há perigo de o credor garante enriquecer à custa do dono do bem empenhado: este é usado para assegurar as dívidas garantidas, pelo seu preciso valor nominal, sendo certo que não tem outro. Não faria sentido vir exigir que o tribunal fixasse o valor de uma conta bancária, universal e definitivamente expresso, como foi dito, pelo valor nominal do seu montante.

[2159] Aliás, qualquer penhor de crédito não pode, por definição, considerar-se um direito real de garantia, uma vez que não recai sobre uma coisa corpórea.

[2160] Esta orientação veio a ser acolhida em RPt 3-out.-1996 (Cesário de Matos), CJ XXI (1996) 4, 213-216 (215): este aresto entendeu que o "penhor de conta bancária" é, na realidade, uma fiança.

[2161] *Supra*, 812.

296. **Penhor de seguros**

I. A prática bancária atual aceita, como garantia, a posição jurídica do beneficiário de um seguro[2162]. Trata-se de uma figura que mais acentua a integração entre a banca e os seguros.

Em princípio funcionarão as regras próprias do penhor de créditos, com as alterações que as partes tenham introduzido, ao abrigo da autonomia privada. Daí o falar-se em "penhor de seguros". Teremos ainda de ultrapassar o problema representado pelo penhor de créditos (meramente) futuros.

II. Normalmente, o banqueiro aceitará com mais facilidade o "seguro certo", isto é: o valor representado pela posição detida pelo beneficiário, quando a mesma traduza um simples mecanismo de capitalização. Nessa altura, o "penhor de seguros" equivale a um penhor de qualquer valor financeiro ou mobiliário.

Caberá às partes tomar precauções para que se não caia sob a proibição dos pactos comissórios.

[2162] *Vide* o nosso *Do penhor de seguros/Subsídios para o estudo da utilização de seguros com função de garantia* (2004, inédito).

SECÇÃO III

ACORDOS DE GARANTIA FINANCEIRA

§ 72.° OS ACORDOS DE GARANTIA FINANCEIRA

297. Origem e noção geral

I. Os acordos de garantia financeira correspondem a uma criação do Direito bancário europeu. Resultaram da Diretriz n.° 2002/47/CE, de 6 de junho[2163], tendo sido transpostos para a ordem interna portuguesa, pelo Decreto-Lei n.° 105/2004, de 8 de maio[2164], hoje alterado pelos Decretos-Leis n.º 85/2011, de 8 de maio, que o republicou em anexo, e n.° 192/2012, de 23 de agosto. O primeiro visou transpor a Diretriz n.º 2009/44/CE, de 6 de maio, que veio modificar a citada Diretriz n.º 2002/47/CE; o segundo ocupou-se, em especial, de garantias que incidam em créditos sobre terceiros.

Este diploma veio introduzir alterações muito significativas na panorâmica nacional das garantias de Direito bancário. Há que lhe dar a maior atenção[2165].

II. O Decreto-Lei n.° 105/2004, um tanto preso à lógica da Diretriz que veio transpor, não define, de modo direto, os acordos de garantias

[2163] Referência integrada em Peter Bülow, em Derleder/Knops/Bamberger, *Handbuch zum deutschen und europäischen Bankrecht*, 2.ª ed. (2009), § 1.º, Nr. 31 (18).

[2164] *Vide* João Calvão da Silva, *Banca, Bolsa e Seguros*, 1, 3.ª ed. (2012), 205 ss..

[2165] Além da obra do Prof. Calvão da Silva, já citada: *vide* Alexandre Jardim, *Acordos de garantia financeira (Algumas questões)*, RB 2006, 141-169; L. Miguel Pestana de Vasconcelos, *Os contratos de garantia financeira/o dealbar do Direito europeu das garantias*, Est. Oliveira Ascensão 2 (2008), 1275-1305; José A. Engrácia Antunes, *Direito dos contratos comerciais* cit., 539 ss.; Diogo Macedo Graça, *Os contratos de garantia financeira* (2010).

financeiras. Remete, no artigo 2.º/1, para os contratos que preencham os requisitos previstos nos artigos 3.º a 7.º[2166].

Ora, na base desses preceitos, para obter a noção de garantia financeira, seria necessário partir:

– dos sujeitos (3.º);
– das obrigações garantidas (4.º);
– do objeto (5.º);
– de alguns traços do regime, como o desapossamento (6.º) e a prova (7.º).

Como é possível? Estaremos perante a figura de definição mais complexa do Direito privado.

III. As garantias financeiras abrangem, em rigor, duas figuras típicas, às quais o legislador decidiu juntar uma terceira: o reporte. São elas:

– o penhor financeiro;
– a fidúcia financeira ou – na terminologia legal – a alienação fiduciária em garantia (financeira);
– o reporte.

As figuras típicas não se definem: descrevem-se pelos traços essenciais do seu conteúdo. Recorde-se o artigo 1305.º do Código Civil, emblematicamente reportado à propriedade. Ora assim sendo, compreende-se a dificuldade extrema em definir "garantia financeira", realidade que agrupa o penhor financeiro, a fidúcia financeira e o reporte.

IV. Tentando, todavia, adiantar a noção possível, diremos que a garantia financeira é uma garantia real, sob a forma de penhor, de fidúcia ou de reporte, concluída entre uma instituição de crédito ou entidade para o efeito equiparada e uma pessoa coletiva, destinada a assegurar obrigações pecuniárias ou instrumentos financeiros, que recaiam sobre "numerário" e que as partes tenham decidido submeter a um regime financeiro especial, legalmente previsto.

[2166] O § 1/17 do KWG, derivado da lei alemã de transposição da Diretriz n.º 2002/47/ /CE, abalança-se a uma definição; encontra, todavia, uma fórmula muito complicada.

298. **Os sujeitos**

I. Os contratos de garantia financeira (cgfs) estão submetidos à autonomia privada. São, pois, verdadeiros contratos. Todavia, eles apenas são acessíveis a determinados sujeitos de Direito.

O Decreto-Lei n.° 105/2004 prevê seis categorias de entidades que podem celebrar cgfs (3.°/1):

a) *Entidades públicas, incluindo os organismos responsáveis pela gestão da dívida pública e os autorizados a deter contas de clientes*: esta fórmula (que nós simplificámos) e que retoma a Diretriz, é talvez extensa em demasia, uma vez que, entre nós, a noção "entidade pública" já engloba o resto;

b) *Banco de Portugal, outros bancos centrais, BCE, FMI, Banco de Pagamentos Internacionais, bancos multilaterais de desenvolvimento e BEI*: também retomada da Diretriz, esta fórmula pode ser reconduzida a instituições de crédito internacionais;

c) *Instituições sujeitas a supervisão prudencial, incluindo instituições de crédito, empresas de investimento, instituições financeiras, empresas de seguros, organismos de investimento coletivo e entidades gestoras de organismos de investimento coletivo*: todas estas figuras são precisadas com o maior cuidado pelo legislador, que remete para os respetivos diplomas legais; supomos que o núcleo é, efetivamente, constituído pelas instituições de crédito;

d) *Uma contraparte central, um agente de liquidação ou uma câmara de compensação e instituições similares que operem nos mercados de futuros e opções, nos mercados de instrumentos financeiros derivados não abrangidos pela referida legislação e nos mercados de natureza monetária*: também aqui o legislador faz prova da precisão, remetendo para a legislação competente;

e) Uma pessoa coletiva que atue na qualidade de fiduciário ou representante de uma ou mais pessoas, incluindo quaisquer detentores de obrigações ou outras formas de títulos de dívida;

f) Pessoas coletivas, desde que a outra parte pertença a alguma das categorias *a*) a *d*).

II. Os cgfs terão de ser celebrados:

– ou entre as entidades referidas nos pontos *a*) a *d*);

– ou entre as entidades referidas nos pontos *a*) a *d*) e as referidas no ponto *e*);
– ou entre as entidades referidas nos pontos *a*) a *d*) e as referidas no ponto *f*).

Há, aqui, uma pequena confusão, que resultou do facto de o legislador português ter decidido desdobrar, nas alíneas *d*) e *e*), matéria que, na Diretriz, constava apenas da alínea *d*). Tal como está, as entidades referidas no ponto *e*) (fiduciário ou representante, etc.) só podem celebrar garantias financeiras com as referidas nos pontos *a*) a *d*): não com as do ponto *f*). E como são pessoas coletivas, cairiam sempre no ponto *f*), sendo a alínea *e*) inútil.

III. Estas e outras dificuldades advêm da técnica de negociação subjacente à Diretriz; a do acordo por aditamento.

Na verdade, a proposta inicial da Comissão dispunha, simplesmente, que tanto o prestador da garantia como o beneficiário da garantia deviam ser:

(a) uma autoridade pública ou um banco central;
(b) uma instituição financeira sob supervisão prudencial; ou
(c) uma pessoa, que não seja uma pessoa singular, e cujos capitais próprios excedam 100 milhões de euros ou cujos ativos brutos excedam 1000 milhões de euros, no momento em que o objeto da garantia seja efetivamente entregue, de acordo com as últimas contas então publicadas, desde que essa publicação não tenha ocorrido há mais de dois anos.

Posteriormente, foram-se aditando mais e mais entidades, ao sabor dos diversos Direitos nacionais. É elucidativa a leitura da Diretriz n.° 2002/ /47 em francês, em inglês e em alemão: as diversas alíneas relativas aos "sujeitos" ora fazem sentido numa versão, ora noutra[2167].

IV. Também temos de apelar ao Direito comparado para entender porque razão, na Diretriz, se recorre à perífrase "uma pessoa que não seja uma pessoa singular" em vez de dizer, diretamente, "uma pessoa coletiva": o Direito britânico tem dificuldades com o manuseio desta última noção, dificuldades essas que, recentemente, se vêm a estender ao Direito alemão, mercê da crescente relativização do conceito de "pessoa coletiva".

[2167] O legislador alemão resolveu o problema remetendo, simplesmente, para a Diretriz.

O que já não se percebe é a razão pela qual o legislador nacional, no artigo 3.°/1, *f*), corretamente, optou por "pessoa coletiva", mantendo, na alínea *e*), a perífrase "uma pessoa que não seja pessoa singular".

V. O Direito português é – porventura – o que mais longe leva o âmbito subjetivo dos cgf. Por duas razões:

– como explicou no preâmbulo, não fez uso da possibilidade de excluir do âmbito dos cgf as pessoas referidas no artigo 1.°/2, *e*), da Diretriz – o artigo 3.°/1, *f*), do Decreto-Lei n.° 105/2004;
– o universo das pessoas coletivas é, entre nós, mais lato do que na Grã-Bretanha, na França, na Alemanha ou em Itália: abrange as sociedades de pessoas (sociedades em nome coletivo e, na melhor opinião, sociedades civis puras).

O todo é rematado por um erro de tradução: a versão portuguesa da Diretriz chama "agrupamento" (que não é conceito jurídico aceitável) ao inglês *partnership*, alemão *Personengesellschaft*: a tradução correta seria, precisamente "sociedades de pessoas" (por oposição às de capitais). Provavelmente, o tradutor inspirou-se na versão francesa, embaraçada por falta de terminologia jurídica adequada e que, por isso, usou *groupement* tendo, todavia, o cuidado, omitido pela versão portuguesa, de acrescentar, entre parênteses, *partnership*.

Como se vê, é impossível fazer tradução jurídica sem conhecer a fundo as dogmáticas em presença. E não é viável uma Ciência Jurídica Europeia sem uma língua única. Em boa hora!

299. As obrigações financeiras garantidas e o objeto das garantias

I. Como segundo elemento da noção de garantia financeira, surge a obrigação financeira garantida. Recordemos que a garantia financeira é acessória de uma obrigação: a principal. Esta ditará diversos aspetos atinentes à própria garantia, nos termos do princípio da acessoriedade.

O artigo 4.° contém uma noção operacional de obrigações financeiras garantidas. São:

> (...) quaisquer obrigações abrangidas por um contrato de garantia financeira cuja prestação consista numa liquidação em numerário ou na entrega de instrumentos financeiros.

O artigo 2.º/1, *f*), da Diretriz n.º 2002/47/CE dá a seguinte fórmula para o que chama "obrigações financeiras cobertas": as obrigações asseguradas por um acordo de garantia financeira e que deem direito a uma liquidação em numerário e/ou à entrega de instrumentos financeiros. Por seu turno, as alíneas *d*) e *e*) dão-nos novas definições úteis:

- numerário: dinheiro creditado numa conta, em qualquer moeda, ou créditos similares que confiram o direito à restituição de dinheiro, tais como depósitos no mercado monetário;
- instrumentos financeiros: ações, obrigações e outros valores mobiliários negociáveis no mercado de capitais.

Em rigor, "numerário" é dinheiro. O desvio para "dinheiro creditado numa conta" explica-se pela cepa bancária original da Diretriz. No texto do Decreto-Lei n.º 105/2004, estas noções acabam por surgir no artigo 5.º, a propósito do objeto das garantias financeiras.

II. Aproveitando os elementos recolhidos, podemos considerar que a obrigação garantida:

- é "financeira": apresenta-se como credor uma instituição de crédito ou entidade equiparada, nos termos do artigo 3.º/1;
- implica uma prestação em "numerário" ou em "instrumentos financeiros", isto é: em créditos em dinheiro mobilizável ou em valores mobiliários negociáveis;
- deve estar assegurada por "garantia financeira".

Estamos, assim, perante obrigações de tipo bancário ou atinentes ao mercado de capitais. Compreende-se, a esta luz, por que razão tais obrigações apenas podem surgir tendo como sujeito ativo um profissional do sector.

III. Uma garantia especial pressupõe sempre um objeto específico, isto é: uma realidade patrimonial que, mercê da garantia, vai ficar afeta à satisfação de um crédito. Essa realidade constitui, precisamente, o objeto da garantia.

No caso em apreço, as garantias financeiras devem ter por objeto – artigo 5.º:

- "numerário";
- "instrumentos financeiros".

O "numerário" é definido como o "saldo disponível de uma conta bancária" ou "créditos similares que confiram direito à restituição de dinheiro"; estamos, pois, próximos da definição da Diretriz, com ganhos em termos de precisão e de elegância – 5.°, *a*)).

Os "instrumentos financeiros" são "valores mobiliários, instrumentos do mercado monetário e créditos ou direitos relativos a quaisquer dos instrumentos referidos".

IV. A menção a um "saldo disponível de uma conta bancária" mostra o estar-se no âmbito do Direito bancário. O objeto das garantias financeiras cifra-se, ainda, em realidades líquidas ou liquidáveis, com valor objetivo de mercado e de rápida circulação. O objeto das garantias é, assim, específico, justificando o enérgico regime que, depois, encontraremos.

Em termos de classificação de coisas, verificamos que o objeto das garantias financeiras:

- é uma coisa móvel;
- corpórea ou incorpórea: neste último caso, poderá consistir num crédito;
- eventualmente: uma coisa representativa[2168].

[2168] *Tratado* III, 204 ss..

§ 73.° ASPETOS GERAIS E MODALIDADES DE GARANTIAS FINANCEIRAS

300. **Conteúdo; o "desapossamento"**

I. A ocorrência de uma garantia financeira dependerá, necessária e naturalmente, de um acordo das partes a tanto dirigido. Mas além disso, a garantia financeira exige, como vimos: determinados sujeitos, um certo tipo de obrigação garantida e um objeto específico.

A garantia financeira requer, ainda, um conteúdo mínimo, isto é: um clausulado com uma feição dotada de especiais características.

II. O primeiro ponto desse conteúdo mínimo é a exigência do "desapossamento". Segundo o artigo 6.°/1 do Decreto-Lei n.° 105/2004, a garantia financeira opera quando o seu objeto tenha sido efetivamente prestado. E o n.° 2 explica:

> Considera-se prestada a garantia financeira cujo objeto tenha sido entregue, transferido, registado ou que de outro modo se encontre na posse ou sob o controlo do beneficiário da garantia ou de uma pessoa que atue em nome deste, incluindo a composse ou o controlo conjunto com o proprietário.

A expressão "desapossamento", embora sugestiva, não pode ser tomada em termos rigorosamente técnicos: não estão em causa, de modo necessário, coisas corpóreas.

III. O penhor civil é, sabidamente, real *quoad constitutionem*: só se constitui pela entrega da coisa empenhada ou de um documento que confira a exclusiva disponibilidade dela ao credor ou a terceiro (669.°/1 do Código Civil). Essa regra visa vários efeitos:

- consciencializa o dono da coisa garante da seriedade do ato praticado;

– permite uma eficácia *erga omnes*;
– facilita a execução da coisa.

Na garantia financeira – que além do penhor, pode abranger a fidúcia, em relação à qual, por maioria de razão, operam as motivações apontadas – tudo isso atua de modo reforçado.

Além disso e como veremos surgem, na garantia financeira, direitos de "uso e de disposição" que só podem operar se tiver havido "entrega" da coisa.

IV. A especialidade do objeto – pode consistir em créditos e em realidades de base escritural – obriga a prever um leque largo de meios de "desapossamento": tal o enunciado do transcrito artigo 6.°/2, completado com um n.º 3 pelo Decreto-Lei n.º 192/2012, de 23 de agosto. O essencial reside em que o objeto da garantia fique no controlo do beneficiário da garantia.

301. **Forma e prova**

I. Atalhando por alguma complexidade de formulação, podemos adiantar as conclusões a retirar do artigo 7.° do Decreto-Lei n.° 105/2004, em consonância com o artigo 3.° da Diretriz n.° 2002/47/CE:

– o contrato de garantia financeira deve ser celebrado por escrito ou equivalente (i.é: com suporte eletrónico ou outro suporte duradouro);
– o "desapossamento" deve poder ser provado também por escrito ou equivalente.

II. O artigo 7.°/1 não dispõe diretamente a sujeição à forma escrita: antes refere: "cuja celebração ... seja suscetível de prova por documento escrito". Estaríamos perante uma forma *ad probationem*, com a seguinte especialidade: mesmo na falta de forma escrita, o contrato poderia ser provado por confissão ... escrita.

Parece-nos sumamente bizarro que o Direito bancário do século XXI venha ressuscitar a categoria da forma *ad probationem*, praticamente suprimida dos modernos Direitos. Além disso, admitir contratos de garantia financeira não escritos, mas cuja prova fosse escrita iria abrir as portas a dúvidas: onde estaria o consenso de ambas as partes, já que o mesmo não teria sido escrito? Como interpretar as suas cláusulas?

Uma ligeira interpretação corretiva leva-nos, assim, a proclamar que a garantia financeira deve ser prestada por escrito ou por via equivalente: declaração eletrónica ou em suporte equivalente e, *maxime*: por conversa telefónica gravada.

III. Mas além do contrato em si, há que operar o "desapossamento", "desapossamento" esse que terá de ser objeto de prova. Tal prova deve ser feita por escrito ou equivalente e isso de modo a que o objeto seja devidamente identificado. O artigo 4.°, alíneas *a*) e *b*), especifica o que entende por suficiente para identificar o objeto das garantias financeiras, sobre numerário e sobre valores mobiliários escriturais, respetivamente.

IV. Um dos objetivos da Diretriz n.° 2002/47/CE foi, precisamente, a simplicidade e a operacionalidade. As formalidades – a entender como desempenhos laterais em relação à manifestação de vontade propriamente dita[2169] – são, assim, proscritas quanto possível.

O artigo 8.°/1 do Decreto-Lei n.° 105/2004, ressalvadas as exigências dos artigos 6.° e 7.°, proclama a dispensabilidade de qualquer outro desempenho.

Indo mais longe, o artigo 8.°/2 reporta-se, já, à execução da garantia. Tal execução, sem prejuízo do acordado pelas partes:

> (...) não está sujeita a nenhum requisito, nomeadamente a notificação prévia ao prestador da garantia da intenção de proceder à execução.

302. **Modalidades**

I. O já referido artigo 2.°/2 do Decreto-Lei n.° 105/2004, complementado com o n.° 3, permite distinguir três modalidades de garantias financeiras:

– o penhor financeiro;
– a alienação fiduciária em garantia (financeira);
– o reporte.

[2169] *Tratado* II, 4.ª ed., 169.

A distinção entre o penhor e a alienação fiduciária reside em que nesta e ao contrário daquele, há transmissão de propriedade. Quanto ao reporte: ele é apresentado como modalidade de fidúcia financeira.

II. Seria possível estabelecer outras classificações, combináveis com as primeiras. O penhor financeiro poderá sê-lo de numerário ou de instrumentos financeiros. Teremos penhores com e sem pactos comissórios e assim por diante.

Na sequência, iremos ponderar o penhor financeiro e a fidúcia financeira.

§ 74.° O PENHOR FINANCEIRO

303. **Noção básica; um penhor de direitos**

I. O penhor financeiro é uma garantia caracterizada pela entrega do seu objeto ao credor pignoratício ou ao tomador da garantia sem que, por isso, a propriedade se transfira para este último.

À partida, teríamos um penhor comum – artigos 666.° e seguintes do Código Civil – que ganha natureza financeira mercê dos sujeitos, da obrigação garantida, do objeto do penhor, da vontade das partes e dos outros elementos do regime.

II. No penhor financeiro haverá, em rigor, um penhor de direitos – artigo 679.° do Código Civil. Na verdade, ele não recai, propriamente, sobre coisas corpóreas, de modo a figurar um clássico direito real de garantia. Incidindo sobre "numerário" e sobre "instrumentos financeiros", ele antes traduz a afetação de coisas incorpóreas a fins de garantia.

De todo o modo, o regime do penhor civil serve, sempre, de referência. De resto, essa solução resulta do artigo 22.° do Decreto-Lei n.° 105/2004, de 8 de maio, relativo ao Direito subsidiariamente aplicável.

304. **O direito de disposição**

I. Uma das especialidades do penhor financeiro é a possibilidade de estabelecimento de um direito de disposição sobre o seu objeto – artigo 9.° do Decreto-Lei n.° 105/2004 e artigo 5.° da Diretriz n.° 2002/47/CE. À partida, esse direito de disposição não é automático: antes deve ser clausulado pelas partes, no competente contrato. Todavia, é natural que ele se converta numa cláusula de estilo: o direito de disposição é, justamente, um dos pontos que melhor distingue o penhor financeiro do penhor comum.

Segundo o artigo 9.°/3, o exercício do direito de disposição depende:

– quanto aos valores mobiliários escriturais, de menção no respetivo registo em conta;
– quanto aos valores mobiliários titulados, de menção na conta de depósito.

II. O direito de disposição permite, ao beneficiário da garantia, alienar ou onerar o objeto da garantia prestada "... nos termos previstos no contrato, como se fosse proprietário" – 9.°/2. O preceito é claro: em vez do objeto da garantia aguardar, estaticamente, o eventual cumprimento da obrigação, podendo ser utilizado na hipótese de isso não suceder, no penhor financeiro esse objeto pode, de imediato, ser alienado ou onerado pelo tomador da garantia. Satisfará, assim, para além da função de garantia, outros papéis no domínio da criação e da circulação da riqueza.

III. Todavia – pelo menos em princípio – o prestador da garantia mantém-se titular do objeto. Por isso, o artigo 10.°/1 dispõe com cuidado sobre os efeitos do exercício do direito de disposição. Ele implica, para o beneficiário da garantia, alguma das seguintes três obrigações:

a) Ou, havendo cumprimento da obrigação garantida, ele deve restituir ao prestador um objeto equivalente: solução natural, uma vez que lidamos com realidades fungíveis;
b) Ou, havendo cumprimento e permitindo-o o contrato, entregar-lhe em dinheiro o valor que o objeto teria no momento do vencimento, "nos termos acordados pelas partes e segundo critérios comerciais razoáveis"; este aspeto põe-se porque, no vencimento, o valor do objeto pode não ter expressão imediata e objetiva;
c) Ou, quando o contrato o preveja, livrar-se da sua obrigação de restituição por compensação, sendo o crédito do prestador avaliado nos termos da alínea anterior.

Como se vê, a solução supletiva para o exercício do direito de disposição é a restituição, havendo cumprimento, de um objeto equivalente. Esse objeto "...substitui, para todos os efeitos, a garantia financeira original e considera-se como tendo sido prestado no momento da prestação desta" – 10.°/3. Um fenómeno equivalente opera com os direitos de beneficiário sobre o objeto da garantia – 9.°/4. A noção de "objeto equivalente" é cuidadosamente fixada no artigo 13.°.

IV. Apenas havendo acordo das partes, exarado no contrato, é possível encarar a substituição do objeto inicial pelo seu valor (e não por um equivalente) e, ainda, a compensação.

Tudo isso não é prejudicado pelo vencimento antecipado da obrigação garantida.

305. **Pacto comissório, vencimento antecipado e compensação**

I. Os pactos comissórios permitem que, havendo uma garantia pignoratícia, o credor faça pura e simplesmente sua a coisa-objeto, na hipótese de incumprimento. Nos penhores comuns, o objeto empenhado vale, em regra, muito mais do que a obrigação garantida. Além disso – e também em regra – o devedor, ao dar uma garantia, fá-lo sempre na convicção de que irá recuperá-la. Não tem dúvidas em oferecer algo de mais valioso do que a obrigação a cumprir. Os pactos comissórios conduziam, assim, ao enriquecimento dos credores, à custa dos devedores infelizes. Eles foram, por isso, proibidos desde o século IV.

Hoje, a proibição dos pactos comissórios tem assento, como é sabido, no artigo 694.° do Código Civil, relativo à hipoteca, sendo aplicável ao penhor por via do artigo 678.°.

II. No caso do penhor financeiro, essa proibição foi considerada injustificada: artigo 4.°/2 da Diretriz e artigo 11.° do Decreto-Lei n.° 105/2004. O artigo 4.°/3 da Diretriz permitiu que o legislador português mantivesse a proibição tradicional. Todavia – pensamos que pelas razões depois expostas – não foi feito uso dessa possibilidade.

As razões que permitirão, aqui, os pactos comissórios, são as seguintes:

- os credores são entidades responsáveis, sujeitas a supervisão prudencial e à opinião pública;
- os devedores são pessoas conscientes; quando não lhes convenha um penhor financeiro com pacto comissório, procurarão outros produtos;
- estão em causa objetos com valor objetivo e determinado pelo mercado;
- jogam-se coisas fungíveis, sem valor estimativo pessoal.

III. Segundo o artigo 11.°/1, o beneficiário da garantia pode proceder à sua execução, fazendo seus os instrumentos financeiros dados em garantia. Desde que:

a) Tal tenha sido convencionado pelas partes;

b) Havendo acordo delas quanto à avaliação dos instrumentos financeiros.

De todo o modo, o beneficiário da garantia fica obrigado a restituir ao prestador a diferença entre o valor do objeto e o montante das obrigações financeiras garantidas – artigo 11.°/2: assim se previne o perigo do seu enriquecimento à custa do devedor. *Summo rigore* não há, aqui, uma permissão de pactos comissórios mas, tão-só, de pactos marcianos[2170].

IV. O artigo 12.°/1 estabelece que as partes podem convencionar o vencimento antecipado da obrigação de restituição do beneficiário da garantia e o cumprimento da mesma por compensação, quando ocorra um facto que desencadeie a execução.

Trata-se de um preceito em rigor dispensável, mas cuja presença sempre tem utilidade prática: previne dúvidas.

O artigo 12.°/2 explicita o que entender por "facto que desencadeie a execução". Será:

> (...) o não cumprimento do contrato ou qualquer facto a que as partes atribuam efeito análogo.

306. A natureza do penhor financeiro

I. Como já foi antecipado, o penhor financeiro surge, à partida, como penhor de direitos. Não é, assim, um verdadeiro direito real de garantia, uma vez que não implica uma coisa corpórea. Trata-se de uma garantia especial, moldada sobre o penhor, com relevo para a indisponibilidade do objeto, por parte do devedor e para a preferência de realização pecuniária, havendo execução.

[2170] Para mais elementos: *Tratado*, X, 763 ss..

II. O problema da qualificação renasce havendo direito de disposição. Nessa altura, se o direito for exercido, o devedor perderá qualquer contacto jurídico com a "coisa" empenhada: quando muito, receberá uma equivalente, ou o seu valor. Por seu turno, o tomador da garantia, podendo "... alienar ou onerar o objeto da garantia prestada (...) como se fosse seu proprietário ..." parece, de facto, o dono da coisa. *Quid iuris*?

III. O credor pignoratício não tem, em princípio, o poder de disposição. Apenas – havendo incumprimento – poderá desencadear os mecanismos da execução pecuniária, para receber o valor correspondente à obrigação garantida. O poder de disposição altera qualitativamente o seu direito. Passará a proprietário? Não rigorosamente: ele pode onerar ou alienar; quanto ao resto, haverá que contar com a vontade do dador da garantia. Estamos perante uma figura *sui generis*.

Chamar-lhe-emos, tecnicamente, um penhor irregular: um penhor em que o titular da garantia pode alienar ou onerar o objeto da garantia, independentemente de qualquer incumprimento, devendo entregar o equivalente. Poder-se-ia introduzir a locução "penhor marciano".

Repare-se que, não sendo exercido o poder de disposição, o risco mantém-se por conta do dador da garantia.

§ 75.° A FIDÚCIA FINANCEIRA

307. Noção e terminologia

I. A fidúcia corresponde ao mais antigo direito real de garantia[2171]. Nela, o devedor, com a observância do devido formalismo, transmitia, a favor do credor, a propriedade de determinada coisa. Quando a obrigação fosse cumprida, o credor deveria retransmitir a propriedade da coisa-garante para o devedor.

A fidúcia era um negócio pesado, dispendioso – implicava uma dupla transmissão – e pouco animador para o devedor: este corria o risco de cumprir sem reaver a coisa: quer por incumprimento, pelo credor, da obrigação de retransmitir a coisa, quer por ter sido apreendida a mando dos credores do seu próprio credor. Foi, assim, historicamente, substituída pela hipoteca.

II. Mais recentemente, a fidúcia renasceu, embora com um alcance diverso. Será sempre possível, ao abrigo da autonomia privada, celebrar um acordo pelo qual se transmita a propriedade de uma coisa, ficando o transmissário obrigado a, ulteriormente, retransmiti-la para o primitivo alienante. Utilizada como garantia, esta figura tem três óbices:

– não pode ter natureza real, mercê do princípio da tipicidade, consagrado no artigo 1306.°/1 do Código Civil;
– pode suscitar problemas de nulidade, por contundir com a proibição dos pactos comissórios;
– é muito violenta para o devedor, privado, desde logo, do domínio e à mercê do que, depois, possa suceder, em relação à coisa.

III. No particular condicionalismo objetivo e subjetivo que rodeia as garantias financeiras, a Diretriz n.° 2002/47/CE veio, no seu artigo 6.°, dis-

[2171] Quanto à fidúcia e a sua evolução: A. Barreto Menezes Cordeiro, *Do* Trust *no Direito civil* (2013), 704 ss..

por "o reconhecimento de acordos de garantia financeira com transferência de titularidade". Trata-se da fidúcia. O Decreto-Lei n.º 105/2004 versa a figura em causa no título III como "alienação fiduciária em garantia". Seria necessário, em rigor, dizer "alienação fiduciária em garantia financeira": de todo não manuseável. Propomos, assim, a designação "fidúcia financeira": tradicional, correta e inconfundível.

308. **Os deveres do fiduciário financeiro; vencimento antecipado e compensação**

I. O artigo 14.º do Decreto-Lei n.º 105/2004 refere os deveres do beneficiário da alienação fiduciária em garantia ou, mais simplesmente: do fiduciário financeiro. Assim e até ao momento convencionado para o cumprimento das obrigações financeiras garantidas, ele deve:

a) Restituir ao prestador a garantia prestada ou objeto equivalente; "restituir" envolve, aqui, a (re)transmissão da titularidade;
b) Ou entregar ao prestador o valor em dinheiro correspondente ao objeto da garantia, no momento do vencimento da obrigação de restituição, nos termos acordados pelas partes e segundo critérios comerciais razoáveis;
c) Ou livrar-se da obrigação por meio de compensação, avaliando-se o crédito do prestador nos termos da alínea anterior.

II. A hipótese de restituir a própria coisa ou o equivalente fica, aqui, na disponibilidade do tomador da garantia. Este ponto adiante melhor será confirmado, fazendo-se o paralelo em face do penhor financeiro com poder de disposição.

III. Quanto às hipóteses de vencimento antecipado e de compensação: tem aplicação o disposto no artigo 12.º, por remissão do artigo 15.º: ambos do Decreto-Lei n.º 105/2004.

309. **Fidúcia financeira e penhor financeiro com poder de disposição**

I. Perante as regras enunciadas, ocorre perguntar se a fidúcia financeira não equivale, no fundo, ao penhor financeiro com poder de disposição. Tudo visto, quer numa figura quer na outra, o tomador tem a faculdade de, na pendência da garantia, alienar ou onerar a coisa, restituindo apenas coisa ou valor equivalentes.

Embora na prática as duas figuras apareçam próximas, há diferenças de regime. São importantes, por permitirem às partes escolher a que mais lhes convenha.

II. No penhor financeiro, o poder de disposição tem de ser expressamente "aditado" pelas partes; na fidúcia financeira, tal poder resulta do simples facto de o fiduciário ser titular pleno.

No penhor financeiro, a possibilidade de, em vez de uma coisa equivalente à empenhada, se entregar dinheiro, depende de acordo prévio; na fidúcia, é uma opção sempre na esfera do beneficiário-fiduciário.

No penhor financeiro, mesmo quando presente o poder de disposição e enquanto este não for exercido, o risco da perda da "coisa" corre pelo devedor; na fidúcia, ele corre pelo credor. Assim, neste último caso, havendo perda fortuita, o fiduciário mantém-se obrigado a restituir o seu valor.

III. Digamos que, perante um penhor com direito de disposição, a fidúcia perde interesse. Mas é uma opção que, concretamente, pode ser desejável. Além das diferenças de regime acima apontadas, a fidúcia financeira transmite uma ideia de solidez que pode relevar, no comércio bancário.

§ 76.° ASPETOS COMPLEMENTARES DAS GARANTIAS FINANCEIRAS

310. **Validade e eficácia na liquidação e no saneamento**

I. O Decreto-Lei n.° 105/2004 ocupa-se, depois, dos temas da liquidação e do saneamento. Trata-se de matéria contida no artigo 8.° da Diretriz e que provocou muitas dúvidas, na Alemanha.

O artigo 16.° começa por definir "processo de liquidação" e "medidas de saneamento". Foi pena que a matéria não tenha sido uniformizada de acordo com o Código da Insolvência, entretanto publicado.

II. A regra fundamental consta do artigo 17.°. Os contratos de garantia financeira celebrados e as garantias financeiras prestadas nos seus termos não podem ser resolvidos pelo facto de a celebração ou a prestação terem ocorrido – n.° 1:

a) No dia da abertura de um processo de liquidação ou da adoção de medidas de saneamento, desde que antes de proferido o despacho, a sentença ou decisão equivalente;

b) Num determinado período anterior definido por referência:

i) À abertura de um processo de liquidação ou à adoção de medidas de saneamento;

ii) À tomada de qualquer outra medida ou à ocorrência de qualquer outro facto no decurso desse processo ou dessas medidas.

A referida regra aplica-se às hipóteses de prestação de novas garantias ou da sua substituição – 17.°/2.

III. O examinado artigo 17.° do Decreto-Lei n.° 105/2004 assegura a validade dos contratos de garantia financeira, em cenários de insolvência.

O artigo 18.° ocupa-se da sua eficácia.

Esta está, em princípio, assegurada, "... nas condições e segundo os termos convencionados pelas partes" – 18.°/1.

O artigo 18.°/2 confirma ainda a eficácia dos contratos e das garantias celebradas e prestadas após a abertura da insolvência,

> (...) desde que o beneficiário da garantia prove que não tinha nem deveria ter conhecimento da abertura desse processo ou da adoção dessas medidas.

Trata-se da transposição do artigo 8.°/2 da Diretriz n.° 2002/47/CE.

O *favor creditoris* subjacente a estas medidas não vai ao ponto de admitir operações de má-fé. Assim, segundo o artigo 19.°:

> A validade dos atos a que se referem os artigos 17.° e 18.° não é ressalvada sempre que os mesmos tenham sido praticados intencionalmente em detrimento de outros credores.

311. Vencimento antecipado e compensação

I. O artigo 12.°, a propósito do penhor financeiro, admite, como vimos, que as partes convencionem o vencimento antecipado da obrigação de restituição do beneficiário da garantia e o cumprimento da mesma por compensação, "caso ocorra um facto que desencadeie a execução". O artigo 15.°, relativo à fidúcia financeira, manda aplicar, a esta, esse mesmo regime.

II. Pois bem: o artigo 20.°, em cenário de insolvência, vem ressalvar essas duas possibilidades. Dispõe que o vencimento antecipado e a compensação previstos nos artigos 12.° e 15.° não são prejudicados:

a) Pela abertura ou prossecução de um processo de liquidação relativamente ao prestador ou ao beneficiário da garantia;
b) Pela adoção de medidas de saneamento relativamente ao prestador e ou beneficiário da garantia;
c) Pela cessão, apreensão judicial ou atos de outra natureza nem por qualquer alienação de direitos respeitante ao beneficiário ou ao prestador da garantia.

Trata-se de um aspeto que já resultaria do artigo 18.° mas que, deste modo, fica mais esclarecido.

312. Norma de conflitos e preceitos finais

I. O artigo 21.° do Decreto-Lei n.° 105/2004 (norma de conflitos) transpõe, com grande aproximação, o artigo 9.° da Diretriz n.° 2002/47/ /CE. A norma é simples: são reguladas pela lei do país onde esteja localizada a conta na qual é feito o registo da garantia as seguintes matérias:

a) A qualificação e os efeitos patrimoniais da garantia que tenha por objeto valores mobiliários escriturais;
b) Os requisitos relativos à celebração de um contrato de garantia financeira que tenha por objeto valores mobiliários escriturais;
c) A prestação de uma garantia que tenha por objeto valores mobiliários escriturais ao abrigo de determinado contrato de garantia financeira;
d) As formalidades necessárias à oponibilidade a terceiros do contrato de garantia financeira e da prestação da garantia financeira;
e) A relação entre o direito de propriedade ou outro direito de determinada pessoa a uma garantia financeira que tenha por objeto valores mobiliários e outro direito de propriedade concorrente;
f) A qualificação de uma situação como de aquisição do objeto da garantia pela posse de terceiro de boa-fé;
g) As formalidades necessárias à execução de uma garantia que tenha por objeto valores mobiliários escriturais.

II. O Decreto-Lei n.° 105/2004 assume expressamente tratar, apenas, de normas especiais. No resto, tem aplicação o regime comum. Isso mesmo dispõe o artigo 22.°:

> Em tudo que não vier previsto no presente diploma aplicam-se os regimes comum ou especial estabelecidos para outras modalidades de penhor ou reporte.

Teremos, pois, presentes os regimes do penhor civil, do penhor comercial e do penhor bancário[2172], bem como o do reporte[2173].

III. O diploma aplica-se aos contratos de garantia financeira celebrados depois da sua entrada em vigor – 23.°. A *vacatio* foi fixada em 30 dias – 24.°.

[2172] *Supra*, 787 ss..
[2173] *Direito comercial*, 3.ª ed., 846 ss..

SECÇÃO IV

GARANTIAS BANCÁRIAS E CARTAS DE CONFORTO

§ 77.° GARANTIAS BANCÁRIAS

313. **Generalidades; garantias acessórias e autónomas**

I. As garantias bancárias são garantias pessoais prestadas por bancos. Podem consistir em fianças, mandatos de crédito, avales, aceites bancários ou ter natureza autónoma[2174].

Tradicionalmente, as garantias mais procuradas eram as reais e, em particular, a hipoteca. Outras – como a reserva de propriedade – foram-se desenvolvendo no domínio contratual. Tais garantias são, contudo, de funcionamento lento: interessando, ao credor, tão-só receber um valor em dinheiro, ele ficará dependente das diversas operações de realização pecuniária, depois necessárias. O comércio internacional, muito marcado pelas conveniências da rapidez e do dinamismo, veio, assim, mostrar uma preferência clara pelas garantias pessoais[2175]. A fragilidade teórica desse tipo de garantia seria ultrapassada pela solidez do garante: uma instituição bancária ou uma seguradora.

A prática das garantias foi-se desenvolvendo no segundo pós-guerra, conhecendo um incremento particular após a crise de 1973[2176]. No comér-

[2174] STJ 21-nov.-2002 (Azevedo Ramos), CJ/Supremo X (2002) 3, 148-152 (149/I). *Vide* Pedro Romano Martinez, *Garantias bancárias*, em Estudos em Honra do Professor Doutor Inocêncio Galvão Telles 2 (2002), 265-288 (265 ss.).

[2175] Henri Lesguillons, *Histoire, signification et pratique des garanties* em *Les garanties bancaires dans les contrats internationaux/Colloque de Tours des 19 et 20 juin 1980* (adiante citado, simplesmente, *Colloque de Tours*) (1981), 1-10 (2 ss.).

[2176] Jorge Duarte Pinheiro, *Garantia bancária autónoma*, ROA 1992, 417-465 (427 ss.) e Francisco Cortez, *A garantia bancária autónoma/Alguns problemas*, ROA 1992, 513-610 (519 ss.).

cio internacional, os potenciais parceiros são, muitas vezes, desconhecidos. Cada um deles é, no entanto, conhecido na sua própria praça. Deste modo, as obrigações assumidas podem, comodamente, ser garantidas por instituições dessa mesma praça, de tal forma que o contrato internacional, mesmo celebrado entre estranhos, apresentará total solidez.

II. A matéria das novas garantias prestadas no giro comercial pode esclarecer-se com recurso a diversas distinções[2177], como iremos, de seguida, verificar.

Uma distinção muito relevante no domínio das garantias é a que separa a garantia acessória da garantia autónoma.

A garantia acessória está funcionalmente ligada ao crédito garantido. O seu regime dependerá, pois, em pontos importantes, deste mesmo crédito. Assim, tomando como exemplo a fiança, expressamente proclamada na lei como acessória – artigo 627.º/2 do Código Civil – verifica-se que a mesma[2178]:

- não é válida se o não for a obrigação principal – artigo 632.º/1, e com a exceção prevista no n.º 2 desse mesmo preceito;
- deve seguir a forma da obrigação principal – artigo 628.º/1;
- tem um âmbito limitado pelo âmbito da obrigação principal – artigo 631.º/1;
- tem natureza civil ou comercial consoante o que se passe com a obrigação principal;
- extingue-se com a extinção da obrigação principal.

Em princípio, este esquema seria o que mais propriamente corresponderia à função das garantias. Com efeito, ao credor interessa o cumprimento e não, propriamente, os processos coadjuvantes destinados a facultá-lo.

[2177] Franco Bonelli, *Le garanzie bancaire a prima domanda nel commercio internazionale* (1991), 1 ss., Francesco Benatti, *Garanzia (Contratto autonomo di)*, NssDI/Appendice, III (1982), 918-925 (919, 1.ª coluna) e Claus-Wilhelm Canaris, *Bankvertragsrecht* cit., 1, 3.ª ed., Nr. 1104 ss..

[2178] *Direito das Obrigações*, 2, 511, com outras indicações. *Vide* João Calvão da Silva, *Garantias acessórias e garantias autónomas* (1990), em *Estudos de Direito Comercial (Pareceres)* (1996), 331-361 (332 ss.) e Frederico Faro, *Fiança* omnibus *no âmbito financeiro/Validade e exercício da garantia à luz do princípio da boa fé* (2009), 491 pp., 61 ss..

E na verdade, a fiança tem um papel de relevo[2179], especialmente quando prestada por um banqueiro. Todavia, o benefício da excussão torna-a lenta, na concretização do pagamento garantido.

III. Nos finais do século XIX, pôs-se a hipótese prática e teórica de surgir uma garantia que não fosse afetada pelas vicissitudes da relação principal. Seria, pois, uma garantia autónoma, por oposição à garantia acessória, exemplificada com a fiança. A questão foi espoletada na Alemanha, quer pelo dinamismo da sua vida económica, quer pela tradição de lidar, aí, com "obrigações abstratas", e portanto: com obrigações independentes da sua causa ou fonte[2180]. A hipótese foi analisada por Stammler, então na sua fase obrigacionista, em 1885[2181] e passou a ser considerada como viável, na doutrina, com base em textos romanos e mercê de uma aproximação ao mandato[2182]. Naturalmente, quando as necessidades do giro económico vieram requerer um desenvolvimento efetivo das garantias autónomas, estas não encontraram, no espaço jurídico alemão, quaisquer dificuldades[2183].

A transposição das garantias autónomas para os países latinos ofereceu algumas dúvidas. Em França, foi discutido se a acessoriedade das garantias não seria de ordem pública: a ser esse o caso, não poderia haver

[2179] Quanto à fiança: Januário Gomes, *A fiança no quadro das garantias pessoais. Aspectos do regime*, em *Estudos de Direito das garantias*, 1 (2004), 7-48.

[2180] A garantia autónoma não é uma obrigação abstrata; não obstante, a própria ideia de "autonomia" pode ser funcionalmente facilitada pela de abstração.

[2181] Rudolf Stammler, *Der Garantievertrag/Eine civilistische Abhandlung*, AcP 61 (1885), 1-139. A referência a Stammler foi divulgada, entre nós, pela tradução castelhana de Enneccerus/Lehmann, *Derecho de obligaciones* vol. II (1944), § 194, II (§ 417), 493; *vide*, também, Francesco Benatti, *Garanzia* cit., 918 e Luciano Pontiroli, *Garanzia (contratti autonomi di)*, no DDP/SComm vol. VI (1991), 348-376 (350).

[2182] Bernard Windscheid/Theodor Kipp, *Lehrbuch des Pandektenrechts*, 9.ª ed. (1906), § 412, 2 (2, 817 ss.).

[2183] Klemens Pleyer, *République Fédérale d'Allemagne* em *Garanties Bancaires/ /Colloque de Tours* cit., 185-195, Andrea Oettmeier, *Bürgschaften auf erstes Anfordern* (1996), 9 ss., Volker Hahn, *Die Bürgschaft auf erstes Anfordern*, MDR 1999, 839-843 e Gero Fischer, em Hans-Jürgen Lwowski/Gero Fischer/Katja Langenbucher, *Das Recht der Kreditsicherung*, 9.ª ed. (2011), § 9, II (342 ss.). Para indicações jurisprudenciais, vide Nobbe, *Bankrecht* cit., 405 ss. e Ulrich Kulke, *Sonstige Kreditsicherheiten*, em Derleder/ /Knops/Bamberger, *Handbuch zum deutschen und europäischen Bankrecht*, 2.ª ed. (2009), 957-013 (994 ss.).

garantias autónomas[2184]. Em Itália, as garantias autónomas vieram a ser admitidas pela jurisprudência[2185].

IV. Em Portugal, a garantia bancária autónoma foi introduzida pela prática bancária. No domínio doutrinário, as primeiras linhas sobre a matéria devem-se a Vaz Serra[2186]. Bastante mais tarde, Ferrer Correia[2187] e Simões Patrício[2188] escreveriam sobre o tema. Inocêncio Galvão Telles elaborou sumários policopiados para a disciplina Direito Privado II relativos a essa garantia[2189], publicando, mais tarde, com base neles, um excelente escrito[2190]. São ainda de apontar pareceres de Direito relevantes, dos quais se encontram publicados um de Almeida Costa/Pinto Monteiro[2191] e outro de Inocêncio Galvão Telles[2192]. A matéria foi ainda objeto de exposição e análise no Curso de Mestrado/Direito Comercial, na Faculdade de Direito de Lisboa, no ano letivo de 1990/91[2193], daí resultando um escrito policopiado, de Jorge Duarte Pinheiro, publicado na Revista da Ordem dos Advogados[2194]. Também na Universidade Católica o tema foi objeto de sessões de mestrado, daí derivando o escrito, também publicado, de Francisco Cor-

[2184] Marc Bellis/Yves Poullet, *Emergence de la sûreté personnelle non acessoire*, em *Garanties Bancaires/Colloque de Tours* cit., 153-162 (156 ss.).

[2185] Menezes Cordeiro, *Das cartas de conforto* cit., 50 ss..

[2186] Adriano Vaz Serra, *Fiança e figuras análogas*, BMJ 71 (1957), 19-330 (296 ss.). Vaz Serra apoiou-se, fundamentalmente, na obra geral de Enneccerus/Lehmann, acima citada.

[2187] A. Ferrer Correia, *Notas para o estudo do contrato de garantia bancária*, RDE VIII (1982) 2, 247-258.

[2188] José Simões Patrício, *Preliminares sobre a garantia "on first demand"*, ROA 1983, 677-718.

[2189] Inocêncio Galvão Telles, *Garantia bancária autónoma* (1982/83, polic.).

[2190] Inocêncio Galvão Telles, *Garantia bancária autónoma* (1991), bem como O Direito 120 (1988), 275-290.

[2191] Mário Júlio Almeida Costa/António Pinto Monteiro, *Garantias bancárias/O contrato de garantia à primeira solicitação/Parecer*, CJ XI (1986) 5, 15-34.

[2192] Inocêncio Galvão Telles, *Garantia bancária autónoma/Parecer*, em anexo a *Garantia bancária autónoma* cit. (1991), 37-59, bem como em O Direito 120 (1988), 581-604.

[2193] Curso sobre contratos bancários, coord. Menezes Cordeiro.

[2194] Jorge Duarte Pinheiro, *Garantia bancária autónoma* cit. (1991), policop. e ROA 1992, 417-465.

tez[2195]. O ponto foi analisado por Manuel Castelo Branco[2196], por Fátima Gomes[2197], por Evaristo Mendes[2198] e por Romano Martinez/Fuzeta da Ponte[2199]. Finalmente, cumpre referir a monografia monumental de Januário Gomes sobre a fiança, onde a garantia bancária autónoma é circunstanciadamente tratada[2200]; seguir-se-lhe-iam outros estudos, com exemplo em Romano Martinez[2201] e em António Sequeira Ribeiro[2202]. Novos escritos vêm sendo publicados até hoje[2203].

Deve dizer-se que, no seu conjunto, todos estes escritos traduzem uma convergência de pontos de vista, designadamente no tocante aos aspetos essenciais suscitados pela garantia bancária autónoma e que abaixo serão referenciados.

V. Cumpre consignar que a garantia autónoma está presente na jurisprudência dos nossos tribunais. Como exemplos:

– *RLx 18-out.-1988*: a cláusula arbitral incluída no contrato principal não origina uma exceção de preterição de tribunal arbitral utilizável na ação de efetivação de uma garantia autónoma; compreendendo o respetivo contrato a cláusula "à primeira exigência", não haverá dúvidas quanto a ser essa a natureza da figura aqui em jogo[2204];
– *RLx 11-dez.-1990*: o contrato de garantia bancária é autónomo quando o banco se comprometa a pagar "à primeira interpelação"; assim, este

[2195] Francisco Cortez, *A garantia bancária autónoma – Alguns problemas* (1991, policop. e ROA 1992, 513-610).

[2196] Manuel Castelo Branco, *A garantia bancária autónoma no âmbito das garantias especiais das obrigações*, ROA 1993, 61-83.

[2197] Fátima Gomes, *Garantia bancária autónoma à primeira solicitação*, DJ VIII (1994), 119-210.

[2198] Evaristo Mendes, *Garantias bancárias. Natureza*, RDES 1995, 126-158.

[2199] Romano Martinez/Fuzeta da Ponte, *Garantias de cumprimento* cit., 70 ss..

[2200] Manuel Januário Gomes, *Assunção fidejussória de dívida/Sobre o sentido e o âmbito da vinculação como fiador* (2000), 66 ss. e *passim*.

[2201] Romano Martinez, *Garantia bancária* cit., 268 ss..

[2202] António Sequeira Ribeiro, *Garantia bancária autónoma à primeira solicitação: algumas questões*, em Estudos em Honra do Professor Doutor Inocêncio Galvão Telles 2 (2002), 289-426.

[2203] Assim: Mónica Jardim, *A garantia autónoma* (2004), 467 pp. e o escrito de Miguel Archer, *Garantia bancária autónoma: autonomia, tipo(logia) e qualificação*, RB 74 (2012), 23-100. Em obras gerais, cabe referir Luís Menezes Leitão, *Garantia das obrigações*, 4.ª ed. (2012), 121-132, L. Miguel Pestana de Vasconcelos, *Direito das garantias*, 2.ª ed. (2013), 125-143 e o nosso *Tratado* X, 527 ss..

[2204] RLx 18-out.-1988 (Pinto Furtado), CJ XIII (1988) 4, 129-130 (130).

deverá pagar, mau grado os avisos em contrário do mandante, sem poder discutir as razões para não o fazer, numa situação que não ofende os bons costumes nem é abusiva[2205];

- *RPt 13-nov.-1990*: a garantia, ao contrário da fiança, não tem natureza acessória em relação à obrigação garantida; por consequência, o garante não pode usar as exceções de que o garantido se poderia prevalecer[2206];
- *RLx 7-jul.-1994*: indica as diversas modalidades de garantias bancárias[2207];
- *STJ 23-mar.-1995*: a garantia autónoma distingue-se da fiança bancária pela autonomia; trata-se de um aspeto a esclarecer pela interpretação[2208];
- *RCb 26-nov.-1996*: na garantia com pagamento à primeira solicitação, o beneficiário, para exigir o cumprimento do garante, não tem o ónus de provar a ocorrência dos pressupostos que condicionam o seu direito[2209];
- *STJ 9-jan.-1997*: o contrato de garantia autónoma é causal, mas independente do contrato-base[2210];
- *REv 4-jun.-1998*: havendo cláusula à primeira solicitação, estamos perante uma garantia autónoma, causal e não abstrata[2211];
- *RLx 27-abr.-1999*: não havendo cláusula *on first demand*, caímos na fiança[2212];
- *STJ 21-nov.-2002*: apresenta as características próprias da garantia autónoma[2213];
- *RLx 11-dez.-2002*: explica que a garantia autónoma, apesar de não ser acessória, mantém o fim de garantia, seguindo o crédito, por via do artigo 582.º/1, do Código Civil[2214];
- *RLx 23-out.-2003*: considera não ser idónea, para suspender uma execução, uma garantia bancária passada por uma sociedade *off shore*, sem sucursal nem escritório no País[2215];

[2205] RLx 11-dez.-1990 (Santos Monteiro), CJ XV (1990) 5, 133-136 (136).

[2206] RPt 13-nov.-1990 (Miranda Gusmão), CJ XV (1990) 5, 187-195 (189-190).

[2207] RLx 7-jul.-1994 (Azadinho Loureiro), CJ XIX (1994) 4, 77-79.

[2208] STJ 23-mar.-1995 (Miranda Gusmão), CJ/Supremo III (1995) 1, 137-141. Cf., ainda, STJ 21-set.-1993 (Machado Soares), CJ/Supremo I (1993) 3, 24-26 e RLx 7-dez.-1994 (Lopes Pinto), CJ XIX (1994) 5, 125-127.

[2209] RCb 26-nov.-1996 (Santos Lourenço), CJ XXI (1996) 5, 27-29 (29); cf., ainda, RCb 28-jan.-1997 (Varela Rodrigues), CJ XXII (1997) 1, 41-45 (45).

[2210] STJ 9-jan.-1997 (Sousa Inês), CJ/Supremo V (1997) 1, 35-37 (36/II).

[2211] REv 4-jun.-1998 (António Silva), CJ XXIII (1998) 3, 265-267 (266/II).

[2212] RLx 27-abr.-1999 (Azadinho Loureiro), CJ XXIV (1999) 2, 125-126 (126/I).

[2213] STJ 21-nov.-2002 (Azevedo Ramos), CJ/Supremo X (2002) 3, 148-152 (150/I).

[2214] RLx 11-dez.-2002 (Vaz das Neves), CJ XXVII (2002) 5, 97-101 (99/II).

[2215] RLx 23-out.-2003 (Pereira Rodrigues), CJ XXVIII (2003) 4, 120-121.

– *RCb 27-jan.-2004*: distingue a garantia autónoma automática (com a cláusula à primeira solicitação) e a não automática, que exige a prova do incumprimento por parte do devedor garantido[2216];
– *STJ 30-set.-2004*: contrapõe a garantia autónoma à primeira solicitação à garantia autónoma a pedido justificado, na mesma base[2217];
– *STJ 14-out.-2004*: refere que apenas a boa-fé, perante prova evidente de abuso ou de fraude manifesta, pode deter uma garantia autónoma à primeira solicitação[2218];
– *RLx 15-dez.-2005*: a garantia bancária autónoma não elimina o risco de ser exigida a prova dos seus pressupostos[2219];
– *STJ 29-abr.-2008*: distingue a garantia autónoma da fiança[2220];
– *RPt 30-abr.-2009*: prevendo-se, no texto de uma garantia bancária autónoma, que o montante máximo garantido iria baixando à medida que os pagamentos previstos nos termos do contrato-base fossem pagos, há abuso do direito em, após a redução, se vir exigir o pagamento na totalidade[2221];
– *STJ 4-fev.-2010*: a autonomia da garantia resulta do que for estipulado pelas partes; pode ser o de uma garantia autónoma simples, de uma garantia autónoma à primeira solicitação ou um misto das duas[2222];
– *RLx 23-fev.-2010*: apesar da natureza autónoma da garantia *on first demand*, a possibilidade da sua execução não é ilimitada: há que atentar na boa-fé e no abuso do direito[2223];
– *STJ 19-mai.-2010*: quando se inclua a cláusula *on first demand*, o cumprimento ou incumprimento do contrato de base não pode ser discutido[2224];
– *STJ 18-nov.-2010*: a garantia autónoma é limitada pelos princípios básicos do ordenamento[2225];
– *RLx 31-mar.-2011*: traça as diferenças entre a fiança e a garantia autónoma[2226];
– *STJ 10-mai.-2011*: a garantia autónoma é independente da validade e da subsistência do contrato base[2227];

2216 RCb 27-jan.-2004 (Távora Victor), CJ XXIX (2004) 1, 17-21 (19).
2217 STJ 30-set.-2004 (Alves Velho), CJ/Supremo XII (2004) 3, 34-37.
2218 STJ 14-out.-2004 (Araújo Barros), CJ/Supremo XII (2004) 3, 55-58 (57/II).
2219 RLx 15-dez.-2005 (Arnaldo Silva), CJ XXX (2005) 5, 121-126.
2220 STJ 29-abr.-2008 (Nuno Cameira), Proc. 08A380.
2221 RPt 30-abr.-2009 (Luís Espírito Santo), Proc. 3351/08.
2222 STJ 4-fev.-2010 (João Bernardo), Proc. 5943/07.
2223 RLx 23-fev.-2010 (Pires Robalo), Proc. 5713/09.
2224 STJ 19-mai.-2010 (Azevedo Ramos), Proc. 241/07.
2225 STJ 18-nov.-2010 (Serra Baptista), Proc. 2271/07.
2226 RLx 31-mar.-2011 (Ezagüy Martins), Proc. 889/05.
2227 STJ 10-mai.-2011 (Nuno Cameira), Proc. 6275/07.

– *RLx 8-mar.-2012*: é questão de interpretação o saber se se está perante uma garantia autónoma ou um contrato de fiança[2228];
– *RLx 26-jun.-2012*: a automaticidade da garantia *on first demand* não é absoluta[2229];
– *RGm 19-mar.-2013*: só circunstâncias especiais, como a violação do princípio da boa-fé, a fraude ou o abuso do direito justificam a suspensão da eficácia da garantia autónoma *on first demand*[2230];
– *RPt 10-dez.-2013*: havendo cessão da posição contratual, a garantia autónoma extingue-se se não houver consentimento do garante[2231];
– *STJ 25-nov.-2014*: não sendo a garantia autónoma absoluta, cabe ao interessado fazer prova do facto que a desencadeia[2232];
– *RPt 26-mai.-2015*: *idem*[2233].

VI. A figura da garantia autónoma à primeira solicitação está hoje de tal modo ancorada, no Direito português, que já é objeto de expressa nominação legal. Assim acontecia no artigo 4.º/1, *c*), do Decreto-Lei n.º 69/2004, de 25 de março, a propósito do papel comercial. Esse preceito passou a referir, apenas, "garantia", após a alteração introduzida pelo Decreto-Lei n.º 20/2014, de 25 de fevereiro.

314. **Regime da garantia autónoma**

I. A garantia autónoma é, no essencial, um contrato celebrado entre o interessado – o mandante – e o garante (em regra, o banqueiro), a favor de um terceiro – o garantido ou beneficiário. Por vezes, ela é configurada como um contrato celebrado entre o garante e o beneficiário; porém, é do mandante que o garante recebe a comissão.

A interpretação do texto da garantia é essencial para determinar o seu alcance. No entanto, toda a garantia autónoma comporta alguns traços essenciais comuns que surgem, de modo pacífico, na doutrina e na jurisprudência.

2228 RLx 8-mar.-2012 (Carla Mendes), Proc. 3166/05.
2229 RLx 26-jun.-2012 (Ana Resende), Proc. 9664/11.
2230 RGm 19-mar.-2013 (Filipe Caroço), Proc. 5231/12.
2231 RPt 10-dez.-2013 (Francisco Matos), Proc. 6180/12.
2232 STJ 25-nov.-2014 (Fonseca Ramos) Proc. 526/12.
2233 RPt 26-mai.-2015 (Fernando Samões), Proc. 2890/05.

Na garantia autónoma, o garante obriga-se a pagar ao beneficiário uma determinada importância. Tal pagamento operará à primeira solicitação (*auf erstes Anfordern, on first demand*), isto é: o garante pagará ao beneficiário determinada importância, assim que este lha peça. Melhor seria dizer: garantia a mera solicitação, uma vez que não há segunda. Normalmente, porém, a garantia exige que o garante, antes de efetuar qualquer pagamento, proceda à breve análise de determinados documentos: faturas, ordens de fornecimento, boletins de transporte ou de embarque[2234]. Tal exame não se confunde porém, de modo algum, com um juízo de cumprimento ou de incumprimento da relação principal. As normas uniformes da Câmara de Comércio Internacional[2235] determinam que o garante examine todos os documentos especificados no texto da garantia com um *cuidado razoável*[2236].

As partes podem, porém, acordar se a garantia é automática, isto é: verdadeiramente a mera solicitação ou automática ou se, pelo contrário, o garante deve fazer verificação e qual a sua extensão (não automática).

II. Exigida a garantia – os textos das garantias invariavelmente requerem que o seja por escrito[2237] –, o garante só poderá opor ao beneficiário as exceções literais que constem do próprio texto da garantia[2238]: não, em princípio, as derivadas da relação principal[2239]. Tão-pouco se pode reagir a ela com pretensões de enriquecimento[2240]. Todavia, podem ser opostas exceções derivadas da boa-fé, de fraude ou de abuso do direito[2241].

[2234] F. Bonelli, *Le garanzie bancarie a prima domanda* cit., 51-52, 66 e 82 ss e L. Pontiroli, *Garanzia (contratti autonomi di)* cit., 358.

[2235] De abril de 1991; embora só aplicáveis quando as partes para elas expressamente remetam, tais normas surgem sempre como úteis auxiliares de interpretação.

[2236] Artigo 9.°; o texto das normas uniformes da CCI de 1991 pode ser confrontado em anexo a Bonelli, *Le garanzie bancaria* cit..

[2237] BGH 24-nov.-1998, ZIP 1999, 136-138.

[2238] F. Bonelli, *Le garanzie bancaria a prima domanda* cit., 78 ss..

[2239] Galvão Telles, *Garantia bancária autónoma* cit., 24 (na versão de 1991) e RPt 13-nov.-1990 (Miranda Gusmão), CJ XV (1991) 5, 187-193(190/I). Quanto à jurisprudência estrangeira, expressamente nesse sentido: Milão 28-nov.-1985, BBTC 50 (1987), II, 56 e Milão 27-mai.-1986, BBTC 50 (1987), II, 58.

[2240] BGH 10-nov.-1998, ZIP 1999, 18-19.

[2241] Recordamos: RLx 23-fev.-2010 (Pires Robalo), Proc. 5713/09; STJ 18-nov.-2010 (Serra Baptista), Proc. 2271/07; RLx 26-jun.-2012 (Ana Resende), Proc. 9664/11; RGm 19-mar.-2013 (Filipe Caroço), Proc. 5231/12.

A generalização deste instrumento e a ligeireza com que se assinam os textos oferecidos pelos banqueiros justificam plenamente o tempero que o Direito atual vem introduzindo, neste domínio. A fraude e o abuso manifesto implicam prova pronta e líquida, para poderem justificar procedimentos cautelares[2242].

Naturalmente: cabe ao próprio beneficiário demonstrar que a garantia invocada se reporta a determinada dívida[2243].

III. O regime da garantia autónoma e, sobretudo, o facto de ela não poder, em princípio, ser detida com recurso a exceções derivadas da relação básica obrigam a repensar a sua função.

A tal propósito, cumpre citar Bonelli, quando explica que o contrato de garantia autónoma,

> (...) não tem a função de garantir o cumprimento da obrigação principal do devedor (função essa típica da fiança), mas a de assegurar a satisfação do interesse do beneficiário de ser indemnizado no caso de se verificarem determinados eventos indicados na garantia: risco de não assinatura do contrato principal (...), risco da falta de execução correta do contrato principal (...) ou risco de não restituição de quantias antecipadas (...)[2244].

O contrato de garantia seria, pois, causal:

> Causa ou função deste contrato é portanto a de assegurar o pagamento de uma soma predeterminada (diretamente ou *per relationem*) no caso de se verificar um risco para o beneficiário em consequência de um evento indicado na garantia bancária[2245].

A função da garantia autónoma não é, tanto, a de reforçar o cumprimento de um determinado contrato. Ela visa, antes, assegurar que o beneficiário receberá, nas condições previstas no texto da própria garantia, uma determinada quantia em dinheiro[2246]. E por essa via, ele acaba por, de

[2242] RLx 8-set.-2015 (Roque Nogueira), Proc. 74/14.

[2243] BGH 25-fev.-1999, MDR 1999, 816-817, anot. Volker Hahn.

[2244] F. Bonelli, *Le garanzie bancarie a prima domanda* cit., 27.

[2245] F. Bonelli, ob. cit., 28.

[2246] O garante assume o cumprimento caso o efeito garantido não se verifique, nas palavras do BGH 10-fev.-1999, MDR 1999, 688-689; *vide* Peter Bülow, *Recht der Kreditsicherheiten*, 5.ª ed. (1999), 468 ss..

modo mais veemente, garantir a execução do negócio de base. Com essa precisão, que não é de somenos, a garantia tem fins próprios, autossuficientes, servindo, nas palavras de Galvão Telles, como um simples sucedâneo de um depósito em dinheiro[2247]. Mas não um equivalente perfeito, uma vez que, em casos de má-fé manifesta, de abuso ou de fraude, ela pode ser bloqueada[2248].

IV. Acessoriamente, a garantia autónoma, tem ainda outras finalidades. Ela vem dar credibilidade ao mandante, mesmo no plano do contrato principal. Na verdade, no domínio das relações internacionais, as partes, muitas vezes, não se conhecem. Assim, quando surjam com garantias, elas sossegam-se mutuamente: isso significa que são conhecidas nas respetivas praças e que, pelo menos nelas, uma instituição bancária reconhecida se responsabiliza. Logo, é de presumir que sejam capazes de honrar a obrigação principal.

Um segundo aspeto, acessório mas importante, tem a ver com o papel financeiro das garantias: pelo atalho da garantia, o garante concede fundos ao mandante, entregando-os diretamente ao beneficiário[2249].

V. Tudo visto, resta constatar que a garantia autónoma é um negócio muito enérgico, que requer uma série de cuidados por parte dos intervenientes. O mandante vê-lhe escapar o controlo do pagamento. Assim, ele poderá ter de assistir, impotente, ao pagamento, pelo garante, de uma quantia que ele poderia reter e que, depois, ele terá de reembolsar, com juros e comissões, ao próprio garante. O garante, por seu turno, assume uma responsabilidade que terá de honrar, mesmo quando descubra que o mandante não oferece a necessária confiança. Por isso – e em regra – a garantia autónoma é prestada mediante contragarantias idóneas, ou através de esquemas que tornem comportável o risco que representa.

Cabe ao banqueiro prestar todas as informações necessárias e prevenir o mandante dos riscos envolvidos.

[2247] Inocêncio Galvão Telles, *Garantia bancária autónoma* cit., 20 (na edição de 1991).

[2248] Assim, a garantia autónoma à primeira solicitação não tem sido aceite, nas ações de preferência, como sucedâneo do depósito do preço em dinheiro; *vide* RGm 5-mai.-2004 (António Gonçalves), CJ XXIX (2004) 3, 275-277 (277/II).

[2249] Claus-Wilhelm Canaris, *Bankvertragsrecht* cit., 3.ª ed., 1103.

315. A limitação aos bancos

I. De acordo com o sistema jurídico português, em termos que alargamos aos diversos Direitos lusófonos, a garantia autónoma apenas pode ser emitida por instituições de crédito ou sociedades financeiras. Por isso se diz, correntemente, garantia bancária. Nesse sentido, depõem três conjuntos de razões:

- práticas;
- técnico-jurídicas;
- jurídico-axiológicas.

Esta limitação, conquanto que decisiva, tem passado despercebida. Vamos ver.

II. A numerosa jurisprudência produzida no domínio das garantias autónomas diz, sem exceção, respeito a garantias bancárias. Temos, para isso, bons motivos.

O beneficiário de uma garantia autónoma procura segurança e profissionalismo. O garante terá de apresentar uma absoluta robustez económica e financeira: não só para poder, no momento, mobilizar os fundos, por vezes muito consideráveis, mas também para, depois disso, prosseguir a sua atividade normal. Além disso, ele deve ser capaz de, no momento da emissão da garantia, apreciar profissionalmente o mandante e rodear-se das necessárias contragarantias. Caso a garantia seja acionada, há que ponderar, num prazo curto (cinco dias, segundo as regras da CCI), a correção do pedido e a adequação dos elementos disponíveis. Finalmente – e este aspeto não é de somenos: o emitente deve ser conhecido na praça, enquanto entidade credível e com fundos tendencialmente ilimitados. De outro modo, a sua garantia de pouco valerá, por não inspirar suficiente confiança.

III. No plano técnico-jurídico, temos de atentar em que a garantia autónoma, mais do que a fiança, a não ser remunerada (em regra pelo mandante) é uma pura liberalidade. O garante assume, sem contrapartida, uma enorme responsabilidade. A confiança que tenha no mandante não chega para eliminar esta dimensão: sendo autónoma, a garantia pode ser acionada independentemente das vicissitudes da obrigação principal. As liberalidades estão sujeitas a regras estritas: sendo o "doador" uma sociedade, elas estão-lhe, em princípio, vedadas pelo artigo 6.º/2 e 3, do Código das

Sociedades Comerciais; sendo um particular, há que ter em conta diversas normas restritivas, incluindo sucessórias.

Quando remunerada, a garantia bancária torna-se uma aposta. O garante paga sobre um facto futuro e incerto que, *summo rigore*, escapa mesmo ao devedor: o de a garantia ser ou não acionada. A assim ser, teríamos uma obrigação natural (1245.º) o que está fora de questão. Já tal não sucede se a garantia autónoma for prestada profissionalmente. Nessa eventualidade – e tal como sucede com o contrato de seguro[2250] – o garante lida com grandes números. Presta numerosas garantias sabendo, em abstrato, qual a percentagem de casos em que será chamado a pagar e, fazendo-o, em que medida logrará recuperar os fundos que adiantou. A comissão que cobra, pelas garantias emitidas, é calculada de modo a colmatar os prejuízos e a assegurar, ainda, um lucro ou, na gíria bancária, uma "margem de adequada rendibilidade dos capitais envolvidos".

Em suma: temos, aqui, um conjunto de razões jurídicas não despiciendas que conduzem a que apenas profissionalmente possam ser emitidas garantias autónomas. Mas nessa altura caímos nos artigos 8.º/2 e 4.º/1, *b*), do RGIC: só as instituições de crédito e as sociedades financeiras podem, a título profissional, exercer a atividade atinente a "operações de crédito, incluindo concessão de garantias ...". Há, pois, uma norma explícita, neste domínio: a emissão de garantias autónomas, necessariamente profissional, fica reservada às instituições de crédito.

IV. As apontadas razões práticas e técnico-jurídicas devem, agora, ser confrontadas com os valores em presença.

Nos primórdios, as garantias eram muito enérgicas. Sujeitavam o garante à obtenção de um determinado resultado, independentemente de quaisquer considerações. Ao longo da História, a recomposição do seu conteúdo foi-se fazendo, paulatinamente, no sentido de proteger o garante. Foram dados passos decisivos: os *senatus consulta* veleiano (tutela das mulheres) e macedoniano (dos filhos-famílias), a proibição de Constantino, relativa aos pactos comissórios, a novela de Justiniano sobre o benefício da excussão e os múltiplos cuidados das codificações. Tudo isto, conquanto que historicamente datado, tem razões de ser. Não deve ser ignorado nem, muito menos, desconsiderado.

[2250] *Direito dos seguros*, 2.ª ed., 33 e *passim*.

A ponderação dos valores envolvidos e das normas em presença leva-nos a considerar a fiança como dotada de um conjunto de regras injuntivas: tendencialmente, todas as que protejam o fiador, salvo quando a lei, de modo expresso, disponha no sentido da supletividade[2251].

V. Pois bem: se a fiança dispõe de regras de tutela do garante de natureza injuntiva, não podemos enjeitá-las, *ad nutum*, criando, *a latere*, uma garantia pessoal autónoma. De outro modo, nenhum contrato teria, jamais, níveis legais imperativos: bastaria, para os evitar, criar um negócio similar "atípico". As injunções legais devem ser materializadas.

Não podemos regredir, no Direito civil, em nome de modas ou de exigências de uma globalização cujos limites e cujas consequências nefastas já são conhecidas, no domínio da tutela das pessoas.

Por certo que a monetarização das economias e a popularização da banca criaram novas condições que explicam a admissibilidade das garantias autónomas. Mas esse mesmo circunstancialismo traça os limites para o funcionamento de tal instituto. Ele apenas se justifica no domínio bancário. Trata-se de um produto da banca, sujeito a regras prudenciais e à supervisão do Banco Central, com deveres legais e deontológicos para com os seus clientes e dotado de meios materiais e humanos adequados para desenvolver tarefas delicadas.

A garantia autónoma, perante o Direito português vigente, só é juridicamente possível quando emitida por instituições de crédito ou por sociedades financeiras. Valem, nesse sentido, as múltiplas considerações práticas e valorativas acima feitas, a necessidade de restringir a emissão de garantias autónomas a profissionais e o disposto nos artigos 8.º/2 e 4.º/1, *b*), do RGIC.

VI. Pergunta-se, neste contexto, qual o destino de garantias autónomas emitidas por não-banqueiros. Desde logo, ficamos perante um ato de abusivismo bancário, sujeito às penalidades previstas nos artigos 200.º e seguintes do RGIC. A garantia assim emitida não se deve considerar bancária. Logo, ela não pode afastar as normas injuntivas previstas, no Código Civil, para a fiança. A não ser viável operar a conversão em fiança, o negócio "garantia" será nulo, por impossibilidade legal.

[2251] *Tratado* X, 447 ss..

316. O seguro-caução; o seguro de crédito

I. O chamado seguro-caução desempenha uma função que permite, materialmente, inseri-lo no domínio das garantias autónomas. Segue, porém, uma técnica peculiar, que importa conhecer.

Em Direito, caução pode surgir em duas aceções: lata e estrita[2252]. Mais precisamente:

– em sentido lato, caução surge como sinónimo de garantia[2253];
– em sentido estrito ou técnico, caução designa a garantia destinada a assegurar o cumprimento de obrigações eventuais ou de amplitude desconhecida.

A caução, em si, é indeterminada: pode ser prestada com recurso a diversos esquemas jurídicos.

É possível distinguir três tipos de cauções:

– caução legal, quando imposta ou autorizada por lei;
– caução convencional, quando estipulada pelas partes;
– caução judicial, quando determinada pelo tribunal.

A distinção opera com base nas fontes implicadas, isto é, na natureza da injunção que origine a caução: a própria lei, em termos diretos, o negócio jurídico livremente acordado ou a determinação do tribunal[2254].

II. Os problemas suscitados por estes tipos de cauções não são totalmente coincidentes; todos eles, no entanto, são dominados pela mesma problemática: a necessidade de concretizar a caução que, só por si, é uma garantia indeterminada.

Quando se trate de caução legal, a própria lei fixa, como é natural, o tipo de garantia a prestar; tal o sentido do artigo 623.°/1 e 2 do Código

[2252] Januário Gomes, *Assunção fidejussória* cit., 44-45 e Almeida Costa, *Direito das Obrigações*, 12.ª ed. (2009), 884.

[2253] Tal era o sentido romano: Aldo Pezzana, *Cautio*, NssDI III (1959), 53-54 e Giovanni Brunelli, *Cauzione*, NssDI III (1959), 59-61 (59). Entre nós: Calvão da Silva, *Direito bancário* cit., 377.

[2254] A caução não se confunde com o próprio débito garantido; assim, em STJ 17-jun.-1999 (Dionísio Correia), CJ/Supremo VII (1999) 2, 150-152 (152/I), entendeu-se que o depósito previsto no artigo 1410.°/1 do Código Civil não podia ser substituído por fiança bancária.

Civil. Note-se que, mesmo na hipótese da caução legal, as partes podem pôr-se de acordo quanto ao tipo de garantia a prestar; nessa altura, já o Tribunal não tem de apreciar a sua idoneidade, como resulta do artigo 623.º/3, *a contrario*.

Na caução convencional, a lei não fixa o tipo de garantia. Nem tinha de o fixar: ou as partes tomaram, elas próprias essa atitude, havendo então que cumprir o acordado ou não o fizeram e, nessa altura, foram admitir qualquer tipo de garantia, a escolher pelo devedor nos termos gerais das obrigações genéricas – artigo 539.º do Código Civil – desde que seja idónea[2255]. Não é outro o sentido do artigo 624.º do Código Civil, sendo de notar que, por expressa remissão feita no seu n.º 2, o Tribunal só é chamado a apreciar a idoneidade da caução quando as partes não tenham chegado a acordo, o qual pode muito bem – a lei não distingue! – ser prévio[2256]. Este ponto parece evidente: se as partes determinam o mais (a obrigação de garantir) também fazem o menos (escolher a garantia); aliás, o tipo de caução não é indiferente, podendo mesmo ser determinante da vontade das partes. As pessoas podem obrigar-se a hipotecar, a efetuar depósitos, a apresentar fiadores ou a exibir garantias autónomas, por exemplo, devendo proceder em consonância com a concreta opção pactuada.

A caução judicial segue, por fim e com as necessárias adaptações, o regime da negocial.

III. Entre as garantias possíveis como modo de dar corpo a uma caução está o seguro de crédito ou seguro financeiro.

O seguro financeiro traduz uma das maiores aproximações dos seguros à finança. O seu papel prático é, a nível mundial, muito importante.

[2255] Diz a esse propósito Vaz Serra, *Exposição de motivos*, BMJ 75, 124, citado em Rodrigues Bastos, *Das obrigações em geral*, 4 (1973), 13:

Quando a obrigação de dar uma garantia resulta da vontade individual, o problema do modo como pode essa garantia ser prestada é, antes de mais, um problema de interpretação da declaração de vontade. Se dessa interpretação não pode concluir-se qual foi em concreto a vontade das partes, parece razoável concluir-se que pode ser prestada qualquer garantia, pessoal ou real, desde que seja idónea – uma vez que as partes não fizeram qualquer distinção.

[2256] Por isso mesmo, na 2.ª Revisão Ministerial, foi suprimida, por inutilidade, a referência constante dos anteprojetos anteriores: "Se alguém for obrigado (...) por negócio jurídico a prestar uma garantia, *sem que se designe a sua espécie*, pode ...", conforme o texto a consultar em Rodrigues Bastos, ob. e loc. cit.: não se designando a espécie, põe-se o problema resolvido pela lei; designando-se ela, a lei não tem aplicação.

Vamos recordar os seus antecedentes, entre nós: eles prendem-se com a génese do seguro de crédito.

No seguro de crédito[2257], o segurador assume o risco inerente ao não cumprimento ou ao cumprimento imperfeito, de determinada obrigação[2258]. De facto, o seguro de crédito nuclear surge como uma garantia de obrigação: a lei – artigo 6.º/1 do Decreto-Lei n.º 183/88, de 24 de maio[2259], ainda em vigor – fala, a tal propósito, em seguro de caução[2260]. Trata-se de uma garantia paralela à garantia bancária: só que prestada por uma seguradora, assumindo, por isso, a comissão, a designação de prémio[2261]. Há que atentar no risco seguro: em princípio, apenas o do incumprimento do crédito em jogo[2262].

Todavia, admite-se um âmbito mais lato para o seguro de crédito. Segundo o artigo 3.º/1 do Decreto-Lei n.º 183/88, através do seguro de crédito podem ser cobertos os riscos seguintes:

a) Não amortização das despesas suportadas com operações de prospeção de mercados, participação em feiras no estrangeiro e constituição de existências em países estrangeiros;
b) Suspensão ou revogação da encomenda ou resolução arbitrária do contrato pelo devedor na fase anterior à constituição do crédito;
c) Falta ou atraso no pagamento dos montantes devidos ao credor;
d) Variações cambiais relativamente a contratos cujo pagamento seja estipulado em moeda estrangeira;
e) Elevação anormal e imprevisível dos custos de produção resultante da alteração das condições económicas que afetem o fabrico dos bens, a execução dos trabalhos ou a prestação dos serviços.

[2257] *Vide* Michele Fragali, *Assicurazione del credito*, ED III (1958), 528-554.

[2258] STJ 10-dez.-1997 (Costa Marques), CJ/Supremo V (1997) 3, 158-160.

[2259] Este diploma veio rever o regime antes estabelecido pelo Decreto-Lei n.º 169/81, de 20 de junho. Recordamos que ele foi alterado e republicado em anexo pelo Decreto--Lei n.º 214/99, de 15 de julho, sendo depois modificado pelo Decreto-Lei n.º 31/2007, de 14 de fevereiro.

[2260] STJ 2-out.-1997 (Fernando Fabião), CJ/Supremo V (1997) 3, 45-48 e STJ 14-jan.-1998 (César Marques), BMJ 473 (1998), 467-473.

[2261] Januário Gomes, *Assunção fidejussória de dívida/Sobre o sentido e o âmbito da vinculação como fiador* (2000), 76, nota 291.

[2262] STJ 11-jun.-2002 (Nascimento Costa), CJ/Supremo X (2002) 2, 109-111: não abrange, aqui, os sobrecustos correspondentes a determinada ação penal.

IV. O seguro de crédito tem um particular interesse no domínio dos créditos à exportação.

O Estado veio regular aspetos importantes do seguro de crédito através do Decreto-Lei n.º 183/88, de 24 de maio, alterado pelos Decretos-Leis n.ºs 126/91 e 127/91, ambos de 22 de março.

A Diretriz n.º 98/29/CE, de 7 de maio[2263], estabeleceu regras atinentes à harmonização das principais disposições aplicáveis ao seguro de créditos à exportação para operações com cobertura a médio e longo prazo, efetuada por conta ou com o apoio do Estado.

Em transposição dessa Diretriz, foi adotado o Decreto-Lei n.º 214/99, de 15 de julho. Este diploma alterou o Decreto-Lei n.º 183/88, republicando-o em anexo.

O contrato de seguro de crédito devia ter as especificações do artigo 8.º/1 do Decreto-Lei n.º 183/88, além das exigências próprias de todos os seguros. Visa-se, no essencial, identificar o crédito garantido.

O contrato só vigora após o pagamento do prémio inicial – artigo 11.º. Os lucros cessantes e os danos não patrimoniais não são indemnizáveis no âmbito deste seguro – 12.º; nada impede as partes de concluir seguros suplementares, para assegurar tais aspetos.

O Estado podia conceder uma garantia prévia à COSEC – Companhia de Seguro de Créditos, SA, especialmente vocacionada para intervir nesse domínio – artigos 15.º e seguintes do Decreto-Lei n.º 183/88.

V. O artigo 161.º/1, da Lei do Contrato de Seguro (LCS), que revogou os pertinentes artigos do Código Comercial, veio apresentar o seguro de crédito em termos algo mais extensos do que o Decreto-Lei n.º 183/88, de 24 de maio[2264]. Pelo seguro de crédito, o segurador indemniza o segurado, nos limites da lei e do contrato, no caso de perdas causadas, nomeadamente, por:

a) Falta ou atraso no pagamento de obrigações pecuniárias;
b) Riscos políticos, naturais ou contratuais, que obstem ao cumprimento de tais obrigações;
c) Não amortização de despesas suportadas com vista à constituição desses créditos;

[2263] JOUE N.º L 148, 22-32, de 19-mai.-1998.

[2264] Sobre toda a matéria do seguro financeiro, *vide* Leonor Cunha Torres, em Romano Martinez, *LCS anotada*, 2.ª ed. (2011), 511-516.

d) Variações de taxa de câmbio de moedas de referência no pagamento;
e) Alteração anormal e imprevisível dos custos de produção;
f) Suspensão ou revogação da encomenda ou resolução arbitrária do contrato pelo devedor na fase anterior à constituição do crédito.

O n.º 2 do preceito faculta o alargamento, internacional e vertical, do âmbito da cobertura.

VI. O seguro-caução é uma modalidade de seguro financeiro – e, mesmo, de seguro de crédito – pelo qual o segurador se obriga a indemnizar o segurado pelos danos patrimoniais sofridos, em caso de falta de cumprimento ou de mora do tomador, em obrigações cujo cumprimento possa ser assegurado por garantia pessoal (162.º da LCS).

Estamos, de facto, perante uma garantia muito semelhante à bancária[2265]: mas prestada por um segurador. Depende da apólice o saber-se se é autónoma e se funciona à primeira solicitação.

Para facilitar o funcionamento do sistema, o artigo 163.º da LCS, permite que possam, ao segurador, ser conferidos poderes para reclamar, do tomador ou do segurado, créditos superiores ao capital seguro. Ele deve, todavia e salvo cláusula em contrário, entregar as somas recuperadas ao tomador ou ao segurado, na proporção dos respetivos créditos.

Assinale-se que, no seguro-caução, o não pagamento, pelo tomador, do prémio ou de parte dele, pode levar a uma situação séria para o segurado, que pode perder a sua garantia. O artigo 164.º/1 da LCS, sob múltiplas ressalvas, prevê que, nessa eventualidade, o segurador avise o segurado para que este, querendo, pague a dívida num prazo não superior a 30 dias, relativamente à data de vencimento.

VII. No seguro de crédito, o segurador fica sub-rogado na medida do montante pago, nos termos do artigo 136.º (165.º/1, 1.ª parte, da LCS). Havendo sub-rogação parcial, o segurador e o segurado concorrem no exercício dos respetivos direitos, na proporção que a cada um for devida.

Quanto ao seguro-caução: além da sub-rogação, pode o contrato prever o regresso do segurador contra o tomador mas sem que, no total, possa exigir mais do que o valor total dispendido (165.º/2 da LCS).

[2265] *Vide* Barbara Saccà, *Profili strutturali della garanzia del credito e dinamiche del contratto autonomo di garanzia* (2011), 126 pp..

O artigo 166.º da LCS remete os seguros de crédito e caução para lei especial e para as disposições da parte geral que não sejam incompatíveis com a sua natureza. O “regime especial” mantém-se no Decreto-Lei n.º 183/88, de 24 de maio, por último alterado pelo Decreto-Lei n.º 31/2007, de 14 de fevereiro.

§ 78.° CARTAS DE CONFORTO

317. Generalidades; terminologia

I. A carta de conforto é uma missiva dirigida a uma instituição de crédito por uma entidade que detém interesses dominantes ou significativos numa terceira entidade. Nessa carta, a entidade subscritora afirma ou pressupõe conhecer um compromisso assumido ou a assumir pela terceira entidade, perante a destinatária. Posto isto, ela conforta ou tranquiliza a instituição de crédito em causa, quanto à seriedade da recomendada ou quanto ao cumprimento dos deveres por ela assumidos. A "carta de conforto" designa, também, a situação jurídica emergente da missiva propriamente dita[2266].

A carta de conforto, consagrada pelo manejo bancário português, não é um verdadeiro conceito jurídico. Ela cobre uma multiplicidade de realidades, que têm, contudo, alguns traços em comum que justificam uma designação unitária. A saber[2267]:

[2266] Para maiores desenvolvimentos, *vide* o nosso *Das cartas de conforto no Direito bancário* (1993), onde pode ser confrontada diversa bibliografia. Cumpre, ainda, referir Vasco Soares da Veiga, *Cartas de conforto ou declarações de patrocínio*, RB 1992, 113-123, João Calvão da Silva, *Cartas de conforto* (1993) em *Estudos de Direito Comercial (Pareceres)* (1996), 369-394 (369 ss.), Romano Martinez/Fuzeta da Ponte, *Garantias de cumprimento* 2.ª ed. cit., 85 ss., José Engrácia Antunes, *Direito dos contratos comerciais* cit., 534-536, Luís Menezes Leitão, *Garantia das obrigações* cit., 4.ª ed., 132-138 e L. Miguel Pestana de Vasconcelos, *Direito das garantias* cit., 2.ª ed., 143-159, Jörg Fried, *Die weiche Patronatserklärung*, 1998, Kulke, *Sonstige Kreditsicherheiten* cit., 997 ss.; Januário Gomes, *Assunção fidejussória* cit., 405 ss. e Lamy, *Droit du financement* cit., n.° 3319 ss. (1587 ss.).

[2267] Além dos referidos: Gavalda/Stoufflet, *Droit bancaire*, 6.ª ed., 464 ss., Claussen, *Bank- und Börsenrecht*, 3.ª ed., 313 e, em especial, Ulrich Kulke, em Derleder/Knops/ /Bamberger, *Handbuch* cit., 729 ss..

– são emitidas por uma entidade-"mãe" a favor de uma entidade--"filha";
– têm, como destinatária, uma instituição financeira;
– e visam, em primeira linha, facilitar um financiamento a favor da aludida entidade-"filha".

As cartas de conforto surgem, assim, no cruzamento de dois institutos complexos: o das participações sociais e o das garantias atípicas assentes, com frequência, pelo menos aparentemente, em simples declarações unilaterais.

II. A terminologia tem vindo a fixar-se diferentemente nos diversos países. Em França, usam-se expressões como *lettre de confort*, *lettre de patronage*, *lettre de parrainage*, *lettre d'apaisement* ou *lettre d'intention*, parecendo prevalecer esta última. Em Itália, surgem locuções como *lettere di conforto*, *lettere di patrocinio* e *lettere di patronage*, dominando a última. Na Alemanha, há já uniformidade em torno do termo *Patronaterklärung*. *Comfort letter*, por fim, tem origem norte-americana enquanto *letter of awareness* desfruta da preferência britânica. Em Portugal, pode-se considerar consagrada a expressão carta de conforto. Mas outras surgem, com exemplo em "cartas" ou "declarações de patrocínio".

318. **Papel e vantagens**

I. Segundo a doutrina especializada, a prática das cartas de conforto é antiga. Aponta-se mesmo o campo da família para a sua origem: o pai que escreve ao estabelecimento comercial tranquilizando-o quanto ao cumprimento dos débitos contraídos pelo filho. A este nível, as cartas de conforto não eram nominadas – nem mesmo pela prática – e não suscitavam problemas: havia sempre cumprimento, pelo devedor ou pelo padrinho.

No mundo da finança, a carta de conforto parece ser uma prática originariamente norte-americana. Teria, aí, um valor predominantemente moral e de confiança. Mas com algumas precisões: por um lado preponderа, no sistema anglo-saxónico, um jeito estrito de interpretar os contratos que não se coaduna com as palavras esfumadas próprias das cartas de conforto; por outro – porém – domina, sobretudo na alta finança, um estilo de imputar, à espontaneidade, atuações que, se necessário, poderiam ser judicialmente atuadas.

II. No que toca ao Continente e às experiências que mais peso têm na nossa – a Alemã, a Francesa e a Italiana – o fenómeno das cartas de conforto traduz, antes de mais, a internacionalização do Direito bancário. Correspondendo a transferências culturais assentes na mobilidade transnacional dos operadores e dos quadros, verifica-se uma crescente transposição de institutos jurídicos. Na maioria das vezes, tal transposição é amparada em locuções inglesas impressivas, sem tradução literal e conceptual: *leasing, factoring, know-how, franchising* ou *comfort*, como exemplos. O Direito assenta – como a língua – na cultura e é linguisticamente dependente. Desenha-se, assim, o relevo substantivo do *jargon* financeiro, já referido a propósito doutras figuras contratuais.

O domínio da língua inglesa no comércio internacional facilita a penetração de conceitos de inspiração anglo-saxónica. De um modo geral, eles não vêm suprir lacunas nem possibilitar soluções que não estivessem ao alcance dos espaços jurídicos continentais pré-vigentes: todavia, são eficazes, mesclando-se com eles e contribuindo – porventura mais do que resultaria da comercialística universitária – para a evolução do Direito comercial.

III. As cartas de conforto distinguem-se das diversas garantias habituais, desde logo, por serem atípicas: não dispõem de um regime legalmente traçado. Além disso, elas apenas implicam prestações, pelo que não se confundem com garantias reais. Em regra, não são acessórias – contra a fiança – nem funcionan *on first demand* – contra a garantia autónoma à primeira solicitação. Dada a sua variedade, é difícil, para já, ir mais longe.

No domínio das relações externas dos grupos, o papel das garantias é importante. Com efeito, surge muitas vezes como devedor ou potencial devedor uma entidade nova, recém-criada ou recém-chegada ao mercado e cuja credibilidade decorre unicamente da sua pertença a um grupo considerável, normalmente encabeçado por uma entidade tipo *holding*, de reconhecida solvabilidade. Esta situação alarga-se aos casos nos quais a entidade a recomendar, nova na praça, disponha de um acionista ou participante de reconhecida solvabilidade.

Nessas condições, o ideal seria que, perante uma operação de crédito, a empresa *holding* ou o acionista dominante desse a sua garantia pessoal, em termos comuns: fiança ou aval. Várias razões levaram, porém, a que as garantias pessoais típicas sejam preteridas em função de *garantias atípicas*, entre as quais, com determinadas reservas advenientes da sua multiplicidade, as cartas de conforto.

IV. A favor de garantias atípicas, nas relações acima referidas, depõem várias razões. Assim:

- do ponto de vista da entidade financiadora – normalmente um banco – jogam os argumentos favoráveis às garantias autónomas: a fiança, dada a acessoriedade, pode ser detida durante muitos anos por uma interminável discussão sobre as relações principais; o aval postula obrigações cartulares;
- do ponto de vista do garante, há interesse em conseguir a operação sem assumir garantias formais: estas devem figurar no balanço ou exigem especiais autorizações, o que se procura evitar;
- ainda do ponto de vista do garante, o não-recurso a garantias formais evitaria a incidência de determinados impostos (Alemanha), e preveniria o bulir com "tetos" ou "patamares" de financiamento;
- do ponto de vista de ambos, há a preocupação de manter boas relações comerciais, encontrando fórmulas que, pela sua ambiguidade, agradem a todos os intervenientes.

Para além destas razões apontadas na doutrina especializada, é possível ir mais longe. Como será focado, as cartas de conforto caracterizam-se por postularem várias modalidades, com uma acentuada graduação no tocante a efeitos. Designadamente, elas podem implicar diversos graus de esforço e que vão desde verdadeiras garantias em sentido próprio até simples teores informativos, passando por empenhos mais ou menos vincados.

Estas variações correspondem à própria riqueza das relações económicas que se podem tecer, no quadro de participações sociais variadas, com as instituições bancárias.

319. **A estrutura unilateral aparente e a juridicidade**

I. As cartas de conforto apresentam-se, materialmente, como verdadeiras cartas em sentido próprio: um texto, dirigido a um destinatário e com a assinatura do remetente. Elas consubstanciam, assim, uma única declaração de vontade.

Nessas condições, poder-se-ia entender que elas consubstanciam meros negócios unilaterais. Tais negócios deveriam passar pelo crivo da tipicidade dos atos jurídicos unilaterais, pretensamente imposto pelo artigo 457.º do Código Civil. E como, justamente, nenhuma lei consagra as cartas de conforto, restaria concluir que estas não são juridicamente admissíveis.

II. Estas asserções – que já surgiram noutros países – assentam, desde logo, num equívoco: na confusão entre o negócio, enquanto ato jurídico em si, e o documento onde ele esteja exarado.

A carta de conforto resulta de um acordo entre o emitente ou patrocinante e o destinatário – normalmente uma instituição de crédito. Tal acordo é, por vezes, prévio. Mas é, pelo menos, subsequente: desde o momento em que a instituição destinatária não devolva ou não recuse a carta, antes procedendo como se com ela concordasse – *maxime*, concedendo o crédito – há aceitação. Sendo necessário, poder-se-ia mesmo invocar o artigo 234.° do Código Civil ou citar os requisitos relativos à aceitação tácita.

O facto de a carta-documento surgir assinada apenas pelo promitente não preclude, pois, saídas contratuais: bastará, de resto, lembrar o artigo 410.°/2 do Código Civil, que, no tocante às promessas unilaterais – inquestionavelmente contratuais – apenas requer a assinatura da parte que se obrigue. Reencontramos o estilo epistolar bancário.

III. Questão melindrosa é a que se prende com a juridicidade das cartas de conforto. A tendência geral, claramente colhida no Direito comparado, vai no sentido da sua juridificação. E há boas razões para tanto.

As cartas de conforto são trocadas entre *holdings* ou, em geral, sociedades-mães e instituições bancárias. Umas e outras intervêm aqui no exercício das suas atividades próprias. Tanto basta para que se possa falar numa presunção comum de juridicidade: afinal, pelas regras da experiência, não é de esperar que tais entidades troquem, entre si, meras cortesias ou textos de circunstância.

IV. Queda, é certo, a figura dos acordos de cavalheiros[2268]. Tem-se já dito que o acordo de cavalheiros é aquele no qual uma pessoa espera vincular outra, sem se vincular, também, a si própria ... Não é assim, como foi referido. O "acordo de cavalheiros", celebrado entre verdadeiros cavalheiros, prende os celebrantes com muito mais intensidade e com maior eficácia do que o mais jurídico dos vínculos. Só que o acordo de cavalheiros – que transcende o Direito – surge nas relações pessoais entre pessoas que se conhecem: não entre instituições que cumprem a sua função no mercado.

A carta de conforto – pelo menos a que surge no tráfego comercial – nada tem de pessoal: é um ato praticado por uma sociedade comercial, no

[2268] *Vide* o *Tratado* VI, 2.ª ed., 350 ss..

giro comum, e do qual, como é regra, ela espera obter vantagens. Não se trata, pois, de um acordo de cavalheiros.

V. Às partes é lícito emitir declarações não-jurídicas. Tal sucederá, aliás, perante textos puramente informativos ou opinativos, perante declarações não-sérias ou, no limite, perante declarações expressamente mantidas à margem do Direito.

É muito duvidoso, dado o preceituado no artigo 809.° do Código Civil, que se possa assumir, fora dos casos previstos na lei, uma obrigação natural.

De todo o modo, não é de presumir que, no giro comercial, pessoas troquem cartas não-sérias ou sem alcance jurídico efetivo. Se isso suceder, haverá que prová-lo.

Nada se poderá concluir sem a leitura e interpretação da carta ou cartas consideradas. Mas a pressão para a juridicidade é constante e, em princípio, levará a melhor.

320. **Tipificação; conforto fraco, médio e forte**

I. Os elementos coligidos nos diversos ordenamentos e confirmados pelos exemplos portugueses de cartas de conforto, permitem distinguir três tipos de cartas[2269]:

- conforto fraco;
- conforto médio;
- conforto forte.

Esta classificação assenta, apenas, no teor das cartas[2270]; a concretização de alguns dos seus termos resulta da interpretação[2271]. Em termos económicos e sociais, pode valer muito mais um conforto fraco concedido por uma entidade solvente e que, *in concreto*, tenha boas razões para salvar

[2269] STJ 18-mar.-2003 (Reis Figueira), CJ/Supremo XI (2003) 1, 128-131 (130/I) e RLx 1-abr.-2008 (Maria do Rosário Barbosa), CJ XXXIII (2008) 2, 90-92 (91/II). Estes três tipos correspondem a um *minimum* capaz de dar corpo à riqueza da matéria: reduzir tudo a duas modalidades não permite distinguir as cartas meramente informativas, as de *facere* e as de garantia.

[2270] RLx 7-jun.-2005 (Maria Amélia Ribeiro), CJ XXX (2005) 3, 92-96 (94).

[2271] RLx 5-dez.-2013 (António Martins), Proc. 245/13.

a empresa participada, do que um conforto forte de uma entidade insolvente ou, muito simplesmente, de uma entidade que, por razões empresariais, entenda deixar cair a participada. Também é muito relevante o grau de confiança que a entidade emitente deva ou queira manter na banca ou, pelo menos, na concreta instituição bancária em causa.

Com estas prevenções, cumpre distinguir os três tipos de cartas de conforto.

II. Na carta de conforto fraco, o emitente estabelece a relação de participação existente entre ele e a sociedade participada e apresenta tal relação com um mínimo de estabilidade. De seguida, ele fará uma declaração genérica relativa à *policy* do grupo[2272]; por exemplo: é nosso timbre apoiar as participadas ou orientar a sua gestão de modo rigoroso, etc.

Em suma: há uma concessão de informações e um dever genérico de diligência.

III. Na carta de conforto médio, o emitente, além da parte informativa – que poderá, eventualmente, ser omitida, quando se trate de situações de participação institucional por todos conhecidas – faz ainda uma declaração negocial vinculando-se a atuações de meios. Por exemplo: desenvolverei esforços no sentido de acautelar os interesses do banco ou de proporcionar o efetivo cumprimento dos compromissos assumidos.

Subtipo importante é aquele em que a entidade subscritora declare vincular-se a manter ou a reforçar determinada participação social.

Desta feita surgem deveres específicos, mas de *facere* ou de *non facere*. E dentro destes, as obrigações correspondentes são de meios.

IV. Na carta de conforto forte, o emitente, sempre para além dos aspetos informativos, assume declarações negociais de resultado. As composições possíveis são várias, mas têm uma ideia básica ou comum: a de provocar, em caso de necessidade, um cumprimento, mediato ou imediato, pelo emitente.

Os deveres específicos são, pois, de *dare*. Ou, se se quiser: as obrigações em jogo são de resultado[2273].

[2272] RLx 16-fev.-2016 (Rui Vouga), Proc. 470/12.

[2273] Jörg Fried, *Die weiche Patronatserklärung* cit., 93, faz a distinção fundamental entre cartas de conforto fracas e fortes consoante não apresentem o valor de garantia.

321. **Regime e natureza**

I. O regime das cartas de conforto depende, naturalmente, do tipo fraco, médio ou forte da carta considerada. Mas ele varia, ainda, em função de múltiplos meandros internos e externos[2274].

Desde logo, a carta de conforto é dominada pela autonomia privada. O emitente pode, pois, para além de escolher o tipo e de compor o texto, apor termos ou condições ou, muito simplesmente, limitar quantitativamente o montante "confortado". Exemplo paradigmático é o de o "conforto" operar apenas na proporção do capital detido pelo emitente.

II. A parte informativa das cartas de conforto deve ser fidedigna, sob pena de gerar responsabilidade, nos termos do artigo 485.° do Código Civil – conselhos, recomendações ou informações. Pode-se discutir se basta a negligência ou se se requer dolo, para desencadear a responsabilização do emitente: trata-se de um ponto a verificar caso a caso, perante a natureza das relações existentes entre o banco e a entidade emitente.

III. O dever de apoio genérico dá lugar a responsabilidade, quando violado. Deve notar-se que a responsabilidade da sociedade-mãe para com os credores da sociedade subordinada tem base legal: artigo 501.° do Código das Sociedades Comerciais. Tal preceito assenta porém, formalmente, na existência de um contrato de subordinação, sendo muito difícil e questionada a possibilidade de o aplicar, por analogia, a grupos de facto. Porém, parece inteiramente lícito que uma sociedade-mãe se comprometa, perante terceiros, a apoiar a gestão de uma participada, auxiliando-a em termos técnicos ou de mercado. Se não o fizer, com culpa, há responsabilidade pelos danos causalmente provocados na esfera do terceiro.

O dever de manter uma participação social estável, que pode surgir em qualquer dos tipos de cartas de conforto, será, abaixo, referido.

IV. Os deveres de meios tendentes a acautelar a posição do banco, patentes nas cartas de conforto médio, obrigam, em princípio, a entidade emitente a desenvolver um certo grau de esforço no sentido do cumprimento da participada[2275].

[2274] Além das obras referidas no nosso *Das cartas de conforto* cf., com indicações jurisprudenciais, Nobbe, *Bankrecht* cit., 436 ss..

[2275] RLx 1-abr.-2008 cit., CJ/Supremo XVI, 2, 90.

Torna-se difícil fixar o *quantum* de esforço, sendo certo que ele se encontrará algures entre o deixar a participada à sua sorte e o pagar, *ad nutum*, à instituição bancária credora.

De todo o modo, parece razoável computar no esforço exigível:

– o cumprimento integral dos deveres da emitente para com a participada, com exemplo máximo na integral realização do seu capital inicial e dos reforços depois decididos;
– no ajustamento do capital da participada aos montantes "confortados"; como alternativa, será possível atuar no nível dos suprimentos ou de outros esquemas similares;
– na concessão de todo o apoio técnico e logístico necessário;
– no uso de completa diligência no preenchimento dos cargos sociais da participada.

Em suma: perante uma carta de conforto médio, a entidade emitente não é responsável se, tendo cumprido todos os seus deveres para com a participada, tendo-a dotado do capital razoavelmente necessário, tendo-lhe dado todo o apoio e tendo preenchido convenientemente os seus cargos sociais, verificar que, não obstante e por ocorrências a ela estranhas, a participada não pode cumprir perante a banca.

V. As cartas de conforto forte dão lugar a deveres de prestar, por parte da emitente. Tratar-se-ia, pois, de simples garantias pessoais atípicas[2276]. Torna-se muito melindroso, perante a natureza lacónica ou mesmo ambígua das cartas de conforto[2277], determinar o regime da garantia em causa. O mais simples seria, naturalmente, reconduzi-la à fiança, numa orientação que foi assumida por jurisprudência estrangeira, embora tenda a ser abandonada. O óbice: tradicionalmente, a fiança exige uma específica manifestação de vontade nesse sentido, como transparece do artigo 628.°/1 do Código Civil.

Se o conforto forte fosse uma fiança, ele implicaria dois traços essenciais:

[2276] RPt 6-jun.-2002 (Moreira Alves), CJ XXVII (2002) 3, 193-195 (194/II).

[2277] STJ 5-mai.-2016 (Fernanda Isabel Pereira), Proc. 3798/13: "a sua redação surge, habitualmente, como propositadamente ambígua, imprecisa, com contornos difusos, traduzindo uma ideia de contratação mitigada ou enfraquecida…".

– ele teria natureza acessória – artigo 627.º/2 do Código Civil – sofrendo as vicissitudes da relação principal;
– ele conferiria ao garante o *benefficium excussionis* – artigo 638.º/1 daquele Código.

Logo, se algum desses traços resultar do texto da carta de conforto, de modo mais ou menos explícito (p. ex.: "... o emitente pagará, se for necessário ..." ou "... o emitente pagará, de acordo com o estado da relação principal ..."), será possível determinar um consenso das partes no sentido da fiança.

Doutra forma, haverá que optar pela autonomia da garantia, admitindo-se, quando muito, uma graduação quanto ao montante garantido e quanto às circunstâncias da intervenção, em função da interpretação concreta e das circunstâncias que presidiram à emissão da carta. De todo o modo, mesmo a carta de conforto forte não pode ser considerada um título executivo[2278].

VI. Conhecido o regime cabe fixar a natureza jurídica das cartas de conforto. Assim:

– o conforto fraco é o produto de uma obrigação de informar (prévia) e uma obrigação de prestação de facto, *maxime* de prestação de serviço e de diligência;
– o conforto médio é uma garantia imprópria combinada, isto é: uma garantia que não se traduz por um acréscimo da massa patrimonial posta ao serviço do credor, mas antes numa teia de prestações que, em termos práticos, facilitarão o desempenho do devedor; a natureza combinada advém-lhe do facto de implicar, ao lado do aspeto propriamente dito da garantia, outras atuações e serviços[2279];
– o conforto forte é uma garantia eventualmente combinada com determinadas prestações de serviços; a garantia poderá ser autónoma ou tipo fiança e assumir, ainda, diversas particularidades, em função da interpretação concreta.

[2278] RPt 6-jun.-2002 cit., CJ XXVII, 3, 194/II.

[2279] *Vide* RLx 9-jun.-2016 (Maria Teresa Pardal), Proc. 916-14.

CAPÍTULO V

DOS DERIVADOS

322. **Justificação**

I. Os derivados pertencem, *summo rigore*, ao Direito mobiliário ou ao Direito financeiro. Todavia, eles são colocados no mercado, na prática, por instituições de crédito. Estas fazem-no – ou devem fazê-lo – de acordo com os princípios e as regras do Direito bancário: integram-se numa relação bancária complexa, acompanham outros contratos bancários, com relevo para o mútuo e solicitam, em grau elevado, os vetores da informação, da tutela da confiança e do sigilo profissional. De resto, os grandes tratados de Direito bancário, continentais ou anglo-saxónicos, dedicam, nos nossos dias, capítulos de densidade crescente, ao tema dos derivados.

II. As concretizações de negócios sobre derivados, com um relevo especial para os contratos de permuta financeira ou *swaps*, constituem, nos nossos dias, um traço diferenciador do Direito bancário. Por um lado, ilustram a penetração da Ciência jurídica bancária em províncias limítrofes; por outro, exprimem a progressiva formação de um Direito financeiro alargado, na base de um tratamento racional do Direito.

III. A comercialização descuidada de derivados conduziu a aparatosos negócios de ruína, com danos graves para pequenos e médios operadores e, até, para grandes operadores. Tudo isso ilustra, à cabeça, o cuidado que é necessário ter com a divulgação da matéria e com a aplicação das regras que tutelam o consumidor e, em geral, o particular aderente.

Optámos, por isso, pela inclusão, na quinta edição do *Manual de Direito bancário*, de um nóvel capítulo sobre derivados. Tendencialmente, ela deverá transitar para a obra de A. Barreto Menezes Cordeiro, sobre

Direito mobiliário[2280]. Dado o seu interesse prático, vamos mantê-lo, sem alterações, na presente sexta edição.

[2280] A. Barreto Menezes Cordeiro, *Direito mobiliário* II (2017), no prelo; esclareça--se que este capítulo é da autoria do referido professor.

SECÇÃO I

ASPETOS GERAIS

§ 79.º DERIVADOS: NOÇÃO BÁSICA E EVOLUÇÃO

323. Noção básica

I. Dizem-se derivados ou derivados financeiros os instrumentos cujo valor resulta de outros valores: os valores de base[2281]. Distinguem-se, em especial, dos negócios de caixa ou de balcão, isto é, daqueles cujo cumprimento (a entrega, a aceitação ou o pagamento) ocorra de imediato, após a sua conclusão. Justamente: os negócios derivados (por vezes ditos "derivativos") postulam um cumprimento a ter lugar no futuro. Significa isso (tratando-se de compra e venda) que, na conclusão do negócio, nem o comprador deve ter o dinheiro suficiente, nem o vendedor deve possuir a coisa vendida.

II. No campo financeiro, distinguem-se, no mercado de balcão, negócios relativos a títulos de juros, a divisas, a créditos, a ações, a matérias-primas e outros. No mercado de derivados encontramos os *forwards*, os futuros e os *swaps*.

Diz-se *forward* o contrato celebrado entre duas partes, relativo à aquisição de um determinado bem, no futuro (maturidade), por um determinado preço. É concluído fora da bolsa, permitindo acordos individuais. Aquando

[2281] As noções básicas podem ser confrontadas nos diversos manuais e, com facilidade de consulta, no *Oxford Dictionary of Finance and Banking*, 4.ª ed. (2008); dadas as flutuações existentes e mau grado a terminologia anglo-saxónica, optámos pelo tratamento alemão do tema, muito mais preciso. *Vide*, em especial, Ulrich Schüwer/Sascha Steffen, em Jean-Claude Zerey, *Finanzderivate/Rechtshandbuch*, I – *Wirtschaftlicher Hintergrund*, 2.ª ed. (2010), 35-39.

da maturidade, o *forward* tem um valor que resulta da diferença entre o preço acordado e o preço do bem no mercado de balcão, nesse momento. A posição longa lucra com a subida do preço no mercado de balcão; a curta, com a sua descida.

O futuro é um *forward* negociado em bolsa e, portanto: com características estandardizadas. A sua concretização em mercado regulamentado assegura o seu cumprimento: ao preço de mercado, naturalmente.

O *swap*, finalmente, é um acordo entre duas partes, pelo qual ambas se vinculam a trocar, no futuro, determinados valores, calculados em função do combinado: divisas por divisas, mercadorias por mercadorias ou juros por juros. No momento acordado, faz-se a compensação, pelo que apenas a diferença é paga, a quem se mostre ter o direito.

III. Temos, ainda, o sector dos negócios condicionados à vontade dos intervenientes. Aí operam as opções, isto é, os direitos potestativos que uma das partes tenha de adquirir (ou de alienar) um certo bem, em termos preestabelecidos.

Embora carecidas de aprofundamento, as presentes noções básicas de derivados e de *swaps* permitem definir, desde já, o universo no qual irá decorrer o desenvolvimento ulterior.

324. **Origem e evolução**

I. Os instrumentos financeiros derivados, muito em resultado da associação feita à crise mundial que ainda hoje vivemos, são vistos como realidades modernas, fruto dos recentes desenvolvimentos globalizados da alta finança. Esta visão não é totalmente correta. Sem dúvida que o panorama moderno sofreu profundas alterações nas últimas décadas, em especial a partir do último quartel do século passado; todavia, os derivados têm sido utilizados pela Humanidade, e de forma praticamente ininterrupta, há longos milénios[2282].

Todas as grandes culturas e civilizações conheciam e dominavam formas mais ou menos rudimentares de derivados. Ao contrário do que se poderia julgar, os derivados fazem tanto parte da nossa cultura como os contratos de compra e venda ou as doações.

[2282] Edward J. Swan, *Building the Global Market: a 4000 Year History of Derivatives* (2008), XIII + 337 pp..

II. A escrita constitui a maior invenção da Humanidade. Ela permite organizar informações fora do cérebro humano, assegurando a sua comunicação e a sua conservação, ao longo do espaço e do tempo. Os estudiosos são unânimes em considerar que, nos primórdios, particularmente quanto à escrita cuneiforme suméria, anterior à própria egípcia, o fim visado era o de reter elementos comerciais e contabilísticos[2283]. Com efeito, a multiplicação de operações comerciais ultrapassava os limites da memória individual e colocava problemas de comprovação, perante terceiros. A grafia permitia ultrapassar o bloqueio. E, assim, dispomos de interessantes elementos sobre práticas comerciais e financeiras, na Alta Antiguidade.

III. Regressando aos derivados, conhecem-se, hoje, diversos elementos que demonstram o recurso a instrumentos desse tipo, na Mesopotâmia Antiga, desde, pelo menos, os séculos XVIII-XIX a. C.. Era bastante comum os comerciantes da época celebrarem contratos de futuros, que tinham como objeto colheitas ainda não iniciadas[2284].

IV. Também na Grécia Antiga estes mecanismos eram dominados. Numa interessante passagem da sua obra *Política*, Aristóteles conta-nos como o filósofo Tales de Mileto enriqueceu recorrendo, precisamente, a um instrumento financeiro derivado[2285]. A pobreza de Tales era apresentada como uma evidência da superficialidade da Filosofia e do seu reduzido interesse real. Para demonstrar o contrário, o filósofo usou os seus

[2283] *Vide* Jean-Guy Degos, *Histoire de la comptabilité* (1998), 7 e António Menezes Cordeiro, *Introdução à prestação de contas* (2008), 7.

[2284] Edward J. Swan, *Building the Global Market* cit., 36 ss.; Ernst Juerg Weber, *A Short History of Derivative Security Markets*, Discussion Paper 8.10 (2008), 5 ss.. Um exemplo, em escrita cuneiforme, pode ser consultado em Marc van Mieroop, *The Invention of Interest: Sumerian Loan* em *The Origins of Value: the Financial Innovations that Created Modern Capital Markets*, coordenação de William N. Goetzmann e K. Geert Rouwenhorts (2005), 17-30, 21-23.

[2285] A doutrina especializada discute em que tipo de instrumento derivado se poderá incluir o contrato celebrado por Tales. Todavia, como Aristóteles não esclarece os exatos contornos do negócio, as soluções são, como os próprios autores o reconhecem, meramente académicas. A maioria dos estudiosos tende a defender que estamos perante uma opção: Michael Bloss/Dietmar Ernst/Joachim Häcker/Daniel Sörensen, *Financial Engineering*, (2012), 87 ou Bob Ryan, *Corporate Finance and Valuation* (2007), 271. Veja-se George Crawford/Bidyut Sen, *Derivatives for Decision Makers: Strategic Management Issues* (1996), 240 pp., 8, que não descartam a hipótese de estarmos perante um futuro embrionário.

conhecimentos astronómicos, que lhe permitiam prever o tempo e, consequentemente, o sucesso ou insucesso das colheitas vindouras. Ainda em pleno Inverno, Tales apercebeu-se que seria um ano particularmente bom para os extensos olivais gregos, pelo que decidiu, com vários meses de avanço, alugar o máximo de prensas que conseguisse, indispensáveis para fazer azeite, a um preço bastante reduzido. Depois de feitas as colheitas, os produtores de azeite viram-se obrigados a recorrer a Tales[2286].

325. **Do Direito romano à Idade Moderna**

I. Como princípio geral, o sistema contratual romano fazia depender a perfeição do contrato de compra e venda da existência do objeto transacionado, à data da conclusão do contrato[2287]. A regra foi objeto de posteriores modificações. O Direito romano clássico reconhecia a validade de contratos de compra e venda sobre coisas futuras (*emptio rei speratae*)[2288]. Segundo Pompónio, a compra e venda de colheitas vindouras ou de gado ainda por nascer era perfeitamente válida. Esta modalidade contratual tinha, contudo, uma natureza condicional, ou seja: se por qualquer razão a colheita se mostrasse impossível ou a manada não aumentasse, a compra e venda ficava sem efeito.

II. Paralelamente à compra e venda condicional, os juristas romanos conceberam um outro tipo contratual, denominado *emptio spei*, em que a sua perfeição não se encontrava dependente da emergência futura da coisa a transmitir, sendo o risco da sua verificação suportada pelo comprador. Pense-se no contrato em que um sujeito compra uma determinada colheita ou o produto de uma pescaria por um valor fixo, independentemente do sucesso ou insucesso da safra ou da faina. Em contrapartida, o vendedor

[2286] Aristotle, *Politics*, trad. inglesa de Carnes Lord, University of Chicago Press, Chicago, 1985, Livro I, Cap. 11, 51, também confrontável na trad. de Benjamin Jowett, I (2013), 15.

[2287] Relembre-se que, originariamente, a transmissão física do bem era indispensável para a transmissão legal do bem; *vide* António Santos Justo, *Direito privado romano – III (Direitos reais)* (1997), 94.

[2288] Volker Kurz, *"Emptio rei speratae" "pura" oder "sub condicione"?*, Labeo 20 (1974), 195-209.

tem a garantia de que, independentemente do resultado final, irá sempre vender a sua "mercadoria"[2289].

III. Depois de um período de reduzida inovação, coincidente com a queda do Império e a Alta Idade Média, no que respeita ao surgimento e ao aperfeiçoamento de instrumentos derivados, o crescimento económico renascentista trouxe, consigo, inovações financeiras.

Ao contrário do que se verificava, até então, para os contratos de futuros, em que o comprador adquiria o bem e o vendedor o pagava, os mercados das feitorias da Flandres, em pleno século dos descobrimentos (XVI), aperfeiçoaram a estrutura e o funcionamento dos derivados: o preço não era pago na sua totalidade: apenas era debitada a diferença entre o preço acordado inicialmente e o preço de mercado à data da perfeição do contrato. No fundo, tínhamos um processo de compensação que viria a caracterizar o funcionamento moderno dos derivados. Nas décadas que se seguiram, os mercados da Flandres contribuíram ainda, de forma decisiva, para o apuramento dos contratos de opção[2290].

IV. Um exemplo histórico interessante, que documenta o emprego de derivados e, ao mesmo tempo, uma bolha causada pela procura especulativa de futuros, foi o da "tulipo-mania", que grassou na Holanda nos inícios do século XVII. Desenvolveu-se, nessa altura, um especial gosto pelas tulipas: por parte de apreciadores e, depois, de colecionadores. Em 1634, os bolbos de tulipa conheceram um forte incremento nos preços, o qual atraiu a especulação. Primeiro transacionavam-se bolbos disponíveis; mas depois, os negócios passaram a recair sobre bolbos ainda no subsolo: acordava-se um preço e um momento em que, no futuro, os bolbos seriam entregues e pagos. Os preços subiram, entre 1634 e 1637, de tal modo que um único bolbo chegou a valer, várias vezes, um rendimento anual normal. Em fevereiro de 1637, rebentou a bolha especulativa, arruinando numerosos especuladores, que continuavam a dever as quantias ajustadas[2291].

[2289] J. A. C. Thomas, *Venditio hereditatis and emptio spei*, Tul L Rev 33 (1959), 541-550; Max Kaser, *Erbschaftskauf und Hoffnungskauf*, BIDR 74 (1971), 46-59; Reinhard Zimmermann, *The Law of Obligations: Roman Foundations of the Civilian Tradition* (1996), 246-249.

[2290] Oscar Gelderblom/Joost Jonker, *Amsterdam as the Cradle of Modern Futures and Options Trading, 1550-1650* em *The Origins of Value* cit., 189-216.

[2291] Mike Dash, *Tulpenwahn/Die verrückteste Spekulation der Geschichte* (2001), 318 pp..

V. Com o seu aperfeiçoamento, os contratos derivados foram importados pelas grandes potências europeias da época. Neste âmbito, cumpre sublinhar o papel representado pelos contratos de opção como fonte de financiamento das Companhias Comerciais inglesas setecentistas[2292]. Esta matéria desenvolveu-se em conjunto com a das sociedades anónimas e com os seguros marítimos.

326. Os séculos XIX e XX

I. Nos inícios do século XIX, o mercado dos derivados ocupava já um papel central no seio do Mundo financeiro e económico da época. A sua crescente relevância refletiu-se no interesse suscitado pela matéria. Em França, Antoine Coffinières[2293] (1786-1862) e Proudhon[2294] (1809-1865) dedicam parte dos seus estudos sobre as bolsa de valores aos mecanismos derivados, com especial destaque para os futuros e para as opções.

Em 1848, surge, na cidade de Chicago, a primeira bolsa de valores de derivados (*Chicago Board of Trade*), que ainda hoje continua em funcionamento[2295].

II. Significativa no campo dos cereais, a bolsa de Chicago documenta o uso e o abuso de derivados. Na origem esteve o problema causado pela sobreprodução de cereais americanos. Devido à sua localização no Lago Michigan, radicou-se, em Chicago, um mercado de armazenagem e de comércio de cereais. A produção crescente originava dificuldades de espaço e uma quebra nos preços. A partir de 1848, desenvolveu-se uma técnica de contratos *to arrive*, assentes numa combinação firme de preços e num fornecimento futuro. Assim, os cereais mantinham-se armazenados nos produtores, prevenindo os problemas de depósito. A partir de 1865, estes contratos foram estandardizados no *Chicago Board of Trade*.

[2292] Gary S. Shea, *Understanding Financial Derivatives during the South Sea Bubble: the Case of the South Sea Subscriptions Shares*, Oxf Ec Papers 59 (2007), i73-i104.

[2293] Antoine-Siméon-Gabriel Coffinières, *De la bourse et des spéculations sur les effets publics* (1824), VIII + 534 pp., crítico quanto aos mercados a termo – *idem*, 517 ss..

[2294] Pierre-Joseph Proudhon, *Manuel du spéculateur à la bourse*, 4.ª ed. (1857), 511 pp., especialmente 77 ss..

[2295] James E. Boyle, *Speculation and the Chicago Board of Trade* (1920, reimp. 2010), 292 pp., 14 ss..

Também aqui se documentam bolhas especulativas, ao longo da História[2296].

III. No decurso de todo o século XX, os derivados foram consolidando a sua importância, em especial em mercados regulamentados.

Nos anos 70 e 80 viveu-se um período de intensas transformações, primeiro no seio das bolsas de derivados, onde se passaram a transacionar novos tipos de mecanismos financeiros, a que se seguiu a emergência de negócios celebrados sem recurso a intermediários, os denominados contratos de *over-the-counter*[2297].

IV. Os derivados ocupam um papel de destaque na sociedade moderna. A sua importância é evidenciada na dimensão do respetivo mercado. Estima-se que representa $1 200 triliões de dólares, um valor que supera em 20 vezes o PIB mundial[2298].

Nenhuma análise jurídica pode ficar alheia à ancestralidade dos derivados e à importância económico-financeira dos instrumentos financeiros.

[2296] James Ernst Boyle, *Speculation and the Chicago Board of Trade* cit., 10 ss., 14 ss. e *passim*.

[2297] Robert E. Whaley, *Derivatives: Markets, Valuation, and Risk Management* (2006), 13 ss.: os autores elencam, de forma cronológica, todos os desenvolvimentos deste período.

[2298] http://americablog.com/2013/03/the-worldwide-derivatives-market-could-be-over-1-2-quadrillion-in-notional-value.html.

§ 80.º MODALIDADES E FUNÇÕES

327. Definição

I. A primeira aproximação aos derivados foi acima realizada e é fácil: instrumentos cujo valor derive de outros valores. A doutrina previne que tal simplicidade básica vem a ser suplantada pela diversidade de situações que lhe têm sido reconduzidas e pela complexidade dos desenvolvimentos que podem alcançar.

Numa perspetiva economicista, surge usual definirem-se os derivados como instrumentos financeiros cuja remuneração é calculada com base no valor atribuído, num determinado momento, a um bem associado[2299]. Apesar de criticável, esta definição identifica as características nucleares da figura: (1) são contratos; e (2) o retorno pecuniário está dependente do valor de um determinado bem, num sentido lato, que, embora o sustente, é autónomo[2300].

[2299] Raffaele Scalcione, *The Derivatives Revolution. A Trapped Innovation and a Blueprint for Regulatory Reform* (2011), 9.

[2300] Estes elementos podem ser encontrados nas grandes monografias da especialidade: Inglaterra: John-Peter Castagnino, *Derivatives/The Key Principles*, 3.ª ed. (2010), 7 ss.; Alastair Hudson, *The Law on Financial Derivatives*, 5.ª ed. (2012), 25-26; Alemanha: Ulrich Schüwer e Sascha Steffen, *Funktionen und Einsatz von Finanzderivaten* em Jean-Claude Zerey, *Finanzderivate/Rechtshandbuch, I – Wirtschaftlicher Hintergrund*, 2.ª ed., 2010, 35-36; Itália: Emilio Girino, *I contratti derivati*, 2.ª ed. (2010), 8-11 e Francesco Caputo Nassetti, *I contratti derivati finanziari*, 2.ª ed. (2011), 1-4; França e Bélgica: Christian Gavalda/Jean Stoufflet, *Droit bancaire*, 8.ª ed. (2010), 648 ss.; Alain Ruttiens, *Futures, swaps, options/Les produits financiers dérivés* (2012), 17 ss.. Também em Portugal, a doutrina que se tem debruçado sobre o tema identifica estes elementos: José de Oliveira Ascensão, *Os derivados*, DVM 4 (2003), 41-68; José A. Engrácia Antunes, *Os derivados*, Cad MVM 30 (agosto 2008), 91-136 (91). Uma análise mais profunda das características dos contratos derivados pode ser encontrada em Timothy E. Lynch, *Derivatives: a Twenty-First Century Understanding*, Loy U Chi LJ 43 (2011), 1-51.

II. A dicotomia interligação/autonomia é mais facilmente identificável nos derivados modernos, pelo que voltaremos ao tema quando ponderarmos a validade dos *swaps* no Direito português.

Por seu turno, o universo dos derivados, mau grado as classificações depois apresentadas, é extenso e algo empírico. Por exemplo, o *Derivatives* de John-Peter Castagnino refere, sucessivamente: *forward contract*; *futures contract*; *option contract*; *warrant*; *forward rate agreement*; *swap*; *cap, floor and collar contracts*; *CPPI*; *derivatives used as financing tools*; *islamic-compliant derivatives*; *credit derivatives*; *multi-asset derivatives*; *new classes of andellying*; *valuations, valuation disruptions and adjustments*; *different "wrappers" of derivative cash flow*; *repurchase and reverse repurchase agreements*; *financial engineering*[2301]. Como se vê, o universo é muito extenso, nem sempre lógico, por um prisma de Direito continental e fortemente moldado pelas necessidades práticas do sector.

III. Esta variedade conduz a que a noção de partida de "derivado", em si fácil e de apreensão imediata, se torne insuficiente. São apresentadas características, nem sempre compartilhadas por todos os derivados. Além disso, o facto de um produto ser um derivado não exclui que não possa ser qualquer coisa de diverso[2302].

328. **Modalidades**

I. O universo dos contratos derivados pode ser dividido em dois grandes sectores: (1) mercado regulamentado; e (2) mercado de balcão (OTC, de *over-the-counter*)[2303].

O sector do mercado regulamentado, que como acima referido, deu os seus primeiros passos com a constituição do *Chicago Board Trade*[2304], é facilmente explicado se partirmos das mais comuns bolsas de valores de

[2301] John-Peter Castagnino, *Derivatives* cit., 3.ª ed., 31-125; *vide*, ainda, Uwe Jahn, *Außerbörsliche Finanztermingeschäfte (OTC-Derivate)*, em Herbert Schimansky/ /Hermann-Josef Bunte/Hans-Jürgen Lwowski, *Bankrechts-Handbuch*, II, 4.ª ed. (2011), § 114 (1500-1526).

[2302] Schuyler Henderson, *On Derivatives*, 2.ª ed. (2010), 1.2 (7).

[2303] Joanna Benjamin, *Financial Law* (2007), 70 ss.; Andrew McKnight, *The Law of International Finance* (2008), 570 ss..

[2304] A estrutura, funcionamento e organização da *Chicago Board Trade* serviram de base a todas as bolsas de derivados que se seguiram: Donald MacKenzie e Yuval Millo,

ações. De modo idêntico ao que se verifica no nosso PSI 20, os investidores compram derivados e apostam na variação, subida ou descida, do bem subjacente. Por exemplo: a aquisição de opções de compra, apostando-se na subida do valor do bem (petróleo, cacau ou café); ou a aquisição de opções de venda, apostando-se na descida do valor de mercado do bem. A grande vantagem do sector regulamentado reside, como o seu nome o indica, nas mais apertadas regulamentação e transparência, tanto ao nível da idoneidade das entidades intermediárias como no que respeita às próprias regras contratuais. Além disso, opera uma supervisão, através de organismos independentes.

II. O mercado de balcão, o mais antigo e tradicional, agrega todas os contratos derivados que sejam concluídos fora das bolsas de valor, sem recurso a intermediários. A sua grande vantagem comparativa reside na possibilidade de as partes moldarem o contrato celebrado às suas exatas pretensões. Ao contrário do que se verifica nos mercados regulamentados, no mercado de balcão, as partes podem negociar de forma mais precisa as normas e os contornos exatos da relação que ora se inicia[2305].

III. Quanto à alegada falta de regulamentação, essa suposta lacuna tem vindo a ser colmatada através da elaboração de contratos padronizados, aspeto adiante desenvolvido[2306].

Constructing a Market, Performing Theory: the Historical Sociology of a Financial Derivatives Exchange, AJS 109 (2003), 107-145.

[2305] Para uma comparação entre os dois sectores, veja-se o interessante artigo de Jens Nystedt, *Derivative Market Competition: OTC Markets Versus Organized Derivative Exchanges*, IMF Working Paper No. WP/04/61, 2004, pode ser consultado na íntegra no sítio http://papers.ssrn.com/sol3/papers.cfm?abstract_id=878884.

[2306] A atual crise financeira veio renovar a discussão em torno da necessidade de regulamentar o mercado de balcão. Entre a infindável bibliografia, veja-se, a título meramente exemplificativo: Frank D'Souza/Nan S. Ellis/Lisa M. Fairchild, *Illuminating the Need for Regulation in Dark Markets: Proposed Regulation of the OTC Derivatives Market*, U Pa J Bus L 12 (2010), 473-516; Saria S. Latysheva, *Taming the Hydra of Derivatives Regulation: Examining New Regulatory Approaches to OTC Derivatives in the United States and Europe*, Cardozo J Int'l & Comp L 20 (2012), 465-500.

IV. O núcleo dos instrumentos derivados agrega três modalidades-base: (1) opções; (2) futuros; e (3) *swaps*[2307]. Assim, quanto às duas primeiras:

contrato de opção: um contrato nominado e legalmente atípico (mas socialmente típico) em que a conclusão ou não de um determinado contrato fica na disponibilidade de uma das partes: esta pode, de modo unilateral e discricionário, pôr termo à relação; à contraparte, resta-lhe suportar a decisão tomada[2308];

contrato de futuro: um contrato nominado e legalmente atípico (mas socialmente típico) em que as partes se comprometem a celebrar um contrato de compra e venda sobre um conjunto de bens identificados numa data predeterminada e por um valor predefinido[2309]; como foi adiantado, o futuro simples (*forward*) integra o mercado de balcão, enquanto o futuro propriamente dito, o regulamentado.

Adiante veremos o contrato de *swap*[2310]. Atente-se que a validade destes dois pilares do mercado de derivados não levanta qualquer tipo de dúvida, à luz do Direito português.

329. **Funções**

I. As vantagens económicas dos derivados têm dividido a comunidade especializada, sendo apresentados fortes argumentos de ambos os lados da barricada[2311]. No fundo, como tudo na vida, os instrumentos não

[2307] Hudson, *The Law on Financial Derivatives* cit., 29: o autor defende mesmo que todos os derivados têm na sua origem o contrato de opção. Não nos parece, contudo, que se possa ir tão longe.

[2308] *Tratado de Direito civil* VII, 537 ss.; Tiago Soares da Fonseca, *Do contrato de opção: esboço de uma teoria geral* (2001); STJ 27-set.-2009 (Oliveira Rocha), Proc. 07B2372; RPt 21-mai.-2012 (Leonel Serôdio), Proc. 222/10.6.

[2309] Miguel Cunha, *Os futuros da bolsa: características contratuais e de mercado*, DVM 1 (1999), 63-132; Maria João Vaz Tomé, *Contratos de futuros sobre divisas: funções de cobertura ou de especulação* em Est. Henrique Mesquita, II (2009), 1034-1089.

[2310] *Infra*, 867 ss..

[2311] Para um apanhado geral dos argumentos professados para cada uma das partes, veja-se: Frank Partnoy, *Financial Derivatives and the Cost of Regulatory Arbitrage*, J Corp

valem por si: dependem do uso que, deles, o Homem faça. Não é, por isso, possível tomar posições absolutas. Todavia, nenhuma análise jurídica sobre o tema pode alhear-se dos objetivos que, em teoria, sustentaram o desenvolvimento e a generalização destes mecanismos.

II. Usualmente, os derivados são associados a três grandes propósitos, ficando o seu exato preenchimento dependente não só do instrumento utilizado em concreto, como dos seus exatos contornos jurídicos e económico-financeiros: (1) gestão de riscos; (2) função seguradora; e (3) fins especulativos[2312].

A gestão do risco é o primeiro e fundamental papel, atribuído aos derivados. Trata-se de uma capacidade comum a todos eles[2313], embora, como qualquer instrumento à disposição dos privados, possa ser usado para outros propósitos[2314]. A gestão do risco, em si, não equivale ao "congelamento" das áleas económicas: para tanto, usa-se o seguro. A gestão implica "lidar" com o risco, de modo a minimizar as suas flutuações negativas e a maximizar as positivas. Estamos perante um dado comum: os contraentes, designadamente no plano dos grandes números, pretendem proteger-se das flutuações económicas naturais e, quanto possível, das crises financeiras cíclicas[2315].

III. A função seguradora é, em princípio, mais estrita. O risco é, na sua totalidade – ou na parte segura – suportado por uma das partes, em troco de alguma vantagem. Esta dimensão surge mais apetecível para negócios que

L 22 (1997), 211-256; Adam H. Rosenzweig, *Imperfect Financial Markets and the Hidden Costs of a Modern Income Tax*, SMU L Rev 62 (2009), 239-298.

[2312] Bernard J. Karol, *An Overview of Derivatives as Risk Management Tools*, Stan J L Bus & Fin 1 (1995), 195-207; William H. Widen, *The Arbitrage of Truth: Combating Dissembling Disclosure, Derivatives, and the Ethic of Technical Compliance*, U Miami L Rev 66 (2012), 393-433, 418; Hudson, *The Law on Financial Derivatives* cit., 31-38: o autor apresenta uma lista mais extensa; contudo, todos os propósitos elencados são, com maior ou menor facilidade, reconduzíveis a um dos três fins referidos no texto.

[2313] Henderson, *On Derivatives*, 2.ª ed. cit., 8-9.

[2314] *Idem*, loc. cit..

[2315] Jongho Kim, *Can Risks be Reduced in the Derivatives Market? Lessons from the Deal Structure Analysis of Modern Financial Engineering Debacles*, DePaul Bus Comm LJ 6 (2007), 29-142 (141): feito um minucioso apanhado, o autor conclui pela positiva, sem, todavia, deixar de sublinhar que os contratos de derivados acarretam, em si mesmos, riscos, fruto da própria instabilidade natural da economia.

envolvam pequenas somas e para pessoas menos habilitadas a trabalhar com produtos complexos.

IV. Como qualquer instrumento financeiro, também os derivados são utilizados com intenções puramente especulativas[2316]. Esta *ratio*, por vezes tão criticada, mesmo nos Estados Unidos da América[2317], é, curiosamente, mais visível nos mercados regulamentados. Da mesma forma que se aposta na subida do preço de uma determinada empresa ou de um imóvel, também se aposta na subida do preço do trigo ou do preço do petróleo.

Não obstante as críticas que este tipo de utilização sempre concita, particularmente após a crise de 2007-2012 (em Portugal: 2009-2014), os diversos instrumentos continuam a ser utilizados com propósitos de gestão de risco[2318].

[2316] Timothy E. Lynch, *Gambling by Another Name; The Challenge of Purely Speculative Derivatives*, Stan J L Bus & Fin 17 (2011), 67-130.

[2317] Lynn A. Stout, *Why the Law Hates Speculators: Regulating and Private Ordering in the Market for OTC Derivatives*, 48 Duke LJ, 1999, 701-786: há uma tendência natural para censurar os especuladores.

[2318] Michael Bennet, *Complexity and Its Discontents: Recurring Legal Concerns with Structure Products Practitioner Note*, NYU J L & Bus 7 (2011), 811-844 (812-813).

SECÇÃO II

DOS *SWAPS* (PERMUTAS FINANCEIRAS)

§ 81.º ORIGEM E MODALIDADES DE *SWAPS*

330. **Origem**

I. O contrato de *swap* ou de permuta pode ser visto como o produto de um longo processo evolutivo, em que o mercado foi aperfeiçoando os mecanismos utilizados até alcançar um resultado satisfatório, tanto do ponto de vista financeiro como do ponto de vista jurídico. Tradicionalmente, o contrato de *swap* é apresentado como uma junção de dois contratos mais antigos: empréstimos paralelos e empréstimos cruzados[2319].

II. Em ambos os casos, cada um das partes contratuais (*A* e *B*) acorda emprestar à outra uma determinada quantia monetária em divisas diferentes e com prazos idênticos[2320]. Este esquema contratual dualista permite contornar as limitações impostas, individualmente, a cada um dos sujeitos: imagine-se que *A*, sociedade inglesa, pretendendo contrair um empréstimo em dólares, era impossibilitada pela lei estado-unidense e *B*, sociedade estado-unidense, desejando contrair um empréstimo em libras, via-lhe serem colocados entraves a entrar no mercado de divisas britânico. Recor-

[2319] Maria Clara Calheiros, *O contrato de swap*, SI 51 (2000), 21-28; Raphael Hodgson, *The Birth of the Swap*, Financ Anal J 65 (2009), 32-35; Pedro de Albuquerque, *O contrato de swap, a imputação de direitos de voto e o regime das ações próprias* em Est. Martim de Albuquerque 2 (2010), 619-629 (620).

[2320] A diferença entre os dois mecanismos reside no número de contratos de empréstimo celebrados. No contrato paralelo, os montantes financiados são transmitidos diretamente para a entidade que deles necessita, enquanto que o contrato cruzado assenta numa cadeia de empréstimos.

rendo a este tipo de empréstimo, cada uma das partes consegue, de forma indireta, alcançar os seus propósitos.

Os empréstimos paralelos e cruzados têm, como grande inconveniente, a multiplicidade de contratos necessários, o que acarreta mais gastos e riscos, tanto jurídicos como financeiros.

III. O contrato de *swap*, assentando nos mesmos pressupostos, veio simplificar a relação final. A complexidade deste instrumento financeiro derivado é mais facilmente destrinçada se partirmos de um exemplo clássico: o contrato de divisa celebrado, em 1981, entre a IBM e o Banco Mundial.

Em termos sucintos, o Banco Mundial pretendia obter financiamento em francos suíços e em marcos alemães e a IBM em dólares americanos. Todavia, o Banco Mundial estava com dificuldades em obter empréstimos nas divisas europeias, enquanto que as taxas de juros praticadas nos Estados Unidos não eram atrativas para a IBM.

As necessidades e vantagens recíprocas levaram à conclusão do seguinte negócio: o Banco Mundial emitiu obrigações em dólares e a IBM em francos suíços e em marcos alemães, sendo cada uma das partes o beneficiário último do empréstimo contrário. A grande diferença entre o negócio então concluído e os mais tradicionais contratos paralelos residiu no processo de cálculo das taxas subjacentes: estas não eram determinadas pelo mercado, mas pelo conteúdo dos empréstimos originais. Na prática, cada uma das partes suportava os custos decorrentes do contrato de financiamento da contraparte[2321].

331. **Quadro geral**

I. Os *swaps* ou contratos de *swap* constituem o grupo principal dos derivados OTC, isto é, dos derivados de balcão. O termo deriva do verbo inglês *to swap*, trocar, ele próprio de origem onomatopeica: *swap* exprime o som resultante de duas mãos a apertarem-se, num acordo mútuo[2322]. Sublinham os especialistas que, em inglês, *to swap* não tem, à partida, um sentido técnico preciso: pode ser usado com diversas aceções. Em idiomas mais ricos, como o alemão, *to swap* pode ser traduzido por *austauschen*, por *tauschen* ou por *wechseln*.

[2321] Piet Sercu, *International Finance: Theory into Practice* (2009), 240-243.
[2322] *The Oxford Dictionary of English Etymology* (1966), entrada *swap*, 892/II.

Em português, poderíamos usar a expressão "permuta" financeira para traduzir o *swap* (jurídico). De resto, os *swaps* "internos", constantes de textos em português, usam, em regra, o termo permuta. Dada a riqueza significativa de *swap* e a natureza consagrada do seu uso, manteremos *swap*. Todavia, temos, para ele, uma expressão em vernáculo: permuta financeira.

II. Os contratos de *swap* podem ser ordenados em cinco grupos básicos[2323]. Mais precisamente:

– *swap* de taxas de juros, correspondente ao inglês *Interest Rate Swap* (IRS) ou *Rate Exchange Transactions* ou ao alemão *Zinssat-Swap* ou *Zins-Swap*;
– *swap* de divisas, inglês *Currency Swap* ou *Cross-Currency Swap* e alemão *Währungs-Swap*;
– *swap* de valores (vg., títulos), inglês *Equity-linked Swap* e alemão *Wertpapier-Swap*;
– *swap* de mercadorias, inglês *Commodity Swap* e alemão *Warenpreis-Swap* ou *Rohwaren-Swap*;
– outros contratos que usam o termo *swap*.

332. O *swap* de taxas de juro (IRS)

I. No *swap* de taxas de juro, cada uma das partes contratuais compromete-se, perante a outra, a transmitir-lhe, periodicamente e enquanto durar a relação, um determinado valor pecuniário. Ambas as transmissões periódicas são calculadas tendo por base o mesmo valor: correspondem a uma percentagem (taxa de juro) de um montante determinado (capital base ou valor nominal). Ao contrário do que se verifica no *swap* de divisas, o capital (nominal) pode nunca ser transferido; o seu interesse esgota-se na determinação dos valores a transmitir periodicamente[2324]. O modelo utilizado para calcular cada um dos valores a pagar periodicamente é distinto[2325].

[2323] Temos, como referências especiais, Henderson, *On Derivatives* cit., 2.ª ed., 41 ss. e Uwe Jahn, *Außerbörsliche Finanztermingeschäfte (OTC-Derivate)* cit., § 114, Nr. 2 (1510); a matéria é, depois, desenvolvida, com muitos elementos.

[2324] Uwe Jahn, *Außerbörsliche Finanztermingeschäfte (OTC-Derivate)* cit., § 114, Nr. 3 (1510); Helder M. Mourato, *O contrato de* swap *de taxa de juro* (2014), 120 pp., 15 ss..

[2325] Hudson, *The Law of Financial Derivatives* cit., 57 ss..

II. São concebíveis dois *swaps* de taxa de juro: (1) contratos (alemão *Basis-Swap*) em que o valor transmitido por ambas as partes é variável; e (2) contratos (inglês *coupon swap*; alemão *Kupon-Swap*) em que o valor transmitido por uma das partes é variável e o valor transmitido pela outra parte é fixo[2326], sendo este último o mais comum.

Pense-se no exemplo clássico: o valor transmitido por uma das partes é variável. Em regra, ele está indexado a uma taxa de referência mundial, por exemplo EURIBOR ou LIBOR. Enquanto o valor transmitido pela outra parte é fixo, isto é, não está dependente da flutuação de nenhuma taxa de referência e mantém-se, em princípio, inalterado ao longo de toda a relação. O fluxo será favorável a uma ou a outra das partes, consoante a taxa variável suba ou desça, em relação à fixa.

III. Em regra, a conclusão de contratos de *swap* de taxa de juro visa um de três propósitos: (1) reduzir os riscos de variação das taxas de juros; (2) permitir o acesso a financiamento a taxas de juros mais atrativos; ou (3) especular na variação das taxas de juro[2327].

Nas situações normais, os contratos concluídos com bancos têm, como objeto primário, a distribuição do risco ou seja, proteger as empresas que se comprometeram a transmitir uma percentagem fixa, contra alterações bruscas das taxas de referência (EURIBOR ou LIBOR). Na prática, o risco decorrente da assunção dos empréstimos contraídos pelas empresas é assumido pelos bancos, que se comprometem a transmitir uma percentagem variável; determinável, precisamente, pela mesma taxa de referência[2328]. A segurança decorrente da transmissão deste risco irá refletir-se, evidentemente, no valor fixo que as empresas se comprometam a pagar.

Como em qualquer transação comercial deste tipo, presume-se que cada uma das partes obtenha benefícios económicos: as empresas, embora tenham celebrado um contrato de mútuo de juros variáveis, veem o valor dos juros efetivamente pagos sujeitos a um teto máximo. O risco não é, porém,

[2326] Maria Calheiros, *O contrato de swap* cit., 38 ss..

[2327] Christopher Dean Olander/Cynthia L. Spell, *Interest Rate Swaps: Status under Federal Tax and Securities Law*, Md L Rev 45 (1986), 21-60 (23-24); Schuyler K. Henderson, *An Analysis of Interest Rate and Currency Swaps*, NCJ Int'l & Com Reg 11 (1986), 499-502 (538); Stuart Somer, *A Survey of Legal and Regulatory Issues Relevant to Interest Rate Swaps*, De Paul Bus LJ 4 (1992), 385-428 (387-390).

[2328] Henry T. C. Hu, *Swaps, The Modern Process of Financial Innovation and the Vulnerability of a Regulatory Paradigm*, U Pen L Rev 138 (1988), 333-435 (350).

inexistente: a quebra da taxa de referência reflete-se no montante que lhe será transmitido pelo banco. A ser negativo, as empresas irão pagar um *plus*.

IV. Os *swaps* de taxas de juros podem obedecer a distintas técnicas de cálculo, que incidem sobre diversas variáveis[2329].

Na base, temos o *swap* simples, dito, na gíria bancária, *plain vanilla swap*: as partes acordam "trocar" o produto de taxas de juro, fixas ou variáveis, previamente ordenadas. Em regra, um *swap* deste tipo implica que o interessado pague ao banqueiro, *ab initio*, a taxa do mercado acrescida de um prémio: o preço a pagar pela montagem da operação e pelo risco que, de seguida, o banqueiro irá assumir.

De modo a facilitar o acesso ao crédito, o esquema de base pode ser dobrado por múltiplos condimentos. Originários de mercados asiáticos, os correspondentes produtos vieram a ser conhecidos como "exóticos"[2330], integrando uma segunda geração de produtos. Pode-se recorrer:

– a uma média de taxas;
– a taxas dotadas de barreiras mínimas (*floor*) ou máximas (*cup*) ou ambas (*collar*), de tal modo que apenas fora da barreira o risco corra pelo aderente;
– a taxas escorreitas ou com memória (ou efeito *snowball*), em que a taxa de base é elevada, para o futuro, caso, momentaneamente, seja ultrapassada uma barreira.

Os *swaps* exóticos introduzem fatores de aleatoriedade. Mas não são forçosamente aleatórios: os riscos acrescidos que envolvam devem ser compensados pela vantagem básica que dispensaram ao aderente. O seu cálculo é complexo, podendo obedecer a diversos esquemas. Conhecido é o método ou simulação Monte Carlo, a manusear por especialistas[2331].

> A simulação Monte Carlo é uma técnica matemática computorizada que permite calcular o risco numa análise quantitativa, de modo a permitir uma tomada de decisão.

[2329] Schuyler K. Henderson, *On Derivatives* cit., 2.ª ed., 46 ss..

[2330] Alain Ruttiens, *Futures, swaps, options* cit., 227.

[2331] *Vide* Malvin H. Kalos/Paula A. Whitlock, *Monte Carlo Methods*, 2.ª ed. (2008), 201 pp., com várias intervenções, bem como Reuven Y. Rubinstein/Dirk P. Kroese, *Simulation and the Monte Carlo Method*, 2.ª ed. (2007), 372 pp.: trata-se de escritos inacessíveis a juristas.

Inicialmente, a simulação foi usada pelos cientistas que preparavam a bomba atómica, no âmbito da Segunda Guerra Mundial. "Monte Carlo" foi uma designação encontrada por referência aos casinos do Principado do Mónaco, que implicavam um cálculo de probabilidades.

Mais tarde, ela foi utilizada nos mais diversos domínios, onde se lida com fatores aleatórios, que escapam a um tratamento rigoroso: assim sucede na finança, na gestão, na energia e no ambiente. No seu núcleo, a simulação ou o método Monte Carlo opera facultando a substituição de séries de verificação incerta por outras, igualmente imprevisíveis. Teoricamente, se se operar com múltiplos fatores (p. ex., diversos produtos financeiros), aleatórios mas de evolução não intercondicionada, conseguir-se-ia uma supressão do risco. A série com evolução desfavorável tenderia a ser, noutros campos, compensada por séries "normais" ou, até, "favoráveis".

O manuseio de modelos "Monte Carlo" é muito complexo, devendo ser levado a cabo, como foi dito, apenas por especialistas.

V. Finalmente: o *swap* de taxas de juro pode ser celebrado em coligação com um contrato de mútuo, ou em termos isolados. Na primeira hipótese, os participantes pretendem emprestar dinheiro: em regra, uma instituição faz um financiamento, em certos termos, a um interessado. Esse financiamento é acompanhado por um *swap*, para disciplinar uma taxa de juro (*hedging*). Na segunda, não há qualquer financiamento: as partes tomam uma cifra de base, que nunca é transacionada, apenas para montar, com referência a ela, um *swap*. Nesta última eventualidade, o *swap* é, marcadamente, especulativo.

333. *Swaps* de divisas, de valores, de mercadorias e outros

I. Nos *swaps* de divisas, as partes procedem, no momento inicial, a uma troca de capitais nominais, de diferentes moedas, em função das taxas de câmbio então vigentes. Por exemplo, A cede a B € 100 M e B, a A, US$ 150 M. No termo da vigência, esses montantes são restituídos, de tal modo que cada um recebe o montante que cedeu, na moeda em que o fez. Na vigência do contrato, as partes pagam-se, mutuamente, juros, na taxa acordada. Por hipótese, os € 100 M vencem juros anuais de 5% e os US$ 150 M, de 3%[2332].

[2332] Christian Köbler, *Die Zulässigkeit derivativer Instrumente in Unternehmen, Banken und Kommunen* (2012), 27; Henderson, *On Derivatives* cit., 2.ª ed., 41-42.

Em regra, o *swap* de divisas põe as partes ao abrigo dos riscos de flutuação cambial. Evidentemente: no final, ganhará (mais) a parte que teria sido prejudicada pelas flutuações e inversamente. Além disso, o *swap* de divisas permite tirar partido das vantagens negociais de que ambas as partes desfrutem nas praças respetivas: A pode, no exemplo dado, ter condições que lhe permitam obter os € 100 M em condições vantajosas, quando pretendia dólares norte-americanos; e B pode encontrar-se em situação inversa. Com o *swap*, ambas lucram, pois tiram partido das capacidades negociais recíprocas[2333]. Recorde-se o *swap* entre a IBM e o Banco Mundial: foi assim que tudo começou[2334].

Como qualquer negócio, o *swap* de divisas pode ser usado com fins puramente especulativos: o contraente-especulador "adquire" moeda que supõe ir valorizar-se, entregando moeda que julga ir baixar. Pode-lhe correr – ou não – de feição[2335].

II. O *swap* de divisas pode ser combinado com o IRS. Nessa eventualidade, são elementos essenciais do negócio quer a permuta de divisas, quer a das taxas de juros.

III. No *swap* de valores, designadamente de títulos de crédito, as partes permutam cifras fixas e variáveis, aferidas ao valor ou ao preço de um ou mais valores. Os valores em si não são transacionados. Os *swaps* de valores podem estar aferidos a índices de bolsas (*equity-linked swaps*)[2336].

IV. O *swap* de mercadorias (*comodity price swap* ou, simplesmente, *comodity swap*)[2337], postula uma troca de valores aferidos, por um lado, a certa mercadoria (petróleo, gás, cobre ou cereais) e, por outro, a índices prefixados. Bem usado, este tipo de *swap* permite pôr um produtor a coberto do risco de variações, nas cotações dos seus produtos.

[2333] Stefan Rudolf, em Siegfried Kümpel/Arne Wittig, *Bank- und Kapitalmarktrecht*, 4.ª ed. (2011), Nr. 19.139 ss. (2421).

[2334] O contrato celebrado entre o Banco Mundial e a IBM assumiu características muito particulares, *vide* Y. S. Park, *Currency Swaps as a Long-Term International Financing Technique*, J Int Bus Stud 15 (1984), 47-54.

[2335] Stefan Rudolf, em Siegfried Kümpel/Arne Wittig, *Bank- und Kapitalmarktrecht* cit., 4.ª ed., Nr. 19.142 (2422).

[2336] Uwe Jahn, *Außerbörsliche Finanztermingeschäfte (OTC-Derivate)* cit., § 114, Nr. 5 (1512-1513).

[2337] *Idem*, Nr. 6 (1513).

V. Outros *swaps* surgem, na prática: ocorrem derivados de energia, de catástrofes, de impostos e assim por diante. Mau grado estas reproduções, o IRS ou *swap* de taxas de juros mantêm-se, a larga distância, o mais praticado.

§ 82.º CARACTERÍSTICAS

334. Consensualidade, atipicidade e natureza obrigacional e comercial

I. O contrato de *swap* pode ser enquadrado à luz das grandes categorias do Direito contratual[2338]. Vamos passá-las rapidamente em revista, tendo em mente, particularmente, o *swap* de taxas de juro (IRS)[2339].

O *swap* é, em si, consensual: não exige uma forma específica. Todavia, até pela sua complexidade, as partes recorrem à forma escrita. O *swap* conclui-se, de resto, pela adesão a modelos contratuais estandardizados e que abaixo iremos referir. A consensualidade não exclui o cumprimento de regras prudenciais, porventura aplicáveis.

II. O *swap* é um contrato atípico. O Direito português, como abaixo será visto, em numerosos diplomas, refere-se-lhe e fixa algumas regras. Temos, pois, um contrato nominado: dotado de *nomen iuris*. Contudo, em parte alguma encontramos, para ele, um regime legal típico, que possa ser usado para suprir insuficiências dos negócios adotados pelas partes.

III. O *swap* tem natureza obrigacional. Dele não derivam efeitos reais, tudo se posicionando no plano de créditos e débitos.

O *swap* é um contrato comercial. Em regra, surge concluído por um profissional, no exercício da sua profissão e, *maxime*, um banqueiro. Não obstante pode, como parceiro, surgir um consumidor final, altura em que o *swap* cai nas malhas do Direito do consumo.

Estes aspetos devem ser desvendados, em cada caso concreto.

[2338] *Tratado de Direito civil* VII, 187 ss..

[2339] *Vide* Hélder M. Mourato, *O contrato de* swap *de taxa de juro* cit., 49 ss..

335. **Reciprocidade, sinalagmaticidade e onerosidade**

I. O contrato de *swap* conduz a prestações recíprocas. Ambas as partes ficam, nos seus termos, adstritas a certas condutas, previamente configuradas. Integra-se no domínio do que, em termos terminologicamente discutíveis, o Código Civil chama contratos "bilaterais" e que melhor ficaria bivinculante.

II. No *swap* existe um sinalagma: quer genético, quer funcional. Cada uma das partes vincula-se tendo em vista a contraprestação. E ao longo do seu funcionamento, a ideia do "dar-para-receber" mantém-se presente. A sinalagmaticidade não implica equilíbrio constante. No seu decurso, o contrato pode desequilibrar-se, funcionando contra uma das partes e a favor da outra. Estruturalmente, isso não perturba a natureza sinalagmática.

III. O *swap* é um contrato oneroso. Nenhuma das partes trabalha com *animus donandi*: ambas fazem um esforço económico, visando uma contrapartida que supõem remuneratória. Há, pois e perante o Direito português, que procurar o equilíbrio interpretativo das prestações: artigo 237.º do Código Civil.

336. **Aleatoriedade; o risco**

I. O *swap* alberga um fator de aleatoriedade. Ele lida com o risco. Falta, no Direito civil, uma teoria do risco. Em regra, recorre-se ao Direito dos seguros, para suprir essa lacuna. Cumpre prevenir, todavia, que mesmo nos seguros, o risco é, antes de mais, uma noção intuitiva: difícil de captar.

II. A indefinição que tem atingido a noção de "risco" provém, desde logo, da sua etimologia.

No Direito romano, a eventualidade de um acontecimento incerto era expresso pelo termo *alea*[2340]. A hipótese de um evento negativo equivalia a *periculum* ou a *damnum*[2341]. E de facto, no Direito romano, surgiam já esquemas coerentes de atribuição do risco (do *periculum*) em diversas

[2340] Aldo Boselli, *Alea*, NssDI I/1, reimpressão de 1974 468-476, 468/I.
[2341] Manlio Sargenti, *Rischio (diritto romano)*, ED 40 (1989), 1126-1132 (1126).

áreas, com relevo para a compra e venda[2342], para a locação[2343] e para contratos bilaterais[2344]. Mas não havia uma teoria geral, sendo mesmo apontado um quadro contraditório, nas compilações justinianeias[2345].

No período intermédio, *periculum* também foi usado[2346]. Mas recorreu-se ao latim *riscus*, baixo latim *risicus*, *rischium* ou *rischum*, para exprimir a mesma ideia[2347]. Na base, temos o grego de origem frísia *ρίσκος* (*riskos*) que exprimia um cofre, normalmente de madeira, onde se guardavam jóias e dinheiro[2348]. Daí, passou-se ao latim *riscus*, onde tinha sensivelmente o mesmo sentido[2349]; os etimologistas acentuam que o *riscus* era sobretudo usado pelas mulheres, contrapondo-se ao *fiscus*: a cesta onde era guardado o dinheiro da casa.

A ligação entre o *riscus* (cofre) e os perigos ou eventualidades em que ele poderia incorrer levou a que estes fossem designados por aquele, num fenómeno de contágio semântico conhecido, em linguística, como metonímia[2350].

Surgem, no entanto, outras etimologias para "risco"[2351], ainda que menos óbvias e documentadas[2352].

III. Tecnicamente, considera-se que a álea exprime uma margem de flutuação nos eventos futuros, implicando uma possibilidade de vantagens, com a inerente probabilidade de uma perda. Sendo assim, o risco exprimi-

[2342] Franz Haymann, *Textkritische Studien zum römischen Obligationenrecht/Periculum est emptoris*, SZRom 41 (1920), 44-185 (63 ss.) e Emil Seckel, *Die Gefahrtragung beim Kauf im klassischen römischen Recht*, SZRom 47 (1927), 117-263 (121 ss.).

[2343] Max Kaser, *Periculum locatori*, SZRom 74 (1957), 155-200.

[2344] Emilio Betti, *Zum Problem der Gefahrtragung bei zweiseitig verpflichtenden Verträgen*, SZRom 82 (1965), 1-23, onde também é usado o termo *periculum*.

[2345] Manlio Sargenti, *Rischio (diritto romano)* cit., 1126.

[2346] Italo Birocchi, *Rischio (diritto intermedio)*, ED 40 (1989), 1133-1143 (1134/II).

[2347] Du Cange, *Glossarium Mediae et Infimae Latinitatis* VI (1954, reimp.), 194/III; *rischium* e *rischum* surgem no século XIII, estando na base das equivalentes expressões nas atuais línguas latinas e nos próprios inglês (*risk*) e alemão (*Risiko*).

[2348] Hjalmar Frisk, *Griechisches Etymologisches Wörterbuch* II (1970), 659.

[2349] Hug, *Riscus*, PWRE 24/2 (1914), 923.

[2350] *Semântica*, GEPB 28 (s/d), 202-212 (205) e *Metonímia*, GEPB 27 (s/d), 123.

[2351] É comum a afirmação, nos dicionários etimológicos correntes, da incerteza quanto à origem do termo "risco".

[2352] *Vide* Margarida Lima Rego, *Contrato de seguro e terceiros/Estudo de Direito civil* (2010), 68.

ria a vertente negativa da álea: a do perigo de um mal[2353]. Risco pode, deste modo, ser definido como a probabilidade de diminuição, numa situação previamente considerada. Toma corpo numa de cinco eventualidades:

– na supressão ou na diminuição de uma vantagem;
– no não-surgimento de uma vantagem;
– no aumento de uma desvantagem;
– no não-desaparecimento de uma desvantagem;
– no desaparecimento menor de uma desvantagem.

O risco não tem de ser reportado a eventos futuros; mas quando assente em factos passados (ou presentes), estes não podem ser do conhecimento de quem corra o risco: ou já não haverá probabilidades, mas certezas.

O risco é uma realidade compreensiva. Apesar das aproximações lógicas acima efetuadas, ele exprime, antes de mais, um sentir sócio-económico relativo ao devir humano e aos desconfortos a que ele possa estar associado.

IV. Curiosamente, a ideia de gestão do risco permite "legitimar" contratos que, de outro modo, seriam um puro jogo.

Pensemos no contrato de seguro: uma definição sua que dispensasse o risco seria, formalmente, inatacável: o "segurador" obrigar-se-ia, contra um "prémio", a realizar, a favor do beneficiário, uma prestação convencionada, no caso de ocorrer determinado evento aleatório. Mas tal contrato, a ser juridicamente viável, redundaria numa simples aposta.

A justificação significativo-ideológica do seguro reside na cobertura do risco, consubstanciado em determinado interesse. Este elemento justifica a atenção e a tutela do Estado, através de toda uma máquina de supervisão. Além disso, ele está presente nos mais diversos meandros do Direito material de seguros, afeiçoando regras contratuais imperativas e supletivas, promovendo princípios e sindicando soluções.

Como qualquer Direito: o dos seguros tem um núcleo axiológico que, ao conjunto, dá uma coloração. A mesma lógica pode funcionar perante os derivados.

[2353] Aldo Boselli, *Alea* cit., 468/I; José Vasques, em Pedro Romano Martinez, *Lei do Contrato de Seguro Anotada*, 2.ª ed. (2011), 246.

V. O *swap* tem, pois, um elemento de aleatoriedade. As partes não sabem, de antemão, se os juros vão subir ou descer. E nessa medida, jogam em alterações que lhes sejam favoráveis. Mas não de qualquer forma: o contrato procede a uma gestão racional do risco, de tal modo que não é puramente aleatório. Vale, como modelo, o seguro.

337. **Estandardização e natureza duradoura**

I. Como já aludido, o *swap* conclui-se, em regra, pela adesão a grandes modelos de contratos, preparados, no plano internacional, por entidades associativas especializadas e que visam um regime estandardizado, para os derivados mais procurados.

II. O *swap* é um contrato cuja execução se prolonga no tempo. Dá azo, tecnicamente, a obrigações duradouras[2354]. Em princípio, o próprio contrato fixa as suas balizas contratuais, de tal modo que escapa às regras gerais sobre a denúncia. A natureza duradoura não é prejudicada pelo facto de o *swap* ter, em regra, um prazo predeterminado de vigência.

III. A natureza duradoura dos *swap*, associada ao facto de, em regra, se inserir numa relação bancária geral[2355], leva a que o *swap* se integre numa situação de confiança. Existem acrescidos deveres de informação e de lealdade, quer na fase pré-contratual, quer na execução do acordado.

[2354] *Tratado de Direito civil* VI, 559 ss..
[2355] *Supra*, 253 ss..

§ 83.º FIGURAS AFINS

338. O *Debt-Equity-Swap*

I. O contrato de *swap*, mormente o *swap* de taxas de juro, distingue-se, desde logo, de outras situações que usam o termo *swap*, mas que se distanciam deste núcleo. Vamos ver.

II. O *Debt-Equity-Swap*: trata-se da operação pela qual se permutam créditos por participações no capital. Designadamente, perante uma empresa em dificuldades, uma possível via de saneamento consiste, por parte dos seus credores, em trocar parte dos seus créditos, por ações da entidade a recuperar[2356]. Em rigor não há, aqui, qualquer derivado.

339. O *Credit Default Swap* (CDS)

I. O *Credit Default Swap* (CDS): surge como um derivado de um crédito: uma parte acorda, com outra, receber um valor aferido a certo crédito; se o devedor fraquejar, a parte adquirente recebe (na mesma) o valor acordado, cabendo ao vendedor do CDS colmatar o que falte; se cumprir, recebe o seu valor e a contraparte beneficia do valor pago pelo comprador[2357]. O comprador do CDS fica protegido contra a insolvência do devedor ou contra o agravamento da possibilidade de insolvência. Logi-

[2356] *Vide* Heinrich Meyer/Jan-Moritz Degener, *Debt-Equity-Swap nach dem RegE – ESUG*, BB 2011, 846-851; Markus J. Friedl, *Der Tausch von Anleiben in Aktien*, BB 2012, 1102-1108 (1108/I); Karsten Schmidt, *Debt-to-Equity-Swap bei der (GmbH&Co.-) Kommanditgesellschaft / ESUG, "Sanieren oder Ausscheiden" und vor allem: Fragen über Fragen!*, ZGR 2012, 566-584 (571 ss.); Karl Cloney, *Debt-for-equity swaps* (s/d), *Paper* na Net.

[2357] Henderson, *On Derivatives* cit., 2.ª ed., 5.3, 161-162.

camente, o CDS é tanto mais caro quanto maior o risco[2358]. Os vendedores de CDS ganham com a "despromoção" dos devedores. Cuidam de o fazer, nos órgãos de comunicação mais influentes, tendo já sido denunciadas as ligações com as próprias agências de *rating*.

II. Os valores dos CDS atingiram, no Planeta, qualquer coisa como US$ 60 triliões.

Os CDSs levantam muitas dúvidas, sendo que os seus malefícios "contaminaram", em geral e junto da opinião pública, os *swaps*. Referimos dois problemas: (1) os CDSs surgem em mercados não regulamentados, nada garantindo a solvência dos próprios emitentes; recordamos que o PIB norte-americano é de US$ 15,684 triliões, quedando-se o português pelos 0,2127, contra os 60 estimados triliões de CDSs; (2) o valor dos CDSs é dado pelo mercado; daí que os *ratings* sejam importantes, *ratings* esses que vão, depois, definir (também) o custo do crédito dos visados; um mau *rating* aumenta o lucro dos emitentes de CDSs. Já se considerou que este esquema provocou (ou agravou) os problemas da Grécia e, provavelmente, de outros países do Sul[2359]...

III. Pressionada pelos factos, a União Europeia acabaria por agir. Após prolongada preparação, surgiu o Regulamento n.º 236/2012, de 14 de março, relativo às vendas a descoberto e a certos aspetos dos *swaps* de risco de incumprimento[2360]. O CDS é, aí, definido – 2.º/1, *c*) – como[2361]:

> (...) um contrato derivado no qual uma parte paga uma comissão à outra parte como contrapartida de um pagamento ou outro benefício no caso de um acontecimento de crédito relativo a essa entidade de referência e de qualquer outro incumprimento, relativo a esse contrato derivado, que tenha um efeito económico equivalente.

[2358] O preço é expresso em *basis points*/ano, isto é, em 1/10.000 x os *points*; um CDS de 100 bps custa 1% do valor de base, ao ano; em agosto de 2013, segundo os números da CNBC, o CDS a 5 anos, com referência às dívidas soberanas respetivas, custava 26,27, para a Alemanha, 1003,95, para a Grécia e 445,645, para Portugal; em março de 2014, esses mesmos valores eram de 24,00, de 500,99 e de 222,83, respetivamente.

[2359] Jean-Claude Zerey, *Credit Default Swaps/Vertragsgestaltung*, em *Finanzderivaten* cit., 2.ª ed., § 7, Nr. 11 ss., 186 ss..

[2360] JOCE N. L 86, 1-24, de 24-mar.-2012.

[2361] *Idem*, L 86, 7/II.

Seguiu-se diversa legislação europeia, tendente a concretizar os objetivos do Regulamento n.º 236/2012. Todavia: toda esta matéria fica dependente de uma regulação planetária que venha a disciplinar a emissão de CDSs, a sua cobertura e as próprias agências de *rating*.

340. **O contrato de seguro**

I. No contrato de seguro, uma pessoa (o tomador do seguro) transfere para outra (o segurador) o risco de uma eventualidade (o sinistro), na esfera própria ou alheia (o segurado, que pode ou não coincidir com o tomador), mediante o pagamento de uma remuneração[2362]. O contrato de seguro, durante muitos anos tratado no Código Comercial de 1888, consta, hoje, de um regime especial, aprovado pelo Decreto-Lei n.º 72/2008, de 16 de abril: a Lei do Contrato de Seguro.

Historicamente, os seguros desenvolveram-se em torno de áreas dotadas de particular dinamismo, onde havia que proceder a uma gestão adequada do risco. Tal o caso dos seguros marítimos. A experiência, pautada por diversas crises, mostrou que, nos seguros, era imperiosa a confiança dos particulares, confiança essa que só era possível através da supervisão do Estado, direta ou indireta. Desenvolveu-se, nesse plano, o Direito institucional dos seguros que abrange, por um lado, o Direito das seguradoras e, por outro, o Direito da supervisão dos seguros.

II. Individualmente tomado, o contrato de seguro é um negócio sinalagmático, oneroso e aleatório: sinalagmático porque pressupõe a troca do prémio pelo risco; oneroso por ambas as partes suportarem um esforço económico; aleatório por o seu resultado final depender de um evento incerto (o sinistro): quer quanto à sua ocorrência (vg., acidente), quer, apenas, quanto ao momento da sua verificação (vg., morte). Deve dizer-se que toda esta matéria dá azo, em Direito dos seguros, a dúvidas e a controvérsia[2363]; todavia, para os presentes propósitos, não há que aprofundá-la.

Na hipótese de um particular concluir, com outro, um "contrato de seguro", estaríamos perante um ato jurídico aleatório, próximo da aposta. Contudo, os seguros celebrados em termos científicos, ao abrigo das leis dos grandes números e do cálculo das probabilidades, desenvolvidos no

[2362] *Direito dos seguros* (2013), 32.

[2363] *Idem*, 540 ss. e *passim*, com indicações.

século XVII, por seguradores profissionais supervisionados pelo Estado, não são aleatórios, no seu conjunto: representam um produto financeiro que assegura uma gestão científica do risco.

Em suma: o seguro caracteriza-se pela sua envolvência, pela especialidade de uma das partes (o segurador), pelo regime cuidado que o acompanha e pela supervisão do Estado.

III. O *swap*, particularmente o de taxas de juro, assume um certo papel de supressão do risco, numa das partes e da sua assunção pela outra[2364]. Tal como no seguro, o contrato apresenta-se sinalagmático, oneroso e aleatório, pelo menos para uma das partes. Todavia, o fator "supressão" ou "assunção" do risco depende de o *swap* operar em conjunto com um mútuo, isto é: de o *swap* ter sido concluído, em concreto, como esquema destinado a estabilizar a taxa de juros de um empréstimo oneroso.

No *swap* independente, nada há a assegurar. Estaremos perante um simples contrato aleatório.

341. Contratos de limitação de juros

I. O *swap* não se confunde com os contratos de limitação de juros (*interest rate agreements*, *interest rate guarantees* ou *Zinsbegrenzungsgeschäfte*), embora, funcionalmente, possa, em certos casos, estar próximo deles.

Na limitação de juros, temos, três hipóteses[2365]:

– *cap* (*Deckel*, *Haube*, tampa ou capota);
– *floor* (*Boden*, chão);
– *collar* (*Kragen*, colar).

II. O *cap* é o contrato pelo qual uma parte paga, a outra, um determinado *fee*, periódico. Em troca, o emitente do *cap* compromete-se a suportar o excesso de juros, caso a respetiva taxa ultrapasse um certo limite máximo, previamente fixado. Trata-se de um derivado que tem

[2364] *Vide* Pedro Boullosa Gonzalez, *Interest rate swaps: perspectiva jurídica*, Cad MVM 44 (2013), 10-28 (15 ss.).

[2365] Henderson, *On Derivatives* cit., 2.ª ed., 54 ss.; Uwe Jahn, *Außerbörkliche Finanztermingeschäfte (OTC-Derivate)* cit., § 114, Nr. 8-12, 1514-1515.

vantagens relativamente ao *swap*: por um lado, o beneficiário do *cap* sabe, de antemão, quanto lhe vai custar o produto; de seguida, esse mesmo beneficiário pode tirar partido do abaixamento das taxas de juro. O emitente do *cap* pode assumir o risco de subidas ilimitadas de juros ou, apenas, até certa fasquia: por exemplo, cobre juros a partir de 7%, mas, somente, até 12%.

III. O *floor* funciona como o inverso do *cap*. O beneficiário paga um *fee* ao emitente; em troca, este compromete-se a pagar qualquer hipotética quebra nos juros, de modo que o beneficiário conserve, sempre, um mínimo assegurado. Também aqui o destinatário do *floor* sabe quanto lhe custa o produto; além disso, ele aproveita das altas, nos juros, que possam sobrevir.

IV. Como variante do *cap* ou do *floor* temos o *corridor*. No *corridor*, um interessado adquire um *cap*, por hipótese, a partir de 7% de juros. O emitente do *cap*, por seu turno, adquire um *cap* a partir dos 12%. Significa isso que o primeiro beneficiário paga o *fee* e só responde por juros até 7%; o segundo, paga o *fee* e só responde por juros entre os 7% e os 12%; o terceiro interveniente, por fim, só corre o risco dos juros superiores a 12%. A mesma operação *corridor* pode ser montada inversamente, com dois *floors*.

V. Finalmente, o *collar* é uma combinação de um *cap* com um *floor*: um interessado adquire um *cap*, mediante um *fee*; mas em simultâneo, vende um *floor*, recebendo um *fee*. Em termos práticos, se os juros subirem acima do combinado (p. ex., 10%), está protegido porque o vendedor do *cap* intervém; mas se descerem abaixo de outra cifra combinada (p. ex., 5%), o adquirente do *floor* (e vendedor do *cap*) é remunerado. Esse esquema traduz-se, em termos práticos, na contenção do risco dentro de um "colar" ou "túnel", com abaixamento do preço do *cap*.

VI. Todas estas figuras têm afinidades funcionais com os *swaps* de taxas de juro. Restringem o risco, externalizando-o, pelo menos em certas margens. Simplesmente:

– implicam um mútuo;
– correspondem a uma "venda" e não a uma permuta;
– têm estruturas relativamente acessíveis;

– não envolvem riscos extraordinários: não mais do que o das flutuações dos juros, como é lógico;
– não têm a técnica estandardizada dos *swaps*.

342. **Contratos diferenciais**

I. O contrato diferencial tem como objeto o pagamento de uma quantia equivalente à diferença entre o valor do ativo subjacente no momento da celebração e no da execução[2366]. Um interessado adquire, por exemplo, petróleo ao preço atual e vende-o a seis meses. Ganha ou perde com o negócio, em função do evoluir das cotações do petróleo.

II. Durante muitos anos e nos diversos ordenamentos, os contratos diferenciais eram assimilados ao jogo e à aposta. Como tal foram tratados e, até, proibidos. Mais tarde, eles vieram a ser permitidos, embora sujeitos a diversas regras. Constam do artigo 2.º/1, *d*), do CVM.

III. Se bem se atentar, os contratos diferenciais cobrem uma vasta área de derivados: abrangem todos os negócios nos quais as partes trabalhem com diferenças de valores, atuais e futuros. Nessa medida, os próprios *swaps* eram considerados contratos diferenciais. A tendência atual vai no sentido de depurar os diferenciais de várias figuras concretas. Ficam, de certa forma, como figura residual.

343. **Contrato de jogo e aposta**

I. No contrato de jogo, as partes desenvolvem uma atividade lúdica ou desportiva e acordam que, em função do resultado, irão repartir o produto de garantias que, num momento prévio, ambas disponibilizaram ou se obrigaram a fazê-lo. Na aposta, elas combinam atribuir esse mesmo produto a uma delas, em função de uma ocorrência futura e incerta, ou passada, mas cujo sentido ambas desconheçam.

[2366] Com elementos: Carlos Ferreira de Almeida, *Contratos diferenciais*, em *Estudos comemorativos dos 10 anos da Faculdade de Direito da Universidade Nova de Lisboa* 2 (2008), 81-115 e José A. Engrácia Antunes, *Direito dos contratos comerciais* cit., 660-671.

II. O jogo e a aposta têm componentes lúdicas e valem pela sua aleatoriedade[2367]. A facilidade com que podem proporcionar dinheiro e o gosto do risco que façam correr aos participantes tornam-nos muito procurados, ao longo da História. O Direito tem reagido, de um modo geral, em termos restritivos: seja proibindo, seja reservando para o Estado a exploração do jogo e seja, finalmente, desvalorizando as obrigações derivadas de tais contratos: quando lícitos, o jogo e a aposta geram obrigações naturais: artigo 1245.º do Código Civil.

III. Qualquer contrato pode ser usado para "jogar" ou para "apostar": desde a compra e venda à sociedade e até ao próprio casamento. Não é esse, todavia, o perfil dos diversos negócios, salvo, justamente, o jogo e a aposta.

Os contratos que, como o de seguro, comportam um elemento de aleatoriedade, rodeiam-se de uma ambiência e de um regime que aponta, puramente, para uma gestão científica do risco. Fixa regras, procura um equilíbrio e desenha um perfil que permite, a todos os envolvidos, obter vantagens ajustadas.

Também nesta linha podemos incluir os *swaps*. À partida, o *swap* não cria um risco: este advinha já do mercado e das flutuações de taxas de juros, que dele resultem. O *swap* vai, tão-só, gerir "cientificamente" esse risco, distribuindo-o pelas partes em termos que tenham por equitativos. Não se confunde, pela ambiência, pela função e pelo regime, com o jogo e a aposta[2368]: desde que decididamente usado.

[2367] Rui Pinto Duarte, *O jogo e o Direito*, Themis 2/3 (2001), 69-93.

[2368] *Vide*, quanto a distinção entre jogo e aposta e *swap*, Pedro Boullosa Gonzalez, *Interest rate swaps* cit., 20-21.

SECÇÃO III
OS *SWAPS* NAS LEIS PORTUGUESAS

§ 84.º OS *SWAPS* NAS LEIS SOBRE O ESTADO E DIREITO EUROPEU

344. **Generalidades**

I. Como foi referido, o *swap* é um contrato legalmente atípico. Não dispõe, na lei portuguesa, como nas dos demais países, de um regime típico fixado pela lei. Poderemos, quando muito, falar num tipo social, reconhecido nas condições contratuais gerais dos emitentes e nos modelos internacionais estandardizados.

II. Não obstante, encontramos, nas leis portuguesas e no Direito europeu, diversas referências a *swaps* e, além disso, múltiplas regras que lhes estão sectorialmente associadas. Esses aspetos são importantes. Por um lado, permitem firmar o *swap*, particularmente o *swap* de taxas de juro, como um instrumento reconhecido pela ordem interna portuguesa. Por outro, justamente pela aportação de certas regras, as leis portuguesas facultam conhecer melhor o contrato em causa.

III. As referências legais aos *swaps* não comportam qualquer plano de conjunto. Surgem dispersas em diplomas de índole muito variada, ditados pelas necessidades práticas de acudir a diversas questões. Para uma boa ordenação subsequente, vamos distinguir:

– Leis dirigidas ao Estado e Direito europeu;
– Leis tributárias;
– Leis da banca, dos seguros e dos valores mobiliários;
– a titularização de créditos.

345. **O *swap* de divisas (*currency swap*)**

I. Nas leis portuguesas, encontramos a expressão *swap*, pela primeira vez, no Decreto-Lei n.º 77-A/87, de 16 de fevereiro, assinado pelo então

Ministro das Finanças, Miguel Cadilhe e pelo então Primeiro-Ministro, Aníbal Cavaco Silva e referendado pelo também então Presidente da República, Mário Soares. Esse diploma tinha o seguinte sumário oficial[2369]:

> Autoriza o Ministro das Finanças a contrair, em nome e representação da República Portuguesa, um empréstimo de 15 000 milhões de ienes japoneses e a proceder à correspondente emissão de títulos, assim como a operações de permuta de divisas (*swap*).

II. Nessa linha, dispunha o artigo 2.º do Decreto-Lei n.º 77-A/87 em causa[2370]:

> Art. 2.º Ao abrigo da autorização concedida pelo artigo anterior, o Ministro das Finanças poderá celebrar, com um grupo de instituições financeiras estrangeiras, em nome e representação da RP, todos os contratos regulando, nomeadamente, os termos e condições de notas promissórias, as respectivas condições de emissão, de subscrição, de oferta ao público e admissão à cotação nas respectivas bolsas de valores, os termos em que serão desempenhadas as funções de agentes fiscalizadores, pagadores e de efectivação de registo e de troca de títulos por parte das referidas instituições e, bem assim, os termos e condições de operações de permuta de divisas *swap*).

Tratava-se, pois, de um *swap* de divisas ou *currency swap*, que envolveu diretamente o Estado português, ao mais alto nível.

346. **Receitas e despesas públicas**

I. O Decreto-Lei n.º 26/2002, de 14 de fevereiro, aprovou o regime dos códigos de classificação económica das receitas e despesas públicas[2371]. Esse diploma comporta um anexo III – notas explicativas ao classificador económico, de onde consta, como receitas, o ponto seguinte[2372]:

> 11.04.00 – "*Derivados financeiros*". – Engloba as receitas provenientes das aplicações financeiras, cuja rendibilidade depende de outros ativos, nomeadamente, as opções, *warrants*, futuros, *swaps*, *forward rate agreements*. Não

[2369] DR I, n.º 39, supl., de 16-fev.-1987, 616-(1)/I.

[2370] *Idem*, 616-(1)/II.

[2371] Com a Retificação n.º 8-F/2002, de 28-fev.-2002, DR I-A, n.º 50, de 28-fev.-2002, 1682-(9).

[2372] DR I-A, n.º 38, de 14-fev.-2002, 1181/I.

inclui os instrumentos subjacentes aos derivados nem os instrumentos secundários não transacionáveis.

II. O Decreto-Lei n.º 26/2002, foi alterado pelo Decreto-Lei n.º 69-A/2009, de 24 de março (Orçamento retificativo para 2009), mas não no ponto transcrito. A tabela II daquele diploma foi modificada pelo Decreto-Lei n.º 29-A/2011, de 1 de março[2373]: também ele deixando incólume o troço em causa.

III. Verifica-se, ainda, que o Estado, através de organismos próprios, pode celebrar contratos de derivados, incluindo *swaps*, fazendo suas as inerentes receitas. Assim:

– *Decreto-Lei n.º 200/2012, de 27 de agosto*, que aprova os estatutos da Agência de Gestão da Tesouraria e da Dívida Pública (IGCP, E.P.E.): de acordo com o artigo 6.º/1, *d*) e *e*), cabe à IGCP gerir as operações de derivados financeiros das entidades do sector público empresarial cuja gestão ativa de dívida lhe seja cometida e analisar as operações de financiamento e as operações de derivados financeiros a realizar por entidades do sector público empresarial que, nos termos da lei, estejam dependentes do seu parecer prévio;
– *Decreto-Lei n.º 203/2012, de 28 de agosto*, que aprova a orgânica do Instituto de Gestão de Fundos de Capitalização da Segurança Social, I.P.: no artigo 16.º/11, *a*), prevê que o Fundo de Estabilização Financeira da Segurança Social obtenha receitas por recurso a operações de derivados financeiros.

347. **Direito europeu da prestação de contas**

I. O tema da prestação de contas tem merecido uma atenção direta, desde a 1.ª Diretriz de Direito das Sociedades, de 1968[2374]. Seguiram-se numerosas intervenções, designadamente as relativas aos IAS, aos IFRS e aos NIC[2375].

No que tange à concreta apresentação de contas pelos Estados, remonta a 1970 a publicação de um documento administrativo designado "Sistema europeu de contas económicas integradas" ou SEC, com uma segunda edi-

[2373] DR 1.ª, n.º 42, supl., de 1-mar.-2011, 1246-(29)/II.

[2374] Ou Diretriz 68/151, de 9 de março; *vide* o nosso *Direito europeu das sociedades* (2005), 127 ss..

[2375] Para mais elementos, *Direito das sociedades* 1, 3.ª ed. (2011), 1034 ss..

ção, em 1979. Em 1993, a Comissão de Estatística das Nações Unidas preparou um "Sistema de Contabilidade Nacional" ou SCN, de modo a permitir a comparabilidade dos resultados, a nível nacional.

II. O Regulamento (CE) 2223/96, de 25 de junho, adotou o Sistema europeu de contas nacionais e regionais na Comunidade[2376]. Aí, nos rendimentos de propriedade (D.4), a propósito de juros (D.41), encontramos a seguinte referência, acompanhada por uma definição[2377]:

> *Swaps* de taxas de juro e contratos de garantia de taxas
> 4.47. Os *swaps* são contratos celebrados entre duas unidades institucionais que acordam na troca de uma série de créditos representando um mesmo valor de dívidas ao longo do tempo. Os tipos de *swaps* mais correntes são os *swaps* de taxas de juro e os *swaps* de divisas.
> Os fluxos de juros resultantes de acordos de *swaps* devem ser contabilizados líquidos dos pagamentos entre as duas partes; quaisquer pagamentos a terceiros (por exemplo, corretores especializados) pela preparação dos *swaps* são registados como aquisições de serviços.
> Aplica-se o mesmo princípio às operações efectuadas ao abrigo de contratos de garantia de taxas (*forward rate agreements*).

Nesse Regulamento, surgem, ainda, diversas referências a *swaps*: pontos 5.32, 5.43, 5.67, 5.76, 5.81 e 5.139. Os juros de *swaps* são ainda relevantes, segundo o anexo V, para determinar o procedimento relativo a défices excessivos[2378].

Retemos a alínea *d*) do ponto 5.67[2379]:

> d) Contratos de troca (*swaps*), mas apenas no caso de terem um valor de mercado em virtude de serem negociáveis ou poderem ser objecto de compensação. Os *swaps* são acordos contratuais entre duas partes que acordam na troca, ao longo do tempo e segundo regras predeterminadas, de uma série de pagamentos correspondentes ao montante exacto da dívida. As duas variedades mais frequentes são os *swaps* de taxas de juro e de divisas. Os *swaps* de taxas de juro envolvem a troca de pagamentos de juros de diferente carácter, por exemplo, taxa fixa contra taxa flutuante, duas taxas flutuantes diferentes, taxa fixa numa moeda e taxa flutuante noutra, etc. (ver ponto 4.47). Os *swaps* de divisas envolvem a troca de determinados montantes de duas moedas diferentes com os reembolsos subsequentes,

[2376] JOCE N. L-310, de 30-nov.-1996, 1-469.
[2377] *Idem*, 102.
[2378] *Idem*, Anexo V, abaixo citado.
[2379] *Idem*, 135.

que incluem os fluxos de juros bem como os de reembolsos, ao longo do tempo e segundo regras predeterminadas;

III. O Regulamento 2223/96 foi alterado por sucessivos Regulamentos:

– Regulamento 2516/2000, de 7 de novembro[2380];
– Regulamento 995/2001, de 22 de maio[2381];
– Regulamento 2558/2001, de 3 de dezembro[2382];
– Regulamento 1889/2002, de 23 de outubro[2383];
– Regulamento 400/2009, de 23 de abril[2384].

IV. Finalmente, a matéria foi retomada pelo Regulamento 549/2013, de 21 de maio[2385]. Aí mantém-se a referência aos acordos de *swap*, no ponto 4.47, embora sem a definição[2386]. O ponto B.5.1.2.,*a*), menciona os CDS[2387]. Surgem referências aos *swaps* nos pontos 5.66, 5.81, 5.106, 5.109, 5.133, 5.202, 20.133, 20.188 e 20.252.

V. O Regulamento 549/2013 apresenta definições: de derivados financeiros (5.199-5.202), de opções (5.203-5.206), de *forwards* (5.207-5.209) e de *swaps* (5.210-5.213), entre outros. Vamos reter o texto relativo aos *swaps*[2388]:

Swaps

5.210 Definição: os *swaps* são acordos contratuais entre duas partes que acordam na troca, ao longo do tempo e segundo regras predeterminadas, de uma série de pagamentos correspondentes a um valor hipotético de capital, entre elas acordado. As categorias mais frequentes são os *swaps* de taxas de juro, os *swaps* cambiais e os *swaps* de divisas.

2380 JOUE N. L-290, 1-2. de 17-nov.-2000.

2381 JOUE N. L-139, 3-8, de 23-mai.-2001.

2382 JOUE N. L-344, 1-4, de 28-dez.-2001; este diploma acrescentou um anexo V, que manda contabilizar os fluxos resultantes de *swaps*, para efeitos de défice excessivo.

2383 JOUE N. L-286, 11-12, de 24-out.-2002.

2384 JOUE N. L-126, 11-12, de 21-mai.-2009; este Regulamento veio permitir alterações ao SEC por decisão da Comissão, desde que não estejam em causa os conceitos de base.

2385 JOUE N. L-174, 1-727, de 26-jun.-2013: setecentas e vinte e sete páginas de texto denso.

2386 *Idem*, 134.

2387 *Idem*, 160.

2388 *Idem*, 183.

5.211 Os *swaps* de taxas de juro consistem na troca de juros de diferentes tipos relativos a um capital hipotético que nunca é trocado. Exemplos de taxas de juro que podem ser objeto de *swaps*: taxas fixas, taxas variáveis e taxas denominadas numa divisa. Geralmente, os pagamentos ocorrem em numerário no correspondente à diferença entre as duas taxas de juro estipuladas no contrato e que se aplicam ao capital hipotético que foi acordado.

5.212 Os *swaps* cambiais são transações em divisas estrangeiras a uma taxa de câmbio definida no contrato.

5.213 Os *swaps* de divisas envolvem uma troca de fluxos de caixa no correspondente ao pagamento de juros e, no final do contrato, uma troca de capital a uma taxa de câmbio acordada.

As liquidações de *swaps* são consideradas operações financeiras (20.188).

VI. As apontadas regras europeias dirigem-se ao Estado português. Além disso e nos termos da Constituição, elas integram-se na ordem interna. Só por aqui verificamos não haver, nos *swaps*, nenhum corpo estranho. Antes ocorre uma realidade consistente, que se impõe ao próprio Estado.

§ 85.º AS LEIS TRIBUTÁRIAS

348. O Decreto-Lei n.º 257-B/96, de 31 de dezembro

I. As leis tributárias portuguesas, a partir de meados da década de noventa do século XX, vieram dar a maior atenção aos *swaps*. Surgem, nelas, as primeiras referências aos *swaps* de taxas de juros (IRS).

O Decreto-Lei n.º 257-B/96, de 31 de dezembro, veio alterar diversos códigos fiscais[2389]. Começa por explicar-se nestes termos[2390]:

> Os instrumentos financeiros derivados constituem uma das vertentes de evolução e crescimento do mercado financeiro. As potencialidades daquele mercado, que se poderá considerar ainda nascente no nosso país, são muito elevadas, quer no que se refere ao tipo de instrumentos a utilizar, quer quanto aos montantes envolvidos.
>
> Os instrumentos financeiros derivados, como o nome indica, consubstanciam-se em formas originais de utilização de instrumentos clássicos. Dessa originalidade resultam especificidades próprias, que se considerou justificarem um regime fiscal adequado às particularidades substanciais das operações.
>
> O regime fiscal de novos instrumentos financeiros em matéria de imposto do selo deu lugar ao Decreto-Lei n.º 85/96, de 29 de junho. Pretende-se agora estabelecer o regime desses instrumentos quanto a impostos sobre o rendimento.

E prossegue[2391]:

> Em primeiro lugar, houve o problema da qualificação desses rendimentos para efeitos de IRS. A este respeito, clarifica-se que se incluem na categoria de rendimentos de capitais os ganhos decorrentes de operações de *swap*, alargando-se desse modo o âmbito de aplicação da alínea *p*) do n.º 1 do artigo 6.º do Código do IRS. Em relação a instrumentos financeiros derivados não

[2389] DR I-A, n.º 302, supl., de 31-dez.-1996, 4716-(7)-4716-(11).
[2390] *Idem*, 4716-(7)/II-4716-(8)/I.
[2391] *Idem*, 4716-(8)/I.

previstos no referido artigo 6.º, os respetivos rendimentos são qualificados como rendimentos comerciais, industriais ou agrícolas, conforme os casos.

II. A técnica de cálculo do rendimento implicava um cuidado especial. Prossegue o preâmbulo[2392]:

Relativamente às regras de periodização, atendeu-se, tal como se verifica na legislação de outros países, ao facto de tais instrumentos serem ou não negociados em bolsa de valores, fator que se reflete, entre outros aspetos, no diferente risco envolvido. Na linha da evolução dos regimes fiscais e normas contabilísticas fixou-se a regra da valorização ao preço de mercado, no final do exercício, dos instrumentos transacionados em bolsa de valores.

Introduziu-se, no entanto, um ajustamento relativamente aos contratos em curso no fecho de um exercício, quando a sua finalidade for a de cobertura de operações a realizar no exercício seguinte, que consiste na compensação temporal e quantitativa dos ganhos e perdas constatados no instrumento coberto e no de cobertura.

A noção de cobertura, retida para fins fiscais, contempla apenas as operações de microcobertura, ou seja, afasta qualquer modalidade de cobertura de elementos agregados.

III. A substancialidade era ressalvada[2393]:

Por outro lado, houve que introduzir normas de prevenção da evasão fiscal. Para o efeito, considerou-se essencial a consagração expressa da relevância do princípio da substância sobre a forma. Introduziu-se também um regime particular quanto à dedutibilidade das perdas sempre que estejam em causa operações simétricas.

Podemos deduzir que, para o legislador fiscal – como, de resto, mandam os bons cânones de interpretação –, importa a materialidade da situação em causa. Tal postura implica que, para derivados em geral como, em especial, para os *swaps*, caiba relevar a verdade financeira e económica.

IV. Finalmente, e sempre com recurso ao preâmbulo do Decreto-Lei n.º 257-B/96, o legislador deixa um aceno de simpatia pelos derivados. Disse[2394]:

[2392] *Idem*, loc. cit..
[2393] *Idem*, loc. cit..
[2394] *Idem*, loc. cit..

Estabeleceram-se ainda regras de tributação para os fundos de investimentos e fundos de capital de risco, porquanto os rendimentos dos instrumentos financeiros derivados considerados neste diploma não estão abrangidos no âmbito da incidência real do artigo 19.º do Estatuto dos Benefícios Fiscais.

Por último, cumpre destacar a introdução de duas medidas de benefício fiscal temporário justificadas no interesse do desenvolvimento do mercado organizado em Portugal. A primeira tem por objetivo aproximar a tributação dos ganhos respeitantes a contratos de futuros e opções sobre ações ou índices sobre ações do regime geral aplicável à transmissão onerosa de ações. A segunda tem em conta a fase de arranque da Bolsa de Derivados em Portugal, consubstanciando-se numa tributação atenuada, mas gradualmente crescente, dos rendimentos decorrentes de contratos de futuros e opções, não contemplados na medida anterior, celebrados em bolsa de valores.

V. O Decreto-Lei n.º 257-B/96, de 31 de dezembro, veio, com se vê, introduzir, justificadamente, o *swap* de taxas de juros no ordenamento fiscal português. Reconheceu, de modo explícito, a legalidade desse instrumento e a legitimidade dos rendimentos por ele proporcionados. E tributou-os.

349. **O Código do IRS**

I. O Decreto-Lei n.º 257-B/96, na linha da explicação acima dada, veio inserir a referência aos *swaps*, no Código do Imposto sobre o Rendimento das Pessoas Singulares, aprovado pelo Decreto-Lei n.º 442-A/88, de 30 de novembro e por último alterado, neste momento, pela Lei n.º 2/2014, de 18 de janeiro, que reformou a tributação das sociedades.

Mais precisamente, ele veio aditar, ao seu artigo 6.º/1, uma alínea *p*), assim concebida[2395]:

> *p*) O ganho decorrente de operações de *swaps* cambiais, *swaps* de taxa de juro, *swaps* de taxa de juro e divisas e de operações cambiais a prazo, desde que, neste último caso, tenham subjacente um elemento, designadamente depósitos ou valores mobiliários, que assegure a cobertura do risco.

II. O Decreto-Lei n.º 198/2001, de 3 de julho, veio renumerar e republicar os três grandes códigos fiscais: do IRS, do IRC e dos Benefícios Fiscais. O preceito acima transcrito passou a ser, com o mesmo teor, o artigo 5.º/1, *q*), do Código do IRS: sempre com rendimento da categoria E[2396].

[2395] *Idem*, 4716-(8)/II-4716-(9)/I.
[2396] DR I-A, n.º 152, de 3-jul.-2001, 3928/I.

III. A fixação do rendimento de *swap*, relevante para efeitos da tributação em IRS, surgia no artigo 6.º, em preceitos aditados pelo Decreto-Lei n.º 257-B/96[2397]:

> 5. Sem prejuízo do disposto no número seguinte, nos casos previstos na alínea *p*) do n.º 1, o ganho sujeito a imposto é constituído:
>
> *a*) Tratando-se de *swaps* cambiais ou de operações cambiais a prazo, pela diferença positiva entre a taxa de câmbio acordada para a venda ou compra na data futura e a taxa de câmbio à vista verificada no dia da celebração do contrato para o mesmo par de moedas;
>
> *b*) Tratando-se de *swaps* de taxa de juro ou de taxa de juro e divisas, pela diferença positiva entre os juros e, bem assim, no segundo caso, pelos ganhos cambiais respeitantes aos capitais trocados.
>
> 6. Havendo lugar à cessão ou anulação de um *swap* ou de uma operação cambial a prazo, com pagamento e recebimento de valores de regularização, os ganhos respetivos constituem rendimento para efeitos da alínea *p*) do n.º 1, aplicando-se, com as necessárias adaptações, o disposto no artigo 68.º-C do Código do IRC.
>
> 7. Estando em causa instrumentos financeiros derivados, o disposto no n.º 11 do artigo 68.º-B do Código do IRC é aplicável, com as necessárias adaptações, para efeitos de IRS.

Estes preceitos, pelo Decreto-Lei n.º 198/2001, de 3 de julho, passaram, respetivamente, a números 6, 7 e 8[2398].

IV. A Lei n.º 109-B/2001, de 27 de dezembro, que aprovou o Orçamento Geral do Estado para 2002, alterou o artigo 5.º, alínea *q*), do CIRS, o qual ficou com a redação seguinte:

> *q*) O ganho decorrente de operações de *swaps* cambiais, *swaps* de taxa de juro, *swaps* de taxa de juro e divisas e de operações cambiais a prazo.

V. A Lei n.º 64-B/2011, de 30 de dezembro, que aprovou o Orçamento Geral do Estado para 2012, atualizou o artigo 5.º/7, equivalente ao anterior n.º 6[2399]. Essa mesma Lei aditou, ao CIRS, um artigo 40.º-B, assim redigido[2400]:

[2397] DR I-A, n.º 302, supl., de 31-dez.-1996, 4716-(9)/I.
[2398] DR I-A, n.º 152, de 3-jul.-2001, 3928/II.
[2399] DR 1.ª, n.º 250, supl., de 30-dez.-2011, 5538-(82)/I.
[2400] *Idem*, 5538-(88)/I-II.

Swaps e operações cambiais a prazo

No cálculo do rendimento da cessão ou anulação de um *swap* ou de uma operação cambial a prazo, com pagamento e recebimento de valores de regularização, não é considerado:

a) Qualquer pagamento de compensação que exceda os pagamentos de regularização, ou terminais, previstos no contrato original, ou os preços de mercado aplicáveis a operações com idênticas características, designadamente de prazo remanescente;

b) O custo imputado à aquisição de uma posição contratual de um *swap* preexistente que exceda os pagamentos de regularização, ou terminais, previstos no contrato original, ou os preços de mercado aplicáveis a operações com idênticas características, designadamente de prazo remanescente.

VI. Em sede de IRS, fica consolidada a legalidade dos *swaps* de taxas de juro e a legitimidade dos rendimentos que eles proporcionem. E o Estado aproveita a inerente criação de riqueza, para os tributar. Fecha-se o círculo.

350. O Código do IRC

I. O Código do Imposto sobre o Rendimento das Pessoas Coletivas (IRC), aprovado pelo Decreto-Lei n.º 442-B/88, de 30 de novembro e por último alterado, neste momento, pela Lei n.º 2/2014, de 16 de janeiro, não referia, inicialmente, a figura ora em estudo.

Ele foi alterado pelo Decreto-Lei n.º 257-B/96, de 31 de dezembro, de modo a incluir os instrumentos financeiros derivados (ou os rendimentos deles resultantes). Nesse sentido, foi acrescentado um longo preceito – o artigo 68.º-B – epigrafado "instrumentos financeiros derivados/regras gerais".

Seguia-se um novo artigo 68.º-C, referente a *swaps*, com o teor seguinte[2401]:

1. Havendo lugar à cessão ou anulação de um *swap* ou operação cambial a prazo, com pagamento e recebimento de valores de regularização, observar-se-á o seguinte:

a) Os montantes devidos serão considerados como proveito ou custo do exercício da anulação do contrato;

b) Não é aceite como custo para efeitos fiscais qualquer pagamento de compensação que exceda os pagamentos de regularização, ou

[2401] DR I-A, n.º 302, supl., de 31-dez.-1996, 4716-(10)/II.

terminais, previstos no contrato original, ou os preços de mercado aplicáveis a operações em idênticas características, designadamente de prazo remanescente, cabendo às entidades intervenientes a respetiva comprovação.

2. Não é aceite como custo fiscal o custo imputado à aquisição de uma posição contratual de um *swap* preexistente que exceda os pagamentos de regularização, ou terminais, previstos no contrato original, ou os preços de mercado aplicáveis a operações com idênticas características, designadamente de prazo remanescente, cabendo às entidades intervenientes a respetiva comprovação.

II. O Decreto-Lei n.º 198/2001, de 3 de julho, veio a renumerar este preceito, sem alterações, como artigo 79.º[2402].

No tocante a isenções, este diploma tem, ainda, uma norma do maior relevo, introduzida no artigo 9.º/4. Dispõe esse preceito, quanto a isenções do Estado[2403]:

O Estado, atuando através do Instituto de Gestão do Crédito Público, está isento de IRC no que respeita a rendimentos de capitais decorrentes de operações de *swap* e de operações cambiais a prazo, tal como são definidos para efeitos de IRS.

III. O regime do Imposto sobre Pessoas Coletivas permite conclusões em dois planos, ambos interessantes. Em primeiro lugar e confirmando o que já vinha do IRS, fica assente a legalidade dos *swaps* e a legitimidade do rendimento que proporcionem. O Estado, de resto, tira proveito direto de tais rendimentos, por via fiscal. E em segunda linha, verifica-se que o Estado se atribui, a si próprio, rendimentos dos *swaps* que celebre, isentando-os de imposto.

351. **O Estatuto dos Benefícios Fiscais**

I. O Estatuto dos Benefícios Fiscais, aprovado pelo Decreto-Lei n.º 215/89, de 1 de julho e por último alterado, neste momento, pela Lei n.º 83-C/2013, de 31 de dezembro, também não referia os *swaps*, na sua versão inicial.

Tal como sucedeu com os IRS e IRC, também ele veio a ser sensibilizado, para esse ponto, pelo Decreto-Lei n.º 257-B/96, de 31 de dezembro.

[2402] DR I-A, n.º 152, de 3-jul.-2001, 3985/I.
[2403] *Idem*, 3961/II.

II. Este diploma introduziu, no Estatuto dos Benefícios Fiscais, um preceito relativo a *swaps*, que passamos a transcrever[2404]:

Artigo 36.º-A
***Swaps* e empréstimos de instituições financeiras não residentes**

Ficam isentos de IRC os juros decorrentes de empréstimos concedidos por instituições financeiras não residentes a instituições de crédito residentes, bem como os ganhos obtidos por aquelas instituições decorrentes de operações de *swap* efetuadas com instituições de crédito residentes

III. Este preceito foi alterado pela Lei n.º 127-B/97, de 20 de dezembro, que aprovou o OGE para 1998, ficando com a redação seguinte[2405]:

Artigo 36º-A
***Swaps* e empréstimos de instituições financeiras não residentes**

1. Ficam isentos de IRC os juros decorrentes de empréstimos concedidos por instituições financeiras não residentes a instituições de crédito residentes, bem como os ganhos obtidos por aquelas instituições decorrentes de operações de *swap* efetuadas com instituições de crédito residentes, desde que esses juros ou ganhos não sejam imputáveis a estabelecimento estável daquelas instituições situado no território português.

2. Ficam igualmente isentos de IRC os ganhos obtidos por instituições financeiras não residentes decorrentes de operações de *swap* efetuadas com o Estado, actuando através do Instituto de Gestão do Crédito Público, desde que esses ganhos não sejam imputáveis a estabelecimento estável daquelas instituições situado em território português.

IV. O Decreto-Lei n.º 198/2001, de 3 de julho, renumerou este preceito: passou, com o mesmo teor, a artigo 29.º[2406]. A Lei n.º 109-B/2001, de 27 de dezembro – o referido diploma que aprovou o Orçamento para 2002 – acrescentou, ao artigo 29.º em causa, um número 3, assim concebido[2407]:

O disposto nos números anteriores não é aplicável quando as entidades financeiras não residentes tenham domicílio em país, território ou região, sujeito a um regime fiscal claramente mais favorável, constante de lista aprovada por portaria do Ministro das Finanças, e que não disponham em território português de estabelecimento estável ao qual os referidos rendimentos sejam imputáveis.

2404 DR I-A, n.º 302, supl., de 31-dez.-1996, 4716-(11)/I-II.
2405 DR I-A, n.º 293, supl., de 20-dez.-1997, 6732-(110)/I.
2406 DR I-A, n.º 152, de 3-jul.-2001, 4003/II.
2407 DR I-A, n.º 298, supl., de 27-dez.-2001, 8496-(322)/I.

Este n.º 3 teve vida curta: foi eliminado pela Lei n.º 32-B/2002, de 30 de dezembro, que aprovou o Orçamento Geral do Estado para 2003[2408].

V. O Decreto-Lei n.º 108/2008, de 26 de junho, renumerou o artigo 29.º, acima transcrito: passou a 30.º, com a mesma redação[2409].

O Estatuto dos Benefícios Fiscais assinala, pois, os *swaps*, reconhecendo-os e acolhendo-os. Tal como emerge dos demais e já referidos diplomas fiscais, verifica-se ainda que os *swaps* foram, nos últimos anos, objeto de mexidas, de alterações e de renumerações.

[2408] DR I-A, n.º 301, supl., de 30-dez.-2002, 8186-(167)/I.
[2409] DR 1.ª, n.º 122, de 26-jun.-2008, 3946/II-3947/I.

§ 86.º BANCOS, SEGUROS E VALORES MOBILIÁRIOS

352. Generalidades

I. A generalização dos derivados e, em especial, dos *swaps*, coloca alguns problemas aos sectores mais sensíveis da finança: à banca, aos seguros e aos valores mobiliários, estes últimos tomados numa aceção muito ampla. Trata-se, efetivamente, de áreas sujeitas à regulação do Estado.

II. Recordamos que a regulação surge como uma técnica peculiar de ordenação normativa, norteada por preocupações de racionalidade científica, próprias da área visada. A regulação bancária, a conduzir por uma entidade pública independente e altamente especializada – o Banco de Portugal –, assegura-se não apenas de que as instituições de crédito observam os dispositivos vigentes mas também de que as mesmas agem e são geridas de acordo com as mais elevadas regras da arte bancária. O mesmo sucede com o Instituto de Seguros de Portugal, relativamente às companhias seguradoras e com a Comissão dos Valores Mobiliários, no que tange às entidades sujeitas à sua supervisão.

III. Pois bem: os derivados, com os *swaps* à cabeça, envolvem vantagens e, ainda, nítidos riscos, em termos de supervisão bancária, de seguros e mobiliária. Vamos documentar, de seguida, o modo por que as grandes instâncias de regulação portuguesas se ocuparam do tema.

353. O Direito bancário

I. Uma primeira intervenção prudencial quanto a *swaps*, no domínio da banca portuguesa, ocorreu por via do Aviso do Banco de Portugal n.º 6/93, de 1 de outubro, o qual, para efeitos do artigo 5.º/1 do Decreto-Lei n.º 13/90, de 8 de janeiro, veio precisar a ideia de "compra e venda de moeda estrangeira". Incluiu, aí – ponto 1.3 –, a "contratação de *swaps* de moeda[2410]. Este preceito veio a ser acolhido pelo Aviso n.º 1/99, de 4 de janeiro[2411], depois alterado, ainda que não nesse ponto, pelo Aviso n.º 11/2006, de 23 de novembro[2412].

II. Os *swaps* de moedas vêm referidos, a partir de meados da década de 90, do século XX, em sucessivas instruções do Banco de Portugal: quer relativas ao funcionamento do mercado (n.º 32/96, de 17 de junho), quer atinentes a posições cambiais (n.º 31/96, também de 17 de junho). Contamos mais de trinta instruções, nesse sentido[2413].

III. A *ratio* de solvabilidade das instituições de crédito, fixada pelo Banco de Portugal ao abrigo de legislação comunitária, veio, também, contemplar os *swaps*.

No agora em relevo, assinalamos o Aviso n.º 1/2001, de 2 de fevereiro[2414], que alterou o Aviso n.º 1/93. Aí (ponto 3.2), refere o valor ponderado de certos contratos, os quais são precisados na parte III. Aí se lê[2415]:

> Os contratos a que se refere o n.º 3.2 da parte I do presente anexo são os seguintes:
>
> 1) Contratos sobre taxas de juro:
> *a*) *Swaps* de taxas de juro na mesma moeda;
> *b*) *Swaps* de taxas de juro variáveis de natureza diferente – '*swaps* de base';
> *c*) Contratos a prazo relativos a taxas de juro;
> *d*) Futuros sobre taxas de juro;
> *e*) Opções adquiridas sobre taxas de juro;
> *f*) Outros contratos de natureza idêntica;
>
> 2) Contratos sobre taxas de câmbio e contratos sobre ouro:
> *a*) *Swaps* de taxas de juro em moedas diferentes;
> *b*) Contratos a prazo sobre moedas;
> *c*) Futuros sobre moedas;
> *d*) Opões adquiridas sobre moedas;

[2410] DR II, n.º 242, de 15-out.-1993; o texto pode ser confrontado no *site* do Banco de Portugal.

[2411] DR I-B, n.º 12, de 15-jan.-1999, 294/II.

[2412] DR 1.ª, n.º 232, de 4-dez.-2006, 8206-8207; este aviso ficou a dever-se ao Decreto-Lei n.º 295/2003, de 21 de novembro, que revogou o anterior Decreto-Lei n.º 13/90, de 8 de janeiro.

[2413] Confrontáveis no *site* do Banco de Portugal.

[2414] DR II, n.º 54, de 9-fev.-2001, 749-753, Retificação n.º 6/2001, de 6 de março, DR II, n.º 58-B, de 9-mar.-2001, 1373.

[2415] DR II, n.º 54, de 9-fev.-2001 cit., 752-753.

e) Outros contratos de natureza idêntica;
f) Contratos sobre ouro, de natureza idêntica aos das alíneas *a)* a *e)*;

3) Contratos de natureza idêntica aos referidos nas alíneas *a*) a *e*) do n.º 1 e nas alíneas *a*) a *d*) do n.º 2 relativos a outros elementos de referência ou índices relacionados com:
a) Títulos de capital;
b) Metais preciosos, com exceção do ouro;
c) Mercadorias que não sejam metais preciosos;
d) Outros contratos de natureza similar.

IV. Em suma: o Banco de Portugal reconhece os *swaps*, domina a sua essência e regula a sua utilização pela banca. Estamos, assim, perante um instituto plenamente acolhido no Direito bancário.

354. O Direito dos seguros

I. A Portaria n.º 1152-D/94, de 27 de dezembro, adotada na sequência do Decreto-Lei n.º 102/94, de 20 de abril, relativo à indústria seguradora, veio estabelecer, entre outros aspetos, no seu n.º 1, relativo a princípios gerais[2416]:

> 3. Os instrumentos derivados, tais como opções, futuros e *swaps*, relacionados com ativos representativos das provisões técnicas podem ser utilizados, mas só na medida em que contribuam para reduzir os riscos de investimento naqueles activos e permitam uma gestão eficaz da carteira. Esses instrumentos podem ser tomados em conta na avaliação dos ativos subjacentes e devem ser avaliados segundo um critério de prudência e nos termos do estabelecido por norma do Instituto de Seguros de Portugal.

II. Na sequência dessa Portaria, o Instituto de Seguros de Portugal (ISP) aprovou a Norma n.º 15/1998-R, de 20 de novembro, hoje revogada, que tem alguns aspetos interessantes[2417]. Desde logo, lê-se no seu preâmbulo:

> De entre os princípios de supervisão que presidiram à elaboração desta norma destacam-se os seguintes:
>
> * Os derivados podem constituir um útil instrumento de gestão das carteiras de investimentos e, como tal, deverão ser utilizados com a máxima liberdade e responsabilidade por parte dos seguradores, na sua qualidade de investidores institucionais;

[2416] DR I-B, n.º 298, supl., de 27-dez.-1994, 7388-(8)/I.
[2417] DR II, n.º 15, de 19-jan.-1999, confrontável no *site* do ISP.

* O uso de derivados pode, contudo, provocar perdas de grandes dimensões, sobretudo se forem utilizados para fins especulativos ou por operadores não especializados, devendo consequentemente exigir-se aos operadores elevada capacidade técnica;
* Numa primeira fase não é indispensável que a exposição a riscos se afira por processos mais sofisticados que, naturalmente, se espera vir a utilizar no futuro.

No plano regulamentar, lê-se, na Norma 15/1998-R, do ISP:

Para efeitos da presente norma consideram-se:

a) Produtos derivados:

i) os instrumentos financeiros, nomeadamente futuros e opções, negociados em bolsa, traduzidos em contratos padronizados, a prazo, que tenham por objeto, direta ou indiretamente:
  * valores mobiliários, de natureza real ou teórica, taxas de juro ou divisas;
  * índices sobre valores mobiliários, taxas de juro ou divisas;

ii) outros instrumentos financeiros cuja existência e valor dependam de um outro instrumento financeiro, nomeadamente os contratos de *swaps* e *forwards*;

iii) quaisquer instrumentos financeiros cujas características técnico--financeiras possam ser equiparadas às dos contratos acima referidos;

III. A Portaria n.º 293/99, de 28 de abril, a propósito da adaptação ao euro, das aplicações dos fundos de pensões, veio dispor, no seu n.º 1, princípios gerais[2418]:

1.1 – As aplicações dos fundos de pensões devem ter em conta o tipo de responsabilidades assumidas por estes, de modo a garantir segurança, rendimento e liquidez, pelo que deve ser assegurada uma diversificação e dispersão adequadas dessas aplicações, limitando a níveis prudentes as aplicações em ativos que, pela sua natureza ou qualidade do emitente, apresentem elevado grau de risco.

1.2 – Os instrumentos derivados, tais como opções, futuros e *swaps*, relacionados com ativos permitidos como aplicações dos fundos de pensões, podem ser utilizados, mas só na medida em que contribuam para reduzir os riscos de investimento naqueles ativos e permitam uma gestão eficaz da carteira. Esses instrumentos podem ser tomados em conta na avaliação dos ativos

[2418] DR I-B, n.º 99, de 28-abr.-1999, 2271/II.

subjacentes e devem ser avaliados segundo um critério de prudência e nos termos do estabelecido por norma do Instituto de Seguros de Portugal.

(...)

IV. Seguiu-se-lhe a Norma n.º 8/2002-R, do ISP, relativa à utilização e contabilização de produtos derivados nos fundos de pensões, assinada a 7 de maio de 2002 e publicada a 26 de junho do mesmo ano, na qual, entre outros aspetos, se lê[2419]:

(…)

2. Definições – para efeitos da presente norma consideram-se:

a) "Produtos derivados":

i) Os instrumentos financeiros, nomeadamente futuros e opções, negociados em bolsa, traduzidos em contratos padronizados, a prazo, que tenham por objeto, direta ou indiretamente:

– valores mobiliários, de natureza real ou teórica, taxas de juro ou divisas;

– índices sobre valores mobiliários, taxas de juro ou divisas;

ii) Outros instrumentos financeiros cuja existência e valor dependam de um outro instrumento financeiro, nomeadamente os contratos de *swaps*, *forwards*, *caps* e *floors*;

iii) Quaisquer instrumentos financeiros cujas características técnico-financeiras possam ser equiparadas às dos contratos acima referidos;

b) Ativo de base ou subjacente: o ativo sobre o qual se realizam os contratos;

(…)

E, mais adiante[2420]:

4. Contratos autorizados

4.1. As entidades gestoras poderão efetuar, tendo em atenção o disposto no n.º 7, os seguintes tipos de operações ou contratos:

a) opções e futuros negociados em mercados regulamentados;

b) opções negociadas fora de mercado regulamentado, com comunicação imediata ao Instituto de Seguros de Portugal;

c) *forwards*, *swaps*, *caps* e *floors*;

d) outros contratos construídos com base nos anteriores, com comunicação imediata ao Instituto de Seguros de Portugal.

[2419] DR II, n.º 145, de 26-jun.-2002, 11 574/I.

[2420] *Idem*, 11 574/II.

A Norma n.º 8/2002-R revogou a acima referida Norma n.º 15/98 (n.º 17). Foi alterada pela Norma n.º 22/2003-R, de 14 de janeiro de 2004, pela Norma n.º 18/2008-R, de 13 de janeiro de 2009 e pela Norma n.º 7/2010-R, de 23 de junho de 2010: mas não nos pontos acima sublinhados.

V. Também quanto aos seguros, as conclusões são claras. O sector acolheu os *swaps*, em várias dimensões e deu-lhes um tratamento prudencialmente adequado, através da atividade do ISP. Tais instrumentos mais radicados ficaram, no espaço jurídico português, em área onde a banca e os seguros se entrelaçam.

355. **O sector mobiliário**

I. A inclusão dos *swaps* no elenco dos instrumentos financeiros, base para a subsequente incidência da supervisão mobiliária, foi ditada pela Diretriz 2004/39/CE, de 21 de abril[2421]. Este diploma, em sede de definições, remete a de "instrumento financeiro" para a Secção C do Anexo I – artigo 3.º, 17)[2422].

E na Secção C em causa alinha, como instrumentos financeiros:

(...)

4) Opções, futuros, *swaps*, contratos a prazo de taxa de juro e quaisquer outros contratos derivados relativos a valores mobiliários, divisas, taxas de juro ou de rendibilidades ou outros instrumentos derivados, índices financeiros ou indicadores financeiros que possam ser liquidados mediante uma entrega física ou um pagamento em dinheiro;

II. A Diretriz 2004/39 foi transposta pelo Decreto-Lei n.º 357-A/2007, de 31 de outubro, que alterou diversos diplomas. Entre eles, foi visado o Código dos Valores Mobiliários, adotado pelo Decreto-Lei n.º 486/99, de 13 de novembro e por último modificado pelo Decreto-Lei n.º 40/2014, de 18 de março e que visou executar o Regulamento (UE) n.º 648/2012, de 4 de julho, relativo precisamente, aos derivados de balcão, às contrapartes centrais e aos repositórios de transações. O referido Decreto-Lei alterou, designadamente, o artigo 2.º do CVM, que ficou com a redação seguinte[2423]:

[2421] JOCE N. L-14, 1-42, de 30-abr.-2004.
[2422] *Idem*, 10/II.
[2423] DR 1.ª, n.º 210, supl., de 31-out.-2007, 7964-(17)/II-7964-(10)/I.

1. O presente Código regula:

a) Os valores mobiliários e as ofertas públicas a estes respeitantes;

b) Os instrumentos do mercado monetário, com excepção dos meios de pagamento;

c) Os instrumentos derivados para a transferência do risco de crédito;

d) Os contratos diferenciais;

e) As opções, os futuros, os swaps, os contratos a prazo e quaisquer outros contratos derivados relativos a:

i) Valores mobiliários, divisas, taxas de juro ou de rendibilidades ou relativos a outros instrumentos derivados, índices financeiros ou indicadores financeiros, com liquidação física ou financeira;

ii) Mercadorias, variáveis climáticas, tarifas de fretes, licenças de emissão, taxas de inflação ou quaisquer outras estatísticas económicas oficiais, com liquidação financeira ainda que por opção de uma das partes;

iii) Mercadorias, com liquidação física, desde que sejam transaccionados em mercado regulamentado ou em sistema de negociação multilateral ou, não se destinando a finalidade comercial, tenham características análogas às de outros instrumentos financeiros derivados nos termos do artigo 38.º do Regulamento (CE) n.º 1287/2006, da Comissão, de 10 de Agosto;

f) Quaisquer outros contratos derivados, nomeadamente os relativos a qualquer dos elementos indicados no artigo 39.º do Regulamento (CE) n.º 1287/2006, da Comissão, de 10 de Agosto, desde que tenham características análogas às de outros instrumentos financeiros derivados nos termos do artigo 38.º do mesmo diploma;

g) As formas organizadas de negociação de instrumentos financeiros referidos nas alíneas anteriores, a liquidação e a compensação de operações àqueles respeitantes e as actividades de intermediação financeira;

h) O regime de supervisão e sancionatório relativo aos instrumentos e às actividades mencionadas nas alíneas anteriores.

Os *swaps* são, pois, instrumentos financeiros, nos termos do transcrito artigo 2.º/1, do CVM[2424].

III. Os regulamentos da CMVM comportam diversas referências a *swaps*: seja para efeitos de correta contabilização, seja para definir o âmbito de informações a eles relativas[2425].

Cabe assinalar a publicação do Regulamento Europeu 236/2012, de 14 de março, sobre vendas curtas e certos aspetos dos *swaps* de risco de

[2424] Paulo Câmara, *Manual de Direito dos valores mobiliários*, 2.ª ed. (2011), 201 ss..
[2425] *Vide* o *site* da CMVM.

incumprimento: os *credit default swaps* ou CDS. Particularmente visado foi o *short selling*[2426]. Embora esta matéria não esteja aqui em estudo, fica assinalada. O Regulamento da CMVM n.º 1/2012, de 25 de outubro[2427], veio revogar o anterior Regulamento n.º 4/2010, de modo a deixar subsistir, simplesmente, o Regulamento 236/2012.

IV. Os *swaps* não se inserem em mercados regulamentados. Por isso, compreende-se que a supervisão mobiliária só os colha de modo indireto: através de entidades sujeitas, elas próprias, à ação da CMVM.

De todo o modo, temos aqui mais uma área em que os *swaps* são acolhidos e tratados, no ordenamento português.

356. **A titularização de créditos**

I. O Decreto-Lei n.º 453/99, de 5 de novembro, veio, segundo o seu preâmbulo, estabelecer[2428]:

> (...) o regime jurídico das operações de transmissão de créditos com vista à subsequente emissão, pelas entidades adquirentes, de valores mobiliários destinados ao financiamento das referidas operações.

Além disso, ele veio regular[2429]:

> (...) a constituição e a atividade das duas únicas entidades que poderão proceder à titularização de créditos: os fundos de titularização de créditos e as sociedades de titularização de créditos.

O artigo 14.º desse diploma, sob a epígrafe "cobertura de riscos", veio dispor[2430]:

> 1. As sociedades gestoras podem recorrer, por conta dos fundos que administrem, nos termos e condições previstas no regulamento de gestão, a técnicas e instrumentos de cobertura de risco, designadamente contratos de *swap* de taxas de juro e de divisas.

[2426] JOCE N. L-86, 1-24, de 24-mar.-2012.
[2427] DR 2.ª, n.º 211, de 31-out.-2012, 36 084-(2).
[2428] DR I-A, n.º 258, de 5-nov.-1999, 7682/II; *vide supra*, 761 ss..
[2429] *Idem*, loc. cit..
[2430] *Idem*, 7686/I.

> 2. A CMVM pode estabelecer, por regulamento, as condições e limites em que as sociedades gestoras podem recorrer a técnicas e instrumentos de cobertura de risco.

II. O Decreto-Lei n.º 453/99, de 5 de novembro, foi sucessivamente alterado pelo Decreto-Lei n.º 82/2002, de 5 de abril[2431] e pelo Decreto-Lei n.º 303/2003, de 5 de dezembro, que o republicou em anexo e pelo Decreto-Lei n.º 52/2006, de 15 de março: mas sem alterar o transcrito artigo 14.º.

III. O artigo 24.º do Decreto-Lei n.º 453/99, cometia ao depositário dos valores dos fundos (n.º 3):

> (...) celebrar com a sociedade gestora, atuando por conta do fundo, e com observância do disposto no artigo 14.º, contratos de *swap*, contratos de garantia de taxa de juro ou quaisquer outros destinados a assegurar a cobertura dos riscos do fundo.

O artigo 24.º foi alterado pelo Decreto-Lei n.º 303/2003, de 5 de dezembro: mas não nesse ponto.

IV. Pois bem: aqui temos mais um sector sensível, no qual a matéria dos *swaps* foi expressamente acolhida e tratada. Confirma-se a ideia de que o Direito português recebeu esse instituto, repercutindo-o nas mais diversas áreas.

[2431] Com a Retificação n.º 21-B/2002, de 31 de maio, DR I-A, n.º 125, 4.º supl., 4776(26).

SECÇÃO IV

A ESTRUTURA DO CONTRATO DE *SWAP*

§ 87.º A COMPOSIÇÃO GERAL E A ISDA E DEMAIS ELEMENTOS

357. A composição geral

I. O *swap* de taxas de juro equivale a uma concretização da autonomia privada. Como tal, todas as composições são possíveis. Não obstante, nos contratos de grande porte, a prática permite documentar uma estrutura básica, que cumpre conhecer. De certo modo, ela é ilustrativa dos negócios bancários e financeiros dos nossos dias.

Refira-se que, nos *swaps*, surge, em regra, um banqueiro, uma entidade aderente e, ainda, um intermediário financeiro. Este tem deveres de isenção e de imparcialidade, sancionados pelo CVM[2432].

II. A estrutura básica de um *swap* de taxas de juro abrange três corpos:

(1) ISDA *Master Agreement*;
(2) *Master Agreement Schedule*;
(3) *Confirmation*.

O ISDA *Master Agreement* ou Acordo Base é idêntico, em todos eles. Corresponde a um esquema internacional estandardizado, de que adiante daremos conta.

[2432] Helder M. Mourato, *O contrato de* swap cit., 85 ss., com indicações.

O *Master Agreement Schedule* ou Anexo ao Acordo Base faculta uma certa personalização do ISDA, fixando, deste, as cláusulas aplicáveis em cada caso.

A *Confirmation* (à letra, confirmação) fixa os pontos concretos de cada contrato.

Vamos ver.

358. **A ISDA: origem e natureza**

I. O ISDA *Master Agreement* é um contrato-tipo padrão, concebido por uma associação internacional – *International Swaps and Derivatives Association, Inc*. (ISDA) e utilizado na maioria dos contratos de derivados[2433].

A padronização contratual, característica nuclear do Mundo financeiro moderno[2434], é particularmente vantajosa, permitindo reduzir os custos de elaboração dos contratos e aperfeiçoar o seu conteúdo jurídico[2435]. A generalização desta nova realidade contratual pode ser interpretada como uma exigência do próprio comércio jurídico, em virtude da inexistência de legislação que regule, de forma subsidiária, estas relações[2436].

II. Fundada em 1985, a ISDA – então com o nome *International Swap Dealer Association* – tem, como objeto social, tornar o mercado OTC mais estável e previsível[2437].

Inicialmente, a elaboração dos contratos derivados era dispendiosa e demorada. Cada uma das partes recorria a um escritório de advogados que, coadjuvado por um banco de investimento ou por uma entidade igualmente especializada, compunha um complexo texto contratual, muitas

[2433] Henning von Sachsen-Altenburg, *Die ISDA Master Dokumentation* em *Finanzderivative* cit., 143-180.

[2434] O papel desempenhado pela ISDA no seio do derivados é ocupado, por exemplo, pela LMA nos empréstimos sindicados.

[2435] A. Barreto Menezes Cordeiro, *Negative Pledge: um estudo comparatístico*, O Direito 142 (2010), 497-538 (503-504).

[2436] Não pode deixar de ser notado que este novo paradigma contratual levanta sérios problemas dogmático-interpretativos, cf., Stephen J. Choi e G. Mitu Gulati, *Contract as Statute*, Mich L Rev 104 (2006), 1129-1173.

[2437] Sean M. Flanagan, *The Rise of a Trade Association: Group Interactions within the International Swaps and Derivatives Association*, Harv Negot L Rev 6 (2001), 211-264.

vezes abrangendo situações desnecessários ou deixando de fora alguns dos aspetos mais problemáticos. Com o passar do tempo, cada banco de investimento tinha o seu próprio acordo-base interno, nem sempre harmonizável com o contrato proposto pela outra parte, o que originava discussões intermináveis, com acrescidos custos de transação.

Cientes das fragilidade subjacentes, as entidades mais envolvidas neste mercado, englobando os grandes escritórios de advogados e os bancos de investimento, fundaram uma associação que se dedicasse, precisamente, a elaborar um contrato-base uniformizado, que respondesse de forma mais efetiva às necessidades e às exigências de cada um dos intervenientes: assim surgiu a ISDA.

III. Logo em 1985, a ISDA apresentou o *Code of Standard Wording, Assumption and Provisions for SWAPS*. O *Swaps Code*, nome pelo qual ficou conhecido, não era um contrato-tipo padrão; aproximava-se mais, como a sua denominação o indica, de um pequeno dicionário. Com o *Swaps Code* pretendeu-se fazer face ao primeiro grande problema com que o comércio jurídico se debatia: um preenchimento nem sempre uniforme dos termos empregues nos contratos[2438].

A este primeiro passo seguiu-se, em 1992, a elaboração de um contrato-tipo padrão que abrangesse a própria relação negocial. Dez anos volvidos, o documento foi revisto, dando origem ao ISDA *Master Agreement*, 2002[2439].

359. **Conteúdo analítico**

I. Vamos referir o *Master Agreement* resultante da versão de 2002[2440]. Composto por 14 secções, este documento, comum a todos os contratos concluídos sob a chancela da ISDA, abrange os aspetos jurídicos mais rele-

[2438] Daniel Cunningham, *Swaps: Codes Problems and Regulation*, Int'l Fin L Rev 5 (1986), 26-35 e Jeffrey B. Golden, *Setting Standards in the Evolution of Swap Documentation*, Int'l Fin L Rev 13 (1994), 18-19. *Vide*, com diversos elementos, Uwe Jahn, *Außerbörsliche Finanztermingeschäfte* cit., Nr. 61 ss., 1543 ss..

[2439] Anthony C. Gooch e Linda B. Klein, *Documentation for Derivatives: Annotated Sample Agreements and Confirmations for Swaps and Other Over-the-Counter Transactions* I (2002), 18-23; John Berry, *ISDA Sets New Standard for Derivatives*, Int'l Fin L Rev 22 (2003), 19-22.

[2440] Rodrigo Zapeda, *The ISDA Master Agreement 2012: a Missed Opportunity*,

vantes da relação: desde as obrigações assumidas por cada uma das partes, às situações passíveis de resolução por incumprimento[2441].

Sendo o acordo-base um contrato uniformizado, é natural que alguns dos preceitos aí contidos possam ser afastados pelas partes, quer por causarem dúvidas de legalidade, à luz da jurisdição aplicável, quer, simplesmente, por não serem desejados pelos contraentes. É neste contexto que o *Schedule* deve ser interpretado: enquanto documento contratual que permite modificar, afastar ou concretizar alguns dos preceitos que compõe o acordo-base.

Finalmente, num terceiro patamar concretizador, surge a *Confirmation*[2442]. Neste documento, o mais técnico-financeiro dos três, para além de serem indicadas as datas de início e termo do contrato, são ainda especificadas as taxas de juros aplicáveis e o processo de determinação dos pagamentos periódicos.

A estrutura básica repousa, todavia, no ISDA *Master Agreement*. Qualquer análise contratual terá, assim, de partir deste documento[2443].

II. Na primeira secção do ISDA *Master Agreement* são abordadas questões centrais de índole interpretativa e estrutural. Sublinha-se, aí, que os conceitos utilizados ao longo do documento têm o preenchimento que lhes é dado na secção 14 e no Anexo. Na secção 7 da Parte 5 de cada um dos Anexos é ainda explicitado que se aplica, de forma subsidiária, as 2000 ISDA *Definitions*.

O sucesso obtido pelo ISDA *Master Agreement* reside, em grande medida, no facto de todos os seus contratos-padrão serem acompanhados de pequenos dicionários jurídicos, em que os conceitos empregues são preenchidos de forma minuciosa. Note-se, todavia, que tanto os tribunais

JIBLR 28/8 (2013), 12-28: o autor defende que o modelo vigente deveria ser alterado. Sugere uma revisão pelo menos todas as décadas.

[2441] Em Francesco Caputo Nassetti, *I contratti derivati finanziari* cit., 2.ª ed., 813-850 e 851-918, podem ser confrontadas versões em italiano, do *Master Agreement* ISDA de 1982 e do de 2002, respetivamente, por Marianna Manere; recomenda-se, todavia, o uso do original inglês.

[2442] Hudson, *The Law on Financial Derivatives* cit., 129: na Confirmação podemos encontrar os elementos nucleares do contrato.

[2443] Para efeitos da análise que se segue, tivemos especial atenção às seguintes obras: Gooch/Klein, *Documentation for Derivatives* cit., 2, 789 ss. e Paul C. Harding, *Mastering the ISDA Master Agreements (1992 and 2002)*, 2.ª ed. (2004).

ingleses[2444] como os tribunais norte-americanos[2445] têm levantado algumas dúvidas quanto à alegada clareza de diversos preceitos contratuais.

A dimensão estrutural agrega dois pontos: (1) em caso de inconsistência ou contradição do conteúdo atribuído aos termos, a ordem hierárquica é, numa escala ascendente, a seguinte: (i) Acordo-Base, (ii) Anexo e (iii) Confirmação; e (2) os três documentos: Acordo-Base, Anexo e Confirmação consubstanciam um contrato único (*single agreement*).

III. Na segunda secção, são elencadas as obrigações principais assumidas por cada uma das partes.

Como princípio geral [alínea *a*)], cada um dos contraentes compromete-se a efetivar os pagamentos periódicos, nos exatos termos estabelecidos no contrato. O modo, o local e a periodicidade em concreto são matérias esclarecidas na Confirmação.

De acordo com o disposto na alínea *b*), as partes obrigam-se a comunicar à contraparte todas as alterações relacionadas com a conta (indicada na Confirmação), no prazo mínimo de 5 dias úteis antes de um novo pagamento.

Na alínea *c*), é abordado um dos temas mais delicados dos contratos de derivados: a possibilidade de compensação.

Na alínea *d*), pretende-se esclarecer que valores devem ser efetivamente transmitidos: os pagamentos são feitos na sua totalidade, alheios a eventuais taxas aplicadas à transferência, salvo se exigido pela lei aplicável. Neste último caso, a parte credora (*A*) deve ser prontamente avisada, devendo, ainda, ser-lhe enviado o recibo referente a esse pagamento. Preenchidos alguns requisitos, *A* pode, mesmo assim, ter o direito a exigir o cumprimento integral dos montantes acordados. Como princípio geral, os custos fiscais devem ser suportados pela parte que, a estes, se encontre sujeita.

Finalmente, na alínea *e*), é esclarecido que a parte incumpridora deve pagar, nos termos da lei e do contrato, todos os juros determinados até ao cumprimento integral dos valores em falta.

2444 Schuyler K. Henderson, *English Cases Dealing with the Settlement Provisions of the ISDA Master Agreement*, JIBFL 6 (2000), 190-201.

2445 James Warnot e Justin Williamson, *ISDA Definitions Unclear, Says US Court*, Int'l Fin L Rev 23 (2004), 27-29.

IV. O ISDA *Master Agreement* foi concebido para ser aplicado nas mais distintas jurisdições, entre sujeitos submetidos a ordenamentos jurídicos diferentes. Torna-se, assim, fundamental que sejam prestadas garantias no que respeita às próprias partes contraentes: disso se ocupa a secção terceira. No fundo, ambas as partes pretendem ser tranquilizadas quanto à legalidade do contrato concluído[2446]. Distinguem-se dois tipos de representações: *a*) representações primárias; e *b*) outras representações.

O segundo grupo de representações é mais heterogéneo. Contudo, o conceito base é idêntico. Cada uma das partes garante: (i) que nenhuma das situações descritas como incumprimento teve lugar, nem será expectável que ocorram, em decorrência da conclusão do contrato; (ii) que não se encontra a decorrer nenhum litígio, nem será expectável que possam vir a ser iniciadas ações jurisdicionais que possam pôr em causa o cumprimento pontual e atempado do contrato; (iii) toda a informação prestada é correta e fidedigna; e (iv) que toda a informação de índole fiscal e tributária prestada é, também, correta e fidedigna.

Podem ser incluídas outras representações, quer no Anexo quer na Confirmação, como forma de responder a questões pontuais.

V. O conteúdo da quarta secção, particularmente heterogéneo, agrega uma série de questões relacionadas com a conservação contratual e legal do contrato. De certo modo, constitui um prolongamento da secção anterior. Cada uma das partes compromete-se a: (i) fornecer toda a documentação necessária, tanto à contraparte como às autoridades governativas ou outras entidades, sempre que exigido contratual ou legalmente; (ii) desenvolver os esforços necessários (razoáveis) com vista à conservação de todas as autorizações e permissões necessárias – governativas e outras – para a conservação legal e fáctica do contrato; (iii) cumprir todas as disposições legais cujo não cumprimento possa afetar o cumprimento do presente acordo; e (iv) comunicar prontamente qualquer alteração de índole fiscal.

VI. Os eventos de incumprimento e os eventos de resolução constam da quinta secção. Ambos os conceitos respeitam a situações de incumprimento contratual, com uma importante diferença: nos eventos de incumprimento (*events of default*), a parte incumpridora contribui, por regra, ativamente para a sua verificação, enquanto que nos eventos de resolução

[2446] Steven Edwards, *Legal Principles of Derivatives*, JBL 2002, 1-32 (6).

(*termination events*), o resultado não decorre, por regra, diretamente de uma atuação das partes[2447]. Repare-se, ainda, que de acordo com a alínea *c*), configurando, a mesma situação um *event of default* e um *termination event*, aplica-se o regime previsto para esta última.

Os eventos de incumprimento elencados são, regra geral, bastante previsíveis, podendo ser encontrados em qualquer contrato, por muito simples que seja. Incorre em incumprimento a parte (i) que não faça os pagamentos nos termos acordados; (ii) que viole qualquer disposição contratual; ou (iii) cujas representações se mostrem incorretas.

Não pode, todavia, deixar de se referir algumas situações de incumprimento características deste tipo de contrato:

(a) cláusula de incumprimento cruzado (*cross default clause*): de acordo com esta disposição, entrando uma das partes em incumprimento num outro contrato, do qual a contraparte não faça parte, pode este último, mesmo assim, acelerar o cumprimento de todas as prestações devidas[2448]; em cada um dos respetivos anexos é salvaguardada a situação em que o incumprimento decorra de falhas técnicas, administrativas ou informáticas; sendo esse o caso, o pagamento deve ser feito no prazo de três dias úteis;
(b) insolvência: abrange qualquer situação de insolvência ou equiparável, bem com a celebração de acordos com terceiros credores dos quais resultem efeitos idênticos;
(c) fusão: abarca todas as fusões ou transformações com resultados análogos, em relação à qual a nova entidade, para a qual foram transmitidos todos os direitos contratuais, não assuma ou fique descomprometida das obrigações assumidas no presente contrato.

Como foi referido introdutoriamente, os eventos de resolução consistem, grosso modo, em situações de incumprimento que não decorram de uma atuação das partes, como o caso paradigmático de alterações legislativas, ou equiparadas, que impeçam o cumprimento pontual das obrigações assumidas. É ainda notória uma especial preocupação em acautelar a posição das partes contra possíveis alterações fiscais, que levem a um aumento

[2447] A distinção entre este dois tipos de incumprimento não é linear.

[2448] Joana Forte Pereira Dias, *Contributo para o estudo dos actuais paradigmas das cláusulas de garantia e/ou segurança: a pari passu, a negative pledge e a cross default* em Est. Galvão Telles 4 (2003), 879-1029.

de impostos ou de taxas do qual resulte uma diminuição dos valores efetivamente pagos à contraparte. Relembre-se, todavia, que, como princípio geral, os impostos e taxas tributárias são suportados pelo sujeito passivo da relação fiscal[2449].

VII. Na sexta secção ocorre o regime aplicável a situações de incumprimento: uma secção extensa, onde é explicitado, de forma bastante minuciosa, o regime aplicável às situações de incumprimento e de resolução.

Verificando-se uma situação de incumprimento, imagine-se uma falha nos pagamentos acordados, a parte não incumpridora deverá notificar a parte incumpridora para que, num prazo mínimo de 20 dias, ponha termo ao incumprimento. Sendo este prazo excedido, a parte não incumpridora pode resolver o contrato.

Em casos de *termination event*, o processo subsequente é mais complexo; devendo ser seguido um conjunto estrito de passos: (i) a parte "afetada" deve comunicar à contraparte, de forma imediata, a ocorrência de um evento de resolução; (ii) em algumas situações, por exemplo em casos de ilegalidade ou de alterações de índole fiscal, a parte "afetada" deve desenvolver os esforços razoáveis para evitar a aplicação do preceito, se necessário e possível alterando a jurisdição em que a sua conta se localiza; e (iii) vencido o prazo legal, que varia entre 20 e 30 dias, depois de comunicada a ocorrência do evento, pode a parte não afetada resolver o contrato. Cessando a situação que origina a situação de incumprimento, a parte não afetada deixa, evidentemente, de poder resolver o contrato.

Cumpre, neste ponto, esclarecer que a resolução do contrato não produz efeitos retroativos, solução válida à luz do Direito português, ao abrigo do disposto no artigo 434.º do Código Civil.

A segunda parte da secção é dedicada ao processo de pagamento, em caso de resolução antecipada do contrato. O contrato-padrão coloca, à disposição das partes, diferentes modelos possíveis, agrupados em duas dimensões distintas: (1) modelos de quantificação dos pagamentos devidos; e (2) modelos relativos à relação entre as obrigações pecuniárias de cada uma das partes. No âmbito dos modelos de qualificação é usual optar-se pela modalidade *Market Quotation*.

No modelo *Market Quotation*, o valor a ser pago é calculado por entidades externas ao contrato, possuidoras de credibilidade do mercado,

[2449] Veja-se o comentário à alínea *c*) da secção 2.

denominadas *Reference Market-makers*: são indicadas pelo menos três entidades; cada uma indica o valor que lhe parece mais apropriado; o resultado final resulta de uma média das três avaliações; no caso de serem apontadas mais do que três entidades, excluem-se na média final as avaliações extremas (mais elevada e mais baixa)[2450].

VIII. Seguem-se outras secções. A sétima versa a cessão da posição contratual. Como princípio geral nenhuma das partes pode ceder qualquer direito emergente da relação jurídica que ora se inicia, salvo se previamente obter autorização escrita da contraparte.

A oitava ocupa-se da moeda contratual.

A nona cuida de outros aspetos. Designadamente: (i) o presente contrato não é alterado por comunicações orais ou escritas anteriores, apenas relevam os preceitos positivados; (ii) todas as alterações têm de ser feitas por escrito e consentidas por ambas as partes; ou (iii) o contrato aplica-se a todas as transmissões subjacentes.

A décima fixa a morada do escritório para onde os pagamentos periódicos devem ser transmitidos, ficando qualquer alteração sujeita ao consentimento prévio da contraparte, e a décima primeira impõe, à parte incumpridora, o dever de ressarcir a parte não incumpridora face a qualquer gasto ou despesa decorrente do incumprimento, quer seja de origem fiscal ou jurisdicional (custos judiciais), respetivamente.

360. As *confirmations* e os cálculos

I. As *confirmations*, como adiantado, fixam os números e os cálculos dos juros, de cuja compensação resultará o conteúdo de cada *swap* em si. Nos contratos com PMEs, tais elementos podem resultar do corpo do contrato, surgindo os demais elementos em anexo.

O encadear da "troca" obedece às configurações mais diversas. Na hipótese mais simples (*vanilla swap*), o cliente paga, ao banqueiro, juros à taxa EURIBOR e o banqueiro, ao cliente, essa mesma taxa, acrescida de 2%. O *swap* estabiliza a taxa a pagar pelo cliente em 2%: se a EURIBOR descer abaixo desse patamar, o banqueiro ganha a diferença; na hipótese

[2450] Hudson, *The Law of Financial Derivatives* cit., 243 ss..

inversa, ganha o cliente. Os juros incidem sobre uma importância efetivamente mutuada e são contados sobre o preciso capital que, em cada momento, esteja em dívida. Pode-se prever um prémio para o banqueiro: este, lidando com grandes números e conhecendo a evolução previsível das taxas de juros, assume o risco das oscilações futuras.

II. Este esquema, mesmo para PMEs, tornou-se assim complexo. Assim, foram propostos e subscritos contratos deste tipo:

* No final de cada período de 3 Meses entre a Data de Início e a Data de Vencimento, o Banco paga ao Cliente a taxa de juro EURIBOR a 3 Meses (fixada no 2.º dia útil anterior ao início do respetivo período de 3 Meses), calculada sobre a Importância Nominal relevante; e

* Em contrapartida, o Cliente paga ao Banco no final de cada período de 3 Meses entre a Data de Início e a Data de Vencimento, a seguinte taxa de juro, calculada sobre a Importância Nominal relevante:

- A taxa de juro EURIBOR a 3 Meses (fixada no 2.º dia útil anterior ao início do respetivo período de 3 Meses), simultaneamente, (a) igual ou superior a 3,90% e (b) igual ou inferior a 8,00%; ou
- 4,79%, caso a EURIBOR a 3 Meses (fixada no 2.º dia útil anterior ao início do respetivo período de 3 Meses) seja inferior a 3,90%; ou
- 8,00% deduzida da bonificação (0,15%), caso a EURIBOR a 3 Meses (fixada no 2.º dia útil anterior ao início do respetivo período de 3 Meses) seja superior a 8,00%.

Um quadro deste tipo dá um (pequeno) ganho ao cliente, caso a taxa se mantenha entre 3,90% e 8,00%. Previne que ela suba acima dos 8% e assegura um ganho confortável, ao banqueiro, caso ela desça abaixo dos 3,90%: um "pulo" para 4,79%, a favor do banqueiro.

Semelhante clausulado apresenta um problema: "desprega-se" do mútuo existente, que vence juros nos termos nele acordados; opera por um valor nominal que não tem a ver com a importância mutuada e tem um período de vigência que não corresponde ao do mútuo. Em suma: é, já, puramente especulativo.

III. Numa versão mais severa, a taxa de 4,79%, aplicável ao cliente na hipótese de a EURIBOR baixar aquém dos 3,90%, é desdobrada: no primeiro caso, será de 2,880% no segundo, de 4,450%; no terceiro, de 4,950% e nos dois subsequentes, de 5,250%. Um contrato deste teor, firmado nas vésperas de um cenário de baixa de taxas de juros, dará, à PME aderente, um prejuízo assegurado e crescente. Só se explica semelhante adesão ou por total desconhecimento da realidade ou pela necessidade imperiosa de aliviar a tesouraria; durante o primeiro ano: tais *swaps* foram propostos para substituir anteriores *swaps* já muito deficitários, mercê da taxa fatal de 3,90%.

IV. Os *swaps* propostos a grandes empresas têm maiores complexidades. Em traços gerais, eles cometem uma taxa inicial superior à do mercado, a cargo do banqueiro, o que conduz a fluxos muito significativos para o aderente. Este financia-se sem aumentar o passivo, numa vertigem logicamente impossível.

Subsequentemente, a taxa aproxima-se da do mercado, tal como estava fixada no início do contrato. Caso baixe, a empresa aderente passa a pagar ao banqueiro: tanto mais quanto maior for a descida. Mas se porventura a taxa do mercado "recuperasse", ficava "contaminada" a taxa devida pelo cliente, que já não acompanhava essa baixa: um efeito "bola de neve". Este esquema pode ser cumulativo: quanto mais baixas, maior a "contaminação", de tal modo que, no limite, a empresa aderente pode incorrer em juros faraónicos. A justiça de um contrato deste tipo é explicável pelos lucros iniciais e – teoricamente – perpétuos que a empresa venha a faturar.

Como elemento complementar: a taxa de mercado, nestes casos, pode ser a EURIBOR ou pode ser montada *ad hoc*, na base de um conjunto diversificado de produtos financeiros que obedeçam a vetores de evolução diferenciados. Entram, aqui, os modelos matemáticos tipo Mónaco, que poucos especialistas sabem manusear.

A experiência mostra que, em geral, os gestores, da banca como das empresas, mesmo cuidadosos, não podem, em consciência, julgar a excelência de produtos deste tipo. O sucedido com empresas do sector público dos transportes documenta-o. Recomenda-se, pois, a maior cautela, particularmente em momentos de instabilidade dos mercados.

Abaixo veremos os efeitos da crise, neste domínio.

SECÇÃO V

OS *SWAPS* E A CRISE

§ 88.º OS REFLEXOS DA CRISE DE 2009-2014 NOS *SWAPS*

361. **Antecedentes; a idoneidade pública**

I. Os contratos de *swap*, na modalidade IRS, conheceram um surto no início do século. Foram particularmente procurados por entes públicos, por empresas pertencentes ao sector público e por médias empresas. As grandes empresas privadas, provavelmente por disporem de outro nível de aconselhamento ou por preferirem diversos esquemas de gestão do risco, celebram contratos diversos. Mas também concluem *swaps*.

II. A primeira polémica relativa aos *swaps* teve a ver com a sua opacidade. Desprovido de um regime supletivo legal e de uma supervisão centralizada, eles surgiam como algo de exótico, capaz de proporcionar danos detetáveis, apenas, no médio e no longo prazo. Poderiam, em terminologia consagrada ser, por isso, "tóxicos".

III. A polémica em torno da utilização dos *swaps* pelo sector público e pelos próprios Estados, designadamente com técnica para esconder défices, já é antiga.

Em 8 de janeiro de 2002, os deputados ao Parlamento Europeu Charles Tannock e Theresa Villiers, do PPE, perguntaram, por escrito, à Comissão, se a mesma estava ciente das tentativas do anterior Governo Italiano, de usar operações de *swap* para camuflar a verdadeira amplitude do défice orçamental, antes do estabelecimento da moeda única. Tal prática está descrita em relatório do ISMA (Associação Internacional de Mercados de Valores). A resposta foi dada pelo Comissário Pedro Solbes Mira, em 11 de fevereiro de 2002: à época, os instrumentos de contas (o SEC 95) estavam ainda pouco desenvolvidos: os *swaps* de taxas de juro poderiam ter um efeito positivo ou negativo sobre o défice, como tal sendo vistos. Mais tarde, as fontes foram aperfeiçoadas[2451].

IV. Com efeito, o Regulamento (CE) n.º 2558/2001, de 3 de dezembro, veio aditar um anexo V ao Regulamento (CE) n.º 2223/96, de 25 de junho, acima referido, e que aprovou o Sistema Europeu de Contas Nacionais e Regionais (SEC). Esse anexo V manda contabilizar os fluxos de juros resultantes de contratos de *swap* e de garantia de taxas, para efeitos de procedimento de défice excessivo[2452].

362. **A crise e a quebra dos juros**

I. A crise de 2007-2011 (em Portugal: 2009-2014) veio provocar uma baixa inesperada, acentuada e duradoura das taxas de juros internacionais, particularmente na Europa. Tal ficou a dever-se à mudança de política do Banco Central Europeu. Esta instituição abandonou a preocupação anti-inflacionista, que a levou a entrar na crise com elevadas taxas de juros, a favor de uma orientação inversa: a do seu abaixamento. Seguiu (finalmente) o exemplo da Reserva Federal Norte-americana.

II. Assim, quanto à EURIBOR, temos o seguinte quadro, reportado ao mês de janeiro de cada ano:

	1 mês	**3 meses**	**6 meses**	**1 ano**
1999	3,245%	3,245%	3,233%	3,213%
2000	3,100%	3,338%	3,523%	3,885%
2001	4,851%	4,844%	4,788%	4,692%
2002	3,312%	3,279%	3,228%	3,312%
2003	2,899%	2,861%	2,794%	2,734%
2004	2,099%	2,120%	2,151%	2,275%
2005	2,126%	2,154%	2,209%	2,343%
2006	2,399%	2,488%	2,643%	2,855%
2007	3,629%	3,729%	3,857%	4,030%
2008	4,239%	4,665%	4,703%	4,733%
2009	2,570%	2,859%	2,945%	3,025%
2010	0,453%	0,700%	0,996%	1,251%
2011	0,774%	1,001%	1,224%	1,504%
2012	1,005%	1,343%	1,606%	1,937%
2013	0,109%	0,188%	0,319%	0,543%
2014	0,220%	0,288%	0,387%	0,554%

[2451] JOCE N. C-134 E, 236-237, de 6-jun.-2002.
[2452] JOCE N. L-344, 4, de 28-dez.-2001.

III. Outras taxas de referência tiveram evoluções semelhantes. Em termos gerais, podemos dizer que entre 1999 e 2009, a EURIBOR oscilou, em torno do seu eixo médio, 1,3%: ora para cima, ora para baixo. A partir de 2009, ela afundou a pique: o desvio, para baixo, ultrapassou os 3%. Cifras desse tipo, com uma moeda estável, como o euro, sobrevalorizada mesmo, perante o dólar norte-americano, aplicadas a capitais nominais elevados e num horizonte de cinco a dez anos, são muito significativas.

353. **Consequências**

I. Vimos, acima e em termos esquemáticos, o modo de estruturação dos *swaps* de taxas de juro. Na generalidade, recordamos a base que segue. O emitente, em regra uma instituição de crédito, assumia uma taxa de juro fixa, alinhada pela praticada, aquando da conclusão. A cifra escolhida era, usualmente, a taxa EURIBOR a três meses, com um *spread*. Posto isto, o aderente assumia a taxa variável, do mercado. Caso a EURIBOR subisse, o banqueiro pagaria, ao cliente, a diferença; na hipótese inversa, o cliente seria debitado, pela menos-valia.

II. Quando o *swap* de taxas de juro fosse um acessório relativamente a um financiamento, a descrita evolução do mercado EURIBOR impossibilitava o cliente de tirar partido das (boas) condições do mercado. Ele manter-se-ia vinculado à taxa fixa anormalmente elevada, do início. À partida, tal saída é lógica e aceitável.

III. A situação tornar-se-ia especialmente grave no caso de *swaps* desligados de qualquer financiamento, celebrados, em regra, por montantes muito elevados. Em tal hipótese, o cliente ficaria adstrito a pagar, *ad nutum*, uma percentagem elevada, sobre uma cifra ideal. As perdas podiam ser muito consideráveis.

Vamos verificar algumas consequências judiciais de tal evolução, nos países cujos sistemas jurídicos mais se aproximam do português: o alemão e o italiano.

§ 89.º A EXPERIÊNCIA ALEMÃ

364. **Conspecto geral quanto a *swaps***

I. O acolhimento do *swap* de juros (ou IRS) deu-se, na Alemanha, ao longo dos anos oitenta[2453], sem problemas. A doutrina procedeu ao seu alinhamento dogmático[2454]. Não houve dúvidas quanto à validade, à eficácia e à oportunidade de tais contratos.

II. Volker Läger e Martin Schlosser, no manual sobre derivados, publicado por Jean-Claude Zerey, apresentam, quanto à utilidade de um *swap* de juros, o seguinte exemplo[2455]:

> A sociedade A assumiu um financiamento a longo prazo com um juro de 5% mas, em simultâneo, detém créditos de curto prazo, indexados à EURIBOR. Com isso, corre o risco da queda das taxas EURIBOR, enquanto os custos do refinanciamento se mantêm constantes, a 5%.
>
> Do outro lado, uma empresa B obteve um financiamento com uma taxa de 6%, mas que se refinancia no curto prazo. B suporta o risco da alteração dos juros, mais precisamente o da subida de juros e, com isso, os custos do refinanciamento, enquanto o montante deveria ser refinanciado a curto prazo. Também A suporta o risco de alteração dos juros: mas da sua descida e, com isso, dos custos de refinanciamento, enquanto o montante do empréstimo permanece estável.
>
> Um *swap* pode resolver os problemas, nivelando o risco.

[2453] Assim, Paul Lerbinger, *Swap-Transaktion als Finanzinstrumente*, Die Bank 1985, 245-249/I (248/II, quanto ao *swap* de juros).

[2454] Andreas Fülbier, *Zivilrechtliche Einordnung von Zins- und Währungsswaps*, ZIP 1990, 544-547 (545/II), quanto aos *swaps* de juros ou *Zinsswaps*; Martin Henssler, *Risiko als Vertragsgegenstand* (1994), XXX + 784 pp., 617 e *passim*.

[2455] Volker Läger/Martin Schlosser, em Jean-Claude Zerey, *Finanzderivate/Rechtshandbuch* cit., 2.ª ed., § 2, Nr. 1, 59.

Mas os *swaps* tiveram muitas outras utilizações. Multiplicam-se, nas áreas circundantes, os estudos técnicos sobre reestruturações[2456] e produtos financeiros[2457], sobre CDSs[2458], sobre a especulação[2459] e sobre o uso alargado dos derivados[2460], além dos inúmeros artigos em revistas da especialidade. Registe-se, ainda, que os *swaps* são incluídos nos grandes manuais de Direito bancário[2461].

365. A jurisprudência alemã até 2011

I. Os contratos de *swap* de taxas de juros (IRS) eram, como vimos, conhecidos e correntemente praticados na Alemanha[2462]. Foram, em especial, procurados por comunas e por entidades públicas: permitiam estabilizar taxas de juros, facultando a planificação de despesas e de encargos. O mecanismo delineado entrou, todavia, em desequilíbrio, com a crise de 2007-2011. O Banco Central Europeu, também como referido, abandonou a sua tradicional política de defesa contra a inflação, assente em elevadas

[2456] Thomas Reifert (org.), *Financial Restructuring/Sanierung von Unternehmenskredit durch Debt Equity Swaps und Treuhandlösungen* (2011), XII + 317 pp..

[2457] Thomas Heidorn, *Finanzmathematik in der Bankpraxis/Vom Zins zur Option* (2009), X + 324 pp..

[2458] Eva Wagner, *Credit Default Swaps und Informationsgebalt* (2008), XVIII + 159 pp..

[2459] Harald Schumann, *Die Hungermacher/Wie Deutsche Bank, Allianz und Co. auf Kosten der Armsten mit Lebensmitteln spekulieren* (2013), 189 pp..

[2460] Christian Köhler, *Die Zullässigkeit derivativer Finanzinstrumente in Unternehmen, Banken und Kommunen/Eine ökonomische und rechtliche Analyse* (2012), XXI + 437 pp..

[2461] Sempre como exemplos, além dos escritos incluídos no monumental *Bankrechts- Handbuch*, org. por Schimansky/Bunte/Lwowski, já várias vezes citados, recordamos Michael Böhm/Michael Bergfort, em Paul H. Assies/Dirk Beule/Julia Heise/Hartmut Strube, *Handbuch des Fachanwalts/Bank- und Kapitalmarktrecht*, 3.ª ed. (2012), XXXIX + 1706 pp., 1426 ss. e Stefan Rudolf, em Siegfried Kümpel/Arne Wittig, *Bank- und Kapitalmarktrecht* cit., 4.ª ed., 2417 ss.. Cabe ainda mencionar Jens-Hinrich Binder, no monumental *Bankrechts-Kommentar*, publ. Katja Langenbucher/Dirk H. Bliesener/Gerald Spindler (2012), LXXXI + 2567 pp., 2298 ss..

[2462] Assim, Paul Lerbingen, *Swap- Transaktion als Finanzinstrumente*, Die Bank 1985, 245-249/I (248/II), quanto ao *swap* de juros e Martin Henssler, *Risiko als Vertragsgegenstand* (1994), XXX + 784 pp., 617, quanto ao IRS (*interest-rate-swap*).

taxas de juros: baixou-as, arrastando, com isso, a EURIBOR e as demais taxas indicativas.

Em consequência, os IRS existentes passaram a funcionar a crédito dos banqueiros. Verificou-se uma avalancha de processos, base de numerosas decisões judiciais. Vamos dar conta das mais significativas, incluindo algumas que respeitam a produtos próximos.

II. Assim, registamos, todas de tribunais de segunda instância (OLG ou *Oberlandsgerichte*):

OLG Bamberg, 11-mai.-2009: foi concluído um *swap* (IRS) com uma empresa detida por uma comuna; entendeu o tribunal que, no contrato, intervieram especialistas, que não careciam de explicações[2463];

OLG Düsseldorf, 29-jun.-2009: num *Tandem-Zinnssammler-Anleihe* (mútuo em que os juros dependem da evolução das taxas no longo e no curto prazo), uma empresa têxtil demanda o banqueiro por o que entende ser um excesso de juros; o tribunal decidiu que o banco não estava obrigado a informar sobre as margens de lucro dos derivados[2464];

OLG Frankfurt, 29-jul.-2009: a propósito de um CMS/*Spread Sammler Swap*, entendeu que o banco não é obrigado a informar sobre essas mesmas margens[2465];

OLG Celle, 30-set.-2009: num negócio de *swap* aferido a € 4 M, uma entidade perde € 1.207.240,32; o tribunal recordou que, de acordo com a jurisprudência alemã, se considera que, em relações complexas, as partes concluem, tacitamente, um contrato de aconselhamento; no caso vertente, o gerente da sociedade entendera o risco de perdas; não há qualquer outro dever de informar, a cargo do banqueiro[2466];

OLG Frankfurt, 30-dez.-2009 (23 U 24/09): num *swap* que originou € 318.000 de perdas, o tribunal entendeu suficiente a informação, que foi prestada, de que as perdas podiam ser ilimitadas[2467];

OLG Frankfurt, 30-dez.-2009 (23 U 175/08): o gerente de uma média empresa, com experiência, deve saber que um *swap* de taxa de juros,

[2463] OLG Bamberg, 11-mai.-2009, BKR 2009, 288-304, anot. Stephan Bausch, BKR 2009, 304-306.

[2464] OLG Düsseldorf, 29-jun.-2009, WM 2009, 1410 1413, 1413/II.

[2465] OLG Frankfurt, 29-jul.-2009, WM 2009, 1563-1566.

[2466] OLG Celle, 30-set.-2009, ZIP 2009, 2091-2093, 2091/I e 2091/II.

[2467] OLG Frankfurt, 30-dez.-2009, ZIP 2010, 316-319.

que não exija capital constituído, é um negócio altamente arriscado; o CMS/*spread-ladder-swap* é um tipo de jogo; perante isso, o banco nada mais tinha a esclarecer[2468];

OLG Koblenz, 14-jan.-2010: num contrato de *spread-ladder-Zinsswap*, o banqueiro é obrigado a avisar o seu cliente da natureza especulativa do negócio e, designadamente, de que o mesmo pode envolver perdas ilimitadas; tendo havido culpa dos dois lados, o tribunal mandou repartir os prejuízos, de € 476.342,50, na proporção de 50% para cada[2469];

OLG Stuttgart, 26-fev.-2010: diz, em tradução portuguesa: "um Ladder Swap é um jogo de sorte com meios desigualmente distribuídos. Enquanto o banco emitente dispõe de modelos de risco próprios e de métodos de cálculo, as oportunidades e os riscos para o aderente não são transparentes e percetíveis". Cabe ao banqueiro um dever de esclarecimento; o aderente não assume o risco só por aceitar o contrato[2470];

OLG Frankfurt, 4-ago.-2010: num caso em que foram faturados quase € 4 M, por via de um *swap*, entendeu-se que não fora violado o dever de aconselhamento[2471];

OLG Stuttgart, 27-out.-2010: existe um dever do banqueiro de esclarecer os riscos de negócios de *swap*: contratos complexos com natureza aleatória; o simples facto de o aderente já ter experiência é insuficiente[2472].

III. De um modo geral, podemos considerar que os tribunais de apelação alemães confluíram em dois pontos:

– a admissibilidade jurídica dos *swaps*, particularmente na sua modalidade de *swaps* de taxas de juros;
– a desnecessidade de determinar, por parte do banqueiro, especiais deveres de aconselhamento e de informação: os aderentes, em regra empresas de médio porte, ligadas ao sector público local, tinham

[2468] OLG Frankfurt, 30-dez.-2009, ZIP 2010, 921-924.

[2469] OLG Koblenz, 14-jan.-2010, WM 2010, 453-461.

[2470] OLG Stuttgart, 26-fev.-2010, ZIP 2010, 716-725 = BB 2010, 646 (o sumário).

[2471] OLG Frankfurt, 4-ago.-2010, WM 2010, 1791-1798.

[2472] OLG Stuttgart, 27-out.-2010, BB 2011, 139-146 (139, 140 e 142), anot. Stephan Bausch/Antje Baumann, *idem*, 146-147, desfavorável; afirmam: *Die rechtliche Erwägungen des OLG zum Bestehen einer Aufklärungspflicht sind nicht überzeugend* [as considerações jurídicas do OLG quanto à existência de um dever de informação não são convincentes]; explicam os anotadores que as empresas e as comunas esperavam ganhar dinheiro a propósito da diferença de juros, agora e no futuro; mas perderam.

suficiente experiência e eram servidas por gestores qualificados, em termos que dispensariam maiores cuidados.

366. A decisão do BGH 22-mar.-2011

I. A orientação dominante nos tribunais alemães de apelação, de que acima demos conta, foi alterada, ao mais alto nível, pelo *Bundesgerichthof* (BGH) ou Tribunal Federal Alemão (Supremo).

A decisão, de 22-mar.-2011, produzida pelo XI Senado[2473], especializado em Direito bancário e financeiro, recaiu sobre os seguintes factos:

A Autora, uma média empresa do sector da higiene de limpeza, concluiu com um Banco (a *Deutsche Bank*) dois contratos de *swap* de taxas de juros, em fevereiro de 2002. Através desses contratos, com referência ao valor nominal de € 1.000.000, o Banco obrigou-se a pagar uma importância fixa de 5,25% e 5,29%, contra o que resultasse a EURIBOR, respetivamente a três e a seis meses. Ambos os contratos foram fechados para um período de 10 anos.

Em duas conversas ocorridas nos dias 7 de janeiro e 15 de fevereiro de 2005, nas quais a Autora foi representada pela sua gerente com poderes, diplomada em economia, a Autora inquiriu, junto do Banco, a possibilidade de diminuir o encargo de juro que suportava, por via da evolução da EURIBOR e que já ascendia, para os contratos, a € 124.700 e € 130.825, respetivamente.

O Banco-Réu recomendou então, à Autora, um CMS *Spread Ladder Swap*, que as partes concluíram, em 16 de fevereiro de 2005. Segundo esse contrato, o Réu, com referência a € 2.000.000 e durante cinco anos, obrigou-se a pagar semestralmente juros no montante fixo de 3%, enquanto a Autora se obrigava, simultaneamente, a pagar, no primeiro ano, um juro de 1,5% e, depois, um juro variável dependente da evolução do *Spread*, na base de um cálculo complexo equivalente a 1,50% mais o triplo de 1,00%, pela diferença entre a média do Euribor por 10 anos e a média do EURIBOR para 2 anos; no quinto semestre, a variável daí resultante, mais o triplo de 1,00% pela aludida diferença. As cifras prosseguiriam nesses termos,

[2473] O texto integral de BGH 22-mar.-2011, XI ZR 33/10 pode ser confrontada em vários *sites*, designadamente no do próprio BGH. Além disso, ele foi publicado em diversas revistas especializadas: BKR 22-mar.-2011, 293-299 e BB 2011, 1674-1678, como exemplos.

embora o "1,00%" fosse progressivamente baixando, até ao último semestre do contrato.

A Autora poderia pôr termo ao contrato, ao fim de três anos, pagando o seu valor de mercado.

Na negociação, o Banco limitou-se a dizer que o prejuízo da Autora poderia ser, teoricamente, ilimitado. De facto, no caso de uma baixa acentuada das taxas de juros, a Autora acabaria por pagar mais do que o indicado: bastante mais.

Em 26-out.-2006, a Autora impugna o CMS *Spread Ladder Swap* por dolo na sua conclusão, o que foi rejeitado pelo Banco. Em 26-jan.-2007, a Autora põe termo ao contrato, pelo valor de mercado de € 566.850.

A Autora intentou uma ação contra o Banco, para reaver € 541.074. Em síntese, invocou a violação dos bons costumes (§ 138 do BGB), da regra da transparência (§ 307/I,2 do BGB) e a ocorrência de dolo na conclusão do contrato, por parte do Banco (§ 123 do BGB).

O BGH ponderou os diversos aspetos. No mais relevante, ele vem considerar que o contrato proposto (o CMS) não era adequado para otimizar os juros. Entre as partes fora concluído (tacitamente) um contrato de aconselhamento. Ora, o Banco recomendou um negócio de tipo de aposta especulativa (*Art spekulative Wette*). O título académico da gerente era insuficiente para contrabalançar o conselho, dada a complexidade do contrato.

Houve, pois, violação do dever de aconselhamento e de informação, pelo que o Banco foi condenado a devolver os € 541.094.

II. A decisão do BGH representou uma completa inflexão, relativamente à linha maioritária dos OLG[2474]. A decisão foi muito comentada. Designadamente:

Andreas Lange, sublinhando o suplemento de segurança que representa e a ideia de que o Banco deve transmitir, aos seus clientes, os mesmos conhecimentos de que dispõe[2475];

Johannes Köndgen, apontando o agravamento dos *standards* de aconselhamento[2476];

[2474] BGH 22-mar.-2011 revogou OLG Frankfurt 30-dez.-2009, acima citado.

[2475] Andreas A. Lange, *Das Urteil führt im Ergebnis zu mehr Rechtssicherheit*, BB 2011, 1678-1679 (1679/II).

[2476] Johannes Köndgen, *Grenzen des informationsbasierten Anlegerschutzes/ /zugleich Anmerkung zu BGH, Urt. v. 22.3.2011 – XI ZR 33/10*, BKR 2011, 283-286 (283/ /II).

Christoph Schmitt, enfocando as largas consequências da orientação do BGH[2477].

Outros artigos vêm a reportar-se a essa decisão, extrapolando-a para diversos domínios[2478]. Em termos dogmáticos, ainda se discutiu se se devia trabalhar com um contrato (tácito) de aconselhamento ou se bastaria um dever acessório de informar: solução menos artificial[2479] e que acompanharíamos. Mas o efeito prático seria idêntico.

III. A posição tomada pelo BGH infletiu a jurisprudência dos OLG: apesar de não haver regras de precedentes, os tribunais alemães respeitam as indicações de fundo dos tribunais superiores e, em especial, do BGH. Assim:

OLG Köln, 18-jan.-2012: explicitando que, além do mais, devem ser explicadas as condições para a empresa se poder libertar antecipadamente do contrato[2480];

OLG Stuttgart, 1-fev.-2012: sublinhando que, pela sua natureza especulativa, há que dispensar especial informação, mesmo perante não-particulares[2481];

OLG München, 9-ago.-2012: apontando os critérios para o aconselhamento[2482].

IV. O BGH, na célebre decisão de 22-mar.-2011, reagiu perante um caso particularmente severo. Correspondendo ao pedido de um cliente que celebrara um *swap* desvantajoso, a *Deutsche Bank* aconselhou um CMS

[2477] Christoph Schmitt, *Aktuelle Rechtsprechung zur Anlageberatung bei OTC-Derivaten*, BB 2011, 2824-2828 (2826/II, 2827/I e 2828/II).

[2478] Michael Zoller, *Die Haftung anlageberatenden Banken bei Cross-Currency Swaps*, BKR 2012, 405-410 (410/II), considerando, todavia, que o *swap* de divisas é de fácil entendimento; Jens Koch, *Grenzen des informationsbasierten Anlegerschutzes/Die Gratwanderung zwischen angemessen Aufklärung und information overload*, BKR 2012, 485-493.

[2479] Ulrich Krüger, *Aufklärung und Beratung bei Kapitalanlagen/Nebenpflicht statt Beratungsvertrag*, NJW 2013, 1845-1850 (1849/II).

[2480] OLG Köln, 18-jan.-2012, BB 2012, 539-540.

[2481] OLG Stuttgart, 1-fev.-2012, BKR 2012, 300-303; anot. Stephan Bausch, *idem*, 303-307, crítico e anot. Julian Roberts, *idem*, 377-379, crítico perante Bausch.

[2482] OLG München, 9-ago.-2012, BKR 2012, 468-469.

Spread Ladder Swap ainda pior. Nos bastidores do debate então travado, corria que, já em 2005, os especialistas banqueiros tinham a intuição de que haveria uma baixa nos juros. Com efeito, o Banco Central Europeu, obcecado pelo fantasma da inflação, mantinha taxas de referência muito elevadas, enquanto a Reserva Federal Americana fazia, precisamente, o inverso. O desemprego e a estagnação europeias não paravam de aumentar, pelo que, para os especialistas, era uma questão de (algum) tempo: a EURIBOR iria descer.

Retiramos, deste episódio, que a informação e o aconselhamento requeridos devem, sempre, ser aferidos perante as características do caso concreto.

§ 90.º A EXPERIÊNCIA ITALIANA

367. Importância

I. O Direito italiano, mau grado as largas tradições romanas e medievais do *mos italicus*, veio a sofrer, no início do século XIX, uma influência avassaladora do Direito francês. Alguns códigos civis pré-unitários refletiam essa influência, por vezes, mesmo à letra. A partir dos finais do século XIX, houve uma mudança importante: assistiu-se à divulgação da Ciência Jurídica alemã, assente em traduções dos grandes clássicos pandectísticos e, em paralelo, a um renascimento dos estudos romanísticos.

II. Essas confluências e, ainda, a presença de uma considerável massa crítica jurídico-científica, apoiada nas universidades de grande porte e em excelentes juristas, permitiram, ao Direito italiano, posicionar-se numa *media via*, entre os sistemas napoleónico e germânico. Não nos parece possível falar, no plano Mundial, de um "sistema italiano de Direito" por se tratar de um ordenamento confinado a um único País e, portanto, sem expressão geográfica e demográfica. Todavia, tem o maior relevo científico, sendo de apontar influências italianas quer no Código Civil português, de 1966, quer no brasileiro, de 2002.

III. Um jurista português que conheça a língua francesa e tenha conhecimentos de latim pode, com alguma experiência, ler correntemente em italiano. Além disso, a Itália, como País latino do Sul, tem várias afinidades psicológicas e sociológicas com Portugal.

Também em Itália a crise de 2009-2012 se fez sentir, induzindo numerosas perturbações nos *swaps* aí celebrados.

Por tudo isto, o conhecimento da jurisprudência italiana tem interesse.

368. O acolhimento dos *swaps*

I. Os contratos de *swap* e, em geral, os diversos derivados foram acolhidos, sem problemas, no espaço interno italiano, a partir dos anos oitenta do século XX. Introduzidos pela prática bancária, os derivados foram divulgados pela literatura da época[2483].

II. Deve sublinhar-se que, em Itália, de acordo com o modelo alemão, são muito usados os conceitos indeterminados de "boa-fé", "informação leal" e "transparência", conceitos esses que, de resto, têm larga consagração legislativa, quer no Código Civil de 1942, quer em diversa legislação especializada, em especial no campo bancário.

III. Como particularidade italiana, verifica-se a presença de leis aplicáveis ao sector público, designadamente às comunas e às municipalidades, e que restringem certas operações[2484]. Em especial, fez caminho a regra de que os entes públicos só podem negociar *swaps* para disciplinar juros de financiamentos efetivamente contratados. Além disso, as regras aplicáveis no sector público obrigam a um máximo de informação e de transparência[2485].

Estes diversos maquinismos vieram a manifestar-se quando, em Itália como nos demais países da zona euro, a crise de 2009-2012 veio desequilibrar muitos *swaps* existentes.

369. A jurisprudência

I. A jurisprudência italiana relativa a *swaps*, no cenário de crise, é numerosa e exuberante. Vamos referir algumas espécies, antes de tecer algumas considerações gerais. Assim:

[2483] Antonio Cirillo, *Nifs, swaps ed option/Operazione bancarie innovative* (1990), 322 pp.. Margherita Moni, *Swap – una tecnica finanziaria per l'impresa* (1990), 418 pp.; Flavio Dezzani/Piero Pisoni/Luigi Puddu, *Swap, option, future/contabilità e bilancio* (1997), XI + 444 pp..

Muitas outras indicações podem ser confrontadas em Emilio Girino, *I contratti derivati* cit., 2.ª ed., 639-657.

[2484] Francesco Caputo Nossetti, *I contratti derivati finanziari* cit., 2.ª ed., 719-808, com múltiplos elementos.

[2485] *Idem*, 747 e *passim*.

Vicenza, 29-jan.-2009: o *swap* é um instrumento financeiro aleatório, o que impõe informações previstas nas leis bancárias; a renegociação de um *swap* aumenta a exposição do cliente ao risco, assumindo natureza especulativa; a declaração do cliente de que possui competência e experiência em matéria financeira deve ser apoiada em factos e não em opiniões; houve violação de deveres de informação, o que obriga a indemnizar; a cláusula de arbitragem relativa ao contrato-quadro não se alarga aos demais aspetos: deve ser interpretada restritivamente[2486];

Bolonha, 14-dez.-2009: a cláusula *up front* não transforma um *swap* num financiamento, numa situação que, segundo a lei então vigente, obrigaria a uma aprovação pelo conselho comunal, que não ocorrera; rejeitou, por isso, o pedido de anulação de três *swaps*[2487];

Catanzaro, 17-dez.-2009: num processo cautelar, o Tribunal entendeu que, ao cliente que declare ter um conhecimento médio dos mercados financeiros, deve ser dada a informação prevista no artigo 31.º do regulamento Consob, n.º 16 190/2007, com referência aos riscos gerais a especificar relativos ao instrumento, bem como das consequências de uma eventual comunicação à central de risco; a medida foi concedida, impedindo o Banco de efetuar novos débitos em conta e de proceder à aludida comunicação[2488];

Pádua, 23-mar.-2010: o chamado contrato-quadro de negociação e de transmissão deve ser produzido, também, em juízo; sem o que há nulidade da operação, por falta de requisitos, também por referência ao Consob[2489];

Pescara, 12-abr.-2010: na base do artigo 2.º do Decreto Legislativo n.º 267/2000, é possível obter o princípio de que a utilização de instrumentos pelas comunas e entes públicos só é viável nos limites de conter o risco: o princípio é inderrogável e de interesse público, pelo que o contrato que o inobserve é nulo[2490];

Udine, 13-abr.-2010: é admissível a supervisão judicial de execução de um derivado: não do contrato-quadro, mas da parte específica; a declaração do cliente de que dispõe de "competência" e de "experiência" quanto a produtos financeiros não é confessória; apenas inverte o ónus

[2486] Tribunal de Vicenza, 29-jan.-2009, em www.unijuris.it.
[2487] Tribunal de Bolonha, 14-dez.-2009, texto integral em *ilcaso.it*.
[2488] Tribunal de Catanzaro, 17-dez.-2009, em www.unijuris.it.
[2489] Tribunal de Pádua, 23-mar.-2010, em www.unijuris.it.
[2490] Tribunal de Pescara, 12-abr.-2010, em www.unijuris.it.

da prova; há que valorar o perfil da empresa visada: uma pequena empresa artesanal; a suspensão foi decidida[2491];

Milão, 19-abr.-2011: num *swap* de divisas, entendeu-se que o intermediário devia manter uma adequação profissional; impõem-se a boa-fé, a correção e a transparência, com esclarecimentos ulteriores[2492];

Lecce, 27-abr.-2011: num procedimento cautelar, que foi atendido, entendeu-se que o cliente não era "operador qualificado" só por via da declaração; o artigo 21.º do TUF manda que o Banco se comporte com diligência, correção e transparência, para melhor servir o interesse dos clientes; no caso, surge uma operação com um IRS, ruinosa: os normativos não foram cumpridos[2493];

Roma, 6-jun.-2011: um caso em que o gestor de € 50.000.000, investiu em derivados, perdendo € 33.369.647 do cliente; o tribunal entendeu violados múltiplos deveres de lealdade e de informação e mandou indemnizar nessa quantia[2494];

Nápoles, 19-out.-2011: numa compra e venda de derivados (opção *Mib 30 Put e Call*), foi declarada a nulidade por diversos motivos, designadamente por o intermediário dever valorar a adequação do produto, perante o cliente; aliás, foi declarada a nulidade do próprio contrato-quadro[2495];

Rimini, 27-out.-2011: numa cautelar, relativa a derivados, foi concedida a suspensão do contrato, vitimado por diversas falhas, no plano das formalidades[2496];

Milão, 29-jan.-2012: numa ação movida contra o Unicredit, entendeu-se que a cliente-autora tinha a qualidade de operador qualificado; nada mais havia a exigir ao Banco, em termos de informações[2497];

Orvieto, 12-abr.-2012: o Município de Orvieto demandou o Banco por via de IRSs concluídos, que conduziram a prejuízos marcados; o Tribunal

2491 Tribunal de Udine, 13-abr.-2010, em www.unijuris.it.

2492 Tribunal de Milão, 19-abr.-2011, em www.unijuris.it.

2493 Tribunal de Lecce, 27-abr.-2011, em www.unijuris.it.

2494 Tribunal de Roma, 11.ª Secção Civil, 6-jun.-2011, sent. 14122, texto integral, 11 pp..

2495 Tribunal de Nápoles, 3.ª Secção Civil, 19-out.-2011, sent. 12294/2011, texto integral, 7 pp..

2496 Tribunal de Rimini 27-out.-2011, causa 1729/2011.

2497 Tribunal de Milão, 29-jan.-2012, 6.ª Secção Civil, sentença n.º 1592/2012, texto integral, 7 pp..

entendeu que o contrato não tinha causa, sendo inválido; recorde-se que "causa" é a justificação económica do contrato, surgindo como requisito autónomo de validade, no Direito italiano[2498];

Lucera, 26-abr.-2012: fora celebrado um IRS, com vários bancos (entre os quais o Barklays e o Unicredit) que se revelou desequilibrado; o Tribunal, por via cautelar, decidiu a sua suspensão, por falta de causa[2499]; esta decisão foi confirmada por Lucera 11-jul.-2012[2500];

Florença, 5-jun.-2012: numa cautelar, entendeu-se, perante um derivado em desequilíbrio, ter havido falta de informação[2501];

Pescara, 11-jun.-2012: a Comuna de Penne demandou um banco, na sequência de um IRS; o Tribunal, chamando a atenção para as regras especiais aplicáveis, entendeu ainda haver défice de informação; o banco foi condenado a devolver as importâncias perdidas pela Comuna: € 467.524,47 e € 204.837,93[2502];

Monza, 14-jun.-2012: perante um IRS, o tribunal declarou a sua nulidade por falta de causa; fora celebrado por uma pequena empresa do sector alimentar, sendo totalmente inadequado aos seus fins[2503].

II. Os órgãos de informação deram um grande relevo a uma decisão do Tribunal de Milão, secção criminal, de 4-fev.-2012. Em síntese, o Município de Milão contratara, junto de vários bancos (JP Morgan Chase Bank, Deutsche Bank, UBS e Depfa), diversos instrumentos, incluindo um IRS. Procurando renegociar um débito de € 57 M., veio a concluir um IRS, que assumiu um valor negativo de € 96 M.. Seguiu-se um processo-crime, em que o procurador demandou os funcionários dos bancos envolvidos, por crime de burla (*truffa*): teriam representado, de modo inexato, as vantagens que, dos contratos, adviriam para os Bancos, além de ter havido comissões.

[2498] Tribunal de Orvieto, 12-abr.-2012, texto integral, 27 pp..

[2499] Tribunal de Lucera, 26-abr.-2012, Proc. 204/2012, texto integral, 7 pp..

[2500] Tribunal de Lucera 11-jul.-2012, texto integral, 18 pp.; desta feita, foram ouvidos os bancos requeridos.

[2501] Tribunal de Florença, 5-jun.-2012, 3.ª Secção Civil, causa 182/2012, texto integral, 7 pp..

[2502] Tribunal de Pescara, 11-jun.-2012, sent. 1241/12, texto integral, 7 pp..

[2503] Tribunal de Monza, 14-jun.-2012, 1.ª Secção Civil, causa 3844/2009, texto integral, 8 pp..

O Tribunal de Milão condenou os diversos funcionários a penas de prisão e a penas pecuniárias e determinou a restituição do resultado dos crimes, na posse dos Bancos, da ordem dos € 70 M.[2504].

III. Em síntese, podemos dizer que, no plano civil e comercial, os tribunais italianos foram muito ativos na invalidação de contratos de *swap*, ou na fixação de deveres de indemnizar, pelos montantes perdidos em função desse tipo de contratos. Para tanto, usaram três argumentos decisivos:

– a violação de deveres de informar e de transparência;
– a falta de causa, por se tratar de contratos que não tinham objeto económico justificativo;
– a inobservância de regras aplicáveis a entes públicos, quando estejam em causa comunas ou municípios.

Temos, ainda, o caso de Milão 19-dez.-2012, que deparou com matéria criminal. De facto, se os funcionários das instituições de crédito usarem de artifícios para, enganando o cliente, obterem, para os bancos e para eles próprios, benefícios injustificados, há crime de burla: em Itália como em Portugal ou em quaisquer outros países.

[2504] Tribunal de Milão, 19-dez.-2012, secção criminal, Proc. 13 976/12; o texto original alonga-se por 259 pp.; 4-fev.-2013 é a data em que foi apresentada a justificação: não a da sentença.

§ 91.º A JURISPRUDÊNCIA PORTUGUESA

370. Generalidades

I. Tal como na Alemanha e em Itália, também em Portugal a crise económica teve reflexos sobre os contratos de *swap* de taxas de juro em vigor. Designadamente: o abaixamento das taxas de juro conduziu a que, sistematicamente e por valores crescentes, os banqueiros passassem a debitar cifras aos seus clientes. Estes, muitas vezes em dificuldades induzidas de problemas económicos, mormente quebras nas vendas, procuraram renegociar, com os banqueiros, as operações em curso.

II. Em certos casos tais renegociações conduziram a novos *swaps* que, com o decurso do tempo, vieram a revelar-se ainda mais danosos do que os iniciais.

Surgiram alguns litígios, que foram solucionados pelos tribunais. Temos conhecimento de seis decisões publicitadas: três da Relação de Lisboa, duas da de Guimarães e uma do Supremo Tribunal de Justiça.

Vamos ver.

371. Seis decisões judiciais

I. No primeiro caso, decidido a 17-fev.-2011, discutia-se uma providência cautelar, requerida contra o Banco Santander.

> Uma sociedade por quotas veio requerer, cautelarmente, a suspensão de débitos em conta feitos pelo Banco. Alegou ter celebrado um contrato de permuta de taxas de juro, em 18-jul.-2007 que, num primeiro momento, lhe permitiu ganhar € 11.132,51; substituído por novo contrato, esse produto levou, até dez.-2008, a um prejuízo de € 183.410,10; tal contrato teria sido celebrado em erro; além disso, o banqueiro teria violado os deveres de

boa-fé e de lealdade e, ainda, os deveres legais de informação, derivados do CVM. A primeira instância deu provimento ao requerente, decretando a suspensão pedida.

Interposto recurso, a Relação de Lisboa fixou os factos, entre os quais o ter-se exarado que o contrato teve, como objetivo, a gestão de risco de taxa de juro, mantendo-a num intervalo de 2,50% a 5,25%. A EURIBOR, entretanto, desceu continuamente, conduzindo a um endividamento crescente da empresa.

A Relação de Lisboa entendeu que o cliente estava devidamente informado e não podia eximir-se ao risco assumido. Revogou, por isso, a suspensão decidida em 1.ª instância[2505].

II. No segundo, decidido em 25-set.-2012, discutia-se a ação de fundo relativa a esse mesmo caso.

A Relação de Lisboa entendeu que a sociedade era gerida por um sócio-gerente com vasta experiência comercial em matéria de recurso ao financiamento bancário, na ordem dos milhões de euros. Prosseguiu dizendo que esse sócio-gerente:

> (…) arriscou na mira de vir a obter ganhos de acordo com a previsão da tendência de subida da taxa de juros; durante vários e consecutivos meses a aposta revelou-se bem sucedida e frutífera; porém, por força da verificação superveniente de acontecimentos económicos internacionais, na altura imprevistos e que, agora, são de todos conhecidos, as condições de mercado manifestaram-se profundamente adversas aos seus interesses (…).

Não se provou que o Banco tivesse conhecimento antecipado da crise. O Tribunal decidiu que, sendo os contratos para cumprir, a ação não tinha fundamento[2506].

III. Num terceiro caso, debatia-se o alcance de uma convenção de arbitragem incluída num *swap*. A 1.ª instância decidiu que ela não retirava competência ao Tribunal do Estado. A Relação de Guimarães confirmou essa orientação, em 8-mar.-2012[2507].

[2505] RLx 17-fev.-2011 (Luís Correia de Mendonça), Proc. 2408/10.
[2506] RLx 25-set.-2012 (Luís Espírito Santo), Proc. 2408/10.
[2507] RGm 8-mar.-2012 (Maria Luísa Ramos), Proc. 1387/11.

IV. O quarto caso diz respeito à questão de fundo subjacente à causa anterior. Foi dirimido pela Relação de Guimarães, em 31-jan.-2013.

Fora celebrado um contrato de *swap* de taxa com barreiras, contratado por indicação do banqueiro por um gerente com uma formação muito simples e que nunca contratara com bancos. A sociedade envolvida pediu a resolução do contrato por alteração das circunstâncias, uma vez que a evolução das taxas de juro levara a uma perda de € 44.709,38 ou, em todo o caso, a sua anulação por erro. A 1.ª instância deu provimento à ação, declarando resolvido o contrato, por alteração das circunstâncias. A Relação de Guimarães confirmou esse entendimento. Disse, designadamente[2508]:

> Por outro lado, esse desequilíbrio foi extremamente agravado pela crise financeira, situação esta que não decorreu de um normal desenrolar da situação económica.
>
> Com efeito, a situação que se desencadeou a partir de Setembro de 2008, foi uma situação excecional, completamente anormal no sistema financeiro que agravou de forma profunda a situação (preexistente) de desequilíbrio das prestações, de tal modo que a sua manutenção feriria os princípios da boa-fé que devem nortear a celebração dos contratos, e na qual as partes alicerçaram a decisão de contratar.
>
> O disposto no artigo 437.º do Código Civil pressupõe que se tenha produzido uma alteração anormal das circunstâncias que foram basilares para a decisão dos contraentes de tal modo que a base de negócio tenha desaparecido ou tenha sido substancialmente modificada; que a exigência das obrigações assumidas pela parte lesada afete gravemente os princípios de boa-fé; que tal exigência não esteja coberta pelos riscos próprios do contrato e que a parte lesada não esteja em mora no momento em que a alteração das circunstâncias se verificou.
>
> E por isso, concordamos com a sentença recorrida quando conclui que "nas circunstâncias atuais a exigência das obrigações que do contrato decorrem para a autora não está coberta pelo risco próprio do contrato". Efetivamente, os contratos swap são um instrumento financeiro especialmente vocacionado para a gestão do risco da taxa de juro; só que as alterações verificadas após Setembro de 2008, e a crise no sistema financeiro (que podemos considerar como um colapso à escala mundial) não pode ser considerada como risco normal, bem como as oscilações da taxa de juro (que se verificou com a falência do Lehman Brothers) como riscos próprios do contrato sob pena de se violarem gravemente os princípios da boa-fé contratual.

[2508] RGm 31-jan.-2013 (Conceição Bucho), Proc. 1387/11.

V. Finalmente, um quinto caso foi decidido pela Relação de Lisboa, em 21-mar.-2013. Fora celebrado um contrato de *swap* de taxas de juro, que acompanhava um financiamento, mas apenas em parte: liquidado este, o *swap* manter-se-ia, ainda, durante algum tempo. Mercê da evolução das taxas de juro, a empresa aderente veio a sofrer um prejuízo crescente. Disse, em primeira instância, que o banqueiro continuou a cobrar juros, depois de pago o valor mutuado, pedindo a sua condenação. A 1.ª instância rejeitou a ação.

Em recurso, a empresa aderente veio ainda invocar a nulidade do contrato, por violação da Lei sobre cláusulas contratuais gerais. Cita um acórdão da Relação de Coimbra, inédito e que iria nesse sentido. A Relação de Lisboa desamparou este aspeto. Mas fez uma abordagem distinta: o contrato visou a gestão do risco; mas ao conservar-se, depois da cessação do endividamento, passou a ser uma mera aposta. Diz, designadamente[2509]:

> Ou seja, o contrato de *swap* apenas pode ser caracterizado enquanto tal se dos seus termos for claro que cobre um risco (no caso de flutuação de taxa de juros) e que o cobre relativamente a uma (ou várias) operação financeira devidamente caracterizada: um mútuo simples, um mútuo por conta caucionada, qualquer outro financiamento, possibilidade ou não de amortização dos mesmos, ou, até, eventualmente, possa envolver para uma das partes (o cliente da instituição financeira) a obrigação de manter o nível de financiamento que justificou o *swap*.
>
> No caso dos autos, por exemplo, a previsão da Autora quanto ao financiamento que manteria ao longo da vigência do *swap* e a obrigação de o manter ou, contrariamente, a previsão das amortizações e a sua influência no *swap*.
>
> Quando assim não seja, quando da análise do clausulado contratual não resultar a derivação, o contrato tem de ser analisado independentemente da realidade subjacente de que abstrai.
>
> É esse o caso dos autos, uma vez que os instrumentos contratuais nada concretizam quanto à relação subjacente de que emanam.
>
> Nesta situação, o contrato é um produto financeiro abstrato cuja transação fora de Bolsa não encontra qualquer acolhimento no ordenamento jurídico, configurando efetivamente um contrato de aposta e não um *swap*.
>
> (...)

[2509] RLx 21-mar.-2013 (Ana de Azeredo Coelho), Proc. 2587/10 = RLJ 42 (2013), 238-253.

> Com o que concluímos que a análise do contrato o descaracteriza como *swap* de taxa de juros, pese embora a aparência, transformando-o num contrato de aposta, por nada ressaltar quanto à concreta ligação a uma realidade subjacente.
>
> O artigo 1245.º, do CC, refere-se à aposta considerando-a não válida, apenas constituindo obrigações naturais quando lícito.
>
> Ora, nada no ordenamento jurídico permite concluir pela licitude da aposta de taxas de juros com pagamento diferencial.
>
> (...)
>
> A aposta que não possa qualificar-se de lícita, como é o caso do contrato em causa (nos termos dos artigos 159.º e 161.º, do DL 422/89), não é válida nem constitui fonte de obrigações civis, sendo cominada de nulidade pelo artigo 1245.º, do CC.

VI. A matéria chegou ao Suremo Tribunal de Justiça, que prolatou, sobre os *swaps*, uma primeira e importante decisão: a sexta, sobre *swaps*, no computo geral. Tal sucedeu em recurso interposto pelo Banco condenado, do acórdão da Relação de Guimarães de 31-jan.-2013, de que acima demos conta. O Supremo confirmou, em acórdão de 10-out.-2013, o decidido em Guimarães; entendeu revogado o contrato de *swap*, por alteração das circunstâncias[2510].

> Citando Almeida Costa, o Supremo explica que mesmo os contratos aleatórios podem ser resolvidos ou modificados por alterações de circunstâncias, quando estas excedam apreciavelmente as flutuações previsíveis na data do contrato. Posto isto, foca dois pontos: (a) que tal como fora celebrado, havia um desequilíbrio entre as prestações das partes; (b) que esse desequilíbrio foi extremamente agravado pela crise financeira. O particular aderente passou, assim, a suportar um assinalável encargo e um enorme prejuízo, confirmado pelo desequilíbrio das prestações. A manutenção do contrato iria ferir os princípios da boa-fé.

Para além de algum apoio doutrinário[2511] e das repercussões que já teve noutras decisões judiciais, não publicadas, este acórdão levou, ainda, a que a crise financeira de 2009-2014 fosse arvorada, na jurisprudência, a

[2510] STJ 10-out.-2013 (Granja da Fonseca), Proc. 1387/11.

[2511] Em especial, Catarina Monteiro Pires, *Entre um modelo corretivo e um modelo informacional no Direito bancário e financeiro*, CDP 44 (2013), 3-22 (9 ss.).

alteração das circunstâncias[2512]. Num caso deste tipo, um bom banqueiro teria resolvido o problema pela negociação: levar, ao Supremo, um caso de manifesta injustiça, apenas conduziu à formação de uma corrente jurisprudencial contrária aos interesses da banca.

372. **Apreciação doutrinária**

I. O acórdão da RLx 25-set.-2012 mereceu uma anotação de Hélder M. Mourato[2513]: desfavorável. Após cuidadosa análise do contrato, este Autor conclui que não estava em causa uma cobertura de risco, mas uma total especulação. Como tal, o contrato não seria válido, por implicar jogo ou aposta: quando muito, originaria obrigações naturais. Já quanto a RGm 31-jan.-2013, o mesmo Autor discorda da aplicação do instituto da alteração das circunstâncias[2514].

José Lebre de Freitas, num escrito que surge indubitavelmente ligado à discussão prática dos *swaps*, em cenário de crise, traça um quadro em parte coincidente. De facto, o *swap* sem financiamento e, portanto, em que o valor de referência é apenas nocional, surge como aposta, como tal devendo ser tratado. Já quanto à alteração das circunstâncias: o Autor entende que, mau grado o elemento aleatório dos *swaps*, esse instituto tem sempre aplicação. Basta que a alteração seja de tal monta que ultrapasse qualquer álea aceitável[2515].

João Calvão da Silva, pelo contrário, em anotação a RLx 21-mar.-2013, sustenta que os *swaps* foram reconhecidos nacional e internacionalmente sem a distinção de saber se, em concreto, acompanhavam um financiamento ou se, pelo contrário, surgiam meramente especulativos[2516]. Receamos que tal orientação possa prejudicar os *swaps* e, em geral, os derivados. A presente crise permitiu mostrar as fraquezas da especulação. Esta só deve ser praticada por especialistas, entre si. A situações profundamente diferen-

[2512] Assim, RGm 30-jan.-2014 (António Santos), Proc. 67/2, apresentando a crise como fundamento de redução salarial dos titulares dos órgãos de uma Fundação.

[2513] Hélder M. Mourato, *Swap de taxa de juro: a primeira jurisprudência*, Cad MVM 44 (2013), 29-44, 43/I.

[2514] *Idem*, 43-44.

[2515] José Lebre de Freitas, *Contrato de swap meramente especulativo/Regimes de validade e de alteração das circunstâncias*, ROA 2012, 943-970 (968-970), as conclusões.

[2516] João Calvão da Silva, anot. RLx 21-mar.-2013, RLJ 142 (2013), 253-269.

tes, devem corresponder regimes diferenciados. Ora se os *swaps*-garantia merecem apoio, os restantes concitam as cautelas do Direito.

II. Quanto ao acórdão do Supremo, de 10-out.-2013, impõem-se duas reflexões. A alteração das circunstâncias funciona sempre, mesmo perante contratos aleatórios. Mas sendo esse o caso, ela terá de ser de tal monta que ultrapasse o que a boa-fé permitiria exigir e, logo, deverá atingir uma amplitude que ultrapasse a (lata) atribuição de risco visualizada pelas partes. Logo, a pista da alteração das circunstâncias é operacional. No caso concreto, afigura-se que, perante os factos, houve, antes um claro problema de falta de informação; quiçá, mesmo: a quebra de um dever de não propor, ao aderente e dado o perfil deste, um contrato tão arriscado e tão difícil de entender, como o do *swap* de taxas de juro[2517].

A alteração das circunstâncias tem uma vertente delicada: não há razão para considerar que ela não possa ser invocada pelos banqueiros para, por exemplo, restabelecer o equilíbrio em contratos de longa duração, como os de crédito à habitação, que tenham sido atingidos pela prolongada e inexpectável descida da taxa de juro.

III. A jurisprudência portuguesa, apesar das suas limitações, permite, com os comentários referidos, traçar uma linha coerente de raciocínio.

Com efeito, nos *swaps* de taxas de juro, há duas situações distintas: a de *swaps* que fazem uma gestão racional de taxas devidas por financiamentos existentes e a de *swaps ad nutum*, que não têm a ver com empréstimos subjacentes. No primeiro caso, o contrato é razoável e legítimo; no segundo, é uma pura aposta na evolução das taxas de juro, que deve ser sindicada pelos tribunais.

IV. É evidente que, como dito, qualquer contrato pode ser celebrado para "especulação". Não se trata, porém, de aposta, quando tenha um efeito jurídico direto, que não o risco: a compra de ações ou de opções, como exemplos. Já um *swap* sem financiamento não tem qualquer outro efeito que não a captura do produto do risco. Fora de bolsa, trata-se de pura aposta. Acompanhamos, pois, a orientação da RLx 21-mar.-2013. Facultá-lo a sociedades comerciais comuns ou a empresas públicas só pode prejudicar os derivados, o mercado e a imagem da banca.

[2517] Catarina Monteiro Pires, *Entre um modelo corretivo e um modelo informacional* cit., 14/II. De facto, uma saída do tipo da do BGH 22-mar.-2011 acima examinada, parece mais adequada.

§ 92.º PONDERAÇÃO BANCÁRIA

373. Atos aleatórios e pessoas coletivas

I. O *swap* de taxas de juro, numa reflexão que pode ser alargada a outros contratos relativos a derivados, pode apresentar duas faces distintas, que recordamos:

– a de um contrato de gestão do risco representado pelas oscilações de taxas de juro;
– a de um puro contrato especulativo, tipo aposta sobre a evolução das taxas.

O primeiro caso não suscita dúvidas. Associado a um mútuo, o *swap* de taxas de juro, se não contiver cláusulas exóticas ou exorbitantes, funciona como um instrumento de gestão, disponível para as empresas. Já o segundo não é tão simples: celebrado *ad nutum*, ele apenas faculta, às entidades aderentes, a hipótese de lucros ou de perdas, em função de dados aleatórios. Jogando com os grandes números, o banqueiro pode transformar esse tipo de contrato em negócio comum. Mas no que toca às empresas, estamos perante um jogo.

II. O primeiro óbice a enfrentar pelos *swaps ad nutum* é o da capacidade de gozo das pessoas coletivas que os celebrem. Uma sociedade pode celebrar contratos aleatórios? Pode jogar num casino? Pode comprar bilhetes de lotaria? Pode apostar nos cavalos? E quando o faça: pode envolver grandes quantias, contraindo dívidas, para o efeito?

À partida, um ato puramente aleatório deve ser aproximado de um ato gratuito. Aquando da sua celebração, não é possível saber se vai haver dano ou perda. Esta ocorre como uma possibilidade real, encarada pelo "jogador", que a aceita. Mais: o "jogador" habitual sabe que vai perder; se for consciente, ou não joga ou admite que, fazendo-o, concede benefícios ao "casino", a título gratuito e por que isso lhe dá prazer.

A natureza tendencialmente gratuita do jogo ou aposta é tão acentuada que cai nas malhas do artigo 6.º/2 do Código das Sociedades Comerciais. Estamos perante uma liberalidade que não podemos considerar "usual".

Concluímos que as sociedades – e, genericamente, as pessoas coletivas – não têm capacidade de gozo para concluir negócios tipo-casino. Ficam envolvidos os *swaps* que, por estarem desligados de qualquer mútuo, não visam uma gestão do risco mas, tão-só, uma aposta sobre o futuro. Este mesmo raciocínio aplica-se a contratos que, ligados inicialmente a um mútuo, dele se desprendam, por assumirem autonomia: não cessam com o reembolso total, não acompanham o reembolso parcial e têm prazos próprios de vigência.

374. **A exigência técnico-jurídica de risco**

I. Um *swap* de taxas de juro equivale a um contrato de risco. Mas risco em sentido técnico: incide sobre a eventualidade da supressão de uma vantagem assegurada pelo Direito. No domínio dos seguros, não são admissíveis contratos sem risco, isto é: um contrato pelo qual o "segurador" se obrigaria, contra um "prémio", a realizar, a favor do beneficiário, uma prestação convencionada, no caso de ocorrer um evento aleatório. Tal evento deve ser um risco, em sentido técnico, ou o contrato que se lhe reporte é nulo, segundo o artigo 44.º da LCS[2518].

II. Pois bem: esta regra aplica-se aos *swaps*-casino ou *swaps* que não tenham a ver com a gestão de qualquer risco derivado de um mútuo existente. Eles não são lícitos, enquanto verdadeiros contratos sobre o risco: vale o citado artigo 44.º da Lei do Contrato de Seguro. Este preceito impõe a nulidade dos "seguros sem risco". Mas essa locução deve ser entendida em termos materiais: não se trata, apenas, de contratos formalmente ditos "seguros", mas de todos aqueles que, substancialmente, lhes equivalham.

De novo a fronteira passa entre os *swaps* que visem, efetivamente, a gestão do risco e aqueles que se traduzem numa pura aposta sobre o futuro dos juros.

[2518] *Direito dos seguros*, 487 ss..

375. **Dever de informar e deontologia bancária**

I. Em termos mais puramente bancários, os contratos de *swap* de taxas de juro solicitam, no mais elevado grau, os deveres de informação bancários.

Na sua versão mais simples, a informação é fácil: deve ser prestada, com clareza. O particular aderente fica protegido contra a subida dos juros; mas não beneficia da sua descida. Nas demais, e de complexidade crescente, a informação torna-se complexa: deve ser ministrada por pessoal habilitado e a quem tenha conhecimentos e experiência.

Um ponto muito delicado deve (ou devia) ter sido esclarecido: perante a clivagem entre as taxas de juro de referência, praticadas pelo BCE e pela Reserva Federal Norte-americana, era de prever que, no médio e no longo prazo, houvesse uma baixa de juros, na Europa. Não havia certezas: mas a probabilidade existia e era razoável. Manifestamente: banqueiros houve que investiram nessa base. Donde o aparente paradoxo: os lucros sobem com a baixa dos juros. Ora tais informações não foram prestadas.

II. As lições da jurisprudência italiana sublinham que não vale, como informação, o oferecer, para assinatura, documentos onde se diga que o particular aderente é experiente e tomou conhecimento dos riscos envolvidos. O Direito bancário dos nossos dias é substancialista, por oposição a formalista. Pela ordem material das coisas, nenhum gestor ou empresário, seja quais forem as suas habilitações académicas, irá reconhecer, para mais por escrito, que não tem conhecimentos, que não tem informação, que não assume riscos ou que não tem experiência. Declarações desse tipo não valem: devem ser submetidas a cuidadoso escrutínio.

A grande maioria dos *swaps*, em Portugal como no estrangeiro, foi concluída com aderentes que não se aperceberam minimamente dos riscos envolvidos. Houve erro sobre o objeto do negócio, caindo-se na alçada do artigo 251.º do Código Civil. Além disso, jogam todos os deveres de informação previstos nas leis da banca.

III. A realidade impõe, a nosso ver, um ponto suplementar – mas decisivo – de reflexão. Na verdade, os aderentes (salvo as grandes empresas) não conheciam o produto "*swap*". Foram abordados pelos banqueiros, que lhes referiram as suas vantagens. A relação de confiança entre particulares e banqueiros é muito forte: o particular quer agradar ao banqueiro, subscrevendo os seus produtos e fica totalmente tranquilo, perante as iniciativas deste. Não se vai embrenhar no estudo de uma matéria complexa e na qual nenhum agente consciente pretenderá ter certezas.

O banqueiro tem, aqui, um extraordinário poder. Nos casos, ocorridos no início do século XXI, em que algumas agências bancárias propuseram, aos clientes, a compra de ações do banco, ações essas que, depois, vieram a desvalorizar, houve uma imensa reação da supervisão (CMVM) e procedeu-se a uma série de arbitragens, que levaram à indemnização dos privados. Pois bem: o caso dos *swaps* não é menor. Trata-se de um produto que, pela deontologia bancária, não devia ter sido "oferecido" a particulares. De resto, houve banqueiros e funcionários de banqueiros que recusaram fazê-lo.

A oferta, para adesão, a particulares, de um produto da maior complexidade, com riscos muito elevados que, jamais, poderia ocorrer é contrária à deontologia e, por aí, aos bons costumes. Segue-se a sua nulidade, por via do artigo 280.º/1 do Código Civil. Esta lógica, todavia, não se aplica linearmente a grandes empresas que tivessem, elas próprias, tomado a iniciativa de contactar diversos banqueiros, para efeitos de conclusão de *swaps*, com os quais, de resto, esperavam receber um financiamento gratuito.

IV

DIREITO BANCÁRIO INSTITUCIONAL

376. **Razão de ordem**

I. O Direito bancário institucional desenvolveu-se, no País, a partir do Estado e de regras jurídicas adotadas para ordenar e garantir o funcionamento do sistema financeiro português. Essa origem interna da nossa organização bancária teve repercussões básicas na dogmática dos institutos em jogo. Apesar da permanente circulação das ideias e, por essa via, de diversas influências estrangeiras no legislador nacional, podemos considerar que o Direito bancário institucional – com sucede, plenamente, com o Direito bancário material – é um ordenamento de elaboração portuguesa: verga-se às suas categorias, aos seus conceitos e à sua especial técnica de ordenação.

II. Nos finais do século XX, entrou em funcionamento a fase III da União Económica e Monetária. O País, tendo aderido às Comunidades Económicas Europeias (1986), subscreveu o Tratado de Maastricht que deu azo à União Europeia (1992), introduzindo, no Tratado, o Sistema Europeu de Bancos Centrais e o Banco Central Europeu – artigo 8.º [2519]. E segundo o artigo 106.º/1 do Tratado da União, atual artigo 128.º/1 do Tratado sobre o Funcionamento da União Europeia (TFEU), o Banco Central Europeu tem o direito exclusivo de autorizar a emissão de notas de banco na Comunidade, notas essas que podem ser emitidas por ele e pelos bancos nacionais[2520].

Portugal perdeu, assim, a sua soberania monetária, soberania essa exercida, logo no século XII, com a emissão, por D. Afonso Henriques, dos primeiros morabitinos[2521] e mantida, sem interrupção, por mais de oito

[2519] Bernhard Kempen, em Rudolf Streinz, *EUV/EVG Kommentar* (2003), Art. 8 EVG (306-307), com indicações.

[2520] Bernhard Kempen, ob. cit., Art. 106 EVG (1316 ss.), hoje *EUV/AEUV*, 2.ª ed. (2012), art 128 (1549 ss.).

[2521] Cuja imagem consta, hoje, das "faces nacionais" das moedas de um e de dois euros, cunhadas para Portugal.

séculos. A História dirá se tal passo, dado nos finais do século XX, é irreversível e se valeu a pena.

III. Apesar dessa alteração radical, o Direito bancário institucional mantém-se. A moeda única foi precedida por uma série de medidas de aproximação, seguindo-se outras e esperando-se mais. O artigo 105.º/6 do Tratado (hoje: 127.º/6 do TFEU) prevê que o Conselho possa conferir ao Banco Central Europeu atribuições específicas relativas à supervisão prudencial das instituições de crédito e de outras instituições financeiras, com exceção das empresas de seguros[2522]. Esta hipótese vem-se concretizando por etapas. Com o tempo, bem poderá suceder que o essencial da supervisão e, com ele, do Direito bancário institucional, venha a adquirir uma feição diretamente europeia.

De momento, não é assim. O núcleo do Direito bancário institucional mantém-se português, fazendo todo o sentido desenvolver, nessa base – particularmente a partir do Banco de Portugal – a inerente matéria.

IV. A defesa da nossa identidade jurídica exige, porém, um pronto domínio nacional sobre as categorias jurídicas comunitárias. Nesta ambiência, poderemos promover uma paulatina receção dos correspondentes conceitos, de tal modo que ganhe raízes um "Direito europeu português".

Com a especial ressalva de que a prioridade histórica e dogmática é deferida ao Direito nacional, iremos consignar um sistema financeiro europeu amplo, que engloba o nacional. E dentro desse serviço, iremos principiar pelo euro, pelo Serviço Europeu de Bancos Centrais e pelo Banco Central Europeu.

[2522] Bernhard Kempen, *EUV/AEUV* cit., 2.ª ed., Art. 128, Nr. 25-27 (1549).

CAPÍTULO I

O SISTEMA FINANCEIRO EUROPEU

SECÇÃO I

A MOEDA ÚNICA

§ 93.º O EURO

377. Instituição e fontes

I. A face mais visível do sistema financeiro europeu é o euro. Deve esclarecer-se que as regras atinentes à moeda são, tradicionalmente, Direito civil[2523]: no Código Civil – artigos 550.º a 561.º[2524] – encontramos, de resto, as regras básicas sobre as obrigações pecuniárias. De todo o modo, o facto, historicamente recente, de a moeda nacional ter sido substituída por moeda europeia dá, ao sistema financeiro europeu, uma especial impressividade. Incluímos, assim, a presente rubrica, a abrir o competente capítulo.

II. O euro teve como antecedente imediato o *ecu* (de *European Currency Unit*): uma moeda compósita, escritural e cujo valor derivava de um cabaz representativo das diversas moedas europeias, tendo cada uma a ponderação correspondente ao peso económico do respetivo país. Parale-

[2523] P. ex., Jean Carbonnier, *Droit civil/Les biens* (ed. 2004), n.º 671 ss. (1527 ss.) e a monumental anotação de Karsten Schmidt, no *Staudingers Kommentar* aos §§ 244-248 do BGB, com o subtítulo *Geldrecht* (1997), 726 pp..

[2524] Quanto à evolução que conduziu ao euro: Frank Schorkopt, *Die Einführung des Euro: der europäische und deutsche Rechtsrahmen*, NJW 2001, 3734-3742 (3734 ss.) e Berthold Wagner, *Von der Deutschen Mark zum Euro*, NJW 2001, 3743-3746.

lamente, operava o Serviço Monetário Europeu (SME), que visava estabilizar as variações cambiais entre as várias moedas da Comunidade.

O Tratado de Maastricht (1992) inscreveu, entre os objetivos da União, o estabelecimento, a termo, de uma moeda única: o *ecu*. Mais tarde, seria adotada a expressão euro.

A escolha do termo "euro" tem a sua história. À partida, ficaria ecu: expressão aceitável que corresponderia ao nosso escudo e a uma velha medida monetária francesa. Todavia, em alemão, "um ecu" (*eine Ecu*) soa como *eine Kuh* (uma vaca), numa circunstância risível, para mais num País muito ligado à *deutsche Mark*, símbolo do êxito económico do pós-guerra e, ainda hoje, base do euro. Os alemães chegaram a propor, para ultrapassar o problema, a adoção do *Frank*, como moeda europeia. Foi ainda sugerido o sestércio: a velha moeda romana que, de facto, circulou em grande parte da Europa.

Finalmente: seja pela simplicidade, seja pelo *marketing* implícito, ficou-se, no Conselho de Madrid de 15-16 de dezembro de 1995, pelo euro.

II. A introdução do euro deu origem a regras europeias e a regras nacionais, que cumpre conhecer[2525]. A nível europeu, cabe assinalar:

- o Regulamento n.º 1103/97, do Conselho, de 17 de junho de 1997, relativo a certas disposições respeitantes à introdução do euro; este instrumento substituiu, designadamente, o anterior *ecu* pelo euro (2.º) e firmou o princípio da manutenção dos atos jurídicos (3.º); foi alterado pelo Regulamento n.º 2595/2000, do Conselho, de 27 de novembro de 2000;
- o Regulamento n.º 974/98, do Conselho, de 3 de maio de 1998, relativo à introdução do euro; estabelece o euro como a moeda dos Estados-Membros participantes, a partir de 1 de janeiro de 1999 (2.º), fixando um período de transição (5.º a 8.º e 9.º) e dispondo sobre notas e moedas expressas em euros (10.º a 12.º); foi alterado pelo Regulamento n.º 2596/2000, do Conselho, de 27 de novembro de 2000;
- o Regulamento n.º 2866/98, do Conselho, de 31 de dezembro de 1998: aprovou as taxas de conversão entre o euro e as moedas dos Estados-Membros que o adotam; recordamos que um euro passa a

[2525] Ulrich Haug, em Herbert Schimansky/Hermann-Josef Bunte/Hans-Jürgen Lwowski, *Bankrechts-Handbuch*, II, 4.ª ed. (2011), § 123, Nr. 44 ss. (2331 ss.).

equivaler a 200$482; foi alterado pelo Regulamento n.º 1478/2000, do Conselho, de 19 de junho de 2000, que aditou a taxa de conversão do dracma grego.

Tem interesse referir a Decisão do BCE de 6 de dezembro de 2001, que fixou a tabela de repartição das notas pelos diversos bancos centrais nacionais; por exemplo, à Deutsche Bundesbank cabem 27,8215%, contra 0,1695% para a Banque Central du Luxembourg. Ao nosso Banco de Portugal: 2,1845%[2526].

III. No plano interno, a introdução do euro deu lugar, entre outros, aos diplomas seguintes[2527]:

– Decreto-Lei n.º 138/98, de 16 de maio, que estabelece regras fundamentais a observar no processo de transição para o euro; retirou de circulação as moedas de $50 e de 2$50 (*vulgo*: cinco tostões e vinte e cinco tostões); admitiu, no período transitório, a contabilidade em escudos ou em euros; adotou regras de redenominação[2528]; fixou regras para a administração pública financeira;

[2526] Outras decisões importantes do BCE são: a de 20-mar.-2003, relativas, respetivamente, às denominações, especificações, reprodução, troca e retirada de circulação de notas de euro e à execução de medidas contra a reprodução irregular de notas de euro e à troca e retirada de circulação de notas de euro e a de 29-set.-2003, referente a um procedimento comum para a mudança do desenho do anverso nacional das moedas em euro destinadas à circulação. *Vide Leis da banca*, 3.ª ed., 1384 ss..

[2527] Como elemento comparatístico: a introdução do euro operou, na Alemanha, através de leis de 9-jun.-1998, 24-mar.-1999 e 21-dez.-1998; *vide* Alfred Dittrich, *Das Zweite Euro-Einführungsgesetz*, NJW 1999, 2015-2016 e *Das Dritte Euro-Einführungsgesetz*, NJW 2000, 487-488. Em geral: Harald Plewka, *Umstellung auf den Euro* (1998).

[2528] O artigo 14.º/3 deste diploma refere a expressão "cêntimo" do euro. Mal: no Conselho de Madrid, de 15 e 16-dez.-1995, foi decidido substituir o anterior *ecu* pelo euro, o qual se subdividiria em 100 *cent*; a expressão *cent* poderia conhecer variantes em uso nos diversos Estados e portanto: centavos, em Portugal: *vide* o considerando 2 do Regulamento n.º 974/98, de 3 de maio. O euro divide-se em 100 centavos, de acordo com o vernáculo que todos – mesmo o legislador! – devem proteger. *Vide* o nosso *Vernáculo jurídico: directrizes ou directivas?*, ROA 2004, 609-614 (613).

– o Decreto-Lei n.º 343/98, de 6 de novembro, que alterou o Código Civil, o Código das Sociedades Comerciais e diversos outros diplomas, adaptando-os ao euro[2529];
– o Decreto-Lei n.º 131/99, de 21 de abril, relativo a cooperativas;
– o Decreto-Lei n.º 329/99, de 20 de agosto, referente à cunhagem das novas moedas metálicas, a efetuar pela Imprensa Nacional-Casa da Moeda, SA, a expensas do Estado.

O regime jurídico do euro foi, em especial, estudado aquando da sua introdução[2530].

378. **Pontos essenciais do regime**

I. Boa parte do regime do euro visou assegurar a transição: em poucos meses, as moedas nacionais, com simbologias centenárias, foram substituídas pela nova moeda europeia[2531].

Deve dizer-se que o processo decorreu com normalidade, em termos de surpreendente eficácia[2532]. Hoje, o euro está totalmente assimilado, na cultura, na mente e no dia-a-dia da população, como abaixo será referido.

[2529] Quanto à preparação deste diploma: o nosso *Regime português do euro: um anteprojecto*, RFDUL 2001, 515-531.

[2530] Entre nós, cabe referir: José Simões Patrício, *Regime jurídico do euro* (1998), 433 pp. e João Calvão da Silva, *Euro e Direito* (1999), 176 pp..

[2531] Além da bibliografia referida na nota anterior temos, quanto ao espaço português: José Simões Patrício, *Breve apresentação da moeda única europeia*, CMVM 4 (1999), 65-79, Jerónimo Lopes, *Impacto da moeda única no mercado de valores mobiliários português*, CMVM 4 (1999), 81-96, Isabel Ucha, *Dívida pública: um mercado único?*, CMVM 4 (1999), 101-117, Eduardo Castilho dos Santos, *Métodos de redenominação/ Valores mobiliários integrados na Central de Valores Mobiliários*, CMVM 4 (1999), 119-143, Paulo Câmara, *Obrigações indexadas e moeda única*, CMVM 4 (1999), 145-164, Alexandre Brandão da Veiga, *A redenominação como vicissitude de valores mobiliários*, CMVM 4 (1999), 167-180, Manuel Botelho da Silva, *O euro e os conflitos de leis*, CMVM 4 (1999), 183-206, José Brito Antunes, *Período de transição: paradigma do processo de introdução do euro*, CMVM 4 (1999), 209-227, J. L. Duplat, *O impacto do euro nos mercados de valores mobiliários*, CMVM 5 (1999), 183-189 e Fernando Teixeira dos Santos, *Os novos desafios para os mercados de capitais*, CMVM 10 (2001), 76.

[2532] Alguma doutrina – p. ex., Siegfried Kümpel, *Bank- und Kapitalmarktrecht*, 3.ª ed. (2004), 2567 – não considerava a introdução do euro como uma verdadeira reforma monetária, comparável, por exemplo, à que, em 1948, estabeleceu o DM, na Alemanha.

II. Especial relevo prático teve o artigo 3.º do Regulamento n.º 1103/97, de 17 de junho, sobre o princípio da continuidade dos contratos. Retemos o seu teor:

> A introdução do euro não tem por efeito alterar qualquer termo previsto num instrumento jurídico, nem exigir ou dispensar da execução de qualquer obrigação decorrente de um instrumento jurídico, nem proporcionar a uma parte o direito de unilateralmente modificar ou pôr termo a esse instrumento jurídico. O presente artigo é aplicável sob reserva do que tiver sido acordado entre as partes.

Na base deste princípio, a Relação de Guimarães decidiu – e bem – que não é nula uma livrança preenchida em escudos, mesmo depois da retirada de circulação desta moeda, desde que tal preenchimento seja conforme ao acordo de preenchimento do título, anteriormente celebrado[2533].

III. A interiorização do valor de uma moeda faz-se ao longo da vida. Por isso, após a erupção do euro, a generalidade dos cidadãos comunitários continuou a "pensar" nas moedas nacionais, depois efetuando a conversão em euros. Esse fenómeno é particularmente mais fácil nos casos em que a taxa de conversão permita equiparações imediatas, ainda que aproximadas. Assim sucede na Alemanha, onde um euro vale dois marcos (1,95583) ou em Portugal, onde ele vale 200 escudos (200,482).

Poderão surgir negócios celebrados em escudos[2534]. Nessa altura, eles são válidos, apenas cabendo operar a conversão em euros, à taxa oficial (6.º/2 do Regulamento n.º 974/98).

IV. Para além destes aspetos, que se podem considerar manifestações tardias do período de transição, o euro rege-se pelo regime geral das obrigações pecuniárias, já visto e inserido no Código Civil[2535].

[2533] RGm 18-jun.-2003 (Maria Rosa Tching), CJ XXVIII (2003) 3, 292-294 (293/ /II).

[2534] Em certas áreas, como no comércio nacional de antiguidades, a moeda de referência continua a ser o escudo ou o conto embora, com o tempo, esse hábito se vá perdendo. E em geral: referem-se, ainda, valores em réis (um escudo corresponde a mil réis e o conto a um milhão de réis), moeda suprimida em 1910.

[2535] *Supra*, 632 ss..

379. Perspetivas

I. Em termos práticos, o euro traduz uma enorme simplificação na vida dos europeus. Uma simples viagem por terra até ao centro da Europa obrigava os cidadãos portugueses a usar meia-dúzia de moedas, com perdas cambiárias, riscos de assalto e riscos de receção, de boa-fé, de moeda falsa. Tudo isso ficou resolvido, sendo ainda de notar que o euro é aceite, como meio de pagamento tabelado, em todos os aeroportos e nas grandes áreas comerciais do Mundo, lado a lado com a moeda local e o dólar norte-americano.

II. Aparentemente, a entrada em vigor do euro provocou uma subida alargada de preços, em toda a Europa[2536], numa asserção que os especialistas contestam, atribuindo-a a fatores psicológicos[2537].

A adoção de uma moeda forte nos países habituados a moedas fracas, induziu juros nominalmente baixos. Todavia: o capital em dívida mantém o seu valor, ao contrário do que sucedia anteriormente, enquanto o rendimento pouco aumenta.

O Estado vê-se constrangido a uma política de acerto de contas, antes contornável com recurso à emissão monetária[2538]. As exportações perdem competitividade, degradando-se sem interrupção, com dificuldades para a balança comercial. A preocupação monetarista sobrepõe-se às demais: vejam-se os cortes nas verbas para as universidades e a investigação, com perdas graves, a todos os níveis, que demorarão anos e anos a inverter.

III. No plano político, o euro foi saudado como poderoso passo no sentido da unificação da Europa[2539]. Para os pequenos países, ele representou o *requiem* para a soberania plena. Será ele compensado pela capacidade de intervenção no seio das instituições europeias? Realisticamente:

[2536] Na Alemanha, o euro recebeu mesmo o sobrenome de *Teuro* (de *teuer*, caro).

[2537] Eva Traut-Mattausch/Stefan Schulz-Hardt/Tobias Greitemeyer/Dieter Frey, *Euro-Einführung: Die Gefühlte Inflation*, Bank 2003, 372-375.

[2538] Esta política provinha do Pacto de Estabilidade e Crescimento, de 1997 e que limita o défice público a 3% do PIB anual; *vide* Klaus Löfer, em Siegfried Kümpel/Arne Wittig, *Bank- und Kapitalmarktrecht* cit., 4.ª ed., Nr. 5-16 (433).

[2539] Tomado mesmo como exemplo; Barbara Dauner-Lieb, *Auf dem Weg zu einem europäischen Schuldrecht*, NJW 2004, 1431-1434 (1431), afirma que a elaboração de um código das obrigações para a Europa seria um passo no caminho da unificação quase tão importante ... como o euro.

não. Aguardam-se as vantagens económicas e sociais da abdicação feita: e isso mau grado o tempo já decorrido.

Queda ainda acrescentar que a crise económica, de 2011-2014, intensa no Sul da Europa e, em especial, no País, tem sido difícil de ultrapassar, em parte, pela falta de soberania monetária. Reduzir o consumo e o rendimento real na base de cortes e de impostos é vivido como uma amputação, sujeita, inclusive, ao escrutínio constitucional, ao passo que, pelo esquema tradicional da inflação/desvalorização, nada haveria a dizer.

SECÇÃO II

O SERVIÇO EUROPEU DE BANCOS CENTRAIS E O BANCO CENTRAL EUROPEU

§ 94.º O SERVIÇO EUROPEU DE BANCOS CENTRAIS

380. As fontes

I. Na origem próxima do Serviço Europeu de Bancos Centrais (SEBC) e do Banco Central Europeu (BCE) temos o Tratado de Maastricht, assinado em 7 de fevereiro de 1992 e vigente desde 1 de novembro de 1993, modificado pelo Tratado de Amesterdão, de 2 de outubro de 1997, em vigor desde 1 de maio de 1999. Previu-se uma integração monetária europeia em três fases acima descritas[2540]. No início da segunda fase – 1 de janeiro de 1994 – tornou-se operativo o Instituto Monetário Europeu (IME), com personalidade jurídica, dirigido por um presidente e pelos governadores dos bancos centrais nacionais. O Banco Central Europeu surgiu e entrou em funções na terceira fase: 1 de janeiro de 1999, mercê das alterações de Maastricht[2541].

O Tratado de Lisboa (2007)[2542], modificou algumas das normas: iremos dando nota das alterações relevantes.

[2540] *Supra*, 114 ss.. *Vide* os artigos 116.º e seguintes do Tratado.

[2541] *Vide* alguns elementos em Luís Paulo Figueiredo Carvalho, *Os sistemas de supervisão prudencial na União Europeia* (2003), 107 ss. e em Kümpel, *Bank- und Kapitalmarktrecht* cit., 3.ª ed., 2557 ss..

[2542] Quanto ao Tratado de Lisboa, Stephan Griller/Jacques Ziller (org.), *The Lisbon Treaty – EU Constitutionalism with a Constitutional Treaty* (2008), com contribuições temáticas. Entre nós, Miguel Gorjão-Henriques, *Direito Comunitário,* 5.ª ed. (2008), 105-142.

II. O texto básico do BCE foi o artigo 8.º (ex-artigo 4.º-A) do Tratado que Institui a Comunidade Europeia; dispõe:

> São instituídos, de acordo com os procedimentos previstos no presente Tratado, um Sistema Europeu de Bancos Centrais, adiante designado por SEBC, e um Banco Central Europeu, adiante designado por BCE, os quais atuarão nos limites das atribuições que lhes são conferidas pelo presente Tratado e pelos Estatutos do SEBC e do BCE, adiante designados Estatutos do SEBC, que lhe vêm anexos.

Com a entrada em vigor do Tratado de Lisboa[2543], o artigo 8.º em causa ficou revogado[2544]. O texto básico do BCE passou a ser o artigo 282.º do TFEU[2545], com a seguinte redação:

> O Banco Central Europeu e os bancos centrais nacionais constituem o Sistema Europeu de Bancos Centrais (adiante designado "SEBC"). O Banco Central Europeu e os bancos centrais nacionais dos Estados-Membros cuja moeda seja o euro, que constituem o Eurossistema, conduzem a política económica da União.

III. Tem interesse direto o Título VIII do TFEU, sobre política económica e monetária. Assim, quanto à política económica – Capítulo 1:

artigo 120.º princípio do mercado aberto e da livre concorrência;
artigo 121.º princípio da coordenação das políticas económicas dos Estados no âmbito do Conselho, com ulterior fiscalização;
artigo 122.º permite ao Conselho decidir "medidas apropriadas", em caso de dificuldades graves no aprovisionamento de certos produtos;
artigo 123.º proibição, ao BCE e aos bancos centrais, de concessão de créditos sobre a forma de descobertos ou outras formas, a entidades públicas, comunitárias ou nacionais;
artigo 124.º são proibidas quaisquer medidas não baseadas em considerações de ordem prudencial que permitam, a autoridades públicas, o acesso privilegiado ao crédito;
artigo 125.º a Comunidade não é responsável pelos compromissos dos governos centrais, em princípio;

2543 JOCE N.º C-306, 1-271, de 17 de dezembro de 2007.

2544 Artigo 2.º, ponto 22 do Tratado de Lisboa.

2545 Ulrich Ehricke/Bernhard Kempen, EUV/AEUV cit., 2.ª ed., Art. 282 (2388 ss.), com indicações.

artigo 126.º os Estados-Membros devem evitar défices orçamentais excessivos.

IV. No tocante à política monetária, temos – Capítulo 2:

artigo 127.º fixa o objetivo primordial do SEBC e as suas atribuições fundamentais;
artigo 128.º atribui ao BCE o exclusivo da autorização de emissão de notas, a efetuar por ele e pelos bancos nacionais;
artigo 129.º determina a composição do SEBC e articula-o com o BCE;
artigo 130.º firma a independência do SEBC, do BCE e dos bancos centrais;
artigo 131.º cada Estado-Membro deverá adotar as necessárias providências legislativas;
artigo 132.º comete ao BCE, entre outros, os poderes de adotar regulamentos e decisões com força obrigatória;
artigo 133.º permite ao Parlamento e ao Conselho estabelecer as medidas necessárias para a utilização do euro como moeda única.

V. O Capítulo 3 comporta disposições sobre o Comité Económico e Financeiro e o 4 sobre os Estados-Membros cuja moeda seja o euro (136.º e 138.º).

VI. A matéria atinente ao SEBC e ao BCE surge, depois, desenvolvida num Protocolo relativo aos seus estatutos. O legislador comunitário seguiu a técnica de fazer preceder o BCE pelo SEBC, cometendo, a este último, uma série de atribuições que, de facto, são exercidas pelo primeiro. Convém conhecer a sistemática geral do Protocolo: 53 artigos distribuídos por nove capítulos. São eles:

Capítulo I – Constituição do SEBC (1.º);
Capítulo II – Objetivos e atribuições do SEBC (2.º a 6.º);
Capítulo III – Organização do SEBC (7.º a 16.º);
Capítulo IV – Funções monetárias e operações asseguradas pelo SEBC (17.º a 24.º);
Capítulo V – A supervisão prudencial (25.º);
Capítulo VI – Disposições financeiras do SEBC (26.º a 33.º);
Capítulo VII – Disposições gerais (34.º a 40.º);
Capítulo VIII – Alteração dos estatutos e legislação complementar (41.º e 42.º);
Capítulo IX – Disposições transitórias e outras relativas ao SEBC (43.º a 53.º).

381. O Tratado de Lisboa

I. Pese embora o insucesso a que foi votada a Constituição Europeia, durante o processo de ratificação pelos vários Estados-Membros (em especial entre maio e junho de 2005, com o resultado negativo nos referendos a que foi submetida, em França e nos Países Baixos), a reforma dos Tratados da União não deixou de estar na ordem do dia, como o prova a adoção do Tratado de Lisboa, apenas volvidos dois anos (13 de dezembro de 2007).

II. Em matéria bancária, não foram introduzidas alterações substanciais quanto ao mandato, competências ou regime jurídico do BCE ou do SEBC. Apenas foi clarificado o estatuto do BCE como instituição da União: a maior parte das (poucas) normas relativas ao BCE, anteriormente dispersas pelo Tratado (artigo 8.º; artigos 112.º e 113.º), passam agora a estar reunidas na Secção 6, do Título I, Parte VI (artigos 282.º a 284.º da versão consolidada do TFEU), figurando o banco como instituição, a par do Parlamento Europeu (Secção 1), do Conselho Europeu (Secção 2), do Conselho (Secção 3), da Comissão (Secção 4), do Tribuna de Justiça da União Europeia (Secção 5) e do Tribunal de Contas (Secção 7). Esta nova qualificação institucional, no entanto, não pode suscitar qualquer dúvida quanto ao reconhecimento anterior dos principais aspetos do regime jurídico do BCE (ex. personalidade jurídica, autonomia financeira), nem tão-pouco fazer esquecer que muitas das competências atribuídas ao BCE são exercidas em conjunto com os bancos centrais nacionais[2546], ao contrário do que sucede com as demais instituições elencadas, com competências exclusivas. Assim cumpre sublinhar que, mesmo com a nova *dignidade institucional* do BCE, o protagonista mais importante da política monetária da União continua a ser o SEBC.

382. Objetivos, atribuições e autonomia

I. De acordo com o Tratado e segundo o artigo 2.º do Protocolo (n.º 4) relativo aos Estatutos do Sistema Europeu de Bancos Centrais, o objetivo primordial do SEBC é a manutenção da estabilidade dos preços.

[2546] Sáinz de Vicuña, *The Status of the ECB*, em Stephan Griller/Jacques Ziller (org.), *The Lisbon Treaty*, cit., 299-308.

Além disso mas sem prejuízo para esse aspeto fundamental e segundo o mesmo preceito:

– o SEBC apoiará as políticas da Comunidade;
– o SEBC atuará de acordo com o princípio de uma economia de mercado aberta e de livre concorrência.

Quanto a atribuições: segundo o artigo 3.º, são elas:

– definição e execução da política monetária da Comunidade;
– realização das operações cambiais compatíveis;
– detenção e gestão das reservas cambiais oficiais dos Estados-Membros;
– promoção do bom funcionamento dos sistemas de pagamento.

II. No tocante à organização, o SEBC é dirigido pelos órgãos de decisão do BCE (8.º). Podemos considerar que, a partir daqui, o Protocolo ocupa-se do BCE, definindo a sua orgânica, as suas atribuições e a sua competência. Apenas se acrescenta, por vezes e após "BCE", os "outros bancos centrais".

De todo o modo, fica patente a organização do SEBC em dois estratos e ao estilo da *Bundesbank*, na sua primitiva configuração[2547].

III. Uma importância especial assume o artigo 7.º, que fixa a independência do BCE e dos bancos centrais nacionais[2548]. Dispõe:

> De acordo com o disposto no artigo 108.º do presente Tratado, no exercício dos poderes e no cumprimento das atribuições e deveres que lhes são cometidos pelo presente Tratado e pelos presentes Estatutos, o BCE, os bancos centrais nacionais ou qualquer membro dos respetivos órgãos de decisão não podem solicitar ou receber instruções das instituições ou organismos comunitários, dos governos dos Estados membros ou de qualquer outra entidade. As instituições e organismos comunitários, bem como os governos dos Estados membros, comprometem-se a respeitar este princípio e não procurar influenciar os membros dos órgãos de decisão do BCE ou dos bancos centrais nacionais no exercício das suas funções.

[2547] *Supra*, 123 ss..

[2548] Helge Sudan, *Die funktionelle Unabhängigkeit der Zentralbanken*, NJW 1999, 1521-1524.

Trata-se de um vetor relevante, que se repercutiu nos diversos bancos centrais, incluindo o Banco de Portugal.

383. **A natureza do SEBC e dos bancos centrais nacionais**

I. O SEBC, em si, não tem personalidade jurídica: esta apenas assiste ao BCE. Podemos, deste modo, falar num conjunto de bancos centrais, organizados em torno do BCE. Para melhor sublinhar esta realidade, vamos referir a natureza de alguns bancos centrais europeus.

II. No tocante ao Banco Central Alemão, dispõe o § 2/I do *Gesetz über die Deutsche Bundesbank*, a propósito da sua forma jurídica:

> O Banco Federal Alemão é uma pessoa coletiva federal imediata de Direito público. (...)

A *Bundesbank* resultou de delicadas opções realizadas após a capitulação de 1945[2549]. Dispõe de um regime bastante circunstanciado, gozando de uma capacidade geral para concluir negócios com instituições de crédito, com estabelecimentos públicos e com quaisquer pessoas, singulares ou coletivas – §§ 19 a 22 do *BBankG*[2550]. A sua qualificação como pessoa coletiva de Direito público não é posta em crise[2551]; sublinha-se, quando muito, o tratar-se de uma entidade pública de tipo especial[2552]. A empresa pública não tem, na Alemanha, um alcance técnico-jurídico: o problema não se põe, pois, aí, nesses termos. *O BBankG* foi alterado pela Lei de 22 de dezembro de 1997[2553]. Este diploma entraria em vigor quando a Alemanha integrou o terceiro grau da União Monetária Europeia. Não alterou, contudo, nenhuma regra relativa à natureza da *Bundesbank*.

[2549] *Supra*, 123 ss..

[2550] O § 21 foi revogado; dizia respeito a operações no mercado aberto, que hoje apenas cabem ao BCE.

[2551] Rainer Kohls, *Bankrecht*, 2.ª ed. (1997), 22.

[2552] Joachim von Spindler/Willy Becker/O.-Ernst Starke, *Die Deutsche Bundesbank*, 3.ª ed. (1969), 156 e 157 e Klaus Löber, em Siegfried Kümpel/Arne Wittig, *Bank- und Kapitalmarktrecht* cit., 4.ª ed., Nr. 5.421 (541).

[2553] E, mais tarde, por diversos diplomas, incluindo a Lei de 7-mai.-2002, sobre os correios e, por último, neste momento, pela Lei da Otimização da Prevenção contra a Lavagem de Dinheiro, de 22-dez.-2011.

III. O Banco Central Francês foi criado pela Lei de 18 de fevereiro de 1800, de inspiração napoleónica. Tinha, então, o estatuto de sociedade anónima, assim se conservando até 1945. Uma Lei de 2 de dezembro de 1945 procedeu à nacionalização do Banco de França: as suas ações passaram para o Estado, com indemnização dos titulares expropriados[2554]. Depois de várias alterações, o estatuto do Banco de França resulta das Leis n.º 93-980, de 4 de agosto de 1993 e n.º 93-1444, de 31 de dezembro de 1993. O artigo 6.º dispõe, lapidarmente,

> O Banco de França é uma instituição cujo capital pertence ao Estado.

Este preceito não foi tocado pela Lei n.º 98-357, de 12 de maio de 1998, que visa o SEBC/BCE. Tem muito interesse conhecer o Direito aplicável ao Banco de França. Dispõe o artigo 21.º do seu Estatuto,

> As operações do Banco de França assim como as atividades referidas na segunda alínea do artigo 11 regem-se pela legislação civil e comercial.

Não há quaisquer dificuldades em inferir, daqui, uma aplicação direta do Direito privado[2555]. Resta acrescentar que também este preceito não foi tocado pela Lei n.º 98-357, de 12 de maio de 1998. Ninguém esperaria, de resto, que assim não fosse. A matéria consta, hoje, dos artigos L 141-1 e seguintes do Código Monetário e Financeiro[2556], tendo sido, por último (neste momento) alterado pela Lei de 26 de junho de 2013.

IV. O Banco Central italiano foi constituído em 18 de janeiro de 1893, como sociedade por ações. Tinha, então, natureza claramente privada. Subsequentemente, diversos diplomas foram-lhe concedendo poderes especiais, de tipo público. Ela mantém uma estrutura de sociedade

[2554] Com elementos, Thierry Bonneau, *Droit bancaire* cit., 10.ª ed., Nr. 216 ss. (146 ss.) e Marwan M. Nsouli, *Recherche sur les critères d'une banque centrale moderne/ Étude comparative entre la Banque du Liban, la Banque de France et la Banque Centrale Européenne* (2003), 24 ss..

[2555] A doutrina sustentava mesmo que se tratava de uma pessoa coletiva de Direito privado com um estatuto especial. Todavia, em decisão de 16-jun.-1997, o Tribunal de Conflitos, impressionado com os poderes de autoridade, viu, nele, uma pessoa de Direito público.

[2556] *Code Monétaire et Financier*, ed. Dalloz, 3.ª ed. (2013), 174 ss. e na ed. Lexis-Nexis, dir. Didier Martin (2013), 94 ss..

anónima. O seu capital, porém, só pode ser detido por entes estaduais. Submetido ao controlo do Ministro do Tesouro, o Banco de Itália tem sido considerado como um instituto de Direito público[2557]. A opinião de Messineo, segundo o qual estaríamos perante uma sociedade anónima anómala é, porém, muito referida.

Para além do Direito privado, diretamente aplicável, a *Banca d'Italia* rege-se por preceitos que lhe atribuem os poderes públicos necessários às suas funções. O Decreto Legislativo n.º 43, de 10 de março de 1998, veio "adequar o ordenamento nacional às disposições do Tratado que instituiu a Comunidade europeia em matéria de política monetária e do Sistema europeu de bancos centrais".

O diploma cometeu ao Banco de Itália a participação no SEBC – artigo 2.º – e reforçou os seus requisitos de independência – artigo 3.º.

Pela sua natureza estatutária como pelas regras que se lhe aplicam, o Banco de Itália pode usar de todas as faculdades que o Direito privado reconhece, sem exceção. O art. 10.º da Lei n.º 43, de 10 de março de 1998, previa que uma assembleia geral de participantes no seu capital introduzisse as necessárias modificações nos seus estatutos, as quais seriam depois devidamente aprovadas. Os novos estatutos foram votados em assembleia de participantes de 28 de novembro de 2006 e aprovados por Decreto Presidencial de 15 de dezembro de 2006[2558]. Não foi – nem tinha de ser – alterada a natureza do Banco ou o sistema de fontes que o rege.

V. O Banco de Espanha foi criado pela Lei de Bancos Emissores de 28 de janeiro de 1856[2559]: é, pois, um banco quase dez anos mais novo do que o Banco de Portugal, que data de 19 de novembro de 1846. O Banco de Espanha sofreu múltiplas vicissitudes, ao sabor da atribulada história de Espanha, vindo a ser nacionalizado em 1962. Tinha, então e por falta de autonomia, um papel nomeadamente instrumental. Apenas com a Lei 30/1980, de 21 de junho, ele se tornou num verdadeiro banco central[2560].

[2557] Giacomo Molle/Luigi Desiderio, *Manuale di diritto bancario*, 5.ª ed. (1997), 22.

[2558] Alguns elementos em Francesco Giorgianni/Carlo-Maria Tardivo, *Manuale di diritto bancario*, 3.ª ed. (2012), Nr. 16 (211 ss.).

[2559] Os antecedentes e os episódios que acompanharam esta criação podem ser confrontados em Luís Alberto Pomed Sánchez, *Régimen jurídico del Banco de España* (1996), 54 ss. e *passim*.

[2560] *Idem*, 103 ss. e 122 ss..

O Banco de Espanha, após a nacionalização de 1962, é uma entidade de Direito público, com personalidade jurídica própria e plena capacidade pública e privada[2561]. A Lei, de resto, determina[2562]:

> O Banco de Espanha ficará submetido ao ordenamento jurídico-privado, salvo quando atue no exercício de poderes administrativos concedidos por esta ou outras leis.

Parece-nos uma fórmula feliz e que bem traduz aquilo que, por simples observação, vamos encontrando nos diversos países continentais. A influência do Direito europeu é evidente. Não obstante, não é esperada qualquer alteração na natureza jurídica do Banco ou no sistema de fontes que lhe é aplicável.

VI. O percurso pelo Direito comunitário e pelos Direitos de quatro países próximos – Alemanha, França, Itália e Espanha – revela quanto a bancos centrais:

- que a sua concreta configuração varia ao sabor da história dos diversos países;
- que a independência está garantida, até por exigência europeia;
- que todos, além de poderes especiais, dispõem de capacidade privada plena: o Direito privado é-lhes diretamente aplicável, na falta de leis especiais;
- que nenhum deles alterou a sua natureza, a sua estrutura ou o seu sistema de fontes em função da integração comunitária.

O SEBC é, assim, um bom exemplo de como é possível, no quadro da União, estabelecer esquemas novos, respeitando a identidade dos Direitos dos diversos países.

[2561] *Idem*, 287 e *passim*.
[2562] *Apud* Pomed Sánchez, *Régimen* cit., 280.

§ 95.º O BANCO CENTRAL EUROPEU

384. **Organização; a autonomia**

I. O BCE é o centro em torno do qual orbita o SEBC[2563]. Cabe-lhe, através dos seus órgãos, dirigir o serviço em causa (8.º do Protocolo). Na cúpula do BCE está, nominalmente, o Conselho. Este é composto (10.º[2564]):

– pelos membros da comissão executiva;
– pelos governadores dos bancos centrais nacionais.

Cada membro do conselho do BCE tem um voto. Quando o número dos seus membros ultrapasse 21, apenas 15 governadores disporão desse direito, em termos rotativos, de acordo com um esquema complexo que beneficia os grandes Estados (10.º/2).

A comissão executiva (11.º), por seu turno, é composta:

– pelo presidente;
– pelo vice-presidente;
– por quatro vogais.

Todos eles são nomeados, mediante acordo dos Estados-Membros, por oito anos, não renováveis[2565].

[2563] Sobre o BCE: Karsten Junius/Ulrich Kater/Carsten-Patrick Meier/Henrik Müller, *Handbuch Europäischer Zentralbank/Beobachtung, Analyse, Prognose* (2002), 454 pp., Klaus Löber, em *Bank- und Kapitalmarktrecht* cit., 4.ª ed., Nr. 5.51 ss. (441 ss.) e Chryssa Papathanassiou, em Schimansky/Bunte/Lwowski, *Bankrechts-Handbuch* cit., 2, 4.ª ed., § 134 (2593 ss.), todos com muitas indicações.

[2564] Na redação dada pelo artigo 5.º do Tratado de Nice; como foi referido, o Protocolo foi objeto de ligeiras alterações levadas a cabo pelo Tratado de Lisboa. Recomenda-se o permanente (re)verificar as fontes.

[2565] Até hoje, o presidente tem sido negociado entre a França e a Alemanha: em termos tais que houve que dividir ao meio o mandato de oito anos. Foi designado Willem

II. As funções do BCE no SEBC são exercidas pelo conselho. A comissão executiva executa a política monetária, de acordo com as orientações do conselho (12.º/1). O presidente preside ao conselho e à comissão executiva (13.º/1) e assegura a representação externa do BCE (13.º/2).

Outros aspetos estão tratados no Regulamento Interno do Banco Central Europeu, aprovado por decisão do BCE de 19 de fevereiro de 2004[2566].

III. Em relevo fica a autonomia do BCE[2567], já referida a propósito do SEBC. Solenemente proclamada a propósito do acima transcrito artigo 7.º do Protocolo[2568], a autonomia aflora, ainda, no reconhecimento da personalidade jurídica do BCE (9.º/1), na natureza inamovível dos membros da comissão executiva[2569] e no seu mandato alongado (8 anos), na natureza confidencial dos debates do conselho (10.º/4) e no segredo profissional (38.º/1)[2570-2571].

385. **Atribuições e competência**

I. O BCE tem atribuições (funções):

– no âmbito monetário;
– no âmbito prudencial;
– no âmbito da gestão.

Grosso modo, quanto ao âmbito monetário[2572]:

F. Duisenberg, holandês, mas de indicação alemã, para a primeira metade do primeiro mandato, seguindo-se Jean-Claude Trichet, francês, para a segunda metade; neste momento, está em funções o itaiano Mario Draghi.

2566 *Leis da banca*, 3.ª ed., 1050 ss..

2567 *Supra*, 963 ss..

2568 Bem como no artigo 108.º (ex 107.º) do Tratado da Comunidade Europeia; cf. Bernhard Kempen, em Streinz/Ohler, *EUV/EGV* (2003), 1330 e Christian Huber, *Bankrecht* cit., 53.

2569 Só podem ser destituídos se deixarem de preencher os requisitos necessários à nomeação ou se praticarem "falta grave": pelo Tribunal de Justiça – 11.º/4.

2570 Sobre os diversos aspetos da autonomia, Figueiredo de Carvalho, *Os sistemas de supervisão prudencial na União Europeia* cit., 117 ss..

2571 O artigo 38.º do Protocolo será renumerado 37.º, com a entrada em vigor do Tratado de Lisboa.

2572 Junius e outros, *Handbuch Europäischer Zentralbank* cit., 85 ss..

– o BCE tem o "direito exclusivo" de autorizar a emissão de notas de banco na Comunidade, emitindo-as em conjunto com os bancos nacionais (16.º);
– pode abrir contas (17.º);
– pode realizar operações de *open market* e de crédito, intervindo nos mercados financeiros (18.º);
– pode exigir, das instituições de crédito, a constituição de reservas mínimas, junto do próprio BCE ou dos bancos centrais nacionais, com fins de política monetária (19.º);
– pode recorrer a outros instrumentos de controlo monetário (20.º);
– assegura sistemas de compensação e de pagamento (22.º);
– realiza operações externas com bancos de países terceiros (23.º).

II. No campo prudencial, pode o BCE:

– dar parecer e ser consultado pelo Conselho, pela Comissão ou pelos Estados-Membros sobre o âmbito e a aplicação da legislação comunitária sobre a supervisão prudencial bancária (25.º/1);
– exercer funções específicas no campo prudencial (25.º/2).

III. O BCE tem, ainda, funções de gestão das reservas, de instalações e de pessoal.

IV. O BCE tem competência, diretamente conferida pelo artigo 132.º do TFEU para adotar regulamentos obrigatórios de natureza geral e decisões obrigatórias para os destinatários nelas designados.

Temos, aqui, um autêntico poder legislativo que parece transcender o mero poder de supervisão.

386. **Natureza**

I. A natureza do BCE poderá ter algum interesse dogmático: designadamente, o de elucidar a natureza do próprio Banco de Portugal.

Recordamos que o BCE foi instituído pelo artigo 8.º do Tratado da Comunidade Europeia. O artigo 107.º/2[2573] do mesmo Tratado limitava-se a dizer que ele tem personalidade jurídica. O artigo 9.º/1 do Protocolo rela-

[2573] Hoje, o artigo 282.º/3, do TFEU, com a entrada em vigor do Tratado de Lisboa.

tivo ao Sistema Europeu de Bancos Centrais e ao Banco Central Europeu diz, por seu turno,

> O BCE que, de acordo com o disposto no n.º 3 do artigo 282.º[2574] do presente Tratado, tem personalidade jurídica, goza, em cada um dos Estados membros, da mais ampla capacidade jurídica reconhecida às pessoas coletivas pelas legislações nacionais, podendo designadamente adquirir ou alienar bens móveis ou imóveis e estar em juízo.

II. Como se vê, os textos europeus não fazem quaisquer qualificações. Nem se vê como poderia ser de outra forma: cada Estado-Membro tem a sua doutrina e as suas próprias técnicas normativas. Não há modo de encontrar uma terminologia que a todos contemple, sendo mesmo desejável, em nome da preservação de múltiplas culturas milenárias, que assim continue. Designadamente, o BCE não é considerado uma empresa pública. Tão-pouco se diz que o não seja: o seu exato enquadramento implica uma tarefa doutrinária.

Em compensação, o legislador comunitário teve o maior cuidado em definir as regras aplicáveis ao BCE, nos diversos Estados. Disse que, além da personalidade jurídica, ele – artigo 9.º/1 do Protocolo do SEBC/BCE:

> (...) goza, em cada um dos Estados membros, da mais ampla capacidade jurídica reconhecida às pessoas coletivas pelas legislações nacionais (...)

Perante o Direito português, isto quer seguramente dizer que, ao BCE, se aplica diretamente o Direito privado. Essa ideia é reforçada pelo facto de, segundo o mesmo preceito, o BCE poder

> (...) designadamente adquirir ou alienar bens móveis e imóveis (...)

Parece-nos evidente que toda a legislação pública que condiciona tais aquisições, por parte de organismos estaduais ou equiparados não tem, aqui, qualquer aplicação.

III. Uma discussão aprofundada sobre a natureza jurídica do BCE (em abstrato) levar-nos-ia, provavelmente, à conclusão de que se trata,

[2574] Inicialmente, o 106.º/2, depois e na sequência do Tratado de Amesterdão: artigo 107.º.

materialmente, de uma empresa pública. O Direito português, porém, desenvolveu, após 1974-1975, um conceito formal, técnico-jurídico, de empresa pública. A essa luz, o BCE já não é empresa pública: com um capital repartido pelos bancos centrais nacionais – artigo 29.º/1 do SEBC/ /BCE – ele aproximar-se-ia de um tipo societário *sui generis*, próximo das sociedades por quotas. Outros Direitos europeus poderão, legitimamente, realizar diversas qualificações: tudo depende dos quadros respetivos. Certo é que o legislador comunitário – como seria de esperar – não fez ou desfez quaisquer qualificações. Não é, por isso, possível invocar a situação do BCE para fazer ou desfazer qualificações atinentes ao Banco de Portugal.

SECÇÃO III

O BANCO DE PORTUGAL

§ 96.º A EVOLUÇÃO DO BANCO DE PORTUGAL ATÉ 1990

387. **Evolução até 1975**

I. A propósito do sistema financeiro português, assinalámos[2575] o aparecimento, nos meados do século XIX, do Banco de Portugal: resultou da fusão do Banco de Lisboa com a Companhia Confiança Nacional[2576].

Em 1846, ele recebeu o privilégio exclusivo da emissão de moeda; manteve-se, contudo, o direito de emissão concedido, anteriormente, a outros bancos.

Uma Lei de 19 de julho de 1887[2577] veio dispor:

> Artigo 1.º É autorizado o governo a celebrar com o Banco de Portugal um contrato conforme as bases juntas a esta lei e que fazem parte integrante d'ella.

[2575] *Supra*, 100 ss..

[2576] Para o conhecimento da evolução jurídica do BP, é fundamental a recolha publicada pelo próprio Banco, em 1946, a propósito do seu 1.º Centenário, sob o título *Banco de Portugal/Legislação própria*, em seis volumes, assim distribuídos:

vol. I – *Origens: 31-XII-1821 a 19-XI.-1846*;
vol. II – *Fundação: 19-XI-1846 a 19-XII-1887*;
vol. III – *1.ª Reforma: 10-XII-1888 a 4-XII-1891*;
vol. IV – *2.ª Reforma: 4-XII-1891 a 20-IV-1918*;
vol.V – *3.ª Reforma: 29-IV-1918 a 29-VI-1931*;
vol. VI – *4.ª Reforma: 9-VI-1931 a ...*

[2577] Cf. COLP, *Anno de 1887* (1888), 325.

Segundo as bases[2578] em causa,

Art. 12.º O banco terá durante quarenta annos, no continente do reino e ilhas adjacentes, a faculdade exclusiva de emittir notas com curso legal, pagaveis á vista e ao portador e representativas de moeda de oiro.

O Banco tinha, depois, funções em relação ao tesouro – artigos 20.º e seguintes – e funções comerciais normais – 26.º e seguintes.

O Governador era nomeado por seis anos pelo Governo, presidindo a uma direção de 10 acionistas, eleita em assembleia geral – artigo 30.º.

II. A concentração, no BP, do poder de emitir moeda, só se daria em 1891[2579], no âmbito das reformas monetárias, então processadas.

A fiscalização bancária, porém, não cabia ao Banco de Portugal. Ela veio a ser estabelecida através do Decreto de 12 de julho de 1894, de Hintze Ribeiro[2580]: os bancos deveriam obedecer a certos requisitos e remeter os seus balancetes à Repartição do Comércio.

Tem interesse relevar o preâmbulo deste diploma:

Senhor. – Não é só em Portugal que alguns inconvenientes do regimen tanto tempo preconisado para as instituições bancarias se fizeram ultimamente sentir. O desvairamento da especulação invadiu o mundo inteiro acarretando consigo, como resultado, transformar por vezes instituições destinadas a fomentar o commercio e auxiliar o trabalho, em instrumentos provocadores das ruinas que sempre resultam das crises.

Os casos occorridos nos bancos italianos, a catastrophe dos bancos inglezes da Australia, a especulação desenfreada e as fallencias dos bancos brazileiros, são factos contemporaneos, ou posteriores já, ao succedido entre nós com alguns bancos portuguezes.

Taes factos, presentes á memoria e á consideração geral, têem feito com que universalmente se reconheça a necessidade de acautelar e cohibir por meio de disposições legislativas os abusos do exercicio de uma funcção aliás fecunda no jogo das instituições economicas da sociedade. Tal foi o intuito que inspirou providencias recentemente adoptadas em alguns dos paizes mais cultos; tal é o pensamento que presidiu à elaboração do decreto que temos a honra de submeter ao exame de Vossa Magestade.

[2578] *Idem*, 325-330.

[2579] Decreto de 9-jul.-1891, em COLP, *Anno de 1891* (1892), 376: antes deste diploma mantinham-se situações de emissão dispersas.

[2580] Decreto de 12-jul.-1894, em COLP, *Anno de 1894* (1895), 593 ss..

> Assim, no codigo commercial hespanhol, na lei allemã relativa ás sociedades anonymas, e em providencias ultimamente promulgadas na Italia, se encontram disposições analogas ás que nos propomos decretar para terem applicação no nosso paiz. Tratámos, porém, de as adaptar ás condições especiaes da nossa economia publica, completando-as com outras medidas que a lição da experiencia mostrou serem necessarias.
>
> A nossa lei reguladora das sociedades anonymas, de 22 de junho de 1867, quasi se não occupava especialmente dos bancos; e o codigo commercial vigente, substituindo e modificando aquella lei, tambem deixou para diploma especial as disposições particularmente applicaveis ás instituições bancarias. É esta lacuna, que, até certo ponto, buscâmos preencher no projecto de decreto, que apresentâmos á consideração de Vossa Magestade, sem termos a pretensão de resolver n'elle todas as questões referentes a um tão complexo e difficil problema, (...)

III. Segue referir as reformas de 1931, já com Oliveira Salazar na pasta das Finanças.

O Decreto n.º 19:869, de 9 de junho de 1931, tomou diversas medidas, destinadas a estabilizar o valor da moeda[2581]. Este diploma é precedido por uma longa exposição, onde pode ser seguida a evolução de emissão da moeda, a partir de 1891, com relevo para a inflação que ela provocaria, após 1914. Também aí se dá conta da situação do Banco de Portugal, cujo principal acionista era o Estado, mas sem ter o controlo da assembleia geral. É curioso registar o artigo 5.º deste diploma, que parece antecipar, de muitas décadas, as preocupações do BCE e do Euro:

> O Banco de Portugal é obrigado a manter desde a entrada em vigor do novo regime monetário e na relação fixada no artigo 1.º a estabilidade do valor da moeda portuguesa.

O Decreto n.º 19:870, também de 9 de junho de 1931[2582], aprovava um novo contrato com o BP, o qual deveria alterar os seus estatutos, em conformidade. Resulta da leitura deste diploma que as funções do BP eram, essencialmente, monetárias.

O seu Conselho de Administração seria composto – artigo 21.º – por um Governador, dois Vice-Governadores – todos momeados pelo MF – e

[2581] DG I Série, n.º 133, de 9-jun.-1931, 1083-1094.
[2582] DG I Série, n.º 133, de 9-jun.-1931, 1094-1096.

dez administradores nomeados em assembleia geral, um dos quais para Vice-Governador "por parte do Banco".

Os Estatutos do Banco de Portugal, adotados pela sua Assembleia Geral Extraordinária nos dias 23 e 27 de junho de 1931, foram aprovados pelo Decreto n.º 19:692, de 29 de junho de 1931[2583]. A duração do BP, como banco emissor, foi fixada em 30 anos.

IV. Os Estatutos do BP foram repetidamente alterados, sendo de referir as modificações aprovadas pelo Decreto-Lei n.º 35:575, de 3 de abril de 1946[2584]. Um especial relevo vai para o Decreto-Lei n.º 43:342, de 22 de novembro de 1960[2585], que aprovou novas alterações aos Estatutos do BP, bem como as bases de um contrato entre ele próprio e o Estado. Fundamentalmente, visava-se dar cumprimento às obrigações resultantes da adesão ao acordo que criara o Fundo Monetário Internacional.

A tal propósito, a Base 1.ª veio articular,

> O Banco de Portugal, como banco emissor da metrópole com funções de banco central (...)

Trata-se, segundo os estudiosos, da primeira referência expressa à qualidade do BP, como Banco Central[2586]. De facto, nas reformas de 1957, como se viu, o BP continuava a ser referido como (mero) banco emissor.

V. Em toda esta evolução, o BP manteve-se, na sua pureza, como banco central. As funções de supervisão, estabelecidas, nos finais do século XIX, a favor da Repartição do Comércio, haviam, entretanto, passado para a Inspeção-Geral de Crédito e Seguros ou IGCS, no âmbito do Ministério das Finanças.

Os poderes da IGCS foram reforçados pelo Decreto-Lei n.º 46:493, de 18 de agosto de 1965[2587].

Segundo o artigo 1.º, deste diploma,

[2583] DG I Série, n.º 148, de 29-jun.-1931, 1278-1291.

[2584] DG I Série, n.º 72, de 3-abr.-1946, 207-210.

[2585] DG I Série, n.º 271, de 22-nov.-1960, 2562-2565.

[2586] Alberto Luís, *O banco central* cit., 14.

[2587] DG I Série, n.º 185, de 18-ago.-1965, 1125-1128. Quanto à evolução da banca e da supervisão, Fausto J. A. de Figueiredo, *Alguns aspectos da coordenação do crédito em Portugal*, RBr 6 (1966), 11-52.

À Inspecção-Geral de Crédito e Seguros compete especialmente:

a) Fiscalizar a actividade dos bancos comerciais, dos estabelecimentos especiais de crédito – exceptuadas as caixas de crédito agrícola mútuo –, das instituições auxiliares de crédito, das instituições parabancárias, dos mediadores e das sociedades de seguros;

b) Autorizar, nos termos legais, as operações de importação e exportação de capitais privados e fiscalizar a legitimidade e a correcta aplicação de quaisquer capitais transferidos;

c) Instaurar processos de transgressão e propor superiormente as respectivas sanções, quer relativamente às transgressões, à legislação reguladora do crédito, do comércio bancário, cambial e segurador e às determinações regulamentares contidas em circulares da Inspecção-Geral, quer referentes à prática de quaisquer actos que perturbem ou tendam a perturbar os sistemas de crédito ou a falsear as condições normais de funcionamento dos mercados monetário, cambial, financeiro e segurador;

d) Instruir os processos de pedidos de emissão de ações e obrigações e de constituição de sociedades, sujeitas a prévia autorização, nos termos gerais;

(...)

Novo reforço adveio, mais tarde, do Decreto-Lei n.º 47:413, de 23 de dezembro de 1966[2588]. Aí, a IGCS e os seus funcionários recebiam claros poderes policiais. Esse mesmo diploma previa, depois, múltiplas penas, incluindo a prisão, para diversas violações do âmbito da IGCS. Neste último caso, porém, a instrução ficava a cargo da Polícia Judiciária e a sua aplicação cabia aos Tribunais Comuns.

VI. O Decreto-Lei n.º 452/74, de 13 de setembro[2589], em execução do programa do M.F.A.[2590], veio nacionalizar o BP. Segundo o artigo 1.º/2 desse diploma, as ações representativas do capital social do BP, que não estivessem já na titularidade do Estado, considerar-se-iam transmitidas

2588 DG I Série, n.º 206, de 23-dez.-1966, 2306-2308.

2589 DG I Série, n.º 214, de 13-set.-1974, 1079-1081.

2590 Decreto-Lei n.º 203/74, de 15 de maio, n.º 4, alínea *p*), aliás citado como único fundamento no preâmbulo do Decreto-Lei n.º 452/74, de 13 de setembro; em termos similares, foram nacionalizados o Banco de Angola e o Banco Nacional Ultramarino, respetivamente pelos Decretos-Leis n.º 450/74 e 451/74, ambos de 13 de setembro.

para ele, independentemente de quaisquer formalidades e livres de ónus ou de encargos.

No tocante à natureza e funções do Banco, dispunha o artigo 2.º:

> 1. O Banco de Portugal constitui uma empresa pública, cujo capital é representado por ações de que o Estado é o único titular.
> 2. O Banco de Portugal continua a exercer todas as funções que lhe estão cometidas por força de lei, de contratos com o Estado e dos seus estatutos.

Previa-se – artigo 4.º – a aprovação de nova lei orgânica, até 31 de dezembro de 1974; antes disso, o Banco continuaria a reger-se pelos preceitos legais ainda vigentes, pelos seus estatutos e pelos acordos celebrados com o Estado, em tudo o que não contrariasse o diploma de nacionalização.

Cumpre anotar que os artigos 5.º e seguintes – e ao contrário do que depois sucederia com a nacionalização da banca comercial portuguesa – previam a indemnização dos acionistas atingidos.

VII. Só por si, a nacionalização apenas teria reflexos orgânicos no BP. Em breve, porém, se verificariam alterações mais significativas.

O Decreto-Lei n.º 301/75, de 20 de junho[2591], considerando a natureza e as funções que, pelo Decreto-Lei n.º 452/74, de 13 de setembro, eram atribuídas ao BP e, ainda, a nacionalização da banca, operada pelo Decreto-Lei n.º 132-A/75, de 14 de março, a qual imporia:

> (...) a necessidade de um maior *contrôle* do sistema bancário por parte do Banco Central;

E prosseguindo:

> Reconhecendo-se que não convirá prolongar por mais tempo a existência de duas estruturas paralelas – Banco de Portugal e Inspeção de Crédito da Inspeção-Geral de Crédito e Seguros – e que se torna imprescindível e urgente conseguir o melhor aproveitamento dos meios disponíveis, em ordem a atingir uma maior eficácia na ação coordenadora e dinamizadora do Banco Central;

[2591] DG I Série, n.º 140, de 20-jun.-1975, 842-844.

> Considerando ainda que será da maior vantagem concentrar no Banco de Portugal, numa próxima reestruturação do sistema bancário nacional, a condução da política monetária, cambial e financeira;

veio dispor:

> Artigo 1.º
>
> 1. É extinta a Inspeção-Geral de Crédito e Seguros.
> 2. As atribuições que por lei cabiam à Inspeção de Crédito da referida Inspeção-Geral de Crédito e Seguros passam para a competência do Banco de Portugal, nos termos do disposto no presente diploma.
> 3. Os serviços da Inspeção de Seguros continuam a fazer parte da orgânica do Ministério das Finanças.

A transposição era, depois, clarificada. As atribuições fiscais da antiga Inspeção-Geral passavam para a Direção-Geral das Contribuições e Impostos ou DGCI – artigo 3.º – enquanto a competência para a aplicação de sanções, no termo de processos agora instaurados e instruídos pelo BP, se mantinha no MF – artigo 4.º.

O pessoal do quadro da antiga Inspeção-Geral, afeto à Inspeção de Crédito, passava para os quadros de pessoal do BP – artigo 7.º.

388. A Lei Orgânica de 1975

I. A Lei Orgânica do BP, apesar de prevista, pelo Decreto-Lei de nacionalização, até ao final de 1974, só foi publicada pelo Decreto-Lei n.º 644/75, de 15 de Novembro[2592].

Trata-se de um diploma extenso, que comete ao BP funções alargadas. Segundo o seu artigo 16.º,

> Como banco central, compete ao Banco, sob a orientação do Ministro das Finanças, desempenhar as funções de banqueiro do Estado, consultor do Governo no domínio financeiro, orientador e controlador da política monetária e financeira, gestor das disponibilidades externas do País e intermediário das relações monetárias internacionais.

[2592] DG I Série, n.º 265, de 15-nov.-1975, 1814-1821.

O diploma distinguia:

– emissão monetária e reservas cambiais – artigos 7.º a 15.º;
– funções de banco central – artigos 16.º a 32.º –, incluindo:
  – funções de banqueiro do Estado – artigos 22.º a 25.º;
  – política monetária e financeira – artigos 26.º a 29.º;
  – relações monetárias internacionais – artigos 30.º a 32.º;
– operações do Banco – artigos 33.º a 35.º;
– funções de caixa geral do Tesouro – artigos 36.º a 38.º.

Em múltiplos aspetos, o BP era, explicitamente, orientado pelo Ministro das Finanças. Não havia preocupações de independência. Tinha, por outro lado, o controlo sobre a banca comercial.

II. A LO do BP seria, depois, várias vezes alterada, sendo de citar:

– Decreto-Lei n.º 883/76, de 29 de dezembro, que alterou o artigo 41.º;
– Decreto-Lei n.º 380/83, de 12 de outubro, que alterou o seu artigo 23.º/1;
– Decreto-Lei n.º 415/85, de 18 de outubro, que alterou o seu artigo 43.º/1;
– Decreto-Lei n.º 6-A/86, de 10 de janeiro, que alterou os seus artigos 33.º e 35.º.

Manteve-se, de todo o modo, a perspetiva que vinha desde 1975.

389. **A Lei Orgânica de 1990**

I. A LO do BP, aprovada pelo Decreto-Lei n.º 644/75, de 15 de novembro, ficou em vigor até à sua revogação pelo Decreto-Lei n.º 337/90, de 30 de outubro, que aprovou nova LO.

Foram, nesse diploma, introduzidas algumas alterações: pelo Decreto-Lei n.º 231/95, de 12 de setembro, que em obediência às exigências do Tratado de Maastricht, veio firmar a independência do BP, perante o Governo e pôr cobro à possibilidade de concessão de créditos, ao Estado ou a outras entidades públicas e pela Lei n.º 3/96, de 5 de fevereiro, no sentido de facultar, à AR, determinadas informações.

II. A LO do BP de 1990 apresentava a seguinte sistematização:

Capítulo I – Natureza e sede – artigos 1.º a 3.º;
Capítulo II – Capital, reservas e provisões – artigos 4.º e 5.º;
Capítulo III – Emissão monetária, reservas cambiais e outras coberturas – artigos 6.º a 17.º;
Capítulo IV – Funções do Banco de Portugal:
Secção I – Disposições gerais – artigos 18.º a 20.º;
Secção II – Política monetária e cambial – artigos 21.º e 22.º;
Secção III – Exercício da supervisão – artigos 23.º e 24.º;
Secção IV – Relações entre o Estado e o Banco – artigos 25.º e 26.º[2593];
Secção V – Relações monetárias internacionais – artigo 31.º a 34.º;
Secção VI – Operações do Banco – artigos 35.º e 36.º.
Capítulo V – Governo, administração e fiscalização:
Secção I – Disposições gerais – artigos 37.º e 38.º;
Secção II – Governador – artigos 39.º a 43.º;
Secção III – Conselho de administração – artigos 44.º a 51.º;
Secção IV – Conselho de auditoria – artigos 52.º a 56.º;
Secção V – Conselho consultivo – artigos 57.º a 59.º.
Capítulo VI – Organização dos serviços – artigos 60.º e 61.º;
Capítulo VII – Orçamento e contas – artigos 62.º a 65.º;
Capítulo VIII – Trabalhadores – artigos 66.º a 68.º;
Capítulo IX – Disposições gerais – artigos 69.º a 72.º.

III. No que tange à natureza, o BP era definido como "... pessoa coletiva de direito público, dotada de autonomia administrativa e financeira, com a natureza de empresa pública" – artigo 1.º. Efetivamente, o BP representa um centro autónomo de imputação de normas jurídicas, ao qual a lei concede múltiplos poderes de autoridade: donde a personalidade de Direito público. A referência a empresa pública conduzia à aplicabilidade de Direito privado, nas relações externas e em tudo o que a lei não disponha de outra forma[2594]. De todo o modo, é de sublinhar que no tocante ao Direito subsidiário, a lei orgânica remetia para a legislação reguladora da

[2593] Os artigos 27.º a 30.º foram revogados pelo Decreto-Lei n.º 231/95, de 12 de setembro.

[2594] Menezes Cordeiro, *Direito da Economia* cit., 1, 277 ss.. A qualificação do BP levantava alguma controvérsia. Enquanto empresa pública, o BP não se confundia com a Administração, devendo submeter-se ao foro comum: RLx 27-abr.-1984 (Cura Mariano), CJ IX (1984) 2, 142-143; mas detendo poderes de autoridade, o BP integrava-se na administração estadual indireta, o que implicava a publicação dos instrumentos de delegação

atividade das instituições de crédito e não para a das empresas públicas. Trata-se de um tema ao qual haverá oportunidade de regressar.

A atribuição principal do BP era fixada – artigo 3.º – na estabilidade dos preços, por via da redação introduzida pelo Decreto-Lei n.º 231/95, de 12 de setembro, por exigência do Tratado de Maastricht. Na redação inicial, o BP devia, como banco central, assegurar o equilíbrio monetário interno e a solvência exterior da moeda.

O BP tinha o capital de 200.000 c., podendo ser aumentado, designadamente por incorporação de reservas, por deliberação do Conselho de Administração, com autorização do Ministro das Finanças – artigo 4.º. O artigo 5.º impõe uma reserva legal, por transferência de 10% do resultado de cada exercício; o conselho de administração pode criar outras reservas e previsões.

IV. Quanto à emissão monetária, às reservas cambiais e a outras coberturas, cumpre, à cabeça, referir o artigo 6.º que estabelecia, a favor do BP, o exclusivo da emissão de notas e de pôr em circulação moedas metálicas; as notas têm poder liberatório ilimitado, sendo o das moedas metálicas estabelecido por lei – *idem*, n.º 2. Os artigos 7.º a 14.º dispõem sobre notas e moedas metálicas e sobre a repressão de falsificações.

A emissão monetária do Banco, constituída pelas notas em circulação e demais responsabilidades-escudos à vista, devia encontrar-se coberta por disponibilidades sobre o exterior e por outros valores – 15.º. O artigo 16.º enumerava e explicitava o que entende por disponibilidades sobre o exterior, ocupando-se o artigo 17.º dos "outros valores de cobertura".

V. O cerne da LO era constituído pelo Capítulo IV, relativo às funções de Banco Central. O artigo 18.º, que fixava a competência especial do Banco, recorda o artigo 3.º: a estabilidade dos preços, como atribuição principal. Posto isso, cabe ao BP – artigo 18.º/1:

a) Colaborar na definição e executar a política cambial;

de competência do Conselho de Administração: STA 7-abr.-1987 (Cruz Rodrigues), BMJ 366 (1987), 529-530.

Naturalmente, ambas as opções eram compatíveis. Enquanto empresa pública, o BP pode, genericamente, agir no âmbito do Direito privado; e no exercício de poderes de autoridade, o BP pertencia, de facto, à Administração indireta do Estado. Quanto à autonomia *vide* Ibraimo Abdul C. Ibraimo, *A tendência de autonomia dos bancos centrais*, em *Temas de Direito bancário* (1999), 103-147.

b) Gerir as disponibilidades externas do País ou outras que lhe estejam cometidas;

c) Agir como intermediário nas relações monetárias internacionais do Estado;

d) Velar pela estabilidade do sistema financeiro nacional, assegurando, com essa finalidade, designadamente a função de refinanciador de última instância.

O Banco aconselha o Governo, nos domínios monetário, financeiro e cambial – artigo 18.º/2 – e assegura a centralização e elaboração de estatísticas monetárias, financeiras, cambiais e da balança de pagamentos – artigo 19.º.

As funções do BP, no tocante à política monetária e cambial – artigo 21.º –, implicavam, designadamente, a orientação e a fiscalização dos correspondentes mercados – artigo 22.º – a qual inclui a supervisão das instituições de crédito, sociedades financeiras e outras entidades – *b*). O exercício da supervisão incluía os poderes referidos nos artigos 23.º e 24.º e que serão objeto de análise autónoma, a propósito da supervisão.

O artigo 25.º vedava, ao Banco, a concessão de descobertos ou de outra forma de crédito, ao Estado ou a entidades públicas ou dele dependentes: trata-se de uma exigência comunitária. Faltava, ainda, na lei em causa, uma consagração solene da independência do Banco, perante o Estado e da sua não-sujeição a instruções de qualquer entidade exceto – porventura – do Sistema Europeu de Bancos Centrais, nos casos previstos na lei. O avanço para a 3.ª fase da união monetária levava, porém, a esperar a breve ocorrência de uma alteração legislativa, nesse sentido.

O BP tinha o papel-chave nas relações monetárias internacionais – artigos 31.º a 33.º – podendo participar no capital de instituições estrangeiras ou internacionais com atribuições monetárias e cambiais e fazer parte dos respetivos órgãos sociais – artigo 34.º.

VI. O artigo 35.º da LO enumerava as operações bancárias que o BP podia executar. A lista é extensa e exemplificativa, uma vez que a alínea *j*) do n.º 1 desse preceito referia, genericamente, como estando ao alcance do Banco, "... outras operações bancárias que não sejam expressamente proibidas nesta Lei Orgânica". O artigo 36.º compreendia algumas operações vedadas que transcendem, aliás, o estrito domínio bancário: determinados redescontos, a concessão de crédito a descoberto ou com garantias que contrariem a LO, a promoção ou participação de instituições de crédito ou de sociedades financeiras e a propriedade de imóveis, além dos necessários, tudo isto com certas exceções.

390. Segue: a organização e outras regras aplicáveis

I. A LO do BP, de 1990, previa, como órgãos do Banco, o Governador, o Conselho de Administração, o Conselho de Auditoria e o Conselho Consultivo – artigo 37.º. O Governador e o Conselho de Administração eram nomeados pelo Conselho de Ministros, sob proposta do MF – artigo 38.º – para mandatos renováveis de cinco anos – artigo 44.º.

II. O Governador representava o Banco no País e no estrangeiro e superintendia no Conselho de Administração, convocando e presidindo às suas reuniões; podia delegar as suas competências nos vice-governadores ou nos administradores – artigo 39.º. Em situação de urgência, não sendo possível reunir o Conselho de Administração, o Governador tinha competência própria para a prática de todos os atos necessários à prossecução dos fins do Banco – artigo 41.º.

O governador assumia voto de qualidade e veto suspensivo: neste último caso, a deliberação ficava suspensa por 15 dias, posto o que o veto se tinha por levantado, se o Conselho de Ministros não o houvesse confirmado – artigo 43.º. Essa regra seria suprimida, em obediência a Maastricht: a independência do Banco Central deve ser completa.

III. O Conselho de Administração era o órgão-chave do BP. Ele tinha competência genérica, cabendo-lhe a prática de todos os atos que não fossem de competência exclusiva de outro órgão – artigo 45.º/1. A delegação de poderes é possível, bem como a subdelegação, nos termos do n.º 2 desse preceito.

Sob proposta do Governador, o Conselho de Administração atribuía aos seus membros pelouros correspondentes a um ou mais serviços do Banco; tal atribuição envolvia delegação de poderes, com limites e condições fixados no momento – artigo 46.º/1 e 2. Retomando uma regra de colegiabilidade retirada das sociedades anónimas, o n.º 3 desse preceito explicitava que a atribuição de pelouros não dispensava os membros do Conselho de Administração de acompanhar e tomar conhecimento dos diversos assuntos do Banco, propondo providências relativas a qualquer deles. De notar que o Conselho de Administração decidia da orgânica e do modo de funcionamento dos serviços e elaborava os regulamentos internos – artigo 60.º – prevendo-se, ainda, sempre sob sua direção, fiscalização e superintendência, a existência de filiais, sucursais, delegações e agências – artigo 61.º.

A LO regulava, de seguida, as reuniões, as comissões executivas e as atas – artigos 47.º a 49.º. Dos atos administrativos do Governador, Vice-governador, Conselho de Administração, Conselho Executivo, administradores ou trabalhadores do Banco, no uso de poderes delegados, cabia recurso contencioso – artigo 50.º. Finalmente, os membros do conselho de administração gozavam das regalias sociais dos trabalhadores do Banco sendo-lhes aplicáveis as normas do Estatuto dos Gestores Públicos e legislação complementar, compatíveis com as características específicas do Banco – artigo 51.º. O Estatuto dos Gestores Públicos atualmente em vigor foi aprovado pelo Decreto-Lei n.º 71/2007, de 27 de março, o qual revogou o anterior, aprovado pelo Decreto-Lei n.º 464/82, de 9 de dezembro.

IV. O Conselho de Auditoria comportava quatro membros, sendo três designados pelo MF e um pelos trabalhadores do Banco; dos três primeiros um será presidente, outro revisor oficial de contas e o terceiro uma personalidade de reconhecida competência em matéria económica – artigo 52.º. Todos eles – artigo 52.º – são designados para mandatos de três anos, renováveis – artigo 53.º.

O conselho de auditoria era o órgão de fiscalização do Banco, como se infere da competência que lhe é atribuída pelo artigo 54.º. Embora sem direito de voto, os membros do conselho de auditoria podem participar nas reuniões do conselho de administração sendo obrigatória, nas reuniões ordinárias, a presença de um deles, por escala.

V. O Conselho Consultivo era composto pelo Governador do Banco, que presidia e ainda: pelos vice-presidentes, pelos antigos governadores, por um representante do departamento governamental responsável pelo planeamento do desenvolvimento, a designar por este departamento, por três personalidades de reconhecida competência, duas em matéria bancária e financeira e uma em matéria económica, a designar pelo Conselho de Ministros, sob proposta do MF e por períodos renováveis de três anos, por um representante de cada Região Autónoma, a designar pelos respetivos órgãos de governo próprio e pelo presidente do conselho de auditoria do Banco – artigo 57.º. Ele reunia ordinariamente uma vez por semestre e pronunciava-se sobre o relatório anual de atividade do Banco e sobre os assuntos que lhe fossem submetidos pelo governador ou pelo conselho de administração – artigos 59.º e 58.º.

VI. O artigo 62.º previa a elaboração anual de um orçamento de exploração, comunicado ao MF até 30 de novembro anterior. O resultado do exercício era apurado com determinadas deduções, afetando-se 10% a reserva legal, 10% para outras reservas e o remanescente para o Estado, a título de dividendos, ou para ainda outras reservas, aprovadas pelo MF, sob proposta do conselho de administração – artigo 63.º. O relatório, balanço e contas eram remetidos, até 31 de março, ao MF, para aprovação – artigo 64.º. Na sequência dessa apresentação, o governador do BP devia informar a Assembleia da República, através da Comissão Permanente de Economia, Finanças e Plano, sobre a situação e orientações relativas à política monetária e cambial, segundo o n.º 4 desse artigo, aditado pela Lei n.º 3/96, de 5 de fevereiro.

Previa-se a publicação semanal de sinopses reduzidas com elementos referentes ao ativo e passivo do Banco – artigo 65.º.

VII. Os trabalhadores do Banco estavam sujeitos às normas do regime jurídico do contrato individual de trabalho – artigo 66.º; tratava-se, aliás, do regime habitual no tocante aos trabalhadores das empresas públicas. Por esta via, era aplicável o acordo coletivo de trabalho para o sector bancário. A política de pessoal era definida pelo Conselho de Administração – artigo 67.º. Funciona, ainda, nos termos do artigo 68.º, um Fundo Social.

VIII. A LO de 1990 encerrava com disposições gerais de relevo prático e teórico. O Banco obrigava-se pela assinatura do Governador ou de dois outros membros do Conselho de Administração e de quem tiver delegação bastante – artigo 69.º.

Sobre todos os membros de órgãos e os trabalhadores do banco impendia o dever de segredo – artigo 70.º. Os membros do conselho de administração e os trabalhadores do Banco não podiam fazer parte dos corpos sociais de outra instituição de crédito, de uma sociedade financeira – a lei usava, aqui, ainda o termo "parabancário" – ou sujeita à supervisão do Banco – artigo 71.º/1. Além disso, os administradores incorriam em incompatibilidades mais alargadas – *idem*, n.º 2.

Finalmente, o artigo 72.º regulava o Direito aplicável: Lei Orgânica, regulamentos adotados em sua execução e normas aplicáveis da legislação reguladora da atividade das instituições de crédito. O legislador não referia – como já foi visto – as regras relativas a empresas públicas. Como, porém, o BP era expressamente definido como empresa pública, tais regras não podiam deixar de ser tidas em conta[2595]. Pensamos, designadamente, na sujeição ao Direito privado, em tudo o que não se dispusesse de outra forma, nos termos do artigo 3.º/1 do Decreto-Lei n.º 260/76, de 8 de abril, relativo às bases gerais das empresas públicas e então vigente. Por seu turno, as instituições de crédito eram, necessariamente, sociedades anónimas – artigo 14.º/1, *b*), do RGIC. Também por esta via, o Direito privado era subsidiariamente aplicável ao BP, mesmo no plano interno e sempre com a ressalva das regras próprias.

No plano externo e excluídos os poderes de autoridade conferidos por lei, o BP agia sob o Direito bancário comum: privado.

[2595] Aliás, o artigo 1.º do RGIC, no seu n.º 2, proclama expressamente a sua aplicabilidade às instituições de crédito que assumissem a forma de empresa pública, no que não seja incompatível com a sua forma.

§ 97.º A REFORMA DE 1998

391. A Lei Orgânica de 1998; *occasio legis*

I. Em 1998, o BP conheceu uma reforma: a Lei n.º 5/98, de 31 de janeiro, aprovou uma nova LO. A reforma em jogo assumiu aspetos inusitados[2596]. Assim:

- previu numerosas alterações à LO de 1990, com efeitos imediatos – artigo 1.º;
- aprovou uma nova Lei Orgânica cuja entrada em vigor ficaria dependente de uma condição em sentido próprio: a de Portugal adotar o euro como moeda – artigo 2.º;
- aprovou alterações à LO de 1990, a somar às já aprovadas pelo artigo 1.º, para a hipótese de Portugal não adotar o euro como moeda, no dia em que tivesse início a 3.ª fase de realização da União Económica e Monetária.

Tem interesse ponderar a *occasio legis*: afigura-se rica.

II. A Lei n.º 5/98, de 31 de janeiro, resultou da aprovação pelo Parlamento, praticamente sem alterações, de uma proposta do Governo: a Proposta de Lei n.º 144/VII. Esse documento foi acompanhado por uma justificação de motivos que poderá ter algum papel na interpretação da Lei finalmente aprovada.

A justificação de motivos começava por referenciar "... as profundas mudanças registadas no sistema financeiro português ..." mercê das suas privatização e liberalização. Tais "... profundas mudanças ..." teriam já dado azo à Lei Orgânica aprovada pelo Decreto-Lei n.º 337/90, de 30 de

[2596] Augusto de Athayde, *Curso de Direito bancário* cit., 1, 419 ss. e Saraiva Matias, *Direito bancário* cit., 52 ss..

outubro. Este diploma teria ainda acentuado a autonomia do Banco, sendo proibida, designadamente após as alterações introduzidas pelo Decreto-Lei n.º 231/95, de 12 de setembro, a concessão de crédito ao Governo ou a outras entidades públicas e a aquisição direta de títulos de dívida a essas entidades.

Não obstante – prosseguia a aludida justificação de motivos – as alterações em causa ainda seriam insuficientes. Seria necessário, em função da 3.ª fase da UEM (União Económica e Monetária), introduzir novos ajustamentos: para garantir a sua inteira autonomia e para assegurar a integração no Sistema Europeu de Bancos Centrais (SEBC). Mas além disso, o legislador entendeu ir mais longe: diz *ipsis verbis*, a justificação de motivos:

> Não obstante, aproveitou-se a oportunidade legislativa para proceder a outras alterações, motivadas por razões de natureza meramente interna, sem embargo da sua adequação àquele objetivo central.

III. Definidos, nestes (escassos) termos o sentido e o escopo da intervenção legislativa, a justificação de motivos veio preocupar-se com a calendarização da UEM, acabando por optar:

- por uma primeira alteração à Lei Orgânica, a entrar imediatamente em vigor, e que visaria reforçar a autonomia do Banco;
- por uma segunda alteração, a vigorar no início da 3.ª fase, que teria em vista a integração plena no SEBC.

Por cautela, seria ainda prevista a possibilidade de não participação no início da 3.ª fase da UEM.

A justificação de motivos contém, depois, um ponto 4 que merece transcrição:

> Além das disposições relativas ao Banco de Portugal como autoridade monetária independente, aproveitou-se a oportunidade legislativa para regular igualmente outras funções e poderes – como, por exemplo, os de supervisão bancária – que por lei lhe são atribuídos, bem como para introduzir uma alteração de carácter estrutural, que consiste em retirar ao Banco de Portugal a natureza jurídica de empresa pública que lhe é conferida pela lei atual. Convindo, porém, que essa mudança se faça sem quebras de continuidade e sem que ela equivalha a uma maior estatização do Banco, foram introduzidas algumas normas que a delimitam: é o caso dos n.ºs 3 e 4 do artigo 1.º do diploma preambular, da nova redação dada por esse artigo 1.º aos artigos 1.º,

51.º, 64.º, 66.º e 72.º da atual lei orgânica e do novo artigo 71.º A, aditado pelo n.º 2 do mesmo artigo 1.º.

Boa parte da *occasio legis* da nova Lei Orgânica do Banco de Portugal teria sido constituída pelas "exigências" da UEM.

O Tratado da União Europeia contém alguns preceitos relevantes, que vamos passar a recordar. Assim, o artigo 101.º[2597] proíbe a concessão de créditos, sob qualquer forma, pelo BCE ou pelos bancos centrais nacionais, a favor de instituições ou organismos da Comunidade ou governos, organismos ou empresas públicas nacionais. Fá-lo nos termos seguintes:

Artigo 123.º

1. É proibida a concessão de créditos sob a forma de descobertos ou sob qualquer outra forma pelo BCE ou pelos bancos centrais nacionais dos Estados membros, adiante designados por bancos centrais nacionais, em benefício de instituições ou organismos da Comunidade, governos centrais, autoridades regionais, locais ou outras autoridades públicas, outros organismos do sector público ou empresas públicas dos Estados membros, bem como a compra direta de títulos de dívida a essas entidades, pelo BCE ou pelos bancos centrais nacionais.

2. As disposições do n.º 1 não se aplicam às instituições de crédito de capitais públicos às quais, no contexto da oferta de reservas pelos bancos centrais, será dado, pelos bancos centrais nacionais e pelo BCE, o mesmo tratamento que às instituições de crédito privadas.

O artigo 129.º reporta-se ao SEBC. Eis o teor dos seus quatro primeiros números[2598]:

[2597] Na numeração do Tratado de Amesterdão era o artigo 101.º; na de Maastricht era o artigo 104.º.

[2598] Como foi referido, o artigo 129.º (ex 107.º) foi substancialmente alterado pelo Tratado de Lisboa. Após a sua entrada em vigor, a norma equivalente passou a constar do artigo 245.º-A ou 282.º do TFEU. Com o seguinte texto:

1. O Banco Central Europeu e os bancos centrais nacionais constituem o Sistema Europeu de Bancos Centrais (adiante designado "SEBC"). O Banco Central Europeu e os bancos centrais nacionais dos Estados-Membros cuja moeda seja o euro, que constituem o Eurossistema, conduzem a política monetária da União.
2. O SEBC é dirigido pelos órgãos de decisão do Banco Central Europeu. O objetivo primordial do SEBC é a manutenção da estabilidade dos preços. Sem prejuízo deste objetivo, o SEBC dá apoio às políticas económicas gerais da União para contribuir para a realização dos objetivos desta.

Artigo 129.º

1. O SEBC é constituído pelo BCE e pelos bancos centrais nacionais.

2. O BCE tem personalidade jurídica.

3. O SEBC é dirigido pelos órgãos de decisão do BCE, que são o conselho do BCE e a comissão executiva.

4. Os Estatutos do SEBC constam de um protocolo anexo ao presente Tratado.

(...)

O artigo 130.º do TFEU ocupa-se da independência do BCE e dos bancos centrais nacionais. Dispõe:

Artigo 130.º

No exercício dos poderes e no cumprimento das atribuições e deveres que lhe são conferidos pelo presente Tratado e pelos Estatutos do SEBC, o BCE, os bancos centrais nacionais ou qualquer membro dos respetivos órgãos de decisão não podem solicitar ou receber instruções das instituições ou organismos comunitários, dos governos dos Estados membros ou de qualquer outra entidade. As instituições e organismos comunitários, bem como os governos dos Estados membros, comprometem-se a respeitar este princípio e a não procurar influenciar os membros dos órgãos de decisão do BCE ou dos bancos centrais nacionais no exercício das suas funções.

O dever de ajustamento legislativo deriva do artigo 131.º do TFEU. Diz ele:

3. O Banco Central Europeu tem personalidade jurídica. Só ele tem o direito de autorizar a emissão do euro. É independente no exercício dos seus poderes e na gestão das suas finanças. As instituições, órgãos e organismos da União, bem como os Governos dos Estados-Membros, respeitam esta independência.
4. O Banco Central Europeu adota as medidas necessárias ao desempenho das duas atribuições nos termos dos artigos 105.º a 111.º-A e 115.º-C e em conformidade com as condições estabelecidas nos Estatutos do SEBC e do BCE. Nos termos dos mesmos artigos, os Estados-Membros cuja moeda não seja o euro, bem como os respetivos bancos centrais, conservam as suas competências no domínio monetário.
5. Nos domínios das suas atribuições, o Banco Central Europeu é consultado sobre os projetos de ato da União, bem como sobre os projetos de regulamentação ao nível nacional, e pode apresentar pareceres.

Artigo 131.º

Cada um dos Estados membros assegurará, o mais tardar até à data da instituição do SEBC, a compatibilidade da respetiva legislação nacional, incluindo os estatutos do seu banco central nacional com o presente Tratado e com os Estatutos do SEBC.

IV. Procurando determinar com precisão as "exigências" comunitárias que terão pesado na nova LO do BP, cumpre dar breve conta do Protocolo Relativo aos Estatutos do SEBC e do BCE.

O objetivo primordial do SEBC é a estabilidade dos preços – artigo 2.º. Tem, depois, "atribuições básicas fundamentais" assim alinhadas:

Artigo 3.º
Atribuições

3.º 1. De acordo com o disposto no n.º 2 do artigo 127.º do TFEU, as atribuições básicas fundamentais cometidas ao SEBC são:

A definição e execução da política monetária da Comunidade;

A realização de operações cambiais compatíveis com o disposto no artigo 219.º do presente Tratado[2599];

A detenção e gestão das reservas cambiais oficiais dos Estados membros;

A promoção do bom funcionamento dos sistemas de pagamentos.

3.º 2. De acordo com o disposto no n.º 3 do artigo 127.º do referido Tratado, o terceiro travessão do n.º 1 não obsta à detenção e gestão, pelos governos dos Estados membros, de saldos de tesouraria em divisas.

3.º 3. De acordo com o disposto no n.º 5 do artigo 127.º do referido Tratado, o SEBC contribuirá para a boa condução das políticas desenvolvidas pelas autoridades competentes no que se refere à supervisão prudencial das instituições de crédito e à estabilidade do sistema financeiro.

A independência do SEBC surge, de novo, articulada, em termos acima transcritos[2600].

O próprio BCE vem apresentado da forma seguinte:

[2599] Com a entrada em vigor do Tratado de Lisboa, a remissão passou a ser para o artigo 188.º-O, do Tratado.

[2600] *Supra*, 985 ss..

Artigo 9.º
O Banco Central Europeu

9.º 1. O BCE, que, de acordo com o disposto no n.º 2 do artigo 282.º do TFEU[2601], tem personalidade jurídica, goza, em cada um dos Estados membros, da mais ampla capacidade jurídica reconhecida às pessoas coletivas pelas legislações nacionais, podendo designadamente adquirir ou alienar bens móveis e imóveis e estar em juízo.

9.º 2. O BCE assegurará que as atribuições cometidas ao SEBC nos n.os 2, 3 e 5 do artigo 127.º do referido Tratado sejam executadas quer através das suas próprias atividades, nos termos dos presentes Estatutos, quer através dos bancos centrais nacionais, nos termos do artigo 12.º 1 e do artigo 14.º.

9.º 3. De acordo com o disposto no n.º 3 do artigo 127.º do referido Tratado, os órgãos de decisão do BCE são o conselho do BCE e a comissão executiva.

Quanto aos bancos centrais nacionais, rege o artigo 14.º:

Artigo 14.º
Bancos centrais nacionais

14.º 1. De acordo com o disposto no artigo 131.º do TFEU, cada Estado membro assegurará, o mais tardar à data da instituição do SEBC, a compatibilidade da respetiva legislação nacional, incluindo os estatutos do seu banco central nacional, com o presente Tratado e com os presentes Estatutos.

14.º 2. Os Estatutos dos bancos centrais nacionais devem prever, designadamente, que o mandato de um governador de um banco central nacional não seja inferior a cinco anos.

Um governador só pode ser demitido das suas funções se deixar de preencher os requisitos necessários ao exercício das mesmas ou se tiver cometido falta grave. O governador em causa ou o conselho do BCE podem interpor recurso da decisão de demissão para o Tribunal de Justiça com fundamento em violação do presente Tratado ou de qualquer norma jurídica relativa à sua aplicação. Esses recursos devem ser interpostos no prazo de dois meses a contar, conforme o caso, da publicação da decisão ou da sua

[2601] A remissão do artigo 9.º/1 do Protocolo era, incialmente, para o 282.º/2 do TCE e com o Tratado de Lisboa, para o artigo 245.º-A/3, antes da versão consolidada. A consulta de obras sobre o Direito europeu obriga a ter presente a renumeração contínua dos textos básicos.

notificação ao recorrente ou, na falta desta, do dia em que o recorrente tiver tomado conhecimento da decisão.

14.º 3. Os bancos centrais nacionais constituem parte integrante do SEBC, devendo atuar em conformidade com as orientações e instruções do BCE. O conselho do BCE tomará as medidas adequadas para assegurar o cumprimento das orientações e instruções do BCE e pode exigir que lhe seja prestada toda a informação necessária.

14.º 4. Os bancos centrais nacionais podem exercer outras funções além das referidas nos presentes Estatutos, salvo se o conselho do BCE decidir, por maioria de dois terços dos votos expressos, que essas funções interferem com os objetivos e atribuições do SEBC. Cabe aos bancos centrais nacionais a responsabilidade e o risco pelo exercício dessas funções que não são consideradas funções do SEBC.

No tocante a contas, veja-se o artigo 27.º:

Artigo 27.º
Auditoria

27.º 1. As contas do BCE e dos bancos centrais nacionais são fiscalizadas por auditores externos independentes, designados mediante recomendação do conselho do BCE e aprovados pelo Conselho. Os auditores têm plenos poderes para examinar todos os livros e contas do BCE e dos bancos centrais nacionais, assim como para obter informações completas sobre as suas operações.

27.º 2. O disposto no artigo 287.º do presente Tratado é exclusivamente aplicável à análise da eficácia operacional da gestão do BCE.

V. Visto tudo isto, parece fácil concluir que o essencial da compatibilização entre a Lei Orgânica do Banco de Portugal e o Tratado da União Europeia e o Protocolo relativo ao SEBC/BCE fora já levado a cabo pelo Decreto-Lei n.º 231/95, de 12 de dezembro.

A Lei n.º 5/98, de 31 de janeiro, (apenas) reforçou a independência, acentuando vertentes formais, admitindo, ainda, nos termos do Protocolo SEBC/BCE, a fiscalização por auditores externos. Além disso, foram previstos alguns aspetos orgânicos de articulação com o SEBC. A “exigência comunitária” nada mais requeria de percetível.

Sendo assim, todo o resto da reforma teve a ver com a opção legislativa de introduzir modificações estatutárias não requeridas por vetores comunitários.

Ainda nesta linha de invocada oportunidade legislativa: a própria justificação de motivos, em troço já transcrito, veio proclamar a “alteração estrutural" que consistiu em retirar ao Banco de Portugal a natureza de empresa pública.

A reforma de 1998 saiu bastante heterogénea, quanto aos seus objetivos. Não obstante, e tendo presente a presunção de acerto e de adequação de que beneficia o legislador – artigo 9.º/3 do Código Civil – parece adequado supor que a Lei n.º 5/98 não foi, a propósito de "aproveitar a oportunidade legislativa", atentar contra os objetivos comunitários que declarou prosseguir. Designadamente: seria má via interpretativa a que, contra o momento histórico então dominante, acabasse por descobrir uma redução da autonomia do Banco Central ou uma multiplicação de entraves à sua atuação. Necessário, porém, seria que a análise das fontes permitisse um mínimo de espaço, nesse sentido.

392. **O problema da sua natureza**

I. Em 1974 e como vimos, o Banco de Portugal tinha a forma jurídica de uma "sociedade anónima de responsabilidade limitada".

O Decreto-Lei n.º 452/74, de 13 de setembro, que em obediência ao programa do M.F.A., nacionalizou o BP, dispôs no seu artigo 1.º/2, que as ações representativas do capital social do BP, que não estivessem já na titularidade do Estado, considerar-se-iam transmitidas para este, independentemente de quaisquer formalidades e livres de ónus ou de encargos. Foi seguida uma técnica de "nacionalização" depois abandonada: a da transmissão, *ope legis*, das ações para o Estado. Em rigor, isso levar-nos-ia a uma sociedade de capital exclusivamente público.

Porém, o próprio Decreto-Lei n.º 452/74, de 13 de setembro, estatuiu quanto à natureza e às funções do BP, dispondo no acima transcrito artigo 2.º/1, que o BP seria uma empresa pública.

Nessa altura, a lei não tinha, ainda, procedido a uma formalização das empresas públicas: isso só sucederia, como é sabido, através do Decreto-Lei n.º 260/76, de 8 de abril, hoje revogado. Daí a particularidade de se prever uma "empresa pública com ações". A referência a empresa pública, agora já sem ações, foi mantida e reforçada pelo artigo 1.º da LO aprovada pelo Decreto-Lei n.º 644/75, de 15 de novembro.

Depois de 1975, o ordenamento jurídico português foi-se densificando, no tocante às empresas públicas. Para além do Decreto-Lei n.º 260/76, de 8 de abril, que aprovou as suas bases gerais, inúmeros diplomas vieram precisar as regras aplicáveis às empresas públicas.

Foi, pois, em obediência a uma já respeitável tradição e com evidentes intenções dogmáticas que o artigo 1.º da Lei Orgânica, aprovada pelo Decreto-Lei n.º 337/90, de 30 de outubro, dispôs, como vimos:

> O Banco de Portugal, adiante abreviadamente designado por Banco, é uma pessoa coletiva de direito público, dotada de autonomia administrativa e financeira, com a natureza de empresa pública.

II. A qualificação do BP como empresa pública tinha consequências de relevo. É certo que, em princípio, a lei comanda: não teoriza. A essa luz, caberia ao intérprete – e não ao legislador – proceder à qualificação jurídica das diversas figuras. E quando o legislador se aventurasse no caminho da qualificação, o intérprete poderia, a todo o tempo, proceder às correções doutrinárias que a Ciência do Direito impusesse.

Temos, no entanto, de distinguir, dentro das qualificações legais, as qualificações prescritivas ou normativas das meramente circunstanciais. Quando proceda a uma qualificação, o legislador, muitas vezes, não se limita a transmitir uma opinião subjetiva sobre a natureza científica da figura em jogo. Pelo contrário: ele aproveita esse ensejo para, através da qualificação, determinar a aplicação de um determinado regime jurídico.

Tomemos precisamente o exemplo do Banco de Portugal. Ao qualificá-lo como "empresa pública", o legislador poderia fazer (mera) doutrina subjetiva: nessa altura, a liberdade do intérprete-aplicador manter-se-ia intacta. Mas o legislador poderia, antes, tomar uma postura mais curial: a de determinar a aplicação, ao Banco de Portugal, das regras próprias das empresas públicas. A prescrição teria, então, de ser obedecida.

Justamente à luz dos cânones interpretativos, temos de entender que o legislador seguiu a via mais correta, em termos técnicos. A qualificação legal só faz sentido se tiver o alcance normativo mais razoável: o de determinar a aplicação, à figura qualificada, do inerente regime. E este postulado é tanto mais sólido quanto mais preciso for o regime inerente à qualificação realizada.

Damos, assim, por assente que, em 1975 como em 1990, o legislador determinou a aplicação, ao Banco de Portugal, do regime próprio das empresas públicas.

III. Entre as consequências da qualificação normativa acima relatada avulta a do sistema de fontes aplicáveis ao Banco.

Segundo o artigo 2.º do Decreto-Lei n.º 644/75, de 15 de novembro,

O Banco rege-se pelas disposições do presente diploma e dos regulamentos que venham a ser adotados em sua execução, bem como pelas normas aplicáveis da legislação reguladora da atividade das instituições de crédito.

Este preceito foi textualmente mantido no artigo 72.º da Lei Orgânica, aprovada pelo Decreto-Lei n.º 337/90, de 30 de outubro. Trata-se de boa técnica legislativa: os textos legais vão ganhando em densidade e em profundidade com a sua aplicação; não devem ser alterados sem motivo sério.

Aparentemente, os artigos 2.º e 72.º das Leis Orgânicas de 1975 e de 1990, respetivamente, continham parcas indicações sobre o sistema de fontes aplicável ao Banco de Portugal. Apenas em 1992, com o RGIC, surgiu um diploma geral sobre instituições de crédito. Esse diploma não fixou, no entanto, um sistema de fontes para tais instituições, sistema esse que apenas por via doutrinária podia ser alcançado, como abaixo verificaremos[2602].

Não havia, porém, margem para preocupações: ao qualificar o Banco de Portugal como empresa pública, o legislador ordenava, nas relações externas e quando outra coisa não se determinasse, a aplicação direta do Direito privado. Tal o regime resultante do artigo 3.º/1 do Decreto-Lei n.º 260/76, de 8 de abril, então em vigor[2603].

IV. Além disso, pelo prisma da Administração Pública, as empresas públicas desfrutavam de um regime flexível. Com efeito, os institutos públicos e entes similares do Estado sujeitavam-se a regras estritas no tocante à realização de despesas e à celebração de contratos, como é de esperar.

Assim, o Decreto-Lei n.º 155/92, de 28 de julho[2604], veio estabelecer o sistema da administração financeira do Estado. Distinguiam-se, aí, dois regimes:

– o regime geral, de autonomia administrativa – artigos 2.º e ss.;
– o regime excecional, de autonomia administrativa e financeira – artigos 43.º e ss..

2602 *Infra*, 1025 ss..
2603 *Vide* Menezes Cordeiro, *Direito da economia* cit., 1, 277 ss..
2604 Este diploma foi sucessivamente alterado sete vezes: por último, pela Lei n.º 83-C/2013, de 31 de dezembro.

Ambos os regimes visavam controlar a despesa do Estado e dos seus organismos, sujeitando-a a uma disciplina especial: mais estrita no regime geral do que no excecional.

Às entidades dotadas de autonomia administrativa e financeira aplicava-se o regime excecional. Cumpre citar os artigos 43.º e 44.º do citado Decreto-Lei n.º 155/92:

Artigo 43.º
Âmbito

1. As normas da presente divisão aplicam-se aos institutos públicos que revistam a forma de serviços personalizados do Estado e de fundos públicos a que se refere especialmente o artigo 1.º da Lei n.º 8/90, de 20 de fevereiro.

2. Os institutos públicos, referidos no número anterior e designados nesta divisão por organismos autónomos, abrangem todos os organismos da Administração Pública, dotados de autonomia administrativa e financeira, que não tenham natureza, forma e designação de empresa pública.

Artigo 44.º
Personalidade e autonomia

Os organismos autónomos dispõem de personalidade jurídica e de autonomia administrativa, financeira e patrimonial.

De seguida, tínhamos o Decreto-Lei n.º 55/95, de 29 de março[2605], vigente ao tempo da aprovação da LO do BP. Este diploma veio transpor para a ordem jurídica interna as Diretrizes n.os 92/50/CEE, do Conselho, de 18 de junho de 1992, e 93/36/CEE, do Conselho, de 14 de junho de 1993, e estabelecer o regime de realização de despesas públicas com empreitadas de obras públicas e aquisição de serviços e bens, assim como o da contratação pública relativa à prestação de serviços, locação e aquisição de bens móveis.

Pela natureza das coisas, o regime estabelecido tinha diversas restrições que visavam o controlo e a contenção dos contratos em jogo.

[2605] Com alterações introduzidas pelos Decretos-Leis n.º 80/96, de 21 de junho e n.º 128/98, de 13 de maio; este diploma foi revogado pelo artigo 207.º do Decreto-Lei n.º 197/99, de 8 de junho, por último alterado pelo Decreto-Lei n.º 40/2011, de 22 de março, mas com alguns preceitos repristinados pela RAR n.º 86/2011, de 11 de abril.

Era importante salientar o artigo 2.º do Decreto-Lei n.º 55/95, de 29 de março:

> Artigo 2.º
> **Âmbito de aplicação geral**
>
> O presente diploma aplica-se às seguintes pessoas coletivas de direito público:
>
> *a*) O Estado;
> *b*) Os organismos dotados de autonomia administrativa e financeira *que não revistem natureza, forma e designação de empresa pública, adiante designados por serviços e fundos autónomos*;
> *c*) As Regiões Autónomas;
> *d*) As autarquias locais;
> *e*) As associações exclusivamente formadas por autarquias locais e ou por outras pessoas coletivas de direito público mencionadas nas alíneas anteriores.

Como se vê, no tocante ao regime de despesas e de contratação, a expressa qualificação como empresa pública tinha a maior importância: ela evitava a aplicação das regras próprias dos organismos estaduais, naturalmente restritivas e sujeitas a vários controlos.

O Decreto-Lei n.º 55/95, de 29 de março, foi revogado e substituído pelo Decreto-Lei n.º 197/99, de 8 de junho, que veio ainda transpor a Diretriz n.º 97/52/CE, do Parlamento e do Conselho, de 13 de outubro. O âmbito de aplicação geral, resultante do seu artigo 2.º, passou a apresentar a configuração seguinte:

> O presente diploma aplica-se às seguintes entidades:
>
> *a*) Estado;
> *b*) Organismos públicos dotados de personalidade jurídica, com ou sem autonomia financeira, que não revistam natureza, forma e designação de empresa pública;
> *c*) Regiões Autónomas;
> *d*) Autarquias locais e entidades equiparadas sujeitas a tutela administrativa;
> *e*) Associações exclusivamente formadas por autarquias locais e ou por outras pessoas coletivas de direito público mencionadas nas alíneas anteriores.

De novo se vê como a perda da qualidade de empresa pública implicava um *minus* de autonomia.

V. A qualificação de uma entidade como empresa pública permitia, ainda, proceder ao seu enquadramento geral, dentro do universo das entidades públicas.

O artigo 1.º da Lei n.º 8/90, de 20 de fevereiro, veio aprovar as bases da contabilidade pública. Segundo o artigo 1.º/1, dessa Lei,

> O regime financeiro dos serviços e organismos da Administração Central e dos institutos públicos que revistam a forma de serviços personalizados do Estado e de fundos públicos, o controlo orçamental e a contabilização das receitas e despesas obedecem aos princípios e normas constantes da presente lei.

De resto, em execução da Lei n.º 8/90 foi publicado o Decreto-Lei n.º 155/92, de 28 de julho, acima examinado.

Por seu turno, a Lei n.º 6/91, de 20 de fevereiro, procedeu ao enquadramento do Orçamento do Estado.

Dispõe o artigo 3.º dessa Lei:

> 1. O Orçamento do Estado é unitário e compreende todas as receitas e despesas da administração central, incluindo as receitas e despesas de todos os organismos que não tenham natureza, forma e designação de empresa pública, adiante designados por serviços e fundos autónomos, bem como o orçamento da Segurança Social.

O artigo 25.º da mesma Lei n.º 6/91, de 20 de fevereiro, veio dispor, a propósito do âmbito da Conta Geral do Estado:

> A Conta Geral do Estado abrange as contas de todos os organismos da administração central que não tenham natureza, forma e designação de empresa pública e a conta da Segurança Social.

Pensamos que os troços transcritos são claros e decisivos. A qualificação legal de uma entidade como empresa pública implicava, em termos técnicos, o seu enquadramento no universo das entidades públicas. Designadamente para efeitos de contabilidade pública, de orçamento geral do Estado e de conta geral do Estado, ela era decisiva. A matéria veio, mais tarde, a ser versada pela Lei n.º 91/2001, de 20 de agosto, por último alterada pela Lei n.º 37/2013, de 14 de junho, que a republicou em anexo. Veja-se, aí, o artigo 2.º da versão em vigor.

VI. A qualificação legal do Banco de Portugal como empresa pública, feita pelas Leis Orgânicas de 1975 e de 1990, não era uma mera opção doutrinária e subjetiva do legislador. Tratava-se, antes, de uma técnica normativa tendente a possibilitar a aplicação, ao Banco Central, de determinado regime.

O regime aplicável mercê da qualificação em causa abrangia diversos aspetos. Passamos a sintetizar os mais significativos:

- permitia a aplicação, a título geral e direto, do Direito privado;
- afastava a aplicação do regime (restritivo e controlado) das despesas e da contratação, imposto para os organismos estaduais pelos Decretos-Leis n.º 155/92, de 28 de julho e n.º 55/95, de 29 de março, este último sucessivamente substituído pelo Decreto-Lei n.º 197/99, de 8 de junho e pelo Decreto-Lei n.º 18/2008, de 29 de janeiro, que adotou o Código dos Contratos Públicos, atualmente em vigor;
- facilitava o enquadramento geral do BP perante as regras da contabilidade pública, do orçamento geral do Estado e da conta geral do Estado.

Nestas condições, tudo levaria a pensar que o legislador só iria retirar a qualificação legal do BP como empresa pública quando decidisse modificar todas estas regras envolvidas ou quando entendesse substituí-las por um regime equivalente.

VII. A Lei n.º 5/98, de 31 de janeiro, tanto quanto se sabe sem o apoio de estudos jurídicos conhecidos, entendeu retirar ao Banco de Portugal a sua qualidade tradicional de empresa pública. Fê-lo com aparente convicção e pretendendo, com isso, uma alteração estrutural (sic): é o que se infere da justificação de motivos que acompanhou a proposta dirigida para o Parlamento.

O estudo da natureza do BCE e dos bancos centrais de diversos países[2606] não permite conclusões úteis, a não ser: não vale citar a Europa para justificar a reforma impensada de 1998. Cada País deve manter-se fiel ao seu património jurídico cultural.

Na época e mercê dos eventos de 1974-75, Portugal era o único País europeu no qual uma referência a "empresa pública" tinha um sentido

[2606] *Supra*, 987 ss..

técnico-jurídico eficaz. Esse aspeto deveria ter estado presente na *mens legislatoris*.

393. **Consequências**

I. O quadro imediato resultante da reforma da LO do BP, aprovada em 1998 assenta em dois pontos:

– na supressão da sua natureza de empresa pública;
– no novo sistema de fontes, então adotado.

A supressão da natureza de empresa pública foi mesmo aplaudida, pelo legislador, como alteração estrutural. Mais: para que não houvesse dúvidas, o legislador, no artigo 1.º/3 da Lei n.º 5/98, veio dispor que o BP continuaria a personalidade jurídica do BP, EP – n.º 3. O legislador fez questão em que o Banco de Portugal deixasse de ser empresa pública. Teria as seguintes consequências imediatas:

– veda a aplicação direta do Direito privado, *ex vi* Decreto-Lei n.º 260/76, de 8 de julho, depois Decreto-Lei n.º 558/99, de 17 de dezembro, revisto pelo Decreto-Lei n.º 300/2007, de 23 de agosto e substituído pelo Decreto-Lei n.º 133/2013, de 23 de outubro;
– sujeitava o BP ao regime de despesas e de contratação próprio dos institutos públicos e organismos públicos – Decreto-Lei n.º 155/92, de 28 de julho e Decreto-Lei n.º 55/95, de 29 de março, depois Decreto-Lei n.º 197/99, de 8 de junho e, hoje, Decreto-Lei n.º 18/2008, de 29 de janeiro (Código dos Contratos Públicos);
– isentava o BP do pagamento de IRC mas submetia os seus rendimentos de capital ao regime (desfavorável) do pagamento de IRS à taxa liberatória;
– submetia o BP às regras orçamentais do Estado e às que regiam a conta geral do Estado.

Este quadro não poderia, por certo, confirmar-se. Num momento em que os diversos bancos centrais acentuavam a sua independência e aperfeiçoavam as suas técnicas de gestão, seria de todo inconcebível que o legislador português, sem prévios estudos adequados conhecidos, viesse inverter o processo, retirando ao nosso Banco Central regalias conquistadas logo em 1975 e confirmadas em 1990 e 1995; o próprio cumprimento do Tratado da União, pelo Estado português, ficaria em causa.

É evidente que o legislador não foi muito feliz: terá querido uma coisa mas, por inadvertência, fez outra.

II. Perante isso, tentou-se, na altura, apurar contrapesos que permitissem, dentro de uma técnica interpretativa minimamente aceitável, colocar Portugal numa área jurídica europeia. Damos conta deles, pois explicarão o esquema hoje vigente.

O próprio legislador, em diversas passagens da reforma, procurara introduzir correções tendentes a minorar o problema criado com a "alteração de estrutura" inopinadamente introduzida no Banco de Portugal. Assim e visando corrigir a inaplicabilidade, ao Banco de Portugal, da Lei Geral sobre Empresas Públicas, o artigo 64.º da LO veio dispor:

> O Banco rege-se pelas disposições da presente lei orgânica e dos regulamentos que venham a ser adotados em sua execução, bem como pelas normas aplicáveis da legislação reguladora da atividade das instituições de crédito e, subsidiariamente, pelas normas de direito privado.

A aplicação subsidiária – ao contrário da supletiva – implica que se esgotem todas as hipóteses de saída analógica ou com recurso aos princípios, dentro do subsistema considerado: é totalmente insatisfatória, não havendo conhecimento de nenhum ordenamento que a ela recorra. Recordamos o essencial: sendo – artigo 1.º – uma "pessoa coletiva de direito público, dotada de autonomia administrativa e financeira e de património próprio", o Banco de Portugal vai sujeitar-se às regras de Direito público, designadamente Direito administrativo. Estas estão, hoje, apetrechadas para enquadrar a vida de um ente coletivo. Se houver alguma lacuna, intervêm prontamente a analogia e os princípios gerais. Além da insegurança, nunca se chega, por esta via, ao Direito privado. Só faz sentido prever a aplicação subsidiária de um ramo jurídico quando se esteja perante disciplinas parcelares ou queridamente incompletas, como sucede com o Direito comercial. O artigo 64.º, ao referir subsidiariamente, pareceria ter fechado definitivamente as portas já encerradas pela supressão da natureza de empresa pública do BP. Ele nada resolve: antes agrava o problema.

III. Mais promissores parecem ser o artigo 1.º/3 da Lei n.º 5/98, de 31 de janeiro e o artigo 62.º da LO.

O artigo 1.º/3 da Lei n.º 5/98 veio dispor:

> O Banco de Portugal continuará a personalidade jurídica do Banco de Portugal, EP, instituída pelo Decreto-Lei n.º 452/74, de 13 de setembro, mantendo todos os direitos e obrigações, legais ou contratuais, que integram a respetiva esfera jurídica.

A primeira parte do preceito mais não faz do que confirmar a definitiva supressão do qualificativo "empresa pública". A ideia de continuação da personalidade jurídica, patente na segunda parte, poderia ser útil, no sentido da manutenção do *statu quo*. Porém, se melhor se atentar, "personalidade" não é "capacidade". O Banco de Portugal bem poderia continuar a personalidade do seu antecessor, Banco de Portugal, EP, sem que isso implicasse a manutenção de prerrogativas de Direito privado. Mais: se se ressalva a personalidade, poderia parecer, *a contrario*, que a capacidade sofreu alterações. A "continuação da personalidade jurídica" deixa, de todo o modo, pairar uma ideia de não-perturbação ou de não-perda do (vantajoso) estatuto jurídico de que o Banco de Portugal dispunha.

O final do artigo 1.º/3 da Lei n.º 5/98 ressalvava, para o Banco de Portugal, a manutenção de "... todos os direitos e obrigações, legais ou contratuais, que integram a respetiva esfera jurídica". Em bom rigor, este troço reportava-se, apenas, a "direitos" e "obrigações" *já* constituídos. As novas situações jurídicas pautar-se-iam pelo Direito vigente no momento em que surgissem, nos termos gerais. Apesar de muito modesta, esta passagem do artigo 1.º/3 deixa adivinhar um pensamento legislativo favorável a uma certa estabilidade. Veremos se é possível corroborá-lo através de outros preceitos.

IV. O artigo 56.º da LO dispõe:

> 1. Os trabalhadores do Banco estão sujeitos às normas do regime jurídico do contrato individual de trabalho.
>
> 2. O Banco pode celebrar instrumentos de regulamentação coletiva de trabalho, nos termos da lei geral, sendo para o efeito considerados como seus representantes legítimos os membros do conselho de administração ou os detentores de mandato escrito de que expressamente constem poderes para contratar.
>
> 3. Os trabalhadores do Banco gozam do regime de segurança social e dos outros benefícios sociais que decorrem dos instrumentos de regulamentação coletiva de trabalho do sector bancário.

Trata-se, desta feita, da aplicação efetiva de um regime de Direito privado, inviável num comum instituto público. Ele corresponde aos figurinos habituais das empresas públicas, estando em conflito com o artigo 64.º, que prevê a aplicação meramente subsidiária do Direito privado.

Inferimos, deste preceito, uma intenção normativa de operar na base do Direito privado.

V. Segundo o artigo 54.º/5 da LO,

> O Banco não está sujeito ao regime financeiro dos serviços e fundos autónomos da Administração Pública.

O regime financeiro dos serviços e fundos autónomos da Administração era regulado pelo Decreto-Lei n.º 155/92, de 28 de julho, ele próprio um desenvolvimento da Lei n.º 8/90, de 20 de fevereiro, relativo ao regime financeiro do Estado. A isenção da LO permite inferir uma certa autonomia, neste campo, perante as leis do Estado. Já não é seguro que a isenção em causa atinja o Decreto-Lei n.º 55/95, de 29 de março ou o seu sucessor, o Decreto-Lei n.º 197/99, de 8 de junho, mais tarde substituído pelo Decreto-Lei n.º 18/2008, de 29 de janeiro (Código dos Contratos Públicos). Estes diplomas, mau grado os sumários inseridos no *Diário da República*, não se limitam a um regime financeiro: eles tinham a ver com a prática de diversos atos. Se, à "alteração estrutural" pretendida com a perda da qualidade de empresa pública quisessemos atribuir um alcance substantivo, o Decreto-Lei n.º 55/95, de 29 de março, na época e depois, o Decreto-Lei n.º 197/99, de 8 de junho, substituído hoje pelo Código dos Contratos Públicos, não cobertos diretamente pela isenção do artigo 54.º/5 da LO, teriam aplicação ao BP. Apenas vetores interpretativos externos, muito fortes, poderiam conduzir a uma interpretação diversa.

No domínio das regras orçamentais e das contas: como vimos, o BP, ao perder a natureza de empresa pública, deixou de beneficiar das dispensas então concedidas pelos artigos 3.º/1 e 25.º da Lei n.º 6/91, de 20 de fevereiro. No tocante ao orçamento, ainda se poderia – dada a letra do artigo 3.º/1 da citada Lei n.º 6/91 – invocar o artigo 54.º/1 da LO, para conseguir a sua não-aplicação. Já quanto à conta, isso não parece possível. Perante isso, a própria situação do orçamento vem levantar dúvidas.

VI. Segundo o artigo 62.º da LO,

> Sem prejuízo do disposto no artigo 39.º, compete aos tribunais judiciais o julgamento de todos os litígios em que o Banco seja parte, incluindo

as ações para efetivação da responsabilidade civil por atos dos seus órgãos, bem como a apreciação da responsabilidade civil dos titulares desses órgãos para com o Banco.

Por seu turno, o artigo 39.º da LO, dispõe:

> Dos atos praticados pelo governador, vice-governadores, conselho de administração e demais órgãos do Banco, ou por delegação sua, no exercício de funções públicas de autoridade, cabem os meios de recurso ou ação previstos na legislação própria do contencioso administrativo, incluindo os destinados a obter a declaração de ilegalidade de normas regulamentares.

Pois bem: quanto à primeira parte do artigo 62.º, a apreciação a fazer liga-se à sua desnecessidade, caso, em algum sítio, estivesse dito que o Banco atuava através do Direito privado. De todo o modo: existindo o preceito, natural se torna que o legislador pressuponha a aplicabilidade do Direito privado. A ressalva do artigo 39.º faz, então, todo o sentido. Retiramos daqui um efetivo argumento. Apesar da técnica processual seguida, pouco consentânea com os métodos continentais, é de esperar que as causas de Direito privado – e só elas – sejam atribuídas aos tribunais judiciais. Sendo estes sempre competentes, todas as causas são privadas.

A segunda parte do artigo 62.º levanta problemas bastante sérios. O Banco de Portugal, como qualquer outro banco central, mesmo quando atue, no fundamental, em termos de Direito privado, tem poderes de autoridade. Quando os exerça, é competente o foro administrativo: tal o sentido do artigo 39.º da LO, explicitamente ressalvado. E incorrendo, nessa área, em responsabilidade, há gestão pública. Surge a competência dos tribunais administrativos, nos termos do artigo 4.º/1, *h* e *i* do Estatuto dos Tribunais Adminstrativos e Fiscais, aprovado pela Lei n.º 13/2002, de 19 de fevereiro e sucessivamente alterada.

Ora o artigo 62.º da LO comete, sem distinguir, aos tribunais judiciais, "... as ações para efetivação da responsabilidade civil por atos dos seus órgãos, bem como a apreciação da responsabilidade civil dos titulares desses órgãos para com o Banco": o próprio regresso pareceria incluído. Teríamos, aqui, grave disfunção, com total quebra do princípio da igualdade. Propomos, pois, a extensão da ressalva do artigo 39.º aos aspetos processuais. Perante a responsabilidade civil por gestão pública, a competência será do foro administrativo, incluindo o direito de regresso do Banco. A insegurança e a incerteza que o extraordinário artigo 62.º, 2.ª parte, poderiam fazer reinar em qualquer processo eram evidentes e dispensáveis.

VII. Recordamos o teor do artigo 54.º/6 da LO:

> O Banco não está sujeito à fiscalização prévia do Tribunal de Contas nem à fiscalização sucessiva no que diz respeito às matérias relativas à sua participação no desempenho das atribuições cometidas ao Sistema Europeu de Bancos Centrais.

Apesar da natureza maciça, sem pontuação, deste preceito, parece razoável retirar dele:

– que o Banco não está sujeito à fiscalização prévia do Tribunal de Contas;
– que outro tanto sucede no tocante às matérias relativas à sua participação no SEBC.

Sendo o Banco de Portugal uma empresa pública, ele ficaria sujeito aos poderes de controlo do Tribunal de Contas, por via do artigo 2.º/2, *b)*, da Lei n.º 98/97, de 26 de agosto. Tal controlo regia-se pela Lei n.º 14/96, de 20 de abril, nos termos do artigo 2.º/4 da Lei n.º 98/97, entretanto revogado pela Lei n.º 14/96, de 20 de abril: fundamentalmente, ele traduz-se numa fiscalização sucessiva. Tratava-se de um regime discutível, dada a natureza funcionalmente bancária do Banco. De todo o modo, o Banco beneficiava, ao tempo da Lei n.º 86/89, de 8 de setembro, de uma isenção especial, visto o disposto no artigo 17.º/1, *l*), dessa Lei: o Banco de Portugal só ficava sujeito a prestação de contas, enquanto caixa geral do tesouro, função essa que veio posteriormente a desaparecer.

Passando – como terá passado, em virtude da Lei n.º 5/98 – o Banco de Portugal a instituto público, ele terá ficado sujeito à jurisdição e aos poderes de controlo financeiro do Tribunal de Contas, dado o artigo 2.º/1, *d)*, da Lei n.º 98/97. Dado o disposto no artigo 5.º/1, *c*), da mesma Lei, o Banco sujeitar-se-ia, então, à fiscalização prévia, a qual envolve a necessidade do visto para todos os atos, contratos ou outros instrumentos geradores de despesa – artigo 44.º/1 da Lei n.º 98/97.

O legislador de 1998 terá medido as consequências da passagem do Banco a instituto público: isentou-o, pois, da fiscalização prévia, no citado artigo 54.º/6 da LO. É evidente que todo o dinamismo do Banco ficaria comprometido perante um esquema (necessariamente) rígido como o do visto. Em compensação, não aproveitou o ensejo para o isentar da fiscalização sucessiva, reconstituindo o regime em vigor ao tempo da Lei n.º 86/89, de 8 de setembro. Na verdade, o BP está sujeito a um regime específico de prestação de contas perante o Ministro das Finanças, a Assembleia da República e as próprias instâncias do SEBC, mal se compreendendo uma multiplicação duplicadora de fiscalizações.

Provavelmente por mimetismo induzido dos artigos 26.º e 27.º do Protocolo do SEBC/BCE, o legislador português, sem fazer adaptações, isentou de fiscalização sucessiva apenas a "... participação no desempenho das atribuições cometidas ao Sistema Europeu de Bancos Centrais".

Que atribuições são essas?

Segundo o artigo 3.º do Protocolo do SEBC/BCE,

> 1. De acordo com o disposto com o n.º 2 do artigo 105.º do presente Tratado, as atribuições básicas fundamentais cometidas ao SEBC são:
>
> A definição e execução da política monetária da Comunidade;
>
> A realização de operações cambiais compatíveis com o disposto no artigo 111.º do presente Tratado[2607];
>
> A detenção e gestão das reservas cambiais oficiais dos Estados membros;
>
> A promoção do bom funcionamento dos sistemas de pagamentos.

Parece-nos bem difícil distinguir, nas contas do Banco de Portugal, as que tenham a ver com as atribuições do SEBC das restantes. O transcrito preceito do Protocolo é bem amplo: e ele apenas abrange "atribuições básicas", sendo possível haver outras. Por exemplo: o Banco manda remodelar a sede: isso não terá ligação estreita com as atribuições do SEBC? E se mandar fazer uma publicação comemorativa?

Em obediência às diretrizes comunitárias e visando evitar toda uma duplicação inútil e dispendiosa de fiscalizações, propendemos para uma interpretação restritiva do artigo 54.º/6 da LO. Só haveria lugar à fiscalização sucessiva perante desempenhos do BP que nada tenham a ver com o SEBC. Recordamos, a esse propósito, as antigas funções de caixa geral do tesouro.

Na hipótese de todo o BP, na sua qualidade de Banco central nacional, funcionar no quadro das atribuições do SEBC, não ocorreria o final da previsão do artigo 54.º/6, aqui em causa. Noutros termos: não haveria lugar à fiscalização sucessiva aí prevista.

[2607] Como referido, com a entrada em vigor do Tratado de Lisboa, a remissão passará a ser feita para o artigo 188.º-O do Tratado.

394. Os óbices da reforma de 1998; as correções interpretativas

I. Quer pelo papel útil na explicação da situação vigente, quer pelo exercício do Direito bancário institucional que representa, cabe proceder a um breve quadro-síntese dos resultados até agora obtidos. Assim, verifica-se que a reforma de 1998, quando se proceda à interpretação simples dos textos legais, veio retirar a natureza de empresa pública ao Banco de Portugal e facultar-lhe a aplicação do Direito privado apenas a título subsidiário. Daí resultaria, entre outros aspetos, o seguinte:

– uma dificuldade geral na prática de atos jurídicos e na celebração de contratos;
– a sujeição a um regime de despesas e de contratação próprio dos institutos públicos, burocratizado e lento;
– a aplicação das regras orçamentais do Estado.

Uma solução deste tipo é grave: traduz uma (re)publicização do Banco de Portugal que contraria o atual momento histórico e que contradita o sentido do Tratado da União Europeia e do Protocolo relativo ao SEBC/BCE. Na verdade:

– quanto à qualificação como empresa pública: não teve em conta o regime português vigente, que tem especialidades técnico-culturais sedimentadas desde 1975/1976;
– quanto à subsidiariedade do Direito privado: não teve em conta o regime aplicável ao BCE e as regras adotadas pelos bancos centrais nacionais, com base numa sondagem às leis da *Bundesbank*, da *Banque de France*, da *Banca d'Italia* e do *Banco de España*.

Além disso e sobretudo: ela traduz um retrocesso real no tocante à independência do Banco de Portugal e no domínio das suas capacidades de atuação e de eficácia.

II. O próprio legislador de 1998 (pres)sentindo o problema, intentou introduzir algumas medidas de correção, com êxito muito variável. Assim:

1.ª Mandou aplicar o Direito privado – artigo 64.º da LO; porém, como o fez a título (meramente) subsidiário, agravou o problema;
2.ª Determinou a continuação da personalidade jurídica do (antigo) Banco de Portugal, EP – artigo 1.º/3 da Lei n.º 5/98; porém e *a contrario*, queda

inferir que outro tanto não sucede com a capacidade jurídica, o que também agrava o problema; contudo, a ideia de "continuidade" que daqui se extrai deve ser retida;

3.ª Ressalvou a manutenção dos direitos e deveres do Banco – artigo 1.º/3 da Lei n.º 5/98; simplesmente, isso atinge, apenas, as situações preexistentes; as novas pautar-se-ão pela lei vigente no momento da sua formação; todavia, resulta daqui uma certa imagem de continuidade;

4.ª Conservou a aplicação do Direito do trabalho (privado), individual e coletivo – artigo 56.º da LO: efetivamente, é um ponto importante no sentido da manutenção do estatuto do Banco, embora, pelo seu isolamento, permita interpretações *a contrario*;

5.ª Isentou o Banco da aplicação do regime financeiro dos serviços e fundos autónomos – artigo 54.º/5 da LO; esta isenção permitirá afastar a aplicação do Decreto-Lei n.º 155/92, de 28 de julho, relativo a despesas e (com dúvida), da Lei n.º 6/96, de 20 de fevereiro, na parte referente ao orçamento; deixa em aberto a aplicabilidade do Decreto-Lei n.º 55/95, de 29 de março e do seu sucessor, o Decreto-Lei n.º 197/99, de 8 de junho, quanto à contratação[2608] e da própria Lei n.º 6/91, quanto à Conta Geral do Estado;

6.ª Conferiu competência geral aos tribunais judiciais para os litígios que envolvam o Banco – artigo 62.º da LO; trata-se de uma regra que inculca a aplicação do Direito privado embora, pelo modo por que foi formulada, ela levante problemas graves que prejudicam o seu papel;

7.ª Afastou (parcialmente) a jurisdição do Tribunal de Contas; operou, porém, em termos que implicam um alargamento interpretativo, sob pena de inaplicabilidade prática.

No seu conjunto, o êxito destas medidas é limitado. Não obstante, a aplicabilidade do Direito do trabalho privado, a competência dos tribunais judiciais e, em menor grau, a continuação de personalidade jurídica, a ressalva de direitos e de deveres e as (parcelares) isenções no tocante às leis financeiras e contratuais do Estado permitiam falar num mínimo de apoio textual para as considerações que seguem.

III. A Lei n.º 5/98, de 31 de janeiro, interpretada em si mesma, transformou o Banco de Portugal num instituto público anómalo[2609]. Trata-se de uma pessoa coletiva de Direito público, com independência orgânica

[2608] Chama-se de novo a atenção para o facto de estes diplomas não serem (meramente) financeiros, ao contrário do que resulta dos seus sumários!

[2609] Augusto de Athayde, *Curso de Direito bancário* cit., 1, 323.

mas com uma limitada autonomia contratual e mesmo financeira, sem possibilidade de recorrer direta e genericamente ao Direito privado e embaraçada por um regime (processual) pouco claro. E não obstante: pede-se-lhe um dinamismo e uma eficiência de tipo empresarial. *Res ipsa loquitur*: não há aqui lugar para quaisquer juízos de valor.

De todo o modo, dada a veemência por que, ao Banco de Portugal, foi retirada a qualidade de empresa pública, não vemos possibilidades razoáveis de, pela interpretação, inverter tal vontade legislativa.

IV. A atual metodologia jurídica, diz-nos que nenhuma lei se aplica isolada. Pelo contrário: perante um problema, todo o sistema jurídico é chamado a depor. A essa luz, parece evidente que o legislador e o sistema jurídico em que ele se insere pretendiam ampliar a autonomia e a capacidade de atuação do BP: não reduzi-las. Apenas uma sucessão impressionante de lapsos técnicos levou a que a infeliz Lei n.º 5/98 viesse, justamente, dizer o contrário do que dela se esperava e o contrário do que a generalidade das suas congéneres europeias vêm dizendo. Podemos proclamar que, até aos confins do juridicamente possível, o espírito do sistema pressiona a interpretação para uma leitura privatística da Lei n.º 5/98.

Outro importante fator da interpretação é o elemento teleológico, naturalmente prolongado na necessidade normativa de, em cada caso, se ponderarem as consequências do que se decida[2610].

A essa luz, a interpretação isolada da Lei n.º 5/98 conduziria a resultados incompatíveis com o Tratado da União Europeia e com o próprio Protocolo do SEBC/BCE. Não nos iludamos com a consulta prévia realizada às instituições europeias: é evidente que apenas um jurista com formação portuguesa conhece – ou deve conhecer – o sentido único que, entre nós, tem a "empresa pública" e o alcance exato, há muito sedimentado que, também entre nós, tem a aplicação "subsidiária" de um ramo do Direito. Mais cedo ou mais tarde, o problema poderia ser levantado. Bom seria que, previamente, ele esteja, então, resolvido: doutro modo, o Banco de Portugal, precisamente no momento mais delicado da sua história, surgiria, juridicamente, fragilizado. Sublinhamos ainda que o teor restritivo da Lei n.º 5/98 derivava da sua interligação com outros diplomas nacionais, diplomas esses que não foram comunicados às instâncias europeias.

[2610] Temos presente os quadros fixados no nosso escrito *Ciência do Direito e Metodologia Jurídica nos Finais do Século XX* (1989); trata-se, de todo o modo, de perspetivas compartilhadas pela generalidade da doutrina atual.

V. Os ponderosos elementos sistemático e teleológico já recordados levam-nos a reexaminar o artigo 64.º da LO, a uma nova luz. Esse preceito manda aplicar ao Banco a lei orgânica e seus regulamentos, as "normas aplicáveis da legislação reguladora da atividade das instituições de crédito" e subsidiariamente, o Direito privado. As "normas aplicáveis da legislação reguladora da atividade das instituições de crédito" constituem uma longa perífrase para exprimir o Direito bancário: essa a nossa proposta. Tem o mínimo de apoio na letra da lei e vai ao encontro dos fatores sistemático e teleológico, acima invocados.

O Direito bancário tem duas grandes áreas: a institucional e a material. O Direito bancário institucional surge heterogéneo, embora dominado pela supervisão do Banco Central, que implica Direito público. Tem, contudo, áreas privadas significativas, designadamente de tipo societário e comercial. O Direito bancário material é, no fundamental, Direito privado (comercial).

A essa luz, o artigo 64.º da LO mandava aplicar, ao Banco de Portugal, o Direito bancário. Este, particularmente nas áreas de atuação externa que não envolvam poderes prudenciais, é Direito comercial. E – aí já sem problemas – o Direito privado (leia-se: Direito privado comum ou civil) é subsidiário em relação ao comercial.

Por esta via, chegamos à conclusão que o BP é, afinal, um instituto *sui generis* que, embora de Direito público, se pauta, no essencial, pelo Direito comercial, logo privado especial e, subsidiariamente, pelo Direito civil. Os poderes de autoridade – portanto: o Direito público – ocorrem apenas quando a lei o permita.

Ainda a essa luz, compreende-se a competência (com a ressalva feita) do foro judicial, bem como a aplicação do Direito do trabalho, que é, genericamente, um Direito privado[2611]. Também por esta via seria possível alargar a isenção do artigo 64.º/5 da LO de modo a abranger a contratação: o Decreto-Lei n.º 197/99 não teria aplicação. Todo o esquema de atuação poderia ser flexibilizado. Já com alguma dificuldade, ainda poderíamos afastar a aplicação das normas sobre o orçamento e a conta geral do Estado: não sendo empresa pública, o Banco de Portugal está próximo dela. Os fatores sistemático e teleológico farão o resto. Também as regras sobre o Tribunal de Contas poderiam ser alargadas, desta feita considerando a sua inaplicabilidade.

[2611] *Manual de Direito do Trabalho*, 62 e ss..

O essencial é recordar que a autonomia de uma entidade de tipo empresarial passa pela sua sujeição ao Direito privado. Os bancos centrais não são exceção.

§ 98.º AS REFORMAS DE 2001, 2004, 2007, 2012, 2013 E 2015

395. **A sua necessidade; os pontos essenciais**

I. A Lei Orgânica de 1998, aprovada para a eventualidade – que se verificou – de Portugal aderir ao euro, teve o efeito perverso de publicizar o Banco de Portugal, em contraciclo com o próprio estabelecimento do SEBC.

Deste modo, para além dos esforços interpretativos feitos no sentido de matizar o problema, impunha-se nova reforma legislativa: estavam em causa aspetos de contabilidade e fiscais, que exigiam certeza e segurança.

II. A reforma foi diretamente levada a cabo pelo Decreto-Lei n.º 118/2001, de 17 de abril. Este diploma invocou, no preâmbulo, a necessidade de proceder a mais algumas alterações, mercê da adoção do euro, como moeda. E acrescenta:

> Aproveita-se, ainda, a presente alteração legislativa para cometer ao Banco de Portugal a responsabilidade de emissão de um boletim oficial próprio, destinado a dar publicidade às instruções e outros atos do Banco, e para esclarecer algumas dúvidas levantadas pelo texto da sua Lei Orgânica quanto ao regime que lhe é aplicável. Procede-se, ainda, ao ajustamento do seu capital social, que passa a ficar expresso em euros, e atualiza-se a referência ao preceito do Tratado CE que regula a emissão de notas.

III. Assim, no subsequente articulado:

- o artigo 4.º veio fixar em € 1.000.000 o capital do Banco;
- o artigo 39.º suprimiu a referência a "atos administrativos" a praticar pelo governador ou outros responsáveis do Banco, substituindo-a por "atos ... no exercício de funções públicas de autoridade";
- ao artigo 59.º foi acrescentado um n.º 3, relativo ao boletim oficial do Banco;

– o artigo 64.º foi totalmente remodelado, de modo a sujeitar o Banco, supletivamente, ao Direito privado e a permitir, aos procedimentos de aquisição e de alienação de bens e de serviços, o regime das entidades públicas empresariais (correspondentes às antigas empresas públicas); quanto ao exercício de poderes de autoridade, o preceito remete para o Código do Procedimento Administrativo e para as demais regras administrativas.

Admitimos que estas alterações cirúrgicas, em conjunto com o esforço interpretativo acima defendido, resolvam as questões suscitadas pela reforma de 1998.

396. **A reforma de 2004**

I. O Decreto-Lei n.º 50/2004, de 10 de março, veio introduzir novas alterações na Lei Orgânica do Banco de Portugal.

Foram especialmente visados, sob a justificação de novas harmonizações comunitárias, os artigos 8.º e 11.º relativos, respetivamente:

– a retenção de notas e moedas falsas;
– a limitação à reprodução de notas;
– contraordenações e coimas respeitantes a ilícitos monetários.

A matéria criminal transitara, por via da Lei n.º 97/2001, de 25 de agosto, para o Código Penal.

II. O artigo 53.º/1, *b*), foi alterado de modo a prever uma reserva especial referente "aos ganhos em operações de alienação de ouro", outro tanto sucedendo com o artigo 55.º, relativo à sinopse mensal resumida do ativo e do passivo do Banco.

397. **A reforma de 2007**

O Decreto-Lei n.º 39/2007, de 20 de fevereiro, veio introduzir, segundo o seu próprio preâmbulo, clarificações e aperfeiçoamentos na Lei Orgânica do Banco de Portugal. Sublinham-se as seguintes:

– o Governador e demais membros do conselho de administração apenas podem ser escolhidos de entre pessoas com comprovada

idoneidade, capacidade e experiência de gestão, bem como domínio de conhecimento nas áreas bancária e monetária (artigo 27.º/1), tendo sido sublinhada a sua independência (artigo 27.º/2);
- é proibida a integração de componentes variáveis na remuneração dos membros do conselho de administração e do conselho de auditoria (artigos 20.º/1, *a* e 44.º/5);
- é suprimida a faculdade de os trabalhadores do Banco designarem um membro para o conselho de auditoria, que passa a contar apenas com três membros, todos designados pelo Ministério das Finanças (artigo 41.º/1);
- é suprimida a possibilidade de remuneração dos membros do conselho consultivo do Banco que não sejam membros de outros órgãos da instituição (artigo 47.º/3).

398. **As reformas de 2012 e de 2013**

I. O Decreto-Lei n.º 31-A/2012, de 10 de fevereiro, veio introduzir alterações no sistema financeiro, no sentido de conferir, ao Banco de Portugal, poderes para intervir em instituições sujeitas à sua supervisão, em situações de desequilíbrio. Tomou diversas medidas, com relevo para a criação de um Fundo de Resolução e para a instituição de um procedimento pré-judicial de liquidação, abaixo consideradas[2612].

II. No seu artigo 10.º, esse Decreto-Lei alterou o artigo 17.º da Lei Orgânica do Banco de Portugal, de modo a referir a intervenção preventiva, corretiva e de resolução. No fundo, temos aqui um reflexo da crise económica e financeira e das medidas tomadas para a enfrentar.

III. Mais extensa foi a reforma adotada pelo Decreto-Lei n.º 142/2013, de 16 de outubro. Do preâmbulo desse diploma, retiramos os seguintes troços explicativos:

> (...) o desenrolar da crise financeira internacional veio revelar algumas vulnerabilidades da arquitetura da União Económica e Monetária, tornando premente a necessidade de assegurar a separação entre o risco soberano e o risco bancário e ultrapassar a fragmentação dos mercados financeiros na

[2612] *Infra*, 1144.

área do euro. Assim, no seguimento das Conclusões do Conselho Europeu e da Declaração da Cimeira da Área do Euro de junho de 2012, a Comissão Europeia apresentou, em setembro de 2012, um pacote de propostas legislativas referente à criação de um Mecanismo Único de Supervisão, composto pelo Banco Central Europeu (BCE) e pelas autoridades nacionais de supervisão bancária. A operacionalização deste mecanismo constitui, assim, o primeiro passo para a construção de uma União Bancária, tendo por objetivo contribuir para a segurança e solidez das instituições de crédito e para a estabilidade do sistema financeiro na União Europeia e em todos os Estados-Membros, tendo devidamente em consideração a unicidade e integridade do mercado interno. O BCE desempenhará, ao abrigo deste novo mecanismo, um conjunto importante de funções de supervisão prudencial de instituições de crédito, assumindo a responsabilidade pelo funcionamento efetivo e consistente de todo o sistema integrado de supervisão. Haverá, porém, uma distribuição articulada de tarefas entre o BCE e as autoridades de supervisão nacionais – entre as quais se inclui o Banco de Portugal, que é a autoridade nacional responsável pela supervisão das instituições de crédito –, dependendo da dimensão das instituições e das características de cada sistema bancário. Neste contexto, torna-se, pois, necessário alterar a Lei Orgânica do Banco de Portugal, a fim de salvaguardar a sua participação no Mecanismo Único de Supervisão acima referido.

E prossegue:

Por outro lado, aproveita -se a presente alteração legislativa para adaptar a Lei Orgânica do Banco de Portugal em conformidade com as recentes orientações emitidas pelo Comité Europeu do Risco Sistémico (CERS) através da Recomendação relativa ao mandato macroprudencial das autoridades nacionais (CERS/2011/3), que impõe a todos os Estados-Membros a indicação expressa da autoridade responsável pela execução da política macroprudencial, a qual deve exercer funções de identificação, acompanhamento e avaliação dos riscos para a estabilidade financeira e, ainda, de execução das políticas tendentes à consecução desse objetivo, mediante medidas de prevenção e mitigação dos correspondentes riscos. Atendendo a que a Lei Orgânica do Banco de Portugal atribui expressamente a esta autoridade a responsabilidade de "velar pela estabilidade do sistema financeiro nacional", verifica-se que as funções de autoridade macroprudencial nacional já são atualmente exercidas pelo Banco de Portugal, visando assim o presente diploma dar cumprimento às recomendações do CERS mediante a atribuição explícita ao Banco de Portugal das funções de definição e condução da política macroprudencial, com o objetivo de conferir certeza jurídica a este regime e eliminar quaisquer dúvidas interpretativas.

III. No seguimento de tais considerações, foram alterados os artigos 12.º e 17.º e aditados os artigos 16.º-A e 17.º-A. Em causa esteve o papel do BP no domínio do sistema europeu de prevenção e de mitigação de riscos para a estabilidade financeira. De novo encontramos reflexos da crise financeira e económica.

399. **Funções e organização**

I. Cabe agora examinar a Lei Orgânica do Banco de Portugal, na versão em vigor: fundamentalmente a de 1998, com as alterações introduzidas em 2001, 2004, 2007, 2012 e 2013.

O conspecto geral da Lei Orgânica é o seguinte:

Capítulo I – Natureza, sede e atribuições (1.º a 3.º);
Capítulo II – Capital, reservas e provisões (4.º e 5.º);
Capítulo III – Emissão monetária (6.º a 11.º);
Capítulo IV – Funções de banco central:
 Secção I – Disposições gerais (12.º a 14.º);
 Secção II – Política monetária e cambial (15.º e 16.º);
 Secção III – Política macroprudencial (16.º-A);
 Secção IV – Supervisão (17.º);
 Secção V – Resolução (17.º-A);
 Secção VI – Relações entre o Estado e o Banco (18.º e 19.º);
 Secção VII – Relações monetárias internacionais (20.º a 23.º);
 Secção VIII – Operações do Banco (24.º e 25.º);
Capítulo V – Órgãos do Banco:
 Secção I – Disposições gerais (26.º e 27.º);
 Secção II – Governador (28.º a 32.º);
 Secção III – Conselho de administração (33.º a 40.º);
 Secção IV – Conselho de auditoria (41.º a 46.º);
 Secção V – Conselho consultivo (47.º a 49.º);
Capítulo VI – Organização dos serviços (50.º e 51.º);
Capítulo VII – Orçamento e contas (52.º a 55.º);
Capítulo VIII – Trabalhadores (56.º a 58.º);
Capítulo IX – Disposições gerais e transitórias (59.º a 65.º).

II. Feito o confronto com a Lei Orgânica de 1990, acima examinada, verifica-se a existência de patentes pontos de contacto.

As principais novidades cifram-se nas remissões feitas para os instrumentos comunitários – artigos 3.º, 6.º, 12.º 13.º/1, 14.º, 15.º, 16.º/1,

16.º-A/1, 21.º, 23.º, 24.º/1, 28.º/1, *a*), 32.º/2, 33.º/4 e 5, 54.º/6 e 65.º. Embora numerosas, elas resumem-se à subordinação da própria Lei Orgânica ao que resulte das regras relativas ao SEBC/BCE.

Paradigmática é a função de banco emissor: nos termos do artigo 6.º, ela passa a decorrer do próprio Tratado Que Institui a Comunidade Europeia. O BP perde o exclusivo de emissão que antes lhe cabia[2613].

III. Enquanto banco central, o BP já não tem a condução da política monetária que antes lhe assistia. Fora isso, mantém-se o preceituado anterior – artigo 12.º da LO – abrangendo a matéria depois tratada:

– a política monetária e cambial;
– a supervisão;
– as relações com o Estado;
– as relações monetárias internacionais;
– as operações de banco.

A política monetária e cambial – artigo 16.º da LO – é, de facto, exercida pelo BCE. Temos, ainda, um papel relevante no tocante às relações monetárias internacionais, particularmente quanto a funções cambiais e de pagamentos – 21.º e 22.º da LO.

A supervisão vem sinteticamente referida: ela desenvolve-se, hoje, no RGIC, o qual transpôs diversas diretrizes comunitárias: matéria que, abaixo, será objeto de estudo autónomo.

As relações com o Estado são marcadas pela proibição de conceder descobertos ou qualquer outra forma de crédito a entidades públicas – artigo 18.º/1 da LO – num esquema já antes conquistado[2614].

O artigo 24.º da LO enumera as operações de banco permitidas ao BP. Dado o n.º 1, alínea *i*), daquele artigo, o BP pode praticar a generalidade dos atos bancários, regidos pelo Direito privado. Todavia, a sua qualidade de banco central levará a que só o faça com instituições de crédito, sociedades financeiras ou outras instituições financeiras. De todo o modo e em rigor, nada impedirá o BP de contratar, em termos bancários, com qualquer operador, desde que, por essa via, dê corpo às suas funções de banco cen-

[2613] Augusto de Athayde, *Curso de Direito bancário* cit., 1, 327.

[2614] *Vide*, quanto a esta problemática, Augusto de Athayde, *Curso de Direito bancário* cit., 1, 331.

tral: é uma decorrência do princípio da especialidade, no que ainda tenha de eficácia.

O artigo 25.º veda certas operações: trata-se de atuações que possam pôr em causa a sua segurança financeira ou a sua neutralidade, em termos de mercado.

Como novidades de 2013, temos a referência à política macroprudencial (16.º-A) e as funções de autoridade de resolução nacional (17.º-A).

IV. A orgânica do BP mantém-se bastante paralela à prevista na LO de 1990[2615].

De sublinhar, todavia, o papel supranacional agora assumido pelo Governador – artigos 28.º/1, *a*), 32.º/2 e 33.º/3 e 5, todos da LO. O Governador assina os avisos do BP, os quais são publicados na 2.ª Série, do *Diário da República* – artigo 59.º/2.

O Conselho de Auditoria mantém o seu papel – 41.º a 46.º –, apesar de, por via do artigo 27.º/1 dos Estatutos do SEBC/BCE, se prever uma fiscalização por auditores externos.

Todos os membros dos órgãos do BP, bem como os seus trabalhadores, estão sujeitos ao sigilo – artigo 60.º.

V. Pouco mais de um ano volvido sobre a reforma de 2013, a Lei n.º 23-A/2015, de 26 de março, que introduziu largas alterações no RGIC, acrescentou, ao artigo 17.º-A da LO do Banco de Portugal: as funções de autoridade de resolução nacional devem ser exercidas de forma operacionalmente independente das de supervisão e das demais funções do Banco de Portugal.

Seguiu-se, através da Lei n.º 39/2015, de 25 de maio, a sétima alteração à Lei Orgânica de 1998. Desta feita, foi modificado o artigo 27.º, relativo à designação do Governador e dos demais membros do conselho de administração.

[2615] Augusto de Athayde, *Curso de Direito bancário* cit., 1, 323 ss..

CAPÍTULO II

ORGANIZAÇÃO E SUPERVISÃO BANCÁRIAS

SECÇÃO I

A ORGANIZAÇÃO BANCÁRIA

§ 99.º O REGIME GERAL DAS INSTITUIÇÕES DE CRÉDITO

400. **Origem e sentido geral**

I. O Regime Geral das Instituições de Crédito e Sociedades Financeiras – ou RGIC – foi aprovado pelo Decreto-Lei n.º 298/92, de 31 de dezembro, com alterações posteriores, abaixo referidas. Trata-se de um diploma de fôlego, com alguma complexidade e que foi preparado com cuidado. Podemos considerá-lo, mau grado a, de resto natural, heterogeneidade do seu conteúdo, como um pequeno código de Direito bancário institucional.

A publicação do RGIC foi antecedida pela preparação do *Livro Branco sobre o sistema financeiro*[2616], onde se realizou um apanhado da situação existente, no tocante às instituições de crédito, nas vertentes descritiva e normativa.

II. Procurando sintetizar o sentido geral do RGIC, diremos que ele visou, essencialmente, quatro objetivos:

– receber, na ordem interna, diversas regras comunitárias;
– simplificar o sistema de fontes;

[2616] Ministério das Finanças/Conselho para o Sistema Financeiro, *Livro branco sobre o sistema financeiro: 1992/As instituições de crédito*, volume I – *Relatório principal* e volume II – *Resumo e conclusões* (1991). Foi relator José da Silva Lopes.

– codificar as regras existentes;
– introduzir soluções mais aperfeiçoadas.

A preocupação de adaptar a ordem interna ao Direito comunitário surgiu, logo à cabeça, quer no *Livro Branco*, quer no preâmbulo do próprio RGIC.

Como pioneiro, cabe apontar o Decreto-Lei n.º 23/86, de 18 de fevereiro, que operou a transposição da Diretriz n.º 77/789/CEE, de 12 de dezembro de 1977 ou 1.ª Diretriz de Coordenação Bancária. Fê-lo, de resto, com as derrogações que a própria Diretriz consentia. Em causa estava, fundamentalmente, a fixação das condições de acesso à qualidade de banqueiro. Esta, segundo a referida 1.ª Diretriz, ficava dependente de autorização prévia, a conceder apenas perante fundos próprios distintos e mínimos – artigo 3.º. Esse esquema é aplicável às sucursais de instituições que tenham sede noutro Estado membro – artigo 4.º. O RGIC foi mais longe, quer por abdicar de certas derrogações, quer por ter transposto outras Diretrizes, com relevo para a 2.ª Diretriz de Coordenação Bancária. Veremos, à frente, a amplidão do fenómeno.

III. A simplificação do sistema de fontes foi patente através das revogações, operadas no artigo 5.º do Decreto-Lei n.º 298/92, de 31 de dezembro, de diversa legislação bancária então vigente. O RGIC foi, contudo, mais longe: não se limitou a acolher, num único texto, a legislação dispersa antes existente, no que seria uma mera atividade compilatória: ele procedeu a uma tarefa coordenadora, arrumando as regras de acordo com critérios jurídico-científicos e procedendo à formulação de determinados princípios. Em suma: ensaiou, na medida em que a atual Ciência jurídico-bancária o permita, uma verdadeira codificação.

Uma tarefa desse tipo permite, normalmente, melhorar as soluções anteriores. Por um lado, uma reforma geral constitui sempre uma oportunidade excelente para corrigir aspetos regulativos carecidos de revisão. Por outro, a própria efetivação da codificação permite apurar contradições, disfunções e lacunas antes despercebidas. Localizada a falha, fácil se torna proceder à correção.

IV. Materialmente, o RGIC comporta, hoje, a seguinte ordenação[2617]:

[2617] O RGIC foi republicado pela Lei n.º 23-A/2015, de 26 de março; teve alterações subsequentes, das quais a última (em agosto de 2016) adveio do Decreto-Lei n.º 20/2016,

Título I – Disposições gerais – artigos 1.º a 13.º-B;
Título II – Autorização das instituições de crédito com sede em Portugal:
Capítulo I – Princípios gerais – artigos 14.º e 15.º;
Capítulo II – Processo de autorização – artigos 16.º a 29.º-B;
Capítulo III – Adequação dos membros dos órgãos de administração e fiscalização e dos titulares de funções essenciais nas instituições de crédito – artigos 30.º a 33.º-A;
Capítulo IV – Alterações estatutárias e dissolução – artigos 34.º a 35.º-A.
Título III – Atividade no estrangeiro de instituições de crédito com sede em Portugal:
Capítulo I – Estabelecimento de sucursais – artigos 36.º a 42.º-A;
Capítulo II – Prestação de serviços – artigo 43.º;
Capítulo III – Aquisição de participações qualificadas – artigo 43.º-A.
Título IV – Atividade em Portugal de instituições de crédito com sede no estrangeiro:
Capítulo I – Princípios gerais – artigos 44.º a 47.º;
Capítulo II – Sucursais:
Secção I – Regime geral – artigos 48.º a 56.º;
Secção II – Regime especial – artigos 57.º a 59.º.
Capítulo III – Prestação de serviços – artigos 60.º e 61.º;
Capítulo IV – Escritórios de representação – artigos 62.º a 64.º.
Título V – Registo – artigos 65.º a 72.º;
Título VI – Supervisão comportamental:
Capítulo I – Regras de conduta – artigos 73.º a 76.º;
Capítulo II – Relações com os clientes – artigos 77.º a 77.º-D;
Capítulo III – Segredo profissional – artigos 78.º a 84.º;
Capítulo IV – Conflitos de interesses – artigos 85.º e 86.º;
Capítulo V – Defesa da concorrência – artigos 87.º e 88.º[2618].
Título VII – Supervisão prudencial:
Capítulo I – Princípios gerais – artigos 91.º a 93.º-A;
Capítulo II – Normas prudenciais – artigos 94.º a 115.º;
Capítulo II-A – Governo (115º-A a 115º-I);
Capítulo II-B – Capital interno (115º-J);
Capítulo II-C – Riscos (115º-K a 115º-W);
Capítulo III – Supervisão:
Secção I – Supervisão em geral – artigos 116.º a 129.º-B;

de 20 de abril. Quanto ao RGIC, como nos demais diplomas, há que confrontar, sempre, os precisos textos em vigor.

[2618] Os artigos 89.º e 90.º estão revogados.

Secção II – Supervisão em base consolidada – artigos 130.º a 138.º.

Título VII-A – Reservas de fundos próprios:

Secção I – Disposições gerais – artigos 138.º-A a 138.º-C;

Secção II – Reserva de conservação – artigo 138.º-D;

Secção III – Reserva contracíclica específica das instituições – artigos 138.º-E a 138.º-M;

Secção IV – Reservas para as instituições de importância sistémica – artigos 138.º-N a 138.º-T;

Secção V – Reserva para risco sistémico – artigos 138.º-U a 138.º-Z;

Secção VI – Medidas de conservação de fundos próprios – artigos 138.º-AA a 138.º-AD.

Título VIII – Intervenção corretiva, administração provisória e resolução:

Capítulo I – Princípios gerais – artigos 139.º e 140.º;

Capítulo II – Intervenção corretiva e administração provisória – artigos 141.º a 145.º-B;

Capítulo III – Resolução:

Secção I – Finalidades, princípios orientadores e requisitos – artigos 145.º-C a 145.º-H;

Secção II – Redução ou conversão de instrumentos de fundos próprios – artigos 145.º-I a 145.º-K;

Secção III – Medidas de resolução – artigos 145.º-L a 145.º-AA;

Secção IV – Poderes de resolução – artigo 145.º-AB;

Secção V – Salvaguardas – artigos 145.º-AC a 145.º-AF;

Secção VI – Resolução de grupos transfronteiriços – artigos 145.º-AG a 145.º-AU;

Capítulo IV – Disposições comuns – artigos 145.º-AV a 153.º-A.

Título VIII-A – Fundo de resolução – artigos 153.º-B a 153.º-U.

Título IX – Fundo de garantias de depósitos – artigos 154.º a 173.º.

Título X – Sociedades financeiras:

Capítulo I – Autorização de sociedades financeiras com sede em Portugal – artigos 174.º-A[2619];

Capítulo II – Atividade no estrangeiro de sociedades financeiras com sede em Portugal – artigos 184.º a 187.º;

Capítulo III – Atividade em Portugal de instituições financeiras com sede no estrangeiro – artigos 188.º a 193.º;

Capítulo IV – Outras disposições – artigos 194.º a 199.º.

[2619] Os artigos 174.º e 175.º a 183.º estão revogados.

Título X-A – Serviços e atividades de investimento, empresas de investimento e sociedades gestoras de fundos de investimento:
Capítulo I – Disposições gerais – artigos 199-A.º e 199.º-B;
Capítulo II – Autorização de empresas de investimento com sede em Portugal – artigo 199.º-C;
Capítulo III – Atividade, na Comunidade Europeia, de empresas de investimento com sede em Portugal – artigo 199.º-D;
Capítulo IV – Atividade, em Portugal, de empresas de investimento com sede em outros Estados membros da Comunidade Europeia – artigos 199.º-E e 199.º-F;
Capítulo V – Cooperação com outras entidades – artigos 199.º-G e 199.º-H.
Capítulo VI – Outras disposições – artigos 199.º-I a 199.º-L.
Título XI – Sanções:
Capítulo I – Disposição penal – artigos 200.º e 200.º-A;
Capítulo II – Ilícitos de mera ordenação social:
Secção I – Disposições gerais – artigos 201.º a 209.º;
Secção II – Ilícitos em especial – artigos 210.º a 212.º;
Secção III – Processo – artigos 213.º a 227.º-C;
Secção IV – Recurso – artigos 228.º a 231.º;
Secção V – Direito subsidiário – artigo 232.º.

401. **Simplificação e codificação**

I. Como foi referido, o RGIC, além de ter recebido diversos instrumentos comunitários na ordem interna, promoveu, pelo menos inicialmente, a simplificação das fontes, a codificação do Direito bancário institucional e diversas melhorias regulativas.

A simplificação é particularmente patente perante as revogações levadas a cabo pelo artigo 5.º/1 do Decreto-Lei n.º 298/92, de 31 de dezembro. Foram, com efeito, revogados os seguintes diplomas:

- Decreto-Lei n.º 41:403, de 27 de novembro de 1957, que reorganizou o sistema de crédito e a estrutura bancária;
- Decreto-Lei n.º 42:641, de 12 de novembro de 1959, que completou e regulamentou o anterior;
- Decreto-Lei n.º 46:302, de 27 de abril de 1965, relativo às instituições parabancárias;
- Decreto-Lei n.º 46:492, de 18 de agosto de 1965, sobre o sistema bancário e o mercado de capitais; este diploma versava as operações das ins-

tituições de crédito, o mercado monetário, o banco emissor central e de reserva e o mercado financeiro;

– Decreto-Lei n.º 46:493, de 18 de agosto de 1965, referente à inspeção de créditos e seguros;
– Decreto-Lei n.º 47:413, de 23 de dezembro de 1966, relativo à instrução de processos a decorrer no âmbito deste;
– Decreto-Lei n.º 205/70, de 12 de maio, que aprovou disposições relativas a transgressões;
– Decreto-Lei n.º 119/74, de 23 de março, relativo à mediação imobiliária com hipotecas;
– Decreto-Lei n.º 540-A/74, de 12 de outubro, que determinou a intervenção do Estado na superintendência, coordenação e fiscalização da atividade das instituições de crédito, bem como das instituições auxiliares de crédito e das instituições parabancárias;
– Decreto-Lei n.º 76-B/75, de 21 de fevereiro, sobre a abertura, no estrangeiro, de filiais, agências, escritórios ou qualquer outra forma de instituições de crédito, em termos restritivos;
– Decreto-Lei n.º 183-B/76, de 10 de março, que ampliou, de um para cinco anos, o prazo de prescrição do procedimento criminal pelas contravenções à legislação sobre mercados monetário e financeiro;
– Decreto-Lei n.º 353-S/77, de 29 de agosto, sobre o registo de instituições de crédito, no Banco de Portugal;
– Decreto-Lei n.º 372/77, de 5 de setembro, que extinguiu o antigo Boletim de Crédito e determinou a publicação, no Diário da República e num dos jornais mais lidos da sede, os balanços e contas de lucros e perdas anuais, acompanhados dos relatórios de gestão ou de administração e do parecer da comissão de fiscalização ou equiparado;
– Decreto-Lei n.º 2/78, de 9 de janeiro, sobre o sigilo bancário;
– Decreto-Lei n.º 23/86, de 18 de fevereiro, que regulou o acesso à profissão de banqueiro – o que abrange as pessoas coletivas, no caso, sociedades – e transpôs, para a ordem interna, a 1.ª Diretriz de Coordenação Bancária, portanto: a Diretriz n.º 77/780/CEE, de 12 de dezembro de 1977;
– Decreto-Lei n.º 24/86, de 18 de fevereiro, complementando esse regime e fixando diversas normas de atuação;
– Decreto-Lei n.º 25/86, de 18 de fevereiro, sobre a fiscalização de instituições de crédito, atribuída ao Banco de Portugal;
– Decreto-Lei n.º 318/89, de 23 de setembro, que conferiu, ao Banco de Portugal, competência para fixar limites prudenciais às operações bancárias;
– Decreto-Lei n.º 91/90, de 17 de março, que permitiu, ao Banco de Portugal, aprovar normas contabilísticas para as instituições de crédito;
– Decreto-Lei n.º 333/90, de 29 de outubro, referente à instalação e funcionamento, em Portugal, de escritórios de representação de bancos estran-

geiros, a qual ficou dependente de registo, no Banco de Portugal; antes, ele dependia de autorização do Ministro das Finanças, segundo o revogado Decreto-Lei n.º 745/76, de 18 de outubro;
- Portaria n.º 23-A/91, de 10 de janeiro, sobre sociedades gestoras de participações sociais as quais, nalguns casos, ficavam sujeitas à supervisão do Banco de Portugal;
- Decreto-Lei n.º 186/91, de 17 de maio, que redefiniu regras prudenciais sobre fundos próprios, sobre grandes riscos, sobre limites às operações de tomada firme e sobre a supervisão prudencial;
- Decreto-Lei n.º 149/92, de 21 de julho, que alargou o âmbito do diploma anterior às sociedades de investimentos e, em certos termos, às sociedades de cessão financeira (*factoring*), de locação financeira e financeiras para aquisição a crédito.

II. O artigo 5.º/2 do Decreto-Lei n.º 298/98, de 31 de dezembro, mandou considerar revogados os artigos 1.º e 3.º do Decreto-Lei n.º 28/89, de 23 de janeiro, a partir da entrada em vigor da Portaria prevista no artigo 95.º/1 do RGIC: os referidos artigos tinham a ver com os capitais mínimos das instituições de crédito.

O artigo 5.º/3 do mesmo Decreto-Lei determinou que os Decretos-Leis n.º 207/87, de 18 de maio e n.º 228/87, de 11 de junho, deixassem de ser aplicáveis às instituições de crédito e às sociedades financeiras a partir da data da entrada em vigor do Regime Geral: o Decreto-Lei n.º 207/87 tem a ver com listas de acionistas e o Decreto-Lei n.º 228/87, com participações qualificadas.

III. O RGIC não se limitou a simplificar as fontes bancárias institucionais, compilando regras antes dispersas nos numerosos diplomas revogados: ele introduziu um tecido normativo elaborado em função de critérios jurídico-científicos. Noutros termos: o RGIC tem um papel codificador.

Trata-se de uma dimensão a entender em termos de razoabilidade, uma vez que falta, no Direito bancário institucional, uma Ciência madura que permita maiores aprofundamentos. Mas ela existe. Para tanto, bastará atentar em três pontos:

- a sistematização ordenada do geral para o especial;
- a confeção de regimes gerais aplicáveis às diversas instituições de crédito e sociedades financeiras;
- a subordinação das diversas rubricas às regras dos sectores normativos a que pertençam.

A sistematização do RGIC não é, meramente, compilatória. O próprio diploma abre com um título sobre disposições gerais, versando, depois, a matéria institucional em rubricas específicas. São apresentadas definições preambulares – uma técnica comunitária admissível em áreas jurídico-económicas, dominadas ainda por uma incipiência doutrinária – e formulados alguns princípios: o da exclusividade – artigo 8.º – e o da verdade das firmas e denominações – artigo 11.º –, como exemplos. Dentro, depois, dos diversos títulos, procurou-se abrir com regras gerais, de seguida especificadas. Paradigmático é, nesse domínio, o Título II, relativo à autorização das instituições de crédito com sede em Portugal.

IV. O RGIC procedeu a um grande esforço de reunificação das regras aplicáveis às diversas instituições de crédito e sociedades financeiras. Outrora dispersas por múltiplos diplomas, tais regras gozam, agora, de um texto único: a legislação complementar – hoje muito simplificada –, apenas teve de se ocupar de especificidades próprias de cada uma delas. Este aspeto é importante: a elaboração de regimes gerais, próprios das diversas instituições, permite reduzir desconexões, redundâncias e contradições. Torna-se possível apurar, com maior precisão, as especificidades de cada uma delas, pondo cobro a dissonâncias anteriores. Trata-se, aliás, duma clássica vantagem das codificações.

V. Finalmente, o RGIC – que se move, de resto, numa multiplicidade de áreas jurídico-normativas – foi acolhendo, em cada uma das suas rubricas, as regras dos sectores em que elas se incluam. Por exemplo: nas áreas societárias – veja-se o artigo 13.º – o RGIC atentou nos dispositivos do Código das Sociedades Comerciais enquanto, no tocante a sanções – artigos 200.º e seguintes –, ele pressupôs as regras penais e contraordenacionais competentes.

VI. Tudo isto é importante. Ao assumir uma clara dimensão codificadora, o RGIC permite, faculta e mesmo postula uma Ciência jurídica bancária institucional. Apenas num plano de abstração considerável, possibilitado pela Ciência do Direito, se torna viável encarar um diploma de fôlego, como o RGIC. Poder-se-ia mesmo perguntar se o desenvolvimento bancário institucional do País e o próprio estado de difusão da Ciência do Direito bancário justificariam um diploma de tal envergadura. A questão fica colocada. Como atenuante para uma eventual negativa – bastante plausível se compararmos as nossas fontes com as de países mais evoluídos, nos campos institucional e científico – ficam a necessidade de agir sobre fontes preexistentes e as imensas possibilidades científicas postas, pelo RGIC, à disposição dos juristas da nossa Terra.

402. **As alterações**

I. O RGIC, tal como adotado pelo Decreto-Lei n.º 298/92, de 31 de dezembro, foi, até hoje, (agosto de 2016), alterado quarenta e duas vezes: nuns casos, em termos pontuais; noutros, em extensão e com alguma profundidade. Tem interesse seguir essas alterações: por um lado, elas permitem conhecer a feição atual do diploma; por outro, elas facultam seguir a evolução do Direito bancário nacional e a receção progressiva, no seu seio, de elementos europeus.

O Decreto-Lei n.º 246/95, de 14 de setembro, iniciou a série. Ele teve em vista proceder à transposição, para a ordem interna portuguesa, da Diretriz n.º 94/19/CE, de 30 de maio, relativa aos sistemas de garantias de depósitos[2620]. O Fundo de Garantia de Depósitos fora já criado, em 1992; as alterações visaram pôr o regime da garantia em consonância com as exigências comunitárias.

II. O Decreto-Lei n.º 232/96, de 5 de dezembro, veio transpor, para a ordem interna:

- a Diretriz n.º 93/22/CEE, de 10 de maio, relativa aos serviços de investimento;
- a Diretriz n.º 95/26/CE, de 29 de junho, referente ao reforço da supervisão prudencial[2621];
- a Diretriz n.º 96/13/CE, de 16 de março, que alterou a Diretriz n.º 77/780/CEE, de modo a não excluir, do seu âmbito, a Caixa Económica Montepio Geral[2622].

[2620] Foram alterados os artigos 89.º e 155.º a 167.º.

[2621] Conhecida como Diretriz pós-BCCI, ela visou enfrentar o escândalo causado por esse banco que, agindo no campo internacional, escapava às malhas das diversas supervisões nacionais.

[2622] Alterou os artigos 4.º, 13.º, 14.º, 20.º, 41.º, 69.º, 81.º, 103.º, 105.º, 120.º, 121.º, 181.º e 196.º do RGIC e aditou o artigo 29.º-A e os artigos 199.º-A a 199.º-I, incluídos num novo título sobre serviços de investimento, empresas de investimento e sociedades gestoras de fundos de investimento mobiliário.

Este diploma modificou ainda diversos preceitos do hoje revogado CódMVM, de 1991.

III. O Decreto-Lei n.º 222/99, de 22 de junho, veio criar e regular o funcionamento do Sistema de Indemnização aos Investidores. Tratou-se de transpor a Diretriz n.º 97/9/CE, de 3 de março, explicando, no seu preâmbulo:

> A preservação da confiança no sistema financeiro e a proteção dos interesses de todos os que a ele recorram, na perspetiva de aplicação das suas poupanças, constituem elementos fundamentais para a realização e bom funcionamento do mercado interno dos serviços financeiros.

No fundo, vem-se complementar o Fundo de Garantia de Depósitos – cujo limite máximo de garantia foi também ajustado. O Sistema assegurava então o reembolso de créditos relativos a fundos ou instrumentos financeiros até ao máximo de 25.000 ecus (hoje: euros) por investidor. Para além de estabelecer o Sistema, o Decreto-Lei n.º 222/99 veio alterar o RGIC[2623] e o CódMVM.

IV. O Decreto-Lei n.º 250/2000, de 13 de outubro, transpôs a Diretriz n.º 98/33, de 22 de junho, a qual alterara:

- o artigo 12.º da Diretriz n.º 77/780/CEE, de 12 de dezembro, relativa ao acesso à atividade das instituições de crédito;
- os artigos 2.º, 5.º, 6.º, 7.º e 8.º e os anexos II e III da Diretriz n.º 89/647/CEE, de 30 de dezembro, sobre a *ratio* de solvabilidade das instituições de crédito;
- o artigo 2.º e o anexo II da Diretriz n.º 93/6/CEE, de 15 de março, sobre a adequação de fundos próprios das empresas de investimento e das instituições de crédito.

Além de adotar toda uma regulação, este diploma modificou o RGIC[2624].

[2623] Alterou os artigos 22.º, 49.º, 79.º, 89.º, 166.º, 178.º e 225.º do RGIC, revogando os seus artigos 166.º/2 e 199.º-E, *c*).

[2624] Artigos 81.º e 82.º.

V. O Decreto-Lei n.º 285/2001, de 3 de novembro, veio alterar o regime da locação financeira, de modo a alargar a sua autonomia. Introduziu uma alteração pontual no RGIC[2625].

VI. O Decreto-Lei n.º 201/2002, de 26 de setembro, evidenciando os então quase nove anos de vigência da lei e a evolução das ideias de regulação, inspiradas pelo "Comité de Basileia", propõe-se proceder a uma revisão geral do RGIC. Procede, ainda, à transposição da Diretriz n.º 2000/28/CE, de 18 de setembro, sobre instituições de moeda eletrónica. Este diploma altera igualmente o processo de autorização para constituição de instituições de crédito e sociedades financeiras, com simplificações de ordem formal, no tocante a interessados oriundos de fora da União Europeia. São aperfeiçoados e intensificados aspetos relativos à supervisão. Também o domínio das participações qualificadas e da supervisão inerente é intensificado. São ainda trocados aspetos atinentes ao registo e ao saneamento financeiro[2626].

VII. O Decreto-Lei n.º 319/2002, de 28 de dezembro, alterou o regime das sociedades de capital de risco, as quais deixaram de ser consideradas sociedades financeiras. Nessa linha, foi pontualmente alterado o RGIC[2627].

VIII. O Decreto-Lei n.º 252/2003, de 17 de outubro, reviu o regime jurídico dos fundos de investimento mobiliário, aprovando o regime jurídico dos organismos de investimento coletivo. Transpôs as Diretrizes n.º 2001/107/CE e 2001/108/CE, ambas de 21 de janeiro de 2001, as quais haviam alterado a Diretriz n.º 85/161/CEE, de 20 de dezembro. Veio alterar a epígrafe do título X-A do RGIC, de modo a incluir as sociedades gestoras de fundos de investimento mobiliário e alterar vários dos seus preceitos[2628].

[2625] Artigo 4.º.

[2626] São alterados os artigos 2.º a 4.º, 6.º, 8.º, 10.º, 12.º, 13.º, 16.º, 18.º, 20.º a 23.º, 29.º-A a 33.º, 46.º, 57.º, 58.º, 68.º a 72.º, 85.º, 89.º, 92.º, 115.º a 118.º, 120.º, 142.º, 155.º, 158.º, 159.º, 163.º, 176.º a 178.º, 183.º, 196.º, 197.º, 199.º-C, 199.º-F, 199.º-G, 207.º e 225.º; foram aditados os artigos 12.º-A, 23.º-A, 35.º-A, 42.º-A, 43.º-A, 102.º-A, 117.º-A e 167.º-A; foram revogados os artigos 24.º a 28.º, 98.º, 129.º, 148.º e 180.º; foram ainda alteradas epígrafes de rubricas e remissões.

[2627] Foi revogada a alínea *b*) do artigo 6.º/1 e o artigo 101.º/3.

[2628] São alterados os artigos 199.º-A, 199.º-B e 225.º do RGIC e acrescentado o novo artigo 199.º-I.

IX. O Decreto-Lei n.º 145/2006, de 31 de julho, veio proceder à transposição da Diretriz 2002/87/CE, de 16 de dezembro[2629], relativa à supervisão complementar de instituições de crédito, empresas de seguros e empresas de investimento integradas em conglomerados financeiros. Além de estabelecer um regime jurídico harmonizado para a supervisão complementar dos conglomerados financeiros, visando a coordenação entre as autoridades de supervisão dos vários Estados-Membros, alterou alguns artigos do RGIC[2630], tendo-lhe aditados outros três[2631]. A necessidade de promover uma cooperação intensa entre as várias autoridades de supervisão financeira (banca, seguros, serviços de investimento), em face da tendência para a constituição de conglomerados transnacionais, cujas atividades ultrapassam as fronteiras tradicionais dos sectores financeiros, fora já identificada, a nível comunitário, *inter alia*, na Comunicação da Comissão Europeia intitulada "Serviços Financeiros: Elaborar um Quadro de Ação"[2632], assim como no Plano de Ação que lhe seguiu[2633]. Em Portugal, o consenso sobre esta necessidade tinha já levado à instituição do Conselho Nacional dos Supervisores Financeiros, através do Decreto-Lei n.º 228/2000, de 23 de setembro. O Decreto-Lei n.º 145/2006 estabeleceu, ainda, regras sobre coordenação entre as autoridades de supervisão financeira (a nível nacional e comunitário), bem como regras especiais para a supervisão complementar das entidades regulamentadas (instituições de crédito, empresas de seguros ou empresas de investimento) em cinco domínios (adequação de fundos próprios, concentração de riscos, operações intragrupo, processos de gestão de riscos e mecanismos de controlo interno). Este diploma alterou ainda alguns artigos do RGIC[2634], tendo-lhe aditado outros três[2635], visando todas estas alterações a implementação do novo modelo de coordenação, troca de informação e supervisão complementar dos conglomerados financeiros.

X. O Decreto-Lei n.º 104/2007, de 3 de abril, integrou um pacote legislativo nacional em matéria bancária, composto também pelo Decreto-

[2629] Entretanto alterada, mas apenas em aspetos institucionais, pelas Diretrizes 2005/1/CE, de 9 de março e 2008/25/CE, de 1 de março.

[2630] A saber, os artigos 16.º, 18.º, 30.º, 58.º, 100.º, 103.º 117.º, 130.º 132.º e 137.º.

[2631] Os artigos 29.º-B, 132.º-A e 132.º-B.

[2632] COM (1998) 625, de 28-out.-98.

[2633] COM (1999) 232 (Serviços Financeiros: Aplicação de um enquadramento para os mercados financeiros: Plano de Ação).

[2634] A saber, os artigos 16.º, 18.º, 30.º, 58.º, 100.º, 103.º, 117.º, 130.º, 132.º e 137.º.

[2635] Os artigos 29.º-B, 132.º-A e 132.º-B.

-Lei n.º 103/2007, da mesma data. Estes diplomas foram aprovados com vista à transposição de um pacote legislativo comunitário, composto pelas Diretrizes 2006/48/CE e 2006/49/CE, ambas de 14 de junho, que se destinou, por sua vez, e essencialmente, a implementar as regras do novo Acordo de Capital do Comité de Supervisão Bancária de Basileia, de 26 de junho de 2004 (conhecido como "Basileia II"). As regras de Basileia II foram estruturadas em torno de três pilares: (i) requisitos mínimos de capitais próprios, que resultam do desenvolvimento das regras estabelecidas em 1988 (Basileia I); (ii) supervisão externa da adequação dos capitais próprios das instituições bancárias e promoção de procedimentos internos de controlo; (iii) publicidade e transparência na atividade bancária.

A Diretriz 2006/48/CE, de 14 de junho, alterou a Diretriz de Consolidação Bancária (2002/12/CE, de 20 de março), com vista à sua compatibilização com os três pilares de Basileia II. De entre outras novidades, são de destacar: (a) a obrigatoriedade de alocação de fundos próprios para cobertura do risco operacional das instituições de crédito (1.º pilar de Basileia II); (b) a adoção necessária de processos de autoavaliação da adequação dos capitais próprios aos riscos a que as instituições de crédito estejam ou possam estar expostas (2.º pilar de Basileia II); (c) o estabelecimento de deveres acrescidos de divulgação de informações (3.º pilar de Basileia II).

A Diretriz 2006/49/CE, também de 14 de junho (entretanto alterada pela Diretriz 2009/83/CE, de 27 de julho), revogou a Diretriz 93/6, de 15 de março, relativa à adequação dos fundos próprios das empresas de investimento e das instituições de crédito (que estabelece, em suma, os montantes de fundos próprios de que as instituições de crédito devem dispor para cobertura dos riscos a que estejam expostas, para proteger os depositantes, em primeira linha, e a estabilidade do sistema financeiro, em última análise). Foram aperfeiçoadas, entre outras, as regras relativas à medição dos grandes riscos e à avaliação das posições da carteira de negociação das instituições de crédito. A nova Diretriz permite ainda que, verificadas certas condições, as instituições de crédito utilizem as suas próprias metodologias de cálculo de risco para aferir da adequação dos capitais próprios.

O Decreto-Lei n.º 103/2007, já referido, transpôs a Diretriz 2006/49, de 14 de junho. O Decreto-Lei n.º 104/2007, também de 3 de abril, transpôs a Diretriz 2006/48/CE, supraidentificada, tendo alterado[2636] e adi-

[2636] Artigos 13.º, 14.º, 17.º, 39.º, 43.º, 52.º, 60.º, 130.º, 132.º, 197.º e 199.º-A.

tado[2637] alguns artigos ao RGIC. Os novos artigos versam, essencialmente, sobre a avaliação interna e externa da adequação dos capitais próprios das instituições de crédito (2.º pilar de Basileia II) e sobre a coordenação das entidades de supervisão, a nível comunitário, no que se refere à supervisão e divulgação de informação (3.º pilar de Basileia II). O Decreto-Lei n.º 104/2007, além disso, aprovou o regime de adequação de fundos próprios e de limites aos grandes riscos, em base individual e consolidada, estabelecendo o respetivo âmbito de aplicação (artigos 3.º a 6.º), os requisitos de fundos próprios e a metodologia para a sua aferição, bem como as regras para a determinação e ponderação dos grandes riscos (artigos 7.º a 37.º). O regime dos fundos próprios deve ainda ser complementado com o Aviso n.º 12/92, do Banco de Portugal.

XI. O Decreto-Lei n.º 357-A/2007, por sua vez, integrou o pacote legislativo nacional destinado à transposição da Diretriz 2004/39[2638], de 21 de abril (relativa aos mercados de instrumentos financeiros – "DMIF") composto também pelo Decreto-Lei n.º 357-B/2007 (regime jurídico das sociedades de consultoria para investimento), pelo Decreto-Lei n.º 357-C/2007 (regime jurídico das sociedades gestoras de mercados regulamentados e outras sociedades gestoras de sistemas de negociação, compensação e liquidação) e pelo Decreto-Lei n.º 357-D/2007 (contratos relativos ao investimento em bens corpóreos), todos de 21 de abril.

A DMIF visou criar um sistema de "passaporte comunitário" para os prestadores de serviços de investimento, equiparando-os assim às instituições de crédito, e permitindo-lhes operar numa base transnacional após a autorização do respetivo Estado-Membro de origem. Harmonizou também as regras de negociação em mercados regulamentados.

O Decreto-Lei n.º 357-A/2007, de 31 de outubro, que procedeu à sua transposição parcial, introduziu alterações extensas no Código dos Valores Mobiliários. No que ao RGIC se refere, as alterações e aditamentos visam, essencialmente, regular o exercício da competência do Banco de Portugal no que se refere à autorização e registo de instituições de crédito nacionais ou de outros Estados-Membros cujo objeto inclua serviços de investimento, bem como de empresas de investimento que não sejam instituições

[2637] Artigos 93.º-A, 116.º-A, 116.º-B, 116.º-C, 132.º-C, 135.º-A, 137.º-A, 137.º-B, 137.º-C, artigo 137.º-D e 137.º-E.

[2638] Esta Diretriz seria depois complementada pela Diretriz 2006/73/CE, de 10 de agosto, bem como pelo Regulamento (CE) n.º 1287/2006, de 10 de agosto.

de crédito, assegurando a devida articulação com a CMVM e implementando o regime do "passaporte comunitário" neste domínio.

XII. O Decreto-Lei n.º 1/2008, de 3 de janeiro, versou principalmente as regras de conduta e deveres gerais das instituições de crédito, dos seus empregados e administradores. Visou quase exclusivamente, por isso, as normas do Capítulo I (Regras de Conduta) do Título VI (Supervisão Comportamental), procedendo sobretudo a alterações de pormenor (ex. artigos 73.º, 74.º, 75.º e 77.º), e introduzindo nova redação ao artigo 76.º, que passa a elencar os poderes do Banco de Portugal em matéria de prevenção da violação das regras de conduta e respetiva sanção (a norma relativa a Códigos de Conduta, que constava do artigo 76.º, segundo a anterior redação, transitou para o novo artigo 77.º-B).

Ao todo, o diploma em apreço alterou nove artigos[2639], aditou outros quatro[2640] (relativos a reclamações de clientes, Códigos de conduta, publicidade das instituições de crédito e intervenção do Banco de Portugal em matéria de publicidade) revogou dois artigos[2641] e alterou a sistemática do RGIC, procedendo à sua republicação.

XIII. O Decreto-Lei n.º 126/2008, de 21 de julho, veio alterar onze artigos do RGIC[2642], destacando-se as seguintes matérias e novidades:

- aferição da idoneidade dos membros dos órgãos de administração e fiscalização das instituições de crédito: passa a considerar-se verificada a idoneidade quando os membros dos órgãos de administração/fiscalização estejam registados e tenham sido sujeitos ao controlo da idoneidade junto da CMVM ou do ISP (artigo 30.º/5), passando também a admitir-se, expressamente, como índice de qualificação adequada, a habilitação académica (artigo 31.º/1);
- concessão de crédito a membros dos órgãos sociais: a presunção de concessão indireta de crédito deve ser ilidida pelos membros dos órgãos de administração/fiscalização antes da realização da opera-

[2639] Artigos 73.º a 77.º, 116.º, 120.º, 132.º e 210.º.
[2640] Artigos 77.º-A a 77.º-D.
[2641] Artigos 89.º e 90.º (a norma constante do artigo 90.º transitou, sem alterações, para o novo artigo 77.º-D; tratou-se, portanto, de mera alteração sistemática).
[2642] A saber, artigos 30.º, 31.º, 33.º, 69.º, 77.º-A, 85.º, 143.º, 154.º, 158.º, 212.º e 227.º.

ção, perante o Conselho de Administração, cuja decisão é sujeita a comunicação prévia ao Banco de Portugal (artigo 85.º/2);
– Fundo de Garantia de Depósitos: limita a três o número de renovação de mandatos (de três anos) dos membros da comissão executiva do FGD e permite a acumulação com outras funções, públicas ou privadas, desde que autorizada no ato de nomeação (artigo 158.º/4).

XIV. O Decreto-Lei n.º 211-A/2008, de 3 de novembro, em plena crise financeira, introduziu alterações muito específicas em três áreas distintas do RGIC: (i) reforçou os deveres de informação a cargo das instituições de crédito nas relações com os clientes (alteração dos artigos 77.º e 77.º-C do RGIC); (ii) aumentou os deveres de informação a cargo das instituições de crédito, perante o Banco de Portugal, em matéria de aferição e gestão do risco (alteração do artigo 120.º do RGIC); (iii) agilizou o acionamento do FGD, obrigando ao reembolso de uma parcela de € 10.000 de todos os depósitos cobertos, no prazo de sete dias, a contar da respetiva indisponibilidade. Além disso, alterou o artigo 203.º do RGIC, aditando os mandatários e trabalhadores ao rol de pessoas por cujas infrações as instituições de crédito respondem, em matéria contraordenacional.

XV. A Lei n.º 28/2009, de 19 de junho introduziu alterações em três diferentes matérias bancárias: (i) regime sancionatório do sector financeiro em matéria criminal e contraordenacional; (b) regime de aprovação e de divulgação da política de remuneração dos membros dos órgãos de administração e fiscalização das instituições de crédito; (c) operações com entidades sediadas em jurisdições *offshore*.

No que se refere ao regime sancionatório do sector financeiro, as alterações em matéria bancária incidiram sobre os artigos 200.º, 210.º, 211.º e 215.º do RGIC, tendo sido aditados, a este propósito, três novos artigos (211.º-A – Agravamento da coima; 227.º-A – Processo sumaríssimo; 227.º-B – Divulgação da decisão).

Em relação a (b), foi aprovado um regime de aprovação e de divulgação da política de remuneração dos membros de administração e fiscalização das entidades de interesse público, que incluem as instituições de crédito (nos termos do artigo 2.º, *b*) do Decreto-Lei n.º 225/2008, que criou o Conselho Nacional de Supervisão de Auditoria) e as sociedades financeiras, sociedades gestoras de fundos de capital de risco e de fundos de pensões (artigo 2.º/2, Lei n.º 28/2009). Nestas entidades, passa a ser submetida anualmente, para aprovação pela assembleia geral, uma declaração sobre política de remuneração dos membros dos órgãos de administração e fiscalização (artigo 2.º/1, Lei 28/2009). A política de remuneração em apreço deve, depois, ser divulgada juntamente com os documentos anuais de prestação de contas, bem como o montante anual da remuneração auferida pelos membros dos órgãos de administração e fiscalização, de forma agregada e individual (artigo 4.º, Lei n.º 28/2009).

A Lei n.º 28/2009, em apreço, aditou ainda um novo artigo 118.º-A ao RGIC, vedando às instituições de crédito a concessão de crédito a entidades sediadas em jurisdição *offshore* considerada não cooperante ou cujo beneficiário último seja desconhecido. Em qualquer caso, a instituição de crédito deve proceder ao registo de operações de transferência, de montante individual ou agregado superior a € 15.000, quando o beneficiário seja sediado em jurisdição *offshore*, para posterior comunicação ao Banco de Portugal (artigo 118.º-A/3 e 4, RGIC). O Banco de Portugal definirá, por aviso, as jurisdições *offshore* consideradas não cooperantes, bem como os termos e a periodicidade das comunicações de transferências realizadas (artigo 118.º-A/2 e 3, RGIC).

XVI. O Decreto-Lei n.º 162/2009, de 20 de julho veio transpor a Diretriz 2009/14/CE, de 11 de março, que, em plena crise financeira, alterou a Diretriz 94/19/CE, de 30 de maio, relativa aos sistemas de garantia de depósitos. Em traços gerais, a Diretriz 2009/14/CE procedeu a um aumento gradual do nível mínimo de cobertura (numa primeira fase, para € 50.000; a partir de 31 de dezembro de 2010, para € 100.000), por um lado, tendo reduzido o prazo de reembolso após acionamento dos sistemas de garantia, por outro.

Tendo em conta que o Decreto-Lei n.º 211-A/2008, de 3 de novembro, supracomentado, já elevara o nível de cobertura do FGD, e que o sistema português já oferecia prazos mais favoráveis aos depositantes, o legislador do Decreto-Lei n.º 162/2009, em apreço, aproveitou a ocasião da transposição da Diretriz 2009/14/CE para, entre outras alterações: (i) rever e aumentar o leque de exclusões do âmbito de proteção do FGD (dobradas por exclusões equiparáveis, no Sistema de Indemnização aos Investidores) e (ii) intensificar os deveres de informação a cargo das instituições de crédito, nas relações com os seus clientes, no que se refere à cobertura pelo FGD dos depósitos recebidos. Foram alterados pelo diploma em análise os artigos 101.º, 155.º, 157.º, 165.º, 167.º e 167.º-A do RGIC.

XVII. A Lei n.º 94/2009, de 1 de setembro, aprovou um pacote de medidas de derrogação do sigilo bancário, em matéria fiscal e bancária. Foi alterado, pelo diploma em apreço, o artigo 79.º do RGIC, tendo sido acrescentada uma nova exceção ao dever de segredo, relativa à revelação de factos e elementos cobertos pelo dever de segredo à administração tributária, no âmbito das suas atribuições[2643]. As normas fiscais que regulamentam as atribuições da administração tributária (constantes, nomeadamente, da Lei Geral Tributária e do Código do IRS) foram também alteradas pela Lei n.º 94/2009.

Em bom rigor, as alterações materiais foram introduzidas no regime de atribuições da administração tributária a este respeito, uma vez que o segredo bancário já era excecionado sempre que outra disposição legal expressamente o limitasse (anterior redação do artigo 79.º/2, *e*).

XVIII. O Decreto-Lei n.º 317/2009, de 30 de outubro, transpôs para a ordem jurídica nacional a Diretriz 2007/64/CE, de 13 de novembro, relativa aos serviços de pagamento, que instituiu a Área Única de Pagamentos em Euros (*Single Euro Payments Area* – SEPA). Alterou seis artigos do RGIC[2644] e aditou-lhe um novo (artigo 117.º-B)[2645]. Aprovou, além disso, o Regime Jurídico que regula o Acesso à Atividade das Instituições de Pagamento e a Prestação de Serviços de Pagamento, em Anexo ao referido diploma legal. Este regime, extenso, contém disposições que regulam o acesso às atividades e serviços de pagamento, mas também avança disposições materiais sobre a prestação e utilização destes serviços (artigos 40.º a 61.º - *Transparência das condições e dos requisitos de informação aplicáveis aos serviços de pagamento*; artigos 62.º a 91.º- *Direitos e obrigações relativamente à prestação e utilização de serviços de pagamento*).

XIX. O Decreto-Lei n.º 52/2010, de 26 de maio, transpôs, para a ordem interna, a Diretriz 2007/44/CE, de 5 de setembro, no que se refere a normas processuais e critérios para a avaliação prudencial dos projetos de aquisição e de aumento de participações qualificadas em entidades do sector financeiro. Alterou os artigos 13.º, 20.º, 102.º, 103.º, 104.º, 105.º, 107.º, 108.º, 176.º e 196.º do RGIC e aditou-lhe os artigos 13.º-A, 13.º-B e 103.º-A.

[2643] Segundo a nova redação da alínea *e*) do artigo 79.º/2 do RGIC. A anterior redação da alínea *e*) transitou, intacta, para a alínea *f*): *Quando exista outra disposição legal que expressamente limite o dever de segredo*.

[2644] Artigos 4.º, 5.º, 6.º, 8.º, 117.º-A e 212.º.

[2645] Artigo 117.º-B, que recebe, intacta, a anterior redação do artigo 117.º-A.

XX. O Decreto-Lei n.º 71/2010, de 18 de junho, veio aprovar o regime jurídico dos organismos de investimento coletivo em valores mobiliários sob a forma societária e dos fundos de investimento imobiliário sob a forma societária. Alterou o artigo 199.º-L, do RGIC.

XXI. A Lei n.º 36/2010, de 2 de setembro, modificou o artigo 79.º do RGIC, relativo a exceção ao dever de segredo bancário.

XXII. O Decreto-Lei n.º 140-A/2010, de 30 de dezembro, veio transpor, para a ordem interna: a Diretriz 2009/11/CE, de 16 de setembro, sobre bancos em relação de grupo com instituições centrais, a fundos próprios, a grandes riscos e à supervisão e gestão de crises; a Diretriz 2009/27/CE, de 7 de abril, sobre a gestão do risco; a Diretriz 2009/83/CE, de 27 de julho, também sobre a gestão do risco. Além disso, aprovou medidas destinadas a reforçar a solidez das instituições financeiras, para garantir um maior grau de resiliência a eventuais crises e a promover o reforço das entidades de supervisão nesta matéria. Alterou os artigos 13.º, 81.º, 93.º, 96.º, 99.º, 116.º-C, 132.º, 135.º-A, 137.º-A, 199.º-D e 199.º-E, do RGIC, e aditou-lhe os artigos 14.º-A, 40.º-A, 56.º-A e 135.º-B.

XXIII. A Lei n.º 46/2011, de 24 de junho, veio criar o Tribunal da propriedade industrial e o Tribunal da concorrência, regulação e supervisão. Modificou, nesse prisma, o artigo 229.º do RGIC.

XXIV. O Decreto-Lei n.º 88/2011, de 20 de julho, veio transpor a Diretriz 2010/76/UE, de 24 de novembro, referente aos requisitos dos fundos próprios para a carteira de negociação e para retitularizações, bem como à análise das políticas de remuneração pelas autoridades de supervisão. Altera os artigos 14.º, 17.º, 116.º-B e 116.º-C, do RGIC.

XXV. O Decreto-Lei n.º 119/2011, de 26 de dezembro, veio estabelecer, de forma permanente, o limite legal da garantia do reembolso de depósitos constituídos nas instituições de crédito em 100.000 euros. Deu, ao artigo 166.º do RGIC, uma redação conforme.

XXVI. O Decreto-Lei n.º 31-A/2012, de 10 de fevereiro, introduziu modificações em diversos diplomas, no sentido de conferir , ao Banco de Portugal, poderes para intervir em instituições sujeitas à sua supervisão, em situações de desequilíbrio. Criou um Fundo de Resolução e um procedimento pré-judicial de liquidação. Alterou algumas dezenas de preceitos, acrescentou outros tantos e modificou a sistematização: relativamente ao RGIC, que republicou em anexo.

XXVII. O Decreto-Lei n.º 242/2012, de 7 de novembro, veio regular o acesso à atividade das instituições de moeda eletrónica. Transpôs a Diretriz 2009/110/CE, de 16 de setembro. Foram atingidos os artigos 2.º, 3.º, 4.º, 8.º, 13.º, 116.º-D, 117.º-A, 167.º, 198.º, 199.º-I e 212.º do RGIC.

XXVIII. A Lei n.º 64/2012, de 20 de dezembro, veio alterar o OGE de 2012, além de outros diplomas, tendo em vista a estabilidade financeira. Modificou o artigo 152.º, sobre as empresas-mãe de instituições de crédito e empresas de investimento sujeitas a supervisão em base consolidada.

XXIX. O Decreto-Lei n.º 18/2013, de 6 de fevereiro, transpôs parcialmente a Diretriz 2010/78/UE, de 24 de novembro, sobre a Autoridade Bancária Europeia, além de outras autoridades europeias de supervisão. No campo bancário, alterou os artigos 6.º, 22.º, 23.º, 38.º, 53.º, 56.º-A, 58.º, 81.º, 93.º, 132.º-A, 132.º-C, 135.º-A, 135.º-B, 135.º-C, 137.º-A, 137.º-C, 199.º-D e 199.º-F do RGIC. Introduziu novidades sistemáticas e aditou o artigo 122.º-A, ao RGIC.

XXX. O Decreto-Lei n.º 63-A/2013, de 10 de maio, aprovou o novo Regime Jurídico dos Organismos de Investimento Coletivo. Isso levou-o a mexer nos artigos 6.º, 199.º-A, 199.º-B e 199.º-L do RGIC.

XXXI. O Decreto-Lei n.º 114-A/2014, de 1 de agosto, aperfeiçoou o regime de resolução introduzido pelo Decreto-Lei n.º 31-A/2012, de 10 de fevereiro; alterou os artigos 145.º-B, 145.º-F, 145.º-H, 145.º-I, 153.º, 155.º e 211.º.

XXXII. O Decreto-Lei n.º 114-B/2014, de 4 de agosto, veio completar o anterior, modificando os artigos 145.º-G e 145.º-I; ambos estes diplomas pretenderam solucionar problemas concretos suscitados pela resolução do Banco Espírito Santo, SA, deliberada em 3 de agosto de 2014.

XXXIII. O Decreto-Lei n.º 157/2014, de 24 de outubro, ou grande reforma de 2014: veio transpor regras europeias, atingindo dezenas de artigos do RGIC e acrescentando muitos outros; republicou, em anexo, o

RGIC consolidado, preenchendo quase 150 páginas do *Diário da República*; adiante dedicaremos uma rubrica específica a esta reforma.

XXXIV. A Lei n.º 16/2015, de 24 de fevereiro, transpôs parcialmente as Diretrizes 2011/61 e 2013/14, revendo o RJOIC, que publicou em anexo; alterou os artigos 2.º-A, 20.º, 199.º e 199.º-L.

XXXV. A Lei n.º 23-A/2015, de 26 de março, ou grande reforma de 2015, veio transpor a Diretriz 2014/49, sobre sistemas de garantia de depósitos e a Diretriz 2014/59, sobre a recuperação e a resolução das instituições de crédito; alterou muitas dezenas de artigos do RGIC e aditou-lhe múltiplos preceitos; republicou – pela segunda vez em seis meses! – o RGIC, preenchendo, de novo, cerca de 250 páginas do Jornal Oficial. Pelo seu relevo, abaixo preencheremos uma rubrica própria, referente a este diploma.

XXXVI. O Decreto-Lei n.º 89/2015, de 29 de maio, veio rever a situação da Finangeste; alterou o artigo 6.º/2 do RGIC.

XXXVII. A Lei n.º 66/2015, de 6 de julho, atinente a serviços mínimos bancários e a contas de depósito; aditou dois números ao artigo 77.º do RGIC, assim surgindo a trigésima-sexta alteração a esse diploma.

XXXVIII. O Decreto-Lei n.º 140/2015, de 31 de julho, veio retomar o artigo 145.º-L, referente à resolução.

XXXIX. A Lei n.º 118/2015, de 31 de agosto, preocupada com as incompatibilidades, modificou os artigos 85.º, 86.º, 102.º e 109.º.

XL. O Decreto-Lei n.º 190/2015, de 10 de setembro, fixou um novo regime para as caixas económicas, alterando o artigo 39.º do RGIC.

XLI. Finalmente (em agosto de 2016), o Decreto-Lei n.º 20/2016, de 20 de abril, conhecido como o "Decreto-BPI", veio aditar, ao diploma em estudo, o artigo 13.º-C, que facilita a desblindagem das instituições de crédito, isto é, a supressão de limites ao direito de voto.

XLII. Uma apreciação condigna das alterações introduzidas no RGIC nestes últimos 16 anos transcende os objetivos do presente *Manual*. Todavia, parece pacífico que a lei – para mais um diploma com o fôlego do RGIC – não pode ser alterada em *continuum*: apenas quando necessário. A instabilidade legislativa dificulta a formação de práticas coerentes e põe em crise a investigação jurídico-científica. Além disso, a multiplicação de intervenções legislativas destinadas a resolver questões pontuais põe em causa o seu papel de lei bancária geral.

403. A grande reforma de 2014

I. O Decreto-Lei n.º 157/2004, de 24 de outubro, no uso da autorização legislativa concedida pela Lei n.º 46/2014, de 28 de julho, procedeu a alargada reforma do RGIC. Afigura-se-nos útil transcrever alguns troços do seu preâmbulo[2646]. Assim:

> Na sequência da crise financeira dos últimos anos, foram concretizadas diversas iniciativas no plano internacional para o reforço do sistema financeiro que culminaram com a publicação, por parte do Comité de Basileia de Supervisão Bancária, de um conjunto de medidas visando a densificação do quadro regulamentar prudencial aplicável às instituições de crédito, designado por quadro regulamentar de Basileia III. O conjunto de medidas é vasto, importando referir, pela sua relevância, a introdução de novos requisitos no domínio da determinação dos fundos próprios, com vista à melhoria da respetiva qualidade e quantidade, a introdução de uma medida suplementar não baseada no risco para avaliar o risco de alavancagem no sistema bancário, a exigência de manutenção de níveis de liquidez adequados numa perspetiva de curto e médio-longo prazo através da introdução de duas medidas de avaliação do risco de liquidez e a introdução de um conjunto de instrumentos com o propósito de impor reservas adicionais de fundos próprios às instituições de crédito.
>
> No contexto daquelas iniciativas internacionais, desenvolvidas com especial enfoque no contexto do G20, importa mencionar, ao nível da União Europeia, o Grupo de Alto Nível sobre a Supervisão Financeira, que convidou a União Europeia a desenvolver um conjunto mais harmonizado de medidas de regulação financeira. Neste contexto, o Conselho Europeu sublinhou também a necessidade de estabelecer um conjunto único de regras europeias aplicáveis a todas as instituições de crédito e empresas de investimento.

[2646] DR 1.ª série, n.º 206, de 24-out.-2014, 5384-5385.

II. E prossegue:

A Diretiva n.º 2013/36/UE, do Parlamento Europeu e do Conselho, de 26 de junho de 2013 (Diretiva n.º 2013/36/UE), e o Regulamento (UE) n.º 575/2013, do Parlamento Europeu e do Conselho, de 26 de junho de 2013 (Regulamento (UE) n.º 575/2013), constituem, assim, o enquadramento jurídico que rege o acesso à atividade das instituições de crédito e que estabelece o quadro de supervisão e as regras prudenciais aplicáveis às instituições de crédito e às empresas de investimento. A Diretiva n.º 2013/36/UE e o Regulamento (UE) n.º 575/2013 implementam na União Europeia o quadro regulamentar de Basileia III, substituindo a Diretiva n.º 2006/48/CE, do Parlamento Europeu e do Conselho, de 14 de junho de 2006, relativa ao acesso à atividade das instituições de crédito e ao seu exercício (Diretiva n.º 2006/48/CE), e a Diretiva n.º 2006/49/CE, do Parlamento Europeu e do Conselho, de 14 de junho de 2006, relativa à adequação dos fundos próprios das empresas de investimento e das instituições de crédito, que haviam já sido sujeitas, nos últimos anos, a diversas alterações.

Assim, a Diretiva n.º 2013/36/UE contém normas relativas ao acesso à atividade das instituições de crédito, entre as quais se incluem, nomeadamente, normas relativas ao exercício da liberdade de estabelecimento e da liberdade de prestação de serviços, aos requisitos em matéria de governo societário, incluindo a remuneração dos colaboradores, ao quadro de supervisão, aos poderes das autoridades competentes, ao regime sancionatório e à constituição de reservas de fundos próprios.

O Regulamento (UE) n.º 575/2013, por sua vez, contém os requisitos prudenciais aplicáveis às instituições de crédito e empresas de investimento, nomeadamente as novas regras relativas ao apuramento dos fundos próprios e ao cálculo dos respetivos requisitos, à liquidez e à alavancagem, incluindo as disposições transitórias acordadas a nível internacional para a progressiva convergência para os novos requisitos previstos no quadro regulamentar de Basileia III.

III. Explica-se, adiante:

A publicação da Diretiva n.º 2013/36/UE, e do Regulamento (UE) n.º 575/2013, aliada à criação do Mecanismo Único de Supervisão, através do qual o Banco Central Europeu passará a assumir efetivas funções de supervisão sobre determinadas instituições de crédito nacionais, veio também colocar a necessidade de ajustar o âmbito das tipologias de entidades abrangidas pelo conceito de «instituição de crédito».

IV. Noutra vertente:

A Diretiva n.º 2013/36/UE determina, igualmente, a obrigatoriedade de se estabelecerem e manterem políticas e práticas de remuneração consentâneas com uma gestão eficaz dos riscos das mesmas, aplicáveis a colaboradores cuja atividade profissional tenha um impacto significativo no perfil de risco das instituições. Em termos gerais são mantidas na Diretiva n.º 2013/36/UE as disposições constantes da Diretiva 2006/48/CE e que se encontravam transpostas através do Decreto-Lei n.º 104/2007, de 3 de abril, sendo nesta fase incorporadas no Regime Geral no contexto do objetivo de correção da dispersão legislativa a que se alude anteriormente. No entanto, com o propósito de reforçar a promoção de uma gestão de riscos sã e não incentivar a assunção de riscos em níveis desadequados por parte daqueles colaboradores, a Diretiva n.º 2013/36/UE introduz novas regras quanto à estrutura e composição das remunerações, em particular da sua componente variável, que são agora acolhidas no ordenamento jurídico nacional.

V. Com estes objetivos, foram alterados 85 artigos do RGIC e acrescentados mais 87. De notar o aditamento, ao título VII dos capítulos II-A (governo), II-B (capital interno) e II-C (riscos), bem como de um novo título: o VII-A, sobre reservas de fundos próprios, composto por seis novas secções. O RGIC torna-se um diploma de consulta difícil.

404. **A grande reforma de 2015**

I. Menos de seis meses volvidos, tivemos uma nova grande reforma do RGIC: levada a cabo pela Lei n.º 23-A/2015, de 26 de março. Este diploma alterou, também, a Lei Orgânica do Banco de Portugal, o Decreto-Lei n.º 345/98, de 9 de novembro, referente ao Fundo de Garantia do Crédito Agrícola Mútuo, o Código dos Valores Mobiliários, o Decreto-Lei n.º 199/2006, de 25 de outubro, relativo à liquidação de instituições de crédito e sociedades financeiras e a Lei nº 63-A/2008, de 24 de novembro, que estabeleceu medidas de reforço de solidez das instituições de crédito.

II. As leis do Parlamento não são antecedidas por justificações de motivos. Podemos, todavia, recorrer às explicações que antecederam a competente proposta, levada, pelo Governo, ao Parlamento[2647]. Vamos transcrever alguns troços. Assim:

[2647] Proposta de Lei n.º 264/II.

A Diretiva n.º 2014/59/UE, do Parlamento Europeu e do Conselho, de 15 de maio de 2014, que estabelece um enquadramento para a recuperação e a resolução de instituições de crédito e de empresas de investimento (Diretiva n.º 2014/59/UE), surge no quadro regulamentar da União Europeia enquanto resposta à ausência de instrumentos, harmonizados ao nível europeu, adequados a superar de forma eficaz e eficiente situações de desequilíbrio financeiro ou de insolvência de instituições de crédito e empresas de investimento (instituições de crédito).

Assim, a Diretiva n.º 2014/59/UE contém normas relativas aos processos de recuperação e resolução de instituições, designadamente, à elaboração de planos de recuperação e de planos de resolução, à adoção de medidas de intervenção corretiva, à avaliação da resolubilidade das instituições de crédito e dos grupos transfronteiriços, à aplicação de medidas de resolução – alienação da atividade, transferência da atividade para instituições de transição, segregação de ativos e recapitalização interna (*bail-in*) –, ao exercício de poderes gerais e complementares de resolução, à proteção de determinados negócios jurídicos nos quais a instituição de crédito objeto de resolução seja parte e à intervenção dos mecanismos de financiamento na aplicação de medidas de resolução.

(...)

III. E prossegue:

Relativamente aos planos de recuperação e aos planos de resolução, por um lado, clarificam-se quais os elementos informativos que devem constar desses planos e, por outro, reforçam-se os critérios relativos à avaliação, pelo Banco de Portugal dos planos de recuperação e, no âmbito dos planos de resolução, da resolubilidade de instituições de crédito e de grupos, bem como os poderes do Banco de Portugal para corrigir deficiências à execução dos planos de recuperação e para eliminar ou mitigar constrangimentos à resolubilidade. Preveem-se ainda neste âmbito processos de decisão conjunta com as autoridades de supervisão e de resolução das entidades do grupo estabelecidas noutros Estados-Membros da União Europeia a fim de garantir a avaliação e elaboração coordenada dos referidos planos.

Introduzem-se também disposições relativas à avaliação para efeitos de resolução, com inovações importantes relacionadas, designadamente, com a determinação do momento, objeto e objetivos da avaliação e com a necessidade de ser realizada uma avaliação *ex post* para efeitos de cálculo de indemnizações devidas aos acionistas e credores da instituição de crédito objeto de resolução e ao Fundo de Garantia de Depósitos nos casos em que estes suportem um prejuízo superior com a aplicação da medida de resolução ao que suportariam caso essa instituição tivesse entrado em liquidação.

(...)

Quanto à recapitalização interna, a introdução desta medida tem como propósito fazer repercutir os prejuízos da instituição de crédito nos seus credores, minimizando a necessidade de recorrer ao apoio financeiro público extraordinário e procurando também evitar repercussões negativas no sistema financeiro. Após o exercício dos poderes de redução e conversão de instrumentos de fundos próprios, a presente lei prevê que, com o recurso a esta medida, os prejuízos da instituição de crédito sejam suportados pelos seus credores, inclusive pelos titulares de créditos comuns, podendo aqueles créditos ver o seu valor nominal reduzido ou serem convertidos em capital social da instituição de crédito objeto de resolução. Note-se que os créditos por depósitos garantidos pelo Fundo de Garantia de Depósitos, até ao limite de € 100 000, estão legalmente salvaguardados, não se encontrando sujeitos à medida de recapitalização interna.

(...)

IV. Mais adiante, diz a exposição de motivos:

Adicionalmente densifica-se e define-se o modo de exercício pelo Banco de Portugal dos poderes de resolução com vista à sua atuação eficaz, enquanto autoridade de resolução, na prossecução das finalidades da resolução e na concreta aplicação das medidas de resolução. Nesse contexto, são amplamente alargados os poderes de resolução do Banco de Portugal, prevendo-se, nomeadamente poderes para determinar que a instituição objeto de resolução emita novas ações ou outros títulos representativos de capital social, para alterar termos e condições contratuais no âmbito de negócios jurídicos nos quais a instituição objeto de resolução seja parte e para suspender temporariamente obrigações de pagamento ou de entrega nos termos de contratos.

(...)

V. Acrescenta ainda a exposição:

A presente lei procede ainda à transposição para o ordenamento jurídico português da Diretiva n.º 2014/49/EU, do Parlamento Europeu e do Conselho, de 16 de abril de 2014, relativa aos sistemas de garantia de depósitos (Diretiva n.º 2014/49/UE).

Tal como a Diretiva n.º 2014/59/UE, a Diretiva n.º 2014/49/UE consubstancia um dos instrumentos tendentes ao reforço da estabilidade financeira e surge, no quadro regulamentar da União Europeia, com o objetivo de harmonizar as regras relativas aos sistemas de garantia de depósitos nacionais.

VI. Concluindo:

A presente lei vem assim concretizar esse propósito introduzindo, designadamente, as seguintes alterações ao Regime Geral: (*i*) a diminuição do elenco de depósitos excluídos da garantia de reembolso prestada pelo Fundo de Garantia de Depósitos; (*ii*) a previsão de um conjunto de depósitos de caráter social aos quais, durante um determinado período de tempo, o limite legal, da garantia de reembolso de depósitos de € 100 000 não se aplica; (*iii*) a redução para sete dias úteis do prazo de reembolso a cumprir pelo Fundo de Garantia de Depósitos, embora estejam contemplados, para situações relacionadas com dificuldades operacionais de efetivar o reembolso, prazos mais alargados; (*iv*) a densificação do modo de cooperação do Fundo de Garantia de Depósitos com outros sistemas de garantia de depósitos da União Europeia; e (*v*) a previsão de um nível mínimo dos recursos financeiros do Fundo de Garantia de Depósitos, que deve corresponder, até 3 de julho de 2024, ao montante representativo de 0,8% do valor dos depósitos garantidos, dentro do limite de € 100 000, de todas as instituições de crédito participantes.

VII. Com este enquadramento, a Lei n.º 23-A/2015 veio alterar 85 artigos do RGIC, com especial incidência no que respeita à resolução, aditando-lhe mais 56, também ligados, no essencial, a essa mesma temática. O sistema do diploma teve modificações, particularmente nos capítulos relativos à intervenção corretiva e administração provisória e à resolução. Toda esta matéria atinge um nível de complexidade e de regulamentação que mais fácil se torna ler a lei, do que explicá-la ou resumi-la.

405. **Regulação e planos normativos**

I. O RGIC introduziu uma regulamentação envolvente. No domínio institucional, podemos considerar que apenas lhe escapou a matéria contida na Lei Orgânica do BP e os regimes – hoje muito simplificados – próprios das diversas instituições de crédito em especial.

Os níveis regulativos do RGIC são bastante díspares. Encontramos desde a formulação de grandes princípios, até minúcias regulamentares, como as do título relativo ao registo – artigos 65.º e seguintes.

Também o tom das regras varia: prescrições absolutas lado a lado com preceitos de teor quase programático, com nítidas preocupações pedagógicas, como sucede com os deveres gerais, contidos nos artigos 73.º e seguintes. Tudo isso assume, na lei, um lugar que temos por justificado.

II. Tarefa cientificamente interessante e pragmaticamente útil é a determinação dos planos normativos contidos no RGIC. Num primeiro ensaio, poderemos apontar:

- um plano institucional e funcional, em que o RGIC se ocupa de reger instituições de crédito, sociedades de investimento, serviços e empresas de investimento, e sociedades gestoras de fundos de investimento mobiliário, providenciando quanto à sua dinâmica – Títulos I, II, V, X e X-A;
- um plano comunitário, referente ao reconhecimento de instituições de Estados membros, no País, e do País, na União – Títulos III e IV;
- um plano de atuação dos sujeitos, em situações normais – Títulos VI (regras de conduta), VII (normas prudenciais e supervisão) e VII-A (reservas de fundos próprios) – e anormais – Títulos VIII (intervenção corretiva, administração provisória e resolução), VIII-A (fundo de resolução) e IX (fundo de garantia de depósitos);
- um plano penal – Título XI.

III. A análise mais aprofundada do RGIC permitirá descobrir subplanos normativos e linhas de conexão entre eles. Trata-se de uma tarefa de construção que, perante as Diretrizes atuais da Ciência do Direito, as quais privilegiam a aplicação, não teriam, à partida, tão grande importância. Dado, porém, o teor envolvente do RGIC e a escassez de material proveniente da sua aplicação, essa tarefa ganha peso. Temos de partir das fontes e do seu conhecimento.

SECÇÃO II

A SUPERVISÃO BANCÁRIA

§ 100.º DA REGULAÇÃO EM GERAL

406. A regulação económica; aproximação

I. A palavra regulação traduz o ato e o efeito de regular, isto é, de estabelecer regras gerais e abstratas de conduta. Contrapõe-se, assim, a permitir – isto é: nada fazer – e a determinar concretamente – isto é: a dar instruções precisas de atuação.

Nesta aceção original e ampla, podemos dizer que o Direito é, essencialmente, uma regulação: nesse sentido temos usado correntemente esta expressão.

II. Num passo subsequente, podemos referir a regulação económica: desta feita, trata-se ainda de fixar regras gerais e abstratas de conduta, mas de modo economicamente ordenado, isto é: regras destinadas a reforçar ou a contrariar o encadear económico da realidade. Será, assim, regulação o ato ou o efeito de defender ou de contrariar, através de regras gerais a tanto destinadas, a livre concorrência.

Torna-se desde logo percetível que a regulação económica pressupõe, por parte do seu autor – "o regulador":

– um conhecimento, empírico ou científico, das leis que regem a economia ou, pelo menos, certo sector económico;
– uma intenção, assumida ou subconsciente, de aderir a essas leis ou de as contrariar.

III. A ideia de regulação económica pressupõe, por parte do regulador, um programa ou uma "ideia". Regula-se o mercado do pão para permitir que todos, a ele, tenham acesso; regulam-se os medicamentos para conter os lucros das multinacionais farmacêuticas; regula-se o crédito para salvaguardar a estabilidade dos preços; regula-se o mercado financeiro para atestar a confiança no sistema, como exemplos.

Conforme a "ideia" – a ideologia, no sentido mais amplo do termo –, assim se decidirá se se impõe, ou não, uma regulação económica e qual o sentido da mesma. Ainda há outras opções subjacentes, como a de saber a quem cabe a regulação – se ao Estado, se a um organismo público independentemente ou se aos próprios particulares – quem a efetiva e quem a fiscaliza.

IV. A regulação – entenda-se, daqui para a frente: económica – manifestou-se, ao longo da História, das mais diversas formas e com os mais variados objetivos. Torna-se, assim, de definição algo difícil[2648], dificuldade essa que intentamos superar com a ideia, acima inserida, da "regulação económica".

Além disso, a regulação tem vindo a drenar, para o seu próprio terreno, a discussão – que até há bem pouco tempo parecia incontornável – sobre o modelo preferível de sociedade e, designadamente, se o mesmo deveria ser capitalista ou socialista. A presença e a intensificação da regulação – *maxime*, com objetivos populares – são reclamadas pelos sucessores do socialismo, enquanto a sua ausência ou, no máximo, uma regulação defensora do próprio mercado são propugnadas pelos herdeiros do capitalismo. Temos, pois, uma temática ideológica subjacente[2649] que, embora matizada, mais contribui para nebular a noção: depende do papel que se atribua ao Estado[2650] – e, logo, à pessoa individual – no funcionamento da economia.

Todavia: temos de, da regulação, fazer um instrumento jurídico-científico dogmaticamente aproveitável.

[2648] *Vide* Eduardo Paz Ferreira, *Direito da economia* (2003), 394 ss. e *Regulação económica em Portugal: objecto, instrumentos, problemas e perspectivas/Sumário de uma lição de síntese* (2004), 11, particularmente quando refere as dificuldades na construção de um conceito unitário de regulação.

[2649] Elucidativo: José Luís Saldanha Sanches, *A regulação: história breve de um conceito*, ROA 2000, 5-22.

[2650] Em geral: Carlos Costa Pina, *Instituições e mercados financeiros* cit., 99.

407. **Origem e evolução; o teor técnico**

I. Encontramos, nas mais diversas sociedades organizadas, manifestações de regulação. Em certo sentido, ela terá mesmo antecedido o Direito: antes de legitimar, em abstrato, o contrato, a propriedade e as pessoas, a Humanidade terá feito funcionar as trocas imediatas, disciplinando a sua efetivação.

No Império Romano, em várias ocasiões – e de modo crescente com o avanço do declínio – houve que providenciar quanto a bens essenciais, assegurando o aprovisionamento e tornando-os acessíveis, em contradição com o que resultaria de puras coordenadas económicas. Também ao longo da Idade Média, as corporações tinham, como objetivo, disciplinar a oferta (e a procura) de certos bens, o seu fabrico (a sua qualidade) e o seu destino, de modo a assegurar seja a sua dispersão acessível, seja a rendibilidade das profissões produtoras.

A regulação ganharia um novo sentido justamente a partir do momento da sua supressão, pelas revoluções liberais do século XIX. Aí, os inconvenientes de um mercado puro ("não-regulado"), por insuficiência intrínseca (falta de bens não-rendíveis), por autodestruição do mesmo (concentração capitalista e, no limite, monopólio) ou por ataque exterior (concorrência estrangeira ou interferência do Estado) levaram, novamente, a pôr a hipótese de uma (boa) regulação.

II. Como primeiras experiências reguladoras vêm referidas as norte-americanas[2651]. Digamos, em traços largos[2652], que na Europa, perante problemas de tipo económico e mau grado o liberalismo oficial, os Estados intervinham abertamente, praticando, eles próprios, atos económicos, encomendando-os ou proibindo-os. Nos Estados-Unidos, o efetivo apego ao liberalismo formal, a dimensão do território, a tradição de liberdade e de auto-organização dos colonos e as próprias vantagens de coor-

[2651] Sobre toda esta matéria: Vital Moreira, *Auto-regulação profissional e Administração Pública* (1997), 11 ss., 17 ss., 34 ss. e *passim* e Vital Moreira/Fernanda Maçãs, *Autoridades reguladoras independentes/Estudo e projecto de lei-quadro* (2003), 9 ss., 17 ss. e *passim*.

[2652] A presente exposição visa situar a matéria e não, propriamente, um excurso histórico rigoroso, o qual pode ser confrontado na bibliografia citada.

denar as manifestações da livre-iniciativa[2653] levaram ao aparecimento de comissões reguladoras independentes[2654]. A partir daí, a regulação – que se distinguia da comum regulamentação jurídica pela sua natureza assumidamente económica – passa a contrapor-se às demais regras por um critério também subjetivo: agrupa normas dimanadas por entidades diferentes do Estado[2655].

III. Na Europa, o fenómeno da regulação é tardio: muitas vezes, ele é associado, nos escritos sobre o tema, às privatizações ocorridas nas duas últimas décadas do século XX e com o seguinte (sub)entendimento: o Estado privatizou; todavia, perante os "malefícios" daí derivados, passou a regular o sector, de modo a prevenir os excessos do liberalismo.

Tais asserções são simplistas: não correspondem à verdade histórica[2656], particularmente no sector financeiro e pretendem politizar uma questão que, antes de mais, assume natureza técnica ou, mesmo, científica.

IV. O liberalismo tem diversas fraquezas entre as quais podemos inserir a irracionalidade dos agentes económicos. No sector financeiro, essa irracionalidade conduz aos chamados "riscos sistémicos": se consta, no mercado, que um determinado banqueiro está em dificuldades, pode haver uma corrida geral ao levantamento dos depósitos, com isso entrando em colapso todo o sistema financeiro. Noutra dimensão: podem os banqueiros, com o fito de maximizar os lucros, aumentar desmesuradamente

[2653] Tal o caso dos caminhos de ferro, que deram azo, em 1887, à *Interstate Commerce Commission*, para regular ("supervisionar a organização e a gestão") o transporte rodoviário: Vital Moreira/Fernanda Maçãs, *Autoridades reguladoras independentes* cit., 17, nota 10.

[2654] Como meros exemplos: o *Federal Reserve Board* (política monetária), a *Securities and Exchange Commission* (mercado mobiliário) e a *Environmental Protection Agency* (ambiente).

[2655] Carlos Costa Pina, *Instituições e mercados financeiros* cit., 135 ss., com elementos.

[2656] Ignora, ainda, a regulação existente durante o Estado Novo, nos mais diversos sectores: comissões reguladoras, que disciplinavam as importações; juntas nacionais, que se ocupavam da melhoria da produção e da distribuição; institutos de qualidade, que geriam a qualidade de certos produtos, particularmente para a exportação. É certo que, na época, o modelo do mercado era oficialmente combatido. Fica, porém, a pergunta: até que ponto o atual surto de "regulações" não radica nos hábitos e nas tradições que mergulham no Estado Novo e, mais além, nas organizações tradicionais?

os juros – o custo do dinheiro. Com isso deprimem o mercado, coartam os investimentos e perdem – com todos os outros agentes – dinheiro.

O problema resolveu-se, historicamente, com uma regulação adequada: um corpo de regras, permanentemente adaptáveis, sensíveis às consequências a que conduzam, que não prejudiquem a atividade mas que, no dia-a-dia, combatam os excessos e, sobretudo: deem confiança aos operadores. As regras assim surgidas são obra de especialistas: só estes sabem como "mexer" no sector sem o afetar. Não valem as grandes opções políticas que animam os parlamentos (ou os governos ditadoriais): as escolhas são técnicas, guiadas pela experiência e pela teoria bancárias. A regulação distingue-se, assim, da legiferação por ter um conteúdo e uma preocupação técnico-científicos, de acordo com o sector a que se dirija.

Entre nós – como nos outros países europeus – desde o início do século XX se vinha manifestando uma regulação financeira[2657] – normalmente dita: supervisão bancária – autonomizada pela natureza técnica das suas normas, igualmente aplicáveis, fosse qual fosse a natureza (pública ou privada!) da entidade "regulada".

V. Podemos assim considerar que, mercê da apontada evolução, surge, na regulação, uma confluência dos seguintes vetores:

– estabelecimento de regras com objetivos económicos;
– aprontadas por entidades diferentes das que fazem as leis "normais";
– e com um teor técnico-científico que exige cuidados e preparações diferentes dos dos comuns legisladores.

Podemos, *grosso modo*, considerar que sendo de origem estruturalmente económica, a regulação permitiu o desenvolvimento de técnicas de ordenação "branda", suscetíveis de utilização em áreas não-económicas ou, à partida, não diretamente económicas. Fala-se, assim, de uma "regulação social", para atuar em áreas como a da comunicação social[2658].

[2657] Ou anteriormente; *vide* José Nunes Pereira, *Regulação do mercado de capitais*, em *ERSE/A regulação em Portugal* (2000), 9-31 (13) e Abel Mateus, *Regulação da moeda e dos mercados financeiros*, *idem*, 109-125 (109 ss.), bem como a referência de Simões Patrício, *Direito bancário privado* cit., 41.

[2658] Vital Moreira, *Auto-regulação profissional* cit., 39 e Ana Roque, *Regulação do mercado/Novas tendências* (2004), 22 ss..

408. Tipos de regulação

I. O fenómeno da regulação é suscetível de diversas classificações e ordenações, em função de distintos critérios[2659]. Num primeiro grupo, cumpre distinguir a origem, a autoria e o âmbito da regulação. Quanto à origem, ela pode ser:

– espontânea;
– corporativa;
– legal,

conforme seja adotada livremente pelos interessados (convenções coletivas de trabalho, entre sindicatos e associações de empregadores), seja imposta pelos interessados (ordens profissionais, antes de legalmente obrigatórias) ou seja produto de uma norma legal.

Quanto à autoria, temos regulações:

– estadual;
– administrativa independente;
– corporativa,

consoante a autoridade reguladora seja o próprio Estado (ou uma entidade dele dependente), uma entidade pública independente do Estado (hoje: o Banco de Portugal) ou uma entidade privada (hoje: o sindicato dos jornalistas).

Quanto ao âmbito, há várias classificações possíveis. Por atividades, ocorre a regulação:

– geral; e a
– sectorial,

segundo, respetivamente, atinja uma generalidade indistinta de sectores (assim: a concorrência) ou apenas um sector (o bancário). Esta classificação foi expressamente adotada pelo artigo 6.º/4 do Decreto-Lei n.º 10/2003, de 18 de janeiro, que cria a Autoridade da Concorrência e que enumera, nesse preceito, "entidades reguladoras sectoriais", entre as quais

[2659] *Vide* Eduardo Paz Ferreira, *Direito da economia* cit., 400 ss. e Vital Moreira, *Auto-regulação profissional* cit., 39 ss..

o Banco de Portugal, o Instituto de Seguros de Portugal e a Comissão do Mercado de Valores Mobiliários.

Pelo âmbito geográfico, constatam-se regulações:

– nacional;
– regional;
– europeia;
– internacional,

em obediência ao universo dos "regulados". A regulação exercida pelo Banco de Portugal é nacional, enquanto a que cabe ao Banco Central Europeu é ... europeia.

II. No tocante ao escopo da regulação, podemos distinguir três modalidades:

– para tutela da atividade;
– para tutela de terceiros;
– mista,

conforme ela vise a defesa do próprio sector regulado, de terceiras autoridades (p. ex., consumidores) ou, como predomina hoje, ambas essas realidades.

III. Temos, depois, o objeto de regulação e o modo por que ela seja prosseguida. Quanto ao objeto, a regulação poderá ser:

– económica;
– social;
– deontológica,

em consequência com a localização da atividade que vise.

O modo por que seja levada a cabo permite várias distinções. Temos regulações:

– estadual;
– independente,

conforme se submeta, ou não, à superintendência do governo[2660].

[2660] Cabe referir Carlos Blanco de Morais, *As autoridades administrativas independentes na ordem jurídica portuguesa*, ROA 2001, 101-154.

Noutro prisma, ela pode ser:

– rígida;
– informal,

consoante seja ou não publicitada, ou:

– concreta;
– flexível,

segundo dê lugar a determinações específicas ou admita composições.

IV. Finalmente, de acordo com a natureza das regras, podemos distinguir:

– supervisão técnica: assegura-se das características de certos bens e serviços; p. ex., as características dos caminhos de ferro;
– técnico-jurídica: prepara regras adaptadas ao sector, em obediência a regras físicas ou da natureza; p. ex., homologação de aeronaves;
– prudencial: define bitolas de conduta cautelosa requeridas por ciências humanas especializadas; p. ex., a regulação prudencial bancária;
– deontológicas: assegura cânones de conduta profissional;
– legal: preocupa-se com regras gerais, abstratas e objetivas de atuação; p. ex., instrumentos de regulamentação laboral coletiva.

409. **Poderes de regulação; vantagens e desvantagens**

I. À partida, a regulação consistiria apenas em dimanar certas regras, gerais e abstratas. Todavia, a evolução do fenómeno mostrou que, por razões de eficácia, devia haver outros poderes envolvidos. Assim, temos[2661]:

– poderes de informação e de acompanhamento;
– poderes normativos;
– poderes de decisão concreta;
– poderes de fiscalização;
– poderes de sanção.

[2661] Alguns elementos em Vital Moreira/Fernanda Maçãs, *Autoridades reguladoras independentes* cit., 33 ss..

Os poderes de informação e de acompanhamento permitem à entidade reguladora inteirar-se das situações que caiam sob a sua alçada e acompanhar os desempenhos das entidades "reguladas". Os poderes normativos – o cerne da regulação – dão azo às regras gerais e abstratas preparadas para o sector. Os poderes de decisão concreta facultam autorizações, licenças, proibições, medidas de reestruturação, registos e outras. Os poderes de fiscalização visam apreender a observância do que tenha sido determinado. Finalmente: os poderes de sanção previnem e retribuem violações perpetradas.

II. Estamos no campo da autoridade e, por isso, do Direito público. Têm aplicação os princípios da igualdade, da proporcionalidade, da justiça, da imparcialidade e da boa-fé, prescritos no artigo 266.º/2 da Constituição e isso sem necessidade de reeditar a discussão de saber se se está, ainda, perante a Administração Pública: havendo poderes de autoridade, tanto basta para, materialmente, cairmos nessa norma.

III. Pergunta-se, por fim, como apreciar o fenómeno da regulação. Em abstrato, pouco se pode avançar: a regulação será um bem ou um mal conforme as coordenadas que a situem e consoante a forma por que seja exercida. De todo o modo, podemos apontar como vantagens tendenciais:

- a independência do Estado: quando estabelecida, ela põe a regulação ao abrigo da turbulência política e de pressões político-partidárias;
- a competência técnica: servida por especialistas e devidamente apoiada, a regulação pode agir em áreas delicadas para as quais o Estado ou a Administração comum não têm valências;
- a capacidade persuasiva: próxima dos destinatários e prestigiada, a regulação liberta-se da imagem negativa associada ao Estado;
- a flexibilidade: agindo dentro da lei mas aquém dela, a regulação pode preservar sem espartilhar.

IV. No sector das desvantagens, temos:

- o despesismo: uma autoridade reguladora, devidamente assessorada, apoiada e instalada (ou não funciona bem) é cara; os seus titulares e demais técnicos devem ser bem pagos, como penhor de independência e de capacidade técnica; ora tudo isso acabará ou nos contribuintes ou nos "regulados";

- o corporativismo: escapando ao controlo do Estado, a autoridade reguladora pode cair nas mãos dos "regulados"; passará a defender os interesses da classe ou do sector, em detrimento do interesse geral;
- a burocracia e o imobilismo: temos, na supervisão, mais um elemento de controlo, com exigências formais e perdas de tempo; perante reformas, as entidades supervisoras instaladas – e, para mais, independentes – representam (ou podem fazê-lo) uma trincheira de conservadorismo e de reação a novas ideias; a sua renovação é sempre problemática;
- o autoritarismo: dispondo, para mais, de conceitos abstratos (*maxime*: o interesse público), as supervisões podem descambar num exercício gratuito de demonstrações de poder, prejudicando o sector no seu todo.

V. Nalguns casos, a regulação é inevitável: o sector financeiro. Noutros, poderemos discutir. A lista das entidades reguladoras, entre nós, todavia, é impressionante.

Devemos chamar a atenção para um perigo real: o de, no afã de tudo regular, se esquecerem algumas características específicas da nossa Terra e das nossas Gentes. Com frequência, o técnico razoável julga-se superciente, quando promovido a poderes de autoridade. O estudo dá Ciência: a autoridade não: ela só prejudica o estudo. Também com frequência, os dirigentes desenvolvem uma mentalidade policial: desconfiar e descobrir. A dimensão do País não justifica certas pretensões: quantos operadores elétricos, ferroviários, de telecomunicações ou outros, de massa crítica viável, será possível pôr em concorrência num retângulo de 10 milhões de almas? Particularmente pernicioso será o colocar as nossas empresas, por excesso de regulação, em situação de desvantagem perante a concorrência estrangeira.

Cabe ao legislador decidir com prudência, antes de montar (dispendiosos) mecanismos de regulação.

§ 101.º A SUPERVISÃO EM GERAL; ELEMENTOS EUROPEUS

410. **Ideia e objetivos gerais**

I. A supervisão surge como uma designação tradicional da regulação, dentro do sector bancário. Dada a precedência histórico-cultural e técnica que a regulação bancária assume, em relação à generalidade das outras formas de regulação, nenhum inconveniente existe em manter a terminologia própria.

De todo o modo, por influência anglo-saxónica, tem-se divulgado, junto dos nossos estudiosos do Direito bancário, a referência a uma "regulação" bancária ou financeira, em detrimento da tradicional (ou mais tradicional) supervisão[2662]. Sendo assim, tornar-se-ia possível reservar "supervisão" para os poderes de acompanhamento que cabem na regulação. Mas também poderíamos proceder de forma inversa, acantonando a "regulação" nos poderes normativos ínsitos na supervisão.

Tudo visto, usaremos preferencialmente "supervisão" com o sentido de regulação bancária ou financeira.

II. Em Direito bancário, a supervisão tem um alcance bem mais lato do que a "supervisão" administrativa ou a "tutela" privada[2663]. Podemos,

[2662] Assim: Mathias Dewatripont/Jean Tirole, *The Prudencial Regulation of Banks*, trad. ingl. (1994), 29 ss., Ross Cranston, *Principles of Banking Law* (1997), 68 ss. e Carnell/Macey/Miller, *The Law of Banking* cit., 4.ª ed., 53 ss..

[2663] Poderíamos, assim, questionar se o termo está bem escolhido; na Alemanha usa-se *Bankenaufsicht* – vigilância ou fiscalização dos bancos ou, à letra, "supervisão" –, em França, "controle" e, em Itália, "vigilância"; *vide*, respetivamente, Fischer/Klanten, *Bankrecht* cit., 3.ª ed., 39 ss., Jean-Pierre Deschanel, *Droit bancaire* cit., 76 ss. e Ferro-Luzzi/ /Castaldi, *La nuova legge bancaria* cit., 1, 157 ss.. A "supervisão" bancária portuguesa surge-nos em textos comunitários, provavelmente numa tradução literal de *Aufsicht*: tecnicamente imperfeita, dado o sentido administrativo antes consagrado. De todo o modo, "supervisão" está, hoje, definitivamente assente, entre nós, no domínio bancário.

em geral, enunciá-la como a atuação desenvolvida pelo Estado ou por outros entes públicos sobre os banqueiros, de modo a controlar a sua atividade. À partida, será possível uma distinção entre a supervisão geral e a supervisão estrita ou supervisão em sentido próprio[2664]: a primeira reporta-se ao acompanhamento dos mercados monetário e financeiro e ao acompanhamento da banca, enquanto sector económico, dando azo a Diretrizes, determinações genéricas e medidas como o manuseio das taxas de juros; a segunda prende-se com o controlo individual de cada instituição, proporcionando atos administrativos singulares, determinações concretas e sanções[2665].

A necessidade de supervisão bancária veio a afirmar-se desde o aparecimento da banca. Na História mais recente, a supervisão documenta-se, em Itália, a partir do século XVI. De então para cá, ela tem vindo a assumir formas e estatutos muito variados, servindo, ainda, objetivos diversos.

III. A primeira e mais simples finalidade da supervisão é a de sujeitar a banca ao poder do Estado. Como se viu, este, desde cedo interveio na emissão de moeda, procedendo à sua cunhagem e garantindo o peso e a qualidade dos metais amoedados. Logo então, em reconstituição racional, o Estado apercebeu-se que podia manipular os fatores monetários, faturando, a seu favor, uma mais-valia. Compreende-se que, aquando do aparecimento da moeda fiduciária e, mais latamente, da moeda bancária, o Estado não tenha querido prescindir das suas prerrogativas monetárias: isso implicava, no mínimo, fiscalizar os banqueiros. Este filão pode ser seguido, até aos nossos dias: o Estado assegura a circulação do papel-moeda, controlando, obviamente, os bancos emissores. O Estado tem uma política económica cuja concretização implica, pelo menos, a colaboração da banca: há que traçar canais de comando, também nesse sentido. Podemos, em suma, falar num objetivo de política económico-financeira, da supervisão.

[2664] Siegfried Kümpel, *Bank- und Kapitalmarktrecht*, 1.ª ed. (1995), 1366 ss.; na atual 4.ª ed., esta matéria tem uma arrumação muito diversa. Quanto à supervisão bancária cumpre citar as obras maciças de Hartmut Bieg, *Bankbilanzen und Bankenaufsicht* (1983) e de Gerd Waschbuch, *Bankenaufsicht/Die Überwachung der Kreditinstitute und Finanzdienstleistungsinstitute nach dem Gesetz über das Kreditwesen* (2000), 654 pp. e referir Enrico Gianfelici, *Il Codice della banca*, 3.ª ed. (1999).

[2665] Lars Brocker, *Bankenaufsicht,* em Derleder/Knops/Bamberger, *Handbuch zum deutschen und europäischen Bankrecht,* 2.ª ed. (2009), 1933-1952, com indicações atualizadas.

IV. O aparecimento de banqueiros, sobretudo após o surgimento da moeda fiduciária, deu azo a crises graves[2666]. A falência do banqueiro acarretava a das empresas que lhe haviam entregue as suas economias. Além disso, ela provocava uma corrida do público aos outros banqueiros, pondo em crise mesmo os mais sólidos. O Estado tinha de intervir, seja para salvar banqueiros e empresas em risco, seja para preservar, mais latamente, a confiança no sistema. Rapidamente ficou claro que, desencadeada uma crise, pouco mais se podia fazer do que conceder moratórias ou providenciar o curso obrigatório do papel-moeda. O ideal estava em prevenir as crises. A intervenção do Estado visaria, então, promover uma gestão bancária prudente, de modo a tutelar a confiança do público e a evitar problemas. A supervisão assumia uma função de tutela da banca e do público.

V. A generalização do dinheiro tornou-o algo de omnipresente, nas atividades humanas. As atuações ilícitas e criminosas não são exceção. A criminalidade, de todas as dimensões mas, principalmente, a grande, deixa rastos bancários e serve-se da banca para concretizar, transferir e auferir os proventos alcançados. O Estado é, assim, levado a fiscalizar a banca, de modo a conhecer e, depois, a vedar as atuações ilícitas e criminosas. A supervisão serve, desta feita, objetivos de política criminal.

411. A supervisão prudencial

I. A presença preliminar destes três objetivos, no tocante à supervisão bancária, deixa entender a possibilidade de contradição entre eles. Uma supervisão ao serviço de uma política económico-financeira de dispêndios públicos vai contundir com a tutela prudente da banca e do público. E na mesma linha, a confiança deste vai ser afetada quando o Estado multiplique as atuações de fiscalização criminal, junto das relações do banqueiro com os seus clientes[2667].

O Direito bancário moderno, designadamente sob impulso europeu foi, assim, levado a isolar um conceito muito específico de supervisão bancária. Esta deve restringir-se a um controlo dos banqueiros exercido pelo

[2666] Quanto às crises no desenvolvimento da supervisão bancária: Ross Craston, *Principles of Banking Law* cit., 70 ss..

[2667] Heribert Gierl, *Das Vertrauen der Kunden gewinnen*, Bank 1999, 388-391.

Estado ou por outras entidades públicas, de modo a assegurar os valores da banca. Tais valores são dominados pelas ideias de prudência na atuação bancária e da confiança do público: eis a supervisão prudencial.

II. Como linhas de força problemáticas, na atual supervisão bancária, temos o tema da colaboração entre autoridades estrangeiras de supervisão[2668], os limites à assunção de riscos[2669], a boa reputação dos administradores[2670] e o desenvolvimento da supervisão nas áreas mais elaboradas da arte bancária e do *know how*[2671]. Coloca-se ainda, na ordem do dia, a conveniência – de resto em plena discussão – de limitar, se necessário por via legislativa, o poder não financeiro dos bancos, isto é, a sua capacidade de controlar empresas não financeiras[2672].

III. Outros aspetos em evolução, já referido[2673] e ao qual se regressará, são o da supervisão integrada: banca, seguros e valores mobiliários e o da supervisão em nível europeu[2674]. Será assim possível supervisionar o mercado financeiro, no seu todo[2675].

[2668] Urs Zulauf, *Rechtshilfe – Amtshilfe*, SZW 1995, 50-62 e Wernhard Möschel, *Bankenaufsicht und internationales Geschäft*, ZBB 1989, 168-184.

[2669] Hermann Schulte-Mattler, *Entwicklungstendenzen in der europäischen und internationalen Bankenaufsicht*, ZBB 1994, 333-339, referindo, também, – 333 – o problema da internacionalização.

[2670] Alain Hirsch, *La surveillance des banques en Suisse*, FS Bärmann 1975, 461-469 (463).

[2671] Patrick Trouet, *"Qualitative" Tendenzen im aktuellen Bankenaufsichtsrecht*, WM 1996, 2188-2192 e Hans-Hermann Rixen, *Neuer Grundsatz II: Liquiditätsadäquanz nach dynamischem Mass*, Bank 1999, 248-251.

[2672] Michael-Jürgen Werner, *Freistellung von der fusionsrechtlichen Kontrolle bei einem Anteilserwerb durch ein Kreditinstitut*, WuW 1996, 463-473 e Michael Adams, *Bankenmacht und Deutscher Juristentag*, ZIP 1996, 1590-1602.

[2673] *Supra*, 129 e 195 ss..

[2674] Georg Baur/Martin Boegl, *Die neue europäische Finanzmarktaufsicht/Der Grundstein ist gelegt*, BKR 2011, 177-186.

[2675] Sobre esta matéria dispomos, hoje, do estudo alargado e bem apoiado de Luís Silva Morais, *Modelos de supervisão financeira em Portugal e no contexto da União Europeia* (2016), 183 pp..

412. **Basileia I, II e III**

I. A generalização das trocas e dos movimentos de capitais a nível mundial suscitaram, sobretudo a partir das crises do petróleo dos anos 70 do século XX, uma necessidade crescente de equacionar o problema da supervisão bancária num plano supranacional[2676]. Dois elementos deram substância a essa exigência:

– os acordos do Comité de Basileia;

– as Diretrizes de supervisão bancária.

O Comité de Basileia surgiu em 1974, sendo constituído pelos presidentes dos bancos centrais dos Estados G-10. Foi designado *Comittee on Banking Regulations and Supervisory Practices/Comité de Basileia*, e funciona junto do *Bank of International Settlements* (BIS ou BIZ, em alemão)[2677]. Tarefa do grémio[2678] era a harmonização da supervisão bancária internacional, tendo em vista a solidez do sistema bancário, nos planos nacional e internacional.

Surgiu, assim, o acordo de 26-set.-1975 que, no essencial, fixou as regras de que os bancos estrangeiros também se submetem à supervisão e de que esta deve ser adequada. Trata-se de matéria depois acolhida na 1.ª Diretriz de coordenação bancária – a n.º 77/780/CEE, de 12 de dezembro.

[2676] Neste momento, como obra de referência, temos a recolha de escritos organizado por Gerhard Hofmann, *Basel III, Risikomanagement und neue Bankenaufsicht* (2015), XI + 767 pp..

[2677] Ralf Presber, em Derleder e outros, *Handbuch zum deutschen und europäischen Bankrecht* cit., § 30 (809 ss.). Entre nós: Costa Pina, *Instituições e mercados financeiros* cit., 178 ss..

[2678] Entretanto composto por 55 representantes de bancos centrais e de organismos de supervisão de outros tantos países. O BIS é atualmente regido por um conselho de administração de 19 membros, onde têm assento 6 administradores *ex-officio* (os governadores dos bancos centrais da Bélgica, França, Alemanha, Itália e Reino Unido e o presidente da Reserva Federal americana), que podem designar outros 6 membros da mesma nacionalidade (atualmente, apenas a Itália não exerceu este direito). Os restantes 8 membros (no máximo de 9) foram eleitos de entre os governadores dos demais participantes (atualmente Suécia, Suíça, Japão, México, China, Canadá e União Europeia).

II. Outros eventos, entre os quais a falência, em 1982, do Banco Ambrosiano[2679], levaram a novo acordo, em 1983: a supervisão deveria operar conjuntamente sobre toda a realidade do banco considerado. Este acordo esteve subjacente à Diretriz n.º 83/350/CEE, de 13 de junho, relativa à fiscalização dos estabelecimentos de crédito numa base consolidada, depois substituída pela Diretriz n.º 92/30/CEE, de 6 de abril.

Em julho de 1988, concluiu-se um acordo conhecido como Basileia I: relativo aos fundos próprios dos bancos: na base da Diretriz n.º 89/299/ /CEE, de 17 de abril.

No Outono de 2003, após anos de consulta[2680], surgiu o acordo Basileia II que veio aprofundar o anterior[2681], com importantes consequências ulteriores[2682]. Ele assenta em três planos[2683]:

– exigências mínimas do capital próprio;
– supervisão do Estado sobre essas salvaguardas;
– exigências de publicidade e de transparência dos negócios.

Basileia II esteve na origem das Diretrizes n.º 2006/48/CE e n.º 2006/49/CE, ambas de 14 de junho. A primeira reformulou a matéria atinente à atividade das instituições de crédito, antes contida na Diretriz 2000/12/ /CE[2684]; a segunda, fez outro tanto no que tange à adequação dos fundos próprios das empresas de investimento e das instituições de crédito[2685].

[2679] *Vide* as peripécias que rodearam este caso em Figueiredo Carvalho, *Os sistemas de supervisão prudencial* cit., 90 ss..

[2680] Quanto aos antecedentes: Patrik Buchmüller, Basel II/*Hinwendung zur prinzipienorientierten Bankenaufsicht* (2008), 19 ss..

[2681] Presber, em Derleder, *Handbuch* cit., 810 ss., Kumpel, *Bank und Börsenrecht*, 3.ª ed., 2506 ss. e Costa Pina, *Instituições e mercados financeiros* cit., 186 ss..

[2682] Walther Hadding/Klaus Hopt/Herbert Schimansky, Basel II: *Folgen für Kreditinstitute und ihre Kunden/Bankgeheimnis und Bekämpfung von Geldwäsche* (2004), 153 ss..

[2683] Além da bibliografia já referida: Patrik Buchmüller, *Basel II*, cit., 116 ss. e 164 ss., Andrew Mcknight, *The Law of International Finance* (2008), 67 ss. e, com indicações, Christoph Ohler, *Europäisches Bankenaufsichtsrecht,* em Derleder/Knops/Bamberger, *Handbuch zum deutschen und europäischen Bankrecht,* 2.ª ed. (2009), 2242-2272 (2245 ss.).

[2684] Joce N.º L-177, 1-200, de 30 de junho de 2006.

[2685] Joce N.º L-177, 201-255, de 30 de junho de 2006.

III. A matéria da supervisão daqui resultante, foi condimentada por Diretrizes europeias. A matéria codificada na Diretriz n.º 2000/12/CE, do Parlamento e do Conselho, de 20 de março de 2000[2686], foi recodificada pela Diretriz 2006/48/CE, de 14 de junho, acima referida. Damos apenas uma breve ideia do seu conteúdo, sublinhando que se trata de um diploma hoje revogado:

Título I – Objeto, âmbito de aplicação e definições (1.º a 5.º);
Título II – Condições de acesso à atividade das instituições de crédito e do seu exercício (6.º a 22.º);
Título III – Disposições relativas à liberdade de estabelecimento e à livre prestação de serviços (23.º a 37.º);
Título IV – Relações com países terceiros (38.º e 39.º);
Título V – Princípios e instrumentos técnicos da supervisão prudencial e divulgação de informações (40.º a 149.º);
Título VI – Poderes de execução (150.º e 151.º);
Título VII – Disposições transitórias e finais (152.º a 159.º).

No tocante ao Título V, relativo à supervisão prudencial, temos:

Capítulo 1 – Princípio da supervisão prudencial:
Secção 1 – Competências do Estado-Membro de origem e do Estado-Membro de acolhimento (40.º a 43.º);
Secção 2 – Troca de informações e segredo profissional (44.º a 52.º);
Secção 3 – Obrigações das pessoas encarregadas da revisão legal das contas anuais e das contas consolidadas (53.º);
Secção 4 – Poderes sancionatórios e recurso jurisdicional (54.º e 55.º).
Capítulo 2 – Instrumentos técnicos da supervisão prudencial:
Secção 1 – Fundos próprios (56.º a 67.º);
Secção 2 – Provisão para riscos (68.º a 75.º);
Secção 3 – Requisitos mínimos de fundos próprios para o risco de crédito (76.º a 101.º);
Secção 4 – Requisitos de fundos próprios para o risco operacional (102.º a 105.º);
Secção 5 – Grandes riscos (106.º a 119.º);
Secção 6 – Participações qualificadas fora do domínio financeiro (120.º a 122.º).
Capítulo 3 – Processo de autoavaliação das instituições de crédito (123.º).

[2686] JOCE N.º L-126, 1-59, de 26 de maio de 2000.

Capítulo 4 – Supervisão e divulgação de informações pelas autoridades competentes:
Secção 1 – Supervisão (124.º a 143.º);
Secção 2 – Divulgação de informação pelas autoridades competentes (144.º);
Capítulo 5 – Divulgação de informações pelas instituições de crédito (145.º a 149.º).

As regras em causa foram transpostas para o nosso RGIC[2687].

Fazendo o confronto com a substituída Diretriz 2000/12/CE, de 20 de março[2688], verifica-se um desenvolvimento muito maior do Título V, relativo à supervisão prudencial. Foram ampliados os poderes das autoridades de supervisão e desfibrados os diversos deveres em presença.

III. Depois de Basileia II, prosseguiram as conversações tendentes a aperfeiçoar a supervisão bancária, tendo em especial conta (algumas) lições retiradas da crise 2007/2010. Notícias publicadas em setembro de 2009 davam conta, como sendo prioritárias, das vertentes relativas ao reforço do capital, ao equilíbrio dos riscos e à transparência.

As negociações desembocaram em propostas de reforma de regulação bancária, publicadas em 16 de dezembro de 2010[2689] ou Basileia III. Pretendeu-se aumentar o capital Tier I ou capital de elevada qualidade e prever, ainda, colchões de conservação do capital e contraciclo de capital.

A face mais visível de Basileia III foram a Diretriz 2013/36/UE, de 26 de junho, que revogou as Diretrizes 2006/48/CE e 2006/49/CE e o Regulamento 575/2013, também de 26 de junho. Vamos passá-los em revista.

IV. A Diretriz 2013/36/UE, de 26 de junho, constitui um diploma de especial fôlego[2690]. No sumário oficial, trata-se de uma diretriz relativa ao acesso à atividade das instituições de crédito e à supervisão prudencial das instituições de crédito e empresas de investimento, que altera a Diretriz

[2687] Quanto à harmonização europeia da supervisão bancária: Figueiredo Carvalho, *Os sistemas de supervisão prudencial na União Europeia* cit., 51 ss..

[2688] *Vide* a 3.ª ed. do presente *Manual*, 754.

[2689] *Vide* a versão revista em junho de 2011: *Basel III – A global regulatory framework for more resilient banks and banking systems*, confrontável na Net. As negociações havidas podem ser confrontadas no ponto (1) do Regulamento n.º 575/2013, de 26 de junho, abaixo referido.

[2690] JOUE L-176, 338-436, de 27-jun.-2013.

2002/87/CE e revoga as Diretrizes 2006/48/CE e 2006/49/CE. Antecedida por um longo e esclarecedor programa, em 107 pontos, ela comporta 163 artigos e dois anexos. Reparte-se por onze títulos:

Título I – Objeto, âmbito de aplicação e definições (1.º a 3.º);
Titulo II – Autoridades competentes (4.º a 7.º);
Título III – Condições de acesso à atividade das instituições de crédito e do seu exercício (8.º a 27.º);
Título IV – Capital inicial das empresas de investimento (28.º a 32.º);
Título V – Disposições relativas à liberdade de estabelecimento e à liberdade de prestação de serviços (33.º a 46.º);
Título VI – Relação com países terceiros (47.º e 48.º);
Título VII – Supervisão prudencial (49.º a 142.º);
Título VIII – Divulgação de informações pelas autoridades competentes (143.º e 144.º);
Título IX – Atos delegados e atos de execução (145.º a 149.º);
Título X – Alteração da Diretriz 2002/87 (150.º);
Título XI – Disposições transitórias e finais (151.º a 162.º).

O núcleo da Diretriz é constituído pelo Título VII, relativo à supervisão prudencial. Abrange quatro capítulos, repartidos por secções. Cabe retê-los:

Capítulo 1 – Princípios de supervisão prudencial (49.º a 72.º):

Secção I – Competência e obrigações dos Estados-Membros de origem e de acolhimento (49.º a 52.º);
Secção II – Troca de informações e sigilo profissional (53.º a 62.º);
Secção III – Obrigações das pessoas encarregadas da revisão legal de contas anuais e contas consolidadas (63.º);
Secção IV – Poderes de supervisão, poderes sancionatórios e direito de recurso (64.º a 72.º).

Capítulo 2 – Processos de autoavaliação (73.º a 110.º):

Secção I – Processo de autoavaliação da adequação do capital interno (73.º);
Secção II – Dispositivos, processos e mecanismos das instituições (74.º a 96.º);
Subsecção 1 – Princípios gerais (74.º e 75.º);
Subsecção 2 – Tratamento de riscos (76.º a 87.º);
Subsecção 3 – Governação (88.º a 96.º);

Secção III – Processo de revisão e avaliação pelo supervisor (97.º a 101.º);
Secção IV – Medidas e poderes de supervisão (102.º a 107.º);
Secção V – Nível de aplicação (108.º a 110.º).

Capítulo 3 – Supervisão em base consolidada (111.º a 127.º):

Secção I – Princípios para a supervisão em base consolidada (111.º a 118.º);
Secção II – Companhias financeiras, companhias financeiras mistas e companhias mistas (119.º a 127.º).

Capítulo 4 – Reservas de fundos próprios (128.º a 142.º):

Secção I – Reservas de fundos próprios (128.º a 134.º);
Secção II – Fixação e cálculo da reserva contracíclica de fundos próprios (135.º a 140.º);
Secção III – Medidas de conservação de fundos próprios (141.º e 142.º).

Alguns dos preceitos assim ordenados têm uma grande extensão, descendo-se a pormenores regulamentares.

V. A Diretriz 2013/36/UE foi reforçada pelo Regulamento 575/2013, de 26 de junho, relativo aos requisitos prudenciais para as instituições de crédito e para as empresas de investimento e que altera o Regulamento 648/2012[2691]: um diploma de grande fôlego e pormenor.

VI. A Diretriz 2013/36/UE fixa, no seu artigo 162.º, o prazo de 31 de dezembro de 2013, para a transposição. Em meados de março de 2014, não surgiu ainda qualquer diploma formal nesse sentido. Todavia:

– o Aviso do Banco de Portugal n.º 6/2013, de 23 de dezembro[2692], tomou medidas relativas aos fundos próprios, de tipo gradual, em obediência ao previsto no Regulamento n.º 575/2013 e à Diretriz 2013/36/UE;
– a Lei n.º 1/2014, de 16 de janeiro, procedeu à oitava alteração da Lei n.º 63-A/2008, de 24 de novembro, que estabelece medidas de

[2691] JOUE L-176, 1-337, de 27-jun.-2013; *vide* a Retificação publicada no JOCE L-208, 68-72, de 2-ago.-2013.

[2692] DR 2.ª série, n.º 251, de 27-dez.-2013, 37.000-(2)-37.000-(4).

reforço de solidez financeira das instituições de crédito no âmbito da iniciativa para o reforço da estabilidade financeira e da disponibilização de liquidez nos mercados financeiros.

413. A Autoridade Bancária Europeia

I. A crise de 2007-2014 mostrou que a harmonização do Direito bancário institucional era insuficiente[2693]. Faltava uma entidade de supervisão supranacional, capaz de assegurar um respeito efetivo pelas regras prudenciais da banca. Desde 2000 multiplicavam-se recomendações nesse sentido. Porém, só com a pressão da crise foi possível avançar nesse domínio.

Após preparatórios, foram criadas três Autoridades Europeias de Supervisão:

- a ESMA (*European Securities and Market Authority*), pelo Regulamento 1095/2010, de 24 de novembro, para o sector mobiliário;
- a EBA (*European Banking Authority*), pelo Regulamento 1093/2010, de 24 de novembro, para a banca;
- a EIOPA (*European Insurance and Occupational Pensions Authority*), pelo Regulamento 1094/2010, de 24 de novembro, para os seguros.

A EBA foi constituída, como se disse, pelo Regulamento 1093/2010, de 24 de novembro[2694]. Compreende um preâmbulo extenso, onde, em 69 números, se dá conta da *occasio*: deficiências na supervisão financeira, profíquos preparatórios, objetivos da Autoridade e níveis de concretização. Posto isso, o Regulamento comporta 82 artigos, assim ordenados:

Capítulo I – Criação e estatuto jurídico (1.º a 7.º);
Capítulo II – Atribuições e competências da autoridade (8.º a 39.º);
Capítulo III – Organização (40.º a 53.º):
  Secção 1 – Conselho de Supervisores (40.º a 44.º);
  Secção 2 – Conselho de Administração (45.º a 47.º);

[2693] Quanto à evolução da matéria, neste momento: Alexander Wellerdt, *Organisation of Banking Regulation* (2015), LX + 116 pp.; Matthias Haentjens/Pierre de Gioia-Carabellese, *European Banking and Financial Law* (2015), XXI + 258 pp.; Giuseppe Boccuzzi, *The European Banking Union/Supervision and Resolution* (2016), XVI + 219 pp..

[2694] JOUE L-331, 12-47, de 15-dez.-2010.

Secção 3 – Presidente (48.º a 50.º);
Secção 4 – Diretor executivo (51.º a 53.º).
Capítulo IV – Organismos conjuntos das autoridades europeias de supervisão (54.º a 59.º):
Secção 1 – Comité conjunto das Autoridades Europeias de Supervisão (54.º a 57.º);
Secção 2 – Câmara de recurso (58.º e 59.º).
Capítulo V – Vias de recurso (60.º e 61.º).
Capítulo VI – Disposições financeiras (62.º a 66.º).
Capítulo VII – Disposições gerais (67.º a 82.º).

A sede da EBA fica em Londres.

III. O Regulamento 1093/2010, de 24 de novembro e a EBA dele resultante, foram complementados pela Diretriz 2010/78/UE, também de 24 de novembro[2695], que alterou diversos instrumentos, no que tange às ESMA, EBA e EIOPA. Ficou conhecida, por isso, como Diretriz Omnibus I.

Essa Diretriz foi transposta, no plano bancário, pelo Decreto-Lei n.º 18/2013, de 6 de fevereiro, que alterou o RGIC[2696].

Aguarda-se o produto deste contínuo alargamento da burocracia europeia, muito dispendioso e de evolução difícil de acompanhar.

[2695] JOUE L-331, 120-161, de 15-dez.-2010.
[2696] *Supra*, 1042.

§ 102.º A SUPERVISÃO PORTUGUESA

414. O papel do Ministro das Finanças

I. A análise dos diversos sistemas financeiros revela a existência de múltiplos esquemas de supervisão[2697]. Nuns casos, ela compete ao Banco Central; noutros, a departamentos governamentais; noutros, ainda, a entidades públicas autónomas, distintas do Banco Central. São possíveis soluções mistas, assentes na colaboração entre diversas entidades. Finalmente, como soluções de ponta (Grã-Bretanha e Alemanha), temos supervisões integradas: banca, seguros e valores mobiliários. No Direito português vigente, após a incorporação da antiga Inspeção de Crédito no BP, levada a cabo em 1975, a supervisão concentra-se, essencialmente, neste último[2698]. A matéria foi codificada pelo RGIC.

II. Os artigos 91.º e 93.º-A do RGIC permitem traçar uma contraposição entre a superintendência dos mercados monetário, financeiro e cambial, que compete ao Ministro das Finanças e a supervisão das instituições de crédito, que incumbe ao Banco de Portugal[2699].

O artigo 199.º da CR, fixando a competência administrativa do Governo distingue, na sua alínea *d*)[2700]:

[2697] *Vide Livro branco sobre o sistema financeiro* cit., 1, 335 ss. (338), Basílio Sanca, *Supervisão bancária* (1997, polic.), 12 ss., Filipe Ricardo Mandlate, *Supervisão bancária em Moçambique*, em *Temas de Direito bancário* (1999), 5-68 e Figueiredo Carvalho, *Os sistemas de supervisão prudencial na União Europeia* cit., 193 ss..

[2698] *Idem*, 188 ss., com elementos.

[2699] Augusto de Athayde, *Curso de Direito bancário* cit., 1, 306 ss..

[2700] Gomes Canotilho/Vital Moreira, *Constituição da República Portuguesa Anotada*, 3.ª ed. (1993), 781 ss.. Trata-se da numeração recebida na revisão de 1997; anteriormente, era o artigo 202.º; ainda a revisão de 1997 alterou o preceito citado, de modo a alargar a tutela, também, à administração indireta.

– dirigir os serviços e a atividade da administração direta;
– superintender na administração indireta;
– exercer a tutela sobre esta e sobre a administração autónoma.

A administração direta depende hierarquicamente do Governo. A este cabe, pois, conformar a sua atuação, através dos poderes de direção.

A administração indireta não está nessa dependência; no entanto, corresponde a uma forma de administração pública, dando corpo a uma devolução, a seu favor, de poderes do Estado[2701]. Tais poderes são entregues a entidades dotadas de autonomia, com personalidade jurídica, mas em relação às quais o Governo pode intervir, a diversos títulos:
– definindo orientações gerais;
– autorizando ou aprovando certos atos;
– exigindo informações;
– ordenando inspeções ou inquéritos.

É a superintendência, muitas vezes e sobretudo na prática das empresas públicas, confundida com a tutela.

Finalmente, a administração autónoma corresponde a interesses próprios daquilo que representa; pense-se, por exemplo, nas autarquias. Sobre elas recai a tutela que é, tão-só, um controlo, normalmente de legalidade, mas que não permite indicações ou instruções[2702]. A tutela, tal como a superintendência, exigem normas que as legitimem e as delimitem.

III. Com estes elementos, logo verificamos que a superintendência referida no artigo 91.º/1 do RGIC se reporta aos agentes dos mercados monetário, financeiro e cambial que tenham a qualidade de administração indireta do Estado e, designadamente, institutos públicos, associações públicas e empresas públicas. O artigo 91.º/1 do RGIC não atribui, porém, quaisquer poderes concretos de superintendência, em relação a nenhuma dessas entidades. Trata-se, pois, de uma norma que pressupõe outras regras que, concretamente, fixem a relação de administração indireta e, depois, concedam, ao Governo, determinados poderes. Em suma: o artigo 91.º/1 do RGIC, ao referir a superintendência do Ministro das Finanças, limita-se a determinar que os diversos poderes de superintendência atribuídos ao

[2701] Diogo Freitas do Amaral, *Curso de Direito Administrativo*, 2.ª ed. (1994), 337 ss..
[2702] *Idem*, 708 ss..

Governo, por outras leis, relativas à administração indireta, sejam reportados a esse Ministro.

O artigo 91.º/1 em causa refere superintendência. Pensamos, porém, que ele abrange também, a tutela, em sentido técnico, designadamente no tocante às empresas públicas.

IV. A superintendência do Ministro das Finanças é delimitada, positiva e negativamente, pelos artigos 91.º/2 e 92.º do RGIC.

O artigo 91.º/2 prevê poderes excecionais do Governo. Quando, "... nos mercados monetário, financeiro e cambial se verifique perturbação que ponha em grave perigo a economia nacional ...", pode o Governo, por portaria conjunta do Primeiro Ministro e do MF, ouvido o BP, ordenar medidas apropriadas, "... nomeadamente a suspensão temporária de mercados determinados ou de certas categorias de operações, ou ainda o encerramento temporário de instituições de crédito". Trata-se, na verdade, de ocorrências extraordinárias, a enfrentar de modo imediato, sem possibilidade prática de se recorrer a qualquer outro órgão que não seja o Governo. As medidas em causa têm a ver com a perturbação dos mercados, não se confundindo com o saneamento das instituições de crédito, previsto nos artigos 139.º e seguintes do RGIC[2703]. Temos aqui um dispositivo que vem alargar a superintendência do Governo, pelo que falaremos numa delimitação positiva.

V. O artigo 92.º do RGIC, versão original, atribuía ao BP a orientação e a fiscalização dos mercados monetário e financeiro, "... tendo em atenção a política económica e social do Governo". Esta regra conciliava-se com a da superintendência do MF, referida no artigo 91.º/1, da seguinte forma:

- o artigo 91.º/1 postula sempre outras normas que atribuam poderes concretos ao Governo, no âmbito da chamada administração indireta; limita-se a dizer que, quando tais poderes existam, eles cabem ao MF;
- o artigo 92.º consignava uma competência genérica do BP: em tudo o que não seja expressamente atribuído ao Governo, a orientação e fiscalização dos mercados monetário e financeiro compete ao BP.

[2703] José Maria Pires, *Direito bancário* cit., 1, 133.

Não víamos que pudesse haver uma competência cumulativa, tanto mais que o BP é independente do Governo, numa evolução consumada com os Tratados de Maastricht e de Amesterdão[2704].

Todavia, o Decreto-Lei n.º 201/2002, de 26 de setembro, veio dar nova redação ao artigo 92.º do RGIC, pela forma seguinte:

> Nos termos da sua Lei Orgânica, compete ao Banco de Portugal:
>
> *a*) Orientar e fiscalizar os mercados monetário e cambial, bem como regular, fiscalizar e promover o bom funcionamento dos sistemas de pagamento, designadamente no âmbito da sua participação no Sistema Europeu de Bancos Centrais;
>
> *b*) Recolher e elaborar as estatísticas monetárias, financeiras, cambiais e da balança de pagamentos, designadamente no âmbito da sua colaboração com o Banco Central Europeu.

As (ténues) ligações entre o Governo e o Banco de Portugal ficaram quebradas, em obediência à autonomia do SEBC/BCE.

415. A articulação com outras supervisões

I. As funções do Banco de Portugal, no tocante à supervisão, articulam-se, ainda, com outras entidades "reguladoras"[2705]. Em primeira linha, põe-se o problema da sua ordenação perante as entidades reguladoras gerais, como é o caso da autoridade da concorrência. O artigo 9.º dos Estatutos da Autoridade da Concorrência, aprovados pelo Decreto-Lei n.º 125/2014, de 18 de agosto, que trata *ex professo* o problema, parece remetê-lo para leis especiais: n.º 2 e n.º 3. Até ao surgimento de tais leis, devemos concluir, pelos princípios gerais, que a autoridade do Banco de Portugal, sendo "sectorial", prevalece, no domínio financeiro, sobre a da Autoridade da Concorrência. Esta não pode atuar no campo estritamente bancário, nem pertence ao SEBC.

[2704] Assim o explicámos na 2.ª ed. do presente *Manual*, 163.

[2705] Para o conhecimento da matéria da supervisão, é importante a consulta do *Relatório Anual do Banco de Portugal* (neste momento, o de 2013 é o último publicado) e a do *Relatório sobre a Situação Geral dos Mercados de Valores Mobiliários*, da CMVM (também neste momento, o de 2013 é o disponível). Do ISP, temos disponível o *Relatório do Setor Segurador e Fundos de Pensões*, de 2012.

II. Temos, depois, o papel da CMVM, a qual tem as atribuições seguintes – artigo 353.º do CVM[2706]:

a) A supervisão das formas organizadas de negociação de instrumentos financeiros, das ofertas públicas relativas a valores mobiliários, da compensação e da liquidação de operações àqueles respeitantes, dos sistemas centralizados de valores mobiliários e das entidades referidas no artigo 359.º;

b) A regulação dos mercados de valores mobiliários, das ofertas públicas relativas a valores mobiliários, das atividades exercidas pelas entidades sujeitas à sua supervisão e de outras matérias previstas neste Código e em legislação complementar.

c) A supervisão e regulação dos deveres de conduta das entidades que se proponham a celebrar ou mediar contratos de seguros ligados a fundos de investimento ou a comercializar contratos de adesão individual a fundos de pensões abertos.

Por seu turno, o artigo 4.º/1, do Estatuto da CMVM, aprovado pelo Decreto-Lei n.º 5/2015, de 8 de janeiro[2707], atribui a essa entidade o exercício das funções de supervisão, nos termos do CVM.

De notar que a CMVM está sujeita à tutela do Ministro das Finanças, nos termos do artigo 2.º/2 do seu Estatuto.

III. Finalmente, o artigo 20.º do Regime Geral da Atividade Seguradora (RGAS), aprovado pela Lei n.º 147/2015, de 9 de setembro[2708], dispõe:

1. A ASF é a autoridade competente para o exercício da supervisão:

a) Da atividade das empresas de seguros e de resseguros com sede em Portugal, incluindo a atividade exercida no território de outros Estados membros pelas respetivas sucursais ou aí exercida em livre prestação de serviços, bem como da atividade exercida em território fora da União Europeia;

b) Da atividade exercida em território português por sucursais de empresas de seguros e de resseguros de um país terceiro;

[2706] No revogado CódMVM, a matéria surgia no artigo 12.º/1.

[2707] Diploma alterado pela Lei n.º 148/2015, de 9 de setembro.

[2708] Quanto ao RGAS de 2015, *vide* o nosso *Direito dos seguros*, 2.ª ed. (2016), 379 ss..

c) Do cumprimento das normas legais, regulamentares e administrativas aplicáveis às empresas de seguros e de resseguros com sede em outro Estado membro que operem em Portugal através de uma sucursal ou em livre prestação de serviços, sem prejuízo da competência exclusiva da autoridade de supervisão do Estado membro de origem m matéria de supervisão financeira;

d) De grupos seguradores e resseguradores, nos termos do presente regime.

2. O disposto no número anterior não prejudica as atribuições da Comissão do Mercado de Valores Mobiliários relativamente a produtos de seguros ligados a fundos de investimento.

(...)

A Autoridade de Supervisão de Seguros (ASF) rege-se pelo Estatuto aprovado pelo Decreto-Lei n.º 1/2015, de 6 de janeiro[2709], sendo independente (4.º). Tem atribuições alargadas (7.º), particularmente no campo da supervisão (7.º/2). O Conselho de Administração da ASF pode aprovar normas regulamentares (16.º/3)[2710].

IV. Em termos práticos, não é possível estabelecer uma fronteira rígida entre os mercados monetário, financeiro e segurador, por um lado e mobiliário, por outro. Resulta, daí, ainda que por prismas diversos, uma sujeição de certas áreas a uma fiscalização simultânea do BP, do ISP e da CMVM. O artigo 93.º/2 do RGIC, ainda que a propósito da supervisão, confirma-o. Essa confluência e a riqueza das regras existentes – basta pensar no RGIC, no CVM e na supervisão relativa aos seguros – tornam o sistema português no mais complexo que conhecemos[2711]. Abaixo faremos referência às primeiras tentativas de harmonização do sistema e aos desenvolvimentos que nesta matéria se têm feito sentir, a nível europeu e nacional.

416. As atribuições do Banco de Portugal

I. O RGIC refere a supervisão das instituições de crédito, em termos bem distintos da superintendência do MF, como foi visto[2712]. A evolução

[2709] *Direito dos seguros*, 2.ª ed., 345 ss..

[2710] *Idem*, 346 ss..

[2711] Quanto ao CódMVM, Menezes Cordeiro, *Ofertas públicas de aquisição*, ROA 1996, 499-533 (504).

[2712] Um notável esforço de clarificação terminológica e conceitual foi levada a cabo

histórica, acima sumariada, permitiu isolar a supervisão como um tipo de controlo levado a cabo com fitos predominantemente bancários e tendo em vista, muito em especial, a prudência do banqueiro e a confiança dos seus clientes. Essa ideia fica explícita, perante o artigo 94.º do RGIC, que contempla o princípio geral das normas prudenciais[2713]:

> As instituições de crédito devem aplicar os fundos de que dispõem de modo a assegurar a todo o tempo níveis adequados de liquidez e solvabilidade.

A supervisão das instituições de crédito, especialmente a prudencial, incluindo a da atividade que exerçam no estrangeiro, incumbe ao BP, de acordo com a sua LO e o RGIC, segundo o artigo 93.º/1 deste último diploma. Nos termos da remissão do artigo 174.º-A do RGIC, a supervisão das sociedades financeiras cabe, também, ao BP, com aplicação das mesmas regras, salvo as necessárias adaptações. E por via do artigo 199.º-C, recai, finalmente, sobre o BP a supervisão das empresas de investimento e das sociedades gestoras de fundos de investimento.

II. Da supervisão do BP distinguem-se as normas prudenciais. O primeiro é um poder, conferido por lei, ao Banco Central; as segundas são regras de conduta que prosseguem, em primeira linha, a gestão bancária prudente e a confiança do público. Embora a supervisão do BP pressuponha a existência de normas prudenciais, é metodologicamente indicado principiar pela primeira: além de não ser, apenas, prudencial, ela antecedeu, historicamente, a própria ideia de "norma prudencial". Por ela há, pois, que começar.

III. A LO do BP de 1990 atribuía-lhe, no seu artigo 21.º, a competência para orientar e fiscalizar os mercados monetário, financeiro e cambial: matéria que pertence a uma supervisão lata. Na LO vigente, a matéria está dispersa: o artigo 15.º refere a orientação e fiscalização dos mercados

por Conceição Nunes, *Direito bancário* cit., 1, 122 ss.; no entanto, o RGIC veio estabelecer quadros diversos.

[2713] Este preceito deve ser aproximado do artigo 17.º/1, da Lei Orgânica do Banco de Portugal, abaixo referida, segundo a qual cabe a este Banco:

> (...) exercer a supervisão das instituições de crédito, sociedades financeiras e outras entidades que lhe estejam legalmente sujeitas, nomeadamente (...).

monetário e cambial, enquanto a matéria financeira parece ter transitado para a supervisão propriamente dita – artigo 17.º. De todo o modo, o artigo 92.º do RGIC, na redação dada pelo Decreto-Lei n.º 201/2002, de 26 de setembro, já refere os mercados monetário e financeiro: está, assim, conciliado com a LO.

O artigo 16.º da LO explicita a competência do BP quanto aos mercados. Segundo o n.º 1 desse artigo, cabe ao Banco, de acordo com as normas adotadas pelo BCE:

– regulamentar os mercados e intervindo, concretamente, quando necessário, em especial no tocante a taxas de juro e de câmbio – *a*);
– receber as reservas de caixa e colaborar na execução de outros métodos operacionais de controlo monetário a que o BCE queira recorrer – *b*);
– estabelecer os condicionalismos a que devam estar sujeitas as disponibilidades e as responsabilidades sobre o exterior, no que respeita a instituições autorizadas a exercer o comércio de câmbios – *c*).

IV. O artigo 16.º-A da LO, acrescentado pelo Decreto-Lei n.º 142/2013, de 18 de outubro, veio sublinhar a qualidade do BP de "autoridade macropudencial" nacional. Segundo o seu n.º 1, nessa qualidade, cabe ao BP:

> (…) definir e executar a política macroprudencial, designadamente identificar, acompanhar e avaliar riscos sistémicos, bem como propor e adotar medidas de prevenção, mitigação ou redução desses riscos, com vista a reforçar a resiliência do sistema financeiro.

417. A supervisão das instituições de crédito

I. A supervisão das instituições de crédito (supervisão estrita), antes incluída no artigo 22.º/1, *c*) da LO de 1990, correspondente ao artigo 16.º da atual LO, foi retirada dos "mercados". Ela surge no artigo 17.º/1 da Lei em vigor, com o seguinte sentido:

> Compete ao Banco de Portugal exercer a supervisão das instituições de crédito, sociedades financeiras e outras entidades que lhe estejam legalmente sujeitas, nomeadamente estabelecendo diretivas para a sua atuação e

para assegurar os serviços de centralização de riscos de crédito, bem como aplicando-lhes medidas de intervenção preventiva e corretiva, nos termos da legislação que rege a supervisão financeira.

A LO, designadamente no artigo 17.º, teve em vista a supervisão genérica, enquanto o RGIC se reporta à supervisão específica ou supervisão propriamente dita, em termos acima examinados.

II. O artigo 23.º da LO de 1990, prosseguindo no esquema de pirâmide aqui usado pelo legislador, desenvolvia a competência do BP, no tocante à supervisão das instituições a ela sujeitas. Cabia-lhe, assim:

- apreciar os pedidos de constituição, de fusão, de cisão ou de modificação do objeto – *a*);
- apreciar a idoneidade e aptidão dos administradores ou diretores – *b*);
- definir o âmbito da supervisão em base consolidada, emitindo instruções – *c*);
- determinar e fiscalizar o cumprimento de todas as relações prudenciais – *d*);
- dispensar temporariamente do cumprimento de determinadas obrigações, perante determinadas situações explicitadas – *e*);
- estabelecer Diretrizes, nomeadamente contabilísticas e quanto aos elementos de informação a prestar ao Banco e ao público – *f*);
- manter o registo das instituições – *g*).

Finalmente, a supervisão era completada com o poder de realizar inspeções e de verificar infrações, nos termos do artigo 24.º da LO, de 1990. Tudo isto desapareceu da LO vigente, sem especial vantagem. Mantém, contudo um potencial ordenador.

III. O artigo 116.º/1 do RGIC[2714], quanto a procedimentos de supervisão, efetua uma lista de competências do BP mais estreita do que a referida. Não menciona a matéria dos pedidos de constituição e similares, idoneidade dos administradores e base consolidada – por lhes ter dado específi-

[2714] O n.º 2 foi aditado pelo Decreto-Lei n.º 201/2002, de 26 de setembro; o n.º 1, alínea *d*), foi revogado pelo Decreto-Lei n.º 31-A/2012, de 10 de fevereiro; as restantes alíneas desse n.º 1 resultaram do Decreto-Lei n.º 157/2014, de 24 de outubro.

cas localizações, dentro do RGIC: artigos 14.º e seguintes, 30.º e seguintes e 130.º e seguintes. Parece, porém, evidente que tudo isto pode ser reconduzido à ideia nuclear de supervisão. Em compensação, distingue:

– acompanhar a atividade das instituições de crédito e das companhias financeiras – *a*);
– vigiar a observância das normas a elas relativas – *b*);
– emitir recomendações para sanar irregularidades – *c*);
– tomar providências extraordinárias de saneamento – *d*) (hoje revogado, perante a nova ordenação dada ao título VIII; artigos 139.º a 153.º-A);
– emitir recomendações – *e*);
– regulamentar atividades – *f*);
– sancionar as infrações – *g*).

A matéria da última alínea é autonomizada, no RGIC, em rubrica própria: 200.º e seguintes. As reformas de 2014 e de 2015 inseriram, depois, um extenso articulado (artigos 116.º-A a 116.º-AI) sobre o processo de supervisão. Mais fácil do que resumir a matéria é ler, com cuidado, o normativo legal.

IV. Ainda no domínio da supervisão em geral, o RGIC estabelece outras regras, nem sempre muito sistematizadas, para as quais passamos a chamar a atenção.

Desde logo, o artigo 117.º[2715] alarga a supervisão do BP às sociedades gestoras de participações sociais – SGPS – sempre que o valor total das suas participações, diretas ou indiretas, em uma ou mais instituições de crédito, lhes confiram a maioria dos direitos de voto[2716]; o artigo 117.º-A, às instituições de pagamento e de moeda eletrónica e o 117.º-B, eventualmente, às sociedades relevantes para sistemas de pagamento. Quanto a entidades estrangeiras, dispõem os artigos 122.º a 125.º do RGIC, abaixo examinados, a propósito das situações internacionais. A supervisão do BP alarga-se às entidades não habilitadas – artigo 126.º – embora, desta feita,

[2715] Versão alterada pelo Decreto-Lei n.º 201/2002, de 26 de setembro e pelo Decreto-Lei n.º 157/2014, de 26 de março.

[2716] O regime das SGPS foi aprovado pelo Decreto-Lei n.º 495/88, de 30 de dezembro, alterado pelo Decreto-Lei n.º 318/94, de 23 de dezembro, pelo Decreto-Lei n.º 378/98, de 27 de novembro e pela Lei n.º 109-B/2001, de 27 de dezembro.

pelo prisma da repressão, num dispositivo reforçado pelos artigos 127.º – colaboração com outras autoridades – e 128.º – apreensão de documentos e valores.

O artigo 118.º/1 reafirma o princípio da gestão sã e prudente das instituições de crédito, estabelecendo o poder do BP de notificá-las, quando o não observem para "... no prazo que lhes fixar, tomarem as providências necessárias para restabelecer ou reforçar o equilíbrio financeiro ou corrigir os métodos de gestão". A inobservância de tais determinações é uma infração especialmente grave, nos termos do artigo 211.º, *o*). Entre as possíveis providências a encarar está o apoio financeiro adequado dos acionistas, apoio esse que o BP poderá recomendar – artigo 119.º. A recomendação poderá, naturalmente, não ser seguida: abrir-se-ão, nessa altura, as portas para outras medidas previstas na lei e, designadamente, a revogação da autorização. Não há um dever jurídico, dos acionistas, de prestar o apoio financeiro recomendado; tal apoio surge como o produto de um encargo, em sentido técnico[2717].

A atuação do BP é reforçada pela presença dos deveres de informação a cargo das instituições de crédito – artigo 120.º – e dos revisores oficiais de contas e auditores externos – artigo 121.º.

V. A matéria da supervisão coloca-se no cerne do Direito bancário institucional. Ela deve ser rápida e eficaz: dela depende o funcionamento e a credibilidade do sistema. E assim é ainda que com um certo risco para os direitos dos particulares. Trata-se de vetores que afloravam no revogado artigo 129.º do RGIC, relativo aos recursos interpostos das decisões do BP, no exercício de poderes de supervisão: presumia-se que a suspensão da sua eficácia determinava grave lesão do interesse público. Com o seguinte efeito prático: dado o artigo 80.º/1 da LPTA, o BP poderia, perante um pedido de suspensão, iniciar e prosseguir a execução do ato, até decisão transitada em contrário. Todavia, esta medida foi julgada excessiva pelo legislador: o artigo 129.º foi revogado pelo Decreto-Lei n.º 201/2002, de 26 de setembro. Todavia, nos termos do artigo 228.º-A, aditado pelo Decreto-Lei n.º 157/2014, de 24 de outubro, os recursos de impugnação de decisões do BP, quanto a coimas, só têm eficácia suspensiva se for prestada caução.

[2717] José Maria Pires, *Direito bancário* cit., 1, 164, fala num "dever moral"; porém, um dever dessa natureza, dependeria de múltiplas circunstâncias, essencialmente individuais, não podendo ser explicitado pelo Banco de Portugal. Fica-nos, pois, o encargo.

De todo o modo e em termos práticos, a morosidade do foro, confrontada com a rapidez dinâmica da vida bancária, conduz a que o BP possa exercer os seus poderes de supervisão sem controlo jurisdicional efetivo. Pelas razões apontadas, não vemos alternativa imediata para este estado de coisas. É essencial, pois, o domínio de uma cultura bancária, alargada e sem preconceitos. Em suma: uma cultura claramente diferente da dos departamentos burocráticos estaduais.

418. **As normas prudenciais; a *ratio* de solvabilidade**

I. A supervisão bancária há-de ser aproximada das normas prudenciais: são elas que lhe dão a sua particular natureza. A gestão bancária deve ser prudente: as instituições de crédito devem manter níveis adequados de liquidez e solvabilidade. Para tanto, a lei prevê normas prudenciais a quatro níveis[2718]:

– no tocante aos capital, fundos próprios e reservas;
– no que respeita à *ratio* de solvabilidade e aos riscos;
– no que tange à idoneidade dos detentores de participações qualificadas;
– no que se prende com a aquisição de imóveis e outros ativos imobilizados.

II. As instituições de crédito devem ter um capital mínimo, a fixar por portaria do MF – artigo 95.º do RGIC – numa regra que se aplica também às sociedades financeiras – artigo 196.º/1, do mesmo diploma[2719]. Além disso, elas devem apresentar determinadas posições patrimoniais favoráveis, denominadas "fundos próprios". Dada a delicadeza da matéria, o legislador comunitário optou, na revogada Diretriz n.º 89/299, do Conselho, de 17 de abril de 1989, por proceder à sua enumeração – artigo 2.º. A matéria transitou para os artigos 57.º e seguintes da Diretriz n.º 2006/48, de 14 de junho, constando hoje do Regulamento 575/2013, de 26 de junho,

[2718] Para um tratamento mais desenvolvido, Augusto de Athayde, *Curso de Direito bancário* cit., 1, 294 ss..

[2719] Dispõe, de momento, a Portaria n.º 95/94, de 9 de fevereiro, alterada e republicada pela Portaria n.º 335/2013, de 15 de novembro e, por último, pela Portaria n.º 362/ /2015, de 15 de outubro.

artigos 25.º e seguintes. Por aviso, o BP fixa os elementos que podem integrar os fundos próprios e define as suas características[2720]: artigo 96.º do RGIC. Uma fração não inferior a 10% dos lucros líquidos apurados em cada exercício deve ser destinada a uma reserva legal, até um limite igual ao valor do capital social ou ao somatório das reservas livres ou ao somatório das reservas livres constituídas e dos resultados transitados, se superior. O n.º 2 desse preceito reforça:

> Devem ainda as instituições de crédito constituir reservas especiais destinadas a reforçar a situação líquida ou a cobrir prejuízos que a conta de lucros e perdas não possa suportar.

III. Desde os primórdios, a experiência mostrou que o banqueiro podia conceder crédito superior aos fundos que tivesse disponíveis: mas apenas dentro de certos limites. Além disso, a concessão de crédito deve ser diversificada, a fim de não colocar o banqueiro sob o risco excessivo das flutuações de alguns dos seus clientes. Compreende-se, assim, que haja normas prudenciais que contemplem ambos estes aspetos, em termos que as modernas exigências bancárias têm vindo a tornar mais complexos. O hoje revogado artigo 98.º do RGIC dispunha sobre instituições de crédito que concedessem a um único cliente créditos de montante superior a 0,5% dos respetivos fundos próprios: deviam obter determinadas informações. Sempre que o risco assumido pela instituição perante um cliente ou grupo de clientes ligados entre si atinja ou ultrapasse os 10% dos fundos próprios, temos um grande risco, nos termos da Diretriz 92/121/CE, de 21 de dezembro, depois artigo 108.º da Diretriz 2006/48, de 14 de junho e hoje artigo 392.º do Regulamento 575/2013, de 26 de junho. Ele não pode exceder os 25% dos referidos fundos, observando-se, ainda, várias outras regras (395.º). Por outro lado, as relações existentes entre ativos e rubricas diversas e as operações a realizar pelas instituições de crédito – a *ratio* de solvabilidade – são fixadas, por aviso, pelo BP[2721] – artigo 99.º do RGIC. Há, ainda, relações entre as participações em sociedades e os fundos próprios – artigo 101.º – bem como limites à participação em sociedades não bancárias.

[2720] Na sequência do Regulamento 575/2013, de 26 de junho, o BP publicou o Aviso n.º 6/2013, de 23 de dezembro, DR 2.ª série, n.º 251, de 27-dez.-2013, 37.000-(2)-37.000-(5), já referido.

[2721] Assim, do Banco de Portugal: Aviso n.º 6/2013, já citado.

419. Participações qualificadas; imóveis; natureza da supervisão

I. As instituições de crédito são sociedades anónimas. Assim, é decisivo, seja para a sua imagem, seja para a sua gestão, a pessoa que nela detenha participações significativas. O RGIC estabelece um esquema de controlo, nesse campo: a pessoa que, direta ou indiretamente, pretenda deter uma participação qualificada – portanto: participação não inferior a 10% ou que permita ao seu detentor, direta ou indiretamente, exercer uma influência significativa na gestão da entidade participante, segundo o artigo 2.º-A, *ee*), ou ultrapassar quaisquer dos limites de 10%, 20%, um terço ou 50% do capital ou dos direitos de voto na instituição participada ou quando esta se transforme em sua filial, deve comunicar previamente ao BP o seu projeto – artigo 102.º/1 e 2 – podendo o BP proceder a declarações oficiosas (102.º-A). O BP poderá opôr-se ao projeto, no prazo máximo de três meses, "... se não considerar demonstrado que a pessoa em causa ou as características do seu projeto reúnem condições que garantam gestão sã e prudente da instituição de crédito" – artigo 103.º/1, ambos do RGIC. O n.º 2 desse preceito refere circunstâncias que implicam a inexistência de tais condições[2722]. A inobservância destas regras, seja por falta de comunicação, seja por oposição desrespeitada, do BP, permite a este decidir a inibição dos direitos de voto, na parte que permita obter a influência na gestão obtida através do ato não comunicado – artigo 105.º/1. As diminuições de participação devem ser, também, previamente comunicadas – artigo 107.º – estando as instituições de crédito obrigadas a dar as competentes informações – artigo 108.º. Devem ser publicadas listas de acionistas – artigo 110.º – e registados, no BP, os acordos parassociais relativos ao exercício do direito de voto – artigo 111.º, todos do RGIC. A determinação do que seja uma participação social, direta ou indireta, levanta problemas clássicos que procuraremos elucidar em rubrica própria.

Os cuidados prudenciais reinantes neste domínio, no tocante aos riscos e às participações, cruzam-se, no artigo 109.º do RGIC que dispõe, em termos restritivos, processuais e de fundo, sobre a concessão de crédito a detentores de participações qualificadas.

[2722] O Aviso n.º 3/94, do Banco de Portugal, de 3 de junho de 1994, DR II Série, n.º 142, de 22 de junho, 6114 (entretanto sucessivamente alterado), determina os elementos e informações que lhe devem ser comunicados. Sobre o tema, *vide* Rui Pinto Duarte, *O controlo da identidade dos sócios das instituições de crédito e das sociedades financeiras*, RB 26 (1993), 73-86.

II. O RGIC limita a aquisição de imóveis que não sejam indispensáveis à sua instalação e funcionamento: dependem de autorização do BP – artigo 112.º. O artigo 113.º apõe limites ao valor líquido do ativo imobilizado das instituições de crédito e as ações e outras partes do capital social. As aquisições em reembolso de crédito próprio dispõem de um regime especial – 114.º – cabendo ao BP estabelecer normas de contabilidade que, assim, ganham um colorido especialmente prudencial.

III. Quanto à natureza da supervisão: trata-se de uma prerrogativa de tipo público, que assiste ao BP e à qual as instituições de crédito e sociedades financeiras estão sujeitas. A supervisão geral dispensa, ao BP, um poder genérico, com faculdades de acompanhamento, de informação e de regulamentação. A supervisão específica tem a ver com a prática de atos administrativos singulares, em sentido próprio.

A análise das normas prudenciais confirma as noções já adiantadas quanto à materialidade da supervisão. Esta guia-se, essencialmente, por valores bancários, tendo em vista a prudência da atuação das instituições de crédito e a confiança do público. Distingue-se, assim, a supervisão bancária ou prudencial, da supervisão comum e das diversas formas de regulação.

420. **Supervisão em base consolidada**

I. A existência de grupos de sociedades pode originar operações mais ou menos reais, entre elas. Mesmo quando reais, tais operações traduzem ocorrências de redistribuição de bens, mais do que efetivas criações de riqueza. Para evitar essa expressão irreal de riqueza, desenvolveu-se, no plano contabilístico, a prática da consolidação das contas[2723].

Podemos definir a consolidação de contas como o conjunto de operações contabilísticas tendentes a exprimir, em termos unitários, a situação real dum grupo de sociedades. Tais operações passam, em regra, pela agregação das contas individuais das sociedades dominadas (consolidadas) às da sociedade dominante (consolidante), através do adicionamento dos saldos das contas constantes em cada rubrica do balanço e da demonstra-

[2723] Com diversos elementos, José Augusto Engrácia Antunes, *Os grupos de sociedades/Estrutura e organização jurídica da empresa plurissocietária* (1993), 163 ss..

ção de resultados e a eliminação dos valores correspondentes às operações realizadas entre as entidades do grupo.

Podemos apontar três métodos de consolidação de contas: a consolidação integral, a consolidação proporcional e a equivalência patrimonial. Na consolidação integral, procede-se à elaboração do balanço e da conta de resultados consolidados através da junção simples de todos os elementos homónimos individuais; na consolidação proporcional, a junção opera apenas na proporção da participação detida pela sociedade dominante sobre a dominada; na equivalência patrimonial, substitui-se, no balanço da sociedade dominante, o valor (nominal) das participações sociais nas sociedades dominadas, pelo valor dos fundos próprios que, proporcionalmente, lhes corresponda. Normalmente, as leis de consolidação escolhem o primeiro método.

II. A consolidação de contas visa, assim, exprimir a riqueza efetiva dos grupos de sociedades. O legislador fiscal interessa-se por tal riqueza: donde a tributação pelo lucro consolidado, presente nos artigos 63.º a 65.º do Código do IRC. Mas também o legislador comercial, procurando defender e informar os operadores jurídicos, veio a dar relevância à consolidação.

A 7.ª Diretriz Comunitária relativa ao Direito das Sociedades – Diretriz n.º 83/349, de 13 de junho[2724], sucessivamente alterada – aprovou normas de consolidação de contas, que foram transpostas pelo Decreto-Lei n.º 238/91, de 2 de julho. Este Decreto-Lei, além de normas próprias, continha, ainda, alterações ao CSC e a outros diplomas. Novas modificações, com relevo na matéria, foram introduzidas pelo Decreto-Lei n.º 328/95, de 9 de dezembro[2725]. O Decreto-Lei n.º 158/2009, de 13 de julho[2726], veio aprovar o Sistema de Normalização Contabilística, recodificando toda esta matéria (artigos 6.º a 8.º), e revogando, entre outros, o Decreto-Lei n.º 239/91.

III. O movimento referente à consolidação das contas radicar-se-ia também, como seria de esperar, no sector da banca. O Decreto-Lei n.º 36/92, de 28 de março, determinou a obrigatoriedade das diversas instituições de crédito elaborarem contas consolidadas e um relatório consolidado de gestão, com diversas previsões, definições e precisões. Nos termos desse

[2724] *Direito europeu das sociedades*, 344 ss..
[2725] *Idem*, 438 ss..
[2726] Por último (neste momento) alterado pela Lei n.º 83-C/2013, de 31 de dezembro.

diploma, a estrutura e o conteúdo das contas consolidadas, bem como os métodos e critérios que devem ser utilizados na sua elaboração, seriam fixados por instruções do BP[2727]. A Diretriz n.º 92/30, do Conselho, de 6 de abril de 1992, veio aprovar normas relativas à fiscalização das instituições de crédito numa base consolidada[2728]. Esta Diretriz – mais tarde acolhida na Diretriz n.º 2000/12, de 20 de março –, veio a ser transposta para a Ordem interna portuguesa, pelo RGIC, mais precisamente pelos seus artigos 130.º a 138.º. Com a aprovação das CRD e a respetiva transposição pelos Decretos-Lei n.º 103/2007 e 104/2007, ambos de 3 de abril foi profundamente alterada esta Secção II (Supervisão em base consolidada) do Capítulo III (Supervisão) do Título VII do RGIC (Supervisão prudencial). Aí, após algumas definições – 130.º – o RGIC fixa o âmbito da supervisão "... com base na sua situação financeira consolidada ..." de modo a atingir as instituições de crédito com sede em Portugal e com filiais ou participações em congéneres ou cujas empresas-mães, também congéneres, tenham sede noutro Estado da União – 131.º[2729]. Há, ainda, regras especiais de competência – 132.º – cabendo ao BP fixar, por aviso, as regras necessárias à supervisão em base consolidada[2730]. Há um dever, por parte das entidades visadas, de prestar informações – 134.º – prevendo-se uma colaboração entre diversas entidades, comunitárias, nacionais e de países terceiros – artigos 135.º a 138.º.

421. **As necessidades de uma supervisão integrada**

I. O Direito bancário lida com realidades imateriais e abstratas. O sistema só funciona na medida em que todos os participantes obedeçam

[2727] Dispõe a Instrução n.º 71/96, de 17 de junho; *vide* José Maria Pires, *Direito Bancário* cit., 3, 515 ss..

[2728] A matéria já havia sido versada pela Diretriz n.º 83/350, de 13 de julho. Esta, por seu turno, foi transposta para a Ordem interna pelo Decreto-Lei n.º 25/86, de 18 de fevereiro, hoje revogado pelo RGIC. Em Itália, Enrico Gianfelici, *Il Codice della banca* cit., 136.

Sobre esta rubrica, cumpre referir o estudo pioneiro de Carlos Olavo, *Supervisão em base consolidada*, RB 1995, 25-71, especialmente 53 ss..

[2729] Com a redação resultante do Decreto-Lei n.º 157/2014, de 24 de outubro.

[2730] *Vide* o Aviso n.º 8/94, de 2 de novembro, no DR II Série, n.º 264, de 15 de novembro, 11501, sucessivamente alterado pelo Aviso n.º 6/2001, de 9 de abril, e pelo Aviso n.º 6/2005, de 21 de fevereiro, que procedeu à sua republicação.

às regras mínimas. Mais: o sistema requer a confiança derivada de todos pensarem que essas regras mínimas serão obedecidas. Tudo isto exige que a comunidade organizada – o que é dizer, nas sociedades modernas, o Estado – vigie, acompanhe e assegure o funcionamento do sistema financeiro. Como vimos, trata-se da própria base existencial da supervisão do Banco Central.

Esta mesma lógica de supervisão funciona perante os valores mobiliários e perante os seguros. Os primeiros reportam-se a bens desmaterializados, insuscetíveis de controlo fora de planos abstratos; os segundos têm a ver com vínculos a funcionar no futuro. Todo o sistema depende da existência de princípios adequados, efetivamente respeitados, de complexidade técnica crescente e cujo respeito todos saibam, de antemão, assegurado. Donde os poderes de supervisão cometidos à CMVM – artigos 358.º e seguintes do CVM e 4.º/1, do Estatuto da CMVM, aprovado pelo Decreto-Lei n.º 5/2015, de 8 de janeiro – e à Autoridade de Supervisão de Seguros – artigo 7.º, aprovado pelo Decreto-Lei n.º 1/2005, de 6 de janeiro.

II. Apesar de, no seu conjunto, estes e outros diplomas conferirem aos grandes organismos de supervisão nacionais – o BP, a CMVM e a ASF – poderes muito extensos, continua a ser possível vogar no sistema financeiro e mobiliário português à margem dessas entidades[2731]. A existência de entidades diferenciadas, mau grado os deveres de colaboração que a própria lei entre elas estabelece[2732], determina fatalmente o aparecimento de métodos de trabalho diversos e, no limite, mesmo de "culturas" diferentes, com os inevitáveis conflitos de competência. Impunha-se uma reforma corajosa, que vai tardando: sem prejudicar os direitos dos particulares, toda a área financeira e mobiliária, cada vez mais difícil de destrinçar entre banca, seguros e valores mobiliários, deveria ser harmoniosamente tratada por um Código de Supervisão. De outro modo, muitas das operações importantes continuarão a encontrar soluções casuísticas, negociadas pelos operadores e pelo Governo – quando não por entidades estrangeiras. Como vimos, outros ordenamentos, como o britânico e o alemão já adotaram supervisões unitárias[2733]. As recentes clivagens de posição demonstra-

[2731] José António Veloso, *Boas intenções, maus resultados: notas soltas sobre investigação e processo na supervisão financeira*, ROA 2000, 73-102.

[2732] Quanto à CMVM, Augusto de Athayde, *Curso de Direito bancário* cit., 1, 336 ss..

[2733] *Supra*, 193 ss..

das pelo BP (mais favorável à banca) e pela CMVM (mais favorável aos particulares), no caso do "papel comercial" emitido por empresas da área do ex-BES, documenta-o.

III. Um primeiro esforço adveio-nos do Decreto-Lei n.º 228/2000, de 23 de setembro, relativo a um Conselho Nacional de Supervisores Financeiros ou CNSF. Este diploma foi alterado pelo Decreto-Lei n.º 211-A/2008, de 3 de novembro, destinado a enfrentar a (então) crise de 2007/2010 e, depois, pelo Decreto-Lei n.º 143/2013, de 18 de outubro, na linha das realidades então prevalecentes. O CNSF tem como membros permanentes, o Governador do BP, o membro do Conselho de Administração do BP com o pelouro da supervisão, o Presidente do ISP e o presidente da CMVM – artigo 4.º/1.

O CNSF tem funções consultivas e de coordenação – artigo 2.º do Decreto-Lei n.º 228/2000, timidamente alargadas pelo Decreto-Lei n.º 211-A/2008, de 3 de novembro[2734], com mais energia, pelo Decreto-Lei n.º 143/2013, de 18 de outubro e, por último e neste momento, pela Lei nº 118/2015, de 31 de agosto.

IV. A crise financeira de 2007-2014[2735] veio, no entanto, demonstrar a insuficiência deste nível de integração incipiente na supervisão financeira e as consequências devastadoras da desarticulação entre as várias entidades de supervisão (bancária, mobiliária, seguradora).

V. A reação, a nível global, em matéria de supervisão, não se fez esperar. No Reino Unido, a nova *Banking Bill* de 2009[2736], embora essencialmente focada no saneamento e liquidação de instituições de crédito e no sistema de garantia de depósitos (o *Financial Services Compensation Scheme*), atribuiu ao Banco de Inglaterra novas atribuições em matéria de estabilidade do sistema financeiro (*Clause* 216, *section* 2.ª), criando um novo *Financial Stability Committee* (*Clause* 216, *section* 2B), com um membro nomeado pelo Tesouro.

[2734] Artigo 10.º.

[2735] Menezes Cordeiro, *A crise planetária de 2007/2010 e o governo das sociedades*, RDS I (2009), 2, 263-286.

[2736] O texto da *Banking Bill* e as respetivas notas explicativas podem ser consultados em: http://services.parliament.uk/bills/2008-09/banking.html.

O *Turner Review*[2737], um relatório preparado por Lord Turner em março de 2009, a pedido do governo, foi mais além, advogando a criação, a nível europeu, de uma autoridade independente com poderes regulatórios na área da supervisão, especializada na análise macro-prudencial. Sugeria, também, que em matéria de supervisão prevalecesse a substância sobre a forma: as autoridades deveriam ter poderes para supervisionar qualquer entidade, independentemente da sua forma jurídica, desde que a sua atividade fosse relevante, em termos de risco sistémico (ex. *hedge funds*). Em julho de 2009, um relatório preparado pelo governo inglês (*Reforming Financial Markets*[2738]) *acolheu e desenvolveu as sugestões avançadas pelo Turner Review.*

VI. Em paralelo, ao nível comunitário, a Comissão encomendou em outubro de 2008 um estudo de fundo sobre regulação e supervisão financeira, a um comité presidido por Jacques de Larosière, antigo presidente do Banco Europeu de Reconstrução e Desenvolvimento. O relatório daí resultante, apresentado em fevereiro de 2009 (o Relatório Larosière[2739]), identificava a abordagem (quase) exclusivamente micro-prudencial (concentrada em instituições individuais e não em sectores ou no próprio sistema) das autoridades de supervisão como uma das causas da crise. Com efeito, segundo é sugerido no referido relatório, esta abordagem impediu a deteção dos riscos sistémicos e inter-sectoriais que, depois de verificados, geraram e agudizaram a crise. Para superar estas insuficiências reveladas pelo sistema europeu de supervisão, o relatório sugeria a criação de um conselho de supervisão de risco sistémico, no seio do BCE, que substituiria o seu comité de supervisão bancária, e que integraria, sempre que necessário, as entidades de supervisão mobiliária e seguradora. Era também sugerida – para o nível micro-prudencial –, a criação de um novo órgão, que substituísse os chamados comités de nível 3 (que funcionam como órgãos

[2737] Disponível no *site* da Financial Services Authority em: http://www.fsa.gov.uk/pubs/other/turner_review.pdf.

[2738] Disponível em: http://www.hm-treasury.gov.uk/reforming_financial_markets.htm.

[2739] O Relatório Larosière está também disponível *online* no seguinte endereço: http://ec.europa.eu/internal_market/finances/docs/de_larosiere_report_en.pdf. Mais elementos podem ser confrontados em A. Barreto Menezes Cordeiro, *Direito dos valores mobiliários* cit., 1, 115 ss. e em Luís Silva Morais, *Modelos de supervisão* cit., *passim*.

consultivos da Comissão), composto pelas entidades de supervisão financeira a nível europeu.

Nesta matéria, as propostas do Relatório Larosière foram adotadas pela Comissão, que propôs a reforma do sistema europeu de supervisão financeira, através da adoção dos dois novos pilares já referidos[2740]: (i) um Conselho Europeu de Risco Sistémico ("CERS"), *que acompanhará e avaliará as potenciais ameaças para a estabilidade financeira decorrentes da evolução da situação macroeconómica e do sistema financeiro no seu todo;* (ii) um Sistema Europeu de Supervisão Financeira ("SESF"), que *consistirá numa rede reforçada de autoridades nacionais de supervisão que trabalharão em conjunto com as novas Autoridades Europeias de Supervisão, de modo a salvaguardar a solidez financeira das empresas do sector financeiro e a proteger os consumidores de serviços financeiros.*

Segundo esta nova arquitetura, o CERS será formado na esfera do BCE, e composto (i) pelo Presidente e Vice-Presidente do BCE; (ii) pelos Governadores dos 27 Bancos Centrais dos Estados-Membros; (iii) pelos Presidentes das 3 Autoridades Europeias de Supervisão; (iv) por um Membro da Comissão Europeia.

O SESF não será um novo órgão, mas antes uma rede operacional, à imagem do SEBC. Será formado: (i) por um Comité Diretor, (ii) pelas três novas autoridades de supervisão (a saber, Autoridade Europeia para o sector da Banca, Autoridade Europeia para o sector dos Valores Mobiliários, Autoridade Europeia para o sector dos Seguros e Pensões Complementares) que emergem da reforma dos comités de nível 3[2741], agora com personalidade jurídica e (iiii) pelas autoridades nacionais de supervisão.

VII. Em Portugal, as propostas para uma supervisão financeira integrada tão pouco se fizeram esperar. Em setembro de 2009 foi divulgado, para consulta pública (até 31 de outubro de 2009), um documento do Ministério das Finanças intitulado "Reforma da Supervisão Financeira

[2740] Comunicação da Comissão de 27 de maio de 2009 (COM 252 final). Este e outros elementos com interesse para o estudo das propostas da comissão, nomeadamente as propostas legislativas que a este propósito foram divulgadas em setembro de 2009, pode ser consultado em: http://ec.europa.eu/internal_market/finances/committees/index_en.htm.

[2741] Os comités consultivos da Comissão que vão originar as novas autoridades de supervisão são o Comité das Autoridades Europeias de Supervisão Bancária, o Comité das Autoridades Europeias de Supervisão dos Seguros e Pensões Complementares e o Comité das Autoridades de Regulamentação dos Mercados Europeus de Valores Mobiliários.

em Portugal"[2742]. Subjacente às propostas avançadas está, precisamente, a verificação da inconveniência de fronteiras rígidas entre a supervisão dos três sectores, e que foram especialmente confrontadas com o surgimento de conglomerados financeiros, a operar de forma transversal, em todos eles. Estas fronteiras, segundo o documento em apreço, podem também gerar inconvenientes a nível comportamental, já que perante três conjuntos normativos distintos, emanados de três autoridades de supervisão, a inovação nos produtos financeiros será acompanhada de uma arbitragem regulatória, totalmente desadequada. Segundo a proposta constante do referido documento:

– a nível macro-prudencial, serão aumentadas as atribuições do Conselho Nacional de Estabilidade Financeira;

– a nível micro-prudencial, será abandonado o sistema tripartido atualmente existente – composto, em suma, por três entidades de supervisão financeira, nos subsectores bancário (Banco de Portugal), mobiliário (CMVM) e segurador (ISP) –, para adoção de um modelo denominado twin peaks, protagonizado por uma entidade encarregue de toda a supervisão financeira prudencial (o Banco de Portugal) e por uma nova entidade responsável pela supervisão comportamental (em suma, comportamento dos agentes e proteção de investidores e consumidores). Ambas as entidades – o Banco de Portugal enquanto supervisor prudencial e a nova entidade, como supervisor comportamental –, terão segundo esta proposta poderes transversais, abrangendo banca, seguros e valores mobiliários.

A evolução desta matéria traduz-se em diversas transposições e reformas, com relevo para a supervisão macroprudencial e para a alteração ao CNSF.

[2742] Disponível em: http://www.gpeari.min-financas.pt/consulta-publica/reforma-da-supervisao-financeira-em-portugal.

§ 103.º EXCURSO: PARTICIPAÇÕES QUALIFICADAS

422. **Participações qualificadas; a relação de proximidade**

I. Um dos aspetos marcantes da supervisão bancária é o controlo sobre os titulares de participações em instituições de crédito. Procurando surpreender a materialidade do fenómeno, o RGIC dispensou uma série de regras, referentes às participações qualificadas. Tais regras são importantes: além do seu relevo intrínseco, elas permitem surpreender facetas significativas do espírito do Direito bancário institucional[2743].

II. Uma participação social é qualificada quando atinja um determinado patamar quantitativo ou quando se reporte a partes sociais significativas. No caso das instituições de crédito, que devem sempre adotar a forma de sociedades anónimas – artigo 14.º/1, *b*), do RGIC – estão em causa ações.

O CSC não refere, explicitamente, "participações qualificadas". No entanto, tem em boa conta a existência de tais participações, às quais associa regimes adequados. Tal o caso do seu artigo 448.º, que impõe a publicidade de determinadas participações sociais.

III. No domínio das instituições de crédito, requeria-se uma particular precisão. Há, aliás, uma clara caminhada nesse sentido.

O Decreto-Lei n.º 228/87, de 11 de junho, limitava-se a impor ao titular de, pelo menos, 15% das ações de uma instituição de crédito, o dever de o comunicar ao BP. Tratava-se duma participação qualificada, ainda que a lei o não referisse, de modo expresso.

O RGIC, com uma maior preocupação de generalidade, definiu a participação qualificada, situando-a, com importantes complementações,

[2743] Quanto ao tema: Florbela de Almeida Pires, *Participações qualificadas em instituições de crédito*, ROA 1997, 1099-1185.

naquela que represente, direta ou indiretamente, percentagem não inferior a 10% do capital ou dos direitos de voto da instituição – artigo 13.º/7.º do RGIC[2744].

Para efeitos de comunicação ao BP, releva essa participação qualificada – portanto: os 5% – impondo-se, ainda, novas comunicações, quando as percentagens detidas ultrapassem os 10%, os 33% ou os 50%.

Verifica-se, pois, que além do abaixamento de 15 para 10% do mínimo que requer a comunicação, se estabeleceu um sistema diferenciado de novas comunicações, a efetuar quando fossem atingidos patamares significativos: 20%, um terço e 50%. Na versão original do RGIC, a cifra inicial era de 10%.

IV. O artigo 13.º/12.º do RGIC, introduzido pelo Decreto-Lei n.º 232/96, de 5 de dezembro, refere, ainda a relação de proximidade. Esta surge como uma decorrência de certas participações qualificadas, sendo definida, pelo mencionado preceito, como a relação entre duas ou mais pessoas, singulares ou coletivas, ligadas entre si através de uma participação direta ou indireta de 20%[2745] ou de uma relação de domínio. A relação de proximidade ocorre, ainda, quando ambas as pessoas em causa estejam ligadas a uma terceira, por uma dessas relações. A matéria na sequência do Decreto-Lei n.º 157/2014, de 24 de outubro, passou para o artigo 4.º, *gg*), que refere "relação estreita" ou "relação de proximidade".

423. As participações indiretas

I. Uma regra destinada a regular participações sociais deve ter em conta o fenómeno das participações indiretas. De outra forma, tal regra seria ilusória: qualquer titular poderia contorná-la, recorrendo a pessoas interpostas[2746].

[2744] Na redação atual.

[2745] O n.º 12 em causa abdicou da definição de participação qualificada do corpo do n.º 7, passando a explicitar que a "participação" é "... entendida como a detenção, direta ou indireta, de percentagem não inferior a 20% do capital ou dos direitos de voto duma empresa ..." – *a*), *a1*). Vamos entender que se pretendeu (simplesmente) referir a participação qualificada, sob pena de multiplicarmos indefinidamente os conceitos básicos do Direito bancário institucional.

[2746] Catarina Martins da Silva, *Os grupos bancários e o Regime Geral das Instituições de Crédito e Sociedades Financeiras*, ROA 1997, 1043-1097.

O CSC apresenta uma primeira regulamentação para o fenómeno. No seu artigo 447.º[2747], ele começa por determinar:

> 1. Os membros dos órgãos de administração e de fiscalização de uma sociedade anónima devem comunicar à sociedade o número de ações e de obrigações da sociedade de que são titulares, e bem assim todas as suas aquisições, onerações ou cessações de titularidade por qualquer causa, de ações e de obrigações da mesma sociedade e de sociedades com as quais aquela esteja em relação de domínio ou de grupo.

Visando cobrir o que se poderá chamar "participações indiretas", o mesmo preceito continua:

> 2. O disposto no número anterior é extensivo às ações e obrigações:
>
> *a*) Do cônjuge não separado judicialmente, seja qual for o regime matrimonial de bens;
> *b*) Dos descendentes de menor idade;
> *c*) Das pessoas em cujo nome as ações ou obrigações se encontrem, tendo sido adquiridas por conta das pessoas referidas no n.º 1 e nas alíneas *a*) e *b*) deste número;
> *d*) Pertencentes a sociedade de que as pessoas referidas no n.º 1 e nas alíneas *a*) e *b*) deste número sejam sócios de responsabilidade ilimitada, exerçam a gerência ou algum dos cargos referidos no n.º 1 ou possuam, isoladamente ou em conjunto com pessoas referidas nas alíneas *a*), *b*) e *c*) deste número, pelo menos metade do capital social ou dos votos correspondentes a este.
>
> 3. Às aquisições ou alienações referidas nos números anteriores equiparam-se os contratos de promessa, de opção, de reporte ou outros que produzam efeitos semelhantes.

II. Este regime poderá considerar-se um *minimum*, quanto à determinação de participações indiretas. Ele é usado, por remissão, pelo próprio CSC, no tocante a certas participações "qualificadas". Assim, segundo o artigo 448.º do CSC, relativo à publicidade de participações de acionistas,

[2747] De acordo com a retificação efetuada pelo artigo 13.º do Decreto-Lei n.º 257/96, de 31 de dezembro; *vide* Paulo Câmara, em António Menezes Cordeiro (org.), *Código das Sociedades Comerciais anotado*, 2.ª ed. (2011), 1147 ss..

> 1. O acionista que for titular de ações ao portador não registadas representativas de, pelo menos, um décimo, um terço ou metade do capital de uma sociedade, deve comunicar à sociedade o número de ações de que for titular, aplicando-se para este efeito o disposto no artigo 447.º, n.º 2.

Por seu turno, o Decreto-Lei n.º 228/87, de 11 de junho, diploma bancário hoje revogado, ao impor o dever de comunicar participações em instituições de crédito de, pelo menos, 15%, também referiu – artigo 2.º, n.º 1: "... diretamente ou por interposta pessoa ...".

O n.º 2 explicitava:

> Para efeitos do disposto no número anterior, consideram-se interpostas pessoas as referidas no n.º 2 do artigo 447.º do Código das Sociedades.

III. O RGIC foi mais longe, quer do ponto de vista técnico, quer do ponto de vista regulativo.

A já conhecida definição de *participação qualificada*, no artigo 2.º-A, *ee*) do RGIC, aponta, desde logo para uma situação que, por qualquer outro motivo, possibilite uma influência significativa na gestão.

Estamos perante uma proposição que, se bem se atentar, faculta logo uma cobertura de inúmeras conjunturas: bastará verificar, na infindável riqueza das hipóteses possíveis, quais aquelas que, independentemente da percentagem, permitam uma influência significativa na gestão do ente.

IV. A matéria vem (hoje) desenvolvida no artigo 13.º-A, relativo à imputação dos direitos de voto. Assim, segundo o n.º 1 desse preceito, consideram-se equiparados aos direitos de voto do participante, para efeitos de haver "participação qualificada", os seguintes[2748]:

a) Detidos por terceiros em nome próprio, mas por conta do participante;
b) Detidos por sociedade que com o participante se encontre em relação de domínio ou de grupo;
c) Detidos por titulares do direito de voto com os quais o participante tenha celebrado acordo para o seu exercício, salvo se, pelo mesmo acordo, estiver vinculado a seguir instruções de terceiro;

[2748] A evolução deste preceito pode ser confrontada nas edições anteriores da presente obra.

d) Detidos, se o participante for uma sociedade, pelos membros dos seus órgãos de administração e de fiscalização;
e) Que o participante possa adquirir em virtude de acordo celebrado com os respetivos titulares;
f) Inerentes a ações detidas em garantia pelo participante ou por este administradas ou depositadas junto dele, se os direitos de voto lhe tiverem sido atribuídos;
g) Detidos por titulares do direito de voto que tenham conferido ao participante poderes discricionários para o seu exercício;
h) Detidos por pessoas que tenham celebrado algum acordo com o participante que vise adquirir o domínio da sociedade ou frustrar a alteração de domínio ou que, de outro modo, constitua um instrumento de exercício concertado de influência sobre a sociedade participada;
i) Imputáveis a qualquer das pessoas referidas numa das alíneas anteriores por aplicação, com as devidas adaptações, de critério constante de alguma das outras alíneas.

De notar que, para efeitos de instituições de crédito, o artigo 2.º-A, *ff*) dá uma noção mais alargada de "relação de controlo ou de domínio", especificando-a nas suas diversas subalíneas.

V. O modo por que o RGIC tratou as participações indiretas leva a pensar que o legislador teve em vista, a propósito de participações qualificadas, situações materiais de qualificação e, ainda, situações formais.

Noutros termos: quando, formalmente, uma situação surja como participação qualificada, esta tem-se por verificada; além disso, a situação materialmente qualificada – ainda quando o não seja formalmente – é, também, tida por verificada.

424. **A apreciação do Banco de Portugal; a inibição dos direitos de voto**

I. A intenção de deter uma participação qualificada ou de ultrapassar alguns dos patamares fixados na lei deve ser comunicada ao BP: este decidirá, depois, da idoneidade da participação – artigo 103.º/1 do RGIC. Mais explicitamente: o BP deverá considerar demonstrado "... que a pessoa em causa ou as características do seu projeto reúnem condições que garantem uma gestão sã e prudente da instituição de crédito". A interpretação do alcance e sentido do dever de proceder à comunicação exige o conhecimento do escopo da lei: como é sabido, o elemento teleológico da interpretação constitui o mais ponderoso fator a ter em conta, na concretização da mensagem normativa.

O Decreto-Lei n.º 228/87, de 11 de junho, veio revogar uma série de limites que havia no tocante à titularidade de posições sociais de diversas entidades, com relevo para as instituições de crédito. Tais limites foram substituídos pelo (simples) dever de comunicar, ao BP, as participações privilegiadas.

A regra visava, para além do conhecimento da situação, possibilitar, ao BP, o exercício das suas funções, em geral. Repare-se que este ponto era suficientemente importante para levar o legislador a limitar, ao máximo de 15%, o direito de voto em assembleia geral, quando faltasse a comunicação exigida.

II. No RGIC, a situação é mais complexa. A comunicação a fazer ao BP visa permitir, a esta entidade, opor-se ao projeto de aquisição[2749]. Trata-se, aliás, duma situação que decorre da 2.ª Diretriz de Coordenação Bancária[2750], depois artigo 12.º da Diretriz 2006/48/CE, de 14 de junho e hoje artigo 14.º da Diretriz 2013/36/UE, de 26 de junho.

III. Pois bem: só faz sentido colocar, nas mãos do BP, um poder tão significativo como o de "vetar" aquisições qualificadas ou o reforço dessas aquisições, quando a decisão a tomar seja verdadeiramente esclarecida. E para tanto, haverá que levar, ao BP, os mais precisos elementos. A identificação da pessoa que, verdadeiramente, exerça os poderes inerentes à participação qualificada deve ser feita para além de quaisquer dúvidas ou incertezas.

O BP, mercê de toda a evolução acima sumariada, prossegue, aqui, uma tripla finalidade:

– a da tutela da instituição de crédito considerada, com tudo o que ela representa: depositantes, acionistas e trabalhadores;

[2749] Recorde-se que a comunicação deve ser feita nos termos e com os elementos prescritos no Aviso n.º 3/94.

[2750] *Vide*, sobre a presente rubrica, Rui Pinto Duarte, *O controlo da identidade* cit., 73 ss..

– a da tutela do sistema bancário no seu conjunto, também com o que ele traduz: riqueza da população, investimentos, perspetivas de futuro;
– a de tutela do mercado, com os valores inerentes a esse modo de estruturar uma economia.

Em suma: não há, aqui, uma típica situação de tipo policial, que permita invocar a necessidade de lei expressa para tornar obrigatórias as diversas condutas.

Dada a supervisão do BP e o concreto dispositivo vigente, verifica-se que, consumada uma transação de participações qualificadas, o próprio BP dá o selo da seriedade à operação.

Qualquer participação qualificada terá, assim, o *nihil obstat* do BP. O mercado ficará tranquilo e os operadores sossegados, dada a confiança inspirada pelo Banco Central.

IV. Segundo o artigo 105.º/1 e 3 do RGIC, a constituição ou o aumento de participação qualificada, sem que o interessado tenha procedido à comunicação prevista ou aos quais o BP se tenha oposto, o mesmo BP poderá determinar a inibição do exercício, na instituição de crédito participada, dos direitos de voto integrantes da referida participação, na medida necessária e adequada para impedir a influência na gestão que foi obtida ...".

O artigo 105.º, números 2 e seguintes[2751], regulamenta o modo de concretização dessa inibição e as consequências conexas e fixa (n.º 8) a sanção para as deliberações eventualmente tomadas com os votos "inibidos": a anulabilidade.

O artigo 2.º/4 do Decreto-Lei n.º 228/87, embora sem os pormenores regulativos do RGIC, fixava uma sanção similar.

Note-se que na versão original do RGIC, a inibição era automática; pela redação atual do artigo 105.º, introduzida pelo Decreto-Lei n.º 201/2002, de 26 de setembro, ela depende de uma decisão do BP.

[2751] O artigo 105.º/2 foi alterado pelo Decreto-Lei n.º 232/96, de 5 de dezembro, de modo a prever a comunicação da inibição à CMVM, sempre que esteja em causa alguma instituição com funções de intermediação. A norma em causa transita para o 105.º/8, com as alterações introduzidas pelo Decreto-Lei n.º 357-A/2007.

V. Se bem se atentar, a sanção de inibição de voto não põe em causa a legitimidade e a eficácia da transação: as ações em excesso mantêm todos os seus direitos e, designadamente:

– o direito ao inerente dividendo;
– o direito a realizar eventuais mais-valias, através da sua revenda.

A inibição apenas atinge o direito de voto. Este ponto é importante, para a interpretação do complexo normativo em jogo: o legislador ocupou-se, aqui, da melindrosa questão da gestão das instituições de crédito, verificando, logo no nível dos votos, em assembleia geral, se a mesma tem alicerces seguros.

No que tenha a ver com a concentração de riqueza e com o próprio mercado, na parte em que este não dependa da imagem da gestão da instituição de crédito em jogo, já não haverá, neste preciso ponto, preocupações nem competência por parte do BP. Jogam-se – digamos assim – valores estritamente bancários, que dão um especial sentido à supervisão prudencial.

CAPÍTULO III

DAS INSTITUIÇÕES DE CRÉDITO EM GERAL

§ 104.º ASPETOS BÁSICOS

425. Noção e espécies

I. O artigo 2.º-A, *w*) do RGIC define instituição de crédito como[2752]:

> (...) empresa cuja atividade consiste em receber do público depósitos ou outros fundos reembolsáveis e em conceder crédito por conta própria.

A legislação bancária portuguesa não explicitava, tradicionalmente, o que entendia por "instituição de crédito". O Decreto-Lei n.º 42:641, de

[2752] Redação dada pelo Decreto-Lei n.º 157/2014, de 29 de outubro. Na versão do Decreto-Lei n.º 242/2012, de 7 de novembro, a noção constava do artigo 2.º/1:

> São instituições de crédito as empresas cuja atividade consiste em receber do público depósitos ou outros fundos reembolsáveis, afim de os aplicarem por conta própria mediante a concessão de crédito.

Na versão original, o artigo 2.º limitava-se ao n.º 1, acima transcrito. O Decreto-Lei n.º 201/2002, de 26 de setembro, alterou o preceito, de modo a introduzir-lhe um n.º 2 destinado a incluir, no universo das instituições de crédito, as instituições de moeda eletrónica, reguladas no Decreto-Lei n.º 42/2002, de 2 de março, em transposição da Diretriz 2000/46, de 18 de setembro. Com isso, a definição perdeu em elegância e em clareza: sem qualquer necessidade, uma vez que as instituições de moeda eletrónica foram aditadas ao rol pelo artigo 3.º, *i*): nenhuma razão existia para a antecipação do novo n.º 2. O Decreto-Lei n.º 242/2012, de 7 de novembro, relativo ao acesso à atividade das instituições de moeda eletrónica e à prestação de serviços de emissão de moeda eletrónica, emendou a mão: revogou o n.º 2 em causa, embora sem suprimir a numeração do (ex-) n.º 1. Também a anterior alínea *l*) do artigo 3.º do RGIC foi revogada, pelo que as instituições de moeda eletrónica deixaram de ser instituições de crédito. *Vide infra*, 1282 ss..

12 de novembro de 1959, apenas reservava para o Estado e para as instituições de crédito, as "... funções de crédito ..." e a prática dos "... demais atos inerentes à atividade bancária" – artigo 1.º. Enumerava, depois, as tais instituições de crédito – artigo 2.º:

a) Os institutos de crédito do Estado;
b) Os bancos emissores;
c) Os bancos comerciais;
d) Os estabelecimentos especiais de crédito.

Estes últimos abarcavam os bancos de investimento, as caixas económicas, as cooperativas de crédito e a Companhia Geral do Crédito Predial Português – artigo 2.º, § 2.º. O artigo 3.º do citado Decreto-Lei n.º 42:641 referia as instituições auxiliares de crédito: as bolsas e os corretores de fundos e câmbios e as casas de câmbio. O Decreto-Lei n.º 41:402, de 27 de novembro de 1957, que efetuara enumerações semelhantes, referia, no seu artigo 5.º, a possibilidade de, em diploma regulamentar, se permitir o exercício de funções de crédito a outras pessoas singulares ou coletivas. Eram as instituições parabancárias, enumeradas no Decreto-Lei n.º 46:302, de 27 de abril de 1966, artigo 1.º. Não houve, mesmo então, a necessidade de definir a instituição de crédito.

II. A legislação comunitária, preocupada em uniformizar regras nos diversos Estados aderentes, teve de recorrer a definições. Assim, a 1.ª Diretriz de Coordenação Bancária – portanto, a Diretriz 77/780/CEE, de 12 de dezembro – no seu artigo 1.º, definia instituição de crédito[2753] em termos similares aos do artigo 2.º do RGIC[2754]. A definição passou ao artigo 1.º/3 do Decreto-Lei n.º 23/86, de 18 de fevereiro, que transpôs a aludida Diretriz, surgindo, ainda, no artigo 1.º do Decreto-Lei n.º 25/86, da mesma data,

[2753] A versão francesa fala em *établissement de crédit*, a alemã em *Kreditinstitut* e a italiana em *ente creditizio*; parece claro que o português "instituição de crédito", mais próximo do alemão, é linguisticamente mais preciso do que os seus equivalentes nas outras três línguas europeias, de resto diversos, entre si.

[2754] A definição em causa foi expressamente mantida pelo artigo 1.º da 2.ª Diretriz de Coordenação Bancária: a Diretriz 89/646/CEE, de 15 de dezembro de 1989 e, depois, pelo artigo 1.º/1 da Diretriz 2000/12/CE, de 20 de março, que revogou as duas citadas Diretrizes. Mais tarde, ela passou ao artigo 4.º/1 da Diretriz 2006/48/CE, de 14 de junho, constando hoje, como resulta do artigo 3.º/1, 1), da Diretriz 2013/36/UE, de 26 de junho, do artigo 4.º/1, 1), do Regulamento 575/2013, do mesmo dia.

que transpôs a Diretriz 83/350/CEE, de 13 de junho, referente à "fiscalização da situação financeira" das instituições de crédito, em base consolidada. É essa noção que, com alterações formais, figura, hoje, no RGIC[2755-2756].

III. O primeiro elemento da noção de instituição de crédito provém da sua assimilação a "empresas". A doutrina já tem procurado retirar, daí, consequências precetivas, procedendo à aproximação das "empresas" previstas no artigo 230.º do Código Comercial[2757]. Designadamente: tratar-se-ia de empresas comerciais. A noção de empresa, porém, que não é jurídica, não pode ser integralmente aproveitada[2758]. Basta ver que, tomando a definição à letra, poderíamos descobrir instituições de crédito em cada uma das agências de um banco. Cumpre recordar que, no princípio do século XX, a noção de empresa foi saudada como um instrumento muito promissor, destinado a facultar uma reforma profunda do Direito comercial. Hoje, porém, sabemos que a "empresa" não permite reduções dogmáticas nem pode, por si, constituir uma base precisa para a aplicação de quaisquer regras jurídicas[2759]. Ela surge, apenas, como um arrimo linguístico usado pelos legisladores de todo o Mundo – incluindo o europeu! – para, sem entrar em pormenores, designar um universo indeterminado de destinatários de regras jurídicas patrimoniais.

IV. Como segundo elemento, na definição do artigo 2.º-A, *w*) do RGIC, surge a atividade das instituições de crédito: a de *receber do público depósitos ou outros fundos reembolsáveis*.

Receber do público equivale a receber de pessoas indeterminadas e, à partida, indetermináveis. Assim, não se considerará "público", para efeitos desta noção, o conjunto dos sócios de uma sociedade ou o das entidades que, com o beneficiário, estejam numa relação de grupo. Também não é "público" o conjunto – ainda que indeterminado – das instituições de cré-

[2755] A noção de instituição de crédito, hoje presente no RGIC, adveio dos preparatórios exarados no *Livro branco sobre o sistema financeiro* cit., 1, 29 ss..

[2756] Augusto de Athayde, *Curso de Direito bancário* cit., 1, 144 ss..

[2757] Assim, Conceição Nunes, *As instituições de crédito: conceito e tipologia legais, classificação, actividades legalmente permitidas e exclusivos*, RB 25 (1993), 71-112 (74 ss.).

[2758] *Direito comercial*, 4.ª ed., 323 ss..

[2759] Menezes Cordeiro, *A responsabilidade civil dos administradores*, 498 ss. e *Direito comercial*, 3.ª ed., 325-326.

dito: estas, pela lógica da definição, contrapõem-se ao público. O BP, na medida em que pode aceitar depósitos das instituições de crédito – artigo 24.º/1, *f*) da LO – não é, pelo menos por isso, instituição de crédito[2760].

V. Temos, de seguida, os *depósitos e outros fundos reembolsáveis*. Trata-se de *dinheiro* ou de equivalente a dinheiro. Além disso, o banqueiro fica obrigado à restituição. Finalmente, o artigo 9.º/1 do RGIC afasta do universo dos fundos reembolsáveis os obtidos "... mediante emissão de obrigações, nos termos e limites do Código das Sociedades Comerciais ..." e "... os fundos emitidos através da emissão de papel comercial, nos termos e limites da legislação aplicável". No seu conjunto, estas regras permitem isolar o elemento dinheiro que o banqueiro recebe não na qualidade de sujeito económico que recorre ao crédito, endividando-se, para prosseguir (ou não) a sua atividade, mas na de especialista no seu manuseio, que o recebe do público para o fazer produzir *enquanto dinheiro*.

A lei não se preocupou com a fórmula jurídica da receção do dinheiro: ela prevê o resultado – a própria receção – e não o meio de lá chegar[2761]. Qualquer expediente para contornar a lei através de esquemas puramente jurídicos é, assim, irrelevante.

VI. Finalmente a instituição concede *crédito por conta própria*. Foi eliminada a anterior ligação entre os depósitos recebidos e a concessão de crédito: como é sabido, esta pode ir muito para além dos depósitos. O pensamento jurídico-bancário reclama uma noção muito ampla de concessão de crédito. Ficariam abrangidos, na enumeração do *Livro Branco*, citando a legislação comunitária então existente[2762]:

a) Os contratos reais, como o mútuo e o desconto bancário;
b) os contratos consensuais, como a abertura de crédito;
c) a prestação de garantias;
d) a locação financeira;
e) a cessão financeira;
f) a aquisição de obrigações e outros títulos de dívida.

[2760] No sentido do BP não ser instituição de crédito, pelas razões apontadas, Conceição Nunes, *As instituições de crédito* cit., 96, nota 39.

[2761] Não podemos, assim, seguir as considerações, de resto cautelosas, do *Livro Branco* cit., 1, 33-34, sobre as operações jurídicas envolvidas; na linha aqui adotada, Conceição Nunes, *As instituições de crédito* cit., 78-79.

[2762] *Livro Branco* cit., 1, 40.

Pela negativa, o artigo 9.º/2 do RGIC exclui da concessão de crédito, para efeitos do diploma:

a) Os suprimentos e outras formas de empréstimos e adiantamentos entre uma sociedade e os respetivos sócios;
b) A concessão de crédito por empresas aos seus trabalhadores, por razões de ordem social;
c) As dilações ou antecipações de pagamento acordadas entre as partes em contratos de aquisição de bens ou serviços;
d) As operações de tesouraria, quando legalmente permitidas, entre sociedades que se encontrem numa relação de domínio ou de grupo;
e) A emissão de senhas ou cartões para pagamento dos bens ou serviços fornecidos pela empresa emitente.

O *Livro Branco* afirma que são excluídas as formas de "natureza restrita"[2763]. Na verdade, se bem atentarmos nas exclusões do artigo 9.º/2 do RGIC, verificamos que elas têm em comum a predeterminação dos intervenientes e, em especial, do destinatário do crédito. Este não é, assim, uma pura operação em dinheiro: antes consubstancia uma operação comercial mais precisa.

A chave da concessão de crédito, para efeitos de localização de uma instituição de crédito está, na *indeterminação dos beneficiários*. No fundo, o crédito é concedido *ao público*.

Subjacente a tudo isto está, de novo, a ideia de operações com dinheiro, enquanto tal.

VII. Se bem atentarmos e apesar das precisões acima efetuadas, a noção do RGIC tem pouco conteúdo precetivo. Tal como emerge da legislação europeia transposta, ela apresenta um núcleo muito nítido, que podemos reconduzir ao comércio do dinheiro mas que, depois, encontra as maiores dificuldades perante entidades híbridas e de fronteira.

Por isso, o artigo 3.º do RGIC complementa a noção legal. A instituição de crédito deve ter personalidade jurídica e apresentar a conformação de uma das entidades enumeradas[2764]: *a*) bancos; *b*) caixas económicas; *c*) Caixa Central de Crédito Agrícola Mútuo e as caixas de crédito agrícola mútuo; *d*) instituições financeiras de crédito; *e*) instituições de crédito

[2763] *Livro Branco* cit., 1, 41.
[2764] Na redação dada pelo Decreto-Lei n.º 242/2012, de 7 de novembro.

hipotecário[2765]; *f*) sociedades de investimento; *g*) sociedades de locação financeira; *h*) sociedades de *factoring*; *i*) sociedades financeiras para aquisições a crédito; *j*) as sociedades de garantia mútua[2766]; *k*) outras empresas que correspondam à definição do artigo 2.º e, como tal, sejam qualificadas por lei.

Podemos prosseguir: a antiga enumeração de instituições de crédito do artigo 3.º não se limita a precisar a do artigo 2.º. Vai mais longe. Na verdade, boa parte das entidades incluídas no artigo 3.º não visa "receber do público depósitos": é o que sucede com as sociedades de investimento – artigo 4.º do Decreto-Lei n.º 260/94, de 22 de outubro –, com as sociedades de locação financeira – artigo 5.º do Decreto-Lei n.º 72/95, de 15 de abril – com as sociedades de cessão financeira – artigo 5.º do Decreto-Lei n.º 171/95, de 18 de julho – e com as sociedades financeiras para aquisições a crédito – artigo 5.º do Decreto-Lei n.º 206/95, de 14 de agosto: entre os recursos de que essas entidades dispõem, não se conta a receção de depósitos do público. É certo que estas entidades podem emitir obrigações de caixa bem como obrigações fora do previsto no CSC: teríamos aqui uma situação exterior à delimitação do artigo 9.º/1 do RGIC, suscetível de integrar uma ideia ampla de receção de depósitos e outros fundos reembolsáveis e, nessa medida, de justificar a inclusão destas entidades no universo das instituições de crédito[2767]. Tratava-se, porém, de uma orientação nitidamente artificial. No fundo, o legislador apenas pretendeu alargar a ideia das instituições de crédito, de modo a dispensar-lhes o "passaporte comunitário", como abaixo se refere. Hoje, as entidades suprimidas como "instituições de crédito", são consideradas sociedades financeiras de crédito, pelo artigo 6.º/1, *b*), na redação dada pela Lei n.º 23-A/2015, de 26 de março.

VIII. A noção do artigo 2.º-A do RGIC pouco mais é do que uma referência orientadora: no fundo, ele visa os bancos[2768], as caixas económicas,

[2765] Alínea revogada pelo Decreto-Lei n.º 157/2014, de 24 de outubro, mas que volta a surgir na versão consolidada.

[2766] As alíneas *b*) a *j*) foram revogadas pelo referido Decreto-Lei n.º 157/2014.

[2767] Assim, Rui Pinto Duarte, *A regulação pelo RGICSF das anteriormente chamadas instituições parabancárias*, RB 25 (1993), 55-70 (62-63) e que, aliás, acaba por se mostrar crítico, perante o legislador.

[2768] A Caixa Geral de Depósitos perdeu a referência autónoma que tinha, por alteração introduzida pelo Decreto-Lei n.º 201/2002, de 26 de setembro: entendeu-se que ela se inclui nos "bancos".

a Caixa Central de Crédito Agrícola Mútuo e as caixas de crédito agrícola mútuo. De resto: ela é insuficiente, uma vez que não há instituição de crédito sem correspondência com um tipo assim qualificado por lei; é excessiva, uma vez que surgem "instituições de crédito" insuficientes – sejamos realistas – para a preencher.

Esta aparente disfunção filia-se no seguinte: o RGIC alargou o universo das instituições de crédito de modo a incluir, nelas, determinadas entidades antes consideradas sociedades parabancárias. Este alargamento, fundamentalmente formal, visou permitir, às recém-chegadas, um tratamento europeu de "instituição de crédito", importante no que toca, designadamente, ao "passaporte comunitário". Quanto às instituições de moeda eletrónica: elas foram, num primeiro momento (artificialmente) consideradas instituições de crédito, para efeitos de as submeter à supervisão do Banco de Portugal. O Decreto-Lei n.º 242/2012, de 7 de novembro, revogou o artigo 2.º do RGIC. Mas conseguiu esse mesmo efeito por norma direta: o artigo 117.º-A, na sua nova redação, por ele dada. Mais tarde, a matéria foi redifinida, voltando a restringir-se a noção formal de instituição de crédito.

IX. Dentro das instituições de crédito, surgem-nos os bancos que incluem, hoje, a Caixa Geral de Depósitos: estes podem praticar a *generalidade* dos atos bancários, como se infere do artigo 4.º/1, do RGIC. As restantes instituições de crédito *só* podem praticar as operações permitidas pelas normas legais e regulamentares que regem a sua atividade – *idem*, n.º 2.

A ponderação do dispositivo do RGIC, relativo às instituições de crédito, leva-nos a concluir pela formalização dessa categoria. No fundo, são instituições de crédito as entidades que, como tal, sejam qualificadas por lei. Podemos partir do princípio de que a lei não procede a qualificações arbitrárias. No entanto, parece-nos claro que o artigo 3.º procedeu a um alargamento artificial, tendo em vista a divulgação de "passaportes comunitários" ou a sujeição à supervisão do BP.

Pergunta-se, perante tal estado de coisas: qual o sentido de definição material do artigo 2.º-A. A materialidade bancária é, antes, dada pelo artigo 4.º/1 do RGIC. Apesar de formal, a noção de instituição de crédito ou de sociedade financeira há-de centralizar-se em torno da prática de atos bancários, referidos nesse preceito, todos eles orbitrando em torno da ideia de dinheiro e do seu comércio.

O artigo 2.º-A valerá como auxiliar de interpretação.

426. Princípios

I. Com base no RGIC, é possível apontar alguns princípios tendencialmente aplicáveis às diversas instituições de crédito e às suas atividades.

O primeiro surge, no artigo 8.º, como *princípio de exclusividade*. Nos termos desse preceito, ele tem uma dupla formulação:

– só as instituições de crédito podem "exercer a atividade de receção, do público, de depósitos ou outros fundos reembolsáveis, para utilização por conta própria" – n.º 1, na redação dada pelo Decreto-Lei n.º 242/2012, de 7 de novembro;
– só as instituições de crédito e as sociedades financeiras podem exercer, a título profissional, as atividades referidas nas alíneas *b*) a *i*), *r*) e *s*) do n.º 1 do artigo 4.º, com exceção da consultoria referida na alínea *i*) – n.º 2.

A primeira formulação carece de dupla precisão: por um lado, a receção de depósitos do público é, também, acessível ao Estado e a outras entidades, referidas no artigo 8.º/3; por outro, como se viu, há instituições de crédito que, por via da lei que as regulamenta, não podem receber tais depósitos.

Vamos assentar no princípio da exclusividade dizendo que apenas as instituições de crédito e as sociedades financeiras podem exercer, a título profissional, atividades bancárias. Compreende-se o princípio: ele visa definir, designadamente para efeitos institucionais, o universo bancário.

II. De seguida, temos o *princípio da abertura internacional*. Segundo o artigo 10.º do RGIC, estão habilitadas a exercer atividades bancárias:

– as instituições de crédito e sociedades financeiras com sede em Portugal;
– as sucursais de instituições de crédito e sociedades financeiras com sede no estrangeiro.

Neste último caso, como veremos, há diferenciação de regime, consoante se trate – ou não – de entidades com sede na União Europeia.

De notar que as instituições de crédito e sociedades financeiras autorizadas noutros Estados membros da União podem prestar, a residentes em Portugal, serviços para que estejam habilitadas no País de origem.

Este princípio – que tem correspondência em diversos outros sectores económicos – traduz a essência universalista do atual Direito bancário institucional.

III. Ocorre, depois, o *princípio da verdade das firmas e denominações*. Segundo o artigo 11.º, só as entidades habilitadas como instituições de crédito ou sociedades financeiras podem usar, na sua atividade, expressões que sugiram atividades bancárias – artigo 11.º/1. O preceito exemplifica com as expressões "banco", "banqueiro", "de crédito", "de depósitos", "locação financeira", "*leasing*" e "*factoring*". Seria possível alongar a lista, referindo locuções como "aforro", "poupança", "caixa", "monte" e "cessão financeira".

O princípio da verdade é complementado no n.º 2: mesmo no universo bancário, diversas designações devem ser usadas de modo a não induzir "... o público em erro quanto ao âmbito das operações que a entidade possa praticar". Trata-se, no Direito bancário, de uma concretização do princípio geral da verdade das firmas e denominações, vigentes no Direito comercial[2769].

IV. Prosseguindo, encontramos o que denominaremos o *princípio da conformação legal*. Segundo esse princípio, explicitado no RGIC – artigo 14.º –, as instituições de crédito, com sede em Portugal, devem obedecer aos seguintes pontos:

- corresponder a um dos tipos previstos na lei portuguesa (tipicidade);
- adotar a forma da sociedade anónima (anonimato);
- ter por objeto exclusivo o exercício da atividade bancária (dedicação exclusiva);
- ter determinado capital social mínimo, representado por ações nominativas (capital mínimo e determinabilidade dos titulares);
- ter a sede principal e efetiva em Portugal (sede em Portugal);
- apresentar dispositivos sólidos em matéria de governo das sociedades e dispor de mecanismos adequados de controlo interno (*corporate governance*);
- organizar processos eficazes de gestão dos riscos (gestão de riscos);

[2769] *Vide* o artigo 32.º do RNPC, aprovado pelo Decreto-Lei n.º 129/98, de 13 de maio, bem como *Direito Comercial*.

O princípio da conformação legal analisa-se, assim, em sete subprincípios: tipicidade, anonimato, dedicação exclusiva, capital mínimo e determinabilidade dos titulares, sede em Portugal, *corporate governance* e gestão de riscos. Trata-se de vetores importantes que resultam, por um lado, de aspetos já precisados e que, por outro, suscitam um melhor funcionamento das regras institucionais.

V. Por fim, o artigo 15.º do RGIC autonomiza um princípio de colegiabilidade: o órgão de administração do conselho de administração das instituições de crédito deve ser constituído por um mínimo de três membros, com poderes de orientação efetiva – n.º 1; a própria gestão corrente deve ser confiada, pelo menos, a dois membros dos órgãos de administração – n.º 2.

427. **Sistema de fontes**

I. As instituições de crédito regem-se por diversos factos normativos. O próprio RGIC – salvo em aspetos limitados, como sucede no artigo 232.º – não fixa, em geral, um sistema de fontes. No entanto, é possível proceder a essa fixação, com base em regras gerais.

Assim, a uma instituição de crédito considerada, será, sucessivamente, aplicável:

– a sua legislação específica;
– o RGIC e demais legislação bancária;
– a legislação comercial;
– a legislação civil.

II. Com exceção dos bancos, regulados no RGIC, as diversas instituições de crédito dispõem de legislação própria. Tal legislação foi, explicitamente, adaptada ao RGIC. De acordo com as regras gerais, ela prevalece sobre o RGIC, no que, porventura, dele divirja: é lei especial.

O RGIC e a demais legislação bancária – incluindo, nos limites próprios, as determinações genéricas do Banco de Portugal e os códigos de conduta – seguem-se, como fontes aplicáveis.

Finalmente e uma vez que, em princípio, lidamos com sociedades anónimas, ocorrem as regras comerciais competentes, particularmente as do Código das Sociedades Comerciais e as do Código de Valores Mobiliários e, subsidiariamente, as civis.

III. O Direito internacional diretamente aplicável, na área ditada pela sua própria materialidade, prevalece sobre as leis ordinárias, de acordo com as competentes normas constitucionais.

Os regulamentos europeus têm aplicação direta. Eles têm vindo a assumir um peso crescente, com relevo para o Regulamento 575/2013, de 26 de junho. As diretrizes carecem de transposição: todavia, o seu conhecimento direto é importante: em nome da interpretação conforme com as diretrizes, a realizar das normas de transposição.

§ 104.º VICISSITUDES

428. Constituição e modificação

I. A constituição de instituições de crédito depende de autorização a conceder, caso a caso, pelo BP – artigo 16.º/1, do RGIC. Essa orientação que coloca, no Banco Central, um aspeto nuclear de supervisão: anteriormente, a autorização das instituições de crédito cabia ao Governo, sendo concretizada por portaria conjunta do Primeiro-Ministro e do Ministro das Finanças – artigo 3.º/1 do revogado Decreto-Lei n.º 23/86, de 18 de fevereiro – precedendo parecer do BP – *idem*, n.º 2.

Perante os dispositivos em vigor, a autorização, pelo Banco Central, de uma instituição de crédito envolve a atribuição do "passaporte comunitário": donde a comunicação à Autoridade Bancária Europeia, prevista no artigo 16.º/3[2770].

II. O RGIC prevê, depois, todo um processo de autorização. Assim, o pedido deve ser instruído com os elementos seriados no artigo 17.º/1: tipo de instituição a constituir e projeto de contrato de sociedade; programa de atividades, implantação geográfica, estrutura orgânica e meios humanos, técnicos e materiais que serão usados, bem como contas previsionais para cada um dos três primeiros anos de atividade; acionistas fundadores e capital por cada um subscrito; adequação da estrutura acionista à estabilidade da instituição; compromisso de que, no ato de constituição, estará depositado o montante do capital social exigido por lei; dispositivos sólidos em matéria de governo da sociedade, gestão dos riscos e mecanismos adequados de controlo interno. Os números 2 e 3 preveem indicações sobre o governo previsto da sociedade, complementados com uma remissão para os artigos 115.º-A a 115.º-F, 115.º-H e 115.º-K a 115.º-V.

[2770] Na redação dada pelo Decreto-Lei n.º 18/2013, de 6 de fevereiro; anteriormente, a comunicação era feita à Comissão Europeia.

Tratando-se de autorização relativa a uma instituição de crédito que seja filial de instituição autorizada noutro Estado comunitário, depende ela de consulta prévia à autoridade de supervisão do Estado em causa – 18.º/1.

Quando o pedido de autorização esteja deficientemente instruído, o BP notifica os requerentes, dando-lhes um prazo razoável para suprir a deficiência – 20.º/2.

III. Apresentado o pedido, o BP decide, de acordo com uma dupla ordem de fatores:

– a regularidade formal da instituição a constituir;
– a idoneidade material de certos fatores envolvidos.

A regularidade formal da instituição é, evidentemente, requerida: o Direito estrito deve ser cumprido, cabendo ao BP verificar o seu acatamento. Assim, segundo o artigo 20.º/1 do RGIC, o pedido de autorização será recusado sempre que:

– faltem informações ou documentos necessários;
– a instrução do pedido enferme de inexatidões ou falsidades;
– não se mostre acatado o artigo 14.º (conformação legal).

Mais melindrosa é a verificação da idoneidade material de certos fatores envolvidos. Segundo as alíneas *d*) a *g*) do citado artigo 20.º/1 do RGIC, o BP recusará a autorização sempre que:

– não considere idóneas todas as participações qualificadas;
– faltem os meios técnicos e os recursos financeiros para o tipo e volume de operações que a instituição candidata pretenda realizar;
– a adequada supervisão seja inviabilizada por uma relação de proximidade;
– ou por disposições legais ou regulamentares de um país terceiro;
– os membros do órgão de administração ou de fiscalização não cumpram os requisitos de idoneidade, qualificação profissional, independência ou disponibilidade, nos termos dos artigos 30.º a 33.º, matéria muito desenvolvida pela reforma de 2014;
– a sociedade não demonstre ter capacidade para cumprir os deveres impostos pelo RGIC.

Como se vê, ficam envolvidos poderes de apreciação do BP, que implicam uma certa margem de livre valoração. Haverá uma decisão discricionária? A resposta é negativa: o BP procede, de facto, a um julgamento de mérito, mas apenas nas margens precisas que a lei lhe comete[2771]. Hoje, a lei portuguesa já não faz depender a autorização de instituições de crédito de juízos de oportunidade económica ou político-social, como ainda sucedia perante o revogado Decreto-Lei n.º 23/86, de 18 de fevereiro. Este diploma, no seu artigo 4.º/1, previa que a autorização só pudesse ser concedida "... desde que a criação da instituição em causa dê satisfação às necessidades económico-financeiras nacionais, regionais ou locais ...". No n.º 2, dispunha-se uma apreciação do pedido de acordo com certos critérios, entre os quais (a) a adequação dos objetivos prosseguidos à política económica, monetária e financeira do País e (b) a compatibilidade entre as perspetivas de desenvolvimento da instituição e a manutenção de uma sã concorrência nos mercados em que se propõe exercer a sua atividade. Pois bem: precisamente da revogação, sem retoma, de semelhantes dispositivos, há que concluir, hoje, pela natureza limitada e contida da valoração a efetuar pelo BP. Esta interpretação é, ainda, reforçada pela atribuição ao BP – e não ao Governo – da competência para autorizar as instituições candidatas.

IV. A decisão deve ser comunicada aos interessados no prazo de seis meses a contar da data de receção do pedido ou – sendo esse o caso – da receção das informações complementares solicitadas aos representantes: mas nunca decorridos mais de doze meses sobre a data da entrega inicial do pedido. Quando não: há presunção de indeferimento tácito do pedido – artigo 19.º.

Estes prazos são exagerados, perante as necessidades atuais de dinamismo bancário. A lei anterior concedia, ao BP, 90 dias para elaborar o seu parecer – artigo 7.º/1 do Decreto-Lei n.º 23/86, de 18 de fevereiro. Dada a excelente capacidade técnica do BP, era suficiente.

V. As alterações dos contratos de sociedade das instituições de crédito estão sujeitas a prévia autorização do BP, quando se reportem aos aspetos seriados no artigo 34.º/1, do RGIC. Consideram-se, porém, tacitamente autorizadas, salvo as que impliquem mudança do tipo de instituições, quando, recebido o pedido, o BP nada objete, ao fim de 30 dias – *idem*, 2.

[2771] Augusto de Athayde, *Curso de Direito bancário* cit., 1, 373 ss. e ainda, Aboobacar Changa, *Constituição das instituições de crédito em Moçambique*, em *Temas de Direito bancário* (1999), 69-101.

Tratando-se de fusão ou de cisão impõe-se, também, autorização do BP mas, desta feita, com observância do previsto para a constituição da instituição – artigo 35.º.

Por fim: qualquer projeto de dissolução voluntária de uma instituição de crédito deve ser comunicado ao BP com a antecedência mínima de 90 dias sobre a sua efetivação (35.º-A/1). O BP não pode "obrigar" à não-dissolução; mas cabe-lhe empreender as ações de fiscalização sobre o ocorrido: as que se lhe afigurem necessárias.

VI. O RGIC prevê diversos regimes especiais. Deixando, para a análise posterior, o caso das instituições filiais de instituições com sede em País não comunitário e a isenção das caixas económicas e caixas de crédito agrícola mútuo – artigo 29.º – apenas cumpre recordar a do artigo 29.º-A, aditado pelo Decreto-Lei n.º 232/96, de 5 de dezembro: sempre que o objeto da instituição candidata compreender alguma atividade de intermediação de instrumentos financeiros, o BP solicitará informações à CMVM sobre a idoneidade dos detentores de participações qualificadas[2772]. A Comissão tem dois meses para informar – n.º 2. O artigo 29.º-B prevê, em paralelo, a consulta à ASP ou Autoridade de Supervisão de Seguros e Fundos de Pensões.

VII. Obtida a autorização, esta caduca – artigo 21.º – nos seguintes casos:

- havendo renúncia dos requerentes;
- decorridos 12 meses, sem que a instituição autorizada inicie a sua atividade; o Banco de Portugal poderá, a pedido dos interessados, prorrogar esse prazo por igual período;
- ocorrendo a dissolução da instituição.

429. **O registo**

I. Além do processo de autorização, pelo BP, necessário para a constituição da instituição candidata, há, ainda, que observar o disposto no artigo 65.º/1:

[2772] A epígrafe refere a ASP, na republicação feita pela Lei n.º 13-A/2015, de 26 de março (DR 1.ª série, n.º 60, de 26-mar.-2015, 1700-(96)/II: gralha manifesta que não constava da republicação levada a cabo pelo Decreto-Lei n.º 257/2014, de 24 de outubro (DR 1.ª série, n.º 206, de 24-out.-2014, 5454/I).

As instituições de crédito não podem iniciar a sua atividade enquanto não se encontrarem inscritas em registo especial do Banco de Portugal.

O registo abrange os elementos tipificados no artigo 66.º. Tratando-se dos factos supervenientes referidos no artigo 70.º, aplica-se este mesmo preceito.

II. O registo deve ser requerido no prazo de 30 dias a contar da data da ocorrência do facto a ele sujeito – artigo 71.º/1, salvo as exceções do artigo 71.º/2, na redação do Decreto-Lei n.º 157/2014, de 24 de outubro. O registo considera-se efetuado perante um silêncio, do BP, superior a 30 dias – *idem*, 4.

Do registo serão passadas certidões a quem demonstre interesse legítimo.

III. O registo é recusado nos casos taxativamente previstos no artigo 72.º do RGIC ou noutras leis. No fundo, a exigência do registo assume uma dupla função:

– permitir a publicidade dos factos a ele sujeitos;
– facultar um suplemento de apreciação da regularidade formal da instituição, por parte do BP.

O registo das instituições de crédito no BP tem os precisos efeitos referidos no RGIC. Ele não substitui o registo comercial ao qual as instituições de crédito, como sociedades, estão sujeitas. E é deste registo comercial que resultam os efeitos constitutivos e potenciadores de eficácia que a lei prevê.

Além disso, haverá que recorrer às regras do registo comercial, a título supletivo, para complementar as regras do RGIC sobre o registo bancário.

430. **Dissolução**

I. As instituições de crédito dissolvem-se, desde logo, pela revogação da autorização de que beneficiem – artigo 22.º/5, do RGIC, na redação da Lei n.º 23-A/2015. A revogação cabe ao BP, devendo processar-se pela forma prevista no artigo 23.º. Ela pode ter lugar com algum dos fundamentos previstos no artigo 22.º/1, além de outros legalmente previstos. São eles, na redação vigente, na sequência das reformas de 2014 e de 2015[2773]:

[2773] DR 1.ª série, n.º 60, de 26-mar.-2015, 1700-(95)/II-1700-(96)/I.

a) Se tiver sido obtida por meio de falsas declarações ou outros expedientes ilícitos, independentemente das sanções penais que ao caso couberem;
b) Se deixar de se verificar algum dos requisitos estabelecidos no artigo 14.º;
c) Se a atividade da instituição de crédito não corresponder ao objeto estatutário autorizado;
d) Se, por período superior a seis meses, a instituição de crédito cessar atividade ou a reduzir para nível insignificante;
e) Se se verificarem irregularidades graves na administração, organização contabilística ou fiscalização interna da instituição de crédito;
f) Se a instituição de crédito não puder honrar os seus compromissos, em especial quanto à segurança dos fundos que lhe tiverem sido confiados;
g) Se a instituição de crédito não cumprir as obrigações decorrentes da sua participação no Fundo de Garantia de Depósitos, no Fundo de Resolução ou no Sistema de Indemnização aos Investidores;
h) Se a instituição de crédito violar as leis e os regulamentos que disciplinam a sua atividade ou não observar as determinações do Banco de Portugal, por modo a pôr em risco os interesses dos depositantes e demais credores ou as condições normais de funcionamento do mercado monetário, financeiro ou cambial;
i) Se a instituição de crédito renunciar expressamente à autorização, exceto em caso de dissolução voluntária nos termos do disposto no artigo 35.º-A;
j) Se os membros dos órgãos de administração ou fiscalização não derem, numa perspetiva do órgão no seu conjunto, garantias de uma gestão sã e prudente da instituição de crédito;
k) Se a instituição de crédito violar, de forma grave ou reiterada, as disposições legais ou regulamentares destinadas a prevenir o branqueamento de capitais e o financiamento do terrorismo;
l) Se a instituição de crédito deixar de cumprir os requisitos prudenciais relativos aos requisitos de fundos próprios, as regras relativas aos grandes riscos ou as regras de liquidez;
m) Se a instituição de crédito cometer uma das infrações a que se refere o artigo 211.º

II. Como adiante melhor se verificará, as instituições de crédito em dificuldades submetem-se a um regime especial de saneamento, previsto nos artigos 139.º e seguintes do RGIC, agora dito "intervenção corretiva, administração provisória e resolução". Quando as providências aí previstas não permitam recuperar a instituição de crédito, a competente autorização é revogada, nos termos do artigo 145.º-L do RGIC[2774].

[2774] Na redação dada pela Lei n.º 23-A/2015, de 26 de março.

III. Dada a situação especial em que se encontram e visto o teor do artigo 22.º/1 do RGIC, deve entender-se que os esquemas gerais de dissolução das sociedades, quando aplicados às instituições de crédito, passam pela revogação das respetivas autorizações.

§ 106.º INSTITUIÇÕES PORTUGUESAS NO ESTRANGEIRO

431. Na União Europeia

I. O RGIC regulamenta, no seu Título III, a "atividade no estrangeiro de instituições de crédito com sede em Portugal"[2775]. Essa atividade pode ocorrer por uma de duas modalidades:

– ou através do estabelecimento de sucursais ou filiais;
– ou mediante a simples prestação de serviços.

No primeiro caso, regem os artigos 36.º e seguintes, do RGIC, enquanto, no segundo, dispõe o artigo 43.º. A primeira modalidade não é aplicável às caixas de crédito agrícola mútuo, nem às caixas económicas que não revistam a forma de sociedade anónima, com exceção da Caixa Económica Montepio Geral – artigo 41.º.

II. Para efeitos do RGIC – artigo 2.º-A, *ll*), introduzido pela Lei n.º 23-A/2015, em substituição do antigo artigo 13.º/5 – a sucursal é o estabelecimento de uma empresa desprovido de personalidade jurídica e que efetue, diretamente, no todo ou em parte, operações inerentes à atividade da empresa de que faz parte[2776]. Compreende-se a noção: caso estivesse em jogo um *quid* com personalidade jurídica, teríamos uma instituição autónoma e não uma instituição portuguesa com atividades no estrangeiro.

Pretendendo estabelecer uma sucursal no estrangeiro, tratando-se de País membro da UE, a instituição interessada deve notificar previamente o BP, especificando – artigo 36.º/1: o País onde pretenda estabelecer a sucursal; o programa de atividades; o endereço; os responsáveis pela sucursal.

[2775] Augusto de Athayde, *Curso de Direito bancário* cit., 1, 379 ss..
[2776] Quanto à noção de "sucursal", para efeitos da 11.ª Diretriz das sociedades comerciais (n.º 89/666/CEE): *Direito europeu das sociedades*, 466 ss..

A gestão desta – *idem*, n.º 2 – deve ser confiada a um mínimo de dois gerentes, sujeitos aos requisitos exigidos aos administradores.

III. A reforma levada a cabo pelo Decreto-Lei n.º 201/2002, de 26 de setembro, introduziu ainda, na epígrafe do Capítulo I, uma referência a "filiais". O artigo 2.º-A, *u*), do RGIC (redação de 2015), define filial como:

> pessoa coletiva relativamente à qual outra pessoa coletiva, designada por empresa-mãe, se encontre numa relação de controlo ou sobre o qual o Banco de Portugal considere que a empresa-mãe exerça uma influência dominante, considerando-se ainda que a filial de uma filial é igualmente filial da empresa-mãe de que ambas dependem.

Ora assim sendo, uma filial é uma instituição de crédito, *proprio sensu*. Os artigos 36.º e seguintes nada dizem quanto a filiais, exceto quando estabelecidas em países terceiros (42.º-A). Não vemos como as submeter ao correspondente regime, sendo patente, por exemplo, que o artigo 39.º lhe é, de todo, inaplicável.

Aparentemente, o legislador nada diz quanto a filiais na Comunidade; ficou-se pela inconsequente alteração de uma epígrafe. Todavia, visto o artigo 35.º da Diretriz 2013/36/UE, de 26 de junho, e tendo em conta o princípio da interpretação conforme com as diretrizes, ensaiaríamos, com as necessárias verificações e adaptações, a aplicação, às filiais (se o desejarem, uma vez que podem funcionar como instituições "plenas", conquanto que dominadas) do regime das sucursais.

IV. Recebidos os elementos em causa, o BP dispõe de três meses para estudar a pretensão; caso a considere ajustada, comunicará à autoridade de supervisão do país de acolhimento as informações que a acompanham, certificando também que as operações projetadas estão compreendidas na autorização. A instituição interessada é informada da comunicação – artigo 37.º/1. Além disso, o BP comunicará, ainda, à entidade supervisora do País de acolhimento, o montante dos fundos próprios, a *ratio* de solvabilidade da instituição e o sistema de garantia de depósitos de que ela participe – *idem*, n.º 2, redação do Decreto-Lei n.º 157/2014, de 24 de outubro.

O BP pode recusar a comunicação. Fá-lo-á se houver dúvidas fundadas sobre a adequação das estruturas administrativas ou da situação financeira da instituição – 38.º/1 – em decisão fundamentada e notificada à instituição interessada – *idem*, n.º 2. O silêncio, no termo do prazo legal dos três meses, implica presunção de recusa – *idem*, n.º 3. As recusas são comunicadas à Comissão e à Autoridade Bancária Europeia – n.º 4, na redação dada pelo Decreto-Lei n.º 18/2013, de 6 de fevereiro.

V. Efetuada a comunicação, a sucursal pode realizar, no País comunitário de acolhimento, as operações constantes do anexo à Diretriz 2006/48, de 14 de junho[2777], que a instituição interessada possa realizar em Portugal e que constem do seu programa de atividade. Trata-se da concretização do denominado "*passaporte comunitário*".

Caso, supervenientemente, ocorram modificações nos elementos comunicados, referidos no artigo 36.º/1 *b*), *c*) e *d*), do RGIC, a instituição interessada deve transmiti-lo, por escrito, ao BP e à autoridade de supervisão do País de acolhimento, por força do artigo 40.º/1. Outro tanto sucederá quando a alteração se reporte ao sistema de garantia referido no artigo 37.º/2: *idem*, artigo 40.º/1. Segue-se, depois, a apreciação pelo BP, dos novos elementos: este, quando concorde, comunicá-lo-á à entidade supervisora do País de acolhimento. Têm aplicação os artigos 37.º e 38.º do RGIC, acima examinados, apenas com a redução, para um mês, do prazo de apreciação pelo BP, e para quinze dias, do prazo para pronúncia pela CMVM (que deve ser consultada caso o programa de atividades compreenda intermediação de instrumentos financeiros) nos termos do artigo 40.º/2, sempre do RGIC.

VI. Na hipótese de a instituição portuguesa pretender iniciar, noutro Estado da União, uma mera prestação de serviço constante da lista anexa à Diretriz 2006/48/CE, de 14 de junho – hoje Diretriz 2013/36/UE, de 26 de junho – o processo é bem mais simples. Necessário é, contudo, que se trate de serviços autorizados em Portugal. Nessa altura, a instituição interessada notificará previamente o BP da sua pretensão; este, no prazo máximo de um mês, comunicá-la-á à entidade supervisora do Estado de acolhimento, certificando que as operações projetadas estão compreendidas na autorização – artigo 43.º/1 e 2, tendo o n.º 1 a redação dada pelo Decreto-Lei n.º 157/2014, de 24 de outubro.

[2777] Hoje: Diretriz 2013/36/UE, de 26 de junho.

432. Em países terceiros

I. Situações diferentes ocorrem quando uma instituição de crédito portuguesa pretenda estabelecer sucursais em países terceiros, isto é, em países que não sejam membros da UE. Nessa altura, não funcionam as Diretrizes comunitárias e, designadamente, o artigo 23.º da Diretriz 2006/48/CE, de 14 de junho – hoje, 35.º da Diretriz 2013/36/UE, de 26 de junho – que prevê, na União, o reconhecimento mútuo de diversas operações, mediante a (simples) comunicação, à entidade supervisora do País de acolhimento, feita pela entidade supervisora do País de origem – portanto e no nosso caso: pelo BP. Assim, qualquer sucursal a abrir nesses países terceiros terá de se submeter às regras territorialmente aplicáveis. Não obstante, não é indiferente, para o nosso País e para os valores postos a cargo do BP, que as instituições de crédito nacionais se dispersem em sucursais pelo estrangeiro ou que, nele, desenvolvam atividades menos dignas.

II. Assim, segundo o artigo 42.º/1, a instituição de crédito que pretenda estabelecer sucursais em países terceiros deverá notificar previamente o BP, nos termos do artigo 36.º do RGIC, especificando todos os elementos aí requeridos. A sucursal não poderá concretizar operações que a instituição não esteja autorizada a efetuar em Portugal[2778] ou que não constem da lista comunicada – n.º 5.

O BP pode recusar a pretensão com motivo baseado – por exemplo: por inadequação administrativa ou financeira – em decisão fundamentada e notificada à interessada – artigo 42.º/2 e 4. Tem o BP três meses para decidir; o silêncio vale como recusa – 42.º/3.

III. O artigo 42.º-A, aditado pelo Decreto-Lei n.º 201/2002, de 26 de setembro, dispõe sobre a hipótese de as instituições de crédito com sede em Portugal pretenderem constituir filiais em países terceiros. Devem comunicar previamente a pretensão ao Banco de Portugal que a poderá recusar com fundado motivo, em termos similares aos previstos para as sucursais.

[2778] Esta norma deve ser entendida em termos funcionais, à luz das regras que regem as qualificações – *vide* artigo 15.º do Código Civil. Efetivamente, poderá suceder que a instituição pretenda praticar, através de sucursal em País terceiro, uma operação própria do Direito estrangeiro, desconhecida em Portugal. Nessa altura, ela poderá ser autorizada, pelo Banco de Portugal, a fazê-lo, desde que a operação pretendida corresponda, pelo conteúdo e pela função, a uma outra que ela possa praticar, em Portugal.

E também aqui a decisão será tomada em três meses entendendo-se, no silêncio, que a pretensão foi recusada – 42.º-A/3 do RGIC.

O artigo 43.º-A ocupa-se, com simplicidade, da aquisição, por instituições de crédito com sede em Portugal, de participações qualificadas de instituições com sede no estrangeiro: devem comunicar previamente os seus projetos ao Banco de Portugal.

§ 107.º INSTITUIÇÕES ESTRANGEIRAS EM PORTUGAL

433. Instituições estrangeiras em Portugal; generalidades

I. Nos seus artigos 44.º a 64.º, o RGIC regula a atividade, em Portugal, de instituições de crédito com sede no estrangeiro[2779]. Trata-se de uma matéria de algum melindre, que ficou particularmente clara e adequada, perante o RGIC.

Procurando indicar os vetores de ordem geral que enformam esta matéria, vamos chamar a atenção para os seguintes pontos:

– existe uma regra básica de liberdade;
– os requisitos iniciais são verificados pela autoridade de supervisão do País de origem, tratando-se de instituição com sede na União[2780] ou do MF/BP, quando ela provenha de País terceiro;
– há supervisão do BP, sem prejuízo da supervisão do País de origem;
– a lei territorial portuguesa deve ser respeitada;
– cumulativamente, há que observar a lei do país de origem.

II. O respeito pela lei portuguesa vem afirmado logo no artigo 44.º do RGIC, que chama uma especial atenção para as normas reguladoras das operações com o exterior e das operações sobre divisas[2781]. Ele aflora,

[2779] Ana Cristina Borges Malhão Crisóstomo, *Instituições de crédito com sede no estrangeiro* (1997, polic.) e *A reserva de interesse geral na actividade bancária* (1999, polic.), Augusto de Athayde, *Curso de Direito bancário* cit., 1, 382 ss. e Bruno Ferreira, *Passaporte comunitário bancário: sucursal e livre prestação de serviços*, ROA 2009, 127-243.

[2780] Temos, aqui, um "passaporte comunitário" emitido por uma autoridade estrangeira, no âmbito que lhe compete.

[2781] Após a liberalização das operações correntes de capitais com o exterior, levadas a cabo pelo Decreto-Lei n.º 176/91, de 14 de maio, esta regra perde algum relevo cambiário. No entanto, ela ganha um novo papel no tocante às regras relativas ao branqueamento de capitais.

ainda, no artigo 45.º, que – perante instituições não provenientes da União – determina, por parte dos gerentes de sucursais ou de escritórios de representação, a verificação de todos os requisitos de idoneidade e de experiência estabelecida para os administradores das instituições de crédito com sede em Portugal.

III. A observância da lei estrangeira é pressuposta. Em princípio, o BP mais não fará do que velar pela regularidade formal da atuação da instituição estrangeira, perante a lei do País de origem. No entanto, se tiver conhecimento da revogação ou da caducidade da autorização do país de origem, o BP tomará as medidas do artigo 47.º:

– impedirá novas operações;
– salvaguardará os interesses dos depositantes e de outros credores.

IV. Em princípio, as instituições de crédito com sede no estrangeiro podem usar, em Portugal, a firma ou a denominação de origem. Devem, no entanto, obedecer às prescrições do artigo 46.º do RGIC.

434. **Filiais**

I. O RGIC, na sua versão original, previa um regime especial – hoje revogado – para as filiais de instituições de crédito com sede em países terceiros.

Segundo a definição do revogado artigo 13.º/1.º do RGIC, filial é uma pessoa coletiva dominada por outra e em relação a esta; a filial de uma filial é, igualmente, filial da empresa-mãe de que ambas dependem.

Na hipótese de filiais de instituições de crédito extracomunitárias ou de instituições dominadas por pessoas singulares não nacionais de Estados da União ou por pessoas coletivas com sede fora da Comunidade, aplicava-se um regime especial – artigo 24.º.

II. Segundo esse regime extracomunitário, a autorização era concedida, caso a caso, por portaria do MF, o qual podia delegar essa competência no BP – artigo 25.º, do RGIC. A intervenção do MF mostrava a presença de uma dimensão governativa. O pedido era sempre entregue no BP, onde corria a instrução – artigo 26.º/1 e 2.

A autorização obedecia a requisitos especiais: além dos fundamentos de recusa de ordem geral, previstos no artigo 20.º, exigia-se, ainda, que a criação da instituição de crédito – artigo 27.º/1 – fosse,

> (...) concorrer para o aumento da eficiência do sistema bancário nacional ou produza efeitos significativos na internacionalização da economia portuguesa, em conformidade com os objetivos da política económica, financeira, monetária e cambial do País.

Como se vê havia, desta feita, uma efetiva apreciação de tipo político. Tais autorizações podiam, ainda, ser limitadas pelo Conselho ou pela Comissão, nos termos do artigo 27.º/4.

III. A autorização podia ser revogada, nos termos do artigo 28.º do RGIC. Embora, nos termos gerais, a revogação se pudesse basear no desaparecimento superveniente dos pressupostos que levaram à autorização, repugnava admitir a possibilidade de revogação *ad nutum*, por conveniência. Uma vez concedida, a autorização era constitutiva de direitos, protegida pela Constituição. Assim, a revogação teria de se apoiar em normas estritas e, designadamente, na constatação de violações graves das leis aplicáveis.

IV. A reforma de 2001 revogou todos estes preceitos: artigo 24.º a 28.º. Em boa hora. O banco que pretenda instalar-se em Portugal segue o regime geral, independentemente de, na origem, ser dominado por uma instituição de um país terceiro.

435. **Sucursais**

I. O estabelecimento, em Portugal, de sucursais de instituições de crédito autorizadas noutros Estados da União e sujeitas à supervisão das autoridades respetivas – artigo 48.º – depende da receção, pelo BP, duma comunicação da autoridade supervisora do País de origem, da qual constem os elementos básicos enumerados no artigo 49.º/1. De resto – n.º 2 – apenas se exige que a gerência seja confiada a uma direção com o mínimo de dois gerentes, com poderes bastantes para resolver definitivamente todos os assuntos que respeitem à sua atividade.

Recebida a comunicação, tem o BP dois meses para organizar a supervisão da sucursal candidata, no tocante às matérias que lhe compitam; posto isso, notificará a instituição de crédito da "habilitação" para estabelecer a sucursal, assinalando – quando seja caso disso – determinadas condições de exercício – artigo 50.º/1; o silêncio vale como assentimento – *idem*, n.º 2.

É patente o silêncio da lei quanto à eventualidade do BP recusar a "habilitação" para estabelecer a sucursal. Contudo, parece-nos evidente que o BP pode fazê-lo: basta que verifique:

– a violação das leis do país de origem[2782];
– o desrespeito por regras territoriais aplicáveis;
– a inobservância do prescrito no artigo 49.º.

Mal estaríamos se o BP pudesse reagir *a posteriori*, nos termos do artigo 53.º e nada pudesse fazer quando, de antemão, verificasse situações irregulares.

Apenas cumpre sublinhar, no espírito do RGIC e dos instrumentos comunitários ora recebidos, que não é possível uma recusa discricionária. Quando ocorra, a recusa deve ser fundamentada e comunicada à autoridade de supervisão do país de origem, à Comissão Europeia e à Autoridade Bancária Europeia, por aplicação analógica dos números 2 e 4 do artigo 53.º[2783].

II. As alterações dos elementos relativos à sucursal devem ser comunicados, pela instituição de crédito, com a antecedência de um mês – artigo 51.º/1; o BP tem, então, um mês para "organizar a supervisão", subentendendo-se que pode haver recusa, nos termos acima explicitados.

III. A sucursal, uma vez "habilitada", pode efetuar em Portugal as operações bancárias que reúnam as seguintes três qualidades, cumulativamente – 52.º:

– constem da lista anexa à Diretriz 2006/48/CE, de 14 de junho – hoje Diretriz 2013/36/UE, de 26 de junho;
– estejam autorizadas, no País de origem, à entidade interessada;
– constem de lista certificada, ao BP, pela entidade supervisora do País de origem.

IV. O BP exerce a supervisão sobre as sucursais de instituições estrangeiras da União.

[2782] Poderemos inserir aqui o tema da luta contra o branqueamento de capitais; *vide* Luc Roeges, *L'exercice de l'activité bancaire par la voie d'une succursale après la deuxième directive bancaire*, RDBB 42 (1994), 17-25 e 113-119 (114 ss.).

[2783] Este último com a redação dada pelo Decreto-Lei n.º 18/2013, de 6 de fevereiro.

As operações por elas realizadas, em Portugal, devem respeitar as normas nacionais sobre liquidez, política monetária e dever de informação; quando não o façam, o BP determinará que ponham termo à irregularidade – artigo 53.º/1, na redação dada pelo Decreto-Lei n.º 157/2015. Se o não fizerem, o BP solicitará à autoridade supervisora do País de origem as providências apropriadas – *idem*, n.º 2; se isso nada resolver, "... o Banco de Portugal poderá, após informar desse facto a autoridade de supervisão do país de origem, tomar as providências que entenda convenientes para prevenir ou reprimir novas irregularidades, designadamente obstando a que a sucursal inicie novas operações em Portugal" – *idem*, n.º 3. Em caso de urgência, o BP pode reagir imediatamente – *idem*, n.º 5.

Há diversos deveres de comunicação. Ocorrendo recurso, presume-se que a suspensão de eficácia dos atos tomados determina grave lesão do interesse público – artigo 53.º/7.

De modo a facilitar a supervisão e a fiscalização, a instituição de crédito interessada centralizará, na primeira sucursal estabelecida em Portugal, toda a contabilidade das operações realizadas no País; o uso da língua portuguesa é obrigatório – artigo 55.º.

V. A responsabilidade patrimonial por dívidas dá lugar a regras especiais. Por dívidas contraídas em Portugal responde o ativo da sucursal e, nos termos gerais, o da instituição de crédito visada, na medida em que seja possível efetivar tal responsabilidade.

Por dívidas assumidas noutros países, pode responder o ativo da sucursal estabelecida em Portugal, mas apenas depois de satisfeitas todas as obrigações contraídas no País – artigo 54.º/1: temos, pois, uma separação de patrimónios, com privilégio. Tal regra mantém-se mesmo perante a falência e liquidação da instituição estrangeira – *idem*, n.º 2.

VI. O estabelecimento de sucursais de instituições de crédito de países terceiros – portanto: de países extracomunitários – fica sujeito às regras acima referidas e, ainda, em geral, às relativas à autorização *ex novo*, de filiais de instituições de Estados terceiros – artigo 57.º.

A autorização cabe ao MF – ou ao BP, por delegação – precedendo uma apreciação que recai sobre os elementos referidos no artigo 58.º/2 – *idem*, n.º 1. A autorização pode ser recusada, nos termos aplicáveis às filiais extracomunitárias – 58.º/3 – e, ainda, quando o BP considere insuficiente o sistema de supervisão a que a instituição de crédito estiver sujeita.

A sucursal deve dispor de um capital não inferior ao exigido para instituições portuguesas equivalentes – 59.º/1 – capital esse que deve ser depositado em instituição de crédito antes de efetuado o registo, no BP – *idem*, 2. O capital em causa – bem como as reservas constituídas e os depósitos e outros recursos aqui obtidos – devem ser aplicados no País – 59.º/3. Finalmente, a instituição de crédito responde pelas operações realizadas pela sucursal, em Portugal – 59.º/4.

VII. O artigo 56.º do RGIC permite às instituições de crédito autorizadas noutros Estados da União e que disponham de sucursal no País, de ser membros, em igualdade de circunstâncias, das associações empresariais portuguesas do respetivo sector.

436. **Escritórios de representação**

I. O escritório de representação é um estabelecimento de atuação bastante limitada. Ele atua "... na estrita dependência da instituição de crédito que representa ...", apenas lhes sendo permitido – artigo 63.º/1 do RGIC:

– zelar pelos interesses das instituições que representam;
– informar sobre a realização de operações em que elas se proponham participar.

O n.º 2 do citado preceito veda, especialmente, aos escritórios de representação:

– realizar diretamente operações que se integrem no âmbito de atividade das instituições de crédito;
– adquirir ações ou partes de capital de quaisquer sociedades nacionais;
– adquirir imóveis que não sejam os indispensáveis à sua instalação e funcionamento.

O escritório não tem personalidade jurídica. Em si, ele não é representante da instituição a que pertença. No entanto, podem os seus gerentes dispor de poderes de representação da instituição de origem, desde que lhes sejam atribuídos.

II. Dado o alcance limitado dos escritórios de representação de instituições estrangeiras, a sua instalação e funcionamento, para além das regras do registo comercial, apenas dependem de registo prévio no BP – artigo 62.º/1. Tal registo obtém-se mediante apresentação de certificado emitido pelas autoridades de supervisão do país de origem, e que especifique o regime da instituição por referência à lei que lhe é aplicável – *idem*. Obtido o registo, o escritório tem três meses para iniciar a atividade; o BP pode, mediante motivo fundado, prorrogar, por outro tanto, esse prazo – 62.º/2.

III. Segundo o artigo 64.º, os gerentes dos escritórios de representação devem dispor de poderes bastantes para tratar e resolver definitivamente, no País, os assuntos que respeitem à sua atividade.

§ 108.º INTERVENÇÃO CORRETIVA, ADMINISTRAÇÃO PROVISÓRIA E RESOLUÇÃO

437. Aspetos gerais; a reforma de 2012; as medidas de reforço da solidez financeira

I. A eventualidade de falência de um banqueiro coloca sempre um ponto delicado no funcionamento de qualquer sistema financeiro. Na verdade, tal falência põe em causa não apenas operadores mercantis que mantenham contactos com a instituição em crise mas, ainda, muitos depositantes e pequenos intervenientes. Além do impacto social negativo, assim gerado, devemos ainda contar com a quebra da confiança geral que uma falência bancária sempre acarreta. Essa quebra de confiança pode determinar uma corrida geral aos depósitos. Ora, é sabido que, estruturalmente, o banqueiro não tem condições para, em simultâneo, restituir todos os depósitos de que beneficie[2784].

II. No segundo pós-guerra, as hipóteses de falência de um banqueiro eram remotas. Os bancos centrais intervinham, de modo mais ou menos

[2784] Sobre o tema, Giuseppe Bavetta, *La crisi del gruppo bancario* (1997), onde são reunidas múltiplas intervenções, quanto ao sistema vigente em Itália, dotada de lei recente, Ferro-Luzzi/Castaldi, *La nuova legge bancaria* cit., 2, 1129 ss. e Umberto Morera/Antonio Nuzzo (org.), *La nuova discipline dell'impresa bancaria*, 3, *La gestione delle crisi bancarie* (1996), reunindo múltiplos estudos sobre as diversas facetas aqui em causa. Entre nós, Augusto de Athayde, *Curso de Direito bancário* cit., 1, 461 ss., Catarina Martins da Silva, *Os grupos bancários* cit., 1054 ss. e Armindo Saraiva Matias, *Saneamento e liquidação de instituições de crédito*, ROA 2001, 279-348. Já depois da publicação do Decreto-Lei n.º 199/2006, João Labareda, *Pressupostos subjectivos da insolvência: Regime particular das instituições de crédito e sociedades financeiras,* em Luís Carvalho Fernandes/João Labareda, *Estudos sobre a Insolvência* (2009), 103-141. A matéria foi reformulada pelo Decreto-Lei nº 31-A/2012, de 10 de fevereiro, sendo de esperar novas intervenções doutrinárias sobre o tema e, depois, pelas reformas de 2014 e de 2015.

assumido, permitindo ou facultando as fusões necessárias, para prevenir maiores danos. Além disso, existia legislação adequada, para enfrentar as sempre possíveis quebras de banqueiros. A temática conheceu um novo impulso com a crise financeira de 2007/2009, entre nós: 2009/2014. Desta feita, o risco não era o de falências pontuais de pequenos bancos: os grandes bancos eram, todos eles, vítimas possíveis.

O Estado interveio, prescrevendo sucessivas medidas de reforço da solidez financeira das instituições de crédito: recorde-se a Lei n.º 63-A/2008, de 24 de novembro, sucessivamente alterada e, por último (neste momento), pela Lei n.º 23-A/2015, de 26 de março, que a republicou em anexo[2785]. Também Basileia III documenta esta preocupação generalizada[2786].

III. A versão inicial do RGIC compreendia um título VIII – saneamento (artigos 139.º a 153.º), relativo a providências a tanto destinadas e que concluía com a liquidação, remetida parta legislação especial. Houve alterações, introduzidas pelo Decreto-Lei n.º 201/2002, de 26 de setembro. O articulado inicial manteve-se, todavia, estável[2787]. Ele veio a ser revisto pelo Decreto-Lei n.º 31-A/2012, de 10 de fevereiro. Este diploma alterou, desde logo, a epígrafe do título VIII, para intervenção corretiva, administração provisória e resolução. O título, agora redenominado, foi dividido por cinco capítulos. Todos os seus preceitos foram modificados, tendo sido acrescentados mais quinze artigos.

Esta matéria deve ser repensada , no seu conjunto.

IV. A justificação geral resulta do preâmbulo do diploma. Em síntese, ele reporta:

– a recente crise financeira teria demonstrado as insuficiências dos mecanismos jurídicos e poderes de intervenção dos supervisores; não seria possível tomar medidas de recuperação, evitando o risco de contágio;

[2785] *Supra*, 161 ss. e 1068.

[2786] *Supra*, 227 ss..

[2787] Quanto ao regime de saneamento financeiro, anterior à reforma de 2012 e que ainda tem reflexos em diversas situações, remetemos para a 4.ª edição da presente obra: § 86.º (953 ss.).

– as possíveis vias de superação do problema têm sido discutidas sob a égide da Comissão Europeia, do *Financial Stability Board* e do G20, tendo a reflexão daí resultante incidido sobre a necessidade de conferir, às autoridades de supervisão, um alargado conjunto de poderes que privilegiem tipos de intervenção precoce;
– havendo liquidação, esta deveria ser ordenada, de modo a evitar perturbações no sistema financeiro;
– estão em curso a preparação de instrumentos europeus nesse sentido.

Perante isso, o legislador optou pela introdução de um esquema faseado de atuação, de peso crescente: intervenção corretiva, administração provisória e resolução.

V. No plano europeu, foi elaborada, com data de 6 de junho de 2012, uma proposta de Diretriz relativa a um enquadramento para a recuperação e resolução de instituições de crédito e empresas de investimento financeiro[2788]: um documento extenso, com numerosas explicações. Sobre ele recaíram pareceres do Banco Central Europeu, de 24 de novembro de 2012[2789] e do Comité Social e Económico Europeu, de 12 e 13 de dezembro de 2013[2790].

Podemos dizer que o Decreto-Lei n.º 31-A/2012, de 10 de fevereiro, antecipou muitas destas reflexões.

VI. Deve-se ainda sublinhar o seguinte: esta matéria joga com o referido Decreto-Lei n.º 63-A/2008, de 24 de novembro, que estabeleceu medidas de reforço da solidez financeira das instituições de crédito, no âmbito da iniciativa para o reforço da estabilidade financeira e da disponibilidade de liquidez nos mercados financeiros: desse diploma de alguma complexidade técnica, um já alterado por nove vezes, a última das quais (como vimos e neste momento), pela Lei n.º 23-A/2015, de 26 de março. As alterações traduzem os avanços permitidos pela prática e recomendados por uma conjuntura sempre volátil.

Esse diploma, na parte essencial, prevê o reforço dos rácios de fundos próprios, tendo em vista o cumprimento das regras estabelecidas, de exi-

[2788] COM(2012) 230 final.
[2789] JOUE C-39, 1-24, de 12-fev.-2013.
[2790] JOUE C-44, 68-75, de 15-fev.-2013.

gência crescente. Tal reforço pode ser feito com recurso aos investimentos públicos (2.º/1),

> (...) de acordo, nomeadamente, com princípios de adequação, necessidade, proporcionalidade de remuneração e garantia dos capitais investidos e de minimização dos riscos e distorção da concorrência.

Os modos de capitalização são regulados (4.º), prevendo-se uma remuneração do investimento público (4.º-A) e o desinvestimento público, logo que possível (8.º).

VII. Ao abrigo destas regras, o Estado procedeu à recapitalização da generalidade dos bancos privados nacionais. O processo, aparentemente bem sucedido, depende, em última instância, da evolução económica geral.

438. As reformas de 2014 e de 2015

I. As dificuldades do sector bancário europeu, com problemas nos Países do Sul e na própria Alemanha, levaram à publicação da Diretriz 2014/59, de 15 de maio de 2014. Este diploma veio estabelecer um enquadramento para a recuperação e a resolução de instituições de crédito. Em causa estava a elaboração de planos de recuperação e de resolução, bem como medidas de intervenção coerciva e diversos meandros ligados à resolução. No fundo, aprontava-se um esquema regulamentar.

II. O legislador nacional operou a transposição através de uma nova reforma do RGIC: levada a cabo pela Lei n.º 23-A/2015, de 26 de março. Esta reforma veio assentar sobre a do Decreto-Lei n.º 157/2014, de 24 de outubro, ainda não assimilada pelos estudiosos. Por facilidade, vamos sumariar a matéria, tal como emergiu em 2015. Assim, temos desde logo a apontar os seguintes capítulos, inseridos no Título VII, supervisão prudencial:

Capítulo II-A – Governo: versa sistemas de Governo (115.º-A), comité de nomeações (115.º-B), política de remuneração (115.º-C a 115.º-I);
Capítulo II-B – Capital interno (115.º-J);
Capítulo II-C – Riscos, procedendo à sua avaliação e à sua gestão (115.º-K a 115.º-W, incluindo a alavancagem excessiva);

III. O Capítulo III, sobre supervisão em geral, foi enriquecido com medidas corretivas, a cargo do BP, relativamente às instituições de crédito que não cumpram as normas (116.º-C), com planos de recuperação (116.º-D), sujeitos a todo um procedimento (116.º-E a 116.º-I). Um plano de resolução fica a cargo do BP (116.º-J a 116.º-Q), com hipóteses de contrato de apoio financeiro intragrupos (116.º-R a 116.º-Z). As instituições de crédito devem prever meios independentes e autónomos adequados de receção, tratamento e arquivo de participações de irregularidades graves relacionadas com a administração e a fiscalização, previstos no RGIC ou no Regulamento n.º 575/2013, de 26 de junho (116.º-AA). Preveem-se testes de esforço (116.º-AD) e a aplicação de medidas relativas a requisitos específicos de liquidez (116.º-AG).

IV. Relevante, também, no ponto em estudo, é o Título VII-A, acrescentado pelo Decreto-Lei n.º 157/2014, de 24 de outubro (artigos 138.º-A a 138.º-AD). Para além das disposições gerais (138.º-A a 138.º-D), preveem-se as seguintes reservas:

(a) reserva de conservação (138.º-D);
(b) reserva contracíclica específica (138.º-E a 138.º-M);
(c) reservas para as instituições de importância sistémica (138.º-N a 138.º-T) ou G-SII, a identificar pelo BP, em base consolidada;
(d) reserva para risco sistémico (138.º-U a 138.º-Z).

Seguem-se medidas de conservação de fundos próprios (138.º-AA a 138.º-AD), que incluem restrições às distribuições e um plano de conservação de fundos próprios.

439. Sistema e princípios gerais

I. O Título VIII do RGIC, na sequência das reformas de 2012, 2014 e 2015, reparte-se por quatro capítulos:

I – Princípios gerais (139.º e 140.º);
II – Intervenção corretiva e administração provisória (141.º a 145.º-B);
III – Resolução (145.º-C a 145.º-AU);
IV – Disposições comuns (145.º-AV a 153.º-A).

II. No campo dos princípios gerais, o artigo 139.º/1 prevê que o BP possa, a todo o tempo, adotar as medidas previstas no presente título, tendo em vista a salvaguarda da solidez financeira da instituição de crédito, dos interesses dos depositantes ou da estabilidade do sistema financeiro.

Todas as medidas previstas (139.º/2) ficam sujeitas aos princípios:

– da adequação;
– da proporcionalidade;
– da gravidade das respetivas consequências.

A proporcionalidade deve ter em especial conta o risco ou o grau de incumprimento, por parte das instituições. A gravidade é aferida em função das consequências na solidez financeira da instituição, nos interesses dos depositantes ou na estabilidade do sistema financeiro. Este ponto é muito importante: uma "tomada de medidas" pelo Banco de Portugal quebra imediata e inevitavelmente a confiança na entidade que se pretende salvaguardar. Há corrida aos depósitos, descida de *ratings*, eventuais vencimentos antecipados de obrigações e dificuldades acrescidas em recolher fundos, no mercado. Impõe-se muita prudência.

II. A aplicação das medidas aponta para um sistema móvel (140.º). O BP não fica vinculado a uma relação de precedência, podendo combinar medidas de natureza diferente. Deve, todavia, respeitar os princípios gerais e verificar os pressupostos de aplicação das medidas que escolha.

440. A intervenção corretiva e a administração provisória

I. As medidas de intervenção corretiva impõem-se quando uma instituição de crédito não cumpra, ou esteja em risco de não cumprir, normas legais ou regulamentares que disciplinem a sua atividade[2791].

Em primeira linha, temos as medidas corretivas previstas no artigo 116.º-C/2 – 141.º/1: uma lista extensa, em vinte alíneas, que incluem remissões, designadamente para o artigo 116.º-C. Segundo esse preceito, o BP pode impor às instituições de crédito requisitos específicos de fundos próprios.

[2791] Michael Schillig, *Resolution and Insolvency of Banks and Financial Institutions* (2016), XXXVII + 531 pp., 250 ss..

II. Como especial medida corretiva perfila-se a apresentação, pela instituição em causa, de um plano de reestruturação – 141.º/1, *b*).

O plano de reestruturação deve ser submetido à aprovação do BP, no prazo por este estabelecido (142.º/1). A sua aceitação pode envolver condições fixadas pelo BP e, designadamente (142.º/2):

– o aumento do capital social;
– a sua redução;
– a alienação de participações sociais ou de outros ativos.

Se tais condições não forem aceites pelos acionistas ou pelo órgão de administração da entidade visada ou se, sendo o plano aprovado, ele não for cumprido pela instituição de crédito, pode o BP (142.º/3):

– determinar a suspensão do órgão de administração da instituição de crédito e nomear uma administração provisória;
– revogar a autorização da instituição de crédito;
– sem prejuízo de uma ou mais medidas de resolução nos termos do capítulo III (145.º-C a 145.º-AU).

III. Outra medida corretiva consiste na destituição e ou substituição de um ou mais membros dos órgãos de administração ou de fiscalização da instituição, ficando aqueles obrigados a fornecer todas as informações e a prestar a colaboração que lhes seja solicitada pelo BP – 145.º. Esta medida, na sua simplicidade, é muito grave, devendo ser sempre ponderada e justificada pelo BP. Com efeito:

– ela atinge o direito de propriedade (*lato sensu*), previsto e garantido pela Constituição;
– ela enfraquece, num momento delicado, a imagem da instituição onde se intervenha;
– ela traduz-se, em regra, por uma quebra imediata interna: os administradores ou os fiscalizadores indicados pelo BP não conhecem os *dossiers* e, por bem preparados que estejam, ficam, num primeiro momento, nas mãos dos quadros da instituição em causa.

Quanto possível, minimizar-se-á o caso indicando, apenas, mais algum(ns) administrador(es) ou fiscalizador(es).

IV. A quarta medida é a nomeação de uma comissão de fiscalização ou de um fiscal único. O artigo 143.º desenvolve o tema.

A comissão de fiscalização nomeada pelo BP é composta por um mínimo de três elementos, um dos quais ROC ou SROC, que preside e devendo os restantes ter curso superior adequado ao exercício das funções e conhecimentos em auditoria ou contabilidade (143.º/1). Quando a fiscalização da instituição compita a um fiscal único, pode o BP optar pela mesma solução, escolhendo um ROC ou SROC (142.º/2). A comissão nomeada ou o fiscal único são remunerados pela instituição e assumem os poderes e deveres do órgão de fiscalização, o qual fica suspenso (142.º/3). Devem manter o BP informado sobre a sua atividade, nomeadamente através de relatórios com a periodicidade por este definida (142.º/4). Em mais seis minuciosos números (142.º/5 a 10), são regulamentados diversos aspetos dessa comissão ou fiscal único, sendo de notar que exercem funções até ao máximo de um ano, prorrogável até ao máximo de dois.

Também aqui, há que ponderar vários óbices:

– a nomeação da comissão de fiscalização ou do fiscal único, pelo BP, pode demolir a imagem da instituição que se pretenda salvar;
– os novos fiscalizadores vão encontrar, no imediato, as maiores dificuldades em fazer serviço útil: casos de *offshores* ocultos, de dupla contabilidade ou de negócios paralelos podem exigir meses ou anos de averiguações, sendo duvidoso que possam avançar onde a supervisão não haja tido êxito.

Evidentemente: a nomeação de fiscalizadores, pelo BP, pode ser um primeiro passo para medidas subsequentes.

V. Outras medidas têm a ver com concretas atuações do banco visado, podendo traduzir-se em proibições ou imposições: 141.º/1, *e*) a *m*). Vamos reter o seu teor:

f) Restrições à concessão de crédito e à aplicação de fundos em determinadas espécies de ativos, em especial no que respeite a operações realizadas com filiais, com entidade que seja a empresa-mãe da instituição ou com filiais desta, bem como com entidades sediadas em jurisdições *offshore*;
g) Restrições à receção de depósitos, em função das respetivas modalidades e da remuneração;
h) Imposição da constituição de provisões especiais;
i) Proibição ou limitação da distribuição de dividendos;
j) Sujeição de certas operações ou de certos atos à aprovação prévia do Banco de Portugal;

k) Imposição de reportes adicionais;
l) Apresentação de um plano de alteração das condições da dívida pela instituição em causa, para efeitos de negociação com os respetivos credores;
m) Realização de uma auditoria a toda e ou a parte da atividade da instituição, por entidade independente designada pelo Banco de Portugal, a expensas da instituição;
n) Requerimento, a todo o tempo, da convocação da assembleia geral da instituição e a apresentação de propostas de deliberação;
o) Alterações nas estruturas legais ou operacionais da instituição;
p) *Idem*, nas estruturas funcionais;
q) *Idem*, na estratégia;
r) Inspeções ao local;
s) Destituição de titulares;
t) Contratos com possíveis adquirentes.

As medidas porventura tomadas, neste domínio, devem corresponder a um plano aprontado ou em vias de o ser, por parte dos especialistas do BP. Pode ainda admitir-se que tais medidas (ou alguma delas) sejam adotadas para a generalidade dos banqueiros, perante uma situação de crise.

VI. O "risco de não cumprir", referido no artigo 141.º/2 e que pode justificar medidas de intervenção corretiva, pode advir de alguma das seguintes ocorrências (141.º/2):

a) Risco de incumprimento dos níveis mínimos de adequação dos fundos próprios;
b) Dificuldades na situação de liquidez que possam pôr em risco o regular cumprimento das obrigações da instituição de crédito;
c) O sistema de governo ou órgão de administração da instituição de crédito terem deixado de oferecer garantias de gestão sã e prudente;
d) A organização contabilística ou o sistema de controlo interno da instituição de crédito apresentarem insuficiências graves que não permitam avaliar devidamente a situação patrimonial da instituição.

VII. Não permitindo as medidas de intervenção corretiva recuperar a instituição de crédito ou verificando-se a sua insuficiência, pode o BP (144.º):

– nomear uma administração provisória;
– aplicar uma medida de resolução;
– revogar a autorização, passando-se à liquidação.

441. A administração provisória

I. A administração provisória, agora inserida no mesmo capítulo das medidas corretivas, constitui o segundo bloco de possível atuação do BP, junto de instituições de crédito em dificuldade. O RGIC dedica-lhe os artigos 145.º-A e 145.º-B: ambos de grande extensão e com múltiplas e distintas normas.

II. A nomeação de uma administração provisória é precedida pela suspensão do órgão de administração "normal" (145.º). A lei enumera situações graves, que podem conduzir a essa medida e requer que, além da sua verificação, elas sejam suscetíveis:

– de colocar em sério risco o equilíbrio financeiro;
– ou a solvabilidade da instituição;
– ou de constituir uma ameaça para a estabilidade do sistema financeiro.

Quanto às situações graves, em si, são elas:

a) Deteção de uma violação grave ou reiterada de normas legais ou regulamentares que disciplinem a atividade da instituição;
b) Verificação de motivos atendíveis para suspeitar da existência de graves irregularidades na gestão da instituição;
c) Verificação de motivos atendíveis para suspeitar da incapacidade dos acionistas ou dos membros do órgão de administração da instituição para assegurarem uma gestão sã e prudente ou para recuperarem financeiramente a instituição;
d) Verificação de motivos atendíveis para suspeitar da existência de outras irregularidades que coloquem em sério risco os interesses dos depositantes e dos credores.

Os membros "normais" destituídos não têm o direito à indemnização prevista nos contratos estipulados ou que resultem das regras gerais (145.º/3): um confisco não precedido de qualquer processo judicial, contrário ao Estado de Direito e totalmente inconstitucional. Surpreende a sua presença, num diploma de elevado nível.

III. O artigo 145.º-A/3 determina que os membros da administração provisória sejam remunerados pela instituição e atribui-lhes, para além dos poderes e deveres conferidos pela lei e pelos estatutos, ainda os seguintes:

a) Vetar as deliberações da assembleia geral que possam pôr em causa os objetivos das medidas aplicadas ou a aplicar pelo Banco de Portugal com vista a salvaguardar a viabilidade da instituição de crédito e a estabilidade financeira;

b) Vetar as deliberações dos restantes órgãos sociais da instituição de crédito;

c) Revogar decisões anteriormente adotadas pelo órgão de administração da instituição de crédito;

d) Convocar a assembleia geral da instituição e determinar a ordem do dia, após aprovação prévia do Banco de Portugal;

e) Promover a avaliação detalhada da situação patrimonial e financeira da instituição de crédito, de acordo com os pressupostos definidos pelo Banco de Portugal;

f) Apresentar ao Banco de Portugal propostas para a recuperação financeira da instituição de crédito;

g) Diligenciar no sentido da imediata correção de eventuais irregularidades anteriormente cometidas pelos órgãos sociais da instituição ou por algum dos seus membros;

h) Adotar medidas que entendam convenientes no interesse dos depositantes e da instituição de crédito;

i) Promover o acordo entre acionistas e credores da instituição de crédito relativamente a medidas que permitam a recuperação financeira da instituição, nomeadamente a renegociação das condições da dívida, a conversão de dívida em capital social, a redução do capital social para cobertura de prejuízos, o aumento do capital social ou a alienação de parte da atividade a outra instituição autorizada para o seu exercício;

j) Gerir a totalidade ou algumas das linhas de negócio estratégicas da instituição de crédito;

k) Determinar a realização de auditorias financeiras e legais à instituição de crédito.

Apesar de a lei falar em "poderes e deveres" *dos administradores*, deve entender-se que está em causa a competência da administração provisória. Os poderes e deveres são, nos termos gerais do Direito bancário, de exercício coletivo. Valem, pois, as deliberações da administração provisória.

Deixámos, acima, expresso o cuidado que deve rodear a suspensão da administração legítima da sociedade e a designação, pelo BP, de uma administração provisória[2792].

[2792] *Supra*, 1161.

IV. O artigo 145.º-A/5 dispõe que o BP tenha em conta, na designação dos membros da administração provisória, critérios de idoneidade e de experiência no exercício de funções no sector financeiro. A "idoneidade" deve ser entendida em termos latos: para além das capacidades pessoais e profissionais, há ainda que proceder a juízos de oportunidade e de razoabilidade. Assim, há que evitar a designação de pessoas afetas a instituições concorrentes ou de quadros demasiado marcados, em termos políticos, quando a conjuntura se preste a especulações.

V. A remuneração dos administradores provisórios é fixada pelo BP (145.º-A/8): um esquema que melhor assegura a sua independência. Exercem funções até ao máximo de um ano, prorrogável até ao máximo de dois (145.º-A/6). Podem ser substituídos ou cessar funções, a todo o tempo, por decisão do BP (145.º-A/7).

Certos atos que pratiquem podem ser sujeitos, pelo BP, à sua aprovação prévia (145.º-A/4).

Os administradores são responsáveis (145.º-A/9) perante os acionistas, mas apenas por dolo ou culpa grave: inconstitucional, por evidente quebra da igualdade.

VI. No âmbito dos procedimentos cautelares que visem a suspensão de deliberações tomadas pela administração provisória, presume-se, para todos os efeitos, que o prejuízo resultante da suspensão é superior ao que possa derivar da execução da deliberação (145.º-A/13). Presume-se: uma presunção ilidível. De outro modo, o legislador diria, simplesmente, que tais deliberações não são suscetíveis de suspensão judicial.

442. A resolução

I. A introdução de denominadas medidas de "resolução" equivale à grande novidade da reforma de 2012, fortemente ampliada pela de 2015. O termo "resolução", derivado do inglês *resolution*, tem, aqui, o alcance de "solução", "saída" ou "desenlace"[2793]. Juridicamente, ele aproxima-se de uma nacionalização ou expropriação.

O tema preenche cinquenta e cinco artigos, por vezes longos (artigos 145.º-C a 153.º-A) e descritivos. Vamos dar conta de uma síntese essencial.

[2793] Sobre a resolução: Nikoletta Kleftouri, *Deposit Protection and Bank Resolution* (2015), XXIX + 259 pp. e Michael Schillig, *Resolution and Insolvency of Banks and Financial Institutions* cit., 331 ss. e *passim*.

II. A tomada de medidas de resolução visa qualquer uma das seguintes finalidades (145.º-C):

- assegurar a continuidade da prestação dos serviços financeiros essenciais;
- acautelar o risco sistémico;
- salvaguardar os interesses dos contribuintes e do erário público;
- proteger os depositantes, em certa medida;
- proteger os fundos e ativos detidos pela instituição em nome e por conta de clientes.

O artigo 145.º-D fixa princípios orientadores na aplicação de medidas de resolução. São eles (n.º 1):

a) Os acionistas da instituição de crédito objeto de resolução suportam prioritariamente os prejuízos da instituição em causa;
b) Os credores da instituição de crédito objeto de resolução suportam de seguida, e em condições equitativas, os prejuízos da instituição em causa, de acordo com a graduação dos seus créditos;
c) Nenhum acionista ou credor da instituição de crédito objeto de resolução pode suportar um prejuízo superior ao que suportaria caso essa instituição tivesse entrado em liquidação;
d) Os depositantes não suportam prejuízos relativamente aos depósitos garantidos pelo Fundo de Garantia de Depósitos nos termos do disposto no artigo 166.º Os custos da aplicação das medidas de resolução e o montante do apoio financeiro necessário à sua aplicação devem ser proporcionais e adequados à prossecução das finalidades de tais medidas, devendo o Banco de Portugal procurar minimizar aquele montante e evitar a perda de valor para além da que se revele necessária.

Por seu turno e no que toca ao Banco de Portugal, prossegue o artigo 145.º-D:

> 2. As decisões e as medidas tomadas pelo Banco de Portugal no âmbito do presente capítulo devem ser aplicadas tempestivamente e, quando necessário, com a urgência devida, sendo que, sempre que sejam suscetíveis de ter impacto em algum Estado membro da União Europeia, estas devem:
>
> *a*) Ser tomadas de forma transparente, eficiente e coordenada entre as várias autoridades intervenientes;
> *b*) Ter em conta, designadamente, o seu impacto sobre a estabilidade financeira, os recursos orçamentais, o fundo de resolução, o sistema

de garantia de depósitos ou o sistema de indemnização dos investidores dos Estados membros em que as empresas-mãe na União Europeia, filiais ou sucursais significativas da instituição de crédito objeto dessas decisões ou medidas estejam estabelecidas; e

c) Garantir um tratamento equitativo dos interesses dos diferentes Estados membros da União Europeia em causa, evitando, nomeadamente, uma repartição injusta dos encargos.

3. Na aplicação de medidas de resolução a instituições de crédito que sejam filiais de um grupo, o Banco de Portugal procura minimizar o impacto nas restantes entidades do grupo e no grupo no seu todo, bem como os efeitos adversos para a estabilidade financeira na União Europeia, nos seus Estados membros e, em particular, naqueles em que o grupo opera.

Parece claro o trauma do Banco Português de Negócios: instituição em crise, nacionalizada pela Lei n.º 62-A/2008, de 11 de novembro, para prevenir invocados danos sistémicos[2794] e que veio a custar, ao País, mais de 7.000 milhões de euros: uma cifra que teria evitado as reduções nas pensões e os cortes na retribuição dos funcionários públicos. Todo este esquema tem, subjacente, a ideia de poupar, ao Estado e ao País, mais aventuras desse tipo. Todavia, as experiências da resolução do BES e a do BANIF documentam custos para os contribuintes, não inferiores.

III. As medidas de resolução podem consistir (145.º-E/1):
- na alienação parcial ou total da atividade;
- na transferência, parcial ou total, da atividade para instituições de transição;
- na segregação e transferência parcial ou total da atividade para veículos de gestão ativos;
- na recapitalização interna.

Dada a sua gravidade, o RGIC semeou outros requisitos necessários para a tomada das medidas em causa. Dispõe o artigo 145.º-E:

2. O Banco de Portugal pode aplicar as medidas de resolução previstas no número anterior se estiverem preenchidos os seguintes requisitos:

a) Tenha sido declarado pelo Banco de Portugal, no exercício das suas funções de autoridade de supervisão ou de resolução, que uma instituição de crédito está em risco ou em situação de insolvência;

[2794] António Menezes Cordeiro, *A nacionalização do BPN*, RDS 2009, 57-91.

b) Não seja previsível que a situação de insolvência seja evitada num prazo razoável através do recurso a medidas executadas pela própria instituição de crédito, da aplicação de medidas de intervenção corretiva ou do exercício dos poderes previstos no artigo 145.º-I;

c) As medidas de resolução sejam necessárias e proporcionais à prossecução de alguma das finalidades previstas no n.º 1 do artigo 145.º-C; e

d) A entrada em liquidação da instituição de crédito, por força da revogação da autorização para o exercício da sua atividade, não permita atingir com maior eficácia as finalidades previstas no n.º 1 do artigo 145.º-C.

3. Para efeitos do disposto na alínea *a*) do número anterior, considera-se que uma instituição de crédito está em risco ou em situação de insolvência quando se verifique uma das seguintes circunstâncias:

a) A instituição de crédito deixar de cumprir os requisitos para a manutenção da autorização para o exercício da sua atividade ou existirem fundadas razões para considerar que, a curto prazo, a instituição deixa de os cumprir, possibilitando a revogação da autorização, nomeadamente porque apresentou ou provavelmente apresentará prejuízos suscetíveis de absorver, totalmente, os seus fundos próprios ou uma parte significativa dos mesmos;

b) Os ativos da instituição de crédito serem inferiores aos seus passivos ou existirem fundadas razões para considerar que o são a curto prazo;

c) A instituição de crédito estar impossibilitada de cumprir as suas obrigações ou haver fundadas razões para considerar que a curto prazo o possa ficar;

d) Seja necessária a concessão de apoio financeiro público extraordinário, exceto quando esse apoio, destinado a prevenir ou conter uma perturbação grave da economia e preservar a estabilidade financeira, consista na:

i) Concessão pelo Estado de garantias pessoais ao cumprimento das obrigações assumidas em contratos de financiamento, incluindo em operações de crédito junto do Banco de Portugal e em novas emissões de obrigações;

ii) Realização de operações de capitalização com recurso ao investimento público, desde que não se verifique, no momento em que o apoio financeiro público extraordinário é concedido, alguma das circunstâncias referidas nas alíneas *a*) a *c*) ou no n.º 2 do artigo 145.º-I.

As medidas de resolução não dependem da prévia aplicação das medidas de intervenção corretiva e não a prejudicam (145.º-E/4).

IV. A aplicação de alguma medida de resolução implica a suspensão dos órgãos de administração e de fiscalização da instituição visada e do ROC ou SROC que nela preste funções (145.º-F/1). O BP designa os (novos) membros do órgão de administração e uma comissão de fiscalização ou fiscal único (145.º-F/2) e, sendo o caso, novos ROC ou SROC (145.º-F/3). Os anteriores titulares devem fornecer todas as informações (145.º-F/4).

Os administradores nomeados pelo BP são remunerados pela instituição, têm determinados poderes e mantêm-se em funções até ao máximo de um ano, num prazo que pode ser prorrogado por iguais períodos (145.º-G/8).

A resolução deve ser precedida por uma avaliação cuidadosa, feita por uma entidade independente (145.º-H). O RGIC prevê, também, que o BP possa determinar a redução ou conversão de instrumentos de fundos próprios (artigos 145.º-I a 145.º-K).

443. Segue; a alienação da atividade

I. Como medida de resolução, a Lei prevê a alienação total ou parcial da atividade da instituição visada. Essa eventualidade é desenvolvida nos artigos 145.º-M e 145.º-N: preceitos longos que totalizam 23 números.

A alienação pode ser parcial ou total e recair sobre ativos, passivos, elementos extrapatrimoniais ou ativos de gestão da instituição em causa (145.º-M/1), nos termos seguintes:

- é feita a uma ou mais instituições autorizadas (145.º-M/3);
- precedendo convite, feito pelo BP, a potenciais interessados, para que apresentem propostas (145.º-M/4);
- procurando assegurar, em termos adequados à celeridade imposta pelas circunstâncias, a transparência e o tratamento equitativo (145.º-M/3).

II. Na alienação da atividade, são fixadas outras regras:

- o BP seleciona a adquirente tendo em conta as finalidades da resolução, fixadas no artigo 145.º-C[2795] (145.º-M/3);

[2795] *Supra*, 1167.

– sendo, aos potenciais adquirentes, de imediato dadas condições de acesso a informações relevantes, não lhes podendo ser oposto o dever de segredo (145.º-M/9).

III. Pode suceder que o valor dos passivos alienados seja superior ao dos ativos. Nessa eventualidade, a diferença pode ser coberta:

– pelo Fundo de Resolução (145.º-F/6);
– pelo Fundo de Garantia de Depósitos ou pelo Fundo de Garantia do Crédito Agrícola Mútuo (145.º-F/7).

As contribuições dessas entidades passam a ser créditos delas sobre a instituição visada (145.º-F/8).

O produto da alienação, sendo positivo, reverte para a instituição em jogo (145.º-F/9).

IV. Feita a alienação, deve assegurar-se a continuidade das operações: a instituição adquirente é, para todos os efeitos, a sucessora da alienante.

A decisão de alienação produz efeitos imediatos, sendo título legal bastante para o cumprimento de qualquer formalidade legal (145.º-N/8). Além disso, é "neutra": não depende de consentimento prévio nem dos acionistas da instituição alienante nem das partes nos contratos envolvidos; tão-pouco pode constituir fundamento para o vencimento antecipado de tais contratos (145.º-N/9).

A alienação parcial não prejudica a cessão integral das posições contratuais (pressupõe-se: as envolvidas), com (145.º-N/7):

> (...) responsabilidades associadas aos elementos do ativo transferidos, nomeadamente no caso de contratos de garantia financeira, de operações de titularização, ou de outros contratos que contenham cláusulas de compensação ou de novação.

Estamos, pois, perante uma hipótese de cessão *ex lege*, por decisão do BP.

V. A alienação ora em análise pode originar uma concentração sujeita às regras da concorrência. Nessa eventualidade, essa operação pode realizar-se antes de uma decisão de não-oposição por parte da Autoridade da Concorrência: sem prejuízo das medidas que, posteriormente, ela determine (145.º-N/14).

444. Segue; a transferência para instituições de transição (bancos "bons")

I. A segunda e possível medida de resolução é a transferência, total ou parcial, da atividade para instituições de transição. Tais instituições são constituídas para o efeito, de modo a permitir a sua alienação posterior a instituição autorizada (145.º-O/1): uma medida que pode atingir duas ou mais instituições de crédito do mesmo grupo (145.º-O/2).

II. O banco de transição é uma instituição de crédito com a natureza de um banco e cujo capital é totalmente detido pelo Fundo de Resolução e o seu capital é realizado por esse Fundo, com recurso aos seus meios (145.º-P/3). Constitui-se por decisão do Banco de Portugal, que aprova os seus estatutos (145.º-P/1), ficando, logo após, habilitado a exercer as atividades.

O banco de transição obedece a uma série de regras referenciadas no artigo 145.º-P e 145.º-Q.

III. O património a transferir para o banco de transição é selecionado pelo BP (145.º-Q/1). Não podem ser transferidas obrigações contraídas para com os acionistas que detenham 2% ou mais do capital ou para os titulares de órgãos de instituição salvo se ficar demonstrado que não estiveram, por ação ou omissão, na origem das dificuldades ou do seu agravamento (145.º-Q/3).

O banco de transição cessa a sua atividade nos termos do artigo 145.º-R.

IV. A transferência de ativos para bancos de transição (o "Banco Bom") deixa a instituição de crédito atingida pela resolução numa situação de pré-insolvência. Por isso, torna-se fundamental saber qual o destino das obrigações do banco "resolvido": se não transitarem para o "Banco Bom", não terão hipóteses de ser satisfeitas. A experiência da resolução do BES, que suscitou uma enorme litigância, no País e no estrangeiro, mostra que este ponto bloqueia, depois, a alienação do veículo ou "Banco Bom".

V. Uma análise detalhada desta questão, mau grado o pormenor regulativo do RGIC, subsequente à reforma de 2015, não deve fazer esquecer três pontos:

– a *par conditio creditorum*: salvo causa legal de preferência preexistente, os credores devem ser tratados por igual;
– o respeito pela propriedade privada: os credores do banco "resolvido" não podem ser despojados *ad nutum*, dos seus direitos, por mera decisão do BP;
– o princípio específico de que ninguém pode, depois da resolução, ficar em situação pior do que a que derivaria da pura e simples liquidação da instituição considerada.

Em situações de resolução, cada posição jurídica deve ser estudada pelos interessados, recomendando-se o recurso a especialistas experientes[2796]. A prática seguida de, perante problemas concretos, alterar a lei não é ideal: o Direito, mormente na área financeira, deve ser previsível.

445. **A segregação de ativos, a recapitalização interna e outros aspetos**

I. O artigo 145.º-S prevê que o BP possa determinar a transferência de direitos e obrigações de uma instituição de crédito ou de uma instituição de transição, para veículos de gestão para o efeito constituídos (n.º 1). A operação pode ser decidida para ativos de duas ou mais instituições incluídas no mesmo grupo (n.º 2).

II. A matéria é regulamentada nos dezasseis subsequentes números do artigo 145.º-S, ocupando-se o artigo 145.º-T do património, do financiamento e da cessação da atividade do veículo de gestão de ativos. Temos mais um instrumento que permitirá minorar os efeitos da resolução, através de um fracionamento adequado do património da entidade "resolvida".

III. Uma última hipótese de resolução consiste na aplicação de uma medida de recapitalização interna ou *bail-in* (145.º-U). Essa hipótese obteve dezenas de números nos densos artigos subsequentes.

[2796] A deliberação do Conselho de Administração do Banco de Portugal, de 3-ago.-2014, relativa à resolução do BES, comportando, em anexo, os estatutos do Novo Banco pode ser consultada no sítio do Banco de Portugal. Sobre esta resolução, *vide* Ana Mafalda Miranda Barbosa, *Direito civil e sistema financeiro* cit., 47 ss.; nós próprios elaborámos, a propósito da resolução do BES e das suas consequências, diversos estudos que não cumpre, para já, divulgar.

Apenas situações muito especiais deixarão antever êxito neste tipo de medidas.

IV. O RGIC, na versão vigente, especifica mais "poderes de resolução" do BP (145.º-AB), bem como diversas salvaguardas (145.º-AC a 145.º-AF).

A resolução de grupos transfronteiriços da União Europeia (145.º-AG e 145.º-AK) tem regras próprias (145.º-AL a 145.º-AU).

Ocorrem, ainda, diversas outras disposições: desde deveres gerais das instituições objeto de resolução (145.º-AP) ao regime fiscal (145.º-AU).

446. **Disposições comuns**

I. O título relativo à intervenção corretiva, administração provisória e resolução encerra com "disposições comuns" (145.º-AV a 153.º-A). Estão em causa, desde logo, o carácter urgente das medidas, para efeitos administrativos (146.º) e a suspensão dos prazos de execução relativos à instituição em crise, durante o máximo de um ano; são, ainda, interrompidos os prazos de prescrição e de caducidade oponíveis pela instituição (147.º).

II. Prevê-se uma cooperação com a CMVM (148.º). Ficam ressalvadas as demais sanções previstas na lei (149.º). As penhoras efetuadas pelas repartições de finanças podem ser levantadas e substituídas (150.º).

A aplicação de medidas a filiais de instituições com sede no estrangeiro deve ser comunicada às autoridades competentes do país em causa, pelo BP (151.º).

São visadas as sociedades-mães (152.º) e as sucursais de instituições não comunitárias (153.º).

O CIRE não se aplica às instituições de crédito (153.º-A).

447. **O Fundo de Resolução**

I. A Reforma de 2012 criou o Fundo de Resolução, como pessoa coletiva de Direito público, com sede em Lisboa, e funcionando junto do BP (153.º-B). A matéria manteve-se nas reformas subsequentes. O Fundo visa prestar apoio financeiro à aplicação de medidas de resolução adotadas pelo BP e demais funções cometidas por lei no âmbito da execução de tais medidas (153.º-C). Participam, no Fundo, as diversas instituições de crédito e demais entidades do universo bancário previstas no RGIC, com exceção das caixas associadas na Caixa Central de Crédito Agrícola Mútuo (153.º-D).

II. O Fundo é gerido por uma comissão diretiva composta de três membros (153.º-E, que regula o seu funcionamento). Tem, como recursos e entre outras, as receitas provenientes da contribuição sobre o sector bancário, as contribuições iniciais e as periódicas, das instituições participantes (153.º-F/1), bem como empréstimos, que não podem ser concedidos pelo BP (153.º-F/2). As contribuições referidas e demais recursos são objeto dos artigos 153.º-G a 153.º-I. Podem, ainda, acrescer contribuições adicionais do Estado, sob a forma de empréstimos ou de prestação de garantias (153.º-J), referindo-se garantias a prestar pelas entidades participantes (153.º-L).

III. Outros aspetos constam dos artigos 153.º-M a 153.º-U.

O Regulamento do Fundo de Resolução foi adotado pela Portaria n.º 420/2012, de 21 de dezembro, enquanto o Decreto-Lei n.º 24/2013, de 19 de fevereiro, regia as contribuições destinadas à sua capitalização. Foi revogado pela Lei n.º 23-A/2015, de 26 de março.

A contribuição sobre o sector bancário vem regulamentada pela Portaria n.º 121/2011, de 30 de março, por último alterada pela Portaria n.º 165-A/2016, de 14 de junho.

448. **Breve apreciação**

I. A Reforma de 2012, relativa ao antes chamado saneamento financeiro, exigiria um reafinamento dogmático de múltiplas categorias civis e comerciais. Ela traduz, com algum pormenor, a intromissão acrescida do poder público, conquanto que através de uma entidade independente (o BP), no tecido empresarial privado. A crise de 2009/2014 e as suas sequelas previsíveis, em conjunto com o esforço público, levado a cabo ao abrigo da Lei n.º 63-A/2008, de 24 de novembro, para a recapitalização da banca nacional, justificam esses dispositivos. As Reformas de 2014 e de 2015 traduzem um cinzelamento do regime e o verter, em lei, de numerosos aspetos regulamentares.

II. O regime afigura-se diferenciado e bastante realista. Perante uma crise em instituições de crédito, há que passar de imediato, ao mercado, interno e internacional, a mensagem de que o Banco Central intervém, com meios adequados, para que o negócio prossiga. A ideia de "transmissão de atividades", a favor de instituições mais sólidas ou de "bancos de transição" afigura-se conseguida. Mas que não haja dúvidas: o fim da intervenção de crédito intervencionada é inevitável, a menos que se proceda a uma injeção maciça de fundos públicos.

Perante crises pontuais de pequenas instituições, é de esperar que o sistema funcione. Em face de grandes instituições ou de uma crise generalizada, haverá que intervir em larga escala. E aí, o Fundo de Resolução, impedido, para mais, de recorrer ao Banco Central, será provavelmente, insuficiente.

III. Devemos ter presente que, mau grado a imagem que resulta, para o grande público, dos vistosos edifícios bancários e das suas centenas de agências, uma instituição de crédito é uma realidade imaterial. Ela representa riqueza porque as pessoas lhe confiam o seu dinheiro e aceitam trabalhar para lhe devolver os empréstimos, pagando, ainda, juros e todo o tipo de comissões. Desde o momento em que falhe a confiança, a instituição de crédito torna-se num buraco negro, devorador de riqueza. Qualquer medida de resolução traduz logo, só por si, o fim da estrada para a entidade visada. Neste momento, o País tem uma nacionalização (BPN), uma insolvência (BPP) e duas resoluções (BES e BANIF). A solução mais barata foi a da insolvência. O futuro dirá quanto custarão as restantes. Finalmente: não parece ter havido um risco sistémico, no que se apresenta como uma das (poucas) vantagens do euro.

§ 109.º A LIQUIDAÇÃO

449. **Antecedentes**

I. Quando as providências tomadas não permitam recuperar a instituição, é revogada a autorização, seguindo-se a sua liquidação – artigo 145.º-M do RGIC.

II. Antes da aprovação do Decreto-Lei n.º 199/2006, de 25 de outubro, atualmente em vigor, a liquidação era remetida para a "legislação aplicável". Regia, então, o Decreto-Lei n.º 30:689, de 27 de agosto de 1940, prevendo um tipo de execução administrativa, muito expedita[2797]. A constitucionalidade deste sistema levantou dúvidas, prevalecendo, no entanto, a posição favorável[2798]. Este diploma era aplicável às (antigas) instituições

[2797] Em Itália, cumpre referir Alessandro Nigro, *La disciplina delle crisi bancarie: la liquidazione coatta amministrativa*, GiurComm 1996, 144-156 e Francisco Vassalli, *La liquidazione coatta amministrativa della capogruppo*, em Bavetta, *La crisi* cit. (1997), 109-116.

[2798] *Vide* J. J. Gomes Canotilho/Paulo Canelas de Castro, *Constitucionalidade do sistema de liquidação coactiva administrativa de estabelecimentos bancários, previsto e regulado no Decreto-Lei n.º 30:689, de 27 de Agosto de 1940*, RB 23 (1992), 57-87, com úteis elementos comunitários e de Direito comparado.

Nos nossos tribunais, a questão da constitucionalidade do Decreto-Lei n.º 30:689 foi discutida a propósito da retirada, à ex-Caixa Económica Faialense, da autorização para o exercício do comércio bancário, o que envolveu a sua imediata liquidação. Alguns preceitos do Decreto-Lei n.º 30:689, de 27 de agosto de 1940, foram considerados inconstitucionais pelo TC n.º 443/91, de 20-nov.-1991 (Bravo Serra), BMJ 411 (1991), 140-154; para além disso, porém, temos o seguinte: RLx 5-jul.-1989 (Rolão Preto), BMJ 389 (1989), 632: o Decreto-Lei n.º 30 689 não é inconstitucional, não estando, pois, inquinada a caducidade dos contratos de trabalho derivados da liquidação da ex-Caixa; RLx 17-jan.-1990 (Cunha e Silva), BMJ 393 (1990), 647-648, no mesmo sentido; RLx 2-out.-1990 (Moura Cruz), BMJ 400 (1990), 720: o Decreto-Lei n.º 30 689 não é inconstitucional, salvo quando omite a possibilidade de recurso aos tribunais das decisões das comissões liquidatárias; STJ

parabancárias, nos termos do artigo 3.º do Decreto-Lei n.º 49/86, de 14 de março[2799], a título de Direito subsidiário.

III. Após um alongado período de preparação, o Parlamento Europeu e o Conselho aprovaram a Diretriz 2001/24/CE, de 4 de abril, relativa ao saneamento e à liquidação das instituições de crédito[2800]. Este diploma tem um interesse que transcende o Direito bancário. Alguns pontos:

– só as autoridades do Estado-Membro de origem têm competência para as medidas de saneamento (3.º/1), de acordo com a lei respetiva, produzindo elas efeitos em toda a União (3.º/2);
– o Estado-Membro de acolhimento deve ser informado (4.º), informando ainda o da sede da necessidade de medidas (5.º);
– todos os credores devem ser avisados (7.º);
– só as autoridades do Estado-Membro de origem têm competência para decidir a abertura de um processo de liquidação (9.º/1).

A Diretriz ocupa-se, depois e no essencial, de fixar a lei aplicável aos diversos atos.

3-dez.-1991 (César Marques), BMJ 412 (1992), 394-404: aceita os poderes do Governo de nomear uma comissão liquidatária com poderes de representação da massa; TC n.º 171/92, de 6 de maio (Bravo Serra), BMJ 417 (1992), 165-178: aceita os poderes da comissão liquidatária de verificar condicionalmente a existência dum crédito; STJ 21-jan.-1993 (José Magalhães), BMJ 423 (1993), 429-443 = CJ/Supremo I (1993) 1, 74-79, considerando constitucional o essencial do diploma e, em particular, os poderes de representação da comissão liquidatária; TC n.º 449/93, de 15 de julho (Monteiro Dinis), BMJ 429 (1993), 314-336, que considera constitucional o esquema básico da liquidação subsequente à retirada de autorização para o exercício do comércio bancário, bem como os poderes de representação da comissão liquidatária.

Ao arrepio da orientação mais moderada dos tribunais comuns e do próprio Tribunal Constitucional – orientação consoante os valores aqui em presença e os sistemas vigentes noutros espaços semelhantes ao nosso – cabe referir STA 1-fev.-1990 (Brandão de Pinho), BMJ 394 (1990), 505-506, que parece optar pela inconstitucionalidade do Decreto n.º 30 689, de 27 de agosto de 1940, por "subtrair as falências bancárias à jurisdição dos Tribunais comuns e confiando-as a uma comissão liquidatária", nas palavras do *sumário*.

[2799] António de Campos, *Sistema bancário e a recuperação de empresas*, RB 13 (1990), 57-75 (73).

[2800] JOUE N.º L-125, 15-23, de 5-mai.-2001; *vide Leis da banca*, 3.ª ed., 1295 ss..

450. O regime vigente

I. Apesar do prazo constante do artigo 34.º (5 de maio de 2004), a referida Diretriz apenas foi transposta, entre nós, através do Decreto-Lei n.º 199/2006, de 25 de outubro.

II. O regime então estabelecido veio diferir do anterior num aspeto essencial: a liquidação (não voluntária) das instituições de crédito passa a realizar-se judicialmente, nos termos do CIRE, com as especialidades decorrentes do Decreto-Lei n.º 199/2006, de 25 de outubro (artigo 8.º/1). A liquidação voluntária, resultante de deliberação dos sócios, segue o regime geral estabelecido no CSC, com ligeiras adaptações (artigos 5.º/1, 6.º e 7.º, *idem*).

A decisão de revogação da autorização da instituição de crédito, tomada pelo BP, nos termos do artigo 145.º-M, do RGIC, produz os efeitos da declaração de insolvência (artigo 8.º/2, Decreto-Lei n.º 199/2006), seguindo-se, no prazo de 10 dias úteis, o pedido de liquidação da instituição, no tribunal competente, a formular também pelo Banco de Portugal (artigo 8.º/3, *idem*).

III. A partir de então, observam-se os termos do CIRE (artigo 9.º/3, *idem*), com exceção dos Títulos IX e X (Plano de insolvência e administração pelo devedor), e na medida em que se revelem compatíveis com as adaptações operadas pelo Decreto-Lei n.º 199/2006: é nomeado, pelo juiz, um liquidatário judicial ou uma comissão liquidatária, sob proposta do Banco de Portugal (artigo 10.º/1, *idem*); o juiz designa dia e hora para a realização da reunião da comissão de credores (artigo 9.º/2, *idem*) embora esta surja esvaziada das mais importantes competências que o regime geral do CIRE lhe atribui (não pode, por exemplo, encarregar o liquidatário da elaboração de um Plano de Insolvência que suspenda a liquidação); é comunicada ao Fundo de Garantia de Depósitos e ao Sistema de Indemnização dos Investidores a lista dos credores reconhecidos e não reconhecidos (artigo 11.º, *idem*); a atividade do liquidatário ou da comissão liquidatária é acompanhada, de perto, pelo Banco de Portugal (artigo 14.º, *idem*).

A liquidação das instituições de crédito com sede em Portugal e sucursais noutro Estado-Membro, segue também, por imposição da Diretriz n.º 2001/24, de 4 de abril (artigo 3.º/1), o regime nacional. Simplesmente, nestes casos, o Banco de Portugal deve informar as autoridades competentes de cada Estado-Membro de acolhimento, antes da decisão de revogação: quando possível, ou imediatamente depois (artigos 19.º e seguintes, do Decreto-Lei n.º 199/2006).

A liquidação das caixas de crédito agrícola mútuo – que continuou a reger-se pelo Decreto-Lei n.º 30:689, de 27 de agosto de 1940 após a entrada em vigor do Decreto-Lei n.º 199/2006, de 25 de outubro (artigo 41.º) –, foi reconduzida ao regime geral, com as profundas alterações ao Regime Jurídico do Crédito Agrícola Mútuo introduzidas pelo Decreto-Lei n.º 142/2009, de 16 de junho. Assim, também a liquidação das caixas de crédito agrícola mútuo segue agora o regime do CIRE, com as adaptações prescritas pelo respetivo regime jurídico (artigo 47.º, Decreto-Lei n.º 24/91, de 11 de janeiro, com a redação introduzida pelo Decreto-Lei n.º 142/2009, de 16 de junho).

IV. O Decreto-Lei n.º 31-A/2012, de 10 de fevereiro, que procedeu à revisão alargada do RGIC, de que temos vindo a dar conta, alterou também, em diversos pontos, o Decreto-Lei n.º 199/2006, de 25 de outubro, republicando-o em anexo.

Os pontos acima mencionados foram mantidos, no essencial. Novidade foi a introdução de um denominado procedimento pré-judicial de liquidação (artigos 7.º-A a 7.º-D). Tal procedimento pré-judicial opera nas circunstâncias descritas no artigo 7.º-A, que vamos reter:

> Caso exista urgência no início das operações de liquidação, nomeadamente para garantir a continuidade de funções essenciais da instituição de crédito e a conservação do seu património, ou para salvaguarda da estabilidade do sistema financeiro, o Banco de Portugal, na decisão que revogar a autorização, pode nomear um ou mais administradores pré-judiciais, que exercerão funções sob o seu controlo por um prazo de até 6 meses, renovável por igual período.

Seguem-se:

– os efeitos do procedimento pré-judicial, centrados no dever de entrega, aos administradores pré-judiciais, dos documentos referidos no artigo 24.º/1 do CIRE (7.º-B/1);
– os administradores pré-judiciais são escolhidos pela sua idoneidade e experiência, preferencialmente entre aqueles que já tivessem sido nomeados, no âmbito de anteriores intervenções corretivas ou de resolução (7.º-C);

– exercem os poderes de administração e de disposição do administrador da insolvência (7.º-D).

V. O Decreto-Lei n.º 199/2006, de 25 de outubro, comporta, depois, múltiplas regras, contemplando o saneamento e a liquidação de âmbito comunitário (16.º a 38.º). O seu estudo deve fazer-se em paralelo com o regime do CIRE.

VI. Finalmente e neste momento: a Lei n.º 23-A/2015, de 26 de março, alterou o Decreto-Lei n.º 199/2006, mais precisamente os seus artigos 1.º, 2.º, 16,º, 17.º, 32.º, 33.º e 40.º. Foi seu objetivo o harmonizar o diploma com a grande reforma de 2015.

§ 110.º GARANTIA DE DEPÓSITOS

451. A garantia de depósitos

I. Como foi referido, a eventualidade da falência do banqueiro revela-se duplamente perniciosa: quando ocorra, ela traduz uma injustiça grave para os depositantes, subitamente privados dos seus bens; mesmo sem se verificar, ela corresponde a um perigo potencial, capaz de, em momentos de crise, provocar corridas aos bancos, eventualmente indutoras de insolvência.

Existem vários esquemas teóricos suscetíveis de garantir os depósitos. O RGIC, logo em 1992, optou pelo que consiste em prever um fundo autónomo, dotado de meios resultantes de contribuições das próprias instituições de crédito e capaz de acudir, em caso de necessidade, de modo a garantir, pelo menos em parte, o reembolso dos depósitos efetuados em instituições em crise. Tal é o papel do Título IX do RGIC, precisamente intitulado "Fundo de Garantia de Depósitos".

II. A garantia de depósitos veio a ser regulada pela Diretriz 94/19/CE, do Parlamento e do Conselho, de 30 de maio de 1994[2801]. Ela formalizou a obrigatoriedade de as instituições de crédito, para poderem receber depósitos, pertencerem a um ou mais sistemas de garantia – 3.º/1. Como alternativa, a Diretriz admite que a própria instituição de crédito pertença a um sistema que garanta a sua liquidez e solvabilidade, assegurando aos depositantes uma proteção equivalente à de uma garantia de depósitos. Nas seguintes condições: o sistema exista e esteja já reconhecido; o sistema evite a indisponibilidade dos depósitos e tenha os meios necessários; o sistema não consista numa garantia prestada pelo próprio

[2801] JOCE N.º L-135, 5-13, de 31-mai.-1994; *vide Leis da banca*, 3.ª ed., 1154 ss.. A Diretriz 94/19/CE foi alterada pela Diretriz 2009/14/CE, de 11 de março, transposta para o ordenamento jurídico português pelo Decreto-Lei n.º 162/2009, de 20 de julho.

Estado ou autoridades locais ou regionais; o sistema assegure informação aos depositantes.

A Diretriz 94/19/CE teve, ainda, uma atenção especial para com a garantia dos depósitos efetuados em sucursais de instituições com sede comunitária ou em países terceiros. Tratou, igualmente, o mínimo garantido.

III. A Diretriz 94/19/CE foi transposta, para a Ordem interna, pelo Decreto-Lei n.º 246/95, de 14 de setembro, que introduziu alterações no RGIC.

Entre outros aspetos, esse diploma consignou o princípio segundo o qual, na Comunidade, a garantia dos depósitos é assegurada pelo país de origem da instituição de crédito, ainda que se trate de fundos captados por via de sucursais ou em prestação direta de serviços. A adesão ao sistema português é voluntariamente possível, quando este seja mais favorável. Ficaram, finalmente, excluídos certos depósitos, nos termos precisados na lei.

IV. Em plena crise financeira (então) de 2007-2010, foi aprovada a Diretriz n.º 2009/14/CE, de 11 de março, que alterou a Diretriz n.º 94/19//CE. Entre outras modificações, reduziu o prazo concedido aos supervisores para declarar a indisponibilidade dos depósitos das instituições participantes (de 21 para 5 dias) e aumentou o nível mínimo de garantia (de € 20.000 para € 50.000, sendo este limite, em princípio, elevado para € 100.000, até 31 de dezembro de 2010). A Diretriz n.º 2009/14/CE, de 11 de março foi transposta entre nós através do Decreto-Lei n.º 162/2009, de 20 de julho.

Novas alterações resultaram do Decreto-Lei n.º 31-A/2012, de 10 de fevereiro.

V. Finalmente (neste momento) a matéria foi revista pela Diretriz 2014/149, de 16 de abril[2802], que revogou a Diretriz 2009/14, com efeitos a partir de 4-jul.-2019. A cifra garantida foi fixada em € 100.000. Uniformizaram-se diversas outras regras. A transposição foi levada a cabo pela Lei n.º 23-A/2015, de 26 de maio, constando do RGIC.

[2802] Joue N.º L-173, 149-178, de 12-jun.-2014.

452. O Fundo de Garantia de Depósitos

I. O artigo 154.º do RGIC criou, junto do BP, como pessoa coletiva de Direito público, dotada de autonomia administrativa e financeira, o Fundo de Garantia de Depósitos. O Fundo é gerido por uma comissão diretiva de três membros: um membro do Conselho de Administração do BP, como presidente e dois vogais: um nomeado pelo MF, e o terceiro pela associação que represente as instituições de crédito participantes que, no seu conjunto, detenham o maior volume de depósitos garantidos – artigo 158.º/1[2803]; a designação é feita para três anos, renováveis – *idem*, n.º 4.

O objeto do Fundo é garantir o reembolso dos depósitos constituídos nas instituições participantes – artigo 155.º/1. Admite o n.º 2 desse preceito, na redação do Decreto-Lei n.º 31-A/2012, de 10 de fevereiro, que o Fundo intervenha no âmbito da execução de medidas de resolução, nos termos previstos no artigo 167.º-B.

II. As instituições de crédito, com sede em Portugal, autorizadas a receber depósitos, participam obrigatoriamente no Fundo – artigo 156.º/1, *a*) – outro tanto sucedendo com as instituições extracomunitárias, relativamente aos depósitos captados pelas suas sucursais em Portugal, salvo se eles estiverem garantidos por um sistema do País de origem, considerado equivalente, pelo BP – *idem*, *b*). Podem, ainda, a título complementar, participar instituições com sede noutros Estados da Comunidade, relativamente aos depósitos captados pelas suas sucursais em Portugal, de modo a completar a garantia proporcionada pelo sistema do País de origem.

A garantia dos depósitos conseguidos pelas caixas de crédito agrícola mútuo, pertencentes ao Sistema Integrado do Crédito Agrícola Mútuo, rege-se por lei especial – artigo 156.º/7.

III. O Fundo dispõe dos recursos financeiros referidos no artigo 159.º: contribuições das participantes e do Banco de Portugal, empréstimos, rendimentos, liberalidades e produtos de coimas. As contribuições das participantes podem ser iniciais, periódicas e especiais: as iniciais são entregues no prazo de 30 dias a contar do registo do início da atividade, no valor fixado por aviso do BP, sob proposta do Fundo – artigo 160.º/1; as periódicas são anuais, calculando-se em função dos saldos mensais dos

[2803] Na redação dada pelo Decreto-Lei nº 201/2002, de 26 de setembro.

depósitos, no ano anterior, podendo ser substituídos, até 75%, por caução idónea – artigo 161.º; as complementares constam do artigo 162.º, quando os recursos do Fundo se mostrem insuficientes.

Os recursos do Fundo são aplicados em operações financeiras, segundo um plano acordado com o BP – artigo 163.º – sem prejuízo de poder participar em operações no âmbito de medidas de resolução – 167.º-B, na redação da Lei n.º 23-A/2015, de 26 de março.

IV. O Fundo garantia o reembolso dos depósitos até ao limite de 25.000 euros por depositante – artigos 164.º e 166.º, de acordo com as regras fixadas neste último preceito, na redação dada pelo Decreto-Lei n.º 222/99, de 22 de junho. O Decreto-Lei n.º 211-A/2008, de 3 de novembro, elevou, até 31 de dezembro de 2011, este limite para € 100.000, como resposta à crise financeira de 2007-2010, e para cumprimento da Diretriz n.º 2009/14, de 11 de março, já referida. Esse limite ficou definitivamente fixado pelo Decreto-Lei n.º 119/2011, de 26 de dezembro, tendo sido acolhido na Diretriz 2014/49.

V. Ficam excluídos da garantia os depósitos referidos no artigo 165.º. Esta lista foi substancialmente aumentada pelo Decreto-Lei n.º 162/2009, de 20 de julho, que transpôs as alterações à Diretriz n.º 94/19/CE. No entanto, quanto a esta matéria, a Diretriz não foi alterada, pelo que as novas situações de exclusão terão sido ditadas mais por questões de âmbito nacional do que por imposição comunitária. De entre a extensa lista (12 alíneas) destacavam-se: os depósitos constituídos por investidores qualificados (artigo 30.º/1 CVM) e por entidades do sector público administrativo, os depósitos resultantes de branqueamento, os depósitos realizados diretamente fora de Portugal, designadamente em jurisdição *off shore*, exceto se o depositante desconhecesse o destino desses depósitos, os depósitos de dirigentes ou similares da própria instituição, bem como de seus cônjuges, parentes ou afins no 1.º grau ou terceiros por conta, os depósitos de empresas em relação de domínio ou de grupo com a própria instituição e os depósitos que, indevidamente, tenham vindo a agravar a situação da instituição financeira. A lista foi depois encurtada pela Lei n.º 23-A/2015, que revogou oito das alíneas do artigo 165.º: ficam de fora os depósitos institucionais, com (pequenas) exclusões, os depósitos provenientes de branqueamento judicialmente reconhecido, os depósitos cujo titular não esteja devidamente identificado e os depósitos de pessoas detentoras, nos dois últimos anos, de 2% ou mais do capital da instituição resolvida, ou que, também nos dois últimos anos, nela ocupassem lugares de administração, salvo se se demonstrar que nada tiveram a ver com as dificuldades financeiras da instituição.

O reembolso, até ao referido limite de € 100.000, deve ter lugar no prazo de sete dias úteis a contar da data da indisponibilidade dos fundos e não depende de um pedido nesse sentido: 167.º/1, na redação da Lei n.º 23-A/2015, que encurtou os prazos anteriores.

Resta esclarecer que o artigo 155.º/5 do RGIC, redigido à luz do artigo 2.º/1 da Diretriz 2014/49, garante depósitos em sentido amplo, isto é: os saldos em contas favoráveis aos clientes e que advenham seja de entregas em dinheiro, feitas diretamente por eles, seja de transferências bancárias, seja da venda de títulos levada a cabo pelo banqueiro, ou seja de qualquer outra fonte, que nas condições legais ou contratuais devam ser restituídos.

VI. O Fundo de Garantia de Depósitos tem hoje um Regulamento aprovado pela Portaria n.º 285-B/95 (II Série), de 19 de setembro de 1995[2804], alterada pela Portaria n.º 530/2003 (II Série), de 3 de maio[2805] e pela Portaria n.º 1426-B/2009, de 18 de dezembro.

Além disso, há que lidar com as fontes seguintes:

– Aviso n.º 11/94, de 21 de dezembro[2806]: regula as contribuições a efetuar pelas instituições de crédito; este Aviso foi alterado pelos Avisos n.º 9/95, de 15 de setembro[2807], n.º 3/96, de 1 de julho[2808], n.º 4/96, de 6 de setembro[2809], n.º 11/2003, de 25 de setembro[2810], n.º 5/2004, de 7 de outubro, n.º 6/2004, de 30 de dezembro[2811], n.º 7/2005, de 6 de junho, n.º 8/2008, de 30 de outubro, n.º 4/2010, de

[2804] DR II Série, n.º 217, de 19-set.-1995. Esta Portaria revogou o anterior Regulamento, aprovado pela Portaria n.º 176/94 (II Série), de 28 de novembro, DR II Série, n.º 286, de 13-dez.-1995. O texto do Regulamento em vigor pode ser comodamente confrontado em José Maria Pires, *Direito bancário* cit., 3, 130-135.

[2805] DR II Série, n.º 102/2003, de 3 de maio, 6787; este aviso foi retificado: Retificação n.º 12/2003, de 6 de outubro.

[2806] DR II Série, n.º 300/94, de 29 de dezembro (Suplemento).

[2807] DR II Série, n.º 217/95, de 19 de setembro (Suplemento).

[2808] DR II Série, n.º 162/96, de 15 de julho.

[2809] DR II Série, n.º 219/96, de 20 de setembro.

[2810] Não se indica o local: a publicação passou a fazer-se na I Série.

[2811] Com a Retificação n.º 1/2005, de 17 de janeiro.

18 de outubro[2812], n.º 6/2012, de 24 de janeiro[2813], n.º 11/2012, de 27 de setembro[2814], n.º 6/2014, de 30 de setembro[2815] e n.º 12/2014, de 15 de dezembro[2816];

- Aviso n.º 8/95, de 5 de setembro[2817]; fixou a contribuição inicial referida no artigo 160.º/1 do RGIC; foi substituído pelo Aviso n.º 7/2001, de 6 de junho;
- Aviso n.º 10/95, de 15 de setembro[2818]: fixa a adesão de instituições de crédito com sede em País estrangeiro membro da UE.

A enumeração feita dá ideia da complexidade e do casuísmo que envolve esta problemática.

453. **O Sistema de Indemnização aos Investidores**

I. Em paralelo com o Fundo de Garantia de Depósitos, o Sistema de Indemnização aos Investidores[2819] foi lançado, pelo Decreto-Lei n.º 222/99, de 22 de junho, em transposição da Diretriz 97/9/CE, do Parlamento e do Conselho, de 3 de março[2820]. Esse diploma foi pontualmente alterado pelo Decreto-Lei n.º 252/2003, de 17 de outubro, que aprovou os organismos de investimento coletivo e, subsequentemente, de forma considerável e, em termos paralelos aos descritos quanto ao FGD, pelo Decreto-Lei n.º 162/2009, de 20 de julho.

Este sistema visa permitir o ressarcimento dos operadores que atuem sobre determinados valores mobiliários e instrumentos financeiros e que, depois, não possam ver satisfeitos os seus direitos devido à situação financeira da entidade prestadora de serviços de investimento, participante no Sistema. O seu regulamento foi aprovado pela CMVM: Regulamento n.º 2/2000 (II Série), de 20 de janeiro[2821], sendo depois substituído pela Por-

[2812] DR II série, n.º 215, de 5 de novembro de 2010, 54 968/I.
[2813] DR II série, n.º 25, de 3 de fevereiro de 2012, 4338/I.
[2814] DR II série, n.º 193, de 4 de outubro de 2012, 33 495-33 496.
[2815] DR II série, n.º 195, de 9 de outubro de 2014, 25 829.
[2816] DR II série, n.º 251, de 30 de dezembro de 2014, 32 743.
[2817] DR II Série, nº 217/95, de 19 de setembro (Suplemento).
[2818] DR II Série, nº 217/95, de 19 de setembro (Suplemento), 11264-(2).
[2819] Paulo Câmara, *Manual de Direito dos Valores Mobiliários* (2009), 237-240.
[2820] *Leis da Banca*, 3.ª ed., 59 ss..
[2821] DR II Série, n.º 17/2000 (Supl.), de 20 de janeiro, 1384-(102) a 1384-(104).

taria n.º 1266/2001, de 6 de novembro, alterada pela Portaria n.º 1426-A//2009, de 18 de dezembro.

II. O Sistema de Indemnização aos investidores é uma pessoa coletiva de Direito público dotada de autonomia administrativa e financeira, com sede em Lisboa e funcionando junto da CMVM. Ele garante os créditos dos investidores, até ao limite de 25.000 euros, desde que se mostrem reunidas determinadas condições:

- tratar-se de entidades participantes – artigo 6.º;
- estarem em causa créditos cobertos pelo sistema: as operações de investimento referidas no artigo 8.º, desde que não excluídas no artigo 9.º;
- tratar-se de investidor que não tenha sido pronunciado por atos de branqueamento de capital – artigo 13.º, todos do Decreto-Lei n.º 222/99, de 22 de junho, com as alterações introduzidas pelo já referido Decreto-Lei n.º 162/2009, de 20 de julho.

As entidades participantes assumem a obrigação irrevogável de, em caso de acionamento do Sistema, entregarem a este os montantes necessários para o pagamento das indemnizações devidas aos investidores – artigo 6.º/1 do Decreto-Lei n.º 222/99. O Sistema, quando chamado a indemnizar, fica sub-rogado na titularidade dos direitos dos investidores pela correspondente medida – artigo 12.º do mesmo diploma.

III. O Sistema é administrado por uma comissão diretiva, composta por um presidente e dois vogais. O presidente é designado pela CMVM, um dos vogais pelo BP e o outro pelo MF, ouvidas as associações representativas dos participantes no sistema – artigo 15.º.

O Sistema é administrativamente apoiado pela CMVM a qual assegura, ainda, a sua fiscalização.

§ 111.º ILÍCITOS PENAIS E DE MERA ORDENAÇÃO SOCIAL

454. **Crime de banca não autorizada**

I. O Direito bancário é acompanhado por todo um regime sancionatório, que transcende o RGIC[2822]. De momento, iremos apenas referir a matéria contida neste diploma.

O RGIC contém um Título XI relativo a sanções penais e contraordenacionais, alterado pela Lei n.º 28/2009, de 19 de junho e, em grande extensão, pelo Decreto-Lei n.º 157/2014, de 24 de outubro, que aprovou a grande reforma de 2014.

No Capítulo I desse Título prevê-se um ilícito penal a que poderemos chamar "crime de banca não autorizada". Segundo o artigo 200.º.

> Aquele que exercer atividade que consista em receber do público, por conta própria ou alheia, depósitos ou outros fundos reembolsáveis, sem que para tal exista a necessária autorização, e não se verificando nenhuma das situações previstas no n.º 3 do artigo 8.º, é punido com pena de prisão até 5 anos.

II. A regra acima enunciada pauta-se, na sua interpretação e aplicação, pelas competentes regras jurídico-penais.

Independentemente da dimensão penal aqui presente, podemos considerar que a transcrita norma torna globalmente ilícita a receção de depósitos do público, sem autorização. Estamos perante uma norma de proteção, para efeitos do disposto no final do artigo 483.º/1 do Código Civil. As pessoas prejudicadas pelo ilícito apontado podem, assim, solicitar as indemnizações competentes.

[2822] Armindo Saraiva Matias, *Regime sancionatório em Direito bancário*, ROA 2002, 605-619.

455. Ilícitos de mera ordenação social

I. Segue-se a matéria dos ilícitos de mera ordenação social – artigos 201.º e seguintes[2823].

As competentes normas têm um âmbito largo de aplicação, quer em termos espaciais – 201.º – quer pessoais – 202.º a 204.º. Designadamente, são responsáveis pessoas singulares, pessoas coletivas, ainda que irregularmente constituídas e associações sem personalidade jurídica.

A tentativa e a negligência são puníveis – 205.º – procedendo-se a uma particular graduação das sanções – 206.º. A prescrição é quinquenal – 209.º.

II. Os ilícitos são tipificados nos artigos 210.º e 211.º: este último refere as infrações especialmente graves, prevendo o artigo 211.º-A o agravamento da coima. Sanções acessórias surgem prescritas no artigo 212.º.

III. O processo e a aplicação das sanções cabem ao BP – 213.º –, prevendo-se, quando necessário, a comunicação a autoridades de resolução e de supervisão dos Estados-membros da União Europeia (213.º-A). O processo pode ser suspenso, para que se sane a irregularidade – 214.º.

Concluída a instrução, os autos podem ser arquivados. Não sendo o caso, o arguido é notificado para se defender – 219.º-A/1 – mas a sua revelia não prejudica o andamento do processo – 221.º.

A decisão deve conter os elementos do artigo 222.º, podendo a execução da sanção ser suspensa – 223.º. A responsabilidade pelo pagamento é solidária, perante as entidades envolvidas – 226.º.

A decisão pode ser judicialmente impugnada – 228.º – sendo competente o Tribunal da concorrência, regulação e supervisão – 229.º; o BP pode intervir na fase contenciosa – 231.º.

Subsidiariamente aplica-se o regime geral dos ilícitos de mera ordenação social; vigora o regime aprovado pelo Decreto-Lei n.º 433/82, de 27 de outubro, com alterações subsequentes, as últimas das quais aprovadas pela Lei n.º 109/2001, de 24 de dezembro.

[2823] Sobre o tema: Aura Cristina Guerreiro Ramos, *Ilícito de mera ordenação social no Regime Geral das Instituições de Crédito e das Sociedades Financeiras* (1997, policop.) e Augusto de Athayde, *Curso de Direito bancário* cit., 471 ss..

IV. O regime aprovado pelo RGIC, no tocante aos ilícitos de mera ordenação social, apresenta-se especialmente adaptado às realidades bancárias em jogo. Antes do mais, pretende-se que não ocorram irregularidades e que estas, quando se verifiquem, sejam prontamente sanadas. As coimas são fortemente dissuasivas; doutro modo, a infração poderia ser compensatória, dado o domínio em que nos movemos.

Em compensação, verifica-se, na tipificação das infrações, um recurso excessivo a remissões e a referências indeterminadas, o que pode ser constitucionalmente inaceitável: um ponto a verificar caso a caso.

Finalmente: a reforma levada a cabo pelo Decreto-Lei n.º 157/2014, de 24 de outubro, não é aplicável às infrações anteriores, em função de regras pacíficas de aplicação no tempo de regimes penais e contraordenacionais. Significa isso que as infrações pretensamente imputáveis a dirigentes e fiscalizadores do BES, resolvido em agosto de 2014, se pautam pelo regime anterior: um ponto sensível, que já tem escapado aos decisores.

§ 112.º O PESSOAL BANCÁRIO

456. Os administradores

I. Nos termos do artigo 14.º/1, *b*), do RGIC, as instituições de crédito devem adotar a forma de sociedade anónima. Assim, elas podem ser estruturadas segundo um dos três figurinos elencados pelo artigo 278.º do CSC: o latino, com conselho de administração e conselho fiscal, o germânico, com conselho de administração executivo, conselho geral e de supervisão e revisor oficial de contas e o modelo de inspiração anglo-saxónica, com conselho de administração, compreendendo uma comissão de auditoria, e revisor oficial de contas. No primeiro e terceiro casos, o conselho de administração tem a exclusividade dos poderes de representação da sociedade – artigo 405.º/2 – e a generalidade dos poderes de gestão – artigo 406.º, ambos daquele Código. No segundo, essa competência cabe à direção, nos termos do artigo 431.º desse mesmo diploma e com as particularidades aí referenciadas.

II. O regime dos administradores das instituições de crédito é, em geral, ditado pelo CSC e legislação complementar e pelos estatutos da instituição considerada. Nalguns casos, o Estado designa administradores; observa-se, então, o disposto no Decreto-Lei n.º 40833, de 29 de outubro de 1956, bem como o Estatuto do Gestor Público, aprovado pelo Decreto-Lei n.º 71/2007, de 27 de março, alterado pela Lei n.º 64-A/2008, de 31 de dezembro, pelo Decreto-Lei n.º 8/2012, de 18 de janeiro, que procedeu à sua republicação e, por último (neste momento) pelo Decreto-Lei n.º 39/2016, de 28 de julho. Este último diploma determinou, pelo acrescento de um n.º 2 ao artigo 1.º, que o diploma não tem aplicação a quem seja designado administrador de instituições de crédito integradas no sector empresarial do Estado e qualificadas como "entidades supervisionadas significativas", na aceção do Regulamento n.º 468/2014, de 16 de

Abril, do BCE: artigo 2.º, ponto 16. Trata-se de um diploma elaborado para permitir pagar, aos administradores da Caixa Geral de Depósitos, retribuições similares às percebidas pelos demais administradores, de resto relativamente modestas. O miserabilismo do "politicamente correto" levantou uma campanha contra a reforma. No Mundo em que vivemos, não há como contratar pessoas capazes sem lhes pagar. E as cifras em jogo não têm significado, nas contas do Banco.

III. Para além do regime geral, próprio do Direito das sociedades comerciais, cabe recordar a existência de regras bancárias especiais.

Assim, os membros dos órgãos de administração – e os de fiscalização – das instituições de crédito devem ser registados, no BP – artigo 69.º/1 do RGIC. A adequação, para o exercício das funções respetivas, dos membros dos órgãos de administração e de fiscalização das instituições de crédito está sujeita a cuidadas avaliações (artigos 30.º a 33.º-A). A falta de idoneidade, qualificação profissional, independência ou disponibilidade dos membros em causa é fundamento de recusa de autorização, pelo Banco de Portugal (30.º-C).

A acumulação de cargos de administração em instituições de crédito pode ser objeto de opinião do BP – 33.º/1 do RGIC – caso este entenda que pode haver prejuízo para as funções, designadamente por conflito de interesses ou por indisponibilidade para a gestão efetiva. Tal não se aplica, porém, quando a acumulação respeite a entidades incluídas na supervisão em base consolidada – n.º 4, na redação da Lei n.º 23-A/2015, de 26 de março.

IV. Se, supervenientemente, deixarem de estar preenchidos os requisitos legais ou estatutários para o funcionamento do órgão de administração, o BP pode fixar prazo para ser alterada a sua composição. Não sendo este respeitado, pode ser revogada a autorização: tal o regime previsto no artigo 32.º/1 e 2, do RGIC.

V. Os administradores das instituições de crédito podem, com relativa facilidade, ter interesses com elas conflituantes. De resto, o fenómeno ocorre em quaisquer sociedades; segundo o artigo 397.º, do CSC, "é proibido, à sociedade, conceder empréstimos ou crédito a administradores, efetuar pagamentos por conta deles, prestar garantias a obrigações por eles contraídas e facultar-lhes adiantamentos de remunerações superiores a um mês" – n.º 1. Os n.os 2 a 4, desse preceito, contêm um regime restritivo, para os negócios celebrados entre administradores e sociedade, regime esse que, segundo o n.º 5, não se aplica "... quando se trate de ato compreendido no próprio comércio da sociedade e nenhuma vantagem especial seja concedida ao contraente administrador". O n.º 1 não é excecionado, pelo que a concessão de crédito, aos administradores, está sempre vedada.

Aparentemente, o artigo 85.º/1 do RGIC mantém a mesma posição: "... as instituições de crédito não podem conceder crédito (...) aos membros dos seus órgãos de administração ou fiscalização, nem a sociedades ou outros entes coletivos por eles direta ou indiretamente dominados". Porém, o n.º 5, na redação dada pelo Decreto-Lei n.º 126/2008, de 21 de julho, exceciona à proibição os membros do conselho geral e de supervisão e os administradores não executivos que não façam parte da comissão de auditoria, bem como as sociedades ou outros entes coletivos por eles dominados: a proibição funciona, pois, apenas no tocante a administradores executivos; o n.º 7, por seu turno, exceciona à mesma proibição, ou entidades que, com a instituição de crédito considerada, estejam inseridas numa supervisão em base consolidada.

Muito significativa, em termos práticos é, por fim, a exceção do n.º 4: "... as operações de carácter ou finalidade social ou decorrentes da política de pessoal". Por esta via, por exemplo, as instituições de crédito podem celebrar, com os seus administradores, operações de crédito para habitação ou outras, de cariz semelhante.

VI. O artigo 86.º reporta-se a outras operações em que estejam direta ou indiretamente interessados "... membros dos órgãos de administração, os diretores e outros empregados, os consultores e os mandatários" das instituições de crédito ou certas pessoas e entidades com eles relacionadas. Segundo esse pedido, eles não podem intervir na apreciação e decisão dessas operações.

Resta acrescentar que os artigos 85.º e 86.º do RGIC, como leis especiais, prevalecem sobre o artigo 397.º do CSC, no que sejam incompatíveis com ele.

443. **Os trabalhadores**

I. Os trabalhadores das instituições de crédito e das sociedades financeiras pautam-se pelo Direito do trabalho privado. Assim, para além de algumas regras específicas – como a do dever de segredo ou as relativas a conflitos de interesses, consagradas nos artigos 78.º e 86.º do RGIC – eles regem-se pelas diversas regras laborais do País.

II. Tem um relevo muito especial o acordo coletivo de trabalho vertical para o sector bancário, cuja versão atual data de 2016[2824]. Compreendendo 128 cláusulas, além de outras intercaladas e tendo, ainda, junto, um Regulamento do crédito à habitação, o ACT em causa rege, com pormenor, vastas áreas das situações laborais, aqui em jogo. É ainda de referir o acordo coletivo de trabalho do Grupo Banco Comercial Português, SNQTS e SIB, cuja última versão data de 22 de outubro de 2014[2825].

III. Resta acrescentar que, pelo especial cuidado que põem na defesa dos seus direitos e interesses, os trabalhadores bancários animam boa parte da jurisprudência social produzida no foro do País, a todos os níveis. Dada a delicadeza do sector, a jurisprudência foca com veemência a necessidade de confiança que a sua atividade suscita[2826].

[2824] BTE I Série, n.º 29, de 8 de agosto de 2016, com alterações de 2012. O primeiro Contrato Coletivo de Trabalho para o sector bancário data de 31 de agosto de 1938.

[2825] Os textos respetivos podem ser comodamente consultados no sítio do Sindicato Nacional dos Quadros Técnicos Bancários: «hyperlink "http://www.snqtb.pt"» e no BTE digital. Quanto à evolução da contratação coletiva no sector bancário, *vide* Menezes Cordeiro, *Convenções colectivas de trabalho e Direito transitório:com exemplo no regime de reforma do sector bancário*, ROA 2004, 65-95 (67 ss.).

[2826] *Vide* RCb 19-mar.-1998 (Bordalo Lima), BMJ 475 (1998), 779.

CAPÍTULO IV

DAS INSTITUIÇÕES DE CRÉDITO EM ESPECIAL

§ 113.º OS BANCOS

458. **Generalidades; tipos**

I. Na sequência da reforma de 2015, o artigo 3.º do RGIC reduziu as instituições de crédito aos bancos, às caixas económicas, à Caixa Central de Crédito Agrícola Mútuo e às caixas de crédito agrícola mútuo, às instituições financeiras de crédito e às instituições de crédito hipotecário. Foram "despromovidas" a sociedades financeiras as sociedades financeiras de crédito, as sociedades de investimento, as sociedades de locação financeira, as sociedades de *factoring* e as sociedades de garantia mútua, a juntar a outras como tal consideradas pela regulação anterior. Na presente edição do *Direito bancário*, cumpre proceder à rearrumação sistemática da matéria, em função das diretrizes legais. Adiantamos, porém, que estas reformulações linguísticas em pouco ou nada atingem as regras aplicáveis.

II. Os bancos são instituições de crédito que podem efetuar a generalidade das operações bancárias não vedadas por lei – artigos 3.º, *a*) e 4.º/1 do RGIC[2827]. Podemos adiantar que os bancos constituem a categoria aglutinadora do atual Direito bancário institucional: boa parte das regras

[2827] Costa Pina, *Instituições e mercados financeiros* cit., 211 ss.. Exposições sobre diversos tipos de instituições de crédito e sociedades financeiras podem ainda ser vistas em Calvão da Silva, *Direito bancário* cit., 179 ss., Paz Ferreira, *Direito da economia* cit., 419 ss. e em António Carlos dos Santos/Maria Eduarda Gonçalves/Maria Manuel Leitão Marques, *Direito económico*, 5.ª ed. (2004), 437 ss.. De novo chamamos a atenção: os estudiosos e os práticos devem, permanentemente, verificar o estado de atualização das fontes que utilizem.

gerais, do RGIC, reportadas a instituições de crédito, foram moldadas tendo os bancos como modelo. Compreende-se, por isso, que no tocante a instituições de crédito em especial, os bancos sejam, precisamente, as que apresentam menos especificidades.

Anote-se que, em março de 2016, estavam registados no Banco de Portugal 35 bancos e, ainda: uma sucursal de bancos estrangeiros de países terceiros e 30 sucursais de instituições de crédito com sede na União Europeia. Temos, igualmente, 20 escritórios de representação de instituições estrangeiras[2828].

III. O Decreto-Lei n.° 41:403, de 27 de novembro de 1957, complementado pelo Decreto-Lei n.° 42:041, de 12 de novembro de 1959, previa a categoria dos "bancos comerciais": é a antecedente dos atuais bancos. Na definição resultante do artigo 47.° deste último diploma,

> São considerados bancos comerciais as pessoas singulares ou coletivas de direito privado que, nos termos do artigo 4.°, tiverem por objeto exclusivo o exercício com fins lucrativos da atividade bancária e das funções de crédito, nomeadamente a receção, sob a forma de depósitos ou outras análogas, de disponibilidades monetárias que empreguem, por sua própria conta e risco, em operações ativas de crédito a curto prazo ou outras que lhes sejam autorizadas por lei, e a prestação de serviços de transferências de fundos, de guarda de valores e de intermediários nos pagamentos e na colocação ou administração de capitais e de outros serviços de natureza análoga que a lei lhes não proíba.

Esses mesmos diplomas consignavam, depois, outras categorias que, não sendo "bancos comerciais", poderiam integrar um conceito amplo de banco; para além dos bancos emissores, cumpre referir os institutos de crédito do Estado e, dentro dos "estabelecimentos especiais de crédito", os bancos de investimento e a Companhia Geral do Crédito Predial Português. Nos institutos de crédito do Estado sobressaía a Caixa Geral de Depósitos. Todas estas entidades integravam um conceito amplo de banco, por poderem praticar a generalidade dos atos bancários.

IV. À Caixa Geral de Depósitos e à Companhia Geral do Crédito Predial Português, hoje com relevo histórico e cultural, serão consigna-

[2828] As concretas instituições em causa podem ser confrontadas no sítio do Banco de Portugal.

das rubricas próprias. A primeira ainda merecia uma referência no artigo 4.°, *b*), do RGIC, versão inicial: mantinha, de facto, certas especificidades, embora se viesse aproximando da ideia geral de "banco". Com a reforma do Decreto-Lei n.° 201/2002, de 26 de setembro, essa referência perdeu-se[2829]. Também a Companhia Geral perdeu as suas características; ilustra, no entanto, a categoria dos "bancos prediais", merecendo, por isso, uma particular referência.

Os bancos de investimento vinham previstos no Decreto-Lei n.° 41:402, de 27 de novembro de 1957. Eles caracterizavam-se por ter por objetivo a concessão de crédito a médio e longo prazo – artigo 45.° – considerando-se como tais as concessões de crédito por prazo entre 1 e 5 anos e superior a 5 anos, respetivamente. O capital social previsto para eles era elevado: 300.000 c., na época, contra o mínimo de 50.000 c., para os bancos comerciais – cf. os artigos 47.° do Decreto-Lei n.° 41:402, de 27 de novembro de 1957 e 48.° do Decreto-Lei n.° 42:641, de 12 de novembro de 1959. Surgiu legislação especial, para a criação do único banco de investimento existente no País: o Decreto-Lei n.° 41:957, de 13 de novembro de 1958, promulgou as bases de constituição do Banco de Fomento Nacional, cujos estatutos viriam a ser aprovados por despacho do Presidente do Conselho de 21 de julho de 1959[2830].

À partida, os bancos de investimento não seriam verdadeiros "bancos", no sentido atual, por não poderem praticar a generalidade dos atos bancários. O seu âmbito de atuação era, contudo, bastante lato, vindo a ser alargado pela Lei n.° 1/75, de 2 de janeiro[2831], que lhes permitiu receber depósitos à ordem, ainda que apenas a favor de titulares de depósitos a prazo e relacionados com a atividade própria do banco.

V. O RGIC pôs termo às antigas distinções existentes entre bancos comerciais, bancos de investimento[2832] e bancos prediais. De certo modo, isso corresponde ao movimento geral para a universalização da banca:

[2829] *Infra*, 1208 ss..

[2830] Podem ser confrontados extratos desses estatutos em Ramos Pereira, *O sistema de crédito* cit., 2, 318 ss..

[2831] Alterada pelos Decretos-Leis n.° 544/77, de 31 de dezembro e n.° 282/90, de 14 de agosto.

[2832] *Vide*, quanto à supressão da distinção entre bancos comerciais e bancos de investimento, as considerações feitas, *de iure condendo*, pelo *Livro Branco* cit., 1, 49 ss., bem como Conceição Nunes, *As instituições de crédito* cit., 95.

todos os banqueiros têm acesso às diversas operações bancárias admitidas por lei.

Paradoxalmente, atingido este ponto, a própria autonomia privada ditaria como que um movimento inverso: vieram, por opção dos próprios acionistas, a surgir bancos dotados de certa especialização. Temos, assim, os bancos imobiliários, especializados em mútuos hipotecários, uma certa retoma dos bancos prediais e os bancos de negócios, vocacionados para montar, apenas, grandes operações, em detrimento do pequeno retalho. Tal especialização opera no quadro de grupos que, no seu conjunto, estão totalmente apetrechados para a banca universal[2833]. A crise de 2007/2009 (ou 2009/2014, entre nós), provocou uma inversão novamente favorável a banca universal e com claro desgaste para a de negócios.

459. Bancos prediais

I. Os bancos prediais surgiram como instituições de crédito particularmente vocacionadas para intervir no domínio do crédito fundiário: mutuam capitais a longo prazo e a taxas mais acessíveis, na base de garantias hipotecárias e com fins agrícolas ou de construção.

Os bancos prediais têm a sua história e ocupam, nos diversos ordenamentos europeus, um lugar próprio[2834].

Na sua origem, é apontada, por um lado, a criação, sob Frederico II e em 1770, da *Schlesische Landschaft* e, por outro, a formação, em 1852, do *Crédit Foncier de France*. As experiências alemã e francesa são, pois, liderantes.

A *Schlesische Landschaft* surgiu para enfrentar as carências da agricultura na Silésia, devastada durante a Guerra dos Sete Anos que, no local, opôs a Prússia à Áustria. Agrupando outras *Landschaften*, ela estava particularmente habilitada, por legislação especial, a emprestar sobre a terra, fazendo circular títulos relativos aos valores hipotecários, onde eram expressamente

[2833] *Vide* Augusto de Athayde, *Curso de Direito bancário* cit., 1, 193 ss..

[2834] Os elementos subsequentes podem ser confrontados num estudo comparatístico realizado pelo Instituto de Direito Bancário da Universidade de Colónia e pela União dos Bancos Hipotecários Alemães, dirigidos, respetivamente, por Klemens Pleyer e Dieter Bellinger, sob o título *Das Recht der Hypothekenbanken in Europa* (1981) e publicado, também, nas línguas inglesa e francesa. Confrontou-se esta última versão (*Les banques hypothécaires en Europe*, 1987) a qual tem, em anexo, a principal legislação alemã, dinamarquesa, francesa, inglesa, italiana e holandesa e compreende, ainda, elementos relativos às experiências belga, finlandesa, grega, norueguesa, austríaca, sueca, suíça e espanhola.

referidos os bens-garantes. A ideia teve êxito e expandiu-se no resto da Alemanha, na Dinamarca e nos Países Nórdicos[2835].

O *Crédit Foncier de France* ficou a dever-se à iniciativa do então Príncipe-Presidente Luís-Napoleão; pretendia-se, nela, auxiliar a agricultura e aplainar as diferenças de capitais disponíveis, entre Paris e a província. Depois de uma breve fase inicial, em que foi autorizada a livre constituição de bancos prediais, foi instituída, por decreto de 10 de dezembro de 1852, uma única instituição desse tipo – o *Crédit Foncier* – que se mantém, até hoje[2836]. Também aqui houve êxito, propagando-se a iniciativa através de outros países: a Alemanha, a Grã-Bretanha, os Países Baixos, a Itália e, como será visto, a Portugal. Como particular diferença, em relação ao esquema alemão, assinale-se o facto de os títulos hipotecários emitidos não referirem quaisquer bens de garantia: tais títulos eram genericamente assegurados pela massa hipotecária do Banco[2837].

II. Os bancos prediais podem assumir diversas configurações. As instituições derivadas da *Schlesische Landschaft*, de 1770, têm natureza pública. Os bancos prediais, mais tarde criados na Alemanha, apresentam, contudo, natureza privada e constituem-se segundo o modelo das sociedades anónimas. Obedecem, no entanto, a legislação especial que rege os elementos essenciais dos mútuos a celebrar, a sua duração mínima e o montante máximo, em face do bem hipotecado[2838].

O modelo do *Crédit Foncier* implica uma maior intervenção do Estado. Embora formalmente constituída em sociedada anónima, essa instituição comporta uma direção escolhida pelo Estado e pauta-se por um estatuto legal especial[2839].

As diversas outras experiências europeias permitem confirmar estas linhas gerais: partindo de bases ora mais marcadamente privadas ora predo-

[2835] No tocante à evolução dos bancos prediais, na Alemanha, cumpre referir Walter Haeger, *Das Hypothekenbankenrecht und die Novellen bis 1923* (1925), 5 ss., Wilhelm Kalveram (org.), *Die deutschen Hypothekenbanken* (1937) e Siegfried Kümpel, *Bank- und Kapitalmarktrecht* cit., 3.ª ed., 13 e 1040.

[2836] Rives-Lange/Contamine-Raynaud, *Droit bancaire,* 6.ª ed. cit., 59.

[2837] O esquema alemão era, naturalmente, facultado pela figura substantiva dos créditos fundiários; *vide* W. Lazarus, *Die Pfändung und Überweisung von Hypotheken und Grundschulden* (1914).

[2838] Rege o *Hypothekenbankengesetz* de 13-jul.-1899, com múltiplas alterações posteriores. Sobre alguns aspetos do regime aí em jogo pode referir-se, também, Fritz Baur/ Jürgen Baur/Rolf Stürner, *Lehrbuch des Sachenrechts*, 17.ª ed. (1999), 391.

[2839] Designadamente o *Decret sur les sociétés de crédit foncier* de 28-fev.-1892, também com muitas alterações posteriores. Cf., ainda, Rives-Lange/Contamine-Raynaud, *Droit bancaire* 6.ª ed. cit., 59.

minantemente públicas, os bancos prediais têm, sempre, natureza especial. Particularmente tutelados pelo Estado, eles gozam de estatutos próprios, de modo a melhor prosseguir os seus objetivos.

III. A atividade dos bancos prediais centra-se nos empréstimos hipotecários embora possa, lateralmente, abranger quaisquer outras operações de tipo bancário[2840]. Os empréstimos operam a médio-longo prazo, a taxas bonificadas e na base de garantias hipotecárias. Estas, por vezes, apresentam-se com especificidades, destinadas a aligeirar o seu funcionamento.

O sistema é completado e reforçado por determinados coeficientes de solvabilidade e liquidez, destinados a garantir a segurança do sistema e a concitar a confiança dos operadores económicos. Têm vindo a alargar a sua ação, mantendo dinamismo[2841].

IV. O crédito hipotecário era, há muito, praticado em Portugal. No entanto, ele seria instituído em termos modernos especializados, apenas na sequência do êxito do *Crédit Foncier*[2842].

Em 28 de agosto de 1856, tentou-se a constituição de uma entidade denominada *Associação Geral de Comércio e Hipotecas*: não se obteve êxito por dificuldades na realização do seu capital. Outras tentativas se sucederam, até que, em 30 de maio de 1863, foi apresentada, pelo Governo, uma proposta de lei relativa a sociedades de crédito predial. O articulado preconizado seguia de muito perto a Lei francesa, de 28 de fevereiro de 1852, sendo aprovado, em 27 de junho de 1863, pelas Cortes e sancionado por Carta de Lei, de 13 de julho do mesmo ano[2843].

No essencial, as entidades a criar teriam como principal objetivo "... mutuar sobre hypotheca ..." (artigo 5.°), sendo os empréstimos "... contractados a longo prazo ..." (artigo 7.°) e podendo-lhe ser concedido o privilégio de emitir obrigações prediais (artigos 2.° e 10.°).

V. O Decreto de 25 de outubro de 1864 autorizou, nessa sequência, a constituição da Companhia Geral do Credito Predial Portuguez e aprovou

[2840] Em especial : o resumo de Pleyer/Bellinger, *Les banques hypothécaires* cit., 201 ss..

[2841] M. Selzer, *Die Hypothekenbanken im Jahre 1997*, Bank 1998, 572 e Dieter Bellinger, *Dynamisches Europageschäft deutscher Hypothekenbanken*, Bank 1999, 368-371.

[2842] João Albino de Sousa Rodrigues, *A Companhia Geral do Credito Predial Portuguez/Estudo descritivo e critico da sua vida* (1929), 14 ss. (17); neste escrito podem ser confrontados muitos dos elementos seguidamente mencionados.

[2843] O texto deste diploma pode ser visto em Sousa Rodrigues, *A Companhia Geral do Credito Predial Portuguez* cit., 13-26.

os seus Estatutos. Trata-se dum documento extenso de 116 artigos, de que se destacam:

> Art. 5.º São operações da companhia:
>
> 1.º Fazer emprestimos sobre hypotheca de bens immoveis a longo praso com amortisação por anuidades, ou a curto praso com reembolso por um ou mais pagamentos.
>
> 2.º Crear e negociar titulos de obrigações prediaes ou letras hypothecarias representativas dos emprestimos sobre hypotheca predial.
>
> (...)

Assim surgiu, antecipando a Espanha – o *Banco Hipotecario de España* data de 1872 – o primeiro banco predial português, e hoje existente, curiosamente, até há pouco integrado num grupo espanhol.

A Companhia teve êxito. No início, fora feito apelo a capital estrangeiro e, até, a um empregado do *Crédit Foncier*, com experiência. Adviriam, daí, algumas tensões, que o tempo permitiu resolver.

Pôs-se, na época, o problema de trabalhar com hipotecas não registadas: apenas em 1875 é dada execução ao Código Civil, na parte em que estabeleceu o esquema de registo predial[2844].

Finalmente, previa-se a possibilidade de valerem como escrituras públicas os títulos da *Companhia*, podendo ser registadas as correspondentes hipotecas.

VI. A Companhia Geral do Crédito Predial Portuguez continuaria através do Crédito Predial Português, EP. Manteve o seu estatuto de banco

[2844] A primeira tentativa de estabelecer um esquema coerente de publicidade das hipotecas deve-se a Colbert, em 1673, na França de Luís XIV. Mas a experiência foi suspensa no ano seguinte, sendo retomada, apenas, após a Revolução Francesa.

Em Portugal, os Decretos de 26 de outubro de 1836 e 3 de janeiro de 1837 visavam a publicidade das hipotecas, embora de modo fragmentário. Sucediam-se os protestos e pedidos de reforma, tendo mesmo surgido propostas; *vide* José Máximo de Castro Neto Leite e Vasconcelos, *Memoria sobre a publicidade das hypothecas, e de outros contractos, por meio de registos: com algumas observações aos Decretos de 26 de Outubro de 1836, e 3 de Janeiro de 1837, seguidas do esboço de um projecto de lei para subrogar os mesmos decretos* (1842).

Algumas das vicissitudes verificadas na transição para o esquema da Lei Hipotecária de 1863 e para o do Código de Seabra podem ser confrontadas em Adolpho de Azevedo Souto, *Registo Predial*, tomo II – *Teoria dos actos sujeitos a registo* (1914), 36 ss., bem como em Sousa Rodrigues, *A Companhia Geral do Credito Predial Portuguez* cit., 66 ss..

predial, surgindo como instituição bancária especializada nesse domínio, na linha das suas congéneres europeias, acima referidas.

Após a reprivatização, o regime esbateu-se. Não obstante, ele traduz uma tradição que pertence ao acervo jurídico-cultural do Direito bancário português. Mais tarde, ele acabaria por cair no Banco Totta e, daí, no Santander.

460. A Sociedade Financeira Portuguesa

I. A Sociedade Financeira veio a ser constituída por iniciativa do Estado. Assim, segundo o preâmbulo do Decreto-Lei n.° 49:273, de 27 de setembro de 1969[2845],

> A necessidade de criar instituições de natureza especial, direta ou indiretamente ligadas à promoção do desenvolvimento económico e à consequente e indispensável mobilização de recursos financeiros, vem sendo desde há anos objeto de preocupação e de providências do Governo.
>
> Tais providências têm revestido diversas formas, parecendo agora oportuno dar mais um passo, mediante a criação de uma sociedade de estudos e financiamento, de iniciativa pública, que contribua não só para lançar empreendimentos e atrair capitais nacionais e estrangeiros, mas também para aperfeiçoar, quer a estrutura do mercado interno, metropolitano e ultramarino, quer a gestão de financiamentos ou participações do Estado e das províncias ultramarinas em empreendimentos de dimensão nacional e repercussão externa.

O mesmo preâmbulo prosseguia, apontando para a nova sociedade uma especial vocação para atuar no domínio das operações internacionais e dos títulos. Era ainda acrescentado um terceiro vetor: o do apoio aos investimentos.

Sob estes considerandos, o Decreto-Lei n.° 49:273, de 27 de setembro de 1969, veio determinar a constituição da Sociedade Financeira nos seguintes e precisos termos:

> *Artigo 1.°* – 1. O Governo promoverá a constituição de um estabelecimento especial de crédito, nos termos da alínea d) do artigo 2.° do Decreto-Lei n.° 42:641, de 12 de novembro de 1959, com a denominação de Sociedade

[2845] DG I Série n.° 227, de 27-set.-1969, 1320-1326. Quanto à Sociedade Financeira, *vide* Paulo de Pitta e Cunha, *Sobre dois recentes diplomas em torno da reestruturação do sector financeiro*, RBr 18 (1969), 3-17 (10 ss.).

Financeira Portuguesa, S.A.R.L., destinado a desempenhar as funções previstas no presente diploma.

2. A sociedade constituir-se-á sob a forma de sociedade anónima, com dispensa da observância do disposto no artigo 162.° do Código Comercial e com isenção de todos os impostos, incluindo o de selo, nos atos e documentos necessários à sua constituição.

A Sociedade reger-se-ia pelo Decreto-Lei n.° 49:273 e pelos seus estatutos, aprovados pelo mesmo diploma e publicados em anexo.

II. O objeto da sociedade foi cuidadosamente regulamentado pelo Decreto-Lei n.° 49:273. Na verdade, segundo o seu artigo 3.°,

1. A sociedade tem por objeto o estudo, a promoção e a prática de quaisquer operações financeiras e de investimento, nomeadamente daquelas que envolvam relações com o estrangeiro e das referentes a títulos ou outros valores e participações.

2. Compreende-se designadamente neste objeto:

a) O estudo, mediante remuneração, das condições e modalidades de financiamento de projetos de investimento e de qualquer tipo de operações para aplicação de capitais, bem como o de qualquer espécie de operações económico-financeiras de reorganização ou de concentração empresarial;

b) A intervenção, direta ou indireta, em operações de financiamento de qualquer natureza, promovendo e participando, designadamente, na constituição de consórcios ou de outras associações económico-financeiras entre entidades nacionais ou estrangeiras e na prestação de garantias ou cauções a operações de crédito realizadas no País ou no estrangeiro por quaisquer entidades públicas ou privadas;

c) A celebração de contratos com o Estado ou com quaisquer entidades públicas ou privadas para a colocação, em mercado nacional ou estrangeiro, de obrigações ou outros títulos ou valores por elas emitidos, bem como a subscrição, no todo ou em parte, para a própria sociedade daquelas obrigações ou títulos;

d) A prática, com recursos próprios ou alheios, de outras operações com carácter financeiro, por conta própria ou do Estado ou de quaisquer entidades públicas ou privadas, incluindo a gestão económico-financeira, nas condições que entenda convenientes, de investimentos, fundos públicos e carteiras de títulos ou de outros valores;

e) A participação, sem qualquer limite, no capital de empresas constituídas ou a constituir;

f) A constituição e participação, com o acordo do Governo, em outras sociedades financeiras, designadamente as de âmbito regional e sectorial;

g) A realização de quaisquer operações sobre títulos, de conta própria ou alheia, em território nacional ou estrangeiro;

h) A constituição e a gestão de fundos de investimento mobiliários ou imobiliários;

i) A prática de outras operações de carácter económico e financeiro, cujas condições gerais sejam fixadas pelo Governo, bem como exercício, precedendo autorização do Ministro das Finanças ou do Ultramar, observados os requisitos legais, de funções ou atividades de crédito não previstas especificamente no presente diploma.

Na sua compleição inicial, a Sociedade Financeira não podia captar depósitos: em rigor, seria uma – de acordo com a terminologia da época – instituição parabancária.

III. O capital inicial foi fixado em 1 milhão de contos, a subscrever pelo Estado, províncias ultramarinas, Caixa Geral de Depósitos, Banco de Fomento Nacional e outras instituições de crédito – artigo 4.°. Era, na época, uma cifra considerável.

A Sociedade Financeira foi nacionalizada, em conjunto com a banca comercial, em 1975, vindo a ser formalizada como empresa pública.

IV. A Sociedade Financeira Portuguesa, E.P., foi, depois, transformada em sociedade anónima de capitais públicos pelo Decreto-Lei n.° 282-A/90, de 14 de setembro[2846], nos quadros da Lei n.° 11/90, de 5 de abril. Os objetivos daquele diploma ficam claros perante o seu preâmbulo:

> O presente decreto-lei, tendo em atenção o disposto na Lei n.° 11/90, de 5 de abril, visa transformar a empresa pública Sociedade Financeira Portuguesa, E.P., em sociedade anónima, com vista à posterior alienação total das ações representativas do capital dessa Sociedade.
>
> Simultaneamente, procede-se à transformação da Sociedade Financeira Portuguesa, E.P., como instituição de crédito, em banco de investimento, já que preenche todas as condições referidas no artigo 4.° do Decreto-Lei n.° 23/86, de 18 de fevereiro.

Como se vê, a reforma da Sociedade Financeira visou não só a sua privatização, de acordo com a Lei n.° 11/90, de 5 de abril, mas também a sua transformação em banco de investimento, com invocação expressa do artigo 4.° do Decreto-Lei n.° 23/86, de 18 de fevereiro.

[2846] DR I Série, n.° 213, de 14-set.-1990, Suplemento.

V. O Decreto-Lei n.° 282-A/90, de 14 de setembro, vinha depois consagrar em termos normativos a mensagem já comunicada no seu preâmbulo. Veja-se o seu artigo 1.°:

> 1. A empresa pública Sociedade Financeira Portuguesa, E.P., criada ao abrigo do Decreto-Lei n.° 49 273, de 27 de setembro de 1969, como sociedade anónima de responsabilidade limitada, nacionalizada pelo Decreto-Lei n.° 132-A/75, de 14 de março, e organizada como empresa pública pelo Decreto-Lei n.° 729-F/75, de 22 de dezembro, é transformada, pelo presente diploma, em sociedade anónima, com a denominação de Sociedade Financeira Portuguesa – Banco de Investimento, SA.
>
> 2. A Sociedade Financeira Portuguesa – Banco de Investimento, SA, passa a assumir o estatuto de banco de investimento, observadas que estão as condições referidas no artigo 4.° do Decreto-Lei n.° 23/86, de 18 de fevereiro.
>
> (...)

VI. A Sociedade Financeira foi privatizada, perdendo as suas especificidades[2847]. De todo o modo, ela traduziu uma particular entidade bancária, de iniciativa estadual[2848]. Documenta, de forma curiosa, a multiplicidade de esquemas concretizados no País, antes da uniformização levada a cabo pela legislação dos últimos anos.

[2847] *Vide*, quanto a diversas questões postas por esta privatização, Menezes Cordeiro, *Vícios ocultos nos bens privatizados: subsídios para a análise da privatização da Sociedade Financeira Portuguesa/Parecer* em AAVV, *A privatização da Sociedade Financeira Portuguesa* (1995), 79-143 e *Aquisição de empresas /Anotação ao Acórdão do Tribunal Arbitral de 31-Mar.-1993*, ROA 1995, 37-104.

[2848] Paulo de Pitta e Cunha, *Sobre dois recentes diplomas* cit., 13, fala em "nova categoria, dotada de surpreendentes poderes ...".

§ 114.° A CAIXA GERAL DE DEPÓSITOS

461. Generalidade; nota histórica; papel

I. O artigo 3.° do RGIC, versão original, autonomizava, como instituição de crédito e logo após os bancos, a Caixa Geral de Depósitos, Crédito e Previdência, hoje – Decreto-Lei n.° 287/93, de 20 de agosto – Caixa Geral de Depósitos, SA. O artigo 4.°/2 do mesmo RGIC dispunha que a Caixa "... pode efetuar todas as operações permitidas aos bancos, sem prejuízo de outras atribuições conferidas pela legislação que lhe é própria". Por seu turno, o citado Decreto-Lei n.° 287/93, que regulamenta a Caixa Geral de Depósitos ou CGD, determina, no seu artigo 3.°/1, "A Caixa tem por objeto o exercício da atividade bancária..." especificando, por seu turno, os Estatutos da Caixa, anexos a esse mesmo Decreto-Lei, no artigo 4.°/1, "A sociedade tem por objeto o exercício da atividade bancária nos mais amplos termos permitidos por lei".

O Decreto-Lei n.° 201/2002, de 26 de setembro, alterou o RGIC suprimindo as referências especiais à Caixa. O seu preâmbulo explica:

> (...) deixa de se fazer referência expressa à Caixa Geral de Depósitos, SA, por se entender que esta instituição se integra no conceito de banco, sem prejuízo das atribuições que, para além da atividade bancária, lhe são especialmente conferidas por lei.

Estamos, pois – como já estávamos –, perante um banco, ainda que dotado de certas regras especiais. No entanto, o facto de ainda dispor de legislação própria e o papel específico que a Caixa detém, no panorama cultural bancário e na sua evolução, levam-nos a conferir-lhe uma rubrica autónoma. Cumpre conhecer a sua evolução[2849].

[2849] Quanto à história da CGD, o melhor elemento disponível é, ainda, o preâmbulo do Decreto-Lei n.° 48:953, de 5 de abril de 1969, donde é retirada parte dos elementos subsequentes.

II. A Caixa foi instituída por Carta de Lei de 10 de abril de 1876, sob a gerência da Junta de Crédito Público. Ela derivava do antigo Depósito Público que, desde o século XVI, visava a recolha e a administração dos depósitos realizados por injunção legal ou judicial. Seguiram-se diversas reformas legais, que foram ampliando o seu âmbito. Assim:

- a Lei de 25 de janeiro de 1879, que autorizou a Caixa a conceder empréstimos à administração local;
- a Carta de Lei de 26 de abril de 1880, que criou a Caixa Económica Portuguesa, junto da Caixa, mas com património separado, para "... difundir, promover e incitar nas classes menos abastadas o espírito de economia";
- a Carta de Lei de 15 de julho de 1885, que integrou a Caixa Económica na CGD e que autorizou as estações de correios a funcionar como suas agências;
- a Carta de Lei de 21 de maio de 1896 e o seu Regulamento de 23 de junho de 1897: a Caixa passa a denominar-se "Caixa Geral de Depósitos e Instituições de Previdência", sendo dotada de autonomia administrativa, com conselho de administração, administrador-geral e conselho fiscal; junto da Caixa e sob a sua administração, foram criados dois novos organismos: a Caixa de Aposentações, para assalariados, e o Monte de Piedade Nacional, para empréstimos sobre penhores;
- a Lei de 26 de setembro de 1909 e o Regulamento de 9 de dezembro desse mesmo ano: a Caixa amplia as operações a que tem acesso e pode organizar delegações em todos os concelhos do Continente e Ilhas; o pessoal passa a participar nos lucros da Caixa;
- o Decreto com força de Lei n.º 4:670, de 14 de julho de 1918 e o seu Regulamento aprovado pelo Decreto n.º 8:162, de 29 de maio de 1922: é retomada a designação tradicional "Caixa Geral de Depósitos", aperfeiçoada a sua orgânica e alargado o seu campo de ação;
- os Decretos n.os 16:665 a 16:669, de 27 de março de 1929 e o Regulamento aprovado pelo Decreto n.º 17:215, de 10 de agosto de 1929, que reformaram a Caixa Nacional de Crédito e a Caixa Nacional de Previdência; é, então, adotada a designação de Caixa Geral de Depósitos, Crédito e Previdência;
- o Decreto n.º 24:046, de 21 de junho de 1934, que criou o Montepio dos Servidores do Estado, paralelo à Caixa Geral de Aposentações e, com ela, integrada na Caixa Nacional de Previdência;
- o Decreto n.º 44:237, de 15 de março de 1962, relativo à mecanização dos serviços;
- o Decreto n.º 46:305, de 27 de abril de 1965, que criou, com personalidade, os Serviços Sociais da Caixa;

– o Decreto-Lei n.° 47:908, de 7 de setembro de 1967, relativo ao crédito à exportação;
– o Decreto-Lei n.° 48:953, de 5 de abril de 1969, que reformulou os serviços da Caixa, fixando-a como empresa pública, com prerrogativas de autoridade, mas movendo-se no Direito privado; a Caixa Nacional de Crédito é integrada na Caixa – que, assim, passa a atuar diretamente nos sectores agrícola e industrial; codifica-se a legislação existente: o Preâmbulo deste diploma fala em mais de duas centenas de diplomas relativos à Caixa;
– as normas fiscais de 1989, que puseram termo à isenção de impostos, de que beneficiava a Caixa;
– o Decreto-Lei n.° 287/93, de 20 de agosto, que transformou a Caixa em sociedade anónima, dando-lhe a configuração atual; este diploma foi alterado pelos Decretos-Leis n.° 56-A/2005, de 3 de março e n.° 106/2007, de 3 de abril.

III. As reformas de 1929, já com Oliveira Salazar na pasta das Finanças, têm sido apontadas como o marco que traduz a expansão bancária da Caixa. Até lá, as suas disponibilidades eram canalizadas para o Estado e não, propriamente, para uma gestão de tipo empresarial. Também nessa ocasião, a Caixa expandiu a sua atividade agrícola e industrial – através da Caixa Nacional de Crédito – e da segurança social – através da Caixa Nacional de Previdência.

De acordo com os números fornecidos pelo Preâmbulo do Decreto-Lei n.° 48:953, de 5 de abril de 1969, nos finais dos anos trinta, a Caixa recebia mais de 40% dos depósitos totais feitos no País e concedia mais de 40% de todo o crédito. Essas percentagens baixariam, depois, mercê do desenvolvimento geral; no entanto, em números absolutos, a posição da Caixa nunca pararia de crescer, mantendo, no País, uma posição liderante.

462. **A reforma de 1969; evolução**

I. Um relevo especial teve, depois, a reforma de 1969: subjacente está, já, a doutrina das empresas públicas, impulsionada por Marcello Caetano. A Caixa é, aí, definida como – artigo 2.° –,

> (...) uma pessoa coletiva de direito público, dotada de autonomia administrativa e financeira, com património próprio, competindo-lhe o exercício das funções de instituto de crédito do Estado e a administração das instituições a que se referem os artigos 4.° e 6.°.

Enquanto instituto de crédito do Estado, cabia à Caixa – artigo 3.° – "... colaborar na realização da política de crédito do Governo e, designadamente, no incentivo e mobilização de poupança para o financiamento do desenvolvimento económico e social, na ação reguladora dos mercados monetário e financeiro e na distribuição seletiva do crédito".

A antiga Caixa Nacional de Crédito deixou de constituir uma instituição anexa à Caixa, integrando-se nesta – artigo 5.°/1; a Caixa Geral de Aposentações e o Montepio dos Servidores do Estado, dotadas ambas de personalidade coletiva e autonomia e sob a designação genérica de Caixa Nacional de Previdência, mantinham-se sob administração da CGD – artigo 4.°.

II. Além desses aspetos, podemos considerar os seguintes traços, na reforma de 1969:

- a Caixa assume uma organização de tipo empresarial; a Administração da Caixa passa a poder definir a sua orgânica interna;
- o seu pessoal evolui: embora mantendo formalmente o estatuto do funcionalismo público, ele tende para o sistema aplicável aos trabalhadores bancários[2850];
- a Caixa recebe a mais extensa capacidade bancária.

III. Não obstante esta clara progressão bancária privada, a CGD conservou prerrogativas exorbitantes de relevo. Assim:

- todo o sector público deve realizar os depósitos na Caixa – artigo 11.°;
- o Estado garante a restituição dos depósitos realizados na Caixa, mesmo em caso de força maior – artigo 16.°/2;
- a Caixa está isenta de quaisquer impostos, taxas, licenças ou outras imposições, nos mesmos termos que o Estado – artigo 58.°[2851];

[2850] A CGD passou a negociar, em conjunto com as outras instituições bancárias, a CCV para o sector bancário; simplesmente e nas palavras de STA(P) 25-out.-1988 (Fonseca Fernandes), AcD XXVIII, 334 (1989), 1207-1215 (1210) "... as convenções coletivas de trabalho subscritas pela Caixa Geral de Depósitos assumem, no âmbito da instituição, a natureza de regulamentos internos que integram o regime jurídico aplicável ao seu pessoal"; a base legal residiria no artigo 32.°/1 do Decreto-Lei n.° 48 953. *Vide* também STA 25-out.-1990 (Valadas Preto), AcD XXX, 349 (1991), 42-51 (50), além de diversa outra jurisprudência.

[2851] A isenção da CGD foi desaparecendo à medida que se foram sucedendo as reformas fiscais e das custas; no tocante a estas e nas fases intermédias, a isenção e a sua extensão foram muito discutidas; assim, reconhecendo a isenção mesmo após o Decreto-

– ela é representada, em juízo, pelo Ministério Público, ficando isenta de imposto de justiça, de selos e outros encargos – artigo 59.°[2852];
– as suas hipotecas abrangem, independentemente de registo, os juros relativos a três anos[2853] – artigo 60.°;
– a cobrança coerciva dos créditos da Caixa segue pelos tribunais fiscais[2854]; previa-se, ainda, um esquema simplificado de formação de títulos executivos – artigo 61.°;
– os atos e contratos realizados pela Caixa podem ser titulados por documento particular ou simples troca de correspondência – artigo 65.°/1.

IV. A CGD surgiu e implantou-se como instituto de Crédito do Estado[2855]. Nessa medida, ela beneficiou de um estatuto de privilégio, que facilitou a sua expansão. Não obstante, logrou uma transição para um funcionamento de tipo bancário-empresarial, sem o qual não sobreviveria à evolução dos finais do século XX.

A Caixa teve um papel fulcral no desenvolvimento institucional bancário. Ela assegurou, em todo o País, boa parte das funções das caixas

-Lei n.° 118/85, de 19 de março, STJ 8-mar.-1990 (Sousa Macedo; vencido: Cabral de Andrade), BMJ 395 (1990), 551-555, STJ 22-nov.-1990 (Baltazar Coelho; vencido: Cabral de Andrade), BMJ 401 (1990), 520-527 (525), STA 16-out.-1991 (Brandão de Pinho), BMJ 410 (1991), 540-549 e STA (Pleno da Secção do Contencioso Tributário) 17-jun.-1992 (Silva Figueiredo; vencido: Rodrigues Pardal), BMJ 418 (1992), 640-642; contra a isenção, por o artigo 3.° do CCust apenas referir "Estado" em sentido restrito, STJ 25-fev.-1993 (Fernando Fabião), BMJ 424 (1991), 598-601; em sentido inverso, contudo, STA 2-fev.-1993 (Pinheiro Moreira; vencido: Farinha Ribeiras), AcD XXXII, 383 (1993), 1091-1108.

[2852] A representação da CGD pelo MP também levanta dúvidas, chegando a entender-se que se trataria duma "representação híbrida" e "matizada", com a seguinte consequência prática: a própria CGD deveria ser notificada do despacho que determinasse a venda de bens penhorados, em que ela fosse exequente, não bastando a notificação ao MP: STJ 4-fev.-1992 (Fernando Fabião), BMJ 414 (1992), 399-403 (402) e, na mesma linha, RLx 23-set.-1993 (Loureiro da Fonseca), BMJ 429 (1993), 865.

[2853] Assim: STJ 8-mar.-1990 (Sousa Macedo), BMJ 395 (1990), 551-555.

[2854] Este esquema, apesar de não corresponder ao dos outros bancos, não foi considerado inconstitucional: STA 4-jul.-1990 (Rodrigues Pardal), AcD XXX, 349 (1991), 57-62 (61), por não contrariar a igualdade e por não contundir nem com o Direito comunitário, nem com as regras da concorrência.

[2855] Da sua qualificação como instituto público retirou-se, ainda, que a suspensão de decisões disciplinares proferidas no seu âmbito lesaria gravemente o interesse público – STA 12-jan.-1993 (Ferreira de Almeida), AcD XXXII, 380-381 (1993), 849-856 – e que as empreitadas por ela celebradas seriam empreitadas de obras públicas, sujeitas a um IVA reduzido: STA 3-nov.-1993 (Rodrigues Pardal), BMJ 431 (1993), 536.

económicas e das caixas agrícolas, cujas fraquezas foi suprindo. Também garantiu as funções de banco predial, perante a dimensão mais reduzida da Companhia Geral do Crédito Predial Português. Permitiu, em termos pioneiros, uma relativa popularização no acesso à banca e aos seus serviços, mormente no País interior. E em simultâneo, atingiu uma dimensão e uma solidez que fazem, da Caixa, uma presença constante nas grandes operações de financiamento, públicas e privadas. Finalmente, a Caixa, através do seu pessoal, contribuiu largamente para a formação e a expansão da cultura bancária.

Noutros termos: a CGD surge como peça marcante e individualizadora do sistema bancário português.

A CGD foi notícia, nos finais de 2004, por estranha razão: o Governo (Durão Barroso/Manuela Ferreira Leite), com vista a manter o défice das contas públicas dentro da margem de 3%, pelos Decretos-Leis n.º 240-A/2004, de 29 de dezembro, e n.º 241-A/2004, de 30 de dezembro, transferiu para a Caixa Geral de Aposentações o Fundo de Pensões do Pessoal da CGD. Seria desejável que cessassem as intervenções do Estado numa instituição que se quer autónoma.

463. **Regime vigente**

I. O regime vigente, no tocante à CGD, deriva do Decreto-Lei n.º 287/ /93, de 20 de agosto[2856]. No essencial, podemos considerar que este diploma:

- transformou a Caixa em sociedade anónima, embora de capital exclusivamente público e na titularidade do Estado;
- determinou, à Caixa, a aplicação do Direito privado, em termos semelhantes aos dos outros bancos; praticamente, cessaram os antigos privilégios e regimes exorbitantes[2857];

[2856] Alterado pelo Decreto-Lei n.º 56-A/2005, de 3 de março, de modo a não deixar subsistir o artigo 41.º do Decreto-Lei n.º 48:953, de 5 de abril de 1969 – mais um episódio das intervenções do Estado, por razões políticas de momento, na gestão da CGD – e pelo Decreto-Lei n.º 106/2007, de 3 de abril, que republicou os respetivos estatutos.

[2857] Na prática e no que eles contundissem com o regime geral privado, eles já haviam sido limados; p. ex., TC n.º 516/93, de 26 de outubro (Messias Bento), BMJ 430 (1993), 179-193, considerou inconstitucional o artigo 18.º/3 do Decreto-Lei n.º 693/70, de 31 de dezembro, quando interpretado como concedendo à CGD determinados prazos mais favoráveis de que a outros sujeitos de Direito privado.

– admitiu uma sujeição de princípio, dos seus trabalhadores ao regime do contrato individual de trabalho, embora com a possibilidade de manutenção formal do esquema de funcionalismo público;
– operou a definitiva separação da Caixa Geral de Aposentações e do Montepio dos Servidores do Estado.

II. Hoje, a Caixa apresenta-se como uma instituição de crédito de tipo bancário, mas com algumas especificidades. O artigo 3.° do Decreto-Lei n.° 287/93, de 20 de agosto, bastante sintomático, dispõe o seguinte:

> 1. A Caixa tem por objeto o exercício da atividade bancária nos termos definidos nos seus estatutos e dentro dos limites estabelecidos na legislação aplicável.
>
> 2. No exercício da sua atividade, a Caixa deverá promover a formação e a captação da poupança e contribuir, designadamente através das suas operações de financiamento, para o desenvolvimento económico e social do País.
>
> 3. A Caixa assegurará a prestação ao Estado de quaisquer serviços bancários, sem prejuízo das regras de concorrência e do equilíbrio da sua gestão.
>
> 4. A Caixa exercerá ainda outras funções que lhe sejam especialmente cometidas por lei, podendo as modalidades e os termos do exercício dessas funções ser definidos por contrato a celebrar com o Estado.

III. Os Estatutos da Caixa Geral de Depósitos, SA, foram aprovados em anexo ao Decreto-Lei n.° 287/93, de 20 de agosto[2858]. Estabeleceu uma orgânica societária anónima com conselho de administração e conselho fiscal.

Este último, porém, veio a ser suprimido pelo Decreto-Lei n.° 26-A/96, de 27 de março (que extinguiu, no seu artigo 4.°, os conselhos fiscais das sociedades de capitais públicos) e mais recentemente reintegrado, através do Decreto-Lei n.º 106/2007, de 3 de abril.

IV. O Decreto-Lei n.° 287/93, de 20 de agosto, manteve em vigor algumas regras especiais, relativas à CGD. Para além de preceitos relativos ao pessoal, cabe relevar as seguintes[2859]:

[2858] Como foi referido, o Decreto-Lei n.º 106/2007, de 3 de abril, que alterou o Decreto-Lei n.º 287/93, procedeu à republicação dos estatutos da CGD.

[2859] Cf. as ressalvas feitas no artigo 9.°/2 do Decreto-Lei n.° 287/93, de 20 de agosto. Na prática, os trabalhadores da CGD mantêm uma submissão formal ao funcionalismo público, embora beneficiem da aplicação da CCV para o sector bancário, a qual vigora enquanto norma regulamentar; *vide* STA 17-mar.-1994 (Correia de Lima), AcD XXXIII, 391 (1994), 825-833 e STA 27-set.-1994 (Ferreira de Almeida), AcD XXXIV, 400 (1995), 412-421 (416).

– o Estado continua a garantir a restituição dos depósitos feitos na Caixa, nos termos do artigo 16.° do Decreto-Lei n.° 48:953, de 5 de abril de 1969, mas apenas no tocante a depósitos anteriores à entrada em vigor do Decreto-Lei n.° 287/93;
– as estações de correio conservam-se como delegações postais da Caixa, recebendo e pagando depósitos – artigo 43.° do Decreto-Lei n.° 48:953;
– a Caixa dispõe de notário privativo – *idem*, 45.°;
– os atos e contratos realizados pela Caixa podem ser titulados por documento particular ou simples troca de correspondência, salvo tratando-se de atos sujeitos a registo – *idem*, 65.°.

Esses aspetos têm vindo a perder relevo mercê da sua generalização, ao abrigo de leis gerais tendentes à desformalização dos negócios.

As particularidades advenientes da sujeição formal dos trabalhadores da CGD ao estatuto do funcionalismo público tem, na prática, a ver com a aplicabilidade do antigo regime disciplinar – STA 1-out.-1991 (Pinheiro Moreira), BMJ 410 (1991), 457-468 (463), justificando com a "... fortíssima ingerência da Caixa Geral de Depósitos na prossecução de fins públicos ..." a qual, por isso "... sofre forte incidência da tutela do Governo ...", STA 2-fev.-1993 (Pinheiro Moreira), AcD XXXII, 383 (1993), 1091-1108 e TC n.° 198/90, de 7 de junho (Monteiro Dinis), BMJ 398 (1990), 115-121, o qual, no entanto, declarou a inconstitucionalidade do artigo 13.° do Regulamento Disciplinar de 22-fev.-1913, por permitir, antes de uma decisão disciplinar final, o desligar do serviço sem vencimento – com a aplicação de amnistias na qualidade de funcionário – STA 26-out.-1993 (Queiroga Chaves), AcD XXXIII, 394 (1994), 1154-1159 (1157) – e com a incompatibilidade para o exercício da advocacia – STA 1-out.-1991 cit., BMJ 410, 464.

§ 115.º CAIXAS ECONÓMICAS

464. Origem e evolução (Alemanha e Itália)

I. As caixas económicas são estabelecimentos historicamente destinados a captar as pequenas poupanças[2860]. Essa finalidade fica clara logo nas designações que assumem nos outros idiomas: *Sparkasse*, *cassa di risparmio* ou *caisse d'épargne*, por exemplo.

Embora com antecedentes mais antigos, as caixas económicas surgiram nos finais do século XVIII e portanto: precisamente quando se formavam as categorias institucionais financeiras modernas. Nessa ocasião, os bancos acolhiam os grandes depósitos, muitas vezes sem os remunerar. As pequenas poupanças, que davam mais despesas do que benefícios, não os interessavam. Havia, assim, que pensar em alternativas, destinadas a captar e a rendibilizar os pequenos aforros, evitando o seu gasto imediato, garantindo a sua segurança e criando, pedagogicamente, nas pessoas de menos posses, o gosto pela poupança e pela ascensão económica e social, por ela possibilitada[2861].

Na sua organização havia, porém, que usar conhecimentos e influências que não surgiriam espontaneamente, nas classes necessitadas. Por isso, as caixas económicas devem a sua origem ao pensamento filantrópico e social-romântico, dos finais do século XVIII[2862].

[2860] Sobre o tema, entre nós: Patrícia de Sousa Lima, *As caixas económicas* (1997, policop.) e Augusto de Athayde, *Curso de Direito bancário* cit., 1, 196 ss..

[2861] Angelo Senin, *Cassa di risparmio*, ED VI (1960), 427-439 (427 ss.).

[2862] Gustavo Ingrosso, *Cassa di risparmio*, NssDI II (1958), 1021-1033 (1022).

II. A primeira caixa económica, reconhecidamente existente, foi a de Hamburgo, fundada em 1778[2863]. De acordo com o artigo 94.° dos estatutos originais, a caixa tinha por objetivo possibilitar às

> pessoas industriosas de condição mais humilde (...) a oportunidade de pôr algo de parte e de depositar de modo seguro as poupanças duramente acumuladas (...)[2864].

A iniciativa teve um êxito muito marcado. Ao longo de todo o século XIX, as caixas económicas proliferaram, atingindo, em 1900, a cifra de 2.700[2865]. Nas décadas subsequentes, em consequência da depressão, da nacionalização e da divisão da Alemanha, o seu número foi caindo: 890 em 1960 e 600 em 1980.

A maioria das caixas económicas alemãs tem estatuto público e encontra-se organizada na base dos *Länder*[2866]. Na cúpula de cada Estado Federado surgem as *Landesbanken-Girozentralen* e, no plano federal, a *Deutsche Girozentrale – Deutsche Kommunalbank*.

Subsistem, ainda, 14 caixas económicas privadas (*freie Sparkassen*)[2867]. As caixas económicas alemãs desenvolvem praticamente todas as operações bancárias possíveis; com 263.177 empregados em 1988, elas asseguravam 40% do sector bancário alemão[2868]. Por tradição, mantêm uma atuação particular, no campo das famílias e das PME.

III. Em Itália, as primeiras caixas económicas nasceram no Norte, sob a influência austríaca. De iniciativa privada, as caixas apenas se regulavam pelos seus estatutos[2869]. Tomadas primeiro como puras instituições

[2863] Cumpre referir, a esse propósito, a monografia de Josef Wysocki, *Gutachten über die Frage der "ältesten Sparkasse"* (1986), cit. por Gian Luigi Basini, na Introdução a *Banche locali e sviluppo dell'economia/Parma e la Casse di Risparmio*, org. Gian Luigi Basini/Giancarlo Forestieri (1989), 3-24 (7, nota 8).

[2864] Luciano Pontiroli, *Cassa di risparmio*, no DDP/SComm II (1989), 523-529 (514).

[2865] Estes e outros elementos foram confrontados em Schneider/Hellwig/Kingsman, *The German Banking System*, 4.ª ed. (s/d), 21 ss..

[2866] Sandkühler, *Bankrecht* cit., 5 ss..

[2867] Fritz Ossenbühl, *Grundfragen zum Rechtsstatus der freien Sparkassen* (1979), 11 ss..

[2868] Números relativos, apenas, à parte Ocidental.

[2869] Ingrosso, *Cassa di risparmio* cit., 1022.

de beneficência, elas viram alargar, aos poucos, o seu papel no domínio bancário. Os Estados, ainda no período pré-unitário, foram sujeitando-as a diversos controlos governamentais, ora como obras pias, ora pelo seu desempenho na agricultura ou no campo social[2870].

Em 15-jul.-1888 surgiu a primeira lei orgânica sobre a matéria: a n.° 5546. As caixas económicas foram definidas genericamente como[2871]

> (...) institutos que se propõem recolher depósitos a título de poupança e encontrar para eles uma colocação conveniente, qualquer que seja a natureza do ente fundador.

Em 1926, agora já sobre um pano de fundo de intervenção do Estado na economia – e não de mera fiscalização neutra – surgiram leis sobre a tutela das poupanças, seguidas de diversa outra legislação do mesmo tipo.

IV. As caixas italianas, cujo número ascendeu às centenas, sofreram depois um processo de fusão e de concentração. Passou-se de 270 para 80.

As caixas italianas estão reunidas numa associação nacional que tem atribuições de competência técnica e de representação sindical[2872]. A prática veio a reconhecê-las como entes públicos[2873].

[2870] Senin, *Cassa di risparmio* cit., 428.

[2871] P. ex., Giacomo Molle, *La banca nell' ordinamento giuridico italiano* (1980), 83 ss. e Carmelita Camardi, *Le casse di risparmio/banche pubbliche e modelo societário* (1988), 5. Tem muito interesse confrontar evoluções concretas, no espaço e no tempo. Assim, quanto à Caixa Económica de Parma, cf. Michaela Dall' Aglio, *Il frutto del denaro: la cassa di Parma dal 1860 al 1895*, Alessandro Saguati, *La Cassa di Risparmio di Parma negli anni della prima trasformazione dell' economia e della società (1896-1929)*, Eugenio Pavarani/Giullio Tagliavini, *La memoria storica di una formula imprenditoriale bancaria. L' evoluzione della Cassa di Risparmio di Parma e del contesto economico locale* e Giancarlo Forestieri, *La strategia delle banche locali/La Cassa di Risparmio di Parma verso gli anni novanta*, todos em Basini/Forestieri, *Banche locali* cit., 25-156, 157-313, 315-630 e 631-649, respetivamente.

[2872] Senin, *Cassa di risparmio* cit., 430; trata-se da ACRI – *Associazione fra le casse di Risparmio Italiane*.

[2873] C. Camardi, *Le casse di risparmio* cit. 3 ss. (7, nota 4), Michele Spinelli/Giulio Gentile, *Diritto bancario* (1984), 85, Martorano, *Osservazioni preliminari sul problema della natura giuridica delle casse* em *La natura giuridica delle casse di risparmio/Atti del convegno di studi giuridici con la collaborazione del centro internazionale di studi giuridici*, org. pela Cassa di Risparmio di Ferrara (1977), 24-30 e Paolo Vitale, *Allargamento della sfera pubblicistica imposto alle casse di risparmio ed alle banche del monte dalle*

No tocante à sua constituição, a doutrina faz notar que elas podem surgir como entes de tipo fundacional ou de tipo associativo[2874]. As suas funções têm vindo a alargar-se[2875], executando praticamente todas as operações dum estabelecimento bancário[2876].

465. **O problema da reforma**

I. A situação recente, no plano Europeu, das caixas económicas[2877], mostra uma multiplicidade de situações técnicas que transcende, largamente, os particularismos técnico-jurídicos de cada um dos ordenamentos em presença.

Desde logo, há países onde as caixas económicas têm natureza pública – Itália e Irlanda – e, outros, natureza privada – Dinamarca e Holanda. Também há casos significativos onde há caixas de natureza pública e caixas de natureza privada, com relevo para a Alemanha.

II. Quanto ao substrato: as caixas têm, nuns casos, natureza fundacional – Dinamarca – e, noutros, associativa – Bélgica[2878]. Há países nos quais coexistem caixas fundacionais e caixas associativas – Itália e Países Baixos.

exigenze politico-sociali, nos *Atti del convegno di studi sulle Casse di Risparmio e le Banche del Monte nell'ambito del sistema bancario/Roma, 4 ottobre 1977*, 99-110.

[2874] Giacomo Molle, *La banca* cit., 85. Cf. Piero Schlesinger, *Le c.d. "fondazioni bancarie"*, BBTC 48 (1995), 421-430.

[2875] Ingrosso, *Cassa* cit., 1026 ss. e Salvatore Mazzarella, *Cassa di risparmio*, NssDI/*Appendice*, 2.° vol. (1980), 1062-1067 (1065).

[2876] Pontiroli, *Cassa* cit., 521.

[2877] Fritz Ossenbühl, *Grundfragen zum Rechtsstatus der Freien Sparkassen* cit., Klaus Zimmermann, *Die Sparkassen in der EWG/Probleme der europäischen Niederlassungs- und Dienstleitungsfreiheit aus sparkassenrechtlicher Sicht* (1973) e a publicação *Die Sparkassen in der EG/historische Entwicklung und Zukunftsperspectiven*, correspondente ao *Sparkassenhistorisches Symposium 1989*, org. pela *Gesellschaft zur Förderung der wissenschaftlichen Forschung über das Spar- und Girowesen* (1990). Refira-se ainda a importante documentação do *Groupement Européen des Caisses d'Épargne/European savings banks group/Euröpaische Sparkassenvereinigung*, com elementos relativos aos Estados membros da União.

[2878] Jean le Brun, *Le statut juridique des banques d'épargne* em August van Put e outros, *Les banques d' épargne belges* (s/d), 299-373 (314).

As regras técnicas, a que se submetem, variam bastante, numa medida que tem a ver, também, com os particularismos das organizações bancárias.

III. As caixas económicas dos diversos países identificam-se e aproximam-se todas, entre si, por uma dupla ordem de fatores:

- todas têm utilidade pública;
- todas postulam um objeto social que consiste em promover a poupança e a constituição de patrimónios, nas camadas mais débeis da população.

Consequentemente, os Estados são levados – ou foram-no, no passado – a incentivar a formação das caixas, dispensando-as de requisitos mais severos, que impendem sobre os bancos. Outras vantagens, designadamente fiscais, foram-lhe concedidas.

Em compensação, as caixas económicas surgiam com um *status* diminuído, em relação aos bancos. Nem todas as operações bancárias estavam ao seu alcance.

IV. Ao longo da evolução das últimas décadas, as caixas económicas, pela seleção natural e pelo jogo das fusões, foram adquirindo uma maior solidez. Na generalidade dos casos, elas foram ganhando a capacidade necessária para realizar a generalidade das operações bancárias.

Por outro lado, os bancos tornaram-se acessíveis a toda a população. As mais diversas operações bancárias passaram, também, a ser praticadas por todos. Logo, para poderem competir, conservando a sua quota do mercado, as caixas tinham, também, de generalizar a oferta de produtos.

Está, pois, na ordem do dia a questão de saber: para quê submeter as caixas económicas a regras especiais e, designadamente, a regras que diminuam a sua operatividade[2879]? Parece assente, neste domínio, que as caixas devem ser aproximadas dos bancos, pondo-se termo à sua "inferioridade congénita".

Trata-se duma operação que parece confirmada pelas experiências nas quais as caixas têm tido o maior sucesso, com relevo para a experiência alemã. E em rigor, ela não impediria que as caixas mantivessem

[2879] Enzo Ferrari, *Le casse di risparmio e le banche del monte nel sistema bancario italiano*, no Congresso Nacional das Caixas Económicas de Bolonha (1977), especialmente 28 ss. e Luciano Pontiroli, *Cassa di risparmio* cit., 524.

uma certa especialização, correspondente às razões que ditaram o seu aparecimento[2880].

466. **Origem e evolução das caixas portuguesas**

I. Em Portugal, as caixas económicas apareceram não por uma espontânea busca de soluções para os problemas sociais, mas por iniciativa do Estado.

O Decreto de 17 de agosto de 1836 veio determinar o estabelecimento de "caixas de economia e de emprestimos"[2881]. Vale a pena reter o seu preâmbulo:

> Attendendo ás ponderosas vantagens publicas e particulares, que resultam dos Estabelecimentos conhecidos pela denominação de Montes de Piedade, e Caixas de Economia; e Considerando quanto convém fazer ao menos uma diminuta experiencia para não continuarem a ser desconhecidas nestes Reinos tão beneficas instituições, as quaes, diminuindo os males da indigencia, e augmentando a riqueza Nacional, melhoram a moral publica, e produzem resultados da mais transcendente utilidade: Conformando-Me com a proposta e parecer que sobre este importante objecto o Conselho Geral de Beneficiencia Elevou á Minha Real Presença: Hei por bem Decretar o seguinte:

Posto o que:

> *Artigo 1.°* Estabelecer-se-ha em Lisboa uma Caixa de Economia, à qual se ajuntará outra Caixa de Emprestimo, chamada Monte de Piedade.

A *Caixa de Economia* recebia depósitos à ordem pagando, por eles, juros de 4% – artigos 2.° e 3.°. Todos os fundos recebidos na Caixa de Economia seriam empregados pelo *Monte da Piedade* em empréstimos sobre penhores – artigo 6.°.

Tem interesse reter o esquema de administração. Segundo o *artigo 15.°*,

[2880] Ugo Caprara, *La banca/principii di economia delle aziende di credito* (1982), 347-348.

[2881] *Collecção de Leis e outros Documentos Officiaes* publicados desde o 1.° de janeiro até 9 de setembro de 1836, 5.ª série (1836), 202-205.

O Estabelecimento será administrado por doze Directores, dotados de reconhecida probidade, virtude, e amor do bem publico, os quaes serão propostos pelo Conselho Geral de Beneficencia, a approvados pelo Governo.

As suas funções são gratuitas, inteira e unicamente dedicadas ao bem da humanidade.

Surgia, porém, depois, um administrador responsável remunerado.

II. Procurando incentivar a instalação de caixas económicas surgiria, depois, a *Lei de 12-mar.-1845*, assim concebida:

DONA MARIA, por Graça de Deos, Rainha de Portugal e dos Algarves, etc. Fazemos saber a todos os Nossos Subditos, que as Côrtes Geraes Decretaram, e Nós Queremos a Lei seguinte:

Artigo 1.°. É confirmado, na parte em que é necessaria a Sancção Legislativa, o Contracto para a fundação das Caixas Economicas, que vai junto, e faz parte da presente Lei, celebrado no dia vinte e sete de Novembro de mil oitocentos quarenta e quatro entre o Governo, e a Companhia = Confiança Nacional. =

§ unico. A Companhia deverá estabelecer as Caixas Economicas, depois da publicação da presente Lei, na Cidade de Lisboa, dentro do prazo de dous mezes; na do Porto, de seis mezes; de tres annos, nas outras Capitaes dos Districtos Administrativos do Reino; e succesivamente nas demais povoações, segundo o julgar conveniente; devendo por esta fórma entender-se o Artigo 1.°, paragrapho unico do mesmo Contracto.

Artigo 2.°. É permitido a quaesquer individuos ou Associações legalmente estabelecidas, fundar outras Caixas Economicas, conformando-se com as seguintes disposições:

1.ª As Caixas Economicas não podem ser estabelecidas sem que os seus Estatutos sejam préviamente approvados pelo Governo. Esta approvação é igualmente necessaria para as Caixas Economicas que existirem ao tempo da promulgação da presente Lei, e que em devida fórma a não tiverem já do Governo.

2.ª A approvação do Governo será dada unicamente aos indivíduos e Associações, que offerecerem todas as garantias necessarias.

3.ª O Governo poderá retirar a sua approvação quando por qualquer fórma se contravier, ou infringir o Compromisso, ou Estatutos, porque estes Estabelecimentos se regerem e governarem.

Art. 3.°. As concessões feitas por esta Lei á Companhia = Confiança Nacional = cessarão, se ella não satisfizer ás obrigações que lhe são impostas por esta Lei e Contracto, ou ás que o fôrem pelos Estatutos a que este se refere.

Art. 4.°. Fica revogada toda a Legislação em contrario.

Mandâmos por tanto a todas as Authoridades a quem o conhecimento e execução da referida Lei pertencer, que a cumpram e guardem, e façam cumprir e guardar tão inteiramente como nella se contém.

III. Como se viu, a Lei de 12 de março de 1845 admitiu, genericamente, a constituição de caixas económicas, deixando-lhes grande margem de atuação. Porém, a orientação do anterior Decreto de 1836, que tinha, das Caixas, uma visão muito mais restritiva, conservar-se-ia[2882]. Assim sucederia com a Lei de 22 de junho de 1867, relativa à constituição de bancos de crédito agrícola e industrial por casas de misericórdia, hospitais, irmandades e confrarias: aí, a "caixa económica" traduzia um serviço dos bancos destinado a receber pequenas poupanças[2883].

Uma Lei de 26 de abril de 1880 criaria a Caixa Económica Portuguesa, junto da Caixa Geral de Depósitos. Desta feita, trata-se dum instituto de crédito do Estado, sujeito a regras especiais.

A Lei de 28 de fevereiro de 1891, ocupa-se de associações de socorros mútuos. Estas tinham diversas prerrogativas e, designadamente, a de se associarem para, sem perda da sua autonomia, organizarem caixas económicas – artigo 13.°, 8.°, *c*). Como se explica no preâmbulo do Decreto-Lei n.° 136/79, de 18 de maio, iniciou-se aqui uma fase mutualista que, ligando as caixas às associações de socorros mútuos, era levada a restringir o âmbito de operações que lhes eram facultadas. Tal fase concretizar-se-ia nos Decretos n.os 19.281, de 29 de janeiro de 1931 e 20.944, de 27 de fevereiro de 1932.

Cumpre reter aqui o Capítulo IX deste último diploma, epigrafado *Funcionamento das caixas económicas anexas às associações de socorros mútuos*:

[2882] Pedro Sameiro, *Las cajas de ahorro portuguesas*, nos *Cuadernos de trabajo de la convencion de asesores juridicos*, n.° 7 (1983), 5-11 (5).

[2883] *Idem*, Pedro Sameiro, 5. *Vide* Thomaz Cabreira, *O problema bancário portuguez* cit., 253 ss..

CAPÍTULO IX
Funcionamento das caixas económicas anexas às associações de socorros mútuos

Art. 77.° A constituição das caixas económicas é dependente de aprovação do Governo, devendo para isso entregar os seus estatutos, em duplicado, no Instituto de Seguros Sociais Obrigatórios e de Previdência Geral, que formulará o seu parecer pela repartição competente.

Art. 78.° Os estatutos das caixas económicas deverão mencionar:

a) o fim da entidade social a que se destinam;
b) quais os fundos ou haveres que garantem o pagamento dos depósitos;
c) o destino dos lucros;
d) a constituição e funcionamento dos corpos gerentes;
e) as operações que se propõem realizar e pessoas a que se destinam;
f) as taxas de juro para os depósitos e empréstimos;
g) o limite máximo e mínimo dos depósitos e se são extensivos a todas as pessoas ou apenas aos sócios ou membros das instituições que as criarem;
h) a forma de levantar os depósitos pelos herdeiros de depositantes falecidos.

Art. 79.° As caixas económicas anexas às associações de socorros mútuos não podem fazer desconto de letras, limitando as suas transacções a empréstimos sobre penhores e hipotecários, com o juro que não exceda o da taxa da Caixa Geral de Depósitos, Crédito e Previdência.

§ único São salvaguardados os direitos de todas as transacções exercidas pelas caixas económicas das ilhas adjacentes pelas condições peculiares do seu exercício tradicional nas diferentes ilhas onde têm a sua sede.

Art. 80.° Os lucros das caixas económicas serão destinados a constituir um fundo de reserva até atingir 20 por cento da importância dos depósitos no último ano, não podendo ser aplicados a outro fim enquanto aquela percentagem não for atingida.

Art. 81.° As caixas económicas são obrigadas a enviar anualmente ao Instituto de Seguros Sociais Obrigatórios e de Previdência Geral o relatório e balanços das suas contas relativos ao ano anterior e a patentear toda a sua escrita aos funcionários do Instituto.

§ único Os corpos gerentes que infringirem as disposições deste artigo incorrem na multa de 1.000$ e as caixas poderão ser dissolvidas, caso não sejam remetidos os referidos relatórios e balanços durante dois anos seguidos.

Art. 82.º As acções que as caixas tenham de propor para a cobrança das quantias mutuadas, ou as dos depositantes contra as caixas para exigir os seus depósitos, serão propostas nos tribunais cíveis em processo sumário.

§ 1.º As questões sobre direitos e deveres estatutários serão da competência dos tribunais arbitrais de previdência social.

§ 2.º A dissolução poderá ser decretada pelo Governo nos casos especificados neste decreto e pelos tribunais cíveis no caso de insolvência.

467. **A evolução subsequente**

I. Na reforma dos anos 50, a situação das caixas caracteriza-se pela sua inserção no domínio das instituições de crédito. Ocupam aí, porém, a particular posição de "estabelecimentos especiais de crédito", como se infere do artigo 3.º, § 2.º do Decreto-Lei n.º 41:403, de 27 de novembro de 1957. Quanto a caixas económicas e a cooperativas de crédito, o capítulo IX, do citado Decreto-Lei n.º 41:403, limitava-se a dispor:

Art. 51.º. As caixas económicas e as cooperativas de crédito obedecerão a requisitos especiais, além dos previstos no artigo 8.º, consignados em diploma regulamentar e relativos a grau de liquidez, composição da cobertura das suas responsabilidades e taxas de juro a aplicar nas suas operações activas e passivas de crédito.

Art. 52.º. Os montepios e mutualidades, na parte em que funcionem como instituições de depósito e de crédito, são equiparados às caixas económicas.

Art. 53.º. As caixas de crédito agrícola (...)

A categoria dos "estabelecimentos especiais de crédito" tinha natureza residual no elenco das instituições de crédito: corresponde a uma referência empírica[2884], sem conteúdo dogmático.

II. O Decreto-Lei n.º 132-A/75, de 14 de março, nacionalizou as instituições de crédito portuguesas. O artigo 1.º/1, *b*), excecionou as caixas

[2884] Pedro Sameiro, *Las cajas* cit., 6.

económicas e as caixas de crédito agrícola mútuo, que seriam objeto de legislação especial a publicar dentro de noventa dias.

O Decreto-Lei n.° 156-A/75, de 25 de março, tomou, desde logo, certas medidas relativas à Caixa Económica de Lisboa, anexa ao Montepio Geral. O seu preâmbulo justificava-as pelo "poder económico" da Caixa ser "muito apreciável".

As medidas cifraram-se na possibilidade do primeiro-ministro nomear uma comissão administrativa para o Montepio Geral. Além disso, segundo o artigo 5.°/1 do diploma, permitia-se que o BP, sob proposta da comissão administrativa, autorizasse genericamente a Caixa a realizar outras operações bancárias além das enunciadas nos seus estatutos. O corpo do artigo 79.° do Decreto n.° 20:942, de 27 de fevereiro de 1936, deixou, também, de se aplicar à Caixa – *idem*, n.° 2.

Em suma: a Caixa Económica de Lisboa aproximou-se de um verdadeiro banco.

III. A Lei n.° 46/77, de 8 de julho, que vedou a atividade bancária, às empresas privadas, veio dispor, no artigo 3.°/3:

> É permitida a atividade das caixas económicas, das caixas de crédito agrícola, das sociedades de desenvolvimento regional e das sociedades parabancárias, designadamente sociedades de investimento.

Previa o n.° 4 desse preceito uma regulamentação que, no prazo de noventa dias, assegurasse a manutenção dessas entidades, dentro dos limites impostos.

Porém, a regulamentação das caixas económicas só viria a surgir através do hoje revogado Decreto-Lei n.° 136/79, de 18 de maio. Trata-se dum diploma restritivo, na medida em que – como considera o próprio preâmbulo – entende que as caixas derivam de condicionalismos históricos em larga medida ultrapassados. Apesar de ter sido substituído pelo abaixo referido regime do Decreto-Lei n.° 190/2015, de 10 de setembro, ele mantém um relevo dogmático que justifica a sua análise

O seu articulado reparte-se por seis capítulos:

I – Disposições gerais – artigos 1.° a 4.°;
II – Atividades das caixas:
Secção I – Operações ativas e cambiais – artigos 5.° a 12.°;
Secção II – Operações passivas – artigos 13.° e 14.°;
Secção III – Prestação de serviços – artigos 15.° e 16.°;

III – Garantias de liquidez e solvabilidade – artigos 17.° e 18.°.
IV – Órgãos sociais:
Secção I – Assembleia geral – artigo 19.°;
Secção II – Administração e fiscalização – artigos 20.° a 23.°.
V – Contas e resultados – artigos 24.° a 27.°;
VI – Disposições finais – artigos 28.° a 32.°.

Alguns aspetos deste diploma merecem referência.

IV. O artigo 1.° do Decreto-Lei n.° 136/79 apresenta uma definição extensa de caixas económicas. São:

> (...) instituições especiais de crédito que têm por objeto uma atividade bancária restrita, nomeadamente recebendo, sob a forma de depósitos à ordem, com pré-aviso ou a prazo, disponibilidades monetárias que aplicam em empréstimos e outras operações sobre títulos que lhes sejam permitidas e prestando, ainda, os serviços bancários compatíveis com a sua natureza e que a lei expressamente lhes não proíba[2885].

O artigo 2.° distinguia, de seguida, caixas económicas anexas ou pertencentes a associações de socorros mútuos, Misericórdias ou outras instituições de beneficência e caixas económicas sob forma de sociedade comercial. Estas últimas eram de constituição proibida para o futuro – artigo 2.°/2 – sujeitando-se as suas ações ao regime do artigo 4.°. De notar que apenas um pequeno núcleo de caixas, todas açorianas, assumiram a forma de sociedade comercial[2886].

O artigo 5.°/1 limitava as operações de crédito ativas das caixas económicas a empréstimos sobre penhores e hipotecários. O n.° 2 facultava, porém, às caixas com sede nas regiões autónomas, outras operações ativas, como o desconto comercial, a concessão de crédito a médio e longo prazo ao investimento produtivo. O n.° 3, aditado pelo Decreto-Lei n.° 79/81, de 20 de abril, permite ainda a essas caixas participar em acordos de saneamento financeiro. O Decreto-Lei n.° 136/79, de 18 de maio, não

[2885] *Vide* as críticas feitas por Pedro Sameiro, *Las cajas* cit., 7, e que merecem inteiro sufrágio.

[2886] Januário Gomes, *Natureza jurídica das caixas económicas*, BMJ 312 (1982), 23-49 (29 ss.) e Pedro Sameiro, *Las cajas* cit., 7 ss. Refira-se, também, o texto de uma importante conferência (inédita) de António de Sousa Franco, *As caixas económicas e a reforma do sistema financeiro – Aspectos jurídicos* (1983).

foi revogado pelo RGIC. Foi várias vezes alterado, a última das quais pelo Decreto-Lei n.º 188/2007, de 11 de maio.

V. Os comentadores têm chamado a atenção para a situação pouco animadora em que se encontram as caixas económicas[2887]. Muito limitadas pelo próprio legislador e vítimas da desconfiança do Estado e das instituições bancárias, as caixas – com exceção do Montepio Geral – têm vegetado. E no entanto, as experiências estrangeiras mostram que elas têm potencialidades para atuar como um dos pilares do desenvolvimento, sobretudo em áreas onde ele mais necessário se tornaria. Impor-se-ia uma reforma bem pensada[2888].

468. **A natureza jurídica clássica das caixas económicas**

I. A lei portuguesa não fixa, diretamente, a natureza jurídica das caixas económicas. Esta terá, pois, de ser inferida do regime que se lhes aplica.

Uma primeira questão tem a ver com a sua natureza pública ou privada. Como tem sido referido, de entre os vários critérios existentes, cumpre reter o que distingue em função dos poderes de autoridade: estes são concedidos às pessoas coletivas públicas e não às privadas.

A essa luz, não oferece dúvidas que as caixas económicas são pessoas coletivas privadas: elas não têm quaisquer poderes de autoridade[2889]. Esta constatação é confirmada pela sua constituição, levada a cabo pelos particulares, e pela filosofia que lhes subjaz: a solidariedade entre as pessoas.

II. As caixas económicas têm natureza empresarial[2890]: traduzem uma organização de meios materiais e imateriais e de trabalho, para produzir algo. No entanto, têm-lhes sido negada natureza comercial, por se entender que não visam o lucro[2891].

[2887] Em especial, Sousa Franco, *As caixas económicas* cit..

[2888] *Vide*, também em especial, Pedro Sameiro, *Reforma da legislação das caixas económicas em Portugal*, ROA 1995, 19-85.

[2889] Poder-se-ia entender que detêm privilégios; estes, porém, podem ser atribuídos, por lei, a entidades privadas.

[2890] Nesse sentido, Sousa Franco, *As caixas económicas*, sup. cit..

[2891] Assim, Januário Gomes, *Natureza jurídica das caixas económicas* cit., *maxime* 36.

Este ponto merece revisão. É certo que a grande distinção entre as associações e as sociedades passa, tradicionalmente, pelo fim lucrativo das segundas, ao contrário do das primeiras. Porém, esta consideração tem de ser duplamente reponderada. Desde logo, as sociedades já não esgotam, hoje em dia, o universo das pessoas coletivas com fins lucrativos: pense-se nas empresas públicas[2892]. De seguida, o fim lucrativo pode ser tomado num duplo sentido, que convém destrinçar:

– como fim imediato: o ente em causa tem um fim lucrativo quando atue de acordo com regras de racionalidade económica, de modo a otimizar a relação custos/benefícios;
– como fim mediato: o ente em causa visa um fim lucrativo quando procure distribuir benefícios às pessoas que o fazem produzir.

A comercialidade tem vindo a deslocar-se dos fins mediatos para os imediatos. Saber se uma empresa visa distribuir dividendos ou auxiliar os necessitados é secundário, para determinar a sua natureza. O facto é que a empresa benemérita, se quiser subsistir, tem de funcionar em termos de razoabilidade económica, diminuindo custos e aumentando os lucros. Ela pratica, para tanto, atos comerciais, devendo concorrer no mercado com outras entidades, indiscutivelmente comerciais.

Há, em Portugal, um tão tradicional quanto nocivo sentimento difuso que degrada o "fim lucrativo" e o "comercial". As instituições de solidariedade social perderiam em dignidade, quando se lhes reconhecesse natureza comercial. Trata-se de um ponto a rever: ele é extremamente prejudicial a qualquer iniciativa, que não se pretenda transformar num falhanço financeiro.

As caixas económicas, mediatamente, não visam distribuir dividendos mas, sim, auxiliar os fins humanitários que enformam a sua filosofia. Imediatamente, porém, elas praticam atos comerciais, baixando os custos e melhorando os benefícios, de modo a apresentar resultados positivos que não só sirvam a sua manutenção mas, também, permitam prosseguir os fins benemerentes últimos.

Aos seus atos, com terceiros, há que aplicar o Direito comercial. Tanto basta para considerar que, além da sua estrutura empresarial, as caixas económicas são comerciantes.

[2892] Temos defendido que as empresas públicas são comerciantes, embora haja opiniões em contrário; *vide* Menezes Cordeiro, *Direito da Economia* cit., 1, 282 ss..

III. De seguida, verifica-se que algumas das caixas existentes assumem a forma de sociedades anónimas, enquanto a maioria tem natureza fundacional[2893].

Apenas este último caso careceria de uma explicação suplementar. Na verdade, as caixas "anexas" a mutualidades, a misericórdias ou a outras instituições de beneficência correspondem a acervos de bens que estas disponibilizam, com um fim específico. Elas não têm, como substrato, nenhuma coletividade. A sua estrutura é a das fundações. O inerente regime é aplicável. Como se viu, é uma situação que tem claros paralelos noutros países europeus.

IV. Por fim, atentos os seus objetivos mediatos, não oferece dúvidas considerar-se que se trata de pessoas coletivas de utilidade pública. Imediatamente, porém, isso não deve intervir na natureza dos atos que praticam.

Em suma: a "utilidade pública" não contunde com a sua transformação em bancos comerciais.

V. Neste momento, as caixas económicas são pouco numerosas, mas ativas. Temos quatro caixas registadas no Banco de Portugal: Caixa Económica Montepio Geral, Caixa Económica do Porto, Caixa Económica Social (também do Porto) e Caixa Económica da Misericórdia de Angra do Heroísmo.

469. **A reforma de 2015**

I. O regime e a filosofia de base das caixas económicas foram fortemente revistas pelo Decreto-Lei n.º 190/2015, de 10 de setembro[2894]. Quanto se sabe, esse diploma foi elaborado à margem das caixas existentes e não teve preocupações comparatistas. Também a doutrina nacional sobre o tema foi ignorada.

II. O diploma, além de conter, em anexo, o regime jurídico das caixas económicas (2.º), altera o RGIC (3.º) e o Código das Associações Mutua-

[2893] Trata-se da doutrina de Pedro Sameiro, de Sousa Franco e, embora com menos clareza, de Januário Gomes.

[2894] Em especial: Pedro Sameiro, *Novo regime jurídico das caixas económicas*, RDS 2016, 343-370, cujas críticas acompanhamos.

listas, aprovado pelo Decreto-Lei n.º 72/90, de 3 de março (4.º e 5.º) e fixa um regime transitório (6.º e 7.º), ao qual regressaremos. Comporta, ainda, o que se apresenta como disposição transitória. Quanto ao Regime Jurídico das Caixas Económicas (RCE): comporta vinte artigos, assim ordenados:

Capítulo I – Disposições gerais (1.º a 6.º);
Capítulo II – Caixas económicas anexas (7.º a 17.º);
Capítulo III – Caixas económicas bancárias (18.º a 20.º).

III. A grande novidade da reforma reside na distinção das caixas económicas em duas modalidades: as caixas económicas anexas e as caixas económicas bancárias. O critério é numérico: são caixas económicas anexas aquelas cujo ativo seja inferior a € 50.000.000,00 e caixas económicas bancárias aquelas cujo ativo alcance ou ultrapasse essa cifra (4.º do RCE). As caixas de ativo inferior aos cinquenta milhões de euros, mas que apresentem um programa que permita alcançar essa cifra no prazo de cinco anos podem pedir ao BP a sua constituição como caixas bancárias. O artigo 6.º do RCE introduz a figura da "instituição titular", necessariamente associações mutualistas, misericórdias ou outras instituições de beneficência. A ideia de "titularidade" é bizarra, pois ninguém é "dono" de uma pessoa coletiva.

IV. As caixas económicas anexas só podem ser constituídas para a exclusiva prossecução de fins de associações mutualistas, misericórdias, ou outras instituições de beneficência (7.º/1, do RCE). O artigo 8.º/1, do RCE, elenca as operações que lhes são facultadas; são elas:

a) Receber depósitos e outros fundos reembolsáveis;
b) Conceder empréstimos garantidos por penhor ou por hipoteca;
c) Adquirir e deter títulos de dívida pública dos Estados-Membros da União Europeia da zona euro;
d) Financiar-se junto de outras instituições de crédito;
e) Fornecer serviços de cobrança, transferências de numerário, aluguer de cofres, administração de bens imóveis, pagamentos periódicos e outros análogos;
f) Praticar operações cambiais.

Os números subsequentes contêm especificações e limites ao elenco transcrito.

No artigo 9º/1 prescreve-se o que parece constituir uma regra geral de mútuos de escopo: os empréstimos não podem ter destino diferente daquele para que foram concedidos, sob pena de resolução imediata do contrato; exige o n.º 3 desse preceito que os empréstimos sejam garantidos por primeira hipoteca ou por penhor. Tratando-se de empréstimos garantidos por terrenos para construção, devem estes estar integrados em zonas com projetos aprovados (9.º/4). Há, ainda, um seguro obrigatório (9.º/5). Tudo isto limita fortemente a atividade das caixas anexas e encarece a sua atuação. Basta ver que há garantias mais fortes e mais sólidas do que a hipoteca e o penhor, que o terreno para construção, mesmo sem aprovação, pode ter um valor suficiente para assegurar o empréstimo e que a exigência de seguro é surrealista, quando se trate de um terreno não edificado e sem vegetação economicamente relevante.

Seguem-se diversas regras quanto aos órgãos, sempre limitativas. As caixas, ao fim de dois séculos, parecem suscitar regras não-amigas. Pergunta-se se são necessárias: afinal, o BP tem poderes sobejos para assegurar uma boa gestão.

V. As caixas económicas bancárias devem assumir a forma de sociedades anónimas (9.º/1, do RCE). Aliás, o artigo 6.º/2 do diploma preambular prevê que o BP possa determinar a transformação em sociedades anónimas, num prazo razoável, das caixas que apresentem complexidade ou risco da sua atividade. Não vemos em que tal transformação possa diminuir a complexidade ou risco. Quanto ao resto, aplica-se, praticamente, o RGIC: passam a bancos.

VI. Como adiantado, a reforma de 2015 não é amiga das caixas económicas. Aparentemente ou são limitadas, perdendo qualquer hipótese de crescimento no mercado, ou são artificialmente erigidas como sociedades anónimas. O nivelamento é sinal dos tempos; a defesa da cultura e das necessidades do terreno constituem um dever, particularmente dos pequenos países. Fica o reparo.

§ 116.º CAIXAS DE CRÉDITO AGRÍCOLA MÚTUO

470. O crédito agrícola e a sua evolução

I. O mundo rural desde cedo conheceu fenómenos mutualísticos e, nesse âmbito, de concessão de crédito. Em Portugal, o papel de prestador terá sido assumido, no início, pelas Misericórdias e instituições similares; junto de algumas delas funcionavam serviços, abaixo mencionados, que emprestavam, aos agricultores, géneros e sementes, em particulares condições. Esta tradição perdeu-se, com o liberalismo.

As atuais caixas de crédito rural surgiram como produto da aplicação, no sector do crédito agrícola, das teses mutualistas do século XIX. A origem remonta ao pensamento cooperativo alemão. Hermann Schulze-Delitzsch (1808-1883), professor de economia, lançou a ideia dos bancos populares, como cooperativas de crédito. As caixas-agrícolas, por seu turno, derivaram da iniciativa de Raiffeisen (1818-1888)[2895]: tratava-se de sociedades cooperativas rurais, assentes na confiança pessoal e no pequeno capital de agricultores.

A primeira caixa agrícola foi criada na Alemanha, precisamente por Raiffeisen, em 1847. Em Itália, a primazia vai para a Caixa de Loreggia (Pádua), por iniciativa de Leone Wollemborg, em 1883[2896]. Também em França, as *caisses agricoles cooperatives* conheceram implantação. Uma

[2895] F. W. Raiffeisen, *Die Darlehenskassen. Vereine als Mittel zur Abhilfe der ländlischen Bevölkerung* (1887), *apud* Senin, abaixo citado. Alguns elementos do maior interesse podem ser confrontados em Carlos Coelho, *O IFADAP (Instituto Financeiro de Apoio ao Desenvolvimento da Agricultura e Pescas) e o crédito agrícola*, RDE 4 (1978), 213-239 e em PGR n.º 33/84, de 19 de junho de 1986 (Araújo Torres), BMJ 360 (1986), 263-292 (277 ss.).

[2896] Antonio Scandura, *Cassa rurale ed artigiana*, NssDI II (1958), 1049-1052 (1049-1050) e Angelo Senin, *Cassa rurale ed artigiana*, ED VI (1960), 444-451 (444 ss.). Quanto à evolução subsequente, de resto pouco marcada, Brunetto Carpino, *Cassa rurale ed artigiana*, NssDI/App I (1980), 1069-1070.

lei de 5 de novembro de 1894 permitiu a criação, como cooperativas privadas, das *caisses locales*, que em breve alcançaram a cifra de 3.000; uma lei de 31 de março de 1899 permitiu às caixas locais agruparem-se em *caisses régionales*, em número de 92; por fim, a Lei de 5 de agosto de 1920 criou a *Caisse Nationale du Crédit Agricole*, ou *Crédit Agricole*, estabelecimento público mais tarde privatizado. Após 1945, o Crédit Agricole veio a ampliar as suas atividades, sendo hoje o maior banco francês e um dos maiores do Mundo[2897].

Em geral, as intervenções legislativas foram subsequentes às experiências iniciais. Por exemplo, a primeira referência legislativa italiana às caixas agrícolas data de 1887[2898].

Na evolução subsequente, podemos considerar que as caixas agrícolas, mercê da sua debilidade económica[2899], cedo se encontraram na contingência de se fundirem, de se federarem – normalmente sob o impulso e com a ajuda do Estado – ou de desaparecerem.

II. As raízes profundas do crédito agrícola tradicional remontam, entre nós, às iniciativas de D. Dinis, nos finais do século XIII. Mais tarde, por iniciativa de Frei Miguel Contreiras, foi constituída a Confraria da Misericórdia de Lisboa que, a partir de 15-ago.-1498, passaria a conceder empréstimos aos lavradores, sob caução e a um juro moderado. Surgem, depois, os celeiros comuns. O primeiro ocorre em Évora, no ano de 1576 (D. Sebastião), sob o título de Monte de Piedade Real Deposito e Celeiro. Outros se seguiriam como o de Grândola, em 1579, de base municipal e o de Beja, de 1584[2900].

[2897] Com elementos, Jean-Louis Rives-Lange/Monique Contamine-Raynaud, *Droit bancaire* cit., 6.ª ed., 42 ss..

[2898] Serafino Gatti, *Cassa rurale ed artigiana*, no *Digesto delle Discipline Privatistiche/Sezione commerciale*, II (1989), 541-544.

[2899] Em geral, Ezio Maria Leo, *Funzione creditizia e forma cooperativa*, BBTC 1984, I, 462-504.

[2900] Sobre toda esta matéria e com numerosas outras indicações, J. Francisco Grilo, *Mutualismo rural e credito agricola* (1912), 47 ss. e João Henrique Ulrich, *O credito agricola em Portugal (sua organisação)* (1908), 157 ss.. Quanto à divulgação dos ideais da mutualidade rural, *vide* Thomaz Cabreira, *A política agrícola nacional* (1920), 107 ss..

Estas obras continuam, ainda hoje, a ser das poucas pesquisas abrangentes sobre o crédito agrícola, no nosso País. Referimos ainda Ana Cristina Chinita Rodrigues, *O crédito agrícola mútuo* (1997, policop.) e Augusto de Athayde, *Curso de Direito bancário* cit, 1, 209 ss..

Até 1852, chegou a haver 53 celeiros comuns, dispersos por todo o País. Na parte mais característica, os celeiros emprestavam, em condições favoráveis, aos agricultores, sementes e outros géneros, de modo a permitir-lhes o relançamento da sua atividade produtiva.

O liberalismo intentou retomar o tema noutras bases, tanto mais que a necessidade de reforma da nossa agricultura, facilitando o crédito, sempre esteve na ordem do dia. Assim, surgiram leis de 1834 (Silva Carvalho)[2901], de 1852, de 1864, de 1867 (Andrade Corvo) e de 1896 (Campos Henriques)[2902], além de diversos projetos[2903]. Todos estes esforços depararam com um dilema inultrapassável: as instituições tradicionais assentavam num espírito benemerente, do qual dependiam; elas deviam ser atualizadas; porém, uma vez transformadas em empresas de crédito, elas perdiam o suporte benemerente de que viviam.

III. A República ocupou-se intensamente do tema, logo no início. Com efeito, em 1911, 56% da população ativa portuguesa trabalhava na

[2901] A Lei de 19-dez.-1834 previa a formação de bancos de crédito rural. Este diploma não foi aproveitado. Apenas podemos apontar, anos depois, e na base do aproveitamento do antigo Celleiro Commum de Serpa, a formação do Banco Rural de Serpa. Entre os fundadores, cabe citar Thomaz de Mello Breyner, Marquês de Ficalho, Dr. João Diogo Dinis Pereira, Dr. João Maria Parreira, António Cortez de Lobão, Dr. João Inácio Mendes, Bento José de Sousa Pacheco, Domingos Pereira da Silva, António José dos Santos Miranda e Domingos de Mello Breyner, tendo os seus estatutos sido aprovados por Portaria de 7-mar.-1840 (Rodrigo Fonseca Magalhães, Ministro do Reino). Em 1903, o Banco ainda funcionava, "tendo socorrido 300 agricultores". De acordo com a apreciação crítica de João Ulrich, *O crédito agrícola* cit., 295 ss. (302 e 304), a experiência não teve o êxito desejado por falta de capitais – Serpa importava capitais, sendo uma zona essencialmente agrícola – e por, no seu funcionamento, o Banco Rural de Serpa operar mais como banco comercial do que, propriamente, como banco rural.

[2902] Carta de Lei de 3 de abril de 1896, CLP 1896, 62-65; este diploma permitia a formação de associações locais de agricultores – os "syndicatos agricolas"; estes – artigo 1.º, § 3.º – poderiam "... constituir, promover ou favorecer a constituição, nos termos das leis, com fundos e estatutos especiais, de caixas de socorros mutuos, sociedades cooperativas, sociedades de seguros mutuos, bancos ou caixas de credito agricola, caixas economicas, fructuarias e quaesquer outras instituições ...".

[2903] Assim, os de Oliveira Martins (1887), de Moreira Júnior (1908) e de D. Luiz de Castro (1909). Houve, ainda, estudos de Alexandre Herculano, de Andrade Corvo, de Basílio Teles, de Anselmo de Andrade, de Rodrigo Pequito e de João Ulrich; cf. Francisco Grillo, *Mutualismo rural e credito agricola* cit., 121 ss..

agricultura; em França, tínhamos 47%, cifra essa que, contudo caía, na Alemanha, para 32% e, em Inglaterra, para 6%[2904].

Assim, o Decreto de 1 de março de 1911 (Brito Camacho), veio organizar o crédito agrícola em Portugal[2905]. Um especial relevo era dado à Caixa de Crédito Agrícola Mútuo.

O diploma de 1911 foi retomado, de perto, pela Lei n.° 215, de 30 de junho de 1914[2906]. Segundo o artigo 1.° dessa Lei,

> Consideram-se operações de crédito agrícola as que tenham por fim facultar aos agricultores, que efetiva e diretamente explorem a terra, e às associações agrícolas devidamente organizadas, os recursos necessários para a constituição, aumento e mobilização do respetivo capital de exploração e para melhoramentos e desagravamento do capital fundiário nos termos desta lei.

As operações de crédito agrícola tinham, depois, as finalidades limitadas referidas no artigo 2.°. O sistema assentava nas caixas de crédito agrícola mútuo, sociedades cooperativas com número ilimitado de sócios – artigo 14.° – e cujos estatutos eram aprovados pelo Governo – artigo 18.°. As caixas tinham carácter local (concelhio), podendo, sob autorização do Governo, federar-se em caixas distritais e, estas, numa Caixa Central de Crédito Agrícola "... que, quando organizada, terá a sua sede em Lisboa, e funcionará junto da Associação Central de Agricultores Portugueses, sindicato agrícola central" – artigo 16.°.

Instituía-se uma Junta de Crédito Agrícola – artigo 53.° – "... à qual compete distribuir o fundo especial de crédito agrícola, fiscalizar a sua aplicação e superintender em todos os serviços de crédito agrícola ...". A Junta de Crédito Agrícola tinha, à sua disposição, um crédito em conta-corrente aberto pelo Banco de Portugal e que ela poria à disposição das caixas – artigo 5.°; quando a Caixa Central estivesse constituída, a Junta só com esta trataria – artigo 52.°.

O artigo 78.° já previa que, na aplicação dos fundos da Caixa Económica Portuguesa, administrados pela Caixa Geral de Depósitos e Institui-

[2904] Trata-se de números fornecidos por Thomaz Cabreira, *A política agrícola nacional* cit., 1.

[2905] Decreto de 1 de março de 1911, CLP 1911, 183-195.

[2906] CLP 1914, 194-208.

ções de Previdência, fossem compreendidos os empréstimos às caixas de crédito agrícola mútuo.

Seguiram-se alguns ajustamentos: o Decreto n.° 4:022, de 29 de março de 1918, veio reforçar o crédito agrícola, elevar o montante do fundo a ele destinado e alargar o seu âmbito de operações; pouco depois, o Decreto n.° 4:523, de 30 de maio de 1918, extinguiu a Junta de Crédito Agrícola e passou as suas atribuições e competência para a Secretaria de Estado da Agricultura.

IV. As reformas de 1929 vieram atingir a cúpula do sistema de crédito agrícola. O Decreto n.° 16:666, de 27 de março de 1929, extinguiu, no seu artigo 12.°, a Caixa Central de Crédito Agrícola, incorporando o seu acervo na Caixa Nacional de Crédito, instituição anexa à Caixa Geral de Depósitos e por esta gerida. Completando este movimento, o artigo 5.° do Decreto n.° 18:135, de 27 de março de 1930, colocou na competência da Caixa Nacional de Crédito, a constituição, a organização e a fiscalização das caixas de crédito agrícola. Os anos passaram. O Decreto-Lei n.° 41:403, de 27 de novembro de 1957, ainda previu, no artigo 34.°, que o Governo procedesse à "... oportuna regulamentação das operações de crédito a médio e longo prazo, nomeadamente das operações de crédito agrícola e pecuário ..."; não houve seguimento.

Nas vésperas da Revolução de 1974-1975, a situação das caixas de crédito agrícola era de pouco desenvolvimento. Embora numerosas – cerca de 150 – elas apenas ocupavam uma pequena parcela do crédito agrícola e, ainda aí, tendo os financiamentos da Caixa Nacional de Crédito como principal recurso[2907]. A Caixa Nacional de Crédito foi, aliás, formalmente absorvida pela Caixa Geral de Depósitos, por via do já citado artigo 5.°/1 do Decreto-Lei n.° 48:953, de 5 de abril de 1969.

V. Após 1974-1975, seria de esperar um renascimento do crédito agrícola mútuo. Isso não sucedeu de imediato.

O Decreto-Lei n.° 132-A/75, de 14 de março, que nacionalizou a banca nacional, deixou de fora, no seu artigo 1.°/1, *b*), as caixas económicas e as caixas de crédito agrícola mútuo, que seriam "... objeto de legislação especial a publicar dentro de noventa dias". O prazo não foi respeitado. O legislador não deu especial valor às estruturas já existentes

[2907] Ramos Pereira, *O sistema de crédito* cit., 2, 338-339.

– embora cobrissem todo o País: quando, pelo Decreto-Lei n.° 251/75, de 23 de maio, veio facultar a "... concessão de crédito agrícola de emergência aos pequenos e médios produtores agrícolas", previu que o mesmo fosse concedido "... pela banca nacionalizada e por todas as outras instituições nacionais de crédito" – artigo 3.°/1 –, sem conferir qualquer especial papel às caixas.

Seguiu-se a Lei n.° 46/77, de 8 de julho, que veio vedar determinados sectores de atividade à iniciativa privada. O artigo 3.°/1 incluía, nas atividades vedadas, a bancária. O n.° 2, no entanto, excecionava diversas entidades, entre as quais as caixas de crédito agrícola, conferindo o n.° 3, 90 dias ao Governo para proceder à sua regulamentação. Em vão. A Lei n.° 14/78, de 23 de março, no seu artigo 3.°/1, voltou à carga[2908]:

> O Governo procederá dentro de cento e oitenta dias à revisão da legislação em vigor aplicável às caixas de crédito agrícola mútuo, consideradas como instituições de crédito, de acordo com o Decreto-Lei n.° 41403, de 27 de novembro de 1957.

O preceito ficaria letra morta.

A reforma seria levada a cabo, apenas, pelo Decreto-Lei n.° 231/82, de 17 de junho[2909].

VI. O Decreto-Lei n.° 231/82, de 17 de junho[2910], procurou substituir integralmente as regras, antes vigentes, sobre o crédito agrícola e as caixas de crédito agrícola mútuo. Revogou, assim, a Lei n.° 215, de 30 de junho de 1914 e o Decreto n.° 5:219, de 6 de janeiro de 1919 – artigo 5.°. No essencial, ele introduziu as modificações seguintes, no Regime Jurídico do Crédito Agrícola Mútuo e das Cooperativas de Crédito Agrícola:

[2908] A Lei n.° 14/78, de 23 de março, veio ratificar, com emendas, o Decreto-Lei n.° 344/77, de 19 de agosto, que criou o então Instituto Financeiro de Apoio ao Desenvolvimento da Agricultura e Pescas – IFADAP. O IFADAP é uma pessoa coletiva de Direito público e funciona junto do Banco de Portugal.

[2909] O facto de ter sido ultrapassado o prazo fixado no artigo 3.°/3 da Lei n.° 46/77, de 8 de julho, levantou o problema da constitucionalidade deste diploma. A questão foi objeto do excelente e já citado Parecer da PGR n.° 33/84, de 19 de junho de 1986, que concluiu pela constitucionalidade: quando muito, haveria responsabilidade política do Governo.

[2910] Retificado por declaração publicada no DR I Série, n.° 166, de 21 de julho de 1982, 2169.

– integração de princípio das caixas agrícolas no regime das instituições de crédito; tornou-se, assim, possível aligeirar a sua regulamentação;
– substituição do seu financiamento pela Caixa Geral de Depósitos pelo do Instituto Financeiro de Apoio ao Desenvolvimento da Agricultura e Pescas (IFADAP), mas com extinção dos poderes de tutela antes existentes;
– alargamento da ideia de operação de crédito agrícola;
– aperfeiçoamento das caixas e sua sujeição a regras mais próximas das bancárias, em termos de liquidez e de contabilidade;
– previsão do reaparecimento da Caixa Central de Crédito Agrícola Mútuo – artigo 52.º[2911].

O Banco de Portugal regulou, depois, o registo das Caixas[2912]. Estas mantêm-se como cooperativas. Não seriam, assim, verdadeiras sociedades, numa originalidade recente do nosso Direito, que cumpre combater: é prejudicial ao próprio movimento cooperativo[2913].

O Decreto-Lei n.º 231/82 conheceu algumas alterações: o Decreto-Lei n.º 316/85, de 2 de agosto, referente, designadamente, a limites de crédito a conceder pela Caixa e o Decreto-Lei n.º 87/88, de 10 de março, sobre a fusão de caixas. O Decreto-Lei n.º 243/88, de 13 de julho, tendo em conta o facto de estar em preparação legislação de exigência comunitária, suspendeu o registo de novas caixas. De notar, ainda, que a partir de 1985, mercê da reforma das custas, as CCAM perderam a isenção de que antes beneficiavam, um tanto à semelhança da CGD[2914].

Entretanto, o Decreto-Lei n.º 182/87, de 21 de abril[2915], criou, com sede no Porto e como pessoa coletiva de direito público, o Fundo de Garantia do Crédito Agrícola Mútuo. O Fundo funciona no BP, sendo gerido por uma comissão diretiva tripartida: um administrador do BP, que preside, um representante do MF e um representante da Caixa Central de Crédito

[2911] A Caixa Central de Crédito Agrícola Mútuo foi, efetivamente, constituída por escritura de 20 de junho de 1984.

[2912] Aviso n.º 16/82, DR I Série, n.º 21, de 26 de janeiro de 1983, 190-191.

[2913] *Direito das sociedades*, 3.ª ed., 409 ss..

[2914] REv 22-nov.-1988 (Ramos dos Santos), CJ XIII (1988) 5, 263-264 (264).

[2915] Retificado por Declaração publicada no DR I Série, n.º 147 (Suplemento), de 30 de junho de 1987, 2516-(10).

Agrícola. O Fundo visa assegurar a solvabilidade das caixas; para tanto, dispõe de recursos afetados pela Caixa Central e, sobretudo, pelo BP[2916].

Estavam, então, constituídas 220 caixas, em todo o País. O Decreto-Lei n.° 182/87, de 21 de abril, foi largamente alterado pelo Decreto-Lei n.° 322/97, de 26 de novembro. Menos de um ano volvido, um e outro foram revogados e substituídos pelo Decreto-Lei n.° 345/98, de 9 de novembro.

471. O regime vigente

I. A reforma legislativa anunciada, em 1987, veio a ser aprovada pelo Decreto-Lei n.° 24/91, de 11 de janeiro[2917]. Este diploma aproveitou, de resto, um regime especial permitido pelo anexo XXXII do Tratado de Adesão de Portugal à CEE, para isentar as caixas de certas exigências prescritas na Diretriz n.° 77/780/CEE.

No essencial, a reforma saldou-se no seguinte:

- as caixas (salvo se o não desejarem) e a Caixa Central de Crédito Agrícola Mútuo passaram a constituir uma organização mais estreita e permanente, tratada em termos consolidados e de co-responsabilidade; assim surge o sistema integrado do crédito agrícola mútuo – artigos 62.° e seguintes;
- as caixas adquirem maior solidez: as que tinham um regime de responsabilidade ilimitada passaram a cooperativas de responsabilidade limitada;
- as caixas perdem a qualidade de interesse público, o que implicou o desaparecimento de certos benefícios fiscais[2918]; aproximam-se das outras instituições de crédito;
- facilitação, para as caixas integradas no sistema, no tocante a certas regras internas;

[2916] A Portaria n.° 208/91, de 14 de março, fixava a contribuição da Caixa Central em 0,5% do montante dos depósitos, em 31 de dezembro de 1990, das suas associadas e em 450.000 c., a contribuição do Banco de Portugal.

[2917] O Decreto-Lei n.° 24/91, de 11 de janeiro foi alterado por diversas ocasiões, a última das quais pelo Decreto-Lei n.° 142/2009, de 16 de junho, que republicou uma versão consolidada do Regime Jurídico do Crédito Agrícola Mútuo e das Cooperativas de Crédito Agrícola Mútuo.

[2918] STA 5-fev.-1997 (Lúcio Barbosa), AcD 426 (1997), 738-739.

– alargamento das operações ativas da Caixa Central e das diversas caixas;
– manutenção do Fundo de Garantia[2919].

As caixas que adiram ao sistema integrado teriam de apresentar um capital social de 10.000 c.; as outras, 500.000 c.[2920].

II. Após a publicação do RGIC, impunha-se uma revisão do Regime aprovado pelo Decreto-Lei n.º 24/91, de 11 de janeiro. Tal foi o desempenho do Decreto-Lei n.º 230/95, de 12 de setembro, que aproveitaria para melhorar o sistema, em pontos recomendados pela experiência. No essencial, tomaram-se as medidas seguintes:

– eliminou-se a proibição de distribuição, pelos associados, de excedentes anuais: tratou-se dum esquema destinado a assegurar o reforço de capitais próprios das caixas;
– alargou-se o seu âmbito de intervenção comercial;
– aplicou-se, tendencialmente, aos membros dos corpos gerentes das caixas, as regras do RGIC;
– ampliaram-se os poderes da Caixa Central, permitindo, ao BP, aproximá-la dos bancos.

O regime do crédito agrícola mútuo foi alterado pelo Decreto-Lei n.º 320/97, de 25 de novembro, que veio melhorar os fundos próprios e a distribuição do risco; novas medidas foram adotadas pelo Decreto-Lei n.º 102/99, de 31 de março e pelo Decreto-Lei n.º 201/2002, de 26 de setembro, que dispôs sobre o destino das multas: o Fundo de Garantia do Crédito Agrícola Mútuo[2921].

[2919] O Decreto-Lei n.º 182/87, de 21 de abril, foi alterado pelo Decreto-Lei n.º 94/94, de 9 de abril. As contribuições para o Fundo foram fixadas pelas Portarias n.º 151/95, de 16 de fevereiro e n.º 38/96, de 13 de fevereiro. Este diploma foi entretanto revogado pelo Decreto-Lei n.º 345/98, de 9 de novembro, que estabeleceu o novo regime jurídico do Fundo de Garantia do Crédito Agrícola Mútuo. Este último diploma, por sua vez, foi sucessivamente alterado pelos Decretos-Leis n.º 126/2008, de 21 de julho, n.º 211-A/2008, de 3 de novembro e 162/2009, de 20 de julho.

[2920] A lista das caixas que aderiram ao sistema – quase todas as existentes – foi publicada no DR II Série, n.º 58, de 10 de março de 1997, 2951-2952.

[2921] As competentes alterações podem ser confrontadas em *Leis da Banca*, 3.ª ed., 293 ss..

Seguiram-se novas (e consideráveis) alterações ao Decreto-Lei n.º 24/91, de 11 de janeiro, desta feita pelo Decreto-Lei n.º 142/2009, de 16 de junho, que procedeu á sua republicação. Os pontos mais relevantes desta última reforma do Regime Jurídico do Crédito Agrícola Mútuo são os seguintes:

– adaptou-se o modelo de administração e fiscalização das caixas de crédito agrícola ao novo figurino do CSC (artigo 20.º);
– permite-se a associação às caixas agrícolas de pessoas singulares ou coletivas que não preencham os requisitos enumerados no artigo 19.º/1, desde que exerçam atividade ou tenham residência na respetiva área de ação, até ao limite de 35% do número total de associados, podendo este limite ser aumentado, em casos excecionais, para 50%, mediante autorização do Banco de Portugal (artigo 19.º/3 e 4);
– alarga-se a possibilidade de realização de operações de crédito com finalidade não agrícola, até ao limite de 35% do respetivo ativo líquido total, para as caixas agrícolas que cumpram os critérios prudenciais fixados pelo Banco de Portugal nos termos do artigo 99.º RGIC (podendo o limite ser elevado até 50%, mediante autorização do Banco de Portugal) – artigo 28.º;
– alargamento do âmbito de operações ativas da Caixa Central de Crédito Agrícola Mútuo, que passa a coincidir com o âmbito autorizado aos bancos (artigo 50.º/2: *o objeto da Caixa Central abrange a concessão de crédito e a prática dos demais atos inerentes à atividade bancária, nos mesmos termos autorizados aos bancos*).

III. Com um capital social não inferior a um mínimo fixado pelo MF[2922], reforçado pelo das suas associadas, a Caixa Central de Crédito Agrícola Mútuo ou CCCAM funciona, hoje e na prática, como um banco universal, em complementação com os inúmeros balcões das diversas caixas[2923].

À semelhança dos bancos comerciais, a Caixa Central tem vindo a participar em múltiplas empresas especializadas na prestação de serviços conexos.

[2922] *Vide* o artigo 53.º/1 do Decreto-Lei n.º 24/91, de 11 de janeiro, na redação dada pelo Decreto-Lei n.º 230/95, de 12 de setembro.

[2923] Tem o maior interesse a leitura do *Relatório e Contas* de 2004, da CCCAM.

Nos termos do artigo 49.° do Regime do Crédito Agrícola Mútuo, as caixas têm-se agrupado em uniões regionais e numa federação nacional: a Federação Nacional das Caixas de Crédito Agrícola Mútuo (FENACAM)[2924]. A Federação participa no capital duma série de empresas ligadas ao sector agrícola.

IV. Além da própria Caixa Central, estão registadas, neste momento e no Banco de Portugal, 88 Caixas de Crédito Agrícola, incluindo a Caixa Central de Crédito Agrícola Mútuo, CRL. Radicadas no País profundo, elas mantêm um papel de relevo, que deve ser acautelado pelo Estado e pelo Banco Central.

[2924] *Vide* uma referência jurisprudencial à FENACAM em REv 30-jan.-1996 (Paiva de Carvalho), CJ XXI (1996) 1, 297-299.

§ 117.° AS INSTITUIÇÕES FINANCEIRAS DE CRÉDITO

472. A reforma de 2002

I. As instituições financeiras de crédito correspondiam a um tipo de instituição de crédito criado pelo Decreto-Lei n.° 186/2002, de 21 de agosto. Segundo o preâmbulo, visou-se permitir:

> (...) a concretização de projetos empresariais de reagrupamento de atividades financeiras, hoje necessariamente dispersas por várias empresas, numa única entidade jurídica sem estatuto de banco.
>
> De facto, no contexto jurídico vigente, tais projetos, que podem não incorporar a intenção de criar uma rede para captação de depósitos, teriam de passar necessariamente pela constituição de uma empresa com o estatuto de banco.

Em suma: pretendeu-se criar um tipo de instituições de crédito que pudesse, por si, realizar as operações antes reservadas às sociedades de locação financeira, de cessão financeira e financeiras para aquisições a crédito.

II. O Decreto-Lei n.° 186/2002 fez apelo à então alínea *k*) – hoje: *m*) – do artigo 3.° do RGIC, que previa a criação de outros tipos de instituições de crédito pelo legislador. Todavia, o Decreto-Lei n.° 201/2002, de 26 de setembro, entendeu inserir as instituições financeiras de crédito, explicitamente, na enumeração do referido artigo 3.°, alínea *d*). Essa qualificação sobreviveu às reformas de 2014 e de 1015.

473. Objeto e regime: perspetivas

I. As instituições financeiras de crédito – ou IFIC – têm por objeto a prática de operações permitidas aos bancos, com exceção da receção de depósitos – artigo 1.° do Decreto-Lei n.° 186/2002, de 21 de agosto. Na prática, trata-se, como vimos, de permitir a celebração por uma mesma entidade, que não um banco, de locações financeiras, de cessões financeiras e de financiamento de aquisições a crédito. As IFIC dão corpo a uma nova fase de concentração de instituições de crédito.

II. No tocante ao regime, o artigo 2.° do Decreto-Lei n.° 186/2002 limita-se a remeter para o RGIC e legislação complementar. É suficiente. Elas devem incluir na sua firma[2925] a expressão "instituição financeira de crédito": e apenas elas o podem fazer, num afloramento do princípio da verdade da firma.

III. O Decreto-Lei n.° 186/2002 revogou os artigos 4.° e 4.°/1, respetivamente do Decreto-Lei n.° 72/95, de 15 de abril e do Decreto-Lei n.° 171/95, de 18 de julho, de modo a permitir, às IFIC, o acesso à locação e à cessão financeiras.

Resta acrescentar que as IFIC foram um êxito: o seu número tem aumentado: 3 em 2003, 10 em 2004, 12 em 2005, 21 em 2009 e 16, em 2014, absorvendo anteriores sociedades de locação e de cessão financeira, bem como SFACs. Em 2016, a cifra passou para 12.

[2925] O legislador parece perpetuar a confusão – que remonta aos anos trinta do século XX – entre "firma" e "denominação". Hoje, mau grado as imprecisões do CSC, deve entender-se que firma cabe às sociedades comerciais e denominação às restantes entidades. *Vide* o *Manual de Direito comercial*, 313 ss..

CAPÍTULO V

DAS SOCIEDADES FINANCEIRAS EM ESPECIAL

§ 118.° ASPETOS GERAIS

474. **Origem e evolução**

I. As sociedades financeiras constituem uma categoria introduzida ao lado das instituições de crédito, pelo RGIC. Historicamente, elas têm uma origem híbrida: algumas delas eram antigas "instituições auxiliares de crédito", enquanto outras pertenciam à também extinta categoria das "instituições parabancárias".

Com efeito, o Decreto-Lei n.° 42:641, de 12 de novembro de 1959, depois de, no seu artigo 2.°, enumerar as instituições de crédito então admitidas, dispunha, no artigo 3.°:

> Exercem funções auxiliares de crédito:
>
> *a*) As bolsas e os corretores de fundos e câmbios;
> *b*) As casas de câmbio.

Por seu turno, o Decreto-Lei n.° 46 302, de 27 de abril de 1965, no seu artigo 1.°, definia instituições parabancárias como as que, não sendo instituições de crédito, pudessem exercer alguma função creditícia ou qualquer atividade que pudesse afetar de forma especial o funcionamento do mercado monetário ou financeiro. Dava, depois, quatro exemplos já referidos neste *Manual*, mas que interessa recordar:

1.° As sociedades gestoras de fundos de investimentos mobiliários ou imobiliários;
2.° Outras sociedades que tenham por objeto a gestão de uma carteira de títulos, designadamente *holdings* e outras sociedades financeiras e de investimentos;

3.° As entidades que tenham por objeto o financiamento de vendas a prazo, designadamente as sociedades de vendas a prestações;

4.° As entidades que tenham por objeto a efetivação da cobrança de créditos de terceiros, qualquer que seja a forma utilizada para o efeito, designadamente as que exerçam qualquer sistema da atividade denominada *factoring*.

O § único acrescentava que os próprios fundos de investimentos referidos no n.° 1 eram igualmente havidos como instituições parabancárias.

II. Ao núcleo de entidades acima referidas – umas, instituições auxiliares de crédito e outras, instituições parabancárias – foram, depois, sendo acrescentadas outras entidades, por diversos diplomas extravagantes[2926], e que adiante encontraremos, a propósito do estudo, na especialidade, das várias sociedades. Dum modo geral, tais entidades eram expressamente referidas como parabancárias. De citar, ainda, o Decreto-Lei n.° 8/74, de 14 de janeiro, hoje revogado pelo diploma que aprovou o CódMVM e que, no seu artigo 1.°/1, definia as bolsas de valores como as "... instituições auxiliares de crédito que têm por objeto a realização de operações sobre valores mobiliários nos termos do presente diploma".

A qualificação de determinadas instituições como parabancárias tinha, sobretudo, o relevo de permitir sujeitá-las à prévia autorização do MF e à supervisão do BP[2927]. O interesse era, porém, escasso, uma vez que os diversos diplomas que as instituíam prescreviam, caso a caso, esses traços do seu regime.

III. No essencial, o RGIC reorganizou a matéria:

– pôs cobro à tripartição entre instituições de crédito, instituições parabancárias e instituições auxiliares de crédito, substituindo-as pela bipartição entre instituições de crédito e sociedades financeiras;

[2926] *Vide* a pesquisa de Rui Pinto Duarte, *A regulação pelo RGICSF das anteriormente chamadas instituições parabancárias* cit., 56 ss..

[2927] As instituições auxiliares de crédito estavam numa situação particular. O artigo 12.° do Decreto-Lei n.° 42:641, de 12 de novembro de 1959, proibia a abertura de novas casas de câmbio e a transmissão, exceto por morte, das existentes. Quanto às bolsas e aos corretores: as primeiras constituíam-se mediante autorização do MF – artigo 3.°/1 do Decreto-Lei n.° 8/74 – enquanto os corretores eram nomeados por despacho do mesmo Ministro – *idem*, artigo 94.°/1.

– dividiu as antigas instituições parabancárias: quatro delas – as sociedades de investimento, as de locação financeira, as de cessão financeira e as financeiras para aquisição a crédito – passaram a instituições de crédito – enquanto as restantes, em conjunto com o que resultou das instituições auxiliares de crédito, veio a compor a nova categoria das sociedades financeiras.

Fixados esses quadros, o RGIC pôde regular, em moldes genéricos, as sociedades financeiras. Fixou, para elas, regras gerais, numa situação própria das codificações.

IV. A reforma introduzida no RGIC pelo Decreto-Lei n.º 157/2014, de 24 de outubro, retirou, do universo das instituições de crédito, diversas sociedades; as sociedades de investimento, de locação financeira, de cessão financeira, financeiras para aquisição a crédito, as instituições financeiras de crédito e as sociedades de garantia mútua. Também as instituições de moeda eletrónica, perante o artigo 8.º-A, deixaram de ser instituições de crédito. Embora não incluídas no elenco das sociedades financeiras, vamos examiná-las na presente rubrica.

475. **Determinação e regime geral**

I. Na determinação das sociedades financeiras, o RGIC usava um triplo critério. Tratava-se, segundo os artigos 5.º e 6.º:

– de "empresas" cuja atividade principal consista em exercer uma ou mais das atividades referidas no artigo 4.º/1, *b*), exceto locação financeira e *factoring* e *d*) a *i*);
– que não sejam instituições de crédito;
– e que, como sociedades financeiras, sejam qualificadas por lei.

A matéria foi alterada pelo Decreto-Lei n.º 157/2014, de 24 de outubro. Este diploma revogou o artigo 5.º do RGIC e deu nova redação ao seu artigo 6.º.

O artigo 6.º/1 do RGIC enumera as empresas financeiras e admite que outras leis possam completar a lista. Vamos transcrevê-lo:

1. São sociedades financeiras:

a) As empresas de investimento referidas no artigo 4.º-A;

b) As instituições financeiras referidas nas subalíneas *ii*) e *iv*) da alínea *s*) do artigo 2.º-A, nas quais se incluem:

i) As sociedades financeiras de crédito;
ii) As sociedades de investimento;
iii) As sociedades de locação financeira;
iv) As sociedades de factoring;
v) As sociedades de garantia mútua;
vi) As sociedades gestoras de fundos de investimento;
vii) As sociedades de desenvolvimento regional;
viii) As agências de câmbios;
ix) As sociedades gestoras de fundos de titularização de créditos;
x) As sociedades financeiras de microcrédito;

c) [Revogada];
d) [Revogada];
e) [Revogada];
f) [Revogada];
g) [Revogada];
h) [Revogada];
i) [Revogada];
j) [Revogada];
l) Outras empresas que, correspondendo à definição de sociedade financeira, sejam como tal qualificadas pela lei.

2. É também sociedade financeira a FINANGESTE – Empresa Financeira de Gestão e Desenvolvimento, S. A.
3. Para efeitos deste diploma, não se consideram sociedades financeiras as empresas de seguros, as sociedades gestoras de fundos de pensões e as sociedades de investimento mobiliário e imobiliário.
4. Rege-se por legislação especial a atividade das casas de penhores.

Por seu turno, o artigo 174.°/1 do RGIC, fixando os requisitos gerais das sociedades financeiras, articula os seguintes:

– corresponder a um dos tipos previstos na lei;
– ter por objeto alguma ou algumas das atividades referidas no artigo 5.° (que remete para o 4.°);
– ter capital social não inferior ao legal.

Perante estes dispositivos, temos, aqui, uma consunção de normas: no fundo, bastará que a sociedade – legitimamente, entenda-se – preencha um dos tipos de sociedades financeiras. Trata-se dum requisito formalmente suficiente; os outros constituem, porém, auxiliares de interpretação.

II. A constituição das sociedades financeiras depende de autorização a conceder pelo BP – 175.º/1 – no termo dum processo semelhante ao prescrito para as instituições de crédito – cf. a remissão do n.º 2, desse mesmo preceito. A recusa de autorização pode sobrevir nos casos taxativamente indicados no artigo 176.º: este retoma o artigo 20.º/1, aplicável às instituições de crédito. Outro tanto ocorre com os artigos 177.º e 178.º, relativos, respetivamente, à caducidade e à revogação da autorização e que invocam os artigos 21.º e 22.º, todos do RGIC[2928]. O paralelo estende-se à competência e à forma de revogação – 179.º – à administração e fiscalização – 182.º – e às alterações estatutárias – 183.º.

Finalmente, num capítulo que intitula "outras disposições", o RGIC determina a aplicação, às sociedades financeiras, de múltiplos preceitos relativos às instituições de crédito. Assim sucede no tocante ao registo – 194.º – a regras de conduta – 195.º – a normas prudenciais – 196.º – à supervisão – e ao saneamento – 198.º. Em tudo o resto, há remissão para eventual legislação especial – 199.º.

III. A matéria foi muito simplificada pelo Decreto-Lei n.º 157/2014, de 24 de outubro. Os preceitos apontados foram formalmente revogados, limitando-se o novo artigo 174.º-A a remeter, com poucas exclusões, para o título II do RGIC. Além disso, o Decreto-Lei n.º 89/2015, de 29 de maio, revogou o artigo 6.º/2 do RGIC: a FINANGESTE deixou de ser sociedade financeira.

IV. O RGIC regula com algum desenvolvimento a atividade, no estrangeiro, de sociedades financeiras com sede em Portugal – artigos 184.º e seguintes.

Tratando-se de abrir, em Estados comunitários, sucursais de sociedades financeiras filiais de instituições de crédito sujeitas à lei portuguesa e que reúnam as demais condições do artigo 184.º/1, aplica-se o correspondente regime das instituições de crédito. Nos outros casos – 185.º – funciona o regime das sucursais em países extracomunitários. A mera prestação de serviço em Estados da União segue, também, o regime próprio das instituições de crédito – 187.º.

Na hipótese da atividade, em Portugal, de instituições financeiras com sede no estrangeiro, há que observar, com as adaptações que resultam dos artigos 188.º e seguintes, um regime similar ao das instituições de crédito.

2928 Alterados pelo Decreto-Lei n.º 201/2002, de 26 de setembro.

§ 119.° SOCIEDADES DE INVESTIMENTO

476. **Origem e evolução**

I. As sociedades de investimento remontam à previsão do artigo 5.° do Decreto-Lei n.° 41:402, de 27 de novembro de 1957:

> Poderá ser permitida, com as necessárias restrições, a fixar em diploma regulamentar, o exercício de funções de crédito a pessoas singulares ou coletivas não compreendidas na enumeração do artigo 3.° deste decreto-lei.

Tratava-se de instituições parabancárias. Estas, porém, só viriam a obter uma consagração expressa e uma regulação mínima através do Decreto-Lei n.° 46:302, de 27 de abril de 1965. Dispunha o artigo 1.° desse Decreto-Lei:

> São instituições parabancárias as que, não compreendidas na enumeração dos artigos 3.° e 4.° do Decreto-Lei n.° 41:403, de 27 de novembro de 1957, exerçam alguma função de crédito ou qualquer atividade que possa afetar de forma especial o funcionamento do mercado monetário e financeiro, tais como:
>
> 1.° As sociedades gestoras de fundos de investimentos mobiliários ou imobiliários;
> 2.° Outras sociedades que tenham por objeto a gestão duma carteira de títulos, designadamente *holdings* e outras sociedades financeiras e de investimentos;
> 3.° As entidades que tenham por objeto o financiamento de vendas a prazo, designadamente as sociedades de financiamento de vendas a prestações;
> 4.° As entidades que tenham por objeto a efetivação da cobrança de créditos de terceiros, qualquer que seja a forma utilizada para o efeito, designadamente as que exerçam qualquer sistema de atividade denominada *factoring*.

§ único. Os fundos de investimentos referidos no n.º 1.º são igualmente havidos, para efeitos legais, como instituições parabancárias.

A constituição e o funcionamento das instituições parabancárias dependiam de prévia autorização do Ministro das Finanças, a conceder por portaria.

II. A matéria foi retomada pelo Decreto-Lei n.º 271/72, de 2 de agosto[2929]. Este diploma pretendia, por um lado, contribuir para a estruturação de um mercado financeiro, no País e, por outro, reduzir a liquidez interna, para combater a inflação. Veio, com tais preocupações, regulamentar, nos termos mais específicos e diferenciados, algumas das denominadas sociedades parabancárias. Globalmente, ocupou-se de sociedades que tinham por objeto a gestão de uma carteira de títulos, visando, pois, as referidas no artigo 1.º/2 do Decreto-Lei n.º 46:302. Distinguia, no universo dessas sociedades:

- sociedades de controlo: têm estatutariamente por objeto exclusivo a gestão de participações noutras sociedades, como forma indireta de exercício de atividades comerciais ou industriais – artigo 2.º; o n.º 4 desse artigo excluía estas sociedades do grupo das instituições parabancárias;
- sociedades de investimento: não satisfazendo aos requisitos das sociedades de controlo, estejam autorizadas, pelos seus estatutos, a adquirir e possuir noutras sociedades participações que excedam 10 por cento do capital destas e do seu próprio capital – artigo 3.º;
- sociedades de aplicação de capitais: os estatutos limitam-lhes as participações noutras sociedades ao máximo de 10 por cento do capital destas e do seu próprio capital – artigo 4.º.

As sociedades de investimento e as de aplicação de capitais requeriam autorização do MF – artigo 6.º/2.

III. O âmbito das sociedades de investimento ficava, assim, pouco alargado. Depois da nacionalização da banca nacional, ocorrida em 1975, surgiu a Lei de delimitação dos sectores público e privado ou Lei n.º 46/77, de 8 de julho. Dispunha o já referido artigo 3.º deste diploma:

[2929] Quanto a sociedades de investimento, Maria de Lurdes Vargas, *As sociedades de investimento* (1997, policop.).

1. É vedada a empresas privadas e a outras entidades da mesma natureza a atividade bancária e seguradora.

2. É permitida a atividade das caixas económicas, das caixas de crédito agrícola, das sociedades de desenvolvimento regional e das instituições parabancárias, designadamente sociedades de investimento.

3. O disposto no n.° 1 não se aplica, no sector dos seguros, às empresas mutualistas e de tipo cooperativo.

4. O Governo regulará por decreto-lei, a publicar no prazo de noventa dias, o exercício das atividades referidas nos n.os 2 e 3, a fim de que o seu exercício se contenha dentro dos limites das suas características próprias e em cumprimento do disposto no n.° 1.

O transcrito n.° 4 não foi imediatamente cumprido, mercê da instabilidade política vivida. Assim, apenas no Governo Mota Pinto foram publicados os Decretos-Leis n.° 135/79, n.° 136/79 e n.° 137/79, todos de 18 de maio e relativos, respetivamente, às sociedades de locação financeira, às caixas económicas e às sociedades de investimento[2930].

IV. Estas últimas foram particularmente ampliadas, no seu campo de ação. Estando a banca vedada à iniciativa privada, o legislador pretendeu, de certa forma, compensar essa *deminutio*, abrindo, às sociedades financeiras, a concessão de crédito a médio e a longo prazo e facultando-lhes o acesso a certo tipo de recursos financeiros existentes no mercado.

O artigo 1.° do Decreto-Lei n.° 137/79, de 18 de maio, veio dispor:

> As sociedades de investimento são instituições parabancárias que têm por objeto exclusivo a realização de operações financeiras e a prestação de serviços conexos, definidos neste diploma.

As sociedades de investimento podiam efetuar as operações ativas mencionadas nas 7 alíneas do artigo 5.° do referido Decreto-Lei n.° 137/79, designadamente conceder crédito a médio e longo prazo, para certos empreendimentos e para a exportação e prestar certas garantias. Podiam, ainda, promover o lançamento e a reestruturação de empresas – artigo 6.° – e realizar certos estudos – artigo 7.°.

[2930] O diploma sobre as caixas de crédito agrícola mútuo esperou mesmo, como se viu, pelo ano de 1982.

As sociedades de investimento podiam obter recursos, nos termos do artigo 11.°, sendo-lhes vedadas, "especialmente", as operações elencadas no artigo 14.°, entre as quais o comércio de câmbios.

Sujeitas ao controlo e fiscalização do BP – artigo 17.° – as sociedades de investimento regiam-se, supletivamente, pelas regras aplicáveis às instituições parabancárias e, sendo necessário, pelas das instituições de crédito.

V. O Parlamento, dominado por pruridos de tipo ideológico, entendeu ratificar o Decreto-Lei n.° 137/79, de 18 de maio. Tal o papel da Lei n.° 64/79, de 4 de outubro[2931], que restringiu fortemente o campo de atuação das sociedades de investimento. Designadamente: elas só poderiam conceder crédito a 5 ou mais anos – portanto: crédito a longo prazo – e deviam obedecer ao plano.

O advento do 1.° Governo Sá Carneiro, assente em maioria parlamentar diversa, permitiu aprovar o Decreto-Lei n.° 342/80, de 2 de setembro, que renovou o regime das sociedades financeiras[2932]. Este diploma manteve o capital mínimo das sociedades de investimento nos 400.000 c., regressando, porém, à solução de lhes facultar o crédito a médio e a longo prazo. O Decreto-Lei n.° 342/80, de 2 de setembro, foi alterado pelo Decreto-Lei n.° 280/81, de 6 de outubro, com o fito de remover dúvidas e de contribuir para o seu dinamismo.

VI. Não ficou por aqui a instabilidade legislativa referente às sociedades de investimento. O Decreto-Lei n.° 77/86, de 2 de maio, estabeleceu nova regulamentação integral. Teve, designadamente, em vista reforçar a atuação das sociedades de investimento no sector do mercado de títulos e de capitais. O capital social mínimo foi fixado em 750.000 contos – artigo 3.° – aligeirando-se o funcionamento das medidas aqui em causa. O Decreto-Lei n.° 77/86, de 2 de maio, foi ainda alterado pelo Decreto-Lei n.° 228/87, de 11 de junho, facilitando a detenção do seu capital e pelo Decreto-Lei n.° 308/90, de 29 de setembro, permitindo – artigo 6.°-A, ora

[2931] As dúvidas provocadas por estes diplomas foram solucionadas pelo Despacho Normativo n.° 337/79, de 16 de novembro, do Ministro das Finanças (Sousa Franco), DR n.° 269, de 21 de novembro.

[2932] Segundo o Preâmbulo deste diploma, "não faz sentido manter instrumentos legais que se revelaram inoperantes ou não correspondem, na prática, às finalidades criadoras que os inspiraram".

aditado – a guarda e a administração de fundos mobiliários e a administração de fundos de investimento fechados.

As sociedades de investimentos evoluíram no sentido de pequenos bancos de investimentos. Não obstante e tudo visto, as sucessivas alterações legislativas pouco ampliaram a capacidade de atuação das sociedades de investimento.

477. O regime vigente

I. Aquando da preparação do RGIC, verificou-se que havia 16 sociedades de investimento autorizadas: essa cifra, atenta a dimensão do nosso mercado, era considerada elevada[2933]. Tratava-se, efetivamente, de uma forma de abrir o sector bancário a operadores que, de outro modo, a ele não teriam acesso. Mais tarde, o interesse por este tipo de instituição veio a cair: a constituição ou a aquisição de bancos privados deixava maiores possibilidades, enquanto algumas das sociedades de investimento existentes procuravam passar a bancos.

As exigências comunitárias levaram as sociedades de investimento ao universo das instituições de crédito. Foi, de resto, suprimida a antiga categoria das sociedades parabancárias.

O artigo 3.°, *f*), do RGIC, incluia, formalmente, as sociedades de investimento entre as instituições de crédito. A reforma levada a cabo pelo Decreto-Lei n.º 157/2014, de 24 de outubro, revogou essa alínea, inserindo-as, no artigo 6.º/1, *b*), *ii*), entre as sociedades financeiras.

II. Na sequência do RGIC, foi aprovado o Decreto-Lei n.° 260/94, de 22 de outubro. Implicou uma grande simplificação no regime das sociedades de investimento: o diploma em questão reduz-se a 5 artigos, dos quais o primeiro dá a noção de sociedade de investimento, o segundo remete para o RGIC e o quinto revoga a legislação anterior. Esse fiploma foi alterado, nos termos dos artigos 1.º e 4.º, pelo Decreto-Lei n.º 157/2014, de 24 de outubro e nos seus artigos 3.º e (novamente) 4.º, pelo Decreto-Lei n.º 100/2015, de 2 de junho, com o feito de os adaptar ao artigo 349.º do Código das Sociedades Comerciais, na redação dada pelo Decreto-Lei

[2933] *Livro branco sobre o sistema financeiro* cit., 1, 415 ss., com diversos elementos.

n.º 26/2015, de 6 de fevereiro. Ficam-nos, assim, os artigos 3.º e 4.º, relativos, respetivamente, ao objeto e aos recursos e que cumpre consignar:

Artigo 3.º
Objeto e forma

1. As sociedades de investimento podem efetuar apenas as seguintes operações ou prestar os seguintes serviços:

a) Operações de crédito a médio e longo prazo, não destinadas a consumo, incluindo concessão de garantias e outros compromissos, bem como operações de crédito de curto prazo diretamente relacionadas com as anteriores;
b) Oferta de fundos no mercado interbancário;
c) Tomada de participações no capital de sociedades sem a restrição prevista no artigo 101.º do Regime Geral das Instituições de Crédito e Sociedades Financeiras;
d) Subscrição e aquisição de valores mobiliários, bem como participação na tomada firme e em qualquer outra forma de colocação de emissões de valores mobiliários e prestação de serviços correlativos;
e) Consultoria, guarda, administração e gestão de carteiras de valores mobiliários;
f) Gestão e consultaria em gestão de outros patrimónios;
g) Administração de fundos de investimento fechados;
h) Serviços de depositário de fundos de investimento;
i) Consultoria de empresas em matéria de estrutura do capital, de estratégia empresarial e de questões conexas, bem como consultaria e serviços no domínio da fusão e compra de empresas;
j) Outras operações previstas em leis especiais;
l) Transações por conta dos clientes sobre instrumentos do mercado monetário e cambial, instrumentos financeiros a prazo e opções e operações sobre divisas ou sobre taxas de juro e valores mobiliários para cobertura dos riscos de taxa de juro e cambial associados às operações referidas na alínea *a*);
m) Outras operações cambiais necessárias ao exercício da sua atividade.

(...)

Artigo 4.º
Recursos

1 – As sociedades de investimento só podem financiar a sua atividade com fundos próprios e através dos seguintes recursos:

a) Emissão de obrigações de qualquer espécie, nas condições previstas na lei elevando os limites fixados no Código das Sociedades Comerciais até ao quadrúplo dos seus capitais próprios, bem como de papel comercial;
b) *Revogada*;
c) Financiamentos concedidos por instituições de crédito, nomeadamente no âmbito do mercado interbancário e de acordo com a legislação aplicável a este mercado, bem como por instituições financeiras internacionais;
d) Financiamentos previstos nas alíneas *a)* e *d)* do n.° 2 do artigo 9.° do Regime Geral das Instituições de Crédito e Sociedades Financeiras.

(...)

III. Como resulta da sua história, desde 1972, as sociedades de investimento constituíram uma saída dos governos, em momentos de indefinição, para resolver uma problemática bancária, sem o recurso a bancos.

As sociedades de investimento surgiram, assim, como bancos de investimento sem a fonte dos depósitos e com uma capacidade reduzida. Compreende-se que, depois da liberalização da constituição dos bancos, o número de sociedades de investimento existentes tenha caído drasticamente[2934]: elas passaram, na sua maioria, a bancos.

Em 2016, encontramos duas sociedades de investimento, registadas no Banco de Portugal: a S.P.G.M., SA, no Porto e a PME – Investimentos, SA, também no Porto.

[2934] Vasco Soares da Veiga, *Direito bancário* cit., 119, referia apenas 4 sociedades de investimentos, das quais uma em liquidação. Em 2004, elas eram 3, das quais uma em liquidação.

§ 120.° SOCIEDADES DE LOCAÇÃO FINANCEIRA

478. Evolução geral

I. A locação financeira ou *leasing* corresponde à transposição, para o espaço continental, de um esquema financeiro desenvolvido no domínio anglo-saxónico. Tivemos a oportunidade de referir essa evolução, aquando da análise do contrato de locação financeira[2935]. Em traços largos, na locação financeira, o financiador adquire o bem pretendido pelo financiado, por indicação deste, entregando-lho, depois, em locação. Findo o contrato, o locatário-financiado decidirá se pretende adquirir o bem por um valor residual ou se prefere o termo completo do contrato.

A primeira regulamentação das sociedades de locação financeira – entidades particularmente vocacionadas para, como locadoras, celebrarem contratos de locação financeira[2936] – foi aprovada pelo Decreto-Lei n.° 135/79, de 18 de maio. O artigo 1.°/2 desse diploma definia locação financeira como

> (...) o contrato pelo qual uma das partes se obriga, contra retribuição, a conceder à outra o gozo temporário de uma coisa, adquirida ou construída por indicação deste e que a mesma pode comprar total ou parcialmente, num prazo convencionado, mediante o pagamento de um preço determinado ou determinável, nos termos do próprio contrato.

O n.° 3 do mesmo artigo obrigava a que a mesma instituição financeira não pudesse incluir no seu objeto, em simultâneo, a prática de operações de locação financeira mobiliária e imobiliária. Teria, assim, de haver sociedades de locação financeira mobiliária e sociedades de locação finan-

[2935] *Supra*, 730 ss..

[2936] Trata-se de contratos cujo regime foi aprovado pelo Decreto-Lei n.° 171/79, de 6 de junho.

ceira imobiliária, separadamente. As primeiras teriam o capital mínimo de 200.000 c.; as segundas, de 400.000 c., segundo o artigo 3.°. Na sua constituição exigia-se a autorização do Ministro das Finanças e do Plano – artigo 4.° – ficando sujeitas às orientação e fiscalização do BP. Os seus recursos eram limitados, segundo o artigo 6.°.

II. O Decreto-Lei n.° 135/79, de 18 de maio, foi diversas vezes alterado: pelo Decreto-Lei n.° 25/85, de 22 de janeiro (relação entre os capitais próprios e os vários tipos de responsabilidades), pelo Decreto-Lei n.° 97/83, de 17 de fevereiro (proibição de celebrar contratos com titulares dos seus órgãos ou equiparados) e pelo Decreto-Lei n.° 286/85, de 22 de julho[2937], que permitiu limitar as operações que uma sociedade de locação financeira possa celebrar com uma única entidade. Finalmente, ele foi substituído pelo Decreto-Lei n.° 103/86, de 19 de maio. Mantendo a duplicação básica entre as sociedades de locação financeira mobiliária e imobiliária, este diploma fixou os respetivos capitais mínimos em 400.000 e 800.000 contos, remetendo, depois, a sua fixação para portaria[2938]. O artigo 6.° facilitava a obtenção de recursos. O novo regime aligeirou o diploma sobre sociedades de locação financeira: remeteu a matéria da solvabilidade e da liquidez por avisos do BP, enquanto os temas da constituição e do funcionamento resultavam, em geral, do Decreto-Lei n.° 23/86, de 18 de fevereiro.

479. **O regime vigente**

I. Na preparação do RGIC, ponderou-se que não havia razões para conservar, em relação às sociedades de locação financeira, a repartição entre sociedades de locação mobiliária e imobiliária. Em geral, também se entendeu que não havia razões para manter a filosofia restritiva anterior[2939].

De todo o modo, o RGIC limitou-se a incluir as sociedades de locação financeira entre as instituições de crédito: tratava-se de um alargamento algo artificial, destinado, como vimos, a facultar-lhes o "passaporte

[2937] Este diploma não alterou, formalmente, o Decreto-Lei n.° 135/79, de 18 de maio, ao contrário dos dois anteriores.

[2938] A Portaria n.° 435/86, de 11 de agosto, manteve esses valores; a Portaria n.° 40//89, de 23 de janeiro, elevou-os para 750.000 e 1.500.000 contos, respetivamente.

[2939] *Vide Livro branco sobre o sistema financeiro* cit., 431 ss..

comunitário". A reforma adotada pelo Decreto-Lei n.º 157/2014, de 24 de outubro, reconduziu-as à categoria das sociedades financeiras [6.º, *b*), *ii*)], como instituições financeiras.

II. A reforma das sociedades de locação financeira ocorreu já em execução do RGIC, através do Decreto-Lei n.° 72/95, de 15 de abril[2940]. O novo esquema operou, antes do mais, uma grande simplificação no regime aplicável às sociedades de locação financeira: é natural, uma vez que o essencial da regulamentação passou para o próprio RGIC.

As sociedades de locação financeira eram apresentadas como tendo o exclusivo do exercício da atividade de locação financeira – artigo 1.°/1; esta, de resto, só estava aberta a essas sociedades e aos bancos – artigo 4.°. Só elas – artigo 3.° – se podem designar "sociedades de locação financeira" ou "de *leasing*". O Decreto-Lei n.° 186/2002, de 21 de agosto, alterou o artigo 1.° do Decreto-Lei n.° 72/95 e revogou o artigo 4.° desse mesmo diploma, de modo a suprimir a referência a "exclusivo". Tratava-se de permitir a celebração de contratos de locação financeira por parte das instituições financeiras de crédito.

O artigo 1.°-A, aditado pelo Decreto-Lei n.° 285/2001, de 3 de novembro, proíbe às sociedades de locação financeira a prestação de serviços complementares da atividade de locação operacional (*renting*), embora possam contratá-los por terceiros. O Decreto-Lei n.º 157/2014, de 24 de outubro alterou os artigos 1.º (objeto) e 5.º (recursos), do Decreto-Lei n.º 72/95, tendo o Decreto-Lei n.º 100/2015, de 2 de junho, que aprovou o regime jurídico das sociedades financeiras de crédito, alterado os artigos 3.º e, novamente, 5.º, do diploma em causa.

III. Os recursos das sociedades de locação financeira estão consignados no artigo 5.°, permitindo os artigos 6.° e 7.°, respetivamente, a prática de operações cambiais necessárias e a constituição de consórcios, respetivamente.

Foi revogado – artigo 8.° – o Decreto-Lei n.° 103/86, de 19 de maio. Desapareceu, assim, a "segmentação" entre sociedades de locação financeira mobiliária e imobiliária.

[2940] Este diploma teve, na base, o excelente estudo de Diogo Leite de Campos, *A locação financeira (Estudo preparatório de uma reforma legislativa)* (1994), que também conduziu à alteração do regime do contrato de locação financeira.

Resta acrescentar que as sociedades de locação financeira conheceram um surto muito vivo. Em 1990 contavam-se 23 sociedades desse tipo[2941], cifra essa que se elevava, em 1997, a 31[2942]. Mais tarde, mercê da criação das instituições financeiras de crédito, que vieram concentrar as sociedades de locação financeira, de cessão financeira e as SFAC, elas foram-se reduzindo drasticamente: 16 em 2002, 12 em 2003, 6 em 2004, 4 em 2005. Em 2016: apenas 1 sociedade de locação financeira estava registadas no Banco de Portugal: a BBVA Leasimo – Sociedade de Locação Financeira, SA. Em compensação, no ano de 2016, encontramos, com registo ativo, 12 instituições financeiras de crédito.

[2941] *Livro branco sobre o sistema financeiro* cit., 431.

[2942] Vasco Soares da Veiga, *Direito bancário* cit., 123, com uma enumeração das sociedades de locação financeira existentes em 1997: muitas delas já desaparecidas.

§ 121.º SOCIEDADES DE CESSÃO FINANCEIRA

480. Das origens à sua consagração legal

I. A cessão financeira ou *factoring* tem raízes remotas, que advêm da antiguidade oriental. No entanto, o *factoring* moderno surgiu apenas na sequência da expansão atlântica, através das feitorias[2943]. Portugal assumiu um papel de relevo no surgimento do instituto embora, lamentavelmente, ele não seja mencionado na literatura da especialidade. O próprio legislador, como adiante será retomado, ao negar uma expressão portuguesa para designar o *factoring*, contribui para o esquecimento em causa.

No século XIX desenvolveu-se o *factoring* contemporâneo, nos Estados Unidos. Primeiro comercial, o *factoring* permitia ao *factor* vender mercadorias vindas da Europa, em nome e por conta dos seus clientes, mediante uma comissão. Mais tarde ele recebeu uma feição financeira, quando o *factor* passou a adiantar ao cliente o produto da venda, correndo o risco da inadimplência do terceiro adquirente das mercadorias.

O *factoring* conheceu nos Estados Unidos um vivo sucesso, uma vez que assumiu, aí, o papel do desconto.

A partir da década de 60 – na Alemanha, logo em 1956 – e em consonância com a expansão da economia dos Estados Unidos, os grandes grupos norte-americanos de *factoring* iniciaram um processo de expansão e de difusão desse instituto.

Na Europa, a sua implantação encontrou diversas resistências, variáveis, aliás, consoante os países. Acabaria, porém, por completar-se.

[2943] Sobre a evolução do *factoring*, *vide* o nosso estudo *Da cessão financeira (factoring)*, 1994. Outros elementos podem ser confrontados *supra*, 745 ss., a propósito do contrato de cessão financeira.

II. Em Portugal, o *factoring*, foi referido, pela primeira vez, pelo Decreto-Lei n.° 46:302, de 27 de abril de 1965[2944].

Este diploma, relativo a sociedades parabancárias explicita, como exemplo, no artigo 1.°, 4.°,

> As entidades que tenham por objeto a efetivação da cobrança de créditos de terceiros, qualquer que seja a forma utilizada para o efeito, designadamente as que exerçam qualquer sistema da atividade denominada *factoring*.

Não obstante, o *factoring* só logrou uma regulamentação passados 21 anos, através do Decreto-Lei n.° 56/86, de 18 de março. Anteriormente, porém, já haviam sido autorizadas duas empresas de *factoring* – a *International Factors Portugal, SA* e a *Heller Factoring Portuguesa, SA*.

As respetivas portarias de autorização foram assumidas

> (...) como processo experimental preparatório de uma futura transposição do *factoring* para o contexto económico-jurídico português.

III. Com os antecedentes apontados, foi publicado o Decreto-Lei n.° 56/86, de 18 de março, o qual, segundo o exagerado sumário oficial "sistematiza as bases económico-jurídicas da atividade de *factoring* no País".

O seu preâmbulo principia por definir o *factoring* como a

> (...) atividade que consiste, *grosso modo*, na tomada por um intermediário financeiro (o *factor*) dos créditos a curto prazo que os fornecedores de bens ou serviços (os aderentes a um contrato de *factoring*) constituem sobre os seus clientes (...).

Quanto à *occasio* do próprio Decreto-Lei n.° 56/86, de 18 de março, diz o preâmbulo em estudo:

> Conquanto esta atividade não tenha conhecido até à data um grande desenvolvimento no nosso país, reconheceu-se a conveniência de dar um primeiro passo na sistematização genérica das suas bases económico-jurídicas.

E prossegue:

> Concorrem decisivamente para tal reconhecimento a convicção de que o serviço de *factoring*, na tríplice ordem de funções que assegura –

[2944] José Brito da Silva, *Sociedades de factoring/Regime jurídico* (1997, policop.).

> cobrança e gestão de créditos cedidos, facilitando, ao nível dos aderentes, a correspondente mobilização e aliviando a sobrecarga administrativa para o efeito necessário; cobertura dos riscos de crédito e sua melhor racionalização; financiamento de curto prazo decorrente da antecipação de pagamentos pelo *factor* –, se pode revestir de assinalável utilidade para as empresas nacionais produtoras de bens e serviços, sobretudo na área das pequenas e médias empresas.

Rematando:

> Considera-se também que o *factoring* se poderá tornar um eficaz instrumento de apoio à atuação das empresas exportadoras.

Assumidamente, o Decreto-Lei n.º 56/86, de 18 de março, não pretendeu ir muito longe na regulação do *factoring*. Diz, com efeito, o último parágrafo do seu preâmbulo:

> Dada a fase relativamente embrionária de implementação do *factoring* no nosso país, teve-se por preferível, neste primeiro ensaio de sistematização, fixar por via legal parâmetros muito genéricos de atividade, abrindo-se caminho a uma regulamentação pelo banco central que se vá ajustando, com a conveniente flexibilidade, às necessidades e indicações que o esperado desenvolvimento do *factoring* propicie.

IV. O Decreto-Lei n.º 56/86, de 18 de março, repartia-se por 29 artigos. Pode, dentro do género, considerar-se como um diploma extenso.

O seu conteúdo continha normas relativas ao contrato de *factoring* e, ainda, às sociedades de *factoring*. Distingue-se, assim, formalmente, da locação financeira, que conhecia diplomas distintos para o contrato – Decreto-Lei n.º 171/79, de 6 de junho – e para as sociedades – Decreto-Lei n.º 103/86, de 19 de maio[2945].

A matéria relativa ao contrato não está agora em causa[2946]. Em princípio, serão consideradas, apenas, as regras relativas às sociedades.

Tentando sistematizar o diploma, verifica-se que o mesmo trata:

- das próprias sociedades em si e da sua atividade (artigos 1.º a 8.º);
- da sua constituição (artigos 9.º a 15.º);
- da sede, representação e recursos (artigos 16.º a 18.º).

[2945] A diferenciação vinha já do Decreto-Lei n.º 135/79, de 18 de maio, que, primeiro, regulara entre nós esse tipo de sociedade; mantém-se, hoje, através dos Decretos-Leis n.º 72/95, de 15 de abril (sociedades) e n.º 149/95, de 24 de junho (contrato).

[2946] *Supra*, 745 ss..

V. Quanto às próprias sociedades em si, temos a considerar:

- *artigo 1.°* (Atividade de *factoring*): apresenta uma definição de *factoring* essencialmente limitativa;
- *artigo 2.°* (Exercício da atividade): o exercício da atividade parabancária de *factoring* pode ser exercida por instituições parabancárias tendo por objeto social exclusivo o exercício da atividade de *factoring*: as sociedades de *factoring*; o preceito insere, ainda, noções de "*factor*", de "aderente" e de "devedor";
- *artigo 6.°* (Forma das sociedades de "factoring"): devem constituir-se como sociedades anónimas;
- *artigo 7.°* (Capital social): mínimo de 100.000 c.;
- *artigo 8.°* (Participações no capital social): pelo menos 80% do capital social deve ser representado por ações nominativas ou ao portador registadas; nenhum acionista pode deter, diretamente ou por interposta pessoa, uma participação superior a 20%.

Quanto à sua constituição:

- *artigo 9.°* (Autorização prévia de constituição): a constituição de sociedades de *factoring* deve ser previamente autorizada pelo MF, precedendo parecer do BP;
- *artigo 10.°* (Condições de autorização): a autorização só pode ser concedida desde que a criação da sociedade em causa dê satisfação a necessidades económico-financeiras nacionais, regionais ou locais, a apreciar de acordo com determinados critérios expressamente enunciados em 4 alíneas;
- *artigo 11.°* (Instrução do requerimento): anuncia, em 6 alíneas, os elementos que devem acompanhar o requerimento;
- *artigo 12.°* (Instrução do processo): o BP e, sendo esse o caso, o Governo Regional, podem solicitar informações complementares;
- *artigo 13.°* (Elaboração de pareceres): trata-se de pareceres do BP e, sendo esse o caso, do Governo Regional;
- *artigo 14.°* (Caducidade e revogação da autorização): remete para a legislação aplicável aos bancos comerciais e de investimento;
- *artigo 15.°* (Formalidades de constituição): estabelece diversos requisitos burocráticos a observar aquando da constituição de sociedades de *factoring*.

Quanto à sede, à representação e aos recursos:

- *artigo 16.°* (Sede e formas de representação social): a sede das sociedades de *factoring* devem ficar em território nacional; a abertura de agências ou outras formas de representação devem ser precedidas de parecer do BP e de autorização do MF, que pode delegar;

- *artigo 17.°* (Obtenção de recursos): as sociedades de *factoring* podiam usar capitais próprios e, ainda, recorrer às seguintes operações:

  a) Emissão de obrigações, incluindo obrigações de caixa, mediante autorização do MF;
  b) Obtenção de crédito junto de instituições de crédito ou outros estabelecimentos;
  c) Obtenção de financiamentos, a médio e a longo prazo, junto de instituições de crédito ou de outros estabelecimentos financeiros estrangeiros ou internacionais, mediante autorização a obter nos termos da legislação cambial em vigor;

- *artigo 18.°* (Acesso a mercados interbancários): é franqueado às sociedades de *factoring*.

Quanto à fiscalização do Banco de Portugal e a certas limitações:

- *artigo 19.°* (Competência reguladora do Banco de Portugal): o Banco de Portugal pode emitir diretrizes relativas aos diversos aspetos do *factoring*;
- *artigo 20.°* (Fiscalização do Banco de Portugal): compete ao Banco de Portugal fiscalizar, nos vários domínios incluindo a contabilidade, as sociedades de *factoring*;
- *artigo 21.°* (Registo): cabe ao BP manter um registo específico das sociedades de *factoring*;
- *artigo 22.°* (Alterações estatutárias): ficam sujeitas a prévia autorização do MF, observando-se um processamento análogo ao da autorização de constituição;
- *artigo 23.°* (Incompatibilidades): veda às sociedades de *factoring*, salvo autorização específica e excecional, celebrar contratos com empresas que detenham uma participação no seu capital social superior a 10%, bem como com membros dos seus órgãos sociais, diretores ou procuradores com mandato permanente e com empresas que estas pessoas controlem, direta ou indiretamente;
- *artigo 24.°* (Aquisição e posse de imóveis): veda às sociedades de *factoring* a aquisição de imóveis para além dos necessários às suas instalações próprias; quando lhes advenham, devem aliená-los no prazo de 3 anos, salvo autorização do MF;
- *artigo 25.°* (Limites das participações financeiras): salvo determinadas exceções passageiras, as sociedades de *factoring* não podem deter participações noutras sociedades, que excedam:

a) Em cada caso, 20% do capital social das participadas e do seu próprio capital social e reservas;
b) Na totalidade, 50% do seu próprio capital social e reservas;

– *artigo 26.°* (Reservas): as sociedades de *factoring* devem constituir obrigatoriamente as seguintes reservas:

a) Uma reserva geral formada pela afetação de 10% dos lucros líquidos apurados em cada exercício, até à ocorrência do valor do capital social;
b) Uma reserva especial formada pela afetação de 5% dos lucros líquidos apurados em cada exercício, reforçáveis por outras importâncias;

– *artigo 27.°* (Providências extraordinárias): havendo desequilíbrios, são aplicáveis às sociedades de *factoring* as providências extraordinárias previstas para os bancos comerciais e de investimento.

Quanto a disposições finais, registam-se:

– *artigo 28.°* (Direito aplicável): trata-se dum preceito crucial, que cumpre transcrever:

> As sociedades de *factoring* regem-se, em especial, pelas normas do presente diploma e diretrizes ou instruções estabelecidas ao seu abrigo, pela legislação sobre instituições parabancárias, na parte aplicável, e pelo disposto sobre atividade das instituições de crédito, com as necessárias adaptações.

– *artigo 29.°* (Adaptação das sociedades existentes): em princípio, ela deveria ocorrer no prazo de 180 dias.

VI. O regime das sociedades de *factoring*, foi infletido pelo RGIC de 1992. Este diploma, sempre sob a miragem do alargamento do universo suscetível de receber o "passaporte comunitário", considerou as sociedades de *factoring* como instituições de crédito[2947]. Com a reforma adotada pelo Decreto-Lei n.º 157/2014, de 24 de outubro, elas passaram a sociedades financeiras.

Isto dito: em face do RGIC, boa parte do articulado do examinado Decreto-Lei n.º 56/86, de 18 de março, perdeu sentido.

[2947] Com aplicações fiscais, RPt 15-jun.-1999 (Sousa Almeida), CJ XXIV (1999) 3, 219-220 (219/II).

Assim, perante o RGIC, que no seu artigo 3.°, *h*), enumera as sociedades de *factoring* entre as instituições de crédito, verifica-se que:

- elas devem assumir a forma de sociedade anónima, com capital mínimo definido na lei totalmente realizado e representado por ações nominativas ou ao portador registadas – artigo 14.°;
- o seu órgão de administração deve ser constituído por um mínimo de 3 membros com efetivos poderes de orientação – artigo 15.°;
- a sua constituição depende de autorização do BP, a comunicar à Comissão Europeia – artigo 16.°; as alterações estatutárias seguem o esquema do artigo 34.°, funcionando o 35.° na hipótese de fusão e de cisão;
- o pedido deve ser instituído com os elementos enumerados no artigo 17.°, seguindo-se toda a tramitação aí prevista;
- os membros dos órgãos de administração e de fiscalização devem corresponder às exigências de idoneidade e experiência previstas nos artigos – 30.° e seguintes;
- as sociedades de *factoring* devem estar inscritas no registo especial do BP – artigos 65.° e seguintes – outro tanto sucedendo com os membros dos seus órgãos de administração e de fiscalização – 69.°;
- elas devem observar as regras de conduta alinhadas nos artigos 73.° e seguintes, e designadamente, observar os deveres de competência técnica, de informação, de diligência, de segredo profissional, de cooperação, de sã concorrência e de idónea publicidade;
- têm aplicação as normas prudenciais relativas à sua atuação – artigos 94.° e seguintes – submetendo-se à supervisão do BP, regulada nos artigos 116.° e seguintes;
- por fim, têm aplicação as sanções dos artigos 200.° e seguintes.

Perante o RGIC, o Decreto-Lei n.° 56/86, de 18 de março, ficou, como se vê, fortemente atingido. Em especial, eram prejudicados ou perdiam sentido os seus artigos 6.°, 7.°, 8.°, 9.°, 10.°, 11.°, 12.°, 13.°, 14.°, 15.°, 16.°, 19.°, 20.°, 22.° e 23.°: a respetiva matéria encontrava um desenvolvimento bem mais completo no próprio RGIC.

Impunha-se, na verdade, a revisão do Decreto-Lei n.° 56/86, de 18 de março.

481. As opções da reforma 1995

I. A reforma das sociedades de *factoring* não parecia suscitar, à partida, questões muito complexas. Na verdade, não se defrontam, neste campo, conceções diversas, como sucede com as SFAC, abaixo examinadas; tão-pouco se colocavam problemas fiscais de raiz, como ocorre com o *leasing*. O enquadramento fiscal do *factoring* não diferia do que se aplica à banca, por operações similares[2948].

De todo o modo, havia duas opções de fundo prévias a enfrentar:

– a exclusividade perfeita;
– a generalização das regras do RGIC.

As sociedades de *factoring* dedicavam-se, em exclusivo, à cessão financeira. Todos estarão de acordo em que a atividade do *factoring* fique vedada a instituições que apresentem menos garantias e menor envergadura do que as sociedades de *factoring*.

Quid iuris, porém, quanto a instituições que obedeçam a requisitos *mais severos* do que as sociedades de *factoring* e, *maxime*, quanto aos bancos? Será de admitir que elas exerçam diretamente o *factoring*? A *exclusividade seria perfeita* se a atividade do *factoring* estivesse completamente vedada a todas as entidades que não às próprias sociedades de *factoring*.

Em princípio, a exclusividade perfeita teria a vantagem de normalizar a fiscalização das sociedades de *factoring* e de facilitar a concorrência. A opinião do Banco de Portugal, tanto quanto resulta do *Livro Branco*, vai nesse sentido, outro tanto sucedendo com a Associação Portuguesa das Empresas de Factoring.

Porém, a legislação comunitária permite o *factoring* aos bancos. Embora estes, em regra, prefiram constituir sociedades de *factoring* afiliadas, parece não se lhes dever coartar essa possibilidade.

A generalização das regras do RGIC pressupõe o termo de uma regulamentação especializada – de certo modo discriminatória – em relação às sociedades de *factoring*[2949].

Na verdade, parece não se justificar a especialização. O esquema geral do RGIC, pensado para todas as instituições de crédito, terá aplicação.

II. No domínio técnico, havia consenso em que a regulamentação das sociedades de *factoring* deve ser reduzida ao mínimo. Em princípio, rege o RGIC, de 1992.

De todo o modo, ficavam de pé algumas questões técnicas.

[2948] *Vide Livro branco sobre o sistema financeiro* cit., 1, 450-451.
[2949] *Livro branco* cit., 448-449.

Em primeiro lugar, havia que decidir se se estabelecia, ou não, uma regulamentação específica para o contrato de *factoring*.

O estudo realizado sobre o tema levou a concluir que tal regulamentação seria dispensável[2950]. Admite-se, porém, que prevaleça opinião diversa. Pois bem:

- se não houver uma regulamentação do contrato de cessão financeira, seria necessário introduzir alguns artigos suplementares no diploma das sociedades, relativas às noções gerais;
- se houver, o diploma sobre as sociedades de *factoring* poderá ser alijado dessa matéria.

III. De seguida, cumpria insistir com muita veemência no tema da terminologia. O legislador português tem o dever imperioso de defender a língua portuguesa. É totalmente incompreensível que, à partida, ele desista de nominar o *factoring* em vernáculo.

Por certo que nada impedirá a prática de continuar a falar em *factoring*, tal como se fala em *leasing*, mau grado a locação financeira de que fala a lei, ou em *time sharing*, apesar do direito real de habitação periódica versado em lei. Mas isso não quer dizer que não se dote o português jurídico duma expressão nacional, que ficará à disposição dos juristas, sendo usada nos documentos oficiais.

Pelas razões apontadas aquando do estudo do contrato de *factoring* e até que surja melhor, propunha-se a locução *cessão financeira*.

IV. Na sequência destas propostas, o Decreto-Lei n.º 171/95, de 18 de julho, veio reformular as sociedades de cessão financeira.

O diploma optou por consagrar alguns preceitos sobre o próprio contrato de cessão financeira – artigos 7.º e 8.º. Quanto à terminologia: referiu *factoring* e, a seu lado, cessão financeira – artigo 2.º/1[2951].

No tocante à exclusividade, o artigo 4.º reserva a cessão financeira para as sociedades de *factoring* e para os bancos. Esta regra foi suprimida pelo artigo 4.º do Decreto-Lei n.º 186/2002, de 21 de agosto, de modo a abrir a cessão financeira às instituições financeiras de crédito.

[2950] *Vide* o nosso estudo sobre a *Cessão financeira*.

[2951] Inexplicavelmente, surgiram autores (poucos) a defender ser preferível *factoring* a cessão financeira. Em textos jurídicos para especialistas não há qualquer diferença ... a não ser o facto de apenas a segunda expressão ser vernácula.

Finalmente, o Decreto-Lei n.º 157/2014, de 24 de outubro, alterou os artigos 2.º (atividade de factoring), 3.º (outras noções), 4.º (exclusividade) e 5.º (recursos), tendo o Decreto-Lei n.º 100/2015, de 2 de junho, modificado os artigos 4.º e 5.º: todos do Decreto-Lei n.º 171/95.

Os recursos dessas sociedades são limitados:

– às emissões de obrigações e de "papel comercial";
– a financiamentos de outras instituições de crédito;
– a suprimentos e operações de tesouraria intragrupos.

As sociedades de cessão financeira conheceram um crescimento moderado: de 5 sociedades autorizadas, em 1990[2952], passou-se a 10, em 1997[2953]. Posteriormente, por efeito das instituições financeiras de crédito, autorizadas a praticar a cessão financeira, elas vieram a perder terreno: 9 em 2002, 6 em 2003, 4 em 2004 e 3 em 2009: Eurofactor Portugal – Sociedade de Factoring, SA, Popular Factoring, SA e Finanfarma – Sociedade de Factoring, S.A.: todas com sede em Lisboa. Em 2016, mantinham-se essas mesmas três. Quanto a instituições financeiras de crédito: estão registadas, em 2016, 12 sociedades desse tipo.

[2952] *Livro branco* cit., I, 445; nessa ocasião, porém, já haviam sido autorizadas mais 3, estando 2 em instrução de processo.

[2953] Vasco Soares da Veiga, *Direito bancário* cit., 126-127, listando as sociedades existentes na época.

§ 12.° AS SOCIEDADES FINANCEIRAS PARA AQUISIÇÕES A CRÉDITO

482. **Alguns antecedentes imediatos e o regime de 1989; as SACEG**

I. As sociedades financeiras para aquisições a crédito ou SFAC derivaram de necessidades da própria vida económica. De todo o modo, cumpre chamar a atenção para alguns antecedentes jurídicos imediatos.

A expansão económica dos anos sessenta e setenta do século XX veio incentivar as aquisições a crédito. Em face do vazio legislativo, tais aquisições desenvolveram-se ao abrigo da autonomia privada. Porém, a sua amplitude atingiu um grau tal que veio bulir com a política económico-financeira do Estado. Este acabaria por regular o fenómeno, através do Decreto-Lei n.° 491/71, de 10 de novembro. O espírito dessa intervenção fica claro no seu preâmbulo:

> As vendas a prestações de bens não consumíveis têm registado entre nós um incremento extraordinário nos últimos anos.
>
> O fenómeno reflete-se na taxa de crescimento da procura interna, na pressão sobre os preços, na absorção de importantes recursos de crédito que conviria orientar para o fomento da produção e no rápido acréscimo de certos tipos de importação, ou gastos no exterior, sem relação direta com o processo de desenvolvimento nacional.
>
> (...)
>
> As disposições adotadas visam também a defesa dos compradores, a quem se pretende garantir o esclarecimento acerca do real alcance das condições acordadas.

Como se vê, a preocupação do Governo era, então, predominantemente económica; a intervenção do Ministério da Justiça levou, contudo, a que não fosse esquecida a vertente da tutela dos consumidores.

O esquema legal era o de remeter para Portaria dos Ministros das Finanças e da Economia a lista de "coisas móveis corpóreas não consumíveis" e, ainda, de "serviços" a que as novas regras se aplicavam. Essa mesma Portaria definiria a taxa máxima de juro aplicável – artigos 1.° e

7.°. O artigo 2.° impunha, depois, um determinado formalismo destinado a esclarecer os particulares adquirentes.

As vendas a prestações foram, ainda, objeto do Decreto-Lei n.° 451/75, de 21 de agosto. Este diploma, em conjunto com o próprio Decreto-Lei n.° 491/71, veio a ser revogado e substituído pelo Decreto-Lei n.° 457/79, de 21 de novembro, depois alterado[2954]. As regras estabelecidas por este último diploma eram mais apuradas; no essencial, conservou-se, contudo, o figurino de 1971. Particularmente clara era a manutenção das duas vertentes "financeira e de proteção do consumidor".

Em execução do diploma e de acordo com o que nele se previa, foram publicadas sucessivas Portarias[2955], com relevo, antes do diploma relativo às SFAC, para a Portaria n.° 466-A/87, de 3 de junho[2956].

Outros diplomas, no tocante a vendas específicas, viriam a surgir, ora pela ótica da tutela do consumidor – p. ex., o Decreto-Lei n.° 161/77, de 21 de abril, que proíbe o envio de produtos e publicações não encomendados e o Decreto-Lei n.° 272/87, de 3 de julho, referente a vendas ao domicílio e por correspondência, a vendas em cadeia e a vendas forçadas – ora pela das implicações financeiras – p. ex., o Decreto-Lei n.° 359/91, de 21 de setembro, sobre crédito ao consumo.

II. Um segundo antecedente imediato da regulamentação legal das SFAC é constituído pela regulamentação do sistema de compra em grupo e das empresas que procedem à administração de grupos: as sociedades administradoras de compras em grupo ou SACEG. Tal regulamentação foi aprovada, então, pelo Decreto-Lei n.° 393/87, de 31 de dezembro.

O Decreto-Lei n.° 393/87 em causa, para além de diversos outros aspetos, sujeitava as SACEG a autorização do MF, dependentes de diversos requisitos, proibia-as de contrair ou de conceder crédito sob qualquer forma e submetia-as à fiscalização do BP.

O regime das SACEG e das compras em grupo constava do Decreto-Lei n.° 237/91, de 2 de julho, o qual, por seu turno, revogou o citado Decreto-Lei n.° 393/87, de 31 de dezembro. O Decreto-Lei n.° 237/91, de 2 de julho, foi alterado pelo Decreto-Lei n.° 22/94, de 27 de janeiro, em termos abaixo referenciados. novamente chamamos a atenção para a imba-

[2954] Pelos Decretos-Leis n.° 227/86, de 13 de agosto e n.° 359/91, de 21 de setembro; o Decreto-Lei n.° 457/79, de 21 de novembro, viria a ser revogado pelo Decreto-Lei n.° 63/94, de 28 de fevereiro.

[2955] Mais precisamente, as Portarias n.° 602/79, de 21 de novembro, n.° 695/85, de 20 de setembro, n.° 36/86, de 27 de janeiro e n.° 439/86, de 13 de agosto.

[2956] Este diploma estava marcado essencialmente por uma preocupação de combate à inflação.

tível prolixidade demonstrada, também no domínio bancário, pelo Direito português[2957].

Tal como se explicava no preâmbulo do Decreto-Lei n.º 49/89, de 22 de fevereiro:

- na venda a prestações, há uma relação de crédito entre o vendedor e o comprador;
- na venda em grupos surge uma terceira entidade que exerce a intermediação entre compradores e vendedores; porém, esta limita-se a gerir os fundos que lhe são fornecidos pelos participantes nos grupos.

Uma terceira hipótese é, justamente, a das SFAC: estas surgem como intermediários com um papel meramente financeiro, prosseguindo a atividade de financiamento, ao fornecedor ou ao adquirente, de bens ou serviços.

III. As exigências da vida económica, em ordem a completar o quadro acima traçado, levaram a que determinados operadores comerciais financiassem operações nas áreas do crédito ao consumo e dos fornecedores[2958].

O volume de crédito em jogo foi considerado suficientemente significativo para provocar uma intervenção legislativa: o Decreto-Lei n.º 49/89, de 22 de fevereiro, que veio regular a constituição e o funcionamento das empresas que prossigam a atividade de financiamento da aquisição de bens ou serviços a crédito: as SFAC.

O diploma, após um preâmbulo, desdobra-se por 12 artigos. O preâmbulo traça os antecedentes imediatos da lei e considera

> (...) imperioso, tal como já sucedeu relativamente às compras em grupo, proceder à sua regulamentação, em articulação com outras formas de financiamento da aquisição de bens ou serviços.

O objeto social das SFAC era cuidadosamente definido, pela positiva e pela negativa.

[2957] O esquema das compras em grupo originou diversa jurisprudência; assim, RLx 23-mar.-1998 (Simões Freire), CJ XXIII (1998) 2, 215-218, quanto à dissolução de grupos, RLx 7-mai.-1998 (Pessoa dos Santos), CJ XXIII (1998) 3, 91-94 (93/II), tocando na qualidade de comerciante dos envolvidos e STJ 3-dez.-1998 (Pereira da Graça), CJ/Supremo VI (1998) 3, 145-148, explicando que os grupos não têm personalidade jurídica.

[2958] De acordo com um parecer da ASFAC, as SFAC resultaram, na sua maioria, da transformação dos aludidos operadores comerciais, com vista a corresponder às exigências do Decreto-Lei n.º 49/89, de 22 de fevereiro.

Pela positiva, as SFAC eram consideradas instituições parabancárias, com o seguinte objeto exclusivo – artigo 2.°:

– o financiamento da aquisição a crédito de bens ou serviços, designadamente:
– pela concessão de crédito direto ao fornecedor e ao adquirente;
– pelo desconto ou outras formas de negociação de títulos de crédito;
– pela prestação de garantias;
– pela antecipação de fundos sobre créditos de que sejam cessionárias as SFAC;
– a prestação de serviços diretamente relacionados com as formas de financiamento acima referidas, nomeadamente a simples gestão de créditos.

Pela negativa, era vedado às SFAC – artigo 3.°:

– o exercício direto de atividades económicas;
– o financiamento de aquisição de imóveis e aquisição de bens ou serviços cuja venda a prestações não seja permitida;
– a aquisição de ações próprias ou de instituições de crédito ou parabancárias, salvo autorização do MF, ouvido o BP;
– a aceitação de depósitos, não se considerando como tal as entregas por conta;
– a aquisição de imóveis, para além dos necessários às instalações próprias.

Este tipo de objeto social ficava reservado às SFAC; excecionavam-se, contudo, as instituições de crédito e outras instituições parabancárias bastantes – artigo 4.°.

IV. A constituição das SFAC ocupava, depois, o legislador. De salientar os traços que seguem:

– as SFAC deviam assumir a forma de sociedades anónimas, com um capital a fixar por portaria do Governo, mas não inferior a 500.000 c., totalmente realizado – artigo 5.°;
– a sua constituição deveria ser autorizada por portaria do MF, aplicando-se diversos preceitos do Decreto-Lei n.° 23/86, de 18 de fevereiro; o MF poderia, também, ordenar a imediata cessação da atividade das SFAC não autorizadas – artigo 6.°.

Os membros dos órgãos de administração e de fiscalização das SFAC e os acionistas com mais de 20% do seu capital social não podem deter participação no capital, pertencer em nome próprio ou em representação de outrem aos órgãos sociais ou desempenhar quaisquer funções noutras SFAC – artigo 7.º.

No tocante à fiscalização do funcionamento das SFAC, mandava a lei:

– as SFAC ficam sujeitas à supervisão do BP – artigo 8.º;

– o qual, por aviso, pode definir as relações a observar por elas na composição e relação de rubricas do ativo, do passivo e da situação líquida entre si ou com outras espécies de operações, podendo ainda fixar-se – artigo 9.º:

a) Limites e formas de cobertura das responsabilidades efetivas perante terceiros;

b) Limites à emissão de obrigações;

c) Limites à realização de operações com uma só entidade; – na hipótese de algum desequilíbrio, podem ser tomadas as providências extraordinárias previstas para os bancos comerciais ou de investimento.

V. A concluir o diploma, surgem significativas disposições finais e transitórias.

No tocante às fontes e ao Direito subsidiário, o artigo 11.º mandava observar às SFAC:

– o próprio Decreto-Lei n.º 49/89, de 22 de fevereiro;

– a legislação aplicável às instituições parabancárias em geral;

– subsidiariamente, as disposições relativas às instituições de crédito, com as necessárias adaptações.

No domínio das disposições transitórias: o artigo 12.º concedia 6 meses às entidades que exercessem a atividade regulada no diploma para se adaptarem ao novo figurino. Quando o não fizessem ou não lograssem a autorização, deveriam cessar a sua atividade, sem prejuízo pelo cumprimento dos contratos celebrados.

483. **A reforma de 1995**

I. O RGIC veio considerar as SFAC, de modo expresso, como instituições de crédito – artigo 3.º, *i*)[2959]. Com isso, e à semelhança do que vimos

[2959] *Vide* uma aplicação desta qualificação em RLx 14-dez.-1995 (Pires Salpico), CJ XX (1995) 5, 149-151 (151); as SFAC são instituições de crédito; por consequência, os mútuos por elas celebrados podem provar-se por escrito particular, nos termos do

suceder com outras entidades, perdeu sentido boa parte da regulamentação antes estabelecida, de modo laborioso, pelo Decreto-Lei n.° 49/89, de 22 de fevereiro.

A reforma levada a cabo pelo Decreto-Lei n.° 206/95, de 14 de agosto, pode, assim, simplificar grandemente o esquema em vigor.

II. As SFAC são definidas – artigo 1.° – simplesmente como instituições de crédito que têm por objeto o financiamento da aquisição a crédito de bens e serviços.

O artigo 2.° do Decreto-Lei n.° 206/95 permite-lhes realizar as seguintes operações:

– financiar a aquisição de bens e serviços, através de crédito direto ao adquirente e ao fornecedor ou através da prestação de garantias;
– descontar títulos, no âmbito dessas operações;
– antecipar fundos sobre créditos de que sejam cessionárias, relativos à aquisição de bens ou serviços que possam financiar diretamente;
– emitir cartões de crédito, nesse âmbito;
– prestar serviços conexos;
– realizar as operações cambiais necessárias.

O artigo 3.° veda-lhes o financiamento da aquisição, construção, recuperação ou ampliação de imóveis e da aquisição de valores mobiliários.

III. As operações de financiamento previstas no diploma só podem ser realizadas por SFAC, por bancos ou por outras instituições de crédito para tal autorizadas, nos termos do artigo 4.°/3 do RGIC – artigo 4.° do Decreto-Lei n.° 206/95. Há, pois, uma certa exclusividade.

Quanto a recursos, o artigo 5.° admite, além dos fundos próprios:
– a emissão de obrigações e de "papel comercial";
– financiamentos de outras instituições de crédito;
– suprimentos e operações de tesouraria intragrupos.

Em 1997 estavam constituídas 25 SFAC[2960]. Mais tarde, sob o influxo das instituições financeiras de crédito, o número foi muito reduzido: 14 em 2002, 10 em 2003, 4 em 2004 e ainda 4 em 2005. Em 2009, não se encontrava registada qualquer SFAC junto do Banco de Portugal, situação que se se mantinha, em 2014.

Decreto-Lei n.° 32:765, de 29 de abril de 1943. *Vide*, também, RLx 10-fev.-2000 (Proença Fouto), CJ XXV (2000) 1, 107-110 (109/II).

[2960] Vasco Soares da Veiga, *Direito bancário* cit., 129-130.

IV. A categoria das SFAC foi suprimida pelo Decreto-Lei n.º 157/2014, de 24 de outubro: tratar-se-ia de uma "tipologia" que deixou de ter acolhimento prático, segundo o seu preâmbulo.[2961] Esse Decreto-Lei revogou, no seu artigo 24.º, *d*), o Decreto-Lei n.º 206/95, de 14 de agosto. As compras em grupo ficaram na História, como uma interessante forma de cooperação financeira.

Resta acrescentar que, pelo espírito atual do RGIC, eles teriam lugar, a terem-se mantido, no universo das sociedades financeiras.

[2961] DR 1.ª série, n.º 206, de 24-out.-2014, 5384/II.

§ 123.º AS SOCIEDADES DE GARANTIA MÚTUA

484. Objetivo e noção geral

I. As sociedades de garantia mútua foram introduzidas pelo Decreto-Lei n.º 211/98, de 16 de julho[2962], depois alterado pelo Decreto-Lei n.º 19/2001, de 30 de janeiro e pelo Decreto-Lei n.º 309-A/2007, de 7 de setembro, que o republicou em anexo. Seguiram-se alterações introduzidas pelo Decreto-Lei n.º 157/2014, de 24 de outubro, nos seus artigos 1.º (noção) e 8.º (recursos financeiros) e pelo Decreto-Lei n.º 100/2015, de 2 de junho, que atingiram os seus artigos 5.º e 8.º.

Trata-se de sociedades financeiras destinadas a facilitar o financiamento de pequenas e médias empresas e de microempresas, tanto junto do sistema financeiro, em geral, como do mercado de capitais[2963].

II. A noção geral das sociedades de garantia mútua ou SGM resulta do artigo 1.º do Decreto-Lei n.º 211/98, na redação dada pelo Decreto-Lei n.º 19/2001:

> As sociedades de garantia mútua são sociedades financeiras que têm por objeto exclusivo a realização de operações financeiras e a prestação dos serviços conexos previstos neste diploma em benefício de micro, pequenas e médias empresas, ou outras pessoas coletivas, qualquer que seja a natureza jurídica, designadamente associações e agrupamentos complementares de empresas, bem como pessoas singulares, em especial estudantes e investigadores, regendo-se pelo disposto no presente diploma e pelas disposições aplicáveis do Regime Geral das Instituições de Crédito e Sociedades Financeiras, aprovado pelo Decreto-Lei n.º 298/92, de 31 de dezembro.

[2962] Cf. Calvão da Silva, *Direito bancário* cit., 194 ss..

[2963] *Vide* o preâmbulo do diploma: DR I Série-A, n.º 162, de 16-jul.-1998, 3419/I.

485. **Regime**

I. O Decreto-Lei n.º 211/98, de 16 de Julho, na configuração atual, abarca 20 artigos, em três capítulos:

I – Disposições gerais (1.º a 7.º);
II – Atividade das sociedades de garantia mútua (8.º a 16.º);
III – Contragarantia das sociedades de garantia mútua (17.º e 18.º);
IV – Disposições transitórias (19.º).

II. O seu objeto abrange (2.º):

– concessão de garantias a acionistas beneficiários;
– promoção, a favor deles, da obtenção de recursos financeiros;
– participação na colocação de ações, obrigações ou outros valores mobiliários;
– serviço de consultoria aos acionistas beneficiários.

Pressupõe-se, além de outros, acionistas beneficiários (3.º) os quais, para obter as garantias, devem realizar primeiro, integralmente, determinada participação (10.º/1). Mais um encargo a somar aos elevados juros, hoje praticados.

III. A solidez das SGM é assegurada por um Fundo de Garantia Mútuo, devidamente dotado e gerido (17.º e 18.º).

Neste momento (2016), existem quatro sociedades de garantia mútua, com sedes, respetivamente, em Lisboa (Lisgarante, SGM, SA), Porto (Norgarante, SGM, SA), Santarém (Garval, SGM, SA) e Coimbra (Agrogarante, SGM, SA).

IV. A prática das SGM tem merecido críticas. Trata-se de estruturas suplementares, a somar às dos bancos, sequiosas de justificações burocráticas e que retardam e complicam a concessão de crédito às PME, que era suposto ajudarem. Além disso, elas não têm conhecimento do terreno, ao contrário do que sucede com os bancos: nem sabem, em geral, qual o perfil do cliente interessado. E, naturalmente: aumentam os custos a suportar pelos supostos beneficiários finais.

Particularmente problemática é a Agrogarante, que deveria ajudar os pequenos e médios agricultores. Toda esta área, num País com a dimensão do nosso, deveria ser equacionada.

§ 124.° AS INSTITUIÇÕES DE MOEDA ELETRÓNICA

486. A Diretriz n.° 2000/46/CE, de 18 de setembro

I. O desenvolvimento tecnológico, designadamente no domínio da eletromagnética, permite a moeda eletrónica, isto é, a representação monetária que, em vez de peças de moeda ou de bilhetes de banco, se analisa simplesmente em impulsos magnéticos, óticos ou outros, armazenados num "cartão inteligente" ou num computador.

A moeda eletrónica foi-se desenvolvendo como subproduto da atividade bancária, apoiada em computadores. Depois, designadamente através da prática de *outsourcing*, a questão técnica dos respetivos meios foi entregue a entidades especializadas.

Hoje, tais entidades têm um grande papel e um imenso poder: cada vez mais o dinheiro é, apenas, o seu registo em ficheiros adequados. Há que regulá-las, harmonizá-las no espaço europeu e submetê-las à supervisão.

II. Nesta linha surgiu a Diretriz n.° 2000/46/CE, do Parlamento Europeu e do Conselho, de 18 de setembro de 2000[2964], relativa ao acesso à atividade das instituições de moeda eletrónica e ao seu exercício, bem como à sua supervisão prudencial.

Trata-se de uma Diretriz simples, em 12 artigos, com o seguinte conteúdo:

1.° Âmbito de aplicação, definição e restrições à atividade;
2.° Aplicação das diretrizes bancárias;
3.° Carácter reembolsável;
4.° Requisitos de capital inicial e de fundos próprios permanentes;
5.° Restrições aos investimentos;
6.° Verificação dos requisitos específicos pelas autoridades competentes;

[2964] JOUE N.° L-275, 39-43, de 27 de outubro de 2000.

7.º Gestão sã e prudente;
8.º Derrogações;
9.º Proteção dos direitos adquiridos;
10.º Execução;
11.º Revisão;
12.º Entrada em vigor.

III. Neste regime, avultam:

- a defesa dos utentes: podem pedir o reembolso (3.º), isto é, o equivalente, em moedas ou notas de banco, ao registo eletrónico;
- a proteção do sistema: as instituições devem ter capital e fundos próprios condignos (4.º), devem fazer investimentos sólidos (5.º), mantendo uma gestão sã e prudente (7.º);
- a supervisão, pelas autoridades competentes (6.º).

A Diretriz deveria ser transposta até 27 de abril de 2002.

487. **O Decreto-Lei n.º 42/2002, de 2 de março**

I. O Governo desempenhou-se a tempo: aprovou e fez publicar o Decreto-Lei n.º 42/2002, de 2 de março, que transpôs a Diretriz n.º 2000/46/CE, criando as instituições de moeda eletrónica.

Estas são definidas (2.º/1) como:

> (...) instituições de crédito que têm por objeto a emissão de meios de pagamento sob a forma de moeda eletrónica.

Além disso, elas podem (2.º/2):

- prestar serviços financeiros e não financeiros estreitamente relacionados com a emissão de moeda eletrónica, nomeadamente a gestão de moeda eletrónica, mediante a realização de funções operacionais e outras;
- armazenar os dados em suportes eletrónicos, em nome de outras entidades.

II. Às instituições de moeda eletrónica aplica-se, em princípio, o RGIC (3.º) sendo de notar uma alargada noção de moeda eletrónica e o seu regime (4.º), com relevo para o direito ao reembolso (4.º/3 e seguintes).

Podem emitir moeda eletrónica, além destas instituições, os bancos, a Caixa Económica Montepio Geral e a Caixa Central de Crédito Agrícola Mútuo (5.°/1). O Banco de Portugal pode autorizar outras instituições de crédito idóneas a fazê-lo (5.°/2).

III. As participações noutras sociedades estão limitadas àquelas que exerçam funções operacionais ou acessórias associadas (6.°). Podem realizar operações cambiais (7.°).

O capital social, a fixar por portaria do Ministro das Finanças, não pode ser inferior a 1.000.000 euros (8.°) devendo ainda, como fundos próprios, ter pelo menos 2% da moeda eletrónica em circulação (9.°). As aplicações, em execução da Diretriz comunitária, estão regulamentadas no artigo 10.°, podendo recorrer a certos instrumentos derivados para cobertura dos riscos de mercado, nos termos do artigo 11.°.

IV. O Decreto-Lei n.° 201/2002, de 26 de setembro, introduziu as instituições de moeda eletrónica no próprio RGIC: logo no artigo 2.°/2 e, ainda, na enumeração do artigo 3.°: alínea *j*), atualmente *l*).

Seguiu-se o Decreto-Lei n.º 317/2009, de 30 de Outubro, relativo ao acesso à atividade de instituições de pagamento e à prestação de serviços de pagamento, com largo material legislativo.

488. A Diretriz n.º 2009/110/CE, de 16 de setembro e a reforma de 2012

I. A Diretriz n.° 2009/110/CE, de 16 de setembro revogou a Diretriz n.° 2000/46/CE, com efeitos a partir de 30 de abril de 2011, e alterou o quadro comunitário relativo ao acesso à atividade das instituições de moeda eletrónica, ao seu exercício e à respetiva supervisão prudencial. As alterações operadas resultam, em grande medida, da necessidade de adaptação à Diretriz n.º 2007/64/CE, de 13 de novembro, relativa aos serviços de pagamento no mercado interno, que estabeleceu as bases para o SEPA – *Single Euro Payments Area* (Área Única de Pagamentos em Euros).

A Diretriz n.º 2009/110/CE, de 16 de setembro, devia ser transposta até 30 de abril de 2011. Isso apenas sucederia mercê do Decreto-Lei n.º 242/2012, de 7 de novembro[2965]. Este diploma alterou o RGIC, revo-

[2965] Com a Retificação n.º 1-A/2013, de 4 de janeiro.

gou o Decreto-Lei n.º 42/2002, de 2 de março e modificou amplamente o Decreto-Lei n.º 317/2009, que republicou em anexo. As instituições de moeda eletrónica passaram a, aí, encontrar o seu regime (8.º-A e seguintes). O "novo regime" foi alterado pelo Decreto-Lei n.º 157/2014, de 24 de outubro: no seu artigo 7.º.

II. Em 2016, estavam registadas, no Banco de Portugal, 81 instituições de moeda eletrónica. Acresciam 76 instituições desse tipo, com sede na União Europeia, em regime de livre prestação de serviços.

III. As instituições de moeda eletrónica, perante a noção dada pelo artigo 2.º-A, *kk*), do RGIC, na redação da Lei n.º 23-A/2015, de 26 de março, parecem incluir-se no universo das sociedades financeiras.

CAPÍTULO VI

EMPRESAS DE INVESTIMENTO E OUTRAS ENTIDADES

§ 125.º NOÇÃO E REGIME

485. Serviços e atividades de investimento e empresas de investimento

I. A matéria atinente a serviços, atividades e a empresas de investimento consta do Título X-A do RGIC – artigos 199.º-A a 199.º-L. Foi introduzida pelo Decreto-Lei n.º 232/96, de 5 de dezembro, neste ponto em transposição da Diretriz n.º 93/22/CEE, de 10 de maio de 1993[2966]. O Decreto-Lei n.º 252/2003, de 17 de outubro, alargou a matéria de modo a inserir os fundos de investimento mobiliário: uma forma de lhes poder conferir o "passaporte comunitário"[2967]. O Título X-A do RGIC foi de novo alterado pelo Decreto-Lei n.º 357-A/2007, de 31 de outubro, que transpôs a Diretriz n.º 2004/39/CE (Diretriz relativa aos mercados de instrumentos financeiros – DMIF), tendo esta última revogado a Diretriz n.º 93/22/CEE[2968], pelo Decreto-Lei n.º 63-A/2013, de 10 de Maio, relativo, também, a diversa legislação comunitária e pela Lei n.º 23-A/2015, de 26 de março, também (em parte) de inspiração europeia.

A Diretriz n.º 93/22/CEE, de 10 de maio de 1993, correspondia a uma dupla ordem de preocupações: por um lado, ela traduzia uma extensão nos

[2966] *Vide*, em geral, Augusto de Athayde, *Curso de Direito bancário* cit., 1, 169 ss. e Paulo Câmara, *Manual de Direito dos Valores Mobiliários* cit., 240-243

[2967] *Supra*, 1253.

[2968] A este propósito importa ainda consultar a Diretriz n.º 2006/73, de 10 de agosto, que aplica a DMIF no que diz respeito aos requisitos em matéria de organização e às condições de exercício da atividade das empresas de investimento, e que também foi transposta pelo Decreto-Lei n.º 357-A/2007, de 31 de outubro.

modernos conceitos de poupança e de banca, progressivamente alargados às áreas do Direito mobiliário; por outro, ela emergia da consciência da integração dos sectores bancário e mobiliário, com relações crescentes de contágio, entre eles[2969].

Contrariando algumas expectativas iniciais, a adoção duma Diretriz sobre serviços financeiros e empresas a eles dedicadas veio a revelar-se difícil[2970]. Assim, a transposição foi lenta, provocando, nos diversos ordenamentos, múltiplas dúvidas e questões, que passaram um tanto despercebidas[2971].

II. A DMIF, por seu lado, e mais de dez anos depois, ampliou o âmbito do "passaporte comunitário" criado pela Diretiva n.º 93/22/CEE em matéria de serviços de investimento (quer acrescentando novos serviços, quer ampliando a lista de instrumentos financeiros) e clarificou a divisão de competências entre o Estado-Membro de origem e o Estado-Membro de acolhimento, de modo a potenciar os seus efeitos.

A DMIF avança ainda para matérias anteriormente reguladas a nível nacional, aumentando assim o nível de harmonização comunitária: regras de transparência, deveres pré e pós-contratuais, novos requisitos de informação.

III. O RGIC, na redação atual e pelo jogo dos artigos 4.ª-A e 6.º/a, *a*), considera a generalidade das empresas de investimento como sociedades financeiras: o que permitiu revogar o artigo 199.º-B/1, que determinava, as empresas em causa, a aplicação de regime das sociedades de investimento.

IV. No RGIC, o artigo 199.º-A/1 elenca os serviços e atividades de investimento, sempre por referência a instrumentos financeiros: a receção e transmissão, por conta de clientes, de ordens àqueles relativas; a execução de ordens por conta de clientes, relativas a instrumentos financeiros; a negociação por conta própria de instrumentos financeiros; a gestão de carteiras, numa base discricionária e individualizada, no âmbito de man-

[2969] Giuseppe Carriero, *Statuto dell'impresa di investimento e disciplina del contratto nella riforma del mercato finanziario* (1997), 1 ss..

[2970] Vide Schwintowski/Schäfer, *Bankrecht* cit., 1.ª ed., 794, Sousi-Roubi, *Droit bancaire européen* cit., 269 ss. e Carriero, *Statuto* cit., 4 ss..

[2971] Quanto ao diploma de transposição italiano, cf. a obra maciça de Gian Franco Campobasso (org.), *L'Eurosim* (1997); a Lei Francesa dos serviços de investimento pode ser confrontada em CLE 1997, 1, 433-444.

dato conferido pelos clientes; a consultoria para investimento; a colocação, com ou sem tomada firme; a gestão de sistemas de negociação multilateral.

Por sua vez, o artigo 199.º-A, 3.º define instrumentos financeiros como "qualquer contrato que dê origem, simultaneamente, a um ativo financeiro de uma parte e um passivo financeiro ou instrumento de capital de outra parte", estando incluídos, de todo o modo, os instrumentos financeiros enumerados na secção C do Anexo I da Diretriz n.º 2004/39: valores mobiliários, unidades de participação em organismos de investimento coletivo, instrumentos do mercado monetário, opções, futuros, *swaps,* contratos a prazo de taxa de juro, instrumentos derivados para a transferência do risco de crédito, entre outros.

V. As empresas de investimento são aquelas em cuja atividade habitual se inclua a prestação de serviços de investimento a terceiros e/ou o exercício de atividades de investimento – artigo 199.º-A, 4.º –, devendo ainda estar sujeitas aos requisitos de fundos próprios, previstos na Diretriz n.º 2004/39/CE. A definição legal procede depois a uma delimitação negativa, excluindo, nomeadamente, as instituições de crédito (artigo 199.º-A/4, última parte).

486. **Regime**

I. As empresas de investimento regem-se, em geral, pelas disposições aplicáveis às sociedades financeiras, cujo universo integram e, ainda, pelas regras que lhe sejam especialmente dirigidas.

A autorização de empresas de investimento com sede em Portugal deve observar o previsto no artigo 199.º-C. Uma vez autorizadas, elas dispõem de passaporte comunitário: podem desenvolver atividade noutros países da União – artigo 199.º-D. Paralelamente, podem atuar em Portugal empresas de investimento com sede noutros países da União, com as particularidades do artigo 199.º-E.

II. Em toda a temática das empresas financeiras avulta o papel da CMVM. O que bem se compreende, atentando no desempenho destas entidades.

O futuro permitirá apreciar a implantação, entre nós, desta importação comunitária. Ela parece corresponder, de todo o modo, à moderna tendência para o alargamento do universo bancário e à crescente integração entre banca e valores mobiliários.

§ 126.° DAS EMPRESAS DE INVESTIMENTO E DE OUTRAS ENTIDADES EM ESPECIAL

487. **Generalidades**

I. O Decreto-Lei n.º 157/2014, de 24 de outubro, formalizou, no artigo 4.º-A, a categoria das empresas de investimento. Ficam incluídas as sociedades: financeiras de corretagem, corretoras, gestoras de patrimónios, mediadoras dos mercados monetário e de câmbios, de consultoria para investimento, gestoras de sistemas de negociação multilateral e outras empresas como tal qualificadas por lei. Por seu turno, o artigo 6.º/1, na redação dada pela Lei n.º 23-A/2015, de 26 de março, considera as empresas de investimento como sociedades financeiras.

II. As empresas de investimento seguem o regime das sociedades financeiras, que integram, fixado no RGIC. O artigo 4.º-A, todavia, exclui as sociedades de consultoria para investimento e as sociedades gestoras de sistemas de negociação multilateral, do regime em causa. A sistematização e as ordenações do RGIC tomam proporções caleidoscópicas.

III. Por razões históricas e pela proximidade que mantêm com o Direito bancário, referiremos, nesta rubrica, outras entidades que saíram, hoje, da órbita do RGIC, não sendo, tecnicamente, empresas de investimento.

488. **Sociedades corretoras e sociedades financeiras de corretagem**

I. As sociedades corretoras e as sociedades financeiras de corretagem são consideradas, no RGIC vigente, sociedades financeiras – artigos 4.ª-A/1, *b*) e 6.º/1, *a*). Hoje, elas regem-se pelo Decreto-Lei n.º 262/2001, de 28 de setembro, com as alterações introduzidas pelo Decreto-Lei n.º 357-A/2007, de 31 de outubro, pelo RGIC e pelo CVM (1.º). De notar que o preâmbulo do Decreto-Lei n.° 262/2001 vai integrá-las no universo das empresas de investimento: título X-A, do RGIC, aditado pelo Decreto-Lei n.° 232/96, de 5 de dezembro. Tenha-se perante o artigo 4.º-A/1, *a*) e *b*), do mesmo RGCI.

II. Durante largos anos, as sociedades em causa regeram-se pelo Decreto-Lei n.° 229-I/88, de 4 de julho, o qual se manteve fiel à linha da estrita especialização das sociedades que atuam no sector financeiro. Tem interesse, para situar a matéria, recordar esse diploma, hoje revogado.

De acordo com o que anunciara no seu preâmbulo, ele veio distinguir entre *brokers* e *dealers*:

- os *brokers* ou sociedades corretoras, operam no sector mobiliário por conta de terceiros;
- os *dealers* ou sociedades financeiras de corretagem têm, ainda, a possibilidade de praticar operações por conta própria.

O artigo 2.° do Decreto-Lei n.° 229-I/88, de 4 de julho, fixava o objeto das sociedades corretoras, nos termos seguintes:

> 1. As sociedades corretoras têm como objeto principal as atividades de intermediação em valores mobiliários referidas na alínea *a*) do n.° 1 do art. 608.° do Cód. do Mercado de Valores Mobiliários, aprovado pelo Decreto-Lei n.° 142-A/91, de 10 de abril.
>
> 2. O objeto das sociedades corretoras compreende ainda as atividades indicadas nas alíneas *g*) e *h*) do artigo 608.° do citado Código do Mercado de Valores Mobiliários, bem como quaisquer outras cujo exercício lhes seja permitido pelo mesmo Decreto-Lei ou por Portaria do Ministro das Finanças, ouvidos o Banco de Portugal e a Comissão do Mercado de Valores Mobiliários.

O artigo 3.° do Decreto-Lei n.° 229-I/88, de 4 de julho, na redação dada pelo artigo 3.° do Decreto-Lei n.° 417/91, de 26 de outubro, relativo ao objeto das sociedades financeiras de corretagem, dizia:

> 1. As sociedades financeiras de corretagem têm por objeto principal as atividades de intermediação em valores mobiliários referidas nas alíneas *a*), *b*) e *c*) do art. 608.° do Cód. do MVM.
>
> 2. Incluem-se ainda no objeto das sociedades financeiras de corretagem:
>
> *a*) As atividades indicadas nas alíneas *e*), *f*), *g*) e *h*) do art. 608.° do Cód. do MVM, bem como quaisquer outras cujo exercício lhes seja permitido pelo mesmo diploma;
>
> *b*) A realização de operações em conta-margem e a concessão aos seus clientes dos financiamentos ou dos empréstimos de valores mobiliá-

rios destinados, respetivamente, às compras e às vendas envolvidas por essas operações, nos termos dos arts. 464.° e segs. do Cód. do MVM;

c) Outras atividades que lhes sejam expressamente autorizadas por portaria do Ministro das Finanças, ouvidos o Banco de Portugal e a CMVM.

Por seu turno, o artigo 608.° do CódMVM, no seu corpo e nas suas primeiras três alíneas, dispunha:

Artigo 608.°

(*Atividades de intermediação em valores mobiliários*)

Consideram-se atividades de intermediação em valores mobiliários as que em seguida se referem, quando exercidas a título profissional:

a) Recebimento de ordens dos investidores para subscrição ou transação de valores mobiliários, e respetiva execução pelo próprio intermediário financeiro que as recebe, quando autorizado a operar no mercado a que as ordens especificamente se destinam, ou, no caso contrário, através de outro intermediário legalmente habilitado para o efeito;

b) Negociação de valores mobiliários por conta própria, através da compra e venda desses valores por conta e risco do próprio intermediário, com o fim exclusivo de beneficiar da margem entre o preço da compra e o da venda;

c) Realização, por intermediário financeiro autorizado a negociar no mercado de bolsa ou em outros mercados secundários, de operações de compra e venda de valores mobiliários por conta própria, com o fio principal de assegurar a criação, manutenção ou desenvolvimento de um mercado regular e contínuo para os valores que são objeto dessas operações e a adequada formação das respetivas cotações ou preços;

A extensão do objeto, possibilitada pelas alíneas *e*), *f*), *g*) e *h*), do artigo 608.° do CódMVM, implicava os pontos seguintes:

e) Colocação no âmbito do mercado primário de valores emitidos por qualquer entidade;

f) Serviços relacionados com a organização, registo, lançamento e execução de ofertas públicas de transação, a prestar por intermediários financeiros nos termos do presente diploma;

g) Abertura e movimentação das contas de depósito de valores mobiliários titulados e de registo de valores mobiliários escriturais, bem como a prestação de serviços relativos aos direitos inerentes aos mesmos valores;

h) Gestão de carteiras de valores mobiliários pertencentes a terceiros, tendo em vista assegurar tanto a administração desses valores e, nomeadamente, o exercício dos direitos que lhes são inerentes, como, se os seus titulares expressamente o autorizarem, a realização de quaisquer operações sobre eles;

Com a revogação do CódMVM, a remissão devia-se considerar feita para o artigo 289.º do CVM, bastante mais simplificado.

III. Cumpre ainda recordar que, segundo o artigo 4.º do Decreto-Lei n.º 229-I/88,

É obrigatória a intervenção das sociedades corretoras ou das sociedades financeiras de corretagem em todas as operações que se efetuarem em bolsa, sendo nulas as operações em que falte essa intervenção.

As sociedades corretoras e as sociedades financeiras de corretagem encontraram múltiplas regras aplicáveis, derivadas no RGIC.

IV. O atual regime das sociedades corretoras e das sociedades financeiras de corretagem, derivado do Decreto-Lei n.º 262/2001, de 28 de setembro[2972], é bastante mais fácil. Deve sublinhar-se que estas entidades estão entre os universos da banca e dos valores mobiliários. Por isso, aplica-se-lhes o RGIC e o CVM (1.º), conforme as áreas, estando elas sujeitas às supervisões do BP e da CMVM (8.º).

O seu objeto (2.º e 3.º) é definido por remissão para o CVM, sendo-lhes vedados:

- às sociedades corretoras e às financeiras de corretagem, prestar garantias a terceiros ou adquirir imóveis, salvo para instalações (5.º/1);
- às sociedades corretoras, conceder crédito ou adquirir valores mobiliários (5.º/2).

V. Resta acrescentar que, mercê do fenómeno da concentração, o número de sociedades corretoras tem vindo a diminuir: 16 em 2002, 11 em 2003, 10 em 2004, 8 em 2005, 6 em 2009 e 4 em 2016, com fé nos registos do Banco de Portugal. Nas sociedades financeiras de corretagem, temos o

[2972] Alterado pelo Decreto-Lei n.º 357-A/2001, de 28 de setembro.

mesmo fenómeno: 8 em 2002, 7 em 2003, 5 em 2005, 3 em 2009 e 2, em 2016, com a mesma fonte.

489. Sociedades mediadoras dos mercados monetário ou de câmbios

I. O regime das sociedades mediadoras dos mercados monetário ou de câmbios está, hoje, regulado pelo Decreto-Lei n.° 110/94, de 28 de abril. Este diploma veio substituir a anterior regulamentação, resultante do Decreto-Lei n.° 164/86, de 26 de junho, com alterações subsequentes e, sobretudo, as introduzidas pelo Decreto-Lei n.° 229-G/88, de 4 de julho.

II. As sociedades mediadoras têm, segundo o artigo 1.°/1 do Decreto-Lei n.° 110/94, de 28 de abril, por objeto exclusivo,

> (...) a realização de operações de intermediação no mercado monetário e no mercado de câmbios e a prestação de serviços conexos.

A lei – o Decreto-Lei n.° 110/94 – limita-se a especificar alguns deveres das sociedades mediadoras – artigo 3.° – proibindo-lhes determinados atos – artigo 4.° – bem como aos sócios, membros de órgãos sociais e empregados – artigo 5.°.

Tudo o mais é remetido para o RGIC – artigo 2.°.

III. Em setembro de 2009, não existia qualquer sociedade mediadora dos mercados monetários ou de câmbios registada junto do BP, situação que se mantém, em 2016.

490. Sociedades gestoras de fundos de investimento (organismos de investimento coletivo)

I. O artigo 6.°/1, *d*), do RGIC, mantinha uma referência às sociedades gestoras de fundos de investimento[2973], como sociedades financeiras. A matéria passou para o Decreto-Lei n.° 252/2003, de 17 de outubro, que fixou o regime jurídico dos organismos de investimento coletivo (antigos fundos de investimento mobiliário) e pelo Decreto-Lei n.° 60/2002, de 20

[2973] Paulo Câmara, *Manual de Direito dos Valores Mobiliários*, cit. 829-854.

de março, muito alterado pelo Decreto-Lei n.° 13/2005, de 7 de janeiro, que, procedendo à sua republicação, versa os fundos de investimento imobiliário. Novas alterações são abaixo referidas. Ambos os diplomas tratavam das respetivas sociedades gestoras. A Lei n.º 16/2015, de 24 de fevereiro, aprovou o Regime Geral dos Organismos de Investimento Coletivo; revogou o Decreto-Lei n.º 252/2003. Os OIC deixaram o universo bancário, para integrar o dos valores mobiliários. Todavia, justifica-se a presente rubrica: a inserção entre as sociedades financeiras é histórica, uma vez que não se lhes aplica o RGLC.

Temos toda uma instabilidade legislativa que recomenda uma breve exposição de tipo histórico.

II. Os fundos de investimento, mobiliário e imobiliário, ambos abertos, viram o seu regime ser estabelecido pelos Decretos-Leis n.os 134/85, de 2 de maio e 246/85, de 12 de julho. Os fundos fechados vieram a ser regulados pelo Decreto-Lei n.° 229-C/88, de 4 de julho, o qual, por razões de sistematização, revogou os dois diplomas acima referidos, recebendo o teor deles no seu próprio texto. O Decreto-Lei n.° 229-C/88 foi bastante alterado pelo Decreto-Lei n.° 417/91, de 26 de outubro.

Parece útil recordar o artigo 2.° do Decreto-Lei n.° 229-C/88:

> 1. Os fundos são conjuntos de valores resultantes de investimentos de capitais recebidos do público e representados por certificados de participação.
> 2. Os fundos têm por fim exclusivo a constituição de uma carteira diversificada de valores mobiliários ou imobiliários, permitindo a divisão dos riscos e a rentabilidade das aplicações.
> 3. Os fundos de investimentos fechados caracterizam-se pelo facto de o capital a investir na aquisição de valores, mobiliários ou imobiliários, ser fixado no ato de constituição dos mesmos fundos.

Ainda o Decreto-Lei n.° 229-C/88 fixava a noção e o objeto da sociedade gestora, nos termos seguintes – artigo 5.°:

> 1. A sociedade gestora é uma instituição parabancária que tem por objeto exclusivo a administração, gestão e representação de um ou mais fundos de investimento da mesma natureza.
> 2. Para efeitos do número anterior, os fundos de investimento dividem-se, conforme a sua natureza, em mobiliários e imobiliários.

A matéria foi revista pelo Decreto-Lei n.° 276/94, de 2 de novembro, que veio transpor, para a ordem jurídica interna, a Diretriz do Conselho n.° 85/611/CEE, de 20 de dezembro de 1985, relativa a alguns dos chamados organismos de investimento coletivo em valores mobiliários[2974]. Esse mesmo diploma aproveitou o ensejo para reformular o regime jurídico dos fundos de investimento mobiliário, constituídos em Portugal[2975]. Os fundos de investimento imobiliário foram remetidos para legislação especial.

O Decreto-Lei n.° 276/94, de 2 de novembro, era um diploma complexo. Cabe dar uma ideia do seu conteúdo:

Capítulo I – *Das instituições de investimento coletivo*:
Secção I – Disposições gerais – artigos 1.° a 4.°;
Secção II – Das entidades gestoras e dos depositários – artigos 5.° a 16.°;
Secção III – Dos fundos em geral – artigos 17.° a 26.°;
Secção IV – Das unidades de participação – artigos 27.° a 32.°;
Secção V – Da informação, das contas e da supervisão – artigos 33.° a 36.°;
Secção VI – Da comercialização (...) noutros Países da Comunidade (...) – artigos 37.° a 40.°.
Capítulo II – *Dos fundos de investimento mobiliário abertos* – artigos 41.° a 47.°;
Capítulo III – *Dos fundos de investimento mobiliário fechados* – artigos 48.° a 51.°;
Capítulo IV – *Dos fundos de tesouraria* – artigos 52.° a 54.°;
Capítulo V – *Fundos de fundos* – artigos 55.° a 57.°;
Capítulo VI – *Agrupamentos de fundos* – artigo 58.°;
Capítulo VII – *Disposições transitórias e finais* – artigos 59.°e 60.°.

As sociedades gestoras deviam ser especializadas: ou administram fundos de investimento mobiliário ou fundos de investimento imobiliário – artigo 6.°/2. A substituição da entidade gestora depende de autorização da CMVM, ouvido o BP e com o acordo do depositário – *idem*, n.° 4.

Quanto aos fundos de investimento imobiliário, vieram os mesmos a ser contemplados pelo Decreto-Lei n.° 294/95, de 17 de novembro. Trata-se dum diploma extenso, em três capítulos:

Capítulo I – *Das instituições de investimento coletivo em valores imobiliários*:
Secção I – Disposições gerais – artigos 1.° a 5.°;

[2974] O Decreto-Lei n.° 276/94, de 2 de novembro, foi pontualmente alterado pelo Decreto-Lei n.° 308/95, de 20 de novembro.

[2975] Sobre fundos mobiliários, em geral, cf. Anna Gervasoni/Francesco Perrini, *I fondi di investimento mobiliari chiusi* (1994) e Emma Sabatelli, *La responsabilità per la gestione dei fondi comuni di investimento mobiliare* (1995).

Secção II – Das entidades gestoras e dos depositários – artigos 6.º a 17.º.
Capítulo II – *Dos fundos*:
Secção I – Dos fundos imobiliários em geral – artigos 18.º a 27.º;
Secção II – Dos fundos de investimento imobiliários fechados – artigos 28.º e 29.º;
Secção III – Das unidades de participação – artigos 30.º a 35.º;
Secção IV – Da informação, das contas e da supervisão – artigos 36.º a 39.º;
Secção V – Da comercialização (...) por entidades com sede no estrangeiro – artigos 40.º a 42.º.
Capítulo III – *Disposições transitórias e finais* – artigo 43.º.

Também aqui a constituição de fundos depende de autorização da CMVM, com parecer favorável do BP.

III. A revisão dos fundos de investimento mobiliário foi levada a cabo pelo Decreto-Lei n.º 252/2003, de 17 de outubro[2976]. Este diploma pretendeu transpor as Diretrizes n.º 2001/107/CE e n.º 2001/108/CE, ambas de 21 de janeiro de 2002, que vieram alterar a Diretriz n.º 85/611/CEE, de 20 de dezembro.

A reforma pretendeu, no essencial:

– apurar um esquema que permita conferir o "passaporte comunitário" às sociedades gestoras; estas foram ainda dotadas de maior versatilidade, definindo-se aspetos de *outsourcing*;
– a atividade das sociedades gestoras foi flexibilizada;
– melhorou-se a informação, através da figura do "prospeto simplificado".

No tocante ao passaporte comunitário, foram introduzidas alterações ao Título X-A do RGIC, de modo a aproximar os fundos de investimento mobiliário das empresas de investimento; em especial: artigo 199.º-A, 6.º e 199.º-B.

IV. O regime jurídico dos organismos de investimento coletivo, aprovado pelo Decreto-Lei n.º 252/2003, de 17 de outubro[2977], era um diploma complexo: 83 artigos e dois anexos, em estilo mobiliário. Eis o seu mapa:

[2976] Entretanto alterado pelos Decretos-Leis n.º 52/2006, de 15 de março, n.º 357-A/2007, de 31 de outubro, n.º 211-A/2008, de 3 de novembro, n.º 148/2009, de 25 de junho e n.º 71/2010, de 18 de junho.
[2977] Alterado pelos diplomas listados na nota anterior.

Título I – Dos organismos de investimento coletivo:
- Capítulo I – Disposições gerais (1.° a 10.°);
- Capítulo II – Vicissitudes dos OIC (11.° a 20.°);
- Capítulo III – OIC fechados (21.° a 28.°).

Título II – Das entidades relacionadas com os OIC:
- Capítulo I – Entidades gestoras (29.° a 37.°);
- Capítulo II – Depositários (38.° a 40.°);
- Capítulo III – Entidades comercializadoras (41.° e 42.°);
- Capítulo IV – Outras entidades (43.°).

Título III – Da atividade dos OICVM:
- Capítulo I – Património dos OICVM (44.° a 58.°);
- Capítulo II – Conflitos de interesses e operações proibidas (59.° e 60.°);
- Capítulo III – Informação (61.° a 74.°);
- Capítulo IV – Comercialização (75.° a 79.°);
- Capítulo V – Agrupamentos de OICVM e OIC garantidos (80.° e 81.°).

Título IV – Supervisão e regulamentação (82.° e 83.°).

Anexo I – Prospeto simplificado;

Anexo II – Prospeto completo.

V. O Decreto-Lei n.º 63-A/2013, de 10 de Maio, aprovou um novo Regime Jurídico dos Organismos de Investimento Coletivo, procedendo à revogação do Decreto-Lei n.º 252/2003, de 17 de Outubro. Transpôs múltiplos diplomas comunitários. Visou facilitar as fusões e acelerar os procedimentos, com o fito de atrair investimentos e incrementar a concorrência. Para legislação especial ficaram os organismos de investimento imobiliário coletivo, de capital de risco, de gestão de património imobiliário, de titularização de créditos e de pensões. O Regime Jurídico assume o seguinte sistema:

Título I – Dos organismos de investimento coletivo (1.º a 58.º):
- Capítulo I – Disposições gerais (1.° a 17.°);
- Capítulo II – Condições de acesso e de exercício de atividade (18.° a 25.°);
- Capítulo III – Vicissitudes dos OIC (26.° a 46.°);
- Capítulo IV – Sociedades de investimento mobiliário (47.° a 54.°);
- Capítulo V – OIC fechados (55.° a 58.°).

Título II – Entidades relacionadas com os OIC (59.º a 103.º):
- Capítulo I – Entidades gestoras (59.° a 90.°);
- Capítulo II – Depositários (91.° a 99.°);
- Capítulo III – Entidades comercializadoras (100.° a 103.°).

Título III – Da atividade dos OIC (104.º a 173.º):
 Capítulo I – Disposições gerais (104.º a 132.º);
 Capítulo II – Da atividade dos OICVM (133.º a 169.º);
 Capítulo III – Da atividade dos OIA (170.º a 173.º).
Título IV – Da supervisão, cooperação e regulamentação (174.º a 178.º).

Segue-se um anexo.
A supervisão, no essencial, é remetida para a CMVM (82.º).

VI. O regime dos fundos de investimento imobiliário foi regulado, de novo, pelo Decreto-Lei n.º 60/2002, de 20 de março. A matéria passou, no essencial, para a órbita da CMVM. O *outsourcing* foi tratado e aprofundou-se a contraposição entre fundos abertos e fechados. Seguiram-se algumas alterações introduzidas pelo próprio Decreto-Lei n.º 252/2003, de 17 de outubro. A matéria foi fortemente revista pelo Decreto-Lei n.º 13/2005, de 7 de janeiro, sob o signo, sempre bemvindo, da simplificação e alterada, posteriormente, pelo Decreto-Lei n.º 357-A/2007, de 31 de outubro e pelo Decreto-Lei n.º 211-A/2008, de 3 de novembro. Por último (neste momento), o Decreto-Lei n.º 71/2010, de 18 de junho, introduziu-lhe diversas modificações, republicando-o em anexo. O Decreto-Lei n.º 63-A/2013, de 10 de Maio, remete o tema para legislação especial (1.º/2). Mantém-se, até ver, o Direito pré-vigente.

Tudo visto, manteve-se um regime extenso: 60 artigos, assim arrumados:

Capítulo I – Disposições gerais (1.º a 19.º);
Capítulo II – Acesso e exercício da atividade (20.º a 35.º);
Capítulo III – Dos fundos de investimento imobiliário abertos (36.º a 40.º);
Capítulo IV – Dos fundos de investimento imobiliário fechados (41.º a 48.º);
Capítulo V – Dos fundos de investimento imobiliário mistos (49.º a 56.º);
Capítulo VI – Da comercialização em Portugal de participações em instituições de investimento coletivo em valores imobiliários, com sede ou que sejam administradas por entidades com sede no estrangeiro (57.º e 58.º);
Capítulo VII – Sociedades de investimento imobiliário (58.º-A a 58.º-P);
Capítulo VIII – Supervisão e regulamentação (59.º e 60.º).

Na linha geral do diploma, também aqui a supervisão é, no essencial, remetida para a CMVM (59.º).

VI. Conforme referido, a Lei n.º 16/2015, de 24 de fevereiro, retificada [2978] e alterada pelo Decreto-Lei n.º 124/2015, de 7 de julho, nos seus artigos 2.º, 65.º, 110.º, 114.º e 236.º, veio transpor parcialmente as Diretrizes n.º 2011/61, de 8 de junho, relativa a gestores de fundos de investimento alternativo e n.º 2013/14, de 21 de maio, atinente ao mesmo tema. A Lei n.º 16/2015 alterou o RGIC e o CVM. Revogou o regime dos fundos de investimento imobiliário, adotado pelo Decreto-Lei n.º 60/2002, de 20 de março e por último alterado pelo Decreto-Lei n.º 71/2010, de 18 de junho e, ainda, o regime dos organismos de investimento coletivo, derivado do Decreto-Lei n.º 63-A/2013, de 10 de maio. Aprovou o Regime Geral dos Organismos de Investimento Coletivo, publicado em anexo.

II. O Regime Geral dos Organismos de Investimento Coletivo ou RGOI tem a dimensão de um pequeno código: 278 artigos, alguns de grande dimensão, e dois anexos, ocupando quase cem páginas do *Diário da República*. Tem a arrumação seguinte:

Título I – Dos organismos de investimento coletivo
- Capítulo I – Disposições gerais (1.° a 18.°);
- Capítulo II – Condições de acesso e de exercício da atividade (19.° a 26.°);
- Capítulo III – Vicissitudes dos organismos de investimento coletivo (27.° a 48.°);
- Capítulo IV – Organismos de investimento coletivo sob forma societária (49.° a 59.°);
- Capítulo V – Organismos de investimento alternativo fechados (60.° a 64.°).

Título II – Das entidades relacionadas com os organismos de investimento coletivo
- Capítulo I – Entidades gestoras (65.° a 119.°);
- Capítulo II – Depositários (120.° a 128.°);
- Capítulo III – Entidades comercializadoras (129.° e 130.°);
- Capítulo IV – Auditores (131.° e 132.°);
- Capítulo V – Avaliadores externos (133.°).

Título III – Da atividade dos organismos de investimento coletivo
- Capítulo I – Disposições gerais (134.° a 167.°);

[2978] Retificação n.º 16/2015, de 15 de março, publicada no DR 1.ª série, n.º 77, de 21 de abril: mas em preceitos atinentes ao RGIC

Capítulo II – Da atividade dos organismos de investimento coletivo em valores mobiliários (168.º a 203.º);
Capítulo III – Da atividade dos organismos de investimento alternativo (204.º e 240.º).

Título IV – Da supervisão, cooperação e regulamentação (241.º a 254.º).

Título V – Regime sancionatório (255.º a 278.º).

Quanto aos anexos: o I reporta-se à política de remuneração e o II aos esquemas A (158.º/2) e B (161.º/1, ambos do RGOI).

VIII. Toda esta matéria pertence, hoje, ao Direito mobiliário. Todavia, é útil a referência aos OIC, em Direito bancário. Além disso, documenta-se, mais uma vez, a complexidade do Direito português e a necessidade, por parte dos interessados, de se fazerem assessorar por especialistas experientes.

IX. A importância das sociedades gestoras de fundos de investimento pode ser avaliada pelo seu número, em 2014: 29 de fundos de investimento imobiliário e 19 de fundos de investimento mobiliário, numa cifra que se tem mantido quase constante, nos últimos anos.

491. **Sociedades emitentes ou gestoras de cartões de crédito**

I. A primeira regulação atinente a cartões de crédito foi introduzida pela Portaria n.º 644/70, de 16 de dezembro[2979]: as instituições de crédito que pretendessem emitir cartões de crédito ou celebrar acordos relativos àqueles com entidades nacionais ou estrangeiras careciam de prévia autorização do Secretário de Estado do Tesouro; as entidades que não fossem instituições de crédito deveriam fazê-lo ao abrigo da legislação reguladora das instituições parabancárias. Sobre os pedidos incidiria prévio parecer do BP.

[2979] Na falta de outra base legal, o Governo da época socorreu-se do Decreto-Lei n.º 47 912, de 7 de setembro de 1967, cujo artigo 9.º/1 dispunha:

> O Ministério das Finanças, por intermédio da Inspeção-Geral do Crédito e Seguros, poderá fazer sujeitar à sua prévia autorização ou aprovação qualquer forma de atividade das instituições de crédito e parabancárias e de quaisquer outras entidades, em matéria que considere suscetível de perturbar ou tender a perturbar o sistema de crédito ou a alterar as condições normais de funcionamento dos mercados monetário, cambial e financeiro.

II. Uma regulamentação mais completa adveio da Portaria n.º 360/73, de 23 de maio. A emissão de cartões ou acordos a ela relativos dependiam de prévia autorização do Secretário de Estado do Tesouro, ouvido o BP – 1.º.

A emissão ficava reservada a instituições de crédito ou a "...sociedade com esse objeto social, constituída e autorizada ao abrigo de legislação reguladora das instituições parabancárias..." – 3.º. Prefiguravam-se, pois, as sociedades emitentes, aparentemente como sociedades parabancárias. A Portaria n.º 360/73 regulava, com alguma minúcia, os aspetos atinentes ao funcionamento dos cartões.

III. Enumerando as sociedades financeiras, o RGIC referiu, no seu artigo 6.º/1, *e*), as sociedades emitentes ou gestoras de cartões de crédito. Estas vieram a ser definidas pelo Decreto-Lei n.º 166/95, de 15 de julho, como as que têm por objeto exclusivo essa emissão ou essa gestão – artigo 1.º.

A emissão fica reservada às instituições de crédito, "às instituições financeiras para o efeito autorizadas" e às sociedades emitentes – artigo 2.º.

Foram ainda aprovadas normas relativas às condições gerais e aos poderes do BP – artigos 3.º e 4.º.

Hoje, está apenas recenseada, em Portugal, uma sociedade emitente ou gestora de cartões de crédito, junto do Banco de Portugal: a SIBS – Sociedade Interbancária de Serviços, SA, com sede em Lisboa.

IV. O Decreto-Lei n.º 317/2009, de 30 de outubro, que transpôs a Diretriz n.º 2007/64/CE, de 13 de novembro – relativa aos meios de pagamento e à prestação de serviços de pagamento –, veio revogar a alínea *e*) do artigo 6.º/1 do RGIC. Nestes termos, os serviços de pagamento, tal como definidos no artigo 4.º do regime jurídico que regula o acesso à atividade das instituições de pagamento e a prestação de serviços de pagamento – alínea *c*) do artigo 4.º/1, *idem* –, passam a estar reservados às instituições de crédito. Como efeito, o artigo 5.º do RGIC foi alterado pelo *supra* referido diploma (Decreto-Lei n.º 317/2009), tendo sido eliminada a remissão para a alínea *c*) do artigo 4.º/1, *idem,* na enumeração das atividades possíveis de uma sociedade financeira.

Nos termos do artigo 10.º do Decreto-Lei n.º 317/2009, já mencionado, as agências de câmbios e sociedades emitentes ou gestoras de cartões de crédito que estivessem autorizadas e registadas com vista à prestação de serviços de pagamento, antes de 25 de dezembro de 2007, continuam a ser consideradas sociedades financeiras, regendo-se pelas normas aplicáveis do RGIC, até 30 de abril de 2011, podendo prosseguir a sua atividade. Antes desta última data, porém, devem obter autorização para operar como instituição de pagamento, nos termos do novo regime jurídico. Caso contrário, ficam proibidas de prestar serviços de pagamento após 30 de abril de 2011.

V. O Decreto-Lei n.º 317/2009 foi muito alterado pelo Decreto-Lei n.º 242/2012, de 7 de novembro, que o republicou em anexo. Novas modificações advieram do Decreto-Lei n.º 157/2014, de 24 de outubro. A matéria das sociedades emitentes ou gestoras de cartões de crédito veio a cair nas instituições de moeda eletrónica.

492. **Sociedades gestoras de patrimónios**

I. As sociedades gestoras de patrimónios haviam visto o seu regime aprovado pelo Decreto-Lei n.° 229-E/88, de 4 de julho. A sua regulamentação foi revista pelo Decreto-Lei n.° 163/94, de 4 de junho, em obediência à nova realidade normativa, resultante do RGIC. O Decreto-Lei n.° 17/97, de 21 de janeiro, introduziu uma alteração, no sentido de facilitar o seu acesso ao mercado de derivados, enquanto o Decreto-Lei n.° 99/98, de 21 de abril, revogou o seu artigo 9.°.

II. O objeto das sociedades gestoras de patrimónios consta, com clareza, do artigo 1.° do Decreto-Lei n.° 163/94:

> 1. As sociedades gestoras de patrimónios (...) têm por objeto exclusivo o exercício da atividade de administração de conjuntos de bens, que se designam por carteiras (...) pertencentes a terceiros.
>
> 2. (...) as sociedades gestoras poderão ainda prestar serviços de consultoria em matéria de investimentos.
>
> 3. A gestão de carteiras é exercida com base em mandato escrito, celebrado entre as sociedades gestoras e os respetivos clientes e o grau de discricionariedade dos atos na mesma compreendidos.
>
> (...)

III. O essencial da regulamentação das sociedades gestoras de patrimónios é, de modo expresso, remetido para o RGIC.

Elas conservam-se como sociedades financeiras, por via do seu artigo 6.º/1, *a*), redação da Lei n.º 23-A/2015, de 26 de março e mercê da sua integração entre as empresas de investimento, por via do artigo 4.º-A/1, *c*), na redação do Decreto-Lei n.º 157/2014, de 24 de outubro.

Existiam, em 1997, 16 sociedades gestoras de patrimónios[2980]. O número subiu, vindo, depois, a reduzir-se: 26 em 2002, 24 em 2003, 22 em 2004. Em 2014, apenas encontramos 13 registos, no Banco de Portugal, cifra que, em 2016, passou para 10.

493. Sociedades de desenvolvimento regional

I. A Lei n.° 46/77, de 8 de julho, na sua redação primitiva, vedava a atividade bancária à iniciativa privada. Todavia, o artigo 3.°/2 permitia as sociedades de desenvolvimento regional.

Estas só vieram a ser regulamentadas pelo Decreto-Lei n.° 499/80, de 20 de outubro. O legislador viu, nelas, um meio para desenvolver as regiões mais deprimidas e para captar poupanças de emigrantes.

Assim, as sociedades de desenvolvimento regional ou SDR foram definidas como "instituições especiais de crédito" – artigo 1.° –, com um âmbito territorial delimitado – artigo 9.° – e dependentes de autorização dos Ministros da Administração Interna e das Finanças – artigo 7.°. Elas poderiam conceder crédito a médio e a longo prazo e participar no capital doutras sociedades – artigo 13.°. Quanto a operações passivas, elas podiam emitir obrigações, receber depósitos em moeda estrangeira por prazo não inferior a um ano constituídos por emigrantes ou em moeda nacional, por idêntico período, constituídos por autarquias ou obter financiamentos de instituições de crédito – artigo 19.°.

O Decreto-Lei n.° 499/80, de 20 de outubro, foi alterado pelo Decreto-Lei n.° 300/85, de 29 de julho, recebendo alguns aperfeiçoamentos.

II. As SDR eram, no fundo, instituições de crédito particularmente limitadas, mercê dos pruridos legais e constitucionais contrários à iniciativa privada bancária. Ultrapassado esse estádio – e um tanto à semelhança do que sucedeu com as sociedades de investimento – as SDR, que nunca surgiram muito procuradas, perderam perspetivas.

[2980] *Vide* Vasco Soares da Veiga, *Direito bancário* cit., 176.

Elas foram reformuladas pelo Decreto-Lei n.º 25/91, de 11 de janeiro. Este diploma retirou-lhes o qualificativo de "instituições especiais de crédito", passando-as a "sociedades parabancárias" – artigo 1.º. Em consonância, as SDR perderam a capacidade de receber depósitos – artigo 9.º. A ideia seria de as usar para administrar fundos públicos, de proveniência comunitária.

III. Publicado o RGIC, as SDR, em nova qualificação, passaram a sociedades financeiras – artigo 6.º/1, *g*).

O Decreto-Lei n.º 25/91, de 11 de janeiro, foi alterado, em consonância com o novo quadro, pelo Decreto-Lei n.º 247/94, de 7 de outubro. Resultou, daí, uma simplificação do seu regime específico.

Tínhamos, em 1997, três SDR, devidamente constituídas[2981]. Em 2014, não há qualquer registo em vigor, deste tipo de sociedade.

494. **Sociedades de capital de risco**

I. As sociedades de capital de risco são, hoje, reguladas pela Lei n.º 18/2015, de 4 de março, que revogou o Decreto-Lei n.º 375/2007, de 8 de novembro, que revogara o Decreto-Lei n.º 319/2002, de 28 de dezembro. Em pouco tempo, sucederam-se três regimes.

Este último (alterado entretanto pelo Decreto-Lei n.º 151/2004, de 29 de junho) revogara mesmo a alínea *h*) do RGIC – pelo que as sociedades de capital de risco deixaram de ser sociedades financeiras: passaram para o campo da CMVM e do Direito mobiliário. Nessa ocasião, o seu regime foi simplificado, suprimindo-se a diferença entre sociedades de capital de risco e de fomento empresarial. A Lei n.º 18/2015 aprovou um denominado Regime Jurídico do Capital de Risco, do Empreendedorismo Social e do Investimento Especializado. Também aqui se impõe a consulta a profissionais experientes[2982].

[2981] Vasco Soares da Veiga, *Direito bancário* cit., 180.

[2982] Referimos, para uma panorâmica: Michael Schefczyk, *Finanzieren mit Venture Capital und Private Equity/Grundlagen für Investoren, Finanzintermediäre, Unternehmer und Wissenschaftler*, 2.ª ed. (2006), XII + 288 pp., Christian Brehm, *Das Venture-Capital-Vertragswerk* (2011), XIX + 245 pp. e Wolfgang Weitnauer, *Handbuch Venture Capital/ /Von der Innovation zum Börsengang*, 5.ª ed. (2016), LIV + 715 pp..

De seguida, com sentido histórico e explicativo, mantemos o desenvolvimento anterior ao desta reforma: o perfil, ainda financeiro, das sociedades de capital de risco.

II. As sociedades de capital de risco ou SCR foram introduzidas pelo Decreto-Lei n.° 17/86, de 5 de fevereiro, depois alterado pelo Decreto-Lei n.° 111/89, de 13 de abril. De acordo com o preâmbulo do diploma primeiro citado,

> (...) o objeto das sociedades de capital de risco consiste na procura deliberada e sistemática de oportunidades de investimento capazes de gerar valor acrescentado e de proporcionar rendimento aos investidores (...)

No essencial, as SCR financiavam empresas novas, participando no seu capital – artigo 4.°. Podiam, acessoriamente, realizar estudos – artigo 5.°. Os recursos alheios eram, contudo, limitados – artigo 8.°. No fundo, tudo dependeria de benefícios fiscais futuros – artigo 14.°. Supletivamente, aplicar-se-lhes-ia o regime das sociedades de investimento – artigo 15.°.

Paralelamente, o Decreto-Lei n.° 248/88, de 15 de julho, veio lançar as sociedades de fomento empresarial ou SFE. As SFE tinham por objeto – artigo 1.°/1 –,

> (...) apoiar, nos termos do presente diploma, a constituição ou aquisição de empresas ou de partes sociais de empresas por jovens empresários.

No fundo, tratava-se de sociedades de capital de risco, particularmente destinadas a jovens empresários, isto é, de pessoas de idade não superior a 35 anos – artigo 4.°, *a*). O próprio Decreto-Lei n.° 248/88 remetia, de modo repetido, para o Decreto-Lei n.° 17/86.

A experiência mostrou que não era viável limitar as SFE aos jovens empresários. Assim, o Decreto-Lei n.° 433/91, de 7 de novembro, veio reconduzir as SFE às SCR; manteve, contudo, um esquema restritivo, no tocante a recursos alheios – artigo 1.°. Enquanto regime especial – artigos 18.° e seguintes – surgem, como SCR vocacionadas para jovens empresários, as SFE.

A publicação do RGIC levou à adaptação das SCR: tal a tarefa do Decreto-Lei n.° 175/94, de 27 de junho, que alterou o Decreto-Lei n.° 433/91, de 7 de novembro. Novas alterações foram introduzidas pelo Decreto-Lei n.° 230/98, de 22 de julho.

Na prática, as SCR funcionam como um esquema de financiamento com mais um intermediário. A prática de exigir, aos empresários, garantias pessoais para reaver o capital que subscrevam, com juros, desmerece-lhes a ideia de "risco", inerente à sua designação. Dá, além disso, uma dimensão leonina à sua intervenção, em termos que já têm sido discutidos em juízo.

Tínhamos, em 1997, 14 SCR pertencentes, na sua maioria, a grupos bancários[2983]. Em 2003, estavam registadas, na CMVM, 16 SCR; em 2004, 19; em 2009, já 24.

495. Sociedades gestoras de fundos de titularização de créditos

Fazemos uma referência às sociedades de titularização de créditos[2984]: matéria regulada pelo Decreto-Lei n.º 453/99, de 5 de novembro, alterado, sucessivamente, pelos Decretos-Leis n.º 82/2002, de 5 de abril (que republicou o diploma), n.º 303/2003, de 5 de dezembro (que procedeu a uma segunda republicação), n.º 52/2006, de 15 de março e n.º 211-A/2008, de 3 de novembro; este último ocupou-se do artigo 6.º, 7.º, 11.º, 12.º e 45.º do referido Decreto-Lei n.º 453/99.

Grosso modo, a titularização de créditos envolve a sua cessão para um fundo de titularização ou para uma sociedade de titularização, que procedem, depois, a uma gestão. As unidades representativas são valores mobiliários. Toda esta matéria está, no essencial, sob a supervisão da CMVM.

Anote-se a existência, em 2014, de 3 sociedades gestoras de fundos de titularização de créditos, todas com sede em Lisboa: a Navegator, SA, a Portucale, SA e a Financia, SA, todas SGFTC.

496. Sociedades administradoras de compras em grupo

I. O sistema das compras em grupo consiste, em traços largos, num esquema pelo qual diversas pessoas, devidamente agrupadas, vão pagando prestações relativas à compra dum bem; entretanto, um bem do tipo pretendido vai sendo sorteado ou licitado, periodicamente, entre todos os participantes, de tal modo que todos vão obtendo, sem encargos financeiros e, por vezes, antecipadamente, o bem em causa. Apenas haverá que contar com encargos administrativos e com o risco do incumprimento de algum ou alguns dos participantes.

[2983] Em 1997, o elenco das SCR consta de Vasco Soares da Veiga, *Direito bancário* cit., 185.

[2984] Sobre o tema: João Calvão da Silva, *Titul[ariz]ação de créditos/Securatization* (2003), que trata, sucessivamente, a cessão (33 ss.), a titularização (113 ss.) e o regime fiscal (157 ss.); desta obra existe uma 3.ª ed. (2013), 284 pp..

II. No decurso da década de 80, o sistema das compras em grupo conheceu um surto, mesmo sem regulamentação. Esta apenas surgiu através do Decreto-Lei n.° 393/87, de 31 de dezembro, que regulou as sociedades administradoras de compras em grupo ou SACEG.

O preâmbulo do diploma em causa vinha dar conta das suas duas finalidades:

– salvaguardar os objetivos fundamentais da política macroeconómica;
– proteger os consumidores aderentes.

O diploma abrangia 21 artigos. Os três primeiros tratavam do âmbito do diploma, da noção de compra em grupo e dos requisitos fundamentais do sistema.

Seguia-se, – artigos 4.°, 5.°, 6.°, 7.°, 8.°, 9.° e 10.° – a matéria atinente às SACEG: tratava-se de sociedades parabancárias, com requisitos de forma e de capital social, constituídas sob autorização do Ministro das Finanças, precedendo parecer do Banco de Portugal, sendo-lhes vedadas certas operações, ficando submetidas à fiscalização do Banco de Portugal e regendo-se pelo próprio Decreto-Lei n.° 393/87, pelo Direito aplicável às instituições parabancárias e, subsidiariamente, pelo Direito das instituições de crédito, com as necessárias adaptações.

Vinham, depois – artigos 11.°, 12.°, 13.°, 14.°, 15.°, 16.°, 17.°, 18.° e 19.° – regras reportadas aos próprios contratos: o valor global dos contratos poderia ter certos limites, ficando os mesmos sujeitos a certos procedimentos e forma; a alteração da participação poderia ser clausulada, podendo caber quotas de inscrição e de administração, a cargo dos aderentes e, necessariamente, quotas de amortização; o regulamento geral do funcionamento dos grupos seria aprovado por portaria, tendo os participantes um especial direito de informação.

Por fim, o artigo 20.° previa a remessa de elementos à Direção-Geral do Comércio Interno, enquanto o artigo 21.° concedia, às entidades já existentes, 6 meses para se adaptarem ao novo diploma.

III. As SACEG conheceriam, depois, um marcado desenvolvimento, ditado pela vaga, então conhecida, das compras em grupo. Houve algumas experiências negativas, que levaram os poderes públicos a encarar medidas de cautela.

Surgiu, assim, através do Decreto-Lei n.º 237/91, de 2 de julho, uma nova regulamentação sobre o sistema de compras em grupo e as entidades que procedem à respetiva administração, revogando-se o Decreto-Lei n.º 393/87, de 31 de dezembro.

O preâmbulo do novo diploma assumia, como objetivo da reforma,

> (...) o intuito de reforçar a garantia daqueles que pretendem adquirir bens por essa forma, nomeadamente através de regras dirigidas à solidez e estabilidade financeira das sociedades administradoras de compras em grupo (SACEG).

E mais à frente:

> Preveem-se regras que, sendo também de defesa do consumidor participante, têm como objetivo essencial a estabilidade do sistema financeiro, através da preservação da solidez das instituições administradoras e da minimização dos efeitos nocivos da rutura de uma delas.

O Decreto-Lei n.º 237/91, de 2 de julho, abarcava 29 artigos.

Os quatro primeiros artigos tinham a ver com alguns aspetos gerais: o âmbito do diploma, noções fundamentais, definição, por portaria, do objeto e do prazo dos contratos e princípios fundamentais do sistema.

Vinham, depois – artigos 5.º, 6.º, 7.º, 8.º, 9.º, 10.º, 11.º, 12.º, 13.º, 14.º, 15.º, 16.º e 17.º – preceitos relativos às SACEG: a necessidade de autorização para o acesso à atividade, as caraterísticas das entidades administradoras, o capital social, as operações vedadas, as relações prudenciais, as contas dos fundos, o fundo de garantia, a estabelecer eventualmente pelo Ministro das Finanças, a supervisão do Banco de Portugal, as obrigações das SACEG, as menções que elas deverão fazer em atos externos, a distribuição obrigatória de informação e a sua remuneração.

Passando aos participantes e ao contrato – 18.º, 19.º, 20.º, 21.º e 22.º – o diploma regulava as assembleias, o direito à informação, os contratos, a sua modificação e o Direito que, subsidiariamente, lhes seria aplicável.

Por fim – 23.º, 24.º, 25.º, 26.º, 27.º, 28.º e 29.º – surgiam a remessa de elementos à Direção-Geral de Inspeção Económica, a dissolução duma SACEG, a constituição de uma associação civil para, eventualmente, enfrentar essa dissolução, a revogação da autorização, a liquidação da SACEG, a aplicação, no tempo, do novo diploma e a revogação do Decreto-Lei n.º 393/87, de 31 de dezembro.

IV. O Decreto-Lei n.º 237/91, de 2 de julho, foi revisto pelo Decreto-Lei n.º 22/94, de 27 de janeiro. No essencial, tratou-se de o adaptar ao RGIC, retirando-lhe as matérias atinentes à autorização e à supervisão do Banco de Portugal: elas derivam do regime geral.

As sociedades administradoras de compras em grupo encontram-se um tanto submersas pelas múltiplas garantias hoje exigidas para o seu funcionamento. Haveria que traduzir um equilíbrio mais adequado entre as situações de abuso já verificadas e a burocratização vigente, demasiado onerosa.

De todo o modo subsistiam, em 1997 e entre nós, 20 SACEG[2985]. O seu número viria a subir e, depois, a baixar: 18 em 2002, 17 em 2003, 13 em 2004, 4 em 2009, 3 em 2014 e 2 em 2016.

497. Agências de câmbios

I. As agências de câmbios pautam-se pelo Decreto-Lei n.º 3/94, de 11 de janeiro. Trata-se de um diploma que, em três artigos, versa o seu objeto, a sua forma e denominação e a obrigação de negociar em escudos.

II. O objeto das agências de câmbios era – artigo 1.º – fixado exclusivamente na "... realização de operações de compra e venda de notas e moedas estrangeiras ou de cheques de viagem".

Este objeto foi alargado, pelo Decreto-Lei n.º 298/95, de 18 de novembro, à compra – há que ler, também "venda" – de ouro e prata, em moeda ou em forma não trabalhada, bem como de moedas para fins de numismática. Também o Decreto-Lei n.º 53/2001, de 15 de fevereiro, veio aditar, ao artigo 1.º, um n.º 4. Finalmente (neste momento), o Decreto-Lei n.º 242/2012, de 7 de novembro, modificou o seu artigo 1.º.

Contavam-se, em 1997, 25 agências de câmbios: em 2002, 20, em 2003, 21, em 2004, 22 em 2009, 20, em 2014, 10 e nenhuma, em 2016: dados do Banco de Portugal.

498. FINANGESTE, SA

I. O artigo 6.º/2 do RGIC refere a FINANGESTE – Empresa Financeira de Gestão e Desenvolvimento, SA, como sociedade financeira.

[2985] O elenco consta de Vasco Soares da Veiga, *Direito bancário* cit., 190-191.

A FINANGESTE foi criada pelo artigo 6.º/1 do Decreto-Lei n.º 10/ /78, de 19 de janeiro (Medina Carreira), numa situação muito especial. Tratava-se, na época, de concretizar a extinção do Banco Intercontinental Português[2986], criando uma empresa, de solvabilidade garantida pelo Estado – artigo 2.º/3 – e para a qual transitassem diversos elementos patrimoniais daquele ex-Banco.

O artigo 6.º/2 do Decreto-Lei n.º 10/78 definia a FINANGESTE como "... uma instituição parabancária constituída sob a forma de empresa pública, com personalidade jurídica, autonomia administrativa e financeira e património próprio". O seu objeto era fixado no artigo 7.º do mesmo diploma como "... o exercício de atividades de natureza parabancária, designadamente a prática de operações de aquisição e cobrança de créditos, a gestão de participações financeiras noutras sociedades e a administração e valorização de patrimónios cuja titularidade lhe advenha por virtude daquela atividade ou da transmissão de ativos e passivos de outras instituições de crédito".

O Decreto-Lei n.º 10/78 foi alterado pelo Decreto-Lei n.º 17/79, de 17 de fevereiro, no sentido de atribuir ao conselho de gestão do Banco Pinto & Sotto Mayor as funções de administração da FINANGESTE, que não chegara a ser designada.

II. O Decreto-Lei n.º 250/82, de 26 de junho, veio extinguir a FINANGESTE – Empresa Financeira de Gestão e Desenvolvimento, E.P., criando, em sua substituição, uma sociedade anónima com a mesma designação. O seu capital inicial seria subscrito pelo BP e por outras instituições do sector público.

O "objeto dominante" da instituição, expressamente qualificada como "instituição parabancária" era a "... gestão e cobrança de créditos, provindos de instituições de crédito do sector público e emergentes de operações anómalas anteriores à nacionalização ...", segundo o preâmbulo[2987].

[2986] O Banco Intercontinental Português surgiu no último período do Estado Novo como instituição particularmente vocacionada para as relações com o Ultramar e para dinamizar o mercado financeiro. Foi a primeira instituição intervencionada durante a Revolução, acabando por ser inviabilizada e, finalmente, extinta com efeitos a partir de 1 de abril de 1977, precisamente pelo artigo 1.º do Decreto-Lei n.º 10/78, de 19 de janeiro. O seu pessoal e vários dos seus elementos patrimoniais foram integrados no Banco Pinto & Sotto Mayor.

[2987] Vasco Soares da Veiga, *Direito bancário* cit., 195-198.

III. O Decreto-Lei n.º 89/2015, de 29 de maio, veio determinar a adequação da FINANGESTE às regras derivadas do Código das Sociedades Comerciais. Os seus órgãos receberam um prazo de 180 dias para alterarem, em conformidade, os seus estatutos. Foi revogado o artigo 6.º/2 do RGIC. A FINANGESTE deixou de ser considerada como uma sociedade financeira.

O capital da FINANGESTE veio, em 2015, a ser adquirido pela Isegoria, SA, com sede no Porto: um negócio de 35 milhões, relativo a uma entidade avaliada em 62 milhões, feita a favor de uma entidade com € 4000 de capital social: uma ocorrência que levantou alguma polémica, na comunicação social e nos meios especializados.

ÍNDICE DE JURISPRUDÊNCIA

JURISPRUDÊNCIA PORTUGUESA

Tribunal Constitucional

Supremo Tribunal de Justiça (Pleno)

Supremo Tribunal de Justiça

Supremo Tribunal Administrativo (Pleno)

Supremo Tribunal Administrativo

Relação de Coimbra

Relação de Évora

Relação de Guimarães

Relação de Lisboa

Relação do Porto

Tribunal Central Administrativo Norte

Bundesgerichtshof

Tribunais de apelação

Primeira Instância

JURISPRUDÊNCIA FRANCESA

Cour de Cassassion

Tribunais de apelação

Primeira instância

JURISPRUDÊNCIA ITALIANA

Corte di Cassazione

Primeira instância

JURISPRUDÊNCIA BELGA

JURISPRUDÊNCIA SUÍÇA

JURISPRUDÊNCIA BELGA

JURISPRUDÊNCIA SUÍÇA

ÍNDICE ONOMÁSTICO

ÍNDICE BIBLIOGRÁFICO

ABADIE, LOÏC – *La crise financière en 2008-2010: mode d'emploi pour la décrypter et l'expliciter*, 2008.

ABENDROTH, CLAUDIA – *vide* HENDRIX, ULLA.

ABRÃO, NELSON – *Direito bancário*, 16.ª ed., 2015.

ABROLAT, JÖRG – *vide* Norbert, Gerhard.

ABUDO, JOSÉ IBRAIMO – *Depósito bancário*, em *Temas de Direito bancário*, 1999, 381-434;
– *Do contrato de depósito bancário*, 2004.

Acordo relativo ao Fundo Monetário Internacional, publ. pelo Banco de Portugal, 1979.

ADAMS, MICHAEL – *Bankenmacht und Deutscher Juristentag*, ZIP 1996, 1590-1602.

ADEN, MENNO – *Der Vorwurf der Konkursverschleppung gegen den Mitgläubiger*, MDR 1979, 891-896;
– *Die neuen AGB-Sparkassen 1993*, NJW 1993, 832-840.

ADOMEIT, KLAUS – *Die gestörte Vertragsparität/ein Trugbild*, NJW 1994, 2467-2469;
– *Herbert Marcuse, der Verbraucherschutz und das BGB*, NJW 2004, 579-582.

AEPFELBACH, ROLF R./CIMIOTTI, GERD – *Zur Sicherheit des ec-Kartensystems*, WM 1998, 1218-1222.

AGHION, BEATRIZ ARMENDÁRIZ DE/MORDUCH, JONATHAN – *The Economics of Microfinance*, 2007.

AGUIAR, ADELINO LOPES – *O dinheiro de plástico*, 1990.

ALARCÃO, RUI DE – *vide* ANDRADE, MANUEL DE.

ALBUQUERQUE, PEDRO DE – *O contrato de swap, a imputação de direitos de voto e o regime das ações próprias* em Est. Martim de Albuquerque 2, 2010, 619-629.

ALBUQUERQUE, RUY DE – *Da culpa in contrahendo no Direito luso-brasileiro,* 1961.

Alcorão Sagrado, trad. SAMIR EL HAYEK, ed. 1994.

ALEN, LARRY – *Encyclopedia of Money*, 1999.

ALEXANDER, CHRISTIAN – *Verbraucherschutzrecht*, 2015.

ALLEN, FRANKLIN/GALE, DOUGLAS – *Understanding Financial Crisis*, 2009.

ALMEIDA, CARLOS FERREIRA DE – *Os direitos dos consumidores*, 1982;
– *Negócio jurídico de consumo/Caracterização, fundamentação e regime jurídico*, BMJ 347 (1985), 11-38;
– *Desmaterialização dos títulos de crédito: valores mobiliários escriturais*, RB 16 (1993), 23-39;
– *Contratos diferenciais*, em *Estudos comemorativos dos 10 anos da Faculdade de Direito da Universidade Nova de Lisboa* 2, 2008, 81-115.

ALMEIDA, JOSÉ CARLOS MOITINHO DE – *A locação financeira (leasing)*, BMJ 231 (1973), 5-26.

ALPA, GUIDO/PATTI, SALVATORE – *Le clausole vessatorie nei contratti con i consumatori*, 2 volumes, 1997;

– introdução a *Le clausole vessatorie* (2006), tomo I, XVII-LV.

ALPA, GUIDO/CAPRIGLIONE, FRANCESCO – *Diritto bancario comunitario*, 2002.

ALSHEIMER, CONSTANTIN – *Die Entwicklung des Kreditwesengesetzes*, Bank 1997, 27-31.

ALTJOHANN, HORST W. – *Der Bankvertrag, ein Beitrag zur Dogmatik des Bankrechts*, 1962.

AMARAL, AIRES JOSÉ MOTA DO – *Emissão e uso do cheque em Moçambique*, em *Temas de Direito bancário*, 1999, 435-503.

AMARAL, DIOGO FREITAS DO – *Curso de Direito Administrativo*, 2.ª ed., 1994.

AMARAL, JOÃO FERREIRA DO – *Crise e instituições europeias*, RFPDF 2008, 4, 11-18.

AMBROSIO, ANNAMARIA – *Il conto corrente bancario: le vicende del rapporto*, em ANNAMARIA AMBROSIO, *I contratti bancari*, 1999, 331-368.

AMOROSINO, SANDRO (org.) – *Le banche/Regole e mercato dopo il testo unico delle legge creditizie*, 1995.

ANASTÁCIO, GONÇALO – *vide* Pinto, Alexandre Mota.

ANDRADE, ANSELMO DE – *Portugal Económico/Theorias e Factos*, tomo I, 1918.

ANDRADE, MANUEL A. DOMINGOS DE – *Obrigações pecuniárias*, RLJ 77 (1944), 49 e ss.;

– *Fontes de Direito, vigência, interpretação e aplicação da lei*, BMJ 102 (1961), 141-152;

– *Ensaio sobre a teoria da interpretação das leis*, 2.ª ed., 1963;

– *Teoria geral das obrigações*, 1965;

– *Teoria Geral das Obrigações*, 3.ª ed., com a colaboração de RUI DE ALARCÃO, 1966;

– *vide* FERRARA, FRANCESCO.

ANDRADE, MANUEL DA COSTA – anotação ao artigo 195.°, *Comentário Conimbricense ao Código Penal, Parte especial*, Tomo I/Artigos 131.° a 201.° (1999), 771-802.

ANDRADE, MARIA AMÉLIA SINEIRO DE – *O Sistema Europeu de Bancos Centrais (SEBC) – Algumas considerações*, BCE XXXIX (1996), 210-294.

ANDREAS, FRIEDHOLD E. – *vide* BEISEL, DANIEL.

ANGELOTTI, DANTE – *Assegno bancario irregolare*, 1954.

ANNING, PAUL/TERLAN, MATTHIAS – *Massnahmen gegen die Finanzmarktkrise/Grossbritannien*, RIW 2009, 54-56.

ANTON, ALEXANDER – *vide* TESKE, PEER.

ANTUNES, JOSÉ BRITO – *Período de transição: paradigma do processo de introdução do euro*, CMVM 4 (1999), 209-227.

ANTUNES, JOSÉ ENGRÁCIA – *Os grupos de sociedades/Estrutura e organização jurídica da empresa plurissocietária*, 1993;

– *Os derivados*, Cad MVM 30 (agosto 2008), 91-136;

– *Os instrumentos financeiros*, 2009;

– *Direito dos contratos comerciais*, 2009;

– *Os contratos bancários*, em Est. Ferreira de Almeida 2, 2011, 71-155.

ARANGIO-RUIZ, GAETANO – *Assegno bancario/diritto privato*, ED III (1958), 299-352.

ARAÚJO, FERNANDO – *Uma nota sobre carros usados*, Estudos Jurídicos e Económicos em Homenagem ao Professor João Lumbrales, 2000, 181-206;

– *Introdução à economia*, 3.ª ed., 2005.

ARCHER, MIGUEL – *Garantia bancária autónoma: autonomia, tipo(logia) e qualificação*, RB 74 (2012), 23-100.

ARENDTS, MARTIN – *vide* RÖSSNER, MICHAEL-CHRISTIAN.

ARISTOTLE – *Politics*, trad. inglesa de Carnes Lord, University of Chicago Press, Chicago, 1985, também confrontável na trad. de Benjamin Jowett, I, 2013.

ARNOLD, WOLFGANG – *Harmonisierung des Bankaufsichtsrechts: Entwicklungsstand und Perspektiven*, Bank 1990, 668-672;

– *Zur Wettbewerbsdiskussion in der deutschen Kreditwirtschaft*, Bank 2003, 516-520.

ARNOLD, WOLFGANG/STEUER, STEPHAN – *50 Jahre Zentraler Kreditausschuss: Entwicklungslinien des Retail Banking*, Bank 2003, 665-670.

ARORA, A. – *vide* PENN, G. A..

ARORA, PATRICK – *Reform des Depotrechts: Zunehmender Handlungsdruck*, Die Bank 2009, 14-16. v. nn. 228 e 232

ARTOPOEUS, WOLFGANG – *Global Banking erfordert neues Aufsichtssystem*, Bank 2000, 12-17.

ARTUS, PATRICK/VIRARD, MARIE-PAULE – *Globalisation / Le pire est à venir*, 2008.

ARTZ, MARCUS – *vide* BÜLOW, PETER.

ARTZ, MATHIAS/THIELLMANN, MICHAEL – *Bankgeschäfte mit der Unternehmensgesellschaft (haftungsbeschränkt)*, BKR 2010, 58-62.

ASCENSÃO, JOSÉ DE OLIVEIRA – *Direito Comercial* 1, 1986/87;

– *Teoria Geral do Direito Civil*, 1992;

– *Direito Comercial*, 3, *Títulos de crédito*, 1992;

– *Os derivados*, DVM 4 (2003), 41-68

ASCHWANDEN, PETER – *vide* HAPPE, PETER.

ASSIES, PAUL H./BEULE, DIRK/HEISE, JULIA/STRUBE, HARTMUT – *Handbuch des Fachanwalts/Bank- und Kapitalmarktrecht*, 4.ª ed., 2015

ASSMUTH, BERND – *vide* KLAMI, HANNU TAPANI.

ASTUTI, GUIDO – *Deposito (storia)*, ED XII (1964), 212-236.

ATHAYDE, AUGUSTO ALBUQUERQUE DE – *vide* ATHAYDE, AUGUSTO DE.

ATHAYDE, AUGUSTO DE/ATHAYDE, AUGUSTO ALBUQUERQUE DE/ATHAYDE, DUARTE DE – *Curso de Direito bancário*, 1.º vol., 1.ª ed., 1999, 2.ª ed., 2009.

ATHAYDE, AUGUSTO DE/BRANCO, LUÍS – *Direito bancário*, vol. 1.º, 1989.

ATHAYDE, DUARTE DE – *vide* ATHAYDE, AUGUSTO DE.

AUBRY/RAU/ESMEIN – *Droit civil français*, 6.ª ed., 1951.

AUERBACH, DIRK – *Banken- und Wertpapieraufsicht*, 2015.

AZEVEDO, ANTÔNIO JUNQUEIRA DE – *Negócio jurídico e declaração negocial/Noções gerais e formação da declaração negocial*, 1986.

AZEVEDO, MARIA EDUARDA – *O segredo bancário*, CTF 346-348 (1987), 73-124.

BAADE, REINHARD – *vide* DURSTBERGER, HERBERT.

BAADER, NICO – *Langfristorientierung und antizyklisches Handeln*, Bank, 2015, 7, 8-10;

BAAS, VOLKER – *Strategische Optionen für europäische Investmentbanken*, Bank 1998, 720-723.

BACHMANN, MARTWA – *vide* DÖNCH, KIRSTEN.

BACKE, FRIEDHELM DÜNN – *Mobilien-Leasing gibt Kommunen mehr Flexibilität in der Finanzplanung*, Sparkasse 1995, 491-492.

BAHLINGER, THOMAS – *Kreditgeschäft: Konsumentenkredit und Immobilienfinanzierung*, Bank 2015, 1, 28-30.

BÄLZ, KILIAN – *Zinsbeschränkungen in den arabischen Rechtsordnungen: die Answirkungen auf internationale Finanzierungsverträge*, BKR 2012, 277-280.

BALZER, PETER – anot. a BGH 24-Set.-2002, BKR 2002, 1092-1094.

BAMBERGER, HEINZ GEORG – *Anlageberatung*, em Derleder/Knops/Bamberger, *Handbuch zum deutschen und europäischen Bankrecht*, 2.ª ed., 2009, § 50.

Banco de Portugal/Legislação própria, seis volumes, 1946.

Bankrecht, da Beck, 25.ª ed., 1997, 29.ª ed., 2001, 32.ª ed., 2004, 33.ª ed., 2005; 36.ª ed., 2009; 40.ª ed., 2012; 43.ª ed., 2016.

BAPTISTA, EDUARDO CORREIA – *Natureza jurídica dos memorandos com o FMI e com a União Europeia*, ROA 2011, 476-488.

BARASSI, LUDOVICO – *Teoria generale delle obbligazioni*, III vol., 1946.

BARATA, CARLOS – *Ensaio sobre a natureza jurídica do contrato de depósito bancário*, 1993, polic.;

– *Contrato de depósito bancário*, em Estudos em Honra do Professor Doutor Inocêncio Galvão Telles 2, 2002, 7-66.

BARBOSA, ANA MAFALDA CASTANHEIRA NEVES – *Direito civil e sistema financeiro*, 2016.

BARKOW, PETER – *Crowdinvesting: Schwarm ohne Schwung?*, Bank 2015, 3, 18-19.

BASEDOW, JÜRGEN – no *Münchener Kommentar zum BGB*, 2a, §§ 241-432 (2003), § 305c;

– no *Münchener Kommentar zum BGB*, 2 (2005), 1013-1116 e 1402-1438 e 2, 6.ª ed. (2012), 1083-1191.

Basel III – A global regulatory framework for more resilient banks and banking systems, confrontável na Net.

BASINI, GIAN LUIGI – introdução a *Banche locali e sviluppo dell'economia/Parma e la Casse di Risparmio*, org. Gian Luigi Basini/Giancarlo Forestieri (1989), 3-24.

BASTOS, JACINTO RODRIGUES – *Das obrigações em geral*, 4, 1973.

BASTOS, MIGUEL BRITO – *O mútuo bancário/Ensaio sobre a estrutura sinalagmática do contrato de mútuo*, 2015.

BAUER, FLORIAN/BECHENBACH, ANDREAS – *Psychologisches statt rationales Pricing*, Die Bank 8.2008, 54-59.

BAUER, EKKERHARDT – *vide* HOLLÄNDER, DIRK.

BAUMANN, ANTJE – *vide* Bausch, Stephan.

BAUMBACH/HEFERMEHL – *Wechselgesetz und Scheckgesetz*, 21.ª ed., 1999.

BAUMBACH/HOPT – *HGB* 30.ª ed., 2000.

BAUMS, THEODOR – *Reform des amerikanischen Bankrechts*, ZBB 1991, 73-82.

BAUR, FRITZ/BAUR, JÜRGEN/STÜRNER, ROLF – *Lehrbuch des Sachenrechts*, 17.ª ed., 1999.

BAUR, GEORG – *Das neue Wertpapierhandelsrecht*, Die Bank 1997, 346-348.

BAUR, GEORG/BOEGL, MARTIN – *Die neue europäische Finanzmarktaufsicht/Der Grundstein ist gelegt*, BKR 2011, 177-186.

BAUR, JÜRGEN – *vide* BAUR, FRITZ.

BAURREIS, JOCHEN/NEUMANN, SYBILLE – *Frankreich*, em Peter Derleder/Kai-Oliver Knops/ /Heinz Georg Bamberger, *Handbuch zum deutschen und europäischen Bankrecht*, 2.ª ed., 2009, 1675 ss..

BAUSCH, STEPHAN – anotação a OLG Bamberg, 11-mai.-2009, BKR 2009, 304-306;
– anotação a OLG Stuttgart, 1-fev.-2012, BKR 2012, 303-307.

BAUSCH, STEPHAN/BAUMANN, ANTJE – anotação a OLG Stuttgart, 27-out.-2010, BB 2011, 146-147.

BAVETTA, GIUSEPPE – *La crisi del gruppo bancario*, 1997.

BECHENBACH, ANDREAS – *vide* BAUER, FLORIAN.

BECK, HEINZ – *Gesetz über die Deutsche Bundesbank*, 1957.

BECK, PETER – *Einwendungen bei eurocheque und Kreditkarte*, 1986.

BECKER, THOMAS – *Die Auslegung des § 9 Abs. 2 AGB-Gesetz*, 1986.

BECKER, WILLY – *vide* SPINDLER, JOACHIM VON;
– *vide* SPINDLER, JOACHIM.

BECKHUSEN, G. MICHAEL – *Bankgeheimnis*, em Peter Derleder/Kai-Oliver Knops/Heinz Georg Bamberger, *Handbuch zum deutschen und europäischen Bankrecht*, 2.ª ed., 2009, § 6.

BEENHAKKER, HENRI L. – *Risk Management in Project Finance and Implementation*, 1997.

BEHNSEN, ALEXANDER – *vide* EWER, WOLFGANG.

BEHRENS, PETER – *Niederlassungsfreiheit und Internationales Gesellschaftsrecht*, RabelsZ 52 (1988), 498-525.

BEILNER, THOMAS/WEBER, CLAUS – *Portfoliomanagement: die Performance stabilisieren*, Die Bank 6.2009, 38-41.

BEISEL, DANIEL/ANDREAS, FRIEDHOLD E. – *Due Diligence*, 2.ª ed., 2010.

BEITZKE, GÜNTHER – *Nichtigkeit, Auflösung und Umgestaltung von Dauerrechts-verhältnissen*, 1948.

BELESA, JOSÉ JÚLIO PIZARRO – *Teoria do juro/A controvérsia keynesiana*, 1955.

BELLI, CLAUDIO – *vide* TRIPODI, ENZO MARIA.

BELLING, DETLEV W./BELLING, JOHANNES – *Zahlungsdienstrecht und Bereicherungsausgleich bei nicht autorisierten Zahlungsvorgängen*, JZ 2010, 708-711.

BELLING, JOHANNES – *vide* Belling, Detlev W..

BELLINGER, DIETER – *Dynamisches Europageschäft deutscher Hypothekenbanken*, Bank 1999, 368-371;
– vide PLEYER, KLEMENS.

BELLIS, MARC/POULLET, YVES – *Emergence de la sûreté personnelle non acessoire*, em *Les garanties bancaires dans les contrats internationaux/Colloque de Tours des 19 et 20 juin 1980*, 1981, 153-162.

BELLOF, TILO/BERCHER, ARNDT G. – *Neue Geschäftsmodelle im Internet Banking*, Bank 1999, 318-321.

BEMMANN, MARTIN – *vide* GLEISSER, WERNER.

BENATTI, FRANCESCO – *Garanzia (Contratto autonomo di)*, NssDI/Appendice, III (1982), 918-925.

BENEDETTO, GIORGIO DE – *Lo sconto*, em Annamaria Ambrosio e outros, *I contratti bancari*, 1999, 123-178.

BENEYTO, JOSÉ MARÍA – *vide* HINOJOSA-MARTÍNEZ, LUIS M..

BÉNICHOU, IVAN/CORCHIA, DAVID – *Le financement de projets/Project Finance*, 2010.

BENJAMIN, JOANNA – *Financial Law*, 2008.

BENNA, RALF – *vide* ROLFES, BERND.

BENNA, RALF/HEYDOLPH, MANFRED/MISCHKE, THORSTEN – *Erfolgreiches Retail Banking durch Disagregation der Wertschöpfungsketten*, Bank 2003, 91-93.

BENNER, MARKUS – *Unternehmensfinanzierung durch Banken hat Zukunft*, Bank 10.2012, 56-59.

BENNET, MICHAEL – *Complexity and Its Discontents: Recurring Legal Concerns with Structure Products Practitioner Note*, NYU J L & Bus 7 (2011), 811-844.

BENTO, VITOR – *Crise económica, ou mais do que isso?*, RFPDF 2008, 4, 19-35.

BERCHER, ARNDT G. – *vide* BELLOF, TILO.

BERGER, KLAUS PETER/MEDICUS, DIETER – em PWW/BGB, 7.ª ed., 2012, § 311.

BERGER, MATHIAS/REPPLINGER, KARL PETER – *Neuordnung der Bundesbankorganisation*, Die Bank 1992, 632-638.

BERGFORT, MICHAEL – *vide* BÖHM, MICHAEL.

BERGLES, SIEGFRIED/EUL, HARALD – *Warndstein für international agierende Banken – vereinbar mit Datenschutz und Bankgeheimnis?*, BKR 2003, 273-280.

BERLIOZ, GEORGES – *Le contrat d'adhésion*, 1973.

BERNDT, HOLGER – *Elektronisches Geld – Geld der Zukunft?* Sparkasse 1995, 369-372.

BERNETT, AXEL/HAUG, ULRICH – em Herbert Schimansky/Hermann-Josef Bunte/Hans-Jürgen Lwowski, *Bankrechts-Handbuch* 1, 4.ª ed., 2011, § 51.

BERNSTEIN, OTTO – *Die Geschäftsbedingungen der Bankiers und ihre rechtliche Behandlung*, Bank-Archiv IV (1905), 166-171.

BERR, CLAUDE J. – *Réflexions prudentes sur certains aspects juridiques de la disparition annoncée du franc*, DS 1997, 301-304.

BERRY, JOHN – *ISDA Sets New Standard for Derivatives*, Int'l Fin L Rev 22 (2003), 19-22.

BETTE, KLAUS – *Das Factoring-Geschäft/Praxis und Rechtnatur in Deutschland im vergleich zu anderen Formen der Forderungs-Finanzierung*, 1973;
– *Factoring*, em Peter Derleder/Kai-Oliver Knops/Heinz Georg Bamberger, *Handbuch zum deutschen und europäischen Bankrecht*, 2004, § 23.
– *Factoring*, em Derleder/Knops/Bamberger, *Handbuch zum deutschen und europäischen Bankrecht*, 2.ª ed., 2009, 909-933

BETTI, EMILIO – *Zum Problem der Gefahrtragung bei zweiseitig verpflichtenden Verträgen*, SZRom 82 (1965), 1-23.

BEULE, DIRK – *vide* ASSIES, PAUL H..

BIANCA, C. MASSIMO – *Patto commissorio*, NssDI XII (1965), 711-721;
– *Diritto Civile* III – *Il contratto*, 1987;
– *Condizioni generali di contratto (tutela dell'aderente)*, DDP/SCiv, III (1990), 397-403.

BIEBER, KLAUS-DIETER – *Rechtsprobleme das ec-Geldautomaten*, WM 1987, Beil. n.° 6.

BIEG, HARTMUT – *Bankbilanzen und Bankenaufsicht*, 1983.

BILDA, KLAUS – *Wechsel- und Scheckrecht mit Grundzügen des Wertpapierrechts*, 1990.

BINDER, JENS-HINRICH – no *Bankrechts-Kommentar*, publ. Katja Langenbucher/Dirk H. Bliesener/Gerald Spindler, 2012, 2298 ss..

BINDER-DEGENSCHILD, LEO – *Die Entwicklung des Modernen Factoring*, em HAGENMÜLLER/SOMMER, *Factoring-Handbuch*, 2.ª ed., 1987, 25-32.

BIROCCHI, ITALO – *Rischio (diritto intermedio)*, ED 40 (1989), 1133-1143.

BISANI, HANS PAUL – *Meldungen ostdeutscher Kreditinstitute im Zahlungs- und Kapitalverkehr mit dem Ausland*, Sparkasse 1993, 422-423.

BITTNER, THOMAS – *vide* KURR, VOLKER.

BLAIR, WILLIAM/MAHER, FELICITY (consult.) – *Banking Law Handbook*, 8.ª ed., 2010.

BLATTNER, PETER – *vide* Böttcher, Jörg.

BLAUROCK, UWE – *Das Anerkenntnis beim Kontokorrent*, NJW 1971, 2206-2209;
– *Das Kontokorrent*, JA 1980, 691-696.

BLEY, CURT – *Tatsachen über Kredit und Kreditmissbrauch*, 1954.

BLIESENER, DIRK H. – *vide* LANGENBUCHER, KATJA.

BLOSS, MICHAEL/ERNST, DIETMAR/HÄCKER, JOACHIM/SÖRENSEN, DANIEL – *Financial Engineering*, 2012.

BOCCON-GIBOD, A. – *Banque de France*, no *Enzyklopädisches Lexikon für den Geld- Bank- und Börsenwesen*, 3.ª ed. (1967), vol. I, 171-176.

BOCCUZZI, GIUSEPPE – *The European Banking Union/Supervision and Resolution*, 2016.

BÖGE, ULF/WEBER, MANFRED – *Bankenfusionen: Wächst die Gefahr der Machtkonzentration?*, Bank 2000, 367.

BÖHM, MICHAEL/BERGFORT, MICHAEL – em Paul H. Assies/Dirk Beule/Julia Heise/Hartmut Strube, *Handbuch des Fachanwalts/Bank- und Kapitalmarktrecht*, 4.ª ed., 2015, 1426 ss..

BÖHMLER, CHRISTIAN e outros – *Multi Channel Banking 2020*, Bank 9.2011, 36-40.

BÖHNER – *Observations à propos de l'arret de la chambre commerciale de la Cour de Cassation du 7 Janvier sons l'angle du droit allemand, em Responsabilité du banquier*, publ. Ch. Gavalda, 1978, 91-100.

BONAVITACOLA, ROMANO – *Il factoring nella giurisprudenza*, 1996.

BONELLI, FRANCO – *Le garanzie bancaire a prima domanda nel commercio internazionale*, 1991.

BONELLI, GUSTAVO – *Sulla teoria del conto corrente*, RDComm XII (1914) 1, 825-834.

BONGARTZ, ULRICH – *Erfolgreiche Private Banking Strategien: Die Exklusiven und die Schnellen*, Bank 2003, 306-310.

BONIFACIO, FRANCO – *Deposito (diritto romano)*, NssDI V (1960), 495-497.

BONIFAZI, CARLO – *vide* POWER, MARK J..

BONNEAU, THIERRY – *Droit bancaire*, 9.ª ed., 2011, 10.ª ed., 2013 e 11.ª ed., 2015.

BONNEAU, THIERRY/DRUMMOND, FRANCE – *Droit des marchés financiers*, 3.ª ed., 2010.

BOOK, HEINZ – *Leasing in Deutschland* em Hagenmüller, *Leasing Handbuch*, 1965, 169-254.

BORK, REINHARD – *Staudingers Kommentar* I, §§ 134-163, 2010, § 145.

BOOS, KARL-HEINZ/FISCHER, REINFRID/SCHULTE-MATTLER, HERMANN – *Kreditwesengesetz/ /Kommentar zu KWG und Ausführungsvorschriften*, 2000.

BOOS, KARL-HEINZ/SCHULTE-MATTLER, HERMANN – *Neuregelungen des Eigenkapitalgrundsatzes*, Bank 1993, 358.

BORCHERT, MANFRED – *Geld und Kredit/Einführung in die Geldtheorie und Geldpolitik*, 8.ª ed., 2003.

BORGES, ANTÓNIO M. – *Problemas e perspectivas da banca portuguesa*, RB 7 (1988), 67-84.

BÖSCH, MARTIN – *Wertpapierabwicklung: Optimierung durch Outsourcing*, Bank 1998, 752-754.

BOSELLI, ALDO – *Alea*, NssDI I/1, reimpressão de 1974 468-476.

BÖTTCHER, JÖRG/BLATTNER, PETER – *Projektfinanzierung*, 2006.

BOVE, LUCIO – *Pegno (diritto romano)*, NssDI XII (1965), 763-766.

BOYLE, JAMES ERNST – *Speculation and the Chicago Board of Trade*, 1920, reimp. 2010.

BRABÄNDER, BERND – *Subprime-Krise: Die Rolle der Rating-Agenturen*, Die Bank 8.2009, 8-15.

BRANCA, C. M. – *Le condizioni generali di contrato*, 1.° vol., 1979.

BRANCO, CAMILLO CASTELLO – *A filha do arcediago*, 7.ª ed. conforme com a 3.ª, ultima revista pelo auctor, Parceria Antonio Maria Pereira (1926).

BRANCO, LUÍS – *vide* ATHAYDE, AUGUSTO DE.

BRANCO, LUÍS MANUEL BAPTISTA – *Conta-corrente bancária/da sua estrutura, natureza e regime jurídico*, RB 39 (1996), 35-85.

BRANCO, MANUEL CASTELO – *A garantia bancária autónoma no âmbito das garantias especiais das obrigações*, ROA 1993, 61-83.

BRÄNDLI, THOMAS – *Outsourcing/Vertrags-, Arbeits- und Bankrecht*, 2001.

BRANDNER, HANS ERICH – *vide* ULMER, PETER.

BRAUN, DIRK – *vide* NITZSCH, RÜDIGER VON.

BRAUN, MARC VON – *vide* WAGNER, BURKHARD.

BRECHMANN, WINFRIED – *Die richtlinienkonforme Auslegung*, 1994.

BREDOW, GÜNTHER M./VOGEL, HANS-GERT – *Kreditverkäufe in der Praxis/Missbrauchsfälle und aktuelle Reformansätze*, BKR 2008, 271-281.

BREHM, CHRISTIAN – *Das Venture-Capital-Vertragswerk*, 2011.

BREMSER, HORST – *vide* RUNGE, BERNDT.

BRICKS, HÉLÈNE – *Les clauses abusives*, 1982.

BRINGMANN, CORINNA – *Bankenbeihilfen im Zuge der Finanzkrise*, 2015.

BRITO, MARIA HELENA – *O contrato de concessão comercial*, 1990.

BRITTAN, Sir LEON – *Rumo ao mercado interno de serviços financeiros: a abordagem da Comissão da CEE*, RB 11 (1989), 105-117.

BROCKER, LARS – *Bankenaufsicht*, em Derleder, Peter/Knops, Kai-Oliver/Bamberger, Heinz Georg, *Handbuch zum deutschen und europäischen Bankrecht*, 2.ª ed., 2009.

BROX, HANS – *Handelsrecht und Wertpapierrecht*, 3.ª ed., 1983;
– *Allgemeines Schuldrecht*, 23.ª ed., 1996.

BRUCHNER, HELMUT – *Bankgeheimnis*, em Schimansky/Bunte/Lwowski, *Bankrechts-Handbuch* 1, 3.ª ed., 2007, § 39;
– *Geldwäsche*, em Schimansky/Bunte/Lwowski, *Bankrechts-Handbuch* 1, 3.ª ed., 2007, § 42.

BRÜCK, MICHAEL J. J./SCHALAST, CHRISTOPH/SCHANZ, KAY-MICHAEL – *Das Finanzmarktstabilisierungsgesetz: Hilfe für die Banken – Systemwechsel im Aktien- und Insolvenzrecht?*, BB 2008, 2526-2535.

BRUN, JEAN LE – *Le statut juridique des banques d'épargne* em August van Put e o., *Les banques d' épargne belges*, s/d, 299-373.

BRUNELLI, GIOVANNI – *Cauzione*, NssDI III (1959), 59-61.

BRUNN, JOHANN HEINRICH VON – *Die Formularmässigen Vertragsbedingungen der deutschen Wirtschaft/Der Beitrag der Rechtspraxis zur Rationalisierung*, 2.ª ed., 1956.

BRUNNER, CRISTOPH – *Wertrechte – nicht verurkundete Rechte mit gleicher Funktion wie Wertpapier*, 1996.

BRUNS, PATRICK – *Das Fälschungsrisiko der Banken*, 1999.

BUCHARD, ULRICH – *Kompetenz-Netzwerk versus Universalbank*, Bank 1997, 4-8.

BUCHARD, ULRICH/GERNANDT, KARL – *Europäische Expansion im Retail Banking*, Bank 1999, 20-24.

BUCHMÜLLER, PATRIK – *Basel II/Hinwendung zur prinzipienorientierten Bankenaufsicht*, 2008.

BÜHLER, DANIEL ZUBER – *Spannungsverhältnis zwischen Regulierung und Wettbewerbsfähigkeit*, SZW 1996, 201-210.

BULLMANN, ALEXANDER – *Deutsche Unternehmen: Ausländische Aktionäre gewinnen an Gewicht*, Bank 2.2009, 26-28.

BÜLOW, PETER – *Wechselgesetz/Scheckgesetz/Allgemeine Geschäftsbedingungen Kommentar*, 2.ª ed., 1995;
– *Sphärentheorie im Scheckvertragsrecht*, WM 1996, 8-10;
– *Recht der Kreditsicherheiten*, 8.ª ed., 2012;
– em Peter Derleder/Kai-Oliver Knops/Heinz Georg Bamberger, *Handbuch zum deutschen und europäischen Bankrecht*, 2.ª ed., 2009.

BÜLOW, PETER/ARTZ, MARCUS – *Verbraucherprivatrecht*, 2003.

BÜLTE, JENS – *Gesetzgebung Geldwäsche – Compliance as Vorbild oder abschreckendes Beispiel*, BB 2016.

BUNGARTZ, ULRICH – *vide* BURCHARD, ULRICH.

BUNGERT, HARTWIN – *Wertpapierbedingungen und Inhaltskontrolle nach dem AGB-Gesetz*, DZWir 1996, 185-199.

BUNTE, HERMANN-JOSEF – *Entwicklungen im Recht der Allgemeinen Geschäftsbedingungen – Ein Erfahrungsbericht nach 5 Jahren AGB-Gesetz*, BB Beilage Nr. 13/82 (1982), 2 ss.;
– em SCHIMANSKY/BUNTE/LWOWSKI, *Bankrechts-Handbuch*, 1, 4.ª ed., 2011, 26 ss.;
– *vide* SCHIMANSKY, HERBERT.

BUNZ, THOMAS – *Ist nur vollständige Information "angenossen"? Anforderungen an den Grad der Informiertheit bei unternehmerischen Entscheidungen*, Der Konzern 2012, 444-449.

BURANI, UMBERTO – *Rumo à realização do Mercado Financeiro Europeu: liberalização e transformação*, RB 10 (1989), 115-125.

BURCHARD, ULRICH/BUNGARTZ, ULRICH – *Fusionen: Der Reiz des schnellen Wachstums*, Bank 1998, 392-395.

BURKHARDT, THOMAS/NOLTE, BERND – *Der Supermarkt als Bankdienstleister: Fresh Banking in Grossbritannien*, Bank 1999, 80-83.

BUSCHBECK, PETER – *Die aktuelle Strategie der Citibank Privatkunden AG-Erfolgsfaktoren für 2003*, Bank 2003, 472-476.

BUTHURIEUX, ANDRÉ – *Responsabilité du banquier (Entreprise en difficulté/Crédit fautif/ Expertise)*, 2004.

Buttaro, Luca – *Assegno bancario, assegno circolare e assegni speciali*, NssDI I, 2 (1958), 1060-1094;
– *Assicurazione in generale*, ED III (1958), 427-454.

Butzke, Volker – *Die Einzahlungsbestätigung nach § 37 Abs 1 Satz 3 AktG als Grundlage der Bankenhaftung*, ZGR 1994, 94-112.

Bydlinsky, Peter – *Österreich*, em Peter Derleder/Kai-Oliver Knops/Heinz Georg Bamberger, *Handbuch zum deutschen und europäischen Bankrecht*, 2004, 1811 ss..

Cabral, Rita Amaral – *vide* Cordeiro, Menezes.

Cabreira, Thomaz – *O problema financeiro e a sua solução*, 1912;
– *O problema bancário portuguez*, 1915;
– *A política agrícola nacional*, 1920.

Cabrillac/Rives-Langes – anotação a Amiens, 24-Fev.-1969, RTDComm 1969, 1059-1060.

Cadilhe, Miguel – *Luzes e sombras da União Europeia e Monetária*, RB 16 (1990), 199-214.

Caeiro, António/Serens, Nogueira – *Responsabilidade do banco apresentante (ou cobrador) e do banco sacado pelo pagamento de cheques com endosso falsificado*, RDE IX (1983), 53-120.

Calais-Auloy/Steinmetz, Frank – *Droit de la consommation*, 6.ª ed., 2003.

Caldas, Júlio de Castro – *Sigilo bancário: problemas actuais*, em Diogo Leite de Campos e outros, *Sigilo bancário/Colóquio Luso-Brasileiro sobre Sigilo Bancário*, 1997, 33-45.

Calheiros, José Maria de Albuquerque – *O sector bancário e a CEE*, 1993.

Calheiros, Maria Clara – *O contrato de swap*, 2000.

Caltabiano, Alberto – *L' anticipazione bancaria*, em Giuseppe B. Portale (org.), *Le operazione bancaria* II, 1978, 549-566.

Calzolalo, Ermanno – *Il factoring in Europa*, 1997.

Camanho, Paula Ponces – anotação a RCb 12-Mai.-1998 (Távora Dias), nos *Estudos em Honra do Prof. Doutor Inocêncio Galvão Telles* 2, 2002, 102-130;
– *Do contrato de depósito bancário*, 2.ª ed., 2005.

Câmara, Paulo – *Obrigações indexadas e moeda única*, CMVM 4 (1999), 145-164;
– *Manual de Direito dos Valores Mobiliários*, 1.ª ed., 2009 e 2.ª ed., 2011.
– em António Menezes Cordeiro (org.), *Código das Sociedades Comerciais anotado*, 2.ª ed., 2011, 1147 ss.

Câmara, Paulo/Magalhães, Manuel (coord.) – *O novo Direito bancário*, 2012.

Camardi, Carmelita – *Le casse di risparmio/banche pubbliche e modelo societário*, 1988.

Campi, Cesare Coltro – *I contratti bancari nella giurisprudenza*, 1977.

Campobasso, Gian Franco – *Il bancogiro. Profili strutturali*, em Giuseppe B. Portale, *Le operazioni bancarie* II, 1978, 631-694;
– (org.) – *L'Eurosim*, 1997.

Campos, António de – *Sistema bancário e a recuperação de empresas*, RB 13 (1990), 57-75;
– anotação a STJ 10-Mai.-1989 (sem indicação de relator), RB 14 (1990), 106;

– *Luta contra a "lavagem de dinheiro"/Participação do sistema financeiro nessa luta*, RB 15 (1990), 127-158.

CAMPOS, DIOGO LEITE DE – *A responsabilidade do banqueiro pela concessão ou não concessão de crédito*, ROA 1986, 49-55;
– *Anatocismo/Regras e usos particulares do comércio*, ROA 1988, 37-62;
– *A locação financeira (Estudo preparatório de uma reforma legislativa)*, 1994;
– *A locação financeira*, 1995;
– *O sigilo bancário*, em Diogo Leite de Campos e outros, *Sigilo bancário/Colóquio Luso-Brasileiro sobre Sigilo Bancário*, 1997, 13-17;
– (org.) *Titularização de créditos*, 2000.

CANARIS, CLAUS-WILHELM – *Ansprüche wegen "positiver Vertragsverletzung" und "Schutzwirkung für Dritte" bei nichtigen Verträgen*, JZ 1965, 475-482;
– *Funktionen und Rechtsnatur des Kontokorrents*, FS Hämmerle (1972), 55-78;
– *Die Bereicherungsausgleich im bargeldlosen Zahlungsverkehr*, WM 1980, 354-371;
– *Die Vertrauenshaftung im deutschen Privatrecht*, 1971, reimp. 1983;
– *Bankvertragsrecht*, 1, 3.ª ed., 1988;
– *Pensamento sistemático e conceito de sistema na Ciência do Direito*, trad. port. de António Menezes Cordeiro, publ. Fundação Calouste Gulbenkian, 1989;
– *Schuldrechtsmodernisierung*, 2002;
– *vide* HUECK, ALFRED;
– *vide* LARENZ, KARL.

CANARIS, CLAUS-WILHELM/HABERSACK, MATHIAS/SCHÄFER, CARSTEN – *Bankvertragsrecht* 1, 2016.

CANNU, PAUL LE/GRANIER, THIERRY/ROUTIER, RICHARD – *Instruments de paiement et de crédit/Titrisation*, 8.ª ed., 2010.

CANOTILHO, J. J. GOMES/MOREIRA, VITAL – *Constituição da República Portuguesa Anotada*, 3.ª ed., 1993.

CANOTILHO, J. J. GOMES/CASTRO, PAULO CANELAS DE – *Constitucionalidade do sistema de liquidação coactiva administrativa de estabelecimentos bancários, previsto e regulado no Decreto-Lei n.° 30:689, de 27 de Agosto de 1940*, RB 23 (1992), 57-87.

CAPALDO, LUIGI/CAVALLI, GINO – *Contratti bancari – 2. Il credito documentario – Lo sconto*, 1993.

CAPRARA, UGO – *La banca/principii di economia delle aziende di credito*, 1982.

CAPRIGLIONE, FRANCESCO (org.) – *Manuale di diritto bancario e finanziario*, 2015.
– *vide* ALPA, GUIDO.

CARBONNIER, JEAN – *Droit civil/Les biens* (ed. 2004), n.° 671 ss..

CARMO, JOAQUIM ANTÓNIO MEIRA DO – *Dívida pública portuguesa/Apólices pequenas/papel moeda*, 1947.

CARNELL, RICHARD SCOTT/MACEY, JONATHAN R./MILLER, GEOFFREY P. – *The Law of Banking and Financial Institutions*, 4.ª ed., 2008.

CARNEVALI, UGO – *I problemi giuridici del factoring*, em Giuseppe B. Portale, *Le operazioni bancari* II, 1978, 793-830.

CARPINO, BRUNETTO – *Cassa rurale ed artigiana*, NssDI/App I (1980), 1069-1070.

CARR, SEAN D. – *vide* ROBERT, BRUNER F..

CARRATO, ALDO – *vide* SEGRETO, ANTÓNIO.

CARRIERO, GIUSEPPE – *Statuto dell'impresa di investimento e disciplina del contratto nella riforma del mercato finanziario*, 1997.

CARUSO, ENRICO – *Le dichiarazioni d'intenti*, em Realmonte, *I rapporti giuridici preparatori*, 1996, 275-323.

CARVALHO, LUÍS NANDIM DE – *As instituições de crédito do sector público em Portugal*, RBr 22 (1970), 49-94.

CARVALHO, LUÍS PAULO FIGUEIREDO – *Os sistemas de supervisão prudencial na União Europeia*, 2003.

CARVALHO, RICARDO BENOLIEL – *Aspectos do regime legal do depósito bancário*, RBr 25 (1971), 37-65;
– *Notas sobre a abertura de crédito bancário*, RBr 29 (1972), 25-57.

CARVALHO, SÓNIA ALEXANDRA MOTA DE – *O contrato de* factoring *na prática negocial e sua natureza jurídica*, 2007.

CASIMIRO, SOFIA DE VASCONCELOS – *A responsabilidade civil pelo conteúdo da informação transmitida pela Internet*, 2000.

CASPER, MATHIAS – em Peter Derleder/Kai-Oliver Knops/Heinz Georg Bamberger, *Handbuch zum deutschen und europäischen Bankrecht*, 2.ª ed., 2009, § 3;
– *Persönliche Aussenhaftung der Organe bei fehlerhafter Information des Kapitalmarkts?*, BKR 2005, 83-90.

CASSANDRO, GIOVANNI – *Assicurazione (storia)*, ED III (1958), 420-427.

CASTAGNINO, JOHN-PETER – *Derivatives/The Key Principles*, 3.ª ed., 2010.

CASTALDI, GIOVANNI – *vide* FERRO-LUZZI, PAOLO.

CASTRO, PAULO CANELAS DE – *vide* CANOTILHO, J. J. GOMES.

CAUSSE, HERVÉ – *Droit bancaire et financier*, 2015

CAVALLI, GINO – *vide* CAPALDO, LUIGI.

CAVALLO, ALDO – *Le operazioni bancarie in conto corrente*, em Annamaria Ambrosio, *I contratti bancari*, 1999, 275-329.

CECCHERINI/GENGHINI – *I contratti bancari nel Codice Civile*, 1996.

CERCONE, ROBERTO – em Pietro Rescigno, *Codice civile*, 2, 7.ª ed., 2008, artigos 1842.º-1846.º.

CHANGA, ABOOBACAR – *Constituição das instituições de crédito em Moçambique*, em *Temas de Direito bancário*, 1999, 69-101.

CHOI, STEPHEN J./GULATI, G. MITU – *Contract as Statute*, Mich L Rev 104 (2006), 1129-1173.

CHORAFAS, DIMITRIS N. – *Financial boom and gloom: the credit and banking crisis of 2007-2009 and beyond*, 2009.

CIAN/TRABUCCHI – *Commentario breve al Codice Civile*, 4.ª ed., 1992.

CIMIOTTI, GERD – *vide* AEPFELBACH, ROLF R..

CIRILLO, ANTONIO – *Nifs, swaps ed option/Operazione bancarie innovative*, 1990.

CLASEN, RALF – *vide* KRÖGER, DETLEF.

CLAUSSEN, CARSTEN PETER – *Bank- und Börsenrecht*, 3.ª ed., 2003 e 4.ª ed., 2008;
– *Bank- und Börsenrecht/Für Studium und Praxis*, 4.ª ed., 2008.

CLAUSSEN, CARSTEN PETER/ERNE, ROLAND – *Bank- und Börsenrecht*, 2.ª ed., 2000.

CLÉMENT, JEAN-FRANÇOIS – *Le banquier, vecteur d'informations*, RTDComm 50 (1997), 203-228.

CLONEY, KARL – *Debt-for-equity swaps* (s/d), *Paper* na Net.

Code monetaire et financier, ed. LexisNexis, org. Didier Martin, 2013.

Code Monétaire et Financier, ed. Dalloz, 3.ª ed., 2013.

Code monétaire et financier, edição de Michel Storck/Jérôme Lassere Capdeville, 5.ª ed., 2015.

COELHO, CARLOS – *O IFADAP (Instituto Financeiro de Apoio ao Desenvolvimento da Agricultura e Pescas) e o crédito agrícola*, RDE 4 (1978), 213-239.

COELHO, JOSÉ GABRIEL PINTO – *Operações de banco*, Coimbra, 1949-1950.

COESTER, MICHAEL/COESTER-WALTJEN, DAGMAR/SCHLOSSER, PETER – comentário publicado no *STAUDINGERS Kommentar*, 13.ª ed., 1998, como volume autónomo.

COESTER-WALTJEN, DAGMAR – *Änderungen im Recht der Allgemeinen Geschäftsbedingungen*, Jura 1997, 272-275;
– *vide* COESTER, MICHAEL;
– *vide* SCHLOSSER, PETER.

COFFINIÈRES, ANTOINE-SIMÉON-GABRIEL – *De la bourse et des spéculations sur les effets publics*, 1824.

COING, HELMUT – *Eine neue Entscheidung zur Haftung der Banken wegen Gläubigergefährdung* WM 1980, 1026-1030.

Collecção das Leys, Decretos, e alvarás, que comprehende o feliz reinado delrey fidelissimo D. José I. nosso Senhor, tomo III, 1775.

Collecção de Leis e outros Documentos Officiaes publicados desde o 1.° de Janeiro até 9 de Setembro de 1836, 5.ª série, 1836.

COLOMBO, GIOVANNI E. – *L'estinzione dell'apertura di credito*, em GIUSEPPE B. PORTALE (org.), *Le operazioni bancarie*, tomo II, 1978, 523-548.

Compendio di diritto bancario, 14.ª ed., 2016.

CONREDER, CHRISTIAN/SCHILD, ULRIKE – *Entwurf des Gesetzes zur Umsetzung der sog. Zahlungskontenrichtlinie – Ein Überblick*, BKR 2016, 89-94.

CONSOLO, GIUSEPPE – *Aspetti pubblicistici e privatistici del mutuo di scopo*, 1990.

CONTAMINE-RAYNAUD, MONIQUE – *vide* RIVES-LANGE, JEAN-LOUIS.

COOKE, WILLIAM PETER – *Centros financeiros internacionais/As autoridades perante a desregulamentação e a supervisão*, RB 4 (1987), 27-48.

CORDEIRO, A. BARRETO MENEZES – *Negative Pledge: um estudo comparatístico*, O Direito 142 (2010), 497-538;
– *Do* Trust *no Direito civil*, 2013;
– *Sistema jurídico da Luisiana: desenvolvimentos históricos e bases dogmáticas*, O Direito (2013), 847-871;
– *Direito dos valores mobiliários* 1, 2015 e 2, 2017, no prelo.

CORDEIRO, ANTÓNIO MENEZES – *Obrigações em moeda estrangeira e taxas de juros*, O Direito 106-119 (1974/87), 119-145;
– *Direito da economia*, 1, 1986;
– *Concessão de crédito e responsabilidade bancária*, BMJ 357 (1986), 5-66;
– *Da pós-eficácia das obrigações*, em *Estudos de Direito Civil* 1, 1987, 143-197;
– *A "impossibilidade moral": do tratamento igualitário ao cumprimento das obrigações*, em *Estudos de Direito Civil* 1, 1987, 97-114;

– *Do contrato de franquia (franchising)/Autonomia privada versus tipicidade negocial*, ROA 1988, 63-84;
– *Teoria Geral do Direito Civil/Relatório*, 1988;
– *Ciência do Direito e Metodologia Jurídica nos Finais do Século XX*, 1989;
– *Compra e venda internacional, inflação e moeda estrangeira*, anotação a RLx 7-Mai.-1987 (Ricardo da Velha), RDES XXX (1989), 69-93;
– *Teoria geral do Direito civil*, 2.° vol., 2.ª ed., 1990;
– *Banca, bolsa e crédito*, vol. 1.°, 1990;
– *Manual de Direito do trabalho*, 1991;
– anot. a STJ 19-Fev.-1991 (Beça Pereira), ROA 1991, 525-541;
– *Direitos Reais*, reprint, 1993;
– *Das cartas de conforto no Direito bancário*, 1993;
– *Da cessão financeira (factoring)*, 1994;
– *Convenções colectivas de trabalho e alterações de circunstâncias*, 1995;
– *Vícios ocultos nos bens privatizados: subsídios para a análise da privatização da Sociedade Financeira Portuguesa/Parecer*, em AAVV, *A privatização da Sociedade Financeira Portuguesa*, 1995, 79-143;
– *Aquisição de empresas/Anotação ao acórdão do Tribunal Arbitral de 31-Mar.-1993*, ROA 1995, 37-104;
– *Empréstimo "cristal": natureza e regime/Parecer*, O Direito 127 (1995), 463-509
– *A boa fé nos finais do século XX*, ROA, 1996, 887-912;
– *Ofertas públicas de aquisição*, ROA 1996, 499-533;
– *Da responsabilidade civil dos administradores das sociedades comerciais*, 1996;
– *Da boa fé no Direito civil*, 1985, 7.ª reimp., 2013;
– *Regime português do euro: um anteprojecto*, RFDUL 2001, 515-531;
– *Da compensação no Direito civil e no Direito bancário*, 2003;
– *Convenções colectivas de trabalho e Direito transitório: com exemplo no regime de reforma do sector bancário*, ROA 2004, 65-95;
– *Da modernização do Direito civil*, 1, 2004;
– *Da natureza civil do Direito do consumo*, O Direito 136 (2004), 605-640;
– *Do penhor de seguros/Subsídios para o estudo da utilização de seguros com função de garantia*, 2004, inédito;
– *Vernáculo jurídico: directrizes ou directivas?*, ROA 2004, 609-614;
– *A natureza civil do Direito do consumo*, em Estudos em Memória do Prof. Doutor António Marques dos Santos, 2005, 1, 675, 711;
– *Do Direito privado como Direito comum português*, em Estudos em Homenagem ao Prof. Ruy de Albuquerque, 2005, 1-27;
– *Direito europeu das sociedades*, 2005;
– *A Lei dos direitos dos utentes das auto-estradas e a Constituição (Lei n.º 24/2007, de 18 de Julho)*, ROA 2007, 529-572;
– *Introdução à prestação de contas*, 2008;
– *Da nacionalização do BPN*, RDS 2009, 57-91;
– *A crise planetária de 2007/2010 e o governo das sociedades*, RDS 2009, 263-286;
– *A tutela do consumidor de produtos financeiros e a crise mundial de 2007/2010*, ROA 2009, 603-632;

– *Direito das sociedades*, 1, 3.ª ed., 2011 e 2, 2.ª ed., reimp., 2014;
– *Tratado de Direito civil* I, 4.ª ed., 2012; II, 4.ª ed., 2014; IV, 3.ª ed., 2011; V, 2.ª ed., 2015, 2014; VI, 2.ª ed., 2012; VII, reimp., 2014; VIII, reimp., 2014; IX, 2.ª ed., 2016; X, 2015;
– *Litigância de má fé, abuso do direito de acção e culpa in agendo*, 3.ª ed., 2013;
– *Direito bancário*, 2.ª ed., 2001, 757 pp., 3.ª ed., 2008[2988], 1050 pp. e 4.ª ed., 2010, 1186 pp.,
– *Direito bancário*, 5.ª ed., 2014, 1390 pp. e 6.ª ed., 2016.
– *Direito dos seguros*, 2013; 2.ª ed., 2016;
– *Direito comercial*, 4.ª ed., 2016;
– *vide* as obras indicadas em *advertências*;
– *vide* CANARIS, CLAUS-WILHELM;
– *vide* COSTA, ALMEIDA.

CORDEIRO, ANTÓNIO MENEZES/CABRAL, RITA AMARAL – *Aquisição de empresas/Vícios na empresa privatizada, responsabilidade pelo prospecto,* culpa in contrahendo, *indemnização*, separata da ROA, 1994.

CORDEIRO, ANTÓNIO MENEZES/MORGADO, CARLA TEIXEIRA – *Leis dos seguros anotadas*, 2002.

CORDEIRO, LUCIANO – *A crise e os bancos*, 1877;
– *A questão do privilégio do Banco de Portugal*, 1873;
– *Os bancos e os seus directores*, 1877.

CORNO, GIOVANNI (apres.) – *Operazioni bancarie e responsabilità del banquiere*, 1987.

CORREIA, A. FERRER – *Lições de Direito Comercial*, vol. III, *Letra de câmbio*, 1966;
– *Notas para o estudo do contrato de garantia bancária*, RDE VIII (1982) 2, 247-258;
– *Lições de Direito Comercial*, 1973, *reprint*, 1994.

CORREIA, FERRER/SÁ, ALMENO DE – *Cessão de créditos, emissão de cheque, compensação/ Parecer*, CJ XV (1990) 1, 39-56.

CORREIA, FRANCISCO MENDES – *Moeda bancária e cumprimento: o cumprimento das obrigações pecuniárias através de serviços de pagamento* (2015).

CORTEZ, FRANCISCO – *A garantia bancária autónoma – Alguns* problemas, 1991, policop., e ROA 1992, 513-610.

COSTA, CARLOS FELÍCIO DA/FLORIM, JOSÉ – *Do leasing ou da locação financeira*, 1996.

COSTA, CARLOS S. – *As implicações da criação de um espaço financeiro europeu*, RB 13 (1990), 91-115.

COSTA, MÁRIO JÚLIO DE ALMEIDA – *Raízes do censo consignativo/Para a história do crédito medieval português*, 1961;
– *Responsabilidade civil pela ruptura das negociações preparatórias de um contrato*, 1984;
– *Nótula sobre o regime das cláusulas contratuais gerais após a revisão do diploma que instituiu a sua disciplina*, separata de DJ, 1997;
– *Direito das obrigações*, 12.ª ed., 2009.

[2988] A 3.ª ed. deste *Manual* foi totalmente revista, em relação à 2.ª; devidamente datada, tem o sentido de uma obra autónoma.

COSTA, MÁRIO JÚLIO ALMEIDA/CORDEIRO, ANTÓNIO MENEZES – *Cláusulas contratuais gerais/Anotação ao Decreto-Lei n.° 446/85, de 25 de Outubro*, 1986.

COSTA, MÁRIO JÚLIO ALMEIDA/MONTEIRO, ANTÓNIO PINTO – *Garantias bancárias/O contrato de garantia à primeira solicitação/Parecer*, CJ XI (1986) 5, 15-34.

COSTI, RENZO – *L'ordinamento bancario*, 5.ª ed., 2012.

COTTINO, GASTONE – *Diritto commerciale*, vol. II, 1978.

COURBIS, BERNARD/SOUSI, BLANCHE – *L'euro, réalité monétaire dès 1999*, DS 1997, 309-311.

COURET, ALAIN – *vide* DEVÈZE, JEAN.

COURET, ALAIN/NABASQUE, HERVÉ LE – *Droit financier*, 2.ª ed., 2010.

COURTIN, CARL – *Allgemeine deutsche Wechselordnung vom 26. November 1840*, 2.ª ed., 1849.

COVIELLO, LEONARDO – *Delle ipoteche nel diritto civile italiano*, 2.ª ed., 1936.

CRAMER, JÖRG-ENGELBRECHT – *Zukunftsaussichten der Privatbankiers*, WM 1998, 226-227.

CRANSTON, ROSS – *Principles of Banking Law*, 3.ª ed., 2014.

CRAWFORD, GEORGE/SEN, BIDYUT – *Derivatives for Decision Makers: Strategic Management Issues*, 1996.

CRISÓSTOMO, ANA CRISTINA BORGES MALHÃO – *Instituições de crédito com sede no estrangeiro*, 1997, polic.;
– *A reserva de interesse geral na actividade bancária*, 1999, polic..

CULLEN, PETER – *Brexit – ein Projekt der Unvernunft*, EuZW 2016, 401-402.

CUNHA, MIGUEL – *Os futuros da bolsa: características contratuais e de mercado*, DVM 1 (1999), 63-132.

CUNHA, PAULO – *Da garantia nas obrigações*, 1, 1938-39.

CUNHA, PAULO DE PITTA E – *Os direitos de saque especiais – Nova forma de liquidez internacional*, RBr 10 (1967), 24-52;
– *Sobre dois recentes diplomas em torno da reestruturação do sector financeiro*, RBr 18 (1969), 3-17;
– *Reflexões sobre a União Europeia*, RB 21 (1992), 111-124;
– *Integração Europeia/Estudos de Economia, Política e Direito Comunitários*, 1993;
– *A União Económica e Monetária e o objectivo da moeda única*, RB 38 (1996), 75-87.

CUNHA, PAULO OLAVO – *Cheque e convenção de cheque*, 2009.

CUNNINGHAM, DANIEL – *Swaps: Codes Problems and Regulation*, Int'l Fin L Rev 5 (1986), 26-35.

CZELKE, ANDREA – *vide* MEDER, STEPHAN.

DAHM, JOACHIM – *Banken im Spannungsfeld zwischen Staat und Kunden/Der Versuch einer Standortbestimmung am Beispiel der Weitergabe von Daten au staatliche Stellen*, ZIP 1996, 1285-1292.

DALL'AGLIO, MICHAELA – *Il frutto del denaro: la cassa di Parma dal 1860 al 1895*, em Gian Luigi Basini/Giancarlo Forestieri (org.), *Banche locali e sviluppo dell'economia/ Parma e la Casse di Risparmio*, 1989, 25-156.

DALMARTELLO, ARTURO/PORTALE, GIUSEPPE B. – *Deposito (diritto vigente)*, ED XII (1960), 236-274.

DAMMANN, REINHARD/SAMOL, MICHAEL – *Massnahmen gegen die Finanzmarktkrise/ /Frankreich*, RIW 2009, 57-60.

DANZ – *Laienverstand und Rechtsprechung*, JhJb 38 (1898), 372-500.

DASH, MIKE – *Tulpenwahn/Die verrückteste Spekulation der Geschichte*, 2001.

DÄUBLER, WOLFGANG – *Kleine und grosse Bankkunden*, NJW 2000, 1535-1536.

DAUNER-LIEB, BARBARA – *Auf dem Weg zu einem europäischen Schuldrecht*, NJW 2004, 1431-1434.

DAUTO, USSUMANE ALY – *Abertura de conta bancária*, em *Temas de Direito bancário*, 1999, 317-379.

DAVIES, GLYN – *A History of Money/From Ancient Time to the Present Day*, 1994, reimp. 1995.

DECKER, CHRISTIAN – *Internationale Projektfinanzierung: Konzeption und Prüfung*, 2008.

DEGENER, JAN-MORITZ – *vide* MEYER, HEINRICH.

DEGOS, JEAN-GUY – *Histoire de la comptabilité*, 1998.

DEKEUWER-DÉFOSSEZ, FRANÇOISE – *Droit bancaire*, 10.ª ed., 2010.

DELGADO, ABEL – *Lei Uniforme sobre cheques*, 5.ª ed., 1990.

DEMUTH, BJÖRN/KAISER, DANIEL – *Die Folgen der Zinsschranken auf PPP-Projekte nach dem neuen BMF-Schreiben vom 4.7.2008*, BB 2008, 2497-2501.

DERLEDER, PETER – *Die vollharmonisierende Europäisierung des Rechts der Zahlungsdienste und des Verbraucherkredits*, NJW 2009, 3195-3202.

DERLEDER, PETER/KNOPS, KAI-OLIVER/BAMBERGER, HEINZ GEORG – *Handbuch zum deutschen und europäischen Bankrecht*, 2004, 2.ª ed., 2009.

DERLEDER, PETER/METZ, RAINER – *Die Nebenentgelte der Banken-Rechtsgrundlagen und rechtliche Grenzen*, ZIP 1996, 573-585;
– *Die Nebenentgelte der Banken – Zur Zulässigkeit der einzelnen "Gebühren"*, ZIP 1996, 621-630.

DERMINE, JEAN (ed.) – *European Banking in the 1990s*, 2.ª ed., 1993.

DESCHANEL, JEAN-PIERRE – *Droit bancaire/L'institution bancaire*, 1995.

DESGORCES, RICHARD – *Relecture de la théorie du compte courant*, RTDComm 50 (1997), 383-394.

DESIDERIO, LUIGI – *vide* MOLLE, GIACOMO.

DESOUZA, KEVIN C. – *vide* POWER, MARK J..

DEUTSCH, MARKUS – *Datenschutz und Funktionsauslagerung*, AAVV, *Funktionsauslagerung (Outsourcing) bei Kreditinstituten* (2001), 129-152.

DEVÈZE, JEAN/COURET, ALAIN/HIRIGOYEN, GÉRARD – *Lamy – Droit du fi nancement*, 2010.

DEWATRIPONT, MATHIAS/TIROLE, JEAN – *The Prudencial Regulation of Banks*, trad. ingl., 1994.

DEWITZ, BERND V. – *Gefälligkeitsverhältnisse im Bürgerlichen Recht*, 1939.

DEZZANI, FLAVIO/PISONI, PIERO/PUDDU, LUIGI – *Swap, option, future/contabilità e bilancio*, 1997.

DIAS, JOANA FORTE PEREIRA – *Contributo para o estudo dos actuais paradigmas das cláusulas de garantia e/ou segurança: a pari passu, a negative pledge e a cross default* em Est. Galvão Telles 4, 2003, 879-1029.

Die Sparkassen in der EG/historische Entwicklung und Zukunftsperspectiven, correspondente ao *Sparkassenhistorisches Symposium 1989*, org. pela *Gesellschaft zur Förderung der wissenschaftlichen Forschung über das Spar- und Girowesen,* 1990.

DIETZI, HANSPETER – *Outsourcing von Dienstleistungen durch Banken und Effektenhändler nach schweizerischem Recht*, em AAVV, *Funktionsauslagerung (Outsourcing) bei Kreditinstituten*, 2001, 111-127.

DILLER, MARTIN/GÖPFERT, BURKARD – *Rettungsfonds für Banken: Eingriffe in Vorstandsverträge und – bezüge*, DB 2008, 2579-2584.

DIRICHS, JOACHIM – *Die Haftung der Banken für Rat und Auskunft,* 1976;
– *Zur Haftungsbeschränkung bei Bankauskünften*, WM 1979, 626-630.

DISTERER, GEORG – *vide* WALTER, RALPH.

DITTRICH, ALFRED – *Das Zweite Euro-Einführungsgesetz*, NJW 1999, 2015-2016;
– *Das Dritte Euro-Einführungsgesetz*, NJW 2000, 487-488.

DITTRICH, KURT – *Die gesetzlichen Regelung der Geldwäsche und ihre Reform/Eine Praxisanalyse*, DStR 1998, 342-347.

DLUGOSCH, OLIVER – *Prozessoptimierung in der Bankberatung*, Die Bank 10.2011, 70-74;
– *Finanzdienstleistungen: dem Omnikanal- Banking gehört die Zukunft*, Bank 6.2013, 38-41.

DOBEL, ANGELA – *vide* SIMON, STEFAN.

DOMBRET, ANDREAS R. – *vide* KERN, HOLGER J..

DÖNCH, KIRSTEN/BACHMANN, MARTWA – *Verwaltung von Investmentdepots – Outsourcing als Lösungsansatz*, Bank 1999, 244-247.

DORN, FRANZ – no HKK/BGB, II/1 (2003), §§ 244.

DOSSETTO, M. – *Contratto per adesione*, NssDI IV (1960), 536.

DOWEN, JONAS – *Chanda Kochlar: Die Sari- Bankerin*, Bank 7.2009, 76-77.

DRAETTA, UGO – *vide* MOSCARINI, LUCIO VALERIO.

DRUMMOND, FRANCE – *vide* BONNEAU, THIERRY.

DU CANGE – *Glossarium Mediae et Infimae Latinitatis* VI, 1954, reimp..

DUARTE, JORGE DIAS – *Lei n.° 5/2002, de 11 de Janeiro/Breve comentário aos novos regimes de segredo profissional e de perda de bens a favor do Estado*, RMP 2003, 141-154.

DUARTE, RUI PINTO – *A locação financeira (estudo jurídico do leasing financeiro)*, s/d, mas 1983;
– *Notas sobre o contrato de factoring*, em *Novas Perspectivas do Direito Comercial*, publ. pela Faculdade de Direito de Lisboa/Centro de Estudos Judiciários, 1988, 141-158;
– *A regulação pelo RGICSF das anteriormente chamadas instituições parabancárias*, RB 25 (1993), 55-70;
– *O controlo da identidade dos sócios das instituições de crédito e das sociedades financeiras*, RB 26 (1993), 73-86;
– *Tipicidade e atipicidade dos contratos*, 2000;
– *O jogo e o Direito*, Themis 2/3 (2001), 69-93.

DUPLAT, J. L. – *O impacto do euro nos mercados de valores mobiliários*, CMVM 5 (1999), 183-189.

DURSTBERGER, HERBERT/BAADE, REINHARD – *Personalentwicklung – strategischer Erfolgsfaktor für Banken*, Bank 1997, 146-149.

EATWELL, JOHN – *vide* NEWMAN PETER.

ECKE, DANIEL – *Islamic Banking/Grundlagen und Potenzial in Deutschland*, 2012.

ECKERT, HANS-GEORG – *Miete, Pacht und Leasing im neuen Insolvenzrecht*, ZIP 1996, 897-909.

ECKERT, HANS-WERNER – *Das neue Recht der Allgemeinen Geschäftsbedingungen*, ZIP 1996, 1238-1241.

ECKSTEIN, WOLFRAM – *25 Jahre Leaseeurope*, FLF 1996, 186-189.

EDELMANN, HERVÉ – *Gibtes eine Hinweispflicht des Anlagevermittlers – beraters auf negative Pressberichterstattungen?*, BKR 2003, 438-444.

EDWARDS, STEVEN – *Legal Principles of Derivatives*, JBL 2002, 1-32.

EG – Vorhaben zum Bankaufsichtsrecht, Die Bank 1993, 250-251.

EGGER, HARTMUT/EGGER, PETER – *Outsourcing and Trade in a Spatial World*, 2004.

EGGER, PETER – *vide* EGGER, HARTMUT.

EHLERS, HANS – *Durchsuchung – Beschlagnahme – Bankgeheimnis*, BB 1978, 1513-1518.

EHLING, HEINRICH – *Zivilrechtliche Probleme der vertraglichen Ausgestaltung des Inland-Factoring-Geschäfts in Deutschland*, 1977.

EHRICKE, ULRICH/KEMPEN, BERNHARD – em Streinz/Ohler, *EUV/EGV*, 2003, EUV/AEUV, 2.ª ed. (2012), Art. 282.

EICK, WOLFGANG – *Das Problem der gemischten Verträge*, 1984.

EINBOCK, STEFAN – *Vorvertragliche Pflichten der Kreditinstitute im Kreditgeschäft und im Wertpapiergeschäft/Eine vergleichende Betrachtung unter Berücksichtigung des Wertpapierhandelsgesetzes*, 2015.

EINSELE, DOROTHEE – *Das neue Recht der Banküberweisung*, JZ 2000, 9-19;
– *Bank- und Kapitalmarktrecht/Nationale und Internationale Bankgeschäfte*, 2006, *idem* 3.ª ed., 2014.

Elementos para o estudo dos sistemas bancários, RBr 37/38 (1974), 5-37.

ELLINGER, E. P./LOMNICKA, EVA – *Modern Banking Law*, 5.ª ed., 2010.

ELLIS, NAN S. – *vide* SOUZA, FRANK D'.

EMMERICH, VOLKER – *Das Recht der Leistungsstörungen*, 5.ª ed., 2003;
– *Münchener Kommentar BGB*, 4.ª ed. a (2003), § 311.
– *vide* WESTPHALEN, FRIEDRICH GRAF VON.

ENGELBRECHT, CHRISTOPH – *Logistikoptimierung durch Outsourcing/Erfolsgswirkung und Erfolsfaktoren*, 2004.

ENGELKE, FRIEDRICH – *Faktische Geschäftsführung durch Kreditinstitute?*, Bank 1998, 431-433.

ENNECCERUS, LUDWIG/LEHMANN, HEINRICH – *Recht der Schuldverhältnisse/Ein Lehrbuch*, 15.ª ed., 1958;
– *Derecho de obligaciones* (trad. cast.), vol. II, 1944.

ENTEMANN, KLAUS – *Automobile Finanzdientsleistungen in Indien: Der Reiz rapiden Waxhstums*, Bank 4.2013, 408-411.

ERNE, ROLAND – em Carsten Peter Claussen, *Bank- und Börsenrecht/Für Studien und Praxis*, 4.ª ed., 2008, 216-217;
– *vide* CLAUSSEN, CARSTEN PETER.

ERNST, DIETMAR – *vide* BLOSS, MICHAEL.

ESCARRA, JEAN – *Cours de droit commercial*, 1952.

ESMEIN – *vide* AUBRY.

ESSER, JOSEF/SCHMIDT, EIKE – *Schuldrecht* I – *Allgemeiner Teil*, 1, 8.ª ed., 1995.

ETHEBER, THOMAS/HACKETHAL, ANDREAS – *Neue Wege in der Anlageberatung/Leistungstransparenz*, Bank 2015, 2, 16-19.

ETZKORN, J. – *Rechtsfragen bei Zahlung mit Kreditkarte*, Bank 1993, 28-33.

EUL, HARALD – *vide* BERGLES, SIEGFRIED.

EVERLING, OLIVER – *Mehr Transparenz durch Cleantech-Rating*, Bank 2015, 20-21.

EWER, WOLFGANG/BEHNSEN, ALEXANDER – *Staatshilfe für Staatsbanken?/Inanspruchnahme von Massnahmen nach dem FMStFG durch Landesbanken und ihre Vereinbarkeit mit höherrangigen Recht*, BB 2008, 2582-2586.

FABIENKE, PETRA CHRISTINA – *Erfüllung im bargeldlosen Zahlungsverkehr*, JR 1999, 47-55.

FAIRCHILD, LISA M. – *vide* SOUZA, FRANK D'.

FALCONE, GIUSEPPE – *Conto corrente bancario in diritto comparado*, DDP/SComm IV (1990), 27-28.

FARIA, MANUEL VEIGA DE – *Algumas questões em torno da responsabilidade civil dos bancos pela concessão ou recusa de crédito e por informações, conselhos ou recomendações*, RB 35 (1995), 43-70.

FARO, FREDERICO – *Fiança* omnibus *no âmbito financeiro/Validade e exercício da garantia à luz do princípio da boa fé*, 2009.

FAUST, FLORIAN – *vide* KOLLER, INGO.

FEDERLIN, PHILIPP – em Siegfried Kümpel/Arne Wittig, *Bank- und Kapitalmarktrecht*, 4.ª ed., 2011, 12.253 ss.,

FERNANDES, LUÍS CARVALHO/LABAREDA, JOÃO – *Estudos sobre a Insolvência*, 2009.

FERRARA, FRANCESCO – *Interpretação e aplicação das leis*, trad. MANUEL DE ANDRADE, 2.ª ed., 1963.

FERRARI, ENZO – *Le casse di risparmio e le banche del monte nel sistema bancario italiano*, no Congresso Nacional das Caixas Económicas de Bolonha, 1977.

FERREIRA, AMADEU JOSÉ – *Valores mobiliários escriturais/Um novo modo de representação e circulação de direitos*, 1997.

FERREIRA, ANTÓNIO PEDRO A. – *Um caso especial de cessão de créditos sem garantia – o denominado* forfaiting, em AAVV, *Nos 20 anos do Código das Sociedades Comerciais* II, 2007, 337-378.

FERREIRA, BRUNO – *Passaporte comunitário bancário: sucursal e livre prestação de serviços*, ROA, 2009.

FERREIRA, EDUARDO PAZ – *Direito da economia*, 2003;
– *Regulação económica em Portugal: objecto, instrumentos, problemas e perspectivas/Sumário de uma lição de síntese*, 2004;
– *Valores e interesses/Desenvolvimento económico e política comunitária de cooperação*, 2004;
– *O inverno do nosso descontentamento*, RFPDF 2008, 4, 69-79;
– (org.) *A austeridade cura? A austeridade mata?*, 2013.

FERREIRA, HUGO ROSA – *Compensação e insolvência (em particular na cessão de créditos para titularização)*, em Rui Pinto (org.), *Direito da insolvência*, 2011, 9-64.

FERREIRA, JOSÉ DIAS – *Codigo Civil Portuguez Annotado*, 2.ª ed., 2, 1895, e 2.ª ed., 3, 1898.

FERRERI, SILVIA – *Assegno in diritto uniforme*, DDC/SComm I (1989), 318-330.

FERRI, GIUSEPPE – *Anticipazione bancaria*, ED II (1958), 523-529;
– *Apertura di credito*, ED II (1958), 596-608;
– *Banca d'Italia*, ED V (1959), 5-7 ;
– *Conto corrente di correspondenza*, ED IX (1961), 666-671;
– *Deposito bancario*, ED XI (1964), 278-285.

FERRO-LUZZI, PAOLO – *Lezioni di diritto bancario* 1, 3.ª ed., 2012 e 2, 2.ª ed., 2010.

FERRO-LUZZI, PAOLO/CASTALDI, GIOVANNI – *La nuova legge bancaria*, 3 volumes, 1996.

FEZER, KARL-HEINZ – *Imagewerbung mit gesellschaftskritischen Themen im Schutzbereich der Meinung- und Pressfreiheit*, NJW 2001, 580-583.

FIGHT, ANDREW – *Introduction to Project Finance (Essencial Capital Markets)*, 2006.

FIGUEIREDO, FAUSTO J. A. DE – *Alguns aspectos da coordenação do crédito em Portugal*, RBr 6 (1966), 11-52.

FIGUEIREDO, MÁRIO DE – *Contrato de conta-corrente*, 1923.

FIKENTSCHER, WOLFGANG – *Schuldrecht*, 9.ª ed., 1997

FINCHELSTEIN, GILLES – *vide* PIGASSE, MATTHIEU.

FINDELSEN, MICHAEL – *Geldwäschegesetz*, em Derleder/Knops/Bamberger, *Handbuch zum deutschen und europäischen Bankrecht*, 2.ª ed., 2009, 2121-2141.

FINNERTY, JOHN D. – *Project Financing/Asset-Based Financial Engineering*, 2.ª ed., 2007

FIORENTINO, ADRIANO – *Notte sull'assegno bancario*, RTDPC 1948, 350-361;
– *Apertura di credito bancario*, NssDI I, 1 (1957), 675-679;
– *Apertura di credito confirmata*, NssDI I, 1 (1957), 679-681;
– *Conto corrente*, NssDI IV (1959), 408-414.

FISCHER, GERO – em Hans-Jürgen Lwowski/Gero Fischer/Katja Langenbucher, *Das Recht der Kreditsicherung*, 9.ª ed., 2011, § 9, II.

FISCHER, REINFRID – em Herbert Schimansky e outros, *Bankrechts- Handbuch* 2, 4.ª ed. 2011, §§ 125 e 128;
– *vide* BOOS, KARL-HEINZ.

FISCHER, REINFRID/KLANTEN, THOMAS – *Bankrecht*, 2.ª ed., 1996:
– *Bankrecht/Grundlage der Rechtspraxis*, 4.ª ed., 2010.

FISHBECK, SANDRA – *Geldwäsche*, em Herbert Schimansky e outros, *Bankrechts-Handbuch* 1, 4.ª ed., 2011, § 42

FLÄGEL, PETER/SCHMIDT, BRIAN – *Massnahmen gegen die Finanzmarktkrise/USA*, RIW 2009, 51-53.

FLANAGAN, SEAN M. – *The Rise of a Trade Association: Group Interactions within the International Swaps and Derivatives Association*, Harv Negot L Rev 6 (2001), 211-264.

FLEISCHER, HOLGER – *Die persönliche Haftung der Organmitglieder für Kapitalmarktbezogene Falschinformationen/Bestandaufnahme und Perspektiven*, BKR 2003, 608-616.

FLESCH, JOHANN RUDOLF/GERDSMEIER, STEFAN – *Entwicklungslinien im Bank-Controlling*, Bank 1998, 294-301.

FLOHR, GÜNTER – *Factoring, Leasing und Fabrikpacht/Betriebspolitische Anmerkungen*, DB 1963, 773-776.

FLORIM, JOSÉ – *vide* COSTA, CARLOS FELÍCIO DA.

FLUME, WERNER – *Leasing/In zivilrechtlicher und steuerrechtlicher Sicht*, 1972;
– *Allgemeiner Teil des Bürgerlichen Rechts*, II – *Das Rechtsgeschäft*, 4.ª ed., 1992.

FÖGEN, HERMANN – *Geld- und Währungsrecht*, 1969.

FOGLIANI, CORRADO SFORZA/TENCATI, ADOLFO – *Il codice di diritto bancario/Legislazione, relazioni ministeriali, prassi e giurisprudenza*, 3.ª ed., 2002.

FONSECA, TIAGO SOARES DA – *Do contrato de opção: esboço de uma teoria geral*, 2001.

FONTAINE, JOACHIM – *Debitkarten im Internet*, Bank 2003, 254-259.

FORESTIERI, GIANCARLO – *La strategia delle banche locali/La Cassa di Risparmio di Parma verso gli anni novanta*, em Gian Luigi Basini/Giancarlo Forestieri (org.), *Banche locali e sviluppo dell'economia/Parma e la Casse di Risparmio*, 1989, 631-649.

FORKEL, HANS-WALTER – *Rechtsfragen zur Krise na den Finanzmärkten: Zur Systematik möglicher Schadensersatzansprüche*, BKR 2008, 183-188.

FÖRSTER, CHRISTIAN – *Soziale Verantwortung von Unternehmenrechtliche reguliert/Corporate Social Responsability (CSR)*, RIW 2008, 833-840;
– *Die Fusion von Bürgschaft und Garantie*, 2010.

FORSTER, KARL-HEINZ – *Grundsätze für die Abgrenzung von Leasingraten*, FS Döllerer (1988), 147-155.

FORTI, VALERIO/SAVAUX, ERIC – *La titrisation des créances et droit comparé: contribution à l'étude de la propriété*, 2013.

FOSTER, JOHN BELLAMY/MAGDOFF, FRED – *The Great Financial Crisis: Causes and Consequences*, 2009.

FRADA, MANUEL CARNEIRO DA – *Contrato e deveres de protecção*, 1994;
– *"Vinho novo em odres velhos"? A responsabilidade civil das "operadoras de* Internet*" e a doutrina comum da imputação de danos*, ROA 1999, 665-692;
– *Teoria da confiança e responsabilidade civil*, 2004.

FRAGALI, MICHELE – *Assicurazione del credito*, ED III (1958), 528-554.

FRANCHIS, FRANCESCO DE – *Assegno nel diritto anglo-americano*, DDP/SComm I (1989), 330-331.

FRANCO, ANTÓNIO DE SOUSA – *As caixas económicas e a reforma do sistema financeiro – Aspectos jurídicos*, 1983.

FRANCO, SOUSA/MARTINS, OLIVEIRA – *A constituição económica portuguesa/Ensaio interpretativo*, 1993.

FRANK, DIRK – *Bankenmärkte Mittel – und Osteuropas* (I): *Polen – das Schwergewicht*, Bank 2003, 151-155;
– *Bankenmärkte Mittel – und Osteuropas* (IV): *Tschechien – der Spätstarter*, Bank 2003, 368-372;
– *Bankenmärkte Mittel – und Osteuropas* (VII): *Ungarn – Dynamik aus den Privatkundengeschäft*, Bank 2003, 594-597;
– *Private Banking: auf die Beziehung kommt es an*, Bank 2003, 108-110;
– *Grossbanken: Internationalisierung ungebrochen*, Bank 2003, 350-351;
– *Grösste Banken der Welt: US-Institute demonstrieren ihre Stärke*, Bank 2003, 656-659;
– *Sozial Verantwortungsvolle Finanzprodukte/Weit mehr als nur Glaubenssache*, Bank 11.2008, 9-13;

FREITAG, ROBERT – em DERLEDER/KNOPS/BAMBERGER, *Handbuch zum deutschen und europäischen Bankrecht*, 2004, § 54,

FREITAS, JOSÉ LEBRE DE – *Contrato de swap meramente especulativo/Regimes de validade e de alteração das circunstâncias*, ROA 2012, 943-970.
FRESSEK, RALF – no HKK/BGB, III/2 (2013), §§ 688-700
FREY, DIETER – *vide* TRAUT-MATTAUSCH, EVA.
FRICK, THOMAS A. – *vide* HONEGER, PETER C..
FRIED, JÖRG – *Die weiche Patronatserklärung*, 1998.
FRIEDL, MARKUS J. – *Der Tausch von Anleiben in Aktien*, BB 2012, 1102-1108.
FRIEDMAN, BENJAMIN M./HAHN, FRANK H. – *Handbook of Monetary Economics* I (1990, e II (1990.
FRIEDRICH, KARL – *Vom alten zum neuen Bankgesetz*, no Bank-Archiv, XXIII (1923/24), 341-344 e XXIV (1924), 17-22 e 67-69.
FRISK, HJALMAR – *Griechisches Etymologisches Wörterbuch* II, 1970.
FRITZ, HANNS – *Anonymität, Identitätfeststellung und Bankgeheimnisses*, ÖBA 1996, 409-428.
FROST, MARINA – *"Vorvertragliche" und "vertragliche" Schutzpflichten*, 1981.
FROTZ, GERHARD – *Leasing in Österreich und seine Rechtsfragen*, FS Hämmerle (1972), 97-126.
FRÜH, ANDREAS – *Zur Bankenhaftung bei Immobilien- Kapitalanlagen*, ZIP 1999, 701-705.
FUCHS, HANS ULRICH – *Zur Lehre vom allgemeinen Bankvertrag*, 1982.
FUELLMICH, REINER/RIEGER, STEFAN – *Die Haftung der Banken für massenhaft fehlerhafte Treuhandmodellfinanzierung*, ZIP 1999, 465-476.
FÜLBIER, ANDREAS – *Zivilrechtliche Einordnung von Zins- und Währungsswaps*, ZIP 1990, 544-547;
– no *BFS-KWG*, 2000.
FUSCO, SANDRO-ANGELO – *"Pecuniam commodare"/Aspetti economici e sociale della disciplina giuridica dei rapporti di credito nel V secolo D.C.*, 1980.

GADDUM, JOHANN WILHELM – *Die Geldverfassung in der Bundesrepublik Deutschland*, WM 1986, 336-340.
GAEDE, BERTOLD – *Die Haftung der Banken für Kreditauskünfte*, 1970.
GÄFGEN, DIETER – *Leasing in den USA*, em K. F. Hagenmüller, *Leasing-Handbuch/Entwicklung und Einsatzmöglichkeiten bei den Unternehmungen*, 1965, 109-167.
GALASSO, ANGELO/GALASSO, GIUSEPPE – *Deposito* DDP/SCiv V (1990), 253-274.
GALASSO, GIUSEPPE – *vide* GALASSO, ANGELO.
GALBRAITH, JOHN KENNETH – *American Capitalism/The Concept of Countervailing Power*, 1952;
– *The Essencial Galbraith*, ed. Andrea D. Williams, 2001.
GALE, DOUGLAS – *vide* ALLEN, FRANKLIN.
GALL, LE – *vide* HOUIN.
GALLO, PAOLO – *Deposito in diritto comparato*, DDP/SCiv V (1990), 274-278;
– *Deposito bancario in diritto comparato*, DDP/SComm IV (1990), 261-263.
GALVÃO, SOFIA DE SEQUEIRA – *Contrato de cheque*, 1992;
– *Contributo para o estudo do contrato de cheque*, ROA 1992, 45-121;
– *Da responsabilidade civil do banco por informações*, 1994, policop..
GANDOLFI, GIUSEPPE – *Il deposito nella problematica della giurisprudenza romana*, 1971.

GARDÓ, SÁNDOR – *Bankenmärkte Mittel – und Osteuropas* (III): *Slowakei – vom Nachzügler zum Musterschüler?*, Bank 2003, 326-330;
– *Bankenmärkte Mittel – und Osteuropas* (IX): *Rumänien – im Zeichen der Konsolidierung*, Bank 2003, 780-784;
– *Bankenmärkte Mittel – und Osteuropas* (X): *Ukraine – Hoffnungsträgen mit Risiken*, Bank 2003, 800-803.

GASSNER, MICHAEL – *Islamic Finance – Wachstumsenarkt für deutsche Banken*, Bank 2003, 732-733.

GASSNER, MICHAEL/WACKERBECK, PHILIPP – *Islamic Finance*, 2.ª ed., 2009.

GATTI, SERAFINO – *Cassa rurale ed artigiana*, no *Digesto delle Discipline Privatistiche/ Sezione commerciale*, II (1989), 541-544;
– *Project Finance in Theory and Practice*, 2008

GATTI, STEFANO – *Project Finance in Theory and Practice*, 2007.

GAUDEMET, EUGÈNE – *Droit des obligations*, 1968.

GAVALDA, CHRISTIAN – anotação a Amiens, 24-Fev.-1969, JCP 1969, II, 16124;
– (publ.) *Responsabilité professionnelle du Banquier, Contribution à la protection des cliens de Banque*, 1978.

GAVALDA, CHRISTIAN/PARLEANI, GILBERT – *Droit des affaires de l'Union européenne*, 2002.

GAVALDA, CHRISTIAN/STOUFFLET, JEAN – *Droit bancaire*, 2.ª ed., 1994; 6.ª ed., 2005; 7.ª ed., 2008; 8.ª ed., 2010; 9.ª ed., 2015;
– *Instruments de paiement et de crédit*, 5.ª ed., 2003.

GEHRLEIN, MARKUS – *Vertragliche Haftung für Gefälligkeiten*, VersR 2000, 415-419.

GELDER, ALFONS VAN – *Phischer, Pharmer & Co./Angriffe und Haftung beiem Online-Banking/Aus der Praxis eines Ombudsmannes*, FS Gerd Noble (2009), 55-73.

GELDERBLOM, OSCAR/JONKER, JOOST – *Amsterdam as the Cradle of Modern Futures and Options Trading, 1550-1650* em *The Origins of Value: the Financial Innovations that Created Modern Capital Markets*, coordenação de William N. Goetzmann e K. Geert Rouwenhorts, 2005, 189-216.

GELGER, KLAUS – *Das Depositum irregulare als Kreditgeschäft*, 1962.

GENGHINI – *vide* CECCHERINI.

GENNARO, GINO DE – *I contratti misti*, 1934.

GENOVESE, A. – *Contratto di adezione*, ED X (1962), 1 ss..

GENTILE, GIULIO – *vide* SPINELLI, MICHELE.

GERDSMEIER, STEFAN – *vide* FLESCH, JOHANN RUDOLF.

GERHARD, WALTER – *Der haftungsmassstab im gesetzlichen Schutzverhältnis (Positiver Vertragsverletzung, culpa in contrahendo)*, JuS 1970, 597-603;
– *Die Haftungsfreizeichung innerhalb der gesetzlichen Schutzverhältnisses*, JZ 1970, 535-539.

GERNANDT, KARL – *vide* BUCHARD, ULRICH.

GERNHUBER, JOACHIM – *Hinausgeschobene Dauerschulden/Das Schuldverhältnis vor dem Anfangstermin*, FS Zöllner II (1998), 1119-1138.

GERVASONI, ANNA/PERRINI, FRANCESCO – *I fondi di investimento mobiliari chiusi*, 1994.

GERWART, WALTER – *Die Haftungsfreizeichnung innerhalb des gesetzlichen Schutzverhältnisses*, JZ 1970, 535-539.

GIAMPICCOLO, GIORGIO – *Mutuo (diritto privato)*, ED XVII (1977), 444-474.

GIANFELICI, ENRICO – *Il segreto bancario*, 1996;
– *Il Codice della banca*, 3.ª ed., 1999.

GIANNINI, TORQUATO – *I contratti di conto corrente*, 1895.

GIERKE, JULIUS VON – *Handelsrecht und Schiffahrtsrecht*, 8.ª ed., 1958.

GIERKE, OTTO VON – *Dauernde Schuldverhältnis*, JhJb 64 (1914), 355-411.

GIERL, HERIBERT – *Das Vertrauen der Kunden gewinnen*, Bank 1999, 388-391.

GIGER, RETO – *vide* HAPPE, PETER.

GIMIGLIANO, GABRIELLA/ROTONDO, GENNARO (org.) – *La banca islâmica e la disciplina bancaria europea*, 2006.

GIOIA-CARABELLESE, PIERRE DE – *vide* HAENTJENS, MATHIAS.

GIOMARO, ANNA MARIA/MOROSINI, PIERGIORGIO – *Mutuo nel diritto romano, medievale e moderno*, DDP/SCiv (1994), 584-610.

GIORDANO, A. – *I contratti per adesione*, 1951.

GIORGIANNI, FRANCESCO/TARDIVO, CARLO-MARIA – *Manuale di diritto bancario*, 3.ª ed., 2012.

GIORGIANNI, MICHELE – *Negozi giuridici collegati*, RISG 1937, 275-352.

GIRINO, EMILIO – *I contratti derivati*, 2.ª ed., 2010.

GIUFFRÈ, VICENZO – *Mutuo (storia)*, ED XXVII (1977), 414-444.

GLEISSER, WERNER/BEMMANN, MARTIN – *Die Rating-Qualität verbessern*, Bank 9.2008, 50-55.

GOBELER, RALF/LETZING, MARC – *Mobile Finanzberatung: Die Bank beim Kunden*, Bank 6.2009, 28-33.

GOEDECKEMEYER, KARL-HEINZ – *Französische Großbanken: Hort der Stabilität*, Bank 2015, 2, 8-11;
– *Banken profitieren von neuem Ertragsmix*, Bank 2015, 9, 9-10.

GOETTE, WULF – anotação a BGH 16-dez.-1996, DStR 1997, 378-379.

GOETZ, CHRISTIAN VON – *vide* JASNY, RALF.

GOLDEN, JEFFREY B. – *Setting Standards in the Evolution of Swap Documentation*, Int'l Fin L Rev 13 (1994), 18-19.

GOMES, FÁTIMA – *Garantia bancária autónoma à primeira solicitação*, DJ VIII (1994), 119-210.

GOMES, JANUÁRIO – *Natureza jurídica das caixas económicas*, BMJ 312 (1982), 23-49;
– *Assunção fidejussória de dívida/Sobre o sentido e o âmbito da vinculação como fiador*, 2000;
– *A fiança no quadro das garantias pessoais. Aspectos do regime*, em *Estudos de Direito das garantias* 1, 2004, 7-48;
– *Contratos comerciais*, 2012.

GONÇALVES, CUNHA – *Comentário ao Código Comercial Português*, 2, 1914;
– *Tratado de Direito Civil*, 4, 1931, 5, 1932, 8, 1934.

GONÇALVES, DIOGO COSTA – *As recentes alterações ao regime da fusão de sociedades/A Lei n.º 19/2009, de 12 de Maio e o Decreto-Lei n.º 185/2009, de 12 de Agosto*, RDS 3, 2009, 553-581.

GONÇALVES, IRIA – *Empréstimo concedido a D. Afonso V nos anos de 1475 a 1476 pelo almocharifado de Évora*, sep. CTF, 1964;
– *Pedidos e empréstimos públicos em Portugal na Idade Média*, sep. CTF, 1964.

GONÇALVES, MARIA EDUARDA – *vide* SANTOS, ANTÓNIO CARLOS DOS.

GONZALEZ, PEDRO BOULLOSA – *Interest rate swaps: perspectiva jurídica*, Cad MVM 44 (2013), 10-28.

GOOCH, ANTHONY C./KLEIN, LINDA B. – *Documentation for Derivatives: Annotated Sample Agreements and Confirmations for Swaps and Other Over-the-Counter Transactions* I (2002), 18-23.

GÖPFERT, BURKARD – *vide* DILLER, MARTIN.

GÖRITZ, ANDREAS – *Leasingverträge als verdeckter Eigenkapitalersatz*, 1994.

GORJÃO-HENRIQUES, MIGUEL – *Direito Comunitário*, 5.ª ed., 2009.

GORLA, GINO – *La garanzie reale dell'obbligazione (Parte generale)*, 1935;
– *Del pegno – delle ipoteche* (integrado no *Commentario* de BRANCA/SCIALOJA, VI), 3.ª ed. (1966), 142.

GOSSMANN, ARNDT – *vide* MOORMANN, JÜRGEN.

GÖSSMANN, WOLFGANG – *Das Recht des Zahlungsverkehrs*, 2.ª ed., 1993;
– *Aspekte der ec-Karten-Nutzung*, WM 1998, 1264-1273;
– *Bankgeheimnis, Bankauskunft*, em Reinhard Welter/Volker Lang, *Handbuch der Informationspflichten im Bankverkehr*, 2005, 637-679.

GÖTZ, ALEXANDER – *Management Buy Out – Instrument für Unternehmensnachfolge und Restrukturierung*, Bank 2003, 738-743.

GOUVEIA, JAIME DE – *Da responsabilidade contratual,* 1932.

GRAÇA, DIOGO MACEDO – *Os contratos de garantia financeira*, 2010.

GRAMLICH, LUDWIG – *Elektronisches Geld. Gefahr für Geldpolitik und Währungshoheit?*, CR 1997, 11-18.

GRANIER, THIERRY – *vide* CANNU, PAUL LE.

GRASMACHER, IRMGARD/MOSCH, ANITA – *Marketing in Zeiten vielfältiger Kundendialoge: Die Richtige Balance finden*, Bank 1.2009, 26-31.

GREITEMEYER, TOBIAS – *vide* TRAUT-MATTAUSCH, EVA.

GRICE, R. GEOFFREY – *vide* HIROSHI, ODA.

GRILLER, STEPHAN/ZILLER, JACQUES (org.) – *The Lisbon Treaty – EU Constitutionalism without a Constitutional Treaty*, 2008.

GRILO, J. FRANCISCO – *Mutualismo rural e credito agricola*, 1912.

GRIMSEY, DARRIN/LEWIS, MERVYNK – *Public-Private Partnerships: the Worldwide Revolution in Infrastructure Provision*, 2007.

GRISI, GIUSEPPE – *vide* SCOZZAFAVA, OBERDAN TOMMASO.

GROHMANN, HERBERT – *Banking in Supermärkten expandiert*, Bank 1998, 406-408.

GROSS, WOLFGANG – *Kapitalmarktrecht*, 6.ª ed., 2016.

Groupement Européen des Caisses d'Épargne/European savings banks group/Euröpaische Sparkassenvereinigung, com elementos relativos aos Estados membros da União.

GRUBER, JOACHIM – *Vertragsschluss im Internet unter Kollisionsrechtlichen Aspekten*, DB 1999, 1437-1442.

GRUBER, KARIN – *Ageing Society – Zukunftsszenarien für das Bankgeschäft*, Bank 2003, 584-588.

GRUNDMANN, STEFAN – *EG-Richtlinie und nationales Privatrecht*, JZ 1996, 274-287;
– em CANARIS, CLAUS-WILHELM/HABERSACK, MATHIAS/SCHÄFER, CARSTEN – *Bankvertragsrecht* 1, 5.ª ed., 2016.

GRÜNEBERG, CHRISTIAN – anotações ao PALANDT, *BGB*, 75.ª ed., 2016.
GRUNENBERG, MICHAEL – *vide* NÖCKER, CHRISTOPH.
GSCHNITZER, FRANZ – *Die Kundigung nach deutschem und österreichischem Recht*, JhJb 76 (1926), 317-415 e JhJb 78 (1927/28), 1-86.
GUESTIN – *La prophétie réalisée*, JCP 1976 I (doctrine), 2786.
GUGLIELMUCCI, LINO – *Deposito bancario*, DDP/SComm IV (1990), 255-261.
Guide to the Project Management Body of Knowledge (PMBOK Guide), 4.ª ed., 2008.
GUIMARÃES, MARIA RAQUEL – *As transferências electrónicas de fundos e os cartões de* débito, 1999.
GULATI, G. MITU – *vide* CHOI, STEPHEN J..
Gutachten für den 54. Deutschen Juristentag, 1982.

HABERSACK, MATHIAS – *vide* CANARIS, CLAUS-WILHELM
HACKETHAL, ANDREAS – *vide* ETHEBER, THOMAS.
HÄCKER, JOACHIM – *vide* BLOSS, MICHAEL.
HACKETHAL, ANDREAS – *vide* SCHMIDT, REINHARDT H..
HACKETHAL, ANDREAS/MARINOV, VALENTIN/SCHMIDT, REINHARDT H. – *Bankenmärkte Mittel – und Osteuropas* (VI): *Bulgarien – gestärkt aus der Krise hervorgegangen*, Bank 2003, 511-515.
HADDING, WALTHER – *Zur Zivilrechtlichen Beurteilung des Lastschriftverfahrens*, FS Bärmann 1975, 375-393.
HADDING, WALTHER/HÄUSER, FRANZ – *Rechtsfragen des Giroverhältnisses*, ZHR 145 (1981), 138-173.
HADDING, WALTER/HOPT, KLAUS/SCHIMANSKY, HERBERT – *Basel II: Folgen für Kreditinstitute und ihre Kunden/Bankgeheimnis und Bekämpfung von Geldwäsche*, 2004.
HÄDE, ÜLRICH – *Die Zahlung mit Kredit- und Scheckkarten*, ZBB 1994, 33-44;
– *Bundesbank und Bundesregierung/ein schwieriges Verhältnis*, NJW 2004, 1641-1642.
HAEGER, WALTER – *Das Hypothekenbankenrecht und die Novellen bis 1923*, 1925.
HAENTJENS, MATHIAS/GIOIA-CARABELLESE, PIERRE DE – *European Banking and Financial Law*, 2015.
HAGEN, JAN V./ZAGLER, HANS – *Sicherer Zahlungsverkehr im Electronic Commerce*, Bank 1998, 217-219.
HAGEN, JÜRGEN VON/STEIN JOHANN HEINRICH VON (publ.) – no OBST/HINTNER, *Geld- Bank- und Börsenwesen/Ein Handbuch*, 40.ª ed., 2000.
HAGENMÜLLER, K. F. – *vide* LIVIJN, CLAES-OLOF.
HAHN, FRANK H. – *vide* FRIEDMAN, BENJAMIN M..
HAHN, HUGO J. – *Währungsrecht*, 1990.
HAHN, VOLKER – anotação a BGH 25-Fev.-1999, MDR 1999, 816-817;
– *Die Bürgschaft auf erstes Anfordern*, MDR 1999, 839-843.
HAKENBERG, MICHAEL – *Juristische Aspekte der Exportforfaitierung*, RIW 1998, 906-910.
HALLER, ROBERT – *Haftung für Rat und Auskunft*, Jura 1997, 234-240.
HALVEY, JOHN K./MELBY, BARBARA MUPHY – *Business Process Outsourcing: Process, Strategies and Contracts*, 2.ª ed., 2007.
HAMEL, CLAUDIA – *vide* Nitzsch, Rüdiger von.
HANTEN, MATHIAS – *vide* ZERWAS, HERBERT.

HAPGOOD, MARK – *Paget's Law of Banking*, 14.ª ed., 2014.

HAPPE, PETER/ASCHWANDEN, PETER/GIGER, RETO – *Schweizer Vermögen auf Deutschen Banken unten dem AIA*, BKR 2016, 194-199.

HARATSCH, ANDREAS/KOENIG, CHRISTIAN/PECHSTEIN, MATTHIAS – *Europarecht*, 10.ª ed., 2016.

HARDING, PAUL C. – *Mastering the ISDA Master Agreements (1992 and 2002)*, 2.ª ed., 2004.

HARNOS, RAFAEL – anotação a OLG Braunschweig 30-abr.-2015, BKR 2016, 23-30.

HARRISON, FRED – *Boom Rust: House Prices, Banking and the Depression of 2010*, 2007, havendo ed. alemã sob o título *Wirtschaft Krise 2010: Wie die Immobilienblase die Wirtschaft in die Krise stürzt*, 2008.

HARTMANN, EGBERT – *vide* MÜLLER, ELMAR.

HARTWIEG, OSKAR – *Culpa in contrahendo als korrektiv für "ungerechte" Verträge*, JuS 1973, 733-740.

HASKELL, CHARLES T. – *Advanced Modelling for Project Finance/For Negotiation and Analysis*, 2005.

ASSMANN, HANS-DIETER/SCHÜTZE, ROLF A. – *Handbuch des Kapitalanlagerechts*, 4.ª ed., 2015.

HAUG, ULRICH – em Herbert Schimansky e outros, *Bankrechts- Handbuch*, 2, 4.ª ed., 2011, § 123;
– *vide* BERNETT, AXEL.

HAUPT, GÜNTHER – *Über faktische Vertragsverhältnisse*, 1941.

HAURI, KURT – *Der Einfluss des öffentlichen Rechts auf das private Bankrecht*, em WOLFGANG WIEGAND, *Die Banken im Spannung zwischen öffentlichen Recht und Privatrecht*, 1999, 1-15.

HÄUSER, FRANZ – *Giroverhältnis*, em *Gutachten und Vorschläge zur Überarbeitung des Schuldrechts* II, 1981, 1317-1426;
– introdução a *Bankrecht*, 40.ª ed., 2012.

HAYEK, SAMIR EL – *vide Alcorão Sagrado*.

HAYMANN, FRANZ – *Textkritische Studien zum römischen Obligationenrecht/Periculum est emptoris*, SZRom 41 (1920), 44-185.

HECK, PHILIPP – *Grundriss des Schuldrechts,* 1929, reimpressão 1974.

HEFERMEHL, WOLFGANG – *Grundfragen des Kontokorrents*, FS Lehmann (1956), 547-562;
– *vide* BAUMBACH.

HEFERMEHL/WERNER – no ERMAN *BGB*, 1.° vol., 9.ª ed. (1993), 2361-2603.

HEIDERHOFF, BETTINA – *Grundstrukturen des nationalen und europäischen Verbrauchervertragsrechts/Insbesondere zur Reichweite europäischer Auslegung*, 2004.

HEIDORN, THOMAS – *Finanzmathematik in der Bankpraxis/Vom Zins zur Option*, 2009.

HEIN, MANFRED – *Markwirtschaftliche Bankensysteme ausserhalb der BDR*, no OBST/HINTNER, *Geld- Bank- und Börsenwesen/Ein Handbuch*, 39.ª ed. (1993), 287 ss..

HEINCKE, EBERHARD – *Geheimhaltungspflichten im Wirtschaftsrecht*, WM 1998, 749-757.

HEINRICHS, HELMUT – *Die Entwicklung des Rechts der Allgemeinen Geschäftsbedingungen im Jahre 1998*, NJW 1999, 1596-1611.

HEISE, JULIA – *vide* ASSIES, PAUL H..

HELLNER, THORWALD – *Rechtsprobleme des Zahlungsverkehrs unter Berücksichtigung der höchstrichterlichen Rechtsprechung*, ZHR 145 (1981), 109-137.

HELLWIG – *vide* SCHNEIDER.

HENCKEL – *Der Entwurf eines Gesetzes über die Deutsche Bundesbank*, WM, Sonderbelage 7/1956, 3-11, com a fundamentação, 26-41.

HENDERSON, SCHUYLER K. – *An Analysis of Interest Rate and Currency Swaps*, NCJ Int'l & Com Reg 11 (1986), 499-502;
– *English Cases Dealing with the Settlement Provisions of the ISDA Master Agreement*, JIBFL 6 (2000), 190-201;
– *On Derivatives*, 2.ª ed., 2010.

HENDRIX, ULLA/ABENDROTH, CLAUDIA/WACHTLER, GÜNTHER – *Outsourcing und Beschäftigung/Die Folgen betriebsübergreifender Kooperation für die Gestaltung von Arbeit*, 2003.

HENRION – *vide* ZENNER.

HENSEN, HORST-DIETHER – *vide* ULMER, PETER.

HENSSLER, MARTIN – *Risiko als Vertragsgegenstand*, 1994.

HERDEGEN, MATTHIAS – *Europarecht*, 17.ª ed., 2015.

HERRERO, AMÉLIA CASTRESANA – *El prestamo maritimo griego e la pecunia traiectoria*, 1982.

HERRESTHAL, CARSTEN – em Langenbucher/Bliesener/Spindler, *Bankrechts-Kommentar*, 2013, 2. Kap. 1-4;
– *Der Anspruch auf ein Basiskonto nach dem Zahlungskontengesetz (ZKG)*, BKR 2016, 133-143.

HERZOG, FELIX – *Der Banken als Fahnder? Von der Verdachtsanzeige zur systematischen Verdachtsgewinnung/Entwicklungstendenzen der Geldwäschenbekämpfung*, WM 1996, 1753-1763.

HEYDOLPH, MANFRED – *vide* BENNA, RALF.

HILD, THORSTEN – *Bankenmärkte Mittel – und Osteuropas* (VIII): *Das Baltikum – auf der wirtschaftslichen Überholspur*, Bank 2003, 696-702.

HINGST, KAI-MICHAEL/NEUMANN, KARL-ALEXANDER – *Negativen Zinsen/Die zivilrechtliche Einordnung eines nur scheibar geldpolitischen Phänomens*, BKR 2016, 95-101.

HINOJOSA-MARTÍNEZ, LUIS M./BENEYTO, JOSÉ MARÍA (ed.) – *European Banking Union/The New Regime*, Alphen an den Rijn, 2015.

HIPPEL, EIKE VON – *Verbraucherschutz*, 3.ª ed., 1986.

HIRIGOYEN, GÉRARD – *vide* DEVÈZE, JEAN.

HIROSHI, ODA/GRICE, R. GEOFFREY – *Japanese Banking, Securities and Anti-Monopoly Law*, 1988.

HIRSCH, ALAIN – *La surveillance des banques en Suisse*, FS Bärmann 1975, 461-469.

HIRTE, HERIBERT/OTTO, KARSTEN – *Die Rechtsentwicklung im Bankrecht in den Vereinigten Staaten im Jahre 1993*, ZBB 1994, 189-190.

HÖCHE, THORSTEN – *Neues Instrumentarium zur Geldwäschebekämpfung*, Bank 1998, 618-624.

HODGSON, RAPHAEL – *The Birth of the Swap*, Financ Anal J 65 (2009), 32-35.

HOENIGER, HEINRICH – *Die gemischten Verträge in ihren Grundformen*, s/d, mas 1910.

HOEREN, THOMAS – *Das neue Verfahren für die Schlichtung von Kundenbeschwerden im deutschen Bankgewerbe*, NJW 1992, 2727-2732;
– *Der Bankenombudsmann in der Praxis*, NJW 1994, 362-365;
– *Internet und Recht – Neue Paradigmen des Informationsrechts*, NJW 1998, 2849-2861;
– *Internet und Jurisprudenz/zwei Welten begegnen sich*, NJW 2000, 188-190;
– *vide* HOLZNAGEL, BERND.

HOFFMANN (publ.), WALTER – *Handbuch des gesamten Kreditwesens*, 4.ª ed., 1949.

HOFFMANN, GERHARD – *Outsourcing und Bankenaufsicht*, em AAVV, *Funktionsauslagerung (Outsourcing) bei Kreditinstituten*, 2001, 41-58;
– *Basel III, Risikomanagement und neue Bankenaufsicht*, 2015.

HOFFMANN, SCOTT L. – *The Law of Business of International Project Finance*, 3.ª ed., 2008.

HOFFMANN, HANS-JOACHIM – *Der Einfluss des Gefälligkeitsmoments auf des Haftungsmass*, AcP 167 (1967), 394-409.

HOFFMANN, WOLFGANG – *Die öffentlichen Gelder im Deutschen Reich/Entstehung, Verwaltung und Bedeutung für Staat und Wirtschaft*, 1929.

HOLLÄNDER, DIRK/SCHEER, OLAF/MRUSEK, FRANK/BAUER, EKKERHARDT – *Double trouble/ Europäischer Bankensektor*, Bank 2015, 3, 9-12.

HÖLSCHER, REINHOLD – *vide* SCHIERENBECK, HENNER.

HOLZNAGEL, BERND/HOEREN (org.), THOMAS – *Rechtliche Rahmenbedingungen des elektronischen Zahlungsverkehrs*, 1999.

HONEGER, PETER C./FRICK, THOMAS A. – *Das Bankgeheimnis im Konzern und bei Übernahmen*, SZW 1996, 1-10.

HOOCK, REINER/ULRICH, JÖRG – *Strategiewechsel im Privatkundengeschäft deutscher Banken*, Bank 2003, 44-46.

HOOVEN, ECKART VAN – *25 Jahre eurocheque – ein historischer Konsens*, Bank 1993, 367-371.

HÖPKER-ASCHOFF, HERMANN – *Grundgesetz und Notenbank*, WM, Sonderbelage 7 (1956), 12-17.

HOPT, KLAUS J. – *Der Kapitalanlegerschutz im Recht der Banken*, 1975;
– *Rechtspflichten der Kreditinstitute zur Kreditversorgung, Kreditbelassung und Sanierung von Unternehmen/Wirtschafts– und bankrechliche Überlegungen zum deutschen und französischen Recht,* ZHR 143 (1979), 139-173;
– *Funktion, Dogmatik und Reichweite der Aufklärungs-, Warn- und Baratungspflichten der Kreditinstitute*, em Walter Hadding/Klaus J. Hopt/Herbert Schimansky, *Aufklärungs- und Beratungspflichten der Kreditinstitute – Der moderne Schuldturm?*, 1993, 1-28;
– em Baumbach/Hopt, *HGB*, 31.ª ed., 2003, § 346;
– em Herbert Schimansky/Hermann-Josef Bunte/Hans-Jürgen Lwowski, *Bankrecht-Handbuch* 1, 4.ª ed., 2011, 1 ss.;
– *vide* BAUMBACH;
– *vide* HADDING, WALTER.

HOPT, KLAUS J./MÜLBERT, PETER O. – *Kreditrecht/Bankkredit und Darlehen im deutschen Recht* (1989).

HORBACH, JOSEF – *Wesen, Technik und Probleme des Factoring-Geschäftes*, Bank-Betrieb 1962, 157-159.

HORN, HENDRIK/PETERS, ANDREA – *Vertragsgestaltung bei Public Private Partnership (PPP)/Projekten*, BB 2005, 2421-2427.

HORN, NORBERT – *Die Neufassung 1984 der AGB der Banken*, WM 1984, 449-465;
– *Bankrecht auf dem Weg nach Europa*, ZBB 1989, 107-121;
– em HEYMANN/*HGB* 4, 1990, Anhang § 372;
– *Das Finanzmarktstabilisierungsgesetz und das Risikomanagement zur globalen Finanzkrise*, BKR 2008, 452-459.
– *vide* WOLF, MANFRED.

HOUIN, ROGER – *Faillites et règlements judiciaires*, RTDComm 1955, 137-166, 1961, 436-481 e 1964, 143-181.

HOUIN/GALL, LE – *Règlement judiciaire, liquidation des biens, faillite personnelle et plan d'apurement du passif*, RTDComm 38 (1975), 623-642.

HU, HENRY T. C. – *Swaps, The Modern Process of Financial Innovation and the Vulnerability of a Regulatory Paradigm*, U Pen L Rev 138 (1988), 333-435.

HUBER (org.), CHRISTIAN – *Bankrecht/Bankensystem, Bankenaufsicht; Recht der Bankgeschäfte/Ein Handbuch für die Praxis*, 2001.

HUBER, ULRICH – *Leistungsstörungen*, 2, 1999.

HUDSON, ALASTAIR – *The Law on Financial Derivatives*, 5.ª ed., 2012.

HUECK, ALFRED – *Normenverträge*, JhJb 73 (1923), 33-118.

HUECK, ALFRED/CANARIS, CLAUS-WILHELM – *Recht der Wertpapiere*, 11.ª ed., 1977.

HÜFFER, UWE – no *Münchener Kommentar* 3/2, 2.ª ed., 1986;
– *Haftungsfragen im Bankrecht*, WM 1987, 641-646.

HUG – *Riscus*, PWRE 24/2 (1914), 923.

HÜLSEN, JOHANN DIETRICH VON/SCHACHT, JAN-PETER/SCHOLZ, BENJAMIN – *Bankassurance – Erfolgsmodell im Finanzdienstleistungssektor*, Bank 2003, 120-127.

HUMPHREYS, NORMAN K. – *Historical Dictionary of the International Monetary Fund*, 2.ª ed., 1999.

IBRAIMO, IBRAIMO ABDUL C. – *A tendência de autonomia dos bancos centrais*, em *Temas de Direito bancário*, 1999, 103-147.

ICC Uniform Customs and Practice for Documentary Credits/2007 Revision, 2007.

INGROSSO, GUSTAVO – *Cassa di risparmio*, NssDI II (1958), 1021-1033.

INWINKL, PETRA – *Massnahmen gegen die Finanzmarktkrise/Österreich*, RIW 2009, 60-65;
– *Massnahmen gegen die Finanzmarktkrise/Japan*, RIW 2009, 66-69.

ISELE, HELMUT – *Geldschuld und bargeldloser Zahlungsverkehr*, AcP 129 (1928), 129-185.

ISSÁ, ABDUL CARIMO – *Responsabilidade bancária e o dever de informar*, em *Temas de Direito bancário*, 1999, 149-222.

JACOBI, CARSTEN – *Profitables Wachstum sicherstellen*, Bank 2015, 1, 14-17.

JACOBS, BETTINA – *vide* MIHM, OLIVER.

JAHN, UWE – *Außerbörsliche Finanztermingeschäfte (OTC-Derivate)*, em Herbert Schimansky/Hermann-Josef Bunte/Hans-Jürgen Lwowski, *Bankrechts-Handbuch* 2, 4.ª ed., 2011, § 114.

JAKOBS, HORST HEINRICH – *Gesetzgebung im Banküberweisungsrecht*, JZ 2000, 641-650.

JANUS, HANS – em Herbert Schimansky/Hermann-Josef Bunte/Hans-Jürgen Lwowski, *Bankrechts-Handnuch* II, 3.ª ed., 2007, § 122.

JARDIM, ALEXANDRE – *Acordos de garantia financeira (Algumas questões)*, RB 2006, 141-169.

JARDIM, MÓNICA – *A garantia autónoma*, 2004.

JASNY, RALF/GOETZ, CHRISTIAN VON – *Fusionen: Die Architekten der neuen Marke*, Bank 2003, 376-380.

JAYME, ERIK – *Sprachrisiko und Internationales Privatrecht beim Bankverkehr mit ausländischen Kunden*, FS Bärmann 1975, 509-522.

JEREZ, OLIVIER – *Le blanchiment de l'argent*, 2.ª ed., 2003.

JOERES, HANS-ULRICH – em Herbert Schimansky/Hermann-Josef Bunte/Hans-Jürgen Lwowski, *Bankrechts-Handbuch* 1, 4.ª ed., 2011, § 30.

JONKER, JOOST – *vide* Gelderblom, Oscar.

JORGE, FERNANDO PESSOA – *Direito das obrigações*, I, 1972;

– *Acções escriturais*, Dir 1989, 93-114.

JORION, PAUL – *L'implosion / La finance contre l'economie / ce que révèle et annonce la "crise des subprimes"*, 2008;

– *La crise/Des subprimes au séisme financier planétaire*, 2008.

JUNG, CHRISTIAN – *Mit Geld- und Finanzinfos junge Menschen erreichen*, Bank 1.2013, 23-25.

JUNG, UTE – *Die Einigung über die "essentialia negotii" als Voraussetzung für das Zustandekommen eines Vertrages*, JuS 1999, 28-32.

JUNGMANN, CARSTEN/MÜNSCHER, MICHAEL/PETERS, BERND – em Schimansky/Bunte/ /Lwowski, *Bankrechts-Handbuch* 1, 4.ª ed., 2011, §§ 81-81b.

JUNIUS, KARSTEN/KATER, ULRICH/MEIER, CARSTEN-PATRICK/MÜLLER, HENRIK – *Handbuch Europäischer Zentralbank/Beobachtung, Analyse, Prognose*, 2002.

JUNKER, CAROLIN – *Aktuelle Rechtsfragen zum Bankgeheimnis und zur Bankauskunft*, DStR 1996, 224-229.

JUSTO, ANTÓNIO SANTOS – *Direito privado romano* – III *(Direitos reais)*, 1997.

KAISER, DANIEL – *vide* DEMUTH, BJÖRN.

KAISER, HELMUT/KRÄMER, WERNER – *Muss man in dieser Zeit noch Aktien besitzen?*, Bank 2003, 82-87.

KAISER, HELMUT/PANNHORST, MATTHIAS – *Zur aktuellen Lage der Weltwirtschaft: kehren die 30 er Jahre zurück?*, Bank 6.2009, 8-15.

KALKBRENNER, ARNDT/KOCH, CHRISTIAN – *Bankgeheimnis und Datenschutz*, 2016.

KALOS, MALVIN H./WHITLOCK, PAULA A. – *Monte Carlo Methods*, 2.ª ed., 2008.

KALVERAM (org.), WILHELM – *Die deutschen Hypothekenbanken*, 1937;

– *Bankbetriebslehre*, 1939.

KANNEGIESSER, MARTIN – *Vorstellungen der Wirtschaft von einem neuen System der Tarifverhandlingen*, ZfA 2008, 305-308.

KARADÖL, ISMAIL – *Islamic Banking/Alternatives Bankensystem*, 2007.

KAROL, BERNARD J. – *An Overview of Derivatives as Risk Management Tools*, Stan J L Bus & Fin 1 (1995), 195-207.

KARSCH, WERNER – *Das Auslandsgeschäft der Grossbanken: Kernmarkt Europa*, Bank 2003, 844-848;
– *50 Jahre Privatkundengeschäft: Dynamische Expansion*, Bank 5.2009, 44-45.
KASER, MAX – *Periculum locatori*, SZRom 74 (1957), 155-200;
– *Erbschaftskauf und Hoffnungskauf*, BIDR 74 (1971), 46-59.
KATER, ULRICH – *vide* JUNIUS, KARSTEN.
KAUGMAN, PAUL – *The Return of Depression and the Crisis of 2008*, 2008.
KELLNER, DOUGLAS – introdução à 2.ª ed. de Herbert Marcuse, *One-Dimensional Man/ Studies in the Ideology od Advanced Industrial Society*, 1991.
KEMPEN, BERNHARD – em Rudolf Streinz, *EUV/EVG Kommentar*, 2003, Art. 8 EVG;
– em STREINZ/OHLER, *EUV/EGV*, 2003, 1330;
– em Rudolf Streinz, *EUV/EGU/Vertrag über die Europäische Union und Vertrag zur Gründung der Europäischen Gemeinschaft*, 2003, Art. 106.º
– *vide* EHRICKE, ULRICH.
KERN, HOLGER J./DOMBRET, ANDREAS R. – *Retail Banking – mit neuen Geschäftsmodellen den Branchen- umbruch meistern*, Bank 2003, 460-463.
KESSAL-WULF, SIBYLLE – no *Staudingers Kommentar zum BGB*, 2, §§ 491-512 (*Verbraucherdarlehen*), 2012.
KESSLER, RONALD – *vide* WESTPHALEN, FRIEDRICH GRAF VON.
KEUSCH, SVEN/WANKERL, KERSTIN – *Die Haftung der Aktiengesellschaft für fehlerhafte Kapitalmarktinfornationen im Spannungsfeld zum Gebot der Kapitalerhaltung*, BKR 2003, 744-747.
KIEFER, TOBIAS – *Electronic Commerce – Vertrauen als Erfolgsfaktor*, Bank 2000, 308-312.
KIEHLING, HARTMUT – *Vom Umgang mit arabischen Geschäftspartnern: Schwieriges Terrain*, Bank 2.2009, 78-82;
– *Risiko-Perzeption: Vom Umgang der Psyche mit Risiko und Ungewissheit*, Bank 5.2009, 16-19.
KIETHE, KURT – *Haftung für Anlageberatung und Vermögensverwaltung*, DStR 1996, 547-552.
KIM, JONGHO – *Can Risks be Reduced in the Derivatives Market? Lessons from the Deal Structure Analysis of Modern Financial Engineering Debacles*, De Paul Bus Comm LJ 6 (2007), 29-142.
KINDLER, PETER – *Gesetzliche Zinsanprüche im Zivil- und Handelsrecht/Plädoyer für einen kreditmarktorientierten Fälligkeitszins*, 1996.
KINGSMAN – *vide* SCHNEIDER.
KIRCHHERR, ROLAND/STÜTZLE, RUDOLF – *Aktuelle Probleme zu Bankgeheimnis und Bankauskunft*, ZIP 1984, 515-523.
KLAMI, HANNU TAPANI – *"Mutua magis videtur quam deposita"/Über die Geldverwahrung im Denken der römischen juristen*, trad. alemã do Autor e de BERND ASSMUTH, 1969.
KLANTEN, THOMAS – *Beschränkung des "outsourcing" durch Arbeitsrecht?*, Sparkasse 1994, 446-448;
– *vide* FISCHER, REINFRID.
KLEFTOURI, NIKOLETTA – *Deposit Protection and Bank Resolution*, 2015.
KLEIN, DIETMAR – *Die Bankensysteme der EU-Länder*, 3.ª ed., 1998.
KLEIN, LINDA B. – *vide* GOOCH, ANTHONY C..

KLEIN, REINHARD/NATHANSON-LUIDL, DAGMAR – *Der Kunde in der Fusion – Nutzniessen oder Opfer?*, Bank 2000, 168-172.

KLEIN, THOMAS/MEHLAU, JENS INGO/WIMMER, ANDREAS – *Effizienzegewinne durch innovative Produktmodellierung*, Bank 2003, 196-2001.

KLEINER, BEAT – *Entwicklung im Schweizer Bankrecht 1995*, ÖBA 1996, 199-200.

KLIMPKE, THOMAS O. – *Der mobile Bankberater: Zugang zum Kunden*, Bank 1998, 496-499.

KLING, MICHAEL – *Sprachrisiken im Privatrechtsverkehr/Die wertende Verteilung sprachbedingter Verständnisrisiken/Das Vertragsrecht*, 2008.

KNAPPE, KARL – *Gibt es eine Kreditklemme in Deutschland?*, Bank 2003, 530-533.

KNÖFEL, OLIVER L. – *vide* MANKOVSKI, PETER.

KNOPS, KAI-OLIVER – *vide* DERLEDER, PETER.

KÖBLER, CHRISTIAN – *Die Zulässigkeit derivativer Instrumente in Unternehmen, Banken und Kommunen*, 2012.

KOCH, ARWED – *Die Allgemeinen Geschäftsbedingungen der Banken/ihre rechtliche und wirtschaftliche Bedeutung und Entwicklung*, 1932;
– *Der Krediteröffnungsvertrag*, Bank-Archiv XXXII (1933), 224-226.

KOCH, CHRISTIAN – *vide* KALKBRENNER, ARNDT.

KOCH, JENS – *Grenzen des informationsbasierten Anlegerschutzes/Die Gratwanderung zwischen angemessen Aufklärung und information overload*, BKR 2012, 485-493.

KOCH, R./SCHACHT, HJALMAR – *Die Reichgesetzgebung über Münz- und Notenbankwesen*, 1926.

KÖHLER, CHRISTIAN – *Die Zullässigkeit derivativer Finanzinstrumente in Unternehmen, Banken und Kommunen/Eine ökonomische und rechtliche Analyse*, 2012;
– *vide* HARATSCH, ANDREAS.

KÖHLER, HELMUT – *Rückwirkende Vertragsanfassung bei Dauerschuldverhältnissen?*, FS Steindorf (1990), 611-641.

KOHLS, RAINER – *Bankrecht*, 2.ª ed., 1997.

KOHNSTAMM, JEROEN – *The Geographic Spread of Factoring*, em HAGENMÜLLER/SOMMER, *Factoring-Handbuch*, 2.ª ed., 1987, 185-191.

KOLLER, INGO – rec. a Herbert Schimansky/Hermann-Josef Bunte/Hans-Jürgen Lwowski, *Bankrechts-Handbuch*, 3 volumes, Munique, 1997, NJW 2002, 350-351.

KOLLER, INGO/FAUST, FLORIAN – *Die Haftung der Erstbank für Verschulden der Zwischenbank bei der Giroüberweisung*, ZBB 1989, 63-76.

KÖLZ, WILFRIED – *Die Weltwirtschaftkrise 2010-2014: Börsenzyklen verraten die Zukunft*, 2007.

KÖNDGEN, JOHANNES – *Neue Entwicklungen im Bankhaftungsrecht*, 1987;
– *Die Entwicklung des privaten Bankrechts in den Jahren 1992-1995*, NJW 1996, 558-570;
– *Die Entwicklung des Bankkreditrechts in den Jahren 1995-1999*, NJW 2000, 468-482;
– *Grenzen des informationsbasierten Anlegerschutzes/zugleich Anmerkung zu BGH, Urt. v. 22.3.2011 – XI ZR 33/10*, BKR 2011, 283-286.

KÖNIG, PETER – *Privatkundengeschäft: Benchmarks in der Vermögensverwaltung*, Bank 1.2009, 8-12.

KÖNUG, WOLFGANG – *Das Risikobegrenzungsgesetz – offene und gelöste Fragen*, BB 2008, 1910-1914.

KÖRBER, TORSTEN – *Gerichtlicher Rechtsschutz in der europäischen Fusionskontrolle*, RIW 1998, 910-915;
– *Die Risikoverteilung bei der Kreditkartenzahlung in Mailorder und E-Commerce*, WM 2004, 563-570.

KORNBLUM, UDO – *Der Werpasste Lottoglück*, JuS 1976, 571-572.

KÖSTER, OLIVER – *Impairment von Finanzinstrumenten nach IRFS und US-Gaap*, BB 2009, 97-98.

KÖTZ, HEIN – *vide* ZWEIGERT, KONRAD.

KRAMER – *Münch-Komm*, 2.ª ed., 1985.

KRAMER, ERNST A. – no *Münchener Kommentar*, II, 4.ª ed. (2001), Intr.

KRÄMER, LUTZ – *Finanzswaps und Swap derivate in der Bankpraxis*, 1999.

KRÄMER, WERNER – *vide* KAISER, HELMUT.

KRAMPE, CHRISTOPH – *Die Unklarheitenregel/Bürgerliches und römisches Recht*, 1983.

KRAUSE, DIETER – *Die zivilrechtlichen Grundlagen des Leasing-Verfahrens*, 1967.

KRBEK, F.-S. EVANS-VON – *Nichterfüllungsregeln auch bei weiteren Verhaltens oder Sorgfaltspflichtverletzung?*, AcP 179 (1979), 85-152.

KREISCHE, KAI/BRETZ, JÖRG – *Anforderung an die Informationstechnologie der Kreditinstitute*, Bank 2003, 321-325.

KRINGS, GÜNTHER – *Die Neuffassung der AGB – Banken*, ZBB 1992, 326-335.

KROESE, DIRK P. – *vide* RUBINSTEIN, REUVEN Y..

KRÖGER, DETLEF/CLASEN, RALF/WALLBRECHT, DIRK – *Internet für Juristen*, 1996.

KRÜGER, THOMAS – *Banken- entgelte für Auskünfte wegen unrechtmässig vereinnahmter "Gebühren"?*, ZIP 2000, 1196-1202.
– *vide* TONNER, MARTIN.

KRÜGER, ULRICH – *Aufklärung und Beratung bei Kapitalanlagen/Nebenpflicht statt Beratungsvertrag*, NJW 2013, 1845-1850.

KULKE, ULRICH – em Derleder, Peter/Knops, Kai-Oliver/Bamberger, Heinz Georg, *Handbuch zum deutschen und europäischen Bankrecht*, 2004, 729 ss.;
– *Sonstige Kreditsicherheiten*, em Derleder/Knops/Bamberger, *Handbuch zum deutschen und europäischen Bankrecht*, 2.ª ed., 2009, 957-1013.

KÜMPEL, SIEGFRIED – *Die begrenzte Haftung der Bank bei weitergeleiteten Kundenaufträgen*, WM 1996, 1893-1901;
– *Rechtliche Aspekte des elektronischen Netzgeldes (Cybergeld)*, WM 1998, 365-375;
– *Bank- und Kapitalmarktrecht*, 1.ª ed., 1995, 3.ª ed., 2004 e 4.ª ed., 2011;
– *vide* LEMKE, RUDOLF.

KÜPPER, GEORG – *Mehr Fairness unter Kaufleuten: Die Konditionenempfehlung der Arbeitsgemeinschaft Zulieferindustrie*, BB 2000, 1310-1313.

KURITZKES, ANDREW – *Kreditportfoliomanagement: Neues Geschäftmodell im Firmenkundengeschäft*, Bank 1999, 60-64.

KURR, VOLKER/BITTNER, THOMAS – *Anlageberatung aus der psychologischen Perspektiven*, Bank 2003, 176-181.

KURZE, THOMAS – *Mikrokredite: Die sanfte Revolution des Muhammad Yunus*, Bank 1.2009, 40-43.

KURZ, VOLKER – *"Emptio rei speratae" "pura" oder "sub condicione"?*, Labeo 20 (1974), 195-209.

LABAND – *Die Handels-Usancen*, ZHR 17 (1872), 466-511.

LABER, HEINZ/WOLF, SILKE – *Bankenfusionen: Den Wandel personalpolitisch gestalten*, WM 1998, 520-524.

LABAREDA, JOÃO – *Pressupostos subjectivos da insolvência: Regime particular das instituições de crédito e sociedades financeiras*, em Luís Carvalho Fernandes/João Labareda, *Estudos sobre a Insolvência*, 2009;
– *vide* FERNANDES, LUÍS CARVALHO.

LÄGER, VOLKER/SCHLOSSER, MARTIN – em Jean-Claude Zerey, *Finanzderivate/Rechtshandbuch*, I – *Wirtschaftlicher Hintergrund*, 2.ª ed., 2010, § 2.

LAKER, MICHAEL/MARKGRAF, INGO – *Automatisierung: Risiken und Nebenwirkungen*, Bank 1997, 156-158.

LAMBERTI, HERMANN-JOSEF – *Transaction Services – ein attraktiver Markt*, Bank 2000, 18-19;
– *Funktionsauslagerung und deutsche Bankenpraxis*, em AAVV, *Funktionsauslagerung (Outsourcing) bei Kreditinstituten*, 2001, 59-72;
– *Neuansatz für Digitale Signatur: Mit jeder Chipkarte jede Internetanwendung sicher nutzen*, Bank 2003, 188-191.

LAMBERTI, HERMANN-JOSEPH/VOLLAND, THOMAS – *Entwicklung einer E-Commerce-Strategie am Beispiel einer Grossbank*, Bank 2000, 444-449.

LAMBRECHTS, PETER – *Die Lehre vom faktischen Vertragsverhältnis*, 1994.

LAMMEL, SIEGBERT – *Zur Auskunftshaftung*, AcP 179 (1979), 337-366;
– no HKK/BGB, III/1, *§§ 433-656* (2013), §§ 488-512.

LAMY – *Droit du financement*, 2001.

LANG, VOLKER – *Das Aus für die Lehre vom "allgemeine Bankvertrag"?/Zugleich eine Kommentierung des Urteils des BGH, BKR 2002, 1089*, BKR 2003, 227-234;
– *Haftung und Schadensersatz*, em Welter/Lang, *Handbuch der Informationspflichten im Bankverkehr*, 2005, 75-106;
– *vide* WELTER, REINER.

LANGE, ANDREAS A. – *Das Urteil führt im Ergebnis zu mehr Rechtssicherheit*, BB 2011, 1678-1679.

LANGENBUCHER, KATJA/BLIESENER, DIRK H./SPINDLER, GERALD – *Bankrechts-Kommentar* (2013): Carsten Herresthal, §§ 675c-675i (60-118); Katja Langenbucher, §§ 675j-676c.

LARENZ, KARL – *Lehrbuch des Schuldrechts*, II, 1, *Besonderer Teil*, 13.ª ed., 1986;
– *Lehrbuch des Schuldrechts*, I – *Allgemeiner Teil*, 14.ª ed., 1987.

LARENZ, KARL/CANARIS, CLAUS-WILHELM – *Lehrbuch des Schuldrechts*, II, 2, 13.ª ed., 1994.

LARENZ, KARL/WOLF, MANFRED – *Allgemeiner Teil*, 9.ª ed., 2004.

LATYSHEVA, SARIA S. – *Taming the Hydra of Derivatives Regulation: Examining New Regulatory Approaches to OTC Derivatives in the United States and Europe*, Cardozo J Int'l & Comp L 20 (2012), 465-500.

LÄUFER, NIKOLAUS K. A. – *Europäische Währungsunion – Pro und Contra*, Bank 1997, 404-408.

LAUREANO, ABEL – *Regime jurídico fundamental da União Europeia Anotado*, 1997.

LAZARUS, W. – *Die Pfändung und Überweisung von Hypotheken und Grundschulden*, 1914.

LAZERE, MONROE E. – *Factoring in the United States*, em Hagenmüller/Sommer, *Factoring-Handbuch*, 2.ª ed., 1987, 35-40.

Le secret et le droit, TAHC XXV (*Journées Libanaises*) (1974), com múltiplos contributos.

LEDGERWOOD, JOANNA – *Microfinance Handbook/An Institutional and Financial Perspective*, 2002.

LEFEBVRE, BRIGITTE – *La bonne foi dans la formation du contrat*, 1998.

LEHMANN, HEINRICH – *vide* ENNECCERUS, LUDWIG.

LEININGER, MARCUS/STÖCKER, OTMAR – *Immobilienfinanzierung in Mittel- und Osteuropa: Ein Markt entwickelt sich*, Bank 2003, 294-301.

LEITÃO, LUÍS MENEZES – *Informação bancária e responsabilidade*, em Estudos Inocêncio Galvão Telles 2, 2002, 225-244;
– *Cessão de créditos*, 2005;
– *Direito das obrigações*, I, 9.ª ed., 2013;
– *Garantia das obrigações*, 4.ª ed., 2012.

LEITE (LUMBRALES), JOÃO PINTO DA COSTA – *Organização bancária portuguesa*, 1927.

LEMKE, RUDOLF – rec. a SIEGFRIED KÜMPEL, *Bank- und Kapitalmarktrecht*, 3.ª ed., Köln, 2004, NJW 2004, 2722.

LENEL, OTTO – *Das Edictum Perpetuum/Ein Versuch zu seiner Wiederherstellung*, 3.ª ed., 1927.

LENGLET, FRANÇOIS – *La crise des années 30 est devant nous*, 2007.

LENZ, HANSRUDI – *Der Fall Enron – Rechnungslegung und Wirtschaftsprüfung im Kreuzfeuer der Kritik*, BB 2002, 1.

LEO, EZIO MARIA – *L'essenza del credito e il leasing finanziario*, em Giuseppe B. Portale, *Le operazioni bancarie* (org.), II, 1978, 831-896;
– *Funzione creditizia e forma cooperativa*, BBTC 1984, I, 462-504.

LEPRI, LUISA SORGE – *Mutuo (diritto greco)*, NssDI X (1964), 1046-1048.

LEQUETTE – vide TERRÉ.

LERBINGEN, PAUL – *Swap- Transaktion als Finanzinstrumente*, Die Bank 1985, 245-249/I.

LERCHE, PETER – *Bankgeheimnis-verfassungsrechtliche Rechtsgrundlagen*, ZHR 149 (1985), 165-176.

LESGUILLONS, HENRI – *Histoire, signification et pratique des garanties*, em *Les garanties bancaires dans les contrats internationaux/Colloque de Tours des 19 et 20 juin 1980*, 1981, 1-10.

LETZING, MARC – *vide* GOBELER, RALF.

LEWIS, MERVYNK – *vide* GRIMSEY, DARRIN.

LEYER, MICHAEL – *vide* MOORMANN, JÜRGEN.

LIESECKE, RUDOLF – *Die neuere Rechtsprechung des Bundesgerichtshofes zum Bankrecht*, WM 1959, 614-619;
– *Die Bankguthahen in Gesetzgebung und Rechtsprechung*, WM 1975, 214-230.

LIMA, FERNANDO PIRES DE/VARELA, JOÃO DE MATOS ANTUNES – *Código Civil Anotado*, 1, 4.ª ed., 1987, 2, 4.ª ed., 1997, 4, 2.ª ed., 1992.

LIMA, PATRÍCIA DE SOUSA – *As caixas económicas*, 1997, policop..

LINDACHER, WALTHER F. – *vide* WOLF, MANFRED.

LINK, THOMAS J. – *Interstate Banking/Die Behandlung der geographischen Expansion von Geschäftsbanken im US-amerikanischen Recht*, 1990.

LIVIJN, CLAES-OLOF – *Factoring-with a view to History*, em *Factoring-Handbuch*, publ. K. F. Hagenmüller/Heinrich Johannes Sommer, 2.ª ed., 1987, 13-22.

Livro branco sobre o sistema financeiro: 1992/As instituições de crédito – volume I – *Relatório principal*, 1991.

LÖBER, KLAUS – em Siegfried Kümpel/Arne Wittig, *Bank- und Kapitalmarktrecht*, 4.ª ed., 2011, 5.26 ss..

LOCHER, HORST – *Begriffsbestimmung und Schutzzweck nach dem AGB-Gesetz*, JuS 1997, 389-392.

LOMNICKA, EVA – *vide* ELLINGER, E. P..

LONGO, CARLO – *Corso di diritto romano/Il deposito*, 1946.

LONGO, GIANNETTO – *Mutuo (diritto romano)*, NssDI X (1964), 1048-1049.

LOOK, FRANK VAN – em Carsten Peter Claussen, *Bank- und Börsenrecht*, 4.ª ed., 2008, 82 ss..

LOPES (relator), JOSÉ DA SILVA – Ministério das Finanças/Conselho para o Sistema Financeiro, *Livro branco sobre o sistema financeiro: 1992/As instituições de crédito*, volume I – *Relatório principal* e volume II – *Resumo e conclusões*, 1991.

LOPES, JERÓNIMO – *Impacto da moeda única no mercado de valores mobiliários português*, CMVM 4 (1999), 81-96.

LORITZ, KARL-GEORG – *Haftung im Medienbereich bei virsätzlich falscher Berichterstatung über Kapitalanlageprodukte*, WM 2004, 957-966.

LOTMAR, PHILIPP – *Der Arbeitsvertrag nach dem Privatrecht des Deutschen Reiches*, 1.° vol., 1902.

LOVETT, WILLIAM A. – *Banking and Financial Institutions*, 7.ª ed., 2009.

LÖWISCH, MANFRED – *Staudingers Kommentar*, 13.ª ed., 1995.

LÜBBERT, E. – *Der Kreditvertrag/Ein Beitrag zur Geschichte und Dogmatik des Darlehens*, JhJb 52 (1907), 313-410.

LUHMANN, NIKLAS – *Soziologie des Risikos*, 1991.

LUÍS, ALBERTO – *O segredo bancário em Portugal*, ROA 41 (1981), 451-474;
– *O banco central*, em *Direito bancário*, 1985;
– *Aspectos da administração da banca pública*, em *Direito bancário*, 1985, 21-64;
– *O crédito abusivo e a mentira bancária*, em *Direito bancário*, 1985, 69-78;
– *Direito bancário/Temas críticos e legislação conexa*, 1985.

LUTTER, MARCUS – *Der Letter of Intent/Zur rechtlichen Bedeutung von Absichterklärungen*, 3.ª ed., 1998.

LUTTERMANN, CLAUS – *Kreditversicherung (Credit Default Swaps): Vertrag, Restrukturienrung und Regulierung (Hedge-Fonds, Rating, Schattenbanken)*, RIW 2008, 737-743.

LWOWSKI, HANS-JÜRGEN – *Das Recht der Kreditsicherung*, 9.ª ed., 2011;
– *vide* SCHIMANSKY, HERBERT.

LYNCH, TIMOTHY E. – *Derivatives: a Twenty-First Century Understanding*, Ly U Chi LJ 43 (2011), 1-51;
– *Gambling by Another Name; The Challenge of Purely Speculative Derivatives*, Stan J L Bus & Fin 17 (2011), 67-130.

MAÇÃS, FERNANDA – *vide* MOREIRA, VITAL.

MACCARONE, SALVATORE/NIGRO, ALESSANDRO – *Funzione bancaria, rischio e responsabilità della banca*, 1981.

MACEDO, JORGE BORGES DE – *Problemas de história da indústria portuguesa no Século XVIII*, 2.ª ed., 1982;

– *A situação económica no tempo de Pombal/Alguns aspectos*, 2.ª ed., 1985.

MACEY, JONATHAN R. – *vide* CARNELL, RICHARD SCOTT.

MACHADO, ANTÓNIO PIRES – *Sistema de crédito e estrutura bancária, I – Notas ao Decreto-Lei n.° 41403*, 1958;

– *Sistema bancário/Notas aos Decretos-Leis n.°s 41.403, 42.611 e 46.492*, 1965.

MACHADO, BAPTISTA – *Nominalismo e indexação*, sep. da RDES XXIV (1977), 49-77;

– *A cláusula do razoável* (1986), em *Obra dispersa* 1, 1991, 457-621.

MACHADO, MIGUEL PEDROSA – *Sigilo bancário e Direito Penal*, em Diogo Leite de Campos e outros, *Sigilo bancário/Colóquio Luso-Brasileiro sobre Sigilo Bancário*, 1997, 71-100.

MACKENZIE, DONALD/MILLO, YUVAL – *Constructing a Market, Performing Theory: the Historical Sociology of a Financial Derivatives Exchange*, AJS 109 (2003), 107-145.

MADEIRA, JOAQUIM LUÍS – *Mútuo bancário*, em *Temas de Direito bancário*, 1999, 505-552.

MAGALHÃES, MANUEL – *vide* CÂMARA, PAULO.

MAGDOFF, FRED – *vide* FOSTER, JOHN BELLAMY.

MAGNI, FRANCESCO ALESSANDRO – em Pietro Rescigno, *Codice civile* 2, 7.ª ed., 2008, 1813.°.

MAHER, FELICITY – *vide* BLAIR, WILLIAM.

MAHLKNECHT, MICHAEL – *Islamic Finance/Einführung in Theorie und Praxis*, 2009.

MAIER-REIMER, GEORG – *Vertragsprache und Sprache des anwendbaren Rechts*, NJW 2010, 2545-2550.

MAIHOLD, DIETER – *Geldautomatensystem*, em Herbert Schimansky/Hermann-Josef Bunte/Hans-Jürgen Lwowski, *Bankrechts-Handbuch* 1, 4.ª ed., 2011, § 54

MALAFAIA, JOAQUIM – *O segredo bancário como limite à investigação criminal*, ROA 1999, 413-445.

MALAQUIAS, PEDRO FERREIRA – *A livre prestação de serviços no domínio da actividade bancária*, RB 18 (1991), 151-166.

MALDEGHEM, MAXIMILIAN GRAF VON – *vide* MATTES, SABINE.

MALEY, DALE C. – *What Lessons Can We Learn from the Crash of 2008?*, 2008

MALLOY, MICHAEL P. – *Banking and Financial Services Law/Cases, Materials, and Problems*, 3.ª ed., 2013;

– *International Banking: Cases, Materials, and Problems*, 3.ª ed., 2013.

MANDLATE, FILIPE RICARDO – *Supervisão bancária em Moçambique*, em *Temas de Direito bancário*, 1999, 5-68.

MANKOVSKI, PETER/KNÖFEL, OLIVER L. – *Finanzierunfsleasing*, em Derleder/Knops/Bamberger, *Handbuch zum deutschen und europäischen Bankrecht*, 2.ª ed., 2009, 653-682.

MANSFELD, WOLFGANG – *Die neue EU-Investmentrichtlinie: Implikationen für Markt und Wettbewerb*, Bank 5.2009, 8-15.

MARANO, PIERPAOLO – *Anticipazione bancaria*, em Teti/Marano, *I contratti bancari*, 1999;

– *Lo sconto*, em Teti/Marano, *I contratti bancari*, I, 1999;

– *vide* TETI, RAFFAELE.

MARCILHACY, PIERRE – prefácio a Christian Gavalda (publ.), *Responsabilité professionnelle du Banquier, Contribution à la protection des cliens de Banque*, 1978.

MARCUSE, HERBERT – *One-Dimensional Man/Studies in the Ideology od Advanced Industrial Society*, 1964, com 2.ª ed., nova introdução por Douglas Kellner, 1991.

MARINOV, VALENTIN – *vide* HACKETHAL, ANDREAS;
– *vide* SCHMIDT, REINHARDT H..

MARMO, MARGHERITA – *Il deposito bancario*, em Annamaria Ambrosio e outros, *I contratti bancari*, 1999, 1-63.

MARQUES, A. H. DE OLIVEIRA – *Feitores*, DHP II vol. (1979), 543.

MARQUES, MARIA MANUEL LEITÃO – *vide* SANTOS, ANTÓNIO CALOS DOS.

MARQUES, WALTER – *Modernização financeira em Portugal*, RB 6 (1988), 5-16.

MARTINEK, MICHAEL – *Das Forfaitingsgeschäft*, em Schimansky/Bunte/Lwowski, *Bankrechts-Handbuch* II, 4.ª ed., 2011, § 103.

MARTINEK, MICHAEL/OECHLER, JÜRGEN – *Leasing*, em Schimansky/Bunte/Lwowski, *Bankrechts-Handbuch*, I, 3.ª ed., 2007, § 101.

MARTINEZ, PEDRO ROMANO – *Garantias bancárias*, em Estudos em Honra do Professor Doutor Inocêncio Galvão Telles 2, 2002, 265-288.

MARTINEZ, PEDRO ROMANO/PONTE, PEDRO FUZETA DA – *Garantias de cumprimento*, 5.ª ed., 2003.

MARTINEZ, PEDRO ROMANO e outros – *Lei do Contrato de Seguro Anotada*, 2.ª ed., 2011.

MARTINS, IVES GANDRA DA SILVA – *Sigilo bancário e tributário*, SI 2001, 49-67.

MARTINS, OLIVEIRA – *vide* FRANCO, SOUSA.

MARTORANO, FEDERICO – *Contratto di conto corrente*, ED IX (1961), 658-666;
– *Sconto bancario*, NssDI XVI (1969), 782-787;
– *Osservazioni preliminari sul problema della natura giuridica delle casse* em *La natura giuridica delle casse di risparmio/Atti del convegno di studi giuridici con la collaborazione del centro internazionale di studi giuridici*, org. pela Cassa di Risparmio di Ferrara, 1977, 24-30.

MARXSEN, SVEN – *Regionalbörsen: Wettbewerb als Taktgeber*, Bank 6.2009, 22-25.

MASSI, FRANCESCO ALESSANDRO – em Pietro Rescigno, *Codice civile*, 2, 7.ª ed., 2008, 3282-3294.

MATCHOCO, VASCO – *O depósito bancário*, 1995.

MATEUS, ABEL – *Regulação da moeda e dos mercados financeiros*, em *ERSE/A regulação em Portugal*, 2000, 109-125.

MATIAS, ARMINDO SARAIVA – *Direito bancário*, 1998;
– *Saneamento e liquidação de instituições de crédito*, ROA 2001, 279-348;
– *Regime sancionatório em Direito bancário*, ROA 2002, 605-619;
– *Obrigações hipotecárias e titularização de créditos hipotecários*, ROA 69 (2009), 109-126

MATTES, SABINE/MALDEGHEM, MAXIMILIAN GRAF VON – *Unternehmensbewertung beim Squeeze Out*, BKR 2003, 531-537.

MATTOUT, JEAN-PIERRE – *Droit bancaire international*, 4.ª ed., 2009.

MATUSCHE-BECKMANN, ANNEMARIE – *Pfandrechte an beweglichen Sachen und an Rechten*, em Derleder/Knops/Bamberger, *Handbuch zum deutschen und europäischen Bankrecht*, 2.ª ed., 2009, 857-886.

MAYEN, BARBARA – em Herbert Schimansky/Hermann-Josef Bunte/Hans-Jürgen Lwowski, *Bankrechts-Handbuch* 1, 4.ª ed., 2011, § 47.

MAYER-WEGELIN, EBERHARD – *Impairmenttest nach IAS-36/Realität und Ermessenspielraum*, BB 2009, 94-96.

MAZZARELLA, SALVATORE – *Cassa di risparmio*, NssDI/*Appendice*, 2.° vol. (1980), 1062-1067.

MCKNIGHT, ANDREW – *The Law of International Finance*, 2008.

MEDEIROS, RUI – *vide* MIRANDA, JORGE.

MEDER, STEPHAN/CZELKE, ANDREA – no HKK/BGB III, *Schuldrecht: Besonderer Teil*, §§ 433-853, 2. Teilband: §§ 657-853 (2013), §§ 675c-676c.

MEDICUS, DIETER – *Allgemeiner Teil des BGB*, 8.ª ed., 2002;
– *vide* BERGER, KLAUS PETER.

MEHLAU, JENS INGO – *vide* KLEIN, THOMAS.

MEIER, CARSTEN-PATRICK – *vide* JUNIUS, KARSTEN.

MELBY, BARBARA MUPHY – *vide* HALVEY, JOHN K..

MELLEROWICZ, KONRAD – *Leasing-Geschäfte und ihre Bilanzierung – eine Lücke im Aktiengesetz*, FS Carls Hans Barz (1974), 409-427.

MELLO, PASCOAL DE – *Instituições de Direito Civil Português/tanto público como particular*, tit. XIV, § 1 = BMJ 166 (1967), 164, na versão em língua portuguesa de MIGUEL PINTO DE MENESES. O original latino foi publicado entre 1789 e 1794.

MENDES, EVARISTO – *Garantias bancárias. Natureza*, RDES 1995, 126-158.

MENESES, MIGUEL PINTO DE – *vide* MELLO, PASCOAL DE.

MENZ, KLAUS-MICHAEL – *Kapitalmarkt: wird Corporate Social Responsability honoriert?*, Bank 2.2009, 20-21.

MERTENS, HANS-JOACHIM – *Zur Bankenhaftung wegen Gläubigerbenachteiligung*, ZHR 143 (1979), 174-194.

MERZ, CHRISTIAN – em Siegfried Kümpel/Arne Wittig, *Bank- und Kapitalmarktrecht*, 4.ª ed., 2011, 10.344 ss..

MESSENBÖCK, REINHARD/KLEIN, TIL – *Das Ende der Beratung?*, Bank 8.2012, 46-48.

MESSINEO, FRANCESCO – *Anticipazione bancaria*, NssDI I, 1 (1957), 647-654;
– *Contratto collegato*, ED X (1962), 48-54;
– *Contratto innominato (atipico)*, ED X (1962), 95-110.

METZ, RAINER – *vide* DERLEDER, PETER.

Metonímia, GEPB 27 (s/d), 123.

MEYER, HEINRICH/DEGENER, JAN-MORITZ – *Debt-Equity-Swap nach dem RegE – ESUG*, BB 2011, 846-851.

MEYER, OLAF – *Contra Proferentem? Klares und weniger klares zu Unklarheitenregel*, ZHR 174 (2010), 108-143.

MICHALSKI, LUTZ – *Das Verbraucherkreditgesetz*, Jura 1997, 169-179.

MICKLITZ, HANS W. – *La loi allemande relative ao régime juridique des conditions générales des contrats du 9 Décembre 1976/Bilan de onze anées d'aplication*, RIDC 41 (1989), 101-122.

MIELKE, MANFRED – *Das Bankgeheimnis gegenüber Behörden*, AG 1964, 182-183.

MIEROOP, MARC VAN – *The Invention of Interest: Sumerian Loan*, em *The Origins of Value: the Financial Innovations that Created Modern Capital Markets*, coordenação de William N. Goetzmann e K. Geert Rouwenhorts, 2005, 17-30.

MIHM, OLIVER/JACOBS, BETTINA – *Für jeden Kunden die passen Bank*, Bank 9.2012, 21-25.

MILGATE, MURRAY – *vide* NEWMAN PETER.

MILLER, GEOFFREY P. – *vide* CARNELL, RICHARD SCOTT.

MILLO, YUVAL – *vide* MACKENZIE, DONALD.

MINISTÉRIO DAS FINANÇAS/Conselho para o Sistema Financeiro, *Livro branco sobre o sistema financeiro: 1992/As instituições de crédito*, volume I – *Relatório principal* e volume II – *Resumo e conclusões* (1991), relator JOSÉ DA SILVA LOPES.

MINSKY, HYMAN P. – *The Financial Instability Hypothesis*, Maio de 1992.

MIRANDA, JORGE – *Emissão de cheques sem provisão – Obrigatoriedade de pagamento pelo sacado – Inconstitucionalidade da Lei n.° 30/91, de 20 de Julho*, RB 20 (1991), 73-85;

– *Manual de Direito constitucional* 5, 2.ª ed., 2000 e 4.ª ed., 2011.

MIRANDA, JORGE/MEDEIROS, RUI – *Constituição Portuguesa Anotada*, I, 2005.

MISCHKE, THORSTEN – *vide* BENNA, RALF.

MOLLE, GIACOMO – *Conto corrente bancario*, NssDI IV (1959), 414-424;

– *Deposito bancario*, NssDI V (1960), 518-528;

– *La banca nell' ordinamento giuridico italiano*, 1980.

MOLLE, GIACOMO/DESIDERIO, LUIGI – *Manuale di diritto bancario e dell'intermediazione finanziaria*, 5.ª ed., 1997, 7.ª ed., 2005.

MONI, MARGHERITA – *Swap – una tecnica finanziaria per l'impresa*, 1990.

MONTEIRO, ANTÓNIO PINTO – *Contrato de agência/Anotação ao Decreto-Lei n.° 178/86*, 5.ª ed., 2004;

– *vide* COSTA, MÁRIO JÚLIO ALMEIDA.

MONTEIRO, JORGE SINDE – *Responsabilidade por conselhos, recomendações ou informações*, 1989.

MONTEIRO, LUÍS MIGUEL – *A operação de levantamento automático de numerário*, ROA 1992, 123-168.

MOORE, CARROLL G./VUKSTA, CHARLES E. – *The Law Governing Factoring in the United States*, em Hagenmüller/Sommer, *Factoring-Handbuch*, 2.ª ed., 1987, 127-137.

MOORMANN, JÜRGEN/GOSSMANN, ARNDT – *Erfolgsfaktoren von Reengineering-Projekten*, Bank 1997, 372-376.

MOORMANN, JÜRGEN/LEYER, MICHAEL – *Retail Banking muss kontextsensitiv werden*, Bank 10.2012, 64-68.

MORAIS, CARLOS BLANCO DE – *As leis reforçadas*, 1998;

– *As autoridades administrativas independentes na ordem jurídica portuguesa*, ROA 2001, 101-154.

MORAIS, FERNANDO DE GRAVATO – *Locação financeira de estabelecimento comercial*, em AAVV, *20 anos do CSC* 2, 2007, 619-635;

– *Crédito aos consumidores/Anotação ao Decreto-Lei n.º 133/2009*, 2009;

– *Manual da locação financeira*, 1.ª ed., 2006 e 2.ª ed., 2011.

MORAIS e outros, JORGE ALVES – *Manual de contratos de Direito bancário e financeiro/Regime legal, minutas, fiscalidade, jurisprudência*, 2008.

MORAIS, LUÍS SILVA – *Modelos de supervisão financeira em Portugal e no contexto da União Europeia*, 2016.

– *vide* SANTOS, LUÍS MÁXIMO DOS.

MORDUCH, JONATHAN – *vide* AGHION, BEATRIZ ARMENDÁRIZ DE.

MOREIRA, GUILHERME ALVES – *Instituições de Direito Civil Português*, 2 – *Das Obrigações*, 1911.

MOREIRA, VITAL – *Auto-regulação profissional e Administração Pública*, 1997.

MOREIRA, VITAL/MAÇÃS, FERNANDA – *Autoridades reguladoras independentes/Estudo e propjecto de lei-quadro*, 2003.

MORELLO, UMBERTO – *Condizioni generali di contratto*, DDP/SCiv, III (1990), 334-396.

MORERA, UMBERTO/NUZZO, ANTONIO (org.) – *La nuova disciplina dell'impresa bancaria*, 3 volumes, 1996.

MORGADO, CARLA TEIXEIRA – *vide* CORDEIRO, ANTÓNIO MENEZES.

MORGENTHALER, GERD – *Der Euro – zwischen Integrationsdynamik und Geldwertstabilität*, JuS 1997, 673-681.

MOROSINI, PIERGIORGIO – *vide* GIOMARO, ANNA MARIA.

MORRA, CONCETTA BRESCIA – *Il diritto delle banche*, 2.ª ed., 2016.

MORSE, Sir JEREMY – *Consequências da liberalização dos movimentos de capitais na Comunidade Europeia para os bancos e as seguradoras. Levará esta liberalização a um mercado livre de prestação de serviços financeiros?*, RB 16 (1990), 215-219.

MOSCARINI, LUCIO VALERIO – *Linee evolutive del contratto di appalto*, em *Il contratto internazionale d'appalto* (org. Ugo Draetta), 1992, 7-21.

MOSCH, ANITA – *vide* GRASMACHER, IRMGARD.

MÖSCHEL, WERNHARD – *Dogmatische Strukturen des bargeldlosen Zahlungsverkehrs*, AcP 186 (1986), 187-236;
– *Bankenaufsicht und internationales Geschäft*, ZBB 1989, 168-184;
– *Systemwechsel im Europäischen Wettbewerbsrecht?*, JZ 2000, 61-67.

MOTTURA e outros, PAOLO – *Le operazioni bancarie*, 3.ª ed., 1989.

MOURATO, HÉLDER M. – *Swap de taxa de juro: a primeira jurisprudência*, Cad MVM 44 (2013), 29-44;
– *O contrato de* swap *de taxa de juro*, 2014.

MRUSEK, FRANK – *vide* HOLLÄNDER, DIRK.

MÜLBERT, PETER O. – *Das verzinsliche Darlehem/Konsensual statt Realkontrakt – oder: synallagmatisches Entgelt statt akzessorischer Zinsen*, AcP 192 (1992), 447-515;
– *Funktionsauslagerung bei Kreditinstituten aus gesellschafts- und konzernrechtlicher Sicht/aufsichtsrechtliche Vorgaben und gesellschafts- sowie konzernrechtliche Folgeprobleme*, AAVV, *Funktionsauslagerung (Outsourcing) bei Kreditinstituten* (2001), 3-40;
– *vide* HOPT, KLAUS J..

MÜLLER, ELMAR/WEBERER, DAGMAR/HARTMANN, EGBERT – *Bankprodukte systematisch strukturieren*, Bank 1998, 592-595.

MÜLLER, FRIEDRICH – *Das Reichsgesetz über das Kreditwesen/Vom 5. Dezember 1934/Textausgabe mit Erläuterungen und Sachregister*, 1935.

MÜLLER, HENRIK – *vide* JUNIUS, KARSTEN.

MÜLLER, KLAUS J. – *Gestaltung der Due Diligence durch den Vorstand der Aktiengesellschaft*, NJW 2000, 3452-3456.

MÜLLER, ULRICH – *Die Haftung des Stellvertreters bei culpa in contrahendo und positiver Forderungsverletzung*, NJW 1969, 2169-2175.

MÜLLER-GRAF, PETER-CHRISTIAN – *Rechtliche Auswirkungen einer laufenden Geschäftsverbindung im amerikanischen und deutschen Recht*, 1974;
– *Die Geschäftsverbindung als Schutzpflichtverhältnis*, JZ 1976, 153-156;
– *Das Gesetz zur Regelung des Rechts der Allgemeinen Geschäftsbedingungen*, JZ 1977, 245-255;
– em Rudolf Streinz, *EUV/AEUV*, 2.ª ed., 2012, Art. 49 AEUV.
MÜNSCHER, MICHAEL – *vide* JUNGMANN, CARSTEN.

NABASQUE, HERVÉ LE – *vide* COURET, ALAIN.
NAPOLI, ROBERTO DI – *Anatocismo e vizi nei contratti bancari*, 2008.
NARDI, GIUSEPPE DI – *Banca d'Italia*, NssDI/Appendice I (1980), 691-696.
NASSETTI, FRANCESCO CAPUTO – *I contratti derivati finanziari*, 2.ª ed., 2011.
NATHANSON-LUIDL, DAGMAR – *vide* KLEIN, REINHARD.
NEBELUNG – *Gutschriften auf dem Konto pro Diverse*, NJW 1959, 1068-1069.
NEGRI, GIOVANNI – *Deposito nel diritto romano, medievale e moderno*, DDP/Sciv V (1990), 219-252.
NELLA, LUCA DI – *Italien*, em Peter Derleder/Kai-Oliver Knops/Heinz Georg Bamberger, *Handbuch zum deutschen und europäischen Bankrecht*, 2.ª ed., 2009, 2523 ss..
NETO, ABÍLIO – *Operações bancárias. Legislação – doutrina – jurisprudência*, 2008.
NEAU-LEDUC, PHILIPPE – *Droit bancaire*, 5.ª ed., 2015.
NEUMANN, KARL-ALEXANDER – *vide* HINGST, KAI-MICHAEL.
NETO, EDUARDO SALOMÃO – *Direito bancário*, 2.ª ed., 2014.
NEUMANN, SYBILLE – *vide* BAURREIS, JOCHEN.
NEVES, F. CORREIA DAS – *Manual dos juros*, 1989.
NEWMAN PETER/MILGATE, MURRAY/EATWELL, JOHN – *The New Palgrave Dictionary of Money and Finance*, 3 volumes, 1992.
NICOLÒ, ROSARIO – *Deposito e contratto a favore di terzo*, RDComm XXXVII (1939) 2, 451-459, em anot. a CssIt 10-Mar.-1939.
NIGRO, ALESSANDRO – *La disciplina delle crisi bancarie: la liquidazione coatta amministrativa*, GiurComm 1996, 144-156;
– *vide* MACCARONE, SALVATORE.
NITZSCH, RÜDIGER VON/BRAUN, DIRK/HAMEL, CLAUDIA – *Online Banking/Mehrwert nach Maβ*, Bank 9.2012, 72-75.
NIVARRA, LUCA/ROMAGNO, GIUSEPPE WERTHER – *Il mutuo*, 2000.
NOBBE, GERD – *Bankrecht/Aktuelle höchst- und obergerichtliche Rechtsprechung*, 1999;
– em Herbert Schimansky/Hermann-Josef Bunte/Hans-Jürgen Lwowski, *Bankrechts-Handbuch* 1, 4.ª ed., 2011, § 60.
NOBEL, PETER – *Praxis zum öffentlichen und privaten Bankenrecht der Schweiz*, 1979.
NÖCKER, CHRISTOPH/GRUNENBERG, MICHAEL – *Restrukturierung von Kreditinstituten: Die Jrei Phasen der Ertragsoptimierung*, Bank 5.2009, 40-43.
NOLTE, BERND – *vide* BURKHARDT, THOMAS.
NORBERT, GERHARD/ABROLAT, JÖRG – *Revolution im Zahlungsverkehr (Neue Technologien)*, Bank 12.2011, 68-73.
NOTZKE, JOH. – *Das Bankgesetz von 1924*, 1925.
NOVA, GIORGIO DE – *Il contratto di leasing/Con sentenze ed altri materiali*, 3.ª ed., 1995.

NSOULI, MARWAN M. – *Recherche sur les critères d'une banque centrale moderne/Étude comparative entre la Banque du Liban, la Banque de France et la Banque Centrale Européenne*, 2003.

NUISSL, DAGMAR – *Bankgeschäftsrecht/Bank- und Kapitalmarktrecht für die Praxis*, 1997.

NUNES, FERNANDO CONCEIÇÃO – *As instituições de crédito: conceito e tipologia legais, classificação, actividades legalmente permitidas e exclusivos*, RB 25 (1993), 71-112;
– *Direito bancário*, I – *Introdução e sistema financeiro*, 1994;
– *Os deveres de segredo profissional no regime geral das instituições de crédito e sociedades financeiras*, RB 29 (1994), 39-63;
– *Depósito e conta*, em Estudos em Honra do Professor Doutor Inocêncio Galvão Telles 2, 2002, 67-88.

NUNES, JOSÉ ANTÓNIO BARRETO – *Fiança, nulidade, obrigações futuras, objecto indeterminável*, Rev. Jurídica 2000, 91-104.

NUSSBAUM, ARTHUR – *Das Bankguthaben*, 1931.

NUZZO, ANTONIO – *vide* MORERA, UMBERTO.

NYSTEDT, JENS – *Derivative Market Competition: OTC Markets Versus Organized Derivative Exchanges*, IMF Working Paper No. WP/04/61, 2004, pode ser consultado na íntegra no sítio http://papers.ssrn.com/sol3/papers.cfm?abstract_id=878884.

OBERMÜLLER, MANFRED – *Kredite und Konkurseröffnung*, ZIP 1980, 337-334.

OBERPARLEITER, KARL – *Funktionen und Risiken des Warrenhandels*, 2.ª ed., 1955.

OECHLER, JÜRGEN – *vide* MARTINEK, MICHAEL.

OETKER, HARTMUT – *Das Dauerschuldverhältnis und seine Beendigung/Bestandaufnahme und kritische Würdigung einer tradierten Figur der Schuldrechtsdogmatik*, 1994.

OETTMEIER, ANDREA – *Bürgschaften auf erstes Anfordern*, 1996.

OHLER, CHRISTOPH – *Europäisches Bankenaufsichtsrecht*, 2008;
– em Rudolf Streinz, *EUV/AEUV*, 2.ª ed., 2012.

OLANDER, CHRISTOPHER DEAN/SPELL, CYNTHIA L. – *Interest Rate Swaps: Status under Federal Tax and Securities Law*, Md L Rev 45 (1986), 21-60.

OLAVO, CARLOS – *Supervisão em base consolidada*, RB 1995, 25-71;
– *O contrato de desconto bancário*, em Estudos em Honra do Professor Doutor Inocêncio Galvão Telles 2, 2002, 427-485.

OLAVO, FERNANDO – *Abertura de crédito documentário*, 1952;
– *Desconto bancário*, 1955;
– *Direito Comercial*, 1, 2.ª ed., 1970.

OLSZAK, NORBERT – *Histoire des banques centrales*, 1998.

OMLOR, SEBASTIAN – no *Staudinger Kommentar zum BGB*, II, §§ 675c-676c, *Zahlungsdiensterecht* (2012), § 675f;
– *Die zweite Zahlungsdiensterichtlinie: Revolution oder Evolution im Bankvertragsrecht?*, ZIP 2016, 558-564.

OMMESLAGHE, PIERRE VAN – *La responsabilité du banquier dispensateur de crédit en droit belge*, SAG 49 (1977), 109-149.

OPPEN, MATTHIAS VON – *PIPE – Transaktionen in einem volatilen Umfeld: Der kurze Weg zum Eigenkapital*, Bank 7.2009, 12-15.

Ordenações Filipinas, Livro IV, tít. 67. (= ed. Gulbenkian, 871 ss.).

ORLANDI, MAURO – *La paternità delle scritture/Sottoscrizione e forme equivalenti*, 1997.

OSSENBÜHL, FRITZ – *Grundfragen zum Rechtsstatus der freien Sparkassen*, 1979.

OSTERLOH, JAN – *Outsourcing von Sekundären Servicebereichen/Institutionen – ökonomische und kognitive Erklärungsansätze*, 2004.

OSTI, GIUSEPPE – *Contratto*, NssDI IV (1959), 463-535.

OSTLER, FRITZ/WEIDNER, JOCHEN – *Abzahlungsgesetz*, 6.ª ed. (1971), 1-3.

OTT, CLAUS/SCHÄFER, HANS-BERND – *Lehrbuch der ökonomischen Analyse des Zivilrechts*, 3.ª ed., 2000.

OTTO, HANSJÖRG – no *STAUDINGERS Kommentar*, §§ 315-327, ed. 2001, § 326.

OTTO, KARSTEN – *vide* HIRTE, HERIBERT.

Oxford Dictionary of Finance and Banking, 4.ª ed., 2008.

PACKARD, VANCE – *The Hidden Persuaders*, 1957, 46.ª reimp., 1976.

PAGGE, ALBERTO – *Pegno (diritto attico)*, NDI IX (1939), 610.

PALANDT/SPRAU – *BGB*, 64.ª ed., 2005 e 65.ª ed., 2006.

PALLMANN, HANS-DIETRICH – *Rechtsfolgen aus Gefälligkeitsverhältnissen*, 1971.

PANNHORST, MATTHIAS – *vide* KAISER, HELMUT.

PANTEL, JOACHIM – *Pflichten der Bank aus dem Kreditverhältnis, insbesondere bei der Kündigung*, 1979.

PAOLI, UGO ENRICO – *Deposito (Diritto attico)*, NssDI V (1960), 494-495.

PAP, MICHAEL – *Haftungsfragen bei geschlossenen Fonds*, BKR 2008, 367-372.

PAPATHANASSIOU, CHRYSSA – em Herbert Schimansky e outros, *Bankrechts-Handbuch*, 2, 4.ª ed., 2011, § 134.

PAPI, GIUSEPPE UGO – *Sconto*, NssDI XVI (1969), 775-782.

PARK, Y. S. – *Currency Swaps as a Long-Term International Financing Technique*, J Int Bus Stud 15 (1984), 47-54.

PARLEANI, GILBERT – *vide* GAVALDA, CHRISTIAN.

PARSCH, LEO – *5 Jahre Schlichtungsverfahren der privaten Banken*, WM 1997, 1228-1231.

PARTNOY, FRANK – *Financial Derivatives and the Cost of Regulatory Arbitrage*, J Corp L 22 (1997), 211-256.

PASTORI, FRANCO – *Il commodato nel diritto romano/con contributi allo studio della responsabilità contrattuale*, 1954, reimp., 1995.

PASTRÉ, OLIVIER/SYLVESTRE, JEAN-MARC – *Le roman vrai de la crise financière*, 2008

PATRÍCIO, JOSÉ SIMÕES – *As novas taxas de juro do Código Civil*, BMJ 305 (1981), 13-65;
– *Preliminares sobre a garantia "on first demand"*, ROA 1983, 677-718;
– *Juros de mora nas obrigações valutárias*, BMJ 372 (1988), 5-48;
– *Direito do crédito/Introdução*, 1994;
– *Regime jurídico do euro*, 1998;
– *Breve apresentação da moeda única europeia*, CMVM 4 (1999), 65-79;
– *Prevenção e resolução alternativa de conflitos com clientes bancários*, Estudos em Honra do Professor Doutor Inocêncio Galvão Telles 2, 2002, 593-617;
– *Direito bancário privado*, 2004.

PATTI, SALVATORE – *vide* ALPA, GUIDO.

PAÚL, JORGE PATRÍCIO – *O sigilo bancário/Sua extensão e limites no Direito português*, RB 12 (1989), 71-96;

– *A banca perante o branqueamento de capitais*, RB 26 (1993), 41-71;
– *O sigilo bancário e a sua relevância fiscal*, ROA 2002, 573-603.

PAUL, STEPHAN/STEIN, STEPHAN – *Gute Finanzkommunikation zahlt sich aus*, Bank 2.2009, 46-49.

PAVARANI, EUGENIO/TAGLIAVINI, GIULLIO – *La memoria storica di una formula imprenditoriale bancaria. L'evoluzione della Cassa di Risparmio di Parma e del contesto economico locale*, em Gian Luigi Basini/Giancarlo Forestieri (org.), *Banche locali e sviluppo dell'economia/Parma e la Casse di Risparmio*, 1989, 315-630.

PEARSON, JOHN K. – *vide* TATELBAUM, CHARLES M..

PECHSTEIN, MATTHIAS – *vide* HARATSCH, ANDREAS.

PENN, G. A./SHEA, A. M./ARORA, A. – *The Law Relating to Domestic Banking/Banking Law*, vol. I, 1987.

PENTHOR, JÜRGEN – *Liability Management in Banken*, ÖBA 1996, 49-52.

PERASSI, MARINO – *Le autorità ed i poteri di vigilanza nel testo unico*, BBTC 48 (1995) 1, 660-684.

PEREIRA, A. RAMOS – *O sistema de crédito e a estrutura bancária em Portugal*, 1, 1969.

PEREIRA, CARLOS FREDERICO GONÇALVES – *Cartões de crédito*, ROA 1992, 355-416.

PEREIRA, JOSÉ NUNES – *Regulação do mercado de capitais*, em *ERSE/A regulação em Portugal*, 2000, 9-31.

PEREIRA, SOFIA GOUVEIA – *O contrato de abertura de crédito bancário*, 2000.

PERRIN, LISA – *Bankenmärkte Mittel – und Osteuropas* (V): *Slowenien – gerüstet für den Wettbewerb?*, Bank 2003, 439-443.

PERRINI, FRANCESCO – *vide* GERVASONI, ANNA.

PETEREK, FRANK – em Siegfried Kümpel/Arne Wittig, *Bank- und Kapitalmarktrecht*, 4.ª ed., 2011.

PETERS, ANDREA – *vide* Horn, Hendrik.

PETERS, BERND – *vide* JUNGMANN, CARSTEN.

PETERSHAGEN, JÖRG – *vide* SPICHKOFF, ANDREAS.

PETO, RUDOLF – *Geldtheorie und Geldpolitik*, 2.ª ed., 2002.

PEZZANA, ALDO – *Cautio*, NssDI III (1959), 53-54.

PHILIPOWSKI, RÜDIGER – *Tatsachen und rechtliche Bedeutung der längeren Geschäftsverbindung*, 1963, ed. de Berlim, e Heidelberg, 1963, com o título *Geschäftsverbindung/Tatsachen und rechtliche Bedeutung*.

PIEDELIÈVRE, STÉPHANIE/PUTMAN, EMMANUEL – *Droit bancaire*, 2011.

PIGASSE, MATTHIEU/FINCHELSTEIN, GILLES – *Le monde d'après/Une crise sans précédent*, 2009.

PIKART, HEINZ – *Die Rechtsprechung des Bundesgerichtshofs zum Bankvertrag*, WM 1957, 1238-1246.

PILTZ, BURGHARD – *Neue Entwicklungen im UN-Kaufrecht*, NJW 2003, 2056-2063.

PINA, CARLOS COSTA – *Dever de informação e responsabilidade pelo prospecto no mercado primário de valores mobiliários*, 1999;
– *Instituições e mercados financeiros*, 2004.

PINHEIRO, JORGE DUARTE – *Garantia bancária autónoma*, 1991, policop., e ROA 1992, 417-465.

PINTO, A. MENDONÇA – *União monetária europeia/Portugal e o Euro*, 1997.

PINTO, ALEXANDRE MOTA/PORTO, MANUEL LOPES/ANASTÁCIO, GONÇALO – *Tratado de Lisboa anotado e comentado*, 2012.

PINTO, ANA PESSOA – *Sigilo bancário*, em *Temas de Direito bancário*, 1999, 223-267.

PINTO, C. A. MOTA – *A responsabilidade pré-negocial pela não conclusão dos contratos*, separata do BFD n.º 14 (1963);
– *Uma nova modalidade jurídica de financiamento industrial: o leasing*, RDES 1965, 103-132;
– *Cessão da posição contratual*, 1970.

PINTO, JOÃO COSTA – *O processo de integração do espaço financeiro europeu e a evolução do sistema financeiro português*, RB 6 (1988), 27-46.

PINTO, PAULO MOTA – *O direito à reserva sobre a intimidade da vida privada*, BFD 69 (1993), 479-585.

PIRES, CATARINA MONTEIRO – *Entre um modelo corretivo e um modelo informacional no Direito bancário e financeiro*, CDP 44 (2013), 3-22.

PIRES, FLORBELA DE ALMEIDA – *Participações qualificadas em instituições de crédito*, ROA 1997, 1099-1185.

PIRES, JOSÉ MARIA – *Direito bancário*, 1 – *O sistema bancário português*, 1994; 2 – *As operações bancárias*, 1995.

PISONI, PIERO – *vide* Dezzani, Flavio.

PIZARRO, SEBASTIÃO NÓBREGA – *O contrato de locação financeira*, 2004.

PLANDER, HARRO – *Lottospielgemeinschaft und Rechtsbindungswille*, AcP 176 (1976), 424-447

PLEWKA, HARALD – *Umstellung auf den Euro*, 1998.

PLEYER, KLEMENS/BELLINGER, DIETER – *Das Recht der Hypothekenbanken in Europa*, 1981; versão francesa, *Les banques hypothécaires en Europe*, 1987.

POHL, MANFRED – *Entstehung und Entwicklung des Universalbanksystems seit der Mitte des 19. Jahrhunderts*, no Obst/Hintner, *Handbuch*, 39.ª ed. (1993), 187 ss..

POLLARD, ALFRED M. e outros – *Banking Law in the United States*, 1988.

PONTE, PEDRO FUZETA DA – *Da problemática da responsabilidade civil dos bancos decorrente do pagamento de cheques com assinaturas falsificadas*, RB 31 (1994), 65-81;
– *vide* MARTINEZ, PEDRO ROMANO.

PONTIROLI, LUCIANO – *Cassa di risparmio*, no DDP/SComm II (1989), 523-529;
– *Credito documentario*, DDP/SComm IV (1989), 207-220;
– *Garanzia (contratti autonomi di)*, no DDP/SComm vol. VI (1991), 348-376.

PORTALE, GIUSEPPE B. – *Le operazioni bancaria*, 1, 1978;
– *vide* DALMARTELLO, ARTURO.

PORTISCH, WOLFGANG – *Fortführungsprognose für überschuldete Unternehmen: wenn die Insolvenz Jroht*, Bank 5.2009, 36-38.

PORTO, MANUEL LOPES – *vide* Pinto, Alexandre Mota.

PORTUGAL, ANTÓNIO MOURA – *Independência e controlo do Banco Central Europeu/Contributo para a correcta definição dos poderes normativos*, BMJ 479 (1998), 5-63.

PORZIO, MARIO – *L'apertura di credito: profili generali*, em Giuseppe B. Portale (org.), *Le operazioni bancarie* II, 1978, 505-522.

POSNER, RICHARD A. – *A Failue of Capitalism: the crisis of 08 and the descent into depression*, 2009.

POULLET, YVES – *vide* BELLIS, MARC.

POWER, MARK J./DESOUZA, KEVIN C./BONIFAZI, CARLO – *The Outsourcing Handbook/How to implement a Successful Outsourcing Proces*, 2006.

PRAT, GEORGES – *La responsabilité du banquier et la "faillite" de son client*, 2.ª ed., 1983.

PRAZARD, ALICE – *Code monétaire et financier*, 2009.

PRESBER, RALF – em Peter Derleder/Kai-Oliver Knops/Heinz Georg Bamberger, *Handbuch zum deutschen und europäischen Bankrecht*, 2004, § 30.

PRÖHL, HANS – *Reichsgesetz über das Kreditwesen/Kommentar*, 2.ª ed., 1939.

PROUDHON, PIERRE-JOSEPH – *Manuel du spéculateur à la bourse*, 4.ª ed., 1857.

PUDDU, LUIGI – *vide* Dezzani, Flavio.

PUTMAN, EMMANUEL – *vide* PIEDELIÈVRE, STÉPHANIE.

QUASSOWSKI, L./SCHRÖDER – *Bankdepotgesetz/Gesetz über die Verwahrung und Anschaffung von Wertpapier vom 4. Fev. 1937*, 1937.

RAIFFEISEN, F. W. – *Die Darlehenskassen. Vereine als Mittel zur Abhilfe der ländlischen Bevölkerung*, 1887.

RAISER, LUDWIG – *Das Recht des Allgemeinen Geschäftsbedingungen*, 2.ª ed., 1961, correspondente à 1.ª, de 1935.

RAMOS, AURA CRISTINA GUERREIRO – *Ilícito de mera ordenação social no Regime Geral das Instituições de Crédito e das Sociedades Financeiras*, 1997, policop..

RAMOS, MARIA CÉLIA – *O sigilo bancário em Portugal/Origens, evolução e fundamentos*, em Diogo Leite de Campos e outros, *Sigilo bancário/Colóquio Luso-Brasileiro sobre Sigilo Bancário*, 1997, 115-137.

RAPONE, PATRIZIA – em Pietro Rescigno, *Codice Civile*, 7.ª ed., 2008, artigo 1766.º.

RAPOSO, AMÁVEL – *Alguns aspectos jurídicos dos pagamentos através das caixas automáticas: responsabilidade e prova*, BMJ 377 (1988), 5-31.

RAU – *vide* AUBRY.

READ, COLIN – *Global Financial Meltdown: How We Can Avoid The Next Economic Crisis*, 2009.

REDINHA, JOÃO – *Contrato de mútuo*, em Menezes Cordeiro (org.), *Direito das Obrigações*, III vol., 2.ª ed., 1991, 185-262.

REGELSBERGER, FERDINAND – *Die rechtliche Bedeutung der sog. Geschäftsbedingungen der Bankiers für die Kontokorrentverträge*, Bank-Archiv V (1906), 169-172;
– *Nachschrift* em JhJb 52 (1907), 410-427.

Règles et Usances Uniformes relatives aux Crédits Documentaires, 1983.

REGO, MARGARIDA LIMA – *Contrato de seguro e terceiros/Estudo de Direito civil*, 2010.

Regulamento do Provedor do Cliente do Banco Comercial Português, SA, em *www.millenniumbcp.pt*.

REHBEIM, DIETER – *Rechtsfragen zum Bankgeheimnis*, ZHR 149 (1985), 139-150.

REI, MARIA RAQUEL – *Do contrato-quadro*, 1997, inédito.

REICH, NORBERT – *Der Verbraucher im Binnenmarkt*, em Norbert Reich/Hans-W. Micklitz, *Europäisches Verbraucherrecht*, 4.ª ed., 2003, 9-80;
– *Finanzdienstleistungen* em Norbert Reich/Hans-W. Micklitz, *Europäisches Verbraucherrecht*, 4.ª ed., 2003, 735-847.

REIFERT, THOMAS (org.) – *Financial Restructuring/Sanierung von Unternehmenskredit durch Debt Equity Swaps und Treuhandlösungen*, 2011.

REIMERS-MORTENSEN, SABINE – *Strategische Optionen für Direktbanken*, Bank 1997, 132.

Relatório de síntese elaborado nas jornadas brasileiras da Associação Henri Capitant, em 1984 – *Travaux* 35, 1986, 10-15.

Relatório do Conselho de Administração do Banco de Portugal, 1975, 2003 e 2004.

Relatório e Contas de 2004, da CCCAM.

Relatório e contas, ISF, 2003.

Relatório e Contas do Banco de Portugal, 1975.

Relatório sobre a situação actual dos valores mobiliários, CMVM, 2004.

REPPLINGER, KARL PETER – *vide* BERGER, MATHIAS.

RESCIGNO, PIETRO (org.) – *Codice Civile*, 5.ª ed., 2003 e 7.ª ed., 2008.

REUSS, KARL FRIEDRICH – *Die Intensitätsstufen der Abreden und die Gentlemen-Agreements*, AcP 154 (1955), 485-526.

REUTER, ALEXANDER – *Was ist und wie funktioniert Projektfinanzierung?*, DB 1999, 31-37; – *Projektfinanzierung und Kapitalmarkt*, WM 2009, 2057-2063

REUTER, DIETER – no *Staudingers Kommentar BGB*, 13.ª ed. (1995), §§ 652-704.

REY, MARTIN – *Entwicklung und moderne Tendenzen der Projektfinanzierung*, BKR 2001, 29-34.

RIBEIRO, ANTÓNIO SEQUEIRA – *Garantia bancária autónoma à primeira solicitação: algumas questões*, em Estudos em Honra do Professor Doutor Inocêncio Galvão Telles 2, 2002, 289-426.

RIBEIRO, AURELIANO STRECHT – *Código Comercial Português/actualizado e anotado*, II, 1939.

RIBEIRO, JOAQUIM DE SOUSA – *O problema do contrato/As cláusulas contratuais gerais e o princípio da liberdade contratual*, 1997.

RICARDO, FERNANDO PEREIRA – *vide* SANTOS, LUÍS MÁXIMO DOS.

RICHRATH, JOCHEN – *Aufklärungs- und Beratungspflichten/Grundlagen und Grenzen*, WM 2004, 653-661.

RICHTER, STEFAN/SEIDL, GERRIT – *High Performance Leasing: Wachstum durch Wandel*, Bank 1998, 146-149.

RIEG, STEFAN/HÄCKER, JOACHIM – *Internet Trading: Handel mit Zukunft*, Bank 1998, 602-604.

RIEGER, STEFAN – *vide* FUELLMICH, REINER.

RIVES-LANGE, JEAN-LOUIS – *vide* CABRILLAC.

RIVES-LANGE, JEAN-LOUIS/CONTAMINE-RAYNAUD, MONIQUE – *Droit bancaire*, 6.ª ed., 1995.

RIXEN, HANS-HERMANN – *Neuer Grundsatz II: Liquiditätsadäquanz nach dynamischem Mass*, Bank 1999, 248-251.

ROBERT, BRUNER F./CARR, SEAN D. – *Sturm an der Börse/Die Panik von 1907*, 2009.

ROBERTS, JULIAN – anotação a OLG Stuttgart, 1-fev.-2012, BKR 2012, 377-379.

ROCCA, GIOCCHINO LA – *Impresa e società nel gruppo bancario*, 1995.

ROCHA, M. A. COELHO DA – *Instituições de Direito Civil Portuguez*, 2.° vol., 1917, 8.ª ed. póstuma equivalente à 2.ª ed., de 1848.

RÖCKEMANN, CHRISTIAN/TILL, MATHIAS – *Outsourcing – eine valide Option?*, Bank 2.2011, 26-31.

RODEWALD, BERND – *Der Erfolgskurs des electronic cash*, WM 1996, 11.

RODRIGUES, ANA CRISTINA CHINITA – *O crédito agrícola mútuo*, 1997, policop..

RODRIGUES, ANSELMO – *Sigilo bancário e Direito constitucional*, em Diogo Leite de Campos e outros, *Sigilo bancário/Colóquio Luso-Brasileiro sobre Sigilo Bancário*, 1997, 47-60.

RODRIGUES, BENJAMIM – *O sigilo bancário e o sigilo fiscal*, em Diogo Leite de Campos e outros, *Sigilo bancário/Colóquio Luso-Brasileiro sobre Sigilo Bancário*, 1997, 101-113.

RODRIGUES, JOÃO ALBINO DE SOUSA – *A Companhia Geral do Credito Predial Portuguez/ Estudo descritivo e critico da sua vida*, 1929.

ROEGES, LUC – *L'exercice de l'activité bancaire par la voie d'une succursale après la deuxième directive bancaire*, RDBB 42 (1994), 17-25 e 113-119.

ROLFES, BERND/BENNA, RALF – *Beratung: Die Präferenz der Kunden*, Bank 1998, 543-547.

ROMAGNO, GIUSEPPE WERTHER – *vide* NIVARRA, LUCA.

ROMANO, GIOVANNI – *Apertura di credito*, em Annamaria Ambrosio e outros, *I contratti bancari*, 1999, 65-121.

ROQUE, ANA – *Regulação do mercado/Novas tendências*, 2004.

ROSA, ANTONIO PAVONE LA – *Gli usi bancari*, em Giuseppe B. Portale (org.), *Le operazioni bancarie*, tomo I, 1978, 23-58;

– *Apertura di credito garantita da pegno e anticipazione bancaria*, em Giuseppe B. Portale (org.), *Le operazioni bancarie* II, 1978, 567-603.

ROSENZWEIG, ADAM H. – *Imperfect Financial Markets and the Hidden Costs of a Modern Income Tax*, SMU L Rev 62 (2009), 239-298.

RÖSLER, MARTIN – *vide* SCHNEIDER, SWEN.

RÖSLER, PATRICK – *Haftung der vermittelnden und beratenden Bank bei Immobilienkapitalanlagen*, Bank 2000, 48-52.

ROSSA, CAROLINE BEATRIX – *Missbrauch beim electronic cash/Eine zivilrechtliche Bewertung*, CR 1997, 138-148.

ROSSBACH, OLIVER – em Siegfried Kümpel/Arne Wittig, *Bank- und Kapitalmarktrecht*, 4.ª ed., 2011;

– *Projektfinanzierung und Public Private Partnership*, em Siegfried Kümpel/Arne Wittig, *Bank- und Kapitalmarktrecht*, 4.ª ed., 2011, Nr. 11.271.

RÖSSNER, MICHAEL-CHRISTIAN/ARENDTS, MARTIN – *Die Haftung wegen Kontoplünderung durch Spesenschinderei (churning)*, WM 1996, 1517-1528.

ROTH, MARKUS – *Der allgemeine Bankvertrag*, WM 2003, 480-482;

– *Verbraucherdarlehen*, em Langenburger/Bliesener/Spindler, *Bankrechts-Kommentar*, 2.ª ed., 2016, 15. Kapitel, 755-892.

ROTONDO, GENNARO – *vide* GIMIGLIANO, GABRIELLA.

ROUTIER, RICHARD – *Obligations et responsabilités du banquier*, 2.ª ed., 2008 e 3.ª ed., 2011;

– *vide* CANNU, PAUL LE.

RUBINO, DOMENICO – *La responsabilità patrimoniale – Il pegno*, 1943.

RUBINSTEIN, REUVEN Y./KROESE, DIRK P. – *Simulation and the Monte Carlo Method*, 2.ª ed., 2007.

RÖDEL, FELIX RUDOLF CHRISTIAN ANTHONY – *Aufklärungspflicht und Schadensersatz wegen Aufklärungspflichtverletzung am Beispiel der Anlageberatung*, 2015.

RUDOLF, STEFAN – em Siegfried Kümpel/Arne Wittig, *Bank- und Kapitalmarktrecht*, 4.ª ed., 2011, Nr. 19.139 ss.

RUFF, ERWIN – *Wahrung des Bankeheimnisses*, Sparkasse 1996.

RUFFOLO (org.), UGO – *Clausole "vessatorie" e "abusive"*, 1997.

RÜMELIN, GUSTAV – *Dienstvertrag und Werkvertrag*, 1905.

RÜMKER, DIETRICH – *Gläubigerbenachteiligung durch Gewährung und Belassung von Krediten*, ZHR 143 (1979), 195-207;
– *Verdekte Sacheinlage und Bankenhaftung*, ZBB 1991, 176-179.

RUNGE, BERNDT/BREMSER, HORST/ZÖLLER, GÜNTER – *Leasing/Betriebswirtschaftliche, handels- und steuerrechtliche Grundlagen*, 1978.

RUSS, WERNER – no *Heidelberger Kommentar zum HGB*, 7.ª ed., 2007, § 346.

RUTTIENS, ALAIN – *Futures, swaps, options/Les produits financiers dérivés*, 2012.

RYAN, BOB – *Corporate Finance and Valuation*, 2007.

SÁ, ALMENO DE – *Direito bancário*, 2008;
– *vide* CORREIA, FERRER.

SABATELLI, EMMA – *La responsabilità per la gestione dei fondi comuni di investimento mobiliare*, 1995.

SACCÀ, BARBARA – *Profili strutturali della garanzia del credito e dinamiche del contratto autonomo di garanzia*, 2011.

SACHSEN-ALTENBURG, HENNING VON – *Die ISDA Master Dokumentation*, em Jean-Claude Zerey, *Finanzderivative/Rechtshandbuch*, I – *Wirtschaftlicher Hintergrund*, 2.ª ed., 2010, 143-180.

SAGUATI, ALESSANDRO – *La Cassa di Risparmio di Parma negli anni della prima trasformazione dell'economia e della società (1896-1929)*, em Gian Luigi Basini/Giancarlo Forestieri (org.), *Banche locali e sviluppo dell'economia/Parma e la Casse di Risparmio*, 1989, 157-313.

SALANDRA, VITTORIO – *Conti correnti bancari e contratto di conto corrente*, RDComm XXIX (1931) 1, 707-737.

SALANITRO, NICCOLÒ – *Conto corrente bancario*, DDP/SCom IV (1190), 8-26.

SAMEIRO, PEDRO – *Las cajas de ahorro portuguesas*, nos *Cuadernos de trabajo de la convencion de asesores juridicos*, n.° 7 (1983), 5-11;
– *Reforma da legislação das caixas económicas em Portugal*, ROA 1995, 19-85;
– *Novo regime jurídico das caixas económicas*, RDS 2016.

SAMOL, MICHAEL – *vide* DAMMANN, REINHARD.

SANCA, BASÍLIO – *Supervisão bancária*, 1997, polic..

SANCHES, JOSÉ LUÍS SALDANHA – *Segredo bancário e tributação do lucro real*, CTF n.° 375 (1995), 25-42;
– *A regulação: história breve de um conceito*, ROA 2000, 5-22.

SÁNCHEZ, LUIS ALBERTO POMED – *Régimen jurídico del Banco de España*, 1996.

SANDKÜHLER, GERD – *Bankrecht*, 2.ª ed., 1993.

SANTIAGO, RODRIGO – *Sobre o segredo bancário – uma perspectiva jurídico-criminal e processual penal*, RB 42 (1997), 23-76.

SANTORO, VITTORIO – *Il conto corrente bancario*, 1992.

SANTOS JÚNIOR, E. – *Acordos intermédios: entre o início e o termo das negociações para a celebração de um contrato*, ROA 1997, 565-604.

SANTOS, ANTÓNIO CARLOS DOS/GONÇALVES, MARIA EDUARDA/MARQUES, MARIA MANUEL LEITÃO – *Direito económico*, 5.ª ed., 2004.

SANTOS, BELEZA DOS – *A simulação*, 1, 1921.

SANTOS, EDUARDO CASTILHO DOS – *Métodos de redenominação/Valores mobiliários integrados na Central de Valores Mobiliários*, CMVM 4 (1999), 119-143.

SANTOS, FERNANDO TEIXEIRA DOS – *Os novos desafios para os mercados de capitais*, CMVM 10 (2001), 76-83.

SANTOS, HENRIQUE MATHEUS DOS – *O Banco emissor e suas relações com o Estado e com a Economia Nacional*, 1900.

SANTOS, LUÍS MÁXIMO DOS – *Que crise é esta?*, RFPDF 2008, 4, 51-68.

SANTOS, LUÍS MÁXIMO DOS/MORAIS, LUÍS/RICARDO, FERNANDO PEREIRA – *Relações económicas internacionais/Textos*, 1997.

SARGENTI, MANLIO – *Rischio (diritto romano)*, ED 40 (1989), 1126-1132.

SAUER, HEINZ-DIETER – *Absenkung der Personalzersatzkosten überfällig*, Bank 2003, 477-481.

SAUER, STEFAN/WITTEMANN, FRANK – *Das Rechtsberatungsgesetz und die Wirksamkeit von Geschäftsbesorgungsverträgen/Vorgaben des Verfassungsrechts*, BKR 2003, 656-664;
– em Paul H. Assies e outros, *Bank und Kapitalmarktrecht*, 4.ª ed., 2015.

SAVAS, E. S. – *Privatization and Public-Private Partnerships*, 2000.

SAVAUX, ERIC – *vide* FORTI, VALERIO.

SAVIGNY, FRIEDRICH CARL VON – *System des heutigen römischen Rechts* 1, 1840;
– *Juristische Methodenlehre*, 1802-1803, publ. 1951;
– *Das Obligationenrecht/als Teil des heutigen römichen Rechts*, 1851, 2.ª reimp., 1987.

SCALCIONE, RAFFAELE – *The Derivatives Revolution. A Trapped Innovation and a Blueprint for Regulatory Reform*, 2011.

SCANDURA, ANTONIO – *Cassa rurale ed artigiana*, NssDI II (1958), 1049-1052.

SCHAAL, PETER – *Geldtheorie und Geldpolitik*, 4.ª ed., 1999.

SCHACHT, HJALMAR – *vide* KOCH, R..

SCHACHT, JAN-PETER – *vide* HÜLSEN, JOHANN DIETRICH VON.

SCHAEFER, HANS CHRISTOPH/WITTIG, GÜNTHER – *Geldwäsche und Strafverteidiger*, NJW 2000, 1387-1389.

SCHÄFER, CARSTEN – *vide* ULMER, PETER.
– *vide* SCHWINTOWSKI.
– *vide* CANARIS, CLAUS-WILHELM.

SCHÄFER, FRANK A. – *vide* SCHWINTOWSKI, HANS-PETER.

SCHÄFER, HANS-BERND – *vide* OTT, CLAUS.

SCHÄFERS, DOMINIK – *Das Verhältnis der vorvertraglichen Anzeigepflicht (§§ 19 ff. VVG) zur Culpa in contrahendo*, VersR 2010, 301-308.

SCHALAST, CHRISTOPH – *vide* BRÜCK, MICHAEL J. J..

SCHANBACHER, DIETMAR – *Sicherungszession*, em Derleder/Knops/Bamberger, *Handbuch zum deutschen und europäischen Bankrecht*, 2.ª ed., 2009, 887-908,

SCHANZ, KAY-MICHAEL – *vide* BRÜCK, MICHAEL J. J..

SCHEER, OLAF – *vide* HOLLÄNDER, DIRK.

SCHEERER, HANS-PETER – *Probleme der Haftung der Kreditinstitute für die Erteilung von Auskünften in Deutschland und Frankreich unter besonderer Berücksichtigung der Haftungsfreizeichnungsklauseln*, FS Bärmann 1975, 801-821.

SCHEFCZYK, MICHAEL – *Finanzieren mit Venture Capital und Private Equity/Grundlagen für Investoren, Finanzintermediäre, Unternehmer und Wissenschaftler*, 2.ª ed., 2006.

SCHEFOLD, DIETRICH – *Die Europäischen Verordnungen über die Einführung des Euro*, WM 1996, Beil. 4, 1-20.

SCHIERENBECK, HENNER/HÖLSCHER, REINHOLD – *BankAssurance/Institutionelle Grundlagen der Banks- und Versicherungsbetriebslehre*, 4.ª ed., 1998.

SCHILD, ULRIKE – *vide* CONREDER, CHRISTIAN.

SCHILLIG, MICHAEL – *Resolution and Insolvency of Banks and Financial Institutions*, 2016.

SCHIMANSKY, HERBERT – *Irreführung des Bankkunden durch Kontostandsauskunft am Geldautomaten?*, BKR 2003, 179-183;
– *vide* HADDING, WALTER.

SCHIMANSKY, HERBERT/BUNTE, HERMANN-JOSEF/LWOWSKI, HANS-JÜRGEN (org.) – *Bankrechts- Handbuch*, 1, 4.ª ed., 2011 e 2, 4.ª ed., 2011.

SCHLESINGER, PIERO – *Le c.d. "fondazioni bancarie"*, BBTC 48 (1995), 421-430.

SCHLOSSER, MARTIN – *vide* Läger, Volker.

SCHLOSSER, PETER – no Staudinger, *AGBG*, 13.ª ed., 1998;
– no Staudinger II, §§ 305-310, 2006;
– *vide* COESTER, MICHAEL;
– *vide* STAUDINGER.

SCHLUETER, THORSTEN – *Grossbritanien/Nordirland*, em Peter Derleder/Kai-Oliver Knops/ Heinz Georg Bamberger, *Handbuch zum deutschen und europäischen Bankrecht*, 2.ª ed., 2009, 2441 ss..

SCHMELZ, KARL-JOACHIM – *Der Verbraucherkredit*, 1989.

SCHMIDT – *vide* ESSER.

SCHMIDT, ANDRE – *vide* VALH, JOACHIM.

SCHMIDT, BRIAN – *vide* FLÄGEL, PETER.

SCHMIDT, EIKE – *vide* ESSER, JOSEF.

SCHMIDT, HARRY – *Vertragsfolgen der Nichteinbeziehung und Unwirksamkeit von Allgemeinen Geschäftsbedingungen*, 1986;
– *vide* ULMER, PETER.

SCHMIDT, HUBERT – *Einbeziehung von AGB im Verbraucherverkehr*, NJW 2011, 1633-1639.

SCHMIDT, KARSTEN – *Geld und Geldschuld im Privatrecht*, JuS 1984, 737-747;
– *Geldrecht* no *Staudingers Kommentar zum BGB*, §§ 244-248, 13.ª ed., 1997;
– no *Staudingers Kommentar*, anotação aos §§ 244-248 do BGB, com o subtítulo *Geldrecht*, 1997;
– no *Münchener Kommentar zum HGB*, 5.º vol., 2001, § 346;
– *Überschuldung und Insolvenzantragspflicht nach dem Finanzmarktstabilisierungsgesetz/Geschäftsleiterpflichten im Wechselbad der Definitionen*, DB 2008, 2467-2471;
– *Debt-to-Equity-Swap bei der (GmbH&Co.-) Kommanditgesellschaft / ESUG, "Sanieren oder Ausscheiden" und vor allem: Fragen über Fragen!*, ZGR 2012, 566-584;

– *Handelsrecht*, 6.ª ed., 2014.

SCHMIDT, REINHARDT H. – *vide* HACKETHAL, ANDREAS.

SCHMIDT, REINHARDT H./HACKETHAL, ANDREAS/MARINOV, VALENTIN – *Bankenmärkte Mittel – und Osteuropas* (II): *Russland – Systemrisiken noch nicht überwunden*, Bank 2003, 223-227.

SCHMITT, CHRISTOPH – *Aktuelle Rechtsprechung zur Anlageberatung bei OTC-Derivaten*, BB 2011, 2824-2828.

SCHMITT, ROBERT MARIA – *Das Factoring-Geschäft*, 1968.

SCHMITZ-ESSER, VALERIO – *vide* STOLZ, CARSTEN.

SCHMOLL, ANTON – *Firmenkundengeschäft: Ertragsimpulse durch effiziente Vertriebsunterstützung*, Bank 3.2013, 24-30.

SCHNAUDER, FRANZ – *Zur Rückabwicklung einer fehlgeschlagenen Scheckzahlung*, WM 1996, 1069-1073.

SCHNEIDER, NICOLE – *Uberrima Fides/Treu und Glauben und vorvertragliche Aufklärungspflichten im englischen Recht*, 2004.

SCHNEIDER, SWEN/RÖSLER, MARTIN/THIEL, MICHAEL – *Differenzierungsstrategien im Transaction Banking*, Bank 2003, 32-35.

SCHNEIDER/HELLWIG/KINGSMAN – *The German Banking System*, 4.ª ed., s/d.

SCHNYDER, ANTON K. – *Europäisches Banken- und Versicherungsrecht*, 2005.

SCHOCH, FRIEDRICH – *Neuere Entwicklungen im Verbraucherinformationsrecht*, NJW 2010, 2241-2248.

SCHOLZ, BENJAMIN – *vide* HÜLSEN, JOHANN DIETRICH VON.

SCHOLZ, FRANZ JOSEPH – *Fünf Jahre Verbraucherkreditgesetz/Eine Rechtsprechungsübersicht*, WM 1996, 1425-1434.

SCHOLZ, HENDRIK – *vide* WILKENS, MARCO.

SCHÖNKE, HERBERT – *Die Rechtsnatur der Einheitlichen Rechtslinien und Gebräuche für Dokumentenakkreditive*, NJW 1968, 726-731;
– *vide* ZIMMERER, CARL.

SCHÖNLE, H. – *Rechtsvergleichende Aspekte der Bankenhaftung aus Sanierungsakten*, ZHR (1979), 208-226.

SCHÖNLE, HERBERT – *Bank- und Börsenrecht/Ein Studienbuch*, 2.ª ed., 1976;
– *La responsabilité extra-contractuelle du donneur de crédit envers les tiers, en droit suisse,* SAG 49 (1977), 149-154.

SCHORIK, LUDWIG – *Gesetz über das Kreditwesen/Kommentar*, 2.ª ed., 1983.

SCHORKOPT, FRANK – *Die Einführung des Euro: der europäische und deutsche Rechtsrahmen*, NJW 2001, 3734-3742.

SCHRAEPLER, HANS-JOACHIM – *Kreditauskunft – Einschränkung des Bankgeheimnis*, NJW 1972, 1836-1840.

SCHRANZ, HARALD – *Wirtschaftliche Bedeutung des Internationalen Factoring*, em HAGENMÜLLER/SOMMER, *Factoring-Handbuch*, 2.ª ed., 1987, 165-184.

SCHRAUT, RUDOLF – *Das Recht des Kreditgewerbes*, 1938.

SCHREIBER, OTTO – *Gemischte Verträge im Reichsschuldrecht*, JhJb 60 (1912), 106-228.

SCHRIMPF, ISABEL – *Giro-Paket-Modelle: Mehrwert- Banking für kunde und Bank*, Bank 2003, 246-249.

SCHRÖDER – *vide* QUASSOWSKI, L..

SCHROEDER, DIRK – *Die Einbeziehung Allgemeiner Geschäftsbedingungen nach dem AGB-Gesetz und die Rechtsgeschäftslehre*, 1983.

SCHÜCKING, CHRISTOPH – *Konsortialvertrag* em Mathias Habersack/Peter O. Mülbert/Michael Schlitt, *Unternehmensfinanzierung am Kapitalmarkt*, 2.ª ed., 2008, § 26.

SCHULTE-MATTLER, HERMANN – *Entwicklungstendenzen in der europäischen und internationalen Bankenaufsicht*, ZBB 1994, 333-339;
– *vide* BOOS, KARL-HEINZ.

SCHULTE-NÖLKE (publ.), HANS – *vide* SCHULZE, REINER.

SCHULZ-HARDT, STEFAN – *vide* TRAUT-MATTAUSCH, EVA.

SCHULZ-HENNIG, INGO – *Bank Holding Companies im Wirtschaftsrecht der USA/Eine rechtliche und faktische Analyse*, 1980.

SCHULZE, REINER/SCHULTE-NÖLKE, HANS (publ.) – *Casebook/Europäisches Verbraucherrecht*, 1999.

SCHUMANN, HARALD – *Die Hungermacher/Wie Deutsche Bank, Allianz und Co. auf Kosten der Armsten mit Lebensmitteln spekulieren*, 2013.

SCHUSTER, LEO – *Banks are people?*, ÖBA 1996, 907-908.

SCHÜTZE, ROLF A. – *vide* ASSMANN, HANS-DIETER.

SCHÜTZE, ROLF A./WEIPERT, LUTZ – *Münchener Vertragshandbuch* 4, 5.ª ed., 2002.

SCHÜWER, ULRICH/STEFFEN, SASCHA – em Jean-Claude Zerey, *Finanzderivate/Rechtshandbuch*, I – *Wirtschaftlicher Hintergrund*, 2.ª ed., 2010, 35-39;
– *Funktionen und Einsatz von Finanzderivaten*, em Jean-Claude Zerey, *Finanzderivate/Rechtshandbuch*, I – *Wirtschaftlicher Hintergrund*, 2.ª ed., 2010.

SCHWINTOWSKI, HANS-PETER – *Die wirtschaftliche Leistungsfähigkeit des Schuldners als Massstab der Wirksamkeit von Verbraucherkreditverträgen*, ZBB 1989, 91-99;
– *Bankrecht*, 4.ª ed., 2014.

SCHWINTOWSKI, HANS-PETER/SCHÄFER, FRANK A. – *Bankrecht/Commercial Banking – Investment Banking*, 1.ª ed., 1997 e 2.ª ed., 2004.

SCOZZAFAVA, OBERDAN TOMMASO/GRISI, GIUSEPPE – *Conto corrente*, DDP/SComm IV (1990) 1-7.

SECKEL, EMIL – *Die Gefahrtragung beim Kauf im klassischen römischen Recht*, SZRom 47 (1927), 117-263.

SEDLACZEK, MICHAEL – em Rudolf Streinz, EUV/EGV, 2003, Art. 56 EVG ss. (747 ss.).

SEDLACZEK, MICHAEL/ZÜGER, MÁRIO – em Rudolf Streinz, *EUV/AEUV*, , 2.ª ed., 2012, Art. 63 AEUV ss..

SEEGER, MICHAEL – em Siegfried Kümpel/Arne Wittig, *Bank- und Kapitalmarktrecht*, 4.ª ed., 2011, Nr. 13.101-13.212.

SEGRETO, ANTONIO/CARRATO, ALDO – *L'assegno*, 1997.

SEIDL, GERRIT – *vide* RICHTER, STEFAN.

SEIFERT, PETER – *Leasing in der neuen Insolvenzordnung*, FLF 1995, 8-16.

SELZER, M. – *Die Hypothekenbanken im Jahre 1997*, Bank 1998, 572.

Semântica – GEPB 28 (s/d), 202-212.

SEN, BIDYUT – *vide* Crawford, George.

SENIN, ANGELO – *Cassa di risparmio*, ED VI (1960), 427-439;
– *Cassa rurale ed artigiana*, ED VI (1960), 444-451.

SERCU, PIET – *International Finance: Theory into Practice*, 2009.

SERENS, MANUEL NOGUEIRA – *Natureza jurídica e função do cheque*, RB 18 (1991), 99-131;
– *vide* CAEIRO, ANTÓNIO.

SERRA, ADRIANO VAZ – *Obrigações de juros*, sep. BMJ 55 (1956), 156;
– *Penhor*, BMJ 58 (1956), 17-292 e BMJ 59 (1956), 13-123;
– *Penhor de direitos*, BMJ 59 (1956), 177-256;
– *Culpa do devedor ou do agente*, BMJ 68 (1957), 13-149;
– *Pluralidade de devedores ou de credores*, sep. do BMJ 1957, 321;
– *Fiança e figuras análogas*, BMJ 71 (1957), 19-330;
– *Objecto da obrigação/A prestação – suas espécies, conteúdo e requisitos*, BMJ 74 (1958), 15 ss.;
– *Responsabilidade patrimonial*, BMJ 75 (1958), 5-410;
– *União de contratos – contratos mistos*, BMJ 91 (1960), 11-144;
– anotação a STJ 4-Dez.-1964 (SIMÕES DE CARVALHO), RLJ 98 (1965), 136-145;
– anotação a STJ 7-Out.-1976 (DANIEL FERREIRA), TLJ 110 (1978), 270-272 e 274-280.

SERRA, ANTONIO – *Anticipazione bancaria*, DDP/SComm I (1989), 123-135;
– *Apertura di credito bancario*, DDP/SComm I (1989), 155-160;
– *Apertura di credito confirmata*, DDP/SComm I (1989), 160-164.

SERVAIS, HENNING – *Der Widerruf von Kfw-Darlehen*, BKR 2016, 152-155.

SHEA, A. M. – *vide* PENN, G. A..

SHEA, GARY S. – *Understanding Financial Derivatives during the South Sea Bubble: the Case of the South Sea Subscriptions Shares*, Oxf Ec Papers 59 (2007), i73-i104.

SICHTERMANN, SIEGFRIED – *Das Bankgeheimnis und seine Grenzen*, MDR 1952, 143-146;
– *Das Bankgeheimnis in Deutschland*, 1965;
– *Das Bankgeheimnis als Teil des allgemeinen Persönlichkeitsrechtes*, MDR 1965, 697-700;
– *Bankgeheimnis und Bankauskunft/Systematische Darstellung mit besonderer Berücksichtigung der Rechtsprechung und unter Heranziehung ausländischen Rechts*, 1966.

SIEVEKING, HEINRICH – *Das Seedarlehen des Altertums*, 1893.

SILVA, ANÍBAL CAVACO – *Portugal e a moeda única*, 1997.

SILVA, CATARINA MARTINS DA – *Os grupos bancários e o Regime Geral das Instituições de Crédito e Sociedades Financeiras*, ROA 1997, 1043-1097.

SILVA, EVA SÓNIA MOREIRA DA – *Da responsabilidade pré-contratual por violação dos deveres de informação*, 2006, reimp..

SILVA, GERMANO MARQUES DA/SILVA, ISABEL CRISTINA DA – *Sobre a admissibilidade de empresas privadas de centralização de informações sobre riscos de crédito*, RB 44 (1997), 21-50.

SILVA, ISABEL CRISTINA DA – *vide* SILVA, GERMANO MARQUES DA.

SILVA, JOÃO CALVÃO DA – *Responsabilidade civil do produtor*, 1990;
– *Garantias acessórias e garantias autónomas* (1990), em *Estudos de Direito Comercial (Pareceres)*, 1996, 331-361;
– *Cartas de conforto* (1993), em *Estudos de Direito Comercial (Pareceres)*, 1996, 369-394;
– *Locação financeira e garantia bancária* (1994), em *Estudos de Direito Comercial (Pareceres)*, 1996, 9-48;

– *Crédito documentário e conhecimento de embarque*, CJ/Supremo II (1994) 1, 15-22;
– *Euro e Direito*, 1999;
– *Direito bancário/Relatório*, 2001;
– anotação a STJ 8-fev.-2001 (Roger Cunha Lopes), RLJ 133 (2001), 337-348
– *Banca, Bolsa e Seguros/Direito Europeu e Português*, tomo I – Parte Geral, 3.ª ed., 2012;
– *Titul[ariz]ação de créditos/Securatization*, 3.ª ed., 2013;
– anotação a RLx 21-mar.-2013, RLJ 142 (2013), 253-269.

SILVA, JOSÉ BRITO DA – *Sociedades de factoring/Regime jurídico*, 1997, policop..

SILVA, MANUEL BOTELHO DA – *O euro e os conflitos de leis*, CMVM 4 (1999), 183-206.

SIMITIS, SPIROS – *Bemerkungen zur rechtlichen Sonderstellung des Geldes*, AcP 159 (1960/1961), 406-466

SIMLER – *vide* TERRÉ.

SIMÕES, RAÚL HUMBERTO DE LIMA – *Crédito bancário*, 1930.

SIMON, STEFAN/DOBEL, ANGELA – *Das Risikobegrenzungsgesetz – neue Unterrichtungspflichten bei Unternehmsübernahmen*, BB 2008, 1955-1959.

SIMONETTO, ERNESTO – *Deposito irregolare* DDP/SCiv V (1990), 279-299.

SINGHER, REINHARD – *Fehler beim Kauf/Zum Verhältnis von Mängelgewährleistung, Irrtumsanfechtung und culpa in contrahendo*, FG (Wissenschaft) 50 Jahre BGH 1 (2000), 381-405.

SIOL, JOACHIM – em SCHIMANSKY/BUNTE/LWOWSKI, *Bankrechts-Handbuch*, I, 3.ª ed., 2007, §§ 43-45.

SIUEIA, VICTOR EUGÉNIO – *Leasing*, em *Temas de Direito bancário*, 1999, 553-584.

SLOTOSCH, GINA – *Das ideale Fondsorderrouting: Effizient, fehlerarm, kostengünstig*, Bank 5.2009, 20-23.

SODAN, HELGE – *Die funktionelle Unhabhängigkeit der Zentralbanken*, NJW 1999, 1521-1524.

SOMER, STUART – *A Survey of Legal and Regulatory Issues Relevant to Interest Rate Swaps*, De Paul Bus LJ 4 (1992), 385-428.

SOMMER, FRITZ – *Rechtliche Aspekte der Funktionsauslagerung bei Kreditinstituten in Österreich*, em AAVV, *Funktionsauslagerung (Outsourcing) bei Kreditinstituten*, 2001, 93-110.

SOMMER, HEINRICH JOHANNES – *vide* LIVIJN, CLAES-OLOF.

SÖRENSEN, DANIEL – *vide* Bloss, Michael.

SOROS, GEORGE – *The New Paradigm for Finantial Markets / The Credit Crisis of 2008 and What it Means*, 2008.

SOUSA, M. PEIXOTO DE – *Cheques, letras e livranças*, 1992.

SOUSA, RABINDRANATH CAPELO DE – *O segredo bancário/Em especial, face às alterações fiscais da Lei n.° 30-G/2000, de 29 de Dezembro*, Estudos em Honra do Prof. Doutor Inocêncio Galvão Telles 2, 2002, 157-223.

SOUZA, FRANK D'/ELLIS, NAN S./FAIRCHILD, LISA M. – *Illuminating the Need for Regulation in Dark Markets: Proposed Regulation of the OTC Derivatives Market*, U Pa J Bus L 12 (2010), 473-516.

SOUSI-ROUBI, BLANCHE – *Droit bancaire européen*, 1995;
– *vide* COURBIS, BERNARD.

SOUTO, ADOLPHO DE AZEVEDO – *Registo Predial*, tomo II – *Teoria dos actos sujeitos a registo*, 1914.

SPADA, PAOLO – *Carte di credito: "terza generazione" dei mezzi di pagamento*, em GIUSEPPE B. PORTALE, *Le operazioni bancarie* II, 1978, 897-934.

SPARTS, KAROL K. – *Insurance Activities of Banks*, 2003.

SPELL, CYNTHIA L. – *vide* Olander, Christopher Dean.

SPICHKOFF, ANDREAS/PETERSHAGEN, JÖRG – *Bankenhaftung bei fehlgeschlagenen Immobilienerwerber Treuhandmodellen*, BB 1999, 165-173.

SPINDLER, GERALD – *Finanzkrise und Gesetzgeber/Das Finanzmarktstabilisierungsgesetz*, DStR 2008, 2268-2276;
– *Internet-Banking und Haftungsverteilung zwischen Bank und Kunden*, FS Gerd Noble (2009), 215-235;
– *vide* Langenbucher, Katja.

SPINDLER, JOACHIM/BECKER, WILLY/STARKE, O.-ERNST – *Die Deutsche Bundesbank*, 4.ª ed., 1973.

SPINELLI, MICHELE/GENTILE, GIULIO – *Diritto bancario*, 1984.

SPITTLER, HANS JOACHIM – *Leasing*, 1977.

SPRAU, HARTWIG – no Palandt BGB, 72.ª ed., 2013 e 75.ª ed., 2016;
– *vide* PALANDT.

SPRENGER, BERND – *120 Jahre deutsche Mark*, Bank 1992, 178-181.

STÄDTLER, ARND – *Leasing in Deutschland: Immobilien weiter expansiv – Massengeschäft rückläufig*, FLF 1995, 3-7.

STAMMATI, GAETANO – *Moneta*, ED XXVI (1976), 746-778.

STAMMLER, RUDOLF – *Der Garantievertrag/Eine civilistische Abhandlung*, AcP 61 (1885), 1-139.

STANDBERGER, GEORG – *Die Sorgfaltspflichten der Bundesbank beim Abrechnungsverkehr*, BB 1976, 487-492.

STANGE, HANS-JOACHIM – *Reform des Datenschutzes im Kreditinformationssystem*, ZIP 1986, 488-493.

STARKE, ERNST – *vide* SPINDLER, JOACHIM.

STARKE, O.-ERNST – *vide* SPINDLER, JOACHIM VON.

STAUDER, BERND – *Der bankgeschäftliche Krediteröffnungsvertrag*, 1968.

STAUDER, BERND/WEISENSEE, GERD J. – *Das Kreditkartengeschäft*, 1970.

STAUDINGER/SCHLOSSER – *AGBG*, 13.ª ed., 1998

STEFFEK, FELIX – *Einführung zum Kreditrecht vor §§ 488 ff. BGB*, em Langenburger/Bliesener/Spindler, *Bankrechts-Kommentar*, 2.ª ed., 2016, 675 ss..

STEFFEN, SASCHA – *vide* SCHÜWER, ULRICH.

STEIN, JOHANN HEINRICH VON – *vide* HAGEN, JÜRGEN VON.

STEIN, STEPHAN – *vide* PAUL, STEPHAN.

STEINDORFF, ERNST – *Zivilrechtliche Grundfragen von Bankgeheimnis, Bankauskunft und Persönlichkeitsschutz*, ZHR 149 (1985), 151-164.

STEINER, JOHANNES W. – *Gebührenrechtliche Fragen bei Bankgeschäften*, ÖBA 1996, 461-468.

STEINER, MICHAEL – *Enwicklungslinien des US-Bankensystems und der Gramm Leach Bliley Act*, Bank 2003, 8-13.

STEINMETZ, FRANK – *vide* CALAIS-AULOY.

STEUER, STEPHAN – *Schlichtungsverfähren: Ombudsmann*, em Herbert Schimansky/Hermann-Josef Bunte/Hans-Jürgen Lwowski, *Bankrechts- Handbuch*, 1, 3.ª ed., 2007, 28-52;
– *Girokonto für jedermann*, WM 1998, 439-440;
– *vide* ARNOLD, WOLFGANG.

STIGLITZ, JOSEPH E. (Nobel da Economia) – *The Roaring Nineties: A New History of the World's Most Prosperous Decade*, 2004.

STÖCKER, OTMAR – *vide* LEININGER, MARCUS.

STOFFELS, MARKUS – *Leasing (Leasingsrecht)*, no *Staudingers Kommentar* 2, 2014.

STOITZNER, JOSEF – *Leasing in Osteuropa*, FLF 1996, 141-147.

STOLZ, CARSTEN/SCHMITZ-ESSER, VALERIO – *Cybermarket: Konkurrenz für Banken und Börsen?*, Bank 1997, 297-300.

STORCK, E. – *Das Bankgeheimnis in Luxemburg*, Bank 1993, 364-366.

STORCK, MICHEL e outros – *Code monétaire et financier* (da Dalloz), 3.ª ed., 2013.

STOUFFLET, JEAN – *L'ouverture de crédit peut-elle être source de responsabilité envers les tiers?*, JCP 1965, I (doctrine), 1882;
– anotação a CCom Paris, 26-Mai.-1967, JCP 1968, II (jurisp.) 15518;
– *Devoirs et responsabilités du banquier à l'occasion de la distribution du crédit*, em Christian Gavalda (publ.), *Responsabilité professionnelle du Banquier, Contribution à la protection des cliens de Banque*, 1978, 21-51.
– *vide* GAVALDA, CHRISTIAN.

STOUT, LYNN A. – *Why the Law Hates Speculators: Regulating and Private Ordering in the Market for OTC Derivatives*, 48 Duke LJ, 1999, 701-786.

STRATENWERTH, GÜNTHER – *Die Entwicklung der Strafrechtlichen Normen zur Bekämpfung der Geldwäscherei*, em Wolfgang Wiegand, *Die Banken im Spannung zwischen öffentlichen Recht und Privatrecht*, 1999, 17-30.

STREISSLE, JÖRG – *Insiderrechtliche Aspekte von Pflichtangeboten*, BKR 2003, 788-795.

STRUBE, HARTMUT – *Haftungsrisiken der ec-Karte*, WM 1998, 1210-1218.
– *vide* ASSIES, PAUL H..

STÜRNER, ROLF – *vide* BAUR, FRITZ.

STÜTZLE, RUDOLF – *vide* KIRCHHERR, ROLAND.

SUDAN, HELGE – *Die funktionelle Unab-hänzigkeit der Zentralbanken*, NJW 1999, 1521-1524.

SURE, MATTHIAS – *Share services/Schlüsselfaktoren für eine erfolgreiche Einführung*, Bank 2003, 56-60.

SUTHERLAND, PETER D. – *Os serviços financeiros e o sistema multilateral: realização e potencialidades*, RB 32 (1994), 23-30.

SWAN, EDWARD J. – *Building the Global Market: a 4000 Year History of Derivatives*, 2008.

SYLVESTRE, JEAN-MARC – *vide* PASTRÉ, OLIVIER.

SYMONS, EDUARD L./WHITE, JAMES J. – *Banking Law*, 1991.

SZAGUNN, VOLKHARD/WOHLSCHIESS, KARL – *Gesetz über das Kreditwesen*, 5.ª ed., 1990;
– *Bankensystem*, no Obst/Hintner, *Handbuch*, 39.ª ed., 1993;
– *Die Bankenaufsicht*, em Obst/Hintner, *Handbuch*, 39.ª ed., 1993.

TAGLIAVINI, GIULLIO – *vide* PAVARANI, EUGENIO.

TAN, WILLIE – *Principles of Project und Infrastructure Finance*, 2007.

TARDIVO, CARLO-MARIA – *vide* GIORGIANNI, FRANCESCO.

TASCHE – *Vertragsverhältnis nach nichtigen Vertragsschluss?*, JhJb 90 (1943), 101-130.

TATELBAUM, CHARLES M./PEARSON, JOHN K. – *Manual of Credit and Commercial Laws*, 91.ª ed., 1999.

TAVARES, JOSÉ – *Os princípios fundamentais do Direito civil*, vol. I, 2.ª ed., 1929.

TEDESCHI, BIANCA GARDELLA – *Mutuo (contratto di)*, DDP/SCiv XI (1994), 537-558.

TEDESCHI, GUIDO UBERTO – *Assegno bancario, assegno circolare e assegni speciali*, DDC/SComm I (1989), 264-318.

TELLES, INOCÊNCIO GALVÃO – *Contratos civis*, RFDUL X (1954), 161-245;

– *Manual de Direito das obrigações*, I, 1965;

– *Manual dos contratos em geral*, 3.ª ed., 1965;

– *Garantia bancária autónoma*, 1982/83, polic.;

– *Garantia bancária autónoma*, 1991, bem como O Direito 120 (1988), 275-290;

– *Garantia bancária autónoma/Parecer*, em anexo a *Garantia bancária autónoma*, 1991, 37-59, bem como em O Direito 120 (1988), 581-604;

– *Das condições gerais dos contratos e da Directiva Europeia sobre as cláusulas abusivas*, O Direito 127 (1995), 297-314.

TELLES, J. H. CORRÊA – *Digesto Portuguez ou Tratado dos modos de adquirir a propriedade; de a gozar e administrar, e de a transferir por derradeira vontade; para servir de subsídio ao "novo Codigo Civil"*, tomo III, 1909, reimpressão póstuma da 3.ª ed. de 1845.

TENCATI, ADOLFO – *vide* FOGLIANI, CORRADO SFORZA.

TERLAN, MATTHIAS – *vide* ANNING, PAUL.

TERRANOVA, GIUSEPPE – *Sconto bancario*, ED XLI (1989), 771-790.

TERRÉ/SIMLER/LEQUETTE – *Droit civil/Les obligations*, 9.ª ed., 2005.

TESKE, PEER/ANTON, ALEXANDER – *Das Prinzip Outsourcing*, Bank 4.2012, 38-40.

TETI, RAFFAELE – *L'apertura di credito*, em Teti/Marano, *I contratti bancari*, 1999, 11 ss..

TETI, RAFFAELE/MARANO, PIERPAOLO – *I contratti bancari*, 1999.

TEUBNER, GUNTHER – *Der Factoring-Vertrag*, JuS 1972, 261-267.

The Oxford Dictionary of English Etymology, 1966.

THEEWEN, ECKHARD M. – *Haftungsrisiken der Kreditinstitute in der Krise ihrer Schuldner*, BKR 2003, 141-148;

– *Problemkredit und die "Mindestanforderungen an das Kreditgeschäft der Kreditinstitute"/Workant, Outsourcing oder Bad Bank?*, WM 2003, 105-114.

THIEL, MICHAEL – *vide* SCHNEIDER, SWEN.

THIELE, WOLFGANG – *Leistungsstörung und Schutzpflichtverletzung – Zur Einordnung der Schutzpflichtverletzungen*, JZ 1967, 649-657.

THIELLMANN, MICHAEL – *vide* Artz, Mathias.

THODE, REINHOLD – *Münchener Kommentar BGB*, 3.ª ed., 1994.

THOMAS, J. A. C. – *Venditio hereditatis and emptio spei*, Tul L Rev 33 (1959), 541-550.

TICHY, GUNTHER – *Rationalisierung in Banken – Reorganisation, outsourcing und Personalabbau*, ÖBA 1996, 696-701.

TIETJE, CHRISTIAN – *Niederlassungsfreiheit*, em Dirk Ehlers, *Europäische Grundrechte und Grundfreiheiten*, 2003

TILL, MATHIAS – *vide* Röckemann, Christian.

TILP, ANDREAS – *Aufklärungspflichten bei Devisentermingeschäften*, ZIP 1993, 1843-1849.

TOMÉ, MARIA JOÃO VAZ – *Contratos de futuros sobre divisas: funções de cobertura ou de especulação* em Est. Henrique Mesquita II, 2009, 1034-1089.

TONNER, MARTIN – *Aufklärungs- und Beratungspflichten*, em DERLEDER/KNOPS/BAMBERGER, *Handbuch zum deutschen und europäischen Recht*, 2.ª ed., 2009, 113-140.

TONNER, MARTIN/KRÜGER, THOMAS – *Bankrecht*, 2.ª ed., 2016;

TORRES, LEONOR CUNHA – em Romano Martinez, *LCS anotada*, 2.ª ed., 2011, 511-516

TOUX, JANINE LE – *Le contrat de factoring*, 1977.

TRABUCCHI, ALBERTO – *Istituzioni di diritto civile*, 32.ª ed., 1991;
– *vide* CIAN.

TRAUT-MATTAUSCH, EVA/SCHULZ-HARDT, STEFAN/GREITEMEYER, TOBIAS/FREY, DIETER – *Euro-Einführung: Die Gefählte Inflation*, Bank 2003, 372-375.

TRIPODI, ENZO MARIA/BELLI, CLAUDIO – *Codice del consumo/commentario del D. Lgs. 6 settembre 2005, n.º 206*, 2006.

TRÖGER, TOBIAS – *Zum Systemdenken im europäischen Schuldvertragsrecht/Probleme der Rechtsangleichung durch Richtlinien am Beispiel der Verbrauchsgüterkauf-Richtlinie*, ZeuP 2001, 525-540.

TROUET, PATRICK – *"Qualitative" Tendenzen im aktuellen Bankenaufsichtsrecht*, WM 1996, 2188-2192.

TULLIO, ANTONIO – *Il contratto per adesione/Tra il diritto comune dei contratti e la novella sui contratti dei consumatori*, 1997.

UCHA, ISABEL – *Dívida pública: um mercado único?*, CMVM 4 (1999), 101-117.

UHLENBRUCK, DIRK – *Die verfassungsmässig Unabhängigkeit der Deutschen Bundesbank und ihre Grenzen*, 1968.

UHLMANN, IRIS – *Environmental, Social & Governmental Factors: Worauf Investoren achten müssen*, Bank 2.2009, 14-16.

ULMER, PETER/BRANDNER, HANS ERICH/HENSEN, HORST-DIETHER/SCHMIDT, HARRY – *AGB-Gesetz*; 8.ª ed., 1997.

ULMER, PETER/SCHÄFER, CARSTEN – em Ulmer/Brandner/Hensen *AGB-Recht Kommentar*, 11.ª ed., 2011.

ULRICH, JOÃO HENRIQUE – *O credito agricola em Portugal (sua organisação)*, 1908.

ULRICH, ROLF – *Die Bankenenteignung in der Sowjetischen Besatzungszone 1945 bis 1949*, Die Bank 1993, 46-52.

UNGNADE, DIETER – *Bankgeheimnis gegenüber Strafverfolgungsbehörden*, WM 1976, 1210-1220.

UTZIG, SIEGFRIED – *Corporate Governance, Schureholder Value und Aktienoptionen – die Lehre aus Enron, Worldcom und Co*, Die Bank 2002, 594-597;
– *Die Globalisierung der Finanzmärkte vermessen*, Bank 2003, 727-731;
– *Herausforderungen des neuen US-Präsidenten/Schwieriges Fehrwasser*, Bank 12.2008, 9-13.

VÄHNING, KATHARINA – *Firmenkundungeschäft: vom Betreuer zum Berater*, Bank 5.2009, 46-48.

VALH, JOACHIM/SCHMIDT, ANDRE – *Geldwäschebekämpfung: Stringende Gefährdungsanalyse erhöt Erfolgsquote*, Bank 2003, 622-625.

VARELA, ANTUNES – *Depósito bancário/Depósito a prazo em regime de solidariedade/Levantamento antecipado por um titular*, Revista da Banca 21 (1992), 41-75;
– *Direito da família*, 1.° vol., 4.ª ed., 1996;
– *Das obrigações em geral*, 1, 10.ª ed., 2000;
– *vide* LIMA, PIRES DE.

VARGAS, MARIA DE LURDES – *As sociedades de investimento*, 1997, policop..

VASCONCELOS, JOANA – *Cartões de crédito*, RDES XXXIV (1992), 305-347 e XXXV (1993), 71-182;
– *O contrato de emissão de cartão de crédito*, Est. Mário Júlio de Almeida Costa (2002), 723-752.
– *Sobre a repartição entre titular e emitente do risco de utilização abusiva do cartão de crédito no Direito português*, em Estudos em Honra do Professor Doutor Inocêncio Galvão Telles 2, 2002, 487-517.

VASCONCELOS, JOSÉ MÁXIMO DE CASTRO NETO LEITE E – *Memoria sobre a publicidade das hypothecas, e de outros contractos, por meio de registos: com algumas observações aos Decretos de 26 de Outubro de 1836, e 3 de Janeiro de 1837, seguidas do esboço de um projecto de lei para subrogar os mesmos decretos*, 1842.

VASCONCELOS, LUÍS MIGUEL PESTANA DE – *Dos contratos de cessão financeira (factoring)*, 1999;
– *O contrato de cessão financeira (*factoring*) no comércio internacional*, em Est. Ribeiro de Faria, 2003, 403-445;
– *O contrato de* forfaiting *(ou de forfaitização)*, em Est. José Dias Marques, 2007, 537-570;
– *Os contratos de garantia financeira/o dealbar do Direito europeu das garantias*, em Est. Oliveira Ascensão 2, 2008, 1275-1305;
– *Dos contratos de depósito bancário*, RFDUP VIII (2011), 141-178;
– *Direito das garantias*, 2.ª ed., 2013.

VASCONCELOS, PEDRO PAIS DE – *Contratos atípicos*, 1994, reimp., 2009.

VASQUES, JOSÉ – em Pedro Romano Martinez, *Lei do Contrato de Seguro Anotada*, 2.ª ed., 2011.

VASSALLI, FRANCISCO – *La liquidazione coatta amministrativa della capogruppo*, em GIUSEPPE BAVETTA, *La crisi del gruppo bancario*, 1997, 109-116.

VASSEUR, MICHEL – anotação a CApp Paris, 3ème Ch., 6-Jan.-1977, DS 1977, 148-152;
– *Droit bancaire français et marché commun*, 1981 ;
– anotação a CassFr 7-Fev.-1983, BCódigo Civil/Ch-Comm n.° 49 (38-40);
– *Droit et économie bancaires/Institutions bancaires*, Fasc. A, 4.ª ed. (1985), 33 ss..

VECCHIS, PIETRO DE – *Banca d'Italia*, no *Digesto delle Discipline Pubblicistiche*, II (1987), 151-167.

VEIGA, ALEXANDRE BRANDÃO DA – *A redenominação como vicissitude de valores mobiliários*, CMVM 4 (1999), 167-180.

VEIGA, VASCO SOARES DA – *Cartas de conforto ou declarações de patrocínio*, RB 1992, 113-123;

– *Direito bancário*, 1996.

VEIL, MICHAEL – *Strategien im Electronic Commerce*, Bank 1999, 156-162.

VEIL, RÜDIGER – *Die Haftung des Emittenten für fehlerhafte Information des Kapitalmarkts nach dem geplanten KapInHaG*, BKR 2005, 91-98.

VEIT, OTTO – *Geldreform und Geldverfassung*, 1948.

VEITH, JULIAN – *Crowdlending/Anforderungen an die rechtskonforme Umsetzung der darlehenskonforme Umsetzung der darlehensweisen Schwarmfinanzierung*, BKR 2016, 184-193.

VELLA, FRANCESCO – *Attività bancaria internazionale e sistema di vigilanza: la nuova disciplina comunitaria*, BBTC 48 (1995), 749-784.

VELOSO, JOSÉ ANTÓNIO – *Electronic Banking: uma introdução ao EFST*, SI 1987, 77-155;

– *Regulamentação dos sistemas de pagamentos: aspectos gerais*, RB 1995, 83-125;

– *Churning: alguns apontamentos com uma proposta legislativa, em Direito dos valores mobiliários*, 1997, 349-453;

– *Boas intenções, maus resultados: notas soltas sobre investigação e processo na supervisão financeira*, ROA 2000, 73-102.

VENTURA, RAÚL – *Primeiras notas sobre o contrato de consórcio*, ROA 1981, 609-690.

VERDE, EDVIGE – *Credito al consumo*, em Annamaria Ambrosio e outros, *I contratti bancari*, 1999, 179-273.

VÉZIAN, JACK – *La responsabilité du banquier en droit privé français*, 2.ª ed., 1977.

VICUÑA, SÁINZ DE – *The Status of the ECB*, em Stephan Griller/Jacques Ziller (org.), *The Lisbon Treaty – EU Constitutionalism without a Constitutional Treaty*, 2008.

VIDIGAL, GERALDO DE CAMARGO – *As centrais de risco e o sigilo bancário*, em DIOGO LEITE DE CAMPOS e outros, *Sigilo bancário/Colóquio Luso-Brasileiro sobre Sigilo Bancário*, 1997, 19-32.

VIEIRA, JOSÉ MANUEL BRACINHA – *Alguns aspectos económico-financeiros do factoring*, RBr 22 (1970), 3-47.

VIGONE, LUISA – *Contratti atipici/Guida ai principali contratti commerciali e finanziari*, 2.ª ed., 1998.

VIRARD, MARIE-PAULE – *vide* ARTUS, PATRICK.

VITALE, PAOLO – *Allargamento della sfera pubblicistica imposto alle casse di risparmio ed alle banche del monte dalle exigenze politico-sociali*, nos *Atti del convegno di studi sulle Casse di Risparmio e le Banche del Monte nell'ambito del sistema bancario/ Roma, 4 ottobre 1977*, 99-110.

VITORINO, ANTÓNIO DE MACEDO – *A titularização de créditos em Portugal*, DVM 3 (2001), 161-178.

VOGEL, HANS-GERT – *vide* BREDOW, GÜNTHER M..

VOGT, ALFONS/VOGT, STEFAN – *Die Entwicklung des Wettbewerbsrechts in der Zeit von 1975 bis 1979*, NJW 1981, 12-17.

VOGT, STEFAN – *vide* VOGT, ALFONS.

VÖLKER, JÜRG – *vide* WILKENS, MARCO.

VOLLAND, THOMAS – *vide* LAMBERTI, HERMANN-JOSEPH.

VUKSTA, CHARLES E. – *vide* MOORE, CARROLL G..

WACHTLER, GÜNTHER – *vide* HENDRIX, ULLA.

WACKERBECK, PHILIPP – *vide* GASSNER, MICHAEL.

WACKERHAGEN, HANS-ULRICH – *Haftung der Banken aus Kundenberatung im Wertpapiergeschäft*, 1974.

WAECHTER, PHILIPPE/YOU, MARTIAL – *Subprimes, la faillite mondiale?*, 2008.

WAGNER, BERTHOLD – *Von der Deutschen Mark zum Euro*, NJW 2001, 3743-3746

WAGNER, BURKHARD/BRAUN, MARC VON – *Retail Banking: der Kunde bleibt König*, Bank 6.2013, 26-29.

WAGNER, EVA – *Credit Default Swaps und Informationsgebalt*, 2008.

WAGNER, KLAUS-R. – *Sind Kapitalanleger Verbraucher? – Zum Verhältnis von Kapitalanlagerecht zum Verbraucherstzrecht*, BKR 2003, 649-656.

WALLBRECHT, DIRK – *vide* KRÖGER, DETLEF.

WALLNER, FRANZ X. – *Der Widerruf von Verbraucherkrediten/Eine kritische Würdigung der aktuellen Rechtsprechung*, BKR 2016, 177-184.

WALTER, RALPH/DISTERER, GEORG – *Multimediale Kiosksysteme als virtuelle Bankfiliale*, Bank 2000, 118-122.

WALTER, STEFAN – *Die Deregulierung der U.S.-Amerikanischen Geschäftsbanken*, 1991.

WANKERL, KERSTIN – *vide* KEUSCH, SVEN.

WARNOT, JAMES/WILLIAMSON, JUSTIN – *ISDA Definitions Unclear, Says US Court*, Int'l Fin L Rev 23 (2004), 27-29.

WARTH, WOLFGANG P. – *Bancassurance in Spanmungsfeld zwischen Kooperation und Konkurrenz*, Bank 2000, 8-11;
– *Bancassurance in Europa weiter auf dem Vormarsch*, Bank 2003, 410-416.

WASCHBUCH, GERD – *Bankenaufsicht/Die Überwachung der Kreditinstitute und Finanzdienstleistungsinstitute nach dem Gesetz über das Kreditwesen*, 2000.

WASSERMANN, HEINRICH – *Leasing 1994*, FLF 1995, 83-88.

WEBER, ADOLF – *Geld, Banken, Börsen*, 1947.

WEBER, CLAUS – *vide* BEILNER, THOMAS.

WEBER, ERNST JUERG – *A Short History of Derivative Security Markets*, Discussion Paper 8.10, 2008.

WEBER, MANFRED – *vide* BÖGE, ULF.

WEBER, MARTIN – *Der Optionsvertrag*, JuS 1990, 249-256;
– *Die Entwicklung des Kapitalmarktrechts 2001/2002*, NJW 2003, 18-26.

WEBER, WILHELM – *Treu und Glauben* (1961), correspondente à 11.ª ed. de STAUDINGERS *Kommentar* ao § 242 do BGB, especialmente, A-290 a A-294 (115-117);
– *Die allgemeine Geschäftsbedingungen/Eine rechtliche Gesamtdarstellung*, 1967, sep. do *Staudingers Kommentar*, 11.ª ed..

WEBERER, DAGMAR – *vide* MÜLLER, ELMAR.

WEGGEMMANN, HANS – *Die Zinsschranke/zwischen Ideal der gerechten Besteuerung und ernüchternder*, BB 2016, Nr. 15, I.

WEIDNER, JOCHEN – *vide* OSTLER, FRITZ.

WEIMAR, WILHELM – *Erklärungen ohne Rechtsbindung*, MDR 1979, 374-376

WEIMER, THEODOR – *Auf dem Weg zur Re-regionalisierung*, Bank 10.2012, 52-55.

WEIPERT, LUTZ – *vide* SCHÜTZE, ROLF A..

WEITNAUER, WOLFGANG – *Handbuch Venture Capital/Von der Innovation zum Börsengang*, 5.ª ed., 2016.

WELFENS, PAUL J. J. – *Transatlantische Bankenkrise*, 2009.

WELLER, MATHIAS – *Die UNIDROIT-Konvention von Ottawa über internationales Factoring*, RIW 1999, 161-169.

WELLER, MICHAEL – *Das Kreditkartenverfahren*, 1986.

WELLERDT, ALEXANDER – *Organisation of Banking Regulation*, 2015.

WELTER, REINER/LANG, VOLKER – introd. ao *Handbuch der Informationspflichten im Bankverkehr*, 2005.

WENGERT, GEORG/WENGERT, KATHARINA/WIDMANN, ANDREAS – *Bankfusionen und Datenschutz*, NJW 2000, 1289-1295.

WENGERT, KATHARINA – *vide* WENGERT, GEORG.

WERNER – *vide* HEFERMEHL.

WERNER, MICHAEL-JÜRGEN – *Freistellung von der fusionsrechtlichen Kontrolle bei einem Anteilserwerb durch ein Kreditinstitut*, WuW 1996, 463-473.

WERNER, STEFAN – em Siegfried Kümpel/Arne Wittig, *Bank- und Kapitalmarktrecht*, 4.ª ed., 2011, 7.101 ss..

WESTPHALEN, FRIEDRICH GRAF VON – *Die Banken-AGB in Rechtsprechung und Literatur – Ein Übersicht*, WM 1984, 2-18;
– *Der Leasingvertrag*, 3.ª ed., 1987.

WESTPHALEN, FRIEDRICH GRAF VON/EMMERICH, VOLKER/KESSLER, RONALD – *Verbraucherkreditgesetz/Kommentar*, 1991.

WHALEY, ROBERT E. – *Derivatives: Markets, Valuation, and Risk Management*, 2006.

WHITLOCK, PAULA A. – *vide* Kalos, Malvin H..

WHITE, JAMES J. – *vide* SYMONS, EDUARD L..

WIDEN, WILLIAM H. – *The Arbitrage of Truth: Combating Dissembling Disclosure, Derivatives, and the Ethic of Technical Compliance*, U Miami L Rev 66 (2012), 393-433.

WIDMANN, ANDREAS – *vide* WENGERT, GEORG.

WIEACKER, FRANZ – *Zur Rechtstheoretischen Präzisierung des § 242 BGB*, 1956.

WIELAND, JOACHIM – *Zinsbesteuerung und Bankgeheimnis*, JZ 2000, 272-275.

WIENERS, JAN PH. – *Islamic Consumer Finance: nach den Regeln der Scharia*, Bank 9.2008, 36-39.

WIESE, GÜNTHER – *Beendigung und Erfüllung von Dauerschuldverhältnissen*, FS Nipperdey I (1965), 837-851.

WIESNER, PETER M. – *Stand des Europäischen Unternehmensrechts*, EuZW 1995, 821-834.

WILKENS, MARCO/SCHOLZ, HENDRIK/VÖLKER, JÜRG – *Bull-, Bear- und Condor-Bonds-Anleihen in Kombination*, Bank 1999, 406-411.

WILKENS, MARCO/ZEMKE, GEBHARD – *Fusionen: Welchen Wert hat eine Bank?*, Bank 2000, 274-281.

WILLIAMS, ANDREA D. – *vide* GALBRAITH, JOHN KENNETH.

WILLIAMSON, JUSTIN – *vide* WARNOT, JAMES.

WILLOWEIT, DIETMAR – *Schuldverhältnisse und Gefälligkeit/Dogmatische Grundfragen*, JuS 1984, 909-916;
– *Die Rechtsprechung zum Gefälligkeitshandeln*, JuS 1986, 96-107.

WIMMER, ANDREAS – *vide* KLEIN, THOMAS.

WINDSCHEID, BERNARD/KIPP, THEODOR – *Lehrbuch des Pandektenrechts*, 9.ª ed., 1906.

WINTERFELD, JÖRN – *Finanzmarktstabilisierungsgesetze*, em Herbert Schimansky e outros, *Bankrechts- Handbuch*, 2, 4.ª ed., 2011, § 124a.

WITTEMANN, FRANK – *vide* SAUER, STEFAN.

WITTIG, ARNE – *Insolvenzordnung und Konsumentenkredit*, WM 1998, 157-169 e 209-225; – em SIEGFRIED KÜMPEL/ARNE WITTIG, *Bank- und Kapitalmarktrecht*, 4.ª ed., 2011.

WITTIG, GÜNTHER – *vide* SCHAEFER, HANS CHRISTOPH.

WOHLSCHIESS, KARL – *vide* SZAGUNN, VOLKHARD.

WOLF, HERBERT – *Vor 40 Jahren Grossbanken – Neuordnung*, Bank 1992, 549-553.

WOLF, MANFRED – *vide* LARENZ, KARL.

WOLF, OTTMAR – *Börsenkrisen: Was kommt nach der Baise?*, Die Bank 2002, 748-752.

WOLF, SILKE – *vide* LABER, HEINZ.

WOLFF, JÜRGEN – *Bankgeheimnis und Kreditauskunft*, AG 1968, 286-291.

WORTMANN, JÜRGEN – *Aufklärungs- und Beratungspflichten der Banken*, 3.ª ed., 1995.

WOSSIDLO, PETER RÜTGER – *Unternehmenswirtschaftliche Reservierung: eine realtheoretische und praxeologische Untersuchung*, 1970.

WUNDERLICH, NILS-CHRISTIAN – *Kreditvertrag*, em Herbert Schimansky/Hermann-Josef Bunte/Hans-Jürgen Lwowski, *Bankrechts-Handbuch* 1, 3.ª ed., 2007, § 77 e 4.ª ed., 2011, §§ 75 ss.

WURMNEST, WOLFGANG – no *Münchener Kommentar zum BGB*, 2, 6.ª ed., 2012, 1191-1391.

WYSOCKI, JOSEF – *Gutachten über die Frage der "ältesten Sparkasse"*, 1986.

XAVIER JÚNIOR, JOSÉ – *Contratos bancários em geral*, em *Temas de Direito bancário*, 1999, 269-316.

XAVIER, RITA LOBO – *Limites à autonomia privada na disciplina das relações patrimoniais entre os cônjuges*, 2000.

YESCOMBE, E. R. – *Principles of Project Finance*, 2002.

YOU, MARTIAL – *vide* WAECHTER, PHILIPPE.

YUNUS, MUHAMMAD – *Banken to the poor: Micro-Lending and the Battle Against World Poverty*, 2007.

ZAGLER, HANS – *vide* HAGEN, JAN V..

ZANDI, MARK – *Financial Shock: a 360.º Look at the Suprime Mortgage Implosion, and How to Avoid the Next Financial Crisis*, 2008.

ZANNINI, PIERLUIGI – *Spunti critici per uma storia del commodatum*, 1983.

ZAPEDA, RODRIGO – *The ISDA Master Agreement 2012: a Missed Opportunity*, JIBLR 28/8 (2013), 12-28.

ZAVVOS, GEORGE – *A estratégia da CEE para o sector bancário*, RB 3 (1987), 103-119.

ZELLWEGER-GUTKNECHT, CORINE – *Negativzins: Vergütung für die Übernahme des Geldwertrisikos durch den Kapitalnehmer*, ZfPW 2015, 350-375.

ZEMKE, GEBHARD – *vide* WILKENS, MARCO.

ZENNER, ALAIN – *Nouveaux développements de la responsabilité du dispensateur de crédit*, JT 1977, 53-57.

ZENNER/HENRION – no *Relatório belga* para as jornadas brasileiras da Association H. Capitant, *Travaux* 35 (1986), 47-101.

ZEREY, JEAN-CLAUDE – *Finanzderivate/Rechtshandbuch*, I – *Wirtschaftlicher Hintergrund*, 2.ª ed., 2010;

– *Credit Default Swaps/Vertragsgestaltung*, em Jean-Claude Zerey, *Finanzderivative/ Rechtshandbuch*, I – *Wirtschaftlicher Hintergrund*, 2.ª ed., 2010, § 7.

ZERWAS, HERBERT/HANTEN, MATHIAS – *Outsourcing bei kredit- und Finanzdienstleitungsinstituten*, WM 1998, 1110-1118.

ZILLER, JACQUES – *vide* GRILLER, STEPHAN.

ZIMMER, DANIEL – *Verschärfung der Haftung für fehlerhafte Kapitalmarktinformation/Ein Alternativkonzept*, WM 2004, 0-21.

ZIMMERER, CARL/SCHÖNKE, HERBERT – *Kreditwesengesetz/Systematische Einführung und Kommentar*, 1962.

ZIMMERMANN, KLAUS – *Die Sparkassen in der EWG/Probleme der europäischen Niederlassungs- und Dienstleitungsfreiheit aus sparkassenrechtlicher Sicht*, 1973.

ZIMMERMANN, REINHARD – *The Law of Obligations: Roman Foundations of the Civilian Tradition*, 1996;

– no HKK/BGB, II/2 (2007), §§ 387-396.

ZIMMERMANN, STEFFEN – *Outsourcing ist en vogue*, BKR 2007, 475-479.

ZÖLLER, GÜNTER – *vide* RUNGE, BERNDT.

ZOLLER, MICHAEL – *Die Haftung anlageberatenden Banken bei Cross-Currency Swaps*, BKR 2012, 405-410.

ZÖLLNER, WOLFGANG – *Datenschutzrechtliche Aspekte der Bankauskunft*, ZHR 149 (1985), 179-196.

ZUDDAS, GOFFREDO – *Il contratto di factoring*, 1983.

ZÜGER, MÁRIO – *vide* Sedlaczek, Michael.

ZULAUF, URS – *Rechtshilfe – Amtshilfe*, SZW 1995, 50-62.

ZWEIGERT, KONRAD – *Seriositätsindizien/Rechtsvergleichende Bemerkungen zur Scheidung verbindlicher Geschäfte von unverbindlichen*, JZ 1964, 349-354.

ZWEIGERT, KONRAD/KÖTZ, HEIN – *Einführung in die Rechtsvergleichung*, 3.ª ed., 1996.

ÍNDICE IDEOGRÁFICO